MEXIQUE ET GUATEMALA,

PAR

M. DE LARENAUDIÈRE.

PÉROU,

PAR M. LACROIX.

PARIS,

FIRMIN DIDOT FRÈRES, ÉDITEURS,

IMPRIMEURS-LIBRAIRES DE L'INSTITUT DE FRANCE,

RUE JACOB, N° 56.

M DCCC XLIII.

L'UNIVERS.

HISTOIRE ET DESCRIPTION
DE TOUS LES PEUPLES.

MEXIQUE, GUATEMALA ET PÉROU.

TYPOGRAPHIE DE FIRMIN DIDOT FRÈRES,
RUE JACOB, N° 56.

L'UNIVERS,

ou

HISTOIRE ET DESCRIPTION

DE TOUS LES PEUPLES,

DE LEURS RELIGIONS, MOEURS, COUTUMES, ETC.

MEXIQUE,

PAR M. DE LARENAUDIÈRE.

Dans cette partie de l'Amérique du Nord qui se resserre entre les deux Océans, fut un peuple guerrier, fondateur d'un riche et puissant empire. Ce peuple occupait quelques-unes des parties du vaste territoire qui reçut de Cortès le nom de Nouvelle-Espagne, la plus belle des colonies de l'Europe, aujourd'hui la grande confédération mexicaine. L'empire Aztèque, on l'appelait ainsi, s'était élevé sur le sol où d'anciens monuments d'architecture attestaient le passage d'un peuple antérieur et déjà civilisé. Dans ses arts, dans ses lois, dans sa cosmogonie, dans son culte religieux, il reproduisait plusieurs traits analogues à ceux qu'on avait observés jadis chez quelques nations de l'ancien monde. Il était entouré d'États indépendants ou tributaires, et qui, bien que divisés par la forme politique et les intérêts matériels, parlaient la même langue et suivaient le même culte. Tout l'Anahuac semblait la réunion de tribus d'une même famille, issues d'une même contrée. L'État mexicain, la puissance prépondérante du pays, était parvenu à son plus grand développement de forces, de conquêtes et de richesses, lorsque la destinée le mit aux prises avec une poignée d'Européens, gens de cœur et d'exécution, commandés par un homme de génie. Après avoir suivi dans ses progrès le royaume de Moctezuma, nous assisterons à ses jours d'agonie, à cette lutte acharnée et sanglante où tout un peuple succomba sous les efforts combinés des talents de l'homme de guerre et de l'adresse de l'homme politique. La victoire ayant prononcé, nous nous arrêterons dans la conquête de Cortès, dans le Mexique, colonie des Espagnes, exploitée par des maîtres avides, leur jetant à pleines mains l'or et l'argent de ses mines, sans jamais assouvir leur cupidité ; se courbant, trois siècles durant, sous le triple joug du despotisme militaire, du fanatisme religieux et du monopole financier ; enchaînée dans son industrie ; condamnée à ne rien produire par elle ou pour elle, et languissante sur un sol fertile et sous le plus beau climat de la terre.

Puis un jour, nous entendrons le cri de liberté monter au ciel des sommets de l'Anahuac. A ce cri, nous verrons les descendants des Indiens vaincus, et ceux des conquérants

1re *Livraison.* (MEXIQUE.)

sortir de leurs demeures, livrer une guerre à mort aux vieux soldats de Ferdinand, et, poussés par le cruel génie des représailles, épuiser sur les Espagnols cette haine héréditaire cachée pendant une longue suite de générations sous le masque de l'obéissance passive. L'indépendance sortira de ce grand mouvement révolutionnaire, mais avec elle l'abus de la liberté si difficile à éviter à ceux qui n'en ont jamais connu l'usage. Longtemps les vainqueurs s'agiteront dans les embarras du triomphe, dans les luttes d'ambitions privées, dans le sanglant dédale des guerres civiles, et longtemps ils ne pourront parvenir, comme leurs voisins des États-Unis, à fonder un gouvernement, appuyé sur l'instruction et le patriotisme des masses, sur l'abnégation personnelle des chefs et le despotisme salutaire des lois.

Mais avant de nous livrer au récit des faits, jetons un coup d'œil rapide sur le sol même où ils se sont passés.

Le Mexique, c'est cette vaste division du continent américain, comprise entre les deux Océans, les États de Guatemala, et une ligne tirée du cap Saint-François jusqu'aux sources du Rio del Norte, suivant ensuite le cours des rivières Rouge et Sabine jusqu'à l'embouchure de cette dernière.

Les deux tiers de cette grande contrée sont sous la zone tempérée, et l'autre tiers, renfermé dans la zone torride, jouit en grande partie, à raison de l'élévation du sol, d'une température analogue au printemps du midi de l'Italie et de l'Espagne.

Le trait qui caractérise le Mexique entre toutes les autres contrées du globe, se trouve dans l'étendue et dans l'immense hauteur du plateau qui en occupe l'intérieur; plateau jadis connu sous le nom d'Anahuac et de Mechoacan; plateau élevé de deux mille à deux mille cinq cents mètres au-dessus des mers voisines, suite de plaines beaucoup plus étendues et non moins uniformes que celles du Pérou et de la Nouvelle-Grenade, et tellement rapprochées les unes des autres qu'elles semblent ne présenter qu'une surface non interrompue.

La chaîne de montagnes qui forme cette terrasse est la même qui, sous le nom des Andes, traverse toute l'Amérique méridionale. Là, elle est interrompue par des crevasses qui ressemblent à des filons ouverts, et les plaines qui la coupent se présentent comme des vallées longitudinales profondément encaissées. Ici ce ne sont plus ces brusques mouvements de terrain, ces déclivités soudaines. Le dos même des montagnes forme le plateau, sa direction indique celle de la chaîne même. Les cimes sont ou disposées ou rangées d'après des lignes qui n'ont aucun rapport avec l'axe principal de la Cordillère. Les vallées sont transversales et peu profondes, et les voitures peuvent rouler depuis Mexico jusqu'à Santa-Fé sur une longueur de plus de cinq cents lieues communes. Cette ligne est tellement uniforme, qu'à cent quarante lieues de la capitale le sol reste toujours élevé de mille sept cents à deux mille sept cents mètres. C'est la hauteur des passages du mont Cénis, du Saint-Gothard et du grand Saint-Bernard. Nous devons à M. de Humboldt une suite de nivellements barométriques qui mettent dans tout son jour un phénomène géologique si curieux et si nouveau.

Sur ce plateau d'Anahuac, entre Mexico et les petites villes de Cordoba et de Xalapa, reposent, comme sur un socle immense, quatre grands cônes volcaniques qui rivalisent avec les cimes les plus élevées du nouveau continent. C'est le Popocatepetl qui atteint à cinq mille quatre cents mètres; l'Iztaccihuatl, à quatre mille sept cent quatre-vingt-six; le Citlaltepetl ou le pic d'Orizaba, à cinq mille deux cent quatre-vingt-quinze; le Nevado de Toluca, et le Nauhcampatepetl ou coffre de Perote, à quatre mille quatre-vingt-neuf (*). Les deux premiers, la *montagne Fumante* des Indiens, et la *Femme blanche*, se distinguent également de Mexico et de la Puebla. On

(*) Voy. pl. 1.

aperçoit fort bien leurs masses imposantes et les contours de leurs sommets couverts de neiges éternelles, se détachant sur un ciel bleu et brillantes du plus vif éclat. Nous gravirons plus tard ces montagnes ignivomes, nous en examinerons la composition, et l'histoire n'en sera pas oubliée dans la topographie détaillée du pays, dont nous ne prenons ici qu'une vue sommaire et générale.

La Cordillère, en pénétrant dans l'ancienne intendance de Mexico, prend le titre de Sierra-Madre. Elle quitte la partie orientale du plateau pour se porter au nord-ouest, vers les villes de San-Miguel et de Guanaxuato; au nord de ces deux cités, elle se divise en trois branches en se développant sur une grande surface. La plus orientale va se perdre dans le royaume de Léon; la plus occidentale finit aux bords de Rio-Gila, après avoir occupé une partie du territoire de Guadalaxara et de la Sonora. La branche centrale se montre dans toute l'étendue de l'État de Zacatecas, et ses points culminants divisent les principaux cours d'eau qui vont se réunir aux deux mers. Les sources du Rio-Gila et du Rio del Norte sortent des points opposés de cette branche centrale que l'on retrouve encore jusqu'au 55° de latitude nord.

La roche porphyritique domine dans ces différentes chaînes; c'est le trait géologique le plus saillant. Le granite se montre dans les branches voisines du grand Océan; le port d'Acapulco est taillé dans cette dernière roche; elle forme aussi la base des montagnes de Misteca et de Zacateca dans l'État de Oaxaca. Le plateau central de l'Anahuac paraît comme une énorme digue de roches porphyritiques, distinguées de celles d'Europe par la présence du horneblende et l'absence du quartz. La Sierra-Rosa se présente avec des masses gigantesques de cette roche qui semblent des murs et des bastions en ruine; elle donne aux environs de Guanaxuato un aspect romantique. Près de Mamanchota, des rochers, connus dans le pays sous le nom d'*orgues d'Ac-topan* (*los organos*), se détachent sur l'horizon comme une vieille tour, dont la base ébréchée serait moins large que le sommet (*). Des porphyres trappéens élèvent leurs colonnes sur la montagne de Jacal et d'Oyamel, et sont à leur tour couronnés de pins et de chênes qui ajoutent, dit M. de Humboldt, à la grâce de ce site imposant (**). De ces montagnes les anciens Mexicains tiraient la pierre itzli ou obsidienne, dont ils fabriquaient leurs instruments tranchants. Le gypse, le basalte, le trapp, les amygdaloïdes et le calcaire primitif, prédominent sur le même plateau central. Là sont de grands dépôts d'or et d'argent. L'étain et le cuivre se rencontrent dans les États de Guanaxuato et de Valladolid; le fer abonde dans cette dernière province, à Zacatecas, à Guadalaxara et dans les provinces intérieures. Le zinc, l'antimoine, le mercure, l'arsenic, se montrent sur un grand nombre de points. Le charbon n'a été remarqué que dans le Nouveau-Mexique. Le sel gemme est une des richesses de San-Luis de Potosi.

Des cratères sont ouverts sur presque toutes les sommités de la Cordillère; cinq de ces volcans brûlaient encore au temps où M. de Humboldt visita le Mexique. Cependant les grandes explosions volcaniques et les tremblements de terre assez fréquents sur les côtes de l'océan Pacifique, troublent moins le repos des habitants du Mexique que celui de leurs voisins du sud. Depuis 1759, époque où le volcan de Jorullo sortit de terre entouré d'une multitude de petits cônes fumants, aucune catastrophe de cette nature n'est venue effrayer la Nouvelle-Espagne. Cependant des bruits souter-

(*) Voy. *pl.* 9. La partie élancée du rocher a 142 toises de hauteur; l'élévation absolue du sommet de la montagne, là où les Organos commencent à se détacher, est de 1385 toises.

(**) Voy. *pl.* 21. Cette contrée s'appelle dans le pays la Montagne des couteaux, *El cerro de las navajas*. La cime du Jacal a 1603 toises (3124 mètres).

rains entendus à Guanaxuato en 1784, et quelques phénomènes de cette espèce sur d'autres points, tendent à prouver que tout le pays compris entre le 18° et le 22° degré recèle un feu actif qui perce de temps en temps la croûte du globe, même à de grands éloignements des côtes de l'Océan.

Les hautes terres mexicaines voient s'étendre à leur pied une ceinture de plaines étroites vers le sud, et s'élargissant à mesure qu'on avance dans le nord. Les deux pentes du plateau à l'est et à l'ouest n'ont point une même déclivité. Les mouvements du terrain entre Mexico et Acapulco sur le grand Océan sont beaucoup moins brusques qu'entre le même point et la Vera-Crux sur l'Atlantique. De ce côté on voyage bien plus longtemps sur le haut du plateau, mais de là aussi la descente est rapide et continuelle, surtout de Perote à Xalapa, et de ce site, un des plus beaux du monde habité, à la Rinconada. Nous pouvons prendre sur cette ligne une idée des climats tranchés et des cultures diverses du Mexique. Nulle part on ne reconnaît mieux l'ordre admirable avec lequel les différentes tribus de végétaux se suivent comme par couches les unes au-dessus des autres ; tout change à mesure qu'on s'élève, physionomie du pays, aspect du ciel, port des plantes, mœurs des habitants, genres de culture. Le voyageur sorti de la Vera-Crux hâte le pas, empressé d'échapper au terrible *vomito prieto* qui, dans cette contrée brûlante, moissonne si largement et si vite. Il atteint à Xalapa la région du chêne, arbre protecteur au pied duquel une invisible puissance, amie des hommes, arrête le fléau comme par enchantement. Alors respirant à l'aise sous le plus beau ciel, et libre de pensées de mort, le voyageur jouit avec délices des merveilleux aspects qui se succèdent devant lui. Il entre dans les forêts de liquidembars ; elles lui annoncent par la fraîcheur de leur verdure, que cette hauteur est celle où les nuages suspendus au-dessus de l'Océan viennent toucher les cimes basaltiques de la Cordillère. Plus haut, il se voit obligé de renoncer au fruit nourrissant du bananier, qui ne vient plus à maturité dans cette région brumeuse et déjà froide, où le besoin excite l'Indien au travail et réveille son industrie. Plus haut encore, dans le voisinage de San-Miguel, il voit les sapins s'entremêler aux chênes, et ceux-ci l'accompagner jusqu'aux plaines élevées de Perote. Dans ces deux stations le froment de notre Europe, et toutes les céréales importées après la conquête, se mêlent aux champs de maïs, originaire du pays et ami de toutes ses températures. Puis les sapins se montrent seuls aux regards du voyageur, seuls ils couvrent les rochers dont les cimes vont se perdre dans la zone des neiges éternelles. C'est ainsi qu'en peu d'heures, dans cette merveilleuse contrée, l'observateur de la nature parcourt toute l'échelle de la végétation, depuis l'heliconia et le bananier, dont les feuilles lustrées se développent dans des dimensions extraordinaires, jusqu'au parenchyme rétréci des arbres résineux.

D'après cette configuration du sol qui se reproduit sur la plupart des points du Mexico, cette vaste contrée se partage en trois grandes zones, ou en terres froides, tempérées et chaudes. Ces dernières, les plus fertiles de toutes, produisent du sucre, du coton, de l'indigo, des bananes, etc., et, par une triste compensation, recèlent dans leur sein la fièvre jaune qui prend au Mexique le nom de vomissement noir (*vomito prieto*). A cette région, connue sous le nom de *tierras calientes*, appartienne une partie de l'État de la Vera-Crux, la péninsule de Yucatan, les côtes d'Oaxaca, les provinces maritimes du nouveau Santander et du Texas, tout le nouveau royaume de Léon, les côtes de la Californie, la partie occidentale de la Sonora, de Cinaloa et de la Nouvelle-Gallice, et les parties méridionales des États de Mexico, du Mechoacan et de la Puebla. Les ports d'Acapulco, les vallées du Papagayo et du Peregrino, font partie des endroits de la terre, où l'air est constamment le plus chaud et le plus malsain. Sur la pente de la

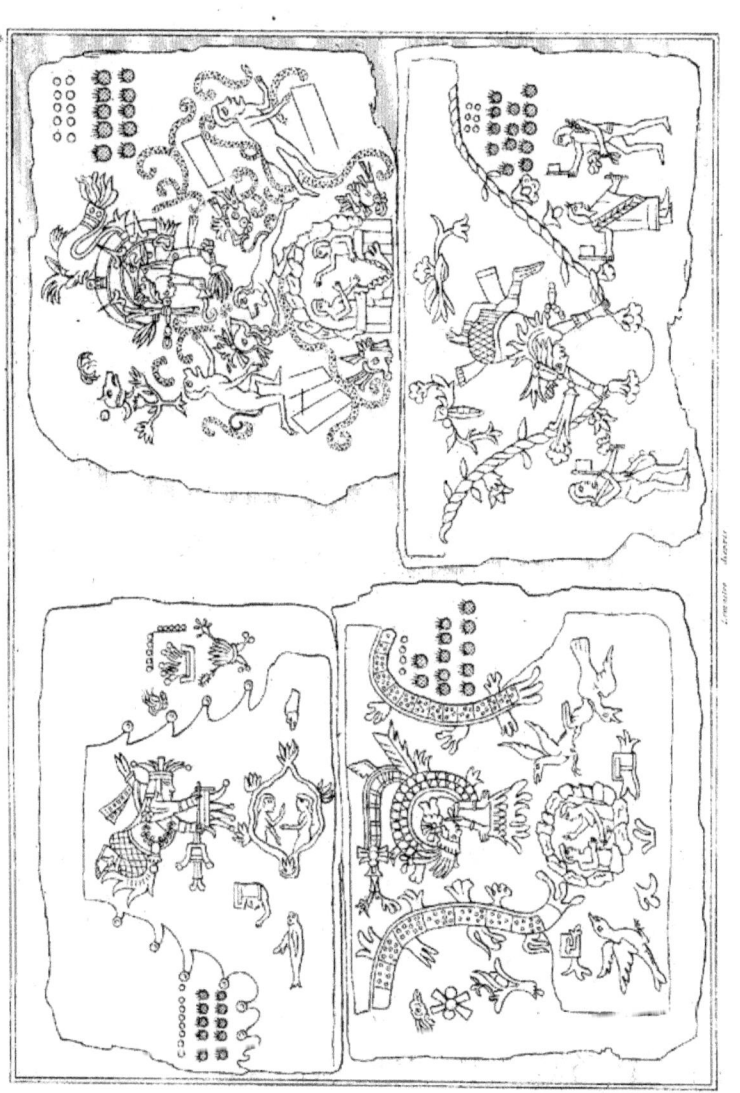

Cordillère, à la hauteur de douze cents à quinze cents mètres, règne perpétuellement une douce température de printemps qui ne varie que de quatre à cinq degrés; c'est la région tempérée, les *tierras templadas*. On n'y connaît ni les chaleurs brûlantes ni les froids piquants; la chaleur moyenne de toute l'année est de dix-huit à vingt degrés; c'est le beau climat de Xalapa, de Tasco, de Chilpanzingo. Les plateaux élevés de plus de deux mille deux cent mètres au-dessus de l'Océan composent la région des terres froides, *tierras frias*. La grande vallée de Mexico et la vallée d'Actopan se trouvent dans cette division. En général la température moyenne de tout le grand plateau du Mexique est le dix-sept degrés, tandis que dans les plaines plus élevées, et dont la hauteur absolue dépasse deux mille cinq cents mètres, l'air ne s'échauffe pas au delà de sept ou huit degrés. Ici l'olive ne mûrit jamais, et si les hivers n'y sont pas extrêmement rudes, les feux des soleils d'été sont trop faibles pour accélérer le développement des fleurs et porter les fruits à une maturité parfaite.

Le Mexique semble le rendez-vous des flores de tous les pays. Les arbres de la Perse et de l'Inde viennent s'y mêler à l'orme féodal, aux chênes de la vieille Gaule; les fruits parfumés de l'Asie aux fruits des arbres de la Normandie; les fleurs de l'Orient à la violette, aux bluets, à la mystérieuse verveine, à la blanche pâquerette de nos champs. Elle a, cette belle terre américaine, des palmiers à éventail, des bananiers qui lui fournissent une substance alimentaire, des champs de maïs depuis la région froide jusqu'au sol brûlant des rivages maritimes, le nopal, sur lequel vit la cochenille qui nous donne le carmin, le maguey dont l'Indien tire une liqueur spiritueuse qu'il aime passionnément. Pour elle et pour l'Europe croissent sur son sol varié la sauge mexicaine, le poivrier à longue cosse, le piment de Tabasco, le convolvulus Xalapa ou jalep médicinal, la vanille parfumée qui se plaît à l'ombre des liquidembars et des amyris, les arbustes résineux d'où découlent les baumes connus sous les noms de copahu et de tolu. Elle compte parmi ses richesses végétales les indigotiers, les cacaotiers, les cannes à sucre, les cotonniers, les plants de tabac, et les immenses forêts d'acajou, de campêche veiné, de gayac et de bien d'autres espèces que réclament la teinture et l'ébénisterie. Nos jardins, dans ces dernières années, n'ont-ils pas obtenu de la flore mexicaine la *solvita fulgens* dont les fleurs cramoisies ont tant d'éclat, les beaux dahlia, l'hélicantus et la délicate mentzelia : que de végétaux utiles ou délicieux à la vue n'a-t-elle pas encore à nous envoyer.

Au milieu de tous les avantages de son heureuse position, ce pays manque de rivières navigables et n'a généralement pas assez d'eau. Le Rio del Norte et le Rio-Colorado, dans le nord, sont les seuls grands courants qui puissent fixer l'attention. On ne trouve dans toute la partie équinoxiale que de petites rivières dont les embouchures ont une largeur très-considérable : la Cordillère donne plutôt naissance à des torrents qu'à des fleuves. Les lacs dont le Mexique abonde, et parmi lesquels il faut citer le lac de Chapala deux fois grand comme le lac de Constance, le lac de Patzcuaro, l'un des sites les plus pittoresques des deux continents, le lac de Mextitlan, celui de Parras, et les lacs de la vallée de Mexico, ne sont que les restes des immenses bassins qui paraissent avoir existé jadis dans les vastes et hautes plaines de la Cordillère; la plupart d'entre eux semblent diminuer d'année en année. La belle verdure et la végétation vigoureuse de leurs rivages ne sont plus ce qu'elles étaient au temps où les Espagnols arrivèrent sur le plateau central, et les parties élevées de ce plateau sont plus arides aujourd'hui qu'au temps où leur aspect rappelait aux conquérants les plaines des deux Castilles, et portait Cortès à donner à cette terre américaine le nom de Nouvelle-Espagne.

Les pluies sont fréquentes dans l'in-

térieur du Mexique, et de plus la grande hauteur du sol y accélère l'évaporation ; les sources sont rares dans des montagnes composées en grande partie d'amygdaloïde poreuse et de trachytes fendillés. Toutefois il faut restreindre l'aridité du sol aux plaines les plus élevées, et reconnaître que la plus grande partie de la Nouvelle-Espagne appartient aux pays les plus fertiles de la terre. Les abords maritimes de cette contrée ne sont pas faciles : toute la côte orientale ressemble à une grande digue contre laquelle les vents alizés et le mouvement perpétuel des eaux de l'est à l'ouest jettent des sables que l'Océan agité tient suspendus. Presque toute la côte est pleine de bas-fonds et garnie de barres ; et ce qui ajoute encore aux dangers de la navigation dans ces parages, ce sont les tempêtes, les vents impétueux du nord-est, du nord-ouest et du sud-ouest, qui, tour à tour dans certains mois de l'année, rendent les rivages du golfe du Mexique ou les atterrages de San-Blas, d'Acapulco et des ports de Guatemala, presque inabordables.

Retournons sur le vaste plateau du Mexique. Là des lacs bordés de villes populeuses, là des vallées couvertes de fleurs et d'arbres fruitiers, à des hauteurs où en Europe on n'aperçoit que des rochers nus et des cimes neigeuses ; là de grands espaces couverts de muriate de soude, de chaux et d'efflorescences salines, comme au Tibet, comme dans les steppes de l'Asie centrale ; là de grands espaces arides jaunes et sans eau ; là de belles et nombreuses plantations d'agaves, jadis les seuls vignobles des Indiens aztèques ; là aussi les trésors métalliques, les riches mines d'or et d'argent qui firent l'opulence des anciens peuples de l'Anahuac, richesses fatales sans lesquelles la cupidité espagnole les eût peut-être oubliés, sans lesquelles ils fussent restés libres comme les sauvages des forêts, ou ceux qui errent indépendants dans les plaines ou sur les rives des grands fleuves des deux Amériques.

Il faut nous arrêter un moment sur un des points les plus importants de ce plateau, dans la belle vallée de Mexico ou de Tenochtitlan, placée plus haut que quelques-unes des cimes de nos Alpes, plus haut que la plupart des lieux habités de notre Europe. Son élévation, sa culture, ses lacs, ses mines, ses produits suffiraient seuls pour appeler l'attention de l'observateur, et lui mériter une mention particulière dans ce coup d'œil général ; mais un intérêt plus puissant pour nous s'y rattache, c'est le principal théâtre de l'histoire mexicaine.

Cette grande vallée occupe le centre même de la Cordillère d'Anahuac ; elle est creusée sur le dos des montagnes porphyritiques et d'amygdaloïde basaltique, qui se prolongent du sud-sud-est au nord-nord-ouest. C'est un vaste bassin ovale de dix-huit lieues de long, de douze de large, de soixante-sept lieues de circonférence, de deux cent quarante-cinq lieues carrées de surface, tout entouré d'un mur de montagnes très-élevées, au nombre desquelles se font remarquer comme deux géants les deux volcans de la Puebla. Le fond de ce bassin est à deux mille deux cent soixante-dix-sept mètres au-dessus de l'Océan. Cinq lacs disposés par étages en occupent un dixième, et s'étendaient jadis beaucoup davantage. Celui de Texcuco est le plus bas de tous ; les eaux qui s'écoulent des hauteurs environnantes s'y réunissent ; aucune rivière n'en sort. Dans notre Europe, à une telle hauteur, le sol serait nu ou couvert de roches grisâtres et de quelques plantes languissantes sous un rude climat ; ni villages, ni fleurs, ni fruits ne s'offriraient aux yeux : eh bien, voulez-vous admirer le plus merveilleux des contrastes, la nature dans sa vie animée, brillante et capricieuse, là où elle devrait dans nos idées être aride, décolorée et silencieuse ; montez sur une des tours de la cathédrale de Mexico, montez-y dans une belle matinée d'été, lorsque le ciel est sans nuages, lorsqu'il est tout bleu, de ce bleu azur foncé qui appartient à l'air sec et raréfié des hauteurs terrestres. Vous vous arrêterez d'abord sur la belle végétation de cette colline de Chapoltepec, revêtue de ces vieux cyprès, plantés par les rois de la dynastie aztèque, de ces schinus dont le port rappelle les saules pleureurs de l'Orient ; puis portant les yeux de tous côtés, jusqu'à la chaîne circulaire des montagnes nues et couvertes de glaces perpétuelles, vous apercevrez ou la surface ondulée des lacs, ou des champs labourés, ou des champs couverts de moissons, ou des jardins couverts de fleurs dans lesquelles les familles végétales des deux mondes rivalisent de beauté. Orangers, pommiers, grenadiers, pêchers, cerisiers, y mêlent leur feuillage, y confondent leurs fruits. Pour vous, la Mexico de Cortés, étendant au loin ses longues avenues d'ormes et de peupliers, se développe, non plus dans les eaux, mais près du lac de Texcuco, dont les rives parées de villages et de hameaux rappellent les plus beaux lacs des montagnes de la Suisse. C'est ici que fut le berceau du vieil empire mexicain, ici que s'élevait sa riche et immense capitale avec ses temples, ses pyramides, ses palais, et que de nombreuses générations d'hommes sont venues marquer leur passage par de grands monuments.

Nous manquons de renseignements historiques sur la population primitive de cette belle contrée montagneuse. Nous n'en possédons pas davantage sur l'origine des Américains en général. Nous ne pouvons reconnaître avec Blumenbach l'existence d'une race purement américaine, parce que toutes les tribus du nouveau monde ne se ressemblent pas, et n'ont pas un type commun, cachet d'une même race. Nous ne croyons pas non plus avec M. Link que l'Asie, dans les temps historiques, ait peuplé l'Amérique, et par conséquent que le Mexicain indigène soit en parenté avec le Mongol et les autres tribus de l'Asie orientale. Qu'il y ait eu d'anciennes communications entre cette partie de l'Asie et la côte nord-ouest de l'Amérique, c'est un fait incontestable ; mais y voir autre chose que des migrations partielles, qui n'ont jamais pu altérer dans sa masse la population des Amériques, c'est leur donner une importance fort exagérée. On trouve dans l'Américain des traits caractéristiques qui ne lui sont communs avec ceux d'aucun peuple de l'ancien monde. La face, le front, le nez, les dents, les jambes, les pieds, les cheveux, la barbe, la couleur de la peau, la conformation des diverses parties du crâne, ainsi que d'autres particularités, le distinguent en tout ou en partie des hommes du vieux continent. Les langues ont présenté de certaines identités de mots, dont on a voulu conclure une identité d'origine. Malte-Brun a essayé, à l'aide de rares analogies, de tracer des lignes de migrations de certains peuples asiatiques sur le continent américain. Soixante et quelques mots étaient l'unique base de tout son système, que M. Klaproth a combattu, bien que lui-même eût découvert une plus grande quantité de mots semblables dans les langues du nouveau et de l'ancien monde. Mais sa haute raison ne lui a pas permis de voir dans ces rapprochements de suffisantes autorités pour identifier des populations si physiquement dissemblables. « Si l'Amérique, dit le même savant, avait été peuplée par des tribus venues de l'Asie septentrionale, cet événement devrait être antérieur aux temps historiques, et même à la grande inondation qui a couvert les lieux les moins montagneux de la surface du globe ; car il est impossible que depuis dix-sept siècles, les langues de l'Amérique aient pu changer au point qu'on ne trouve pas un plus grand nombre de conformités entre leurs racines et celles des idiomes de l'ancien continent. Tout le monde sait, par le grec, le latin, le syriaque, et tant d'autres langues, que leurs traits caractéristiques ne s'effacent pas si promptement. »

C'est encore à tort qu'on a voulu voir des témoignages d'identité dans quelques cérémonies religieuses, dans quelques traits cosmogoniques des peuples de l'Asie et des nations de l'Anahuac. La religion de Bouddha qui défend en premier lieu de tuer toute créature quelconque, ne peut avoir rien de commun avec le culte sanguinaire des Mexicains, et d'ailleurs la comparaison des cultes ne donne que de vagues résultats. On en doit dire autant de certaines formes d'ornements d'architecture ou de figures de fantaisie qui, les mêmes chez différents peuples, ne sont cependant qu'une preuve fort insignifiante d'anciennes communications entre eux.

Nous n'avons d'autres autorités sur l'état ancien de l'Anahuac que les traditions des Aztèques, consignées dans leurs tableaux hiéroglyphiques; et les traditions orales du même peuple recueillies dans les temps voisins de la conquête par les premiers annalistes; et pour quiconque ne met pas l'enthousiasme à la place de la réflexion, il reste bien prouvé que ce sont là des témoignages dont on doit faire usage avec beaucoup de défiance. Nous allons donc, faute de mieux, nous en servir avec circonspection.

Dès les temps les plus reculés, le Mexique paraît avoir été habité par un grand nombre de tribus de races différentes. On cite parmi les plus anciennes, parmi celles qui se regardaient comme autochthones, les Olmèques ou Hulmèques, dont les migrations atteignaient jusqu'au golfe de Nicoya et à Léon de Nicaragua; les Xicalanques, les Cores, les Tepanèques, les Tarasques, les Miztèques, les Tzapotèques et les Otomites ou Otomies. Les Olmèques et les Xicalanques, qui habitaient le plateau de Tlascala, se vantaient d'avoir subjugué à leur arrivée une race de géants, tradition qui se fonde vraisemblablement sur les ossements d'éléphants fossiles trouvés dans les régions élevées des montagnes d'Anahuac (*). Toute la période antérieure à la grande migration toltèque ne figure pas même dans les vagues

(*) Nous empruntons cette explication à M. de Humboldt, quant à Clavigero; il tient fortement pour les géants. Le contraire nous eût étonné.

traditions des Mexicains. C'est à cette migration qu'elles commencent; elles nous apprennent que, sortis d'une contrée qu'elles nomment Hue-Hue-Tlapallan ou Tlapallan, l'an 544 de notre ère, les Toltèques arrivèrent à Tollantzinco dans le pays d'Anahuac en 648, et à Tula vers 670. Ils allaient en quête de climats plus doux et de terres plus fertiles que les leurs, qui semblent à cette époque surchargées d'habitants; car nous verrons s'échapper successivement de cette même contrée de nouveaux essaims d'émigrants qui, sous des noms divers, viendront tour à tour occuper l'Anahuac. Les Toltèques s'y répandirent en peu de temps et se mêlèrent aux anciens possesseurs du sol.

Ces Toltèques sont, pour les antiquaires mexicains modernes, ce que les colons pélasges ont longtemps été pour les antiquaires de l'Italie; tout ce qui se perd dans la nuit des temps est regardé comme l'ouvrage d'un peuple chez lequel on croit trouver les premiers éléments de la civilisation. Boturini les fait arriver dans l'Anahuac riches de toutes les connaissances que les Aztèques se plaisaient à leur reconnaître. Les souvenirs historiques de ceux-ci n'allant pas au delà, ils considéraient l'âge des Toltèques comme les siècles héroïques de l'Anahuac, et, se donnant une origine commune, leur orgueil trouvait son compte à cette antiquité. Nous sommes loin de l'admettre; tout nous porte à penser que la civilisation de cette partie du Mexique est antérieure à l'établissement des Toltèques. Nous croyons que cette civilisation n'est point venue avec des hommes sortis du nord de l'Amérique, sauvages habitants d'une dure contrée, mais qu'elle est indigène, qu'elle appartient au peuple déplacé ou anéanti par les hommes du Nord, qu'elle se lie à la civilisation guatémalienne ou misteco-zapotèque et mayaquiche, vivante pour nous encore dans les ruines de Mitla et de Palenque (*).

(*) C'est d'après ce point de vue que nous nous réservons de traiter des antiquités

Toutefois il faut reconnaître que la présence des Toltèques dans l'Anahuac imprima un grand mouvement à la civilisation indigène; les nouveaux venus se l'approprièrent en peu de temps. C'est à l'époque de leur puissance, lorsque leur nom effaçait tous les autres noms, que la tradition place une grande partie de ce qui s'est fait d'utile et même de gigantesque dans le pays. C'est aux Toltèques, qui ne firent que profiter des travaux des indigènes, que cette même tradition attribue la culture du maïs et du coton, l'art de fondre les métaux, de remuer des masses de pierre immenses, de les couvrir de sculptures et de caractères symboliques, de tailler les pierres précieuses et les plus dures, d'ouvrir de grandes routes et de bâtir des villes. C'est encore aux Toltèques qu'on fait honneur de ces grandes pyramides de Cholula, de Papantla, de Xochicalco et de celles de Téotihuacan, dédiées au soleil et à la lune, monuments dont les faces exactement orientées dans la direction des parallèles et des méridiens, présentent quelques analogies avec les pyramides de l'ancienne Asie et de la vieille Égypte; à eux qu'on attribue une année solaire plus parfaite que celle des Grecs et des Romains; des peintures hiéroglyphiques, une cosmogonie, un culte religieux et des lois qui donnent l'idée d'un état social loin de la barbarie. Il est certain que dans l'Anahuac les Toltèques cessèrent d'être de sauvages chasseurs; la forme du gouvernement paraît une espèce de monarchie où le chef de la religion avait sa bonne part du pouvoir. Cette monarchie, toujours d'après la tradition, commence à l'année 667 et finit en 1052. Dans cette période de près de quatre siècles, on compte seulement une succession de huit rois, bien petit nombre sans doute, mais qui s'explique par une loi du pays. Elle voulait, cette loi, qu'un règne fût toujours égal à cinquante-deux années. On arrivait ainsi à cette proportion. Le prince mourait-il avant d'avoir régné cinquante-deux ans, un conseil de nobles gouvernait sous son nom tout le temps qui restait à courir. La vie du prince, au contraire, atteignait-elle le terme obligé, alors il résignait, et sur-le-champ on lui nommait un successeur. Cette bizarre coutume est rapportée par Clavigero, je ne sais d'après quelle autorité.

Tula, à l'extrémité septentrionale de la vallée de Mexico, passe pour avoir été fondé par les Toltèques. C'était leur capitale, le séjour de leurs rois et de leurs savants. Un grand astrologue, Huematzin, aidé des plus habiles du pays, y composa, en 708 ou 728, le fameux livre divin, le Teo-Amoxtli, espèce d'encyclopédie qui renfermait l'histoire, la mythologie, le calendrier et les lois de la nation.

Ce que nous avons dit de l'origine des Américains en général, nous dispense de rechercher l'origine primitive des Toltèques. Quant au site qu'ils occupaient avant leur migration dans l'Anahuac, à ce pays que les peintures hiéroglyphiques nomment Hue-Hue-Tlapallan ou Tlalpallan, ou Tollan, ou Aztlan, point de départ de tous les peuples voyageurs qui, du septième au treizième siècle, vinrent successivement s'établir sur le plateau mexicain, on peut le supposer au nord du Rio-Gila, et du quarante-deuxième degré, ou même dans les régions plus septentrionales parcourues par Hearne, Fidler, Mackenzie, etc., etc. Ce champ des conjectures est assez large; il faudrait, pour le rétrécir, avoir quelques données historiques à sa disposition, et nous en manquons complétement. Toutefois, si le point de départ des Toltèques est inconnu, l'événement qui mit fin à leur puissance dans l'Anahuac ne l'est pas autant. Les annales mexicaines racontent qu'une épidémie, rapide dans sa marche, terrible dans ses effets, comme les pestes du vieux continent, vint frapper à la fois toute la population. L'Anahuac, en peu d'années, ne fut qu'un vaste cimetière. Les trois quarts

mexicaines, lorsque nous nous occuperons des contrées où nous plaçons le foyer primitif de l'ancienne civilisation de cette partie de l'Amérique.

des habitants périrent, et les champs demeurés sans bras, la famine survint. Le nom toltèque, comme nom de nation, disparut. Bon nombre de familles restèrent dans le pays ; d'autres allèrent s'établir dans le Yucatan ; d'autres dans le Guatemala et les contrées voisines ; d'autres se dispersèrent sur toute la vallée de Mexico et sur le territoire de Cholula et de Tlaximoloyan. Cette émigration sert à expliquer les identités de culte, de langue, d'institutions politiques, et de quelques formes artistiques, qu'on a reconnues sur plusieurs points de l'Anahuac. Toutefois cette ancienne partie de son histoire est enveloppée d'une impénétrable obscurité. C'est l'âge héroïque du pays, l'âge de ses fables, de ses miracles, de ses mythes et de l'apparition des fondateurs de son culte.

Diverses tribus, probablement en parenté avec les Toltèques, comme eux sorties des mêmes contrées du Nord, vinrent occuper les champs qu'ils avaient laissés déserts. C'est à l'arrivée des Chichimèques, la plus considérable de ces tribus, que recommence la vieille histoire mexicaine, interrompue pendant près de deux siècles. Le crédule Torquémada porte à un million d'individus le chiffre de cette horde, qu'il faut réduire à quelques milliers de chasseurs barbares, presque nus, traînant avec eux leurs femmes et leurs enfants, marchant sous les ordres d'un chef ou roi du nom de Xolotl, adorant le soleil et n'ayant de culte que pour lui seul. Ces Chichimèques s'arrêtent, en 1170, dans la vallée de Mexico. Ils se mêlent aux habitants du pays, et surtout aux familles toltèques qu'ils y rencontrent et dont ils parlaient la langue ; ils apprennent d'elles à cultiver le maïs et le coton, à bâtir des demeures fixes. Ils s'initient aux éléments de la civilisation, et se montrent en peu d'années disciples intelligents de maîtres comparativement habiles. Leur roi Xolotl fixe sa résidence à Tenayuca (six lieues au nord de Mexico). C'est là qu'il établit sa cour et fait le dénombrement de ses sujets. Le bruit de son heureuse expédition se répandit dans son pays natal. A ce bruit, sept autres tribus, composant la nation des Nahuatlaques, se mirent en marche pour se réunir à lui. C'étaient les Xochimilques, les Chalques, les Tépanèques, les Colhues (*), les Tlahuiques, les Tlascaltèques, et les Aztèques ou Mexicains (**). Toutes ces tribus, qui paraissaient alliées, donnaient à leur patrie primitive le nom d'Aztlan ou de Teo-Acolhuacan ; toutes se servaient de l'idiome toltèque ; toutes avaient les mêmes habitudes de vie sauvage. Elles ne marchaient point ensemble, et arrivèrent successivement dans la vallée de Mexico. Xolotl le Chichimèque les accueillit comme des familles de frères ; il les laissa se répandre sur les rivages et dans le voisinage des lacs, et s'établir sur plusieurs points de son territoire. En peu d'années, elles se constituèrent en autant d'États séparés ; et les villes de Xochimilco, de Chalco, de Colhuacan, de Tlascala et de Mexico attestèrent successivement le développement de leur civilisation (***).

Pendant que ces hommes du Nord étaient occupés à s'établir dans l'Anahuac, d'autres hommes du Nord encore, la nombreuse nation des Acolhues,

(*) Qu'il ne faut pas confondre avec les Acolhues.

(**) Ces derniers se séparèrent des Tlascalièques dans les montagnes de Zacatecas, et n'arrivèrent que les derniers. Nous parlerons bientôt avec plus de détails de la migration des Aztèques, alors la plus pauvre et la plus faible de ces diverses tribus, mais qui devait un jour dominer sur l'Anahuac et donner son nom à un puissant empire.

(***) Il convient de remarquer que les noms de ces tribus n'étaient point ceux qu'ils portaient dans leur pays, mais bien ceux des divers points du Mexique où ils se fixèrent, ou des villes qu'ils y bâtirent. Le nom même de Nahuatlaques (voisins des eaux) n'était point un nom national : il indiquait seulement leur premier établissement sur les bords du lac de Texcuco. Cette observation nous semble fort importante, et sert à réfuter de prétendues identités avec des nations de l'Asie orientale, fondées sur les noms de ces tribus.

venait augmenter aussi la population de cette contrée.

Rien n'est confus et embrouillé, chez les vieux historiens, comme l'origine de cette nation. Nous nous bornerons à quelques faits. C'est dans les premières années du treizième siècle que ces Acolhues, sortis de Teo-Acolhuacan dont nous avons déjà parlé, parurent sur le plateau d'Anahuac. Trois chefs les conduisaient ; c'étaient trois jeunes hommes beaux de visage et de parole douce et persuasive. Ils réussirent auprès de Xolotl, qui fit mieux que de les bien recevoir. Il les attacha à sa fortune en leur donnant pour femmes ses deux filles et une jeune vierge de Chalco, née de parents toltèques. Dès ce temps-là, les sujets imitaient les rois. Les Chichimèques et les Acolhues contractèrent de nombreuses alliances. Insensiblement les deux peuples se fondirent en une seule nation, et leur territoire prit le nom d'Acolhuacan. Ceux d'entre les Chichimèques qui n'avaient pu se façonner à la vie sédentaire et agricole, qui n'avaient pu quitter leurs anciennes habitudes de chasseurs, s'éloignèrent de cette civilisation naissante ; et, se portant au nord, allèrent se réunir aux Otomies, nation puissante, barbare, amie de la vie indépendante des forêts, et qui ne fut soumise ni par les armées de Moctezuma, ni par les compagnons de Cortès. Nous la voyons encore longtemps après la conquête aux prises avec les Espagnols, et lutter comme les derniers champions de la liberté américaine.

Le quatrième successeur de Xolotl alla s'établir à Texcuco, dont le site se prêtait mieux au développement d'une grande capitale. Cette dynastie chichimèque-acolhue occupa le trône depuis le douzième siècle jusqu'à la chute de l'empire mexicain (1521). Onze rois régnèrent pendant cette période de 330 ans. Xolotl, le premier et le plus illustre de sa race, mourut plein de jours. L'ancien Anahuac conservait de ce fondateur de monarchie un bon souvenir. Il vantait son énergie, sa valeur et sa justice, les seules qualités qui laissent des traces ineffaçables dans la mémoire des peuples. Ses funérailles ne furent point celles d'un chef de barbares. Elles servent à donner l'idée de la reconnaissance de ses sujets et de leur état social. Le corps du défunt, couvert de petites figures d'or et d'argent bien travaillées, fut placé dans une espèce de châsse et sur une couche de gomme copal et d'autres substances aromatiques. Il y demeura cinq jours, temps nécessaire à l'arrivée des seigneurs conviés à ses obsèques ; puis il fut brûlé suivant la coutume des Chichimèques. On réunit les cendres dans une urne de pierre fort dure qui resta quarante jours exposée dans une des salles du palais royal. Chaque jour la noblesse venait lui payer un tribut de larmes. Ce temps passé, on se rendit en procession au lieu de la sépulture des rois : c'était une caverne creusée dans un de ces tertres pyramidaux si communs dans toute cette partie de l'Amérique. L'urne y fut déposée et remise à la garde du dieu de la mort.

Les successeurs de Xolotl furent presque tous des hommes remarquables. Texcuco, embellie par eux, devint l'Athènes de l'Anahuac, le séjour de ses savants, de ses poëtes, de ses artistes les plus célèbres ; son histoire se lie à celle des Mexicains dont nous allons nous occuper.

On se rappelle que la tribu aztèque ou mexicaine faisait partie de la grande migration des Nahuatlaques. Ces Aztèques prétendaient n'avoir quitté leur patrie que sur l'ordre d'un oracle. C'était probablement cette voix puissante qui dit à l'homme sauvage : change ta condition pour une meilleure ; abandonne un rude climat pour un chaud soleil, des terres froides pour un sol fertile. Nous possédons un tableau hiéroglyphique de leur migration (*). Il commence, comme nos vieilles chroniques, par le déluge, et finit par l'établissement de la nation voyageuse au site même de Tenochtitlan ou Mexico. On voit d'abord sur cette peinture Coxcox,

(*) Voyez pl. 3.

le Noé des Mexicains, couché dans une barque au milieu des eaux, les deux mains élevées vers le ciel. Non loin de lui, également dans les eaux, paraît une haute montagne, l'Ararat des Aztèques, au pied de laquelle sont en regard les figures de Coxcox et de sa femme. Un téocalli ou autel placé sur le site même d'Aztlan (la terre des pies) est le point de départ de la nation. Là, un groupe d'hommes nés muets, après le déluge, debout devant une colombe perchée sur le haut d'un arbre, reçoivent d'elle le don des langues, figurées par une multitude de petites virgules qui lui sortent du bec. Puis ces hommes se mettent en marche, disposés en style de procession. Ils suivent un long cordon à nœuds qui décrit diverses sinuosités sur lesquelles la route est tracée. De distance en distance, des figures hiéroglyphiques indiquent les différents lieux où les Aztèques ont séjourné et les villes qu'ils ont bâties (*).

Les Aztèques, suivant d'autres traditions, s'arrêtèrent quelque temps sur les bords du Rio-Gila, où l'on découvre encore les traces d'anciennes habitations; mais ces monuments, qui indiquent un peuple civilisé, pouvaient-ils être l'œuvre de barbares que nous trouvons cent ans plus tard sous de misérables huttes de joncs? Les sites délicieux du Mechoacan (pays du poisson) les retinrent quelque temps; plusieurs d'entre eux s'y fixèrent; le plus grand nombre gagna Tula, et enfin Tepeyacac, où s'élève aujourd'hui le sanctuaire de la Vierge

(*) Ce tableau de la migration des Aztèques a fait jadis partie de la collection du docteur Siguenza, qui avait hérité des peintures hiéroglyphiques d'un noble indien, Juan de Alba Iztlilzochitl. Siguenza le communiqua à Gemelli Careri, qui le publia dans le tome 6 de la relation de son voyage. M. de Humboldt incline à penser que ce tableau est une copie faite après la conquête par un indigène qui n'a pas voulu suivre la forme incorrecte de l'original, mais qui a imité avec une scrupuleuse exactitude les hiéroglyphes des noms et des cycles tout en changeant les proportions des figures humaines.

de Guadeloupe. Toute cette première période de leur histoire est couverte d'une teinte fabuleuse, sous laquelle se cachent des faits réels; nous lui conserverons ses couleurs, convaincus que nous sommes qu'on ne les enlève jamais sans emporter des parcelles de vérités.

Les Aztèques errèrent quelque temps sur la rive occidentale du lac de Texcuco, puis ils allèrent se grouper sur la colline isolée de Chapoltepec; ils étaient là aux prises avec les chefs des environs qui les forcèrent de chercher un asile au milieu des eaux, sur de petites îles voisines de la terre ferme; ils donnèrent à leur nouvel établissement le nom d'Acocolco (lieu de refuge); cinquante ans durant ils y vécurent dans la misère, se nourrissant de poissons, d'insectes et de racines, et n'ayant pour se couvrir que les feuilles du *palma palustris*. La liberté seule les consolait; ils ne la conservèrent pas longtemps. Un de leurs voisins trouva moyen de la leur ravir; il leur offrit des terres à cultiver, s'ils voulaient quitter leurs îles où ils vivaient retranchés; mais ils n'eurent pas plutôt mis le pied sur la terre ferme qu'ils se virent prisonniers du chef des Colhues. C'était le nom de leur nouveau maître. Heureusement pour les Aztèques, que ce roitelet, fort contre des gens désarmés, ne l'était pas assez pour résister seul à une tribu voisine, celle des Xochimilques, qui lui faisait la guerre. Ses esclaves, les Aztèques, s'offrirent de combattre pour lui, avec la liberté pour salaire. Il la promit, puis, les Xochimilques vaincus, le roi des Colhues dit aux Aztèques : Où sont les prisonniers que vous avez faits? et les Aztèques déposèrent à ses pieds des sacs remplis de nez et d'oreilles; mais leur maître exigeait des hommes tout entiers et non des fragments d'hommes. Cependant les Aztèques, voulant offrir un sacrifice à leur dieu de la guerre, dont l'image en bois, placée dans une châsse de roseaux et portée sur les épaules de quatre prêtres, les avait précédés dans leur mi-

Golfe de Panama

MEXIQUE

gration, demandèrent à leur maître quelques objets de prix pour rendre le sacrifice plus solennel. Le petit roitelet leur envoya un oiseau mort enveloppé d'une toile grossière, et, pour ajouter la dérision à l'insulte, il leur annonça qu'il assisterait lui-même à la fête. Tous les Aztèques s'y trouvèrent. Après une longue danse autour de leur idole, ils amenèrent quatre prisonniers xochimilques qu'ils avaient tenus cachés depuis longtemps. Ces malheureux furent immolés avec les cérémonies encore observées lors de la conquête des Espagnols, et dont nous parlerons par la suite. Ce fut le premier sacrifice humain dans l'Anahuac; il épouvanta tellement le roi des Colhues, qu'il se hâta de se débarrasser de ses féroces esclaves; il leur rendit la liberté en leur enjoignant de sortir sur-le-champ de son petit territoire; c'était ce que les Aztèques demandaient. Après avoir erré quelque temps dans le voisinage des lacs, ils se fixèrent enfin là où s'élève aujourd'hui Mexico. C'était alors une réunion de petites îles basses et inhabitées. L'indépendance dont avant leur esclavage ils avaient joui sur d'autres îles, les détermina probablement à préférer cette résidence à toute autre; mais leurs historiens ne se contentent pas de ce motif tout naturel, ils font intervenir le merveilleux à la fondation de la première de leurs villes. Un oracle avait annoncé, disent-ils, que les Aztèques finiraient leur long pèlerinage là où ils trouveraient un aigle sur un nopal sortant du creux d'un rocher, et cette circonstance s'était rencontrée sur la plus grande des îles. Le nom de Tenochtitlan, donné à la cité naissante, indique le miracle de l'apparition du dieu protecteur sous la forme d'un aigle, miracle consacré sur les peintures hiéroglyphiques et les armes de la ville.

Cette Mexico, si belle de nos jours, commença, en 1325, par des cabanes de joncs et par un temple de bois dédié à Huitzilopochtli(*). Ses habitants,

pauvres d'abord sur un sol qui ne produisait rien, mais bientôt en contact avec l'industrieuse Texcuco, s'initièrent à cette civilisation de l'Anahuac qui leur était jusqu'alors complétement étrangère. Leurs essais d'imitation se portèrent sur des objets de première nécessité. A l'étroit dans l'île où ils s'étaient établis, ils s'agrandirent en la réunissant par des digues à des îlots voisins. Le système qu'ils suivirent dans la construction de ces digues leur fit naître l'idée des jardins flottants dont nous parlerons plus tard, et qui semblent un des plus anciens travaux des Aztèques. Tenochtitlan fut divisée dès cette première période en quatre quartiers, mis chacun sous la protection d'une divinité spéciale. Le grand temple s'élevait au centre de cette ancienne distribution, qui subsiste encore sous les noms de Saint-Paul, de Saint-Sébastien, de Saint-Jean et de Sainte-Marie.

Les Mexicains troublèrent eux-mêmes le repos dont ils jouissaient; de vieilles querelles, nées pendant leur première migration, se réveillèrent; le peuple se partagea en deux partis. Le plus faible abandonna la ville et se retira sur une petite île voisine qui prit le nom de Tlatelolco. Plus tard nous la verrons réunie à Tenochtitlan, dont elle devint un des faubourgs, après avoir longtemps formé un État rival et turbulent.

Les indigènes qui écrivirent, après la conquête espagnole, l'histoire de leur patrie, nous ont conservé d'insignifiants détails sur les premiers temps des Aztèques; nous devons nous borner à ceux qui peignent les mœurs. Voici un nouveau trait de fanatisme barbare qui se lie à l'origine de leur culte sanguinaire.

La paix s'était rétablie en apparence entre eux et les Colhues leurs anciens maîtres. Cependant les prêtres, haineux et cruels, résolurent

---

(*) Huitzilin désigne le colibri, et opochtli signifie gauche. Le dieu était peint avec des plumes de colibri sous le pied gauche. Les Européens ont corrompu le nom de huitzilopochtli en huichilobos et vizlipuzli.

de se venger de ceux qui les avaient tenus dans l'esclavage. Ils engagent le roi de Colhuacan à leur confier sa fille unique pour être élevée dans le temple de Mexitli, et adorée après sa mort comme la mère de ce dieu puissant. Pour mieux tromper, ils prétendent que l'idole même a parlé; qu'elle-même a réclamé la jeune vierge. Le crédule chef des Colhues accorde sa fille aux vœux de ces barbares; il l'accompagne et l'introduit en personne dans l'enceinte ténébreuse du temple; ici les prêtres les séparent, puis un grand bruit se fait entendre dans le sanctuaire, et le malheureux père ne peut distinguer les gémissements d'une victime expirante. Quelques moments après, on met un encensoir dans sa main, on lui ordonne d'allumer le copal. Pauvre père! à la pâle lueur de la flamme qui s'élève, il reconnaît sa fille bien-aimée attachée à un poteau, sans mouvement et sans vie. A cette horrible vue, il perd l'usage de ses sens, il ne peut ni crier, ni gémir, ni s'élancer sur les assassins de sa fille, ni se baigner dans leur sang; il devient fou. Ses sujets n'osent le venger; ils craignent de se mesurer avec un peuple qui se fait redouter par de tels excès de barbarie. La jeune fille immolée est placée parmi les divinités aztèques sous le nom de Teteionan ou Teteoinan, *mère des dieux*, ou Tocitzin, *notre grand'mère*, déesse qu'il ne faut pas confondre avec l'Ève des Mexicains (*Tonantzin*), ou la femme au serpent.

Jusqu'à l'année 1352, le gouvernement de Mexico fut aristocratique. Les plus riches, les plus habiles, les plus braves composaient la noblesse, qui partageait le pouvoir avec les prêtres maîtres de l'esprit des peuples. Vingt nobles gouvernaient l'État; mais l'exemple des autres nations de l'Anahuac, obéissant à un roi, fit supposer aux Mexicains que cette forme de gouvernement anéantirait les rivalités de leur aristocratie, et les rendrait plus forts et plus puissants à l'extérieur; ils l'adoptèrent. Le système de l'élection fut également admis. Acamapitzin, le plus vaillant, le plus noble et le plus prudent d'entre eux, fut choisi par acclamation. Il appartenait, par sa mère, à la famille royale de Colhuacan, et, par son père, au seigneur de Zumpanco.

Les Mexicains de Tlatelolco, cette faction dissidente dont nous avons déjà parlé, suivirent l'exemple de leurs frères. Eux aussi se donnèrent un roi. Nous ferons remarquer qu'un grand nombre de faits, pendant cette période, s'expliquent par la rivalité des deux branches de la famille aztèque. Les Tlatelolques ou Tlatelolcos suscitèrent aux Mexicains des ennemis acharnés, et les obstacles les plus sérieux qu'ils aient eus à surmonter dans l'origine de leur monarchie.

Le système féodal de notre Europe se retrouve tout entier dans l'Anahuac à l'époque dont nous nous occupons. La maxime, nulle terre sans seigneur, y était généralement admise. Les îles sur lesquelles les Aztèques étaient établis relevaient du chef des Tépanèques, qui trouva fort mauvais que les Mexicains se fussent donné un roi sans son consentement. Pour les punir, il augmenta le tribut qu'ils lui payaient de plusieurs milliers de saules, d'une grande quantité de poissons, de plantes potagères et d'oiseaux aquatiques. Pendant plus de cinquante ans les Mexicains ne purent s'affranchir de cette fâcheuse dépendance. Acamapitzin fut assez sage pour maintenir la ville en paix; c'était tout son royaume. Elle s'agrandit de nouveaux canaux, de nouvelles digues. Elle s'embellit de bâtiments de pierre. Nous remarquons que ce petit roi Acamapitzin avait plusieurs femmes, dont une seule prenait le titre de reine. Entre sa mort (1389) et l'élection de son successeur, on compte un interrègne de quatre mois; ce qui ne se reproduisit jamais dans la suite.

Un jeune homme d'une bravoure éprouvée, Huitzilihuitl, lui succéda. La religion fut appelée aux cérémonies de son couronnement. Il fut oint par le grand prêtre avec une certaine teinture dont on ne donne pas le nom. On voit cet Huitzilihuitl, sur les peintures

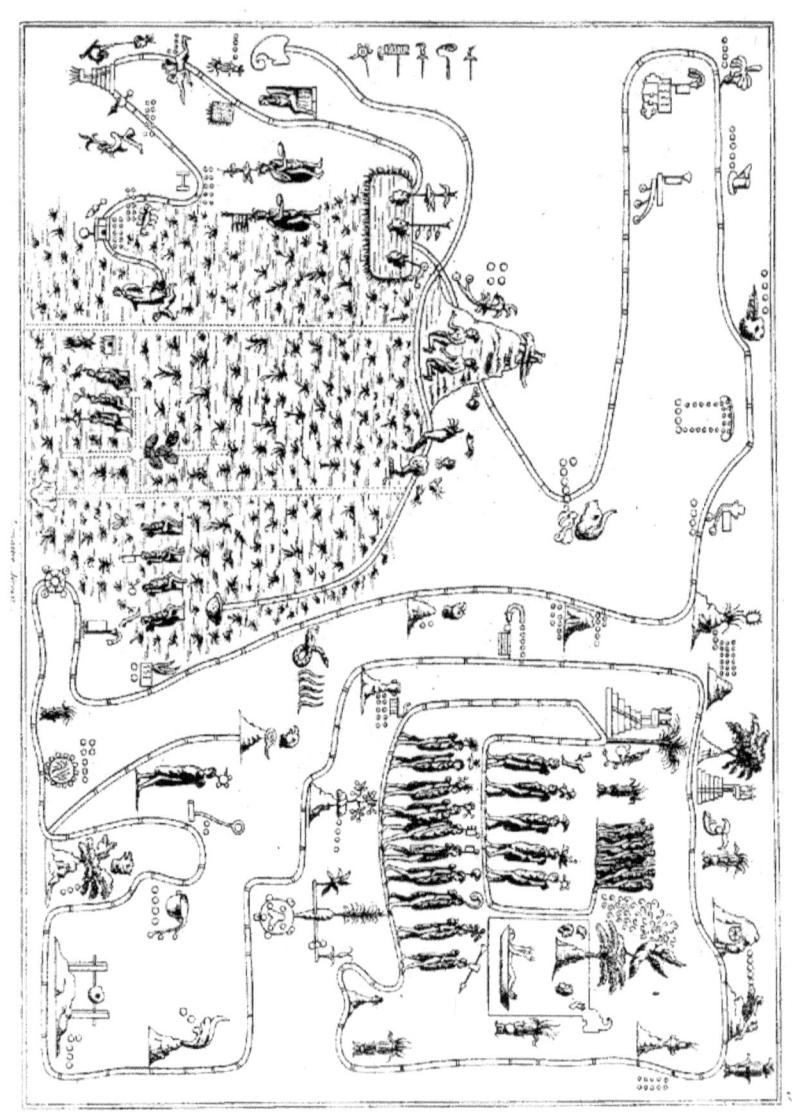

hiéroglyphiques, portant une espèce de mitre sur la tête. Ses nobles, pour lui donner plus d'importance, résolurent de le marier à la fille de leur propre seigneur, le chef des Tepanèques, qui demeurait à Azcapozalco. La demande fut faite à genoux, dans les termes les plus humbles, et accordée. Huitzilihuitl épousa quelque temps après une autre princesse, dont il eut Moctezuma, que nous verrons bientôt un des plus grands rois de l'Anahuac.

Pendant ce règne, les Mexicains sortent de leur obscurité et de leur indigence. Courageux auxiliaires du roi de Texcuco, ils l'aident à châtier un vassal rebelle, le prince de Xaltocan. Ils se font remarquer à la guerre et craindre de leurs voisins. Ils commencent à posséder quelques portions de territoire sur la terre ferme, à se vêtir d'étoffes de coton qu'ils ont eux-mêmes fabriquées. Ils se familiarisent avec les premiers éléments de l'industrie, et leurs relations intimes avec Texcuco les initient à la civilisation de la cour brillante des rois acolhues, qui semblait presque une cour d'Asie, tant on y comptait d'officiers de tous les noms et de tous les emplois. Peintres, sculpteurs, orfèvres y vivaient réunis en corporations, et travaillaient sans cesse à l'embellissement de la demeure royale. La population de Mexico prit alors de nouveaux accroissements ; il en fut de même de Tlatelolco, cette cité voisine et rivale.

Ici paraît sur la scène une espèce de monstre, fils du roi des Tepanèques, beau-frère du roi de Mexico, que les peintures hiéroglyphiques nomment Maxtlaton. On le voit, comme le mauvais génie de la famille royale de Mexico, la poursuivre de toute sa haine. Il fait assassiner son neveu, fils de la princesse d'Azcapozalco, à laquelle il prétendait avoir été fiancé avant qu'elle épousât Huitzilihuitl ; car alors, dans l'Anahuac, les frères épousaient leurs sœurs. Ce crime souleva d'indignation toute la noblesse mexicaine, et, comme à elle appartenait le pouvoir législatif, elle résolut de prévenir de tels assassinats en les rendant inutiles. Elle décida que les frères et les neveux du roi seraient appelés au trône de préférence à ses enfants. Cette loi fut exécutée à la mort de Huitzilihuitl, en 1409. Son frère, Chimalpopoca, lui succéda.

Sous son règne, de grands changements survinrent dans l'Anahuac. Texcuco en était à cette époque le plus puissant État, et Mexico le plus faible : en peu d'années, cette position respective des peuples ne fut plus la même. La guerre ayant éclaté entre Tezozomoc, le chef d'Azcapozalco, et Ixtlilxochitl, roi de Texcuco, les Mexicains, feudataires du premier, furent requis de marcher avec lui. Ils contribuèrent à la victoire qui mit l'empire des Acolhues aux mains des Tépanèques. Pour prix de leurs services, la belle Texcuco leur fut donnée en fief. La prépondérance des Acolhues échut aux Tépanèques victorieux ; leur ville principale, Azcapozalco, devint la capitale de l'Anahuac. Le roi vaincu fut assassiné par le roi vainqueur, et celui-ci mourut neuf ans après sa conquête, abhorré de tous les peuples et laissant le trône à son fils Tajatzin, au préjudice de son autre fils Maxtlaton, qui, n'étant pas homme à respecter la volonté paternelle, se révolta. L'assassinat de Tajatzin lui donna la couronne, mais il lui restait à se venger de Chimalpopoca, l'ami, le conseil et l'appui de son frère. On prétend qu'il le fit poursuivre jusque dans Mexico, et saisir à l'instant même où le pauvre roi, pour éviter l'esclavage, allait s'offrir en sacrifice aux dieux de l'empire ; on ajoute qu'il lui donna pour prison une cage de bois où il était gardé à vue ; ce qui ne l'empêcha de s'y pendre en 1423. Nous rapportons tous ces faits d'après Clavigero, qui ne dissimule pas leur invraisemblance. Les peintures du recueil de Mendoza placent, sous le règne de Chimalpopoca, plusieurs victoires remportées par les Mexicains, et la soumission des villes de Chalco et de Tequizquiac ; elles indiquent encore un combat naval gagné sur les mêmes habitants de Chalco, et l'interprète de ce recueil ajoute que le roi prisonnier laissa un grand nombre d'enfants de ses concubines.

Ce fut un moment critique pour Mexico. Il lui fallait pour roi un général qui pût balancer la fortune de Maxtlaton. Itzcoatl s'était distingué dans les guerres contre Texcuco; mais, né d'une esclave, la loi l'excluait de la succession. Les circonstances l'emportèrent sur la loi, la légitimité fut sacrifiée, et l'empire au berceau fut sauvé.

La première pensée de ce prince habile fut de se faire des alliés. Il tendit la main à Nezahualcojotl, le jeune fils du dernier roi de Texcuco, alors proscrit, alors errant de montagnes en montagnes, de forêts en forêts, suivi de fidèles serviteurs; il s'adresse aux braves Tlascaltèques, ou Tlascalans, mal récompensés des services qu'ils avaient rendus à Maxtlaton. Avec eux il se croit assez fort pour tenter le sort des armes; mais il veut, avant tout, épuiser les moyens de conciliation. Il charge Moctezuma, son meilleur général, celui qui, plus tard sur le trône, mérita le nom de grand, d'aller négocier la paix. Moctezuma, reçu avec dédain, vit ses jours menacés par le roi des Tépanèques, et ne dut son salut qu'à la fuite. Il revint à Mexico, apportant la nouvelle d'une guerre inévitable.

A cette terrible annonce, le peuple fut saisi de terreur : Itzcoatl, Moctezuma, et les principaux d'entre les nobles, s'efforcèrent de relever son courage. Mais ce peuple tout tremblant leur disait : Que ferons-nous si nous sommes vaincus? Et les nobles répondaient : Nous nous mettrons à votre disposition, nous nous livrerons à votre vengeance. Ainsi soit-il, dit le peuple, et nous vous sacrifierons. Et puis il ajouta : Mais, si vous revenez vainqueurs, vous serez nos maîtres, nos seigneurs; vous le serez de nous, de nos enfants, et des enfants de nos enfants. Pour vous, nous cultiverons la terre, nous bâtirons vos maisons, nous porterons vos armes et vos bagages toutes les fois que vous irez à la guerre. Telle est l'origine de l'esclavage et de la division des castes dans le vieux Mexique; telle est la base de cet état social que Cortès trouva dans l'empire au jour de la conquête.

Mexicains et Tépanèques n'avaient qu'un pas à faire pour se rencontrer. Ces deux peuples se combattirent à quelques milles de Tenochtitlan. Les Mexicains, d'abord repoussés, parlaient déjà de sacrifier leurs chefs, lorsque, après deux jours d'une lutte acharnée, la défaite totale des Tépanèques, due au courage de la noblesse, mit fin à la tyrannie de Maxtlaton, qui fut pris et lapidé. Cet événement, le plus mémorable de toute la vieille histoire américaine, changea complétement la situation politique de l'Anahuac. C'est de ce moment 1425 que date le rapide et prodigieux accroissement de l'empire mexicain, qui réunit les territoires des Tépanèques et de ses tributaires. Itzcoatl prit sous son patronage le petit royaume de Tacuba; il rétablit le royaume acolhue de Texcuco; il remit Nezahualcojotl sur le trône de ses pères, mais sous la suzeraineté de Mexico; il rendit tributaire de sa couronne les princes de Cojohuacan et de Xochimilco. Il obligea ces chefs vassaux à se ranger sous ses bannières toutes les fois qu'il irait à la guerre. Les républicains de Tlascala, ses alliés, s'en allèrent seuls retrouver leurs montagnes, libres de vasselage et fiers de leur portion de gloire et de butin.

Les années qui suivirent cette grande révolution sont marquées par de nouveaux agrandissements au sud et au nord, et par le grand développement de la ville de Tenochtitlan ou Mexico, qui vit s'élever de nouveaux édifices. Un nouveau temple fut consacré à la jeune vierge (l'assassinée), mère du premier de ses dieux. A la mort d'Itzcoatl (1436), les Mexicains se trouvaient ce que les Toltèques, les Acolhues, les Tépanèques, s'étaient vus tour à tour, la nation dominante de l'Anahuac.

Un général tel que Moctezuma devait naturellement gouverner le pays qu'il avait su défendre. Le trône était à lui comme au plus digne; il y fut porté par acclamation. Tous les chefs voisins assistèrent à son couronnement. Le sang des victimes humaines ruissela sur les autels. Les malheureux habitants de Chalco fournirent les prisonniers immolés à cette horrible fête. Bientôt, Moctezuma se trouva trop à l'étroit dans la vallée de Tenochtitlan. Les barrières alpines qui l'entourent furent franchies. La guerre fut portée à l'est et au sud, et atteignit, à quelques centaines de milles de la capitale, le territoire d'Oaxaca et les rivages qui bordent le golfe du Mexique. Une partie de ces contrées devint tributaire de l'empire. Mais la Providence vengea les vaincus. Mexico fut couverte, en 1446, par les eaux du lac de Texcuco. Un grand nombre de ses habitants périt. La famine et la peste augmentèrent le nombre des morts. Ce fut alors qu'on commença à élever ces digues immenses dont les restes font encore l'étonnement de notre âge. Une d'elles n'avait pas moins de douze mille mètres de long sur vingt mètres de large. Cette digue, en partie dans le lac, consistait en un mur de pierre et d'argile, fraisé de chaque côté d'un rang de palissades. On en voit encore les restes très-considérables dans les plaines de San-Laurenzo. Le roi de Texcuco, l'homme le plus éclairé de l'Anahuac, fut le directeur de ces travaux.

Sous le règne de Moctezuma Ilhuicamina, la cour impériale fut nombreuse et brillante; les chefs vaincus et leur suite venaient y rendre hommage au conquérant. Les prêtres devinrent un instrument entre ses mains; il augmenta, pour leur donner plus d'importance aux yeux des peuples, les cérémonies du culte : de nouveaux rites furent institués; de nouveaux temples bâtis; toutes les institutions prirent la couleur du despotisme théocratique. Le pouvoir royal fit taire les prétentions aristocratiques. Les grands furent élevés au rang de valets du monarque; tout fut silence et respect autour du trône. Des lois et une police rigoureuses atteignaient tous les états, et maintenaient l'ordre et la soumission dans toutes les classes. Le vol et l'ivrognerie furent sévèrement punis.

Moctezuma mourut en 1464, l'idole du peuple mexicain, craint et respecté de tout l'Anahuac, qui lui donna le nom de grand et de juste.

Son cousin Axajacatl lui succéda; Moctezuma l'avait désigné lui-même aux électeurs, qui le choisirent de préférence à son frère aîné, probablement par respect pour la volonté du dernier roi. La politique mexicaine était tracée : c'était celle de la Rome antique. La guerre était la vie de Tenochtitlan; rien d'indépendant ne devait subsister autour d'un empire qui n'était rien sans ses conquêtes, qui composait ses armées de tributaires, qui forçait à se battre pour son compte ceux-là qu'il venait de vaincre, qui ne régnait que par le prestige de la terreur et par la magie de la victoire. Axajacatl suivit l'exemple de son prédécesseur; il porta ses armes à quatre cents milles de Mexico, sur les bords du grand Océan. Une confédération de villes maritimes, à la tête desquelles était Tehuantepec, fut attaquée et soumise; un nombre immense de prisonniers fut conduit à Mexico, et alla expirer sous le couteau du grand sacrificateur. Cette boucherie servit à la pompe du couronnement de l'empereur, qui eut presque toujours les armes à la main. Il mit fin au petit État de Tlatelolco; il s'empara de cette ville bâtie à la porte de Tenochtitlan, habitée par la même famille, et jalouse de la fortune de sa sœur, comme les pauvres le sont des riches. La longue existence de cette ville rivale tenait sans doute à la politique mexicaine, sans quoi il serait impossible de l'expliquer. Les forces des deux cités étaient trop inégales, surtout depuis la chute des Tépanèques, pour que la lutte fût sérieuse. Voici comme Clavigero raconte cet événement. Moquihuix, le roi des Tlatelolques, avait loyalement aidé Moctezuma; il lui avait amené ses meilleures troupes, et avait contribué de sa personne à plus d'une de ses victoires. En récompense de tels services, Moctezuma lui avait donné en mariage la sœur d'Axajacatl, belle Mexicaine refusée à plus d'un prince de l'Anahuac. Cette préférence n'attacha point Moquihuix à la destinée de son

2ᵉ *Livraison.* (MEXIQUE.) 2

beau-frère. Jaloux de sa fortune, il fit tourner la haine au profit de l'ambition; il lui vint en pensée d'anéantir Mexico, et d'hériter ainsi tout d'un coup de l'empire d'Anahuac. Seul, il ne pouvait rien. Il alla chercher des alliés chez tous les seigneurs voisins et jusqu'aux frontières du Mechoacan. Cette ligue, formidable si elle eût été réunie dans un intérêt commun, ne fut pas longtemps un mystère. La femme de Moquihuix, dont le cœur était resté mexicain, et qui, très-probablement, avait à se venger de ces infidélités que les femmes ne pardonnent qu'à ceux qu'elles n'aiment plus, découvrit tout à son frère, et se sauva à Mexico avec ses quatre enfants. La guerre ne fut pas longue: les alliés de Moquihuix, le voyant aux prises avec son ennemi, le laissèrent se tirer seul de cette lutte inégale, qui se termina en quelques jours par la prise de Tlatelolco et par la mort de son roi. Si l'on s'en rapporte aux peintures, ce pauvre Moquihuix fut amené vivant à Axajacatl, qui lui ouvrit la poitrine et lui arracha le cœur. Ce dernier trait est tout à fait mexicain. Les chefs alliés de Tlatelolco furent mis à mort et leurs terres réunies à l'empire.

C'est vers le temps de cette guerre de famille que tout l'Anahuac pleura la mort du roi de Texcuco, du sage Nezahualcojotl, l'un des héros les plus renommés de l'ancienne Amérique. C'est ce prince que les Mexicains avaient rétabli sur le trône de ses pères après la chute de Maxtlaton, et qui, pendant treize années proscrit par l'usurpateur, se fit admirer par la constance de son énergie et la noblesse de son caractère. Il fut plus grand encore sur le trône; il se montra généreux envers ses ennemis, et sévère justicier. Son peuple était le plus civilisé de toute cette partie de l'Amérique; il le voulut le plus moral. Son code pénal embrassa tous les crimes, tous les délits: adultère, sodomie, homicide, vol, ivrognerie, meurtre, trahison; il abrégea les procédures, et ne permit point qu'elles fussent prolongées au delà de quatre-vingts jours (quatre mois mexicains), soit au civil, soit au criminel. On prétend qu'il fit mettre à mort quatre de ses fils, amants aimés de leur belle-mère. Le moindre vol des produits de la terre était puni du dernier supplice; mais, pour éviter autant que possible une aussi terrible peine, il ordonna que toutes les terres bordant les grands chemins fussent ensemencées, et permit aux voyageurs, aux pauvres, aux infirmes, d'y prendre, sans violer la loi, ce qui était nécessaire à leur subsistance. Lui-même fit de ses revenus le patrimoine des indigents.

Comme les despotes de l'Asie, il parcourait souvent, déguisé, pendant la nuit, les rues de sa capitale, pour observer par lui-même si la police était bien faite. Il payait, nourrissait et habillait de ses propres deniers les juges et les officiers de justice, afin qu'ils ne pussent être corrompus par les parties. Clavigero nous donne le détail de tout ce qu'ils lui coûtaient tous les ans en maïs, en poivre, en sel, en viande, en poisson, etc.; il divisait les fournitures de ces denrées entre les vingt-neuf villes de son royaume. Un nombre immense de jeunes hommes étaient chargés d'apporter chaque jour sur leur dos le bois nécessaire à la consommation du palais.

Le roi de Texcuco ne fut pas seulement un sage législateur; il est célèbre encore comme poëte et comme protecteur des arts et des sciences; il avait composé, en l'honneur du Créateur du ciel et de la terre, soixante hymnes. Deux de ces odes ou chants ont été traduits en vers espagnols par un de ses descendants, don Fernando d'Alba, Ixtlilxochitl. Il avait fait aussi quelques élégies sur la ruine d'Azcapozalco et sur les infortunes de sa jeunesse; il se livrait encore à l'étude de la nature; il avait quelques idées d'astronomie et quelques connaissances en botanique: il avait fait peindre toutes les plantes et tous les animaux des diverses contrées de l'Anahuac; et le célèbre Hernandez, qui avait vu ces peintures, en fait l'éloge. Un esprit éclairé ne pouvait admettre le culte

MEXIQUE.

Monument de Xochicalco.

barbare de ces contrées : il essaya plusieurs fois de proscrire les sacrifices humains ; mais l'influence des prêtres et la crédulité des peuples furent plus puissantes que son humanité ; toutefois il les restreignit aux seuls prisonniers de guerre. Si l'on en croit les écrivains espagnols, la religion de ce roi de Texcuco était celle d'un homme éclairé et supérieur aux idées de son temps et de son pays ; il adorait un Dieu unique, et la politique seule l'engageait à payer extérieurement un tribut au culte de ses sujets. On prétend qu'il fit construire en l'honneur de ce Dieu une tour de neuf étages, dont le plus élevé, était peint en bleu, avec des ornements et une corniche en or. Là, résidaient constamment quelques hommes, dont l'unique emploi était de frapper, à certaines heures du jour, sur une plaque de métal. Le roi se mettait alors à genoux, et priait le maître de la terre ; il jeûnait aussi en son honneur à une certaine époque de l'année (*). Alors Texcuco embellie était la ville où la langue mexicaine se parlait dans sa plus grande pureté et sa plus grande perfection. Les peuples voisins venaient s'instruire dans ses écoles ; ses lois étaient adoptées par les autres peuples. Chez elle, on trouvait les meilleurs artistes, les meilleurs poëtes, les meilleurs orateurs, les meilleurs historiens, dont le talent se développait sous la protection de leur monarque. Texcuco était à la tête de la civilisation de l'Anahuac ; il est triste de la quitter pour retourner à la sombre et triste histoire des Mexicains. Nous les retrouvons avec leur roi Axajacatl dans la vallée de Toluca, qui n'était point alors soumise à l'empire. Elle y fut enfin réunie après plusieurs combats sanglants, qui fournirent aux prêtres de Mexico un nombre immense de prisonniers pour leurs sacrifices. L'empereur poussa ses conquêtes jusqu'aux frontières du Mechoacan. Sa mort, en 1477, les interrompit.

A ce prince guerrier succéda Tizoc, son frère aîné, dont le règne fut court et obscur. On lui reprochait tous les vices des tyrans. Une campagne malheureuse acheva de le perdre dans l'esprit des peuples. Il avait tout fait pour se rendre les prêtres favorables ; il avait augmenté leurs richesses. Il faisait réunir de toutes parts les matériaux nécessaires pour la construction d'un temple qui devait surpasser en grandeur, en magnificence, ce qui existait jusqu'alors ; il n'eut pas le temps d'exécuter ce projet. Il mourut empoisonné par deux seigneurs vassaux qui vengeaient probablement une injure personnelle. Il n'avait régné que quatre ans. Les grands électeurs de l'empire le remplacèrent par le meilleur général de l'armée, son frère Ahuitzotl (1482). Nous remarquerons ici que c'est toujours un homme de guerre qui est appelé à régner, et qu'il n'en peut être autrement chez une nation qui ne se soutenait que par les conquêtes. L'événement le plus remarquable de ce règne est la construction du grand *teocali* (temple) que les Espagnols trouvèrent à Mexico, et que nous décrirons en jetant un coup d'œil sur les monuments de l'ancien Mexique. Il employa les matériaux réunis, par son prédécesseur, et en fit extraire beaucoup d'autres d'une carrière de *tetzontli*, amygdaloïde poreuse, nouvellement exploitée. L'inauguration de ce temple fut annoncée à tout l'Anahuac ; les rois alliés furent invités à y assister, et les peuples y accoururent de tous les points de l'empire. Les fêtes durèrent plusieurs jours ; les historiens prétendent qu'à ces fêtes plus de soixante mille prisonniers furent égorgés ; Torquemada porte même ce nombre à soixante et douze mille. C'est le plus épouvantable sacrifice humain dont l'histoire ait gardé le souvenir ; mais évidemment tous ces chiffres sont d'énormes exagérations. Qu'on n'oublie pas qu'un homme, à Mexico, le grand

(*) Ces détails sont extraits des manuscrits de don Fernando d'Alba Ixtlilxochitl que nous venons de citer comme poète, et qui a laissé de fort curieux travaux historiques sur le royaume de Texcuco et les événements de la conquête.

2.

sacrificateur, avait seul le droit de frapper la victime; que chaque meurtre était accompagné de plusieurs cérémonies religieuses, dont l'accomplissement demandait quelques minutes, et telle promptitude qu'on suppose à ce prêtre bourreau, dix mois mexicains (deux cents jours), n'eussent pas suffi à l'immolation de soixante et douze mille prisonniers. Au reste, quel que fût le nombre de ces malheureux, il était toujours trop grand. Les annales mexicaines parlent d'un tremblement de terre qui arriva à cette époque et détruisit plusieurs villes de l'Anahuac. Une autre calamité fondit sur Tenochtitlan; cette grande capitale fut sur le point de disparaître sous les eaux, par la crue subite du lac de Texcuco, dans lequel Ahuitzotl, pour remédier à une longue sécheresse, avait fait conduire les sources abondantes de Huitzilopochco, qui se jetaient avant dans la vallée de Toluca. Il oublia que ce même lac, dépourvu d'eau dans les temps secs, devient plus dangereux dans les années pluvieuses, à mesure qu'on augmente le nombre de ses affluents. Il fit périr un citoyen de Cojoacan, qui lui avait prédit le danger auquel il exposait la capitale; danger dont il fut bientôt convaincu, puisqu'il fut sur le point d'être noyé dans son propre palais, où l'eau monta rapidement jusqu'au premier étage. Heureusement le roi de Texcuco, un peu plus habile que son collègue, se chargea de diriger les travaux qui rétablirent les choses dans leur premier état. La digue de Moctezuma Ier, agrandie et réparée, préserva Tenocthtitlan d'une destruction complète : la Providence le réservait à la fureur des Espagnols et à la haine des peuples indépendants de l'Anahuac. Ahuitzotl embellit sa capitale de plusieurs édifices; il poussa ses conquêtes jusque dans le Quahtematlan (Guatémala), à plus de neuf cents milles de Mexico; il donna à l'empire les limites où les Espagnols le trouvèrent; il tenta, mais en vain, de soumettre le Mechoacan; il mourut en 1502.

Les électeurs se réunirent pour lui nommer un successeur, et tous les regards se portèrent sur Moctezuma, fils du roi Axajacatl. C'était un de ces hommes que la Providence met sur le trône quand elle a prononcé la chute d'un empire; il s'était fait connaître à la guerre comme un des meilleurs généraux de l'armée, et il remplissait en même temps des fonctions sacerdotales. Son extérieur grave et dévot le faisait respecter de la multitude. Homme de dissimulation, d'action, et de parole éloquente, il avait une grande influence dans le conseil; il fut élu tout d'une voix roi et souverain pontife. On s'empressa d'instruire les deux rois alliés de son élection; ils se hâtèrent de venir lui rendre hommage. Moctezuma ayant appris sa nomination, se retira dans le temple, où la noblesse en corps alla le chercher, et le trouva balayant les pavés du sanctuaire, se lamentant de sa haute fortune, priant les dieux de détourner la coupe royale de ses lèvres, en se proclamant incapable de supporter le poids de la couronne. Les prêtres avaient déjà pénétré l'hypocrisie de l'homme; ils virent dès lors en lui un dangereux rival. On peut supposer qu'ils ne furent pas étrangers aux tristes événements de son règne et à sa déplorable fin.

A peine assis sur le trône, il jeta loin de lui ce manteau de modestie et d'humilité dont il s'était couvert : il parut tel que la nature l'avait fait, orgueilleux et despote. Jusqu'alors, les honneurs et les emplois n'avaient pas été le partage exclusif de la noblesse : Moctezuma, voulant s'appuyer uniquement sur elle, les lui accorda tous. Elle seule eut les priviléges de son service et de ses faveurs. Cette impolitique préférence, en lui aliénant l'esprit de l'immense majorité de ses sujets, doit être signalée comme une des causes de sa chute. Le règne de Moctezuma a dû être sévèrement jugé, et par ses sujets qu'il n'avait su défendre, et par les conquérants dont il fut le jouet et la victime; c'est par les faits seuls que nous devons l'apprécier. Les premières années de ce règne nous présentent d'abord une suite d'innova-

MEXIQUE.

Année Mexicaine.

tions dans les institutions du pays. La volonté du maître devient l'unique loi, il regarde la violence et la crainte comme des moyens de gouvernement. Il n'ignore ni les misères, ni les plaintes des peuples; mais l'oppression entre dans sa politique. Il n'imite plus ses prédécesseurs qui marchaient les premiers à la guerre, se rendaient familiers à tous, et vivaient au milieu de leurs soldats et de leurs généraux. Lui se montre rarement en public; il ne se communique qu'avec réserve à ses ministres; il croit que l'isolement ajoute à la majesté royale; il tranche de la divinité et tient à l'adoration.

Mais d'autres innovations plus heureuses se rattachent au nom de Moctezuma et le montrent sous un meilleur jour. Dès le début de son règne, on le voit apporter le plus grand soin à la distribution de la justice; il la rend bonne et prompte sans distinction de rangs. Ses ordonnances contre l'oisiveté méritent d'être citées : il exige que tout homme ait une occupation; ses soldats sont exercés tous les jours et employés à des travaux d'utilité publique. Il protége l'agriculture, et, par une politique adroite, il attache à sa fortune les basses classes de la société en pourvoyant à leurs besoins : une ville tout entière, la cité de Colhuacan, est érigée par lui en un vaste hospice où les pauvres, les soldats infirmes et les vieillards sont logés, nourris et entretenus aux frais de l'État.

Son penchant pour ce qui pouvait augmenter la splendeur du trône le détermina à changer le cérémonial de la cour : il en multiplia les détails et le faste; il créa une garde noble chargée de veiller sans cesse sur sa personne, et s'entoura d'une pompe jusqu'alors inconnue. Nous jetterons bientôt un coup d'œil sur cette magnificence impériale, sur les palais royaux, sur la vie de la cour, des grands et du peuple. Mais quelques événements nous restent encore à raconter.

A l'époque où nous sommes parvenus, les bornes de l'empire, comme nous l'avons déjà dit, s'étendaient aux frontières du Guatémala et du Yucatan; mais à peu de distance de la capitale, trois États indépendants avaient su conserver leur liberté : c'étaient le Mechoacan et les républiques de Tepeaca et de Tlascala. Celle-ci fut la première attaquée. L'armée mexicaine, commandée par le fils aîné du roi et par ses meilleurs généraux, croyait marcher à une conquête facile : l'armée fut anéantie. Le prince qui marchait à sa tête périt dans un combat, et les Tlascalans, aidés des Chichimèques, des Otomies et de tous les réfugiés de l'Anahuac, conservèrent leur liberté, leur territoire, ainsi que leurs relations commerciales avec les contrées maritimes du golfe dont Moctezuma avait voulu les priver, et qui étaient la véritable cause de la guerre. L'exemple de cette courageuse résistance fut suivi par les deux autres États attaqués, et leurs limites respectives restèrent les mêmes. Moins heureux, les Mizetèques et les Zapotèques succombèrent dans leur révolte. Les armées aztèques attaquèrent même les frontières de Guatémala, s'emparèrent de quelques places et firent de nombreux prisonniers. Elles se portèrent aussi dans le Yucatan, et furent sans cesse occupées à combattre une multitude de petits États, les uns insoumis, les autres déjà conquis, et qui cherchaient à échapper à l'oppression du vainqueur. Il faut remarquer qu'à cette époque l'esprit d'indépendance s'éveillait dans tout l'Anahuac, et qu'aucun autre lien que celui de la terreur n'attachait à l'empire les différents peuples qui s'y trouvaient réunis. L'empire avait acquis son plus grand développement. La fortune l'avait comblé de toutes ses faveurs. Il jetait alors son plus grand éclat et touchait à ses mauvais jours. Déjà une horrible famine avait porté la désolation dans plusieurs provinces, et surtout dans le voisinage de Mexico, le centre des États de Moctezuma; elle fut telle qu'il se vit obligé, comme Moctezuma Ier, de permettre à ses sujets affamés d'émigrer vers d'autres contrées où ils perdirent leur liberté. La malheureuse campagne contre Tlascala ne fut pas le seul revers éprouvé : dans une expédition lointaine contre Amatla, une bonne partie de l'armée mexicaine, assaillie par un vent de nord et par une neige épaisse au passage des montagnes, périt de froid ; ce qui échappa aux rigueurs du climat alla tomber sous les coups de l'ennemi. Quelques années avant ces désastres, l'apparition d'une comète avait consterné tout l'Anahuac. La multitude la regardait comme un sinistre présage, comme l'annonce d'un grand malheur. Les ennemis de Moctezuma disaient que c'était un signe précurseur de la fin de l'empire et du despotisme des Mexicains. Pour calmer de telles frayeurs, dont Moctezuma sentait la portée, et probablement pour calmer aussi les siennes, il ordonna à son astrologue d'expliquer cette apparition. L'astrologue, qui n'en savait pas plus que le vulgaire sur la marche des comètes, tint apparemment le même langage que la multitude. Cette fâcheuse interprétation lui coûta la vie. Il fut mis à mort par ordre du roi, pour lui apprendre à expliquer plus politiquement le passage des comètes. Nous voyons sur une des peintures du manuscrit de le Tellier, de la bibliothèque royale, que pendant quarante nuits une vive lumière parut vers l'est de Mexico : c'était peut-être la lumière zodiacale dont la vivacité est très-grande et très-inégale sous les tropiques, ce qu'on ne savait probablement pas à la cour de Moctezuma. On racontait encore bien d'autres prodiges : on disait qu'on avait vu dans le ciel des armées s'entre-choquer ; que les eaux du lac s'étaient soudainement agitées sans tremblement de terre, sans un souffle de vent ; que les tours du grand temple de Mexico avaient pris feu tout à coup, et qu'aucun secours humain n'avait pu maîtriser l'incendie. Puis cette vieille tradition qu'un jour des hommes blancs et barbus viendraient s'emparer du pays, avait repris créance et courait de bouche en bouche.

A cette dernière prophétie se rattache l'histoire de la princesse Papantzin, sœur de Moctezuma, morte et enterrée, et qui revient de l'autre monde, toute pleine de vie, raconter à son frère que la fin de l'empire approche ; que ces hommes blancs, montés sur des vaisseaux, s'avancent pour renverser les idoles et faire triompher le culte du vrai Dieu ; qu'elle-même doit vivre pour être témoin de ce grand événement, et la première à recevoir le baptême ; toute cette fable, rapportée gravement par Clavigero, est évidemment l'œuvre des moines espagnols : c'est une légende fondée sur ce mythe de Quetzalcoatl, homme blanc et barbu, grand prêtre et législateur, et qui disparut en annonçant qu'il reviendrait un jour pour gouverner l'Anahuac.

Mais ce qui était plus fâcheux pour l'empire que les présages et les prédictions, c'était, comme nous l'avons déjà dit, le mécontentement général de tous les peuples tributaires. Même à quelques lieues de Mexico, la révolte avait fait des progrès ; les deux fils du dernier roi de Texcuco, mort en 1516 sans désigner son successeur, s'étant disputé la couronne, l'un d'eux réclama l'assistance de Moctezuma ; l'autre défia les armées mexicaines et les battit plusieurs fois. Cette guerre de famille durait encore à l'arrivée des Espagnols, et nous verrons plus tard quel parti sut en tirer Cortès. Mais laissons pour un moment Moctezuma inquiet d'une complication de graves difficultés au dedans et au dehors, inquiet de la disposition malveillante des prêtres, de la désunion qui règne dans sa propre famille ; laissons-le, pour apaiser les dieux, bâtir un nouveau temple à la déesse Centeotl, à la déesse de la terre qui va lui échapper ; laissons-le multiplier les sacrifices humains ; tournons nos regards vers cette partie de l'horizon où se forme l'orage ; jetons les yeux du côté de l'Orient. La flotte de Cortès est à la voile ; pendant que les vents la poussent vers le Mexique, prenons une idée rapide de l'état civil, militaire, politique et religieux de ce grand empire dans ses jours d'indépendance.

Tout ce que nous savons sur le culte, l'histoire, l'astrologie et les fables cosmogoniques des Mexicains, forme un système dont toutes les parties sont étroitement liées entre elles. Peintures, bas-reliefs, ornements des idoles et des pierres divines, chez les Aztèques, tout porte le même caractère, la même physionomie ; tout paraît provenir d'une source commune, d'une civilisation primitive du plateau mexicain, altérée par quelques barbares coutumes de peuples du Nord sans culture, successivement agglomérés à un ancien peuple comparativement éclairé. Nous commençons par déclarer que notre intention n'est pas de rechercher les rapports plus ou moins éloignés de cette civilisation avec des idées ou des institutions appartenant à l'ancien continent. Il y a trop de lacunes dans la chaîne historique des faits, trop de vague dans les identités, pour entreprendre rationnellement un pareil travail. Nous n'aurions, pour nous guider dans ces rapprochements dangereux, que des peintures hiéroglyphiques : cette informe écriture, énigme d'un autre âge, n'est encore ni expliquée, ni appliquée. Qui se chargera de donner un corps réel à tous ces nuages, et de découvrir dans les ténèbres le nom de la race éteinte, dont les connaissances servirent de base à cet ensemble cosmogonique et religieux, à cet état social qui va nous occuper ? En attendant qu'une lumière imprévue sorte de quelque vieille ruine américaine, gardons-nous d'ajouter une conjecture de plus à celles qui existent déjà, et bornons-nous à résumer les faits matériellement connus. C'est aux récits des Sahagun, des Torquemada, des Gomara ; c'est aux savants travaux de Clavigero et de M. de Humboldt surtout, que nous allons les demander.

Dans le système mythologique des Mexicains, nous avons d'abord à considérer la fiction cosmogonique des destructions et des régénérations de l'univers. Les peuples du Mexique, dit Gomara, croient, d'après leurs peintures hiéroglyphiques, qu'avant le soleil qui les éclaire maintenant (seizième siècle), il y en a eu déjà quatre qui se sont éteints les uns après les autres. Dans ces quatre âges, l'espèce humaine a été anéantie par des inondations, des tremblements de terre, un embrasement général, et l'effet des ouragans. Après la destruction du quatrième soleil, les ténèbres ont couvert le monde pendant vingt-cinq ans : c'est au milieu de cette nuit profonde, dix ans avant l'apparition du cinquième soleil, que le genre humain a été régénéré ; alors les dieux pour la cinquième fois créent un homme et une femme. Les Mexicains comptaient, en 1552, huit cent cinquante ans depuis le jour où parut le dernier soleil. Torquemada veut que cette fable soit d'origine toltèque. Nous en devons un savant commentaire, une savante explication à M. de Humboldt, d'après un dessin mexicain (*). Le premier âge, celui des combats contre les géants, a cinq mille deux cent six ans. La disette, représentée sur la peinture par un génie malfaisant, qui descend sur la terre pour arracher l'herbe et les fleurs, fait périr la première génération des hommes. L'âge du feu vient ensuite : sa durée est de quatre mille huit cent quatre ans. Les oiseaux seuls pouvant échapper à l'embrasement, tous les hommes sont métamorphosés en oiseaux, excepté un homme et une femme qui se sauvent dans une caverne. Quatre mille dix ans composent la durée du troisième âge, l'âge du vent. Les hommes périssent par l'effet des ouragans, mais quelques-uns sont changés en singes. Le quatrième âge, celui de l'eau, la dernière des grandes révolutions que la terre ait éprouvées, voit tous les hommes convertis en poissons, moins un homme et une femme qui se sauvent dans un tronc d'arbre. La peinture nous montre Coxcox, le Noë des Mexicains, et sa femme Xochiquetzal,

(*) Voy. pl. 5. Époques de la nature d'après la mythologie aztèque.

assis dans un tronc d'arbre couvert de feuilles et flottant au milieu des eaux. L'ensemble de ces quatre âges donne dix-huit mille vingt-huit ans. On ne voit nulle part indiqué combien d'années s'étaient écoulées depuis le déluge de Coxcox jusqu'à la fondation de Mexico ; mais, quelque rapprochées qu'on suppose ces deux époques, on trouve toujours que les Mexicains attribuaient au monde une durée de plus de vingt mille ans. En examinant les peintures de cette même planche, on retrouve, dans les quatre destructions, l'emblème des quatre éléments, la terre, le feu, l'air et l'eau, et par conséquent une pensée physique dans cette fable mexicaine.

La mythologie mexicaine nous apparaît empreinte de deux âges bien distincts, de deux couleurs bien tranchées ; nous entrevoyons dans son panthéon quelques traces d'une religion beaucoup plus ancienne, mais défigurée par les enfantements des sauvages imaginations des Aztèques. Nul doute que l'idée d'un être suprême, que le culte du soleil et des astres, que les offrandes de fleurs et de fruits, présents de la terre à l'auteur de toute fertilité, n'aient été la religion du plateau d'Anahuac dans la période civilisée qui précéda les invasions successives des hordes du Nord. A celles-ci le culte sanguinaire, les dieux qui sourient à l'offrande du cœur palpitant de la victime égorgée ; à ces hordes, rapportons une bonne partie des mille pratiques ridicules et superstitieuses auxquelles on ne peut reconnaître d'autre but que l'intervention multipliée du prêtre, dans toutes les affaires domestiques, judiciaires, administratives et militaires. Les plus anciens monuments du pays attestent l'ancienne existence du culte du soleil. *Les pyramides de Teotihuacan, déjà vieilles quand les Aztèques arrivèrent au Mexique, lui étaient consacrées ainsi qu'à la lune*; et la tradition donne à la pyramide de Cholula, aussi ancienne que les autres, une semblable destination.

Le mythe de *Quetzalcoatl* appartient à cet âge d'or de l'Anahuac. Cet homme mystérieux, dont le nom signifie *serpent revêtu de plumes vertes*, était blanc et barbu ; il vint accompagné d'étrangers qui portaient des vêtements noirs en forme de soutanes ; son manteau à lui était parsemé de croix rouges ; il était grand prêtre à Tula et avait fait sa première apparition à Panuco. Il fonda en divers lieux des congrégations religieuses. On le voit, dans une peinture mexicaine conservée à la bibliothèque du Vatican, apaisant par la pénitence le courroux du ciel. Il s'imposait de rudes austérités et n'épargnait pas les tourments à sa chair. Lors d'une grande famine, 13060 ans après la création du monde, ce saint personnage se retira sur la montagne qui parle (le Catcitepetl), et là il marchait pieds nus sur des feuilles d'agave armées de piquants. Son règne était un règne de paix et de bonheur ; il ordonnait des sacrifices de fleurs et de fruits au grand esprit, et se bouchait les oreilles lorsqu'on lui parlait de guerre. Il n'était pas seul à gouverner ; il ne se réservait que le pouvoir spirituel, abandonnant les affaires humaines à son compagnon Huemac. Mais le bonheur a toujours été chose passagère et périssable. Le grand esprit offrit à Quetzalcoatl un breuvage qui, le rendant immortel, lui inspira le goût des voyages. Il se dirigeait, en passant par Cholula, vers les côtes orientales du Mexique, pour parvenir au pays d'où ses ancêtres étaient sortis, lorsque les Cholulans le supplièrent de les gouverner, ce qu'il fit pendant vingt ans. Il mit ce temps à profit ; il leur apprit à fondre les métaux ; il régla les intercalations du calendrier ; il ordonna des jeûnes, des prières, exhorta les hommes à la paix ; il ne voulut pas que l'on offrît *à la Divinité* autre chose que les prémices des moissons, et, lorsqu'il eut fait toutes ces choses, il regarda sa mission comme accomplie pour le moment ; il se rendit à l'embouchure de la rivière Guasacualco ou Huasacoalco et disparut, promettant aux Cholulans qu'il reviendrait un jour régner sur eux et renouveler leur bonheur (*).

On entrevoit dans la mythologie mexicaine de la fin de l'empire l'idée vague d'un être suprême, invisible. Le nom de Teotl par lequel il était désigné ressemble assez au Théos des Grecs. Ce Teotl était celui qui vit, par lequel nous vivons, qui est tout par lui-même et possède tout en lui. Cet être entièrement métaphysique n'a point de culte, et les hommages et les prières sont réservés pour d'autres divinités plus matérielles qui formaient son cortége. L'une de ces dernières, sous la figure d'un jeune homme toujours jeune, semble l'image du Dieu suprême. Deux autres veillent sur les mortels du haut d'une cité céleste, et sont chargées d'en exaucer les vœux. L'air a son dieu, et ce dieu est le Quetzalcoatl dont nous venons de parler. La femme serpent est adorée comme la mère du genre humain, mère féconde qui accouche toujours de deux jumeaux. Le soleil, objet d'un culte spécial, est adoré plusieurs fois par jour; la lune a des autels aussi. La terre est mise sous la protection du gardien des cieux. Le feu et l'eau, les moissons, l'herbe des prairies, les montagnes, la nuit et l'enfer, sont divinisés, et les dieux du commerce, de la pêche, du vin, des plaisirs, et les déesses de la chasse, de la médecine et des fleurs, prennent place dans ce vaste panthéon. Là siègent encore deux cent soixante autres divinités moins importantes, à chacune desquelles un jour de l'année est consacré. Mais, de tous les dieux mexicains, le plus révéré c'était le dieu de la guerre, Huitzilopochtli, protecteur de l'empire: quelques-uns le croyaient un pur esprit, d'autres lui donnaient une vierge pour mère. C'était le dieu qui avait conduit les Mexicains sur les bords du lac; c'était lui qui donnait la victoire; jamais la guerre ne fut entreprise sans implorer son secours par des prières et par des sacrifices. C'était pour lui qu'on réservait le cœur de tous les prisonniers; son idole, monstre gigantesque, assis sur un siège d'azur, entouré de quatre serpents la gueule béante, était horrible à voir.

La dogme de l'immortalité de l'âme se rattachait chez les Aztèques à des idées de transmigration qui dénaturaient tout ce que cette croyance a d'élevé et de consolant. Pour eux l'homme seul ne jouissait pas du bienfait de cette immortalité; les animaux avaient le même avantage. Trois sites de repos distincts et séparés étaient réservés dans l'autre monde aux âmes des trépassés. Les soldats morts sur les champs de batailles ou captifs de l'ennemi, et les femmes qui succombaient en couche, habitaient le palais du soleil. Ces âmes jouissaient des premiers rayons de la lumière; mille plaisirs se succédaient pour elles; la danse et le chant se partageaient leurs journées. Les âmes des guerriers escortaient le soleil depuis son lever jusqu'au milieu de sa course, les femmes l'accompagnaient ensuite jusqu'à son coucher: puis après quatre ans de cette vie de bonheur toutes les âmes étaient transformées soit en nuages, soit en oiseaux au brillant plumage, soit en lions ou en jaguars. A tous les nobles mexicains le même paradis était réservé. Le second séjour céleste appartenait aux âmes des pauvres enfants sacrifiés sur les autels de Tlaloc. On disait aussi qu'une place privilégiée dans le grand temple était occupée par ces âmes d'enfants, et que là, invisibles, elles assistaient à certains jours de l'année aux cérémonies religieuses. Les âmes de tous les autres morts étaient reléguées dans un certain lieu sombre

---

(*) Cette tradition de Quetzalcoatl s'est encore conservée au Mexique quelque temps après la conquête parmi les populations nouvellement converties au christianisme. Le père Toribio de Motilinia vit encore sacrifier en l'honneur du saint sur le sommet de la montagne Matlalcuye, près de Tlascala, ainsi qu'à Cholula. Lorsque le père Sahagun passa par Xochimilco, tout le peuple le prenant pour un des descendants de ce personnage, lui demandait s'il ne venait point de Tlalpallan où l'on supposait que Quetzalcoatl s'était retiré depuis sa disparition.

qui portait le nom d'enfer. La privation de la lumière était le seul tourment qu'elles éprouvassent.

Parmi les différents peuples de l'ancien Anahuac, on retrouve la même tradition du déluge, à peu de variations près ; sous les noms de Coxcox, de Teocipactli ou Tezpi, c'est toujours le même Noé. Le pic de Colhuacan, c'est l'Ararat des Mexicains, qui confiaient aussi à une blanche colombe la mission d'annoncer que les eaux s'étaient écoulées. Chez les peuples du Méchoacan, on regardait le colibri comme le messager de cette bonne nouvelle. Lui seul était revenu de tous les oiseaux envoyés par Tezpi, qui s'était réfugié dans une barque immense avec sa femme et ses enfants, et qui sauvait avec lui un grand nombre d'animaux et toutes les graines dont la conservation était chère au genre humain. Nous avons déjà dit, en parlant de la migration des Aztèques, quelles étaient leurs idées sur la confusion des langues et la dispersion des peuples. Là nous retrouvons encore quelques identités avec les vénérables traditions de l'Orient (*).

Toute cette mythologie mexicaine était commune aux diverses nations de l'Anahuac, à celles même qui n'avaient cessé de vivre en état d'hostilité avec l'empire; seulement la divinité protectrice du pays, la divinité de prédilection, était différente. Comme il n'y avait aucun spiritualisme dans le culte de ces contrées, que tout y était matériel et en dehors, images, idoles, autels, temples, se trouvaient partout, dans les bois, dans les champs, dans les chemins, dans les rues. Zumarraga, premier évêque de Mexico, affirme que les seuls franciscains en détruisirent vingt-deux mille en huit ans, et Torquemada évalue à plus de quarante mille les temples de l'empire mexicain. On porte à deux mille ceux de la capitale seulement. Le nombre des prêtres devait répondre à ce nombre infini d'autels ; Clavigero le fait monter à un million. Cinq mille desservaient le grand temple de Mexico. Il était, comme tous les autres temples, comme tous les couvents du pays, riche en propriétés foncières et en esclaves ou serfs pour les cultiver ; aussi l'état ecclésiastique était-il ambitionné comme un moyen de fortune et de pouvoir politique. Les grands y consacraient leurs enfants dès le plus bas âge. Mais la prêtrise n'était point toujours à vie, ce n'était souvent qu'un acte temporaire de dévotion; on la quittait quelquefois pour un autre état. Il en était ainsi des vœux prononcés par les femmes. Deux grands dignitaires étaient à la tête de la hiérarchie ecclésiastique : l'un portait le titre de seigneur spirituel, l'autre de grand prêtre. Tous deux étaient élus, soit par le corps des prêtres, soit par les délégués du roi, et choisis parmi la haute noblesse. Il étaient consultés dans toutes les affaires importantes de l'État ; la guerre ne commençait jamais sans qu'ils l'eussent approuvée. Leur opinion en matière de religion était infaillible. Nous renvoyons à Torquemada, liv. 8, et à Clavigero, liv. 6, pour les noms et les devoirs des différents prêtres ou prêtresses, et pour tous les détails fastidieux de cette milice, tellement nombreuse, que chaque idole, chaque fête, avait ses prêtres particuliers. Les uns étaient chargés du soin matériel de l'intérieur des temples, emploi partagé par les prêtresses; d'autres de l'administration des terres affectées à leur entretien, et de la perception des revenus qui leur étaient délégués ; d'autres avaient pour mission d'encenser les idoles avec le bitume et le copal, au lever et au coucher du soleil, à midi et à minuit, et, quatre fois par jour, de faire ces offrandes au soleil. D'autres enfin étaient spécialement chargés des horribles fonctions de sacrificateurs que le grand prêtre se réservait aux seules fêtes solennelles. Tous ces ministres du culte vivaient dans la pratique continuelle de grandes austérités; on punissait de mort ceux qui manquaient à la chasteté ; ils expiraient la nuit sous le bâton ; dans quelques villes même le grand prêtre ne sor-

(*) Voyez Gregorio Garcia, Orig. de

tait jamais du temple et observait une continence absolue.

On trouvait aussi dans l'Anahuac des ordres religieux des deux sexes vivant dans l'observation de règles rigides. Le plus célèbre était sous l'invocation de Quetzalcoatl; on y entrait dès l'enfance. Chez les Totomaques, on remarquait un couvent consacré à Centeotl, la déesse de la terre; on n'y admettait que des hommes veufs et âgés de soixante ans, dont le nombre était limité, mais l'influence infinie; on venait les consulter de toutes parts, et leurs réponses faisaient loi.

Les prières, les macérations, le jeûne, les offrandes, l'encensement des idoles, les jeux, les danses, les chants, les processions et surtout les sacrifices humains, composaient tout le culte mexicain. Ici nulle trace de morale, nul acte qui rappelle l'homme à des devoirs sociaux, à des sentiments de bienveillance, à la pratique d'une mutuelle charité, mais l'image terrible de divinités irritées, altérées de sang, qu'on n'apaise qu'avec le supplice des victimes, mais tout un peuple enfant avide du spectacle de l'agonie des hommes, l'accompagnant de l'expression d'une joie bruyante et de sauvages divertissements, puis couronnant de telles cérémonies par d'affreux festins de chair humaine. Cette exécrable religion ne semble autre chose que la terreur adorée par la crédulité. On répugne aux détails dégoûtants de ce culte barbare, et nous devons en abréger le récit.

Dans les premiers mois de l'année, c'était à Tlaloc, le dieu de l'eau, vénéré par les Mexicains comme le premier principe de la prospérité d'un pays où la sécheresse était si fréquente, que s'adressaient les hommages; on lui sacrifiait de pauvres enfants tenus en cages comme de petits oiseaux. Une autre fête du même dieu donne l'idée d'une saturnale. Les prêtres se répandaient dans les campagnes, dépouillaient les passants, et n'épargnaient pas même les magasins royaux et les receveurs des impôts qui leur tombaient sous la main. Ce brigandage à jour fixe semblait une de leurs prérogatives, car le roi n'osait les punir, quels que fussent leurs délits; ils allaient parfois jusqu'à l'assassinat de ceux qui résistaient.

A la fête de Xipe, le dieu de l'or, des richesses et des orfévres, les mêmes prêtres écorchaient quelques prisonniers de guerre, et, couverts de leurs peaux, ils couraient par la ville en réclamant les aumônes des peuples effrayés.

Par des jeûnes, des abstinences, des flagellations, les Mexicains se préparaient à célébrer la fête de la déesse de la terre; et quelques victimes, promenées au milieu des bouquets et des guirlandes de fleurs, allaient mourir pour celle qui donne la vie et qui nourrit les hommes.

Le cinquième mois, un prêtre sortait du temple et parcourait la ville en jouant de la flûte; c'était l'annonce de la fête de Tezcatlipoca, la fête de la pénitence. Les pécheurs se jetaient à terre et mangeaient la poussière des rues; ils pleuraient leurs fautes, et, pour les expier, le jeune homme le plus beau, choisi entre les prisonniers de guerre, était mis à mort. C'était pour lui la fin d'une année de voluptés; car, dans cette année, on lui prodiguait tout ce qui fait aimer l'existence; on lui laissait une apparence de liberté; on lui donnait quatre jeunes filles pour qu'il connût les plaisirs de l'amour; on flattait sa vanité par les plus magnifiques habits; ses moindres désirs étaient sur-le-champ satisfaits; enfin, l'heure du sacrifice venue, le grand prêtre s'approchait de lui en lui témoignant beaucoup d'égards, et le tuait de la manière la plus respectueuse. Les grands seigneurs, en leur qualité de nobles cannibales, réservaient pour leur table ses doigts et ses bras.

La grande fête de Huitzilopochtli, car il y en avait plusieurs, voyait se reproduire de semblables sacrifices. Une statue de hauteur d'homme, faite par la main des prêtres, parée de tout ce qui pouvait annoncer la puissance du dieu de la guerre, sa force destructive, ses goûts sanguinaires, était adorée avec une pompe toute particulière par le roi, les grands et le peuple. C'était à l'une des fêtes de ce dieu que l'on consacrait cette fameuse statue composée de farine de maïs, de légumes, de fruits mêlés et pétris avec le sang des enfants immolés. On la faisait sécher soigneusement, et, toute grande qu'elle était, elle pesait peu. Aussitôt après la consécration, hommes et femmes se mettaient à danser; ces divertissements se répétaient pendant tout le mois, et pendant tout le mois aussi on immolait des prisonniers. C'était l'époque d'une grande procession dans les villages qui entouraient Tenochtitlan. A chaque station du cortége avaient lieu des sacrifices d'oiseaux, de cailles surtout. La procession rentrait à la nuit, et les prêtres la passaient en veilles; puis, au point du jour, en présence d'un petit nombre d'entre eux et du roi seulement, la statue de pâte était apportée au milieu de la grande salle du temple; un des prêtres lui tirait une flèche au cœur, et s'écriait aussitôt : *Le dieu est mort*. Ensuite la statue était divisée en deux parties égales : l'une pour les habitants de Tlatelolco, l'autre pour ceux de la capitale, subdivisée enfin en milliers de parcelles et distribuée dans chaque quartier, de manière que tout habitant pût prendre part à cette grande communion.

Toutes les fêtes des Aztèques étaient également souillées de sang humain; mais chacune d'elles se faisait remarquer par des circonstances particulières dont les intentions allégoriques échappent à notre ignorance. A la fête de la mère des dieux, une jeune vierge était la victime immolée, et ses bourreaux, quelques vieilles matrones qui dansaient autour d'elle un jour durant en l'excitant au courage et à la résignation; le soir venu, elles lui tranchaient la tête. Dans la fête du dieu du feu, chaque victime avait son parrain choisi parmi les principaux habitants, comme à un auto-da-fé espagnol. Ce noble patron, après avoir dansé, bu et mangé toute la nuit avec le patient, et longtemps dansé avec lui autour du bûcher allumé, l'y précipitait et le retirait promptement pour qu'il pût être sacrifié vivant à la manière ordinaire. L'anniversaire de l'arrivée des dieux dans le douzième mois, l'une des plus grandes fêtes de l'année, voyait se répéter une semblable horreur. Toutes les rues étaient jonchées de verdure; des branches d'arbres tapissaient le devant des maisons. Les prêtres étendaient une natte devant l'autel de Tezcatlipoca; un d'eux veillait toute la nuit, et lorsqu'au matin des pas humains semblaient imprimés sur la natte, il s'écriait : *Le dieu est arrivé, adorez-le*; et la foule se jetait à genoux, le visage tourné vers l'orient; car c'est ainsi qu'on priait dans l'Anahuac; au soleil couchant tout le peuple s'enivrait, et plusieurs jours de suite se renouvelait la même fourberie et les mêmes orgies.

A la fête de Centeotl une femme expirait sous le couteau sacré, et les nobles faisaient d'abondantes distributions de vivres au peuple, et des présents de vases d'or et d'argent aux prêtres.

On trouve encore, dans le calendrier rituel, un grand nombre d'autres fêtes, dont le détail n'est à peu près qu'une répétition de ce que nous venons de voir; mais bien que notre nomenclature soit déjà longue, nous ne pouvons passer sous silence la plus célèbre de toutes ces solennités religieuses, la fête séculaire du cycle de cinquante-deux ans. Clavigero et M. de Humboldt l'ont décrite : c'est d'après ces deux autorités que nous la rappellerons ici.

C'était une ancienne croyance répandue dans tout l'Anahuac, que la fin du monde arriverait à la fin du cycle de cinquante-deux ans; que le soleil ne reparaîtrait plus sur l'horizon, et que les hommes seraient dévorés par des génies malfaisants d'une figure hideuse. A cette grande époque, tout était tristesse dans le vieux Mexique; on éteignait le feu sacré dans les temples; les religieux,

MEXIQUE.

Calendrier Mexicain.

dans les couvents, se mettaient en prières; on n'osait allumer de feu dans les maisons; les habits étaient déchirés, les meubles précieux brisés; on se détachait de toutes les choses de la terre. Les femmes enceintes devenaient un objet d'épouvante; on leur cachait la figure sous un masque de papier d'agave; on les enfermait dans des magasins de maïs, persuadé que l'on était, qu'au moment de la grande catastrophe elles se changeraient en *tigres*, et se réuniraient aux génies malfaisants pour se venger de l'injustice des hommes.

La fête commençait dans la soirée du dernier jour complémentaire. Les prêtres prenaient les vêtements de leurs dieux, et, suivis d'une foule immense, ils se rendaient en procession à la montagne de Huixachtecatl, à deux lieues de Mexico : arrivés à son sommet, ils attendaient en silence l'heure de minuit, l'instant où les pléiades occupent le milieu du ciel. Un pauvre prisonnier de guerre attendait aussi, et, lorsque ces étoiles passaient par le méridien, le malheureux tombait mort, la poitrine ouverte par le couteau du grand prêtre. Dans la plaie faite, on plaçait le bout de l'instrument destiné à donner du feu par frottement avec le bois enflammé; on allumait un énorme bûcher dans lequel on jetait le cadavre de la victime. Le peuple hurlait de joie; ses cris étaient répétés par ceux qui, n'ayant pu suivre la procession, se tenaient sur les terrasses des maisons, sur le sommet des téocallis, sur les collines du lac, épiant les premiers jets de la flamme qui s'apercevait de presque tous les points de la vallée de Mexico. Des messagers, tenant à la main des torches de bois résineux, portaient le feu nouveau de village en village; ils le déposaient dans les temples, d'où il était distribué aux habitants. L'allégresse redoublait au moment où le soleil se montrait à l'horizon. Alors, la procession reprenait le chemin de la ville. Le peuple croyait voir rentrer les dieux dans le sanctuaire; les femmes sortaient de leur prison. On se parait de nouveaux habits; on employait les treize jours intercalaires suivants, à nettoyer les temples, à blanchir les murs, à renouveler les meubles, et tout ce qui servait à l'usage domestique.

Dans cet aperçu du culte des Aztèques, on a trop souvent entendu répéter ces mots *sacrifices humains*. Notre répugnance est grande à donner quelques détails sur un si déplorable sujet; toutefois, nous devons la surmonter pour compléter le tableau (*).

Parée comme le dieu en l'honneur duquel elle allait être immolée, la victime, au milieu de ses bourreaux, assistait à la fête, aux jeux, aux danses, aux divertissements du jour dont elle devait être le dernier spectacle. L'instant fatal venu, nue et les mains libres, elle montait sur la plate-forme du temple, accompagnée des prêtres qui devaient la sacrifier. Quelquefois l'un d'eux lui présentait, avant de monter, une de ces petites idoles de pâte, en lui disant : Voilà votre dieu. La pierre du sacrifice, placée au sommet du téocalli, était un bloc de jaspe vert, de cinq pieds de long, convexe dans sa partie supérieure. Les prêtres-bourreaux, après s'être saisis du patient, l'étendaient sur cet autel; quatre d'entre eux lui tenaient fortement les pieds et les mains; un cinquième lui passait autour du cou un collier de bois dont la forme était celle d'un serpent roulé, et le sixième, le topiltzin ou grand sacrificateur, revêtu d'un habit rouge assez semblable à nos scapulaires, la tête ornée de plumes vertes et jaunes, les oreilles d'anneaux d'or et d'émeraudes, et la lèvre inférieure d'une petite turquoise, montrait aux assistants l'idole à laquelle il allait sacrifier, et les invitait à lui

(*) Plusieurs manuscrits hiéroglyphiques, et notamment celui de Velletri, nous offrent quelques peintures de ces épouvantables sacrifices, qui semblent moins l'œuvre d'une aveugle et barbare superstition, qu'une combinaison politique d'un gouvernement essentiellement conquérant, cherchant un point d'appui dans la terreur religieuse.

adresser leurs prières, puis, armé de son couteau d'obsidienne, il s'approchait de la victime, il lui ouvrait le sein, il lui arrachait le cœur, il le présentait au soleil, il le jetait ensuite aux pieds de l'idole, et, le reprenant aussitôt, il l'offrait à l'idole elle-même, soit en l'introduisant dans sa bouche, soit en lui frottant les lèvres de cet horrible présent qu'il brûlait enfin, et dont il conservait précieusement les cendres. Si la malheureuse victime était un prisonnier de guerre, on lui coupait la tête, et on jetait son corps au bas du temple. L'officier ou le soldat auquel il appartenait s'emparait du cadavre et le portait chez lui pour en faire un horrible festin. Toutes ces barbaries étaient communes aux différentes nations de l'Anahuac qui avaient successivement adopté le culte et les mœurs des Aztèques. (*) Dans quelques-unes de leurs fêtes, ces derniers admettaient une espèce de combat singulier entre le bourreau et la victime; mais il fallait que celle-ci fût un captif distingué par son grade et sa haute valeur. Alors le prisonnier était attaché par un pied à une grande roue de pierre; on l'armait d'une épée et d'un bouclier; celui qui s'offrait pour le sacrifier, paraissait avec les mêmes armes, et le combat s'engageait à la vue du peuple. Si le captif demeurait vainqueur, non-seulement il échappait à la mort, mais il recevait le titre et les honneurs que les lois du pays accordaient aux plus fameux guerriers, et le vaincu servait de victime, car il fallait toujours qu'il y en eût une. Les prêtres ne voulaient pas perdre le privilége d'immoler un homme, et le peuple le divertissement des convulsions de la mort (**).

Toute la cosmogonie des Mexicains, leurs traditions sur la mère du genre humain, le souvenir d'une grande inondation et d'une seule famille échappée aux flots sur un radeau, l'histoire d'un édifice pyramidal élevé par l'orgueil des hommes et détruit par la colère des dieux, les ablutions pratiquées à la naissance des enfants, les idoles de farine, de maïs, distribuées en parcelles au peuple rassemblé dans l'enceinte des temples, la déclaration des péchés par les pénitents, les associations religieuses d'hommes et de femmes semblables à celles de nos couvents, cette croyance que des *hommes blancs à longues barbes* et d'une grande sainteté de mœurs avaient jadis changé le système religieux et politique du pays, toutes ces choses, enfin, firent croire aux religieux qui accompagnaient l'armée de Cortès, qu'à une époque très-reculée le christianisme avait été prêché dans le nouveau continent. Des savants mexicains crurent même reconnaître l'apôtre saint Thomas dans ce personnage mystérieux que les Aztèques et les Cholulans désignaient sous le nom de Quetzalcoatl. Ils appuyaient surtout ce bizarre système sur l'existence de certaines images ou reliefs figurant la croix des chrétiens, observés en divers lieux de cette partie de l'Amérique. Nous n'avons pas besoin de discuter de telles opinions : il serait aussi ridicule de s'en occuper aujourd'hui qu'il était excusable à des moines espagnols, au seizième siècle, d'en faire l'objet de leurs prédilections.

Si, de l'état religieux du Mexique, nous passons à son état civil, nous aurons encore plus d'une fois l'occasion de faire remarquer l'influence de l'esprit théocratique sur le gouvernement de la famille et sur celui de l'État. Nous le retrouvons particulièrement dans la distinction des rangs, dans la séparation des professions diverses, dans l'habitude de la subordination, et dans l'autorité presque illimitée du supérieur sur l'inférieur.

Tout Mexicain naissait libre, lors même que sa mère était esclave. Le père ne pouvait aliéner la liberté d'un de ses enfants que dans le seul cas où, pauvre et incapable de travailler, il n'avait d'autre moyen de subvenir à son existence. Le père qui exposait ses

(*) Voy. pl. 11.
(**) Voy. pl. 12, 14, 15.

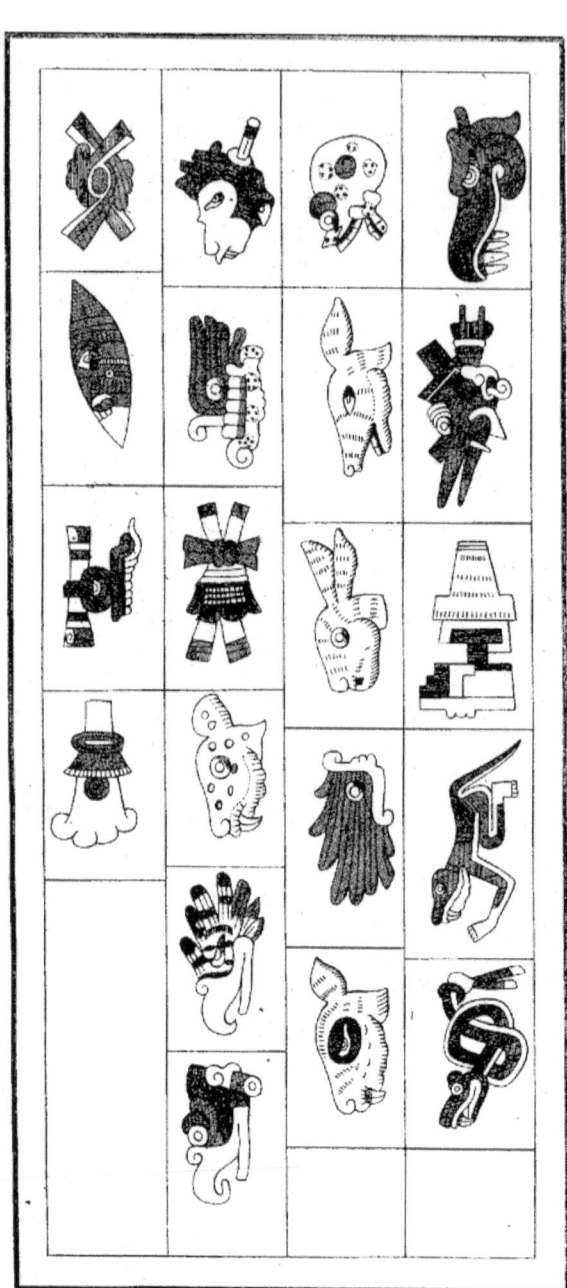

enfants perdait ses biens et sa liberté; l'enfant, ainsi protégé par la loi, devait au père respect et soumission.

Nous pouvons, dans les peintures de la collection de Mendoza, prendre une idée de la vie du Mexicain depuis sa naissance jusqu'à sa mort. Une femme vient d'accoucher, son enfant est placé dans un berceau, auquel tient une fleur fragile comme sa vie. Quatre jours après, la sage-femme porte le nouveau-né dans la cour de la maison de l'accouchée, elle l'étend sur des joncs, elle le lave en présence de trois jeunes garçons, qui lui donnent un nom, et célèbrent cette fête en mangeant du maïs rôti. On remarque dans les mains de l'enfant les outils de la profession de son père; des armes indiquent que c'est le fils d'un guerrier; une quenouille et un fuseau annoncent que c'est une fille. Tous ces objets étaient enterrés dans l'endroit même où la cérémonie venait d'avoir lieu. Ceci rappelle le baptême des prosélytes du judaïsme (*).

Si les parents voulaient consacrer leur fils à l'état ecclésiastique, ils le portaient au temple le vingtième jour après l'ablution, et déposaient sur l'autel un present de riches étoffes.

A cinq ans, nous trouvons les enfants de l'un et de l'autre sexe dans l'intérieur de la maison paternelle, s'essayant sous les yeux de leurs parents à de faciles travaux, à broyer du maïs, à porter de petits fardeaux, à filer, à tenir l'aiguille.

A huit ans, les instruments de punition leur sont montrés; on les menace, mais ce n'est qu'à dix ans qu'ils sont punis. Les punitions varient avec l'âge : ce sont des piqûres sur le corps et sur les mains avec des pointes de pite ou agave; c'est le fouet avec des verges ou des roseaux; c'est l'exposition à la fumée du piment; ce sont de longues courses de nuit sur les montagnes ou dans les rues, etc., etc., etc.

A treize ou quatorze ans, à l'âge où les forces commencent à se développer, ces enfants partagent les travaux de leurs parents : ils conduisent une barque, ils rament sur le lac, ils pêchent, ils travaillent aux étoffes, ils font la cuisine. Ceux qu'une naissance plus distinguée appelle à d'autres professions, aux emplois publics, aux arts libéraux, sont présentés par leur père aux prêtres des séminaires chargés de l'instruction; ils apprennent sous ces maîtres les cérémonies de la religion, les annales du pays, l'art de peindre et d'écrire, et même les choses qui se rattachent à l'art de la guerre.

Lorsque l'âge de prendre un état est arrivé, et alors les années ne sont plus indiquées sur le tableau, on voit les jeunes gens, à la suite des prêtres ou des guerriers, recevoir des instructions, des récompenses, des châtiments, dans la carrière qu'ils ont embrassée.

Les mêmes peintures nous montrent enfin l'homme qu'elles ont pris au berceau parvenu dans le cercle des emplois et des honneurs, la tête ornée du ruban de chevalier (teuctli), tenant au bras le bouclier blasonné, dans le costume de l'ordre auquel il appartient, et paré des décorations qui récompensent la valeur, et surtout le nombre des prisonniers qu'on a faits à la guerre (*).

L'éducation mexicaine était toute aux mains des prêtres qui inspiraient à leurs élèves un grand respect pour leurs parents. Le pouvoir du chef de famille était étendu, et l'enfant, à quelque âge que ce fût, n'adressait jamais la parole à son père sans sa permission. Il embrassait presque toujours son état ou sa profession; l'ambition n'était point éveillée, chez ce peuple soumis, par l'appât d'une plus brillante existence que celle de ses ancêtres. Il se mariait jeune; on voit sur les tableaux hiéroglyphiques qu'à vingt deux ans il devait être marié, ou qu'il était alors censé se devouer au culte des autels; alors les filles ne voulaient plus de lui pour époux, et, dans quelques parties de l'Anahuac, à Tlascala par exemple, les célibataires étaient très-méprisés.

(*) Voy. pl. 16.

(*) Voy. pl. 18 et 19.

Voici, d'après les mêmes peintures, quelques détails sur les cérémonies du mariage. Lorsque le jour des noces était arrivé, celle qui avait négocié le mariage, et c'était ordinairement une des plus vieilles et des plus respectables femmes de la famille du mari, venait prendre la jeune fille pour la conduire au domicile de celui qu'elle allait épouser. Elle était accompagnée de parens, d'amis et de joueurs d'instrumens. Quatre femmes, tenant à la main des torches de bois de pin allumées éclairaient le cortége. Le marié, son père et sa mère recevaient la jeune fille à la porte de leur maison ; ils la complimentaient, ils brûlaient du copal devant elle, puis l'introduisaient dans une salle où toutes les personnes invitées se trouvaient réunies. Une natte était étendue au milieu de l'appartement ; les mariés s'y plaçaient assis sur des siéges, puis un des assistants, peut-être un prêtre, nouait un des pans de la robe de la fille avec un coin du manteau du jeune homme. C'était la partie sacramentelle du mariage, l'acte qui le consacrait. Deux vieillards et deux vieilles femmes témoins des mariés leur, adressaient ensuite l'un après l'autre une espèce d'instruction sur leurs nouveaux devoirs. Le copal brûlait en l'honneur des dieux. Un repas suivait, où la tempérance pouvait être violée sans crime. Quatre jours après la noce, on se rendait au temple, et l'on offrait aux dieux protecteurs de la famille, la natte sur laquelle les époux avaient passé la première nuit. Le divorce était fréquent au Mexique ; il suffisait pour cela du consentement des deux époux, qui ne pouvaient plus se réunir (*).

Si l'intervention du prêtre est à peine aperçue dans les cérémonies du mariage, où quelques écrivains le font cependant figurer, il n'en est pas ainsi dans les détails des funérailles. Aussitôt qu'un Aztèque était mort, deux vieillards appartenant au temple, probablement de pauvres prêtres, étaient appelés. Ils s'emparaient du cadavre, ils lui lavaient la tête, ils l'entouraient de bandes de papier d'aloès, ils l'habillaient comme l'idole représentant le dieu protecteur de sa famille ou des gens de sa profession ; puis ainsi costumé, ils asseyaient le mort dans un fauteuil, plaçaient près de lui une jatte pleine d'eau et quelques morceaux de papier couverts de caractères ou peintures hiéroglyphiques, espèces de passe-ports à l'usage du défunt, pour le voyage qu'il allait entreprendre. Chacun d'eux était une garantie spéciale contre un des dangers de la route. Le mort pouvait alors passer sans crainte entre les deux montagnes qui se heurtent sans cesse, près du grand serpent, sur les terres du crocodile, au milieu des huit déserts, et franchir enfin les huit montagnes noires sans être enlevé par le vent impétueux de la terre des morts, aussi lourd sur la tête du voyageur que la cascade qui tombe d'un haut rocher, aussi coupant que la lame du couteau du grand prêtre. Puis on brûlait le défunt avec ses habits, ses armes, les instruments de sa profession, afin que la chaleur du brasier le pût défendre contre le souffle glacé de ce terrible vent. On tuait ensuite un certain animal domestique, espèce de chien mexicain, pour qu'il fît bonne garde au mort pendant sa route dans l'autre monde, et tandis que l'un des prêtres entretenait la flamme du bûcher, d'autres prêtres chantaient des hymnes mélancoliques. Lorsque le tout était consumé, on recueillait les cendres dans un pot de terre qu'on plaçait dans un trou, et quatre-vingts jours après, on allait sur le lieu de la sépulture répandre du maïs et du vin. Telles étaient les funérailles du peuple. Mais à la mort des rois, il y avait un tout autre luxe de cérémonies, de pompes et de sacrifices. Aussitôt que l'empereur était en danger de mort, les statues des idoles étaient voilées ou couvertes d'un mas-

---

(*) Les cérémonies du mariage et les négociations qui le précédaient variaient probablement avec le rang des époux. Les détails donnés par Clavigero, lib. vi, paraissent devoir s'appliquer aux noces de la noblesse et des classes riches de la société. Voyez pl. 16.

que. A peine avait-il rendu le dernier soupir, qu'un deuil général était ordonné ; des courriers partaient pour tous les points de l'empire, avec ordre d'inviter les feudataires et la principale noblesse aux funérailles. En présence de ces grands personnages, le corps était lavé et parfumé de manière à le garantir de toute corruption, et placé sur une natte; on le veillait pendant plusieurs nuits, et, durant cette longue veille, les marques d'une douleur profonde, les pleurs, les sanglots, les gémissements étaient de rigoureuse étiquette. On coupait une poignée de ses cheveux pour être soigneusement conservée ; on mettait dans sa bouche une grosse émeraude ; on plaçait sur ses genoux dix-sept couvertures fort riches, dont chacune avait sans doute une destination symbolique, et par-dessus tout cela on attachait l'image de l'idole objet de la vénération particulière du monarque pendant sa vie; puis on lui couvrait le visage d'un masque enrichi de perles et de pierres précieuses; puis, le corps placé au milieu d'un immense cortège de nobles, de prêtres, de peuple, était porté dans la cour intérieure du grand temple et posé avec ses ornements sur un immense bûcher. Chaque assistant y jetait, comme offrande, ses armes et des objets de prix. Un grand nombre d'esclaves et de femmes étaient immolés pour le servir dans l'autre monde, ainsi que plusieurs officiers de sa domesticité, parmi lesquels figurait celui qui avait soin d'entretenir les lampes du palais, afin que le monarque vît clair dans sa route. Son chapelain particulier n'était pas épargné, et même le petit chien, dont nous avons déjà parlé, figure aussi dans ce hideux holocauste. Les cendres du bûcher, renfermées dans une urne, étaient déposées dans une des tours du temple, et non portées à Chapoltépec, comme l'a cru Solis. C'était aussi dans ces tours, et non dans des cimetières, que les principaux personnages avaient leur sépulture ; et d'Acosta se trompe lorsqu'il suppose qu'on sacrifiait à leurs funérailles quelques-uns de leurs parents.

Dans l'ordre social tel que celui du Mexique, tout ce qui n'était pas noble restait parqué dans les limites de son obscure condition, sans pouvoir en sortir Il y avait même une portion considérable de peuple dont le sort était à peu près celui des paysans serfs des temps féodaux. Ils ne pouvaient changer de résidence sans la permission de leurs maîtres; c'étaient des instruments de culture attachés au sol, passant avec lui d'un possesseur à un autre. On pouvait même les échanger contre des bestiaux, et les donner en payement, soit d'une terre, soit d'esclaves destinés au service particulier du seigneur (*). Les hommes libres, cultivant pour eux-mêmes, étaient traités par ce dernier comme des êtres d'une espèce inférieure.

La noblesse était nombreuse. Elle occupait tous les emplois publics et les grades de l'armée; elle possédait de vastes territoires et des titres transmissibles du père au fils ; d'autres titres lui étaient conférés à vie comme distinctions personnelles ; d'autres encore étaient attachés en sa faveur à certaines fonctions du palais Les nobles portaient des vêtements interdits au peuple. Leurs maisons se distinguaient par une construction particulière. Le peuple les approchait avec respect, les yeux baissés, sans oser les regarder en face; eux, à leur

―――
(*) Herrera peint sous des couleurs fausses la condition de ces derniers esclaves, qu'il regarde comme tellement avilis, et dont la vie était si peu estimée, qu'on pouvait les tuer sans encourir aucune espèce de peine. Clavigero, au contraire, beaucoup mieux instruit, assure que l'esclavage était généralement doux, et les travaux modérés et réglés. On comptait, suivant lui, trois autres sortes d'esclaves : les prisonniers de guerre, les hommes vendus, et les malfaiteurs. On sait que les premiers étaient toujours réservés pour les sacrifices. Les seconds appartenaient généralement à la classe des enfants vendus par leurs pères. Herrera, Decad. III, lib. 7 et 17. Clavigero, I 360.

3ᵉ *Livraison.* (MEXIQUE.)

tour, valets du maître, n'abordaient le roi que pieds nus, dans de simples habits et avec toute l'humilité des esclaves. Cette hiérarchie de respects et de bassesses avait ses règles et son cérémonial. Les formes de la langue se prêtaient à leur exigence. Les tournures et les mots dont on se servait avec des égaux auraient été inconvenants dans la bouche d'un inférieur s'adressant à une personne d'un rang plus élevé, qui les aurait pris pour des insultes.

Le titre de *Teuctli* était le premier parmi la noblesse. Pour l'obtenir il fallait avoir fait ses preuves de bravoure sur les champs de bataille, être d'un âge mûr et possesseur d'une grande fortune ; dans ce dernier cas un simple marchand non noble pouvait aspirer à ce titre ; tel était du moins l'usage à Cholula, usage qui finit par prévaloir à Mexico et à Tlascala. Le candidat devait se soumettre à de longues pénitences, à des jeûnes rigoureux, à une entière continence, se tirer du sang tous les jours, endurer les insultes et les humiliations. Lorsqu'il avait épuisé toutes les épreuves et qu'il était jugé digne d'être initié, il venait au milieu d'une cérémonie religieuse, recevoir des mains d'un prêtre le titre que son patient orgueil avait bien mérité. Le prêtre lui rappelait alors les devoirs qu'il avait à remplir ; et lui, réunissant ensuite à sa table tous les nobles ses égaux, terminait la solennité par un grand festin (*).

La noblesse, comme corps politique,

(*) Les cérémonies que l'on pratiquait à la réception d'un teuctli, variaient dans les diverses provinces ; mais dans toutes nous voyons des traces de notre chevalerie du moyen âge. Dans toutes on remarque l'intervention des prêtres. L'usage de créer teuctli les principaux Indiens, subsista après la conquête. Ils étaient reçus au nom du roi d'Espagne, ils promettaient d'être fidèles sujets, d'être bons chrétiens et de dénoncer toute conspiration qui viendrait à leur connaissance ; ils prêtaient serment sur la croix et les saints Évangiles.

eut, dans les premiers temps de l'empire, une véritable importance. C'était à la fois le pouvoir législatif et le collége électoral qui choisissait les rois. Il y avait au Mexique trente nobles de premier rang, dont chacun avait dans son territoire et sous sa dépendance environ cent mille citoyens, parmi lesquels on comptait trois cents nobles d'une classe inférieure. Chacun de ces chefs exerçait une juridiction territoriale complète ; tous levaient des taxes sur leurs vassaux ; tous suivaient l'étendard du monarque à la guerre ; tous fournissaient un nombre d'hommes proportionné à l'étendue de leurs domaines, et plusieurs payaient tribut au roi comme à leur légitime souverain. C'était le gouvernement féodal, dans sa forme la plus rigide. Dans cette période où le roi n'était investi que du pouvoir exécutif, son autorité était extrêmement bornée ; il ne pouvait ni déclarer la guerre, ni disposer du revenu public sans l'assentiment de son conseil. Mais il n'est sur la terre aucun pouvoir rival qui consente à rester longtemps stationnaire. Le commandement suprême de l'armée qui appartenait aux rois servit à l'extension de leur autorité ; le prestige qui s'attache au titre de conquérant augmenta pour eux le respect des peuples ; leur influence sur les choses de la religion imprima sur leur personne un caractère sacré, et les tributs levés sur les peuples vaincus, dont ils avaient une bonne part, leur permirent de déployer ce faste qui séduit, de s'entourer d'une cour payée et dépendante, et de solder une garde particulière. Il est impossible de déterminer la marche des progrès du pouvoir royal ; nous le voyons déjà se développer avec le grand Moctezuma, et se changer insensiblement en despotisme sous ses successeurs, puis en tyrannie avec le dernier des princes de ce nom. Lui méprisa les anciennes lois, viola les priviléges les plus sacrés, et réduisit tous ses sujets à la condition d'esclaves. Les chefs, ou nobles du premier rang, s'étaient soumis au

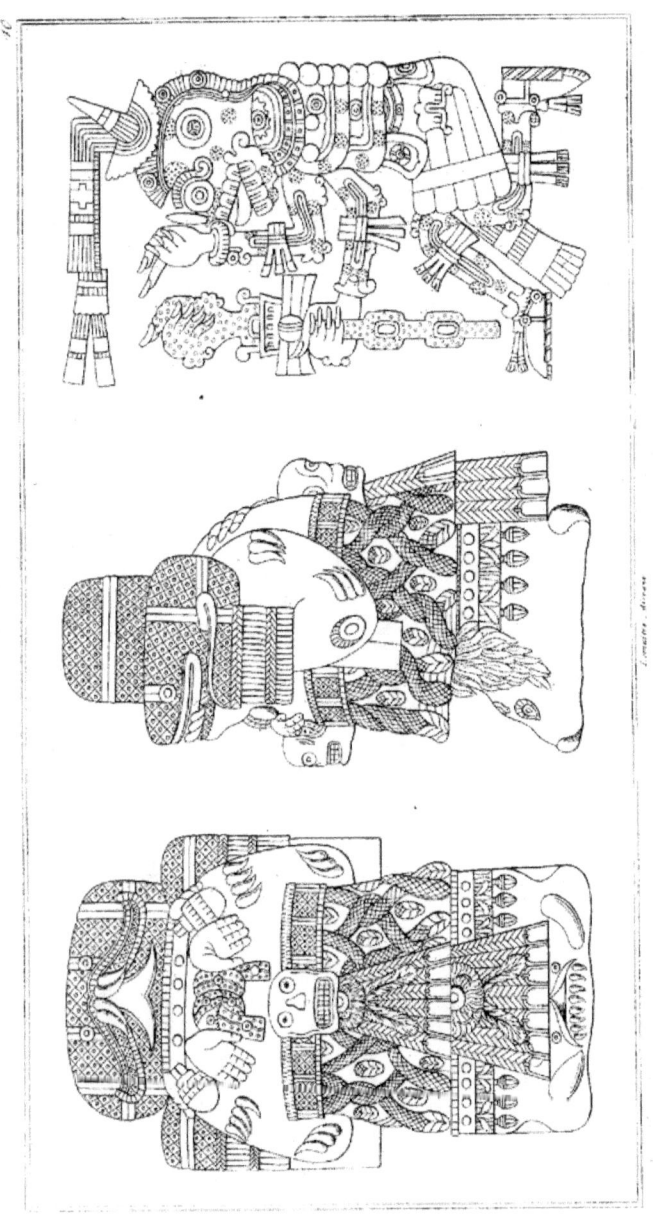

joug avec une telle répugnance que, dans l'espoir de le secouer et de recouvrer leurs premiers droits, plusieurs d'entre eux recherchèrent la protection de Cortès et se réunirent à un ennemi étranger contre un oppresseur domestique. Ce n'est donc pas sous le règne de ce Moctezuma, mais sous celui de ses prédécesseurs, que nous pouvons reconnaître la forme originaire et l'esprit du gouvernement du Mexique. Les écrivains espagnols ont fait cette perpétuelle confusion, et il est impossible de prendre chez eux une idée juste du système monarchique de l'empire. Toutefois ajoutons qu'aux jours même de Moctezuma, il était des limites que la couronne n'osait franchir. Les grandes affaires se délibéraient en conseil. La soixante et unième peinture de Mendoza nous fait assister à une séance de cette assemblée, où l'on voit le monarque et quelques seigneurs, placés suivant leur rang, occupés à discuter une affaire d'État. Plus d'une fois, aux jours difficiles de la lutte avec les Espagnols, nous verrons encore Moctezuma consulter ses conseillers sur les prétentions de Cortès.

L'organisation judiciaire de l'ancien Mexique n'annonce pas un pays sauvage; elle porte la double empreinte de l'élection populaire et de la volonté souveraine du monarque. Le roi nommait les grands juges, ou juges suprêmes, qui résidaient à Mexico et dans les villes les plus considérables du royaume. Ces grands juges prononçaient en dernier ressort, tant au civil qu'au criminel; ils nommaient les juges inférieurs et recevaient les comptes des collecteurs royaux. Au-dessous d'eux, un tribunal, composé d'un président et de trois conseillers, prononçait en dernier ressort sur certaines affaires civiles; mais au criminel on pouvait en appeler aux grands juges. Dans chaque quartier de la ville, un magistrat nommé par le peuple jugeait en première instance les affaires de sa circonscription, et enfin d'autres magistrats, également à la nomination de la communauté, et dont les fonctions ont quelque rapport avec celles de nos commissaires de police, avaient mission de veiller sur la conduite d'un certain nombre de familles, et d'instruire chaque jour le grand juge de tout ce qui intéressait l'ordre public. Tous ces magistrats décidaient d'après des lois positives, la plupart traditionnelles. La mort figure souvent dans ce code barbare. On la trouve prononcée contre ceux qui maltraitaient les courriers et les ambassadeurs; qui déplaçaient dans les champs une borne indicative de la propriété; qui engageaient le combat avant l'ordre des chefs; qui altéraient les poids et mesures; etc. Le divorce était permis. Il était défendu au mari de tuer sa femme lorsqu'il la surprenait en adultère; le juge s'en chargeait pour lui.

Nous voyons une foule de peines plus ou moins graves appliquées aux plus minces délits, aux plus chétives contraventions. Les prêtres étaient un peu mieux traités que les autres citoyens; s'ils abusaient d'une femme libre, ils en étaient quittes pour la privation de leur office, tandis que les jeunes séminaristes coupables du même fait étaient quelquefois mis à mort.

On pendait impitoyablement les hommes et les femmes qui prenaient des habits différents de leur sexe; et comme il n'y avait point de carnaval à Mexico, cette terrible peine durait toute l'année.

On pendait les tuteurs infidèles; on pendait ceux qui dissipaient leur patrimoine dans la débauche; on pendait les ivrognes; mais à soixante-dix ans on pouvait s'enivrer à son aise, sans crainte d'un pareil sort.

Les menteurs avaient les oreilles et les lèvres coupées, et les pères qui exposaient leurs enfants perdaient leurs biens et leur liberté.

Toutes ces dispositions pénales n'avaient force de loi que dans l'empire proprement dit : les provinces conquises conservaient leurs lois particulières, comme elles conservaient aussi leurs magistrats et leur langue.

On remarque plus de sévérité dans le code de Texcuco. Tous les voleurs étaient pendus, les assassins décapités; mais, ce qui est plus extraordinaire, pareil châtiment était infligé aux malheureux historiens qui se permettaient quelques infidélités dans la peinture des faits. A Tlascala, la peine de mort était prononcée contre les enfants qui manquaient de respect à leur père. Il ne faut pas oublier, comme trait caractéristique de mœurs, que tous les peuples de l'Anahuac montraient une grande tendance à punir les crimes et les délits, même les plus légers, mais peu d'empressement à récompenser les vertus civiles et les talents.

Il ne faut pas oublier que l'office d'exécuteur des jugements criminels n'était pas méprisé chez les Aztèques; cela ne surprend pas lorsqu'on voit les honneurs qu'ils rendaient au chef suprême de la religion chargé d'égorger les prisonniers de guerre. Le bourreau était quelquefois pris parmi les magistrats. Quelquefois un juge du tribunal remplissait cette fonction. Le crieur public avait aussi sa part de respect; on regardait ces deux personnages comme les représentants particuliers du monarque.

On connaissait au Mexique deux sortes de prisons : l'une où l'on renfermait les débiteurs insolvables et les condamnés pour délits de peu d'importance; l'autre, construite à peu près comme une cage, servait de logement aux prisonniers de guerre, en attendant l'heure du sacrifice. La même prison renfermait aussi les détenus pour crimes emportant peine de mort; ceux-ci étaient très-sévèrement traités; les prisonniers de guerre au contraire l'étaient parfaitement. On les nourrissait fort bien; enfin on cherchait, par tous les moyens possibles, à éloigner de leur pensée le triste sort qui les attendait, et à leur procurer un embonpoint qu'on jugeait d'un favorable augure.

Nous avons vu les ambassadeurs et les courriers, mis sur la même ligne dans la loi pénale, recevoir d'elle une protection parfaitement égale. Cette bizarre réunion de fonctions si différentes a droit de nous surprendre. Cela nous prouve, ou que les ambassadeurs au Mexique ne jouissaient pas de cette considération que nous leur accordons en Europe, ou que les courriers étaient de fort respectables personnages. Il est vrai de dire que le rôle d'ambassadeur était borné à des missions toutes spéciales et de très-courte durée, telles que la notification des ordres du roi aux chefs tributaires, et la discussion de quelques points litigieux avec les princes voisins de l'empire. Toutefois l'ambassadeur était une personne sacrée. Les honneurs qu'on lui rendait se mesuraient sur la peur qu'on avait de celui qu'il représentait. Si cette peur était grande, on traitait l'ambassadeur comme une divinité; on brûlait de l'encens devant lui, on le défrayait de tout, et on l'accablait de présents.

Quant aux courriers, c'étaient des fonctionnaires fort utiles, même indispensables dans un pays où les communications étaient si difficiles, dans un pays si étendu, si montagneux, où les chevaux n'existaient pas. Le service des courriers se faisait avec une incroyable rapidité. De six lieues en six lieues une petite tour était établie sur une hauteur; elle servait de résidence à un ou à plusieurs courriers qui portaient successivement les dépêches d'une tour à une autre. Elles passaient ainsi de main en main sans interruption, et parvenaient, disent les historiens, en vingt-quatre ou trente heures, à trois cents milles de Tenochtitlan. C'est peut-être un peu fort, bien que ces messagers fussent exercés de bonne heure à la course sous l'inspection des prêtres. On les chargeait aussi de missions de confiance, comme de transmettre de vive voix, aux magistrats ou aux généraux, les ordres du roi, et de rendre compte de leur exécution. Ceci les rapprochait des ambassadeurs.

Un empire qui a les armes à la main, depuis son origine jusqu'à sa chute, doit mettre l'état militaire au premier rang. Il en était ainsi chez

Combat de Gladiateurs.

les Aztèques : tout homme pouvant combattre était soldat. Les chefs ou seigneurs feudataires et les princes alliés devaient fournir un certain nombre d'hommes et marcher à leur tête aussitôt qu'ils en étaient requis; c'était de ces contingents divers que se composait l'armée dont l'organisation n'était pas permanente, et ressemblait à celle des armées féodales du moyen âge. Sa hiérarchie et sa composition sont mal connues; on sait seulement que tous les grades étaient réservés à la noblesse, qu'elle était commandée par plusieurs généraux de grades différents, et distingués par des plumes, par des casques et par des armures particulières. Un général en chef avait le commandement suprême. Pour l'armée, le dernier des Moctezuma avait institué trois ordres militaires : l'ordre des Princes, des Aigles, des Tigres. Les seigneurs décorés de l'un de ces ordres en portaient à la guerre les insignes sur leur armure. Les chevaliers du Tigre (Jaguar) par exemple, étaient tachetés comme leur patron. L'ordre des Princes passait pour le premier de tous; Moctezuma, avant d'être couronné, en faisait partie. Tous ces différents chevaliers avaient des logements particuliers au palais, quand ils y étaient de service. Les armes des Aztèques, comme celles des autres peuples de l'Amérique de cette époque, étaient bonnes pour combattre des ennemis qui n'en possédaient pas de meilleures. Leurs guerriers portaient des espèces de cuirasses de coton de trois centimètres d'épaisseur, qui protégeaient le corps depuis le cou jusqu'à la ceinture. Un bouclier d'osier en forme d'écusson ou ovale, couvert de toile et de plumes, et dont la forme rappelle les boucliers représentés sur plusieurs vases de la grande Grèce, leur servait à amortir le coup des dards. A l'aide d'une massue creuse, ils lançaient des pierres avec autant de force que si elles partaient d'une fronde. Le soldat qui allait presque nu au combat, jetait sur la tête de l'ennemi le filet à grandes mailles dont il s'était enveloppé le corps. Les généraux chevaliers de l'Aigle ou du Tigre se couvraient de cottes de mailles d'or et de cuivre, et portaient des casques qui imitaient la tête d'un aigle, d'un serpent, d'un crocodile ou d'un jaguar. Un sabre de trois pieds de long et de quatre pouces de large, armé des deux côtés de morceaux d'obsidienne parfaitement affilés et coupant comme des rasoirs, portait un premier coup assez souvent mortel; mais le tranchant s'émoussait facilement et l'arme devenait inutile. Des piques, dont quelques-unes avaient quinze ou seize pieds de long, se terminaient par une pointe de cuivre fort bien aiguisée. Mais l'arme la plus dangereuse entre les mains des Aztèques, était un dard qu'ils savaient lancer avec une merveilleuse adresse; il perçait un homme de part en part. A ce dard était attaché un long cordon, à l'aide duquel le combattant le retirait avec promptitude pour le lancer de nouveau. Les Espagnols mêmes redoutaient cette arme meurtrière, dont les cuirasses de fer ne préservaient pas toujours. L'histoire de la conquête prouve que les Mexicains n'avaient pas la moindre idée de ce que nous appelons ordre de marche, ordre de bataille, évolution, tactique et discipline; ils se ruaient en masse sur l'ennemi, et revenaient à la charge tant qu'ils n'étaient pas découragés. Il ne fallait pas grand'chose pour qu'ils le fussent complétement : la mort d'un général, la prise de l'étendard royal les frappait de terreur, et ils prenaient la fuite lors même qu'ils étaient les plus forts et que la fortune les favorisait. Pauvres soldats en rase campagne, il n'en était pas ainsi derrière leurs murailles, ou dans leurs tours, ou sur les plates-formes de leurs temples; là, il fallait les tuer pour les vaincre. Quelques restes de murailles sur les anciennes frontières orientales des Tlascalans pourront donner l'idée du système des fortifications aztèques et de leurs camps retranchés. Ces murailles, généralement peu élevées et fort épaisses (8 à 10 pieds de haut sur 18 de large), étaient en pierres liées par un mortier de chaux; elles dessinaient une espèce d'ovale plus ou moins régulier, plus ou moins allongé, et aux deux extrémités de la circonvallation on ménageait une ouverture de 7 à 8 pieds qui servait à pénétrer dans l'enceinte. Les Aztèques savaient tirer parti des accidents de terrain, et transformer des hauteurs naturelles en forteresses, au moyen de plusieurs enceintes de murs élevés de distance en distance depuis la base de la montagne jusqu'à son sommet. Les pyramides de Cholula et de Saint-Jean de Teotihuacan, les constructions de Xochicalco, etc., furent à la fois des édifices religieux et des places fortes. On en doit dire autant de tous les téocalli. Clavigero, en nous conservant les noms de plusieurs lieux jadis fortifiés dont les ruines existent encore, prouve que les peuples de l'Anahuac étaient moins ignorants qu'on ne le suppose dans l'art de la défense, poussé chez eux beaucoup plus loin que celui de l'attaque.

Le grand étendard, espèce de long bâton auquel étaient fixées les armes de l'empire, l'aigle aux ailes déployées s'élançant sur un jaguar, ressemblait plus au *signum* des Romains qu'à nos drapeaux. Il était placé au centre de l'armée, et porté par le général en chef. Sur lui tous les yeux du soldat étaient fixés, et sa perte entraînait sur-le-champ celle de la bataille. C'est ce qu'on vit à la journée d'Otompan, lorsque Cortés s'empara de cette royale enseigne, qui, ce jour-là, n'était point l'aigle des Aztèques, mais un filet en or, probablement les armes de quelque ville voisine du lac, adoptées pour cette fois à défaut du grand étendard. Il y avait aussi dans l'armée d'autres petites enseignes appartenant à divers corps, et leur point de ralliement; elles étaient attachées au dos de l'officier qui les portait, et si fortement qu'il fallait le mettre en pièces pour s'en emparer.

Le droit de propriété privée, dans toute son étendue, était parfaitement établi chez les Mexicains. Ils connaissaient la distinction que nous faisons entre la propriété foncière et mobiliaire, entre l'usufruit et la nue propriété. Les biens-fonds et les meubles se transportaient chez eux par voie d'échange, de vente et de succession. Ils n'ignoraient pas non plus les donations à titre gratuit ou à titre onéreux, et en général les formes qui règlent les conventions chez les nations civilisées, bien que ces formes fussent très-arbitraires, et telles qu'on les pouvait attendre des circonstances sociales sous lesquelles ils vivaient. Toutefois, la division des propriétés dans l'Anahuac ne ressemble nullement à celle que nous connaissons dans notre Europe. La plus grande partie des terres était partagée entre la couronne, la noblesse, les communautés des villes ou des villages, et les temples ou établissements religieux. Il existait une espèce de cadastre, de tableaux peints sur lesquels chaque propriété était indiquée en surface et bornage. Chacun voyait d'un coup d'œil ce qui lui appartenait. Les terres de la couronne étaient enluminées en violet, celles de la noblesse en écarlate, celles des communautés en jaune; ces peintures servirent après la conquête pour prononcer sur les contestations qui survenaient entre les particuliers.

Certaines terres de la couronne étaient données en fief temporaire à des seigneurs appelés gens ou peuple du palais. Ces tenanciers ne payaient ni taxe, ni tribut; mais, en signe d'hommage, à certaines époques, ils offraient au roi des fleurs et des oiseaux. Quelquefois la donation n'était pas à titre gratuit, mais à charge de certaines redevances, comme de cultiver ou faire cultiver les jardins royaux, entretenir les palais et les rebâtir au besoin.

Les terres nobles données par la couronne passaient du père au fils, ou aux autres héritiers. Elles pouvaient être aliénées, mais jamais aux plébéiens, ce qui, en d'autres termes, concentrait la propriété foncière dans les mains de la noblesse.

Les biens-fonds dépendants des temples et des couvents étaient inaliénables et ressemblaient à nos terres de mainmorte.

Dans chaque district, disent Herrera et Torquemada, on affectait au peuple une certaine quantité de terres dans la proportion du nombre de familles. Ces terres étaient cultivées par toute la communauté. Leur produit se portait dans un magasin commun, et se partageait entre les familles, selon leurs besoins respectifs. Ces terres portaient le nom d'altepetlalli. Aucun membre de cette espèce de communauté ne pouvait aliéner sa portion, dont la propriété demeurait indivisiblement affectée à l'entretien de sa famille. Cette distribution du territoire intéressait chaque individu au bien général, et liait son bonheur avec la tranquillité publique.

Toutes les provinces conquises étaient tributaires de la couronne; elles lui devaient une certaine quantité de fruits, d'animaux, de minéraux, de produits de la terre et de l'industrie du pays. La couronne avait dans chaque ville principale un agent chargé de lever ces contributions et de les emmagasiner. On conservait dans le trésor du roi une suite de peintures indiquant toutes les places tributaires, et la quantité et la qualité des tributs; dans la collection de Mendoza, on trouve trente-six tableaux de cette espèce, dont l'énumération détaillée serait aussi longue que fastidieuse (*).

(*) On peut prendre sur ces tableaux une idée à peu près complète des produits agricoles et industriels de l'ancien Mexique. On voit que ces tributs consistaient en étoffes et en vêtements de coton, en plumes de différentes couleurs, en cacao, en peaux de tigres (jaguars); en plats d'or, cochenille, maïs, farine de manioc, pulque, poudre d'or, colliers, émeraudes, pierres précieuses de diverses couleurs, boucles d'oreilles d'ambre ou de cristal, ornées d'or; gomme élastique, liqueur ambrée, chaux, roseaux pour bâtir, petits joncs pour faire des dards ou pour renfermer des substances aromatiques; miel, ocre jaune, cuivre, turquoises fines et ordinaires, feuilles de papier d'agave, nattes, bois, pierres à bâtir, copal, oiseaux,

Ces différents tributs réunis aux contributions de guerre, aux présents des gouverneurs de provinces et des feudataires, et surtout aux taxes sur la terre, sur les produits de l'industrie, mis en vente dans les marchés publics, composaient les revenus de l'État. Une autre collection de peintures indiquait les terres imposées, et la cote de chaque contribuable. Il en était de même pour tous les autres droits, qui, bien que considérables, n'étaient ni arbitraires ni inégaux, mais fixés d'après des règles établies; chacun connaissait la proportion des charges publiques qu'il avait à supporter. Comme l'usage de la monnaie frappée n'existait pas au Mexique, tous les impôts étaient payés en produits du sol ou en marchandises et portés dans les magasins de la couronne d'où le roi tirait les objets nécessaires à la nourriture, à l'entretien, à l'armement de sa nombreuse suite pendant la paix, et de ses armées pendant la guerre. Le petit peuple, qui ne possédait point de biens-fonds et qui ne faisait point de commerce, payait sa part des taxes en travaux de différents genres; c'était par lui que les terres de la couronne étaient cultivées, les ouvrages publics exécutés, et les diverses maisons appartenantes à l'empereur, construites ou entretenues.

L'agriculture chez les Aztèques est aussi ancienne que leur établissement au bord du lac. A peine y sont-ils en possession de quelques terres, qu'on les voit s'empresser de les rendre productives par le travail. Leurs efforts sont d'autant plus remarquables qu'ils n'avaient à leur disposition ni charrues ni bœufs, et que toute culture chez eux se faisait à bras d'homme. Clavigero se plaint du peu de renseignements transmis sur leurs instruments de labourage. Au lieu de fer pour bê-

quadrupèdes, soit pour la ménagerie royale, soit pour la table, aigles vivants. Certaines localités étaient tenues de cultiver sur le bord des routes militaires une étendue de terrain destinée à la nourriture de l'armée lorsqu'elle était en marche.

cher la terre, ils employaient des instruments de cuivre ; leurs haches du même métal ressemblaient aux nôtres. Ils entendaient assez bien l'irrigation des terres, et répandaient sur le sol les cendres des plantes brûlées pour lui donner une nouvelle vigueur. L'art des clôtures ne leur était pas étranger : ils entouraient leurs champs de haies d'aloès ou de murs en pierre sèche. Leurs granges, construites de troncs d'arbres posés les uns sur les autres, et réunis avec tant d'art, que la lumière ne pouvait passer au travers, étaient couvertes de rondins placés transversalement qui les défendaient de la pluie. Ces bâtiments n'avaient que deux petites ouvertures. On rencontre encore, dit Clavigero, des restes de granges de cette nature évidemment antérieures à la conquête. On prétend que le grain s'y conserve mieux que dans les greniers bâtis par les Européens.

L'imperfection des instruments aratoires, et les autres causes que nous venons d'indiquer, ont dû nécessairement influer sur le développement de l'agriculture des Aztèques. Leurs terres n'ont pas dû produire, entre leurs mains, tout ce qu'elles ont donné depuis aux Espagnols. Toutefois, si nos céréales et notre riz manquaient aux Aztèques, en revanche ils avaient la racine du jatropha manihot, qui leur fournissait ce pain de manioc ou cassave, nourriture des naturels de l'Amérique équinoxiale depuis la plus haute antiquité, et le maïs, dont la culture était encore plus importante et surtout plus générale. Elle s'étendait depuis les côtes jusqu'à la vallée de Toluca, et atteignait le territoire des Otomies nomades et barbares ; c'est-à-dire qu'elle dépassait le Rio-Grande de San-Iago. C'était la seule espèce de blé que les Mexicains connussent avant l'arrivée des Européens, mais seul il suffisait à leurs besoins, quand la température avait été favorable. Le grain de maïs en infusion leur procurait une innombrable variété de boissons spiritueuses. De la tige ils exprimaient une matière sucrée qu'ils savaient concentrer par évaporation. Cortès, en décrivant à l'empereur Charles V toutes les denrées que l'on vendait au grand marché de Tlatelolco, lors de son entrée à Tenochtitlan, nomme expressément *le miel de tige de maïs*, le miel d'abeilles et la cire. Le *cacomite*, espèce de tigridia, donnait aux Aztèques une farine excellente (*). Ils possédaient de nombreuses variétés de pomme d'amour, la pistache de terre et différentes espèces de piment. On vendait sur leurs marchés des oignons, des porreaux, de l'ail, du cresson alénois et de fontaine, de la bourrache, de l'oseille et des cardons. Ni pois, ni choux, ni navets ne figurent sur la liste de leurs légumes ; il est probable qu'ils ne les connaissaient pas. Cerisiers, noyers, pommiers, mûriers ombrageaient leurs champs et leurs jardins, où la fraise, la groseille montraient aussi leurs fruits. Si le jus du raisin était inconnu de l'indigène du Mexique, il obtenait d'un autre végétal, le *maguey*, dont nous avons déjà parlé, une boisson qui remplaçait pour lui le vin de notre Europe. La culture de ce végétal s'étendait aussi loin que la langue aztèque. Pour l'ancien Mexicain, le maguey était un véritable bienfait de la Providence ; non-seulement il lui tenait lieu de vigne, mais de chanvre. Il tirait de ses feuilles un fil excellent et le papier sur lequel il peignait ses figures hiéroglyphiques (**). Il composait de son sucre, très-âcre avant l'époque de la floraison.

(*) La pomme de terre que les Espagnols trouvèrent dans l'Amérique du Sud, n'était point connue des Aztèques à l'époque du dernier Moctezuma. Elle fut introduite au Mexique dans le même temps que les céréales de l'ancien continent. Ce fait, dit M. de Humboldt, est d'autant plus important qu'il est un de ceux dans lesquels l'histoire des migrations d'une plante se lie à l'histoire des migrations des peuples.

(**) Ce papier se fabriquait avec les fibres des feuilles du maguey (agave américaine). On les faisait macérer dans l'eau, et on les collait par couches comme les feuilles du cyperus d'Égypte.

un puissant caustique pour nettoyer les plaies. Ses épines servaient d'épingles et de clous dans les usages domestiques, et, dans les mains des prêtres mexicains, elles déchiraient les bras et la poitrine du patient dans les actes d'expiation.

Mais qui pourrait oublier une des merveilles de l'industrie aztèque, ces jardins flottants, îles de fleurs et de verdure qui font encore aujourd'hui l'ornement des lacs mexicains, et dont la création est contemporaine de celle de Tenochtitlan même. L'invention des *chinampas* ou jardins flottants paraît remonter à la fin du quatorzième siècle. La nature, la plus habile des maîtresses, en suggéra l'idée. Les Mexicains virent, en parcourant les rivages marécageux des lacs de Xochimilco et de Chalco, dans la saison des grandes eaux, le flot agité enlever des mottes de terre couvertes d'herbes et entrelacées de racines, puis ces mottes voguer longtemps séparées au gré des vents, puis se réunir en petits îlots. Ces Indiens, pauvres et repoussés, comprirent tout le parti qu'on pouvait tirer d'une telle découverte ; ils s'empressèrent de créer sur une plus grande échelle ce que la nature ne faisait qu'en petit. Leurs premiers chinampas ne furent autre chose que des morceaux de gazon arrachés aux rives des lacs, artificiellement réunis et ensemencés Bientôt leur industrie perfectionna ce système de culture. Ils parvinrent à construire des radeaux de branches d'arbres, de broussailles, de roseaux et de joncs enlacés les uns aux autres ; ils les couvrirent de terreau noir, naturellement imprégné de muriate de soude ; ils semaient sur ces îles fertiles tous les légumes de leur pays ; ils y cultivaient ces fleurs brillantes qu'ils aimaient passionnément ; ils y vivaient au milieu de la plus riche végétation, dans des cabanes entourées de magnifiques dahlias. Tels furent les jardins flottants admirés des Espagnols aux jours de la conquête. Tels sont ceux dont les voyageurs ont parlé comme de la plus ingénieuse invention. Tels ils existent encore sur le lac de Chalco, ou nous pourrons les admirer en parcourant le Mexique moderne.

Les métaux précieux, les trésors souterrains qui ont fait depuis trois siècles la richesse du Mexique espagnol, et qui, de là, se sont répandus sur le monde, sans procurer une semblable fortune aux Aztèques, manquant de moyens pour les exploiter convenablement, n'étaient cependant pas négligés par eux. Il paraît certain qu'ils ne se contentaient pas de ceux de ces métaux qui se trouvent à la surface du sol, ou dans le lit des fleuves, ou dans les ravins des torrents. Ils savaient aussi l'art d'arracher l'or et l'argent aux entrailles de la terre, d'exploiter des filons, de creuser des galeries, et de percer des puits de communication. Les Tzapotèques et les Mistèques séparaient l'or au moyen du lavage des terrains d'alluvion. Ils payaient leurs tributs, soit en paillettes ou grains d'or natif, soit en barres d'or ou d'argent, ainsi qu'on peut s'en assurer sur les peintures mexicaines. Du temps de Moctezuma, les naturels travaillaient les filons argentifères de Tasco. Dans toutes les grandes villes de l'Anahuac, on fabriquait des vases d'or et d'argent, quoique ce dernier métal fût beaucoup moins estimé des Américains que de nous. Cortès, dans une de ses lettres à l'empereur Charles V, fait un magnifique éloge des orfèvres et des bijoutiers de Tenochtitlan, et de leur merveilleuse adresse à imiter tout ce qu'il les chargeait d'exécuter (*).

(*) Ce passage est trop curieux pour que nous ne le rapportions pas en entier. C'est le détail des objets précieux que le conquérant reçut en présent du malheureux Moctezuma lorsqu'il força la noblesse aztèque de prêter hommage au roi d'Espagne. « Outre une grande masse d'or et d'argent, dit Cortès, on me présenta des ouvrages d'orfèvrerie et de bijouterie si précieux que, ne voulant pas les laisser fondre, j'en séparai pour plus de cent mille ducats, afin de les offrir à Votre Altesse Impériale. Ces objets étaient de la plus grande beauté, et je doute qu'aucun

Les Aztèques tiraient, avant la conquête, le plomb et l'étain des filons de Tasco ; le cinabre qui servait aux peintres leur était fourni par les mines de Chilapan ; le cuivre était chez eux le métal le plus généralement employé, il remplaçait le fer et l'acier. Les armes, les haches, les ciseaux étaient faits avec le cuivre tiré des montagnes de Zacatolan. On s'étonne que ces Américains, qui traitaient par le feu une grande variété de minerais où le fer se trouvait combiné, n'aient pas été conduits à sa découverte par le mélange des substances combustibles avec les ocres jaune et rouge, extrêmement communs dans plusieurs parties du Mexique.

Les outils mexicains étaient à peu près aussi tranchants que nos instruments d'acier ; avec eux les sculpteurs exécutaient de grands ouvrages en diorite, en porphyre basaltique et en d'autres roches des plus dures.

Les joailliers coupaient et perçaient des émeraudes et des jades en se servant d'un outil de métal et d'une poudre siliceuse.

C'était à l'alliage du cuivre avec l'étain, plus encore qu'à la trempe de ces métaux, que ces outils devaient leur extrême dureté. L'obsidienne, dont les Aztèques fabriquaient aussi des instruments tranchants, était l'objet de grandes exploitations, dont on reconnaît les traces dans une innombrable quantité de puits creusés dans la montagne des Couteaux, près du village indien d'Atotonilco el Grande.

Outre des sacs de cacao, dont chacun contenait 24,000 grains, outre les petits ballots de toile de coton, quelques métaux étaient employés parmi les anciens Mexicains comme monnaie, c'est-à-dire, comme signe représentatif des choses. Dans le grand marché de Tenochtitlan, on achetait toutes sortes de denrées en les échangeant contre de la poudre d'or contenue dans des tuyaux de plumes d'oiseaux aquatiques ; on exigeait que ces tuyaux fussent transparents pour pouvoir reconnaître la grosseur des grains d'or et leur qualité. Dans plusieurs provinces, on se servait pour monnaie courante de pièces de cuivre, auxquelles on avait donné la forme d'un T romain. Dans les environs de Tasco, les naturels se servaient de pièces d'étain fondues aussi minces que les plus petites monnaies d'Espagne. Cependant l'absence d'un moyen d'évaluation aussi avantageux et aussi commode que la monnaie, telle que nous la connaissons, restreignait le commerce des Aztèques au mouvement lent et gêné des échanges en nature, seul mode de transaction possible dans les circonstances où ils se trouvaient. Encore ce commerce était souvent arrêté par l'extrême difficulté des communications. Il n'existait pas de grandes routes dans l'ancien Mexique, mais seulement des sentiers qui conduisaient d'un lieu à un autre ; même dans l'intérieur du pays, à peu de distance de la capitale, on manquait de chemins faciles pour se rendre d'un district dans un autre. Les Espagnols furent souvent obligés de

prince de la terre en ait jamais possédé de semblables. Afin que Votre Altesse ne puisse croire que j'avance des choses fabuleuses, j'ajoute que tout ce que produisent la terre et l'eau et dont le roi Moctezuma pouvait avoir connaissance, il l'avait fait imiter en or et en argent, en pierres fines et en plumes d'oiseaux, et le tout dans une perfection si grande que l'on croyait voir les objets mêmes. Quoiqu'il m'en eût donné une grande partie pour Votre Altesse, je fis exécuter par les naturels plusieurs autres ouvrages d'orfévrerie en or d'après les dessins que je leur fis remettre, tels qu'images de saints, crucifix, médailles et colliers. Comme le *quint* ou le droit sur l'argent payé à Votre Altesse se monta à plus de cent marcs, j'ordonnai que les orfèvres indigents les convertissent en plats de diverses grandeurs, en cuillers, en tasses et autres vases à boire. Tous ces ouvrages furent imités avec la plus grande exactitude. » Ici ne croit-on pas entendre le récit d'un ambassadeur européen envoyé à la Chine ou au Japon, et cependant notre narrateur eût eu bien mauvaise grâce à mentir ; qu'eût-il gagné à l'exagération, puisque Charles V pouvait de ses propres yeux comparer l'éloge au sujet ?

s'ouvrir des voies au travers des bois et des marais ; et lorsqu'après la conquête, Cortès se hasarda à marcher de Mexico dans les provinces de Honduras, il y rencontra d'aussi grands obstacles qu'il en eut pu trouver au milieu des contrées les moins civilisées de l'Amérique. Il lui fallut quelquefois traverser des forêts presque impénétrables, des plaines couvertes d'eau, et des terres en friche où il pensa mourir de faim.

L'esprit d'association, né de la faiblesse individuelle et de la conviction de cette faiblesse, s'applique d'abord à la conservation de la vie : on n'osait, dans l'Anahuac, se mettre seul en route. Le mode de voyages par caravanes avait été généralement adopté. On voyait les marchands partir en troupes de Tenochtitlan, pour aller, de province en province, échanger les produits du Mexique contre les objets qui manquaient à leur pays, contre les matières premières dont son industrie ne pouvait se passer, contre les choses rares ou précieuses dont le luxe des rois ou des grands du royaume s'était fait un besoin.

Dans l'énumération des différents objets livrés en tribut par les villes, on a pu prendre une idée sommaire de l'ensemble des produits naturels ou industriels qui entraient dans le commerce des Aztèques; pour le connaître complétement, il faut se transporter au milieu des bazars établis dans chacune de leurs villes principales et dans leurs grands marchés, tenus à des époques déterminées, de manière à ne point se nuire réciproquement. Cortès nous a décrit celui de Mexico, ce marché modèle, deux fois grand, dit-il, comme celui de Salamanque, et tout entouré d'un portique immense. Là se trouvait exposé aux regards d'une foule toujours renouvelée, ce qui servait à la vie, à l'habillement, à la parure. Si le luxe y pouvait épuiser ses désirs, l'homme qui n'avait pas de maison y rencontrait tous les matériaux nécessaires pour s'en bâtir une en vingt-quatre heures. Il y a, dit Cortès, de petites rues pour le gibier, pour les légumes et les objets de jardinage ; il y a des boutiques où des barbiers, avec des rasoirs d'obsidienne, rasent la tête. Il y en a d'autres, comme nos pharmacies, dans lesquelles se vendent des médecines toutes préparées, des onguents, des emplâtres ; d'autres encore où l'on donne à manger ou à boire pour de l'argent. Chaque genre de marchandises se vend dans un quartier séparé, pour éviter la confusion. Au milieu de la grande place on aperçoit un bâtiment que j'appellerai l'*audiencia* (le palais de justice), où siégent dix ou douze personnes qui jugent les différends survenus entre les acheteurs et les marchands. Des inspecteurs se tiennent continuellement dans la foule pour voir si l'on vend loyalement, et briser les fausses mesures saisies aux mains des vendeurs. On ne doit pas oublier que les Aztèques ne faisaient point usage de bêtes de somme pour le transport de leurs marchandises, et qu'elles étaient portées à dos d'homme, usage qui se conserve encore dans toute la partie montagneuse de la Nouvelle-Espagne.

La séparation des professions diverses parmi les Mexicains est une marque de progrès que Robertson a fort justement signalée, mais dont il ne faut pas conclure un haut degré de perfection absolue, telle que nous la concevons dans le vieux continent.

Dans les arts mécaniques comme dans les arts libéraux, la division du travail était portée à l'infini. L'artiste ou l'ouvrier n'avait à faire qu'une portion d'ouvrage, et il ne sortait jamais de cette spécialité. L'habitude et la patience, naturelles aux Américains, suppléaient à l'insuffisance ou à la grossièreté des instruments qu'ils avaient à leur disposition.

Nous ne connaissons leur architecture domestique et monumentale que par les récits des premiers conquérants et des moines annalistes ; car aucun édifice de ce genre n'existe pour servir de preuve. Nous savons que les maisons des pauvres étaient faites de roseaux ou de briques non cuites, et couvertes d'une espèce de gazon sur lequel on fixait des feuilles d'aloès taillées en forme de tuile. Ces maisons n'avaient qu'un appartement, comme celles de nos pauvres paysans. Toute la famille y vivait pêle-mêle. Dans les villes, chaque habitant ménageait dans sa maison un petit oratoire et une salle de bain. Les maisons des nobles étaient construites en pierres rouges, poreuses, friables, légères, réunies par un mortier de chaux; elles se terminaient par un toit plat et en forme de terrasse. Pour les palais des rois et pour les temples, les mêmes matériaux étaient employés. Tous ces édifices, par la nature même de leur construction, ne pouvaient durer longtemps, et lors même que les Espagnols n'auraient pas détruit de fond en comble la plupart des villes mexicaines, le temps, depuis la conquête, se serait chargé de les anéantir. A peine en peut-on découvrir aujourd'hui quelques vestiges. En pénétrant avec Cortès dans l'ancien Mexico, nous aurons l'occasion de décrire quelques-uns de ses principaux monuments.

Il serait fort ridicule d'établir la moindre comparaison entre l'art architectural mexicain et celui de l'antiquité grecque ou romaine, ou notre gothique; mais il faut reconnaître que sur le plateau d'Anahuac existait un art bien antérieur aux Aztèques et aux autres barbares du Nord, et dont ils avaient profité. La coupe des pierres, l'aplomb des murs, les combinaisons des différents cintres étaient connus d'eux. Leurs aqueducs, pour amener les eaux douces à Tenochtitlan, leurs digues pour contenir les lacs, leurs chaussées pour se faire un sol propre à bâtir, et des routes au milieu des eaux, se montraient comme autant de monuments de leur intelligence et de leur adresse.

Lorsque les Aztèques arrivèrent dans l'Anahuac, ils y trouvèrent de grands édifices, déjà vieux alors, qui semblaient avoir une destination religieuse. Nous devons les faire connaître, non pour montrer l'œuvre du peuple qui nous occupe, mais les modèles qu'il suivit dans la construction de ses temples.

Les plus anciens de tous ces monuments, les deux grandes pyramides de San Juan de Teotihuacan se voient dans la vallée de Mexico, à quelques lieues de la capitale. Les indigènes les appellent encore aujourd'hui, comme les appelaient leurs pères, *les maisons du soleil et de la lune*; c'est à ces divinités qu'elles étaient consacrées. Leur forme principale n'a pas changé depuis la conquête; elle est telle qu'elle parut aux yeux des Espagnols de cette époque. Ces pyramides avaient servi de modèle au grand téocali de Tenochtitlan, ainsi qu'il est rapporté dans les traditions mexicaines. On montait au sommet par un grand escalier de larges pierres de taille. Là s'élevaient de petits autels avec des coupoles en bois, et des statues colossales couvertes de lames d'or très-minces. La végétation des cactus et des agaves, et la main toute-puissante du temps, ont dégradé l'extérieur de ces pyramides qui formaient quatre assises subdivisées en petits gradins d'un mètre de haut. Leur position, dans les plaines où l'on ne trouve aucune colline, rend assez probable qu'aucun rocher naturel ne sert de noyau à ces monuments dont la structure intérieure est encore un mystère; car les traditions indiennes qui les font creuses ne sont appuyées sur aucune preuve. Mais un fait très-remarquable, c'est qu'à l'entour de ces maisons de la lune et du soleil, on trouve un groupe, ou, pour mieux dire, un système de pyramides de neuf à dix mètres d'élévation tout au plus. Il y en a plusieurs centaines disposées en forme de larges rues alignées dans la direction des parallèles et des méridiens, et aboutissant aux quatre faces des deux grandes pyramides. Les petites, d'après la tradition, étaient dédiées aux étoiles; il est probable qu'elles servaient de sépultures aux chefs des tribus. Toute cette plaine porta jadis dans la langue aztèque ou

MEXIQUE.

Montagne des Organos.

toltèque le nom de *Micoatl*, ou *chemin des morts*.

« A mesure qu'on s'approche de ces grandes pyramides en venant d'Otumba, dit M. Bullock, elles se dessinent de la manière la plus pittoresque, et la forme carrée et parfaite de la plus grande devient de plus en plus visible. La plus petite est la moins conservée des deux; sur son sommet on apercevait les ruines d'un ancien monument de quarante-sept pieds anglais de longueur, sur une largeur de quatorze, bâti en pierres non taillées. Nous montâmes plus facilement que nous ne l'espérions sur la grande pyramide dont les terrasses sont parfaitement distinctes, surtout la seconde. En plusieurs endroits, des nopals ont altéré la régularité des degrés; mais nulle part ils n'ont détruit la forme régulière du monument, aussi régulière que celle de la grande pyramide d'Égypte. De tous côtés nous trouvions des fragments d'instruments, des couteaux, des flèches, des pointes de lances en obsidienne, et sur le sommet, qui présente un espace uni, nous recueillîmes de petites statues et des vases de terre, et, ce qui me surprit bien plus, des coquilles d'huître, les premières que j'eusse vues au Mexique. De ce point, la vue est admirable. Nous avions sous les yeux la plus grande partie de la vallée de Mexico; la ville elle-même entrait dans ce cadre immense. » C'est en présence de ces vieilles reliques d'un autre âge que Cortès combattit l'innombrable armée des Mexicains, après l'horrible nuit de désolation. La population actuelle de Mexico s'en inquiète fort peu; elle ne les visite pas, elle ne s'embarrasse guère de leur histoire, et l'Indien même du voisinage, lorsqu'on lui demande qui a fait ces pyramides, répond sans hésiter : Saint François.

A l'est de ce groupe, et c[...] dans une épaisse forêt qui s'étend sur la pente de la Cordillère du côté du golfe du Mexique, s'élève, dit M. de Humboldt, la pyramide de Papantla, que le hasard fit découvrir, il y a cinquante ans, à des chasseurs espagnols; car les Indiens se plaisent à cacher aux blancs tout ce qui est l'objet d'une antique vénération. La forme de ce téocali, qui avait six ou peut-être sept étages, est plus élancée que celle de tous les autres monuments de ce genre. Comme ces derniers, il est construit en pierres de taille d'une coupe belle et régulière, et toutes couvertes de sculptures hiéroglyphiques. On y voit de petites niches disposées avec beaucoup de symétrie, et dont le nombre, poursuit M. de Humboldt, fait allusion aux trois cent dix-huit signes simples et composés du calendrier civil des Toltèques.

Mais, de tous les monuments pyramidaux de cette partie de l'Anahuac, le plus grand, le plus ancien, le plus célèbre est le téocali de Cholula. On l'appelle aujourd'hui la montagne faite à main d'homme (*monte hecho a mano*); elle ressemble de loin à une colline naturelle chargée d'une épaisse végétation. C'est sur une vaste plaine sans grands arbres, comme les plaines élevées de deux mille deux cents mètres au-dessus du niveau de l'Océan, que se détache ce téocali à quatre assises, aux côtés exactement orientés d'après les points cardinaux, construit de couches de briques alternant avec des couches d'argile, et présentant ainsi le même type que les pyramides de Teotihuacan, et une analogie assez remarquable avec les pyramides égyptiennes (*).

(*) La pyramide de Cholula a 170 pieds de hauteur, la même que la pyramide du Soleil de San Juan de Teotihuacan, trois mètres de plus que la troisième des grandes pyramides égyptiennes du groupe de Ghizé, celle de Mycerinus. La longueur de sa base (1355 pieds) excède celle de tous les édifices de ce genre de l'ancien continent. Elle est presque double de celle de Chéops. Si, par la comparaison à des objets plus connus, on veut se former une idée de la masse considérable de ce monument mexicain, il faut s'imaginer un carré quatre fois plus grand que la place Vendôme, couvert d'un monceau de briques qui s'élève à la double hauteur du Louvre. Voy. *pl.* 2.

Dans l'intérieur de ce téocali existaient des cavités considérables destinées à la sépulture des indigènes. Sur sa plate-forme, qui présente une surface de quatre mille deux cents mètres carrés, s'élevait, aux temps des Aztèques, un petit autel dédié au dieu de l'air. Les Espagnols l'ont remplacé par une église sous l'invocation de Notre-Dame de Los Remedios ; elle est entourée de cyprès, et c'est peut-être, de tous les temples du globe, le plus rapproché du ciel. Chaque matin la messe y est célébrée par un prêtre de race indienne. Ses frères, les Indiens de Cholula, chez qui les symboles d'un nouveau culte n'ont pas entièrement effacé le souvenir du culte ancien, se portent en foule et de très-loin à la cime de la pyramide pour y célébrer la fête de la Vierge. Une crainte secrète, un respect religieux, saisissent l'indigène à la vue de cet immense monceau de briques sur lequel leurs pères avaient aussi prié les dieux de la patrie indépendante.

De cette plate-forme, où M. de Humboldt a fait un grand nombre d'observations astronomiques, la vue est admirable. A vos pieds, une plaine couverte de riches moissons, de plantations d'aloès et d'agaves, de fermes, de jardins, de nombreux villages avec leurs chapelles élégantes, Cholula avec sa grande place couverte d'Indiens, avec ses églises et leurs clochers élancés ; et, devant vous, dans un horizon plus ou moins rapproché, une ceinture de montagnes bleues, d'où s'élance le volcan de la Puebla, le pic d'Orizaba, la Sierra de Tlascala, célèbre par les orages qui se forment autour de sa cime ; trois montagnes plus élevées que le Mont-Blanc, et dont deux sont encore des volcans enflammés.

A ces constructions, qui se rattachent exclusivement au système religieux, il faut en ajouter une autre fort extraordinaire, qui paraît devoir être signalée comme un échantillon du génie militaire des anciens peuples du plateau central. C'est le monument de Xochicalco ou *la maison des fleurs*, colline isolée de cent dix-sept mètres d'élévation, masse de rocs, à laquelle la main de l'homme a donné une forme conique assez régulière, colline entourée d'un large fossé, véritable retranchement, ou, si l'on veut, forteresse ou temple fortifié. Tout ce monument est encore divisé par assises ; il a une plate-forme de près de neuf mille mètres carrés, entourée d'un mur de pierre de taille servant à la défense des combattants. Les voyageurs qui ont examiné de près cet ouvrage des peuples indigènes de l'Amérique, ne peuvent assez admirer le poli et la coupe régulière des pierres de porphyre, qui ont toutes la forme de parallélipipèdes, le soin avec lequel elles ont été unies les unes aux autres, sans que le ciment en remplisse les joints, et l'exécution des reliefs dont ces pierres sont ornées. On distingue parmi les figures hiéroglyphiques des crocodiles et, ce qui est beaucoup plus curieux, des hommes assis, les jambes croisées à la manière asiatique. Chaque figure occupe plusieurs pierres à la fois, et les joints des pierres ne les interrompent pas. C'est au sud de la ville de Cuernavaca, sur la pente occidentale de la Cordillère, dans cette heureuse région que les habitants désignent sous le nom de *tierra templada*, là où règne un printemps perpétuel, que se trouvent ces ruines d'un des plus curieux monuments de l'ancienne civilisation américaine (*).

On a fait plus d'un rapprochement entre les téocali de l'ancien Anahuac et les monuments pyramidaux de l'Égypte. Ces rapprochements sont plus ou moins heureux ; mais, dans aucun cas, les analogies observées ne doivent être mises sur le compte de l'imitation. Nous n'avons pas à nous occuper ici des systèmes qu'elles ont fait naître. Bornons-nous, pour apprécier la véritable destination de nos téocali, à ce qui leur donnait éminemment un caractère spécial, un caractère sacré, à l'espèce de chapelle ou d'autel, toujours placé à la cime de l'édifice. N'ou-

(*) Voy. *pl. 5*.

MEXIQUE.

Sacrifice intérieur.

blions pas qu'au commencement de la civilisation, les peuples choisissent les lieux élevés pour sacrifier aux dieux. Les premiers autels, les premiers temples furent érigés sur des montagnes. « Si ces montagnes sont isolées, dit M. de Humboldt, on se plaît à leur donner des formes régulières en les coupant par assises, en pratiquant des degrés pour monter plus aisément au sommet. » Les pyramides américaines ne me paraissent pas autre chose, et tout prouve que telle fut leur origine et leur destination.

Mais ce n'est pas dans la seule architecture qu'apparaissent les traces de cette vieille civilisation à l'école de laquelle les Aztèques se formèrent. Nous allons les retrouver encore dans les autres arts du dessin. Prenons d'abord une idée du costume de ces peuples. Vivant sous un climat tempéré ou dans des contrées fort chaudes, les Aztèques ne connaissaient aucun de ces vêtements qui nous sont indispensables ; ils étaient à moitié nus. Un morceau d'étoffe de coton, ou un tissu de fil d'aloès, ou de poil de lapin, jeté sur leurs épaules comme un manteau, et rattaché sur la poitrine ; une ceinture de même étoffe, dont les nœuds retombaient de manière à cacher ce que la pudeur de presque tous les peuples cherche à dérober aux yeux ; tel était leur costume ordinaire. Les femmes laissaient descendre une des extrémités de cette ceinture jusque sur les talons, et portaient un vêtement assez semblable à une blouse sans manches. La chaussure n'était autre chose que des feuilles d'aloès taillées en semelles, et fixées sous le pied par une courroie. Pour les riches seuls étaient les tissus de coton garnis et ornés de plumes ; pour eux aussi les colliers et les bracelets, joyaux communs aux deux sexes.

L'art de transmettre les faits par le moyen des peintures hiéroglyphiques existait dans l'Anahuac avant l'arrivée des Aztèques. C'était encore un des produits de la civilisation de cette contrée ; mais on ne peut dire à quel degré il se trouvait lors de l'occupation du pays par ces tribus. Nous ne les connaissons que d'après leurs travaux, et bien imparfaitement encore, par un petit nombre de monuments venus jusqu'à nous. Quelques-unes de ces peintures avaient pour objet la représentation propre et non symbolique des dieux, des rois, des grands hommes, des animaux et des plantes ; d'autres, un but purement topographique ou chorographique, comme la carte d'une province, ou d'un district, ou des côtes maritimes, ou le tracé d'un fleuve, d'une rivière, ou le plan d'une ville, ou enfin le cadastre d'un canton. De ces travaux géographiques, Cortès lui-même eut occasion d'apprécier le mérite et l'exactitude : ayant demandé à Moctezuma de lui indiquer sur la côte orientale un bon mouillage pour ses vaisseaux, un havre sûr où il pût s'établir, Moctezuma se fit apporter sur-le-champ la carte de toute la côte, depuis le point où s'élève aujourd'hui la Vera-Cruz jusqu'à la rivière Guazacualco (*). D'autres peintures enfin, et c'étaient les plus nombreuses, uniquement consacrées à la représentation symbolique des idées, des faits, des évènements, conservaient les souvenirs de l'histoire et de toutes les choses importantes du pays. Les Mexicains possédaient de cette manière les rituels de leur culte, les codes de leurs lois, les jugements de leurs tribunaux, les ordonnances de police de leurs rois, la liste des tributs et l'époque de leurs payements, les tableaux généalogiques des principales familles, ainsi que des traités scientifiques sur l'astronomie, le calendrier, la marche des saisons, les antiquités, et enfin des recueils d'hymnes et de poésies.

L'écriture hiéroglyphique des Aztèques qui paraît bien éloignée de la perfection de l'écriture hiéroglyphi-

(*) Bernal-Diaz raconte aussi que Cortès, dans son expédition à la baie de Honduras, reçut des chefs ou seigneurs de Guazacualco une carte sur laquelle étaient tracées les côtes et les rivières depuis ce dernier point jusqu'à Huejacallan.

que égyptienne, avait des signes simples pour indiquer l'eau, la terre, l'air, le vent, le jour, la nuit, minuit, la parole, les nombres, les jours et les mois de l'année solaire, etc., etc. Ces signes, réunis à la peinture de l'événement, donnaient à ce dernier une date, un pays, un site, et des rapports de détails. Les peuples aztèques, en faisant allusion à certains objets qui frappent les sens, parvenaient à exprimer les noms des villes et ceux des souverains ; on trouve même chez eux des vestiges du genre d'écriture que l'on appelle *phonétique*, ou plutôt le germe de cette écriture.

On voyait, au temps de Moctezuma, quelques milliers de personnes occupées à peindre, soit en composant, soit en copiant (*). Le dessin de toutes ces peintures est d'une extrême incorrection ; les détails s'y trouvent multipliés à l'infini, les couleurs sont vives, crues, tranchantes, et posées de manière à établir les contrastes les plus prononcés ; les figures ont généralement le corps large, trapu, et excessivement court ; la tête, d'une grandeur et d'une grosseur énormes ; les pieds, à raison de la longueur des doigts, ressemblent à des griffes d'animaux. On remarque que les têtes sont constamment dessinées de profil, bien que l'œil soit placé comme s'il appartenait à une tête de face. Toutes ces peintures sont au-dessous de ce que celles des Hindous et des Chinois présentent de plus imparfait. C'est l'art sauvage, l'art dans sa première enfance.

Toutefois, il ne faut pas oublier que les peintres mexicains n'étaient, à vrai dire, que des scribes ; qu'ils étaient obligés de peindre vite, qu'ils ne traçaient que ce qui était indispensablement nécessaire à l'intelligence de la figure, et qu'enfin les formes principales de certains objets étant hiéroglyphiquement fixées depuis longtemps, ils se voyaient obligés de se conformer au type reçu, sous peine de n'être point compris.

Il paraît qu'avant l'introduction de la peinture hiéroglyphique, les peuples d'Anahuac se servaient de ces nœuds et de ces fils à plusieurs couleurs que les Péruviens appellent *quipos*, et qu'ont employés plusieurs autres peuples, notamment les Canadiens et les Chinois. On ignore l'époque où ces quipos furent abandonnés pour les peintures. Celles-ci n'étaient point limitées à l'empire de Moctezuma ; l'usage s'en étendait beaucoup au delà. On les retrouve non-seulement dans tout l'Anahuac, mais aux bords du lac de Nicaragua, dans le Guatemala, dans la péninsule du Yucatan. C'est là que nous les verrons encore se rattacher à un autre ordre artistique.

La sculpture, chez les Aztèques, n'était pas moins cultivée que la peinture, et le même système de dessin s'y reproduisait. Les images des dieux, des rois, des hommes célèbres, des plantes et des animaux, et d'autres images purement fantastiques se multipliaient sous le ciseau des artistes aztèques (*). Quelques échantillons de cet art grossier sont venus jusqu'à nous, et ne justifient nullement les éloges des anciens écrivains espagnols répétés par Clavigero ; mais n'oublions pas que l'erreur des témoins de la conquête et de leurs successeurs tient à la confusion des produits des Aztèques et des travaux qui ne leur appartenaient pas ; travaux d'un peuple antérieur, leur modèle, et qu'ils imitèrent sans l'égaler. Tous les reliefs qu'on a dé-

---

(*) Les manuscrits mexicains qui nous ont été conservés sont peints sur papier d'agave, sur peau de cerf, ou sur toile de coton. Ces peintures n'étaient point sur des feuillets séparés ni destinés à former des rouleaux ; on les pliait en zigzag, à peu près comme nos éventails : deux tablettes d'un bois léger, collées aux extrémités, les soutenaient, l'une dessus, l'autre dessous. M. de Humboldt nous a donné de curieux renseignements sur la manière de se servir de ces manuscrits, et de les lire. (Vues des Monuments, etc., I, p. 195). Voyez *pl.* 27 un échantillon des manuscrits aztèques.

(*) Voy. *pl.* 10 et 28.

couverts ne sont pas du même style ; ceux qui décorent les pyramides de Papantla et de Xochicalco paraissent moins barbares que les restes existant encore sur le site de Tezcuco. Les reliefs de l'énorme pierre désignée et décrite par M. de Humboldt sous le nom de calendrier mexicain, offrent un caractère qui semble plus particulièrement aztèque; les cercles concentriques, les divisions et les subdivisions sans nombre y sont tracés avec une exactitude mathématique, et, dans le détail de cette sculpture, on découvre le goût pour les répétitions des mêmes formes, cet esprit d'ordre, ce sentiment de la symétrie, qui, chez les peuples à demi civilisés, remplace le sentiment du beau.

Il n'en est pas ainsi des reliefs trouvés à Oaxaca, à Mitla, à Palenque et dans le Yucatan : ce ne sont plus des hommes aussi trapus, mais des formes humaines plus élancées. C'est évidemment le produit d'une autre civilisation, d'une civilisation supérieure, comme l'a reconnu M. de Humboldt, à celle des habitants de la vallée de Mexico.

Toutefois, si l'examen des sculptures des Aztèques n'est pas favorable à leurs artistes ; si l'on s'étonne de leur ignorance, de leur rudesse et de leur incorrection; si l'on est surpris de cet état barbare de l'art chez un peuple qui semblait, plus qu'aucun autre, s'en occuper avec intérêt, qui multipliait les idoles, les statues, les pierres sculptées et les peintures historiques, il faut expliquer cette étrange condition par la férocité des mœurs, par la déplorable influence d'un culte sanguinaire, par la pesante tyrannie des princes, des prêtres et des seigneurs particuliers, par les rêves chimériques de l'astrologie, et par l'usage de l'écriture symbolique. Toutes ces causes entretenaient le goût des formes incorrectes et hideuses. « Le ca« ractère de la figure humaine dispa« raissait, dit M. de Humboldt, sous « le poids des vêtements, des casques « à têtes d'animaux carnassiers, et des « serpents qui entortillaient le corps.

4ᵉ *Livraison.* (MEXIQUE.)

« Un respect religieux pour les signes « faisait que chaque idole avait son « type individuel dont il n'était pas « permis de s'écarter. C'est ainsi que « le culte perpétuait l'incorrection des « formes, et que le peuple s'accoutu« mait à ces réunions de parties mons« trueuses que l'on disposait cepen« dant d'après des idées systématiques. « L'astrologie, et la manière compli« quée de désigner graphiquement les « divisions du temps, étaient la prin« cipale cause de ces écarts d'imagina« tion. Chaque événement paraissait « influencé à la fois par les hiérogly« phes qui présidaient au jour, à la « demi-décade, ou à l'année. De là « l'idée d'accoupler des signes, et de « créer ces êtres purement fantastiques « que nous trouvons répétés tant de « fois dans les peintures astrologiques « parvenues jusqu'à nous. Le génie « des langues américaines, qui, sem« blable à celui du sanscrit, du grec « et des langues d'origine germanique, « permet de rappeler un grand nom« bre d'idées dans un seul mot, a « facilité sans doute ces créations bi« zarres de la mythologie et des arts « imitatifs. »

Dans l'examen des peintures aztèques, il faut bien distinguer celles qui sont antérieures à la conquête, des copies faites depuis 1530 jusqu'à la fin du seizième siècle. Dans celles-ci, le progrès est remarquable. Les figures deviennent plus sveltes ; les membres se séparent du tronc; l'œil ne se présente plus de face dans les têtes vues de profil; les figures ne sont plus groupées en style de procession ; on les voit en action, et la peinture symbolique, qui rappelle les événements plutôt qu'elle ne les exprime, se transforme insensiblement en une peinture animée, qui n'emploie que quelques hiéroglyphes phonétiques propres à indiquer les noms des personnes et des sites (*).

(*) Tout fait présumer qu'à cette dernière classe appartient le tableau hiéroglyphique représentant les migrations des Aztèques, que nous avons décrit : voy. page 12 à

Entre les monuments de l'industrieuse patience des Aztèques, il faut mettre au premier rang ces mozaïques en plumes qui faisaient l'admiration de tout l'Anahuac, et dont les Espagnols furent eux-mêmes enchantés. Cortès, Bernal-Diaz, Gomara, Torquemada, Sahagun et vingt autres ne savent quelles expressions employer pour louer dignement ce travail délicat. Sous la main des Aztèques, les petites plumes du *picaflores* des Espagnols prenaient mille formes, mille nuances diverses, et s'unissaient si parfaitement au moyen d'un suc gommeux, que tout le tableau semblait une couche de peinture, mais d'une peinture vive, brillante, admirablement nuancée, et remarquable surtout par la dégradation des teintes. Ces mosaïques, qui rendaient la nature avec une grande vérité, étaient à fort haut prix; les rois, les grands, les riches pouvaient seuls s'en procurer. Elles figuraient au premier rang des présents les plus estimés. A ce titre, on les remarqua parmi les choses les plus rares offertes à Cortès par Moctezuma, dans l'espoir de le détourner de son voyage à Tenochtitlan. C'était dans le Mechoacan que cette difficile industrie était portée à son plus haut point de perfection. Elle s'y est continuée plus de deux siècles et demi après la conquête. On dit qu'un vieil Indien de Pazcuaro restait seul, au milieu du dix-huitième siècle, de cette nombreuse succession d'artistes aztèques qui firent les délices d'un autre âge.

La langue aztèque s'étendait, depuis le trente-septième degré jusqu'au lac de Nicaragua, sur une longueur de quatre cents lieues. Les Toltèques, les Chichimèques, desquels descendent les habitants de Tlascala, les Acolhues et les Nahuatlaques la parlaient aussi. Moins sonore que celle des Incas, elle est encore la plus généralement répandue parmi les Indiens de la Nouvelle-Espagne. Elle est capable d'exprimer les idées les plus abstraites, les idées philosophiques et religieuses, sans être obligée de recourir à des mots étrangers (*). On y remarque très-peu de monosyllabes : elle se distingue par la longueur de ses mots et les diverses transformations qu'on peut leur faire subir; elle se permet d'en faire qui n'ont pas moins de seize syllabes; elle manque de termes superlatifs. Le signe comparatif est fourni par certaines particules comme dans quelques langues de l'Europe. Elle abonde plus que l'italien en augmentatifs et en diminutifs, plus que l'anglais en termes abstraits. Elle n'a pas de verbes dont elle ne puisse faire des noms, et peu de substantifs et d'adjectifs qu'elle ne puisse convertir en verbes et qui ne soient le produit de quelque abstraction. Ses règles simples, fixes, invariables, compensent les difficultés qui naissent de son excessive abondance, abondance d'autant plus remarquable qu'elle est entièrement privée des consonnes B, D, F, G, R et S. Elle multiplie les sons qui se rendent par les lettres L, X, T, TL, TZ, Z. Aucun mot ne commence par la lettre L, et tous ont la pénultième syllabe longue. Ses aspirations sont généralement douces, aucun son nasal ne se fait remarquer dans la prononciation. Elle s'entend à mer-

la note; on peut en dire autant de la peinture représentant des costumes du temps de Moctezuma, dont le trait est reproduit planche 3 x.

(*) Après la langue aztèque, l'otomie ou otomite est la langue la plus généralement parlée au Mexique. Toutefois, ces deux langues sont loin d'être les seules de cette vaste contrée; leur nombre s'élève à plus de vingt, dont quatorze ont des grammaires et des dictionnaires assez complets. Il existe onze grammaires imprimées de la langue aztèque. Voici les noms des autres langues : tarasque, zapotèque, mistèque, maya ou du Yucatan, totonaque, popolouque, matlazingue, huastèque, mixe, caquiquelle, taraumare, tépéhuane, core. Cette grande variété de langues prouve une grande variété de races et d'origines. La plupart de ces langues sont loin d'être des dialectes d'une seule, comme quelques auteurs l'ont faussement avancé. Elles diffèrent plus entre elles que le persan et l'allemand, ou le français et les langues slaves.

Femme de Chiapanpo.

veille à varier les mots suivant qu'ils expriment l'action ou le résultat de l'action. Elle se ploie facilement au style de la conversation, ainsi qu'aux formules de l'étiquette la plus cérémonieuse : chez elle les nuances de politesse et de soumission sont presque infinies. Plusieurs causes contribuent à l'excessive longueur de ses mots : l'une des plus fréquentes se trouve dans la manière dont se forme le pluriel, ce qui a lieu par le redoublement de la première syllabe et l'adjonction de la terminaison *tin*. Quelquefois la réduplication se fait au milieu du mot. Cette faculté de composer des mots avait en botanique et en zoologie d'heureuses applications. Elle permettait d'indiquer tout à la fois le nom, le genre, la qualité et l'emploi du sujet, même ses mœurs et ses habitudes. En géographie, chaque nom de lieu annonçait aussi sa situation, sa nature et le trait le plus caractérique de son histoire (*).

Clavigero fait un pompeux éloge des talents oratoires et du génie poétique des Aztèques. On accoutumait de bonne heure les jeunes gens destinés aux ambassades à débiter de longues harangues sur les matières politiques. Ces harangues avaient des formes et des tournures obligées, et un certain style officiel dont il ne fallait pas s'écarter. Comme dans l'ancien Mexique, les procès se jugeaient sommairement et sur pièces, l'art de bien parler était fort inutile aux plaideurs. Les poëtes, très-nombreux et plus honorés à Tezcuco qu'à Tenochtitlan, s'exerçaient sur des sujets religieux et guerriers. Ils chantaient les merveilles des cieux et de la terre, les devoirs des hommes dans les diverses conditions de la vie, et la gloire des rois et des vainqueurs. Les prêtres surtout étaient en première ligne parmi les poëtes; ils obligeaient les élèves des séminaires à réciter leurs vers. Ce qu'on nous raconte du théâtre des Aztèques n'est pas de nature à nous en donner une très-haute idée. Leurs drames n'étaient que la représentation la plus matérielle de la nature la plus grossière. Ils se plaisaient surtout au spectacle des infirmités humaines, à ces misérables farces où l'on voyait comme acteurs des aveugles qui allaient se heurter contre des sourds, des sourds qui leur répondaient tout de travers, des boiteux qui se traînaient sur les mains en criant, des bossus qui se courbaient pour se rendre plus contrefaits, des nains qui marchaient sur la pointe des pieds en grimaçant. Tous ces malheureux faisaient assaut de turlupinades en plein air, sur des terrasses carrées, fort hautes, placées dans le voisinage des temples ou dans les marchés. D'autres acteurs sur le même théâtre se montraient travestis en ours, en singes, en escarbots, en crapauds, en jaguars, en crocodiles, en lézards, en serpents; avec de pareils interlocuteurs, on doit juger de l'esprit du dialogue. Mais il nous reste à considérer l'intelligence mexicaine sous un plus noble aspect.

Héritiers de la civilisation de ce peuple inconnu, qu'ils nommaient Toltèques, les Mexicains étaient parvenus à des connaissances atronomiques assez étendues, surtout pour une nation encore barbare trois siècles avant la conquête, et qui traîna longtemps une vie d'esclaves et de pauvres pêcheurs. Mais cette astronomie, loin d'avoir les mêmes applications que chez les peuples civilisés du vieux continent, ne servait uniquement, chez les Aztèques, qu'aux usages de la vie civile et à l'exercice du culte religieux. Il est probable que leur division du temps était celle, ou à peu près celle de l'ancien Anahuac; elle réglait l'ordre de leurs deux calendriers, le civil ou solaire, dont le nom signifiait littéralement *compte du soleil*, et le lunaire appelé *compte de la lune*.

L'année solaire se composait de trois cent soixante-cinq jours, divisés en dix-huit mois de vingt jours, plus cinq jours complémentaires ajoutés au dernier mois, et nommés *nemontemi*,

---

(*) C'est ce qu'on peut voir dans cette peinture de la migration des Aztèques dont nous avons eu plusieurs fois l'occasion de nous occuper.

c'est-à-dire, vides ou inutiles. Les enfants nés pendant ces jours néfastes étaient menacés d'un mauvais destin ; on croyait que le bonheur n'était pas fait pour eux.

L'année était représentée dans leurs peintures par un cercle au centre duquel on voyait une figure indiquant la lune éclairée par le soleil, et tout autour les emblèmes des dix-huit mois rangés dans l'ordre du calendrier. Chacun de ces mois était divisé en quatre périodes de cinq jours. Treize années formaient un cycle (*tlalpilli*), analogue à l'indiction romaine ; quatre tlalpilli une période de cinquante-deux ans (*xiuhmolpilli*, ligature), indiquée hiéroglyphiquement par un paquet de roseaux liés d'un ruban. Deux périodes de cinquante-deux ans composaient un *huehuetiliztli* (vieillesse), ou siècle de cent quatre ans qui n'avait point d'hiéroglyphe. L'année civile des Aztèques finissait au solstice d'hiver, à cette époque où le soleil, pour me servir de l'expression naïve des premiers moines espagnols, recommence son ouvrage. Au lieu d'ajouter, comme nous, un jour tous les quatre ans, les Aztèques intercalaient treize jours tous les cinquante-deux ans. C'est à l'aide de cet artifice qu'ils parvenaient à faire concorder leur calendrier avec la marche du soleil. Cette intercalation de treize jours donnait lieu à la grande fête séculaire décrite par tous les historiens de la conquête, et dont nous avons rappelé les principales cérémonies (*).

(*) Les Atzèques réunissaient, dans ce qu'ils appelaient des *roues* de demi-siècle (*xiuhmolpilli*), la série des hiéroglyphes qui indiquent le cycle de cinquante-deux ans. Un serpent roulé se mordant la queue entoure la roue, et désigne par quatre nœuds les quatre *indictions* ou tlalpilli. Dans cette roue de cinquante-deux ans, la tête du serpent annonce le commencement du cycle. Il n'en est point ainsi dans la roue de l'année : le serpent n'y entoure pas les dix-huit hiéroglyphes des mois, et rien n'y caractérise le premier mois de l'année. Les années étaient distinguées par les noms de *tochtli* (lapin), *acatle* (canne, ou roseau),

Le commencement de l'année variait entre le 9 et le 28 janvier. Le jour civil se comptait à partir du lever du soleil ; il était divisé en huit intervalles, dont quatre déterminés par le lever, le coucher et les deux passages de l'astre par le méridien. Un cercle divisé en quatre parties indiquait l'hiéroglyphe du jour ; les heures devaient être généralement inégales, comme les heures planétaires des Juifs.

Les époques du jour et de la nuit qui correspondent à peu près à nos heures, 3, 9, 15 et 21, temps astronomique, n'avaient pas de nom particulier ; pour les désigner, les Mexicains montraient, comme le font nos laboureurs, le point du ciel auquel serait placé le soleil en suivant sa course de l'orient à l'occident, et le geste qu'ils faisaient était accompagné de ces mots remarquables : *Iz teotl*, là sera Dieu ; locution qui rappelle l'époque heureuse où les Aztèques ne connaissaient encore d'autre divinité que le soleil, et n'avaient point de culte sanguinaire.

Quant au calendrier rituel, c'était uniquement le tableau chronologique des fêtes, le manuel ecclésiastique de la célébration du culte. On en trouve des traces dans presque toutes les peintures hiéroglyphiques. Il présente une série uniforme de petites périodes de treize jours, nombre qui offrait dans ses multiples les moyens de maintenir assez bien la concordance entre les deux almanachs civil et religieux (*).

tecpatl (silex, ou caillou), et *calli* (maison).

(*) On trouve dans Gomara, Valdès, d'Acosta et Torquemada, des notions vagues et souvent contradictoires sur les différents calendriers en usage chez les Aztèques. Torquemada, qui passa cinquante ans de sa vie parmi les Indiens, a transmis dans sa *Monarchia indiana* des faits précieux ; on doit regretter que son ignorance et sa superstitieuse crédulité ne lui aient pas permis de les soumettre à une critique sévère. Il s'est servi des manuscrits de trois

MEXIQUE.

Bas-relief Mexique de la pierre des sacrifices.

Ces applications d'une science astronomique comparativement avancée, et tous les autres faits que nous venons de réunir dans ce rapide aperçu de l'ancien Mexique, nous montrent son état social, matériel et intellectuel infiniment supérieur à celui des autres nations de l'Amérique du Nord. Le Mexique était alors pour cette partie, ce que le Pérou était pour l'Amérique du Sud. Toutefois, qui jugerait cette civilisation par les seuls récits des conquérants, des anciens voyageurs, et des premiers historiens, s'en ferait certainement une idée exagérée, et tomberait dans d'étranges méprises. Les noms les plus pompeux, les comparaisons les plus brillantes, les éloges les plus absolus se pressent en foule sous la plume des premiers observateurs, et s'appliquent, faute d'une appréciation raisonnée, à des monuments, à des institutions, à des règlements d'administration, à des produits artistiques

religieux franciscains, Bernard de Sahagun, Andres de Olmos, et Torribio de Benavente, tous trois contemporains de la conquête. Mais ce qui, plus que tous leurs ouvrages, a contribué à jeter un nouveau jour sur les connaissances astronomiques des Aztèques, c'est la découverte de ce monument dont nous avons fait mention, pag. 49, de cette pierre énorme de porphyre trappéen, gris, noirâtre, de douze pieds de diamètre, pesant 24,400 kilogrammes, chargée de caractères relatifs aux fêtes religieuses et aux jours dans lesquels le soleil passe par le zénith de Mexico.

Elle fut trouvée en 1790 dans les fondements de l'ancien téocalli. Elle a servi à éclairer des points douteux, et à rappeler l'attention des indigènes instruits sur le calendrier mexicain.

Pour se faire une idée précise de ce calendrier, il faut consulter le Mémoire que M. Gamba a publié à Mexico sur l'almanach des Aztèques et la série de leurs mois, et le beau travail de M. de Humboldt sur le même sujet. C'est dans les recherches de ces deux savants qu'on trouvera nombre de détails curieux que la nature de cette histoire nous a forcés d'abréger ou de supprimer.

fort au-dessous de telles expressions. C'est ce qu'il ne faut jamais perdre de vue dans l'examen des anciens récits de l'empire de Moctezuma.

L'heure fatale, l'heure des luttes acharnées, va bientôt sonner pour lui. Un quart de siècle s'était alors écoulé depuis le jour où Colomb avait conduit les Européens dans le nouveau monde. Pendant cette période, les Antilles avaient été successivement découvertes et occupées par les Espagnols, et quelques points de la terre ferme visités. Entre toutes les îles conquises, Cuba, par son importance, par sa position occidentale, attirait tous les yeux de cette multitude d'hommes venus des Espagnes en quête de la fortune et de la gloire. Cette colonie florissait sous l'administration sage et paternelle de ce même Diego Velasquez qui l'avait soumise. En ce temps s'y trouvaient réunis plusieurs officiers, anciens compagnons de Pedro Arrias Davila, venus du Darien à la suite des événements qui en troublaient le repos. Ils résolurent de tenter une expédition de découvertes, car l'inaction ne pouvait convenir à des aventuriers aussi entreprenants. Ils proposent à Francisco Hernandez de Cordova (de Cordoue) de se mettre à leur tête. Ce riche hidalgo accepta et fit une bonne partie des frais de l'armement. Trois bâtiments furent achetés : deux par la réunion des associés, et le troisième par le gouverneur Velasquez, qui, non content d'autoriser une telle entreprise, voulut encore y contribuer de ses propres fonds. La flotte avait pour premier pilote Antonio Alaminas ou Alaminos, natif de Palos, habile navigateur qui avait servi fort jeune sous Colomb. On mit à la voile le 8 février 1517. Alaminas n'eut pas plutôt doublé le cap Saint-Antoine qu'il fit route à l'ouest ; confiant dans la parole de son ancien amiral, que c'était de ce côté qu'on devait trouver des terres nouvelles. Il avait raison. Après vingt et un jours d'une dangereuse navigation, on aperçut la pointe orientale de la péninsule de Yucatan, dont Colomb s'était autrefois approché, et dont il ne s'était écarté que sur une fausse indication. Cette pointe de terre reçut alors le nom de Cabo de Catoche, et depuis elle a été connue sous celui de la Puenta de las Duenas; ce fut le commencement de la découverte de la Nouvelle-Espagne. Devant nous, dit Bernal Diaz, se montrait à deux lieues de la côte une ville plus considérable qu'aucune des villes de Cuba, et qui fut appelée le *Grand Caire*. Cinq canots faits d'un seul tronc d'arbre et remplis d'Indiens vinrent à bord; ils y montèrent sans crainte; ils étaient habillés d'étoffes de coton; ils avaient de plus que ceux de Cuba, qui vont assez généralement nus, le sentiment de la décence. Leur chef se présenta le lendemain avec douze canots; il invita le commandant à venir à terre; ce qu'on fit avec toutes les précautions convenables. Mais l'astuce des Indiens triompha de la prudence des Espagnols; ceux-ci furent attirés dans une embuscade au milieu des bois. Quelques volées de flèches blessèrent quinze des leurs, et sans leur mousqueterie ils se seraient fort mal tirés de cette rencontre. Les Indiens étaient braves et bien armés de lances, d'arcs, de boucliers et d'une espèce d'épée garnie de pierres tranchantes ou plutôt de couteaux de pierre; ils portaient d'épaisses cuirasses de coton semblables à une camisole d'étoffe ouatée; leurs têtes étaient ornées de plumes; ils se battaient bien et en bon ordre. Non loin de ce champ de bataille s'élevaient quelques édifices en maçonnerie, dont les pierres étaient liées par un mortier de chaux. Ces édifices semblaient avoir une destination religieuse: on y voyait un grand nombre d'idoles en terre cuite, qui toutes avaient quelque chose de monstrueux. Deux Indiens furent faits prisonniers et baptisés sous les noms de Julien et de Melchior. On s'en servit par la suite comme interprètes.

En quittant ce fâcheux rivage, nous voyons Hernandez longer la côte, découvrir Campêche et mouiller ensuite près d'un village du nom de Pontonchan. Encore aux prises avec les Indiens, qui lui tuent quarante-sept hommes, il est forcé de brûler un de ses bâtiments, faute de gens pour le manœuvrer. Nous le voyons ensuite se diriger sur les côtes de la Floride et toujours attaqué par les naturels, rentrer au port de Caraénas à la Havane, et y mourir dix jours après son arrivée.

Cette expédition qui coûta la vie à cinquante six Castillans devait avoir d'importants résultats; elle faisait connaître une terre nouvelle à l'ouest de Cuba habitée par des hommes mieux vêtus, mieux armés, plus braves que ceux des îles occupées jusqu'alors. Tout faisait présumer qu'ils appartenaient à une nation plus civilisée, ayant un culte public, des temples, des prêtres et une organisation régulière. On supposait aussi de grandes richesses dans cette nouvelle contrée, et cela seul suffisait pour en poursuivre la découverte. Velasquez l'avait à cœur; elle devait lui procurer honneur, fortune et puissance. Il fit armer trois navires et un brigantin montés par deux cent cinquante Espagnols et quelques Indiens de Cuba. Jean de Grijalva en eut le commandement, et la direction en fut confiée au même Alaminas, ce pilote de Hernandez, dépositaire des bonnes traditions du grand Colomb. On suivit d'abord la route déjà faite; on se dirigea sur le Yucatan. L'île de Cozumel ou Cozumil, qui n'en est éloignée que de quelques milles, fut abordée. Tous les habitants s'enfuirent, à l'exception de deux vieillards qui furent trouvés cachés dans un champ de maïs. Huit jours après cette découverte, l'escadre se trouva en vue de Pontonchan, sur le côté opposé de la péninsule. Le désir de venger la mort de ses compatriotes massacrés ici, lors du voyage de Hernandez, et le besoin de répandre la terreur du nom espagnol parmi les peuples de ces contrées, déterminèrent Grijalva à débarquer tout son monde. L'attaque des Indiens fut repoussée, et la ville occupée par les Espagnols, qui purent se convaincre qu'ils trouveraient, dans les habitants de ce pays, des ennemis plus redoutables que ceux qu'ils avaient rencontrés dans les îles. En quittant Pontonchan ils continuèrent leur route vers l'ouest, se tenant aussi près de la côte qu'il était possible. Ils avaient devant les yeux des villages aux maisons de pierres blanches et élevées, des champs cultivés, et les paysages les plus riches et les plus variés; ils ne se lassaient pas d'admirer un tel spectacle. Grijalva vit aussi dans le voisinage de Boca de Terminos, des temples remplis d'idoles à figures de femme, de serpent, de biche et de lapin. A l'embouchure de la rivière Tabasco, à laquelle les Castillans donnèrent le nom de leur général, les Indiens se montrèrent encore hostiles. Ils se disposaient même à s'opposer au débarquement de Grijalva et des siens, lorsque celui-ci leur fit porter des paroles de paix, en les invitant à lui fournir des provisions, et à se soumettre à son roi. Les Indiens, en gens sages, répondirent qu'ils étaient prêts à entrer en commerce d'échange avec les Espagnols, mais qu'ayant un roi, ce qui était bien suffisant, ils n'étaient nullement disposés à s'en donner un second. On n'oublia pas de prévenir Grijalva que seize mille hommes armés étaient là, tous prêts à appuyer cette explication, et à le combattre s'il tentait de leur imposer un nouveau maître par la force. Comme le chef espagnol se montra fort satisfait de cette réponse, le cacique indien lui fit une belle réception. On lui apporta des vivres en abondance, du pain de maïs, du poisson, du gibier; on brûla devant lui de la gomme copal sur des charbons ardents, dans un petit réchaud d'argile; on étendit à terre des pièces de coton et des manteaux de même étoffe, pour qu'il pût se reposer à l'aise lui et ses officiers. Enfin le cacique lui fit présent de petits morceaux d'or taillés en forme d'oiseaux, de lézards, de poissons, et trois colliers à petits grains du même métal, et, comme il demandait d'où venait cet or, on lui répondit *culua, culua*, mots dont les Espagnols ne comprirent pas alors la signification. Cependant la crainte des mauvais vents sur une rade ouverte hâta leur départ. Ils reconnurent successivement l'île Agualunco qu'ils nommèrent la Rembla, et les rivières Tonala et Guazacualco; ils aperçurent la Sierra-Nevada, ces hauteurs couvertes de neige, spectacle nouveau dans ces chaudes contrées. Alvarado, l'un des capitaines de la flotte, découvrit la Papaloava, connue depuis sous le nom de rivière Alvarado, et ils arrivèrent enfin à l'embouchure d'un autre fleuve, le Rio-Banderas, ou de Vanderas dans la province de Guaxaca, où ils virent déployées pour la première fois les bannières blanches de Moctezuma. C'est là qu'ils entendirent parler de l'étendue de son empire qui leur était inconnu, de sa puissance et de ses richesses, dont ils ne soupçonnaient pas l'existence. Ce monarque, dit Bernal Diaz, avait eu connaissance de l'expédition de Cordova et du combat de Pontonchan, au moyen de peintures tracées sur des morceaux d'étoffe de coton.

Il savait aussi notre arrivée, et il avait ordonné à ses officiers de nous fournir de l'or contre des grains de verre et quelques articles de quincaillerie dont il faisait cas, et surtout de prendre sur nos personnes, sur nos forces, sur le but de notre voyage, tous les renseignements possibles. Il agissait ainsi sous la fâcheuse influence de cette ancienne prophétie relative à l'arrivée d'hommes blancs et barbus, sortis des contrées où le soleil se lève. Nous fûmes donc invités à descendre à terre, et le capitaine Montejo, qui reçut l'ordre de débarquer avec dix-neuf hommes, fut parfaitement accueilli par le gouverneur de la province. Celui-ci, au milieu d'un cortège d'officiers et de domestiques portant des provisions, était assis sur une natte à l'ombre de quelques arbres. Nous fûmes invités par signes à en faire autant, car malheureusement nos deux Indiens du Yucatan ne savaient pas le mexicain. Grijalva, instruit de cette honorable réception, débarqua avec tout son monde, et son grade étant connu, il devint l'objet des plus grands égards; il répondit à cette courtoisie en distribuant de ces babioles d'Europe tellement prisées par les naturels, qu'il reçut en échange plusieurs objets en or très-bien travaillés d'une valeur de quinze mille écus. Il prit possession de ce beau pays pour Charles-Quint et, lui donna le nom de Nouvelle-Espagne. Les Espagnols le quittaient à regret, ils pressaient Grijalva d'y former un établissement; mais lui, trop scrupuleux observateur des défenses de Velasquez, se crut obligé de vaincre ses propres désirs, de repousser les vœux de ses compagnons de voyage, et de céder à ce qu'il croyait des ordres absolus. Il remit à la voile, continuant de marcher à l'ouest et s'éloignant peu du continent. Il reconnut deux petites îles, et en vit une troisième, Isla de los Sacrificios, qui lui parut peuplée. Ici les Espagnols eurent pour la première fois sous les yeux l'horrible spectacle de victimes humaines, que la barbare superstition des naturels offrait à leurs dieux. Cinq cadavres d'hommes qui semblaient égorgés de la veille gisaient sur une espèce d'autel assez élevé, ouvert de toutes parts et auquel on montait par une suite de degrés. Cette construction, qui ne ressemblait point aux temples du Yucatan, était celle des téocalli mexicains. Les Espagnols retrouvèrent encore les mêmes édifices, les mêmes idoles et les mêmes sacrifices dans l'île de Saint-Jean d'Ullua ou d'Ulloa où ils abordèrent ensuite. Ils y obtinrent des renseignements nouveaux sur le continent américain qui s'étendait devant eux, sur le Mexique, sur son gouvernement, sur son culte; ils virent la hideuse image d'une des principales divinités mexicaines. Quatre prêtres en manteaux noirs semblables aux habits des dominicains, dit Bernal Diaz, vinrent au-devant d'eux, et leur offrirent l'encens de copal à leur entrée dans le temple, où deux jeunes garçons venaient d'être immolés. Grijalva, pressé de nouveau de s'assurer la possession de ces contrées autrement que par une vaine cérémonie, voulait avoir de nouvelles instructions, et obtenir un renfort et des vivres dont il avait grand besoin, et sans lesquels il ne pouvait songer à aucune espèce de colonisation. Il dépêcha Alvarado à Velasquez pour instruire le gouverneur de sa situation, pour lui demander ses ordres, pour lui faire le récit du voyage, et lui offrir l'or et les curiosités qu'on avait recueillies. Velasquez dans le même temps envoyait Olid, un de ses officiers, à la recherche de Grijalva dont il était fort inquiet; Olid et Alvarado arrivèrent ensemble à Cuba, le premier n'ayant pu dépasser les côtes du Yucatan, le second empressé d'annoncer d'importantes découvertes. La colère de Velasquez fut grande lorsqu'il apprit qu'aucun établissement n'avait été commencé. Il avait bien défendu toute entreprise de ce genre dans la crainte de se brouiller avec l'audience royale de Saint-Domingue, mais il se flattait que sa position serait devinée, et que Grijalva prendrait sur lui la responsabilité d'une désobéissance que le succès devait absoudre. Pendant qu'il accusait d'ineptie ce loyal officier, lui ne cessait de le servir avec fidélité. Bien que ses équipages fussent affaiblis et découragés, il continuait d'explorer les côtes de l'empire mexicain; il découvrait les montagnes de Tustla et de Tuspan; il arrivait sur la côte de Panuco couverte de villes populeuses; partout il observait avec soin et réunissait de nombreux et utiles documents sur ces pays nouveaux; il employait tout son courage et toutes ses forces à repousser les attaques des Indiens, et n'abandonna son exploration qu'au moment où, manquant de vivres et d'hommes pour la manœuvre, son pilote Alaminas lui déclara qu'il ne pouvait plus tenir la mer. Il fit voile pour le port de Santiago où il arriva le 15 novembre 1518.

Ce voyage, le plus long et le plus heureux que les Espagnols eussent encore entrepris dans le nouveau monde, fut aussi le plus utile en grands résultats. Il prouva que le Yucatan n'était point une île comme on le croyait jusqu'alors ; il donna sur une longue étendue de côtes dépendantes du Mexique des détails précis et entièrement nouveaux ; il révéla non-seulement l'existence de ce vaste empire, mais il fournit encore une partie des renseignements qui devaient en faciliter la conquête. Enchanté d'un succès qui dépassait ses espérances, Velasquez se hâta d'en faire porter la nouvelle à l'île espagnole aux pères Hieronimites, par Juan de Salcedo, et d'envoyer en Espagne son aumônier Benito Martin, avec mission de solliciter de nouveaux pouvoirs pour de nouvelles entreprises, et même pour la conquête de cette grande contrée mexicaine ; il n'oubliait pas ses intérêts personnels dans l'hypothèse d'un événement qu'il regardait comme infaillible. Ses demandes lui furent accordées. Toutefois, sans attendre le retour de son envoyé, il s'occupa de l'armement nécessaire pour une si grande expédition. Grijalva semblait tout naturellement désigné pour la commander ; les soldats le désiraient ; mais Velasquez ne lui pardonnait pas de l'avoir mal compris ; il repoussait les services du seul homme assez désintéressé pour lui faire le sacrifice de sa gloire ; et cependant il demandait un militaire qui possédât toutes les vertus des conquérants sans en avoir l'ambition. Cherchant ce miracle de modestie et de courage, il s'adressa à Balthazar Bermudez qui le refusa. Trois de ses parents du nom de Velasquez en firent autant. Un homme qu'il connaissait bien, lui fut alors proposé et vivement recommandé par Amador de Lares, trésorier royal de Cuba, et Andrès de Duero son secrétaire ; cet homme se nommait Hernan Cortès (*).

(*) Bernal Diaz prétend que Lares et Duero étaient convenus avec Cortès que, s'ils lui procuraient par leur crédit le commandement en chef, ils diviseraient entre eux, par égale portion, la part qui reviendrait au général, soit dans le butin, soit dans l'or, l'argent et les marchandises qu'on

Cortès, l'un des derniers héros de l'Espagne, naquit à Medellin, petite ville de l'Estramadoure, dans l'année 1485. Son père, don Martin Cortès de Monroy, gentilhomme sans fortune, le destinait à l'étude des lois. Envoyé à quatorze ans à l'université de Salamanque, il s'y montra vif, spirituel, mais inappliqué, mais repoussant le joug de toute discipline. Bientôt dégoûté de la vie académique, de cette vie sans action, il revint sous le toit paternel, où nous le retrouvons passant ses jours à la chasse, montant à cheval, cédant à l'ardeur de son tempérament, et livré dès les premières années de sa jeunesse à des intrigues d'amour, intrigues qui se renouvelèrent souvent dans le cours de sa vie. La carrière des armes était la seule pour laquelle il se sentit de l'inclination. L'Espagne était alors toute belliqueuse, toute chevaleresque. Elle venait d'anéantir la puissance des Maures ; le drapeau de l'islamisme ne flottait plus sur les remparts de ses villes, et le sien, aux mains de Gonzalve de Cordoue, se montrait avec honneur en Italie. Ce fut dans l'armée du grand capitaine que le jeune Cortès obtint la permission de servir comme volontaire ; il allait s'y rendre, lorsqu'une grave maladie le retint chez son père. Cette circonstance, qu'il regardait comme un malheur irréparable, devint la source de sa fortune : il eut eu trop à faire en Italie pour s'avancer au milieu de toutes les renommées militaires qui se pressaient autour de Gonzalve, la plus haute de toutes. Un autre champ de bataille, le nouveau monde, que Colomb venait de donner à l'Espagne, s'offrait à lui comme un théâtre de gloire et de fortune d'un accès plus facile. Il y trouvait d'ailleurs un protecteur plein de bienveillance, Nicolas de Ovando, son parent, gouverneur de Santo-Domingo. Il se rendit près de lui. Reçu

obtiendrait des Indiens. Le même historien assure qu'il ne s'agissait point de colonisation dans la commission qu'on s'engageait de remettre à Cortès.

comme un fils et placé dans un poste lucratif, il semble que l'ambition de Cortès devait être satisfaite ; mais les génies de cette trempe ont leur place marquée par la Providence dans les affaires du monde, et rien ne peut déranger leur mission. Cortès se trouvait mal à l'aise dans un repos sans gloire ; il saisit la première occasion d'en sortir. Il se fit inscrire sur la liste des hardis aventuriers qui devaient accompagner Ojeda, et il allait partir pour la désastreuse expédition de Darien, lorsqu'une maladie, qui semblait encore une nouvelle faveur de la fortune, le retint à Santo-Domingo. Il n'en sortit que pour accompagner, en 1511, Diego Velasquez dans son expédition de Cuba. Il s'y distingua tellement que, malgré quelques disputes violentes avec ce chef, il en obtint une ample concession de terres et d'Indiens, sorte de récompense, comme le remarque Gomara, qu'on accordait volontiers aux aventuriers du nouveau monde, qui s'étaient distingués par des actions d'éclat. Cortès avait épousé la sœur d'un gentilhomme de Cuba nommée Catherine Suarez, qu'il aimait éperdument ; il en avait un fils dont Velasquez fut le parrain. Cortès reçut encore à cette occasion de nouvelles grâces du gouverneur. Il serait même devenu très-riche sans son goût pour la dépense, pour le luxe, pour la représentation, goût que sa femme partageait avec lui. Il exerçait la charge d'alcade dans la capitale de l'île, lorsque ses amis proposèrent de le mettre à la tête de l'expédition.

Bien qu'il n'eût point encore commandé en chef, sa réputation de brave entre les braves, de politique adroit, d'administrateur habile, toutes qualités dont il avait fait preuve en diverses occasions, donnaient les plus grandes espérances. On le regardait comme un homme capable de grandes choses. Cette fougue de jeunesse qui l'avait tant de fois entraîné dans de périlleux écarts n'était plus qu'une infatigable activité dirigée vers d'utiles occupations. L'impétuosité de son caractère s'était changée dans la mâle franchise d'un soldat ; il savait l'art de rallier toutes les volontés à la sienne, de conquérir le suffrage de ses rivaux, de gagner la confiance et de gouverner l'esprit des hommes. La nature ne lui avait rien refusé de ce qui les séduit : des dispositions généreuses, une libéralité grande et calculée, une discrétion à toute épreuve, une conversation toujours mesurée, et jamais offensante, une parole prompte, rapide, électrique, une tournure agréable, une taille élégante, des manières distinguées, un regard vif et brillant, une adresse extraordinaire dans les exercices militaires, avec une constitution capable de soutenir les plus grandes fatigues.

Toutes ces brillantes qualités séduisirent moins Velasquez que l'idée qu'il se faisait de la position de Cortès ; il crut qu'elles ne lui permettraient jamais d'aspirer à l'indépendance, ce qui fait supposer que Cortès possédait, au nombre de ses talents politiques, l'art de dissimuler à tous les yeux son excessive ambition et ses grands projets de conquête.

A peine sa nomination fut-elle connue, que les mécontents mirent tout en œuvre pour la faire rapporter. Un certain Cervantes, au service de Velasquez, espèce de fou ou de bouffon, fut d'abord l'instrument qu'ils employèrent. On dit qu'un jour de réception, le gouverneur ayant mis Cortès à sa droite, le bouffon s'écria : « Grande joie pour mon maître Diego. Ah ! le beau capitaine que voilà ! comme il perdra sa flotte. » Une autre fois, le même fou, voyant Velasquez et Cortès se promener ensemble, revint encore sur la même idée, et se mit à dire tout haut : « Notre gouverneur a vraiment fait un beau choix. Il lui faudra bientôt une autre flotte pour courir après celle-ci. » « Entendez-vous cet homme ? demanda Velasquez. — C'est un fou, répondit Cortès, laissons-le parler. » La prédiction du fou s'accomplit de point en point.

Cependant Cortès ne perdait pas un moment ; il ne fut pas plutôt com-

MEXIQUE.

missionné, que l'on vit sa bannière flotter à sa porte, et qu'il fît faire un appel à son de trompe aux hommes de bonne volonté. Telle était la confiance qu'on avait en lui, que tout ce que l'île renfermait de gens de cœur, de gens aventureux, d'officiers déjà vieux à la guerre, de jeunes militaires désireux de se faire un nom et une fortune, vint se mettre à ses ordres. Lui recherchait surtout les anciens compagnons de Grijalva, qu'il eut le bonheur de réunir presque tous. Il engagea ses terres et ses Indiens pour subvenir aux frais de l'expédition, et il en pressait les préparatifs comme un homme qui savait ce qu'il avait à craindre de l'activité de ses ennemis et des caprices de Velasquez.

Il ne se trompait pas. Son zèle, son empressement à remplir sa mission tournèrent contre lui. En mettant sa bourse à la disposition d'officiers qui ne pouvaient s'équiper convenablement selon leur rang, en allant au-devant des besoins du soldat, en achetant de ses propres deniers des provisions et des munitions de guerre, il se vit accuser d'une libéralité intéressée, du projet de s'assurer un empire absolu sur ses troupes. De tels bruits répétés à Velasquez changèrent ses dispositions. Toutefois, il n'en laissa rien paraître à Cortès, et ces deux hommes se quittèrent avec toutes les apparences de la meilleure intelligence, ce qui montre des deux côtés le même talent de dissimulation. Cortès sortit de San-Iago de Cuba, le 18 novembre 1518. Il se rendit à la Trinidad, petit établissement sur la même côte, pour achever son armement; il y trouva des provisions et des renforts qui venaient fort à propos, car déjà la haine de Velasquez éclatait: il avait révoqué la commission de Cortès, il avait expédié secrètement l'ordre de l'arrêter; mais arrêter un général au milieu d'une armée toute disposée à le soutenir, n'est chose possible qu'avec des forces supérieures. Que pouvait tout seul un honnête corrégidor? intimer l'ordre, prêcher l'obéissance, et laisser partir. C'est ce qui advint. Cortès, après avoir réuni les volontaires qu'il attendait de divers points de l'île, après avoir reçu les suppléments de munitions dont il était assez mal pourvu, se rendit à la Havane pour lever encore des soldats et achever d'approvisionner sa flotte. La colère de Velasquez l'y poursuivit. L'implacable ennemi n'ayant plus rien à ménager, envoya par un homme de confiance, à Barba, son lieutenant, l'ordre formel de se saisir de Cortès, qu'il qualifiait de traître au roi, et de l'envoyer sous bonne garde à San-Iago, comme un criminel de lèse-majesté; invitant aussi tous les officiers à prêter main forte pour l'exécution de cette mesure, et les rendant responsables de leur désobéissance. A eux aussi s'adressa Cortès; il communiqua l'ordre de Velasquez aux troupes assemblées, il signala sa basse jalousie, et se remit entre leurs mains. Officiers et soldats, impatients de marcher vers les riches contrées dans lesquelles ils plaçaient toutes leurs espérances, eux qui avaient engagé leur fortune pour cette hasardeuse entreprise, indignés de la conduite du gouverneur, se répandirent en murmures; ils supplièrent le général de rester à leur tête, ils lui promirent obéissance entière, ils lui jurèrent de le suivre partout où il les conduirait, de verser tout leur sang pour sa défense, menaçant de mort ceux qui oseraient mettre en question son autorité et s'opposer à l'exécution de ses grands desseins.

Laissons Velasquez en proie à tous les remords, à tous les projets de vengeance d'une confiance trompée; laissons-le s'occupant des moyens d'arrêter Cortès au milieu de sa campagne en lui opposant une expédition rivale; ne quittons plus l'intrépide Espagnol et les braves qui marchent avec lui à la conquête du Mexique. On avait appris par Grijalva que les armées de ce pays étaient nombreuses et ne manquaient pas de courage. Est-ce donc une grande armée d'Europe, portée sur cent vaisseaux, qui va se mesurer avec une grande nation américaine? Non. Toute la flotte de Cortès, cette flotte qui a épuisé toutes les ressources du gouverneur de Cuba, tous les capitaux des aventuriers qui la montent, se compose de onze bâtiments, dont le plus grand, honoré du titre d'amiral, n'est que de cent tonneaux, comme un de nos petits caboteurs; trois sont de soixante-dix ou quatre-vingts tonneaux, et sept des barques non pontées. Cette flotte porte six cent dix-sept hommes, dont cinq cent huit soldats et cent neuf matelots et ouvriers, divisés en onze compagnies, selon le nombre des bâtiments, et chacune commandée par un capitaine qui l'est aussi de l'embarcation. Il n'y a dans ce petit nombre de combattants que treize soldats armés de mousquets, trente-deux d'arquebuses, et le reste d'épées et de piques. Au lieu des armes défensives en usage à cette époque dans notre Europe, et qui eussent embarrassé dans un pays chaud, les soldats de Cortès ne portent que des cottes d'armes de coton piqué, comme les naturels qu'ils vont combattre; cuirasses légères, suffisantes pour amortir le coup des flèches américaines. Seize chevaux sont toute la cavalerie; dix petites pièces de campagne et quatre fauconneaux, toute l'artillerie de cette petite armée.

Mais dans ce bataillon sacré sont les Sandoval, les Alvarado, les Morla, les Olid, les Lopez de Avila, les Pacheco, les Bernal Diaz, tous hommes d'armes, jeunes et vieux, éprouvés dans mille rencontres, tous dignes de leur chef, tous résolus de vaincre ou de mourir. Chacun de ces hommes peut défier des masses mexicaines, et se croit sûr de triompher du moment qu'il a tiré l'épée pour combattre. Au courage chevaleresque, à la soif de l'or, se mêle l'exaltation religieuse. Une grande croix est peinte sur leur étendard, et, comme sur le labanum de Constantin, on lit, au-dessous, ces mots prophétiques : *Suivons-la : avec ce signe nous vaincrons*. Les pieux aventuriers s'excitent à cette croisade en parlant entre eux de l'honneur de convertir les infidèles et du bonheur de les piller. Pillage et conversion, trésors et indulgences, voilà ce qu'il leur faut; et ils partent pour cette grande et périlleuse entreprise, le cœur rempli de confiance dans la sainteté de leur cause, dans la force de leurs bras, dans la protection du ciel.

Cortès mit à la voile le 10 février 1518. La route de Grijalva fut suivie, et l'île de Cozumel abordée. Alvarado avait devancé la flotte de deux jours. Ses gens, à peine débarqués, étaient allés à la maraude; ils s'étaient emparés de quelques habitants, de joyaux de mauvais or, de provisions de bouche. Avarado fut vertement réprimandé. La politique de Cortès se dessine tout d'abord. On voit qu'il cherche bien plus des auxiliaires que des ennemis, dans la guerre d'invasion qu'il médite. Conquérir le pays par l'habitant est le trait le plus saillant de sa tactique. Aussi le verrons-nous, malgré les antipathies religieuses, malgré son propre fanatisme, celui de son époque, attirer successivement à lui les alliés et les sujets de Moctezuma.

Cortès manquait d'un interprète; ici, dès le début de sa campagne, une heureuse circonstance lui procura cet indispensable moyen de communication. Il avait appris que, lors du voyage de Cordova, les Indiens des environs du cap Catoche prononçaient quelquefois le mot castillan; il lui vint en pensée qu'il s'agissait de quelques Espagnols leurs prisonniers. Des marchands de Cozumel le confirmèrent dans cette conjecture, en l'assurant que, peu de jours auparavant, ils avaient vu un de ces hommes blancs et lui avaient parlé. Cortès forma sur-le-champ le projet de délivrer ses compatriotes. Les marchands furent envoyés chargés de présents pour traiter de leur rançon, et deux petits bâtiments, portant une vingtaine de soldats commandés par Diego de Ordas, eurent ordre de croiser dans les eaux du cap Catoche pour le service de cette mission, qui partit avec une lettre de Cortès ainsi conçue : « Gentilshommes et frères, ici, à Cozumel, j'ai été informé que vous êtes prisonniers d'un cacique; je vous demande,

MEXIQUE.

Pierre des Sacrifices.

comme une faveur, de vous réunir à moi. Je vous envoie un bateau et des soldats avec tout ce qui est nécessaire pour votre rançon; mes gens ont ordre de vous attendre huit jours. Venez me trouver en toute hâte; vous recevrez de moi assistance et protection. Je suis ici avec onze vaisseaux et cinq cents soldats, et je me propose, avec l'aide de Dieu, de gagner Tabasco, Pontonchan, etc. »

Les marchands firent diligence, et, deux jours après leur départ, ils remirent cette lettre à un homme blanc nommé Jeronimo de Aguilar, avec tout ce qu'il fallait pour sa rançon. Aguilar alla trouver son maître, qui accepta avec plaisir les belles choses qu'on lui proposait, et lui donna la liberté. Puis il se rendit chez un autre Espagnol, prisonnier comme lui, et qui demeurait dans le voisinage, et lui dit : Voulez-vous être libre, Alonso Guerrero? vous le pouvez, voici de quoi vous racheter. Guerrero répondit : Frère Aguilar, je suis marié; j'ai trois enfants; je suis cacique et capitaine de guerre : pour vous, allez-vous-en, au nom de Dieu! Moi, j'ai la figure marquée; j'ai les oreilles percées comme un Indien. Que penseraient de moi les Espagnols s'ils me voyaient ainsi au milieu d'eux! Regardez mes trois beaux garçons; je les aime tendrement. Je vous prie de me donner pour eux quelques-uns de ces colliers verts, de ces grains de verre que vous avez, et de dire que mon frère me les a envoyés de mon pays natal. La femme de Guerrero, entendant cette conversation, se prit à dire en colère : Qu'est-ce ceci? Eh quoi! ce misérable esclave vient pour séduire mon mari et me l'enlever! qu'il s'en aille. Aguilar insista vainement, et, voyant son compatriote inébranlable, il rejoignit les marchands et se dirigea vers le point de la côte où les deux bâtiments de Cortès stationnaient. Mais les huit jours étaient passés, Ordas avait rejoint la flotte. Le malheureux Aguilar se vit donc forcé de revenir chez son maître indien. Cependant Cortès, désolé du retour de ses deux bateaux, eut bien voulu prolonger son séjour dans l'île pour attendre les marchands, mais il lui fallut mettre à la voile, et déjà il perdait Cozumel de vue, lorsqu'un coup de vent le força d'y rentrer. Celui de ses bâtiments qui portait tous les vivres de la flotte avait éprouvé de grandes avaries, et l'on s'occupait à le réparer, lorsqu'au matin on aperçut un canot qui traversait la baie, venant du continent. On reconnut les messagers de Cortès et avec eux quelques Indiens, et l'on se demandait où étaient les Espagnols, lorsqu'une espèce de sauvage noir et tatoué prononça ces mots : *Dios, santa Maria et Sevilla*. Cet homme fut conduit devant Cortès, et il s'assit à terre comme ses compagnons, à la manière des Indiens. Cortès fit aussi cette question : Où donc est l'Espagnol? Et l'espèce de sauvage répondit : Le voici : il est devant vous. On se réjouit fort de sa venue; on le débarrassa des vieux haillons qui couvraient mal ses épaules et on lui donna des habits; puis on le questionna de nouveau, et l'on apprit qu'il se nommait Aguilar, natif de Ecija. Il avait étudié pour être prêtre, et il était entré dans les ordres. Comme il revenait du Darien à Santo-Domingo avec quinze Espagnols et deux femmes, leur navire fut mis en pièces par un ouragan, et avec lui s'engloutit dans la mer dix mille piastres en or. Aguilar et ses compatriotes, qui s'étaient jetés dans un canot, espéraient gagner Cuba ou la Jamaïque, mais le courant les poussa sur les côtes du Yucatan où les caciques se les partagèrent. Quelques-uns d'entre eux, les plus gras et les plus frais, furent sacrifiés, d'autres moururent de maladie, et les deux femmes succombèrent à de rudes travaux. Lui, Aguilar, s'échappa, et depuis huit ans que ces choses s'étaient passées il demeurait chez un cacique dont il était l'esclave. Ce qu'il savait du pays se réduisait à peu de chose, ayant toujours été employé aux travaux du ménage et à la culture des champs, sans avoir pu s'éloigner de plus de quatre lieues de la côte. Quant à Guerrero, il n'était plus Espagnol que de nom; il ressemblait, par les mœurs, les habitudes, le costume et la figure, aux Indiens du pays. Il s'était complétement identifié à leur vie, à leurs manières; il avait épousé une de leurs filles; il avait pris à cœur les intérêts de sa tribu, il la commandait; plus d'une fois il lui avait donné la victoire. Il passait pour le plus brave de ses guerriers, et il était à leur tête dans l'attaque des Indiens contre les gens de Cordova. Cette dernière partie du récit d'Aguilar fit vivement regretter à Cortès de n'avoir pas cet homme entre les mains. Il est probable toutefois qu'il eût mieux aimé s'en servir que d'en faire un exemple. On peut le supposer par l'empressement qu'il mit à s'attacher Aguilar comme interprète.

Pendant les huit jours qu'il attendit son arrivée, Cortès fit la revue de ses gens et les harangua. Il les initia, autant qu'il le crut convenable, à ses projets ultérieurs. S'il les entretint des périls de l'entreprise, il n'eut garde d'oublier ce qui devait les leur faire affronter avec audace. Les habitants de Cozumel vivaient en parfaite intelligence avec les étrangers; les caciques et les prêtres, la haute aristocratie du pays, les voyaient sans défiance. Cortès crut qu'avec eux il lui était permis de tout oser; il choisit les objets les plus vénérés pour faire l'essai de sa puissance. L'île possédait un temple fameux; les tribus du continent y venaient en pèlerinage, et l'on y rencontrait des hommes de plusieurs contrées parlant différents idiomes. Cortès aussi s'y rendit avec ses officiers. Les prêtres, en habits de cérémonie, vinrent à sa rencontre, tenant à la main la coupe où fumait l'encens; mais ce n'est point pour adorer que le fier Espagnol se présente; c'est pour renverser les idoles. Il fait plus, il les fait briser par les Indiens eux-mêmes. Ces hommes tremblants espèrent que les dieux vont se venger; mais les dieux se laissent mettre en pièces sans qu'un seul Espagnol en souffre le moins du monde. Alors, supposant ces divinités vaincues par le dieu de Cortès, les pauvres Indiens se pressent autour du père Juan Diaz qui célèbre la messe, et débite ensuite un sermon en castillan dont ils n'entendent pas un mot. Les idoles détruites sont remplacées par une grande croix de bois, par les images de la Vierge et des saints, et Cortès, en s'éloignant de Cozumel, fait promettre aux Indiens de respecter tous ces objets sacrés du culte catholique; il met sa protection à ce prix.

La flotte, suivant toujours la route de Grijalva, vient, quelques jours plus tard, jeter l'ancre à l'embouchure de la rivière de Tabasco; elle s'y trouve en présence de ses premiers ennemis. Le site était favorable à la défense. Des palétuviers d'Afrique couvraient les bords de la rivière, dont les eaux basses ne permettaient d'avancer qu'à de petites embarcations. Des canots remplis d'Indiens armés s'apprêtaient au combat. Douze mille guerriers, réunis dans Tabasco, la capitale, à une demi-lieue de là, ville défendue par des parapets et des palissades, se tenaient prêts à repousser les Espagnols; eux ne savaient à quoi attribuer ces hostiles dispositions, si différentes de l'accueil hospitalier qu'on avait fait à Grijalva dans la même contrée l'année précédente. Mais on apprit dans la suite que ce bon accueil avait été reproché aux gens de Tabasco, par ceux de Pontonchan, comme un acte de lâcheté, et qu'ils saisissaient la première occasion de se réhabiliter dans l'opinion de leurs voisins. Aussi l'éloquence d'Aguilar, envoyé par Cortès au chef de Tabasco, fut-elle sans succès. Il fallut en appeler à la force et à la supériorité des armes; il fallut une suite de combats pour amener ces braves gens à demander la paix. Ils avaient disputé le terrain pied à pied, protégés par des barricades, par des ravins, par des broussailles. Ils succombèrent dans les plaines de Ceutla, le 18 mars 1519. La victoire disputée fut complète et entière. Le bruit du canon terrifia ceux qu'épar-

Vue de la Scierie de Salgada.

gnait la mitraille; quelques hommes d'armes, à cheval, tombant avec leurs longues épées sur ces pauvres Indiens nus et serrés, décidèrent le gain de la bataille. Gomara prétend que l'un des apôtres saint Pierre ou saint Jacques combattit sous la forme humaine de Francisco de Morla, l'un des meilleurs cavaliers de l'armée. Bernal Diaz, qui n'en était ni le moins brave ni le moins bon chrétien, nous assure qu'il ne fut pas permis à un pécheur comme lui de voir un tel prodige, et nous le croyons sur parole. Les Indiens perdirent dans cette affaire plus de mille des leurs; ils eurent un bien plus grand nombre de blessés. Ils étaient complétement démoralisés. Ils s'imaginaient que les canons étaient des êtres animés, que le cavalier et le cheval ne faisaient qu'un. Chaque fois que ces espèces de monstres hennissaient, ils les imploraient comme des dieux irrités, et tremblaient de tous leurs membres. Dans de telles dispositions, ils se résignèrent à se mettre à la merci du vainqueur. Les principaux d'entre eux vinrent au camp de Cortès, et demandèrent la permisson d'enterrer leurs morts pour qu'ils ne fussent pas dévorés par les lions et les jaguars. Le lendemain dix caciques, en habits de cérémonie, se présentèrent devant le général pour conclure la paix : ils lui offrirent l'encens; ils lui demandèrent pardon pour le passé; ils se reconnurent vassaux de la couronne d'Espagne sans savoir à quoi ils s'engageaient, et promirent d'embrasser la religion catholique lorsqu'ils comprendraient quelque chose à ses dogmes. Cela n'empêcha pas Bartholomé d'Olmedo, chapelain de Cortès, de les cathéchiser sur l'heure, et d'en baptiser quelques-uns qui se prêtèrent de bonne grâce à cette auguste cérémonie. Le traité conclu, une nouvelle députation vint offrir des présents au vainqueur; présents semblables à ceux qui avaient été remis à Grijalva. On y joignit le cadeau de vingt jeunes filles, toutes jolies, annoncées comme fort habiles dans les travaux du ménage, surtout dans l'art de faire du pain de maïs. Ces jeunes beautés, partagées entre les capitaines et les principaux officiers de Cortès, reçurent le baptême le jour même où la pieuse reconnaissance du général, voulant perpétuer la mémoire de son premier triomphe, et en faire honneur à la mère de Dieu, changea le nom de Tabasco en celui de *Santa Maria de la victoria*. Ces femmes furent les premières chrétiennes du nouveau continent, les premières Américaines qui partagèrent la couche des vainqueurs. L'une d'elles attirait tous les yeux : on eût dit, en la voyant entourée de ses compagnes, une reine au milieu de sa cour. L'élégance de sa taille, la beauté de ses traits, la fierté de son regard, l'aisance de sa démarche, la noblesse de ses manières, trahissaient une naissance distinguée, et ce n'étaient pas des signes trompeurs. Cette jeune Indienne, qui, sous le nom de Marina, son nom de baptême, joue un rôle si important dans l'histoire de la conquête, était fille du cacique de Painalla, dans la province mexicaine de Guazacualco. Marina perdit son père de bonne heure, et resta aux soins d'une mère, qui, loin d'être bonne pour elle, porta toute sa tendresse sur un fils qu'elle avait d'un second mari. En vue d'assurer sa succession à ce fils préféré, elle et son nouvel époux livrèrent Marina à quelques marchands de Xicalanco, et firent courir le bruit de sa mort. Les maîtres de Marina la vendirent ensuite au cacique de Tabasco qui l'offrit à Cortès. C'était la que sa bonne fortune l'attendait; elle lui réservait le cœur du conquérant, et l'heureuse destinée de Cortès lui ménageait, dans donna Marina, une maîtresse dévouée, une habile interprète, une active surveillante des projets de l'ennemi, une conseillère instruite de la politique et des mœurs du pays, et, plus d'une fois, une ambassadrice éloquente et adroite. Il est probable que Cortès, qui ne s'était réservé d'abord aucune des vingt jeunes femmes de Tabasco, ne tarda pas à s'attacher Marina par les liens de l'amour; nous la trouvons près de lui dès le début de la campagne (*), et elle ne le quitte plus pendant les années de combats qui livrèrent à l'Espagne l'empire mexicain. Elle tenait bien sa place au conseil : on l'écoutait avec toute l'attention qu'on accorde aux esprits supérieurs ; le sien était prompt, vif, étendu, énergique et fertile en ressources. Dans les jours de bataille, elle avait toute la force d'âme d'un homme ; dans les négociations, toute la finesse, toute la souplesse d'une femme. Marina, outre la langue aztèque, savait le maya qu'on parle dans le Yucàtan et à Tabasco. Elle apprit l'espagnol en peu de temps et s'exprimait dans cette langue avec une extrême facilité. Marina fut la pro-

(*) Bernal Diaz prétend qu'elle fut d'abord présentée à un cavalier nommé Fernandez Portocarrero, qui retourna bientôt dans la Vieille-Castille après avoir été laissé à la Vera-Cruz. C'est alors que Cortès la prit avec lui. Il en eut un fils, nommé Martin Cortès, qui devint commandeur de l'ordre de Saint-Jacques. Longtemps après, elle épousa Juan de Xaramillo, officier de l'armée. A l'époque de l'expédition de Honduras (1524), lorsque Cortès, traversant le Guazacualco, manda tous les caciques de la province, la mère et le frère de donna Marina, qui gouvernaient ensemble leur district, se trouvaient au nombre de ceux qui se présentèrent. Marina était auprès du général : ils furent saisis de frayeur en la voyant, ils se crurent perdus ; ils lui criaient à genoux, en pleurant : Miséricorde ! Mais Marina, cette jeune femme belle et de noble cœur, s'empressa de les relever et d'essuyer leurs larmes : elle leur fit le plus touchant accueil ; elle leur apprit sa haute fortune, et le bonheur qu'elle avait d'être chrétienne et l'épouse d'un cavalier aussi distingué que son mari, bonheur dont elle était, disait-elle, plus fière que si elle eût été souveraine de l'ancien empire mexicain. Elle se sépara de ses parents en leur faisant de très-riches cadeaux. Sa mère et son frère, à son exemple, embrassèrent la foi chrétienne, et furent baptisés, la première sous le nom de Marta, le second sous celui de Lazarus. Les Aztèques traduisaient le nom de Marina en celui de Malintzin, d'où les Espagnols du Mexique ont fait Malinchi.

vidence de l'armée de Cortès, et l'un des plus puissants instruments de la chute de Moctezuma.

Cortès prit possession du pays au nom du roi d'Espagne, et, n'y trouvant pas d'or, le quitta, pour aller, après une navigation de quelques jours, jeter l'ancre au port de Saint-Jean d'Ulloa.

A peine la flotte était-elle au mouillage, que deux pirogues pleines d'Indiens abordèrent le vaisseau amiral. Un de ces Indiens s'approcha respectueusement de Cortès, et lui annonça qu'il venait de la part d'un des commandants du pays, pour Moctezuma, s'informer du sujet de son voyage, et lui offrir les choses dont il pouvait avoir besoin. Cortès, tout aussi poli que l'envoyé, répondit qu'il n'avait besoin de rien, que son voyage avait pour but de visiter le pays et de trafiquer avec ses habitants, espérant qu'ils le verraient avec plaisir. Ceci se passait le jeudi saint. Cortès, qui ne perdait pas un moment, fit débarquer le lendemain artillerie, infanterie, cavalerie ; les canons furent mis en batterie ; un camp de baraques s'éleva promptement sur le rivage sablonneux, et l'étendard royal fut déployé pour la première fois sur le territoire mexicain.

Dans cette première entrevue, Cortès se trouva très-embarrassé d'un incident dont il prévit toutes les conséquences. Aguilar, jusqu'alors son interprète, ne comprenait pas un mot de ce que disait l'envoyé : celui-ci s'exprimait dans sa langue maternelle, la langue aztèque, et Aguilar ne parlait que le maya. Déjà Cortès commençait à craindre, pour le grand projet qu'il méditait, les lenteurs et l'incertitude qui naissent des communications imparfaites par la seule voie des signes et des gestes. Mais son inquiétude fut de courte durée : il aperçut Marina causant avec les Mexicains, et vit sur-le-champ tout le parti qu'il pouvait tirer de cette femme indienne. Elle fut chargée de communiquer avec l'envoyé et de traduire ses paroles en maya qu'Aguilar, à son tour, rendait à Cortès en espagnol. Cette double transformation de la pensée n'était pas sans inconvénient pour l'exactitude; heureusement que l'intelligence et les rares dispositions de Marina pour l'étude des langues y mirent bientôt un terme. Elle fut promptement en état de se passer d'Aguilar et de rendre directement en bon castillan la phrase mexicaine. C'est de ce moment que date avec Cortès l'intimité de ses rapports.

Le jour de Pâques, deux seigneurs de la cour de Moctezuma, Teuhtlile et Cuitlelpitoc, gouverneurs de cette partie des provinces maritimes de l'empire, se présentèrent devant Cortès avec une suite nombreuse, et dans toute la pompe d'une ambassade. Cortès, qui avait à cœur de faire impression sur leurs esprits, les reçut avec cérémonie. Il les convia d'abord à une messe solennelle qu'il fit chanter en musique, puis il les invita à dîner, et leur déclara que, vassal du grand don Carlos, l'empereur de l'Orient, le plus puissant des rois de la terre, il venait, comme son ambassadeur, rendre visite à Moctezuma, et conclure avec lui un traité de paix et d'amitié; ce qui l'obligeait, lui Cortès, à se rendre sur-le-champ près de leur monarque pour accomplir sa mission, ne pouvant confier à personne les choses importantes qu'il avait à lui dire. Les gouverneurs, qui savaient parfaitement toute la répugnance de leur maître à recevoir ces étrangers, emmiélèrent de fort beaux compliments la vague réponse qu'ils firent à cette harangue. Mais Cortès ne demeurant pas moins ferme dans sa résolution, un des gouverneurs lui dit : « Qu'est-ce ceci? À peine êtes-vous arrivés que vous parlez déjà de voir notre roi. Recevez d'abord les présents qu'il vous envoie; plus tard, il sera temps de songer à autre chose. » Ces présents furent offerts avec beaucoup d'appareil; ils consistaient en dix charges de manteaux en étoffes de coton, ornés de plumes, en plusieurs bijoux et petits objets d'or et d'argent d'un travail curieux et d'une valeur considérable. La vue de cet or, de ces joyaux, produisit un effet tout différent de celui que se proposaient les Mexicains. Elle augmenta l'avidité des Espagnols, et leur inspira la plus vive impatience de se rendre maîtres d'un pays qui produisait tant de richesses. Vint ensuite le tour de Cortès. Il répondit à ce cadeau par celui d'un beau fauteuil à bras artistement sculpté et peint, par une toque de velours cramoisi décorée d'une plaque en or, sur laquelle on voyait saint Michel tuant le dragon, et par des pierres fausses précieusement enveloppées de coton parfumé. Pendant cette entrevue, des peintres mexicains, faisant partie de la suite des ambassadeurs, étaient occupés à peindre, sur de blanches étoffes de coton, les vaisseaux, les chevaux, l'artillerie, les soldats, et tout ce qu'ils trouvaient de plus remarquable parmi ces étrangers. Cortès apprend que ces tableaux allaient être envoyés à Moctezuma; il veut qu'ils lui donnent une idée plus complète de ce que sont les Espagnols et de ce qu'ils peuvent faire. Les trompettes, par son ordre, sonnent l'alarme, et sur-le-champ les différents corps de l'armée accourent se ranger en bataille. Des charges de cavalerie et d'infanterie s'exécutent, on fait la petite guerre, puis viennent des jeux de bague, des courses de chevaux et des joutes; enfin l'artillerie tonne, les boulets et la mitraille sifflent dans les branches d'arbres et les brisent. A ces bruits redoutables, les Indiens tombent d'effroi ou prennent la fuite; pour eux, les hommes qui manient ces terribles machines de guerre ont la puissance des dieux. Les peintres emploient tout leur art à représenter ces choses nouvelles, et leur imagination à inventer des figures et des caractères qui puissent rendre les prodiges dont ils viennent d'être témoins. Les ambassadeurs, obligés par position à cacher leur frayeur, la dissimulent sous les apparences de l'admiration. Cette fête militaire commence la destruction de l'empire.

Moctezuma apprit bientôt la résolution de Cortès. La sienne aurait dû être aussi prompte, aussi énergique. La guerre à l'instant même avec toutes

5ᵉ Livraison. (MEXIQUE.) 5

les forces de l'empire, lorsque les Espagnols ne comptaient pas un seul allié, lorsqu'ils n'avaient aucun point fortifié, lorsqu'ils étaient sans provisions et sans moyens de s'en procurer, ne laissait pas une chance de succès à l'armée d'invasion ; toute temporisation, au contraire, lui permettait de s'étendre dans le pays et de s'y donner les mécontents pour auxiliaires. Moctezuma se décida pour le parti qui servait ses ennemis : il négocia. Et d'abord, pour se rendre les prêtres favorables, il les invita à consulter les dieux. Les dieux répondirent qu'il ne fallait pas recevoir les étrangers, et Moctezuma se hâta de transmettre cette réponse par un ambassadeur, en l'accompagnant de présents magnifiques portés par cent hommes (*), et destinés à adoucir ce que son message pouvait avoir de désagréable à Cortès ; mais il avait affaire à un homme de volonté ferme, et qui jugeait déjà son ennemi par ses lenteurs. Ni les présents de Moctezuma, ni l'adresse de ses négociateurs ne changèrent rien aux projets du général ; il déclara résolument aux envoyés qu'il avait ordre de se rendre auprès de leur maître, et qu'il s'y rendrait. Cette réponse n'était pas de nature à les satisfaire. Ce qu'ils avaient vu de la puissance des armes espagnoles leur montrait la guerre comme le plus terrible des fléaux, et pour l'éviter, s'il était possible, ils prièrent Cortès de suspendre sa marche jusqu'au moment où leur maître aurait fait connaître ses dernières volontés. Cortès encore une fois ne se méprit point à de tels signes de faiblesse.

Nous avons déjà vu que plusieurs années avant l'arrivée des Espagnols, de sinistres présages, interprétés par l'ignorance et la peur, avaient jeté de grands troubles dans l'âme de Moctezuma. Ce n'était plus ce prince prudent et ferme dont l'avénement au trône avait été salué par d'unanimes acclamations ; son joug, à l'heure où nous sommes, était lourd pour tout l'Anahuac, et le pouvoir vacillait dans sa main. A la nouvelle du refus de Cortès de quitter le pays, lui, prince absolu, dont les ordres étaient sacrés pour des milliers d'hommes, ne put comprendre l'audace de l'étranger ; il eut un moment d'énergie ; il menaça de le sacrifier aux dieux. Mais cet éclair de colère fut court ; la peur reprit bientôt le dessus ; les ministres furent appelés au conseil ; on résolut d'essayer encore une fois de la diplomatie et des présents : les mêmes ambassadeurs, avec de plus riches cadeaux, furent dépêchés au camp de Cortès.

Ce camp n'était pas non plus exempt d'alarmes. Deux partis y étaient en présence : d'un côté, les amis de Cortès prêts à tout risquer avec lui ; de l'autre, les partisans de Velasquez effrayés de leur désobéissance, et redoutant de s'avancer dans un pays inconnu couvert d'une population guerrière, sans vivres assurés, sans places fortes pour retraite. Cortès, au milieu de ces difficultés, restait inébranlable, caressant le soldat, se montrant généreux envers lui, l'excitant sans cesse avec cette parole persuasive, cette éloquence militaire dont il avait si parfaitement le secret. Il s'occupait à entretenir toutes les espérances et à tout préparer pour l'invasion, lorsque les ambassadeurs de Moctezuma se

(*) On trouve dans tous les écrivains espagnols le pompeux détail de ce riche présent, composé d'étoffes de coton d'une grande finesse ; de quelques mosaïques en plumes, représentant des animaux, des arbres, des scènes de la vie domestique ; de bracelets, d'anneaux et de colliers en or, de boîtes remplies de perles, de pierres précieuses bien montées, et de deux grands plats de forme ronde, l'un d'or massif, représentant le soleil, l'autre d'argent, représentant la lune. Ce dernier, si l'on en croit Bernal Diaz, valait seul plus de 20,000 pesos (125,000 f.). Il est probable que ces divers objets avaient été préparés pour Grijalva, lors de son débarquement sur le même point, l'année précédente, et qu'ils se trouvaient tout prêts lorsque Moctezuma donna l'ordre au gouverneur de sa province de les offrir à Cortès. C'est du moins ce qu'on peut inférer du récit de Gomara.

Volcan de Jorullo.

présentèrent devant lui et lui signifièrent l'ordre formel de quitter le pays, tout en déposant à ses pieds les riches présents de leur maître. « Grand merci, dit le général. Vraiment, c'est un opulent monarque que le roi du Mexique; ses cadeaux sont trop magnifiques pour que nous n'allions pas en personne l'en remercier. » Puis, se tournant vers ses officiers et ses soldats : « N'est-ce pas, messieurs, que nous irons lui rendre visite? » Et cent voix d'hommes répondirent : « Nous sommes prêts à marcher. » En ce moment, la cloche sonna l'*Angelus;* officiers et soldats tombèrent à genoux, et prièrent la mère de Dieu de les protéger dans les périls et de leur livrer de riches trésors.

Le lendemain, tout était solitude autour du camp de Cortès. Les Indiens avaient disparu; on ne voyait personne dans les villages; tout commerce avait cessé; les hommes de la campagne n'apportaient plus de vivres; les gouverneurs de Montezuma avaient quitté le pays. On se crut au premier jour des hostilités; les clameurs des partisans de Velasquez un moment étouffées se firent entendre de nouveau. « Que veut-on faire de nous, s'écriaient-ils? où prétend-on nous conduire avec si peu de monde? Retournons à Cuba chercher des armes, des munitions, des vivres et des hommes. » Diego de Ordaz, un des premiers officiers de Cortès, vint, au nom des mécontents, lui adresser de semblables représentations. L'habile général les écouta tranquillement, et donna l'ordre à l'armée de se tenir prête à partir le lendemain pour retourner à Cuba. A cette nouvelle, la grande majorité des officiers et des soldats fut en émoi; toute cette troupe d'aventuriers voyait s'évanouir leurs espérances; la sédition gagnait tous les rangs, la menace sortait de toutes les bouches. Les émissaires de Cortès parcouraient les différents quartiers, aigrissant par leurs paroles les moins colères et animant encore les plus emportés; tous demandaient Cortès. Il ne se fit pas attendre. On lui reprocha son abandon, ses promesses violées, l'infidélité qu'il faisait à sa propre gloire; on lui renouvela le serment de le suivre partout, de mourir ou de triompher avec lui, et l'on finit par lui déclarer que s'il voulait céder à son rival, il pouvait partir seul, et qu'on allait élire un autre général à sa place. Ces heureuses menaces d'abandon, ces serments de fidélité, ces témoignages d'amour et de dévouement, voilà ce que demandait Cortès, qui, jouant la surprise, affirma qu'il n'avait donné l'ordre du départ que pour se conformer au vœu de l'armée et contrairement à sa propre opinion. « Je vois aujourd'hui, ajouta-t-il, qu'Ordaz m'a trompé, et je sais maintenant quel est mon devoir. Assuré de la confiance de mes camarades, je les conduirai à la conquête du Mexique, et je leur en partagerai les richesses. »

Vers ce temps, cinq Indiens se présentèrent aux sentinelles avancées du camp; ils demandèrent à être conduits devant le général. Leur langue semblait un dialecte de la langue aztèque assez difficile à comprendre. Marina y parvint cependant. Ces hommes étaient des ambassadeurs du cacique de Chempoalla, qui, ayant appris la grande victoire de Tabasco et les merveilles des armes espagnoles, priait Cortès de l'aider à secouer le joug mexicain. Cette ambassade était une faveur du ciel. Cortès savait par elle qu'il pouvait maintenant compter sur la désaffection des tributaires de Moctezuma, et que son armée ne manquerait pas d'auxiliaires. Il se hâta de promettre ce que les envoyés demandaient. Mais, avant de partir pour Chempoalla, il crut devoir organiser la colonie naissante qu'il avait dessein d'établir sur cette côte, en lui donnant des formes administratives et judiciaires modelées sur celles de la mère patrie, mêmes magistrats et mêmes noms, même cercle de pouvoirs, mêmes compétence, mêmes attributions. Cortès, au nom du roi et sans faire mention de Velasquez, nomma les premiers juges et les premiers administrateurs. Il est fort inutile d'ajouter qu'il les choisit parmi ses plus intimes amis, parmi les plus dévoués à sa personne et les confidents de ses secrètes pensées. Pensant dès lors à se créer un commandement indépendant, à se faire accorder un pouvoir suprême et des droits nouveaux par la voie de l'élection, il eut soin de s'enquérir au préalable des dispositions de l'armée et de s'assurer de son suffrage. C'est un fait curieux que nous apprenons de Bernal Diaz. « Cortès, dit ce véridique témoin de tous les événements de la conquête, avait alors obtenu de Porto-Carrero, d'Alvarado, de ses quatre frères, de Olid, de Avila, de Escalante, de Lugo et de moi-même, ainsi que de beaucoup d'autres officiers et cavaliers, la promesse de notre appui; nous nous étions engagés à l'élever au commandement en chef et indépendant. Montejo, la créature de Velasquez, soupçonnait notre projet et surveillait tous nos mouvements. Une nuit, assez tard, Porto-Carrero, Escalante et de Lugo, parent éloigné des miens, vinrent à ma cabane et me dirent : « Seigneur del Castillo, prenez vos armes, et venez avec nous pour accompagner Cortès qui va faire sa ronde. » Je les suivis, et, aussitôt que nous eûmes quitté la cabane, ils me dirent qu'ils voulaient avoir un moment d'entretien avec moi, et n'être point entendus de mes camarades, qui appartenaient à la faction de Velasquez. Un d'eux me tint le petit discours suivant : « Seigneur del Castillo, c'est pour la troisième fois maintenant que vous visitez cette contrée à vos périls et risques. Savez-vous que Cortès nous a trompés ; il nous assurait à Cuba qu'il avait pouvoir pour établir une colonie, et il n'avait commission que de trafiquer ; nous en sommes sûrs aujourd'hui. Il va donc falloir retourner à Cuba et remettre toutes nos richesses à Velasquez. Bon nombre d'entre nous ici est déterminé à prendre possession du pays sous Cortès, au nom de Sa Majesté, et, jusqu'à ce que sa royale volonté nous soit connue, Cortès sera élu notre général, et nous espérons bien que vous lui donnerez votre voix. » A cela je consentis sur-le-champ et de grand cœur, et nous allâmes ensuite de cabane en cabane demander des voix pour Cortès. »

Lui parut un jour devant le conseil qu'il avait nommé. Les Alvarado, les Sandoval, les Olid, et toutes ses créatures, tenaient les premiers rangs dans cette junte, et, si l'on y remarquait un ou deux partisans de Velasquez, ils n'étaient là que pour faire preuve de la liberté des opinions. Cortès se présente avec toutes les marques du plus profond respect ; il demande humblement la parole ; il dit à la junte qu'elle est la seule autorité légitime, l'unique dépositaire des droits de la couronne ; qu'elle tient la place du roi ; que les pouvoirs qu'il a reçus de Velasquez ayant été révoqués, il craint d'être sans qualité pour commander, sans droit légitime de se faire obéir. Il prie le conseil de donner un chef à l'armée, et de n'écouter, dans ce choix, que l'intérêt du roi et le salut de la colonie ; puis il dépose sur la table la commission de Velasquez, baise son bâton de commandant, le remet au président et se retire sous sa tente.

Le dénoûment de cette comédie politique ne se fit pas longtemps attendre. On accepta la démission de Cortès, et aussitôt il fut élu au nom du roi, d'une voix unanime, premier magistrat de la colonie et général en chef de l'armée. Le conseil, en corps, se rendit auprès de lui pour lui porter l'acte de sa nomination. Lui, comme s'il ne l'eût pas attendue, la reçut avec étonnement et respect, puis elle fut soumise sur-le-champ à la sanction de l'armée qui la confirma par acclamation. Les mécontents, d'abord réduits au silence, ne tardèrent pas à élever la voix ; mais les mécontents, les Ordaz, les Escudero, les Juan Velasquez, arrêtés et mis aux fers, se virent contraints de recourir à la générosité de leur ennemi. Cortès exerça en leur faveur le plus beau privilége du pouvoir suprême, celui de pardonner. Ce fut le premier acte de sa nouvelle autorité. Cette grâce ne tomba pas sur des ingrats ; Ordaz, Ecudero, furent dans

Éducation.

la suite officiers aussi fidèles qu'amis reconnaissants.

Libre alors des soucis qu'entraînent les dissensions intérieures, Cortès se mit en route pour Chempoalla. Sa petite armée cheminait avec ordre, se gardant bien, de peur de surprise, et toute prête au combat. Elle quittait avec joie les sables brûlants et malsains où elle avait séjourné, pour l'air plus frais et plus salubre de l'intérieur. Elle allait trouver des alliés et marcher avec eux à la conquête. Cortès, ayant précédemment envoyé Montejo, l'un des capitaines de sa flotte, explorer la côte, se dirigeait en même temps vers le point que cet officier avait signalé comme le plus convenable à un établissement colonial. On n'était qu'à trois milles de Chempoalla lorsque vingt habitants de cette place, marchant gravement, se présentèrent à Cortès et lui offrirent des ananas, d'autres beaux fruits et des bouquets de fleurs au nom de leur seigneur, lequel, étant fort gros, n'avait pu venir lui-même. Un cavalier espagnol, s'étant avancé seul au milieu de la grande place, aperçoit une partie du palais royal blanchie nouvellement à la chaux et brillant aux rayons du soleil. A cette vue, l'avide Castillan croit voir devant lui un palais aux murs d'argent, et court, à toute bride, annoncer à ses camarades ce merveilleux trésor. Chempoalla n'avait pas besoin de ce prestige imaginaire pour paraître belle, c'était la plus grande ville que les Espagnols eussent encore vue dans le nouveau monde. Les uns la nommèrent *Séville*, à cause de sa vaste étendue; d'autres *Villa Hermosa*, parce qu'elle était pleine d'agréments. « Nous fûmes surpris, dit Bernal Diaz, de la beauté des bâtiments et de leur heureuse situation. Au milieu d'un riche paysage et de diverses plantations d'arbres, elle possédait de magnifiques jardins, et, pendant toute la journée, une foule immense d'hommes et de femmes remplissait ses larges rues. Les Espagnols furent tous logés dans un vaste et beau bâtiment, dans l'enclos du temple destiné aux étrangers de distinction et aux ministres des idoles. Là, nous fûmes nourris et entretenus aux frais du cacique qui était d'abord venu saluer Cortès à son arrivée, porté sur une litière, à cause de son énorme embonpoint. Il revint encore lui rendre visite après dîner, accompagné de ses nobles ; il lui offrit beaucoup d'or et de beaux présents, et brûla l'encens devant lui. Cortès le reçut à merveille, l'embrassa et lui parla de la puissance de notre roi, ajoutant que ses troupes et lui-même étant fort disposés à le servir contre ses ennemis, il n'avait qu'à les nommer. Sur quoi le prince indien s'enhardit, et, poussant un profond soupir, il dit comment le peuple totonaque, son peuple, libre et indépendant de temps immémorial, et gouverné par des seigneurs de sa race, était tombé, dans ces dernières années, sous le joug de Moctezuma. Il raconta, les larmes aux yeux, la tyrannie du Mexicain, les exactions de ses officiers de finances qui enlevaient tout l'or de son pays, qui réduisaient les hommes en esclavage et puis les sacrifiaient aux dieux ; qui s'emparaient des filles de son peuple pour les plaisirs de leur maître et des grands de sa cour. Il dit encore par quels moyens et par quelles alliances la ville de Tenochtitlan s'était élevée au-dessus des autres villes de l'Anahuac. Il fit l'histoire de l'humble origine des Aztèques, des progrès de leur puissance, de l'organisation de leur empire, de ses forces et de ses richesses. Toutes ces choses étaient nouvelles pour Cortès, et l'instruisaient admirablement de ce qu'il lui était nécessaire de savoir pour le succès de la campagne qu'il allait entreprendre. Il promit au cacique de le secourir et de revenir en conférer avec lui, ce qu'il ne pouvait faire maintenant, pressé qu'il était de se rendre à Chiahuitztla pour examiner l'état de sa flotte. Ce qu'ayant entendu, le cacique, comme témoignage de son dévouement, mit à la disposition de Cortès quatre cents hommes pour porter ses bagages. On sut alors, par donna Marina, que telle était la coutume des princes indiens envers les personnes de haut rang qui passaient par leurs États, et qu'ils voulaient honorer.

Chiahuitztla était une petite ville située sur un haut rocher, à douze milles de Chempoalla, vers le nord, et à trois du nouveau port où se trouvait alors la flotte espagnole. Là se fit porter aussi le chef des Chempoallans, qui, craignant que Cortès n'oubliât sa promesse, venait de nouveau s'entretenir avec lui sur les moyens d'attaquer l'ennemi commun. Pendant qu'ils délibéraient, on vint annoncer l'arrivée de cinq nobles mexicains receveurs des tributs royaux avec leur suite. Ces envoyés portaient à la main de gros bâtons courts, et des éventails pour chasser les mouches, ce qui n'appartenait qu'à des gens de condition. Ils réprimandèrent fort les deux caciques d'avoir fait bon accueil à des étrangers sans permission du roi, puis, en réparation de ce crime, ils demandèrent vingt Indiens et Indiennes pour être sacrifiés aux dieux. A cette nouvelle, la ville fut en grande inquiétude; les caciques étaient consternés et se regardaient comme perdus. Cortès apprit de donna Marina la cause de leur trouble, et, s'adressant à ces deux princes tremblant devant cinq collecteurs de tributs : « Emparez-vous de leurs personnes et jetez-les en prison, » dit Cortès. Cette résolution hardie dépassait leur courage ; ils tremblent encore plus fort ; Cortès revient à la charge, et les caciques, pressés entre deux terreurs égales, finissent par faire mettre au cachot ces Mexicains orgueilleux, qui, en entrant dans la ville, n'avaient pas même daigné jeter un regard sur les Espagnols. Les prisonniers gardés par les Castillans s'attendaient à la mort. Les caciques, fiers de la protection de Cortès, le priaient de permettre qu'ils fussent sacrifiés aux dieux. La politique du général était de leur rendre la liberté, et de s'en faire un mérite auprès de Moctezuma. C'est ce qu'il exécuta avec adresse, soit en les faisant évader de nuit, soit en les réclamant pour être gardés sur ses vaisseaux. Les caciques se contentèrent de tout ce qu'il voulut bien leur dire pour colorer cette véritable ruse diplomatique, dont le but principal était de prouver au chef mexicain que les Espagnols avaient à cœur de protéger ses sujets, et n'étaient pour rien dans la révolte des Totonaques, révolte que Cortès excitait cependant par tous les moyens possibles. Elle devint bientôt générale. Tous les chefs des villages dépendant de Chempoalla jurèrent haine mortelle à Mexico. Les hommes prirent leurs armes de guerre et se préparèrent à suivre les Espagnols comme alliés, lorsqu'ils en seraient requis. L'acte d'obéissance et de fidélité des Totonaques envers les couronnes de Castille et de Léon fut passé devant le tabellion royal Diego Godoy. Cette importante affaire terminée, d'autres soins réclamèrent l'activité de Cortès. Il sentait le besoin d'un établissement permanent, d'une place forte, d'un port, d'un lieu de refuge, en cas de mauvaise fortune. Le lieu indiqué par Montejo, et près duquel la flotte s'était rendue, se trouvait sur le territoire des Totonaques. C'était une plaine allant de la mer aux montagnes, à douze milles de Chempoalla. Ici Cortès traça l'enceinte d'une ville. L'église fut bâtie la première, puis l'arsenal, puis des magasins pour les subsistances et les munitions ; puis des cabanes alignées en forme de rues ; le tout entouré de remparts assez forts pour résister à une armée d'Indiens. Tous les Espagnols, officiers et soldats, mirent la main à l'œuvre et furent aidés par leurs nouveaux alliés, les naturels de Chempoalla. Cette ville reçut le nom de Villa-Rica de la Vera-Cruz, nom qui semble, dit Robertson, l'expression des deux grands mobiles des Espagnols dans toutes leurs entreprises au nouveau monde, la soif de l'or et l'enthousiasme religieux (*).

(*) Presque tous les historiens ne reconnaissent que deux villes de ce nom, l'ancienne et la nouvelle ; c'est une erreur, on en compte trois. La première, celle dont il s'agit ici, fondée en 1519 près du port de

A l'époque où ces travaux s'exécutaient, la renommée de Cortès allait s'étendant dans l'intérieur du pays. Chaque jour de nouveaux chefs, sollicitant son alliance, venaient faire leur soumission. Plus de trente villages totonaques lui offraient des hommes de guerre pour la conquête de Mexico. Lui organisait en confédération tous ces princes américains; il arrangeait leurs différends, s'interposait entre eux et leurs voisins, les empêchait de guerroyer pour des limites de territoire, et réservait toutes leurs forces pour lui seul. Moctezuma tremblant, au retour de ses collecteurs de tributs, voyait dans Cortès, leur libérateur, un être surnaturel, et lui envoyait de nouveaux présents en le suppliant de ne pas venir jusqu'à lui. Deux de ses neveux, à la tête d'une députation de la noblesse du royaume, étaient chargés de cette mission, qui n'eut pas plus de succès que les précédentes. Cependant elle effraya les alliés de Cortès, le chef de Chempoalla surtout, qui, pour resserrer les liens qui l'attachaient aux Espagnols, offrit au général une de ses nièces en mariage, et sept autres jeunes filles nobles, avec de riches dots, pour ses officiers. « Qu'elles se fassent chrétiennes et reçoivent le baptême, dit Cortès, nous les accepterons; et vous aussi, faites-vous chrétiens pour le bien de vos âmes, et abjurez le culte de vos idoles. » Le cacique, qui ne s'attendait pas à cette demande, répondit : « Nous et notre peuple, nous ne pouvons renoncer aux dieux de nos ancêtres, qui nous donnent des fruits, des fleurs et des moissons, qui nous protègent dans les périls, qui nous accordent une vie exempte d'infirmités et tout ce qui peut la rendre agréable. » Cette fidélité religieuse parut l'œuvre du démon au fanatisme castillan. Cortès et ses soldats s'écrièrent tout d'une voix: « Brisez les idoles des faux dieux; notre Dieu, le vrai Dieu le veut ainsi. » Sur quoi les Indiens protestèrent qu'ils ne commettraient jamais un semblable sacrilège; et déjà ils se mettaient en mouvement pour défendre leurs divinités, lorsque donna Marina déclara, au nom de Cortès, qu'à la première flèche tirée, tous seraient mis à mort. A cette voix de femme, à la voix révérée de quelques prêtres, otages des Espagnols, et du cacique de Chempoalla, la foule s'arrête immobile. En ce moment, on vit cinquante soldats espagnols monter à pas pressés les marches du temple, chantant en chœur *Gloria in excelsis Deo*, puis, d'un bras vigoureux, frapper sur les idoles, les mettre en pièces, et les jeter à terre. Les Indiens, atterrés devant un tel spectacle, et se cachant les yeux, se prirent à pleurer. Leurs prêtres, vêtus de longues robes noires avec des capuchons, en forme de chape de chœur, et ressemblant, dit Herrera, à des religieux de Saint-Dominique, prirent les idoles mutilées et les emportèrent avec grand respect. Cortès fit ensuite habiller en blanc ces prêtres idolâtres; il les obligea à couper leurs longs cheveux et à être présents à la métamorphose de leur temple en chapelle catholique. On lava les murailles tachées de sang humain, on les badigeonna à la chaux, on les purifia suivant le rite catholique, on dressa un autel orné de feuillages, on le décora de l'image de Jésus crucifié et de la vierge Marie, on y célébra la messe, on y baptisa les huit vierges indiennes, et puis, dit encore Herrera, d'après les vieux chroniqueurs, Cortès emmena chez lui la nièce du cacique, et ses officiers les autres jeunes filles, pour habiter ensemble, au grand contentement de ces dames. La garde du temple fut confiée à un vieux soldat invalide nommé Juan Torrès. On le revêtit d'un costume d'ermite, et il eut charge d'entretenir l'autel proprement, d'allumer les cierges, et de prêcher les Indiens sur la religion.

Chiahuitztla, et qui plus tard ne conserva que le nom de Villarica; la seconde, l'ancienne Vera-Cruz, bâtie en 1523 ou 1524; et la troisième, la Nouvelle-Vera-Cruz, celle qui porte aujourd'hui ce nom et qui fut élevée à la fin du seizième siècle ou dans les premières années du dix-septième. Philippe III lui donna le titre de cité en 1615.

C'était le seul missionnaire que Cortès pouvait abandonner sans affaiblir sa troupe.

Il y avait trois mois à cette époque que Cortès était dans la Nouvelle-Espagne. S'il n'avait point encore commencé ses opérations militaires, il en avait préparé le succès, soit en s'attachant l'armée, soit en négociant avec les Indiens et se les donnant pour auxiliaires. Avant de se mettre en marche, il voulut encore se prémunir contre l'intrigue des cours, contre le mauvais vouloir de Velasquez, contre la jalousie de quelques-uns de ses officiers. Il fit demander au roi par les magistrats de la colonie de ratifier les mesures prises et les nominations faites. Lui, de son côté, rédigea le bulletin de ses opérations. Nous possédons ce curieux monument d'adresse à grouper les faits, de talent à les colorer. Cortès accompagnait cette dépêche de toutes les choses qui pouvaient donner une haute idée des richesses du pays. Il pressa ses soldats d'abandonner ce qu'ils étaient en droit de réclamer pour leur part dans les trésors qu'on avait jusqu'alors rassemblés, afin qu'on les pût envoyer en entier; et tel était son ascendant sur l'armée, que cette troupe d'aventuriers indigents et avides fit sans peine ce généreux sacrifice. Ce fut le plus riche cadeau que le nouveau monde eût encore fait à l'Espagne. Porto-Carrero et Montejo, principaux magistrats de la colonie, choisis pour le déposer aux pieds du trône, mirent à la voile avec défenses expresses de toucher à Cuba.

Cette île était redoutable à Cortès. Là, son ennemi Velasquez, maître sans contrôle, venait d'obtenir le titre d'adelantado et le pouvoir de s'emparer des terres nouvellement découvertes. Un bâtiment parti de la Havane, et amenant un renfort de deux officiers, deux cavaliers et dix soldats, avait débarqué à la Vera-Cruz et apporté cette nouvelle. Elle décida Cortès à pénétrer sur-le-champ dans l'intérieur du pays, et à exécuter avant son départ un projet qu'il mûrissait depuis longtemps. Il avait souvent vaincu la sédition; mais, comprimée, elle n'était pas éteinte. Il savait que plusieurs soldats, fatigués du service, soupiraient après leur retour et déserteraient au premier revers, au premier danger. Il savait aussi que sa petite armée ne pouvait s'affaiblir de quelques hommes sans danger. Dernièrement encore il avait été sur le point de voir ses rangs s'éclaircir par la fuite de plusieurs de ses gens : ils s'étaient emparés d'un brigantin avec lequel ils voulaient se rendre à Cuba; ils avaient été découverts et punis; mais cette tentative pouvait se renouveler tant que la mer serait libre. Il fallait donc détruire la flotte et enfermer l'armée sur le continent. Cette audacieuse résolution, prise par Cortès, fut exécutée avec une adresse infinie. A l'aide de pilotes gagnés, il eut l'art de persuader à ses soldats que les navires étaient incapables de tenir plus longtemps la mer. Il fit valoir tout l'avantage que l'on allait retirer d'une centaine de matelots alors disponibles, et l'heureuse et puissante influence de cette alternative nouvelle : conquérir ou mourir. Les paroles de Cortès s'adressaient à des Espagnols du seizième siècle. D'un consentement unanime, les vaisseaux furent tirés à terre, mis en pièces, et, par un effort de courage auquel l'histoire n'offre rien de comparable, quelques centaines d'hommes consentirent de plein gré à s'enfermer dans un pays ennemi, au milieu de nations puissantes et inconnues, en s'ôtant tout moyen d'échapper au danger par la fuite; ne se réservant d'autres ressources qu'une constance inébranlable, une valeur à toute épreuve.

Cette armée de braves partit de Chempoalla le 16 août pour la conquête du grand empire de l'Amérique du Nord. Elle se composait de quatre cent quinze hommes d'infanterie, seize cavaliers, et traînait après elle six pièces de campagne. Les malades, les invalides, les vieillards, restaient à Villa-Rica de la Vera-Cruz pour défendre cette colonie naissante; ils étaient sous les ordres d'Escalante, vieil officier, homme de cœur dévoué à Cortès. Deux cents Indiens fournis par le cacique de Chempoalla étaient chargés de porter le bagage et de traîner l'artillerie. Quatre cents autres sujets du même cacique accompagnaient l'armée comme auxiliaires. Cortès n'en avait pas voulu davantage. Avant de le suivre dans cette mémorable expédition, et pour en mieux comprendre les détails, jetons un coup d'œil sur la division politique de l'Anahuac et sur l'étendue du royaume de Moctezuma en 1519.

L'Anahuac, cette grande contrée de l'Amérique du Nord, dont la dénomination ne doit pas être confondue avec celle de Nouvelle-Espagne, n'avait pas toujours eu les mêmes limites. Réduite, dans l'origine, à la seule vallée de Tenochtitlan, ou de Mexico, on l'étendait, à l'époque dont nous nous occupons, à tout le pays compris entre le quatorzième et le vingt et unième degré de latitude. Outre l'empire aztèque de Moctezuma, l'Anahuac renfermait encore les petites républiques de Tlascala et de Cholula, le royaume de Tezcuco et celui de Mechoacan, etc.

C'est une erreur de Solis d'avoir étendu le royaume mexicain depuis Panama jusqu'à la Nouvelle-Californie. Les recherches du savant Clavigero nous ont appris que le *sultan de Tenochtitlan* n'avait sous sa domination qu'un État beaucoup moins vaste, limité, sur les côtes orientales, par les rivières de Guazacualco et de Tuspan ou de Tuzapan ; sur les côtes occidentales, par les plaines de Soconusco et par le port de Zacatula. Ses frontières, au nord, atteignaient le pays des Huaxtecas (le Queretaro actuel) et touchaient aux terres des barbares Otomies. En jetant un coup d'œil sur la carte générale de la Nouvelle-Espagne, de M. de Humboldt, on voit que, d'après ces limites, l'empire de Moctezuma n'embrassait que les anciennes intendances de Vera-Cruz, d'Oaxaca de la Puebla, et quelques parties maritimes de la province de Valladolid. Sa surface peut être évaluée à dix-huit ou vingt mille lieues carrées.

Aucune des provinces comprises dans le Guatemala, dans les diocèses de Nicaragua et de Honduras, pas plus que la Californie, ne dépendaient de l'empire mexicain. Il ne possédait même qu'un très-petit nombre de places frontières dans le Chiapa.

A l'ouest des possessions mexicaines, on entrait dans le royaume indépendant de Mechoacan, grand et vaste pays compris aujourd'hui dans l'État de Valladolid. Ce puissant royaume n'avait jamais rien perdu dans ses guerres avec les Aztèques. Sa civilisation n'était pas moins avancée que la leur. Il jouissait d'un beau ciel, d'un doux climat ; il possédait de riches pâturages et des terres fertiles ; il s'étendait depuis le Rio de Zacatula jusqu'au port de la Navidad, et depuis les montagnes de Xala et de Colima jusqu'à la rivière de Lerma et au lac de Chapala, à l'ouest du lac de Texcuco. Le royaume de ce nom, allié des Mexicains depuis 1424, et non leur tributaire, touchait à l'est le territoire de Tlascala, au sud celui de Chalco, au nord les terres des Huaxtecas. Large de soixante milles et long de deux cents, il égalait à peine la huitième partie du royaume aztèque. Il était l'un des plus anciens États de l'Anahuac : il en avait été jadis le plus considérable ; mais des guerres malheureuses, en réduisant successivement ses frontières, ne lui laissaient d'autre supériorité sur ses voisins que celle de l'intelligence et de la culture des lettres et des arts.

L'État de Tlacopan (*Tacuba*), beaucoup plus resserré, mais protégé par les Aztèques et suivant leur fortune, se trouvait entre les lacs et le Mechoacan, entre la vallée de Toloncan et le pays des Otomies ; il ne méritait guère le nom de royaume.

Moins grande encore était la république de Tlascala ; son territoire, environné par les domaines de Mexico, de Texcuco, de Cholula et de Huexotzinco, offrait à peine une ligne de cinquante milles de l'est à l'ouest, sur une autre ligne de trente milles du nord au sud. Cette république, comprise aujourd'hui dans l'État de Puebla ainsi que l'ancien Cholulan, joue un rôle trop important dans la conquête du Mexique pour que nous passions sous silence son origine, son état social et politique, et le caractère particulier de ses habitants.

Les Tlascalans, probablement une tribu de la nation chichimèque, appartiennent aux anciens émigrants des contrées du Nord, envahisseurs du plateau d'Anahuac. On les trouve d'abord dans la vallée de Mexico dont ils pillent les habitants sédentaires et agricoles. Ceux-ci se réunissent dans un intérêt de défense commune, et obligent ces brigands à chercher fortune ailleurs. Partie d'entre eux se rend dans les forêts, vers le nord de la vallée, et s'associe aux peuples chasseurs, partie se dirige à l'est et au sud. Les uns vont s'établir dans le voisinage des volcans Popocatepetl et Orizaba; les autres, et c'est le plus grand nombre, prennent leur route par Cholula, et vont asseoir leurs cabanes de feuillage aux pieds de la grande montagne Matlalcueye; c'est là qu'ils s'établissent, après avoir expulsé les Olmèques et les Xicalanques, anciens maîtres du pays. Ils obéirent d'abord au chef qui les avait conduits à la victoire; ce fut leur premier roi. Bientôt leurs huttes devinrent une ville; ils la placèrent sur un haut terrain, au milieu de rochers de difficile accès. Ils ne se bornent point à élever une place forte, ils font, du centre de leur district, un vaste camp retranché en profitant avec intelligence de tous les mouvements du terrain. A l'occident, ils l'enferment par des fossés profonds et de larges parapets; à l'est, par une muraille de six milles de longueur; au sud, le haut Matlalcueye leur fournit un rempart naturel, et, vers le nord, une chaîne de rameaux de la Cordillère leur permet d'établir une ligne de points inexpugnables. C'est dans cette enceinte, bien à l'abri des invasions de leurs voisins, qu'ils se civilisent par la culture du sol, et que, de générations en générations, ils s'exercent à la guerre pour maintenir leur indépendance. Depuis deux siècles cette nation avait toujours les armes à la main, luttant contre ses voisins et quelquefois contre le puissant empire mexicain qui n'avait pu parvenir ni à la courber sous le joug, ni même à entamer ses frontières. Elle parlait la langue des Aztèques; elle avait le même culte religieux et sanguinaire, les mêmes superstitions, les mêmes préjugés, les mêmes arts, à peu près la même civilisation. Tlascala, dans sa haine mortelle contre Mexico, servait de lieu de refuge à tous les ennemis de l'empire. Les rangs de son armée se grossissaient de tous les proscrits, de tous les vaincus empressés d'échapper au couteau du grand sacrificateur mexicain.

Les Tlascalans, fiers et braves, n'étaient pas moins cruels que leurs ennemis. Leur gouvernement n'était plus celui d'un seul; la forme aristocratique et oligarchique avait prévalu sur un certain nombre de familles nobles. La ville de Tlascala se divisait en quatre quartiers, gouvernés par quatre chefs qui l'étaient aussi d'un certain nombre de terres, bourgs et villages dépendants de chaque quartier. La république se composait donc de quatre petits États fédérés, dont la ville de Tlascala était le centre et la capitale. Les gouverneurs, réunis aux familles nobles, exerçaient le pouvoir législatif. Cette assemblée, le sénat de la nation, faisait les lois, les traités de paix, les règlements d'administration publique, et déclarait la guerre. Les Tlascalans, robustes et travailleurs, avaient mis à profit leurs terres accidentées, propres à diverses cultures. Ils récoltaient beaucoup de maïs. Leur cochenille était alors estimée au-dessus de toutes les autres. Le commerce d'échange leur fournissait ce qu'ils ne produisaient pas; toutefois, ceux d'entre eux qui vivaient dans la partie la plus montagneuse et la plus ingrate du pays, conservaient les mœurs et le caractère des peuples chasseurs. On découvrait dans leurs lois quelques traces de justice distributive et de jurisprudence criminelle. Elles punissaient de mort le mensonge, le manque de respect du fils à son père, le péché contre nature, elles punissaient du bannissement le larcin, l'adultère, l'ivrognerie. Elles permettaient la pluralité des femmes; le climat y portait, le gouvernement y encourageait.

Pour le mérite militaire on réservait les grands honneurs, dans cette république toujours armée. Le courage n'était là qu'un devoir, l'audace heureuse dans les batailles avait seule droit aux récompenses. On dit que les Tlascalans portaient, dans leurs carquois, deux flèches, sur lesquelles se voyaient les noms ou les images de leurs anciens héros. Ils commençaient le combat par lancer une de ces flèches; l'honneur obligeait à la reprendre. Les habitudes guerrières de ce peuple étaient empreintes d'un certain vernis chevaleresque; ils dédaignaient les ruses de guerre, les embuscades et le secours des armes défensives; ils se présentaient presque nus devant l'ennemi. On vantait leur bonne foi et leur franchise dans les traités, leur respect pour les vieillards et leur généreuse hospitalité.

Si leur haine était terrible et durable, leur amitié était sincère et à l'épreuve de la mauvaise fortune. A ces vertus se mêlaient tous les défauts des peuples barbares et conquérants. Ils se montraient souvent altiers, vindicatifs et féroces; ils traitaient les vaincus à la manière de tous les peuples de l'Anahuac. Ils sacrifiaient aux dieux les prisonniers de guerre qu'ils ne conservaient pas comme esclaves. Mais ce qu'il faut admirer dans cette nation, c'est l'horreur du joug étranger, l'amour de l'indépendance et la passion de la liberté.

Plusieurs routes se présentaient à Cortès pour atteindre les hauteurs du plateau mexicain, et s'avancer vers la capitale. Il fit choix de celle qui le conduisait au milieu des belliqueux Tlascalans, par cela seul qu'ils étaient les ennemis acharnés de Moctezuma, et que leur alliance pouvait lui être d'un puissant appui. Le premier jour, les Espagnols entrèrent dans Xalapa; ils se trouvèrent bientôt, au milieu de montagnes désertes, aux prises avec le froid, la pluie et les ouragans. Les passes de ces montagnes n'étaient point inhabitées; on y vit quelques villages et un grand nombre de temples. « Tout indiquait, dit Bernal Diaz, que nous entrions dans une nouvelle contrée. Les temples étaient élevés, de belle apparence, et entourés d'habitations. Celles des caciques, blanches à l'extérieur, ressemblaient à quelques-unes de nos maisons d'Espagne. Cette place fut nommée, par nous, Castel-Blanco. Là nous fûmes bien reçus, bien fournis de provisions; là nous apprîmes une multitude de choses sur Moctezuma, son empire, sa puissance, ses armées, son gouvernement, ses richesses. Toutes ces choses, nouvelles pour nous, augmentaient notre désir de les posséder. A de tels récits, nous n'avions d'autre pensée que de faire fortune, sans songer, tel est le caractère espagnol, que nos espérances avaient toute l'apparence d'une chimère. Et quand on nous demandait ce que nous venions faire malgré les ordres de Moctezuma, Cortès répondait : « Nous venons, au nom de notre roi, ordonner à votre maître de se soumettre à lui : nous venons, au nom de notre Dieu, commander à votre maître de ne plus faire la guerre à ses voisins, de ne plus les outrager, de ne plus les réduire en esclavage, de ne plus les sacrifier à ses idoles. Et vous aussi, cessez ces abominables sacrifices, et adorez notre Dieu. » Les caciques gardaient le silence, et le zèle de Cortès s'échauffait. Il voulut faire planter une croix, mais le père Olmedo l'en empêcha. » Nous aurons, plus d'une fois, l'occasion de faire remarquer que Cortès a tout le fougueux fanatisme d'un ignorant missionnaire, et le père Olmedo, le calme et la prudence d'un général d'armée et d'un homme politique. Les Chempoallans, qui marchaient avec les Espagnols, les servaient à merveille par leurs discours. Un des soldats de Cortès avait un gros chien qui aboyait pendant la nuit, chose étrange pour les naturels et qui les effrayait beaucoup; ils demandèrent si c'était un tigre ou un lion qu'on avait amené pour les dévorer. Les Chempoallans répondirent : « Le monstre vient pour se jeter sur vous et vous mettre en pièces si vous offensez ces puissants étrangers. Avec leurs canons ils envoient des morceaux de rochers qui tuent l'ennemi à la distance qu'il leur plaît de frapper; avec leurs chevaux ils atteignent tous ceux qu'ils poursuivent. » A ces paroles, la foule, émerveillée, répondait : « Ces étrangers sont les fils du soleil. » Alors les Chempoallans ajoutaient : « Prenez-en donc soin, et faites-leur des présents, car ils connaissent vos plus secrètes pensées. » Ces merveilleuses histoires allaient se répandant de village en village, et servaient comme d'avant-garde aux Espagnols.

Cependant, instruit des dispositions belliqueuses des peuples de Tlascala, Cortès résolut d'envoyer quelques Chempoallans demander à ces fiers républicains passage sur leurs terres. Il espérait que son intention connue de marcher sur Mexico, de délivrer les Indiens du joug de Moctezuma, serait une puissante recommandation auprès des ennemis de ce prince. Mais il oubliait que les Tlascalans étaient soupçonneux, comme tous les hommes qui vivent au milieu de voisins hostiles, que sa qualité d'étranger était suspecte, que la haine qu'il portait aux dieux de tout l'Anahuac soulevait contre lui l'influence des prêtres, puissante sur l'esprit des peuples.

Revêtus du costume d'ambassadeurs, les épaules couvertes de la mante de coton à franges tressées, une large flèche dans la main droite les plumes en haut, et la coquille en forme de bouclier au bras gauche, les Indiens chargés des intérêts de Cortès se mirent en route. Les plumes blanches de leurs flèches annonçaient en eux des ministres de paix; rouges, elles eussent indiqué des hérauts qui vont dénoncer la guerre. Ces envoyés eurent soin de suivre la grande route tracée, pour conserver le privilége attaché à leur caractère. S'ils eussent commis l'imprudence de marcher par les petits sentiers des campagnes, ils auraient perdu le droit d'exiger le respect du peuple et la protection des magistrats

A leur arrivée dans la capitale, ils furent accueillis comme des frères; on les logea dans la maison uniquement destinée aux ambassadeurs, suivant l'usage de tous les États de l'Anahuac; puis on les introduisit devant les sénateurs réunis en grand conseil. Tous les nobles s'y trouvaient avec les quatre principaux chefs du pays. Voici le discours que les vieux chroniqueurs, soit indiens, soit espagnols, mettent dans la bouche des envoyés : « Très-grands et très-vaillants chefs, que les dieux vous comblent de prospérité et vous donnent la victoire sur vos ennemis. Le seigneur de Chempoalla et toute la nation totonaque vous offrent leurs respects, et vous annoncent que, du côté de l'orient, sont arrivés dans notre pays, portés sur de grands vaisseaux, un certain nombre de guerriers, par l'assistance desquels nous sommes maintenant délivrés de la domination tyrannique du roi de Tenochtitlan (*Mexico*). Eux, nos défenseurs, se disent et se reconnaissent vassaux d'un grand et puissant monarque, au nom duquel ils viennent vous visiter, vous apporter la connaissance d'un Dieu puissant, et vous offrir leur appui contre votre ennemi ancien et invétéré. Notre nation, suivant les préceptes et les mouvements de l'intime amitié qui a toujours subsisté entre elle et votre république, vous conseille de recevoir, comme amis, ces étrangers qui, bien que peu nombreux, égalent un grand peuple en puissance. » Le président du sénat, Maxicatzin, remercia les ambassadeurs de leur bon vouloir, et les pria de se retirer pour qu'on délibérât sur leur demande. C'était un homme en haute estime parmi ses compatriotes; sa prudence, sa bienveillance, son amour pour le pays, étaient choses connues de tous. Il prit la parole le premier : « Ne refusons pas les conseils et les avis que nous donnent les Totonaques, ennemis du grand ennemi de la république. Ces étrangers, tels qu'on nous les représente, sont sans doute les hommes

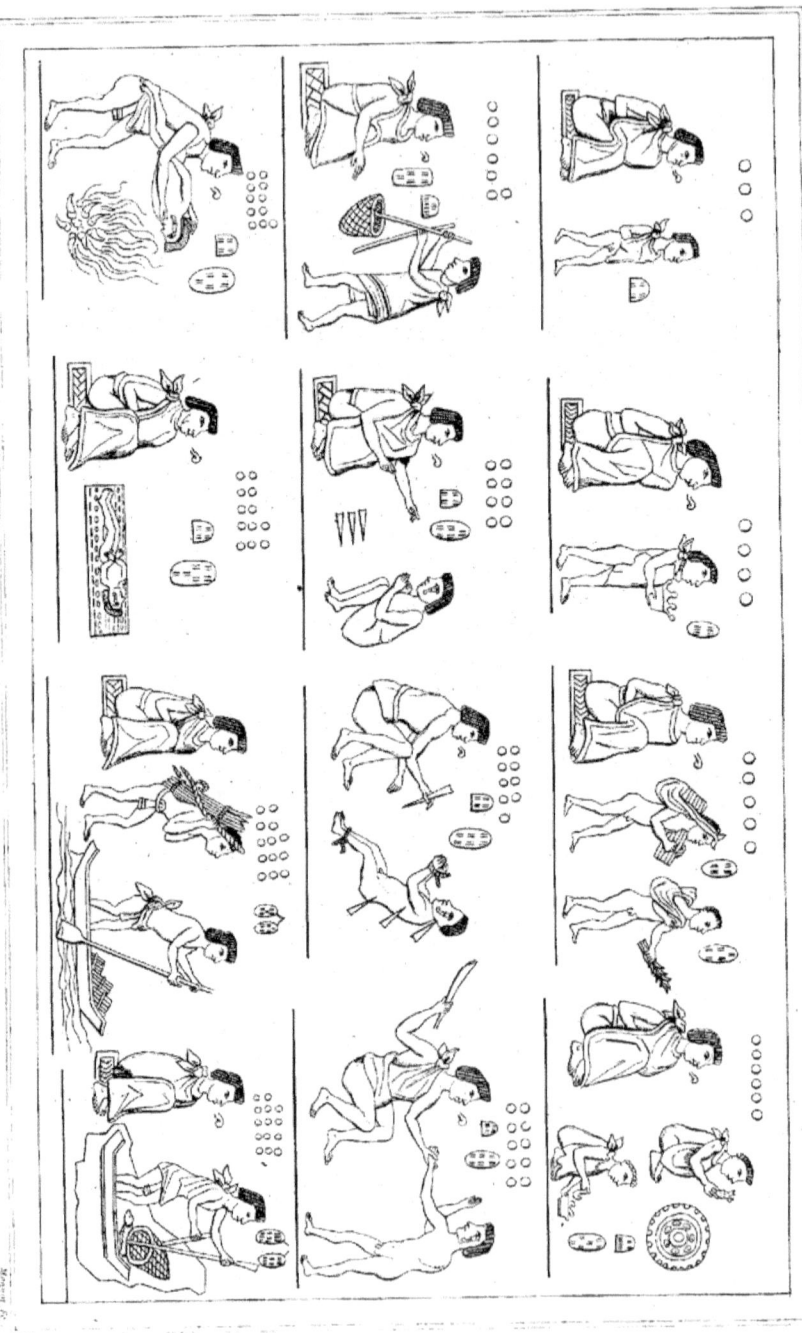

extraordinaires qui doivent, selon la tradition, visiter un jour nos contrées. Les tremblements de terre, les langues de feu aperçues dans les cieux, et plusieurs autres prodiges arrivés dans ces dernières années, indiquent assez que les temps voulus par la tradition sont accomplis. Si ce sont des êtres immortels, en vain la république leur défendra l'entrée du pays. Notre refus peut amener de grands malheurs. Et quelle ne serait pas la joie du méchant Mexicain, si, après avoir refusé d'admettre ces étrangers, ils venaient à pénétrer sur nos terres par la force. » Tel fut l'avis du plus sage des Tlascalans; tel ne fut pas celui du vieux Xicotencatl, chef de grande autorité par sa longue expérience des affaires civiles et militaires. Il dit lui que si les lois enjoignaient d'accueillir l'étranger, elles défendaient d'admettre celui qui peut porter préjudice à l'Etat; que les hommes pour lesquels on réclamait cette faveur étaient bien plutôt des monstres rejetés par les vagues de la mer qui n'avait pu les souffrir dans son sein, que des dieux descendus du ciel. « Est-il possible que les dieux soient si avides d'or et de voluptés ? Et qu'ont-ils à faire dans un pays aussi pauvre que le nôtre, où l'on manque même de sel ? C'est blesser l'homme du pays que de supposer qu'il puisse être à la merci d'une poignée d'aventuriers. S'ils sont mortels, les armes des Tlascalans l'apprendront à tout l'Anahuac; s'ils sont immortels, il sera toujours assez temps d'apaiser leur colère par des hommages et d'implorer leur merci par le repentir. Rejetons leur demande, et s'ils persistent, que la force repousse la force. » Ces opinions opposées de deux personnages également respectés divisèrent les sénateurs. Ils flottaient dans l'incertitude, lorsqu'un des leurs, homme politique et rusé, se plaçant dans un juste milieu, proposa, comme moyen terme, de faire une réponse polie et amicale au chef des étrangers en lui accordant la permission d'entrer, et de charger en même temps le fils de Xicotencatl d'aller, avec une troupe d'Otomies, s'opposer à son passage. « Si Xicotencatl est vainqueur, ajouta-t-il, les armes de la république en recevront un grand éclat, s'il est vaincu, nous accuserons les Otomies d'avoir entrepris la guerre sans ordre. » Cet expédient, digne de la diplomatie du vieux continent, fut accueilli comme moyen de se tirer d'affaires sans danger.

Cortés, en attendant le retour de ses envoyés, marchait en avant. Il fut bientôt en vue de ces formidables retranchements élevés aux frontières de la république. Son armée se composait alors non-seulement de ses alliés totonaques, mais encore de la nombreuse *garnison mexicaine* de Xocotla, dont il avait grossi ses rangs, tant il était habile à séduire même les propres troupes de Moctezuma, tant il s'entendait à mettre toutes les chances vulgaires en sa faveur; ce qui fait pâlir beaucoup les couleurs chevaleresques et les teintes du merveilleux dont les chroniqueurs espagnols embellissent les événements de la conquête. Par une inconcevable négligence, ces espèces de Thermopyles, ordinairement gardées par les Otomies, se trouvaient abandonnées. Les Espagnols les franchirent sans coup férir, et entrèrent librement sur le territoire de la république, où, pouvant se déployer et manœuvrer à l'aise, ils n'eurent pas de peine à repousser la petite troupe de Xicotencatl. En ce moment, quelques envoyés tlascalans se présentèrent pour jouer la comédie diplomatique dont on était convenu. Cortés eut l'air d'être persuadé de la franchise de leurs excuses, et redoubla de précautions. Il n'en pouvait trop prendre dans la route difficile qu'il était forcé de parcourir. Il marchait entre des montagnes élevées, hérissées de rochers, coupées de ravins et de précipices. Pendant cette marche, il vit accourir, tout en larmes, les deux derniers envoyés chempoallans; ils criaient à la trahison; ils prétendaient qu'on les avait emprisonnés dans une cage de bois, et qu'on se préparait à les sacrifier aux dieux, lorsqu'ils étaient parvenus à s'échapper (*). Cette lamentable histoire était à peine débitée, que les Espagnols virent devant eux un bataillon ennemi, qui, tout en lançant des dards et des flèches, reculait à mesure qu'ils avançaient, et ne s'arrêta qu'après les avoir conduits sur un terrain inégal et montueux, où ils ne pouvaient faire usage de leur cavalerie. En ce moment, l'armée tlascalane, que les mouvements du terrain avaient dérobée à la vue, apparut tout à coup rangée en bataille. Elle était nombreuse et bruyante, et semblait impatiente de combattre (**). Les manœuvres de Cortès la forcèrent à venir dans la plaine, où, après un engagement d'une heure, les Tlascalans abandonnèrent le champ de bataille : ils ne prirent point la fuite, mais se retirèrent en bon ordre, emportant avec eux leurs morts et leurs blessés, qui étaient nombreux ; ils prouvèrent à Cortès que, mieux armés et mieux disciplinés, ils l'eussent arrêté à son début. Ses destinées auraient alors fini dans la plaine de Teoatzinco (lieu de l'eau divine), et le monde ne l'eût appelé qu'un aventurier malheureux. Il ne perdit qu'un homme, et n'eut que quinze blessés, si l'on en croit ses bulletins. A la suite de cette affaire, les deux armées furent spectatrices d'un combat singulier entre un officier tlascalan et un noble chempoallan. Ce dernier renversa son adversaire et lui coupa la tête qu'il rapporta en triomphe dans les rangs des Espagnols, au bruit de leurs fanfares et de leurs acclamations. C'était le bouquet de cette journée sanglante.

Dans cette guerre, comme dans toutes celles de Cortès avec les Indiens,
les détails des petits combats sont fastidieux ; l'intérêt manque là où les chances ne sont pas égales, et elles sont loin de l'être entre des hommes nus et des hommes bardés de fer ; entre des lances et des épées de bois durci au feu, glissant sur les boucliers, effleurant à peine les corselets piqués des Espagnols, et des lances et des épées d'acier qui percent d'outre en outre ; entre des pierres lancées par une fronde, et la mitraille vomie par le canon ; entre des flèches légères, et les balles des mousquets ; entre une troupe sans ordre, et un bataillon qui manœuvre avec art et ne perd pas un de ses avantages. Si le courage seul avait pu donner la victoire, les Tlascalans auraient vaincu, car ils étaient braves et persévérants. Cortès les jugeait ainsi. Après chaque combat, et il en livra quatorze à ces républicains, il leur faisait proposer la paix. Il ne répondait à leurs refus hautains que par de nouvelles offres, par des paroles bienveillantes qui ne portaient nullement le cachet du vainqueur, et qu'on ne peut attribuer qu'au froid calcul de l'homme politique. Cortès crut qu'en dévastant leur territoire ils deviendraient plus traitables. Il brûla quelques-uns de leurs villages, il détruisit plusieurs temples, il mit au pillage une de leurs villes populeuses, fit de nombreux prisonniers, et les renvoya porteurs de paroles pacifiques. Malgré la mauvaise fortune, l'orgueil des Tlascalans n'avait pas fléchi. Ils répondirent : « Que les Espagnols viennent dans notre capitale, nous y ferons la paix en les sacrifiant, et leur chair nous servira de nourriture. » Xicotencatl, pour prouver à ses ennemis qu'il ne voulait pas les vaincre par la famine, leur envoya une grande quantité de volailles et de maïs, en leur faisant dire de se bien nourrir, parce qu'il croirait manquer de respect à ses dieux en leur offrant des victimes affamées, et qu'il craignait que les Espagnols, devenus trop maigres, ne fussent plus bons à manger. A de tels ennemis il fallait encore une leçon sévère. Elle leur fut donnée le

---

(*) Clavigero révoque en doute ce récit des Chempoallans. Il est contraire aux habitudes ordinaires des Tlascalans, à leur bonne foi, à leur respect pour le caractère sacré des ambassadeurs.

(**) Cortès porte cette armée à 100,000 hommes, Bernal Diaz à 40,000, d'autres historiens à 30,000. Il y a évidemment plus ou moins d'exagération dans tous ces chiffres.

MEXIQUE.

Topographie symbolique de Mexico.

5 septembre 1519. Ce jour-là, tout ce qui était en état de porter les armes dans la république était réuni. Laissons Bernal Diaz, dans son style de soldat, nous raconter cette grande journée. Il y était, il s'y distingua, et ne sait pas mentir.

« La barbare réponse faite par les Tlascalans à nos dernières propositions, dit ce vieux guerrier, sonnait terriblement mal à nos oreilles. Cortès, sans laisser rien paraître de l'impression qu'elle lui causait, redoubla de bonnes manières envers les envoyés; il les questionna adroitement, et il apprit d'eux ce qu'était Xicotencatl, ce qu'était son pouvoir, ce qu'était son armée. Il sut que nous avions devant nous cinquante mille hommes divisés en cinq corps; que l'étendard du général en chef était un grand oiseau blanc, aux ailes déployées, ressemblant à une autruche; que chacun des cinq corps de l'armée se distinguait par un signe particulier, porté par les caciques, à la manière de la noblesse de Castille. Lorsque nous eûmes entendu toutes ces choses, nous réfléchîmes que nous étions des êtres mortels, et, comme tous les hommes, craignant la mort, nous nous préparâmes à la bataille en nous confessant à nos révérends pères qui furent occupés toute la nuit à ce saint office.

« Le 5 septembre, tous nos hommes furent sur pied sans excepter les blessés. Les arbalétriers et les porteurs de mousquets eurent ordre de tirer alternativement, et de telle sorte que chacun d'eux fût toujours occupé. On enjoignit aux soldats de frapper de la pointe de l'épée, et de percer d'outre en outre; aux cavaliers de bien garder leurs rangs, de charger à demi-vitesse de cheval, de diriger les lances aux yeux de l'ennemi, et de courir au milieu des masses sans s'arrêter. On déploya notre grande bannière dont les couleurs flottèrent aux vents; elle fut confiée à la garde de quatre hommes d'élite, et notre petite troupe se mit en marche. Nous n'avions pas fait un quart de lieue que nous aperçûmes l'armée ennemie couvrant la plaine. Chaque corps se faisait aisément distinguer, et tous s'avançaient aux sons bruyants de leurs instruments de guerre.

« On a beaucoup écrit sur cette bataille de si longue durée et si longtemps disputée, où quatre cents hommes se virent entourés tout à coup par une multitude d'ennemis qui s'étendaient dans toutes les directions à plus de deux lieues. La plupart de ceux qui composaient notre petit bataillon étaient malades ou blessés. Nous avions devant les yeux de féroces adversaires déterminés à nous anéantir, soit en nous tuant sur place, soit en nous sacrifiant à leurs faux dieux. Bientôt une volée de flèches, de dards, de pierres, couvrit la terre; quelques armures furent percées, quelques hommes sans défense atteints; puis les Tlascalans avancèrent, attaquant avec leurs lances, avec leurs épées, se prenant corps à corps avec nos soldats, et s'encourageant à frapper par de grands cris. A cette attaque, à ces bruits sauvages, répondirent notre artillerie et notre mousqueterie. C'était un terrible feu, un épouvantable ravage. Notre infanterie aussi fit merveille; elle parvint, à grands coups d'estoc, à se dégager de ces masses, à les rompre, et, pénétrant ensuite dans les trouées faites, la cavalerie chargea avec une telle vigueur, qu'après Dieu c'est à elle à qui nous dûmes la victoire. Pendant un moment, je vis notre bataillon presque rompu, et tel était le poids de l'ennemi sur nous, que tous les efforts de Cortès ne pouvaient parvenir à le rallier. Nos bonnes épées firent ce miracle. Les fautes de l'ennemi nous sauvèrent. L'épaisseur de ses lignes donnait beau jeu à nos volées de canon. Entassés qu'ils étaient, les Tlascalans ne pouvaient se mouvoir, s'étendre, se déployer sans confusion, et, par cette mauvaise disposition, quelques-uns de leurs corps ne purent donner et demeurèrent spectateurs du combat. La mésintelligence d'ailleurs était dans leurs rangs et nous servit bien. Le fils d'un seigneur chichimèque, qui commandait les vassaux de son père avait été insulté par Xicotencatl, au sujet de sa conduite dans les combats précédents. Le Chichimèque, outré d'un tel affront, avait proposé à son adversaire un combat corps à corps. Refusé par le Tlascalan, il se retira du champ de bataille avec tous ses gens, et entraîna avec lui les hommes d'un autre cacique. Cette défection ne découragea pas tellement l'ennemi qu'il ne tînt encore et ne revînt plusieurs fois à la charge. Enfin l'expérience qu'il faisait de nos armes, et plus encore la protection et la miséricorde de Dieu, nous sauvèrent. Les Tlascalans, voyant leurs principaux chefs tués, effrayés aussi par la perte d'un si grand nombre de leurs soldats, se retirèrent. Notre cavalerie, épuisée de fatigue, ne les poursuivit qu'à petite distance. Restés maîtres du champ de bataille, d'où l'ennemi avait enlevé ses morts et ses blessés avec tant de promptitude que nous n'en vîmes pas un seul, nous revînmes dans notre camp, après une lutte acharnée de quatre heures, n'ayant perdu qu'un homme, mais ayant soixante et dix des nôtres et tous nos chevaux blessés. Nous chantâmes un *Te Deum* en actions de grâces de cette victoire. Nous enterrâmes notre mort dans un endroit écarté, une espèce de caverne, de manière que l'ennemi ne pût découvrir sa tombe et la profaner. »

Les vainqueurs n'étaient pas dans une moins triste position que les vaincus. Après de si grandes fatigues, ils ne pouvaient prendre un moment de repos; il leur fallait se garder devant un ennemi entreprenant. Ils étaient sans vivres; ils ne pouvaient pas même se procurer un oignon et du sel. Ils n'avaient rien pour panser leurs blessures qu'un peu de graisse humaine, et les vents glacés et coupants de la Sierra Nevada ajoutaient encore à leur misère. »

Si de leur camp nous passons dans celui des Tlascalans, si nous entrons dans leurs villes, nous y voyons régner le découragement et l'effroi. Ils avaient d'abord traité de fables ce qu'on leur avait raconté des Espagnols; ce qu'ils venaient d'en éprouver changeait toutes leurs idées. Leurs armes étaient impuissantes sur les corps de fer de ces étrangers; aucun d'eux n'était tombé entre leurs mains; ils les regardaient maintenant comme des êtres surnaturels dont les dieux seuls pouvaient triompher. Ils s'adressèrent aux prêtres pour savoir ce que les dieux en pensaient. « Révélez-nous, disaient-ils, la nature de ces êtres mystérieux; s'ils sont mortels, apprenez-nous comment on peut leur donner la mort. » Les prêtres répondirent : « Vos terribles ennemis sont enfants du soleil; ils sont nés dans l'orient des rayons de leur père, là, plus chauds encore que sur vos têtes dans la saison d'été. Pendant le jour, sous l'influence de cette chaleur qui leur donna la vie, ils sont invincibles; mais la nuit, quand leur père les abandonne sur la terre, ils restent sans forces, ils languissent comme les fleurs dans les jardins brûlés, et ne sont plus que de simples hommes semblables aux autres et mortels comme eux. »

Une telle réponse s'accordait trop bien avec les idées mythiques et cosmogoniques des Indiens pour que les Tlascalans ne la reçussent pas comme un oracle infaillible. Ils se préparèrent sur-le-champ à une attaque nocturne. C'était déroger à leurs usages ordinaires qui repoussaient toute surprise, toute embuscade comme un acte indigne d'hommes de cœur. Xicotencatl n'ayant pas l'habitude de ce genre de guerre, et voulant prendre d'exactes informations sur les dispositions du camp espagnol, employa une de ces ruses qui ne pouvaient réussir qu'auprès d'un général indien. Il chargea cinquante hommes d'aller, en son nom, offrir à Cortès des présents et des paroles de paix. Ces espions jouèrent mal leur rôle; plusieurs d'entre eux furent reconnus par les Chempoallans, et Cortès ne fut pas un seul instant trompé sur leur mission; il les fit tous arrêter; il les menaça de la mort. La peur les rendit sincères; ils avouèrent tout. Cortès leur fit couper les mains, et les renvoya ainsi mutilés annoncer de sa part à leur général qu'il pouvait venir de jour ou de nuit, et qu'il trouverait gens prêts à le recevoir. « Cela fait, dit Cortès, je restai sur le qui vive jusqu'au coucher du soleil. A la nuit tombante, nos ennemis descendirent le long de deux vallons, croyant s'approcher sans être aperçus. Mais instruit de leur marche, je crus imprudent de les attendre et dangereux de les laisser arriver, craignant qu'à la faveur des ténèbres ils ne parvinssent à brûler mon camp. J'allai donc au-devant d'eux avec toute ma cavalerie; je tombai sur les plus avancés, qui s'enfuirent, sans s'arrêter et sans crier, derrière des champs de blé dont toute la terre était couverte. » L'effroi des Tlascalans était au comble. Le silence de la nuit, seulement troublé par le son des petites clochettes que les chevaux des Espagnols portaient à leur poitrail, la vue des cinquante espions mutilés et sanglants, avaient jeté une telle terreur dans l'âme des soldats de Xicotencatl, qu'ils se dispersèrent dans toutes les directions; lui-même se sauva précipitamment à Tlascala, où sur-le-champ le grand conseil de la république fut convoqué pour délibérer sur ce qu'il y avait à faire avec le vainqueur. Pendant qu'on y agite la question de la paix et que Maxicatzin rallie à sa politique les esprits effrayés par les revers des derniers jours, rentrons dans le camp de Cortès, où nous le trouvons occupé à donner audience aux ambassadeurs de Moctezuma. Ce roi mexicain tremblant à la nouvelle des victoires remportées sur les Tlascalans, redoutait une alliance entre eux et les Espagnols; il craignait également que le frère du roi de Texcuco, son neveu, à la tête d'un fort parti de mécontents, ne les appelât à son secours. Il ne voyait pas sans effroi l'influence qu'ils exerçaient sur l'esprit des princes vassaux, dont quelques-uns, à l'exemple des Totonaques, venaient tout récemment de se déclarer indépendants. Cortès lui apparaissait comme le mauvais génie de son empire, et l'éloigner à tout prix était l'unique objet de ses pensées. Croyant encore à la puissance de son nom, il voulut l'essayer de nouveau sur le général espagnol. Il chargea de cette mission difficile six caciques, les principaux seigneurs de sa cour. Leur suite se composait de deux cents personnes. Les présents qu'ils devaient offrir étaient plus magnifiques qu'aucun de ceux qui eussent été donnés jusqu'alors par un souverain du Mexique; ils avaient ordre d'en promettre de plus beaux encore si Cortès consentait à ne point entrer sur les terres de l'empire. Ils insistèrent sur les difficultés de la route, sur la stérilité du pays, où les Espagnols ne pourraient trouver assez de vivres pour subsister. « Ces ambassadeurs, écrivait Cortès à Charles-Quint, restèrent avec moi pendant une partie de la guerre de Tlascala ; ils virent ce dont les Espagnols étaient capables; ils furent témoins de leurs succès et de la soumission des Tlascalans. » Ceux-ci, craignant à leur tour les intrigues des envoyés mexicains, se hâtèrent de conclure la paix ; pas une seule voix parmi les sénateurs ne s'éleva pour la guerre. Xicotencatl, le général en chef, fut chargé d'aller en personne porter au vainqueur les hommages de la république. « Si vous êtes, dit-il aux Espagnols, des divinités d'une nature cruelle et sauvage, nous vous offrons cinq esclaves, afin que vous buviez leur sang et que vous mangiez leur chair; si vous êtes des divinités bonnes et douces, acceptez ces parfums et ces plumes; si vous êtes des hommes, voilà des viandes, du pain et des fruits pour vous nourrir. » Tlascala se reconnut vassale de la couronne de Castille, et s'engagea à secourir Cortès dans toutes ses expéditions. Cette paix venait fort à propos pour les Espagnols ; car, harassés de fatigue, comptant un grand nombre de blessés et manquant de tout, ils en étaient revenus aux murmures, et menaçaient même de se retirer à la Vera-Cruz. La paix, la réception qui leur fut faite lors de leur entrée à Tlascala, leur rendit l'orgueil et l'espérance; dès ce moment ils se crurent les maîtres du Mexique.

Voici le tableau que Cortès nous a laissé de la capitale de la république :

« Elle est plus grande, plus forte, plus peuplée que Grenade à l'époque de sa conquête sur les Maures; elle possède d'aussi beaux édifices; elle est beaucoup mieux approvisionnée en blé, en volaille en gibier, en poisson d'eau douce, en légumes. Chaque jour, dans son marché, trente mille personnes vendent ou achètent. Là se trouve tout ce qui est nécessaire pour se vêtir et se parer, des habits, des chaussures, des bijoux d'or et d'argent, des plumes de toute espèce, une sorte de poterie meilleure que celle d'Espagne, du bois, du charbon et des plantes médicinales. Il y a des bains publics et des lieux destinés aux lessives et à la tonte des chèvres. La police est bien faite; l'habitant est propre à tout et infiniment supérieur aux Africains les plus industrieux. Le territoire de cette république contient environ quatre-vingts lieues de circuit; il est rempli de vallées, dont la culture est bien entendue, et parfaitement ensemencées. On n'y voit point de terres en friche. La constitution du pays ressemble à celle de Venise, de Gênes et de Pise. Il n'y a point de chef revêtu de l'autorité suprême. Les caciques résidants dans la ville ont pour vassaux des paysans qui labourent leurs terres. »

Pendant les vingt et un jours passés par Cortès à Tlascala, cette ville fut un foyer d'intrigues entre les envoyés mexicains et les chefs de la république. La protection de Cortès était le but des deux partis; chacun d'eux, pour l'obtenir, cherchait à se montrer le plus dévoué à ses intérêts : les Mexicains l'engageaient à se méfier des Tlascalans, qu'ils peignaient comme des fourbes; ceux-ci, faisant l'histoire de Mexico, montraient cette ville au général espagnol comme le repaire de la ruse et de la trahison, uniques instruments de sa puissance. Cortès dissimulait avec les uns et avec les autres; il remerciait en particulier tous les donneurs d'avis; il avait l'air de s'abandonner sans réserve, et témoignait toujours plus de confiance et d'amitié à celui qui lui parlait le dernier : c'est lui-même qui nous l'apprend.

Cette politique, plus adroite que loyale, porta ses fruits; les Tlascalans passèrent rapidement de la haine à l'admiration, et de la méfiance au dévouement le plus absolu; ils se prirent d'affection sincère pour les Espagnols; ils cherchèrent à s'identifier avec eux; ils imitaient leurs manières, ils copiaient leurs exercices militaires, ils allaient au-devant de tous leurs besoins; ils firent plus : généraux, officiers, soldats, nobles et peuple, ils se mirent tous à leur disposition; ils offrirent à Cortès de l'accompagner à Mexico avec toutes les forces de la république. Toutefois, un zèle religieux, à peu près semblable à l'ancien fanatisme des généraux musulmans, vint encore s'emparer de Cortès et mettre l'alliance en péril. Non content de célébrer publiquement son culte à Tlascala, le général fit le missionnaire, et rien n'est redoutable comme un missionnaire qui porte une épée. Il prétendit renouveler ici les scènes violentes de Chempoalla; il menaça d'abattre les temples, de briser les idoles. Avec une population ferme dans sa croyance, avec des prêtres puissants et des magistrats disposés à protéger le culte national, c'était recommencer la guerre. Le bon P. Olmedo vint encore une fois jeter sa douce parole à cette âme ardente; il mêla le langage de la charité à celui de la politique; il déclara que la religion de Jésus-Christ ne devait pas être prêchée le fer à la main, que ses armes à elle étaient l'instruction qui éclaire les esprits, les bons exemples qui captivent les cœurs. Répétons ici, avec Robertson, que parmi les scènes d'horreurs que présente l'histoire du seizième siècle, où le fanatisme absurde féconde si souvent l'ambition, de tels sentiments font éprouver un plaisir aussi doux qu'inattendu. Dans un temps où les droits de la conscience étaient si mal connus dans le monde chrétien, où le nom de tolérance était même ignoré, on est surpris de trouver un moine espagnol au nombre des premiers défenseurs de la liberté religieuse et des premiers im-

MEXIQUE

Montezuma sur son Trône.

probateurs de la persécution. Les remontrances d'Olmedo, aussi vertueux que sage, firent impression sur l'esprit de Cortès; il laissa les Tlascalans continuer le libre exercice de leur religion, en exigeant seulement qu'ils renonçassent à sacrifier des victimes humaines.

Tous les préparatifs de la campagne terminés, les malades et les blessés rétablis, le moral de l'armée ranimé, les vivres assurés, la coopération des Tlascalans certaine, de nouvelles informations prises sur les forces réelles de Moctezuma, sur ses moyens de défense, sur les rivalités des grands de sa cour, Cortès annonça qu'il allait marcher en avant. Deux routes conduisaient à Mexico. La plus directe traverse les montagnes de Tlascala de l'est à l'ouest, et va aboutir entre Texcuco et Otumba : c'était celle que les ambassadeurs de Moctezuma lui indiquaient. La prudence du général répugnait à accepter un itinéraire des mains de l'ennemi. Lui prit un chemin sauvage par le revers oriental des monts Matlacueyes, passant auprès du grand volcan et se rendant au Rio-Frio. Les Tlascalans, qui l'accompagnaient au nombre de cinquante mille hommes, l'engageaient à se diriger par Huexotzinco, petite république leur alliée, et qui l'était aussi des Espagnols; mais, à la prière des envoyés mexicains et des députés de Cholula, Cortès se décida à passer par cette dernière ville; il crut que cet acte de confiance le placerait haut dans l'esprit des peuples; il renvoya même la plus grande partie des Tlascalans, ne gardant avec lui qu'un corps auxiliaire de six mille hommes.

Cholula, à l'époque où Cortès s'y présenta, était une des villes les plus considérables de l'empire, célèbre par son commerce et par ses établissements religieux. Située comme elle l'est aujourd'hui, dans une plaine fertile et bien arrosée, à quelque distance du groupe de montagnes qui borde la vallée de Mexico vers l'ouest, on y comptait quarante mille maisons, sans y comprendre les villages environnants qui cependant en dépendaient. On y fabriquait des étoffes de coton, de la poterie d'argile et une espèce de faïence très-estimées; ses joailliers avaient une grande réputation d'habileté; l'art de tailler et de monter les pierres précieuses y était porté à un très-haut degré; mais, sous le point de vue religieux, Cholula avait encore une plus grande importance; c'était la Jérusalem, la Mecque, la Rome, la ville sainte de l'ancien Mexique. Les traditions s'y conservaient plus pures qu'ailleurs : c'était là qu'on venait soumettre aux théologiens les questions qui intéressaient la doctrine ou la discipline ; c'était là qu'avait vécu pendant de longues années le célèbre Quetzalcoatl, cet homme-dieu dont nous avons déjà décrit l'existence mythique. Cholula se distinguait par le grand nombre de ses temples, dont le plus célèbre s'élevait au sommet de la grande pyramide voisine de la ville. Ici, comme dans les lieux sacrés de l'ancien monde, se rendaient de tous les points de l'Anahuac d'innombrables pèlerins qui animaient encore cette grande cité; son gouvernement était une aristocratie républicaine où les prêtres jouaient un rôle fort important. « Les habitants de Cholula, dit Cortès avec cette simplicité de style qui caractérise ses écrits, sont mieux vêtus que ceux que nous avons vus jusqu'ici. Les gens aisés portent des manteaux par-dessus leurs habits; ces manteaux diffèrent de ceux d'Afrique, car ils ont des poches, quoique la coupe, le tissu et les franges, soient les mêmes. Les environs de la ville sont très-fertiles et bien cultivés; presque tous les champs peuvent être arrosés, et la ville est plus belle que toutes celles d'Espagne, car elle est bien fortifiée et bien bâtie sur un sol très-uni. Je puis assurer à Votre Altesse que du haut d'une mosquée (mezquita, c'est le mot par lequel Cortès désigne les téocalli), je comptai plus de quatre cents tours, et toutes sont des mosquées. Le nombre des habitants est si considérable, qu'il n'y a pas un pouce de terre qui ne soit cultivé; et cependant en plusieurs endroits les Indiens éprouvent les effets de la famine, et il y a beaucoup de gens

6.

pauvres qui demandent l'aumône aux riches, dans les rues, dans les maisons et dans les marchés, comme font les mendiants en Espagne *et en d'autres pays civilisés* (Cartas de Cortes, p. 69). » Il est assez curieux de voir le général espagnol regarder la mendicité dans les rues comme un signe de civilisation. Les Cholulans reçurent Cortès et son armée avec beaucoup de démonstrations de confiance et de respect. Les Espagnols furent logés dans de vastes bâtiments, où pendant les deux premiers jours on leur fournit en abondance toutes les choses nécessaires à la vie. Le troisième jour on fut moins généreux; les vivres devinrent plus rares, et on finit par ne plus leur apporter que de l'eau et du bois. Cortès, l'œil toujours fixé sur les mouvements de ses ennemis, ne tarda pas à découvrir les traces de ces machinations secrètes, de ces préparatifs de mauvais augure qui décelaient une conspiration flagrante; chaque heure qui s'écoulait lui en apportait de nouvelles preuves. Le corps auxiliaire fourni par les Tlascalans campait en dehors de la ville; les Cholulans avaient prié Cortès de ne point l'introduire dans leurs murs à cause de l'inimitié profonde qui existait entre les deux peuples; et Cortès y avait consenti comme une preuve nouvelle de confiance; mais ces auxiliaires avaient l'ordre de faire bonne garde. Huit d'entre eux vinrent annoncer au général qu'un mouvement se préparait, qu'ils avaient remarqué qu'on faisait sortir de la ville, toutes les nuits, beaucoup de femmes et d'enfants appartenant aux citoyens les plus notables, et qu'on avait sacrifié trois petits garçons et trois petites filles dans le principal temple, pratique ordinaire à ces peuples lorsqu'ils se préparent à quelque expédition militaire. Cette communication fut suivie d'un avis qui semblait une nouvelle faveur du ciel. Marina, la fidèle amie de Cortès, sa providence, s'était liée avec une femme de Cholula, une grande dame alliée aux premières familles du pays. Marina avait le privilége d'intéresser tous ceux qui la voyaient; sa beauté, son esprit, son caractère élevé, l'aisance de ses manières parlèrent si fort en sa faveur, que la dame de Cholula se prit pour elle d'une vive tendresse. « Marina, lui dit-elle mystérieusement un jour, et après s'être assurée que personne n'écoutait, vous êtes jeune, belle et noble, qui peut vous retenir avec ces étrangers ennemis de nos dieux et de notre pays? Vous ne devez pas rester plus longtemps avec ces hommes cruels et méchants que le soleil enfanta dans un jour de colère; abandonnez-les et vivez avec nous. » Et comme Marina gardait le silence, la Cholulane ajouta : « Vous ne savez pas ce que vous refusez; je veux vous sauver de la mort; apprenez, Marina, que vos Espagnols sont ici dans leur tombeau; pas un ne sortira vivant de la cité de notre dieu de l'air, du grand Quetzalcoatl. Nos rues sont barricadées et coupées par des fossés et des trous légèrement recouverts de terre; sur la plate-forme de nos temples, des pierres, des traits sont réunis. Vingt mille Mexicains cachés dans le voisinage de la ville, doivent, à un signal convenu, se joindre à nos compatriotes, et fondre sur les étrangers et sur leurs alliés. Nos prêtres, répandus sur tous les points pour exciter l'ardeur des hommes, nous promettent la victoire, et ils ne nous ont jamais trompés. Marina, songez à vous. » Marina, habile dans l'art de composer son visage, ne laissa rien paraître des sentiments qu'elle éprouvait. L'amante de Cortès promet de garder un secret qu'il lui tarde d'aller confier au général. Elle est bientôt près de lui; elle l'instruit de toute la conspiration. Cortès voit d'un coup d'œil l'étendue du danger. Aussi prompt à prendre une résolution qu'à l'exécuter, il veut, en prévenant ses ennemis, exercer une de ces vengeances qui frappent tout un peuple de terreur, et font trembler les couronnes des rois sur leurs têtes. Marina, par ses ordres, parvient à attirer chez lui la noble dame et quelques prêtres instruits de tout ce qui se passe. Ils lui confirment l'existence du vaste complot dont il est environné.

MEXIQUE.

Bains de Vapeur Mexicains.

C'est alors qu'il appelle sous divers prétextes les magistrats de la ville et les principaux d'entre les habitants. Lorsqu'ils sont réunis, il leur demande s'ils n'ont point à se plaindre de ses soldats. Il les invite à parler sans crainte; il leur promet toute satisfaction, et finit par déclarer que son départ est fixé au jour suivant. La réponse des Cholulans fut négative; ils continuent leur rôle de traîtres et protestent du plus grand dévouement; ils offrent une escorte au général pour l'accompagner dans sa marche, ils annoncent qu'elle sera prête au point du jour. Cortès accepta leur offre avec toute l'apparence d'une entière confiance; puis, après les avoir renvoyés satisfaits, il réunit promptement ses officiers en conseil, leur apprend ce qui se tramait et leur demande avis. L'opinion de la grande majorité de ces hommes de cœur fut conforme à la sienne. Sur-le-champ l'ordre est transmis aux Tlascalans campés hors la ville d'y pénétrer au soleil levant. Espagnols et alliés emploient la nuit à se préparer au combat. Le jour commençait à poindre lorsque l'escorte promise et une députation des quarante principaux citoyens arrivèrent au quartier de Cortès. On fit entrer tout ce monde dans l'intérieur; des gardes furent placés pour les empêcher de fuir, et Cortès, monté sur son cheval de bataille, se plaçant au milieu de ses hommes d'armes et des Cholulans et de leurs magistrats : « Cholulans, leur dit-il, j'ai voulu vous avoir pour amis; je suis venu dans votre ville comme un homme de paix; je ne vous ai fait ni tort ni dommage; loin d'avoir eu à vous plaindre de moi, j'ai consenti à tout ce que vous m'avez demandé. Vous avez désiré que les Tlascalans vos anciens ennemis n'entrassent pas dans vos murs, ils n'y sont point entrés; je vous ai invité à me faire connaître si vous aviez quelque plainte à faire de mes soldats, et vous m'avez assuré que vous n'aviez qu'à vous louer d'eux; et cependant, hommes perfides, sous l'apparence de la franchise vous me trahissez, vous voulez m'assassiner moi et mes gens; vous appelez à votre aide les ruses infernales des lâches. Je sais tout, je connais toute l'étendue de votre exécrable complot. » Et s'adressant ensuite à quelques Cholulans, Cortès ajoute : « Qui a pu vous inspirer un projet aussi barbare? quels sont vos instigateurs? » Et les Cholulans de répondre : « Ce sont les Mexicains, ce sont les ambassadeurs de Moctezuma, qui, pour être agréables à leur maître, nous ont engagés à vous massacrer vous et les vôtres. » Cortès n'eut pas plutôt entendu cette terrible accusation, qu'avec toute l'apparence d'une indignation profonde il s'adressa aux envoyés mexicains : « Ces malheureux, leur dit-il, vous imputent leur trahison; ils cherchent à se justifier en chargeant votre roi. Moi je ne puis le supposer capable d'une telle infamie au moment même où il me donne des preuves d'amitié, et lorsqu'il pourrait m'attaquer en brave, à force ouverte, à visage découvert. Ne craignez rien pour vos personnes, je saurai vous protéger. Aujourd'hui même les traîtres périront, et leur ville sera livrée au pillage. Je prends le ciel à témoin que leur perfidie seule me met les armes à la main. » A peine avait-il fini de parler, qu'un coup de mousquet donna le signal du carnage. En un clin d'œil, Espagnols, Totonaques se jettent sur la foule interdite. Le sang coule à flots. Les six mille Tlascalans s'élancent de leur côté, et prennent part à cette grande boucherie; ils hurlent comme des bêtes féroces, et, sous la protection de leurs nouveaux alliés, leur rage ne connaît plus de bornes. Cependant les Cholulans se rallient, ils se forment en masses serrées et se défendent avec l'énergie du désespoir; mais l'artillerie des Espagnols et la supériorité de leurs armes les rompt, les disperse; la terre est jonchée de leurs cadavres; tout ce qui survit gagne les campagnes ou se réfugie dans les temples, pauvre asile qui n'est qu'un autre tombeau. Les vaincus cherchent en vain à s'y fortifier : des torches allumées embrasent les maisons et les édifices religieux, et la foule qui s'y pressait, ou périt dans les flammes, ou trouve une mort plus douce en se précipitant du sommet des tours. Dans ce grand carnage qui dura deux jours, six mille Cholulans perdirent la vie. Le butin fut immense; les Espagnols prirent l'or, l'argent et les pierres précieuses; les Tlascalans s'emparèrent des plumes aux brillantes couleurs, mille fois préférées par eux aux riches métaux. Las de vengeance, Cortès retourna dans son quartier, où les nobles Cholulans étaient restés en otage; ils se jetèrent à ses genoux, ils implorèrent sa pitié; et lui, qui avait atteint son but, qui avait répandu la terreur nécessaire à ses desseins, proclama un pardon général. Il envoya des députés dans les champs inviter les fuyards, hommes, femmes et enfants, à rentrer dans la ville; en peu de jours elle fut débarrassée de ses monceaux de cadavres, et elle reprit son air de vie. Le nombre des habitants ne parut pas diminué. Ces malheureux, convaincus de la supériorité des Espagnols, se montrèrent aussi empressés à les servir que s'ils avaient eu à leur payer quelque dette de reconnaissance; hommes façonnés aux outrages du despotisme, ils baisaient avec respect des mains teintes du sang de leurs frères. Cortès mit à profit son influence pour rétablir la bonne intelligence entre Cholula et Tlascala, et parvint à réunir sous son drapeau deux peuples qui s'étaient fait de si longues guerres. Tranquille sur la disposition des peuples qu'il laissait derrière lui, il l'était moins sur celle de Moctezuma; des nouvelles reçues de la Vera-Cruz ajoutaient à cette inquiétude. Il apprit que le seigneur de Nauhtlan (l'Almeria des Espagnols, ville maritime sur le golfe du Mexique, à trente-six milles au nord de la Vera-Cruz) ayant reçu l'ordre de Moctezuma de réduire à l'obéissance les Totonaques, premiers alliés des Espagnols, s'était jeté sur leur territoire. Eux, dans l'impuissance de résister, avaient imploré le secours du gouverneur espagnol de la Vera-Cruz. Escalante, à la tête d'une partie de la garnison, ayant repoussé l'invasion des Mexicains, avait été blessé à mort, ainsi que sept de ses gens; un d'eux était tombé vivant aux mains des Mexicains, sa tête avait été coupée, promenée en triomphe de ville en ville et envoyée à Moctezuma. Tels étaient les fâcheux événements dont Cortès reçut la nouvelle avant de quitter Cholula, et sur lesquels il crut devoir garder un silence profond pour ne pas affaiblir le moral de ses soldats, qui avaient besoin de toute leur énergie dans l'œuvre difficile où ils se trouvaient engagés. Il paraît qu'avant son départ de Cholula les envoyés mexicains avaient inutilement renouvelé leurs instances pour détourner Cortès de poursuivre sa route vers Mexico, et que, sur son refus, ils recoururent encore à la ruse, en lui indiquant comme le meilleur chemin une voie large et bien ouverte, mais au bout de laquelle les Espagnols devaient rencontrer des passages impraticables, des précipices, et peut-être quelques embuscades. Un heureux hasard vint encore protéger le général dans cette circonstance difficile; on apercevait de Cholula la fumée du Popocatepetl, sur lequel les Indiens débitaient de terribles histoires, et dont ils regardaient le sommet comme inabordable. Cortès saisissant encore cette occasion de donner une haute idée de l'intrépidité de ses soldats, voulut que le volcan fût visité par les plus braves d'entre eux. Laissons-le nous raconter lui-même cette aventureuse expédition. « A huit lieues de Cholula, deux chaînes de montagnes très-élevées se présentent; elles sont d'autant plus merveilleuses que le sommet en est couvert de neige au mois d'août, et que de la plus haute sortent à diverses reprises, le jour et la nuit, des masses considérables de fumée qui montent aux nues avec tant de rapidité, que les vents, si forts qu'ils soient sur ces hauteurs, ne peuvent en changer la direction verticale. Voyant donc sortir cette fumée d'une montagne très-élevée, et désireux de pouvoir faire connaître à Votre Altesse royale tout ce que ce pays renferme d'admirable, je choisis entre mes compagnons d'armes dix des plus courageux, et je leur ordonnai de monter à cette cime et de découvrir le secret de cette fumée (el secreto de aquel humo), pour me dire comment et d'où elle sortait. »

Le capitaine Diego Ordaz était à la tête de cette expédition, et parvint jusqu'au bord du cratère, si l'on en croit Bernal Diaz; il s'en vanta probablement, et l'empereur lui permit de mettre un volcan dans ses armes.

Toutefois, Lopez de Gomara, qui a composé son ouvrage d'après les récits des conquistadores et des religieux missionnaires, ne nomme pas Ordaz comme chef de l'expédition; Cortès ne le nomme pas non plus, et ajoute : « Que les siens montèrent très-haut, qu'ils virent sortir beaucoup de fumée, mais qu'aucun d'eux ne put parvenir au sommet du volcan à cause de l'énorme quantité de neige qui le couvrait, de la rigueur du froid et des tourbillons de cendres qui enveloppaient les voyageurs. Ils entendirent, en approchant de la cime, un fracas épouvantable; ce bruit les engagea à rebrousser chemin, et ils ne rapportèrent que de la neige et des morceaux de glace, dont l'aspect nous étonna beaucoup, parce que ce pays est sous le 20ᵉ de latitude, dans le parallèle de l'île Espanola (Saint-Domingue), et que par conséquent, selon l'opinion des pilotes, il devrait y faire très-chaud. » Toutefois, si les gens de Cortès ne lui révélèrent pas le secret de la fumée, ils lui firent part d'une découverte qui avait un tout autre intérêt pour lui. En s'avançant au sommet de la chaîne dont nous venons de parler, les envoyés prirent un chemin dont ils ne connaissaient pas l'issue. Le hasard les servit bien; c'était la passe la plus praticable, la bonne route pour arriver au point culminant; parvenus à ce point, ils aperçurent la belle vallée de Mexico, et ses lacs, et la grande ville de Tenochtitlan. Cortès, enchanté de ces renseignements, ne balança pas à suivre la route qui lui était indiquée. On était alors au mois d'octobre de l'année 1519. Les Espagnols, accompagnés de quelques milliers de Tlascalans, de Totonaques et de Cholulans, traversèrent la Cordillère d'Ahualco, qui réunit la Sierra-Nevada ou l'Iztaccihuatl à la cime volcanique du Popocatepetl. Ils souffrirent à la fois du froid et de l'extrême impétuosité des vents qui règnent constamment sur ce plateau; mais qu'ils furent bien dédommagés de leurs souffrances lorsque, parvenus au sommet des montagnes, cette belle contrée qui avait enchanté Ordaz et les siens apparut à leur vue! A mesure qu'ils descendaient des hauteurs de Chalco, la vaste plaine de Tenochtitlan se développait devant eux par degrés; la capitale de Moctezuma avec ses tours, ses temples, ses grands édifices, ses dômes, semblait sortir du sein d'une mer intérieure comme une ville enchantée; les eaux des lacs, bordés de champs cultivés, de villes et de villages, brillaient des feux du soleil. C'était un beau spectacle que les imaginations des Espagnols embellissaient encore : quelques-uns d'entre eux le regardaient comme un tableau de féerie, comme un rêve fantastique, tant il était inattendu. Le doute, à mesure qu'ils avançaient, disparaissait, et la réalité n'était pas au-dessous des premières impressions; tous ces hommes de guerre crurent alors que les richesses du pays surpassaient de beaucoup ce qu'on leur avait annoncé, et que la fortune allait enfin les combler de toutes ses faveurs. Un petit nombre de ces hommes n'était cependant pas sans inquiétude sur la disproportion de leurs forces avec celles qu'un grand empire pouvait leur opposer. Mais cette crainte n'atteignait pas Cortès; tout semblait favoriser ses projets. Les gouverneurs du pays venaient successivement lui offrir leurs hommages; il les entendait se plaindre de la tyrannie de Moctezuma, et lui demander aide et protection. En mettant le pied sur les terres mexicaines, il avait été témoin du mécontentement qui régnait dans les provinces éloignées. Parvenu jusqu'aux portes de la capitale, il retrouvait encore des dispositions plus hostiles au pouvoir; il ne pouvait plus douter de la haine qu'on portait au monarque, il comptait sur elle comme sur une puissante alliée ; le succès de son audacieuse entreprise lui parut assuré, nul ennemi ne se montrait. Moctezuma, qui, à la nouvelle des événements de Cholula, s'était retiré dans son palais de deuil pour obtenir le secours des dieux par le jeûne et la prière, flottait entre les résolutions les plus opposées : un jour il adoptait les conseils énergiques de son frère ; un autre jour il se rangeait à l'opinion du roi de Texcuco, favorable à l'admission de ces étrangers ; enfin il chargeait ce dernier de se rendre auprès de Cortès et de redoubler d'adresse pour le déterminer à ne pas passer outre. Cortès accueillit l'ambassadeur avec tous les égards dus à son rang, et continua sa marche, faisant observer partout la plus sévère discipline, et prenant, sans avoir d'ennemis devant lui, toutes les précautions de la prudence. Il s'avança par Texcuco, à la prière de deux frères du roi de ce petit État, privés de la couronne et réduits à vivre, comme des seigneurs, de fiefs. L'un d'eux, se plaignant de la partialité de Moctezuma, réclamait le trône et toutes les terres de ses ancêtres. Cette querelle de famille, que nous avons déjà signalée, était une bonne fortune pour Cortès ; il promit sa protection et compta un nouvel allié de plus.

Texcuco, quoique alors inférieur à Tenochtitlan en richesses, en magnificence, était après cette capitale la ville la plus étendue et la plus peuplée de l'Anahuac. On y comptait quarante mille maisons. Elle parut aux Espagnols deux fois aussi grande que Séville : ils ne pouvaient se lasser d'admirer la beauté des temples, des palais royaux, des rues, des fontaines et des jardins publics. Il en fut de même à Iztapalapan, autre grande et belle ville de douze à quinze mille habitants, apanage du frère de Moctezuma. Là Cortès fut reçu avec tous les honneurs possibles et par le chef et par tous les seigneurs du pays. « Nous fûmes logés, dit Bernal Diaz, dans de magnifiques palais bâtis en pierre et en bois de cèdre, ayant de vastes cours et des appartements garnis de canapés recouverts d'une fine toile de coton ornée de broderies et de peinture, et dont les murs étaient bien blanchis. Il y avait des maisons neuves qui n'étaient pas encore achevées, et qui appartenaient au gouverneur ou vice-roi ; elles étaient aussi solidement bâties que les plus belles maisons d'Espagne. Après avoir contemplé ces nobles édifices, nous nous promenâmes dans des jardins admirables à voir par la variété des plantes aromatiques, par de larges allées bordées d'arbres fruitiers, de rosiers, et de bien d'autres fleurs dont je ne sais pas le nom, et surtout par cette multitude d'oiseaux au plumage brillant qui s'y trouvaient réunis. De vastes réservoirs étaient remplis de poissons et couverts de canards sauvages, de sarcelles, et de plusieurs espèces aquatiques qui semblent particulières à ces contrées. On était ici sur les bords d'un lac dont l'eau très-limpide communique avec le grand lac de Mexico par un canal assez large pour permettre à de grandes barques d'y naviguer. Tout ce beau spectacle qui m'entourait me fit croire que j'étais dans le paradis terrestre, dans le plus beau jardin de la terre. A cette époque la ville était telle que je le dis : une moitié de ses maisons se trouvait dans le lac, l'autre sur la terre ferme ; mais tout est détruit ; ce qui était lac est aujourd'hui des champs de maïs, et les Indiens eux-mêmes peuvent à grand'peine reconnaître l'emplacement des anciennes demeures. »

« Le lendemain de mon arrivée dans cette ville, dit Cortès, je la quittai pour suivre ma route par la grande chaussée qui conduit à Mexico, chaussée bien faite, large de deux lances, où huit chevaux peuvent marcher de front, et bordée de trois gros villages, dont un surtout, très-peuplé et bien bâti, se distingue par ses temples et par son grand commerce de sel tiré des eaux du marais par ébullition et façonné en forme de pains. Une demi-lieue avant d'entrer à Tenochtitlan ou Mexico, dans un lieu nommé Xoloc, on trouve un double mur en forme de boulevard, garni d'un parapet crénelé, qui sert de double enceinte à la ville, et va joindre de l'autre côté une chaussée aboutissant à la terre ferme. Cette double enceinte n'a que deux portes qui débouchent sur les deux chaussées en question. » Là, Cortès fit halte pour recevoir les félicitations d'une nombreuse députation de la noblesse, parée comme pour se présenter devant un roi. Ces seigneurs indiens défilèrent devant lui en le saluant à la manière du pays, touchant la terre avec la main et la baisant ensuite. Ils semblaient mettre beaucoup d'importance à cette cérémonie qui dura plus d'une heure.

« En entrant dans la ville il y a, entre l'extrémité de la chaussée et la porte, un pont de bois de dix pieds de large; afin de laisser circuler librement les eaux autour de la forteresse, ce pont, composé de lambourdes et de poutres, s'enlève à volonté. »

Avant de pénétrer dans cette grande cité de difficile accès, le prudent général disposa son monde comme s'il allait s'engager dans une place ennemie; ses colonnes se mettaient en marche, lorsqu'on lui annonça l'arrivée de Moctezuma. Ce n'était plus un prince incertain dans ses résolutions, mais un prince subjugué par une puissance supérieure, un prince souverain de quelques millions d'hommes venant, dans tout l'éclat de sa puissance, rendre hommage à une poignée d'aventuriers qui, pour avoir eu l'audace de lui désobéir, d'entrer malgré lui dans sa capitale, semblaient à ses yeux des êtres protégés du ciel et fort au-dessus des autres mortels. A partir de ce moment, Moctezuma appartient à Cortès. Bernal Diaz et Clavigero ont minutieusement décrit cette première entrevue; Robertson a défiguré le récit du premier en l'abrégeant. Nous allons l'abréger aussi, mais en lui conservant sa couleur native.

En tête du cortége s'avançaient trois officiers tenant une baguette d'or à la main; ils l'élevaient par intervalles pour annoncer au peuple la présence du monarque et lui intimer l'ordre de se prosterner en signe de respect et de vénération; Moctezuma était placé sur une litière couverte de feuilles d'or et surmontée d'un magnifique dais chargé de plumes vertes; quatre seigneurs la portaient sur leurs épaules; il était accompagné par deux cents nobles vêtus d'un grand manteau d'étoffe de coton de même forme, comme une livrée, ayant tous sur la tête de grosses touffes de plumes de diverses couleurs. Ils marchaient pieds nus, en file, deux à deux de chaque côté de la rue, et se tenaient à distance de Moctezuma, les yeux baissés vers la terre en signe de profonde vénération. Lui, dans ses habits royaux, portait une légère couronne d'or sur le front; à ses pieds étaient attachés de riches brodequins, et sur ses épaules un manteau parsemé de lames d'or et de pierreries. Quand il fut près de Cortès il quitta sa litière. Les seigneurs de sa maison étendirent leurs propres manteaux sur la terre, afin que ses pieds ne la pussent toucher; les quatre grands feudataires de la couronne le prirent dans leurs bras et le remirent aux mains de son frère et de son neveu qui le soutinrent respectueusement. Cortès, de son côté, descendit de cheval, alla au-devant de lui, le harangua, et lui mit au cou une chaîne d'or garnie de perles et de cristaux taillés qu'il portait lui-même: présent qui fut reçu d'une manière affectueuse par le monarque. Cortès voulut l'embrasser, mais il en fut empêché par les seigneurs qui l'accompagnaient et qui ne lui permirent même pas de le toucher. Quelque temps après, un des gens du roi apporta au général deux colliers composés de coquilles de limaçons, à chacun desquels pendait huit morceaux d'or façonnés en forme de poisson d'un demi-pied de long et bien travaillés. Moctezuma les lui passa au cou, puis il reprit la route de son palais et chargea son frère de conduire les Espagnols à la demeure qui leur était destinée. La foule, accourue de toutes parts pour contempler un tel spectacle, était immense; elle remplissait les deux côtés de la chaussée; elle était aux fenêtres, sur les toits, étonnée, interdite, surprise surtout des égards, des complaisances de leur roi envers ces étrangers que les honneurs n'endormaient pas, et qui conservaient dans leur marche l'ordre et l'attitude militaire. Leurs colonnes serrées occupaient toute cette grande et longue chaussée élevée sur le lac, et qui continue en ligne droite la route d'Iztapalapan jusqu'au centre de la ville.

Toutefois ils ne pouvaient se défendre d'un vague sentiment d'inquiétude en se voyant quelques centaines d'hommes au cœur d'une grande cité si populeuse et à quinze cents lieues de leur patrie. Ils parvinrent jusqu'au palais qui leur était destiné et qu'avait jadis occupé le roi Axajacatl. Moctezuma, qui les attendait à la porte d'entrée, prit Cortès par la main et l'introduisit dans une grande salle où il le fit asseoir sur un petit siége couvert d'un tapis de coton, et dont la forme était celle des autels de nos églises. Les murs étaient drapés d'une semblable étoffe, mais bordée d'or et de pierres précieuses. Le roi prit congé du général en lui disant : « Vous êtes maintenant dans votre propre maison; agissez en maître, prenez du repos vous et vos compagnons, bientôt je reviendrai vous voir. » Cette visite terminée, Cortès fit tirer plusieurs coups de canon en vue d'effrayer les Mexicains, puis il visita le palais qu'on lui avait donné pour habitation, grand édifice, clair, aéré, aux murailles médiocrement épaisses, flanquées de tourelles, proprement meublé de nattes, de siéges d'une seule pièce de bois, et si vaste que toute l'armée, Espagnols, Indiens, alliés, femmes, enfants et esclaves, au nombre de plus de sept mille, y étaient logés à l'aise. Les Espagnols y trouvèrent ce qu'ils pouvaient désirer pour leur sûreté. Toutefois, l'habile et infatigable Cortès prit toutes les précautions possibles; il plaça une batterie de canons en face de la porte d'entrée, et se fortifia sur tous les points comme s'il devait soutenir un siége. L'entrée des Espagnols dans la capitale de Moctezuma, jour non moins illustre pour eux que fatal pour les pauvres Mexicains, eut lieu le 8 novembre 1519, sept mois après leur arrivée dans le pays d'Anahuac. Cortès achevait à peine de dîner lorsque Moctezuma, fidèle à sa promesse, vint lui rendre visite; le monarque le fit asseoir à son côté, tandis que tous les officiers espagnols ou mexicains se tenaient debout respectueusement. De nouveaux présents d'or, de plumes, de milliers de pièces de coton, furent apportés et offerts par le roi. Cortès se confondait en remercîments, lorsque Moctezuma l'interrompit par ces paroles : « Brave général, et vous tous ses compagnons, les hommes de ma cour et mes domestiques sont témoins de tout le plaisir que j'ai éprouvé à la nouvelle de votre arrivée; si j'ai eu l'air de m'opposer jusqu'à ce moment à la visite que vous me rendez ici, ce n'a été que pour me conformer aux idées et aux dispositions de mon peuple. Votre renommée a grossi les objets et alarmé les esprits; on a dit que vous étiez des dieux immortels montés sur des animaux sauvages d'une grandeur et d'une force épouvantable, et lançant à volonté la foudre qui fait trembler la terre. On vous a fait passer pour des monstres jetés sur le rivage par les vagues de la mer, attirés dans notre pays par une soif insatiable de l'or, et livrés à tous les genres de débauches. Enfin on a répété qu'un seul de vous mangeait plus que dix Mexicains; mais l'expérience et le temps nous ont fait voir que toutes ces choses n'étaient qu'impostures. Nous savons aujourd'hui que vous êtes des hommes mortels comme nous, bien que votre teint ne soit pas le même et que vous ayez du poil au visage. Vos chevaux, ces animaux si redoutés, sont des cerfs plus gros, plus grands que les nôtres et de forme un peu différente; et vos armes terribles, des tubes assez semblables aux cannes de roseaux avec lesquelles nous allons à la chasse, mais lançant des balles avec une plus grande force. Nous savons aussi que vous êtes bons et généreux ; que vous endurez patiemment la mauvaise fortune et ne sévissez jamais à moins qu'on ne vous provoque par d'injustes hostilités. Je ne doute pas non plus que vous ne bannissiez de vos esprits les fausses idées que vous avez pu prendre de moi, soit par les flatteries de mes vassaux ou les adulations de mes ennemis. On vous aura dit sans doute que j'étais un dieu, et que je prenais à ma volonté, ou la forme d'un tigre, ou celle d'un lion, ou de tout autre animal ; mais vous voyez maintenant de vos propres yeux que je suis de chair et d'os comme les autres hommes, quoique plus noble par ma naissance et par le haut rang où je suis placé. Les Totonaques, qui sous votre protection se sont révoltés contre moi, et dont la rébellion ne restera pas impunie, n'auront pas manqué de vous dire que les murailles et les toits de mon palais étaient d'or ; et vous qui habitez un de mes palais, vous pouvez vous convaincre que les murs en sont faits de pierres et de chaux. Je conviens que mes richesses sont grandes, mais elles sont exagérées par mes sujets. Quelques-uns d'entre eux se seront probablement plaints à vous de ma cruauté et de ma tyrannie ; mais ces hommes appellent tyrannie l'exercice légal de l'autorité suprême, ils appellent cruauté les rigueurs nécessaires de la justice. Abandonnons donc, l'un et l'autre, les fausses idées que l'on a pu nous donner.

« D'après les signes que nous avons observés dans les cieux, et d'après ce que nous savons de vous et des contrées d'où vous venez, nous reconnaissons que les temps fixés par nos traditions pour l'accomplissement de certaines prophéties sont arrivés ; nous savons qu'il doit venir des régions de l'Orient, où le soleil se lève, des hommes destinés à se rendre maîtres de ce pays, sur lequel régna jadis un seigneur qui disparut, et dont les descendants sont nos légitimes souverains. Nous, nous ne sommes point originaires de cette terre ; il n'y a qu'un petit nombre de siècles que nos ancêtres, sortis des contrées du nord, s'y sont établis, et c'est seulement comme vice-roi du grand Quetzalcoatl que nous la gouvernons. Je reçois donc avec plaisir l'ambassade de votre roi, et je mets mon royaume à ses ordres. »

Cortès, trop habile pour ne pas voir le parti qu'il pouvait tirer de l'erreur du roi mexicain au sujet de l'origine des Espagnols, l'entretint dans une illusion qui servait si bien ses projets, et comprit qu'il devait désormais agir avec autorité, puisqu'il trouvait dans Moctezuma un vassal volontaire. Il s'étendit longuement sur la grandeur et la puissance de son maître Charles-Quint : sa mission, disait-il, était toute pacifique ; il avait ordre de cimenter une alliance sincère et durable entre les deux grands rois de l'Orient et de l'Occident, et d'employer tous les moyens possibles de persuasion pour altérer et modifier différentes lois et usages du Mexique contraires à la justice et à l'humanité. Ceci le conduisit à parler de la religion des peuples de l'Anahuac, à s'élever contre leur idolâtrie, leurs superstitions, et à réclamer surtout l'abolition de ces exécrables sacrifices humains qui outrageaient la Divinité et tous les sentiments de la nature. Malgré cette sortie sur un sujet aussi délicat, la plus grande cordialité régna dans cette entrevue ; les deux chefs se séparèrent avec de mutuelles protestations de bienveillance, et nul doute que cet heureux début, ces préliminaires pacifiques, n'eussent garanti aux Espagnols, sans coup férir, la pleine et paisible possession de toute cette vaste monarchie, s'ils s'étaient conduits avec une prudence égale à leur courage. Dans la visite que Cortès, accompagné de ses capitaines, rendit le lendemain au roi, les choses se passèrent de la même manière ; le général fut reçu comme s'il eût été l'égal du monarque ; celui-ci s'informa beaucoup de tout ce qui concernait le gouvernement et les productions de l'Espagne ; mais Cortès, le plus ardent de tous les catholiques ; au lieu de répondre à ces questions, commença par catéchiser Moctezuma : il lui parla de la création du monde, d'un seul Dieu, de son Fils Jésus-Christ, de la Trinité, de la messe, de la confession, des joies du paradis, des tourments de l'enfer, choses excellentes sans doute à enseigner, mais qu'il était bien permis à Moctezuma de ne pas comprendre du premier coup.

Cortès revint sur les sacrifices humains, et exigea formellement leur abolition ; Moctezuma ne concevait pas comment l'Espagnol trouvait mauvais qu'on sacrifiât aux dieux des hommes qui, à raison de leurs crimes ou de leurs mauvais succès à la guerre, étaient destinés à la mort ; et cependant, soit qu'il fût convaincu des bonnes raisons de Cortès, soit qu'il voulût plaire aux Espagnols dont il avait peur, il promit qu'on ne servirait plus de chair humaine sur sa table. Quant à sa conversion au christianisme, il ne fut pas si facile : il soutint que les dieux des Mexicains ne leur ayant fait que du bien, et valant ceux des Espagnols, il y aurait ingratitude à les abandonner. Cortès n'insista pas pour cette fois, et se retira.

Une pensée de conservation l'occupait tout entier : l'ivresse d'un premier succès ne lui cachait pas le danger de sa position, et il sentait le besoin d'appeler l'adresse à son aide : le monarque était à lui, mais il avait la noblesse à conquérir. Il chercha à se l'attacher par ses prévenances, par la douceur et la dignité de ses manières ; il avait à se rendre le peuple favorable, il ordonna à ses soldats de s'observer avec tant de soin qu'aucune plainte ne pût être raisonnablement portée contre eux. Toute cette politique n'était qu'un masque jeté sur une audacieuse ambition ; l'homme de paix en apparence roulait dans sa pensée les projets les plus hostiles et l'entreprise la plus hardie. Toutefois il ne voulait rien exécuter sans avoir une connaissance parfaite de cette grande capitale où il se trouvait en quelque sorte enfermé. Pour l'observer à loisir sans exciter d'alarmes, et prendre une idée exacte de la force et des moyens de résistance des Mexicains, il pria Moctezuma de lui permettre de visiter les palais royaux, les principaux temples et la grande place du marché. Ceci lui fut accordé avec empressement ; le malheureux roi, sans défiance, permit aux Espagnols de tout examiner. Nous allons, avec les récits de Cortès, de Bernal Diaz, d'Acosta et de Clavigero, prendre une idée de l'ancienne capitale de l'Anahuac.

Le plus ancien document que nous possédions sur Tenochtitlan, son lac et ses environs, se trouve dans une lettre adressée par Cortès à l'empereur Charles V, le 30 octobre de l'année 1520. Nous citons en entier ce curieux passage. « La province dans laquelle est située la résidence de ce grand seigneur Moctezuma, dit Cortès, est circulairement entourée de montagnes élevées et entrecoupée de précipices. La plaine contient près de soixante-dix lieues de circonférence, et dans cette plaine se trouvent deux lacs qui remplissent presque toute la vallée, car, à plus de cinquante lieues alentour, les habitants naviguent en canots (*). De ces deux grands lacs l'un est d'eau douce et l'autre d'eau salée. Ils sont séparés l'un de l'autre par une petite rangée de montagnes (**) qui s'élèvent au milieu de la plaine. Les eaux du lac se mêlent ensemble dans un détroit qui existe entre les collines et la haute Cordillère (***). Les villes et les villages nombreux construits sur les bords de ces lacs communiquent entre eux par des canots sans passer par la terre ferme. La grande ville de

(*) Il faut observer que le général ne parle que de deux lacs, parce qu'il ne connaissait qu'imparfaitement ceux de Zumpango et de Xaltocan, entre lesquels il passa à la hâte dans sa fuite de Mexico à Tlascala, avant la bataille d'Otumba.

(**) Les collines coniques et isolées près d'Iztapalapan.

(***) Sans doute la pente orientale de Cerros de Santa-Fé.

Montagnes de Porphyre Colonnaire de Jacal.

Temixtitan (Tenochtitlan) est fondée au milieu du lac salé, qui a ses marées comme la mer (*). Depuis cette ville jusqu'à la terre ferme il y a deux lieues, de quelque côté qu'on veuille y entrer; quatre digues y mènent : elles sont faites de main d'homme, et ont la largeur de deux lances (vingt pieds environ). Temixtitan est grande comme Séville ou Cordoue; les rues, je ne parle que des principales, sont droites et larges. Mexico renferme plusieurs grandes places qui servent de marchés: un d'eux, entouré de portiques, est plus grand que la ville de Salamanque. Soixante mille acheteurs ou vendeurs s'y trouvent réunis (**); il y a des rues uniquement occupées par des herboristes, par des orfévres et des joailliers, par des charpentiers, par des peintres, etc. On remarque aux différentes entrées de la ville des barrières, près desquelles se tiennent plusieurs commis chargés de percevoir les droits imposés sur les marchandises et les objets de consommation. Le peuple y est mieux et plus élégamment habillé que dans les autres villes de l'empire, parce que le séjour du monarque et des grands seigneurs y a introduit des modes particulières et des habitudes plus recherchées. La noblesse surtout y déploie un grand faste : elle se fait porter en litière et suivre dans les rues par des esclaves. Les mœurs y ont beaucoup de rapport avec celles d'Espagne; on y remarque à peu près le même ordre et le même ensemble. La police de cette grande capitale frappe d'étonnement; elle semble merveilleuse chez une nation barbare séparée de tous les peuples policés et si loin de la connaissance du vrai Dieu. »

Ornée de nombreux téocallis, dont la partie la plus élevée semblait monter dans les airs en forme de minaret, entourée de digues, posée au milieu des eaux, assise sur des îles de verdure, recevant à chaque heure du jour des milliers de barques qui répandaient la vie sur son beau lac, Tenochtitlan, d'après le récit des premiers conquérants, devait ressembler à Venise ou à ces villes du Delta de la basse Égypte au moment des grandes eaux du Nil. Bernal Diaz la compare à un immense échiquier, et avec raison, puisqu'elle était divisée en carrés réguliers, ainsi que nous le voyons sur le fragment du plan de cette capitale dressé vers l'époque du dernier des Moctezuma, et que M. Bullock a retrouvé et publié. Chacun des carrés grands ou petits avait un temple, sur le frontispice duquel on lisait en caractères aztèques le nom du dieu ou de la déesse à laquelle il était consacré. La circonférence de l'ancien Mexico était d'environ dix milles, le nombre de ses maisons de soixante mille. Sa population peut être évaluée à trois cent mille âmes. Ses rues étaient lavées et nettoyées chaque jour, et par de nombreux canaux les provisions nécessaires à sa consommation lui arrivaient de toutes parts. Un grand nombre de ponts de bois, assez larges pour le passage de dix cavaliers de front, liaient entre eux les différents quartiers, comme dans nos villes d'Europe. Mexico tirait l'eau douce de ses fontaines, des sources de Chapoltepec; elle lui arrivait par un long aqueduc, travail admiré des Espagnols. Ces eaux, conduites dans des tuyaux de terre cuite, étaient distribuées sur tous les points de la ville. Les anciennes relations parlent avec admiration, et certainement avec exagération, du

---

(*) Temixtitan, Temistitan, Tenoxtitlan, Temihtitlan, sont des changements vicieux du nom de Tenochtitlan. Les Aztèques ou Mexicains s'appelaient eux-mêmes *Tenochques*, d'où dérive la dénomination de Tenochtitlan. Quant aux prétendues marées, ce n'est probablement qu'un jeu périodique des vents d'est; lorsqu'ils soufflent avec violence, les eaux du lac de Texcuco se retirent vers le bord occidental, et laissent quelquefois à sec, ainsi que l'a remarqué M. de Humboldt, une étendue de plus de six cents mètres de long. Ce mouvement des vents a pu faire naître à Cortès l'idée de marées régulières.

(**) Nous avons déjà fait connaître, d'après le même récit de Cortès, les principaux produits de l'agriculture ou de l'industrie aztèque qu'on trouvait dans ce marché.

caractère grandiose des édifices de la royale cité.

Tous les temples se ressemblaient à l'extérieur. Mais le grand téocalli se distinguait de tous les autres par son immense étendue, ses hautes proportions et sa destination. Il ne datait que de 1486, six ans avant la découverte de l'Amérique par Christophe Colomb. Son enceinte, dessinée par d'épaisses murailles de huit pieds de haut, surmontées de créneaux en forme de niches, et couvertes de reliefs en pierre, représentant des serpents entrelacés, lui donnait l'aspect d'une ville de guerre soigneusement fortifiée; ses quatre portes correspondaient aux quatre points cardinaux. La grande pyramide qui s'élevait au centre avait cette même orientation, commune aux édifices de ce genre, asiatiques ou égyptiens. Le monument mexicain avait quatre-vingt-dix-sept mètres à sa base, et trente-sept autres de hauteur; il avait l'aspect d'un cube énorme. On y distinguait cinq étages ou assises. Un grand escalier conduisait à la cime de cette pyramide tronquée; ici, sur la plate-forme, s'élevaient deux petits autels dans deux chapelles en forme de tours; ici se montraient deux hideuses idoles, l'une de Tezcatlipoca, la première des divinités aztèques après Teotl ou l'être suprême invisible; l'autre de Huitzilopochtli, le dieu de la guerre, le dieu protecteur des Aztèques, auquel le temple était particulièrement dédié. Là aussi, non moins hideuse que les idoles, se trouvait la pierre des sacrifices, la pierre verte sur laquelle les prêtres étendaient les victimes humaines. Trente-neuf petites chapelles, consacrées à autant de divinités, entouraient la grande pyramide, dont l'intérieur servait, comme nous l'avons déjà remarqué, à la sépulture des rois et des principaux personnages mexicains. Rois et nobles aussi avaient des oratoires dans l'enceinte du temple, qui renfermait encore des jardins, des fontaines, les habitations des prêtres, et plusieurs couvents d'hommes et de femmes. Cortès affirme que, dans cet enclos, une ville de cinq cents feux aurait pu être élevée. C'est là que, suivi de ses principaux officiers et accompagné de Moctezuma, il obtint dans les premiers jours de son arrivée la permission de pénétrer; là qu'il fut saisi d'horreur à l'aspect d'une muraille de têtes et d'ossements d'hommes, symétriquement arrangés, à la vue des pavés rougis par le sang des victimes, à l'odeur qui s'exhalait de cet ossuaire hideux; là que, ne pouvant retenir son indignation, il se répandit en imprécations contre les idoles et leur culte infernal (*).

Si, des temples des dieux, nous passons avec les Espagnols dans les palais royaux, nous les voyons sous la forme d'une réunion de maisons spacieuses, mais basses. La résidence habituelle de Moctezuma était un vaste édifice bâti en pierre et en mortier de chaux. Il avait vingt portes donnant sur des pla-

(*) Voici le récit de Clavigero. Les Espagnols, quelques jours après leur arrivée, montèrent sur la plate-forme du grand temple. Moctezuma, qui leur permettait cette visite, les avait précédés afin que sa présence les empêchât de se livrer à quelque voie de fait répréhensible. Cortès, de ce point élevé, put observer à son aise l'ensemble de la ville et tout le pays qui l'environne. Lorsqu'il eut bien examiné ce vaste panorama, il lui vint en pensée de pénétrer dans le sanctuaire, ce qui lui fut accordé du consentement des prêtres. Les Espagnols, admis dans le lieu saint, ne virent pas sans horreur les traces des sacrifices humains, et sans compassion l'aveuglement des Mexicains pour un tel culte. Cortès, le plus irrité de tous, se tournant vers Moctezuma, lui dit brusquement : « Je m'étonne qu'un prince aussi sage que vous puisse adorer comme l'image des dieux ces abominables figures de démons. » A ces outrageantes paroles, Moctezuma se contenta de répondre : « Si j'avais pu soupçonner que vous parleriez de nos dieux avec une telle irrévérence, jamais je n'aurais consenti à vous introduire dans leur temple. » Cortès, voyant l'irritation du monarque, chercha quelque excuse banale, et prenant soudainement congé pour se retirer dans son quartier : « Allez en paix, lui dit Moctezuma, moi je reste pour apaiser par mes prières les dieux que vous avez outragés. »

MEXIQUE

Guerriers & Prisonniers

ces publiques et des rues diverses. On y remarquait trois vastes cours ornées de fontaines jaillissantes, et de grandes salles de réception, dans l'une desquelles trois mille hommes se trouvaient à l'aise ; puis de longues enfilades de chambres, les unes aux murs incrustés de pierres polies et brillantes, les autres aux portes et aux lambris de cèdre et de cyprès couverts de sculptures. Là, dans l'enceinte du royal asile, les vieux chroniqueurs du temps de Cortès nous montrent le sérail des femmes, les logements des ministres, des grands dignitaires du royaume, des officiers du monarque et de sa cour nombreuse et brillante. A Moctezuma appartenait aussi, dans l'ancien Mexico, plusieurs palais destinés aux rois alliés, aux princes tributaires, aux nobles voyageurs, et quelques autres réservés pour un saint usage ; ils servaient d'hospice aux vieillards, aux pauvres, aux infirmes, aux malades indigents, nourris et soignés aux frais du trésor.

D'autres édifices publics attiraient encore les regards ; c'étaient de grandes ménageries dont l'Europe n'offrait pas alors le modèle. L'une d'elles se composait de plusieurs chambres basses et de galeries soutenues par des colonnes de marbre d'une seule pièce. Ces galeries donnaient sur un vaste jardin coupé de massifs d'arbres et de plusieurs étangs, les uns d'eau douce, les autres d'eau salée, destinés aux oiseaux aquatiques. Là se trouvaient aussi des oiseaux doux et paisibles dont le plumage éclatant et varié servait à composer les ingénieuses mosaïques des Aztèques. On leur donnait pour nourriture ce qu'ils avaient coutume de manger dans leur état de liberté, graines, fruits ou insectes ; trois cents hommes étaient occupés à les soigner. Ils avaient leurs médecins ordinaires qui habitaient le même local, observaient leurs maladies et y apportaient de prompts remèdes. Quelques-uns de ces employés surveillaient les œufs pendant l'incubation, d'autres recueillaient en certaines saisons les plumes employées au travail des mosaïques.

Cette ménagerie occupait l'emplacement où l'on voit aujourd'hui le couvent de Saint-François.

L'autre bâtiment, destiné aux animaux féroces, se composait d'un grand nombre de chambres souterraines de plus de six pieds de profondeur sur seize de longueur, et de vastes cours pavées de larges dalles et divisées en appartements. Ici l'aigle royal et les vautours, les jaguars, les lions, les loups, les chats sauvages et les autres bêtes féroces étaient renfermés. On les nourrissait de daims, de lièvres, de lapins, et, ce qui est horrible à raconter, des entrailles des victimes humaines. Ici de hideux crocodiles s'agitaient dans des viviers fermés de murailles, et des serpents, de toutes les couleurs, gardés dans de larges tonnes, faisaient entendre leurs affreux sifflements. Les poissons avaient des réservoirs particuliers, dont deux fort beaux existent encore, et peuvent être vus au palais de Chapoltepec.

Dans l'un des bâtiments royaux on avait placé le grand arsenal de l'empire, où toutes les espèces d'armes offensives et défensives, toutes les enseignes militaires en usage parmi les peuples de l'Anahuac se trouvaient rassemblées. Là, un nombre immense d'ouvriers était employé à la fabrication des armes ; et dans d'autres édifices, des ateliers de peintres, de sculpteurs, d'orfévres, travaillaient constamment pour la cour. Il y avait même un quartier où l'on élevait des troupes de danseurs pour les plaisirs du roi.

Entre toutes les beautés de l'ancien Mexico, les jardins botaniques, qui accompagnaient les palais royaux ou les ménageries, étaient particulièrement remarquables. On y cultivait les plantes les plus rares, les fleurs les plus brillantes comme les plus communes avec un soin qui dut d'autant plus émerveiller les Espagnols, qu'ils ne trouvaient rien à comparer chez eux à des établissements de ce genre. Les Antilles, où ils venaient de s'établir, ne leur avaient offert aucun monument artistique. Là, des huttes pour palais ; là, des insulaires presque dans l'état de nature, presque nus sous un chaud climat, passant leur vie dans un doux repos, et trouvant dans une culture facile et une industrie sauvage tout ce qui pouvait satisfaire le petit nombre de leurs besoins.

C'était un tout autre spectacle dans la ville de Moctezuma ; c'était une civilisation toute particulière, à laquelle les compagnons de Cortès étaient loin de s'attendre. Cette circonstance, en influant sur leur jugement, dut les entraîner dans une voie d'exagération qui semble toute naturelle à leur position, et si l'on ajoute qu'ils n'avaient, pour nommer les objets nouveaux qui frappaient leurs regards, que des termes employés en Europe pour exprimer les détails d'un ordre social entièrement différent, on s'expliquera facilement les erreurs qu'ils ont pu commettre dans le tableau de la cour du monarque ; à eux donc appartient la responsabilité de cette peinture qui a quelque chose d'oriental et de fantastique.

Chaque matin six cents seigneurs feudataires se rendaient au palais vêtus simplement, parce qu'il était défendu de se présenter devant le roi dans de riches habits, nus pieds, parce qu'il était ordonné à tout homme qui entrait dans la demeure royale de laisser ses chaussures à la porte extérieure. Ces nobles venaient passer la journée dans les antichambres. Ils s'y tenaient silencieux ou ne parlaient qu'à voix basse. Introduits devant le monarque, ils se prosternaient trois fois, disant au premier salut : Seigneur ; au second : Monseigneur ; et au troisième : Haut et puissant seigneur. Ils lui adressaient ensuite leurs suppliques, ou lui demandaient ses ordres la tête baissée, dans l'humble attitude d'un esclave. La réponse du roi était transmise par un de ses secrétaires. Cela fait, les nobles se retiraient à reculons et sans lever les yeux.

Cette salle d'audience mérite bien un coup d'œil. C'était la salle à manger, où nous voyons le monarque assis sur un fauteuil fort bas devant un large coussin, espèce de divan qui lui servait de table. Nappes, serviettes, essuie-mains en toile de coton d'une extrême finesse, éclataient de blancheur. Si nombreux étaient les plats du dîner royal, qu'ils couvraient une bonne partie du plancher de la grande salle. Gibier, poissons, légumes, fruits, s'y montraient apprêtés de mille manières, tant l'art de cette cuisine était varié dans ses ressources. Des coupes d'or ou des coquilles de mer artistement travaillées, les unes pleines de chocolat, les autres de diverses liqueurs de cacao, ornaient ce pompeux service. Quatre cents jeunes seigneurs servaient de laquais ; ils apportaient les plats, les présentaient à Sa Majesté, et se retiraient aussitôt qu'elle était assise. Le roi indiquait avec une baguette celui dont il voulait manger, et le surplus était distribué aux nobles que nous avons vus dans l'antichambre. Quatre jeunes femmes, six ministres et l'écuyer tranchant, assistaient au dîner du roi. Cet officier avait charge de fermer la porte aussitôt que le roi avait pris place à table, afin que personne ne pût le voir manger. Nul des assistants ne lui adressait la parole. Les dames et l'écuyer tranchant le servaient et lui présentaient le pain de maïs cuit avec des œufs. On lui faisait de la musique pendant le repas, ou quelques bouffons d'office, nains ou bossus, le divertissaient par des histoires plaisantes et de joyeux propos. Moctezuma disait qu'à travers leurs folies il découvrait souvent d'utiles renseignements, et des révélations importantes dont il faisait son profit ; ingénieux moyen probablement employé pour faire arriver jusqu'à lui des vérités que les hommes d'État n'avaient osé lui faire entendre, et qu'il eût trouvées fort inconvenantes et très-punissables dans la bouche de sujets loyaux et dévoués.

Après le dîner, on lui présentait une grande pipe de roseau richement garnie, et il s'endormait en fumant. A son réveil, il recevait les grands du royaume, puis des poëtes musiciens lui chantaient les exploits de ses ancêtres et les événements glorieux de la patrie; d'autres fois il s'amusait à voir des espèces de saltimbanques faiseurs de tours d'adresse et sauteurs de cordes. Tantôt il se promenait dans ses parcs en chassant, tantôt il allait visiter ses maisons de campagne. Quand il sortait, il était porté sur les épaules des nobles, dans une petite litière couverte d'un riche dais, et suivi d'un nombreux cortége de courtisans. Tout le peuple sur son passage s'arrêtait; hommes et femmes fermaient les yeux, comme s'ils eussent craint d'être éblouis par la splendeur de sa majesté, et s'il venait à descendre de sa litière, on étendait des tapis devant lui, ainsi que nous l'avons déjà vu pratiquer lors de sa première entrevue avec Cortès. Moctezuma se baignait tous les jours; il changeait d'habits quatre fois par jour, et ne reprenait jamais celui qu'il avait quitté; il le donnait en présent à ses nobles officiers, ou à ceux de ses soldats qui s'étaient distingués par une action d'éclat. Les femmes de son sérail qui n'avaient plus le bonheur de lui plaire étaient aussi distribuées en cadeaux à ses favoris. Telles étaient en 1520 la ville et la cour du roi des Aztèques.

La fortune de Cortès semblait complète: arrivé au milieu de la capitale d'un grand et populeux royaume, traité par le monarque avec des égards qu'aucun mortel n'avait jamais obtenus de lui, redouté des peuples comme un être privilégié qui dispose de la foudre et de monstres rapides comme le vent, commandant à des soldats intrépides, dévoués et qui ne trouvaient rien d'impossible, l'avenir semblait lui appartenir, et sa confiance dans de futurs succès justifiée par les événements du passé. Toutefois à ces pensées rassurantes se mêlaient des réflexions qui l'étaient beaucoup moins: il se voyait, lui vainqueur, emprisonné au centre d'une immense cité, dont l'étrange construction, la disposition du terrain et la nature des voies de communication offraient tant de moyens de défense. Que l'on brisât les ponts, que l'on coupât les chaussées, que l'on barricadât les rues, et il était pris comme dans un piége. Les Tlascalans l'avaient cent fois averti de se défier des paroles de Moctezuma, de ses promesses, de ses bienfaits. Aujourd'hui même ils lui répétaient encore qu'il serait imprudent de se reposer sur sa foi; qu'il n'avait permis l'entrée de sa capitale aux Espagnols que par les conseils des prêtres et pour les anéantir d'un seul coup; sa bienveillance, ses égards n'étaient qu'un manteau dont il couvrait des desseins perfides; ses riches présents, ses paroles emmiellées, ses prévenances ressemblaient aux fleurs qui tapissent le bord d'un précipice, placées là par un mauvais génie dans le but d'attirer le voyageur à sa destruction. Ces craintes d'alliés fidèles étaient partagées par Cortès. Tout le portait à croire que l'expédition du général mexicain contre les Totonaques, et dans laquelle Escalante avait perdu la vie, était l'œuvre du roi, ou du moins qu'il l'avait tolérée. L'affaire de Cholula lui semblait accuser également la franchise du monarque. Il savait encore par ses espions que si la masse du peuple ne s'occupait que d'affaires, de cérémonies religieuses et de réjouissances publiques, les nobles ne montraient pas une telle insouciance; chez eux l'irritation était grande et générale; leur contenance trahissait d'hostiles projets. On voyait qu'ils se sentaient profondément blessés par la présence de l'étranger. Ils s'expliquaient hautement sur les moyens de le chasser ou de l'anéantir en lui fermant toute retraite. Les prêtres n'étaient pas mieux disposés: ils redoutaient son zèle fanatique; ils le signalaient comme l'ennemi des dieux, et ils montraient les dieux indignés de sa présence dans la ville royale. Dans cet état des esprits, un mot de Moctezuma pouvait appeler aux armes toute la population de sa grande capitale. Cortès ne l'ignorait pas, mais il mettait son espoir dans l'irrésolution et la faiblesse de ce prince; il savait que personne n'agirait sans ses ordres et contre sa volonté, seule loi de l'empire. De telles données durent naturellement influer sur la politique du

7ᵉ *Livraison.* (MEXIQUE.)

général espagnol, et le convaincre que Moctezuma, perfide peut-être, mais sans énergie, sans aucune force d'action et moins attaché à l'honneur qu'à la vie, était un bouclier dont il devait s'assurer la possession. Moctezuma était pour lui un otage sacré, une garantie de l'obéissance de tout un peuple; et d'ailleurs, en portant la main sur un prince que nul n'osait toucher, en le retenant prisonnier dans son propre palais, il donnait de lui Cortès et de ses Espagnols une idée surhumaine et se faisait de la terreur un puissant appui. Ce fut sous de semblables impressions qu'il se décida à s'emparer de ce pauvre monarque et à le retenir prisonnier au milieu de ses sujets. Toutefois il crut devoir assembler son conseil, et lui soumettre un projet duquel dépendait le salut de l'armée. Cortès le présenta comme un de ces partis extrêmes que le droit des gens réprouve, mais que la nécessité légitime. Ils étaient hommes de cœur ceux devant lesquels il parlait, gens aussi braves que lui; mais aucun d'eux ne possédait son coup d'œil étendu. Aussi les opinions furent-elles divisées : quelques-uns croyaient que cet acte d'autorité était impraticable et entraînerait la ruine totale des Espagnols; d'autres inclinaient à la retraite et pensaient qu'il était plus prudent et plus avantageux de conclure un traité d'alliance avec Moctezuma, puis de retourner à la Vera-Cruz. Mais la voix de Cortès avait trouvé de l'écho dans le cœur de plusieurs officiers : le bouillant Velasquez de Léon, Sandoval au courage téméraire, au dévouement absolu, se montraient zélés partisans de la mesure proposée. Cortès la fit valoir avec tant d'art et de conviction, qu'elle finit par être adoptée à l'unanimité.

Si la hardiesse d'une telle entreprise a quelque chose d'extravagant, la manière dont elle fut conduite doit ajouter à la gloire de Cortès. On y reconnaît toute sa prudence, toute sa sagacité. Il jugea qu'un grand déploiement de forces éveillerait les soupçons et rendrait le succès impossible, du moins fort incertain, et qu'en s'aventurant dans une attaque violente, il finirait par succomber. Un coup de main exécuté par quelques hommes lui parut le seul moyen d'arriver à son but sans entrer en lutte avec des forces cent fois supérieures aux siennes. Il choisit donc cinq de ses officiers les plus déterminés, Sandoval, Alvarado, Velasquez de Léon, Lugo et Davila, et cinq soldats non moins braves pour l'accompagner au palais. Vingt-cinq autres soldats d'élite les suivaient, non en une seule troupe, mais deux à deux et marchant à intervalles, comme si le hasard seul eût dirigé leurs pas. Tous les différents corps de l'armée, Espagnols et Tlascalans, furent mis sous le commandement d'Olid et de Diego de Ordaz, avec ordre formel de se tenir prêts à marcher au premier signal. Aussitôt que Cortès et sa suite se présentèrent au palais, ils furent introduits et admis à l'audience du roi, ainsi qu'on avait coutume d'en agir avec eux. Les seigneurs mexicains se retirèrent respectueusement. La conversation roula d'abord sur des objets insignifiants; le roi s'y montra plein de bienveillance et d'attention pour les Espagnols. Il les fit tous asseoir; il leur distribua quelques joyaux d'or, et présenta à Cortès une de ses filles, en le priant de l'épouser. Cortès déclina cet honneur le plus poliment du monde; il s'excusa sur ce qu'étant marié, sa religion lui défendait d'avoir deux femmes. Toutefois il accepta la jeune fille pour compagne dans le but d'en faire une chrétienne. D'autres jeunes filles, aussi nobles et belles, faisant partie du sérail, furent offertes en présents aux officiers de Cortès, qui, impatient d'arriver au but de sa visite, rompit brusquement l'entretien, et, d'un ton tout à fait différent de celui qu'il avait employé jusqu'alors, reprocha vivement au roi les hostilités commises par le seigneur de Nauhtlan contre les Espagnols, lui demandant une réparation publique pour la mort de quelques-uns de ses compagnons et l'insulte faite au grand

CONQUÉRANTS DU MEXIQUE.

Cortès Sandoval

prince dont ils étaient les envoyés. Moctezuma, confondu de cette accusation inattendue et changeant de couleur, soit qu'il fût coupable, soit qu'il ressentît vivement l'indignité avec laquelle on le traitait, protesta de son innocence avec une grande vivacité de paroles. Il prétendit que les Tlascalans avaient pu seuls inventer cette odieuse calomnie; et pour ne laisser aucun doute sur ses intentions, et comme preuve de sa loyauté, il chargea sur-le-champ deux de ses courriers d'aller à Nauhtlan se saisir de Quauhpopoca et de ceux qui avaient trempé dans le meurtre des Espagnols, et de les amener de gré ou de force à Mexico. Il remit aux envoyés un anneau qu'il portait au doigt, et sur lequel était gravé le signe hiéroglyphique du dieu de la guerre, Huitzilopochtli. L'exhibition de cet anneau attestait la volonté suprême du monarque, et devenait, entre les mains de l'envoyé, la preuve de sa mission.

Les deux courriers partirent sur-le-champ, et le roi dit à Cortès : que puis-je faire maintenant pour vous prouver ma loyauté? Je ne la mets pas en doute, répondit le général; mais pour détruire dans l'esprit de vos sujets toute idée que l'affaire de Nauhtlan est votre ouvrage et rassurer en même temps mes compagnons d'armes sur vos bonnes intentions, abandonnez votre demeure et venez habiter avec nous. Là, vous serez roi comme dans votre palais, et servi comme doit l'être un grand monarque. Par cette démarche mon souverain sera pleinement satisfait, et mes soldats, fiers d'un tel honneur, pourront trouver un abri sous la protection de Votre Majesté. A cette étrange proposition si artificieusement présentée, le malheureux roi resta longtemps sans parler et presque sans mouvement. Ranimé par l'indignation, il répondit avec hauteur que les personnes de son rang n'étaient pas accoutumées à se rendre elles-mêmes prisonnières, et que, quand même il aurait la faiblesse d'y consentir, ses sujets ne souffriraient pas qu'on fît un pareil affront à leur souverain. Cortès voulant éviter les moyens de violence, s'efforça tour à tour de l'adoucir et de l'intimider. La dispute était vive; trois heures s'étaient écoulées dans cette discussion, et tout délai devenait fatal, lorsque Velasquez de Léon, jeune homme aussi brave qu'impétueux, s'adressant à Cortès, s'écria de toute la rudesse de sa grosse voix : « Pourquoi, général, dépensez-vous en vain vos paroles? Il faut que cet Indien soit notre prisonnier ou qu'il meure; s'il résiste, je vais lui plonger mon épée dans le cœur. Pour nous, nous devons assurer nos vies ou les perdre aujourd'hui. « Moctezuma, effrayé du ton de voix et de l'air féroce de Velasquez, pria Marina de lui expliquer le discours de cet Espagnol. Celle-ci le fit avec toute l'adresse d'un diplomate.

« Comme votre sujette, dit-elle au roi d'un air de candeur et d'intérêt, je désire qu'il ne vous arrive aucun mal; mais, comme l'interprète de ces hommes, je connais leur secret et leur caractère. Si vous vous rendez à leurs désirs, ils vous traiteront avec honneur, avec ce respect qu'on doit aux rois; mais si vous persistez dans votre refus, votre vie est dans le plus grand danger; ils ne se feront aucun scrupule de vous tuer à l'instant. » Cette explication décida Moctezuma. Chaque jour, depuis l'arrivée des Espagnols, son courage s'affaiblissait; les circonstances le dominaient; cette panique, qui dirigeait toutes ses résolutions, allait croissant; il demeura convaincu qu'il allait périr sur l'heure s'il n'obéissait, et, s'abandonnant à sa destinée, il se mit aux mains des Espagnols. « Je me confie à vous, leur dit-il; allons, marchons, puisque les dieux le veulent ainsi. » Il appela ses gens, fit préparer sa litière, et se rendit, dans tout l'appareil de la puissance souveraine, et sous la garde sévère des compagnons de Cortès, au quartier du général. Les gens de son service, les seigneurs attachés à sa personne l'accompagnèrent en silence et les larmes aux yeux. Toutefois, cette douleur muette des grands de sa cour n'était point partagée par le peuple; sa douleur, à lui, était bruyante et menaçante; elle s'exhalait en imprécations contre les ravisseurs du roi; de toutes parts ce peuple indigné voulait courir aux armes pour punir les étrangers de leur sacrilége !.. Moctezuma, leur prisonnier, pouvait seul les protéger; il le fit : soit à leurs prières, soit en obéissant à leurs menaces, il annonça à la foule exaspérée que c'était volontairement qu'il s'était rendu au milieu des Espagnols, qu'il avait fait choix de leur résidence pour y établir sa cour, et qu'il se proposait de passer quelque temps avec eux. Tout cela fut dit d'un air calme, d'un visage riant, et la multitude, accoutumée à respecter les volontés du roi, se dispersa tranquillement.

Ce fut ainsi qu'un puissant monarque se vit, au milieu de sa capitale, saisi, en plein jour, par une poignée d'étrangers, et emmené prisonnier sans résistance et sans combat. L'histoire ne présente rien qu'on puisse comparer à cet événement, soit par la témérité de l'entreprise, soit pour le succès de l'exécution; et si toutes les circonstances de ce fait extraordinaire n'étaient pas constatées par les témoignages les plus authentiques, elles paraîtraient si extravagantes et si incroyables qu'on n'y trouverait pas le degré de vraisemblance nécessaire pour les admettre, même dans un roman. La vie de Moctezuma, dans son honorable prison, fut à peu près celle qu'il menait dans son ancien palais; la même étiquette y fut admise, le même cérémonial observé. Ses ministres, ses courtisans, et les principaux seigneurs de sa noblesse venaient travailler avec lui ou lui faire leur cour comme d'habitude. On lui soumettait les affaires d'État comme aux jours de son indépendance; on le servait à table avec le même appareil, avec la même magnificence et les mêmes prodigalités, et lui conservait religieusement les traditions de la couronne; seulement ce n'était plus à ses sujets qu'il envoyait les restes de sa table, mais aux soldats espagnols.

Il se réconcilia bientôt avec sa destinée; son nouveau genre de vie ne lui parut point désagréable; il finit par se plaire dans la société de ses geôliers. Il s'attacha surtout à ceux d'entre les Espagnols qui lui paraissaient les plus distingués par la naissance, les manières, les talents et les qualités de l'esprit. Mais entre tous, Cortès et Pedro de Alvarado, remarquable par les grâces de sa personne, par son adresse à tous les exercices, par la gaieté de son caractère, étaient ses favoris; il se plaisait à jouer avec eux à un certain jeu nommé *bodocque*, et à montrer sa libéralité en distribuant, sur-le-champ, tout ce qu'il gagnait aux soldats espagnols. Cortès, de son côté, avait grand soin que son illustre prisonnier fût traité avec le plus profond respect. On le vit, dans une certaine occasion, punir avec la dernière rigueur un soldat qui avait parlé du roi avec irrévérence. Il mettait tout en œuvre pour rendre la retraite de Moctezuma non-seulement supportable, mais encore agréable. Chaque jour son influence sur l'esprit du monarque déchu allait croissant. Ceux qui n'avaient pas vu Moctezuma dans tout l'éclat de sa puissance auraient eu peine à reconnaître en lui un malheureux prisonnier. Cortès laissait le pauvre prince visiter ses temples, ses maisons de campagne, ses beaux jardins de Chapoltepec. Il trouvait bon qu'il allât à la chasse, à la pêche dans son canot royal sur le lac. Mais dans toutes ses sorties Moctezuma était accompagné par des soldats et des officiers espagnols qui ne le perdaient pas de vue un seul instant. Toutefois, cet état de choses, qui ressemblait à de la résignation d'un côté, et de l'autre à de la pitié respectueuse et intéressée, fut troublé par un événement qui rendit la destinée de Moctezuma plus amère, et étendit pour lui le cercle des humiliations. Quinze jours s'étaient écoulés depuis son emprisonnement lorsqu'on annonça l'arrivée du général mexicain qui avait combattu les Espagnols de la Vera-Cruz. A la réception de l'ordre de son

MEXIQUE

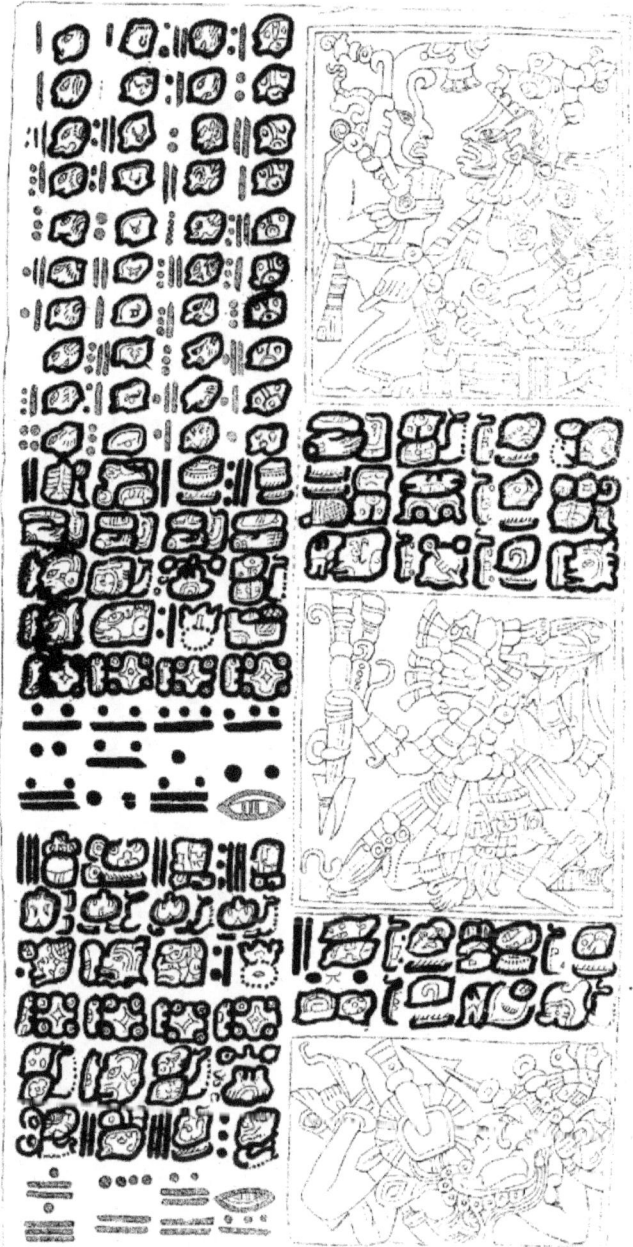

Manuscrit Troyano

maître, il s'était mis à la disposition des envoyés de Moctezuma, et ceux-ci l'amenaient avec son fils et plusieurs autres seigneurs du pays impliqués dans la même affaire.

Quauhpopoca, porté dans une magnifique litière, se présenta devant le roi avec toute la confiance d'un serviteur fidèle et zélé, qui, ayant bien fait son devoir, n'attend que des éloges. Mais, à son grand étonnement, Moctezuma l'accueillit avec tous les témoignages de la plus vive indignation, et, sans daigner l'entendre, il le livra à Cortès pour être jugé et condamné comme un traître. Quauhpopoca, d'abord interrogé, puis menacé de la question, déclara qu'il n'avait agi que par les ordres du roi. Cet aveu ne sauva pas la vie au malheureux général; il fut condamné à être brûlé vif ainsi que trois de ses officiers. Cortès annonça lui même cette inique sentence à Moctezuma, ajoutant : « Vous mériteriez d'être puni comme l'auteur du crime, mais votre conduite envers moi, dans ces derniers temps, me porte à l'indulgence; toutefois votre complicité ne peut rester impunie. » A ces mots, un soldat espagnol, tenant des fers à la main, se présente, et Cortès lui ordonne de les attacher sur-le-champ aux pieds du monarque. Lui, nourri dans l'idée que sa personne était inviolable et sacrée, demeura muet d'horreur devant un tel outrage, qu'il regardait comme le prélude de sa mort prochaine. Sa douleur finit par éclater en plaintes, en sanglots. Les larmes et les gémissements des seigneurs et des gens de sa cour accompagnaient les siens. Quelques-uns de ses courtisans le consolaient, à genoux, comme une divinité outragée; d'autres soulevaient ses fers pour lui en alléger le poids. Pendant que ces choses se passaient, un autre acte plus barbare encore avait lieu devant le palais royal : là furent amenés les trois autres condamnés. Un immense bûcher, dressé pour leur supplice, s'élevait au milieu de la place, remplie de plusieurs milliers d'Indiens, spectateurs immobiles et stupides de l'atroce vengeance des Espagnols. Ce bûcher, sur lequel on fit monter le général et ses officiers, était formé de toutes les armes amassées dans les arsenaux du roi pour la défense publique; en un clin d'œil ces malheureux furent consumés, et pas une voix n'osa s'élever contre leurs bourreaux.

Cette horrible exécution terminée, Cortès, suivi d'Alvarado et d'autres officiers, se rendit auprès de Moctezuma, et, l'abordant d'un air de bonté et de bienveillance, s'empressa de détacher de ses propres mains les fers dont il l'avait fait charger, en l'assurant que tout était oublié, et que son respect et son attachement pour lui étaient sans bornes. Moctezuma, qui avait montré d'abord une faiblesse indigne d'un homme, parut moins homme encore en ce moment; de l'excès du désespoir il passa dans de lâches transports de reconnaissance, se confondit en remerciments, et ne rougit pas de prodiguer ses tendresses à celui qui venait de lui faire subir une si grande humiliation, et d'outrager tout un grand peuple en sa personne. Les choses reprirent bientôt leur cours accoutumé; Moctezuma ne fut plus qu'un mannequin aux mains des Espagnols; ils tenaient par lui plusieurs millions d'hommes dans l'inaction, et, s'ils avaient eu autant de prudence que de bonheur, le Mexique, sans coup férir, leur appartenait; mais à ce drame un autre dénoûment était réservé ; les acteurs devaient rester dans leur caractère jusqu'à la fin; chacun d'eux devait accomplir le rôle que la Providence lui avait assigné, et donner au monde un grand et tragique spectacle.

L'insolent orgueil des Espagnols et les lâches condescendances de Moctezuma ne devaient pas s'arrêter. Cortès voulant prendre la mesure de l'ascendant qu'il exerçait sur le roi indien, lui proposa de retourner à son palais, sans gardes, en toute liberté. Cette offre, que l'adroit politique faisait avec la presque certitude d'un refus, ne fut point acceptée par Moctezuma. Ce prince voulut s'en faire honneur aux yeux des Espagnols, prétendant qu'il les exposerait par sa retraite aux mauvais traitements du peuple, à la haine des prêtres et à la vengeance des nobles. Ces derniers, à la vérité, meilleurs citoyens que leur monarque, voyaient avec indignation l'avilissement dans lequel il était tombé et brûlaient de secouer le joug des étrangers. Entre les grands de l'empire, le roi de Texcuco, neveu de Moctezuma, se montrait le plus hostile aux Espagnols. Il proposa à ses vassaux de leur déclarer la guerre, et ceux-ci applaudirent à cet acte de patriotisme. Ce réveil du courage national inquiétait vivement Cortès; il craignait que le mouvement de Texcuco ne s'étendît sur les provinces voisines de la capitale; il savait que, chez les hommes timides et opprimés, les réactions sont toujours en proportion de l'ancienne apathie, et que la violence de la haine est généralement en rapport avec l'étendue des offenses souffertes. Le jeune prince, loin de suivre l'exemple et les conseils de son oncle, traitait les Espagnols d'ennemis du pays, dont il ne voulait pas être plus longtemps la dupe, et qui ne l'intimidaient pas; il les sommait de reprendre sur-le-champ le chemin de leur pays, à moins qu'ils ne préférassent braver l'orage qui allait de toutes parts fondre sur eux. A ce langage d'un homme de cœur, l'orgueil espagnol ne demeura pas en reste, et Cortès se préparait à marcher contre l'ennemi lorsqu'il en fut détourné par les avis de Moctezuma, qui, plus prudent que son geôlier, l'avertit de tous les périls qui l'attendaient en attaquant une place aussi forte et aussi bien défendue que Texcuco, la seconde ville de tout l'Anahuac. Le monarque invita son neveu à se rendre près de lui, sous prétexte de le réconcilier avec les Espagnols; piége trop grossier pour que le prince s'y laissât prendre et dont il se moqua, reprochant à son oncle l'intérêt qu'il portait aux étrangers et lui déclarant qu'il ne voulait rentrer à Mexico que pour les anéantir. Moctezuma, qui n'avait d'énergie que contre ceux qui défendaient ses droits et l'indépendance du pays, s'empressa d'employer ce qui lui restait d'autorité pour punir le jeune seigneur de Texcuco; il dépêcha secrètement dans cette ville quelques émissaires dévoués qui avaient l'ordre de s'emparer de lui par tous les moyens possibles. Il fut saisi traîtreusement, envoyé à Mexico et mis à la disposition de Cortès, qui le fit jeter en prison et remplacer dans son gouvernement par ce même Cuitcuitzcatzin que nous avons vu venir au-devant de lui et réclamer sa protection lors de son entrée à Texcuco. Cette affaire, dont l'issue pouvait amener la ruine des Espagnols, ne servit qu'à consolider leur domination en leur donnant pour allié le plus puissant feudataire du royaume. Cortès s'empara successivement de quelques autres chefs des districts rapprochés de la capitale, notamment des deux frères de Moctezuma, du seigneur de Tlatelolco, grand prêtre de Mexico, et de plusieurs personnages éminents, possesseurs de fiefs. Il les fit arrêter l'un après l'autre à mesure qu'ils venaient à la cour rendre visite au roi prisonnier. Il suivit le même système à l'égard des principaux officiers de l'empire, des employés civils et militaires. Il provoqua le renvoi de ceux qui conservaient quelque sentiment d'indépendance, et les fit remplacer par des gens avides et sans patriotisme, sur le dévouement desquels il pouvait compter. Libre d'inquiétudes, régnant sous le nom de Moctezuma, Cortès mit à profit les avantages de cette position pour explorer le pays; il fit reconnaître les différentes parties de l'empire par quelques Espagnols, accompagnés de Mexicains chargés de leur servir de guides et de défenseurs. Ils parcoururent une partie des provinces jusqu'à plus de quatre-vingts lieues de la capitale, observant le sol et ses produits, prenant des renseignements sur tous les lieux que l'on pouvait coloniser et fortifier, mais allant surtout à la recherche des mines d'or et d'argent, et notant fort exactement toutes les localités où l'on recueillait de l'or par le lavage du sable des rivières. Il est fort difficile de prendre dans les lettres de Cortès une idée exacte des points visités par les envoyés espagnols. Les noms de lieux y sont tellement défigurés, qu'il est assez souvent impossible de les identifier. Nous trouvons toutefois dans cette partie de la correspondance du général un fait fort curieux, qui prouve que les Mexicains ou Aztèques n'étaient point étrangers, comme nous l'avons déjà dit, aux procédés de la cartographie. Cortès, très-empressé de savoir s'il existait sur la côte qui borde le golfe du Mexique quelques rades, anses, baies et larges embouchures de rivières où les bâtiments, venant des îles ou d'Europe, pussent mouiller en sûreté, s'adressa à Moctezuma, qui lui promit de faire dessiner toute la côte et de fournir des guides pour accompagner les Espagnols qu'il chargerait de l'examiner. Cette promesse fut promptement remplie : une carte, tracée sur une espèce d'étoffe de coton, fut remise à Cortès, et le récit de ses gens confirma sur la plupart des points les indications des dessinateurs. Les Espagnols suivirent le rivage maritime, à partir du port de Saint-Jean où le général avait débarqué, jusqu'à soixante et quelques lieues de là. Ils trouvèrent enfin, conformément au tracé de la carte, une rivière beaucoup plus large que les autres, qui se rendait à la mer; elle conservait deux brasses et demie de profondeur à son embouchure. Ils la remontèrent pendant douze lieues dans des canots que leur fournit le gouverneur de la province. Ils obtinrent des renseignements sur son cours supérieur et sur le pays qu'elle traversait, pays plat, bien peuplé, très-fertile, et produisant toutes les choses nécessaires à la vie. Les habitants de cette province n'étaient pas sujets de Moctezuma, mais ses ennemis. Le chef en permit l'entrée aux Espagnols et la défendit à l'escorte mexicaine. Il avait déjà entendu parler de Cortès par les habitants de Pontonchan, ses amis, et il lui envoya une ambassade pour réclamer son alliance et se reconnaître tributaire.

Cette disposition des esprits chez les peuples voisins, gage de sécurité pour Cortès, ne l'empêcha cependant pas de songer aux jours du danger; il voulut rester maître du lac pour assurer sa retraite dans le cas où les Mexicains, par impatience du joug, prendraient les armes contre lui et rompraient les ponts ou les chaussées. Moctezuma vint encore à son aide; Cortès, en l'entretenant de la marine européenne et de l'art merveilleux de la navigation, lui fit désirer de voir ces palais mouvants qui, sans le secours des rames, marchent et se dirigent sur les eaux. Cortès promit de lui procurer un tel spectacle s'il voulait faire transporter à Mexico une partie des agrès de la flotte déposés à la Vera-Cruz, et employer quelques-uns de ses gens à couper et à préparer les bois nécessaires. Le roi s'empressa de donner les ordres demandés. Les matériaux furent apportés avec une inconcevable célérité, et les charpentiers espagnols eurent bientôt construits deux brigantins qui furent pour le monarque prisonnier un frivole amusement, et pour Cortès une ressource assurée dans la mauvaise fortune. Enhardi par tant de preuves de la soumission servile de Moctezuma à toutes ses volontés, Cortès osa le mettre à une épreuve encore plus forte; il le pressa de se reconnaître vassal du roi de Castille et de lui payer tribut comme au descendant direct de Quetzalcoatl, ce roi mystérieux de l'ancien Anahuac. Moctezuma se soumit encore à cet humiliant sacrifice. Il réunit sa noblesse et parut devant elle assis sur son trône, dans le morne abattement d'un roi qui joue le dernier rôle d'une abdication forcée; il l'entretint des vieilles traditions, il reconnut les Espagnols pour le peuple qu'elles désignaient et le roi d'Espagne pour le représentant légitime de ce monarque législateur du vieux Mexique. Puis il raconta les phénomènes observés dans le ciel, et les interprétations des prêtres qui s'accordaient à reconnaître que les temps marqués pour l'accomplissement de ce grand événement étaient arrivés; puis il finit par déclarer qu'il mettait sa couronne aux pieds du roi des Espagnols et se reconnaissait son tributaire. En prononçant ces derniers mots, son cœur se brisa, et sa voix affaiblie expira dans des sanglots étouffés. La douleur de son noble auditoire ne fut pas moins vive; morne, silencieux, indigné, il n'était contenu que par son respect pour la majesté royale. Enfin, le plus ancien des chefs prenant la parole : « Prince, dit-il, vous nous annoncez que les dieux vous ordonnent d'abdiquer, et nous font sujets d'un nouveau seigneur. Comme une dernière preuve d'obéissance, nous nous soumettons à l'arrêt que les dieux nous font entendre par votre bouche. »

A la suite de cet acte de vasselage, Cortès réclama de Moctezuma, comme conséquence de sa nouvelle position, un certain tribut en or et en argent. Moctezuma, avec une munificence toute royale, lui abandonna le trésor du roi son père que l'on conservait dans le palais même où logeait Cortès, et auquel ce dernier n'avait point touché. On fit d'abord la part du roi d'Espagne, et le reste fut proportionnellement partagé entre le général en chef, ses officiers et ses soldats. Cortès eut pour sa part plus de cent mille ducats.

Jusqu'alors rien n'avait troublé l'étonnante prospérité des Espagnols; tout le Mexique leur semblait paisible; mais les jours d'adversité n'étaient pas loin, la Providence allait enfin leur faire acheter par une lutte acharnée et sanglante la possession de cette grande contrée. Moctezuma, qui s'était prêté si facilement à toutes les exigences de Cortès, ne montrait de fermeté que sur ce qui touchait sa religion. Sans égard aux prières, sans crainte des menaces, il rejetait toute proposition de changer de culte avec l'inflexibilité d'un homme profondément convaincu. La superstition était gravée fort avant dans le cœur des Mexicains; leur religion, établie sur un système complet et régulier, ne ressemblait en rien à celles des peuples grossiers des autres parties de l'Amérique du Nord, ou des différentes îles de l'archipel des Antilles. Ces derniers abandonnaient aisément un petit nombre de notions et de cérémonies religieuses trop peu fixes et trop arbitraires pour mériter le nom de religion nationale. Les Mexicains au contraire restaient obstinément attachés à leur culte, quelque barbare qu'il fût, parce qu'il était accompagné d'une solennité et pratiqué avec une régularité qui le rendaient respectable à leurs yeux.

Ce fut vers le cinquième ou sixième mois de l'occupation, que Cortès, dans un de ces accès de zèle religieux dont nous lui avons vu tant de fois donner le triste spectacle, se porta de sa personne dans le sanctuaire du grand temple, et faisant briser les idoles des dieux mexicains les remplaça par un crucifix et les images de la Vierge et des saints. Depuis longtemps il avait fait construire une chapelle dans l'intérieur de son quartier, où l'on disait la messe tous les matins. Dans sa cour et en vue de tout le monde, il avait fait élever une grande croix comme celle de nos missions. Il saisissait toutes les occasions d'insulter aux symboles révérés du culte mexicain. Ces actes divers d'un fanatisme fort impolitique et les avanies qu'avaient à supporter les principaux habitants eurent pour résultat de réunir en un seul faisceau la haine et l'opposition des prêtres et de la noblesse, ces véritables patriotes du Mexique. La mesure était comblée; tout le monde à Mexico semblait se réveiller d'une longue léthargie. Les mécontents se groupaient autour des grands du royaume dépossédés de leurs emplois, et de tous les chefs militaires de quelque valeur, honteux de l'avilissement de leur patrie et de leur souverain. Dans de secrets conciliabules s'agitaient les moyens de résistance. Une vaste conspiration s'organisait contre la tyrannie de l'étranger non-seulement dans la capitale, mais dans la plupart des villes importantes voisines; différentes entrevues adroitement ménagées avaient lieu entre Moctezuma et les personnages les plus marquants. Ceux-ci n'oubliaient rien pour lui rendre quelque énergie.

Ils lui rappelaient sans cesse et sa grandeur passée et son abaissement actuel ; ils ne lui cachaient pas leurs projets hostiles et leurs moyens d'action. Les prêtres à leur tour venaient lui rendre visite comme à un prisonnier dans les fers, ils mettaient à profit ses terreurs religieuses, et, dans l'intérêt de l'indépendance du pays, ils lui répétaient sans cesse que les dieux demandaient le sang des Espagnols. Toutefois ces hommes prudents et politiques empêchaient d'hostiles démonstrations qui, dans l'état des choses, eussent inévitablement entraîné la mort de Moctezuma. Par cette considération, on se résolut à tenter avant tout la voie des négociations ; on se donnait ainsi le temps d'organiser la résistance et d'agir avec ensemble.

Moctezuma fit inviter Cortès à un entretien particulier. Cortès n'en ignorait pas le motif. Sa police était bien faite ; Donna Marina la dirigeait habilement ; elle savait tout au moyen des intelligences qu'elle avait su se créer, et par elle Cortès était instruit chaque jour de tous les projets enfantés. Moctezuma le reçut avec un visage sévère et un ton de dignité qui ne lui étaient pas ordinaires : « Vous êtes depuis six mois dans ma capitale, lui dit-il, vous n'avez plus aucun motif pour y demeurer plus longtemps. Votre mission est remplie ; il vous faut maintenant songer au départ. Qu'il ne se fasse pas attendre, car votre sûreté l'exige ; tous mes sujets l'attendent avec impatience. Prêtres, nobles et vassaux ont déclaré qu'ils ne vous souffriraient pas plus longtemps au milieu d'eux. Les divinités que nous adorons ont aussi parlé ; elles veulent que ceux qui les ont si longtemps outragées soient expulsés ou sacrifiés. »

Un tel langage dans la bouche d'un homme aussi faible que Moctezuma devenait pour Cortès la preuve complète de la force des conspirateurs ; et quoique préparé à cette entrevue, la demande était si pressante et le ton si hautain, qu'il eut besoin de toute sa présence d'esprit pour comprimer son orgueil blessé ; il répondit au roi qu'il était prêt à lui obéir, mais que, manquant de vaisseaux pour retourner dans sa patrie, il avait besoin de matériaux et d'hommes pour en construire de nouveaux. Moctezuma, ravi d'une obéissance à laquelle il n'était pas accoutumé, embrassa Cortès, et, s'empressant de consentir à sa demande, il mit sur-le-champ à sa disposition les grands pins d'une forêt royale voisine de la Vera-Cruz, et lui permit de disposer de tous les hommes dont il aurait besoin. Gagner du temps était le seul but de Cortès ; mais les Mexicains n'admettaient plus ni lenteurs ni temporisations, l'impatience chez eux croissait avec la conscience de la force. Huit jours s'étaient à peine écoulés que Cortès, appelé de nouveau devant Moctezuma, reçut l'ordre de se préparer au départ. « Vous n'avez plus besoin de faire construire des vaisseaux, lui dit le monarque ; dix-huit bâtiments semblables à ceux qui vous ont apporté viennent d'arriver sur la côte ; profitez-en pour retourner dans votre patrie, vous et vos soldats. » La joie de Cortès fut vive à l'annonce d'une telle nouvelle, il remercia Dieu de l'arrivée d'un tel secours. Il se hâta d'examiner les peintures que les gens de Moctezuma lui avaient envoyées, et il reconnut facilement les vaisseaux pour espagnols ; il crut qu'ils lui amenaient des hommes et des munitions, avec sa nomination de vice-roi ou de capitaine général. Cet espoir ne fut pas de longue durée ; une dépêche de Sandoval, le gouverneur de la Vera-Cruz, lui apprit que cette flotte de onze vaisseaux, sept brigantins, portant quatre-vingt-cinq cavaliers, huit cents fantassins et plus de cinq cents matelots, avec douze pièces d'artillerie et une immense quantité de munitions, sous le commandement de Pamphilo Narvaez, venait en ennemie pour le combattre comme vassal rebelle et traître à son roi ; elle était envoyée par Diégo Velasquez, gouverneur de Cuba. Cortès était chez Moctezuma quand il reçut ces dépêches ; mais toujours maître de lui, rien ne vint trahir son émotion; il dissimula si bien, même avec ses propres officiers, que tout le monde demeura convaincu que c'étaient de nouvelles troupes que la cour d'Espagne mettait sous ses ordres.

Il faut maintenant nous occuper de cette expédition de Narvaez si importante dans l'histoire de la conquête du Mexique, et qui, destinée à écraser Cortès au milieu de ses triomphes, n'eut d'autre résultat que de lui donner les moyens de poursuivre la guerre avec de plus grandes chances de succès. On se rappelle qu'avant de quitter la Vera-Cruz Cortès fit partir deux de ses capitaines pour l'Espagne, chargés de ses dépêches et de ses présents. Depuis neuf mois il attendait impatiemment leur retour, et avec eux la confirmation royale de son autorité. Sans un tel pouvoir, son état restait incertain et précaire, le général d'armée n'étant qu'un aventurier, et l'aventurier qu'un rebelle en cas de mauvaise fortune. Cortès sollicitait aussi l'envoi de nouvelles troupes; il avait expressément prescrit à ses envoyés de se rendre directement en Espagne; toute relâche à Cuba était défendue. En abordant dans cette île malgré les ordres de leur général, on peut supposer qu'ils lui étaient moins dévoués qu'à Velasquez qu'ils instruisirent de tous les détails de la campagne, de toute la richesse du pays, et du motif de leur voyage à Madrid. Velasquez, honteux de son rôle de dupe et péniblement affecté d'avoir employé une partie de sa fortune à l'agrandissement de son ennemi, résolut de reprendre par la force ce qu'il regardait comme un vol fait à son autorité. Tel fut le motif de l'armement formidable confié au dévouement de Narvaez, qui avait ordre de se saisir de Cortès et de ses principaux officiers, de les envoyer prisonniers à Cuba, et d'achever ensuite, au nom de Velasquez, la découverte et la conquête du Mexique.

Narvaez, après une heureuse traversée, débarqua, au mois d'avril, à Chempoalla. Là, trois déserteurs, envoyés à la recherche des mines de ce district, vinrent le joindre; il fut instruit par eux de la position de Cortès et de ses embarras; ils le flattèrent de l'espoir d'une victoire facile, et lui servirent d'interprètes dans ses relations avec les naturels. Il ne perdit pas un moment pour s'assurer une position fortifiée; il fit sommer le gouverneur de la Vera-Cruz de lui remettre cette place. Le prêtre Guevara, chargé de cette mission, se présenta devant Sandoval avec toute l'insolence d'un envoyé qui croit parler à un rebelle sans moyens de résistance au nom du souverain légitime. L'attitude du lieutenant de Cortès fut celle d'un homme de cœur; pour toute réponse il fit arrêter Guevara et les gens de sa suite, et les envoya chargés de chaînes à Mexico.

L'adroit Cortès les reçut non comme d'arrogants ennemis qu'il faut punir pour l'exemple, mais comme des compatriotes malheureux à la guerre et qui ont droit à des égards; il les délivra de leurs chaînes, il blâma Sandoval tout en justifiant ses intentions, et sut si bien gagner les gens de Narvaez par ses manières et par ses présents, qu'il finit par les attacher à sa fortune et apprendre d'eux tout ce qu'il lui importait de savoir sur les forces et le plan de campagne de son rival. Ce n'étaient plus des Indiens demi-nus que Cortès avait à combattre, mais une armée qui ne le cédait à la sienne ni en courage ni en discipline, et qui l'emportait de beaucoup par le nombre, agissant au nom et par l'autorité du monarque, et commandée par un officier d'une bravoure reconnue. Cortès avait appris que Narvaez, plus occupé de seconder le ressentiment de Velasquez que jaloux de maintenir la gloire du nom espagnol et l'intérêt même de sa patrie, l'avait représenté lui et ses compagnons comme des proscrits coupables de révolte envers leur propre souverain, et d'injustice envers les Mexicains en envahissant leur pays. Narvaez s'annonçait comme leur libérateur. Il était parvenu à faire savoir à Moctezuma qu'il venait, par ordre du roi d'Espagne, lui rendre la liberté et le rétablir sur son trône, dans toute son indépendance. Cette déclaration dut rendre l'aristocratie plus confiante dans ses projets hostiles ; les mécontents des provinces durent se tenir prêts à agir, l'espoir dut entrer un moment dans l'âme du roi captif. Mais rien ne prouve qu'il ait secondé le mouvement de sa délivrance ; et cependant l'occasion était belle pour lui : un mot de sa bouche soulevait toute la population, chassait les Espagnols, brisait le joug qui pesait sur sa patrie et lui rendait le trône. Ce mot ne fut pas prononcé, mais Cortès devait le craindre.

Il ne faut que jeter un coup d'œil sur la position du général pour reconnaître tout ce qu'elle avait d'embarrassant et de dangereux ; jamais le génie de cet homme extraordinaire ne fut mis à plus rude épreuve. S'il attend l'arrivée de Narvaez à Mexico, sa perte est inévitable ; il sera pressé, d'un côté, par une troupe double de la sienne, et il aura sur ses derrières toute la population de Mexico ; s'il rend la liberté au monarque captif pour aller au-devant de l'ennemi avec toutes ses forces, il perd en un jour le fruit de sa longue campagne ; s'il négocie avec Narvaez, il découvre sa faiblesse et doit s'attendre à subir les conditions qu'on voudra lui imposer : il n'est pour lui qu'un parti à prendre, c'est le plus hasardeux de tous, mais le plus honorable, le parti de conserver sa conquête et son prisonnier, de laisser une garnison à Mexico, et d'aller à marches forcées avec le reste de son monde chercher et combattre Narvaez, alors quatre fois plus fort que lui ; c'est à ce parti qu'il se détermine.

Jamais le génie et le courage n'avaient joué au jeu de la guerre à chances plus défavorables ; mais avant de vider sa querelle les armes à la main, Cortès veut essayer sur Narvaez ces moyens de persuasion qui lui ont si souvent réussi : il met le père Olmedo, son aumônier, dans la confidence de ses secrètes pensées ; il le fait accompagner de quelques hommes pleins d'adresse, et, convaincu que l'or est le meilleur auxiliaire des négociations, il le charge de riches présents. Toutes propositions d'arrangement furent dédaigneusement rejetées par Narvaez. Olmedo s'y attendait, mais il avait aussi mission d'agir sur les officiers de son rival. Cortès connaissait la plupart d'entre eux ; il leur avait écrit, et les chaînes d'or et les bijoux précieux dont il accompagnait ses lettres donnaient une haute idée de sa libéralité, de la richesse du pays et du bonheur de ceux qui s'y trouvaient établis. Ces adroites menées lui créaient des partisans, la générosité dont il avait usé envers Guevara lui en faisait encore. Il avait semé la désunion dans l'armée de Narvaez avant de la combattre.

Le plan qu'il adoptait l'obligeait, avant tout, à s'occuper de la conservation de Mexico. Ce fut à une faible garnison de cent quarante hommes, sous le commandement de Pedro de Alvarado, qu'il confia la garde de cette grande ville et celle du monarque prisonnier.

Cortès quitta Mexico au commencement du mois de mai de l'année 1520, six mois après son arrivée dans cette capitale. Sa marche fut rapide ; elle ne fut embarrassée ni par les bagages ni par l'artillerie qu'il laissait derrière lui ; il plaçait tout son espoir dans la promptitude de ses mouvements. Il se fit fournir, par le chef de Chinantla, trois cents longues lances dont les Indiens se servaient si bien contre les chevaux des Espagnols, se proposant d'en tirer le même parti contre la cavalerie de son rival. Puis il s'avança en toute diligence vers Chempoalla dont Narvaez s'était emparé ; il fut rejoint devant cette place par Sandoval et la garnison de la Vera-Cruz. Toutes ses forces réunies ne dépassaient pas deux cent cinquante hommes ; mais cette petite troupe, endurcie aux fatigues, aux privations de tous genres, et bien acclimatée, ne comptait pas un lâche, pas un homme qui ne préférât la mort à la honte de se rendre, pas un homme qui ne fût entièrement dévoué à la fortune de son chef. Narvaez, après avoir vainement essayé sur de tels soldats des moyens de séduction, crut qu'il les intimiderait par la terreur; il mit à prix la tête de Cortès et celles de ses principaux officiers. Ses offres et ses menaces furent également méprisées.

Narvaez, voyant Cortès à une lieue de la ville, sortit pour le combattre. La rivière les séparait; chacun d'eux faisait ses dispositions pour en venir aux mains, lorsqu'une de ces pluies violentes particulières aux tropiques, vint à tomber. Les soldats de Narvaez se prirent à murmurer de ce qu'on les exposait sans nécessité à de telles averses, et rentrèrent dans Chempoalla. Cortès vit dès ce moment à quels hommes il avait affaire; il demeura convaincu que l'audace seule pouvait le servir, qu'un coup de main terminerait la lutte. Ce genre de guerre convenait mieux à son infériorité relative et à l'humeur entreprenante de ses soldats : il l'adopta sans hésiter. Il entre à minuit dans Chempoalla, ville ouverte et fort mal gardée, avec ses deux cent cinquante hommes armés d'épées, de poignards, de lances, de boucliers ; il marche, dans le plus profond silence, droit au grand temple où Narvaez avait son quartier; Sandoval, le brave des braves, avec quatre-vingts soldats d'élite en escalade les murailles sous une grêle de balles et de flèches ; il renverse ce qui tente de résister, il pénètre dans la partie de l'édifice où Narvaez s'était retranché, il s'empare de sa personne, il se saisit de ceux de ses officiers qui l'entourent et qui l'avaient vaillamment défendu, et avant le point du jour Cortès est maître de l'artillerie, des armes, des munitions de guerre, des chevaux et de tous les soldats de son ennemi. Narvaez, blessé, après avoir combattu avec courage, est mis aux fers et envoyé au fort de la Vera-Cruz. Puis Cortès félicite tous ses gens, et Sandoval surtout, d'un succès qu'il n'attribue qu'à leur valeur. Il se fait, sur-le-champ, reconnaître comme capitaine général et magistrat suprême par l'armée qui était venue pour le traiter en rebelle. Presque tous les vaincus, séduits par ses promesses, par ses présents, par ses manières engageantes, par le bonheur de sa fortune, consentirent à le suivre aux mêmes conditions que ses anciens soldats.

Le succès de cette attaque, qui n'avait coûté que quatre hommes au vainqueur et dix-sept au vaincu, fut si prompt, que deux mille Indiens de Chinantla, arrivés au point du jour pour se réunir à Cortès, le trouvèrent sans ennemis, au milieu de son triomphe, et plus puissant que jamais. Il se voyait alors maître de dix-huit vaisseaux, bien pourvu de munitions, et à la tête de quinze ou seize cents soldats espagnols, et de cent chevaux. Il pensait à faire quelques expéditions sur les côtes du golfe; tous ses préparatifs étaient terminés, ses différents corps d'opération organisés, lorsque de fâcheuses nouvelles, apportées en toute hâte de Mexico, l'obligèrent à se diriger sur la capitale à marches forcées.

De grands événements s'étaient passés dans la capitale de l'Anahuac pendant l'absence de Cortès; une cause fort simple en apparence les avait produits. La fête du dieu de la guerre, du grand dieu de Mexico, amenait chaque année, dans le mois de mai, de publiques réjouissances auxquelles prenaient tous les ordres de l'Etat, roi, nobles, prêtres et peuple. Alvarado fut prié de permettre que Moctezuma se rendît au temple pour célébrer la fête. Alvarado ne vit dans cette demande qu'un prétexte pour faire sortir le roi de la forteresse, le placer au milieu de ses sujets, et tenter ensuite un soulèvement général contre les Espagnols ; il refusa. Mais la noblesse, ne voulant point que le monarque fût privé d'un des beaux spectacles de la journée, de la grande danse religieuse, résolut de l'exécuter dans la cour même du palais. L'assemblée était nombreuse et parée; les plumes les plus rares, les joyaux les plus précieux, l'or et les pierreries

brillaient sur les têtes et sur les manteaux. La danse commença; elle était vive et animée, lorsqu'à un signal donné, les soldats d'Alvarado, armés jusqu'aux dents, tombent de tous côtés sur les Mexicains incapables d'opposer à leurs assassins la plus légère résistance. La fuite même leur était interdite, les portes étaient gardées avec soin; il leur fallut mourir, et mourir sans combattre. Ce fut une horrible boucherie; des flots de sang coulèrent. La fleur de la noblesse perdit la vie dans cette épouvantable catastrophe. La nouvelle s'en répandit sur-le-champ non-seulement dans Mexico, mais dans les districts voisins. L'indignation du peuple fut générale, la vengeance devint un besoin pour lui. La vue des Espagnols lui fut odieuse, il les poursuivit dans les rues, il brûla les brigantins que Cortès avait fait construire sur le lac, il empêcha l'arrivée des provisions au quartier d'Alvarado, et il attaqua cette retraite fortifiée à plusieurs reprises et avec une telle furie, que, sans l'intervention de Moctezuma que nous trouvons toujours entre son peuple et ses tyrans, la garnison espagnole allait succomber. C'est avec la certitude du sort funeste qui l'attendait qu'Alvarado écrivit à Cortès et fit porter sa dépêche par des Tlascalans dévoués. Remarquons ici comme tout s'enchaîne dans ce grand drame de la conquête du Mexique. Si Cortès n'en eût pas fini aussi promptement avec Narvaez, s'il eût été retenu dans cette lutte quinze jours seulement, si quelque obstacle l'eût arrêté dans sa route de retour, c'en était fait de sa conquête. Alvarado et les siens ou seraient morts les armes à la main, ou sous le couteau du grand sacrificateur; Moctezuma ressaisissait sa couronne, Mexico recouvrait son indépendance, et toute tentative ultérieure exigeant alors des forces beaucoup plus considérables, l'honneur d'achever une telle entreprise eût probablement appartenu à tout autre qu'à Cortès.

Sa marche sur Mexico fut rapide; aucun parti d'Indiens ne vint l'arrêter, mais aucune députation des villes ne se présenta, comme la première fois, pour le complimenter. Un grand changement s'était opéré dans l'opinion des peuples; les haines de la capitale étaient partagées par les provinces; elles avaient salué le général à son arrivée comme le libérateur du pays, elles avaient demandé à sa main puissante de renverser le despotisme de Moctezuma et de les rendre à l'indépendance, et elles se voyaient aujourd'hui sous un autre joug, celui de l'étranger, le plus lourd de tous. L'étranger les traitait comme sa conquête. Il renversait les autels des dieux; le culte national était l'objet de son mépris, et cependant telles étaient l'apathie et la timidité de ces peuples, si profondément blessés dans leurs affections les plus chères, que chez eux les sentiments hostiles ne se montraient que dans une résistance négative. Ils détestaient les Espagnols et les laissaient cependant retourner paisiblement à Mexico, lorsqu'il leur était si facile, en rompant les ponts et les chaussées, de les séparer pour toujours de leurs compatriotes. Cette faute était plus impardonnable encore aux habitants de la capitale. Eux aussi demeurèrent immobiles spectateurs de la rentrée de Cortès, qui eut lieu le 24 juin 1520, aux acclamations des soldats d'Alvarado réduits à la dernière extrémité.

Moctezuma vint au-devant de lui dans la cour du palais; il se montra tel qu'il avait toujours été, empressé, bienveillant, et prodigue de témoignages d'amitié. Cortès les reçut en soldat enivré de sa fortune, qui se croit maître de l'avenir et n'a plus rien à ménager. Il ne voulut ni le voir ni recevoir les gens de sa maison. Olid, Velasquez de Léon et Lugo le blâmant de cet acte au moins impolitique, Cortès leur répliqua vivement : « Quels compliments voulez-vous que je fasse à un chien qui a traité secrètement avec Narvaez et qui nous laisse sans provisions ? » Il est vrai que les Espagnols manquaient de vivres; mais à qui la faute? était-ce à un malheureux captif sans autorité qu'il fallait s'en prendre. Que pouvait-il sur un peuple qui, convaincu que sa volonté ne lui appartenait plus, ne trouvait rien de mieux à faire que d'affamer ses oppresseurs ? Alvarado fut réprimandé ; il soutint que les nobles et les prêtres conspiraient contre lui, qu'ils se proposaient d'enlever Moctezuma pour le mettre à la tête du mouvement, et qu'en les frappant en masse il n'avait fait que les prévenir. Cortès, dont nous connaissons le coup d'œil juste et prompt, dut être d'autant plus irrité d'une telle conduite, qu'il vit dès le premier jour de son arrivée toute la violence de l'orage qu'elle soulevait contre lui, et s'il se contenta de blâmer sans punir, c'est qu'il ne voulut point se faire un ennemi du plus brave de ses officiers, au moment où il allait avoir si grand besoin de ses services dans la lutte qui se préparait. Son armée, en y comprenant les Indiens alliés, se montait à neuf mille hommes ; elle était casernée dans les bâtiments contigus au palais. La faim se faisait sentir à cette multitude. Les marchés restaient déserts ; quelques-uns des principaux personnages du pays, qui avaient quelque influence sur le peuple, étaient en prison. Cortès crut qu'en relâchant le frère du roi il allait se créer un appui auprès des révoltés. Il ne fit que leur donner un général habile, qui contribua puissamment aux mauvais jours des Espagnols. Nous y sommes maintenant arrivés.

Dès le lendemain du retour de Cortès, le mouvement de résistance organisé depuis longtemps prit un caractère général. Il venait d'écrire à la Vera-Cruz pour annoncer son arrivée, lorsqu'un de ses gens le prévint en toute hâte que les Indiens accouraient en armes. On entendit aussitôt leurs cris sauvages et le sifflement des pierres que les frondes faisaient voler de toutes parts. Ordaz, chargé de les repousser, se vit attaqué de front, et sur les flancs, du haut des terrasses. Blessé et forcé de se replier avec une perte de vingt-trois hommes, quelques coups de canon dirigés sur la foule protégèrent sa retraite et le quartier de Cortès qui fut sur le point d'être pris d'assaut. Le lendemain, même acharnement des deux côtés, même boucherie. L'artillerie fit de larges trouées au milieu des masses entassées dans les rues étroites ; ceux qu'elle n'atteignait pas d'abord se jetaient au-devant de la mitraille, et tombaient à leur tour comme l'herbe sous la faux du moissonneur. Les morts étaient sur-le-champ remplacés par de nouveaux combattants animés du même désespoir. Aussi, dit le vieux Bernal Diaz, eussions-nous été dix mille comme Hector le Troyen ou le preux Roland, nous n'en serions pas venus à bout ; leurs dards, pierres et flèches nous causaient grand dommage ; et les anciens soldats qui avaient été aux guerres d'Italie disaient tout haut que l'artillerie du roi de France n'était pas plus à craindre que la furie de ces Indiens. Elle était chose nouvelle et surprenante pour les Espagnols ; ils croyaient ces peuples façonnés au joug et comme endormis dans l'obéissance passive ; ils ne s'attendaient nullement à leur terrible réveil. Les soldats recrutés parmi ceux de Narvaez, qui s'imaginaient n'aller qu'au pillage du Mexique, n'étaient pas moins trompés dans leurs espérances. Mais ce n'était l'heure de la plainte pour personne, il fallait agir, il fallait sortir de cette grande ville de Mexico, qui paraissait à tous comme une tombe béante qui réclame sa proie.

Dans cette grave circonstance, Cortès se montra le plus brave soldat de l'armée : il commanda de sa personne dans toutes les sorties ; il fut toujours à la tête des siens, là où le danger était le plus grand. Habile dans l'art de la guerre, il n'oublia rien de ce qui pouvait contribuer à la défense et diminuer les chances du danger. Il fit construire quatre machines que les Espagnols appellent *mantas*, espèce de parapets roulants et couverts, à l'aide desquels les travailleurs, armés de barres de fer, s'approchaient des maisons, sans craindre les projectiles lancés du haut des terrasses, et les démolissaient ou y mettaient le feu. Ces petites tours

MEXIQUE.

Buste d'une Divinité Azteque.

mobiles renfermaient encore un certain nombre de tirailleurs protégés par un revêtement. Plusieurs quartiers furent brûlés, plusieurs ponts pris et abandonnés; car, dans cette lutte acharnée, les masses ennemies se renouvelant sans cesse finissaient par refouler les Espagnols dans leur forteresse. Plus d'une fois les Mexicains y mirent le feu, et il fallut d'incroyables efforts et le sacrifice de plusieurs bâtiments pour se rendre maître de l'incendie. On comptait, dès le troisième jour, plus de quatre-vingts Espagnols hors de combat, et quelques centaines d'Indiens alliés tués ou blessés; du côté des Mexicains, des milliers de morts jonchaient la terre.

Pendant une de ces journées de carnage, Moctezuma, monté sur une des hautes tours du palais et contemplant le vaste champ de bataille, aperçut, au milieu des troupes mexicaines, son frère Cuitlahuatzin revêtu des insignes de commandant en chef. A cette vue, il fut saisi d'une grande tristesse. Sa captivité lui parut plus affreuse et son avenir plus effrayant. Il voyait d'un côté la perte de sa couronne et son frère roi, de l'autre, sa capitale détruite et les étrangers maîtres du pays. Leur prompt départ lui parut le seul moyen de salut. Il se rendit sur-le-champ auprès de Cortés pour le lui proposer; et celui-ci, quelque regret qu'il éprouvât d'abandonner une contrée qu'il regardait comme sa conquête, vaincu par les circonstances et cédant à l'impérieuse nécessité, promit de quitter la ville aussitôt que les Mexicains auraient mis bas les armes. Cette condition, que le chef d'une poignée de soldats sans vivres, sans munitions, et traqués au milieu d'une cité populeuse, prétendait imposer à cent mille hommes vainqueurs, équivalait à un refus, et Moctezuma, sans autorité, n'avait certes pas l'espoir de la faire accepter.

La conférence entre les deux chefs se terminait sans résultat, lorsque les sentinelles de Cortés firent entendre le cri d'alarme. Les Mexicains montaient à l'assaut de tous côtés; déjà les murailles étaient franchies, malgré le feu vif et soutenu de l'artillerie et de la mousqueterie, et l'on combattait corps à corps dans l'intérieur de la forteresse. Dans ce terrible moment, Moctezuma vit tout le danger de sa position et de celle de Cortés; il crut que sa présence pourrait arrêter la fureur de ses sujets; il se revêtit de ses habits royaux, et, accompagné de ses ministres et de deux cents Espagnols, il parut sur la principale terrasse du palais. A la vue de leur roi, les assiégeants s'arrêtèrent soudainement. Quelques-uns d'entre eux se mirent à genoux; il se fit un grand silence, et alors, d'une voix ferme et haute, le roi s'adressant à la foule : « Mexicains, leur dit-il, si votre zèle pour mon service et le désir de me rendre la liberté vous ont fait prendre les armes contre ces étrangers, je vous remercie de votre fidélité; mais je vous dois la vérité; je ne suis point prisonnier, je suis libre d'habiter ce palais de mon père ou de retourner dans le mien. Si vous êtes irrités par la présence de ces hommes, calmez votre colère, leur chef vient de prendre son Dieu à témoin qu'il partirait aussitôt que vous aurez posé les armes. Cessez donc de combattre, ou je croirai que vous obéissez à un autre qu'à moi. Alors tremblez, car les dieux punissent les parjures. »

Le roi cessa de parler, et le silence continua pendant quelques moments : tout à coup une voix partant du milieu de la foule s'écria : « Roi des Aztèques, vous êtes un lâche, un efféminé, vous valez mieux à manier l'aiguille comme les femmes qu'à gouverner une nation de braves. Vous êtes prisonnier de ces étrangers et vous n'osez l'avouer. » En finissant ainsi, l'homme prit son arc et lança une de ses flèches sur le roi; alors un terrible murmure sortit de ces masses irritées; tout le peuple répéta les reproches de l'audacieux Mexicain, et des milliers de pierres et de flèches furent en même temps dirigées contre l'infortuné monarque qui, atteint à la tête, au bras et à la jambe, tomba avant que les Espagnols commis particulièrement à sa garde eussent eu le temps de le couvrir de leurs boucliers. Il fut porté sur-le-champ par ses propres serviteurs dans son appartement. Les Mexicains, en le voyant frappé, furent saisis d'un grand effroi; les remords succédèrent à l'outrage, et la douleur prit la place de la vengeance satisfaite. Toutefois cette pitié n'était que pour Moctezuma, et l'on continua de combattre les Espagnols jusqu'au moment où les chefs de la noblesse et Cortès entrèrent en pourparlers sur le lieu même où le malheureux monarque venait d'être renversé. Cortès essaya vainement de les séduire par ses promesses : Partez sur-le-champ, lui répondit-on, fuyez loin de tout un peuple qui vous déteste, car il a juré de mourir ou de vous exterminer tous. On se sépara, la menace à la bouche et la haine dans le cœur.

Les hostilités recommencèrent sur tous les points. Dans une suite d'actions sanglantes les machines de Cortès furent brisées, quelques ponts pris et repris; l'artillerie fit ses ravages accoutumés, et cependant l'avantage ne demeura point aux Espagnols; ils ne purent gagner un pouce de terrain et se virent contraints de rentrer dans leurs quartiers, poursuivis par les Mexicains qui s'emparèrent du grand temple voisin, et s'établirent sur le point le plus élevé. Cinq cents nobles occupèrent cette formidable position où ils firent porter des vivres de toute espèce et une incroyable quantité de pierres. Tous étaient armés de longues lances garnies au bout de morceaux d'obsidienne plus larges, moins affilés et aussi tranchants que le fer des lances espagnoles. Il était nécessaire de les chasser à tout prix d'un point qui commandait la forteresse. Jean d'Escobar, avec un détachement de soldats choisis, fut chargé de cette attaque; bien que cette troupe d'élite, accoutumée à vaincre, fit des prodiges de valeur, elle fut trois fois repoussée. Cortès, qui voyait toute l'importance de cette position, ne pouvait la laisser aux mains de l'ennemi sans exposer ses gens à être écrasés jusqu'au dernier. Quoique blessé à la main gauche d'un coup qu'il avait reçu dans une des précédentes affaires, il se fit attacher son bouclier, et, suivi d'une bonne partie des siens, il gravit les marches de la tour avec une audace dont il n'avait pas encore donné de preuves plus éclatantes. Il renversa tout ce qui s'opposait à son passage; sa bonne épée n'avait pas un moment de repos, et celles de ses compagnons n'étaient pas oisives, car ils avaient affaire à l'élite de la noblesse, à des hommes aussi braves qu'eux, et qui ne faisaient ni ne demandaient quartier. Plusieurs Espagnols furent renversés en montant à l'assaut, mais, dit Cortès, avec l'aide de Dieu, de Notre-Seigneur Jésus-Christ et de la sainte Vierge sa mère, dont l'image avait été placée dans la tour et qui ne se retrouva plus, nous montâmes et nous parvînmes à combattre les Indiens corps à corps. Ce fut une mêlée terrible que celle de plusieurs centaines d'hommes sur une plate-forme élevée de soixante pieds, et qui ne présentait qu'une surface de quelques toises carrées. Cette lutte dura trois heures. Tous les cinq cents nobles furent tués soit par l'épée, soit en tombant sur les terrasses inférieures, où ils se précipitaient plutôt que de se rendre. Dans ce combat, le plus acharné de ceux qui s'étaient livrés, les Mexicains se défendirent avec un ensemble qu'ils n'avaient pas encore montré, avec un courage digne d'un meilleur sort. Quarante-six Espagnols y périrent, et presque tous les autres furent blessés. Longtemps après la conquête, les Tlascalans et les Mexicains en conservèrent le souvenir sur leurs peintures.

Le succès de cette journée ne découragea pas les Mexicains; ils se présentèrent sur plusieurs points; et Cortès, sans prendre un instant de repos, se vit forcé à recommencer le combat dans les rues qui aboutissaient à son palais. Monté sur son cheval de bataille, passant dans les rênes son bras blessé, et tenant sa lance de l'autre, il se porta de sa personne dans la grande rue de Tacuba, où la lutte était la plus vive, où les Mexicains pouvaient se développer avec le plus de facilité. Suivi de quelques cavaliers, il rompit d'abord les masses serrées, et se fit jour au milieu d'elles; chaque coup de lance était mortel dans l'épaisseur de la foule. Cependant, emporté par son audace, il se vit séparé de ses gens, et sa retraite coupée par le gros des ennemis qui fuyaient devant son infanterie. S'élançant dans une autre rue qu'il croyait plus libre, une nouvelle troupe de Mexicains se présente à sa vue, entraînant au milieu d'eux son meilleur ami, André de Duéro, tombé de cheval, fait prisonnier, et qu'ils conduisaient en triomphe au temple voisin pour le sacrifier. A cette rencontre, la rage de Cortès ne connaît plus de bornes; ses forces redoublent; il se jette au milieu de la foule, il renverse ceux qui veulent s'opposer à son passage; il dégage son ami, qui, libre de ses mouvements, saisit son poignard, frappe tout ce qui l'approche, se fait jour, et parvient à retrouver son cheval et sa lance. Ces deux braves s'excitant à l'envi, firent un affreux carnage des Mexicains. Tous deux, couverts de sang et de poussière, rejoignirent leurs gens qui, eux-mêmes, avaient eu fort affaire avec l'ennemi, dont ils avaient fini par triompher. Cortès aimait à raconter cette aventure qu'il regardait comme la plus heureuse de sa vie.

Pendant que ces choses se passaient, Moctezuma gisait mourant au milieu des Espagnols. Frappé par ceux qui si longtemps l'avaient vénéré comme un dieu, il ne pouvait se résigner à ce dernier degré d'infortune. Quelque graves que fussent ses blessures, elles n'étaient cependant pas mortelles, et il se serait facilement rétabli, s'il eût pu maîtriser l'agitation de son esprit, s'il n'eût point aigri son mal de tous les souvenirs de sa grandeur passée; là était la plaie vive et incurable. Sa raison s'égarait devant l'idée qu'il n'était plus qu'un objet de mépris et de haine pour ses sujets. Dans un accès de désespoir il déchira l'appareil qu'on avait mis sur ses blessures et refusa de prendre le moindre aliment. La mort vint promptement mettre un terme à tant de souffrance. Il expira le 30 juin 1520, dans la cinquante-quatrième année de son âge, après avoir régné dix-huit ans, et passé les sept derniers mois de sa vie prisonnier des Espagnols (*). A son lit de mort, les moines essayèrent vainement de le convertir à la foi chrétienne. Il resta fidèle au culte de ses ancêtres, et repoussa tout ce qu'on put lui dire de la fausseté de sa religion et de l'excellence de celle de ses oppresseurs.

Aussitôt que le roi fut mort, Cortès s'empressa d'annoncer cette nouvelle au prince Cuitlahuatzin, général en chef des Mexicains. Peu de moments après il lui fit remettre le corps du défunt qu'accompagnaient six nobles et plusieurs prêtres. A la vue de ce lugubre cortège le peuple fit éclater une grande douleur, et ceux qui traitaient Moctezuma de lâche quel-

(*) Les historiens espagnols varient sur les causes et les circonstances de la mort de Moctezuma. Cortès et Gomara l'attribuent à un coup de pierre reçu à la tête, Solis au refus de se laisser panser. Bernal Diaz dit qu'il se laissa mourir de faim; Herrera assure qu'il succomba à un violent chagrin; Sahagun et quelques historiens mexicains affirment qu'il périt de la main des Espagnols, supposition inadmissible. Il laissa plusieurs fils, dont trois périrent pendant la retraite de Cortès. Le plus remarquable des survivants fut *Iohualicahuatzin*, ou don Pedro Montezuma, d'où descendent les comtes de Montezuma et Tula. Les deux nobles maisons de Cano et d'Andreda Montezuma sont issues d'une des filles de l'infortuné monarque. Les rois de Castille accordèrent à sa postérité les priviléges les plus étendus, et d'immenses domaines dans la Nouvelle-Espagne. Nous ferons remarquer que le véritable nom de Montezuma était Moteuczoma, ou mieux encore Mocthecuzoma. On le trouve quelquefois écrit Moctezoma et Moctezuma. Nous avons adopté cette dernière orthographe qui s'écarte moins de celle des Espagnols plus généralement connue.

ques jours auparavant, élevaient alors ses vertus jusqu'aux cieux et ne tarissaient pas sur ses grandes qualités. Le corps fut porté au milieu de la place de Copalco où s'élevait le bûcher. La noblesse y vint pleurer suivant l'usage, puis les cendres furent recueillies dans un vase et enterrées avec pompe. On n'oublia rien du cérémonial observé aux obsèques des rois.

La mort de Moctezuma était l'événement le plus fâcheux qui pût arriver à Cortès, dans les graves circonstances où il était engagé. Elle lui faisait perdre tout espoir de transiger avec les Mexicains; elle le privait d'un protecteur et d'un otage précieux; ses forces ne lui permettaient plus d'entreprendre sérieusement la conquête d'une grande ville où le nombre des combattants croissait d'heure en heure par les troupes fraîches qui arrivaient des provinces. Il ne lui restait de salut que dans la retraite; il s'y détermina. Mais fermement résolu à revenir avec une armée plus nombreuse, sous le prétexte de venger la mort de Moctezuma, il voulait que cette retraite donnât encore une haute idée de la supériorité des Espagnols. Tels étaient ses projets, lorsqu'un nouveau mouvement des Mexicains, en le rappelant à de nouveaux combats, vint lui prouver que tous les calculs de la prudence et de l'art militaire peuvent échouer devant le sauvage désespoir d'un peuple qui défend ses dieux et ses foyers.

Cortès aurait eu besoin de quelques jours pour ses préparatifs de départ, mais il demeura bientôt convaincu que tout délai profiterait plus à son ennemi qu'à lui-même. Sur tous les points, les Mexicains élevaient des barricades, rompaient les chaussées, et coupaient toute communication avec le continent. Lui, sans perdre de temps, fit construire un pont mobile de grosses solives et de planches épaisses, à l'aide duquel l'artillerie et les bagages de l'armée devaient franchir les fossés. Ce travail fait, il réunit ses officiers en conseil, exposa la situation critique où l'on se trouvait, annonçant qu'il se proposait de partir sans retard. On eut ensuite à délibérer si l'on se mettrait en marche de jour ou de nuit. On préféra ce dernier parti, dans l'espoir que les idées superstitieuses des Mexicains les retiendraient dans l'inaction après le coucher du soleil, et sur la foi des prédictions d'un soldat nommé Botello, qui passait pour habile astrologue, et dans la science duquel, selon l'esprit du temps, Cortès, non moins que ses compagnons, mettait une certaine confiance. Ce Botello promettait un succès complet. De vieux militaires redoutaient une marche nocturne sur un terrain coupé, en présence d'ennemis nombreux aux aguets. Ils prétendaient aussi que l'on n'était point en mesure de franchir les fossés avec un pont aussi lourd, aussi peu transportable, et qu'on devait succomber si l'on était sérieusement attaqué. On reconnut bientôt que leur expérience valait mieux que les promesses de l'astrologue.

La nuit du 1er juillet (1520) fut fixée pour le départ. Quelques heures auparavant, on avait envoyé deux prisonniers au chef ennemi, sous prétexte de hâter la conclusion d'une suspension d'armes, mais dans le but réel de détourner son attention, et de lui faire croire qu'on attendait tranquillement sa réponse. Cependant on ne perdait pas un moment pour commencer la retraite. Cortès, par ses soins et ses précautions, semblait tout embrasser. Deux cents Espagnols, vingt cavaliers et les meilleurs soldats tlascalans composaient l'avant-garde sous les ordres de Sandoval. L'arrière-garde, plus nombreuse, fut confiée aux officiers venus avec Narvaez; elle avait pour chefs Alvarado et Velasquez de Léon. Cortès commandait le centre, où étaient placés l'artillerie, les bagages et les prisonniers, parmi lesquels on remarquait un fils et deux filles de Moctezuma, et quelques seigneurs mexicains. On avait fait le partage du trésor de l'armée. Cortès voulait abandonner tout ce qui n'appartenait pas au roi; ses soldats, au contraire, ne voulurent laisser que

MEXIQUE

Règne de Montézuma.

ce qu'ils ne pouvaient pas emporter. Ils se chargèrent d'or et d'argent avec une imprudente avidité. Elle coûta la vie à plus d'un brave. Il était près de minuit lorsque les Espagnols sortirent de leurs quartiers; ils marchaient dans le plus grand silence, à la faveur des ténèbres et de la pluie, suivant la chaussée qui conduit à Tlacopan, la moins endommagée de toutes. Déjà ils étaient parvenus à la première coupure sans être inquiétés; déjà l'avant-garde était heureusement passée à l'aide du pont volant. Le tour du centre arrivé, l'artillerie et les bagages s'avancèrent lentement sur la lourde machine; leur poids la fit enfoncer dans la boue, dont nul effort humain ne put la dégager. Dans le temps même où cette division du centre, commandée par Cortès, opérait son passage, hommes et chevaux furent tout à coup alarmés par les cris sauvages, par le son rauque des trompettes de guerre des Mexicains. Eux aussi avaient mis le temps à profit; sans se montrer, ils avaient suivi tous les mouvements des Espagnols avec une dissimulation dont on ne les avait pas crus capables. Leurs canots couvraient le lac des deux côtés de la digue. Aussitôt qu'ils avaient vu leurs ennemis engagés, ils avaient commencé l'attaque, avec tant de mesure, avec un ensemble si parfaitement combiné, qu'au même instant les pierres et les flèches partirent de tous les points, et qu'ils s'élancèrent, comme un seul homme, sur les troupes de Cortès; celles-ci, entassées sur un étroit espace et dans les ombres de la nuit, ne pouvaient ni faire usage de leurs armes, ni employer les ressources de cette tactique qui leur donnait une si grande supériorité. Leurs rangs se rompirent; ce fut un affreux pêle-mêle, que l'arrivée de l'arrière-garde, poursuivie par d'autres corps d'Indiens, vint augmenter encore. Les trois divisions espagnoles se voyaient séparées les unes des autres par des masses d'ennemis, et chacune d'elles succombait sous le nombre. Tous les habitants de Mexico s'étaient mis à la poursuite de leurs oppresseurs, et se précipitaient sur eux comme des hommes ivres de vengeance, qui payent en un jour toute la dette d'une vieille haine. Le désordre devint général; et si les Mexicains avaient eu la précaution de faire occuper la tête de la chaussée, pas un Espagnol n'eût échappé. Les deux dernières brèches de cette chaussée furent enfin franchies par Cortès, suivi d'une centaine de soldats et de quelques cavaliers. Parvenus sur la terre ferme, ils se rangèrent en bataille, et retournèrent plusieurs fois à la charge pour faciliter la retraite de leurs malheureux camarades. Ils allèrent ensuite prendre position à Tlacopan, où ils furent rejoints par quelques Espagnols et un grand nombre de Tlascalans qui s'étaient sauvés à la nage et cachés dans les champs. Le jour vint éclairer enfin cet épouvantable désastre, et montrer l'étendue des pertes qu'on avait faites.

Il manquait plus de deux cents Espagnols, plus de mille Tlascalans, et tous les prisonniers mexicains. L'artillerie, les bagages, les munitions, le trésor de l'armée, étaient tombés au pouvoir de l'ennemi; et cette armée, déjà si faible avant le départ, n'était plus qu'une poignée d'hommes démoralisés, couverts de blessures et haletants de fatigue. L'âme de Cortès était brisée de douleur : il avait vu tomber ses braves compagnons d'armes; il avait entendu les cris déchirants des Espagnols prisonniers, entraînés par les Mexicains pour être sacrifiés aux dieux. Bon nombre de ses officiers avait péri; il regrettait surtout un de ses meilleurs lieutenants, Velasquez de Léon, son intime ami, cet homme de guerre si loyal dans ses attachements, et qu'on regardait comme la seconde personne de l'armée. Ses tristes pensées lui arrachèrent des larmes; assis sur une pierre, il pleura sur tant de morts; et ce témoignage de sensibilité d'un courage si ferme le fit chérir de ses gens, autant que sa prudence, son habileté, sa valeur l'en avaient toujours fait respecter.

Toutefois, dans cette grande infortune, il eut au moins la consolation de se voir encore entouré de ses braves capitaines Sandoval, Lugo, Olid, Ordaz, Avila, Alvarado, qui avaient échappé à la mort, le dernier surtout d'une manière presque miraculeuse, en franchissant tout d'un saut, appuyé sur sa lance, la dernière brèche de la chaussée. Auprès de Cortès, on revoyait aussi Marina, Aguilar, et le P. Olmédo, si nécessaires pour traverser le territoire des nations inconnues ou suspectes, et se concilier les peuples dont on allait rechercher l'assistance. Il eut encore un bonheur auquel il ne s'attendait pas. Les Mexicains lui donnèrent le temps de respirer. Au lever de l'aurore, ils avaient aperçu parmi les morts, sur le champ de bataille dont ils étaient restés les maîtres, un fils et deux filles de Moctezuma, prisonniers des Espagnols. Un tel spectacle les glaça d'effroi. Ils craignirent, en laissant ces illustres morts sans sépulture, de joindre l'impiété au régicide. Le nouveau roi fut forcé de s'associer à la douleur publique, de suspendre toutes les hostilités, et de donner l'ordre des funérailles avec tout le cérémonial en usage pour la famille royale. On employa à ces pompes funèbres un temps qu'on devait au salut de la patrie; et Cortès eut quelques heures pour réorganiser un peu les tristes débris de sa petite armée.

Tlacopan, très-peuplé, n'était pas une place tenable pour elle; Cortès prit position sur une hauteur voisine, et se fortifia à la hâte dans un temple qui dominait ce point élevé. A cette heure, dit-il, nous n'avions pas un fantassin qui pût se remuer, pas un cavalier qui pût allonger le bras. Les Mexicains ne l'avaient pas laissé occuper cet édifice religieux, consacré à la divinité qui présidait aux moissons, sans le harceler vivement. Ils lui avaient disputé le terrain pied à pied, et fait éprouver de nouvelles pertes. Sa joie fut vive de trouver un abri dans cette enceinte spacieuse et flanquée de tours; et le souvenir s'en conserva si bien dans sa mémoire, qu'après la conquête il y fit élever une chapelle dédiée à la Vierge de bon secours (de los remedios). Les ennemis, après avoir inutilement essayé de l'en chasser pendant le jour, se retirèrent, suivant leur usage, à l'entrée de la nuit. Des Otomies, qui occupaient deux hameaux voisins, où ils supportaient impatiemment le joug de Mexico, apportèrent quelques provisions à ses soldats affamés.

Tlascala était le seul point où Cortès pût se retirer, où il eût l'espoir de rencontrer des alliés fidèles et les secours de tout genre qui lui étaient indispensables pour continuer la guerre. Un des soldats de cette nation s'offrit à lui servir de guide. Il n'y avait pas de temps à perdre. Cortès se mit en marche au milieu de la nuit, malgré le déplorable état de ses gens. Il se réserva le commandement de l'arrière-garde. Il faut voir dans sa douzième lettre ce qu'il eut à soutenir de combats, à supporter de fatigues, à vaincre de difficultés dans cette longue retraite où il était obligé, pour atteindre le territoire de Tlascala, de côtoyer le lac à l'ouest, de le tourner au nord, et de se diriger ensuite à l'est, marchant toujours au milieu d'un pays insurgé, sans vivres, sans munitions. Jamais le courage et la persévérance n'avaient été mis à plus rude épreuve. Dans les environs de Zacamolco, ville considérable, les Espagnols furent si vivement attaqués qu'en un moment la terre se trouva couverte de pierres et de flèches. Le général reçut deux blessures à la tête; quelques soldats y furent également blessés. Ils nous tuèrent encore une jument, dit Cortès, ce qui nous fit grand' peine à perdre, car, après Dieu, nous mettions toutes nos espérances dans nos chevaux. Nous nous consolâmes de cette perte en la mangeant jusqu'à la peau; nous n'avions pas même à suffire de maïs cuit ou grillé. Les Tlascalans se jetaient à terre et broutaient l'herbe des champs, en priant piteusement leurs dieux de ne point les abandonner.

Voyant que l'ennemi croissait chaque jour en nombre, et que les Espagnols diminuaient à vue d'œil, Cortès fit

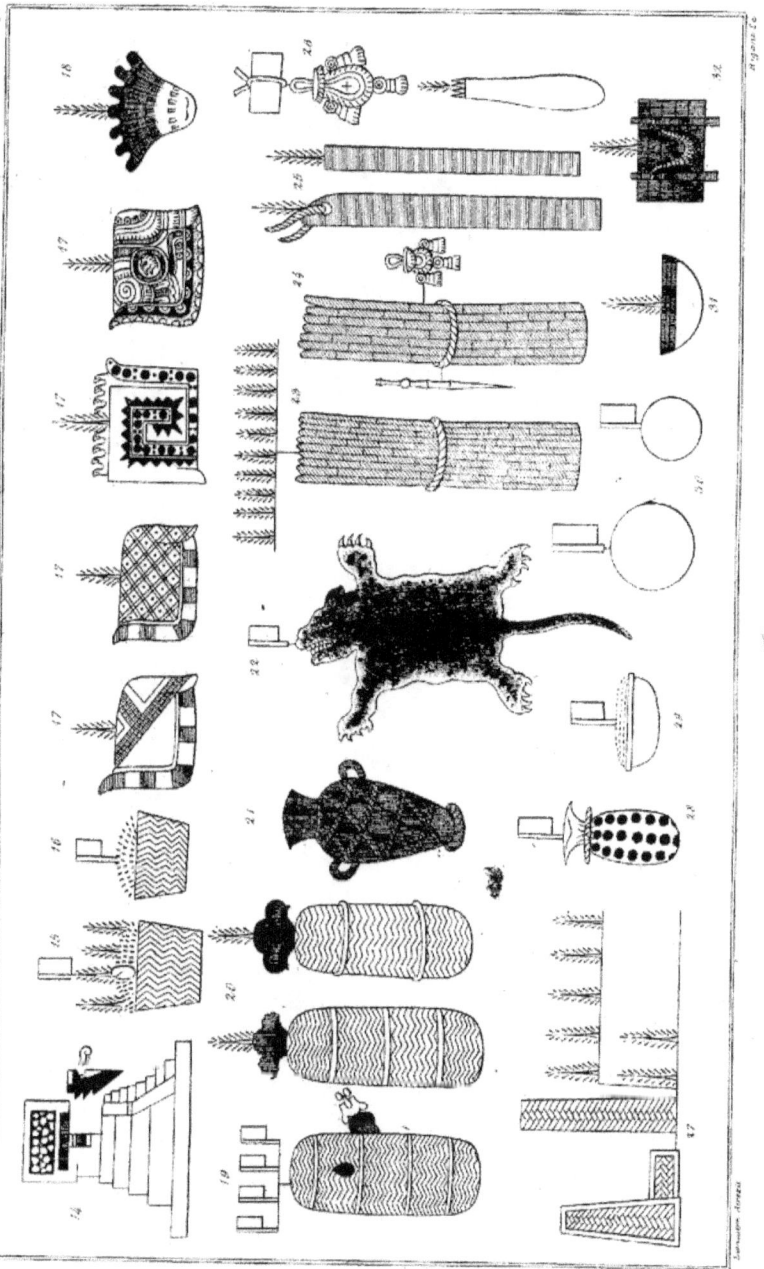

faire des béquilles pour que les blessés pussent suivre la colonne et se défendre au besoin. Cette précaution, dont il attribue l'idée à l'esprit saint, sauva quelques heures après bon nombre des siens.

Le jour suivant, il continuait sa marche par les montagnes d'Aztaquemecan, lorsqu'en débouchant dans la large vallée où s'élevait alors la ville indienne d'Otompan, il aperçut l'armée ennemie se développant sur un grand espace. Elle l'attendait disposée en ordre de bataille. Solis porte à deux cent mille hommes cette multitude d'Indiens, réunion de tous les peuples alliés de Mexico, qui habitaient au nord et à l'est des lacs L'évaluation de Solis est tellement exagérée, qu'en portant cette masse à cinquante mille hommes, on peut se croire encore fort au-dessus de la vérité. Depuis deux ou trois jours les Espagnols entendaient souvent répéter autour d'eux par les petits détachements qui les harcelaient : Avancez, misérables, venez recevoir la récompense de vos crimes. On avait maintenant l'explication de cette phrase mystérieuse. À la vue de cette formidable armée, déployant ses immenses ailes pour envelopper la petite troupe de Cortès qui, dans l'état déplorable où elle se trouvait, ressemblait assez à un bataillon d'invalides en voyage, les plus intrépides ne purent se défendre d'un mouvement de crainte. « Nous regardions cette journée, dit le général, comme la dernière de notre vie, tant nous étions faibles, tant nos ennemis étaient frais et vigoureux; eux pleins d'ardeur et de confiance, nous presque tous blessés, mourant de faim et de fatigue. » Cortès, s'apercevant qu'il régnait quelque hésitation dans ses rangs, s'écria de cette voix formidable qui avait tant d'empire sur ses vieux compagnons, et qui savait si bien prophétiser la victoire : « Amis, le moment est arrivé de vaincre ou de périr ! Castillans, point de faiblesse ! placez votre confiance dans le Dieu tout-puissant, et marchez en avant comme des hommes de cœur. » Ses capitaines, de leur côté, ne montrèrent ni moins de confiance, ni moins d'audace. Les soldats répondirent par leurs acclamations, tous invoquèrent Jésus-Christ, la vierge Marie et le bienheureux saint Jacques, et l'attaque commença. En peu d'instants la mêlée devint générale. Quatre heures durant, Indiens alliés de Mexico, Espagnols et Tlascalans combattirent avec un égal acharnement ; les premiers excités par tout ce que le sentiment de la vengeance peut donner d'énergie ; les seconds, par tout ce que peut inspirer l'honneur militaire et le besoin d'échapper à un grand danger. Les Espagnols rompirent plusieurs fois les masses ennemies dont ils faisaient un horrible carnage. Les Indiens, sans se décourager, remplaçaient sur-le-champ les morts par de nouvelles troupes, et revenaient à la charge. Cette poignée de héros castillans diminuait à vue d'œil, et ne pouvait réparer ses pertes. Le moment n'était pas éloigné où elle allait disparaître entièrement, accablée par le nombre. Déjà le découragement gagnait les plus braves, lorsque Cortès prit une de ces résolutions soudaines qui font le destin des batailles. Il se rappela que les armées mexicaines prenaient la fuite aussitôt qu'elles avaient vu tomber leur général, et que l'étendard royal était enlevé. En ce moment, il aperçut le général ennemi paré de ses riches habits militaires, ayant au bras un bouclier d'or, et porté sur une espèce de brancard par quelques-uns de ses officiers. L'étendard de l'empire était attaché derrière lui, et s'élevait de dix palmes au-dessus de sa tête. « Allons à cet homme, et finissons-en, » dit Cortès à Sandoval, Avila, Olid, Alvarado, et à quelques cavaliers qui se trouvaient près de lui : aussitôt, suivi de ces braves, il pousse son cheval en avant, il frappe, il abat tout ce qu'il rencontre, il se fait jour au milieu des masses, il parvient jusqu'au chef ennemi, il le renverse d'un coup de lance. Au même instant, Juan de Salamanca, intrépide cavalier, saute à terre, achève le Mexicain, enlève son brillant panache, s'empare de l'étendard royal, le remet à Cortès, qui ne l'a pas plutôt aux mains que toute l'armée ennemie, dont les regards étaient fixés sur cette bannière, ne la voyant plus, semble frappée d'une terreur soudaine; elle fuit dans toutes les directions en poussant d'effroyables hurlements. Les Espagnols la poursuivent et ne s'arrêtent que lorsqu'ils sont las de tuer. Jamais victoire ne fut plus complète, ne vint plus à propos, et n'eut de plus importants résultats. Ce fut le plus beau fait d'armes des Espagnols dans le nouveau monde. Ils s'y couvrirent de gloire, et revinrent tous blessés. Sandoval se distingua entre les plus habiles capitaines et les plus braves. Maria de Estrada, femme d'un soldat espagnol, y fit des prodiges de valeur. Les Tlascalans combattirent comme des lions; presque tous périrent. Cortès, par son brillant courage, les ressources de son génie et son admirable sang-froid, fut proclamé tout d'une voix le héros de cette grande journée.

Le butin fut immense : les ennemis s'étaient parés de leurs plus riches manteaux, de leurs plus belles armes, de leurs plumes les plus brillantes, de joyaux d'or et de pierres précieuses. Les Espagnols passèrent la nuit sur le champ de bataille, où ils chantèrent en chœur un *Te Deum* pour remercier Dieu de leur délivrance. Le lendemain, 8 juillet, poursuivant à l'est, ils atteignirent la muraille qui séparait les terres des Mexicains de celles de la république, et s'arrêtèrent à quelques lieues de la capitale. Ils n'étaient pas sans inquiétude sur la réception qui les attendait. Forts et puissants l'année précédente, la crainte avait pu faire les frais de l'alliance qu'on avait contractée avec eux. Faibles aujourd'hui, sans vivres, sans munitions, sans moyens de défense, tous blessés et exténués de fatigue, la politique et l'intérêt ne pouvaient plus rien pour eux. Ils n'avaient d'autres protecteurs que les vertus de leurs hôtes. Les Tlascalans, braves et fidèles à la foi jurée, les accueillirent comme des frères malheureux. Les quatre chefs de la république et une députation de la noblesse allèrent au-devant d'eux jusqu'à Huetjotlipan. Cortès, complimenté comme s'il revenait vainqueur, fut reçu, trois jours après, dans la capitale avec plus de pompe et de magnificence que lors de sa première entrée. Le président du sénat tlascalan, bien qu'accablé par la mort de sa fille, compagne de donna Marina, et qui avait péri dans la nuit fatale, s'efforça de consoler Cortès par l'espoir d'une revanche prompte et complète. Les femmes le suppliaient de se bien préparer à venger la mort de leurs fils et de leurs maris. On l'assura que toutes les forces de la république seraient à sa disposition, et chaque jour le cri de guerre et de mort aux Mexicains se répétait sur son passage. Les Espagnols durent se convaincre qu'avec l'aide d'un tel peuple la conquête du Mexique leur était assurée. Cortès reconnut un tel accueil en distribuant libéralement aux principaux de la république tout le butin qu'il avait fait à Otompan et l'or qu'il avait rapporté de Mexico. Il recommanda à ses soldats d'entretenir avec les habitants les relations les plus intimes, de se conformer à leurs usages, de ménager leurs préjugés, et d'agir en toute occasion de manière à cimenter de plus en plus la bonne intelligence qui régnait entre les deux nations. Au milieu des fêtes qui suivirent son retour, ses dernières blessures, mal soignées, déterminèrent une fièvre cérébrale qui mit sa vie en danger. On assure qu'il ne dut sa guérison qu'à l'habileté des médecins du pays. L'intérêt que tous les Tlascalans prirent à son rétablissement dut le convaincre qu'il pouvait tout attendre de leur affection.

Pendant que les Espagnols se reposaient sous le toit de leurs loyaux alliés, les Mexicains s'occupaient de réparer leurs pertes et d'élire un roi. Leur choix tomba sur Cuitlahuatzin, frère de Moctezuma, son conseiller intime et général de l'armée. A la haine qu'il portait aux étrangers, titre suffisant auprès des électeurs, ce jeune prince réunissait toutes les qualités nécessaires pour gouverner dans les graves circonstances où se trouvait le pays. Il s'était fait connaître comme chef ou seigneur d'Iztapalapan par son goût pour les arts. On lui devait le palais de cette résidence et les beaux jardins vantés par tous les historiens nationaux. Sa bravoure était célèbre ; il commandait en personne dans les derniers jours de l'occupation de Mexico. Il avait dirigé toutes les attaques pendant la nuit de désolation. Il ne fut pas plutôt sur le trône qu'il s'efforça de rendre à cette capitale tout l'éclat qu'elle avait perdu. Il fit rebâtir les maisons détruites, les temples brûlés. Il fit réparer les anciennes fortifications ; il en ajouta de nouvelles. Il fit un appel à toutes les provinces pour les engager à se réunir à lui contre les étrangers. Des envoyés choisis parmi les principaux seigneurs de sa cour eurent mission de stimuler le patriotisme de tous les peuples alliés ou vassaux de la couronne. Il promit d'affranchir des tributs ceux qui combattraient pour la défense commune, et chercha à détacher Tlascala de son alliance avec les Espagnols. Il chargea de cette tâche des hommes consommés dans ces difficiles négociations. Admis devant le sénat, et reçus avec tous les égards que ces peuples accordaient aux ambassadeurs, les envoyés mexicains prièrent la vénérable assemblée d'oublier l'ancienne inimitié des deux nations, pour ne voir aujourd'hui que l'intérêt de tous les États de l'Anahuac, également menacés par les Espagnols dans leur indépendance politique, dans leur culte religieux, dans leur liberté. Ils proposèrent ensuite une alliance offensive et défensive, et finirent enfin par le plus important objet de leur mission, en suppliant la république d'anéantir ces étrangers ennemis des dieux et de la patrie, pendant qu'ils étaient en son pouvoir. Une telle proposition devait être repoussée par la loyauté tlascalane ; elle le fut aussi après une opposition de quelques sénateurs plus clairvoyants que les autres sur les destinées futures de leur pays. Parmi ceux-ci, Xicotencatl, ce jeune général vaincu par Cortès, se montra le plus zélé partisan de la politique mexicaine, et le plus ardent adversaire des Espagnols. Il les avait devinés ; il les peignit perfides, employant une partie de l'Anahuac à mettre l'autre sous le joug, et réservant à leurs alliés après la victoire un sort égal à celui des vaincus. Les partisans des Espagnols, à la tête desquels était le vieux Maxixcatzin, traitèrent le jeune prophète en véritable séditieux ; on le chassa de l'assemblée comme traître au pays, et l'on allait mander les ambassadeurs pour leur signifier le refus du sénat, lorsqu'on apprit qu'ils avaient quitté la ville secrètement, redoutant la colère du peuple, qui murmurait déjà de voir des Mexicains dans ses murs. Les sénateurs s'efforcèrent de cacher aux Espagnols l'objet de cette ambassade et la discussion qui avait eu lieu ; mais elle ne fut pas ignorée de Cortès, qui redoubla de soins auprès de ses partisans et de prévenances auprès de ses adversaires, pour s'attacher de plus en plus les premiers, et triompher de l'antipathie des autres. Il demanda même et obtint la grâce de Xicotencatl, mis en prison et privé de son commandement par ordre du sénat. Ce trait de générosité acheva de le rendre populaire.

Non content de lui donner tant de preuves de déférence et d'attachement, le sénat, de son propre mouvement, prêta serment d'obéissance au roi d'Espagne ; et, ce qui fut pour le prosélytisme de Cortès un beau triomphe, les quatre chefs de la république, renonçant au culte des idoles, embrassèrent la foi catholique. Le P. Olmédo, moine très-humain, très-tolérant et très-adroit négociateur de ces sortes de conversions, les baptisa. Il est probable qu'un certain nombre de courtisans, de gens du gouvernement et plusieurs habitants suivirent l'exemple des chefs ; et l'on peut supposer que le culte chrétien, se ployant aux anciennes idées religieuses du pays, fit, dès ce moment, quelque progrès dans cette partie de l'Anahuac.

Cortès, rétabli de sa maladie et guéri

de ses blessures, ne cessait de penser aux moyens de reprendre l'offensive et de poursuivre ses projets de conquête. Sa position, moins belle sans doute qu'à son départ de Tlascala, n'avait cependant rien de critique. La colonie de la Vera-Cruz était intacte et même en voie de prospérité. Les Chempoallans restaient fidèles; le dévouement des Tlascalans était sans bornes. Il avait encore sous ses ordres un corps d'Espagnols aussi nombreux que celui qu'il commandait lors de son premier départ pour Mexico. Il connaissait mieux le pays, et ses revers l'avaient éclairé. Ils lui avaient appris que, pour s'emparer de Mexico, il fallait être maître des lacs. Une flottille de bâtiments légers étant indispensable au succès de ce nouveau plan de campagne, il fit abattre dans les montagnes le bois nécessaire à la construction de treize brigantins qui devaient être portés par pièces détachées sur les bords du lac, assemblés et mis à l'eau lorsqu'on en aurait besoin. Il fit venir de la Vera-Cruz le fer, les mâts et tout le gréement des vaisseaux qu'on avait coulés à fond; il tira des mêmes magasins quelques munitions et deux ou trois pièces de campagne. Il mit quatre bâtiments de la flotte de Narvaez à la disposition de quelques officiers de confiance, et les chargea d'aller à Saint-Domingue et à la Jamaïque, pour y recruter des hommes, pour y acheter des chevaux, de la poudre et des armes de guerre. A l'aspect de ces préparatifs qui annonçaient de nouvelles fatigues à endurer, de nouveaux dangers à courir, l'esprit de mutinerie et de mécontentement éclata parmi les anciens soldats de Narvaez, la plupart planteurs à Cuba, qui n'étaient venus à la Nouvelle-Espagne qu'en vue de fonder une colonie, et non de guerroyer. Les derniers événements de Mexico n'étaient pas de nature à leur donner le goût de l'état militaire et la passion des entreprises aventureuses. Toute l'éloquence de Cortès pour les retenir échoua devant la peur de nouveaux dangers. Rien ne put triompher d'une répugnance qui reposait sur une grande frayeur. Prières et présents, tout fut inutile; et les planteurs de Cuba ne s'apaisèrent qu'avec la promesse d'être renvoyés dans leur île aussitôt que l'expédition que Cortès allait entreprendre contre la province de Tepejacac serait terminée. Ils consentirent même à y prendre part, sachant qu'il s'agissait de venger la mort de quelques-uns des leurs, lâchement assassinés par les Indiens. Les chefs de cette province, divisée en petits États confédérés et voisine de Tlascala, avaient d'abord accueilli les Espagnols avec beaucoup d'empressement, et s'étaient de leur propre mouvement déclarés vassaux de la couronne d'Espagne. Mais la peur, qui les avait conseillés dans cette circonstance, les détermina à se rapprocher des Mexicains lorsqu'ils virent que la fortune abandonnait les Espagnols. Ils en tuèrent quelques-uns qui se rendaient sans défiance de Tlascala à la Vera-Cruz; ils occupèrent cette route en ennemis, et reçurent garnison mexicaine. Il devenait nécessaire de les punir de leur perfidie, et de rétablir les communications. Cortès allait inviter ses alliés à se joindre à lui lorsqu'on apprit que le territoire de la république venait d'être envahi par les Tepejacans. Ce fut les sénateurs qui le supplièrent alors d'embrasser leurs intérêts; et il eut la bonne fortune d'accorder comme une grâce ce qu'il avait lui-même l'intention de solliciter. Quatre cent vingt Espagnols et six mille archers tlascalans se mirent en marche sous ses ordres, tandis que le jeune Xicotencatl rassemblait dans les autres villes de la république une nombreuse armée de réserve. Huexotzinco et Cholula fournirent leur contingent. Toute cette réunion d'Indiens montait, dit-on, à cent cinquante mille hommes. Avec de telles forces l'issue de la campagne n'était pas douteuse. En quelques semaines et après différents combats, les Tepejacans furent écrasés, toutes les cités de leur confédération prises et pillées; leurs habitants réduits en esclavage, marqués d'un fer chaud comme des bêtes de somme, et partagés entre les Espagnols et leurs alliés. Cortès fit élever dans la capitale des Tepejacans quelques fortifications, et lui donna le nom de *Segura della Frontera* (*). Les Mexicains, qui occupaient quelques autres cités de cette partie de l'Anahuac où ils comptaient plusieurs chefs tributaires, et dans l'une desquelles (Itzocan) commandait même un prince du sang royal, furent battus dans toutes les rencontres, soit par Cortès en personne, soit par ses capitaines, qui opérèrent particulièrement sur toute la ligne de communication entre Tlascala et la Vera-Cruz. Dans une seule de ces expéditions, la fortune trahit le courage des Espagnols; quatre-vingts d'entre eux, sous les ordres de Salcedo, chargés de s'emparer de Tochtepec, grande ville située sur la rivière Papaloapan, où les Mexicains tenaient garnison, furent écharpés, tous périrent. Ils furent bien vengés par un autre détachement sous les ordres de Ordaz et Davila; la ville fut prise, saccagée; les Mexicains anéantis; le sang indien coula à flots; mais cette terrible revanche ne rendit pas à Cortès les quatre-vingts braves qui, dans sa position, faisaient un grand vide dans ses rangs.

Cette campagne de quelques mois eut toutefois d'heureux résultats; elle rendit aux Espagnols, avec leur ancienne énergie, le sentiment de leur supériorité; elle accoutuma les Tlascalans à agir de concert avec eux, à se familiariser avec la discipline et la tactique européenne. Elle enrichit leur pays des dépouilles de tous leurs voisins vaincus; elle cimenta leur alliance avec les troupes de Cortès, par le plus puissant de tous les liens, l'intérêt.

(*) Les villes alors improvisées au Mexique par les Espagnols n'étaient ordinairement qu'un nom nouveau donné à une ancienne ville indienne, dans laquelle on élevait un fort où l'on plaçait quelques invalides, où l'on établissait un certain nombre d'officiers civils et de juges. Depuis longtemps le nom de Segura della Frontera est oublié, et Tepejacac ou Tapeaca, comme le prononcent les Espagnols, existe encore.

Elle les disposa à lui tout accorder, assurés de vaincre avec lui. Son heureuse étoile reparut brillante. Des hommes lui arrivèrent, sur lesquels il ne comptait pas; et, pour un général qui commandait à peine à quatre cents soldats, deux cents braves de plus n'étaient pas d'une médiocre valeur; il les obtint de ceux-là même qui lui voulaient le plus de mal, qui conspiraient sa perte. Le gouverneur de Cuba, convaincu du succès de Narvaez, lui fit passer un renfort de cent hommes et quelques munitions de guerre: les deux petits bâtiments qui les portaient se présentèrent dans le havre de la Vera-Cruz comme dans un port ami; l'officier qui y commandait pour Cortès n'eut pas de peine à s'emparer d'eux, et à déterminer soldats et matelots à s'attacher à la fortune de son général. Quelque temps après, trois autres bâtiments plus forts que les premiers vinrent se faire prendre de la même manière. Ceux-là faisaient partie d'une flottille armée par François de Garay, gouverneur de la Jamaïque, et destinée à partager, dans la Nouvelle-Espagne, les terres conquises. Ils avaient été poussés au nord du golfe par les vents contraires, et la famine les obligeait à chercher des vivres dans le port de leur ennemi. Comme les premiers, ils quittèrent le service du chef qui les avait engagés, et se donnèrent à Cortès. D'autres encore vinrent grossir sa troupe. Dans le même port de la Vera-Cruz entra, vers cette époque, un bâtiment européen chargé de munitions. Cortès acheta toute cette cargaison; il la paya généreusement; et l'équipage, séduit par l'or qu'on lui prodiguait, ne voulut jamais reprendre la mer. Il alla trouver le général à Tlascala. Il n'est pas besoin d'ajouter qu'il fut aussi bien reçu que les autres. Par tous ces événements, l'armée de Cortès se trouva augmentée de cent quatre-vingts hommes, de vingt chevaux, forces trop peu considérables pour mériter qu'on en fît mention dans l'histoire d'aucune autre partie du globe, mais qui, en Amérique à cette époque, prenaient une importance relative, et décidaient de la destinée de grands empires. Ces renforts inespérés permirent au général d'acquitter sa promesse et de renvoyer ceux des soldats de Narvaez qui ne voulaient plus servir; parmi ceux-ci, il eut la douleur de compter cet André de Duero, auquel il avait sauvé la vie. Alvarado fut chargé de les conduire à la Vera-Cruz, et de présider à leur embarquement. Après leur départ, Cortès se vit encore à la tête de cinq cent cinquante hommes d'infanterie, dont quatre-vingts armés de mousquets ou d'arquebuses, et de quarante cavaliers. Il avait neuf pièces de campagne et une abondante quantité de munitions. C'est avec cette petite troupe et dix mille Tlascalans et Indiens auxiliaires que Cortès se mit en marche pour Mexico le 28 décembre 1520, six mois après sa fatale retraite, empressé qu'il était d'en effacer le souvenir par un grand triomphe, et de donner dans le nouveau monde un riche empire à sa patrie.

Mexico était alors dans un état de défense respectable; et, pour en rendre les approches difficiles, toute la science stratégique des Indiens avait été mise à contribution. Dans leur jeune roi, les habitants mettaient une confiance entière; lui ne se montrait pas au-dessous des graves circonstances dans lesquelles il se trouvait placé. Ce fut au milieu des travaux multipliés auxquels il se livrait pour le salut de son peuple, qu'il tomba victime d'un fléau jusqu'alors inconnu aux Américains, de la petite vérole, importée par un esclave maure venu avec les soldats de Narvaez. L'invasion de cette terrible maladie avait eu lieu par les États de Chempoalla et de Tlascala; elle y avait fait de grands ravages avant de passer sur les terres des Mexicains. Cortès avait eu à déplorer la mort de son vieux et fidèle ami le prince Maxixcatzin; d'autres grands personnages avaient également succombé; on comptait dans le peuple les victimes par milliers. Ceux qui échappaient restaient un objet d'horreur pour leurs compatriotes, tant les traces laissées sur leurs visages les défiguraient.

C'était une triste nouveauté à laquelle les yeux ne pouvaient s'habituer. L'épidémie ne fut pas moins meurtrière dans la grande ville de Mexico; et l'on n'y fut distrait de cette calamité que par l'élection d'un nouveau roi. Quauhtemotzin, jeune homme de vingt-cinq ans, plein de talents et de courage, fut choisi pour succéder à son oncle. Beaucoup moins versé que lui dans les choses de la guerre, il crut devoir continuer ses dispositions militaires et prendre sa politique pour règle de conduite. La Providence le destinait à une bien rude épreuve. Il devait être témoin de la longue agonie de son pays, et clore la liste de ses rois.

Cortès, après avoir passé la revue de tout son monde, et publié divers règlements pour assurer le respect des personnes et des propriétés, s'avança sur les terres des Mexicains; il entra dans Texcuco le dernier jour de l'année. Quelques nobles venus au-devant de lui le conduisirent au palais royal, où tous les Espagnols trouvèrent place. Le roi, qui s'était caché, se sauva la nuit à Mexico, suivi d'un très-grand nombre de ses sujets, au grand déplaisir du général qui voulait s'en servir comme d'un instrument. Mais il trouva bientôt l'occasion de le remplacer d'une manière beaucoup plus utile à ses desseins. Lorsque les Espagnols entrèrent pour la première fois à Texcuco, un jeune prince de la famille royale, nommé Ixtlilxochitl, se déclara pour eux, et leur offrit même l'armée qu'il commandait. Malgré son bon vouloir, ils se saisirent de lui, le retinrent à Mexico pendant leur séjour dans cette ville, et l'emmenèrent avec eux à Tlascala lors de leur retraite; il comptait beaucoup de partisans parmi les chefs de son pays : Cortès, qui s'en aperçut, le fit venir en toute hâte, et le présenta à la noblesse. Son élévation au trône ne fut point contestée. Lui, vivant depuis longtemps avec les Espagnols, familiarisé avec leurs mœurs, leurs usages, leur langue, se montra tout dévoué à leurs intérêts. Il parvint à leur concilier l'affection des grandes familles de son royaume, et leur rendit d'éclatants services pendant le siége de Mexico. Cette ville prise et détruite, il leur fournit un grand nombre d'architectes, de maçons, d'ouvriers pour la rebâtir. Cortès choisit Texcuco pour son quartier général. Cette seconde ville de l'Anahuac était grande et forte, remplie d'habitations spacieuses et commodes; son peuple était doux et beaucoup plus civilisé qu'aucun autre de ces contrées. Son voisinage du lac en faisait un point fort important pour la construction de la flottille, et pour surveiller en même temps les mouvements de l'ennemi sans avoir rien à redouter de ses attaques.

Pendant qu'on travaillait à Tlascala à réunir, à préparer tous les bois de construction, Cortès, dont l'activité ne se reposait jamais, s'occupa de soumettre le pays qui entourait les lacs et de réduire Mexico à ses propres forces. On le vit, soit de sa personne, soit par ses lieutenants, attaquer quelques villes importantes du littoral, et négocier avec plusieurs petits États jadis indépendants, qui portaient avec impatience le joug pesant des Aztèques. Trois mois ainsi passés, le général apprit que les matériaux de la flottille étaient prêts. Il ne perdit pas un moment pour les faire venir. Sandoval, qui croissait chaque jour dans sa confiance et dans l'estime de l'armée, fut chargé de la difficile mission d'en diriger le transport et de les escorter. Deux cents soldats et quinze cavaliers l'accompagnaient. Quelques partis ennemis tenaient la campagne du côté de Tlascala; il les fallait effrayer et punir les habitants du district de Zaltepec, qui avaient surpris et massacré quarante Espagnols et trois cents Tlascalans se rendant de la Vera-Cruz à Mexico. Sandoval commença par cette exécution, qui fut d'autant plus rigoureuse qu'en entrant dans le chef-lieu de ce canton, les Espagnols aperçurent les idoles du temple encore toutes barbouillées du sang de leurs compatriotes. Ils virent la peau de deux figures humaines suspendue à l'autel, et celle de quatre chevaux attachée aux murailles. Sur ces murailles ils lurent cette mélancolique inscription : Ici Juan Zuste et ses infortunés camarades ont été renfermés. On pense bien qu'un tel spectacle ne permit pas au général de maîtriser la colère de ses soldats; il ne put sauver que des femmes et des enfants qui demandaient grâce. Cette justice militaire faite, Sandoval se rendit à Tlascala. Tout était disposé pour le départ. Huit mille Indiens portaient les bois équarris et dégrossis, les mâts, les cordages, les câbles, les voiles, les ancres, enfin toute la flottille en pièces détachées, les munitions, les vivres. Sandoval disposa le convoi, et traça l'ordre de la marche avec une prudence et une habileté fort remarquables chez un homme de vingt-trois ans. Il avait à sa disposition trente mille Tlascalans commandés par un des chefs de la république. Le convoi, précédé d'une forte avant-garde, flanqué de nombreux détachements disposés en éclaireurs, cheminait lentement dans un pays accidenté, où pas une route n'était ouverte. Il se développait sur une longueur de six milles. Quelques petits corps se montrèrent au loin; pas un n'osa l'attaquer. Il entra à Texcuco en aussi bon ordre qu'il était sorti de Tlascala, aux acclamations des Espagnols et des Indiens bien plus surpris encore. Cortès était allé au-devant de Sandoval pour lui faire honneur. Il embrassa tous les principaux chefs des troupes alliées; il les remercia de leur fidélité. En ce moment, le cri de Castille et Tlascala pour toujours! partit de tous les rangs espagnols et indiens, et se confondit longtemps avec le bruit du canon et des instruments de guerre.

Cortès reprit le cours de ses attaques contre les villes mexicaines du littoral. Dans cette courte et brillante expédition, où trente mille Tlascalans marchaient avec lui, Xaltocan, qui s'élevait au milieu des eaux, fut le théâtre d'une lutte acharnée. L'entrée de Tlacopan fut disputée par l'ennemi avec un courage digne d'un meilleur sort. Les Espagnols y éprouvèrent une perte d'hommes à laquelle ils n'étaient pas accoutumés. La grande et populeuse ville de Quauhnahuac, défendue par une forte garnison, par le ravin profond qui lui servait de fossé, fut prise, grâce à l'audacieuse adresse de quelques Castillans qui, profitant de deux arbres placés des deux côtés du ravin, dont les cimes inclinées formaient comme un pont naturel, franchirent le fossé et pénétrèrent dans la place. Xochimilco, sur les bords du lac de Chalco, célèbre par ses îles flottantes, ses jardins de fleurs, fit pâlir un moment la fortune de Cortès. Là, plus de vingt mille hommes, portés dans deux mille canots, vinrent, pendant plusieurs jours, renouveler le combat. Dans cette lutte acharnée, Cortès eut un cheval tué sous lui ; quatre Espagnols furent pris, et, comme eux, il allait tomber aux mains de l'ennemi, lorsqu'il fut délivré par une colonne de Tlascalans. Tous les historiens de cette grande guerre attestent que Cortès payait de sa personne comme un soldat, bien qu'il n'ignorât pas qu'une forte récompense était promise à qui le prendrait vivant. Cette bravoure fut la seule chose qu'il ne put jamais maîtriser.

Dans le temps que son puissant génie préparait la destruction du Mexique, on conspirait contre lui dans son camp. Ce n'était point parmi ses anciens compagnons d'armes qu'il fallait chercher les coupables ; ils se trouvaient encore dans ce qui restait des soldats de Narvaez. Un d'eux, nommé Antonio Villafana, était à la tête de la conspiration. Chez lui se réunissaient les conjurés dont il avait la liste ; il s'agissait d'assassiner Cortès, Sandoval, Olid, Alvarado, Bernal Diaz, etc., etc., etc., et de reprendre ensuite le chemin de Cuba. La veille du jour désigné pour l'exécution de cet infernal projet, un des complices de Villafana se rendit en secret auprès du général, et lui découvrit tout le complot. Cortès, sans perdre une minute, appelle auprès de sa personne ceux qui, comme lui, se trouvaient désignés au fer des assassins. Il se rend à leur tête chez Villafana ; il le fait saisir, il lui arrache et l'aveu de son crime et la liste de ses complices ; il y voit avec douleur des noms d'hommes qu'il croyait liés à sa fortune par la reconnaissance ; mais, renfermant en lui cette triste découverte, il ne veut pas que son armée, que ses alliés puissent apprendre qu'il existe tant de traîtres autour de lui. Il annonce hautement que Villafana est le seul coupable, et sera le seul puni. Jugé le soir même, il est pendu le lendemain à la porte de sa maison. Cortès, dit Robertson, retira de cet événement l'avantage de connaître ses véritables ennemis entre les Espagnols, et de pouvoir surveiller leurs démarches ; tandis qu'eux, persuadés que les détails de la conspiration lui étaient inconnus, s'efforçaient de détourner tous les soupçons en redoublant de zèle et d'activité pour son service. Toutefois, il ne crut devoir donner à personne le temps de réfléchir dans l'inaction sur un pareil événement ; il se hâta d'appeler tous les intérêts, toutes les attentions sur la grande entreprise du siége de Mexico.

Huit mille ouvriers du royaume d'Acolhuacan avaient été occupés depuis cinquante jours à creuser un canal de douze pieds de profondeur, et de deux milles de long, pour conduire les brigantins de Texcuco dans le lac ; ce travail terminé, Cortès se disposa à lancer sa flottille en présence de toute l'armée. Le 28 avril 1521, Espagnols et Indiens se rangèrent en bataille. Une messe solennelle fut célébrée, où tous les Castillans communièrent. Puis le P. Olmédo, dans ses habits sacerdotaux, s'avança vers les brigantins, les bénit, et nomma chacun d'eux à son entrée dans les eaux du canal. Parvenue dans le lac, cette petite flotte mit à la voile ; tous les yeux fixés sur elle la regardaient comme l'instrument d'une victoire prochaine. Un *Te Deum* chanté au bruit du canon fut suivi d'acclamations mille fois répétées, qui s'adressaient à Cortès déjà vainqueur de tant d'obstacles. Le général fit alors la revue de ses troupes et de ses munitions de

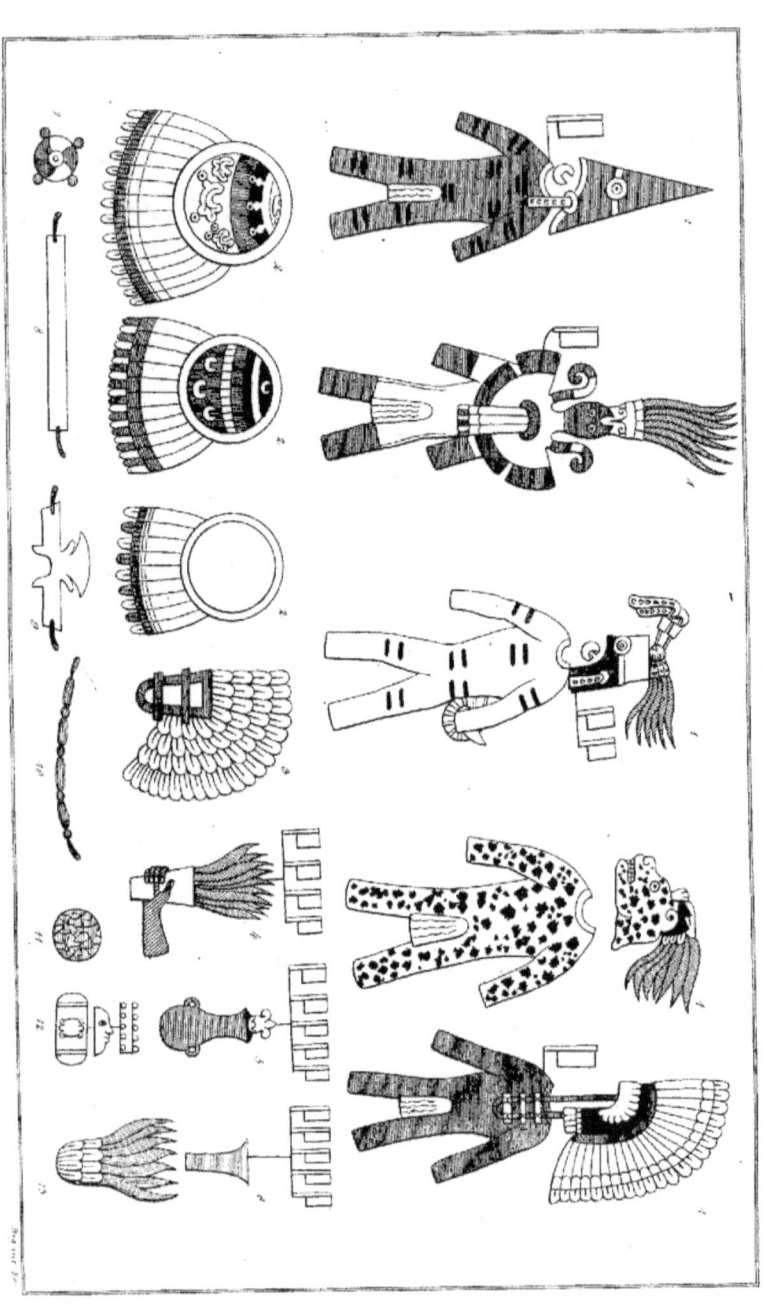

guerre. Grâce aux renforts qu'il avait reçus, il se voyait alors à la tête de quatre-vingt-six cavaliers et de huit cents fantassins espagnols. On peut évaluer à près de cent mille hommes ses alliés indiens. Il possédait trois grandes pièces de siége en fer et quinze petites pièces de campagne en bronze; les boulets et les balles ne lui manquaient pas; sa provision de poudre ne dépassait guère un millier de livres. Tels étaient ses forces et ses moyens contre la puissante Mexico, où près de deux cent mille habitants, guerriers, vieillards, femmes et enfants, étaient renfermés, bien résolus à s'ensevelir sous les ruines de leur ville. Le siége de cette grande capitale est le plus important événement de l'histoire du nouveau monde, depuis l'époque de sa découverte. Il donne, plus que tout autre fait militaire, la mesure de l'énergique désespoir des Aztèques, défendant à armes inégales et pied à pied leurs foyers domestiques. Plus que tout autre aussi, il nous montre l'habileté de Cortès parvenu à réunir autour de son drapeau tant de peuplades, d'intérêts si divers, de mœurs si différentes, employant avec art ces familles américaines à renverser le dernier boulevard de leur indépendance, et la moitié de l'empire mexicain à mettre l'autre aux fers.

Avant d'entreprendre cette grande attaque, le général espagnol renouvela dans Texcuco l'ordonnance qu'il avait déjà publiée à Tlascala, pour le maintien de l'ordre et de la discipline. C'est une pièce curieuse pour le temps; elle honore le caractère de Cortès; elle atteste son humanité, son esprit de justice. Il disait à ses soldats espagnols et alliés : « Nul d'entre vous ne blasphémera le nom de Dieu et de la vierge Marie. Nul ne se prendra de querelle avec son camarade, et ne portera la main à son épée pour l'en frapper. Nul ne fera violence aux femmes, sous peine de mort. Nul ne s'emparera de la propriété d'autrui. Nul ne punira un Indien, à moins que cet Indien ne soit son esclave. Nul ne pillera sa maison, à moins que le général n'ait permis le pillage. Nul Espagnol n'en usera mal avec un allié américain, mais fera tout, au contraire, pour se maintenir avec lui en bonne amitié. »

Le siége de Mexico ne ressembla point à ceux des places fortes de l'Europe au commencement du seizième siècle. La tactique européenne n'était nullement applicable ici. Point de remparts hauts et épais, point de meurtrières, de tours crénelées, de donjons, de ponts-levis. Mais une grande ville ouverte, une ville coupée de canaux, baignée par les eaux d'un lac, et ne tenant à la terre ferme que par trois longues chaussées. Ses moyens de défense, à elle, étaient dans sa position presque insulaire, dans les terrasses de ses maisons, dans des fossés profonds, dans des barricades, et surtout dans une immense et fanatique population. Déjà, dans la nuit triste et sanglante, nous l'avons vue employer avec bonheur toutes les ressources de la nature de son terrain. Fidèle à la même tactique, elle se borna, dans cette circonstance décisive, à l'étendre sur une plus grande échelle. Cortès partagea son armée, Espagnols et alliés, en trois corps à peu près égaux; il en confia le commandement à ses meilleurs lieutenants, Alvarado, Olid et Sandoval; il fit occuper par chacune de ses divisions une des grandes villes élevées en tête des trois chaussées, les avenues de la capitale. Ces points emportés avec vigueur, les assiégés se virent refoulés dans la place et séparés de la terre ferme. Une autre opération préliminaire leur fut plus fatale encore. Le général espagnol fit rompre les aqueducs qui conduisaient à Mexico la seule eau douce dont on y fît usage; entreprise hardie que les assiégés ne purent empêcher, et dont le succès fut comme le prélude des calamités qui allaient fondre sur eux.

Le 30 mai, le jour de la Fête-Dieu, Cortès, qui s'était réservé le commandement des brigantins et des troupes qu'ils portaient, instruit de l'arrivée des différents corps aux points qu'ils étaient chargés d'occuper, commença l'attaque du côté des lacs; sa flottille se mit en ligne ; mais à peine l'ennemi l'eût-il aperçue, que des milliers de canots vinrent à sa rencontre, et, confiants dans leur nombre, manœuvrèrent pour l'entourer, lui couper toute retraite et l'aborder. Un calme plat les favorisait. La position de Cortès, qui semblait enchaîné sur le lac au milieu d'ennemis cent fois plus nombreux que lui, devenait de plus en plus critique, lorsqu'une forte brise, s'élevant tout à coup, permit aux Espagnols de déployer leurs voiles et de passer sur le corps des frêles embarcations qu'ils avaient devant eux. La plupart des canots mexicains furent coulés, le reste prit la fuite, poursuivi par les Espagnols qui firent, dans cette journée, un affreux carnage de leurs malheureux adversaires. A partir de ce moment, la possession du lac ne leur fut plus disputée ; ils restèrent les maîtres de se porter sur presque tous les points, de gêner les communications de la ville assiégée, et de seconder les attaques de leurs troupes de terre. Un mois durant, elles se renouvelèrent partiellement contre la grande cité avec des chances diverses. Le jour, les Espagnols pénétraient dans son enceinte après une lutte acharnée. Ils s'emparaient des ponts, ils comblaient les fossés, ils brûlaient les maisons, ils tuaient un grand nombre d'ennemis ; et puis, avec la nuit, les Mexicains revenaient à la charge, ils forçaient les assaillants à la retraite, ils élevaient de nouveaux retranchements et creusaient de nouveaux fossés. Bien qu'un quartier de la ville fût réduit en cendres, les Espagnols n'avaient encore pu réussir à s'établir sur aucun point. L'armée, fatiguée de ces tentatives infructueuses, de ces boucheries sans résultat, désirait d'en finir par un coup de main. Cortès convoqua son conseil. Là fut agitée la question de savoir s'il fallait continuer le système des attaques partielles, allant pied à pied, et détruisant à mesure qu'on occupait, ou si les trois divisions et la flottille devaient s'avancer simultanément, en prenant le centre de la ville, la grande place du marché, pour point de réunion de tous les efforts combinés. Le premier plan avait pour lui quelques vieux militaires dont la prudence égalait le courage. Mais Cortès, qui voulait, autant que possible, conserver Mexico intact, le destinant à devenir la capitale de cette partie de l'Amérique, opinait pour un assaut général ; son avis, appuyé par tous les jeunes officiers, l'emporta.

Le matin, la messe entendue, et chacun ayant recommandé son âme à Dieu, toutes les divisions marchèrent contre l'ennemi, qui faisait face de tous côtés. La colonne, commandée par Cortès en personne, fit d'abord merveilles. Rien ne lui résistait ; tantôt les Mexicains s'arrêtaient un moment pour combattre, et tantôt, comme des hommes qui ne voient de salut que dans la fuite, ils lâchaient pied. Ils mettaient tant de naturel dans cette manœuvre, qu'on ne voyait en eux que des fuyards après la victoire. Cortès et ses gens les poursuivaient sans miséricorde, et ne s'inquiétaient nullement de combler les fossés à mesure qu'ils avançaient. Ayant dépassé le point le plus étroit et le plus fangeux de la chaussée, la scène change tout à coup ; les Mexicains s'arrêtent et font bonne contenance, tandis que leurs canots chargés d'hommes, cachés par des palissades, s'avancent à force de rames et bordent en un instant les deux côtés de la route, couvrant de leurs flèches et attaquant corps à corps les Espagnols pris en flanc. Bientôt accablés par le nombre et culbutés dans les fossés, le désordre le plus complet se mit parmi les hommes de Cortès ; lui-même fut saisi par six chefs mexicains, qui, jaloux de le faire prisonnier, l'entraînaient en le préservant de toute blessure, comme une victime qu'ils voulaient offrir vivante à leur dieu. Délivré par le dévouement de trois de ses gens qui se sacrifièrent pour lui, il échappa encore une fois, tandis que son fidèle majordome, Christoval de Guzman, qui lui céda son propre cheval, tomba vivant aux mains des Mexicains et alla mourir sous le couteau du grand prêtre. La

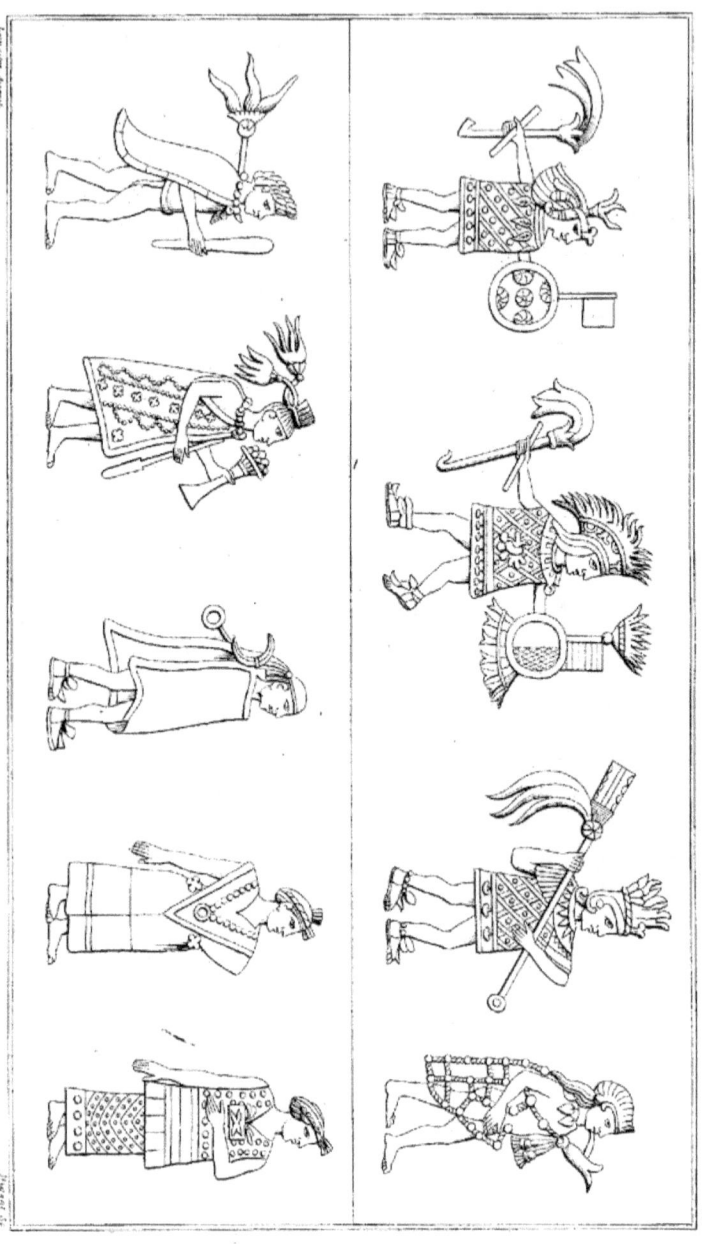

division d'Alvarado n'eut pas une meilleure fortune ; l'ennemi, voulant lui faire connaître le succès qu'il venait d'obtenir, jeta dans ses rangs les têtes sanglantes de quelques Espagnols en criant que le même sort les attendait. A cette vue, les Indiens alliés prirent la fuite; les Castillans, abandonnés à eux-mêmes, furent saisis corps à corps et forcés à une retraite précipitée. « Tandis que l'ennemi nous poursuivait, dit Bernal Diaz, nous entendions le bruit des timbales et le terrible son de la trompette qui, du haut du grand temple du dieu de la guerre, appelaient tous les Mexicains aux armes. Cette lugubre et éclatante musique, qu'on ne peut comparer qu'à celle de l'enfer, s'entendait à trois lieues à la ronde. Elle annonçait qu'en ce moment on allait sacrifier nos infortunés camarades prisonniers. Ayant fait halte, nous les vîmes entraînés sur la plate-forme du temple, la tête chargée de plumes et forcés de danser devant la hideuse idole avant d'être égorgés sur la pierre. Cette vue nous glaça d'horreur. Mais en ce moment nous eûmes nos propres vies à défendre, car l'ennemi nous pressait avec une fureur telle, que je ne puis la décrire. C'est à la seule protection de Dieu que nous dûmes notre retour dans nos quartiers. » La division de Sandoval n'éprouva pas moins de résistance; ses pertes furent grandes aussi, mais moindres que celles des deux autres. Lorsqu'elle fut rentrée dans ses anciennes positions, et en sûreté, Sandoval monta à cheval et vint trouver Cortès. « Mon fils, lui dit le général les larmes aux yeux, c'est à cause de mes péchés qu'un si grand malheur m'est arrivé; mais la faute en est au trésorier Alderete qui a négligé d'exécuter mes ordres en ne comblant pas les fossés à mesure que nous avancions. » Ce qu'entendant, Alderete se récria, protestant que Cortès n'avait jamais donné un pareil ordre, et l'accusant à son tour d'avoir manqué de prudence en marchant en avant sans retraite assurée. Ces récriminations n'allèrent pas plus loin, la politique les fit taire, mais Cortès n'en fut pas moins blâmé de presque toute l'armée. Cette défaite, où soixante Espagnols furent tués ou pris, où mille alliés restèrent sur le champ de bataille, où l'on perdit des chevaux, des canots, des armes et une pièce de canon, releva le courage des Mexicains et démoralisa les troupes de Cortès, et les alliés surtout (*). La

(*) Voici comment la relation de la conquête par l'Indien Ixtlilxochitl rend compte de cette journée. Nous donnons cette version moins pour le fait principal que pour certains détails qui prouvent jusqu'à l'évidence la part très-importante que les alliés de Cortès prirent à cette guerre. « Le jour venu, Cortès divisa son armée en trois corps. Celui d'Alderete, le trésorier, se composait de 60 Espagnols, dont 8 cavaliers, et 20,000 Acolhues. Il était chargé d'abattre les maisons et de combler les fossés. Alvarado avait sous ses ordres 80 Espagnols et 12,000 alliés et une batterie de deux pièces de canons. Cortès avec 100 Espagnols et 8000 Indiens, commandés par Ixtlilxochitl, devait s'avancer par la principale rue. Le succès fut grand d'abord, on tua beaucoup de Mexicains, on s'empara de plusieurs quartiers jusqu'à la grande place; on n'épargnait personne, si bien qu'on crut que ce jour-là Mexico serait pris. Le corps du trésorier poussa jusqu'à Tlatelolco, mais il fit la faute d'abandonner un pont sans avoir comblé le canal ou fossé. Cortès passa ce mauvais pas pendant que les Indiens d'Ixtlilxochitl couvraient sa marche. Mais bientôt la chance tourna. Le trésorier tomba dans une embuscade où une bonne partie de son monde trouva la mort. L'étendard royal fut pris ainsi que 40 Espagnols. Cette déroute détermina Cortès à battre en retraite. Il se vit obligé de passer le canal à la nage. En ce moment un chef mexicain, qui l'avait atteint, s'apprêtait à lui couper la tête; mais Ixtlilxochitl survint et sa bonne épée coupa en deux le Mexicain. Ce fait d'armes fut attribué faussement à un Espagnol, et on le trouve ainsi représenté sur un bas-relief de la porte de l'église de Saint-Jacques de Tlatelolco. Comme il rendait ce bon service à Cortès, le prince de Texcuco reçut une pierre à l'oreille gauche, qui manqua de lui fendre la tête. Il prit un peu de terre et l'introduisit dans sa blessure, puis il se mit tout nu, tenant d'une main son bouclier et de

nouvelle s'en répandit dans cette partie de l'Anahuac la plus rapprochée de Mexico, par des émissaires de Quauhtemotzin porteurs de têtes espagnoles comme témoignages de la victoire. Ils annonçaient que les dieux, satisfaits par le sang des prisonniers immolés, avaient promis que sous huit jours tous les Espagnols seraient anéantis. Cette prophétie trouva créance parmi les superstitieux Indiens. Ceux qui étaient restés neutres se préparèrent à combattre pour Mexico. Quelques Tlascalans même désertèrent. Toutefois la plupart d'entre eux et leurs chefs demeurèrent fidèles, et le prince de Texcuco resta l'ami le plus dévoué des Espagnols malheureux. Il en fut ainsi des Otomies, qui, attaqués par les gens de Malinalco, demandèrent secours à Cortès. Malgré sa position difficile, il ne leur fit faute; un de ses capitaines avec deux cents hommes de pied alla châtier les montagnards. Leurs voisins, les Matlaltzincas de la vallée de Tolocan, furent défaits par Sandoval, à la tête d'une centaine d'Espagnols et de quelques milliers d'Indiens. Ces nations vaincues demandèrent la paix et offrirent de se joindre à Cortès, qui accepta leurs services. Toutefois il ne reprit l'offensive qu'après avoir laissé passer le temps prédit par les oracles mexicains pour la destruction de son armée. Cette inaction politique eut pour résultat de convaincre les prêtres mexicains d'imposture aux yeux mêmes de tous les peuples de l'Anahuac, qui, après avoir un instant douté de la fortune du général, revinrent en foule sous ses drapeaux. Mexico ne compta plus un seul allié.

Instruit par l'expérience, et cédant aux avis du chef de Texcuco, homme sage et prudent, Cortès changea son système d'attaque. Il ne procéda plus que par masses, avec une grande lenteur, brûlant ou rasant les maisons, et comblant les fossés à mesure qu'il avançait. Forcés de se replier, les Mexicains, tout en se défendant avec courage, voyaient chaque jour une partie de leur ville tomber aux mains d'un vainqueur qui ne commettait plus de fautes, qui ne hasardait rien, qui ne s'engageait qu'avec la plus grande circonspection, et s'établissait ensuite sur le terrain conquis de manière à ne pouvoir plus en être délogé. Les Espagnols ne se contentaient pas de leurs propres armes, ils employaient celles dont les Indiens tiraient si bon parti, ces longues piques qui leur permettaient, en serrant les rangs, d'attendre l'ennemi sans danger. On se battait tous les jours, et tous les jours des flots de sang mexicain rougissaient la terre. La famine, plus terrible encore que l'épée des Espagnols, faisait éprouver toutes ses horreurs aux assiégés; ils mouraient par milliers. Les maladies contagieuses, autre calamité de la guerre, les décimaient encore; et cependant ils rejetaient avec mépris les propositions de paix dont Cortès faisait précéder chacune de ses attaques.

Les Espagnols avançant toujours, les trois divisions pénétrèrent enfin

---

l'autre sa massue, et combattit corps à corps un autre chef mexicain. Dans cette nouvelle affaire une flèche lui traversa le bras droit, ce qui ne l'empêcha pas de se mesurer encore avec un général ennemi qui l'avait défié, et de l'étendre mort d'un seul coup. Après cette troisième victoire, il se sentit incapable de résister plus longtemps à la douleur que lui causait la flèche restée dans son bras, et faisant un grand effort de courage, il l'arracha. Ses soldats pansèrent sa blessure et lui appliquèrent certains médicaments qui le guérirent en peu de temps. Sa blessure pansée, il alla rejoindre Cortès, et tous deux, vigoureusement poursuivis par l'ennemi, eurent beaucoup de peine à rentrer dans leur camp. » Ne croit-on pas lire ici une page des vieux romans chevaleresques, ou quelque histoire des héros scandinaves au moyen âge ?

Cette relation d'Ixtlilxochitl donne sur l'histoire de la conquête du Mexique des détails qui ne se trouvent ni dans les lettres de Cortès, ni dans Gomara, ni dans Clavigéro. Je ne parle pas de Solis, qui n'a que la valeur d'un panégyriste élégant.

jusqu'à la grande place, au centre de la ville. Le temple du dieu de la guerre était alors en leur pouvoir. Cortès monta sur la plate-forme de ce haut édifice, et contempla de ce point élevé l'étendue de sa conquête et les progrès du siége. Il vit que des huit quartiers dont Mexico se composait, un seul restait encore à prendre. Il brûla d'abord le temple des faux dieux, et fit de nouvelles instances auprès des assiégés, qui, pour toute réponse, jurèrent de périr jusqu'au dernier. Il ne restait donc plus qu'à exécuter le terrible arrêt de la Providence contre des hommes que rien ne pouvait fléchir, qui repoussaient comme un outrage la clémence du vainqueur, et portaient le délire et la barbarie jusqu'à sacrifier à leurs dieux les Indiens envoyés comme ambassadeurs pour traiter de la paix(*). L'ordre fut donné d'attaquer sur tous les points, sur les canaux, sur le lac, dans les rues et sur les murailles. En quelques heures, quarante mille hommes furent tués ou pris; quinze mille malheureux qui venaient se rendre furent impitoyablement égorgés. Les cœurs étaient brisés aux cris déchirants de ces pauvres victimes. Les Tlascalans et les autres nations ennemies des Aztèques se vengeaient sur elles de deux siècles d'outrages. En vain Cortès et ses Espagnols, le chef de Tezcuco et ses soldats essayèrent-ils d'arrêter le carnage, il ne cessa qu'avec la nuit. On remit au lendemain à s'emparer de ce qui restait de la place. Dans cette dernière journée du drame, les Mexicains, tristes et abattus, étaient sur les terrasses des maisons attendant la mort. Les enfants, les vieillards et les femmes pleuraient; quelques nobles guerriers se défendaient encore sur les plates-formes des palais et sur les chaussées pavées, d'où ils se précipitaient dans les flots plutôt que de se rendre; d'autres, échappant à la mort, s'étaient réunis à leur roi qu'entouraient sa famille et quelques officiers de sa cour. Ils le déterminèrent à fuir sur des canots tenus en réserve dans une petite anse du lac, du côté de Tlatelolco. Pour masquer une fuite très-difficile, on avait essayé d'arrêter Cortès par un simulacre de négociations; mais cette ruse était trop grossière pour tromper l'œil du vieux guerrier. Dans la prévision de ce mouvement, il avait ordonné à Sandoval, qui commandait les brigantins, de bloquer ce petit port d'embarquement, et de ne laisser sortir aucun canot. Malgré sa vigilance, quelques-unes de ces légères embarcations étaient parvenues à s'échapper. Sandoval les ayant aperçues glissant rapidement sur les eaux du lac et cherchant à gagner la terre opposée, les fit poursuivre par Garcia Holguin, un de ses capitaines; et telle fut la promptitude de ce dernier, qu'en moins d'une heure il se vit à portée de fusil des bateaux ennemis. Un Mexicain, son prisonnier, lui désigna le canot royal, et celui-ci fut à l'instant serré de près. En ce moment les rameurs s'arrêtèrent; et le roi, qui d'abord avait pris son bouclier et sa macana pour combattre, mis en joue par les Espagnols, donna l'ordre de n'opposer aucune résistance. Holguin sauta dans le bateau l'épée à la main; aussitôt, un jeune homme d'une haute stature et de l'air le plus noble s'avança vers lui, et lui dit avec dignité : « Je suis Quauhtemotzin, le souverain de l'Anahuac; trahi par le sort, je me rends à toi; épargne les insultes à la reine et à mes enfants, et n'épargne pas moins le sang de mes sujets, tu n'as plus rien à craindre d'eux. » L'illustre prisonnier, avec sa famille et sa suite, conduit devant Cortès, ne montra ni la férocité sombre d'un barbare, ni l'abattement d'un suppliant. L'Espagnol, de son côté, le reçut avec tous les égards que l'on doit aux grandeurs

(*) Parmi ces derniers était un oncle d'Ixtlilxochitl au service des Mexicains, qui avait été pris dans les dernières journées. Cortès le chargea d'aller traiter de la paix; le malheureux s'y refusa d'abord et finit par se rendre aux instances de son neveu. Les gardes le laissèrent pénétrer auprès du roi; mais il n'eut pas plutôt exposé l'objet de sa mission, qu'il fut saisi et immolé en grande cérémonie.

déchues : « Général, lui dit le monarque mexicain, j'ai fait pour ma défense et celle de mes sujets tout ce que me prescrivait l'honneur de ma couronne et mon devoir de roi : mes dieux m'ont été contraires, je suis ton prisonnier, fais de moi ce que tu voudras. » Et, portant en ce moment la main sur le poignard de Cortès, il ajouta : « Frappe-moi, prends cette vie que je regrette de n'avoir pu perdre en défendant mes États. »

Obéissant aux ordres de leur roi, les Mexicains cessèrent à l'instant même de combattre. Ils sortirent de la ville sans armes ni bagages, et l'on fut étonné de l'immense quantité d'habitants que renfermait encore la capitale après un siége si long et si meurtrier. Ils couvrirent pendant trois jours les routes voisines, et se disséminèrent ensuite sur tous les points de l'empire et jusque chez les peuples voisins, dont les mœurs, la religion et les habitudes étaient les mêmes. Toutefois, plusieurs milliers d'entre eux furent retenus par les vainqueurs qui se les partagèrent comme esclaves. Cortès en fit marquer un grand nombre avec un fer chaud, qu'il réserva pour déblayer la ville de ses décombres et travailler ensuite à la rebâtir. Bernal Diaz compare en ce moment le triste état de Mexico à celui de Jérusalem après le siége de la cité sainte. A peine un dixième de la ville était-il debout ; le reste ne présentait qu'un vaste amas de ruines couvertes de cadavres, qu'un immense charnier, dont l'odeur insupportable chassait vainqueurs et vaincus. Il périt pendant les soixante-quinze jours du siége (les peintures mexicaines disent quatre-vingts) cent Espagnols tués sur le champ de bataille ou sacrifiés dans le grand temple, plusieurs milliers d'auxiliaires, et suivant Bernal Diaz, d'accord en cela avec les récits des indigènes, cent cinquante mille Mexicains ou Aztèques, dont le tiers mourut de faim ou par les maladies.

Fuyant l'horrible aspect de sa conquête, et l'air empesté qu'on respirait dans son enceinte, Cortès, après avoir laissé quelques Castillans pour faire la police de cette grande ruine, alla s'établir à Cuyoacan ou Coyohuacan, jolie ville à l'extrémité de la chaussée, à une lieue et demie de Mexico. Là il réunit tous ses alliés, et partagea avec eux le butin fait à Mexico. Il garda l'or et l'argent. Les nobles indiens eurent les pierreries, les plumes aux riches couleurs, les belles étoffes et les meubles de prix ; les soldats, les manteaux, les armes et beaucoup d'objets d'ameublement. Cortès combla de caresses toutes ces nations américaines, il leur garantit la liberté, il leur promit des terres, il les congédia en leur laissant le choix de s'établir dans sa nouvelle ville. Les populations voisines des lacs, aztèques ou acolhues, restèrent à sa disposition ; il les employa dans toutes les campagnes suivantes et s'en servit fort utilement pour soumettre le reste de l'Anahuac. En se rendant chez eux, les Tlascalans pillèrent la belle ville de Tezcuco et détruisirent une partie de ses édifices. Il paraît que la politique de Cortès ne fut pas étrangère à cette barbarie ; Tezcuco était la seconde ville de l'empire et l'ancienne capitale d'un royaume jadis rival du royaume aztèque. Aucune trace de l'ancienne magnificence du pays ne devait rappeler aux indigènes l'indépendance qu'ils allaient perdre pour toujours, car au vieil Anahuac sans exception était réservé le sort de Mexico. Dans les joies de la prise de cette dernière cité, Cuyoacan devint le séjour des fêtes mondaines et des fêtes religieuses. Cortès y donna un grand dîner à toute son armée. Comme plusieurs soldats n'avaient pu trouver place aux tables dressées, il y eut tout à la fois confusion et orgie. Bernal Diaz fait un tableau fort piquant de cette fête où le scandale ne manqua pas. Après le dîner, les soldats et les officiers, revêtus de leurs armures, se mirent à danser avec les Mexicaines presque nues. Les révérends pères franciscains se formalisèrent ; Cortès les pria de chanter une messe en musique et de faire quelques sermons sur la morale, à la suite des-

MEXIQUE.

Guanaxuato.

quels on porta en procession l'image de la Vierge. Toute l'armée assista à cette cérémonie avec grand recueillement et dévotion ; le frère Bartholomé prêcha, puis, au bruit des timbales, des trompettes et du canon, on rendit grâces à Dieu de la victoire.

D'autres soins vinrent ensuite occuper les vainqueurs. Croyant que de riches trésors étaient cachés sous les ruines de Mexico, ils se mirent à les fouiller et ne trouvèrent que des cadavres. L'or et les bijoux ramassés dans le sac de cette grande ville ne monta qu'à 350,000 écus, somme bien inférieure à celle qu'ils avaient partagée la veille de la *nuit triste*, au temps de leur première retraite. Les murmures partirent alors de toutes les bouches. Le trésorier général Alderete, parlant au nom de Charles-Quint et réclamant d'actives recherches, se montrait le plus irrité. Les mécontents le prirent pour leur interprète ; ils soutenaient que Cortès s'entendait avec Quauhtemotzin, et le général, pour échapper aux suites d'une pareille accusation, se rendit coupable d'un crime : il permit qu'un des officiers du malheureux prince fût appliqué à la question. On lui brûla les pieds à petit feu, après les avoir frottés d'huile. La douleur ne lui arracha aucun aveu. Ses bourreaux, honteux, l'abandonnèrent. On prétendit que le trésor royal avait été jeté dans le lac, quelques jours avant la fin du siége ; on l'y chercha vainement, et les murmures recommencèrent (*). Cortès, pour détourner

l'attention et occuper son monde, fit partir quelques détachements d'Espagnols accompagnés d'Indiens de Tezcuco, avec mission d'explorer le pays, d'examiner les différentes lignes de communication, et de s'enquérir surtout des mines d'or et d'argent. Lui, tournant les yeux sur la Mexico de Moctezuma toute en ruines, *où il ne restait pas deux pierres assemblées*, fut d'abord incertain s'il reconstruirait cette grande capitale sur le site qu'elle occupait. Il s'y détermina après mûre réflexion, et de l'avis de son conseil, parce que, dit-il dans ses lettres, la ville de *Temixtitan* était devenue célèbre, que sa position est merveilleuse, et que depuis plusieurs siècles tout l'Anahuac la considérait comme sa ville principale, comme le chef-lieu de l'empire mexicain. C'était à l'est de Tezcuco ou sur les hauteurs qu'elle aurait dû être placée, à l'abri des inondations. C'était là que Philippe III donna l'ordre de la transporter, en 1607. Mais alors la nouvelle Mexico était déjà une grande et belle cité, dont on évaluait les maisons à 105 millions de francs. On paraissait ignorer à Madrid que la capitale d'un grand État, construite depuis quatre-vingt-huit ans, n'est pas un camp volant qu'on change à volonté.

La ville de Cortès, commencée en 1524, s'éleva rapidement sur les débris de l'ancien Tenochtitlan, mais plus régulière et beaucoup moins étendue. La plupart des canaux furent comblés ; de larges rues furent tracées ; on adopta toutes les dispositions qui restreignaient l'action des eaux, et devaient faciliter un jour la réunion à la terre ferme de la nouvelle cité. On ne s'est point écarté par la suite de l'ensemble du plan primitif, bien que la plupart des édifices publics et particuliers, bâtis alors à la hâte, aient été successivement remplacés par des constructions plus solides, plus élé-

(*) Nous ne suivons pas ici les récits espagnols, mais la relation de l'Indien Ixtlilxochitl qui ne fait pas mention du supplice de Quauhtemotzin. Elle parle seulement d'un officier du roi qui eut les pieds brûlés par ordre de Cortès, et dont on ne put obtenir aucun renseignement. D'autres Mexicains, interrogés, déclarèrent que les trésors de la couronne avaient été jetés dans le canal qui servait d'écoulement aux eaux du lac, où il devenait impossible de les retrouver. Si l'on en croit la même relation, Cortès ne se borna pas à cet acte de cruauté : il se fit payer par plusieurs nobles mexicains de très-fortes sommes pour avoir la vie sauve et n'être point

torturés. Le chef de Tezcuco, allié des Espagnols, fut même obligé de racheter son frère, qui avait servi dans l'armée mexicaine et allait être pendu.

9.

gantes et plus régulières. Cortès se servit des Indiens pour rééditier, comme il les avait employés à détruire. Il donna aux principaux seigneurs mexicains, au fils de Moctezuma, au général en chef de Quauhtemotzin, des rues entières à bâtir, en les nommant chefs de ces nouveaux quartiers. Il les intéressa à tous ses projets, et d'anciens ennemis il sut en faire des chrétiens dociles et des sujets soumis. A la voix de ces nobles indigènes, vinrent s'établir dans la nouvelle cité les populations voisines ; elles obtinrent des priviléges et la faveur d'un exemption d'impôt. Le nombre des habitants de Mexico s'élevait déjà à plus de trente mille âmes à la fin de l'année 1524. Cortès ne négligea aucune mesure de sûreté ; il sépara le quartier des Espagnols de celui des indigènes par un large canal. Il fit élever au milieu des eaux une forteresse où les brigantins et l'artillerie se trouvaient à l'abri d'un coup de main, et qui, dominant la ville, permettait, en cas de sédition, d'y faire la loi. Les soins d'une bonne police n'occupèrent pas moins le conquérant ; il fit procéder à l'élection des alcades, des juges et autres officiers publics à la manière de l'Espagne ; il institua un conseil d'administration ; il publia des ordonnances sévères qui garantissaient la sécurité de tous ; il fonda des hôpitaux ; il établit des manufactures ; il introduisit dans le pays la culture de la canne à sucre, de la vigne, du mûrier, et de différentes plantes des Antilles, d'où il fit également venir des animaux domestiques qui ne se trouvaient pas dans la Nouvelle-Espagne ; il monta une imprimerie à Mexico ; il fit battre monnaie et fondre des canons. Lui-même nous apprend par quel moyen il parvint à se procurer, à cette époque, du salpêtre et du soufre. Nous trouvons dans une de ses lettres à Charles-Quint, que la cime du Popocatepetl, le grand volcan du Mexique, fut atteinte, en 1522, par un intrépide soldat, Francisco Montano. Cet audacieux Castillan entra dans le cratère, où il se fit descendre à une profondeur de soixante et dix à quatre-vingts brasses. Il y recueillit une quantité de soufre suffisante pour les premiers besoins de l'armée. Cortès n'a pas assez d'éloges pour une si courageuse entreprise, que personne n'avait osé tenter avant Montano. Nous remarquons, vers la même époque, tous les efforts du général pour encourager l'émigration des îles au profit de la Nouvelle-Espagne. Il invita les Castillans mariés à y faire venir leurs familles. Les filles des Européens y furent recherchées avec empressement, et firent des mariages avantageux. C'est encore dans cette même lettre de Cortès, que nous venons de citer, qu'on reconnaît le grand administrateur, là qu'il se montre en avant de son siècle et digne de gouverner les terres qu'il avait si bien conquises. Son zèle religieux, assez généralement outré, n'y obscurcit même pas ses idées. S'il réclame de son maître des prêtres pour convertir, il le prie d'envoyer des religieux au cœur simple et droit, à la parole persuasive, des hommes qui sachent porter le poids du jour, qui prêchent d'exemple et se contentent de peu. Il demande comme une grâce qu'on ne lui envoie point de chanoines et de bénéficiers, et voici pourquoi : « Si Votre Majesté, dit-il, nous envoie de tels personnages, ils s'occuperont de donner à leurs créatures ; ils acquerront des majorats pour leurs enfants, et dissiperont leurs richesses en pompes vaines et scandaleuses. Leur vie déréglée sera peu propre à convertir des gens qui compareront les habitudes mondaines des dignitaires ecclésiastiques de nos jours avec la régularité et l'austérité des ministres de leurs idoles, punissant de mort ceux d'entre eux qui tombent dans la moindre faute. Si les Indiens savaient que nous appelons ministres du Dieu vivant des hommes livrés à tous les excès, à toutes les profanations, ils mépriseraient à coup sûr et ces prêtres scandaleux, et la religion qu'ils prêchent. Elle perdrait à leurs yeux sa majesté divine, et leurs esprits repousseraient ce qu'on voudrait leur faire croire. »

Puente del Rey

Cortès suppliait aussi Charles-Quint de ne point faire passer d'avocats et de gens de loi au Mexique, de crainte d'y introduire l'esprit de chicane qu'on n'y connaissait pas; de n'y point envoyer de médecins, parce qu'ils ne connaîtraient rien aux maladies du pays, et en donneraient peut-être d'autres en voulant traiter celles-ci; enfin, d'en défendre l'entrée aux juifs *christianisés*, qui sont, en général, d'assez mauvais croyants, et pourraient nuire à la conversion des indigènes.

Était-ce donc au milieu d'une paix profonde, fort de l'appui d'un gouvernement bienveillant, et agissant dans une grande tranquillité d'esprit, que Cortès se livrait à une multitude de créations qui, seules, étaient de nature à occuper la vie la plus active? Non, ce grand homme faisait ces choses en même temps qu'il luttait contre les combinaisons de l'intrigue, contre l'influence de son puissant ennemi l'archevêque de Burgos, contre les défiances de la cour, l'ingratitude du monarque, et que, l'œil fixé sur tous les points de l'Anahuac, il apaisait les révoltes des Indiens, ajoutait de nouvelles provinces à ses premières conquêtes, et plantait le drapeau de Castille sur les bords d'un autre océan.

A la nouvelle de la chute de Mexico, les grands États indépendants, qui s'étaient maintenus avec tant de peine contre les forces de la puissante cité, tremblèrent d'avoir à lutter contre les terribles étrangers qui l'avaient renversée. Les moins éloignés s'empressèrent d'apaiser le vainqueur par une prompte soumission. Le roi du Mechoacan, le plus puissant prince après Moctezuma, fut le premier à lui envoyer des ambassadeurs (*). Cortès les garda plusieurs jours, fit manœuvrer ses troupes devant eux, et leur parla de la mer du Sud, sur l'existence de laquelle il avait déjà quelques notions. Il apprit d'eux qu'on pouvait y parvenir en traversant leurs provinces. Il les renvoya chargés de présents, dans l'admiration de sa puissance, et accompagnés de deux Espagnols, de plusieurs seigneurs indiens, et de quelques interprètes qui parlaient le mexicain et l'otomie; ils avaient mission d'explorer le pays, de s'enquérir de ses richesses et du lieu le plus propre à y fonder une grande colonie. A leur retour, ces envoyés, que suivaient le frère du roi et plus de mille Indiens, dirent à Cortès : « Le grand royaume de Mechoacan est admirable; on dirait le paradis terrestre. Sa capitale est presque aussi magnifique que l'était Mexico. Un lac immense (*), aux rivages pittoresques, s'étend à ses pieds, et réfléchit ses grands édifices. Ici l'on peut s'établir avec la certitude de rencontrer des terres fertiles, des mines d'or, et le climat le plus doux et le plus parfumé. » Ces renseignements déterminèrent Cortès à faire partir Olid avec cent hommes de pied et quarante chevaux pour s'assurer de cette belle contrée. Cet officier occupa la ville royale sans combattre; et puis, fidèle à ses instructions, il passa dans la province de Colima, et se mit à la recherche de la mer du Sud.

C'est à cette expédition qu'on doit les premières notions étendues du Mechoacan; notions que l'on trouve réunies dans Herrera, et que nous abrégeons (**).

Le Michuacan ou Mechoacan qui tire son nom d'un espèce de poisson nommé *michi* que l'on y trouve en abondance, s'étendait depuis le Rio de Zacatula jusqu'au port de la Navidad, et depuis les montagnes de Xala et de Colima jusqu'à la rivière de Lerma et au lac de Chapala. Il occupait la pente occidentale de la cordillère d'Anahuac, entrecoupée de collines et de vallées charmantes, offrant à l'œil du voyageur le rare as-

---

(*) Le souverain du Mechoacan prenait le titre de Cazonzi, c'est-à-dire *chaussé*, par opposition aux rois vassaux de Moctezuma, qui étaient obligés de se déchausser en paraissant devant lui.

(*) Le lac de Patzquaro.
(**) Voy. Herrera. Dec. 3, lib. 3, chap. 3, et la *Rea chronica de la provincia de Michuacan*. Mexico, 1643, 4°, lib. 1, cap. 18.

pect, sous la zone torride, de vastes prairies arrosées de ruisseaux. Un ciel pur et bleu couvrait cette belle contrée, où vivait un peuple robuste, brave, intelligent. Sur les bords du pittoresque lac de Patzquaro, s'élevait Tzintzontzan, sa capitale, ou la ville des oiseaux au plumage éclatant (*). Ce peuple appartenait en partie à la grande famille aztèque. Il descendait d'une de ces tribus acolhues, qui, séduite par la douceur du climat et la bonté des terres, s'y était arrêtée lors de la grande migration des hommes du Nord. Il avait quitté son nom primitif pour prendre celui de Tarrasque, nom probablement emprunté de quelque peuplade indigène; il avait également abandonné la langue de ses pères pour adopter celle de sa nouvelle patrie. Laborieux et sédentaire, ses mœurs s'adoucirent par degrés; il avait fini par soumettre plusieurs petites nations, et se composer un grand royaume dont l'histoire est à peu près inconnue. Il avait aussi bien profité que les Aztèques de l'ancienne civilisation de l'Anahuac. On le citait pour sa politique adroite, pour la sagesse de ses lois, pour son humanité, pour son génie industrieux, pour son habileté dans l'art de composer des mosaïques en plumes, qu'on regardait comme des merveilles, et qui se payaient fort cher. Son état social rappelait celui des Mexicains; ses dieux étaient aussi les mêmes; mais le culte qu'il leur rendait était beaucoup moins barbare : les sacrifices humains le souillaient moins souvent. Chez les Tarrasques, le souverain pontife vivait retiré dans un temple consacré au premier des dieux. Chaque année, le roi, suivi de sa cour, allait lui rendre visite, et lui offrir à genoux de riches présents. Ce jour-là seul, le grand prêtre se montrait au peuple; le reste du temps il ne sortait pas de son honorable prison. On remarquait, dans les cérémonies religieuses de l'ancien Mechoacan, un certain côté politique. A la mort d'un roi, par exemple, son successeur désignait ceux qui devaient le servir dans l'autre monde, et qu'on immolait au jour de ses funérailles; le choix tombait toujours sur quelques hommes riches ou puissants dont on redoutait l'influence, et dont on suspectait la fidélité.

Les Tarrasques et les Mexicains vivaient dans un état presque continuel d'hostilités. Jamais les rois de Tenochtitlan n'avaient pu entamer les frontières de leurs voisins. Les Espagnols les franchirent sans coup férir, et s'avancèrent dans le pays sans grande résistance. Plus tard, il leur fallut, pour s'établir solidement, vaincre les habitants de Colima et occuper le littoral maritime. Ce fut l'œuvre de Sandoval et d'Olid réunis.

D'autres nations de l'Anahuac ne se prêtèrent pas aussi facilement à la domination des chrétiens; et, du nord au sud, Cortès et ses lieutenants eurent à combattre. Chaque révolte vaincue permettait de faire un pas de plus dans le pays; et l'on finit par dépasser les limites de l'ancien royaume de Moctezuma. Sandoval, chargé d'explorer les pays du sud, qui sont arrosés par le Guazacualco, triomphe facilement de l'opposition de quelques tribus indiennes. Elles disparaissent ou se soumettent. Le fort del Espiritu Santo s'élève pour les contenir et assurer, dans ces contrées, la domination des Espagnols. Plusieurs peuplades mistèques et zapotèques, en guerre avec le seigneur de Tutepec, les appellent à leur secours; ils y marchent sous le commandement d'Alvarado, qui les délivre de leur ennemi, s'empare de leurs terres, laisse garnison dans leurs villes murées, et marche à la conquête du pays de Soconusco et du royaume de Guatemala. Dans ces contrées que les Espagnols parcourent pour la première fois, ils reconnaissent l'empreinte d'une antique civilisation; ils ont devant les yeux des palais en pierres de taille, des villes d'une lieue de circuit, entourées de murs hauts, épais, et

---

(*) Tzintzontzan, que les Aztèques, habitants de Tenochtitlan, nommèrent Huitzitzila, n'est aujourd'hui qu'un pauvre village indien qui a conservé le titre fastueux de cité.

ornés de sculptures, et des édifices d'un ordre d'architecture plus élégant que ceux de Mexico. Le même spectacle, mais plus merveilleux encore, les attend dans le royaume de Guatemala, dont ils traversent l'extrême frontière pour se rendre sur les côtes de la mer du Sud. C'est là que les regards de Cortès se portaient curieusement, et que, d'après les ordres de sa cour, il devait tenter des découvertes. Là, il espérait rencontrer le passage déjà cherché entre l'Atlantique et l'océan Pacifique, cette route des Indes que les premiers découvreurs de l'Amérique eurent en vue. Tel avait été le but du voyage de Yanez Pinzon, de Jean et de Sébastien Cabot, de Corte de Réal, de Ponce de Léon. La certitude que le continent américain s'interposait entre l'Europe et l'Asie avait été acquise en 1513, lorsque Vasco Nugnez de Balboa, de la cime des montagnes de Pancas, dans l'isthme de Panama, aperçut le grand Océan. Cortès ignorait qu'un passage avait été trouvé au sud par Magellan dans l'année précédente; lui le chercha dans les latitudes de la Nouvelle-Espagne. Son expédition du Mechoacan conduisit un de ses capitaines à l'embouchure de la rivière de Zacatula; l'expédition d'Alvarado le fit arriver sur la même côte occidentale, entre le 15° et le 16° degré de latitude nord. Il dirigea sur Zacatula tous les charpentiers de l'armée, et y fit transporter de la Véra-Cruz, à travers le continent, des voiles, des cordages et du fer. Deux navires y furent construits pour explorer la côte sur laquelle Olid, par ordre de Cortès, fit des recherches sans résultat.

Nul doute que ce dernier n'eût donné, dès la seconde année de la conquête, époque où nous sommes encore, plus de suite à l'exploration du grand Océan, s'il ne s'était vu forcé de se mettre lui-même à la tête de ses troupes, pour chasser du pays de Panuco l'Espagnol Garay qui s'en était déclaré chef indépendant. Dans cette campagne, Cortès n'eut point seulement à vaincre les gens de Garay qui furent battus, mais à résister aux indigènes dans un pays sauvage où il perdit presque tous ses chevaux. Il se trouvait là au milieu de nations dont le caractère indépendant n'avait jamais pu supporter le joug mexicain. « Leur territoire, dit-il, est tellement coupé de ravins et rempli de montagnes escarpées, qu'il est même impraticable à l'infanterie. J'y ai deux fois envoyé des troupes qui n'ont pu les dompter; leurs villes sont fortifiées par la nature du terrain. Les Indiens combattent avec des lances de vingt-cinq à trente pieds, dont l'extrémité est armée d'un caillou tranchant et pointu. Ils se sont toujours vaillamment défendus; ils ont souvent fait un mauvais parti aux Espagnols et sont la terreur des provinces voisines. Ils attaquent de nuit, et mettent à feu et à sang dans l'ombre et le silence, les villes et les villages. » Cortès combattit plus d'une fois ces terribles Indiens, qui reprenaient les armes aussitôt que les Espagnols s'éloignaient. Une fois enfin il résolut d'en finir avec eux; il chargea Sandoval de les poursuivre à outrance, de les réduire en esclavage, de faire marquer d'un fer chaud ses prisonniers, et de partager à ses soldats les terres des vaincus. Ceci fut exécuté: Sandoval dépassa même les rigueurs de cette vengeance. Grâce à son artillerie et aux Mexicains qui aidaient maintenant leurs vainqueurs à châtier leurs anciens tributaires, ces peuplades indiennes succombèrent. Quatre cents de leurs chefs furent saisis et brûlés vifs en présence de leurs femmes et de leurs enfants : action barbare que le code sanglant des représailles ne pouvait même pas excuser.

Cette province de Panuco à peu près soumise, le pays d'Ybueras (de Honduras), où la renommée plaçait de riches mines d'or, tente l'ambition de Cortès; c'est au jeune Olid, l'un de ses lieutenants favoris, qu'il confie l'honneur de planter le drapeau de Castille sur cette terre où l'aigle mexicain n'avait pu pénétrer. Olid toucha à la Havane pour prendre des provisions et des chevaux; et là, Velasquez, dans la maison duquel il avait passé son enfance, parvint à le rendre infidèle à son général. Olid, arrivé dans le pays qu'il devait conquérir, en prit possession au nom du gouverneur de Cuba. Il y resta huit mois sans écrire à son général, qui, certain de sa trahison, fit marcher contre lui le capitaine Las Casas, à la tête d'une centaine d'Espagnols et de quelques milliers d'Indiens. Poursuivi par les tempêtes et sans expérience de la côte, Las Casas perdit la plupart des siens, et, vaincu, tomba au pouvoir d'Olid; mais, à l'aide d'un audacieux coup de main, il finit par s'emparer lui-même de ce chef rebelle. Olid, à son tour prisonnier, fut jugé comme traître et décapité à Naco, après avoir vu tous ses partisans ralliés à l'autorité de Cortès (*).

Cependant Cortès, dans une profonde ignorance de ce qui se passait, se décide à exécuter en personne la conquête du Honduras, et à chercher sur ses rivages un passage pour pénétrer dans l'autre océan. Il venait de recevoir alors l'annonce officielle de sa nomination de gouverneur et de capitaine général de la Nouvelle-Espagne, titre qui devait bientôt lui être retiré. Il laisse Mexico toute occupée à s'agrandir, à se couvrir de palais et d'églises, à changer ses chaumières en maisons, à se faire belle, riche, élégante; et lui part dans tout le pompeux appareil d'un prince souverain. Un nombreux domestique, officiers, majordomes, pages, laquais, l'accompagne. Une compagnie de gardes fait le service près de sa personne. Dona Marina, avec les femmes de sa suite, est du voyage. Sandoval commande la division espagnole forte de quelques centaines d'hommes, dont cent cinquante cavaliers; trois mille Mexicains marchent sous les ordres de leurs propres chefs. Cortès n'avait pas voulu laisser à Mexico l'infortuné roi Quauhtemotzin, l'ancien seigneur de Tlacopan, et quelques autres chefs; il les traînait à sa suite. Sa marche, jusqu'au chef-lieu de Guazacualco, ressembla plus à une marche royale qu'à une expédition militaire; c'est là qu'il reçut l'hommage de tous les chefs de la province, réunis pour prêter serment de fidélité au roi d'Espagne. Parmi ces nobles indiens se trouvaient le frère et la mère de Marina. Quel fut leur effroi lorsque, dans la grande dame favorite de Cortès, assise à côté de lui, ils reconnurent la pauvre jeune fille qu'ils avaient chassée et vendue. Le cœur de cette belle Américaine n'était fait que pour les nobles passions; elle accueillit sa vieille mère tremblante comme une fille tendre; elle la punit par des bienfaits, et fit élever son frère au rang des principaux chefs du pays. Tous deux s'empressèrent d'embrasser la religion de Marina, qui repoussait la vengeance comme un crime, et faisait un devoir du pardon des injures.

La campagne du Honduras ne fut pour Cortès qu'un long tissu de calamités. Nous ne le suivrons pas au milieu des vastes prairies inondées, des profonds marécages où les chevaux enfonçaient jusqu'au poitrail, dans ces bourgs déserts, au milieu de ces peuplades énergiques qui lui disputaient pied à pied un terrain difficile. Nous ne rappellerons pas ces mille scènes de carnage et de patriotisme, ces tribus préférant la mort au joug, ces prêtres s'enfermant dans leurs temples et s'y laissant brûler jusqu'au dernier. Jamais les Espagnols n'eurent à surmonter plus d'obstacles : là, des forêts où le pied de l'homme n'avait jamais pénétré; là, de grandes et nombreuses rivières à traverser, sans ponts, sans radeaux; là des montagnes à pic, coupées de précipices qu'il fallait faire gravir aux hommes, aux chevaux exténués de fatigue et mourants de faim, et sur le sommet desquelles ils ne pouvaient se soutenir, tant les vents, impétueux comme le cours d'un torrent, y balayaient vite tout ce qu'ils trouvaient sur leur passage. Ces difficultés à vaincre se renouvelèrent à chaque

---

(*) On trouve dans Bernal Diaz un récit détaillé et très-dramatique de la défection d'Olid et de sa fin tragique.

instant pendant une marche de quatre cents lieues. Enfin, le capitaine général atteignit Nito dans le Honduras, où il retrouva une petite colonie d'Espagnols dans un pitoyable état. Ce fut dans cette campagne près d'Izancanac, capitale de la province d'Acalan, un des trois jours qui précédèrent le carême de 1525, que Cortès ternit sa gloire par la mort de Quauhtemotzin. Bernal Diaz, témoin oculaire de ce tragique événement, va nous le raconter. « Ici, dit le vieux et véridique soldat, fut le théâtre de la mort de l'infortuné Guatemotzin, le dernier roi indigène des Mexicains. On disait que ce prince et quelques nobles de sa suite avaient formé le projet d'assassiner les Espagnols, puis de retourner à Mexico où ils devaient réunir toutes leurs forces et attaquer la garnison. Deux nobles, qui avaient commandé sous Guatemotzin pendant le siège, révélèrent ce complot. Aussitôt que Cortès en eut connaissance, il prit quelques informations auprès des deux dénonciateurs. Il paraît qu'ils lui avouèrent que, nous voyant marcher sans précaution, malades, mécontents et mourants de faim : qu'eux-mêmes incertains de leur destination et s'attendant à périr d'un jour à l'autre, ils s'étaient décidés à tenter la fortune et à tomber sur nous au passage de quelque rivière, se confiant dans leur nombre et dans leur courage. Guatemotzin nia toute participation à ce complot, dont il reconnut seulement avoir ouï parler vaguement, sans l'encourager, ni l'approuver. Le prince de Tacuba (Tlacopan) fit la même déclaration, ainsi que deux autres chefs. Cependant, sans aucune autre preuve, Cortès condamna les malheureux princes à être pendus. Tout étant préparé pour l'exécution, ils furent amenés sur la grande place de la ville, accompagnés par deux révérends Pères qui les exhortaient. Mais, avant d'être mis à mort, le roi se tourna vers Cortès, et lui dit : « Malintzin, je vois maintenant à quoi devaient aboutir tes fausses paroles et promesses.... à ma mort. J'aurais dû me la donner de mes propres mains dans ma ville de Mexico, plutôt que de mettre ma personne en ton pouvoir. Pourquoi me fais-tu périr aussi injustement? Dieu te demandera compte de mon sang ; j'espère qu'il te punira. » Le prince de Tlacopan ne fit que dire qu'il était heureux de mourir à côté de son souverain légitime. Ainsi finirent ces deux grands hommes, et je dois ajouter ces deux bons chrétiens, très-pieux pour des Indiens. J'eus grande pitié de l'un et de l'autre, les ayant vus en si belle fortune et haute position. Ils furent très-bons pour moi pendant notre marche; ils m'obligeaient souvent, et me donnaient des Indiens pour aller chercher du fourrage pour mon cheval. Je déclare ici qu'ils souffrirent la mort sans l'avoir méritée, et que leur supplice fut une grande injustice. Nous en jugeâmes tous ainsi ; il n'y eut parmi nous qu'une opinion sur cette cruelle et inique sentence (*). » Voilà l'expression d'un soldat franc et loyal, d'un homme de cœur et d'un homme d'honneur. Il pèse sur la mémoire de Cortès, ce meurtre abominable que rien ne justifie. Que pouvaient ces princes détrônés dans les forêts et les solitudes du Honduras, au milieu de leurs geôliers armés. Cortès, vous avez dû voir plus d'une fois dans vos veilles de nuit, les regards du jeune et brave Quauhtemotzin s'attacher sur les vôtres, et vous reprocher votre trahison ; et lorsque, vieux et délaissé, vous vous plaigniez amèrement de l'injustice des hommes, une voix intérieure, la voix de cette inexorable conscience qui ne pardonne jamais, a dû venger le successeur de Moctezuma.

Les jours de tribulation, les mécomptes de l'ambition, l'ingratitude des hommes du pouvoir, les calom-

(*) Ce tragique événement est fort longuement raconté dans la relation d'Ixtlilxochitl ; il entre dans de curieux détails et place la scène à Teotilac, le dernier jour du carnaval de l'année 1525 (15 février). Il prouve jusqu'à l'évidence l'innocence des malheureux chefs mexicains, et la froide cruauté de Cortès qui n'avait pas un seul fait à produire contre eux.

nies, les accusations mensongères vont commencer pour Cortès. La campagne du Honduras n'avait pas rempli son attente, mais la science y avait gagné la connaissance du littoral maritime; la géographie avait fait de nouvelles conquêtes dans l'intérieur. Tout le sud du Mexique pouvait être, quoique imparfaitement, inscrit sur les cartes. A la même époque, plusieurs cités espagnoles s'élevaient dans ces contrées à peine parcourues, tandis qu'Alvarado, après avoir exploré le Chiapa et l'Oaxaca, poursuivait la découverte et la conquête du Guatemala (*).

Les ennemis de Cortès à la cour l'avaient emporté; il apprend, à Truxillo, qu'on lui retire le gouvernement de la Nouvelle-Espagne; que Nunez de Gusman est chargé de celui de la province de Panuco. Il trouve, à son arrivée dans la capitale du Mexique, un commissaire souverain, chargé d'informer sur sa conduite. Cet homme, Ponce de Léon, meurt au début de sa mission, au moment où il commençait à organiser un tribunal de gens de loi, chargés de prononcer sur l'honneur du vainqueur de Moctezuma. On chasse Cortès de la ville qu'il avait acquise à l'Espagne au prix de son sang et de tant d'héroïques efforts; et, pour y rentrer, le grand capitaine est forcé de réclamer l'intervention d'un évêque. Mais les humiliations ne font que commencer pour Cortès; son rappel lui est signifié; le voilà avec la destinée de Colomb; seulement, plus heureux que l'illustre Génois, on ne le chargea pas de fers. Il s'embarque, noblement escorté de quelques-uns de ses vieux capitaines; son fidèle ami Sandoval, le compagnon de toutes ses guerres et de toutes ses grandes journées, est avec lui. On voit marcher à sa suite quelques nobles de Tlascala et des principales villes mexicaines, ainsi que des échantillons d'Indiens de toutes les parties de l'Anahuac, surtout de

(*) Nous réservons les détails de son expédition pour l'histoire du royaume de Guatemala indépendant du Mexique.

jeunes filles belles et blanches. Il emmène aussi des nains et des danseurs de cordes. Il emporte beaucoup d'or, d'argent, d'oiseaux, de plantes, et de raretés du pays (*). Il débarque à Palos à la fin de mai 1528; il se rend à Madrid; il confond ses ennemis; il reçoit de l'empereur l'accueil le plus distingué. Tous ses titres et honneurs lui sont rendus; on le fait non-seulement gouverneur de la Nouvelle-Espagne, *mais de tout le continent et des îles qu'il pourrait découvrir dans la mer du Sud.* On lui cède la vallée d'Atrisco avec ses villes, ses villages, et ses vingt-trois mille habitants; et la grande vallée d'Oaxaca, si riche et si populeuse, érigée pour lui en marquisat. L'empereur met le comble à ses bienfaits en lui donnant pour femme la belle doña Juana de Zuniga, la sœur du comte d'Aguilar, l'un des plus grands seigneurs des Espagnes. Ce fut un éclair de faveur, brillant comme les éclairs du ciel, mais rapide comme eux.

Cortès, près du trône, ne fut pas oublieux de ses frères d'armes, qui trouvèrent en lui un chaud défenseur de leurs services; il obtint la confirmation de toutes les cessions de terres qu'il leur avait faites, et le droit de porter des armes offensives et défensives soit en Espagne, soit dans les Indes. Ses fidèles alliés, les Tlascalans, furent déclarés libres; on leur accorda même quelques priviléges qui, dans la suite, ne furent pas toujours respectés.

Le triomphe de Cortès sur la camarilla fut attristé par une grande douleur; Sandoval, cet autre lui-même, n'en fut pas témoin. Il expira dans une petite ville de l'Andalousie, à la fleur de l'âge, en se rendant à la cour. C'était la perte la plus cruelle que Cortès pût éprouver; Sandoval était

(*) Cortès avait déjà fait au roi d'Espagne un premier envoi d'or, d'argent, de manuscrits aztèques, d'ouvrages en plumes, etc., etc. Mais le bâtiment porteur de ces richesses fut pris par un corsaire français qui en fit hommage à François Ier.

le meilleur et le plus dévoué de ses officiers ; celui qui, en tous temps et en tous lieux, avait parlé le plus haut pour lui. C'était, après le général en chef, le plus illustre de tous les conquérants du Mexique ; pour lui, Cortès réservait les expéditions les plus difficiles, les plus périlleuses. Ses grands talents militaires égalaient sa bravoure personnelle, et sa bravoure, son désintéressement et son humanité. Il était chéri de tous ; Cortès le pleura comme on pleure un fils. Sandoval mourut à trente ans, usé par les fatigues et couvert de blessures.

Cependant Cortès, honoré de nouveaux titres, ne revint sur le théâtre de sa gloire qu'avec une autorité restreinte ; on ne lui confia ni le pouvoir administratif, ni le pouvoir judiciaire ; tous deux passèrent aux mains d'un conseil supérieur, appelé Audience de la Nouvelle-Espagne. On était à l'année 1530, et déjà tout était changé dans cette grande contrée ; des gens de peu d'importance personnelle et de grande rapacité y avaient été envoyés de Madrid, et contrariaient toutes les vues généreuses de Cortès. Les vieux compagnons de sa fortune n'étaient plus, ou se trouvaient disséminés dans les provinces ou engagés dans de lointaines expéditions. Une foule d'officiers nouveaux ne lui obéissaient qu'à regret et sans dévouement personnel. Dans cette position, Cortès, dépouillé d'une grande partie de son autorité dans les affaires de l'intérieur, chercha d'autres routes de gloire dans la carrière des découvertes. Il reprit avec une nouvelle ardeur la recherche d'un passage entre les deux mers ; il fit explorer d'abord l'isthme de Darien et les côtes orientales de l'Amérique du Nord. Tous les bâtiments qu'il envoya dans ces directions périrent successivement. Affligé de ces mauvais résultats et confiant dans sa fortune, il prit lui-même le commandement d'une nouvelle expédition (1536). S'il ne rencontra pas le passage tant cherché, il découvrit la Californie ; il en visita une partie des côtes ; il navigua dans cette mer intérieure, à laquelle on donne le nom de Vermeille, et que l'on devrait bien plutôt appeler la mer de Cortès (*).

Ce fut pendant ce dernier voyage qu'il apprit l'arrivée à Mexico du vice-roi Mendoza. Il reconnut dès ce moment qu'il n'y avait plus rien à attendre pour lui. Les obstacles se multipliaient sur ses pas, on l'abreuvait de dégoûts. Enfin, las de se voir chaque jour aux prises avec l'intrigue et le mauvais vouloir, honteux d'avoir à lutter avec des gens si inférieurs à lui, il se détermina à repasser en Espagne pour revendiquer ses droits de capitaine général, et réclamer le remboursement des sommes qu'il avait dépensées dans ses diverses entreprises, toutes faites à ses frais. L'accueil qu'il reçut dans sa patrie dut moins le surprendre que l'indigner, sa gloire y était oubliée déjà ; des conquêtes plus récentes sur d'autres points de l'Amérique et dont on attendait de plus riches trésors, occupaient les esprits ; on n'avait plus rien à espérer d'un homme vieux, que la fortune semblait avoir abandonné, et dont tant de longues guerres avaient usé les forces. Charles le reçut avec froideur, ses ministres avec insolence. Cortès, qui s'était assis en maître dans le palais de Moctezuma, qui avait disposé en vainqueur de tant de vies et de tant de contrées, qui, moins loyal, pouvait placer sur sa tête la couronne des rois du Mexique, se faire des Indiens un peuple dévoué, associer à sa fortune royale bon nombre de ses vieux compagnons d'armes, et défier, chef indépendant de la Nouvelle-Es-

(*) Antérieurement à cette expédition, les Espagnols s'étaient procuré des renseignements sur la Californie par quelques naturels de Colima. M. de Humboldt a trouvé, dans un manuscrit conservé aux archives de la vice-royauté de Mexico, que la Californie avait été découverte en 1526 ; il ignore sur quoi se fonde cette assertion. Les extraits que l'auteur de la *Relacion del viage al estrecho de fuca* a faits des manuscrits conservés à l'académie d'histoire de Madrid, paraissent prouver que la Californie n'a pas même été vue dans l'expédition de Diego Hurtado de Mendoza en 1532.

pagne, toutes les forces de l'ancienne, Cortès se voit réduit à se présenter en solliciteur devant un commis de bureau, à subir les hauteurs de cet homme si bas placé vis-à-vis de lui, et les dédains et les refus des courtisans du pouvoir, salaire dont l'Espagne payait alors ceux qui avaient agrandi ses domaines et fait l'admiration du monde. Cette vie de misère finit vite de Cortès ; il expira le 2 décembre 1547, dans la soixante-deuxième année de son âge. Il avait survécu à presque tous ces grands capitaines dont les noms figurent si honorablement dans le merveilleux drame de la conquête. Velasquez de Léon, Morla et Escalante n'étaient plus quand Mexico succomba ; Christoval de Olid avait porté sa tête sur l'échafaud. Une petite ville d'Andalousie avait vu Sandoval rendre le dernier soupir ; et Pédro de Alvarado, emporté par un cheval fougueux, était mort d'une chute violente dans la Nouvelle-Galice (*).

Nous avons maintenant devant nous une grande colonie européenne. Près de trois siècles nous séparent encore de ce jour mémorable, où, lasse du joug de la métropole, elle lèvera le drapeau de l'indépendance. Ce long temps n'a plus à nous offrir dans la Nouvelle-Espagne les grands événements qui attirent les regards du monde, mais des faits d'un intérêt purement local. Nous les résumerons rapidement en nous attachant aux principaux.

La première pensée des vainqueurs fut une pensée de propagande, mais de propagande telle que des hommes de guerre la conçoivent ; toutefois le zèle des Espagnols pour le progrès de la foi eût-il été moins ardent et moins brutal, ils fussent devenus convertisseurs par politique. Cortès avait vu dès le premier moment que le meilleur moyen de s'assurer de la fidélité des indigènes était d'en faire des chrétiens ; qu'entre eux et les Espagnols l'idolâtrie aztèque élevait une barrière insurmontable. Lui et ses successeurs se montrèrent sans pitié pour le culte mexicain. Les idoles furent brisées et brûlées, les téocalli ou maisons des dieux démolis et rasés ; pas un prêtre ne fut épargné. Cortès et les premiers gouverneurs réclamèrent des missionnaires pour accomplir l'œuvre de la civilisation. Franciscains, augustins, dominicains ne se firent pas attendre. Nous les voyons accourir au Mexique dans les années 1522, 1524, 1526, 1528, 1545 ; ils se dirigent sur tous les points, ils pénètrent bien au delà des établissements militaires, ils trouvent presque partout des esprits ébranlés par la crainte et des populations tremblantes prêtes à recevoir un nouveau symbole religieux. Les Mexicains crurent que les dieux indigènes vaincus devaient céder aux dieux des vainqueurs. Dans une mythologie aussi compliquée que la mythologie aztèque, il était facile de trouver une parenté entre les divinités d'Aztlan et celle de l'Orient. N'avons-nous pas déjà vu Cortès profiter habilement d'une tradition populaire qui faisait descendre les Espagnols du divin législateur de l'Anahuac. Un tel exemple ne fut pas perdu pour les missionnaires. Eux, dans un plus noble but, se servirent de fraudes pieuses pour assurer le triomphe du christianisme. Ils persuadèrent aux indigènes que l'Évangile dans des temps très-reculés avait été prêché en Amérique ; ils en recherchèrent les traces dans le rite aztèque, et favorisèrent, jusqu'à un certain point, tout ce qui pouvait identifier le culte nouveau avec le culte ancien. Ils trouvèrent la croix admise comme un signe religieux, et ils en profitèrent pour faire adopter le symbole de la rédemption. L'aigle sacré des Aztèques leur servit à introduire le culte du Saint-Esprit. Ils accueillirent toutes les transactions que le passé des Indiens permettait d'admettre, et firent fléchir, jusqu'aux limites du dogme, la rigidité de la liturgie catholique. Beaucoup de choses étran-

(*) Un document fort curieux pour la biographie de Cortès a été publié par M. de Humboldt : nous voulons parler du testament du grand capitaine, en date du 11 octobre 1547. Voyez Essai sur la Nouvelle-Espagne, tome IV.

gères au rite romain furent reçues. La passion des Indiens pour les fleurs fut sanctifiée. On alla jusqu'à permettre les danses et les travestissements les jours de fêtes dans l'intérieur même des églises. Enfin, tout ce qui ne heurtait pas les grands articles de foi fut respecté. Ces ménagements, se combinant avec la volonté prononcée des conquérants, et leurs exigences aux formes acerbes, expliquent la promptitude et le grand nombre des conversions, malgré l'attachement bien connu des Mexicains au polythéisme de leurs ancêtres. Si pleine foi doit être accordée au chiffre de Torquemada, il faut porter à six millions le nombre des Indiens baptisés par les franciscains de 1524 à 1540, soit dans le royaume de Moctezuma, soit à Tlascala, soit dans le Mechoacan. Quauhtemotzin et le petit nombre de nobles mexicains échappés au fer espagnol embrassèrent la foi nouvelle. La famille royale de Tezcuco en fit autant. Ixtlilxochitl, chef de ce petit royaume, fidèle allié de Cortès dans toutes ses campagnes, se distingua parmi les nouveaux convertis. Il reçut à bras ouverts le frère Martin de Valence et douze moines qui l'accompagnaient; il les logea dans le palais de ses ancêtres; il apprit très-promptement *les mystères de la messe et de la passion*, puis il se mit à cathéchiser ses sujets, et les obligea, tant par ses paroles que par son autorité, à recevoir le baptême (*). Son zèle était si passionné qu'il menaça la vieille reine, sa mère, de la faire brûler vive si elle ne consentait à quitter sur-le-champ le culte de ses dieux auquel elle tenait beaucoup; il la prêcha, lui donna de fort bonnes raisons, et finit par la conduire à l'église où elle fut baptisée sous le nom de Marie (**). Un fait qu'on

(*) La manière dont les religieux imposèrent des noms à cette multitude de néophytes, est assez curieuse : on les divisait par bandes, et les individus appartenant à chaque division, recevaient le même nom; ce qui abrégeait singulièrement la cérémonie et permettait aux religieux d'opérer par masses.

(**) Malgré ces conversions spontanées et

ne doit pas passer sous silence, c'est l'attachement des indigènes à leurs pasteurs; il date de leurs premiers rapports, il ne s'affaiblit point pendant trois siècles. Pour les apôtres du Mexique fut une noble tâche; ils s'interposèrent entre les vainqueurs et les vaincus, ils placèrent la croix entre le glaive et la victime. Leur parole imposante protégea la faiblesse et le malheur, et le malheur et la faiblesse s'attachèrent à eux comme les lierres des forêts à l'arbre qui les soutient. Il est doux pour l'humanité de pouvoir opposer aux victorieux soldats de Castille, rapaces et sans pitié, les soldats du Christ, ces missionnaires de la foi dans tout l'éclat de la charité apostolique. Deux d'entre eux se font surtout remarquer entre les courageux défenseurs des vaincus. Depuis trois siècles les Indiens ne prononcent qu'avec vénération les noms illustres de Sahagun et de Las Casas. Le premier, Bernardino Ribeira, d'une famille respectable d'Espagne, prit l'habit de saint François sous le nom de Sahagun sa ville natale. Sa figure était aussi belle que son âme, ses manières aussi distinguées que son esprit. Le Mexique était un champ ouvert au zèle religieux; il s'y rendit en 1529. Témoin des maux des Indiens, il résolut de consacrer sa vie à les consoler, à les instruire, à améliorer leur sort. La langue aztèque devint la sienne; il l'apprit si parfaitement qu'il devint aux yeux des savants mexicains un modèle classique.

plus ou moins l'œuvre de la force et de l'adresse, l'attachement des Indiens à leur première religion ne s'éteignit pas facilement. Ils le conservèrent longtemps au fond du cœur. On les vit bien des années après la conquête se livrer aux pratiques de cette religion dans le petit nombre de temples qui, perdus dans les bois ou cachés dans les montagnes, avaient échappé à la destruction. Ce fait justifie la politique des conquérants et le zèle des premiers évêques qui firent brûler tout ce qui pouvait directement ou indirectement rappeler l'idolâtrie. Si les signes visibles en eussent été conservés, les Indiens auraient plus difficilement abandonné le culte sanguinaire de leurs aïeux.

Les deux rejetons des deux malheureuses dynasties de Mexico et de Tezcuco furent à la fois ses maîtres et ses amis. Ce fut Sahagun qui suggéra à Don Antonio de Mendoza, le premier et l'un des plus dignes vice-rois du Mexique, l'idée de créer un collége pour l'instruction des jeunes Indiens. Il réunit plus de cent élèves qui devaient, en se répandant dans les différentes villes du royaume, instruire à leur tour leurs compatriotes. Le père Sahagun dirigeait cette œuvre de piété et de philanthropie qui compta bientôt autant d'ennemis que de gens intéressés à l'abrutissement des indigènes. On était sûr de trouver Sahagun là où il y avait des injustices à combattre, des douleurs à consoler, des misères à secourir. Sa mort fut une calamité pour les pauvres Indiens qui perdirent en lui un protecteur puissant. Le nom de Las Casas est trop illustre pour que nous ayons besoin de dire ici ce que fut, ce que fit cet apôtre: qui ne sait ses œuvres, son courage et son zèle infatigable pour protéger la race américaine aux mains des Espagnols. Grâce à sa persévérante intervention, à sa parole évangélique, cette race vaincue fut prise en pitié par les papes et les rois d'Espagne. Deux bulles de Paul III déclarèrent les Indiens créatures raisonnables et capables de particper aux sacrements. Dès 1523 Charles-Quint avait expédié de Valladolid des instructions fort sages et fort précises pour l'établissement d'un gouvernement régulier dans la Nouvelle-Espagne. Le prince défendait tout partage des naturels; il annulait ceux qui avaient été faits; il déclarait les Indiens libres en acquittant les droits de vasselage; il recommandait de n'user d'aucune violence envers eux. Les mêmes ordonnances furent renouvelées en 1535, 1549, 1550 et 1552, ce qui fait supposer qu'elles n'avaient pas été bien exécutées jusqu'alors. Tout service personnel des indigènes fut aboli, et, pour leur donner dans le pays même de puissants appuis, ils furent mis sous la protection des évêques, qui exercèrent un tel patronage en véritables apôtres de l'humanité. Nous pourrions ajouter que les incapacités même dont ils étaient légalement frappés, tournèrent dans le principe à leur avantage. La couronne, en les déclarant inhabiles à contracter sans l'assistance d'un tuteur pour des valeurs supérieures à cinq piastres, les mettait à l'abri de la ruse et de la rapacité des blancs. S'ils furent astreints à payer le tribut, on les affranchit de l'alcavala et de plusieurs autres taxes onéreuses. Il fut défendu aux Européens de s'établir dans leurs villages. Malheureusement toutes ces mesures prises de loin n'eurent pas, dans l'exécution, le succès qu'on s'en promettait. Les bonnes intentions de la cour d'Espagne pendant les seizième et dix-septième siècles ne garantirent pas les Indiens d'un sort misérable. Toutefois leurs souffrances ne prouvent rien contre le gouvernement de Madrid; elles attestent seulement que dans les premiers temps qui suivirent la conquête il était sans moyen d'action sur ce grand nombre de soldats espagnols envahisseurs des propriétés de l'ancienne aristocratie mexicaine, et maîtres de toute cette population vassale qui couvrait le pays. Il y eut alors au Mexique une période d'anarchie militaire pendant laquelle la force et le caprice tinrent lieu du droit. Tous les possesseurs de terres, moins le petit nombre de nobles admis dans l'armée espagnole ou que les alliances avec les vainqueurs protégèrent, furent dépouillés. On laissa seulement à cette pauvre noblesse, ainsi qu'à ses anciens vassaux, quelques petites portions de terres à l'entour des églises pour habiter et se nourrir. Alors on employait les indigènes comme bêtes de somme pour porter le bagage et traîner les canons, ou, comme troupes auxiliaires, on les livrait aux premiers coups de l'ennemi. Dans les expéditions du Mechoacan, de Panuco, du Honduras, d'Oaxaca, du Guatemala, ils combattirent contre leurs frères pour leurs tyrans; on les laissa sans nourriture, on les accabla de fatigues. La mort sous toutes les for-

mes, famine, fièvres, petite vérole surtout, vint les moissonner. La dépopulation croissant rapidement, un autre ordre de choses fut introduit. L'intérêt prêta l'oreille à la voix de l'humanité. On exécuta mieux les décrets des rois catholiques, l'oppression fut régularisée. Les Indiens regardés comme dépendance du sol furent attachés à la glèbe, par l'établissement des *Encomiendas*, espèces de fiefs établis en faveur des *conquistadores*. L'esclavage, d'abord arbitraire et soumis uniquement à la loi du bon plaisir, prit des formes légales. On partagea entre les conquérants les restes du peuple vaincu. Les Indiens, divisés en tribus de plusieurs centaines de familles, eurent pour maîtres les soldats qui s'étaient distingués dans la guerre d'invasion, et les gens de loi envoyés de Madrid pour gouverner les provinces. Toutefois, ces feudataires *encomienderos* ne se bâtirent point des nids de vautour comme les seigneurs du moyen âge, mais des *haciendas* ou grandes fermes, qu'ils eurent le bon esprit de faire régir à la manière de la noblesse aztèque. Il n'y eut point d'interruption et de changement dans la culture des plantes du pays. Le serf y apporta sa routine héréditaire, et s'identifia tellement avec son maître, que fort souvent il en prit le nom. Beaucoup de familles indiennes portent encore aujourd'hui des noms espagnols sans que leur sang ait jamais été mêlé au sang européen. Dans cette période de vasselage, la masse du peuple resta ce qu'elle était avant la conquête, pauvre, avilie, travaillant pour autrui et ne possédant rien. Alors une heureuse circonstance vint protéger la vie des indigènes. Les premiers colons ne firent pas au Mexique ce que leurs compatriotes avaient fait aux Antilles. Ils ne forcèrent point toute la population indienne à s'enterrer dans les profondeurs du sol pour en arracher l'or et l'argent; ils ne fouillèrent point les mines; ils ne possédaient ni les fonds ni les connaissances nécessaires pour les exploiter. Ils ignoraient l'art de traiter le minerai pour en séparer le métal; ils se contentèrent, à l'imitation des naturels, de laver les terres entraînées des montagnes par les rivières et les torrents, et d'en retirer les grains d'or qui s'y trouvaient. Les mines de la Nouvelle-Espagne, qui ont répandu tant de richesses sur le globe, ne furent découvertes que plusieurs années après la conquête, et rapportèrent peu de chose aux premiers entrepreneurs. Cette industrie, assez longtemps languissante, n'occupa qu'un petit nombre de bras. Ce fut un bonheur pour l'humanité.

Jusqu'au XVIIIᵉ siècle le sort des cultivateurs mexicains fut à peu près celui des serfs de notre Europe. Depuis, il s'améliora progressivement. Les familles des *conquistadores* s'étant éteintes en partie, les *encomiendas* ne furent point distribuées de nouveau. Les vice-rois et les *audiencias* veillèrent sur les intérêts des Indiens qui, déclarés libres, s'appartinrent à eux-mêmes et purent disposer de leurs personnes. Aucun service personnel ne leur fut imposé. Le *mita* (travail forcé des mines) fut aboli; ce travail devint entièrement volontaire et rétribué. Toutefois, malgré ces améliorations, de nombreux abus restaient encore, au premier rang desquels il faut placer les *repartimientos*, ventes forcées faites aux Indiens par les agents de l'administration espagnole, ventes presque toujours frauduleuses, et qui constituaient l'indigène dans une entière dépendance du créancier. Ce dernier, à défaut de payement, acquérait un droit absolu sur le travail de son débiteur, et pouvait le réduire en une servitude de fait comme insolvable. Dans ce système, vendre un mulet, une selle, un manteau à un Mexicain, c'était l'acheter lui-même. Charles III, le bienfaiteur de la population américaine, défendit ces repartimientos, qui, cependant, continuèrent dans quelques parties éloignées de l'œil des intendants.

Nous verrons bientôt quels étaient les autres abus dont les hommes sages demandaient le redressement, et qui subsistaient encore au moment de la révolution de 1808. Revenons au XVI⁰ siècle, alors que le joug était lourd, et que l'esprit d'indépendance agitait encore quelques nations belliqueuses, entre lesquelles se distinguaient les Chichimèques, les plus sauvages et les plus braves de tous ces hommes du Nord, dont l'établissement sur le plateau d'Anahuac avait précédé celui des Aztèques. Ils occupaient les environs de Guadalaxara. Lorsque les Espagnols arrivèrent dans ce pays, ils y remarquèrent les ruines de plusieurs grandes villes, dont le territoire paraissait avoir été jadis cultivé; il ne l'était plus. Les Chichimèques avaient chassé les Otomies, peuple essentiellement agricole, qui s'était retiré plus au sud. Eux ne vivaient point dans des maisons, ils ne connaissaient d'autre bonheur que l'existence vagabonde des forêts et des montagnes; la chasse faisait leur principale occupation, ils passaient pour d'excellents archers, ils étaient armés de longs arcs et de flèches, et enlevaient le péricrâne à leurs prisonniers, dont ils faisaient trophée dans leurs jours de fêtes.

Ces Chichimèques qui s'avançaient jusqu'à trente lieues de Mexico, étaient de trop dangereux voisins pour que les Espagnols les laissassent en repos. Attaqués dans leurs villages, ils se réfugièrent dans les montagnes. C'est là que Christoval de Onate les poursuivit avec un petit nombre de cavaliers et de fantassins et beaucoup d'Indiens alliés : cette petite armée s'avança jusqu'au rocher de Mixtan; quinze mille ennemis en descendirent avant le lever du soleil et firent main basse sur la troupe d'Onate. A la nouvelle de cette défaite, Alvarado, ce lieutenant de Cortès, l'un des héros de toutes les grandes journées de la conquête, quitta les frontières du Guatemala pour se mesurer aussi avec les Chichimèques qui, retranchés dans leurs rochers, remportèrent une nouvelle victoire sur les Espagnols. Ils ne se contentèrent pas de les repousser, ils les poursuivirent, et si vivement, qu'Alvarado lui-même se vit obligé de prendre la fuite. Emporté par son cheval fougueux dans un précipice, il mourut trois jours après des suites de cette chute violente, laissant les vieux compagnons d'armes, qu'il avait si souvent conduits à la victoire, inconsolables de sa perte. Elle fut vengée, mais non sans peine. Il fallut plus de deux années de combats pour réduire ces terribles Chichimèques. Le vice-roi Mendoza fut obligé, à l'exemple de Cortès, d'appeler à son aide cinquante mille Indiens de Tlascala, de Cholula, de Tepeaca, qui semblent avoir eu mission de mettre tout l'Anahuac aux mains des Espagnols. On fut tout étonné dans cette rude campagne de voir les Chichimèques combattre avec un ordre inconnu aux Indiens ; ils se présentaient en bataillons ayant sept hommes de profondeur ; leurs rangs étaient serrés, leurs mouvements réguliers : on eût dit que quelque transfuge espagnol leur avait enseigné la tactique d'Europe. Cette guerre est, après la grande guerre de la conquête, l'événement militaire le plus important du seizième siècle. Pour contenir cette race belliqueuse vaincue, mais non soumise, on entoura leurs frontières de colonies et de places fortifiées. La ville de San-Miguel sur la route de Zacatecas s'éleva comme une barrière à leurs incursions. Dans le même but on agrandit les villes de Durango et de San-Sébastien. Il y eut bien sur d'autres points quelques révoltes partielles, mais de peu d'importance, au nombre desquelles figurent celles des indigènes de la vallée de Vaorita et des Indiens d'Oaxaca, nouvellement convertis, qui renoncèrent à la religion chrétienne et revinrent aux dieux de leurs ancêtres. Toutes ces tentatives n'eurent d'autre résultat que de rendre plus lourd le joug espagnol. Tandis que ces choses se passaient, de nouvelles villes s'élevaient sur tous les points de la conquête; de nouvelles populations s'y rendaient d'Espagne, de Cuba, de Saint-Domingue, attirées par la fertilité du littoral maritime et des terres chaudes qui donnaient du sucre, du cacao, de la cochenille, de l'indigo, du coton, précieux produits qu'on tenait alors à si haut prix. On y venait surtout à la recherche des mines d'or et d'argent. Les révoltes des indigènes apaisées, on se mit à fouiller les terrains exploités par les rois aztèques ; les vice-rois Mendoza et Velasco encouragèrent toutes les tentatives particulières ; quelques nouveaux filons furent trouvés. Cette recherche des mines se lie intimement à l'exploration et au développement de la conquête de la Nouvelle-Espagne : les grandes expéditions qui en reculèrent les limites ne peuvent être passées sous silence.

Vers 1537, un certain Alvaro Nuñez, surnommé Cabeça de Vaca, un des trois cents Espagnols qui avaient débarqué dans la Floride avec Panfilo de Narvaez, parvint à échapper lui quatrième au massacre de ce détachement. Jeté dans des régions inconnues, au milieu de peuplades barbares, il erra plusieurs années à travers la Louisiane et la partie septentrionale du Mexique, et finit par atteindre la côte de Culiacan dans la province de la Sonora. Il fit à son retour de pompeux récits de ses longs voyages ; il raconta une multitude de choses merveilleuses sur les dangers qu'il avait courus, sur les peuples et les immenses pays qu'il avait visités. Loin de mettre en doute sa véracité, on crut que par modestie il ne se vantait pas de tout ce qu'il avait fait ; on alla même jusqu'à publier que Dieu, pour le sauver lui et les siens, leur avait donné le pouvoir de guérir les Indiens malades et de ressusciter les morts. De Vaca ne dit pas non, et voyant les Espagnols en si bonne disposition de croire, il les assura que toute la côte de la Californie était tapissée de perles. A la même époque nous trouvons une autre source de merveilleux dans la relation des voyages du moine Marcos de Nizza. Ce missionnaire, envoyé à la demande de Las Casas pour convertir les Indiens de la Sonora, s'avança fort loin au nord du golfe de la Californie. Il exalta l'imagination des Espagnols par le tableau fantastique de la civilisation de ces contrées, où il plaçait, sur la foi de quelques indigènes mal compris, la grande cité imaginaire de Cibola et sept autres grandes villes dont les maisons étaient en pierre, à deux étages, avec des portes enrichies de turquoises, et dont les habitants bien vêtus et soumis à un chef mangeaient dans de la vaisselle d'or. Il est possible que les ruines des Casas Grandes du Gila (*) aient servi de fondements à l'histoire de Cibola, et que la fable des sept villes ne soit qu'un déplacement de cette tradition populaire qui depuis plusieurs siècles voyageait toujours à l'ouest dans les pays inconnus.

La relation de Marcos Nizza détermina l'expédition de Vasquez de Coronado qui, tout en reculant les limites des terres connues au nord-ouest de la Nouvelle-Espagne, vint ajouter de nouvelles fables à celles qui avaient déjà cours sur les pays situés entre le Rio-Gila et le Rio-Colorado. A cette expédition, qui ne fonda aucun établissement stable, se rattache l'idée du *Dorado* mexicain sous le 41° degré de latitude, et l'existence du grand royaume de Tatarrax et de l'immense ville de Quivira sur les bords du lac douteux de Teguayo. Ce qui reste prouvé, c'est que Coronado ne put se maintenir au milieu de populations hostiles et braves, et que, riche et nouvel époux d'une jeune et jolie femme, il se hâta de revenir auprès d'elle.

Moins un pays est connu, moins il est rapproché des colonies européennes populeuses, plus facilement on croit à ses richesses métalliques. Les hommes courent au-devant du merveilleux, leur terre de prédilection ; les premiers voyageurs le savaient bien lorsqu'ils répandaient de brillants mensonges avec le ton du mystère et toutes les circonstances de la bonne foi. Jamais l'imagination des Espagnols n'avait été plus occupée qu'à l'époque où nous sommes parvenus. Toutefois, mieux conseillés, les chercheurs de mines se

(*) Il ne faut pas confondre les Casas Grandes du Gila avec les Casas Grandes de la Nouvelle-Biscaye, désignées par les indigènes comme la troisième demeure des Aztèques.

dirigèrent vers les districts qui recélaient les plus riches trésors. L'intrépide Francisco Ybarra se montra plus habile ou plus heureux que ses prédécesseurs dans cette carrière ouverte à l'aventureuse cupidité. Après avoir, par ordre de Velasco, visité et pacifié une partie du pays de Zacatecas, il découvrit les mines de Saint-Martin et de Saint-Luc de Avino. Pour assurer leur exploitation, il jeta entre Zacatecas et Sancta-Barbara, sur une étendue de 100 lieues, les fondements d'une suite de villes, puis, gagnant au nord la vallée de la Guadiana où la cité de Durango commençait à s'élever, il parcourut avec une poignée de braves les provinces de Topia et de Sinaloa, marquant son passage par de hauts faits d'armes et de nouvelles colonies auxquelles il ne laissait que quelques hommes pour garnison. C'est ainsi qu'il s'avança de quelques centaines de lieues dans des pays où le nom espagnol n'avait pas pénétré. Trop faible au milieu de populations guerrières pour parler en maître, il revint plus tard fonder la colonie de Chiametla dans le voisinage de riches mines d'argent.

Nous n'avons sur l'histoire de la découverte et des premières exploitations des mines de la Nouvelle-Espagne que des notions fort imparfaites. On a déjà vu que les filons de Tasco avaient été les premiers travaillés. C'est à peu près à la même époque que les terrains de Sultepeque, de Tlapujahua et de Pachuca furent fouillés. L'exploitation des différentes mines de Zacatecas suivit de près. Celle de San-Barnabé fut attaquée dès l'année 1548. On assure que vers ce temps, des muletiers, qui voyageaient de Mexico à Zacatecas, découvrirent les minerais d'argent du district de Guanaxuato. Le filon principal, la *Veta Madre*, fut trouvé en 1560. On croit que les mines de Comanjas sont plus anciennes encore que celles de Guanaxuato, mais, comme le produit de toutes les mines du Mexique n'a été, jusqu'au commencement du dix-huitième siècle, que de six cent mille marcs d'or et d'argent par an, on peut en conclure qu'au seizième on ne travaillait pas avec une grande activité à l'extraction des minerais. Ce résultat ne peut être imputé qu'à l'absence de fonds nécessaires, qu'à l'imperfection des moyens d'extraction, car la cupidité n'était pas en défaut. C'était elle qui, comme nous l'avons vu, courait sur tous les points de la Nouvelle-Espagne en audacieuse aventurière, qui agrandissait le domaine de la géographie, qui posait les premières pierres de ces villes mexicaines, célèbres aujourd'hui entre les plus belles des deux Amériques. Toutefois, ce nom de ville dans le seizième siècle, qui revient si souvent sous la plume des anciens historiens, ne doit pas toujours être pris dans le sens que nous attachons à ce mot. Les conquistadores et les moines missionnaires donnaient assez souvent de grands noms à de petites choses. Une croix plantée dans un désert de la Nouvelle-Biscaye ou de la Sonora, ou de quelque province intérieure, figurait dans leurs récits ou sur leurs cartes comme un village habité. Quelques cabanes réunies prenaient le titre pompeux de villes; une enceinte en palissades, un mauvais mur de terre improvisé, étaient désignés sous le nom de place forte. Il faut donc réduire ces fictions à leur juste valeur pour se former une idée vraie des premiers établissements au Mexique sur les points éloignés de la capitale. Il en était tout autrement dans les limites de l'empire aztèque. Ici les cités espagnoles se développaient sur le site même des villes indiennes, et croissaient en richesses et en population avec une merveilleuse rapidité. Dans quelques-unes d'entre elles, l'industrie d'Europe s'était introduite, et, copistes habiles de ce qu'ils voyaient faire, les indigènes contribuaient aux progrès des premières manufactures. Eux aussi, esclaves ou serviteurs dans les grandes fermes, cultivèrent pour leurs maîtres, d'après les anciens procédés du pays, les meilleurs pour les plantes indigènes, et s'habituèrent bientôt aux méthodes du vieux continent pour tout ce qui concernait nos

céréales, les arbres fruitiers et les légumes de nos jardins, que les Espagnols s'empressèrent d'importer en Amérique.

La découverte et la colonisation du nouveau Mexique, la partie la plus septentrionale de la Nouvelle-Espagne, appartiennent encore au seizième siècle, et c'est encore ici des moines missionnaires qui forment l'avant-garde. La grande expédition du capitaine Espéjo suivit celle du Père Augustin Ruiz, qui périt victime de son zèle religieux. Si l'on pouvait s'en rapporter à la relation du premier, cette province reculée présentait au moment de sa découverte des populations en voie de civilisation, et dont quelques-unes avaient certains rapports communs avec les Aztèques, autant toutefois que des hommes libres peuvent ressembler à des espèces de serfs d'une aristocratie féodale. Espéjo vit plusieurs de ces Indiens, hommes et femmes, avec des robes de coton agréablement peintes, ou des casaques d'étoffe bigarrée blanc et bleu, à la manière des Chinois : tous étaient ornés de plumes de diverses couleurs. Un des chefs lui fit présent de quatre mille manteaux de coton. La tribu des Jumanes se tatouait le visage et se traçait des lignes bizarres sur les bras et les jambes. Ces peuples avaient pour armes de grands arcs dont les flèches se terminaient par des pointes aiguës d'un caillou fort dur, et des épées de bois armées des deux côtés de pierres tranchantes, comme les épées des Aztèques; ils savaient s'en servir avec beaucoup de dextérité et couper en deux un homme d'un seul coup. Leurs boucliers étaient recouverts de peaux de bœuf non tannées. Quelques-unes de ces petites nations logeaient dans des maisons de pierre à quatre étages, à toits plats, et dont les épaisses murailles les garantissaient du froid de l'hiver. D'autres se reposaient sous des tentes pendant les chaleurs de l'été, ou y vivaient toute l'année. On rencontrait des bourgades où le luxe et l'aisance se faisaient remarquer. Les maisons étaient enduites de chaux, et les murs couverts de peintures. Les habitants portaient de fort beaux manteaux également peints, et se nourrissaient de viandes bien préparées et de pain de maïs. D'autres tribus étaient un peu plus sauvages; elles se recouvraient de peaux d'animaux, produits de leurs chasses, et faisaient de la chair du bison leur principale nourriture. Les plus voisines des bords du Rio-del-Norte, et dont les champs paraissaient bien cultivés, obéissaient à des chefs dont les ordres étaient annoncés par des crieurs publics. On voyait chez tous ces Indiens une multitude d'idoles, et dans chaque cabane une chapelle dédiée au mauvais génie. Ils représentaient en peinture le soleil, la lune et les étoiles, principaux objets de leur culte. Lorsqu'ils virent pour la première fois les chevaux des Espagnols, eux, non moins étonnés que les Mexicains, furent tentés de les adorer comme des êtres d'une nature supérieure. Ils consentirent à les loger dans une de leurs plus belles maisons, et les prièrent d'accepter ce qu'ils avaient de meilleur. On trouvait dans cette grande contrée d'abondantes moissons de maïs, des melons, des citrouilles, du lin semblable à celui d'Europe, des vignes chargées de raisin, et de belles forêts remplies de buffles, de cerfs, de daims et de toute espèce de gibier. Tels furent en substance les récits d'Espéjo, récits évidemment fabuleux, et qui par cela même firent fortune dans l'esprit des gouverneurs de la Nouvelle-Espagne. Ceux-ci, frappés des avantages d'une aussi merveilleuse contrée, chargèrent don Juan de Onate d'en prendre possession et de la coloniser. Cette mission fut remplie dans la dernière année du seizième siècle. Les rives du Rio-del-Norte se peuplèrent d'Européens. Les années suivantes virent le christianisme essayer son influence sur les sauvages indiens, et planter la croix au milieu de nations féroces qui furent longtemps et dont quelques-unes sont restées la terreur des Espagnols. Encore aujourd'hui les colons du nouveau Mexique, connus par la grande énergie de leur caractère, vivent dans un état de guerre perpétuelle avec les Indiens voisins. La crainte de tels ennemis a peuplé les villes et laissé les campagnes reculées presque désertes. La situation des habitants du nouveau Mexique, à peu près celle des peuples de l'Europe au moyen âge, explique ce défaut d'équilibre entre les populations des champs et des cités.

Pendant que la Nouvelle-Espagne étendait ses limites, le concile provincial de 1585 posait à Mexico les bases de l'organisation et de la discipline de son Église et procédait à des réformes qu'approuvait Sixte-Quint. Le premier concile de 1555 avait défendu de conférer aux Indiens l'ordre de la prêtrise, la bassesse de leur condition, disait-il, pouvant jeter quelque défaveur sur l'état ecclésiastique. L'assemblée de 1585, la plus célèbre de toutes et dont les décisions sont encore en vigueur, réforma cette disposition. Les indigènes furent admis aux ordres sacrés, mais avec une grande circonspection. Depuis longtemps cette réserve même n'est plus observée, et le nombre des prêtres de la race rouge est devenu considérable au Mexique ; ils joueront un rôle important dans les événements de la révolution. Nous voyons dans la seconde moitié du seizième siècle l'inquisition s'installer dans cette grande contrée et y révéler sa présence par un exécrable auto-da-fé. Puis arrivent des bulles du pape que les Indiens tributaires sont forcés de prendre à raison de quatre réaux la pièce ; même somme est exigée d'eux pour chaque messe qu'ils entendent. Ils demandent qu'on se contente de cet impôt par famille et non par tête ; on refuse. Quelques révoltes partielles facilement réprimées appellent sur eux de nouvelles mesures fiscales. Il est défendu sous peine de mort à tout Mexicain de cultiver la vigne et l'olivier. L'Espagne se réserve le monopole du vin et de l'huile, et soumet successivement aux mêmes restrictions la plupart des autres industries. C'était le temps des mauvais jours pour l'indigène, qui, déjà décimé par une fièvre pernicieuse en 1545, se voit frappé par une autre peste en 1576. On porte à deux millions cinq cent mille morts les victimes de ce double fléau.

Empressée de cacher toutes les richesses de ses conquêtes aux regards des nations de l'Europe, l'Espagne environna de mystère tout ce qui touchait à ses établissements d'outre-mer. Le Mexique fut un des points les moins accessibles à l'étranger : aussi n'avons-nous, dans les relations des voyageurs du seizième siècle, que de vagues renseignements sur l'ensemble du pays, que des détails plus ou moins incomplets sur quelques points de la côte. Thomas Gage, beaucoup trop décrié par Clavigero, et Gemelli Careri, dont on reconnaît maintenant la véracité, sont, vers le milieu et la fin du dix-septième siècle, la source des connaissances vulgaires sur le Mexique. Le premier nous montre la capitale de cette grande colonie comme une espèce de Babylone américaine. Je ne sais si la comparaison n'est pas forcée, si la sainte colère du prédicateur dominicain n'a pas été trop loin ; mais ce qui semble vrai, c'est qu'à cette époque Mexico était, plus qu'aucune ville du vieux continent, belle, riche, grande, coupée de larges rues, couverte d'églises, de palais, d'hôtels, où l'or, l'argent, les perles, les pierreries brillaient avec profusion. On les voyait encore sur les habits des hommes et sur les parures des femmes qui n'appartenaient pas aux classes élevées de la société. On incrustait des pierres précieuses sur les panneaux des voitures et sur les harnais. Les étoffes de soie de la Chine, les mousselines des Indes paraient jusqu'aux esclaves noires. Quinze mille équipages parcouraient chaque jour les rues de Mexico, animées par de riches magasins semblables aux bazars de l'Asie. On menait dans cette grande capitale une vie d'orgueil, d'affaires et de plaisirs, une vie molle et voluptueuse. Les négresses et les femmes de couleur y sont charmantes, dit Thomas Gage ; elles se mettent avec une grande recherche, elles sont aimées des hom-

MEXIQUE.

Ruines de Chichença.

mes qu'elles captivent et qu'elles ont l'art d'enlever à leurs épouses légitimes : celles-ci se consolent en prenant leur revanche, en se livrant à la passion du jeu, passion si forte qu'il n'est pas rare de les voir inviter des étrangers passant dans la rue à entrer chez elles pour faire une partie de prime qui se prolonge fort avant dans la nuit. A ces mœurs déréglées se mêle beaucoup de bigoterie ; on croit racheter ses erreurs, ses crimes même, en fondant des églises, en dotant des monastères. On observe rigoureusement l'extérieur de la religion et l'on fait bon marché de sa morale sévère. Les moines ne sont pas épargnés dans cette revue satirique. Gage nous les montre avides de richesses et de tous les plaisirs du monde, employant une partie du jour à visiter les religieuses de leur ordre, à causer avec elles, à faire de la musique et à manger des confitures. Il nous introduit dans les couvents où les règles et la discipline ne sont pas trop bien observées. Nous voyons les Pères de la Mercy procéder à l'élection d'un provincial, se disputant d'abord et finissant par un combat aux couteaux. Ces bons moines montraient des deux côtés un zèle si vif à faire triompher la cause de leur candidat, qu'il ne fallut rien moins que l'intervention du vice-roi et de sa garde pour que l'élection se terminât un peu plus canoniquement.

En ce temps-là, la puissance ecclésiastique, dans la Nouvelle-Espagne, se mesurait quelquefois avec le pouvoir civil ; elle ne reculait pas à prendre en main contre lui la cause des populations souffrantes par quelque abus d'autorité. Nous en avons un exemple dans cette grande lutte de 1624, entre l'archevêque Alonzo de Zerna et le vice-roi marquis de Gelvez. Thomas Gage nous raconte en détail cet événement qui eut toute l'importance d'une émeute. Gelvez, bon administrateur, sévère justicier, effroi des voleurs de grand chemin, ternissait les qualités de l'homme d'État par une insatiable cupidité. Elle lui inspira l'idée de spéculer sur les blés en les faisant accaparer par un de ses agents nommé don Pedro Mexio, non moins avide que lui, riche et fort adroit. Cet homme, par ses achats dans toutes les contrées qui approvisionnaient la capitale, fut bientôt maître du marché, et vendit au prix qu'il lui plut d'établir. Le peuple souffrait, il se plaignit : il s'adressa d'abord au vice-roi, et, sur son refus de punir, il porta ses doléances à l'archevêque, qui ne fit pas attendre les foudres spirituelles, seuls moyens de répression dont il pût disposer. Il excommunia le vendeur de blé ; et, comme celui-ci, loin de s'amender, tenait sa marchandise à plus haut prix, le prélat mit la capitale en interdit et fit fermer les églises. Ce fut grande rumeur chez un peuple éminemment catholique, chez un clergé nombreux qui perdait en messes plus de 3,000 francs par jour. Le vice-roi ne pouvant parvenir à faire lever l'interdit, donna l'ordre d'arrêter l'archevêque comme perturbateur du repos public et criminel de lèse-majesté, ordre qui finit par être exécuté, bien que le prélat, pour s'y soustraire, se fût retranché dans sa cathédrale comme dans un asile inviolable, qu'il se fût revêtu de ses habits pontificaux, qu'il se fût placé sur les marches de l'autel, au milieu de son clergé, tenant le saint sacrement d'une main et sa crosse de l'autre. Alonzo de Zerna, conduit sous bonne escorte à Saint-Jean de Ulloa, fut ensuite embarqué pour l'Espagne sur un des vaisseaux de l'État. Mais un tel acte d'autorité soulevait trop de passions pour être accepté par une population qu'excitait des prêtres irrités. Elle commença par pousser des cris de rage contre le chef des officiers de justice, un certain Tirol, qui avait arrêté le prélat. Cet homme, chaque jour menacé de mort, se réfugia dans le palais du vice-roi où il fut poursuivi par la populace demandant sa tête. L'émeute voyant que sa proie lui échappait, s'en prit au vice-roi lui-même ; elle brisa la porte de la prison dépendante du palais ; elle mit les prisonniers en liberté, puis, forte de tels auxiliaires, elle attaqua le palais. Le vice-roi, qui n'avait ni soldats ni canons, et se voyait réduit à quelques gardes et domestiques, fit arborer le grand étendard royal, et sonner la trompette : c'était un signal de détresse qui devait faire accourir tous les bons Espagnols à son aide ; cependant personne ne bougea. Cette sympathie pour les factieux les enhardit à tel point qu'ils mirent le feu à la prison, forcèrent le palais, le pillèrent, et n'en sortirent qu'après s'être bien assurés que le vice-roi n'y était pas. Ce grand personnage s'était fort heureusement échappé déguisé en cordelier ; un religieux de Saint-François le conduisit dans son couvent où il demeura le reste de l'année. A la nouvelle de cette sédition de si mauvais exemple, la cour d'Espagne fit partir un nouveau vice-roi, assisté d'un inquisiteur de Valladolid chargé d'informer. Il y avait tant de gens à punir et de si considérables, qu'on crut devoir se borner à faire pendre quelques misérables convaincus de vol, et à destituer un certain nombre de fonctionnaires publics. L'attitude des créoles et des hommes de la race rouge, en cette circonstance, fut remarquable : elle donna la mesure de leur aversion pour le gouvernement de la métropole; on vit dès lors ce qu'on devait attendre de ces deux classes d'hommes, si l'occasion de secouer le joug espagnol se présentait un jour.

Nous n'avons au Mexique, dans le dix-septième siècle, que des événements d'intérieur, et plus de ces faits qui se lient à l'histoire du monde. De temps en temps la tyrannie des Espagnols est encore obligée de recourir à la force. Il lui fallut lutter contre quelques tribus chichimèques qui aimaient mieux mourir les armes à la main, que d'aller finir au fond des mines, dans une lente agonie. Mais un ennemi plus puissant que l'Indien, l'eau des lacs, mit plusieurs fois dans ce dix-septième siècle la nouvelle Mexico en danger. Déjà nous avons vu ce terrible élément couvrir la capitale des rois aztèques, et ceux-ci chercher à se préserver de ses ravages par une longue digue élevée depuis Iztapalapan jusqu'à Tepeyacac. Ce grand travail, souvent dégradé par les eaux, et plusieurs fois réparé par les Espagnols, n'avait pu empêcher les inondations de 1553, de 1580, de 1604, de 1607. Son insuffisance bien constatée, on eut recours à un autre système, à un canal d'écoulement. L'ingénieur Martinez adoptant l'ancien projet de 1580, fit creuser la fameuse galerie souterraine de Nochistongo qui devait donner issue aux eaux du lac de Zumpango et du rio de Guautitlan. Ce travail fut commencé d'une manière toute solennelle. Le vice-roi, en présence de l'*audiencia*, donna le premier coup de pioche. Quinze mille Indiens furent employés à cet ouvrage et traités avec une rigueur toute barbare ; il fallait aller vite, on ne ménagea ni leurs forces ni leurs vies. Au mois de décembre 1608, le vice-roi et l'archevêque furent invités par Martinez à venir voir couler les eaux dans cette galerie qui devint bientôt l'objet de la critique; on lui reprocha de n'être ni assez large, ni assez profonde, ni assez durable. Les hommes spéciaux se disputèrent, et la cour de Madrid, pour les mettre d'accord, les repoussa tous et confia la direction des travaux à un Hollandais nommé Adrien Boot, partisan du système des digues, qu'on peut appeler le système indien. La galerie fut abandonnée, peut-être même bouchée, on ne sait. Mais après de grandes pluies, le 20 juin 1629, la ville de Mexico se trouva inondée à un mètre de hauteur ; on allait en bateau dans les rues. Pendant cinq années que dura cette inondation, la misère du bas peuple fut à son comble, le commerce cessa, beaucoup de maisons s'écroulèrent, d'autres devinrent inhabitables. L'archevêque Manzo y Zuniga se distingua par sa bienfaisance ; il sortait journellement en canot pour distribuer du pain aux pauvres dans les rues couvertes par les eaux. Au milieu de ces malheurs, le vice-roi fit venir à Mexico l'image de la sainte Vierge de la Guadalupe. Elle séjourna longtemps dans la ville inondée. Les eaux ne se retirèrent qu'en 1634, époque où, par des tremblements de terre très-forts et très-fréquents, le sol se crevassa dans la vallée : ce phénomène, au dire des incrédules, favorisa beaucoup le miracle de l'image révérée.

Aucun événement important ne vient attirer l'attention du monde sur la Nouvelle-Espagne pendant une grande partie du dix-septième siècle. Ce n'est que vers 1680 que ses côtes orientales tentent l'avidité des hardis flibustiers. En 1683, trois de leurs chefs, deux Hollandais et le Français Grammont, à la tête de douze cents hommes d'élite, se rendirent sur la côte du Mexique dans le but d'attaquer la nouvelle Vera-Cruz. Ils s'y introduisirent de nuit par surprise. Graff, l'un des chefs, s'empara de la forteresse qui était armée de douze pièces de canon, et les dirigea aussitôt sur la ville. Les Espagnols, réveillés par le bruit de l'artillerie, apprennent que les flibustiers sont maîtres de la place; alors ils courent aux armes, et bientôt le carnage devient horrible. Les flibustiers restèrent vainqueurs, et firent un grand nombre de prisonniers, au nombre desquels étaient les plus riches et les plus notables de la ville; ils les renfermèrent dans une des principales églises qu'ils disposèrent de manière à la faire sauter. Ils firent ensuite main basse sur l'or, l'argent, les bijoux, les marchandises des habitants. Ils en portèrent sur leurs vaisseaux pour plus de six millions. Craignant alors d'être attaqués par les milices des environs, ils offrirent la liberté aux Espagnols enfermés dans l'église, à condition de payer une rançon de deux millions de piastres qui leur fut comptée immédiatement, puis ils s'empressèrent de mettre à la voile avec leur riche butin. Deux ans après, ces mêmes hommes, sous les ordres de Grammont, partirent de la Tortue, et allèrent attaquer Campêche. Quelques heures leur suffirent pour s'emparer des faubourgs. La forteresse, munie d'une bonne artillerie, fit d'abord quelque résistance; mais sa faible garnison l'abandonnant bientôt pour se sauver dans l'intérieur, les flibustiers en prirent possession. Ils y restèrent deux mois, pendant lesquels ils pillèrent la ville qu'ils incendièrent en se retirant : Grammont y célébra la fête du roi de France en véritable corsaire, en faisant brûler dans un feu de joie, le jour de la Saint-Louis, pour plus d'un million de bois de teinture. Alors les rivages du Mexique, qui bordent le grand Océan, plus heureux que ceux de l'Atlantique, voyaient s'avancer les missionnaires jésuites à la conquête toute pacifique de la Californie; conquête poursuivie sans succès pendant près de deux siècles par Cortès et par tous les vice-rois, ensuite abandonnée comme impossible par la cour de Madrid, et reprise par cette société célèbre dont les services géographiques ne peuvent être méconnus.

Le voyage de Ulloa, en 1641, entrepris par ordre de Cortès, avait à peu près établi que la Californie tenait au continent. Ce fut comme une presqu'île que le pilote Castillo la représenta sur sa carte construite à Mexico en 1641. Malgré ces progrès de la géographie, les cartographes du temps de Charles II regardèrent cette contrée comme un archipel des grandes îles appelées *islas Carolinas*. La pêche des perles y attirait de temps en temps quelques bâtiments expédiés des ports de Xalisco, d'Acapulco ou de Chacala. Sébastien Viscaino en avait formellement pris possession dès 1596. Quarante-six ans plus tard les jésuites parvinrent à y former quelques établissements. Ils eurent à lutter contre les efforts des moines de Saint-François, qui cherchaient de temps en temps à s'introduire chez les Indiens. Ils eurent à combattre ces Indiens stupides et féroces, incapables de comprendre les bienfaits de la civilisation, et n'obtinrent point des postes militaires la protection qu'ils en devaient attendre. Le temps leur vint en aide; leur zèle fut apprécié; ils remportèrent enfin une victoire complète. Non-seulement ils eurent le privilége du gouvernement spirituel de la Californie, mais la cour décida que tous les soldats, même le capitaine du détachement de Loreto, seraient sous les ordres du Père président. Depuis 1697 jusqu'en 1721, trois jésuites, les Pères Kühn, Salvatierra et Ugarte, firent connaître dans le plus grand détail les côtes qui environnent la mer de Cortès, l'aspect physique du pays et son véritable tracé. On crut alors, en Europe, avoir appris pour la première fois que la Californie était une péninsule (*). Ces religieux en furent les véritables conquérants; ils la soumirent à l'Évangile. Leurs établissements, pendant les soixante premières années du dix-huitième siècle, furent en plein progrès. On y comptait alors seize missions principales, dont dépendaient encore quarante et quelques villages. Les jésuites déployèrent, dans cette œuvre de civilisation, le zèle apostolique, l'industrie commerciale, l'administration prudente et sage, et l'activité auxquels ils ont dû tant de succès, et qui les ont exposés à tant de calomnies dans les deux Indes. Le fanatisme ne guidait pas leurs pas. Ils arrivèrent chez les sauvages californiens avec des curiosités pour les amuser, et du grain pour les nourrir. La haine de ces peuples pour le nom espagnol fut vaincue par la bienveillance de leurs instituteurs. Eux se firent charpentiers, maçons, tisserands, architectes, cultivateurs. Depuis leur expulsion en 1767, l'administration de la Californie fut confiée aux dominicains de Mexico, et la prospérité des missions disparut avec leurs habiles fondateurs.

Avant d'arriver à la révolution de 1808, il nous faut prendre une idée de l'organisation coloniale, civile, politique et religieuse du Mexique,

(*) Le Père Kühn établit, en 1697, par ses propres observations, que la Californie se rattachait vers le nord au continent et se joignait à la Pimeria-Alta. Vingt ans plus tard, Urgate visita le golfe de Californie jusqu'au Rio-Colorado; il leva la carte d'une partie de ses côtes, et reconnut qu'il n'existait point de communication entre ce golfe et la mer du Sud. L'exactitude de la carte de Castillo fut alors confirmée.

passer en revue son état social, et signaler cette suite d'abus qui réunit dans une haine commune du joug espagnol les créoles blancs et les hommes de la race rouge.

L'Espagne fonda ses colonies en Amérique avant toutes les autres puissances. A elle appartint la tâche dangereuse des premiers essais. C'était au temps où l'Europe sortait à peine du moyen âge; où la réforme dans le Nord agitait les esprits; où la crainte de la voir pénétrer dans des contrées nouvellement affranchies de la présence des Maures, tenait cette même Espagne en défiance perpétuelle. Elle se roidissait dans son immobilité contre tout changement politique ou religieux : elle confiait à l'inquisition la garde de son vieux christianisme, de ses vieilles institutions. Fanatique, et encore toute chevaleresque, elle combattait pour une maîtresse, pour saint Jacques, pour l'immaculée conception de la Vierge, avec une égale ardeur; et, quand il s'agissait de triompher des infidèles, d'étendre sa foi et d'enrichir le trône de nouveaux domaines, tous les moyens lui semblaient légitimes. Ces dispositions expliquent les mesures rigoureuses employées par les Castillans dans les Amériques, l'esprit de leur politique, et les droits qu'ils se croyaient sur la terre conquise ou sur les peuples vaincus.

Le Mexique, comme toutes les autres possessions américaines de l'Espagne, n'était point considéré comme colonie dans l'acception ordinaire de ce mot. C'était uniquement une propriété de la couronne en vertu de la donation du pape. Au roi appartenait le pays; toutes les terres occupées par les conquérants ou leurs ayants droit et par les indigènes étaient réputées concession royale. A ce titre de propriétaire, le roi ne levait pas d'impôts sur le sol, mais percevait des droits, des tributs, des redevances. Il gouvernait par un délégué ayant le titre de vice-roi. Il ne reconnaissait aucun droit de corporation, aucun privilège. Les fonctionnaires étaient ses gens, ses gens à gages plus ou moins rétribués.

Représentant le souverain, le vice-roi était à la tête de toute l'administration du pays; il présidait le conseil; il nommait à tous les emplois vacants, sous la réserve de la sanction royale; il commandait l'armée, et décidait de toutes les questions militaires en conseil de guerre. Telles étaient ses principales attributions (*).

A côté de ce grand fonctionnaire, et comme contre-poids à son autorité, un tribunal suprême, nommé *Audiencia*, cour d'appel de tous les tribunaux civils et ecclésiastiques, rendait la justice en dernier ressort, toutes les fois que l'objet du litige n'excédait pas dix mille dollars. Cette cour avait le droit de remontrance, et délibérait comme conseil d'État. Elle correspondait directement avec le conseil des Indes, ce grand régulateur de toutes les affaires des colonies espagnoles. Les membres de l'Audience jouissaient d'immenses priviléges. Hommes de la mère patrie avant tout, ils se devaient uniquement à ses intérêts; et, pour qu'aucune affection de famille ne pût les attacher au Mexique, il leur était défendu d'y prendre femme, eux et leurs fils, et d'y acquérir des propriétés. Pareille interdiction frappait le vice-roi.

A la tête des gens de finance et des administrations locales des provinces se trouvait l'intendant. Sous ses ordres, les collecteurs des droits et redevances, et, plus tard, des douanes et de l'impôt, exerçaient leurs fonctions. Tous ces agents du fisc, plus redoutables que des nuées de sauterelles, s'abattaient, à époques fixes, dans les villages des Indiens qu'ils pressuraient sans pitié. Ce que ces vampires rendaient au trésor royal était beaucoup moins considérable que ce qu'ils gardaient pour eux. Le pouvoir des intendants, dans tout ce qui concernait l'impôt direct ou indirect, était très-étendu. Leurs appointements étaient fixés par le conseil des Indes, sous l'intervention du vice-roi. Ils étaient à peu près indépendants dans leurs provinces, dont les limites ont servi, dans ces derniers temps, à déterminer la circonscription de chaque État de la confédération mexicaine.

La constitution de l'Église américaine ne ressemblait nullement à celle d'Espagne. Dans la péninsule, le pape était le chef absolu du clergé; en Amérique, il n'avait sur lui qu'un pouvoir nominal. L'Église mexicaine n'obéissait qu'au roi. Les prérogatives jadis concédées à Ferdinand par Alexandre VI et Jules II, n'étaient pas moins étendues que celles d'un chef d'Église nationale, du roi d'Angleterre par exemple. Le monarque espagnol disposait de tous les bénéfices et emplois. Son patronage était illimité. Aucune bulle n'était reçue dans la Nouvelle-Espagne sans avoir été examinée et approuvée par le conseil des Indes. Les rois n'autorisèrent au Mexique d'autres ordres religieux que ceux qui faisaient vœu de pauvreté, et auxquels leurs statuts défendaient de posséder des propriétés territoriales et d'exercer des droits seigneuriaux. On est fâché de trouver à côté de mesures aussi sages l'indigne trafic des bulles d'indulgences, dont le gouvernement traitait à forfait avec le pape, et qu'il revendait fort cher aux Indiens et aux créoles. Ce trafic se faisait hautement, sans mystère, comme celui du tabac. Ce monopole était un des principaux revenus de la couronne; elle ne permettait pas plus au souverain pontife de s'en mêler, qu'elle n'eût souffert que la France et l'Angleterre s'immisçassent dans l'administration du pays. Ce n'était point seulement question d'intérêt pécuniaire, mais affaire de souveraineté.

Remarquez comme un fait caractéristique de la politique espagnole, dans l'administration de ses colonies, que tous les pouvoirs y étaient balancés, qu'aucun n'était absolu et ne pouvait prétendre à une action non contrôlée.

(*) Le pouvoir des vice-rois avait singulièrement diminué dans les derniers temps de la domination espagnole; il se trouvait entravé par différentes juntes de création moderne. La vieille audiencia et le conseil des Indes avaient fini par s'attribuer jusqu'aux plus petits détails d'administration.

Tous se surveillaient réciproquement. C'est ainsi que la mère patrie croyait s'assurer contre toute entreprise d'indépendance; mais elle oubliait que l'indépendance d'une colonie ne fut jamais l'œuvre des agents salariés du gouvernement, mais des populations opprimées et de la marche du temps.

Je n'ai point encore parlé du pouvoir populaire, de ces corporations municipales, seul élément démocratique qui se rencontrât au Mexique. Ces assemblées conservèrent longtemps quelques vestiges de leur origine, et cet esprit de liberté que Charles V, à peine sur le trône, anéantit si parfaitement en Espagne. Les regidores et les alcades, composant les *ayuntamientos* ou municipalités, nommés d'abord au Mexique par les habitants de chaque ville, étaient aimés du peuple qui les regardait comme ses protecteurs naturels. Des liens nombreux, soit alliances de famille, soit communauté d'intérêts, unissaient l'indigène aux magistrats de la cité, tandis qu'entre l'indigène et l'Européen aucun point de contact, aucun rapport intime, aucune parenté. Au commencement de la révolution les membres du cabildo devinrent, sur presque tous les points, les organes du peuple. Ils se firent les chauds avocats du gouvernement provisoire en l'absence du roi, et se posèrent en ennemis vis-à-vis des audiencias dévouées aux intérêts de la vieille monarchie. Ainsi commença la lutte entre les peaux rouges et la race blanche. Cette position des cabildos et du peuple à toutes les époques, est un fait très-extraordinaire, car il faut bien noter que depuis longtemps les premiers étaient à peu près choisis par la couronne, et que jusqu'en 1812, lors de l'établissement de la constitution en Espagne, le privilége de l'élection était purement nominal. Bien plus, on chercha à la fin du siècle dernier à dénaturer complétement cette institution en lui donnant une couleur militaire; on essaya dans les provinces internes de faire, du capitaine et des lieutenants de milice de chaque localité, un alcade et des regidores à vie. Cette innovation fut de courte durée; le ridicule en fit justice.

Le code qui régissait le Mexique, et d'après lequel les tribunaux devaient prononcer, portait le titre de *Recopilacion de las leyes de las Indias*. C'était une masse hétérogène de statuts, de décrets, d'ordonnances, rendus depuis trois siècles sur différents sujets touchant l'Amérique espagnole, par le conseil des Indes et les rois d'Espagne. C'était un bizarre assemblage de dispositions incohérentes, souvent même contradictoires, et qui n'avaient de commun entre elles que d'être réunies et reliées en quatre gros volumes in-folio. Nulle part l'arbitraire n'était plus à l'aise que dans ce chaos où toutes les opinions pouvaient trouver un texte favorable. Aussi, et comme une conséquence de cette facilité, nulle part la justice n'était moins pure, la corruption plus générale et moins déguisée : l'absence de toute publicité la servait à merveille. A cette mauvaise législation venait se joindre encore une détestable procédure, résultat d'innombrables priviléges (fueros). Chaque profession ou corporation avait les siens; le clergé possédait les plus étendus. Puis venaient ceux du corps enseignant, des marchands, de la milice, de la marine, etc. Chaque privilégié pouvait choisir, tant au civil qu'au criminel, le tribunal spécial du corps dont il faisait partie. Dans tout ceci il n'y avait que les indigènes qui eussent à souffrir; il leur était à peu près impossible d'obtenir raison d'un Européen, qui déclinait toujours la compétence de l'ordinaire, et ne prétendait plaider que devant les juges d'exception.

A ne considérer que la lettre de la loi, il y avait parfaite égalité entre les Américains et les Espagnols; les premiers comme les seconds étaient admissibles aux emplois publics : ce droit est cent fois exprimé dans les Recopilaciones. On trouve dans le même recueil de sages dispositions sur la répartition et la perception des impôts; mais ces théories de justice et d'équité disparaissaient devant une pratique beaucoup plus en harmonie avec le système prohibitif adopté. Ici le privilége devenait une nécessité politique, une conséquence forcée. En employant uniquement des Espagnols, on dissémina sur tous les points une classe d'hommes étrangers aux usages, aux habitudes, aux intérêts du pays, et qui, devant tout à l'Espagne, lui était exclusivement dévouée. On mit entre ses mains tous les moyens de fortune, moins pour elle-même que pour enlever au Mexique le plus de capitaux possible. Ces hommes ne se rendaient là que pour un temps, et comme les oiseaux de proie qui rapportent dans l'aire ce qu'ils ont pu dérober, eux se hâtaient de revenir déposer sous le toit paternel le fruit de leurs rapines. Les modèles de cette cupidité étaient haut placés. Les vice-rois donnaient l'exemple. Avec un salaire nominal de soixante mille dollars, ils trouvaient moyen d'en dépenser deux ou trois fois autant; puis, après quelques années de cette vie royale, ils revenaient en Espagne avec quelques millions de francs d'économies. Ils tiraient d'énormes bénéfices de la distribution arbitraire du mercure, dont la vente exclusive appartenait au roi; ils vendaient aux créoles des titres et des distinctions qu'ils se chargeaient de faire obtenir à Madrid; ils vendaient aux grandes maisons de commerce de Mexico et de la Vera-Cruz des licences pour l'introduction des articles étrangers prohibés. Tous les fonctionnaires, grands ou petits, allaient à la curée chacun dans les limites de son emploi; elle était si bonne que nombre d'agents non rétribués s'en contentaient fort bien. Les places sans traitement ne manquaient pas de candidats qui payaient fort cher la faculté de voler au Mexique avec privilége.

Ce triste état de choses, que les intéressés de Madrid, de Cadix, de la Vera-Cruz et de Mexico appuyaient de leur influence, trouvait dans cette solidarité la force de triompher de toutes les plaintes des Américains; l'Espagnol aux colonies restait toujours l'homme de la métropole, l'homme fier de sa couleur et de sa race. Il faut avoir visité le Mexique avant la dernière révolution, pour se faire une idée de la préférence que les liens du pays obtenaient sur ceux du sang. Le fils qui avait le malheur de naître d'une mère créole était regardé dans la maison paternelle comme inférieur à un petit commis castillan, auquel on était tout fier d'accorder la fille de la maison avec une bonne partie de la fortune. *Eres criollo, y basta*, vous êtes créole, et c'est assez : telle était la phrase ordinaire que l'Espagnol, dans un moment de mauvaise humeur, adressait à ses enfants; c'était la formule du plus profond mépris qu'il lui fût possible d'exprimer. Lui et ses pareils étaient connus sous le nom de Gachupins. Ce terme désignait dans la bouche des Américains l'Européen infatué de son propre mérite, et qui s'imaginait que le hasard d'être né dans les arides plaines de la Castille ou de la Manche lui donnait une capacité intellectuelle supérieure à celle de cette race issue des conquérants du Mexique et des filles de la noblesse aztèque.

Vigilante dans ce qui touchait à ses intérêts financiers, l'Espagne était loin cependant de les entendre d'une manière rationnelle. Au lieu de simplifier son administration, elle la compliquait chaque année de rouages nouveaux, d'offices qui n'avaient d'autre objet que de contrôler des emplois inutiles. Aussi la belle et riche colonie de la Nouvelle-Espagne ne lui rapportait chaque année que six millions de dollars, bien que la totalité des impôts et des droits de toute nature s'élevât à plus de vingt millions. Les frais d'administration absorbaient plus de la moitié de cette somme, et le reste servait à couvrir le déficit qui existait entre les recettes et les dépenses de la Havane et des Philippines.

Sous un tel régime on ne s'occupait guère du bien-être moral des masses; on regardait comme mesure politique de les maintenir dans une ignorance profonde, garantie d'obéissance et de sécurité pour le gouvernement. Aussi, parfaitement étranger à ce qui se passait hors de sa patrie, le créole s'imaginait que le sort des autres peuples valait encore moins que le sien ; il était convaincu qu'il n'y avait rien de plus grand, de plus éclairé que l'Espagne. Il voyait dans son gouvernement la plus haute combinaison monarchique, et dans sa puissance militaire la reine des nations. Pour lui, *hablar christiano*, parler chrétien ou la langue des chrétiens, ne signifiait rien autre que parler espagnol. Il comprenait sous la rubrique générale d'infidèles ou d'hérétiques, Français, Anglais, Juifs, Musulmans, avec lesquels tout bon catholique ne pouvait entretenir de rapports. Chez lui l'inquisition, gardienne de son ignorance, ne proscrivait pas moins les écrits politiques, les histoires les moins hardies, que les œuvres de Luther. Jusqu'en 1811, la doctrine de la souveraineté nationale était par une étrange anomalie dénoncée à Mexico comme chose *perverse* et *condamnable*. Il fallait au créole une permission spéciale pour visiter les pays étrangers; on ne l'obtenait pas toujours, et toujours elle était limitée. Les arts du dessin et les études relatives à l'exploitation des mines recevaient seuls quelques encouragements. On pense bien que l'importation des livres d'Europe était sévèrement défendue. En 1807, un Mexicain, don Jose Roxas, fut dénoncé par sa propre mère comme possédant un volume de Rousseau. Le malheureux n'échappa à la prison que par la fuite. Toutefois, il est juste de reconnaître que cette persécution n'atteignait que les petites gens, et nullement la haute société, et que les prohibitions étaient plus en théorie qu'en pratique. Les classes élevées se souciaient fort peu du saint-office, et le méprisaient même assez ouvertement. On trouvait dans leurs bibliothèques les œuvres des philosophes français et anglais, ainsi qu'un assez grand nombre d'ouvrages politiques, même ceux que le génie révolutionnaire enfantait dans les dernières années du dix-huitième siècle.

En terminant ce rapide tableau, nous ne devons pas oublier les restrictions à la liberté industrielle et commerciale que la Nouvelle-Espagne avait à subir. Ce régime prohibitif, qui froissait les intérêts des classes les plus nombreuses, est certainement la cause la plus directe de la révolution. La préférence donnée à l'Espagnol pour les emplois publics n'agissait guère sur le peuple qui ne prétendait pas à gouverner. Mais le monopole de Cadix et de la Vera-Cruz lui était dur. Il s'en rappelait chaque jour en payant au poids de l'or les articles d'Europe d'un usage général, ceux-là surtout que son propre pays aurait produits avec tant d'abondance et à si bon marché. Si le régime prohibitif le plus complet pouvait être offert comme le type du meilleur système colonial, la Vieille-Espagne aurait des droits à l'admiration de la postérité. Nous avons déjà vu qu'elle avait défendu la culture de la vigne et de l'olivier. Celle du cacao, du café, de l'indigo, n'était tolérée que dans certaines limites et dans les seules proportions des besoins de la mère patrie. Il serait fastidieux de rappeler toutes les industries manufacturières défendues au Mexique ou laissées sans protection. L'Espagne se réservait le droit exclusif de fournir à ses colonies tout ce qui leur manquait. Il n'est pas difficile de démontrer qu'impuissante à manufacturer chez elle la plupart des objets qu'elle portait en Amérique, elle n'était, en réalité, que l'intermédiaire entre ses sujets d'outre-mer et les véritables producteurs d'Europe. En définitive, les trésors du nouveau monde ne lui restaient pas aux mains.

Il faut arriver jusqu'au commencement du dix-huitième siècle pour apercevoir quelques modifications à ce rigoureux système prohibitif que nous venons de signaler. Il fut permis aux Français, pendant la guerre de la succession, de commercer avec le Pérou; mais le Mexique ne leur fut pas ouvert. Après la paix d'Utrecht, le traité connu sous le nom de l'Asiento garantit à la Grande-Bretagne le droit

de transporter, pendant trente ans, des esclaves noirs dans les colonies espagnoles, et le privilége d'envoyer un bâtiment de cinq cents tonneaux chargé de marchandises d'Europe à la foire de Porto-Bello. La prohibition qui frappait les colons fut modifiée, dans l'année 1774, en faveur du Mexique, du Guatemala, du Pérou et de la Nouvelle-Grenade. Ces grandes provinces purent commercer entre elles. La même liberté s'étendit plus tard à toutes les autres colonies espagnoles dans les deux Amériques.

La fin du dix-huitième siècle fut un période de progrès pour le Mexique. L'administration du comte de Revillagigedo se fit remarquer par d'utiles travaux, par de bonnes routes, par le pavage et l'éclairage des principales villes, par la publication d'une statistique du pays, par une meilleure police, et par de sages règlements qui furent assez mal exécutés par les agents du gouvernement.

Nous venons de donner un aperçu du monopole de l'Espagne avec son luxe de mesures fiscales et de prohibitions. Un semblable régime n'a d'autre durée que celle de la puissance qui le soutient. Il est dans l'ordre immuable des choses humaines que tout système où les avantages ne sont pas réciproques entre les gouvernants et les gouvernés, tombe avec la force dont il faisait son point d'appui. C'est ce qu'on vit dans l'Amérique espagnole à la nouvelle des événements de 1808. Ils développèrent dans les masses des idées d'indépendance qui n'étaient point jusqu'alors assez populaires pour être traduites en action; elles seraient restées, sans de telles circonstances, le thème favori de quelques esprits, bons pour arranger philosophiquement dans le silence du cabinet le drame des révolutions, mais reculant toujours devant la mise en scène.

On admet généralement que l'insurrection d'Aranjuez (1808), qui détermina le renvoi du prince de la Paix et l'abdication de Charles IV, porta le premier coup à l'autorité royale dans les colonies de l'Espagne. Un monarque absolu, forcé de courber la tête devant une populace factieuse, insulté par ses sujets, abandonné de ses gardes, était un spectacle bien fait pour affaiblir au loin, chez les colons d'Amérique, le sentiment monarchique et le culte de la royauté; et, lorsqu'à la suite de ces tristes scènes arriva l'invasion de la Péninsule par Napoléon, la captivité du monarque, la ruine de la vieille dynastie à Bayonne, ce qui restait de prestige attaché au nom de l'Espagne s'évanouit dans l'esprit des Américains, qui, jusqu'alors, croyaient toujours au grand empire du seizième siècle, la terreur du monde, sur les terres duquel le soleil ne se couchait jamais.

Cette croyance était l'ange gardien de la mère patrie; en perdant cet appui, elle perdait sa force morale, la seule qui pût tenir en obéissance ses dix-sept millions de sujets d'outre-mer. Dès ce moment, la perte de ses colonies devint inévitable; celles-ci crurent quelques instants que le peuple espagnol, se levant courageusement pour défendre ses droits, allait échapper au joug; mais les rapides progrès des armées françaises pendant l'année 1809, la faiblesse, les incertitudes et les revers de la junte centrale, sa retraite en Andalousie, et l'occupation successive de toute la Péninsule par l'armée d'invasion, à l'exception de Cadix, firent évanouir l'enthousiasme momentané des colonies pour la métropole. Ces événements réveillèrent, dans l'âme des créoles, d'anciens sentiments de jalousie et firent naître de nouveaux sentiments de dédain. Ils regardèrent l'Espagne comme déchue de son ancien rang, comme une des provinces de la France; ils se crurent alors dégagés de toute obéissance envers les agents d'un gouvernement qui n'avait plus le pouvoir de se faire obéir chez lui. Le roi était le seul lien qui les retînt encore, d'après ce principe fondamental de la jurisprudence espagnole, que les colonies étaient à la couronne, et non pas à l'État. Toutefois, dans l'absence du monarque, les Américains espagnols avaient devant eux l'exemple de leurs frères d'Europe, qui remplaçaient le pouvoir royal par des autorités de leur choix chargées de gouverner en son nom.

Cet état de choses n'était point ignoré dans la Péninsule; et l'on vit d'abord la junte centrale, et, plus tard, la régence, chercher à conjurer l'orage par de sages mesures basées sur une parfaite égalité de droits entre la mère patrie et ses colonies d'outre-mer. Celles-ci furent déclarées parties intégrantes de la monarchie par décret du 5 juin 1809. Un autre décret du 10 mai 1810 leur accorda la liberté de commerce sous certaines restrictions. Cette équitable résolution était le meilleur antidote contre l'esprit d'indépendance des colonies. Malheureusement les marchands de Cadix, dont elle contrariait les intérêts, eurent le fâcheux crédit de la faire rapporter. Une autre disposition du 27 juin décida qu'attendu l'importance de la matière et la difficulté de la situation, il ne serait rien innové aux lois prohibitives qui frappaient les colonies, ainsi qu'aux rapports qui existaient entre elles et l'Espagne. Toutes les dispositions du code indien restèrent en vigueur, et le décret du 10 mai fut déclaré nul et de nul effet. On crut pouvoir adoucir tout ce que ces nouvelles rigueurs avaient d'irritant, par des phrases libérales, par des promesses brillantes. C'était peine perdue. Les créoles restèrent convaincus de ce qu'ils avaient à attendre de ceux-là qui réclamaient pour eux la liberté, en refusant de l'accorder à leurs frères d'Amérique.

De cette situation morale de toute l'Amérique espagnole au temps dont nous nous occupons, il nous faut maintenant revenir au Mexique, où, jusqu'en 1808, les masses, plus apathiques qu'ailleurs, semblaient plus indifférentes à la possession des droits politiques.

Ce pays était alors florissant et tranquille; les mines et l'agriculture donnaient à la population laborieuse du travail et de l'aisance, et des richesses aux propriétaires; rien n'y annonçait l'approche de l'orage qui devait, en peu d'années, répandre tant de fléaux sur la Nouvelle-Espagne. A la tête de son gouvernement était alors don José Iturrigaray, homme sage, modéré, cherchant le bien sans passions et sans préjugés. Son autorité, appuyée par les planteurs, les grands propriétaires de mines et les employés européens, semblait aussi bien établie que celle des vice-rois ses prédécesseurs.

Le 8 juillet 1808 une corvette expédiée de Cadix apporta au Mexique les gazettes françaises de Madrid, contenant le récit des événements qui plaçaient la couronne d'Espagne sur la tête de Joseph Bonaparte. Le vice-roi, laissé sans instructions, et suspectant la fidélité de quelques Espagnols de son entourage, communiqua ces nouvelles au public par la voie de la gazette officielle; il les donnait sans commentaire, sans aucune de ces réflexions qui éclairent l'opinion et peuvent servir à la diriger. C'était un tort, et ce tort fut promptement réparé dans une proclamation où il protestait de sa fidélité au roi Ferdinand, son légitime souverain; où il invitait le peuple à suivre son exemple et à lui prêter son appui. Toute cette déclaration fut reçue avec enthousiasme. La foule se pressa dans les rues, criant vengeance contre la France et ses partisans. Le peuple était tout fier de cette phrase de la proclamation qui réclamait son appui; on ne l'avait point accoutumé à un tel langage. C'était la première fois qu'on le comptait pour quelque chose. L'empressement qu'il mit à exercer le pouvoir qu'on lui reconnaissait prouva qu'il connaissait la valeur de son assistance. Les Ayuntamientos répondirent pour lui. Ils avaient été déjà ses organes en plusieurs circonstances. On vit alors arriver de tous les quartiers de la capitale, de toutes les villes de province, même de simples villages, des adresses signées par la communauté des habitants, exprimant un loyal dévouement au roi, et la résolution de soutenir le représentant de son autorité. Cet échange de sentiments analogues créa entre le vice-roi et les

Chapoltepec.
MEXIQUE

créoles les rapports les plus intimes et les plus bienveillants. La municipalité de Mexico, composée d'hommes influents et respectés, s'empressa de profiter de ces dispositions pour demander au vice-roi la création d'une junte centrale à l'exemple de la mère patrie, et même la convocation d'une assemblée nationale, composée de députés des différentes provinces.

Cette proposition, favorablement accueillie par Iturrigaray, fut repoussée par l'audience comme contraire aux droits de la couronne, aux priviléges des Espagnols. Ce fut en vain qu'on essaya pendant trois mois d'amener cette compagnie à une politique plus conciliante; loin de céder, elle prit le parti de trancher la question par un coup d'État. Le vice-roi lui paraissant pencher en faveur de ses adversaires, elle résolut de le déposer et de l'envoyer en Espagne. Dans la nuit du 15 septembre, une bande d'Européens, la plupart marchands, commandés par un certain Gabriel Yermo, riche propriétaire de la plus belle sucrerie de la vallée de Cuernavaca, forcèrent l'entrée du palais. Ils se saisirent d'Iturrigaray qui reposait sans défiance; ils le jetèrent dans les prisons de l'Inquisition, et sa famille dans un couvent. Ses gardes ne firent aucune résistance; ils laissèrent leurs compatriotes agir en toute liberté, et donner à l'Amérique l'exemple de ce que peut oser l'aristocratie d'argent quand il s'agit de conserver un monopole.

L'audience se justifia vis-à-vis de la populace en accusant le vice-roi d'hérésie; et, devant les hommes plus éclairés, elle s'autorisa d'une disposition du code des Indes, qui lui donnait le droit d'intervention et de haute police pour assurer la tranquillité publique lorsque le vice-roi la compromettait par un abus d'autorité. Mais ces explications, nées du besoin de cacher au public le véritable motif du coup d'État, n'eurent aucun succès auprès des créoles. Ils virent que la déposition d'Iturrigaray n'était autre que leur exclusion du pouvoir, et que sa cause était la leur. L'audience une fois dans la route de l'arbitraire, ne s'arrêta pas. Elle créa une junte de sûreté, espèce de bureau de police générale, muni de pleins pouvoirs pour surveiller et arrêter. Elle organisa des bandes d'Espagnols armées, sous le titre assez bizarre de patriotes. Elle fit jeter en prison ceux qui, dans l'Ayuntamiento, avaient voté en faveur de l'assemblée nationale; elle les déporta sans jugement, soit en Espagne, soit aux Philippines. Elle donna le titre de chef du gouvernement à l'archevêque Lizana, pour se concilier l'affection du peuple, qui reverrait le prélat comme un saint à cause de sa dévotion toute particulière à la Vierge de la Guadalupe; et puis elle fit partir le malheureux Iturrigaray pour Cadix, où il fut livré à la vengeance de la junte centrale qu'il avait refusé de reconnaître. L'accusation devant elle, tout en changeant de langage, resta calomnieuse. On prétendit que ce haut fonctionnaire, que cet excellent homme, dont un peu de faiblesse était l'unique défaut, avait le projet de se faire couronner roi du Mexique; et, sans examen, sans procédure, sans jugement, on l'enferma dans un des donjons de Cadix, d'où il ne sortit qu'après trois ans de captivité, et à la suite d'une amnistie générale.

Cependant la conduite de l'audience, loin de réduire au silence les prétentions des créoles et des Indiens, ne servait qu'à leur donner une nouvelle énergie. Leur vieux respect pour le lieutenant du roi n'existait plus depuis qu'ils avaient vu cette dignité si facilement profanée dans la personne d'Iturrigaray. Pour eux la question avait changé de face. Il s'agissait alors de savoir à qui des Américains ou des Espagnols appartiendrait, au Mexique, l'autorité souveraine pendant la captivité du roi. L'insolence avec laquelle elle était exigée par les Européens augmentait encore l'irritation des indigènes. L'oidor Bataller, le plus fougueux personnage de l'audience, avait coutume de dire que tant qu'il resterait un muletier dans la Manche ou un savetier dans les Castilles, à lui serait dévolu le droit de gouverner l'Amérique.

Des deux côtés on se préparait à la lutte. Les Espagnols étaient armés sur tous les points. Les indigènes se réunissaient en sociétés secrètes où ils s'essayaient à conspirer; ce qu'ils firent assez mal d'abord. En peu de mois l'archevêque, homme conciliant et modéré, devint un homme impossible. L'audience prit en main les rênes du gouvernement que la junte centrale venait de lui remettre (1809). La violence de ce pouvoir sans contrôle allait chaque jour croissant, la haine de l'Espagnol plus générale et plus vive. Dès le mois de mai 1809, les conjurés de Valladolid étaient prêts. Un d'eux, le chanoine Iturriaga, fit échouer cette première entreprise en la dévoilant au lit de mort à un prêtre de Queretaro son confesseur. Le corrégidor de cette ville et un grand nombre d'habitants de la province furent arrêtés à la suite de cette révélation, qui paralysa le mouvement pour un temps, sans rendre le désir de secouer le joug moins actif et moins persévérant. L'arrivée du vice-roi Venegas ne changea rien à cette disposition des esprits. Muni de pleins pouvoirs par la régence de Cadix pour accorder des honneurs, des récompenses et des places aux partisans de l'Espagne, le remède qu'il apportait devait aggraver le mal. A cette époque (1810), le foyer de la conspiration avait changé de province, il était passé du Mechoacan dans l'État de Guanaxuato. Un vaste système d'insurrection y était arrêté. C'est ici que s'ouvre le grand drame révolutionnaire qui a couvert de sang la Nouvelle-Espagne, et que paraît sur la scène le fameux Hidalgo, curé de Dolorès.

C'était un de ces hommes actifs et pleins de ressources, tels qu'il s'en trouve souvent parmi les créoles. Ses ennemis, et quels ennemis que les Espagnols, ont rendu plus d'une fois hommage à ses talents. Il avait l'esprit cultivé par des lectures variées; il possédait cette éloquence qui entraîne la multitude. Son influence reposait encore sur le dévouement le plus absolu aux intérêts matériels de sa communauté. Il avait créé plusieurs manufactures qui répandaient la vie et l'aisance parmi ses paroissiens. Ses cultures de vers à soie étaient en pleine prospérité; il avait planté de grands vignobles qui allaient donner d'abondantes récoltes; mais la jalousie du gouvernement de Mexico venait de lui défendre de faire du vin. C'était un grave motif de mécontentement pour tout le pays, que cette mesure privait d'un produit qu'on lui faisait payer fort cher. Il ne fut pas difficile à Hidalgo de préparer l'insurrection au milieu d'une population aussi bien disposée; il le fit même avec si peu de mystère que son projet fut découvert avant d'avoir atteint sa maturité. Cette circonstance, qui aurait pu décourager un homme moins énergique, ne fit que le déterminer à brusquer le dénoûment. Hidalgo avait pour anciens camarades de collège trois officiers créoles, dont le régiment était en garnison à Guanaxuato: don Ignacio Allende, don Manuel Aldama, et don Jose Abasolo. Il les avait convertis à ses opinions; initiés à ses projets, ils s'associèrent à sa fortune. Ce fut le 13 septembre qu'il leva avec eux l'étendard de la révolte, à la suite d'un sermon politique qui montre toute sa confiance dans la crédulité des Indiens ses auditeurs. « Mes amis, leur dit-il, dans le dernier sermon que je vous ai prêché, je déplorais notre situation actuelle; je me plaignais qu'elle était sans remède; mes tristes paroles n'étaient que trop vraies. Oui, mes enfants, les Européens nous livrent aux Français. Voyez-vous comme ils ont récompensé les hommes qui ont déposé notre vice-roi! Ce sont eux qui nous ont enlevé notre vénérable archevêque, parce qu'il nous aimait; qui ont emprisonné notre corrégidor par le seul motif qu'il était Américain. Adieu notre sainte religion, adieu notre bon roi Ferdinand VII! Mes pauvres enfants, dans peu de jours vous serez jacobins, vous serez esclaves de Napoléon. Mon père, s'écrièrent les Indiens, sauvez-nous de ces démons; la Vierge de la Guadalupe pour toujours, Ferdinand à jamais. — Bien, mes amis, reprit vivement Hidalgo, bien; suivez-moi; la Vierge et Ferdinand pour toujours, et mort aux Espagnols. Après cette allocution, dont l'effet fut électrique, Hidalgo se mit à l'œuvre; il fit saisir et emprisonner sept Européens, habitants de la petite ville de Dolores; il confisqua leurs propriétés, et les distribua à ses partisans. C'était le moyen d'en augmenter le nombre. En vingt-quatre heures il eut une armée, et dès le 18 septembre il fut assez fort pour s'emparer de San-Felipe et de San-Miguel el Grande, villes de seize mille habitants, où il suivit son système de confiscation. Ce besoin de pillage le détermina à se diriger sur Guanajuato, riche dépôt des trésors métalliques des Espagnols. Ce n'était pas une conquête facile; Hidalgo n'ignorait pas que cette vaste cité renfermait soixante-quinze mille âmes, et qu'elle avait pour gouverneur l'intendant Rianon, homme actif, loyal, brave et d'un caractère ferme; il ne voulut rien entreprendre avant d'avoir réuni un nombre d'hommes suffisant pour attaquer avec succès. Rianon de son côté, craignant de ne pouvoir défendre avec une faible garnison une ville aussi considérable, où les sympathies des basses classes n'étaient pas pour lui, crut devoir se retirer avec tous les Européens dans un grand bâtiment qui servait de grenier public, et qu'on nommait l'Alhondiga. Il y fit porter l'or, l'argent, le mercure, et toutes les autres valeurs du trésor royal. Il s'y fortifia et se prépara à la plus opiniâtre résistance.

Le 28 septembre, don Mariano Abasolo, revêtu de l'uniforme de colonel de l'armée de Hidalgo, se présenta à l'entrée du fort comme parlementaire. Il était porteur d'une lettre du curé, qui se décorait du titre pompeux de capitaine général de l'Amérique, élu par le choix unanime de ses compagnons d'armes. Il proclamait en cette qualité l'indépendance du Mexique. Il déclarait que les Européens, seul obstacle à la liberté du pays, devaient en être bannis, et que leurs propriétés appartenaient à la nation. Il ajoutait que si les proscrits se soumettaient paisiblement, ils seraient conduits à la côte pour être embarqués, mais que leurs personnes seraient respectées et mises à l'abri de tout outrage. La réponse de Rianon fut celle qu'on devait attendre d'un homme de cœur : il repoussa avec énergie une aussi révoltante proposition. Hidalgo se prépara à l'attaquer sur-le-champ avec toutes ses forces. Elles s'élevaient alors à vingt mille hommes, Indiens pour la plupart, et presque tous armés de frondes, d'arcs, de massues, de bâtons et de grands couteaux. Le contraste le plus prononcé se faisait remarquer entre cette troupe sans ordre, sans discipline, et les régiments de la reine et de Celaya qui étaient venus se réunir aux insurgés dans leur marche sur Guanajuato. Mais si les habitudes militaires n'étaient pas les mêmes, les Indiens montraient plus que leurs nouveaux alliés cette énergie féroce, ce mépris du danger, qui les rendit redoutables dans toutes les phases de la guerre de l'indépendance.

Les petites hauteurs qui entourent et dominent l'Alhondiga furent immédiatement occupées par les révoltés. Leurs gens armés de frondes firent pleuvoir une grêle de pierres sur les assiégés; ceux-ci répondirent par un feu de mousqueterie bien nourri, qui faisait de grands ravages dans les masses ennemies entassées dans les rues de la ville. Un moment ils eurent l'espoir d'en triompher; mais la population s'étant tout entière déclarée pour Hidalgo, cet espoir s'évanouit. Le découragement s'empara de ces malheureux royalistes; il fut à son comble, lorsqu'ils virent la porte du fort brisée, et leur digne chef Rianon, frappé d'une balle, mourant à leur tête. Pressés par des flots d'Indiens qui se ruaient dans le fort, toute résistance devint impossible. Ce fut en vain qu'ils demandèrent quartier. Le massacre commença après la victoire. Le nombre des blancs qui périt dans l'action et après le combat n'a jamais été

11° *Livraison.* (MEXIQUE.

connu : ce fut une boucherie. Tous les principaux créoles alliés aux Espagnols, et qui s'étaient réfugiés avec eux dans l'Alhondiga, partagèrent leur sort. Une seule famille perdit dix-sept de ses membres. Il n'y a pas d'expression pour peindre la férocité des Indiens. Pas un Européen ne trouva grâce devant eux ; ils se vengeaient en barbares sur les descendants des Espagnols du seizième siècle, de tous les maux qui avaient affligé leurs ancêtres aux jours de la conquête.

Les Européens ayant transporté dans le fort tout ce qu'ils avaient de plus précieux, le butin fut immense. On l'estima à cinq millions de dollars, vingt-cinq millions de francs. La possession de ce trésor changea tout à coup la position de Hidalgo ; et ceux qui avaient traité son entreprise de folie, commencèrent à la juger autrement. Tous les yeux au Mexique se tournèrent avec anxiété sur les révoltés de Dolores, et le gouvernement s'inquiéta d'une insurrection qui, bien conduite, avait des chances de triomphe.

La première pensée d'Hidalgo fut de récompenser son armée ; il lui distribua les propriétés des Espagnols de Guanajuato. Telle fut l'activité des Indiens pour détruire, que, dès le lendemain de l'affaire, pas une maison, appartenant à un Européen, n'était debout. Ils se livrèrent aux plus grands excès pendant leur séjour dans cette grande et belle ville (*). Hidalgo n'avait ni le pouvoir ni peut-être la volonté de les arrêter. Il n'ignorait pas que la lutte dans laquelle il venait de s'engager, était une lutte à mort, et il n'était pas fâché de voir ses adhérents

(*) Nous trouvons dans les mémoires sur la révolution mexicaine, par M. Robinson, que le sac de Guanajuato dura trois jours, pendant lesquels les Indiens firent main basse sur tous les Espagnols, sans distinction d'âge et de sexe. Ces Indiens succombaient sous la charge de lingots d'or et d'argent, de dollars et de doublons. Après le pillage, ils offraient ces doublons pour quatre reaux chacun (un demi-dollar), ne les considérant point comme monnaie, mais seulement comme des medailles.

se compromettre de manière à rendre toute réconciliation impossible. Ceci nous explique l'indiscipline des premiers insurgés, indiscipline qu'il était si facile de réprimer, et que, dans la suite, on ne reprocha plus aux soldats de Morelos. Ce n'était pas la fermeté qui manquait à Hidalgo ; il en donna plus d'une preuve dans sa courte campagne. Il montra même quelques talents d'administration pendant le peu de temps qu'il occupa Guanajuato ; il y fit battre monnaie ; il y fit fondre des canons avec les cloches trouvées chez les Européens, et pourvut aux besoins des différents services, autant que les moyens qu'il avait à sa disposition pouvaient le lui permettre. A ce début de sa carrière se rattache toute la célébrité de son nom. Ce nom alla bientôt de bouche en bouche dans toutes les provinces ; on vit en peu de jours l'armée des insurgés s'augmenter d'une foule d'hommes avides d'un changement politique, et bien plus encore de pillage. Tous s'empressèrent de reconnaître Hidalgo pour chef, et de recevoir de lui des grades dans l'armée et des emplois dans l'administration.

Le bruit de ses succès consterna les Espagnols de Mexico. Toutefois, le vice-roi Venegas, homme ferme et prudent, ne perdit pas un moment pour assurer la défense de la capitale. Grâce à la sagesse de ses mesures, la tranquillité ne fut pas troublée, et les sympathies qui pouvaient exister en faveur des insurgés, ne purent se manifester. Venegas, d'abord trompé par les fanfaronnades de quelques membres de l'audience, qui soutenaient que le son de la trompette suffirait seul pour dissiper les indépendants, ne tarda pas à voir les choses sous leur véritable jour. Convaincu de la gravité de la situation, il fit arriver en toute hâte les troupes cantonnées à la Puebla, à Orizava, à Toluca, pour couvrir la capitale. Il enjoignit à Calleja, qui commandait la division de San Louis de Potosi, de se mettre à la poursuite de Hidalgo. Il donna le commandement de l'un des plus beaux régiments au comte de la Cadena, né Mexicain, en vue de s'attacher le parti créole par une marque de confiance; cette politique adroite ne tarda pas à porter ses fruits. Le comte, qui penchait pour l'indépendance, devint l'un des plus loyaux défenseurs des intérêts de l'Espagne, et alla bravement combattre et se faire tuer pour en assurer le triomphe. La même politique vis-à-vis des créoles fut recommandée à tous les commandants de province. Venegas voulut aussi que l'Église intervînt dans la querelle, et, chez un peuple aussi superstitieux, l'Église n'était pas un auxiliaire à négliger. On semblait mettre en doute la légalité de l'excommunication prononcée contre Hidalgo par l'évêque de Valladolid, d'après ce motif que le curé de Dolores, bien que révolté contre son roi, et criminel de lèse-majesté, n'était point hérétique, et n'avait point commis d'offense contre la religion catholique. Venegas, qui tenait beaucoup à cette excommunication, la fit confirmer par l'archevêque Lizana et par l'inquisition. Ils excommunièrent également les partisans du curé, et tout Mexicain qui s'aviserait de mettre en doute, par la suite, la justice de cette mesure. Tout cela n'empêchait pas la désaffection de gagner du terrain; Hidalgo le savait, et il se mit en marche, après avoir séjourné très-paisiblement à Guanajuato jusqu'au 10 octobre; il se dirigea sur Valladolid, où il entra sans coup férir. Les Espagnols s'étaient hâtés d'abandonner cette ville ouverte, dans la crainte de partager le sort de leurs compatriotes de Guanajuato. Hidalgo se voyait alors à la tête de cinquante mille hommes. Il venait de voir passer dans ses rangs un régiment d'infanterie et un régiment de dragons appartenant aux milices provinciales du Mechoacan, deux beaux régiments parfaitement armés et équipés, et manœuvrant bien. Mais la meilleure de ses acquisitions fut celle de don Jose Morelos, curé de Nucupetaro, son ami d'enfance, qui sut tout d'abord captiver la confiance des insurgés, et que nous verrons bientôt jouer un rôle important sur la scène révolutionnaire.

Hidalgo, après avoir pris le titre de généralissime des armées mexicaines, et changé sa soutane de prêtre contre un uniforme d'officier, se dirigea sur Toluca. Il n'était plus alors qu'à douze lieues de Mexico, dont sept mille hommes réunis par Venegas défendaient les approches. Un de ces corps d'observation commandé par Truxillo, et dans lequel servait Iturbide, celui que nous verrons empereur un jour, fut battu par Hidalgo, le 30 octobre, à Las Cruces, une des passes de la chaîne de montagnes qui sépare la vallée de Mexico de celle de Toluca. Il n'y a de remarquable dans cette affaire que l'ignoble conduite de ce Truxillo, qui engagea un des chefs insurgés à s'approcher de ses lignes, comme parlementaire, et qui fit tirer sur lui et sur sa suite lorsqu'il fut à portée. L'auteur de cette trahison s'en vanta, dans un rapport officiel au vice-roi, comme d'une action méritoire, et le vice-roi, en l'approuvant, sanctionna ce principe, qu'aucune des règles ordinaires de la guerre ne devait être admise avec les révoltés. Toutefois, cette victoire, et l'approche de l'ennemi, alarmèrent tellement Venegas, qu'il crut devoir appeler à son aide la Vierge de los Remedios, toute-puissante sur l'esprit du peuple, et dont l'image, conservée dans un village voisin, était l'objet d'un culte particulier. Cette image fut portée processionnellement en cérémonie sur le maître-autel de la cathédrale; puis, le vice-roi, en grand uniforme, alla, à la tête de son état-major et des principaux fonctionnaires, lui rendre hommage et l'invoquer; il la pria de vouloir bien accepter le gouvernement du pays, et termina sa harangue en déposant à ses pieds son bâton de commandant.

Si cette puissante protectrice inspira au curé de Dolores la funeste résolution de s'arrêter en vue de la capitale, sans rien tenter pour y pénétrer, elle rendit à la cause de l'Espagne le service le plus signalé. On a écrit bien des choses sur ce mouvement inattendu; on a tenté d'expliquer l'inaction de ce chef, qui, parvenu sur les hauteurs de Santa-

Fè, n'ayant que deux ou trois mille hommes devant lui, se met en retraite avec tout son monde, et reprend la route de Guanajuato. On a dit que c'était défaut de courage; on a dit que c'était le désir d'épargner à la capitale les horreurs d'un assaut. Le caractère et les antécédents de Hidalgo se refusent à cette explication. Il avait donné trop de preuves de bravoure et d'inhumanité pour être arrêté par de tels obstacles. Il faut chercher à sa conduite un tout autre motif. Hidalgo n'avait point compté sur l'attitude prise par le vice-roi, sur le nombre de soldats qu'il avait su réunir, sur les batteries bien armées qu'il avait fait élever à la hâte. Les Indiens, démoralisés depuis le combat de Las Cruces, où ils avaient fait de si grandes pertes, où ils avaient montré une si complète ignorance des effets de l'artillerie, craignaient de se mesurer avec des troupes régulières. La plus grande confusion régnait dans leurs rangs; ils manquaient d'armes et de munitions. A toutes ces causes, qui devaient influer sur Hidalgo, il faut ajouter une circonstance plus impérieuse encore. Des dépêches de Calleja, interceptées, apprenaient que ce général s'avançait à marches forcées sur la capitale. Cette manœuvre allait placer les insurgés entre deux feux. Hidalgo voulut prévenir l'Espagnol en se portant à sa rencontre. Ce mouvement fut exécuté dans un grand désordre. Après six jours de marche, les deux avant-gardes furent en présence. Les troupes de Calleja se composaient presque uniquement de régiments créoles; sa cavalerie était sous les ordres du comte de la Cadena. Cette armée avait sur celle d'Hidalgo la supériorité des armes et de la discipline; mais on était incertain de ses dispositions morales. Allait-elle consentir à combattre des hommes, des frères, dont les intérêts étaient les siens? Cette question fut décidée le 7 novembre 1810, dans les plaines d'Aculco. Des témoins de cette journée ont raconté que les soldats de Calleja montraient beaucoup d'indécision en arrivant sur le champ de bataille, et on ne sait ce qu'elles eussent fait, si les insurgés, plus patients ou moins craintifs, ne se fussent hâtés de commencer le feu. Cette espèce de provocation leur porta malheur. A partir de ce moment, les troupes de Calleja ne balancèrent plus, et se conduisirent avec une bravoure et un ensemble qui leur valurent la victoire la plus complète. Les insurgés perdirent dix mille hommes; Hidalgo et un grand nombre de fuyards prirent en toute hâte la route de Valladolid, tandis qu'Allende et sa division gagnaient Guanajuato, où ils ne purent se maintenir.

On a fait d'épouvantables récits des atrocités commises par les Espagnols dans cette malheureuse ville, et ces récits ne sont point une invention du parti vaincu. Il n'est que trop vrai qu'un grand nombre d'habitants, hommes, femmes, enfants, vieillards, traînés sur la place publique, après le combat, furent impitoyablement égorgés. A Dieu ne plaise que je veuille taire et encore moins excuser de semblables cruautés! mais, tout en les vouant à l'exécration, il faut ajouter, pour être juste, qu'elles étaient une affreuse représaille. Le jour même où Calleja entrait dans Guanajuato, quelques heures avant son arrivée, la populace de cette ville, furieuse de l'abandon d'Allende, avait massacré deux cent quarante-neuf Européens prisonniers, qu'Hidalgo avait, deux mois auparavant, laissés dans l'Alhondiga, en quittant Guanajuato. Tous ces crimes sont déplorables sans doute; mais il ne faut jamais oublier qu'au commencement d'une révolution, quelque légitime qu'elle soit, ceux qui attaquent le gouvernement établi, le font à leurs risques et périls, et doivent s'attendre à être traités comme traîtres, jusqu'au moment où la révolte triomphante devient un acte accompli. On ne peut pas reprocher au gouvernement espagnol d'avoir fait au Mexique ce que tout gouvernement doit faire dans l'intérêt de sa propre conservation; on peut le blâmer seulement d'avoir continué la guerre lorsque toute chance de succès avait disparu, et d'avoir continué de sévir lorsque la répression était sans utilité.

Les recrues qu'Hidalgo fit à Valladolid lui permirent d'aller occuper Guadalaxara, dont un de ses lieutenants s'était emparé le jour même de la bataille d'Aculco. C'est là que vint se réunir à lui l'avocat Rayon, dont il fit son secrétaire, et qui jouera plus tard un rôle très-actif et très-honorable dans la guerre de la révolution. Hidalgo fit une entrée triomphale à Guadalaxara, comme s'il fût revenu vainqueur, et, bien que sous le poids d'une excommunication, il n'en fit pas moins chanter un Te Deum où il assista. On le vit essayer ensuite de réorganiser son armée fort en désordre. Il fit prendre à San Blas, arsenal des Espagnols, sur l'océan Pacifique, toute l'artillerie qui s'y trouvait; il fit même venir des canons de vingt-quatre, que les Indiens traînèrent à grand'peine à travers un pays montagneux, sans routes tracées. Malheureusement Hidalgo ne se borna point aux soins d'un général: ses vengeances révolutionnaires l'occupèrent ici. Nous avons déjà fait remarquer l'impitoyable caractère de ce prêtre, et la haine profonde qu'il portait aux Espagnols; ceux qui habitaient Guadalaxara avaient été arrêtés par son ordre, et leur nombre était si considérable, que la prison ne pouvant suffire, il fallut les répartir dans plusieurs couvents. Il est bien probable qu'ils n'y furent pas gardés avec tout le soin possible, et que quelques-uns d'entre eux parvinrent à s'échapper. Hidalgo en fit un crime aux malheureux qui restaient sous les verrous, et, sur de vagues rumeurs d'une conspiration de prison, il se décida à les faire tous périr. Ceci ne fut point l'œuvre d'un moment d'effervescence. Une froide barbarie présida à cette exécution; aucun simulacre de procès n'avait lieu. On conduisait chaque nuit vingt ou trente prisonniers dans les lieux les plus sauvages des montagnes voisines. Là, on les assassinait sans bruit, sans l'emploi d'armes à feu, de crainte d'éveiller les soupçons. Sept à huit cents personnes périrent de cette manière à Guadalaxara. Hidalgo paraît avoir eu le projet d'ériger en système permanent ces meurtres abominables. On produisit lors de son procès une lettre dans laquelle il recommandait à un de ses lieutenants d'arrêter tous les Espagnols qu'il pourrait saisir, et, s'il s'apercevait qu'ils eussent quelques *pensées* séditieuses ou *intentions* coupables, de les ensevelir dans un éternel oubli, en mettant les conspirateurs à mort, secrètement, loin des lieux habités, et avec toutes les précautions convenables.

Ces mesures barbares eurent pour résultat d'exaspérer les populations espagnoles, de justifier leur système de représailles, d'organiser la terreur dans les deux partis, de discréditer la cause de la révolution, et d'empêcher les créoles respectables d'en adopter les principes et de se réunir aux insurgés.

Cependant Hidalgo, maître d'une nombreuse artillerie, s'imagina qu'elle lui suffirait pour repousser les forces de Calleja. Allende n'était point de cet avis, et croyait de plus qu'avec des bandes aussi indisciplinées, il devait éviter toute bataille régulière. On fortifia le pont de Calderon, à seize lieues de Guadalaxara, et là, les Mexicains attendirent les royalistes. Le 16 janvier, les deux armées furent encore une fois en présence. Les tristes prévisions d'Allende ne tardèrent pas à se réaliser: après quelques succès partiels, les insurgés furent mis en déroute; mais comme ils mettaient déjà un peu plus d'ordre dans leurs manœuvres, ils perdirent beaucoup moins de monde qu'au combat d'Aculco. Hidalgo et Allende se retirèrent dans la direction des provinces intérieures, et Rayon se dépêcha de gagner Guadalaxara pour prendre la caisse de l'armée qui contenait trois cent mille dollars, ce qu'il exécuta fort heureusement. Calleja, satisfait de sa victoire, ayant laissé passer quatre jours sans le poursuivre. Les autres chefs atteignirent Saltillo avec quatre mille hommes qui furent laissés sous les ordres de Rayon, tandis que Hidalgo, Allende et Abasolo se mirent en marche avec une escorte pour gagner les frontières des États-Unis, où ils se proposaient d'acheter des armes et des munitions avec les dollars qu'ils avaient sauvés. Ils furent surpris sur la route par la trahison d'un de leurs anciens partisans, don Ignacio Élizondo, qui s'était d'abord ouvertement prononcé pour le parti de la révolution, et qui saisit l'occasion de rentrer en grâce auprès du gouvernement, en lui livrant les trois chefs de l'insurrection. Ils furent faits prisonniers, le 21 mars 1811, et conduits à Chihuahua. Là, mis en jugement, on fit durer leur procès plusieurs mois, dans l'espoir d'obtenir d'eux quelques révélations importantes sur les ramifications de l'insurrection. Ils trompèrent l'attente de leurs ennemis, et, condamnés à mort, ils allèrent au supplice avec courage (*).

Telle fut la première période de la guerre de l'indépendance. Cette guerre prit ensuite un autre caractère, et se transforma en une espèce de chouannerie, dont tout le Mexique fut à peu près le théâtre. Je n'ai pas l'intention de suivre les bandes armées dans leur vie de combats, de meurtres et de brigandages. Je dois me borner à indiquer les noms des principaux chefs, et les limites de leurs opérations. Rayon prit le commandement des débris de l'armée d'Hidalgo, et se retira sur Zacatecas, n'ayant d'autorité que sur ses propres soldats. Le Baxio fut mis à contribution par les partis de Muniz et du padre Navarrete. Serrano et Osorno exploitaient les provinces de la Puebla et de la Vera Cruz; et la vallée de Mexico comptait un si grand nombre de guérillas, que toutes communications entre la capitale et l'intérieur se trouvaient interrompues. Ajoutons que le *lasso* des insurgés allait saisir les sentinelles jusqu'aux portes de la ville. Toutefois les principales cités continuaient à reconnaître l'autorité du vice-roi; mais l'armée de Calleja ne recevait aucun renfort, et bien que chaque jour fût signalé par quelque rencontre, on ne faisait rien, en résultat, pour terminer cette grande lutte.

Rayon fut le premier à s'apercevoir qu'il n'y avait chance de succès que dans la réunion de tous les chefs indépendants; qu'une coalition était l'unique moyen de balancer les forces royales, et qu'il fallait encore régulariser l'insurrection par un gouvernement. Ce fut sous l'influence de cette pensée politique que l'on créa la première junte nationale, composée de cinq membres, nommés par les propriétaires et fermiers du district et les citoyens de la ville. Elle s'établit à Zitacuaro, dans cette partie de l'État de Valladolid où les insurgés comptaient un plus grand nombre de partisans que sur tout autre point du Mexique.

Le programme de cette junte semble être devenu la base de la fameuse déclaration d'Iguala, adoptée par Iturbide dix ans plus tard. La reconnaissance de Ferdinand VII comme souverain du Mexique, s'y trouve exprimée; toutefois, il ne faut pas se laisser abuser par ces paroles des premiers révolutionnaires. On est fondé à croire qu'elles manquaient de sincérité. Nous voyons, vers cette époque, Morelos blâmer ses collègues d'avoir reconnu le roi d'Espagne, et Rayon, se borner à défendre la mesure comme une nécessité du moment, comme un sacrifice aux préjugés populaires, qui n'engageait pas l'avenir.

La nouvelle de l'installation de cette junte fut accueillie avec enthousiasme par les partisans de l'insurrection, et même par un certain nombre de créoles, séduits par la modération de cette assemblée. Le manifeste qu'elle adressa au vice-roi, en mars 1812, est rédigé avec une mesure parfaite, et annonce

---

(*) Il est aujourd'hui bien prouvé que Hidalgo et ses lieutenants ne firent aucune révélation, qu'ils ne compromirent en rien le succès de leur cause, et que les aveux, les témoignages de repentir et les amendes honorables que les journaux officiels mirent dans la bouche des condamnés n'étaient qu'un tissu de mensonges pour les avilir aux yeux du parti révolutionnaire.

une certaine intelligence de la situation. Elle commence par une peinture vraie des malheurs du pays et des horreurs de la guerre civile; elle s'élève avec énergie contre l'usage barbare de fusiller les prisonniers; elle cherche ensuite à inquiéter Venegas sur les dispositions des troupes créoles qui, tôt ou tard, l'abandonneront pour se joindre à leurs compatriotes; elle établit l'inefficacité des mesures de rigueur adoptées contre les indépendants, par les progrès toujours croissants de la révolution, puis elle en vient à des propositions d'arrangement Elle pose en principe l'égalité des droits entre l'Espagnol américain et l'Espagnol d'Europe; elle en tire la conséquence que le Mexique doit avoir ses cortès comme l'Espagne pendant la captivité du monarque; elle demande que les Européens se démettent de leurs emplois, et consentent à la réunion immédiate du congrès; elle promet que les anciens traitements continueront d'être payés, que les personnes et les propriétés seront respectées, que les Espagnols jouiront de tous les priviléges indigènes; elle s'engage, enfin, à reconnaître Ferdinand roi du Mexique, à la condition d'y résider, et offre à la Péninsule de l'aider dans la lutte et de l'assister de ses trésors.

Ces propositions, qui méritaient au moins les honneurs de la discussion, furent traitées par Venegas avec un mépris impolitique; il les fit brûler publiquement par le bourreau sur la Plaza-Mayor; puérile vengeance qui n'empêcha pas les sympathies des populations créoles de se manifester bientôt après, excitées par les succès de Morelos, qu'il nous faut maintenant raconter. La vie militaire de ce prêtre est l'un des épisodes les plus intéressants de la révolution mexicaine.

Morelos avait reçu d'Hidalgo, en octobre 1810, la commission de capitaine général des tierras calientes qui bordent au sud-ouest le grand Océan. Il était parti de Valladolid avec ce titre pompeux, n'ayant pour toute escorte que quelques serviteurs armés de six fusils et d'autant de vieilles lances. Le premier renfort qui lui arriva fut une bande d'esclaves noirs qui s'étaient échappés de Petatan, et de quelques autres villes voisines, empressés de conquérir leur liberté sur le champ de bataille. Puis il lui vint de la campagne bon nombre de jeunes Indiens, inhabiles aux armes, mais robustes et pleins d'ardeur. Lorsque sa troupe se fut élevée à un millier d'hommes, il voulut, débutant par une action d'éclat, surprendre le camp royaliste. C'était une entreprise téméraire, avec des soldats aussi nouveaux, aussi mal armés que les siens. La nuit et la fortune le servirent: son succès fut complet. L'ennemi prit la fuite, laissant entre ses mains huit cents fusils, cinq pièces de canon, beaucoup d'or et d'argent, et sept cents prisonniers. Ceux-ci furent traités avec la plus grande humanité; circonstance qui, malheureusement, ne se reproduisit pas, mais qui valut à Morelos plus de partisans que sa victoire. Depuis ce moment, la rapidité de ses succès fut merveilleuse. Des hommes de cœur et de talent lui arrivèrent de tous les points du Mexique, et parmi ceux-ci il faut citer Galeana, le curé Matamoros, et toute la famille Bravo, le père et les deux fils, dont un, don Nicolas, fut assez heureux pour assister au triomphe de sa cause, et occuper la première magistrature de son pays.

L'année 1811 se passa en petits combats, dont le détail ne pourrait intéresser que des Mexicains. Morelos y fut souvent vainqueur. L'insurrection s'étendait au loin et se montrait en même temps jusqu'aux portes de Mexico. L'avant-garde de Morelos, commandée par Bravo, s'avança jusqu'à San-Augustin de las Cuevas, qui n'est qu'à trois lieues. Ce fut alors que Calleja, quittant les provinces du Nord, vint défendre la capitale, et força les insurgés à se retirer dans la petite ville de Cuautla Amilpas, qu'ils fortifièrent à la hâte. Quelques jours auparavant, le général espagnol avait chassé la junte de Zitacuaro. Ni les difficultés d'un terrain montueux et coupé, ni la fatigue de ses gens, qui venaient de loin à marches forcées, ne l'arrêtèrent. Zitacuaro fut emporté d'assaut le 2 janvier 1812, et traité avec une barbarie dont cette guerre civile n'avait point encore offert un si déplorable exemple : les maisons furent brûlées, les murailles rasées, les habitants décimés; on n'épargna que les églises et les couvents. Ce fut à la suite de ce sanglant exploit que Calleja fit son entrée dans la capitale, où il inspira presque autant de crainte que l'ennemi. Il en sortit assez vite, à la grande satisfaction du vice-roi, pour aller attaquer Cuautla Amilpas. Mais ce n'était plus ici Zitacuaro; là, se trouvait l'élite des insurgés; là, de jeunes officiers patriotes s'étaient réunis et jetaient les fondements de leur renommée militaire. Les attaques de Calleja furent repoussées. Dans ce combat acharné, Galeana fit des prodiges de valeur, et sauva la vie à Morelos, qui s'exposait comme le dernier des soldats; don Jose Maria Fernandez, depuis le général Victoria, s'y montra l'un des chefs les plus brillants et les plus braves de l'armée. Un assaut général, tenté par Calleja, fut repoussé avec une perte de cinq cents hommes. Galeana, qui commandait dans la place, voyant un colonel ennemi à quelque distance des siens, sortit seul et l'alla défier à un combat singulier. Ce duel, qui rappelle les habitudes chevaleresques du moyen âge, eut lieu en présence des deux armées. L'Espagnol fut tué, et le triomphe de Galeana doubla l'énergie des assiégés.

Découragé par des tentatives infructueuses, Calleja se résolut à faire un siége en règle. Sur sa demande, l'artillerie et les munitions lui arrivèrent de Mexico. Le général royaliste Llano vint augmenter ses forces, et quitta, pour se réunir à lui, le siége d'Izucar, défendu avec succès par Guerrero. Ce chef avait glorieusement commencé sa longue et périlleuse carrière; il comptait déjà plus de cinquante blessures, reçues pour la cause de l'indépendance. Il échappa comme par miracle dans cette ville d'Izucar. Il dormait, épuisé de fatigue, lorsqu'une petite bombe perça le toit, et, pénétrant dans la chambre qu'il occupait, alla rouler sous son lit où elle éclata. Tous ceux qui se trouvaient dans l'appartement furent blessés, excepté lui.

Le siége de Cuautla est célèbre dans l'histoire de la guerre de l'indépendance, par la belle défense des insurgés, à laquelle Calleja lui-même fut forcé de rendre justice. Morelos n'ignorait pas que cette défense ne pourrait sauver la place, mais il savait que tout le Mexique avait les yeux sur lui, et il voulait, en lui prouvant l'héroïque bravoure, la fermeté d'âme, et le dévouement sans bornes des patriotes qu'il commandait, se créer des admirateurs et de nouveaux partisans. Il voulait aussi prolonger le siége jusqu'au commencement de la saison pluvieuse, si malsaine dans la *tierra caliente* où Cuautla est située. Calleja, de son côté, sachant très-bien ce qu'il devait éprouver alors d'un climat meurtrier, se hâtait d'en finir à tout prix. Il avait, malheureusement pour les Mexicains, un puissant allié dans la ville. Cuautla n'avait point été approvisionnée avant le siége, suivant les règles ordinaires de la guerre; la famine y exerçait d'horribles ravages, et le manque d'eau s'y faisait sentir d'une manière non moins cruelle. Un chat s'y vendait six dollars, un lézard deux, un rat un dollar; la garnison était réduite à une petite portion de maïs pour toute nourriture. On raconte qu'un bœuf, paissant sur le territoire entre les deux camps, devint la cause d'une affaire générale. Les assiégés s'en étant emparés, l'avant-garde espagnole voulut le leur reprendre, et successivement toutes les divisions entrèrent en ligne, et prirent part à un combat acharné. Je ne sais à qui resta le bœuf. Ce triste état de choses, qui s'aggravait chaque jour, dérangea tous les calculs de Morelos; les maladies lui enlevaient un grand nombre d'hommes; il se résolut, pour sauver le reste, et pour ne pas compromettre la cause de l'indépendance, à sortir de Cuautla. Il l'abandonna pendant la nuit du 2 mai. Tel fut le silence gardé dans la retraite, que ses colonnes passèrent sous les batteries de l'ennemi sans que celui-ci se doutât de leur marche. Elles atteignirent Izucar, n'ayant perdu que dix-sept hommes, au nombre desquels se trouvait malheureusement le commandant de l'avant-garde, don Leonardo Bravo, qui tomba aux mains des royalistes, et que l'armée regretta comme le patriote le plus énergique de cette époque de dévouement.

Calleja n'osa pénétrer dans la ville que plusieurs heures après le départ de Morelos, tant il redoutait une embuscade. Là, il se montra ce qu'il avait toujours été, lâchement féroce. Les cruautés qu'il exerça sur les habitants de la ville abandonnée sont d'un sauvage. Dix ans plus tard, des officiers, témoins du siége, en parlaient encore avec horreur. Calleja s'empressa de rentrer dans la capitale, où il croyait à un brillant accueil. La réception qu'on lui fit prouva qu'on n'était dupe ni de ses fanfaronnades, ni de ses prétendus succès ; il était évident pour tout le monde qu'il avait fait des pertes immenses, qu'il n'avait obtenu que de stériles avantages, qu'il avait rendu la cause de l'Espagne odieuse par ses cruautés, et que l'insurrection restait dans toute sa force, avec des assassinats de plus à venger.

Elle se développa en peu de temps sur la plus grande échelle; Morelos, dont la célébrité et l'influence allaient croissant, reprit l'offensive sur presque tous les points ; il battit l'armée de Fuentès, envoyée à sa poursuite; il s'empara des villes de Chilapa, Tehuacan, Orizava, Oaxaca, Acapulco, Vera-Crux et Puebla de los Angelos. Des guérillas, sous les ordres de Guadalupe Victoria, parcouraient le pays entre la Vera-Crux et Xalapa, et occupaient toutes les fortes positions de cette partie du Mexique. Teran, avec sa division, inquiétait l'intendance de la Puebla; Osorno portait l'épouvante jusqu'au voisinage de Mexico, tandis que Rayon, et quelques autres chefs, promenaient le drapeau de l'indépendance dans les intendances de Guanajuato, de Valladolid, de Zacatecas et de Guadalaxara.

On signale cette période de la révolution comme un temps de pillages et d'assassinats. Les villes prises et reprises éprouvaient un double mouvement de réaction. Royalistes et patriotes avaient chacun leurs jours de représailles et de vengeances. Le commerce était nul, personne n'osait s'aventurer au milieu des bandes armées sans discipline et sans pitié. Les mines étaient désertes; les ouvriers les avaient quittées, ou pour aller combattre, ou parce qu'ils n'étaient pas payés, et les eaux s'élevaient en toute liberté sur les filons métalliques. Les terres restaient en friche dans une partie du pays ; le blé devenait rare et cher; les maladies, plus nombreuses, augmentaient de malignité dans les terres chaudes, et faisaient invasion sur les plateaux, où elles étaient ordinairement inconnues. C'était un triste spectacle que le Mexique en travail de son indépendance.

Alors, tous les pouvoirs civils et militaires se concentraient dans la personne du général en chef. C'était un lourd fardeau que Morelos se proposait depuis longtemps de déposer entre les mains d'un congrès national. Il voulait, dans sa candeur constitutionnelle, n'être que le délégué de cette assemblée souveraine. Cette abdication n'était pas d'un homme d'État. La dictature de Morelos faisait toute la force de son parti, et dans les circonstances difficiles où l'anarchie des opinions et le défaut d'ensemble plaçaient les insurgés de toutes les provinces, une réunion de démagogues, jaloux de toute autorité, infatués de théories philosophiques et de vieux préjugés, devait aggraver le mal au lieu de le détruire. Morelos n'aperçut que l'honneur de constituer un gouvernement populaire et régulier. Pour lui ménager un asile assuré, il s'empressa de soumettre toutes les villes de l'intendance de Valladolid. Le siége d'Acapulco, commencé le 15 février 1813, l'arrêta jusqu'au 20 août, que le drapeau mexicain remplaça sur la forteresse de San Diego les couleurs de l'Espagne. Le général revint ensuite à Oaxaca, où toutes choses étaient préparées pour la réception du congrès, qui fut composé, dans l'origine, des membres de la junte de Zitacuaro et de députés élus par les provinces qu'occupaient les insurgés. Cette assemblée ouvrit sa première session le 13 septembre 1813, dans la ville de Chilpanzingo. Le plus remarquable de ses actes fut sans doute cette déclaration d'indépendance du Mexique, qu'elle publia le 13 novembre 1813. Qui peut dire l'effet de cette déclaration sur le pays, si la fortune eût continué de favoriser Morelos? Mais il cessa de vaincre avant que ce manifeste fût généralement connu. L'étoile du congrès suivit celle de son protecteur : toutes deux pâlirent ensemble. Heureux jusqu'alors de sa personne, le général des insurgés semblait avoir communiqué tout son bonheur à ses lieutenants. Les années 1812 et 1813 se font remarquer par les victoires de Bravo et de Matamoros à Palmar, et par la belle défense de la montagne de Coscomatepec. Dans la première de ces affaires, qui dura trois jours, le régiment espagnol de la Vera-Crux fut anéanti, et le village où il s'était retranché, emporté de vive force. Morelos mit trois cents prisonniers royalistes à la disposition de Bravo, qui les offrit au vice-roi Venegas, en échange de don Léonardo son père, tombé aux mains de l'armée royale, et condamné à mort. Cet échange fut inhumainement refusé, et le jugement exécuté. Voici comme le jeune Bravo comprit les lois de la guerre qui autorisent les représailles. Il fit mettre, à la nouvelle de la mort de son père, tous ses prisonniers en liberté. Je veux, dit-il, les éloigner de ma vue, et les placer à l'abri de mon pouvoir ; je craindrais, dans les premiers moments de ma douleur et de mon indignation, de n'avoir pas assez de force d'âme pour résister aux tentations de la vengeance. On se rappellera ces belles paroles longtemps après que les victoires de Bravo seront oubliées.

La seconde bataille de Palmar (18 octobre 1813) est un des plus brillants faits d'armes de la guerre de l'indépendance. Ce fut dans cette journée que le régiment des Asturies, entièrement composé d'Européens, fut taillé en pièces par Matamoros, après huit heures de combat. Ce régiment était un de ceux qui avaient pris part à la bataille de Baylen. Il arrivait d'Espagne avec les titres ridicules d'invincible, de vainqueur des vainqueurs d'Austerlitz. Sa défaite fut regardée par les Espagnols comme une grande calamité ; elle détruisait le prestige qui environnait les soldats de la mère patrie. Toutefois, les insurgés tirèrent peu d'avantage de leur victoire ; ce fut pour eux le dernier sourire de la fortune ; le temps des mauvais jours était arrivé. La division de Matamoros s'empressa de rejoindre Morelos à Oaxaca, qui se préparait à une expédition contre la province de Valladolid. Il la voulait tout entière en sa possession, pour se mettre en rapport avec les insurgés de l'intérieur, et il avait besoin de toutes les forces de ceux-ci pour frapper un coup décisif contre la capitale.

Avec sept mille hommes, et un train d'artillerie assez considérable, il arriva devant Valladolid, le 23 décembre, après une marche de cent lieues dans un pays qu'il n'avait point encore parcouru. Il se vit en présence de forces considérables, sous les ordres de Llano et d'Iturbide, alors colonel, et bien préparées à le recevoir. Lui, trop confiant par les succès qui l'avaient accompagné jusqu'alors, au lieu de donner à ses troupes fatiguées un repos nécessaire, s'avança sur-le-champ vers la ville, et fut repoussé avec perte par les royalistes. C'est dans cette affaire que deux corps d'insurgés tirèrent l'un sur l'autre, par une fatale erreur dont Iturbide ne manqua pas de profiter, et qui lui valut la victoire.

Morelos qui venait de perdre ses meilleurs régiments et toute son artillerie, se retira à Puruaran, où il fut encore battu par Iturbide, qui n'avait cessé de le poursuivre. Cette fois, le succès fut complet ; l'un des chefs les plus distingués des insurgés, Matamoros, tomba au pouvoir des royalistes. Morelos mit tout en œuvre pour sauver la vie de son lieutenant ; il offrit pour un seul homme quelques centaines de soldats et d'officiers de ce régiment des Asturies pris à Palmar et enfermés à Acapulco. Calleja, qui remplaçait alors Venegas comme vice-roi, ne voulut entendre à aucune proposition ; Matamoros fut fusillé, et, par voie de représailles, tous les officiers qu'on offrait de rendre pour lui le furent également.

C'est ici que commence cette série de revers qui ne finissent qu'avec la vie de Morelos. Dans cette période de décadence, nous ne le voyons ni moins courageux ni moins actif ; il lutte d'énergie avec la mauvaise fortune ; il oppose tous les efforts humains au flot de l'adversité, mais c'est en vain. Il est vaincu dans tous les combats qu'il est forcé de livrer ; la ville d'Oaxaca retombe aux mains des royalistes ; don Miguel Bravo est pris, et meurt sur l'échafaud de la Puebla. Galeana, plus heureux, périt sur le champ de bataille. Le congrès de Chilpanzingo est chassé de la ville, et forcé de se réfugier dans le bois de Apatzingan, où il continue ses travaux, et sanctionne, le 22 octobre, le premier acte constitutionnel. Ici, cette assemblée fut sur le point de tomber aux mains d'Iturbide, qui, par une marche hardie à travers les montagnes du Mechoacan, surprit les députés, au moment où ils le croyaient bien loin d'eux. Ce fut pour les mettre à l'abri d'un pareil coup de main que Morelos entreprit, avec cinq cents hommes seulement, son expédition à Tehuacan, dans la province de la Puebla, où il voulait installer le congrès. Teran avait réuni dans cette province des forces considérables ; Guerrero s'y trouvait également. Morelos avait écrit à ces deux chefs de venir à sa rencontre. Malheureusement ses courriers furent interceptés, et la fâcheuse position du général resta ignorée de ses lieutenants. Elle l'était aussi des Espagnols, qui, lui supposant une tout autre armée, le laissèrent pénétrer jusqu'à Tesmalaca. Il leur aurait probablement échappé, s'il n'eût été trahi par les Indiens, qui, le voyant si mal accompagné, allèrent prévenir le chef royaliste, don Manuel Concha. Morelos était loin de se douter de cette perfidie ; il se croyait même à l'abri de tout danger, et hors des lignes espagnoles, lorsque, le 5 novembre 1815, il se vit soudainement attaqué par deux divisions ennemies beaucoup plus fortes que lui. Dans ce péril, l'homme de cœur ne faillit pas. Il ordonna à Nicolas Bravo de continuer sa marche avec la plus grande partie du détachement, et de veiller à la sûreté du congrès qu'il escortait, tandis qu'à la tête de quelques hommes, il s'efforcait d'arrêter l'ennemi. « Ma vie, dit-il, est de peu d'importance ; je la perdrai sans regret, pourvu que le congrès soit sauvé. Ma carrière est finie, du moment où j'ai vu un gouvernement indépendant établi. »

Les ordres du général furent exécutés. Lui, à la tête de cinquante hommes, dont quelques-uns l'abandonnèrent dans la chaleur de l'action, parvint cependant à gagner du temps. Les royalistes n'osèrent l'approcher tant qu'il resta un homme à ses côtés. Lorsqu'ils le virent seul sur le champ de bataille, ils se jetèrent sur lui et le firent prisonnier. Dans cette lutte acharnée, il avait tout fait pour trouver la mort. Il la cherchait avidement, comme un homme dégoûté de la vie par ses derniers revers, comme un patriote jaloux de finir par un grand acte de dévouement, par une action d'éclat digne de la première période de sa glorieuse vie militaire.

Morelos fut traité avec une brutalité sans exemple par les soldats entre les mains desquels il était tombé. Ils le dépouillèrent, et le conduisirent chargé de chaînes à Tesmalaca, où Concha se fit honneur en le recevant avec tout le respect dû à un ennemi tombé, en lui prodiguant les soins et les égards que l'on doit au malheur. Morelos fut dirigé sans délai sur Mexico. Toute la population vint à sa rencontre jusqu'à San Augustin de las Cuevas ; il eut à subir l'avide curiosité d'une foule insolente, et les insultes que les populaces de tous les pays prodiguent aux ennemis vaincus. Mais de tels outrages trouvèrent Morelos insensible. Ici, comme dans la prison, son sang-froid ne l'abandonna pas un seul instant ; l'idée de subir la dégradation des ordres sacrés était la seule chose qui l'affectait. Cette humiliante cérémonie le fut doublement pour lui, par la publicité et l'appareil qu'on lui donna. Son procès fut conduit par cet Oidor Bataller, le plus barbare de tous les membres de l'audience, celui qui soutenait insolemment la supériorité des Espagnols sur les créoles. L'instruction se termina rapidement par une sentence de mort. Le 22 décembre 1815, Concha fut chargé d'extraire le condamné des prisons de l'inquisition, et de le conduire à l'hôpital de San Christoval, derrière lequel l'exécution devait avoir lieu. Morelos, en arrivant, dîna avec cet officier ; il l'embrassa tendrement, en le remerciant des égards qu'il lui avait témoignés ; puis il se confessa, et se rendit ensuite d'un pas ferme sur la place où il devait être fusillé. La courte prière qu'il prononça avant son supplice, mérite d'être rapportée pour sa noble simplicité : « Seigneur, dit le général, si j'ai bien fait, tu le sais, et tu m'en récompenseras ; si j'ai mal fait, je recommande mon âme à ta miséricorde infinie. » Après cet appel au juge suprême, il se banda les yeux, commanda le feu, et reçut la mort avec ce visage calme et impassible qu'on avait admiré tant de fois sur les champs de bataille.

Avec la vie de Morelos se termina la plus brillante période de la révolution. Lui seul possédait assez d'influence pour dominer les prétentions des chefs secondaires, pour réunir leurs efforts dans un but commun, pour les faire concourir à un même plan, pour concilier enfin leurs intérêts divers et leurs ambitions rivales. Par sa mort, le lien qui rattachait les fractions éparses du grand parti de l'indépendance fut brisé ; l'unité d'action disparut, et tout retomba dans une grande confusion : chaque province s'isolant, se prétendit des droits séparés, et bientôt, par l'absence de toute combinaison, la cause des insurgés, bien que défendue sur certains points par d'incontestables talents militaires, tomba graduellement dans un état désespéré.

Six semaines s'étaient écoulées entre la prise de Morelos et sa condamnation, et pendant ce temps le congrès, escorté par Bravo, avait gagné Téhuacan et recommencé ses travaux. Son premier acte fut d'adresser au vice-roi une note tout à la fois suppliante et menaçante en faveur du malheureux général prisonnier. C'était l'œuvre de la reconnaissance, mais de la reconnaissance impuissante. Qu'étaient les membres du congrès aux yeux du vice-roi ? une troupe de traîtres et de factieux mise en quelque sorte hors la loi, et dont le procès était fait d'avance. C'était, pour Calleja, comme si des bandits l'eussent prié d'épargner un des leurs déjà condamné. Cette note ne reste pas moins comme un monument de patriotisme. Le congrès s'y plaint avec noblesse que le gouvernement espagnol ait cherché à donner aux nations civilisées une idée désavantageuse de la révolution. Il descend ensuite au rôle de suppliant ; il conjure Calleja d'épargner les jours du généralissime, qui épargna souvent ceux de ses ennemis après la victoire ; il prie au nom de l'humanité, au nom de la modération, la meilleure politique à suivre dans les révolutions ; puis il dit au vice-roi : « Si vous vous montrez cruel, qu'aurez-vous à espérer de nous pour les vôtres, quand les chances de la guerre les feront nos prisonniers ? Songez que soixante mille Espagnols répondent de la tête de Morelos, cher à tous les Américains, et dont le sort intéresse jusqu'à ceux qui ne sont que simples spectateurs de nos combats. »

Le congrès, qui appréciait assez mal sa position vis-à-vis du gouvernement espagnol, ne la comprenait pas mieux vis-à-vis de son propre parti. Créée par le généralissime comme un puissant instrument de révolution, comme l'expression de la souveraineté populaire, cette assemblée se fit illusion sur son origine et sur sa puissance réelle; elle ne pouvait avoir, à son début, d'influence active sur la nation. Cette influence était tout entière aux mains des chefs militaires, qui n'avaient, pour les représentants, que fort peu de considération, et voici pourquoi : dans l'acte constitutionnel, les membres du congrès ne s'étaient point oubliés; ils avaient assigné à chaque député un salaire annuel de huit mille dollars. D'après cette disposition, il importait beaucoup aux députés d'avoir la haute main sur les fonds publics, et d'en confier la garde aux intendants à leur nomination. Celui de Téhuacan, un certain Martinez, comptable rigide, exact, sévère, était assez mal avec le général Teran, qui prétendait qu'ayant rempli le trésor de ce qu'il avait pris à l'ennemi ou des contributions par lui recueillies, il avait le droit d'y puiser sans contrôle. De cette prétention, repoussée par Martinez, le congrès se fit juge, et donna gain de cause à l'intendant. Une telle décision, juste peut-être, mais rien moins que politique, réduisait le général à la fâcheuse alternative ou de n'être que le subordonné d'un corps qui lui devait la vie, ou de décliner publiquement son autorité. Teran, ne consultant que son intérêt personnel, prit ce dernier parti. Fut-il ensuite question de sa destitution? La division se mit elle entre les membres du congrès? Se prirent-ils à disputer sur des matières frivoles, comme il arrive souvent dans les assemblées délibérantes aux jours de la mauvaise fortune? Je ne sais; mais un coup d'État vint les frapper soudainement : Teran prononça la dissolution du congrès le 15 décembre 1815. Il n'est aucun acte dans la révolution mexicaine plus sévèrement blâmé que celui-ci; il n'en est aucun qui ait été moins bien jugé. On ne peut nier qu'en adoptant cette mesure extrême, on ne privait les insurgés d'un point de réunion qui pouvait devenir fort utile par la suite; mais ce qu'on n'a jamais établi, c'est qu'il fût possible au général d'agir autrement. On ne doit pas oublier qu'il fallait entretenir et payer ce fantôme de représentation nationale, et que le district occupé par Teran n'était ni assez étendu ni assez riche pour supporter ce lourd fardeau patriotique. Les autres chefs ne montraient aucune disposition à lui venir en aide; nul d'entre eux ne fit offre d'un dollar; et, s'ils refusèrent de reconnaître le gouvernement qui avait remplacé le congrès, par ce motif que Teran n'avait pas le droit de l'instituer, ils repoussèrent aussi de leur camp les anciens députés qui cherchaient à s'y établir. Pas un des généraux ne voulut à cette heure prendre la charge d'une assemblée constituante mexicaine.

La dissolution du congrès, dans les circonstances critiques où se trouvait l'insurrection, eut de fâcheux effets. Des revers l'avaient précédée : elle généralisa le désordre; et, à partir de ce moment, tout fut confusion parmi les chefs indépendants, qui, opérant chacun pour leur compte, se firent successivement écraser par l'ennemi commun, bien supérieur en forces. Des troupes fraîches, arrivées de la Péninsule, permirent au vice-roi de prendre partout l'offensive, d'établir une chaîne régulière de communications au travers du pays, et de faire reconnaître l'autorité royale sur les points les plus éloignés.

Je n'ai point l'intention de m'engager ici dans un labyrinthe de détails sans intérêt, dans une suite de petits combats sans gloire; c'est une période d'anarchie, de vols, de meurtres, de brigandages. On voit surgir alors, des derniers rangs de la société, une foule d'ambitieux du pouvoir comme moyen de fortune, qui, sous les noms de colonels, de brigadiers; et à la tête de bandes sans discipline décorées du nom de patriotes, se rendent redoutables à tous les partis par leur audace et leur cruauté. Les hommes honorables parmi les chefs révolutionnaires cessèrent d'être respectés; leur fermeté dans le commandement passa pour du despotisme, ils se virent accusés de trahison et débordés par toutes les mauvaises passions. Ils ne tardèrent pas à se convaincre qu'il n'était plus en leur pouvoir d'arrêter le désordre et de surmonter cette crise d'anarchie. Ce fut alors que la politique adroite et prudente du vice-roi Apodaca, successeur de Calleja, leur offrit une amnistie pleine et entière. Confiants dans de royales promesses qui furent loyalement tenues, la plupart d'entre eux se résignèrent au repos; et, dans les premiers jours de l'année 1817, on ne comptait qu'un petit nombre d'hommes armés sous les drapeaux de l'insurrection.

A leur tête n'étaient plus les principaux lieutenants de Morelos. Nous dirons en peu de mots comment ils succombèrent.

Teran, que nous avons laissé vainqueur du congrès, se soutint quelque temps contre l'armée royale, en se retranchant avec soin sur tous les points susceptibles de défense. Mais il manquait d'armes, et pour s'en procurer il tenta une expédition sur la côte. Il fut surpris par la saison pluvieuse dans le pays de Tustepec, et ne trouva d'autre moyen pour en sortir que de faire en dix jours, à l'aide de la population indienne, une route militaire de sept lieues à travers un marais impraticable; ouvrage que les hommes de l'art vantent comme un fort beau travail. Cette route le conduisit à Amistan, d'où il alla combattre à Playa-Vicente une division royaliste, qu'il défit complétement. Moins heureux quelque temps après, il battit en retraite devant un corps de quatre mille hommes, et se renferma dans la position fortifiée du Cerro Colorado; il la défendit vaillamment jusqu'au 21 janvier 1817, qu'il obtint la plus honorable capitulation. C'était chose nouvelle que cette manière de traiter avec les insurgés; elle attestait un grand progrès dans l'opinion en faveur de l'indépendance, ou tout au moins un retour aux usages des peuples civilisés. Teran vécut paisible à la Puebla jusqu'à la seconde révolution, sous la surveillance des autorités royales.

Son collègue Rayon, l'un des premiers insurgés, et qui, pendant la prospérité de Morelos, exerçait un commandement à peu près indépendant dans la partie montagneuse de la province de Valladolid, était connu par de beaux faits d'armes. Sa défense des retranchements du Cerro de Coporo, dont les deux divisions royalistes de Llano et d'Iturbide ne purent s'emparer, malgré la supériorité de leurs forces et de leur artillerie, attira sur lui les yeux des amis et des ennemis de l'indépendance. Malheureusement, le gouvernement espagnol mit un grand prix à ce point fortifié; il fit ravager les campagnes environnantes pour affamer la garnison, et la cernant de toutes parts, il finit par l'obliger à se rendre. Rayon n'était point dans cette forteresse quand elle capitula. Cette perte devait entraîner la sienne. On le vit errer à l'aventure, vivement poursuivi par le général Armijo, et, complétement abandonné par les siens, forcé d'accepter les conditions qui lui furent offertes. Il vivait retiré dans la capitale, lorsque la révolution de 1821 l'éleva au grade de général, et lui donna un commandement important dans l'intérieur.

La destinée de Bravo fut de tout point semblable à celle de ses compagnons d'armes. Comme eux, accablé par le nombre, il se vit contraint de chercher un refuge dans l'amnistie. Nous le verrons, au temps d'Iturbide, reparaître sur la scène politique, et prendre une part active à l'élévation et au renversement de l'ex-empereur, puis jouer un rôle important dans la république qui lui succéda.

Mais aucun chef d'insurgés ne fut poursuivi avec plus d'acharnement par le gouvernement royal que Guadalupe

Victoria ; et la raison, c'est qu'aucun ne lui avait fait plus de mal. Ce général opérait depuis 1814 dans la province de la Véra-Cruz, contrée montagneuse, où, avec deux mille hommes dévoués, il s'était rendu redoutable aux vice-rois, en coupant toutes les communications de Mexico avec le principal port du Mexique. A Puente del Rey, cette passe si forte par la nature du terrain, et que les insurgés avaient rendue plus forte encore par des travaux et de l'artillerie, Victoria avait longtemps arrêté un convoi de six mille mules, escorté par deux mille hommes, sous le commandement du colonel Aguila. Sa manière de faire la guerre convenait merveilleusement à la nature du pays et aux habitudes des Indiens : c'était celle des chouans de Bretagne ou des guérillas espagnoles. La nécessité de maintenir libre la grande voie de communication avec l'Europe détermina le vice-roi à établir une chaîne de postes fortifiés sur toute cette longue montée qui conduit de la côte au plateau. L'exécution de ce plan fut précédée et accompagnée d'une suite de combats entre les royalistes et les insurgés. Miyares, qui commandait les premiers, parvint enfin à chasser Victoria des hauteurs de Puente del Rey. Le général insurgé se maintint encore pendant deux années d'une lutte inégale ; mais en 1816 la fortune l'abandonna complétement. Les vieux soldats des premiers jours de l'insurrection étaient tombés sur les champs de bataille ; les nouvelles recrues n'avaient ni leur enthousiasme, ni leur courage, ni leur habitude de la guerre. Le zèle des populations pour la cause de l'indépendance se refroidissait à mesure que les revers se multipliaient ; les villages refusaient de nourrir les soldats. Les soldats désertèrent et laissèrent Victoria absolument seul. Dans cette position désespérée, le général patriote resta inébranlable ; il refusa le rang et les récompenses qu'Apodaca lui offrait en échange de sa soumission, et se détermina à chercher un asile dans les forêts, plutôt que d'accepter l'*indulto* ou le pardon royal, sur la foi duquel presque tous les autres chefs avaient mis bas les armes ; il s'enfonça, avec un seul serviteur, dans les parties les plus infréquentées et les plus montagneuses du district de la Véra-Cruz, et disparut aux yeux de ses compatriotes. Ses aventures dans la solitude ont toutes les couleurs du merveilleux : on les croirait créées par la capricieuse imagination d'un romancier, et cependant elles appartiennent à l'histoire.

Dans les premiers moments de sa fuite, les Indiens se montrèrent bons et secourables envers lui ; ils le cachèrent, ils le nourrirent sous leur toit. Son existence vagabonde eût été tolérable, sans la crainte puérile du vice-roi, qui crut que la cause de l'Espagne serait compromise tant que Victoria serait sur la terre. Littéralement parlant, il lui fit donner la chasse comme à une bête fauve. Mille hommes, divisés en petits détachements, le poursuivirent dans toutes les directions. Les villages où il recevait un asile de quelques heures furent brûlés ; et, la terreur s'emparant des Indiens, toutes les portes se fermèrent devant le proscrit. Lui se mit à errer dans le pays comme un sauvage poursuivi par les blancs. Une fois, il n'échappa aux balles qu'en traversant à la nage une large rivière que les poursuivants n'osaient franchir ; une autre fois, blotti sous des broussailles, il assiste à la recherche de sa personne, et les baïonnettes qui fouillaient le buisson ne sont qu'à deux doigts de sa poitrine. Six mois entiers cette chasse ne se ralentit pas. A la fin, les soldats, harassés et honteux de l'ignoble rôle qu'on leur faisait jouer contre un seul homme, murmurèrent. Leurs chefs résolurent d'en finir par un mensonge. On écrivit, pour complaire au vice-roi, que Victoria avait été tué ; on dressa procès-verbal de l'état de son cadavre, où le signalement de sa personne se trouve minutieusement donné. Cette pièce authentique fut insérée tout au long dans la gazette officielle de Mexico, et les troupes furent rappelées.

Les maux de Victoria ne cessèrent point avec la poursuite. Épuisé par les fatigues, par les privations de tout genre, ses habits en lambeaux, son corps déchiré par les buissons épineux des Tropiques, il lui fallait cependant continuer d'habiter dans la profondeur des forêts. Là, pendant les étés, il pouvait aisément se nourrir des fruits dont la nature est si prodigue dans les terres chaudes du Mexique; mais l'hiver, aux prises avec la faim, il se trouvait heureux quand il rencontrait quelques lambeaux de chair encore attachés aux ossements des chevaux morts. Il s'accoutuma par degrés à passer quatre et cinq jours sans prendre autre chose qu'un peu d'eau; il supportait ce long jeûne sans beaucoup souffrir; mais il éprouvait d'atroces douleurs quand i' se prolongeait plus longtemps. Il fut deux ans et demi sans manger de pain, sans voir une seule créature humaine.

Abandonnons un moment le malheureux proscrit dans ces impénétrables bois qui le cachent si bien à ses persécuteurs, et dont il ne doit sortir qu'aux jours d'Iturbide, et, revenant à l'ordre des temps, dont nous nous sommes écartés, suivons le jeune Mina dans sa courte et chevaleresque expédition, la dernière tentative en faveur de la première révolution mexicaine.

Xavier Mina, neveu du fameux Espoz y Mina, faisait ses études à l'université de Saragosse, lorsque Napoléon entra en lutte avec l'Espagne. Après les fâcheux événements de Madrid du 2 mai, il crut que son devoir l'appelait à défendre l'indépendance de sa patrie; il se rendit dans le nord de l'Espagne, et se distingua bientôt entre tous les chefs des guérillas, par son humanité et sa bravoure chevaleresque. Ses exploits lui valurent le rang de colonel et le commandement général de la Navarre et du haut Aragon. Mais la fortune l'abandonna dans l'hiver de 1810, il tomba aux mains des Français. Conduit à Vincennes, il y resta prisonnier jusqu'à la paix générale de 1814. Ses services et sa longue captivité devaient appeler sur lui les faveurs de Ferdinand. Mais la reconnaissance n'était pas la vertu dominante du monarque restauré. Il ne vit dans les deux Mina que des membres influents du parti libéral; ils furent en pleine disgrâce à sa cour. Pour se débarrasser de Xavier, on lui offrit un commandement dans l'armée espagnole du Mexique, il refusa; et après avoir été momentanément arrêté, il parvint à se sauver en Angleterre, où il s'occupa très-activement, non d'aller combattre les indépendants, mais de leur porter secours. Il parvint à réunir quelques centaines de caissons, d'armes et d'équipements militaires, et, suivi d'un petit nombre d'officiers espagnols, italiens et anglais, il quitta Liverpool pour se rendre à Norfolk dans la baie de Chésapeake, puis à Baltimore, où il s'occupa des préparatifs de son expédition. Elle se bornait à trois petits bâtiments, et à un très-petit nombre d'hommes. Il espérait en recruter dans le Texas; mais un ouragan le força d'aborder au Port-au-Prince, où le président d'Haïti lui fournit les moyens de réparer ses avaries. Malheureusement, les renforts que Mina espérait trouver au Texas n'existaient pas : le commodore Aury, gouverneur de cette province, et qui se proposait d'entrer de son côté en campagne, n'avait que deux cents hommes à sa disposition. Ce triste allié se borna donc à faire des vœux pour le jeune aventurier, et celui-ci s'empressa de se rendre à Galveston, dans l'île San Luis, où il recruta une centaine d'Américains, commandés par un certain colonel Perry. Mina crut qu'il serait plus heureux au Mexique même; il se flattait de voir accourir sous son drapeau les guérillas éparses sur la côte; il se hâta donc d'y aborder, et, le 15 avril 1817, il débarqua près de la petite ville de Soto la Marina, dont il prit possession.

Le moment choisi par Mina n'était pas heureux : il paraissait sur la scène quand les chefs renommés de la première insurrection avaient disparu; quand la cause de la révolution, comme nous l'avons déjà dit, était tombée aux mains d'hommes en horreur à tous les partis par leur férocité et par leurs brigandages. Au premier rang de ces révolutionnaires, on mettait le prêtre Torrès, dont le despotisme théocratico-militaire pesait sur tout le Baxio, cette fertile partie du Mexique qu'il avait divisée entre ses principaux officiers, gens de son espèce, et aveuglément soumis à ses volontés. Il avait élevé une petite forteresse sur le sommet de la montagne de Los Remedios; et, de ce nid de vautour, il s'élançait sur toute la contrée, la rançonnant suivant son caprice, et sans distinction d'Espagnols et de créoles. Il fit plus pour la ruine de ce beau canton que tous les chefs, indépendants ou royalistes, qui l'avaient précédé. Si l'on veut connaître en détail toutes ces cruautés, on peut consulter Robinson: on verra, dans son histoire de la première révolution mexicaine, à quel point ce Torrès était exécré de tous les habitants du pays: son nom n'est encore aujourd'hui prononcé qu'avec horreur. Toutefois, on remarque, pendant la domination de ce chef, un fantôme de gouvernement qu'on appelait la Junte de Jauxilla, du nom d'un petit fort assis au milieu d'un marais, et dans lequel cette junte faisait sa résidence. Elle était entièrement composée de créatures de Torrès. Son influence était fort médiocre, et son autorité nulle. Dans ce même temps, les bandes de Guerrero, échelonnées sur les côtes orientales, se trouvaient dans l'impossibilité d'opérer leur jonction avec les bandes de l'intérieur, et, des anciennes armées de Hidalgo et de Morelos, il ne restait que de faibles détachements de pillards épars sur un vaste territoire, tandis que les forces royalistes, s'augmentant successivement de toutes les troupes envoyées de la Péninsule, occupaient les villes et les positions militaires, et coupaient toute communication entre les différents corps des révolutionnaires.

Cependant la cause de l'indépendance avait de telles racines dans le pays, l'opinion des masses lui était si décidément favorable, qu'il eût suffi que Mina l'éveillât par une véritable sympathie, pour se donner des chances de succès à peu près certaines. Malheureusement, Mina était Espagnol, et ne consentait pas à priver son pays natal de ce Mexique, le plus beau diamant de sa couronne. Son but réel était d'établir dans cette colonie un gouvernement constitutionnel, avec telles formes de liberté qu'il plairait aux Mexicains d'admettre; mais pour une séparation absolue de la mère patrie, il paraît qu'il n'en voulait pas. Ses proclamations, à la vérité, n'annonçaient pas un tel dessein, mais elles ne disaient rien en faveur d'une complète indépendance. Son silence fit suspecter ses intentions; on les jugeait hostiles au vœu des créoles et des indigènes, par cela même que les marchands de la Vera-Cruz ne s'en alarmaient pas, et l'on savait que ces marchands, Espagnols d'origine, bien que partisans d'un régime constitutionnel, s'étaient vivement prononcés contre toute séparation de l'Espagne et du Mexique. Les créoles restaient donc convaincus que le triomphe de Mina n'amènerait qu'un changement de maîtres, et cette conviction explique la neutralité qu'ils gardèrent dans cette lutte inégale entre une poignée d'hommes et les armées royales.

Cette infériorité du nombre paralysait l'enthousiasme des plus chauds partisans de Mina. Ce jeune aventurier, au moment où il mit le pied sur la terre du Mexique, n'avait avec lui que trois cent cinquante-neuf hommes, y compris les officiers. Il se vit presque aussitôt abandonné par le colonel Perry, qui entraîna dans sa défection une cinquantaine de soldats, et il fut obligé d'en laisser cent autres sous le commandement du major Sarda, comme garnison de Soto la Marina, qu'il avait fait fortifier à la hâte. Avec le reste de sa troupe, grossie de quelques fougueux révolutionnaires, cet intrépide jeune homme essaya d'opérer sa jonction avec les insurgés du Baxio, dont le séparait

12º *Livraison.* (MEXIQUE.) 12

une vaste contrée, parcourue en tous sens par de nombreux détachements ennemis supérieurs en nombre. Il lui fallut endurer, en traversant la *tierra caliente*, toutes les souffrances que le manque de vivres et d'eau peut faire éprouver. Il atteignit enfin, le 8 juin 1817, la *Valle del Maïz*, située sur la rivière de Panuco, dans l'intendance de San Luis Potosi, où finit la plaine et commencent les hauteurs du plateau. Là, il eut à combattre quatre cents cavaliers royaux qu'il défit, et ce premier succès lui permit de donner deux jours de repos à ses gens, qui allaient rencontrer, à la Hacienda de Peotillos, une opposition plus sérieuse. Le brigadier Arminan, à la tête de neuf cent quatre-vingts hommes d'infanterie européenne, et de onze cents cavaliers créoles, occupait la route que Mina devait suivre. Il fallait ou se renfermer dans la Hacienda, ou déloger l'ennemi de sa position. Mina prit ce dernier parti. Il dispose son monde, cent soixante-douze hommes, sur une petite éminence qui domine la plaine, et de là, s'élançant à la tête de cette poignée de braves sur les lignes espagnoles, il renverse tout ce qui s'oppose à son passage, et met dans la déroute la plus complète une troupe d'élite, qui le regardait quelques heures auparavant comme une proie facile. Ce furent les gens d'Arminan qui se trouvèrent fort heureux d'échapper par la fuite aux coups des insurgés, qui ne pouvaient pas les poursuivre. On prétend qu'ils durent, en partie, le succès de cette journée à la manière dont ils chargeaient leurs armes. Au lieu d'une seule balle de calibre, ils mettaient à la fois un très-grand nombre de petits projectiles qu'on nomme *postes*, et tiraient à bout portant. Si les pertes des royalistes furent grandes, celles de Mina l'étaient aussi, et, de plus, irréparables. Il comptait onze officiers et dix-neuf soldats tués, et vingt-six blessés. Il dut, avec ce qui lui restait, se hâter de poursuivre sa marche sur le Baxio, où il pouvait se recruter un peu. La fortune le servit encore à l'attaque de la petite ville de Pinos, dont il s'empara par surprise, bien qu'elle eût une garnison de trois cents hommes. Il n'y perdit pas un seul des siens. Il accorda le pillage, à l'exception des églises. Un de ses soldats s'étant permis de prendre des vases sacrés, fut à l'instant fusillé. Enfin, le 22 juin, après trois jours de marches forcées dans un pays désolé par la guerre, Mina se mit en communication avec un parti de révolutionnaires du Baxio, commandé par don Christoval Nava. Le voici au milieu d'hommes aux formes athlétiques, bons cavaliers, montant d'excellents chevaux, armés de lances et de sabres, dont ils se servent à merveille. Le costume de ces hommes est riche et pittoresque; leur veste ronde, leurs culottes de velours, sont ornées de galons d'or et d'argent. Des guêtres de peau de daim enveloppent leurs jambes; à leurs souliers, ouverts de côté, sont attachés de longs éperons en cuivre, incrustés d'argent et armés de molettes de quatre pouces de diamètre. Le col de leurs chemises est ouvert; ils portent des chapeaux à larges bords, entourés d'un galon d'argent, et décorés de l'image de la Vierge de la Guadalupe, enfermée dans un médaillon recouvert d'un verre. Tel était alors, et tel est encore aujourd'hui le costume des Rancheros, qui, dans un plus haut degré de civilisation, ressemblent assez aux Gauchos des Pampas, dont le capitaine Head nous a fait une si pittoresque description. Comme eux, le Ranchero mexicain se distingue par la force, le courage, l'activité, le mépris du danger, et toute l'adresse possible dans l'exercice du cheval et le maniement des armes.

Mina, conduit par ce Narva qu'il venait de rencontrer, parvint dans le petit fort de Sombrero sans être inquiété, tant la crainte qu'inspiraient les vainqueurs de Peotillos était grande. Il avait parcouru en trente-deux jours, deux cent vingt lieues, et s'était trois fois engagé avec un ennemi infiniment supérieur en nombre.

Il avait perdu trente-neuf hommes dans cette marche, et il ne lui en restait plus que deux cents, dont quelques blessés. Ce fut de Sombrero qu'il écrivit à Torrès et à sa junte, pour leur annoncer son arrivée et leur offrir ses services. Il vit bientôt à quels hommes il avait affaire, et dans quelle triste compagnie il allait se trouver. Il demeura convaincu de tout ce que la cause de l'indépendance avait de chances contre elle, et de tout ce qu'il lui fallait d'heureux hasards pour triompher de sa mauvaise position. Mais bientôt ce découragement d'un moment céda à l'énergie de son caractère et aux engagements pris avec ses compagnons d'armes. Il se hâta, après quatre jours de repos, de les conduire à une nouvelle expédition. Il s'agissait d'attaquer Castanon, qui commandait une division royaliste de sept cents hommes, infanterie et cavalerie, et avait pris position sous le petit fort de San Felipe, à treize lieues de Sombrero. Ce Castanon était l'un des chefs les plus braves et les plus heureux de l'armée royale. Mais il avait terni tous ses succès par une férocité sans exemple; et si le vice-roi Apodaca, renommé par sa douceur et son humanité, lui conservait un commandement, c'est que les services d'un tel partisan étaient trop utiles pour pouvoir s'en passer.

Le petit corps de Mina, grossi des deux guérillas de Moreno et d'Encarnacion Ortiz, et de quelques patriotes, se montait à quatre cents hommes environ; mais la plupart des nouvelles recrues n'avaient, pour combattre, que de mauvais fusils sans pierres ou sans baguettes. Les deux partis se rencontrèrent le 30 juin, dans les plaines qui séparent la ville de San-Felipe de celle de San-Juan, près de la Hacienda de ce nom. La victoire ne fut pas longtemps douteuse : en huit minutes elle fut décidée. Le colonel Young, à la tête de l'infanterie, se précipita sur l'ennemi, et après une décharge générale, chargea à la baïonnette; dans le même moment, la cavalerie des patriotes, commandée par le major Maylefer, officier suisse tué dans l'action, enfonça la cavalerie royale, la mit en fuite, et tournant ensuite le bataillon que Young combattait en face, en fit un horrible carnage. Jamais déroute ne fut plus complète et engagement plus sanglant. Castanon resta sur le champ de bataille avec trois cent trente-neuf des siens ; on fit deux cent vingt prisonniers, et cent cinquante hommes seulement parvinrent à s'échapper. A la nouvelle de la mort de Castanon, tout le Baxio, qui avait si longtemps gémi sous sa tyrannie, poussa un cri de joie, et salua Mina comme son libérateur.

Après ce beau fait d'armes, nous le voyons engagé dans une expédition de flibustiers. Suivi d'un petit nombre des siens, il va occuper et piller l'Hacienda de Jaral. Cette Hacienda appartenait à don Juan Moncada, marquis de Jaral et comte de San-Mateo. Ce noble créole, immensément riche, passait pour un chaud partisan de la cause royale. Sa belle habitation était fortifiée et défendue par un détachement de miliciens réunis à ses vassaux et tenanciers, qui l'avaient préservée pendant la première période de la révolution. Mais la terreur du nom de Mina effraya le marquis à tel point, que cette fois, loin de songer à résister, il prit la fuite avec son escorte, et se réfugia à San Luis Potosi. Aussi, l'Hacienda fut-elle occupée sans opposition, et Mina put la piller tout à loisir. Don Juan passait pour avoir beaucoup d'argent caché; la trahison d'un domestique fit découvrir, sous le plancher d'une chambre contiguë à la cuisine, cent quarante mille dollars, qui furent portés à la caisse de l'armée. Nous donnons le chiffre avoué par les insurgés. Plus tard, le marquis fit monter sa perte à trois cent mille dollars, qu'il prétendait avoir enfouis. Sans entrer dans la discussion du chiffre, nous devons reconnaître que le fait du pillage de la propriété privée d'un noble créole bien qu'autorisé par la rigueur des lois de la guerre, n'était certainement pas de nature à augmenter le nombre des partisans de Mina.

La plupart des grands propriétaires fonciers du pays avaient suivi la même ligne que le marquis de Jaral. Comme lui, ils ne s'étaient pas bornés à payer régulièrement leurs impositions, mais ils assistaient encore le gouvernement du roi de contributions proportionnées à la fortune de chacun d'eux, et qui, bien qu'elles ne fussent pas volontaires, étaient acquittées sans contrainte. Si cette obéissance à l'autorité légitime pouvait être regardée comme un acte d'hostilité positive, il n'y avait plus de sécurité pour eux au jour du triomphe de la révolution. Le marquis, à la vérité, avait accepté le titre de colonel dans l'armée espagnole; il y avait un régiment qui portait son nom. Mais son titre était purement nominal: don Juan ne figurait pas dans l'armée active; il n'avait pris aucune part à la guerre, et se trouvait ainsi dans la catégorie des créoles privilégiés, que Mina avait déclarés, dès le début de la campagne, prendre sous sa protection et venir défendre. Don Juan était Mexicain d'origine, et la saisie de ses propriétés fut donc généralement regardée comme un acte non moins impolitique qu'illégal.

Les avantages remportés par Mina dans l'intérieur furent balancés par la perte du fort qu'il avait élevé sur la côte, à Soto la Marina; c'était non-seulement son dépôt d'armes et de munitions, mais le seul moyen de communication entre les insurgés et les États-Unis. Ce fort n'avait, comme nous l'avons déjà vu, qu'une faible garnison de cent quinze hommes; il fut investi, le 11 juin, par le général Arredondo, commandant en chef des provinces centrales de l'Est, qui avait avec lui deux mille deux cents hommes et dix-neuf pièces d'artillerie. La brèche fut bientôt praticable. Les assiégeants donnèrent trois assauts bravement repoussés, et proposèrent ensuite une capitulation acceptée par Sarda. Les officiers devaient être libres sur parole; les soldats devaient rentrer dans leurs foyers. Toute cette petite garnison, réduite à trente-sept hommes, sortit avec les honneurs de la guerre. Cette capitulation était un piége tendu à la bonne foi des assiégés. Les malheureux n'eurent pas plutôt posé les armes, qu'ils furent entourés, saisis, mis aux fers, puis enfermés au château de Saint-Jean d'Ulloa, puis transportés en Espagne, et envoyés dans les présides de Ceuta, Melilla et Cadix, mourir de misère, après avoir épuisé toutes les tortures, toutes les humiliations que le cruel génie du despotisme irrité peut imaginer pour punir des ennemis vaincus.

Mina fut vivement affecté de ce revers, dont il ne se dissimulait pas les graves conséquences. Il avait encore d'autres sujets de chagrin. Il se voyait contrarié dans ses plans de résistance, dans l'organisation d'une armée régulière, par la basse jalousie du Padre Torrès, qui ne sentait que trop bien la supériorité du jeune général. Tous les obstacles se multipliaient sous ses pas. Apodaca, le vice-roi, le savait; il ne perdit pas un moment pour concentrer toutes les forces dont il pouvait disposer, et dont il donna le commandement à don Pascual Linan, un de ses meilleurs officiers. Cinq mille royalistes entrèrent dans le Baxio, dans le courant du mois de juillet. Mina n'avait pas cinq cents hommes à leur opposer, et encore en perdit-il cent à l'attaque malheureuse de la ville de Léon, dont il voulait s'emparer avant l'arrivée de Linan. Ce dernier se montra devant Sombrero le 30 juillet, à la tête de trois mille cinq cents hommes. La garnison de cette petite place n'était pas de neuf cents personnes, y compris les femmes et les enfants. Ils furent bientôt réduits à la plus dure des privations, à manquer d'eau. Le fort était alimenté par une source voisine, qui fut bientôt au pouvoir des assiégeants. Il n'y avait point de puits dans la place, et bien qu'on se trouvât dans la saison des pluies, les nuages, qui couvraient les campagnes environnantes, passaient sur la forteresse, assise sur un rocher, sans laisser tomber une goutte d'eau. Quelques ondées vinrent enfin, et avec elles se ranima le courage des soldats. Mina voulut en profiter pour les conduire à l'attaque des retranchements de l'ennemi. Sa bonne étoile avait disparu; il fut repoussé. Il perdit quelques-uns de ses vieux compagnons d'armes; d'autres tombèrent vivants aux mains de Linan. Le barbare les fit étrangler le lendemain, sur un monticule en vue de leurs camarades. Torrès avait promis de secourir Sombrero; Torrès n'arrivait pas. Mina, suivi de trois des siens, se dévoua pour le salut de tous: il sortit de la forteresse, parvint à franchir les lignes ennemies, et alla demander le secours de tous les petits chefs de guerillas qui rôdaient dans cette partie du Baxio. Inutiles prières; l'armée de Linan était trop redoutable pour ne pas effrayer des bandes sans discipline et mal armées. Mina fut forcé de donner l'ordre au colonel Young d'évacuer la place pendant la nuit. Cet ordre ne fut pas reçu par celui auquel il était adressé: Young avait trouvé la mort sur la brèche. Le lieutenant Bradburn, qui lui succédait, essaya cette retraite, d'autant plus difficile, qu'il ne lui restait plus que cent cinquante hommes en état de porter les armes, et qu'il fallait emmener une multitude de femmes et d'enfants, dont les cris et les gémissements attirèrent bientôt les assiégeants sur les pas des fuyards. Bon nombre d'entre eux périt avant d'avoir pu franchir le fossé qui entourait la forteresse; d'autres, errants dans les campagnes, et sans connaissance du pays, furent sabrés par les détachements de cavalerie mis à leur poursuite. Les royalistes ne firent aucun quartier, et portèrent la barbarie jusqu'à fusiller les blessés restés à l'hôpital. Les guerres civiles montrent l'espèce humaine sous un triste jour.

La prise de Sombrero portait un coup de mort au parti de Mina. Tous les officiers étrangers avec lesquels il pouvait former ses recrues de créoles, avaient succombé. Les créoles étaient braves jusqu'à la témérité, mais ils ne comprenaient pas que la valeur individuelle n'est rien devant la tactique des troupes de ligne. Torrès et Mina se rapprochèrent aussitôt qu'ils apprirent que Linan allait assiéger le fort de Los Remedios. Il fut convenu que Mina tiendrait la campagne avec neuf cents cavaliers pour harceler les royalistes et enlever leurs convois, tandis que Torrès avec ses officiers dirigerait la défense de la place. La disposition du terrain ajoutait à sa force. Los Remedios s'élève dans une haute chaîne de montagnes entre Silao et Penjamo. Ce fort est entouré de précipices et de profonds ravins; il n'est accessible que sur un seul point, et ce point était défendu par un mur de trois pieds d'épaisseur et par trois batteries étagées. Il était bien approvisionné de bestiaux, de blé et de farine. L'eau s'y trouvait en abondance et ne pouvait jamais y manquer; quinze cents hommes composaient sa garnison, déterminés à la plus vigoureuse résistance.

Le siége commença le 31 août. Mina avec Ortiz essaya d'intercepter les communications entre Mexico et les provinces du Nord. Il emporta d'assaut la Hacienda de Biscocho, où ses soldats vengèrent la mort de leurs camarades en massacrant trente et un soldats de la garnison. Le lendemain, il attaqua San Luis de Paz, qui se rendit après quatre jours de résistance; ce qui n'empêcha pas le commandant et deux de ses officiers d'être fusillés. Mina ayant fait sauter les fortifications de la place, y laissa le colonel Gonzalès pour observer les mouvements de l'ennemi. Il fut bientôt forcé de se replier sur la vallée de Santiago, pressé par un corps nombreux de royalistes, sous les ordres d'Orrantia, et réduit à quelques opérations insignifiantes dans les plaines de Silao et de Salamanque.

Cependant, Orrantia s'étant rapproché de Sombrero, Mina le suivit à son tour et lui livra bataille. La partie n'était pas égale, car les soldats royalistes valaient cent fois mieux que les insurgés, qui combattirent assez mal, et finirent par prendre la fuite. Mina, avec deux cent cinquante hommes seulement, soutint le choc de l'armée ennemie, et s'étant fait un passage, l'épée à la main, parvint à gagner Jauxilla où siégeait la junte patriote. Il se vit bientôt à la tête de quatorze cents combattants; il se crut alors assez fort pour tenter une attaque sur Guanajuato; il espérait par cette diversion forcer Linan à lever le siége, et se flattait qu'un parti puissant dans Guanajuato le recevrait comme un libérateur. Cette confiance le conduisit à sa perte. En vain ses amis et les membres de la junte la lui prédisaient: tout ce qui connaissait les dispositions réelles des habitants s'opposait à cette expédition. Le 24 octobre, il parvint, par des marches bien combinées, à réunir tout son monde à la Mina de la Luz, à quatre lieues de la ville, où l'on ne soupçonnait pas son approche. Il attaqua, à nuit close, les postes avancés; malheureusement le cœur faillit à ses gens; quand ils se virent engagés dans cette populeuse cité, ils refusèrent d'aller plus avant, et laissèrent à la garnison le temps de prendre les armes, puis ils s'enfuirent si précipitamment, après un échange de quelques coups de fusil, que cinq d'entre eux seulement furent tués. Mina reconnut alors combien il avait été trompé, et sur la disposition des esprits, et sur les forces et la fermeté des insurgés. Se voyant alors presque abandonné de ses soldats, il se hâta de quitter les environs de Guanajuato et de pourvoir à sa sûreté. Accompagné d'une faible escorte, il prit le chemin du Rancho del Venadito, se proposant de se rendre à l'Hacienda de la Tlachijera, qui appartenait à don Mariano Herrera, son ami. Il arriva au Rancho le 26, et résolut d'y passer la nuit, ne croyant pas possible que le colonel Orrantia pût être informé de la route qu'il avait suivie, ayant évité tous les sentiers battus. Malheureusement, il avait été reconnu en chemin par un moine, et Orrantia, bien instruit, avait détaché cinq cents cavaliers à sa poursuite. Ceux-ci, ayant cerné le Rancho au point du jour, tombèrent sur l'escorte de Mina. Lui-même ne put leur échapper; ils se saisirent de lui au moment où, sortant de sa maison, il se présentait sans armes pour connaître la cause du bruit qui se faisait au dehors. Don Pedro Moreno, commandant de Sombrero, fut pris en même temps et fusillé sur l'heure.

Le sort de Mina est plus cruel; on le conduisit, les bras liés, à Irapuato devant Orrantia. Ce misérable se couvrit de honte en prodiguant l'injure à son ennemi vaincu, en le frappant du plat de son épée à plusieurs reprises. Mina se montra dans les fers ce qu'il avait été sur les champs de bataille, sans peur et sans reproche, ferme et digne. C'est un grand malheur d'être prisonnier, dit-il; mais tomber aux mains d'un homme qui ne comprend ni la dignité du soldat, ni l'honneur espagnol, c'est être deux fois malheureux.

Linan ne mérita pas le même reproche: tout en faisant garder avec soin son prisonnier, il le traita du moins en militaire et en gentilhomme. Il ne voulut pas même prendre sur lui de disposer de sa vie sans un ordre exprès du vice-roi. Cet ordre ne se fit pas attendre, il enjoignait de fusiller Mina sans délai. Il fut conduit au supplice le 11 novembre, et mourut avec toute la fermeté dont il avait donné tant de preuves pendant sa vie courte et glorieuse; il n'avait que vingt-huit ans.

L'histoire ne doit pas confondre ce jeune militaire, doué de rares et précieuses qualités, avec les chefs révolutionnaires dont il fut obligé de suivre la fortune; eux cruels et pillards, lui généreux et humain; eux sans foi, lui fidèle à sa parole; eux sans capacité militaire, lui militaire formé à la grande école européenne. Les fautes de Mina prirent naissance dans son ignorance du véritable état de l'opinion publique au Mexique et de la force réelle des insurgés. Il se compromit inutilement pour une cause qu'il ne pouvait faire triompher avec une poignée de braves. Il comptait sur l'assistance des États-Unis, qui ne lui envoyèrent ni un homme, ni un dollar. Nous avons déjà dit à quelles causes il faut attribuer le peu de sympathie qu'il rencontra parmi les populations créoles. En le croyant opposé à l'indépendance absolue du pays, il paraît qu'elles avaient deviné juste. Mina nous a laissé un témoignage positif de ce qu'il ne voulait pas. Nous le trouvons dans une lettre écrite par lui le 3 novembre au général Linan (*). « Je n'ai jamais cessé, dit-il, d'être bon Espagnol; et si je n'ai pas toujours paru tel, mes actes n'ont pas été d'accord avec mes intentions. Je suis profondément convaincu que le parti de l'indépendance ne triomphera pas au Mexique, et qu'il amènera la ruine du pays. » N'oublions pas que Mina n'était plus au début de sa carrière lorsqu'il s'exprimait ainsi. Pour lui, les heures d'illusion s'étaient évanouies après quelques mois passés au milieu des révolutionnaires. C'est ce qui arrive dans tous les temps et dans tous les pays aux hommes droits et généreux.

La terreur que cet intrépide jeune homme causait au vice-roi était telle, que sa chute fut célébrée comme ces grands événements qui assurent la durée d'un empire. Un Te Deum solennel fut chanté dans toutes les églises du Mexique. On illumina, on tira le canon, et des réjouissances publiques furent ordonnées. Un minutieux procès-verbal de l'exécution du prisonnier parut dans le journal officiel. On y inséra jusqu'au certificat du chirurgien qui constatait le nombre de balles qui lui avaient donné la mort et la partie du corps qu'elles avaient frappée. C'étaient les honteuses joies d'une grande peur évanouie. Le gouvernement espagnol, qui n'avait pas été moins effrayé, récompensa splendidement ses agents du Mexique; Apodaca fut créé comte de Venadito, et Linan et Orrantia eurent aussi leur part de caresses et d'honneurs.

La défaite et la mort de Mina rendirent aux royalistes la confiance qu'ils commençaient à perdre. Ils redoublèrent d'efforts pour s'emparer de Los Remedios, qui les eût longtemps arrêtés si les munitions n'eussent complétement manqué. La garnison fut obligée d'abandonner la forteresse dans la nuit du 1er janvier 1818, après un siége de quatre mois. Cette retraite fut encore plus fatale aux assiégés que celle de Sombrero. Les Espagnols la regardant comme inévitable, avaient disposé de grandes piles de bois résineux qu'ils allumèrent au premier signal de leurs sentinelles avancées. Ces flammes brillantes, en éclairant la fuite des assiégés, permirent à leurs ennemis de les poursuivre jusque dans la profondeur des ravins. Torrès et douze d'entre eux échappèrent seuls à cette boucherie. La plume se refuse à peindre la scène d'horreur qui suivit l'entrée des vainqueurs dans la forteresse. Les femmes furent traitées avec une brutalité sans exemple, une barbarie de cannibales. Les royalistes, plus cruels que les sauvages du désert, mirent le feu aux quatre coins de l'hôpital qui renfermait les blessés, et ceux qui pouvaient encore se traîner n'échappèrent aux flammes que pour aller mourir déchirés par les baïonnettes.

La petite forteresse de Jauxilla, où la junte patriote tenait ses séances, fut livrée par le commandant créole, Lopez de Lara, au colonel don Mathias y Aguirre, chargé par Linan du siége de cette place. Les membres de la junte, qui étaient parvenus à s'échapper avant que Jauxilla fût entièrement investi, se transportèrent à la Tierra Caliente de Valladolid, le seul point où se montrât alors une ombre de résistance. La tyrannie de Torrès, qui semblait augmenter avec la mauvaise fortune, était devenue tellement intolérable, même à ses partisans, que leurs plaintes déterminèrent la junte à le remplacer dans son commandement par le colonel Arago. Torrès n'était pas façonné à l'obéissance, et il s'apprêtait à résister, lorsque le petit nombre d'insurgés qui le suivaient encore, redoutant l'armée royale qui s'avançait, l'abandonnèrent pour suivre Arago. Torrès, errant

---

(*) L'authenticité de cette lettre a été niée par Robinson et établie par don Carlos Bustamente, qui assure avoir possédé l'original écrit de la main de Mina.

dans les montagnes, se prit de querelle avec un de ses capitaines, don Juan Zamora, et fut tué d'un coup de lance par cet officier, dont il voulait enlever le cheval favori.

Au mois de juillet 1819, la révolution était descendue au dernier degré de l'échelle. Aucun de ceux qui avaient dirigé ses premiers efforts n'était en vie; aucune ville, aucune place forte n'était entre ses mains. Elle rôdait encore, transformée en guérillas plus ou moins nombreuses, dans les montagnes de Guanajuato, et sur la rive droite de la rivière Zacatula, près de Colima, sur les bords de l'océan Pacifique, où elle attendait, avec Guerrero et ses bandes, l'occasion de reprendre l'offensive. Elle restait disséminée sur beaucoup d'autres points, sous le masque de la soumission, gardant le silence, entretenant ses armes en bon état pour les reprendre au besoin. La surface du Mexique semblait plus tranquille; mais ce calme apparent couvrait les passions révolutionnaires de 1808, et la même désaffection pour la métropole et les Espagnols. Apodaca y fut trompé. Il écrivit à Madrid que la révolution touchait à sa dernière heure, que sa voix n'était plus que le râle de l'agonie, que partout elle se soumettait à l'autorité royale, et qu'il répondait du salut du Mexique sans autres troupes que les siennes.

Nous avons tous vu cette confiance des agents du pouvoir à l'approche des crises les plus graves. Il semble que l'atmosphère qui les entoure s'épaissit à mesure que l'orage se forme. Pauvres hommes trompés au fond de leurs palais, ils prennent pour l'accent des peuples la voix des courtisans de bas étage et se hâtent à leur tour, dans des rapports sans vérité, d'endormir leurs maîtres de ce même sommeil auquel ils se laissent aller. Apodaca ne s'était pas aperçu que si la force comprimait l'action de la révolte matérielle, elle était sans valeur sur l'insurrection morale, et que celle-ci, comme le volcan qui dort, se nourrissait en silence de nouveaux éléments de vie pour le jour de l'éruption. Le calme du Mexique n'était arrivé qu'à la suite de son épuisement. Il y avait trêve et non paix entre l'Espagne et sa colonie. La métropole avait trouvé son principal appui, pendant la première lutte, dans les troupes créoles qui embrassèrent sa cause avec un zèle qu'il est difficile d'expliquer, car la profession militaire, sous l'ancien régime, avait aussi pour les indigènes des entraves sans nombre. Aucun Américain ne pouvait prétendre à un commandement important. Toutefois, dans cette guerre, le besoin de se concilier l'armée avait amené de notables concessions, et l'armée, jusqu'en 1820, resta fidèle au drapeau de l'Espagne. Cette fidélité s'explique par plusieurs causes. Pendant une guerre vive et sanglante, les officiers n'avaient pas de loisir pour s'occuper de politique et débattre la constitution du pays. Exposés aux coups des insurgés, ils ne voyaient en eux que des ennemis barbares, que de véritables bandits, en dehors du droit des gens. Les soldats créoles, engagés sous les deux drapeaux opposés, n'écoutant que les devoirs de l'obéissance passive, se combattaient avec un acharnement qui ne leur permettait pas de réfléchir sur leur communauté d'origine et d'intérêts. Mais quand le feu de la querelle se fut calmé, les choses changèrent d'aspect. Tous les insurgés qui avaient accepté l'amnistie (l'indulto) furent incorporés dans les régiments de ligne ou dans les milices de l'armée royale. L'esprit de cette armée ne tarda pas à se ressentir d'un pareil mélange. Les nouveaux venus glissèrent leurs anciennes opinions au milieu de leurs nouveaux camarades. Ils s'efforcèrent de les faire partager en les justifiant. La discussion n'était pas la seule arme employée pour convertir. Des séductions d'un autre genre étaient mises en œuvre. Les femmes, qui furent pendant toute la révolution avocates zélées de l'indépendance, s'adressaient alors, pour lui conquérir des partisans, à toutes les passions généreuses, à l'amour de la gloire, de la patrie, de la liberté; et lorsque les imaginations ardentes étaient enflammées par leurs patriotiques prédications, elles reprochaient aux militaires déjà séduits, d'avoir si longtemps arrêté l'heure de l'affranchissement, et les suppliaient de réparer une faute qu'un faux point d'honneur leur avait fait commettre.

Telle était la disposition des esprits au Mexique en 1820, au moment où l'on apprit le rétablissement de la constitution des cortès en Espagne, et la révolution opérée par l'armée même que l'on destinait à consolider le régime absolu dans les deux Amériques. Il n'est pas besoin d'ajouter que cet événement donna une nouvelle énergie au parti de l'indépendance. Si la liberté de la presse n'existait pas, la liberté des communications était pleine et entière. Partout, au Mexique, des réunions clandestines avaient lieu pour discuter la forme de gouvernement qu'on devait adopter. Les Européens et leurs adhérents penchaient pour la constitution espagnole, les uns sans modification, les autres moins démocratique et plus appropriée à l'état social du Mexique. Les Américains voulaient l'indépendance, mais ne s'accordaient ni sur la manière de l'obtenir, ni sur le gouvernement à adopter. La plupart des créoles désiraient le bannissement des Espagnols; quelques exaltés allaient jusqu'à demander leurs têtes et la confiscation de leurs propriétés. Les modérés se contentaient de les exclure des emplois publics, et de les faire descendre à la condition dans laquelle ils avaient maintenu les indigènes durant trois siècles. Un parti voulait la monarchie constitutionnelle, un autre la république fédérative, un troisième la république une et indivisible. Dans ce chaos d'opinions, de passions, de préjugés, de prétentions individuelles, d'intérêts de castes, et d'irritation populaire, le clergé agissait activement en faveur de l'indépendance du pays. Son action sur les masses était sans limites, sa haine de l'Espagne sans bornes. Les décrets des cortès relatifs aux biens ecclésiastiques n'étaient pas de nature à modifier cette haine implacable. Apodaca, qui croyait que son métier à lui était d'être royaliste, tout en se soumettant au régime constitutionnel, ne laissait échapper aucune occasion de favoriser le parti contraire. Il se rapprocha de quelques grands dignitaires de l'Église alliés à la noblesse, avec le projet d'assurer à Ferdinand un asile au Mexique, et d'y rétablir l'ancienne forme de gouvernement. Un tel plan ne pouvait être exécuté que par l'armée. Il fallait un chef qui eût assez d'influence sur elle pour l'entraîner dans cette voie rétrograde, où l'on aurait à combattre tout le parti patriote mexicain, c'est-à-dire la masse libérale de la nation, appuyée de tous les corps insurgés encore en armes. Don Augustin Iturbide, désigné comme le militaire le plus capable de conduire une telle entreprise, s'empressa de prouver qu'il était le dernier des officiers qu'on aurait dû choisir, et celui de tous peut-être qui méritait le moins la confiance du vice-roi. Sa défection ne se fit pas attendre.

Tout porte à croire qu'il était secrètement lié avec cette partie du clergé mexicain qui voulait l'indépendance absolue, et que depuis longtemps la pensée de s'emparer du pouvoir suprême l'occupait tout entier. Nous verrons bientôt parodier en Amérique le rôle de Napoléon et la journée de Saint-Cloud.

Iturbide, né à Valladolid, dans le Mechoacan, d'une famille considérable du pays, avait reçu une éducation soignée. Il n'était encore en 1810 qu'officier subalterne (lieutenant) dans le régiment provincial de sa ville natale. Ceux qui servaient dans ce corps ne recevaient pas de solde. Il n'en avait pas besoin : il possédait une fortune indépendante, et s'occupait activement de l'administration de ses biens. Quand la révolution éclata, Hidalgo lui offrit le rang de lieutenant général qu'il refusa. Cette offre était de nature à tenter un jeune homme sans expérience; mais lui voyait ce qu'étaient les plans du curé, la faiblesse réelle des insurgés, et la période d'anarchie qu'ils avaient à traverser; il aima mieux les combattre que de s'associer à leur sort (*). Il alla joindre, en 1810, les troupes du vice-roi Venegas, et se distingua à l'affaire de Las Cruces. De ce moment son élévation fut rapide. Choisi pour toutes les opérations périlleuses, la fortune lui fut presque toujours favorable. Il contribua puissamment au triomphe des armes espagnoles dans les batailles de Valladolid et de Puruaran. Il ne fut malheureux qu'à l'attaque du fort de Coporo, en 1815, et il avait prédit ce revers, qu'il ne lui était pas donné d'empêcher. On lui accorda un commandement indépendant dans le Baxio, honneur que peu de créoles avaient obtenu avant lui. Si l'impartiale histoire doit reconnaître les talents militaires d'Iturbide, elle ne doit pas dissimuler qu'il en ternit l'éclat par la fougue de ses passions, et par une cruauté que rien ne peut justifier, pas même l'entraînement des représailles. Il existe encore une de ses dépêches, adressée au vice-roi après l'affaire de Salvatierra, datée du vendredi saint 1814, dans laquelle il annonce qu'en *l'honneur de ce jour* il vient d'ordonner le supplice de trois cents misérables excommuniés (insurgés). Ils furent fusillés. Les populations indigènes avaient d'autres griefs contre Iturbide. Elles l'accusaient de rapacité et de concussion, et les dénonciations furent si vives et si nombreuses, que le gouvernement se vit forcé, en 1816, de le rappeler à Mexico. Une enquête eut lieu; mais la crainte d'indisposer les autres chefs de l'armée qui s'étaient rendus coupables des mêmes exactions, arrêta les poursuites. Depuis ce moment, Iturbide resta sans emploi jusqu'en 1820, époque où il fut chargé par Apodaca de la mission dont nous avons déjà parlé. Il avait eu le loisir, pendant quatre années passées dans le repos, de réfléchir sur l'état du Mexique, et de se convaincre de la facilité avec laquelle on pouvait secouer le joug de l'Espagne, si l'on déterminait les troupes créoles à se réunir aux insurgés. Cette réunion opérée, les régiments européens, comparés à l'armée indigène, devaient se trouver hors d'état de résister. Ce fut en vue de ce rapprochement, qui changeait complétement la face des choses, qu'Iturbide conçut le fameux plan d'Iguala, dont il me paraît le seul auteur, bien que ses ennemis l'aient attribué au parti espagnol. Ce plan fut communiqué aux chefs des insurgés, qui l'approuvèrent, et proclamé dans la petite ville d'Iguala, le 24 février 1821. L'importance de ce document nous engage à en faire connaître les principales bases. La nation mexicaine est déclarée indépendante de la nation espagnole ou de toute autre sur le continent américain. La religion catholique est la seule reconnue. Le gouvernement doit être une monarchie constitutionnelle. La nation est une, sans distinction d'Américains et d'Européens. La distinction des castes est abolie : tous les citoyens, Mexicains, Européens, noirs, mulâtres, sont éligibles aux mêmes emplois. Ferdinand VII est invité à monter sur le trône, avec le titre d'empereur. En cas de refus, ce trône doit être offert aux infants don Carlos et don Francisco de Paula, et si aucun d'eux n'accepte, la nation y appellera tel membre des familles régnantes qu'il lui plaira de choisir. En attendant la décision des princes espagnols, le gouvernement provisoire se compose d'une junte, sous la présidence du vice-roi. Il sera organisé une armée pour la défense de la religion, de l'indépendance et de l'union, et cette armée s'appellera *l'armée des trois garanties*.

Le noyau de cette armée n'était pas considérable, car Iturbide n'était encore à la tête que de huit cents hommes; et quoique tous eussent prêté serment au projet de constitution,

(*) Les insurgés de leur côté ont plusieurs fois affirmé qu'ils n'avaient pas offert à Iturbide le grade de lieutenant général, mais que lui seul le leur avait demandé; ce qu'ils n'avaient point accordé, pensant que c'était acheter trop cher les services d'un jeune homme sans nom et sans réputation militaire.

plusieurs d'entre eux désertèrent, lorsqu'ils virent que ce projet n'était pas reçu dans le pays avec tout l'enthousiasme sur lequel on avait compté. Il paraît certain que si, dans ce premier moment, le vice-roi eût montré moins d'indécision, et se fût mis à la tête des régiments européens dont il pouvait disposer, la cause d'Iturbide était perdue. Les Espagnols de Mexico, justement effrayés de ce délai, et suspectant ses intentions, le traitèrent comme on avait traité Iturrigaray en 1808: ils le déposèrent, et choisirent pour le remplacer, don Francisco Novella, officier d'artillerie. Cette faute grave de la part des royalistes vint en aide à Iturbide. L'autorité de Novella ne fut pas généralement reconnue dans la capitale. La division se mit parmi les Européens; et pendant qu'ils discutaient entre eux à qui devait appartenir le gouvernement, et quel était le pouvoir légitime, Iturbide put sans être inquiété poursuivre son entreprise. Alors le général espagnol Celestino Negrette, et le colonel Bustamente, mécontents des changements qui venaient de s'opérer, se réunirent à lui, l'un avec les troupes sous ses ordres, l'autre avec mille cavaliers qu'il commandait. Dans le même temps, Iturbide fut encore assez heureux pour s'emparer d'un million de dollars que la compagnie de Manille envoyait à Acapulco, et pour attirer à son parti le général Guerrero, qui se maintenait depuis longtemps sur la rivière Zacatula à la tête d'une forte guerilla. Ce chef patriote n'hésita pas à se ranger sous les drapeaux d'Iturbide combattant pour l'indépendance du pays. De ce moment le succès de l'insurrection fut assuré.

Iturbide, sans crainte d'être inquiété, se dirigea en toute hâte sur le Baxio, position centrale et foyer des insurrections antérieures, où il devait s'attendre à trouver de nouvelles recrues. Dans cette marche, il vit venir à lui les vieux chefs révolutionnaires, empressés de recommencer la lutte, et de nombreux détachements de troupes créoles, qui désertaient le drapeau de l'Espagne. Le clergé et le peuple le saluaient du nom de libérateur; des adresses arrivaient des districts les plus éloignés, annonçant une adhésion pleine et entière au plan d'Iguala. Rien ne pouvait égaler l'enthousiasme des populations; et jusqu'à ce moment, aucun homme au Mexique n'avait obtenu un plus enivrant succès qu'Iturbide. Ces clameurs, que d'autres clameurs hostiles devaient un jour remplacer, sont encore un exemple de l'instabilité de la faveur populaire, et du peu de valeur de ces louanges passionnées que la multitude jette à la tête des révolutionnaires de tous les pays. Tant que dura cette vogue de fortune, rien ne put arrêter les progrès d'Iturbide. Avant le mois de juillet 1821, tout le pays avait reconnu son autorité, à l'exception de la capitale, dans laquelle Novella et ses soldats européens s'étaient renfermés. Il se trouvait dans les environs de Queretaro, lorsqu'il apprit l'arrivée à la Vera-Crux du nouveau vice-roi constitutionnel, don Juan O'Donoju, qui, dans ce moment de crise, ne pouvait faire un pas au delà de la forteresse. Iturbide, avec une habileté que ses ennemis ne lui ont jamais refusée, se hâta de tirer parti de cette circonstance. Il invita O'Donoju à se rendre à Cordova, où il se rendit lui-même, et lui proposa d'adopter la déclaration d'Iguala, comme le seul moyen de garantir la vie et les propriétés des Espagnols établis au Mexique, et d'assurer les droits au trône de la maison de Bourbon. Ces considérations décidèrent O'Donoju. Il reconnut, au nom du roi son maître, l'indépendance du Mexique, et livra la capitale à l'armée des trois garanties. Elle en prit possession sans coup férir, sans effusion de sang, le 27 septembre 1821. Novella et ses troupes eurent toute liberté de quitter le territoire mexicain, et furent défrayés de toute dépense jusqu'à la Havane. Les Européens de Mexico éprouvèrent la même bienveillance; on respecta leurs industries et leurs propriétés de tout genre. O'Donoju lui-même fut choisi pour veiller à la religieuse observation des articles du traité favorables à ses compatriotes. Tel fut le traité de Cordova, que les prétendus hommes d'État de la Péninsule critiquèrent avec tant d'amertume et tant d'ignorance du pays et des événements. Iturbide, dans ses Mémoires, a défendu la conduite du vice-roi par cette seule phrase : Il n'avait pas le choix d'agir autrement. Ou signer ou se rendre, telle était la cruelle alternative qui lui était offerte. Ne pas signer dans ce moment d'exaltation populaire, c'était compromettre l'existence de tout ce qui s'appelait Espagnol ; c'était priver le trône de toutes les concessions que les vainqueurs lui faisaient ; c'était ne pas réserver une seule chance à l'avenir. Les avantages, à la vérité, n'étaient pas égaux ; la meilleure part revenait aux insurgés, qui, obtenant la capitale sans combattre, assuraient le triomphe de la révolution.

A peine eurent-ils pris possession de Mexico, qu'ils organisèrent le nouveau gouvernement, qui se composa d'une régence de cinq membres et d'une junte de trente-six. Tout le pouvoir exécutif fut concentré dans cette régence, présidée par Iturbide, qui fut en même temps créé généralissime et grand amiral, avec cent vingt-cinq mille dollars de traitement.

Jusqu'alors cet ambitieux soldat n'avait point connu d'opposition ; il semblait traîner la nation à sa suite ; pas une voix ne s'était élevée en faveur de l'Espagne. Mais toute cette apparente unanimité s'évanouit à l'instant même où l'on discuta la forme du gouvernement futur. La junte, dont le premier devoir était de préparer le projet de convocation d'un congrès national, agissant sous l'influence d'Iturbide, prit uniquement pour base le plan d'Iguala, et elle décida que les nouveaux députés ne seraient admis à siéger au congrès qu'après avoir juré obéissance à ce programme constitutionnel. Les vieux insurgés s'indignèrent de cette disposition, qu'ils regardaient comme un attentat à la souveraineté nationale ; comme restreignant illégalement le pouvoir des électeurs, auxquels on devait laisser toute liberté d'approuver ou de rejeter, par l'intermédiaire de leurs représentants, ce qui avait été fait en leur nom, mais sans leur autorisation. Les hommes les plus marquants entre les généraux, Guadalupe Victoria, Bravo et Guerrero, ainsi que bon nombre de militaires et de citoyens, soutenaient cette opinion libérale. On voit que des germes de mécontentement étaient semés dans le congrès avant même l'ouverture de la session.

Les cortès se réunirent le 24 février 1822, et se divisèrent bientôt en trois partis très-distincts : les bourbonistes, c'est-à-dire, les partisans du plan d'Iguala, avec un prince de la maison royale d'Espagne ; les républicains, préférant à toute monarchie constitutionnelle une république centrale ou fédérative ; enfin, les iturbistes, voulant faire un roi de leur héros, et adoptant tout le plan d'Iguala, moins l'article favorable à la maison d'Espagne. Suivant l'usage, chacune de ces grandes fractions de la chambre se regardait comme le seul parti national, et n'entendait à aucune transaction.

Les bourbonistes cessèrent bientôt de compter comme parti : le décret des cortès de Madrid, qui déclarait nul le traité de Cordova, les mit hors de la lutte ; elle ne resta plus engagée qu'entre les iturbistes et les républicains. Ceux-ci, suivant la tactique des républicains de tous les pays, se mirent à déclamer contre la prodigalité ruineuse de la régence, et surtout de son président. Iturbide, à son tour, les accusa d'ingratitude envers l'armée, aux dépenses de laquelle ils refusaient de subvenir. L'irritation devint plus vive encore, lorsqu'on proposa, dans le congrès, de réduire cette armée, de soixante mille, à vingt mille hommes, et de remplacer les soldats licenciés par des miliciens. Iturbide, qui connaissait toute la portée du coup que ses ennemis voulaient lui porter, en le privant de son plus puissant appui, s'opposa énergiquement à cette mesure ; elle n'en fut pas moins adoptée à une assez forte majorité. Vers la même époque, le congrès, toujours hostile au président, déposa trois des membres de la régence, n'en laissant qu'un seul en place, ennemi d'Iturbide, dans le but de rendre son vote nul dans toute délibération politique. On alla même, dans une autre séance, jusqu'à présenter un projet de loi qui déclarait le commandement de l'armée incompatible avec les fonctions du pouvoir exécutif. Il n'était plus permis aux amis d'Iturbide de se faire illusion sur le déclin de son influence; ils demeurèrent convaincus qu'il fallait se hâter d'organiser un mouvement populaire pour le porter sur le trône, si l'on voulait profiter du moment où le souvenir de ses services n'était pas encore éteint. Leurs mesures furent concertées avec rapidité; aucun homme de rang ne fut employé ni même mis dans le secret. Ils ne s'adressèrent qu'aux sous-officiers et aux officiers non commissionnés de la garnison, très-dévoués à Iturbide. Ils avaient à leur tête un sergent du premier régiment d'infanterie de ligne, un nommé Pio Marcha, le plus exalté de tous; on avait réuni pour le seconder une foule de leperos (lazzaroni), ces misérables vagabonds dont les rues de Mexico sont remplies. Tout ce rassemblement se porta devant la maison d'Iturbide, dans la nuit du 22 mai 1822, et le proclama empereur, sous le nom d'Augustin Ier. Les cris, les vivat, les feux de joie se succédèrent jusqu'au jour. Aucune des manœuvres hypocrites que les usurpateurs pratiquent en pareil cas, pour simuler une apparence de liberté et de vœu national, ne fut négligée en cette occasion. Iturbide parut hésiter, afin qu'on semblât lui faire violence. Il publia une proclamation équivoque, qui encourageait le mouvement commencé sous l'apparence de le modérer, en même temps qu'il prenait sous main toutes les mesures nécessaires pour parvenir à ses fins. Le lendemain, le congrès fut extraordinairement convoqué pour prendre part à cette parade politique. Les agents d'Iturbide commencèrent par obtenir un décret qui lui ordonnait de se rendre au sein de l'assemblée. Il y vint, accompagné de quelques militaires de divers grades. Les tribunes étaient remplies par ses partisans armés. Les cris de cette multitude couvraient la voix des députés indépendants, et ses acclamations encourageaient l'éloquence des députés vendus. Iturbide, se drapant du manteau de l'hypocrite, réclamait la liberté de la parole pour ses adversaires, et suppliait la populace des tribunes de les écouter avec bienveillance. La fin de ce pitoyable drame fut ce qu'elle devait être : l'élection d'Iturbide, proposée et discutée, reçut la sanction d'une assemblée qui n'était pas libre. Sur cent quatre-vingt-deux députés, dont le congrès devait être composé, quatre-vingt-quatorze seulement se trouvèrent présents; soixante-dix-sept votèrent pour l'élection, deux se retirèrent sans voter, et quinze se prononcèrent pour la négative, déclarant qu'il leur paraissait indispensable d'en référer à leurs commettants et d'en obtenir des pouvoirs spéciaux. A son retour au palais, comme lorsqu'il s'était rendu à l'assemblée, la voiture du monarque improvisé fut traînée par le peuple.

Les provinces apprirent cet événement par les journaux, et l'acceptèrent comme un fait accompli. L'opposition était concentrée dans la capitale, mais morne et silencieuse; elle ne se révélait par aucun acte. La majorité d'Iturbide dominait dans le congrès; elle voulut achever son œuvre. Elle décida que la couronne serait héréditaire dans la famille de l'empereur; elle fit un prince impérial de son fils aîné; elle donna le titre de princes mexicains à ses autres fils; sa sœur fut princesse; son père fut appelé prince de l'Union; on régla le cérémonial de son couronnement; un ordre de chevalerie, sous le titre de *Guadalupe*, fut institué pour compléter l'attirail de cette nouvelle monarchie. On décréta que toutes les dépenses d'Iturbide seraient soldées par le trésor public; et plus tard elles furent fixées à la somme d'un million et demi de piastres (8,100,000 fr.) Tous ces décrets passaient sans discussion, comme il arrive dans les assemblées qui ne sont pas libres. Iturbide, trompé par ces apparences de servilisme, crut pouvoir tout oser. Il réclama le droit de *veto* sur tous les articles de la constitution que l'on décrétait alors, et le droit plus exorbitant encore de nommer et de destituer les membres du tribunal suprême de justice. Il demanda l'établissement d'une commission militaire, avec pouvoir de juger souverainement. Ces propositions furent rejetées par le congrès, malgré tous les efforts des députés vendus. Leurs adversaires ne tardèrent pas à recevoir le prix de leur courageuse opposition; Iturbide fit arrêter quatorze députés indépendants, sous prétexte qu'ils appartenaient au parti républicain. A la nouvelle de cet attentat, le congrès fit entendre d'énergiques protestations. Il demanda que ces députés fussent réintégrés dans son sein, ou tout au moins que l'instruction de cette affaire lui fût remise, pour être statué suivant les lois. Iturbide refusa, et la lutte, de part et d'autre, prit une nouvelle énergie. Les journaux du gouvernement excitaient le peuple contre la représentation nationale, et la tribune retentissait d'accusations contre le gouvernement impérial. On lui reprochait son origine, sa tyrannie, sa déloyauté; le plan d'Iguala et le traité de Cordova, fondements du trône mexicain, n'étaient pas ménagés. Cet état de choses était trop violent pour pouvoir durer. La force triompha du droit. Iturbide n'avait d'autre ressource qu'un coup d'État; il adopta cette mesure extrême. Il fit signifier par un de ses officiers au président du congrès la dissolution de l'assemblée, et donna l'ordre de faire fermer la salle des séances, ce qui fut exécuté sans la moindre opposition. Le même jour, il décréta la formation d'une junte, à laquelle il donna le nom d'*instituante*, et qu'il composa de ses créatures. Cette junte avait mission de convoquer une autre représentation nationale, suivant des formes d'élection qu'il se réservait de dicter. Toutefois, en cas d'urgence, elle pouvait exercer des fonctions législatives. Ce corps, sans influence et sans pouvoir, ne fut qu'un instrument avili entre les mains du maître. Il lui fit décréter un emprunt forcé de deux millions et demi de dollars, et l'application aux besoins du trésor d'une somme de deux millions d'espèces, expédiées de Mexico pour la Vera-Crux par une compagnie de négociants, et que le gouvernement avait fait arrêter à Perote, sous le prétexte que ces fonds étaient en réalité la propriété de l'Espagne.

La popularité d'Iturbide ne survécut pas longtemps à son usurpation, et surtout aux mesures arbitraires qui se multipliaient chaque jour. Avant la fin de novembre, une grande fermentation se manifesta dans les provinces du Nord. Le général la Garza se trouvait à la tête de l'insurrection. Elle fut bientôt comprimée par l'armée, seul appui d'Iturbide, qui devait bientôt lui manquer.

On ne connaît pas bien les véritables causes de la division qui s'établit tout à coup entre l'empereur et quelques-uns de ses généraux. On a cru que des motifs d'intérêt privé, plus encore que la politique, déterminèrent la défection de Santa-Anna. Quoi qu'il en soit, ce fut cet officier général qui se prononça le premier contre le trône impérial. Santa-Anna commandait la province et la place de la Vera-Crux. Jeune alors, il crut que le régime républicain conviendrait mieux à sa fortune. Il prit l'initiative du mouvement. Il adressa au peuple mexicain une énergique proclamation, où il accusait Iturbide d'avoir violé la constitution, en chassant le congrès; d'avoir trahi ses serments, en gouvernant arbitrairement. Il demandait, tant en son nom qu'au nom de son armée, le rétablissement de l'assemblée nationale, promettant de soutenir la forme de gouvernement qu'il lui conviendrait d'adopter. Pour réprimer une révolte qui semblait bornée à la seule garnison de la Vera-Crux, Iturbide s'empressa de faire marcher un corps de troupes suffisant pour investir cette place, et forcer Santa-Anna à la soumission. Mais déjà il n'était plus seul à méconnaître l'autorité d'Iturbide ; Guadalupe Victoria était venu se réunir à lui. C'était un nom célèbre, une renommée militaire et révolutionnaire, qui devait exercer une haute influence sur l'esprit du soldat. Santa-Anna lui céda le commandement en chef, en déclarant qu'il s'estimait heureux de servir sous ses ordres. Les principes de Victoria étaient connus ; c'était un républicain rigide. Aussi, dès l'instant qu'on le vit à la tête de l'insurrection, on n'eut plus de doute sur le système politique que les révoltés se proposaient de faire triompher. Leurs rangs se grossirent de tous les partisans de la république. Iturbide avait donné le commandement de ses troupes à Echavari, son aide de camp, celui de tous ses officiers qu'il croyait le plus dévoué à sa personne. Echavari n'était dévoué qu'à la bonne fortune de son général. Aussitôt qu'il s'aperçut que l'étoile impériale pâlissait, il abandonna l'homme que ne soutenait plus l'opinion publique ; et, après quelques combats insignifiants dans le voisinage de Puente del Rey, il alla se réunir à la garnison de la Vera-Crux. Ses soldats suivirent son exemple. Les trois chefs révoltés voulant donner un certain caractère légal à l'insurrection, signèrent, le 1er février 1823, l'acte connu sous le nom de convention de la Casa-Mata. Tout leur plan y était exposé en onze articles. Les apparences du respect pour l'autorité impériale s'y trouvaient conservées, bien que cet acte eût pour effet immédiat d'en paralyser l'action. Les généraux qui l'avaient signé se portaient garants du rétablissement de la représentation nationale. A partir de ce moment, l'insurrection s'étendit avec une prodigieuse rapidité dans toutes les provinces. La plupart des chefs militaires se mirent à la tête du mouvement. De ce nombre furent le marquis de Vibanco, qui commandait un corps assez considérable dans le territoire de la Puebla, et les généraux Guerrero et Bravo, qui quittèrent la capitale dans le but de proclamer le nouveau système dans les provinces de l'Ouest, théâtre de leurs anciens combats. Le général Negrette joignit l'armée des insurgés, qui marcha sur Mexico. Iturbide, avec quelques troupes, vint prendre position entre la capitale et l'armée républicaine. Ne comptant plus sur la force populaire et morale qui l'avait abandonné pour passer du côté de ses adversaires, il se détermina à négocier au lieu de combattre. Il offrait de convoquer un nouveau congrès, et de s'en rapporter à sa décision. Ces propositions ne furent point acceptées. Iturbide ne put même obtenir une entrevue des principaux chefs de l'armée républicaine. Dans cet état de choses, il perdait chaque jour quelques-uns de ses partisans. Les officiers dont il avait avancé la fortune, se montraient à l'envi les plus prompts à l'abandonner. Effrayé de cette défection générale, il rappela l'ancien congrès qu'il avait dissous par la violence, et abdiqua la couronne le 20 mars 1823. Le congrès, fidèle à ses antécédents, déclara que le couronnement d'Iturbide ayant été l'œuvre de la force et de la violence, était nul, et qu'il n'y avait lieu, par conséquent, à délibérer sur son abdication. Il déclara également nuls tous les actes du gouvernement impérial, ainsi que les plans d'Iguala et le traité de Cordova, et finit par proclamer le droit de la nation de se constituer sous la forme de gouvernement qui lui conviendrait le mieux. Après avoir fait table rase en l'honneur de la souveraineté du peuple, le congrès s'occupa de la personne d'Iturbide. La prudence lui faisait un devoir de s'en débarrasser ; mais il le fit généreusement : il prononça l'exil de l'ex-empereur, en lui accordant une pension viagère de 25,000 piastres (135,000 fr.), à la seule condition d'établir sa résidence dans quelque partie de l'Italie. Après sa mort, une pension de huit mille piastres était accordée à sa famille.

Le pouvoir exécutif, composé provisoirement des généraux Bravo, Victoria et Negrette, fut chargé de hâter le départ d'Iturbide. Il devait être transporté en Europe sur un bâtiment neutre aux frais de l'État. On lui offrit une escorte d'honneur de cinq cents hommes prise parmi les troupes qui lui étaient restées fidèles jusqu'à la fin ; mais lui voulut prendre cette escorte dans les rangs de l'armée républicaine, et demanda que le commandement en fût confié au brigadier général Bravo, qui l'accompagna jusqu'à Antigua, près de la Vera-Crux. C'est de là qu'il mit à la voile, le 11 mai 1823, pour se rendre en Italie.

La révolution qui venait de s'opérer conduisait tout naturellement à la république. On ne discutait plus que sur la forme. Le congrès, en attendant, se trouvait dépositaire du pouvoir. Il débuta par un acte arbitraire, et cela ne doit pas étonner en temps de révolution. Ce congrès, qui avait fait un crime à Iturbide d'avoir exigé le renvoi des députés qui lui étaient contraires, élimina de son sein les partisans de l'ex-empereur. Il décréta que le pavillon national serait l'aigle mexicain sans couronne. Il annula un emprunt de seize millions de piastres, contracté par Iturbide avec la maison Denis Smith de Baltimore. Il défendit aux membres du clergé de traiter de matières politiques, ce qui prouve que le clergé était hostile au nouvel ordre de choses, et s'arrangeait beaucoup mieux du régime impérial. Enfin, le congrès s'occupa de la forme du gouvernement et des bases de l'acte constitutionnel. Mais pendant qu'il se livrait à cette difficile besogne, sa légitimité était mise en question. Il était stipulé dans les articles II et III de l'acte de Casa-Mata, qu'il serait convoqué un nouveau congrès. Quelques provinces demandaient l'exécution immédiate de cette disposition. Un comité spécial fut chargé d'examiner l'opportunité de cette mesure, et conclut à l'ajournement, motivé sur le danger d'élections nouvelles dans les graves circonstances où l'on se trouvait, et sur le besoin de travailler sans relâche à constituer la nation et les diverses branches du service public. Peut-être eût-il été plus simple de déclarer franchement que ceux qui tenaient le pouvoir ne prétendaient point le soumettre aux chances incertaines d'un scrutin nouveau. Cette décision fut fort mal reçue par les provinces de Guadalaxara, de Valladolid, d'Oaxaca, de Zacatecas, de Guanajuato, de Queretaro, de San-Luis de Potosi, qui formèrent des juntes et se déclarèrent indépendantes. Santa-Anna, que nous trouvons toujours prêt à faire de la politique les armes à la main, se déclara l'un des premiers contre le congrès, en se proclamant le protecteur de la république fédérale. Ses forces n'égalaient pas son ambition : il ne disposait que de six cents hommes. Il fut bientôt arrêté ; ce qui n'empêcha pas l'opposition entre le pouvoir exécutif et les juntes provinciales de se prolonger encore quelques mois. Il fallut la présence du général Bravo, à la tête de sept à huit mille hommes, pour amener un arrangement. Toutefois les provinces se prononcèrent toutes pour un gouvernement fédéral, semblable à celui des États-Unis. L'exemple de Santa-Anna trouva quelques imitateurs. Le général Echavari, qui commandait la province de la Puebla, et un autre officier supérieur nommé Hernandez a Cuernavaca, refusèrent d'obéir au pouvoir exécutif; mais, abandonnés par leurs soldats, ils furent obligés de se rendre au général Guerrero, qui les fit conduire à Mexico.

Cette capitale était alors le théâtre de troubles beaucoup plus sérieux. La chute d'Iturbide y avait laissé le germe de divisions profondes. Les ambitions particulières ne pouvaient s'y accommoder d'un régime légal ; elles regrettaient le temps où il suffisait de plaire à un seul homme pour s'élever rapidement. Ces mécontents se composaient particulièrement de militaires et d'ecclésiastiques. Le congrès s'était montré modéré. Les membres du pouvoir exécutif, hommes sages et éclairés, ménageaient soigneusement tous les partis, et s'efforçaient de réconcilier les habitants espagnols au nouvel ordre de choses. Ils employaient le faible produit des impôts de la douane à payer la solde arriérée des troupes ;

mais la faction y entretenait soigneusement le mécontentement, et parvint à y organiser l'insurrection. Mexico était le centre de ses manœuvres. Là, commandait le général Lobato, ancien cordonnier, parvenu dans les guerres de la révolution à ce grade supérieur. Cet homme s'était d'abord recommandé à la confiance du pouvoir exécutif par des opinions modérées. Tout à coup on le vit, affectant un zèle de démagogue, accuser le gouvernement de faiblesse et de trahison, et annoncer hautement l'intention de le renverser. Ce n'était pas une menace vaine. Lobato parvint à séduire une partie de la garnison, mille hommes environ ; et, à la tête de cette troupe, il signifia au congrès qu'il eût à renvoyer Michelna et Dominguez, membres du pouvoir exécutif, et Alaman, ministre des affaires étrangères, qu'il traitait d'Espagnols ennemis de la république. Il terminait son message par réclamer l'arriéré de la solde de l'armée. Le congrès répondit avec dignité, qu'il délibérerait sur ce message quand les pétitionnaires seraient rentrés dans l'ordre. Ceux-ci déclarèrent qu'ils mettraient bas les armes quand le pouvoir exécutif serait aux mains d'Américains patriotes ; quand les Espagnols ou les Américains peu dévoués à la cause du pays seraient chassés des emplois publics ; quand l'Espagne aurait reconnu l'indépendance du Mexique. Ce fut en vain que Lobato essaya d'entraîner le peuple dans sa révolte, le peuple resta calme et le danger diminua. Cependant, pour ôter tout prétexte aux factieux, Michelna, Dominguez et Alaman offraient leur démission ; le congrès la refusa, se déclara en permanence, et conféra au gouvernement tous les pouvoirs nécessaires pour rétablir la tranquillité. Deux jours se passèrent dans les angoisses d'une crise menaçante. Le congrès et le pouvoir exécutif, siégeant dans le même palais, n'avaient pour se défendre qu'une garde peu nombreuse et deux cents hommes de milices qui résistèrent courageusement. Ils étaient résolus à quitter Mexico avec cette faible escorte, et à transporter le siège du gouvernement à Cuantillan. Cette menace, et l'approche des généraux Guerrero et Bravo, que le congrès avait appelés à son secours, jetèrent l'incertitude dans le parti des factieux. Le gouvernement profita de cette indécision pour offrir une amnistie à ceux qui rentreraient dans l'ordre. Cette mesure eut un plein succès. Plusieurs officiers se présentèrent, assurant qu'eux et leurs soldats avaient été indignement trompés. Lobato lui-même réclama le bénéfice de l'amnistie, et la conservation des grades des généraux et officiers qui avaient pris part à l'insurrection. On en mit quelques-uns en jugement, mais l'affaire n'eut pas de suites.

Six jours après ces troubles, pendant lesquels la république naissante s'était vue à deux doigts de sa perte, on décréta les bases fondamentales de la constitution mexicaine, qui devaient être soumises à l'acceptation des états confédérés. Au nombre de ceux-ci ne figurait pas la province de Guatemala, qui faisait anciennement partie de la vice-royauté du Mexique. Cette grande contrée, comme nous le verrons dans le récit de sa révolution, lasse aussi d'obéir à la métropole, et se trouvant des intérêts opposés à ceux du Mexique, venait de suivre l'exemple des autres colonies de l'Espagne et de se déclarer indépendante. Le congrès mexicain n'éleva aucune objection contre cette séparation, qui cependant fut d'abord assez froidement accueillie. La république nouvelle, sous le nom d'Amérique centrale, se composa dans le principe de sept provinces, Chiapa, Nicaragua, Honduras, San-Salvador, Costa-Rica, Guatemala et Quesaltenango, et se constitua provisoirement sous un gouvernement de trois notables citoyens, avec un conseil de députés des sept provinces confédérées.

Les bases de la charte mexicaine furent précédées d'une adresse au peuple, où l'on exposait les difficultés que la république avait trouvées à s'établir, où l'on invitait tous les citoyens à se rallier dans une même pensée et sous le même drapeau. Cet appel à l'ordre, à l'union, au régime légal, à l'oubli, ne fut point entendu de tous, pas même du congrès qui l'adressait. On vit, dans le même temps, le pouvoir suprême passer des mains de Michelna dans celles de Bravo, et les passions des démocrates l'emporter sur la modération de leurs adversaires. Un décret du 14 février mit en surveillance tous les Espagnols d'Europe, et subordonna la conservation de leurs propriétés à la reconnaissance de l'indépendance par le cabinet de Madrid ; révoltante iniquité qui faisait dépendre le sort de malheureux étrangers de la détermination d'un gouvernement sur lequel ils ne pouvaient avoir d'action. Ce même décret fermait l'entrée du territoire mexicain aux Espagnols de la péninsule, à moins qu'ils ne prouvassent qu'ils s'échappaient de leur patrie pour chercher un asile sous le pavillon de la république.

Le pays était encore agité de ce mouvement, et les deux grandes factions qui lui ont fait tant de mal commençaient à s'organiser, lorsque arriva la nouvelle qu'Iturbide avait quitté sa résidence d'Italie et s'était rendu en Angleterre. A ce bruit, qui parcourut rapidement toute la confédération, les espérances, les craintes, les passions se réveillèrent. Le gouvernement, justement inquiet, redoubla de surveillance ; on supposait, et probablement avec raison, que l'ex-empereur avait conservé des correspondances avec ses nombreux partisans restés au Mexique. On ne savait s'il agissait pour son compte ou dans l'intérêt de l'Espagne ; mais personne ne croyait à son isolement. Déjà l'annonce de son retour et de son rétablissement avait été suivie de troubles sérieux dans quelques provinces, notamment dans celle de Guadalaxara. Ce fut sous l'influence d'un puissant intérêt de conservation et d'une grande frayeur que le congrès rendit, le 28 avril, un décret qui déclarait don Augustin Iturbide traître, proscrit et ennemi de l'État, s'il se présentait sur un point quelconque du territoire, sous quelque titre que ce fût. Étaient également déclarés traîtres ceux qui, par écrit, discours ou autres moyens, chercheraient à favoriser ou son retour, ou les projets d'une invasion étrangère. Tous devaient être jugés conformément à la loi du 27 septembre 1823, c'est-à-dire, Iturbide et ses complices étaient mis hors la loi. Pour appuyer ces rigoureuses dispositions, le général Bravo, chef du pouvoir exécutif, se mit à la tête d'un corps d'armée, avec mission de tenir en respect les provinces menacées ou agitées. Le gouvernement, exerçant la police la plus sévère, fit arrêter, le 13, à Mexico même, plusieurs personnages, au nombre desquels on remarquait les généraux Hernandez d'Andrade et le comte del Valle, dont les papiers saisis justifiaient ces mesures, en fournissant la preuve de l'existence d'un complot qui avait pour but le rétablissement de l'empire. Quelques-uns des coupables furent condamnés à mort ou bannis. La résistance des provinces ne fut pas de longue durée. A Guadalaxara, le gouverneur Quintana, qui comptait sur ses soldats, se vit bientôt abandonné, et le général fit son entrée dans la ville aux cris répétés de : Vive Bravo, vive le suprême congrès constituant du Mexique. Cette province pacifiée, le général Bravo fit garder la côte par des troupes et des généraux sur la fidélité desquels il croyait pouvoir compter. Ils avaient mission expresse de s'opposer sur tous les points au débarquement d'Iturbide.

Il était temps de prendre ces dispositions, car Iturbide voguait à pleines voiles vers les rivages de sa patrie. Il avait quitté Southampton à bord du *Spring*, brigantin armé, le 11 mai 1824, une année jour pour jour après son départ de la Vera-Cruz. Sa femme, deux de ses enfants, son aide de camp Beneski, colonel polonais, et deux ou trois domestiques, l'accompagnaient. Il devait relâcher à la Jamaïque pour y recueillir des renseignements sur l'état réel du Mexique et l'importance de son parti. Là il eût eu connaissance du décret rendu contre lui et des dispositions prises pour s'opposer à ses projets ; mais, impatient d'arriver, Iturbide poursuivit sa route sans relâcher nulle part. Une mauvaise étoile le poussait à sa perte. Il arriva, après une traversée de soixante-quatre jours, à la hauteur de la barre du petit port de Soto la Marina, où commandait le général Felipe de La Garza, qui s'était prononcé contre l'ex-empereur lors de l'arrestation des membres du congrès, mais qui depuis s'était rallié au gouvernement impérial dont il avait accepté les faveurs. Iturbide pouvait donc supposer qu'il n'allait pas rencontrer un ennemi. Il en fut autrement ; et loin de répéter au Mexique l'audacieuse entreprise de Napoléon, le malheureux ne fit que parodier la catastrophe de Murat.

Le *Spring* s'était annoncé en arrivant comme un bâtiment de commerce ayant à bord Charles Beneski et un associé venus au Mexique pour traiter avec le gouvernement d'un projet de colonisation proposé par des capitalistes de Londres. Beneski se rendit le lendemain chez le commandant qui le questionna sur l'ex-empereur et sur les projets qu'on lui prêtait. Le général La Garza a prétendu, dans son rapport au ministre de la guerre, que Beneski l'assura d'une manière qui paraissait sincère, qu'au moment de son départ Iturbide vivait tranquillement en Angleterre avec sa famille. Puis il retourna à bord pour y chercher son associé. Tous deux débarquèrent le 16 juillet à une heure après-midi. La Garza en fut informé sur-le-champ par le commandant du poste placé à la barre, et sur-le-champ il se mit en route pour aller à leur rencontre. On l'avait prévenu qu'un des deux hommes était déguisé, et cette circonstance devait éveiller ses soupçons, si déjà il ne savait à quoi s'en tenir sur le nom du mystérieux inconnu. Il l'atteignit à six lieues de la ville dans le parage de los Arroyos, et ne fut pas longtemps à reconnaître Iturbide dans le compagnon de Beneski. Iturbide surpris ne fit aucune résistance ; il ne cacha point son nom ; il répondit aux premières questions qui lui furent faites, qu'il n'était venu qu'avec sa femme et ses enfants ; on le conduisit à Soto la Marina sans qu'il lui fût permis de leur donner de ses nouvelles.

D'après le décret du 28 avril, La Garza pouvait le traduire devant une commission militaire qui n'avait à constater que l'identité de sa personne et prononcer la sentence de mort. Mais le général se conduisit en homme politique, il voulut laisser au congrès de la province toute la responsabilité d'une telle exécution ; il conduisit son prisonnier à Padilla et remit son sort à la décision de l'assemblée. Celle-ci fut prompte à se décider. Elle ordonna qu'Iturbide serait fusillé le jour même, après lui avoir accordé le temps strictement nécessaire pour mourir en chrétien. Il ne restait plus à La Garza qu'à faire exécuter cet arrêt. A trois heures après-midi, il fit prévenir l'ex-empereur qu'il devait sur-le-champ se préparer à la mort. Bien qu'il dût s'attendre à cette cruelle annonce, le malheureux condamné parut frappé d'une profonde stupeur. Il supplia le général de différer l'exécution jusqu'à ce que le gouvernement suprême eût connaissance de sa situation et de la manière dont il s'était rendu. Inutiles prières ; La Garza déclara qu'il était dans la triste nécessité de faire exécuter l'ordre, et Iturbide parut alors se résigner ; il se confessa à un prêtre, membre du conseil de la province, et, à six heures du soir, il fut conduit sur la place, où se trouvaient une soixantaine de soldats ayant le général à leur tête. Des groupes de peuple observaient cette triste scène dans le plus profond silence. Suivant la relation anglaise, Iturbide aurait adressé aux soldats et au peuple une allocution où il les engageait à rester fidèles à leur patrie, à leur cause, à leurs serments, en implorant les égards des autorités pour sa famille, et en faisant des vœux pour que sa mort fût utile à son pays. Suivant la dépêche officielle de La Garza, l'exécution eut lieu sans déclaration, sans discours et sans délai, de crainte que la sympathie publique n'intervînt : c'est le plus probable. Iturbide donna à son confesseur la montre et le rosaire qu'il portait au cou pour être remis à son fils aîné. Il confia également à cet ecclésiastique une lettre écrite à sa femme, où il lui donnait des conseils et des instructions ; il voulut qu'on distribuât aux soldats qui allaient l'exécuter huit onces d'or qu'il avait dans sa bourse ; puis il se mit à genoux, récita un *Credo* et un acte de contrition, et mourut frappé de plusieurs balles à la tête et au cœur. On fit reconnaître le corps par les autorités, et même par le curé, dont on publia ensuite les certificats. Il était besoin de donner cette authenticité à l'exécution, car, plusieurs mois après, les habitants de l'intérieur ne voulaient pas croire à la mort de leur empereur. Il fut enterré sans honneurs, mais au milieu des marques de la pitié publique.

Pendant que ces choses se passaient, la malheureuse veuve et les enfants d'Iturbide attendaient à Soto la Marina dans une cruelle anxiété des nouvelles de son sort. Déjà ils avaient fait porter à terre quelques-unes de leurs caisses, lorsqu'à la nouvelle de l'exécution, le bâtiment qui les avait amenés coupa ses câbles et mit à la voile avec toutes les personnes et les effets demeurés à bord. La famille d'Iturbide resta sans linge et sans argent, et fut obligée d'accepter les secours de La Garza. Il s'était rendu à Soto la Marina pour visiter lui-même leurs papiers et leurs malles. Il y trouva, disent les relations officielles, des habits, des décorations, des sceaux et tous les insignes de la dignité impériale, mais aussi un grand nombre de proclamations dans lesquelles Iturbide s'annonçait non comme empereur, mais comme soldat venant pour déjouer les projets de l'Espagne, et dans le seul but de mettre un terme aux discordes civiles et de conserver l'indépendance du Mexique menacée par des nations puissantes.

L'ex-empereur comptait un grand nombre de partisans dans les provinces intérieures et dans l'armée ; plusieurs faits particuliers et les mouvements qui survinrent dans la province d'Oaxaca peuvent faire supposer qu'un plan d'insurrection était organisé en sa faveur. Aussi la nouvelle de sa fin tragique fut-elle accueillie bien diversement dans tout le pays. Ici, les républicains ne dissimulaient pas leur joie, et, sur d'autres points, des murmures se faisaient entendre. Dans ces graves circonstances, la conduite du gouvernement fut généreuse et habile. Il vit dans l'événement qui venait de s'accomplir l'occasion d'éteindre les ressentiments et de rapprocher les partis. L'esprit de la capitale répondait à ses vues ; Mexico gardait une attitude noble et silencieuse dictée par un sentiment de convenance et d'humanité. La majorité des cortès se fit également honneur par son vote en faveur de la veuve et des enfants d'Iturbide. S'il parut dangereux de les laisser habiter le Mexique, on voulut au moins qu'ils pussent jouir ailleurs d'une existence indépendante et conforme à leur ancienne position. On leur assigna une pension de huit mille piastres, à la seule condition d'habiter les États-Unis ou la Colombie. Ils allèrent se fixer à Baltimore.

La république venait d'échapper à un grand danger, et les partisans de l'Espagne perdaient toute espérance. Tranquilles sur les projets hostiles de l'extérieur, le gouvernement et le congrès n'eurent plus qu'à s'occuper de la prospérité intérieure du pays. L'un de ses premiers actes fut d'annuler un emprunt de 16,000,000 de dollars contracté récemment par Iturbide à 6 p. 100 avec un négociant de Baltimore. On fut assez heureux pour en obtenir un nouveau de 20,000,000 de dollars à 5 p. 100 d'une maison de Londres. Le congrès abolit la traite des nègres, et déclara libre tout esclave qui toucherait le sol mexicain ; il reconnut l'indépendance des États-Unis de l'Amérique centrale (Guatemala), et enfin termina ses travaux par l'acte le plus important de la session : la constitution de la république. Cet acte, revêtu de l'acceptation de toutes les législatures provinciales, fut promulgué comme loi fondamentale pour être exécuté sur-le-champ. Le congrès, avant de se dissoudre, procéda à la nomination du président de la république. Son choix tomba sur le général Guadalupe Victoria ; le général Bravo fut nommé vice-président. Il était impossible de choisir deux hommes qui eussent plus de talents, de dignité et de modération, et qui inspirassent plus de confiance à l'étranger. C'est de cette époque que date l'ère constitutionnelle du Mexique.

Cette forme de gouvernement fédéral, qui n'existe plus aujourd'hui, portait évidemment l'empreinte de l'imitation. C'était le système constitutionnel des États-Unis, avec quelques modifications qui n'étaient pas heureuses. Dans sa loi fondamentale, le Mexique se déclarait libre, souverain, indépendant de toute autre puissance. Vieux catholique à la manière de l'Espagne, il n'admettait que la religion romaine, et prohibait tous les autres cultes ; il se constituait en république fédérale, dont toutes les parties formaient autant d'États également libres, souverains et indépendants. Il confiait le pouvoir législatif à un sénat et à une chambre des représentants, dont les membres étaient choisis par tous les citoyens de chaque État ; il remettait le pouvoir exécutif aux mains d'un président, mais un pouvoir limité par toutes les restrictions ombrageuses de la démocratie. Ce président ne pouvait être réélu qu'après un intervalle de quatre ans ; il ne pouvait commander les forces nationales en personne sans une permission du congrès, ni faire arrêter un individu de sa propre autorité. Entre deux sessions du congrès, un conseil de gouvernement se trouvait investi d'une grande partie de la puissance souveraine. Il décidait de l'emploi des milices locales ; il ratifiait les nominations faites par le président ; il convoquait le congrès ; il veillait à l'observation de la constitution et des lois ; il gouvernait enfin.

Les États particuliers, indépendants les uns des autres, et possédant des droits égaux, avaient aussi leurs chambres législatives, et leur pouvoir exécutif, et leurs tribunaux, et leurs revenus spéciaux. Ils s'imposaient, s'administraient ; mais les constitutions de ces États ne pouvaient jamais être en opposition avec la loi fondamentale ; celle-ci, dans ses 171 articles, réglait tout ce qui avait rapport à l'organisation générale de la république et aux obligations des États avec le gouvernement central ; elle réglait encore les droits et les capacités politiques et les formes de l'élection. La liberté de la presse s'y trouvait formellement consacrée, sauf les restrictions légales ; mais on y cherchait vainement le jugement par jury et la publicité des audiences. On ne peut nier que cette constitution, tout imparfaite qu'elle était, ne renfermât le germe d'un progrès réel. Elle faisait au congrès l'obligation d'ouvrir des routes, des canaux, de créer une administration des postes, de faciliter les relations commerciales, d'assurer la liberté du commerce, de récompenser les inventeurs des découvertes, de supprimer tous les genres de monopoles, et de répandre l'instruction par l'établissement d'écoles spéciales pour la marine et l'armée, et d'écoles primaires pour le peuple.

Le Mexique était-il prêt à recevoir soudainement tant de liberté, tant de droits politiques complétement nouveaux ? Les principes qu'on venait de décréter étaient-ils familiers aux masses, ou même compris par elles ? Nous sommes loin de le penser. Cette grande contrée n'était nullement préparée à la brusque transition du régime absolu aux formes et aux allures des républiques démocratiques. Ceci ne s'improvise pas. Les États-Unis ne pouvaient servir d'exemple ; car les conditions des deux peuples différaient entièrement. Les colonies anglaises, avant leur émancipation, possédaient presque tous les éléments des États libres : législatures locales, système d'élection et droits politiques. Au Mexique, le peuple était nul : il n'était point représenté, il ne nommait à rien ; il obéissait, comme un peuple conquis, aux agents de l'Espagne. Il n'était pas facile de le tirer tout d'abord de cette routine de servitude pour en faire une espèce de souverain. Il se montrait assez insouciant de sa part de pouvoir, et ceux-là qui ne possédaient pas un sou s'inquiétaient assez peu de l'administration de la propriété. Il n'en était pas tout à fait ainsi de la classe moyenne, si tant est qu'on puisse donner ce nom à la bourgeoisie du Mexique. Celle-ci, sans trop savoir ce que valaient ses droits nouveaux, ne voyait dans la constitution qu'une garantie de l'indépendance nationale, qu'un obstacle insurmontable au retour du monopole de l'Espagne. Chasser les hommes de la Péninsule de tous les emplois, de toutes les industries, et les remplacer, lui semblait une conséquence toute naturelle du nouveau régime. Elle l'envisageait du point de vue de ses vieilles haines et de son intérêt personnel. Militaires, marchands, petits propriétaires et gens de loi, admettaient la république comme un moyen de fortune et d'avantages particuliers, et la saluaient de toutes leurs espérances.

Mais un tel système ne pouvait prospérer qu'à l'aide de beaucoup de modération et d'esprit de justice. Loin de proscrire les vaincus, il fallait les attacher aux destinées de la nouvelle république, et respecter tous les droits acquis sans distinction d'Espagnols et d'Américains. On devait se hâter surtout, en réduisant l'armée à quelques bataillons pour la garde des places fortes, d'annuler l'influence militaire toujours désastreuse dans les républiques. L'exemple des États-Unis était là. Ce fut une grande faute de ne pas le suivre. En enlevant aux factions le sabre du soldat, le pays n'aurait point eu à gémir sur une longue suite d'agitations et de révolutions; il ne fût point entré dans ces voies funestes qui ont épuisé ses ressources et ruiné son industrie, son agriculture, son crédit.

La session du premier congrès constitutionnel de la confédération s'ouvrit avec l'année 1825. Le discours du président, calqué sur toutes les harangues de ce genre, félicita le pays sur le gouvernement qu'il avait adopté et lui promit une prospérité sans bornes. Le ministre des finances se chargea de lui prouver qu'il avait beaucoup à faire pour arriver à ce bienheureux avenir ; il lui apprit qu'il était moins riche de moitié que sous le gouvernement espagnol; que celui-ci recevait de 19 à 20 millions de dollars, et qu'il n'en pouvait espérer que 10,690,608 pour l'année courante, tandis que les dépenses atteindraient un chiffre beaucoup plus élevé. Il est vrai que les prévisions du ministre furent modifiées quelques jours après par une commission composée de plusieurs membres du sénat, qui portait les revenus, sans y comprendre les mines, à 12,347,371 dollars, et les dépenses à 10,352,637. Cette commission fondait de grandes espérances sur les mines. Les plus solides étaient alors dans le produit des douanes, qui sont encore aujourd'hui, grâce à l'extension du commerce, le moins incertain des revenus du Mexique.

L'esprit démocratique de l'assemblée se manifesta dans son décret du 9 avril, qui abolit pour toujours les titres et les qualifications nobiliaires prodigués par le gouvernement espagnol. On eut ensuite à s'occuper de choses moins futiles. On discuta le traité de commerce avec la Grande-Bretagne. L'opposition s'élevait contre certaines dispositions de ce traité; elle critiquait surtout le rappel de l'article 6 du traité de Versailles, qui semblait mettre en question la possession des deux Californies. Une fraction de l'assemblée signalait la concession faite aux sujets anglais de l'exercice de leur religion, comme une tolérance impie incompatible avec l'esprit de la religion catholique. Quelques membres, patriotes maladroits, auraient voulu que l'indépendance mexicaine fût ouvertement reconnue par le traité, comme si cette reconnaissance ne résultait pas implicitement du traité même. Tous ces opposants déclamaient pour le plaisir d'occuper la tribune et de se donner les airs de la force; car aucun d'eux n'ignorait que la nouvelle république n'était pas en position de faire la loi à la vieille Angleterre, dont la protection avait pour eux tant de valeur, et qui ne tend jamais la main aux nouveaux venus sans qu'il leur en coûte quelque chose. Le traité fut accepté par le congrès et ratifié par le président. L'Angleterre ne fut pas de si facile composition; elle exigea des modifications, mais n'envoya pas moins un chargé d'affaires, M. Ward, qui s'étendit beaucoup, dans son discours de réception, sur l'intérêt que portait son souverain à la prospérité de la confédération.

Le premier congrès mit fin à ses travaux après avoir appris, de la bouche du président, que l'armée mexicaine était payée, que les magasins étaient remplis, qu'on avait acheté une grande quantité de munitions, qu'on allait acheter des bâtiments de guerre, qu'on avait satisfait aux besoins de la liste civile, qu'une partie de la dette était amortie, que le papier-monnaie était retiré, et que le nouveau système introduit dans l'administration promettait de fortes économies.

Cependant le génie révolutionnaire n'était pas satisfait; l'indépendance du pays obtenue, il lui restait à faire de la propagande à main armée. Il jeta les yeux sur les îles de Cuba et Porto Rico, où, depuis la contre-révolution de 1823, un nombreux parti de mécontents se tenait prêt à seconder toute entreprise hostile à l'autorité de la métropole. Ce parti, heureusement pour l'Espagne, se croyait tellement sûr de sa force, qu'il ne cachait ni ses espérances ni ses moyens d'action. Il avait invité le gouverneur du Yucatan à venir à son secours; et l'on ne sera pas surpris de l'empressement de ce gouverneur à coopérer à une entreprise de cette nature, lorsqu'on saura qu'il s'appelait Santa-Anna, que nous avons déjà vu et que nous verrons plus tard prêt à se mettre à la tête de tous les mouvements militaires. On prépara sous sa direction, dans le port d'Alvarado, une expédition de quinze à seize cents hommes qu'il devait conduire au secours des mécontents de Cuba. Mais le gouverneur de cette île, le général Vives, informé de ce dessein, déjà publié dans les journaux de Bogota, fit arrêter les chefs de cette conspiration, et surveilla de si près leurs complices, tout en prenant les mesures les plus énergiques pour la défense de la colonie, que l'entreprise fut abandonnée. Les gouvernements du Mexique et de la Colombie s'empressèrent, comme on devait s'y attendre, de désavouer toute coopération à cette échauffourée; elle resta tout entière à la charge de Santa-Anna, qui fut même mandé à Mexico pour rendre compte de sa conduite. Il en fut quitte pour changer son titre de gouverneur du Yucatan contre celui de premier inspecteur du génie. Cette douce punition ne lui fit rien perdre de son importance politique et de sa popularité.

Pendant que ces choses se passaient, le gouvernement de la république avait à se défendre lui-même des mécontents. Un de ses régiments, entièrement composé d'Indiens, cantonné dans l'île des Sacrifices, massacra ses officiers et arbora le drapeau espagnol. Des forces supérieures triomphèrent facilement de cette poignée d'hommes, qui mit bas les armes et fut traitée avec la dernière rigueur. Ces Indiens venaient de donner une nouvelle preuve de la haine que les aborigènes portaient encore aux descendants des Européens.

Le Mexique n'avait point de marine, et ce n'était pas un des moindres embarras de son gouvernement. La trahison vint lui en donner une. Le vaisseau de ligne espagnol *l'Asia*, après avoir quitté les côtes du Pérou, s'était rendu à l'une des îles Mariannes pour s'y ravitailler. Il paraît que l'équipage avait éprouvé de grandes fatigues et n'était pas payé; il murmurait depuis longtemps et finit par se révolter. D. Roque de Guzuarte, son capitaine, suivi de quelques officiers et aspirants, essaya de rétablir l'ordre; mais les soldats de marine et l'équipage, rangés en bataille sur le gaillard d'arrière, les repoussèrent à coups de sabre, et, après les avoir blessés plus ou moins grièvement, les jetèrent pêle-mêle dans la chambre du conseil. Il fut même question de les égorger. Les plus logiquement cruels parmi les révoltés le voulaiemt ainsi, attendu, disaient-ils avec le proverbe espagnol, qu'*un homme mort ne parle plus* (hombre muerto no habla). Les plus humains décidèrent qu'on les débarquerait sur une plage déserte, ce qui fut fait; mais, fort heureusement pour eux, deux baleiniers anglais survinrent qui les recueillirent et les conduisirent à Manille. Un petit brick, *la Constantia*, qui accompagnait *l'Asia*, suivit son exemple; puis les deux équipages révoltés, sous les ordres du lieutenant Martinez, se dirigèrent vers les côtes du Mexique, résolus, pour mettre leur trahison à couvert, de se donner à la nouvelle république. Arrivés dans la baie de Monterey, Martinez fit savoir ses intentions au commandant militaire du pays. Il offrit de livrer au Mexique les deux bâtiments avec leurs munitions et armements de guerre, et de mettre les équipages à la disposition de la république, à la condition qu'elle leur payerait sur-le-champ tout ce qui leur était dû depuis le jour où ils avaient quitté l'Espagne. On n'a pas besoin d'ajouter que cette capitulation fut acceptée avec empressement par le gouvernement mexicain. Il venait déjà de faire acheter en Angleterre un gros bâtiment de la Compagnie des Indes, *le Surat Castle*, et deux frégates aux États-Unis. Cette marine improvisée lui donnait l'espoir de lutter avec avantage contre le triste débris de la marine espagnole. Le congrès, dans sa session extraordinaire du mois d'août, s'empressa de voter les fonds nécessaires aux divers services. Le traité avec la Grande-Bretagne fut encore mis en délibération, mais rien ne fut terminé. Une autre question non moins difficile et plus délicate causait quelque agitation dans les provinces : il s'agissait des rapports du Mexique avec le saint-siége. Le président s'était empressé de féliciter Léon XII sur son avénement au pontificat et de lui exposer le besoin de l'Église mexicaine. Le pape, non moins poli, s'était hâté de féliciter le président de ses sentiments religieux et de sa constance dans la foi, en lui donnant sa bénédiction apostolique. Ce n'était pas précisément tout ce que demandait le président; il aurait bien voulu que Sa Sainteté se prononçât favorablement sur les nominations aux siéges vacants dans l'étendue de la fédération, et se relâchât de l'influence qu'il voulait exercer sur des matières que le gouvernement de la république regardait absolument comme du ressort de l'autorité temporelle. Le congrès prit fait et cause dans cette lutte, en déclarant qu'il maintiendrait les droits du gouvernement civil contre les usurpations du pouvoir religieux, et qu'il punirait tout habitant qui, sous prétexte de défendre la religion, chercherait à exciter des troubles. Ceci pouvait peut-être intimider quelques Mexicains, mais n'avançait nullement les affaires de la république en cour de Rome. Les hommes pieux dans les provinces continuèrent de murmurer.

Un événement important pour les destinées de la république fit oublier les discussions religieuses et les ravages d'une épidémie qui venait d'affliger toute cette partie de l'Amérique. Depuis longtemps, le siége de Saint-Jean d'Ulloa, toujours occupé par les Espagnols, n'était plus qu'une espèce de blocus. Le canon de la forteresse avait jonché de ruines les rues de la Vera-Cruz; mais la forteresse, en proie à la famine et aux maladies, voyait chaque jour diminuer sa garnison. Le général Coppinger, son commandant, ne voulait entendre à aucune capitulation tant qu'il lui restait l'espoir d'être secouru. Cet espoir s'évanouit enfin, lorsqu'une tempête dissipa quelques frégates espagnoles qui étaient arrivées en vue de la forteresse. Réduit à la dernière extrémité, ce brave général obtint une honorable capitulation. La garnison sortit avec les honneurs de la guerre, quatre pièces d'artillerie et ses bagages, et fut transportée à la Havane aux frais du gouvernement mexicain. Celui-ci tira grand parti de cet heureux événement. Il annonça à la nation qu'après trois cent quatre ans de possession l'étendard de Castille avait disparu des côtes du Mexique. Il saisit cette occasion pour prêcher à tous les partis union et oubli; il les conjura de se réunir sous le drapeau triomphant de la république. Mais au soin qu'il prenait de prêcher la concorde, on voyait toute l'étendue de ses inquiétudes. Nous ne tarderons pas à reconnaître qu'elles étaient bien fondées. Toutefois, à l'extérieur, la position du gouvernement était beaucoup meilleure; l'Espagne se trouvait sans point d'appui pour reconquérir son ancienne colonie; la clef du Mexique venait de lui échapper (*).

(*) Ce fut vers cette époque que le gouvernement mexicain porta ses regards sur l'exploitation des mines si négligées pendant les guerres civiles. Ces mines, pendant trois siècles, avaient fait la richesse du pays. L'hôtel des monnaies de Mexico avait fourni, de 1690 à 1803, suivant les calculs de M. de Humboldt, plus de 1,353,000,000 de piastres, et depuis la découverte de la Nouvelle-Espagne jusqu'au commencement du dix-neuvième siècle probablement, 2,028,000,000 de piastres, à peu près les deux cinquièmes de tout l'or et l'argent qui dans cet intervalle ont reflué du nouveau continent vers l'ancien. Le produit de ces mines avait triplé en cinquante-deux ans et sextuplé en cent ans. Il était annuellement, avant la révolution, de 23,000,000 de piastres, ou près de la moitié des métaux précieux que l'on retirait chaque année des deux Amériques. Depuis 1810, ce chiffre avait singulièrement baissé; il ne présentait plus, de 1810 à 1821, qu'une moyenne annuelle de 9,348,730 piastres, à peu près 46,743,650 francs. L'année entière de 1821 n'avait donné que 5,916,000 piastres en or et en argent; mais dans les années suivantes, on obtint une amélioration successive. Les huit premiers mois de 1825 présentaient déjà un produit de près de 8,000,000 de piastres. Déjà, à cette époque, l'influence des compagnies étrangères qui s'étaient formées pour l'exploitation des mines se faisait

Nous avons déjà vu que l'Angleterre n'avait point attendu cette nouvelle circonstance pour répondre au vœu de son commerce et reconnaître la confédération mexicaine. Dès le 4 janvier, M. Canning avait fait savoir à toutes les puissances européennes que Sa Majesté Britannique s'était déterminée à nommer des chargés d'affaires auprès des États de Colombie, du *Mexique* et de Buenos-Ayres. Cet exemple d'une politique sage et prévoyante avait été suivi par le roi des Pays-Bas. La Suède et le Danemark, sans prendre aucune mesure diplomatique, ne montraient pas d'éloignement à se lier d'amitié avec les nations américaines, et l'on ne découvrait dans la conduite de l'empereur de Russie aucun symptôme d'hostilités contre les dernières révolutions du nouveau monde. La France, qu'on croyait, en 1823, fort mal disposée pour les nouveaux États d'Amérique, faisant céder une étroite politique de famille à ses véritables intérêts, venait d'envoyer à Mexico un agent confidentiel, sans caractère diplomatique, à la vérité. Ce premier pas dans une meilleure voie était

sentir. Elles possédaient de grands capitaux et employaient soit des machines à vapeur, soit des machines ordinaires, mais perfectionnées par la mécanique moderne. On comptait, en 1827, sept grandes compagnies anglaises, une allemande, deux américaines. Malgré les sacrifices énormes de toutes ces compagnies, le produit des mines exploitées par elles n'atteignait qu'à peine, en 1836, 18,000,000 de piastres. Il faut chercher la cause de ce faible résultat de tant d'efforts combinés dans l'état politique du pays toujours agité, dans cette série de révolutions intérieures exécutées à main armée, dans le peu de sécurité des travailleurs, souvent forcés d'armer de canons et de garder leurs mines comme des forteresses, de s'y exercer au maniement des armes, et de s'y défendre contre les pillards de tous les partis. Ajoutez à ces obstacles le peu de sûreté des transports et l'obligation de donner une escorte au moindre lingot d'argent, et l'on s'expliquera le peu d'empressement des capitalistes à fournir de nouveaux fonds, et le découragement des actionnaires à sortir de ces périlleuses entreprises.

loin encore de ce qu'elle devait faire pour mettre son commerce sur le pied du commerce anglais, et lui obtenir les mêmes avantages. Cependant cette détermination de la France, quoique incomplète, n'en fut pas moins signalée par le président Victoria dans son discours de clôture (23 mai 1826), comme chose heureuse pour le Mexique. Ce fut dans ce même discours de clôture qu'il fit part aux deux chambres de l'ouverture du grand congrès de Panama.

Ce congrès, si longtemps annoncé, devait réunir chaque année les députés de toutes les républiques jadis colonies de l'Espagne, et s'occuper, comme les grandes assemblées de l'ancienne Grèce, des intérêts communs à tous les États; il devait être un conseiller dans les grandes luttes, un interprète fidèle des traités, un médiateur dans les querelles domestiques, un agent pour l'établissement des droits de chacune des républiques vis-à-vis de l'étranger, et surtout un centre de force et de résistance contre toutes les tentatives de l'Espagne. C'était une mission noble et sainte; elle était malheureusement au-dessus des forces et du pouvoir d'une telle assemblée, émanée d'États trop jeunes encore dans la vie indépendante. Elle se faisait illusion sur la faiblesse individuelle de chacun d'eux, sur la difficulté de concilier des intérêts opposés placés à de grandes distances, et de fonder un droit public américain en regard du droit public de l'Europe monarchique.

Malgré les invitations pressantes adressées à toutes les anciennes colonies espagnoles et portugaises, il ne se présenta au congrès que les députés du Mexique, de Guatemala, de la Colombie et du Pérou. Les conférences s'ouvrirent en présence des envoyés de l'Angleterre et des États-Unis, qui ne prirent aucune part aux délibérations. Elles furent bientôt interrompues par les déplorables effets du climat ; un des plénipotentiaires des États-Unis et deux secrétaires du commissaire anglais en furent victimes. Enfin, le danger parut tel, que le congrès, alarmé pour la vie de ses membres, jugea nécessaire de terminer promptement l'objet le plus important de sa mission, celui qui concernait la défense commune. Avant de se séparer, les plénipotentiaires signèrent, le 15 juillet, un traité d'union et de confédération perpétuelle entre les quatre États représentés, auquel tous les autres États de l'Amérique auraient la faculté de se réunir dans un délai déterminé. Ce traité fixait le contingent militaire de chaque État, et indiquait les mesures générales à prendre en cas d'attaque d'un ennemi étranger. Il fut décidé que les conférences seraient reprises, à une époque indéterminée, dans la ville de Tacubaya, voisine de Mexico. Cette détermination n'eut pas de suite.

Aucun autre événement que le congrès de Panama n'attira cette année l'attention du Mexique. Quelques troubles dans le Yucatan furent promptement apaisés, et la perception des impôts s'opéra sans opposition; le produit des mines concédées à des compagnies anglaise et américaine augmenta. La république fit face aux engagements contractés au dehors, et subvint aux besoins de l'armée et de la marine. La balance des recettes et des dépenses fut en faveur du trésor. Le Mexique, entre tous les nouveaux États, eut en ce moment, à la bourse de Londres, le crédit le mieux établi; et si les chiffres d'un budget peuvent servir à fonder des espérances sur l'avenir d'un pays, les destinées de la confédération mexicaine ne devaient inspirer aucune inquiétude. Cependant, sous cette apparence de jeunesse, de force et de vie, se cachait un mal profond : les passions révolutionnaires fermentaient au sein de la république et allaient enfanter une ère de troubles et d'anarchie.

Avant de la parcourir il convient, pour suivre l'ordre des temps, de signaler les premiers efforts du Texas pour se séparer du Mexique et conquérir son indépendance (*).

(*) Nous nous bornons ici à l'indication

Cette première insurrection, attribuée à quelques étrangers établis dans les environs de Nacogdoches, avait pour objet de réunir ce pays à la grande confédération de l'Amérique du Nord. Toutefois, elle n'était l'œuvre que d'un petit nombre d'hommes, et ne s'étendait que sur cette partie du pays où le Mexique n'avait que peu d'officiers civils et militaires et quelques détachements isolés; il faut même reconnaître que la plupart des colons, venus récemment des États-Unis, trop faibles et trop préoccupés des soins matériels de leurs établissements, n'y prirent aucune part, et se déclarèrent hautement pour l'autorité légale. L'acte le plus curieux de cette insurrection est un traité d'alliance offensive et défensive, conclu le 21 décembre 1826, entre les insurgés et quelques tribus indiennes. Les deux parties s'engageaient à défendre leur indépendance contre le Mexique, et se garantissaient leur territoire. L'approche de quelques bataillons mexicains suffit pour rétablir l'ordre, dissiper les insurgés, intimider les Indiens, et arrêter le développement d'une révolution qui n'était pas encore mûre.

Vers le même temps éclatait, au sein de la capitale, une conspiration d'une nature plus grave. Elle avait pour chef un moine nommé Arenas, fanatique ardent et adversaire fougueux du nouvel ordre de choses. Arenas ne pouvait réussir sans le secours de la garnison; il crut devoir sonder les dispositions du commandant de la place, le général Mora, et lui faire quelques ouvertures. Mora, brave militaire, s'empressa d'instruire le président de la république de ce qu'il venait d'apprendre. Il fut convenu que deux espions pris dans un rang élevé, un sénateur et un député, se rendraient chez le général, et se placeraient de manière à tout voir et à tout entendre. Arenas s'y étant présenté de nouveau, donna un libre cours à ses confidences; il dévoila le plan qu'il se proposait de suivre et le but du complot. Il s'agissait de rétablir la religion catholique dans toute sa pureté, comme elle était en 1808, c'est-à-dire, avec l'inquisition et l'autorité royale de Ferdinand VII; de nommer une régence dont les membres seraient choisis parmi les évêques et les *cabildos* ecclésiastiques, afin de gouverner le pays au nom du roi d'Espagne, jusqu'à ce qu'il eût fait connaître ses intentions. Arenas promettait le pardon du passé et la conservation des emplois à ceux qui se joindraient à lui. Il affirma au général qu'un commissaire royal dirigeait à Mexico cette grande conspiration. A peine eut-il prononcé ces dernières paroles, que les deux espions se montrèrent. « Je suis trahi, s'écria-t-il, mais je suis résolu à mourir pour ma religion et pour mon roi; je ne suis pas le premier martyr de cette cause sacrée, dont le triomphe est un jour assuré. » Il fut arrêté sur-le-champ et mis au secret. Il résulta de ses premiers interrogatoires et de l'examen de ses papiers beaucoup d'arrestations de personnages considérables, d'un grand nombre de prêtres, et de quelques généraux, Arana, Negreti, Echavarri, qui s'étaient distingués dans la guerre de l'indépendance. On s'assura que le complot remontait à l'époque où l'amiral Laborde avait paru l'année dernière sur les côtes du golfe du Mexique, et qu'il avait des ramifications fort étendues dans le clergé. Toutefois, le moine Arenas, dont on différa le supplice, mourut sans révéler le nom de ses complices. Il fut fusillé le 2 juin, hors de la ville, sur un pont du grand chemin de Chapultepec, pour éviter les clameurs qu'aurait pu produire la condamnation d'un moine par un tribunal civil.

On a prétendu que cette conspira-

---

sommaire de cette première tentative, nous proposant de réunir plus tard tous les faits qui se rattachent à la révolution du Texas et à sa description géographique. Nous profiterons alors de l'excellent travail de M. Frédéric Leclerc sur le Texas et sa révolution. Il est impossible de réunir en moins de pages plus de faits curieux sur les grands événements dont cette contrée si riche d'avenir a été le théâtre.

tion absolutiste, sans écho dans les masses, sans sympathie dans la classe moyenne, avait été présentée sous un aspect plus grave qu'il ne convenait, en vue de justifier les mesures arbitraires qu'on se proposait de prendre contre les Espagnols. Là n'était pas le véritable danger. Alors, au sein du pays, au milieu de la capitale, une autre conspiration flagrante et permanente allait tête levée, menaçant les institutions établies, la constitution fédérale et l'ordre public. C'était la conspiration du parti ultra-démocratique. Pour bien comprendre les causes des événements qui vont suivre, il convient d'exposer, en peu de mots, l'état politique du pays au moment où nous sommes parvenus.

Nul point du globe, nous l'avons déjà dit, n'avait été plus mal préparé que le Mexique à la brusque transition du despotisme à la démocratie. Cependant le système fédéral prenait racine dans les provinces. Il leur donnait une importance qui les flattait. L'entrée aux diverses législatures convenait aux ambitions subalternes, qui trouvaient là un théâtre à s'exercer. Ce système avait de plus l'avantage de réunir dans un pays, si différent de climat et de produits, les intérêts matériels identiques soit agricoles, soit industriels, et d'habituer toutes les populations à s'occuper d'affaires locales dans la paisible carrière de l'administration. Malheureusement beaucoup d'anciens militaires qui auraient pu trouver place dans ce nouvel ordre de choses préféraient aux emplois civils la vie aventureuse du soldat, et, véritables condottieri, tenaient toujours leur épée au service des factions.

Mexico, séjour du gouvernement fédéral, était à la fois le centre des ambitions déçues et mécontentes, le repaire des révolutionnaires les plus fougueux. Là se reunissaient aussi les hommes influents du parti conservateur, loyaux défenseurs de la constitution jurée, et amis sincères de l'ordre et de la légalité. Ces deux grands partis se classèrent bientôt sous les deux dénominations de *escoceses* et de *yorkinos*.

Les premiers se composaient de propriétaires fonciers, de ceux surtout qui possédaient des titres de noblesse avant la révolution, d'officiers appartenant à l'armée créole, opposés aux premiers fauteurs de l'insurrection, de députés aux cortès d'Espagne, nommés avant la déclaration d'indépendance d'Iturbide, de magistrats, de riches négociants. Ces hommes, l'élite de la société mexicaine, étaient unis par les liens maçonniques du rit écossais, et se réunissaient en loge pour délibérer sur les grands intérêts du pays, et donner aux élections la direction qui semblait la plus convenable à leurs opinions. Parmi les personnages influents de cette association, qui doit être assimilée aux fédéralistes des États-Unis, on comptait le général Bravo, l'un des plus honorables caractères de la révolution mexicaine.

Jusqu'à l'année 1825 les *yorkinos* n'existaient pas comme parti. Leur réunion se composa d'abord de patriotes sages, étrangers aux *escoceses* sans leur être hostiles. On leur donnait le nom de yorkinos, à raison de leur affiliation à une loge de New-York. Ce fut le ministre Poinsett, l'un des dignitaires de cette dernière loge, qui organisa celle de Mexico. Elle devint célèbre en peu de temps, et malheureusement trop influente. Là se réunirent successivement tous les hommes nouveaux de la révolution, les radicaux, les républicains les plus avancés. L'exaltation des opinions y fut un titre d'admission et un moyen d'influence. En peu de temps la scission entre les deux loges ou les deux clubs fut complète : les yorkinos se posèrent comme les adversaires déclarés des escoceses. Leurs journaux firent une guerre acharnée aux modérés du pays ainsi qu'aux Espagnols établis au Mexique, qui n'eurent pas d'ennemis plus impitoyables.

Le pouvoir était l'unique affaire de ces deux grands partis, mais ils le cherchaient par des moyens différents : les premiers, par la modération, l'ordre, le respect de la loi et de tous les droits acquis; les seconds, par l'audace révolutionnaire parée des couleurs d'un patriotisme exclusif, ayant toujours à la bouche les grands mots de salut public. Les yorkinos, plus nombreux que les escoceses, faisaient sans relâche appel aux passions de la multitude, aux irritations du pays, et, dans les circonstances décisives, à l'armée. Leur loge était véritablement au Mexique ce que le club des jacobins avait été en France; on y dénonçait incessamment comme amis du despotisme et des Espagnols, généraux, députés, ministres, fonctionnaires de tout rang. Le gouvernement et les chambres n'étaient que trop souvent obligés de céder aux violences et aux intrigues de ces fougueux démocrates. Le mal était assez grand pour appeler un prompt remède (1827). La prohibition des sociétés secrètes et la fermeture des loges maçonniques fut proposée par le gouvernement et adoptée par le sénat, à la majorité de vingt-quatre voix contre sept, et par la chambre des représentants, par quarante suffrages contre vingt-quatre. Je donne ce chiffre pour qu'on puisse prendre une idée de la force des deux partis dans la législature, et se convaincre que l'ordre et la paix publique n'avaient rien à redouter d'un parlement ainsi composé. Le pouvoir exécutif, à peu près désarmé, fit bien fermer les loges maçonniques existantes, mais ne parvint point à empêcher les yorkinos d'en ouvrir de nouvelles, d'y continuer leurs séances, leurs calomnies et leurs dénonciations contre les meilleurs citoyens. Ils obtinrent un premier succès contre les Espagnols. Après quatre mois de délibérations, le congrès finit par les exclure de tout emploi public, civil, militaire, ecclésiastique, les évêchés exceptés, et cela jusqu'au jour où l'Espagne aurait reconnu l'indépendance de la nation. Cette concession ne satisfit pas les puritains du Mexique; ils voulaient quelque chose de mieux : il leur fallait l'expulsion de tout ce qui était né en Espagne. Déjà quelques provinces la réclamaient hautement, et prenaient l'initiative en bannissant ceux qui n'avaient pas prêté serment à la constitution. Mais, s'il était facile de chasser des vaincus, des familles isolées, des femmes et des enfants sans défense, il l'était un peu moins de triompher de la misère et de la banqueroute. Ces deux fléaux étaient venus s'abattre sur la nouvelle république. En dépit de tous les brillants tableaux du ministre des finances, il fallait reconnaître enfin un énorme déficit. On avait menti à la nation et à l'Europe dans les budgets précédents, en groupant habilement les chiffres pour établir un excédant de recettes sur les dépenses. On avait même évalué le revenu net de l'année financière 1827 à 1828 à 13,667,637 dollars, et la dépense à 13,363,098, et l'on concluait un excédant de 304,539 dollars. Cependant, dès cette même année 1827, le gouvernement était hors d'état de satisfaire aux engagements du dedans et du dehors, et ne pouvait payer les dividendes et les traites renvoyées d'Angleterre. La république mexicaine, si riche sur son budget, se vit bientôt en faillite sur la place de Londres. Force fut au président, dans le discours d'ouverture de la seconde session de septembre 1827, de faire pressentir ce fâcheux état de choses, et la nécessité d'un emprunt. Cet emprunt souleva une vive opposition; on lui préférait l'établissement de nouveaux impôts. Il passa cependant, après de longues conférences, et fut spécialement affecté au payement des dividendes dus à Londres, et des traites protestées renvoyées au gouvernement.

A ces tristes débats financiers vint se mêler la question relative à la nomination du président, du successeur de Guadalupe Victoria. La constitution fixait l'époque de la nomination du chef de la république au mois de septembre de l'année qui précédait celle où finissaient ses fonctions; de plus, par une étrange anomalie, il s'écoulait sept mois entre l'élection du nouveau président et le jour où il prenait possession du gouvernement. Pendant cette espèce d'intérim, l'administration des affaires restait aux mains du président sortant. Le danger d'un tel interrègne eût été grand dans une vieille société bien organisée et aux habitudes régulières. Il était cent fois pire dans un État né d'hier, en proie à toute la vivacité des passions politiques, et jouant avec elles comme un enfant avec du feu.

Le chef des escoceses, le général Bravo, porté par eux à la présidence, commit une faute, à laquelle on peut attribuer une partie des malheurs du Mexique à cette époque. Lui, vice-président de la république, poussé par une de ces colères qui servent si mal en politique, eut la malheureuse idée d'attaquer directement Victoria, et, sur le soupçon qu'il protégeait ses adversaires, il l'accusa de sanctionner des mesures contraires à l'honneur et à la prospérité du pays, ou, en d'autres termes, de trahison. A cette faute, il en ajouta une beaucoup plus grande, celle de déserter son poste et de se réunir à quelques généraux qui s'étaient mis en révolte ouverte, décidés à renouveler l'administration par des hommes du parti écossais. Il alla se mettre à leur tête dans la petite ville de Tulancingo. Cette levée de boucliers força Victoria à se jeter dans les bras des yorkinos, et à donner à leur chef, le général Guerrero, le commandement général des troupes. Bravo ne voulait pas la guerre civile, il croyait le droit de pétition à main armée dans l'esprit de la constitution, le gouvernement l'ayant plus d'une fois sanctionné dans des circonstances où il était exercé dans l'intérêt de ses projets. Lui et ses partisans se rendirent donc à peu près sans combattre, et furent conduits à Mexico, où, quelques mois plus tard, le congrès les condamna à un bannissement de six années, pendant lesquelles ils eurent la jouissance de leur demi-solde. Ce mauvais succès de Bravo ne découragea pas les escoceses; ils mirent sur les rangs pour la présidence le général Pedraza, ancien ministre de la guerre. Les plus modérés entre les yorkinos, connus sous le nom de guadalupes, se décidèrent pour ce candidat. Il obtint une majorité de deux votes, et l'on put croire que sous l'administration de cet homme d'État, éminemment sage et ferme, le Mexique allait jouir enfin de quelques années de tranquillité.

Mais c'est mal connaître les partis que de les supposer conséquents avec eux-mêmes. Cette impartiale balance que tient en main la justice n'est point à leur usage. Ces mêmes yorkinos que nous avons vus tout à l'heure punir, dans le vice-président Bravo, les pétitions à main armée, eurent hâte d'employer le même moyen contre le candidat vainqueur. Après avoir, dans leurs clubs, déploré son élection comme un malheur public, ils choisirent Santa-Anna, qui commandait dans la province de Vera-Crux, pour l'attaquer militairement. Le jeune général s'empressa de justifier la confiance des factieux. A la tête de cinq cents hommes, il s'empara de Perote, et, de cette forteresse, il publia un manifeste à la nation, où il lui apprenait que la volonté des États n'était point celle du peuple; que Pedraza n'avait pas la majorité des citoyens, et qu'il prenait sur lui d'exprimer leur véritable vote, en proclamant Guerrero président de la république.

Le congrès répondit à cette anarchique argumentation, en déclarant Santa-Anna hors la loi dans le cas où il ne mettrait pas bas les armes dans le délai qui lui serait fixé par le gouvernement. Quelques milliers d'hommes, sous les ordres du général Rincon, furent envoyés contre les révoltés, qui furent battus sous les murs de Perote. Santa-Anna prit la fuite avec quelques-uns de ses partisans et s'établit dans les environs d'Oaxaca. Le pays ne montrant nulle disposition à faire cause commune avec lui, l'insurrection parut apaisée. La capitale aussi paraissait plus tranquille. Les masses reprenaient des habitudes d'ordre. Les négociants de Mexico, confiants dans l'avenir, souscrivirent un emprunt de trois cent mille dollars sans intérêt pendant neuf mois. Le congrès, délibérant avec calme sur l'organisation du pays, rendit alors deux lois importantes : l'une soumettait au jury le jugement des délits de la presse ; l'autre organisait une garde nationale dans toute l'étendue de la confédération.

Cette trompeuse tranquillité n'était qu'une halte des hommes du mouvement. La querelle entre Pedraza et Guerrero semblait apaisée, et ce dernier résigné à subir la volonté légale du pays ; mais les yorkinos, habiles explorateurs des passions populaires, avaient eu l'art de lier la question de la présidence à celle de l'expulsion des Espagnols ; et il faut reconnaître que cette mesure, odieux abus de la force, avait des partisans dans les masses. Les droits des Espagnols mexicains n'étaient cependant pas moins sacrés que ceux des créoles. Iturbide leur avait garanti les mêmes priviléges. Leurs propriétés étaient également protégées par la loi. Le premier congrès avait sanctionné les promesses qui leur étaient faites dans le plan d'Iguala. La constitution fédérale n'avait point créé contre eux de catégories particulières. Ils justifiaient ces dispositions équitables par une conduite sage et mesurée. On ne les avait point vus dans les rangs des armées royales ; ils s'étaient abstenus de prendre part dans les luttes des factions. Ils étaient unis aux créoles par des mariages ; ils ne demandaient qu'à vieillir et à mourir au milieu de leurs familles ; ils n'avaient d'autre patrie que celle de leurs enfants : l'Espagne n'était plus pour eux qu'une terre étrangère. Mais leurs grandes propriétés, leurs immenses capitaux tentaient la cupidité des austères républicains ; ils ne pouvaient échapper à la proscription.

Elle ne se fit pas longtemps attendre. Le 3 mars, à l'entrée de la nuit, l'ex-marquis de Cadena et le colonel Garcia, à la tête du régiment de Très Villas, s'étant emparés du parc d'artillerie, firent connaître au président leur intention de forcer le congrès à chasser les Espagnols, ajoutant que si le décret n'était pas rendu dans vingt-quatre heures, ils feraient main basse sur tous ceux qu'ils pourraient rencontrer. A ce début de l'insurrection, il ne fallait qu'un peu de fermeté de la part du gouvernement pour en arrêter le cours. Il avait assez de forces disponibles pour punir cette bande d'assassins, bien qu'alors une partie des troupes de ligne fût dirigée sur la Puebla. Il s'avisa de négocier au lieu de combattre. Le reste de la nuit se passa en pourparlers sans résultat. Les insurgés les traînaient en longueur pour donner le temps à leurs partisans d'arriver. Le jour suivant, se réunirent à eux le général Lobato, Zavala, l'ex-gouverneur de l'État de Mexico, le député Cerecero, et un certain nombre de miliciens et d'officiers de différents grades, tous yorkinos. On vit aussi accourir, sous le drapeau de la révolte, une multitude de leperos, auxquels Lobato promit le pillage de la ville. Ces nouvelles recrues, dignes de la cause qu'elles venaient servir, donnèrent à ce mouvement anarchique une nouvelle audace. Les chefs proclamèrent alors Guerrero président de la république. Le général s'empressa d'accepter et de haranguer la populace des fenêtres de l'Acordada ; toutefois, il crut prudent de se retirer sur-le-champ à Santa-Fe, à trois lieues de Mexico, où il s'occupa pendant deux jours d'organiser de nouvelles troupes pour assurer le triomphe de son parti.

Le président, qui avait fait de son côté quelques dispositions militaires, mais incomplètes, et comme pour mettre sa responsabilité à couvert, donna le commandement de la capitale au général Filisola. Celui-ci sortit du palais, le 2 décembre, pour déloger les rebelles des positions qu'ils occupaient. Cette première journée fut sans résultat. Le 3, le feu recommença à six heures du matin et dura sans interruption jusqu'à sept heures du soir. On se mitraillait dans les rues ; on se fusillait du haut des maisons. Les grenades et les boulets des révoltés étant d'un plus gros calibre, firent de grands ravages dans la ville et surtout à la façade du palais. Mais ces terribles scènes n'étaient que le prélude de scènes plus horribles encore. Il n'y avait eu jusque-là rien de décisif. Le 4, la fortune se prononça pour l'insurrection. Dès le matin, le président avait fait arborer le drapeau blanc sur l'Acordada et cesser le feu. Ces pacifiques démonstrations furent dédaignées par un ennemi supérieur en nombre et qui venait de recevoir de nouveaux renforts commandés par Guerrero en personne (*). Le feu recommença plus vif et plus meurtrier. Les masses de leperos cernèrent le petit nombre de soldats du gouvernement qui restaient encore. Ces braves ne cédaient le terrain que pied à pied ; enfin, acculés au palais, il leur fallut mourir ou se rendre. On vit plusieurs d'entre eux briser de rage leurs armes contre les murailles, indignés de la lâcheté de leurs chefs qui les avaient abandonnés. Le congrès, en permanence depuis le commencement de l'insurrection, protesta, avant de se dissoudre, contre la violence dont il était l'objet. Le général Victoria ne suivit point un tel exemple; il alla au-devant des insurgés, et revint au palais escorté par Lobato et les autres chefs yorkinos, avec lesquels il entra sur-le-champ en conférence. On ne peut expliquer une telle conduite de la part d'un homme qui avait donné tant de preuves de courage, qu'en supposant qu'il voulait éviter à Mexico les horreurs d'un pillage qu'il savait promis aux leperos. Inutiles efforts. Victoria semblait oublier qu'un magistrat suprême qui n'a pas su réprimer l'émeute à sa naissance, n'est plus qu'un fantôme sans valeur devant l'émeute victorieuse. Pendant que le président traitait avec elle, les leperos se répandaient comme un torrent sur la ville. Sous le prétexte de chercher des Espagnols, ils enfonçaient les portes des plus riches Mexicains. Le *Parian*, bazar de cette grande cité, fut envahi par eux et saccagé de fond en comble. C'était un horrible spectacle que celui de ce peuple en haillons se disputant les mousselines et les soieries de l'Inde, les porcelaines de la Chine et du Japon, les meubles précieux, les bijoux, les pièces d'orfévrerie, les sacs d'or et d'argent. On a dit que des gens bien vêtus, des officiers, des prêtres même, prirent part à ce pillage, qui s'étendit à plusieurs maisons de banque et de commerce étrangères ou mexicaines, et qui se prolongea une nuit durant, pendant laquelle Mexico fut en proie à tous les excès auxquels une soldatesque furieuse s'abandonne dans une place prise d'assaut. On porte le chiffre des morts, dans ces affreuses journées, à huit cents militaires ou citoyens. Plus de cinq cents familles opulentes perdirent tout ce qu'elles possédaient, et se virent en quelques heures réduites à la misère. Le lendemain, Mexico ressemblait à un champ de bataille couvert de ruines et de cadavres. Plusieurs membres du gouvernement et des deux chambres, ministres, consuls étrangers, prirent la fuite.

Pedraza, dont la tête était demandée par les sicaires de Lobato, se retira dans l'État de Guadalaxara. Il y comptait de nombreux partisans, ainsi que dans les provinces de Zacatecas et de Guanaxuato. Il pouvait avec eux prolonger la lutte et faire triompher sa cause, intimement liée à l'existence du pacte fondamental ; mais la lutte eût été longue. Pedraza, éminemment patriote, fit le sacrifice de ses droits à la paix de son pays ; il remercia ses amis de leurs offres de service ; il les conjura même, pour terminer la guerre civile, de se soumettre à un autre président, et lui, après avoir formellement résigné ses fonctions, se condamnant à l'exil comme une cause de troubles, s'éloigna du Mexique.

Retournons dans la capitale désolée. Au milieu de la consternation générale, les chefs des rebelles établirent une junte provisoire composée des généraux Lobato, Zavala, et à la tête de laquelle ils placèrent Guadalupe Vic-

---

(*) La milice nationale de Mexico passe pour avoir pris une part fort active dans cette insurrection ; elle était récemment organisée et sous l'influence des yorkinos.

toria, qui semblait justifier, en acceptant, les soupçons des vaincus (*). Cette junte fit rouvrir les boutiques, arborer aux fenêtres et sur les balcons de petits drapeaux blancs en signe de paix, et félicita les Mexicains d'événements qui couvraient leur patrie de honte et de deuil.

La nouvelle de ces événements, bientôt répandue dans les provinces, excita l'indignation de tous les États dont le vote avait été favorable au président élu. La législature de la Vera-Crux se distingua par son énergique opposition. Mais, soit l'influence des conseils pacifiques de Pedraza, soit l'audace ou l'habileté de Guerrero, cette opposition s'évanouit rapidement comme une de ces pensées généreuses qu'on n'a pas la force d'exécuter. Les différents corps réunis pour marcher sur la capitale s'arrêtèrent. Santa-Anna, qui exerçait une espèce de dictature dans l'État d'Oaxaca, se déclara pour la révolution, tout en blâmant les excès commis à Mexico. Les garnisons de la Puebla se tournèrent aussi du côté du vainqueur; elles s'empressèrent probablement de se jeter dans l'insurrection, pour avoir un prétexte de piller la *conducta* ou le convoi d'argent qui était en route pour la Vera-Crux, et qui ne s'élevait pas à moins de deux cent cinquante mille dollars.

(*) La conduite de Victoria a soulevé de graves accusations. Sans être yorkino, il n'était pas hostile à ce parti; plusieurs fonctionnaires nommés par lui se faisaient remarquer par l'exagération de leurs opinions; il avait placé à la tête de la milice de Mexico, Tornel, un des yorkinos les plus influents. Aussi les modérés du congrès refusèrent d'accorder au président les pouvoirs extraordinaires qu'il demanda au premier jour de l'insurrection, dans la crainte de l'usage qu'il en ferait. Ce fut chose fâcheuse, car Victoria était un homme d'honneur. Il aurait justifié la confiance du congrès et probablement comprimé la révolte, s'il avait eu à sa disposition un décret pour mettre la capitale en état de siége, créer une commission militaire, y traduire tout individu pris les armes à la main, faire surveiller tout homme suspect et suspendre la liberté de la presse.

14º *Livraison.* (MEXIQUE.)

Un tel exemple, suivi par d'autres corps armés, fit triompher la révolte sur tous les points. Les commandants militaires se prononcèrent successivement pour la présidence de Guerrero et l'expulsion des Espagnols. Les escoceses eux-mêmes cédèrent au torrent, quitte à prendre leur revanche plus tard. La faction triomphante s'empara de tous les emplois, présidence, ministère et fonctions publiques les mieux payées. L'ordre revint enfin, avec l'ambition de Guerrero et les passions des yorkinos satisfaites.

Les membres des deux chambres qui s'étaient séparés comme nous l'avons vu, reparurent successivement à Mexico et s'y trouvèrent bientôt en assez grand nombre pour que le président, encore en exercice, pût ouvrir la session du congrès à l'époque ordinaire du premier janvier 1829. La physionomie de l'assemblée était calme et triste, elle semblait incertaine et inquiète de la légalité de ses pouvoirs. Le discours du président fut pâle et embarrassé. Il rappela les derniers événements, mais sommairement et sans détails. Ce tableau était évidemment calculé pour l'étranger; toutefois il ne dissimulait pas la gravité des circonstances. L'horizon sembla moins sombre dès le jour suivant; on apprit la soumission du corps de Calderon et la démission de Pedraza, qui demandait des passe-ports pour se rendre aux États-Unis. On ne les lui fit pas attendre. C'était un grand embarras de moins pour le gouvernement. Les chambres se trouvaient aussi plus à l'aise; elles pouvaient regarder la dernière révolution comme un fait accompli, et se tourner du côté du vainqueur. On s'occupa d'abord de l'élection du président. Il eût été rationnel de la soumettre de nouveau aux législatures des différents États; mais les amis de Guerrero ne voulant point courir une telle chance, prirent le parti d'annuler la nomination de Pedraza, comme faite sous l'influence de la force militaire, et de présenter celle de Guerrero comme l'expression du vœu national. La vice-présidence fut conservée au général Anastasio Bustamente. On rapporta les décrets qui avaient mis Santa-Anna hors la loi, et toute liberté fut rendue à la presse.

Mais la grande affaire des yorkinos, l'expulsion des Espagnols, ne pouvait manquer d'occuper les premières séances du congrès; dès le 2 janvier elle fut présentée à la chambre des représentants, qui adopta le projet présenté à la presque unanimité. Il était enjoint à tous les Espagnols nés dans la Péninsule, dans les présides d'Afrique, dans les îles Baléares et Canaries (*), de sortir dans le délai de trois mois du territoire de la république, sous peine d'emprisonnement dans une forteresse, tant que durerait la guerre avec l'Espagne. Ceux qui cacheraient les proscrits devaient subir la même peine, plus une amende de cinq cents à mille piastres. Les femmes n'étaient pas forcées de suivre leurs maris. En déclarant leur intention de rester, la république les prenait sous sa protection; elles conservaient leurs biens, et ceux de leurs maris ne pouvaient être emportés, qu'un tiers en valeurs métalliques et les deux autres en effets du pays.

Cette expulsion, qu'on ne peut comparer qu'à celle des Maures de l'Espagne et des protestants de France, fut votée à une immense majorité par la chambre des représentants et sanctionnée par le sénat après une longue hésitation. Un grand nombre de familles espagnoles n'avaient point attendu ce résultat prévu. Celles qui avaient le plus à perdre s'empressèrent de partir avant la promulgation de la loi (20 mars 1829). On fit toutefois quelques exceptions en faveur d'infirmes, de vieillards, d'hommes ayant rendu des services au pays, ou de pauvres Espagnols, issus de familles françaises, recommandés par le consul de France. Cette mesure appauvrit le Mexique de plus de cent millions de piastres et le priva de trois à quatre mille individus, appartenant pour la plupart aux classes les plus riches ou les plus laborieuses.

Les finances de la république avaient été prospères jusqu'en 1827; le ministre Esteva vint apprendre au congrès qu'il n'en était plus ainsi. Il ne dissimula pas les fâcheux effets des derniers troubles de Mexico sur la prospérité du pays. « Je m'acquitte, disait-il, d'un triste devoir en révélant au congrès les blessures faites au trésor public et au crédit national. » Les revenus de l'année présentaient un déficit de 2, 251, 395 piastres sur ceux de l'année précédente, où déjà les dépenses n'étaient pas couvertes par les recettes. Pour pallier tout ce qu'un tel état de choses avait de sinistre, le ministre proposa quelques économies sur la guerre et sur la marine, ainsi qu'une augmentation d'impôts indirects et le monopole du tabac. Il supposait que les produits très-incertains des nouveaux impôts combleraient en grande partie le déficit très-réel qu'il venait d'avouer. Ce singulier système de recettes éventuelles ne parut pas du goût de l'assemblée. Au surplus, Esteva ne fut pas mis à l'épreuve d'aligner un tel budget; le nouveau président, qu'on venait d'installer, le remplaça par le général Zavala, qui prenait une rude tâche. Il fit adopter un autre projet qui se rapprochait du système des États d'Europe. C'était l'établissement, dans toute l'étendue de la république, d'une contribution annuelle de cinq pour cent sur les revenus de toute nature qui dépassaient mille piastres, et de dix pour cent au-dessus de dix mille piastres. La déclaration assermentée des imposés devait servir de base à la perception. Le projet ajoutait des droits de patente également gradués. Ce plan eut tout le succès qu'il était aisé de prévoir. L'esprit de fédéralisme et la mauvaise foi des déclarations forcèrent bientôt d'y renoncer, et le gouvernement se trouva plus embarrassé que jamais.

Ce fut dans ces circonstances que le

(*) Les îles de Cuba, de Porto-Rico et les Philippines étaient exceptées.

congrès, au dernier jour de la session, apprit officiellement du président que l'Espagne se préparait à reconquérir le Mexique. Le pouvoir exécutif, disait-il, ne doute pas que le gouvernement de Madrid, aussi opiniâtre dans son orgueil qu'impuissant dans ses ressources, ne persiste dans cette extravagance qui mettra toute sa faiblesse au grand jour. Les États de la confédération organisent leurs milices, et bientôt une armée nombreuse et disponible anéantira les insensés qui oseraient profaner nos rivages.

On sait qu'une des folles préoccupations de Ferdinand VII fut de rentrer dans la possession des colonies qu'il avait perdues. Ce prince, sous l'empire de ses préjugés d'enfance et trompé par son entourage, s'imaginait que le retour du pouvoir de la métropole était vivement désiré par ses anciens sujets d'Amérique, soupirant tous après le régime colonial dont eux et leurs ancêtres avaient goûté les douceurs pendant trois siècles. Le cabinet de Madrid, moins confiant que Ferdinand dans la prédilection des Américains pour le joug de la mère patrie, jugeait le moment favorable pour tenter un coup de main sur le Mexique. Bien informé des luttes révolutionnaires de cette république, il l'était mal de la cause du désordre, des forces du pays et de la haine que tous les partis portaient à l'Espagne. Cette ignorance se révèle dans la manière dont l'armement fut préparé. A sa faiblesse, on eût dit qu'il s'agissait d'aller mettre à la raison quelque petite province révoltée, et non de soumettre un grand empire et sept millions de rebelles. On assurait, à la vérité, que ce n'était que l'avant-garde d'une armée de vingt mille hommes ; étrange avant-garde que celle d'une armée qui laissait à deux mille lieues en mer son corps principal ! L'expédition, commandée par le brigadier don Isidore Barradas, ancien créole, se dirigea d'abord sur Cuba, où on lui annonçait des renforts considérables qu'il ne trouva pas.

Le gouverneur Vivès lui fournit seulement quelques bataillons d'hommes de couleur, ce qui porta l'armée d'invasion à cinq mille hommes environ, y compris les équipages de douze bâtiments sur lesquels ils étaient embarqués. Déjà circulaient dans les Antilles les proclamations de Vivès, qui les faisait jeter aussi sur les côtes du Mexique. Elles essayaient, sans prendre aucun détour, de persuader aux Mexicains que leur véritable intérêt était de reconnaître le gouvernement paternel de Ferdinand VII, seul remède à l'anarchie. Elles annonçaient l'arrivée de Barradas comme celle d'un libérateur, apportant avec lui amnistie complète, pardon général, garantie des personnes et des propriétés, et conservation des emplois civils et militaires. Ces belles promesses, loin d'ébranler la fidélité des masses, firent cesser tout à coup les divisions, les jalousies, les querelles intérieures des chefs ; tout ce qui avait combattu pour conquérir l'indépendance prit les armes pour la défendre. Partout des milices s'organisèrent, prêtes à se diriger, au premier signal, sur le point menacé.

Ce fut le 5 juillet, dans la matinée, que l'expédition de Barradas, escortée par treize vaisseaux de guerre, sous les ordres de l'amiral Laborde, sortit du port de la Havane au milieu des acclamations et du bruit des fanfares. Le vaisseau amiral le *Soberano* cassa son cabestan, ce qui obligea l'escadre de mettre en panne jusqu'au jour suivant, qu'elle fit voile vers l'ouest, accompagnée des hosanna joyeux du journal officiel de la Havane, qui comparait sans façon Barradas à Cortès, et lui prédisait le même succès.

L'expédition atteignit, contre toutes prévisions raisonnables, le point de la côte où l'on devait s'attendre le moins à un débarquement. Elle prit terre le 27 juillet à Cabo Rojo, à une vingtaine de lieues au sud de Tampico. La plage était déserte et sablonneuse, et le soleil des tropiques ardent. Les soldats espagnols, en débarquant, avaient de l'eau jusqu'à la ceinture. Ils se mirent en marche le lendemain pour atteindre

14.

Tampico, alors sans fortifications. Mieux eût valu, sans doute, en abordant directement à ce petit port, épargner à l'armée une marche pénible et dangereuse. Mais Barradas, convaincu que les Mexicains allaient accourir par masses sous les drapeaux du roi, avait hâte de leur en offrir l'occasion. Il se plaisait à le répéter devant les missionnaires franciscains qui l'accompagnaient, et dont le secours lui paraissait sans doute plus précieux que celui de l'artillerie, puisqu'il n'avait pas même embarqué quelques canons de siége. On le vit encore en cette circonstance parodier le conquérant du seizième siècle. Il ne fit pas, à la vérité, brûler ses vaisseaux, mais il ordonna que l'escadre s'éloignât, comme si elle n'eût plus été d'aucune utilité.

Cependant ces Mexicains, qui devaient grossir l'armée de Barradas, se montrèrent bientôt, mais en ennemis indignés d'une telle entreprise. Trois cents d'entre eux, placés en embuscade avec deux pièces de canon sur les hauteurs boisées de Los Corchos, tentèrent d'arrêter les Espagnols. Une fusillade bien nourrie mit quelques instants l'avant-garde en désordre. Cette petite troupe dut bientôt céder au nombre, et Tampico fut occupé par les troupes royales. Toujours confiantes dans leurs proclamations, elles en attendaient tranquillement le résultat, lorsque la nouvelle du débarquement de l'ennemi, allant de bouche en bouche sur tous les points du pays, parvint à Mexico. Elle n'y trouva d'abord que des incrédules; mais les courriers se succédant sans relâche, il fallut bien y croire. A ce bruit, plus de divisions de parti, plus de querelles d'ambition, même horreur du joug espagnol. De toutes parts, on s'arma pour la guerre; des généraux émigrés ou bannis demandèrent et obtinrent la faveur de combattre pour la patrie, et tout le pays se leva comme un seul homme. Guerrero s'empressa de convoquer le congrès. Il demanda la dictature et la suspension de la constitution. Le sénat fit quelques difficultés de lui déférer une telle autorité. Il l'obtint enfin avec quelques restrictions. Il avait une belle occasion de réduire pour longtemps l'opposition au silence. Il fallait faire moins de proclamations, moins d'appels à un patriotisme qui n'avait pas besoin d'être excité, mais se mettre à la tête de l'armée, et marcher droit à l'ennemi. Idole de la patrie après la victoire, le titre de libérateur l'attendait. Un autre que lui, le général Santa-Anna, se hâta de le conquérir. Ce gouverneur de la Vera-Crux se reposait des fatigues de la dernière campagne, dans sa retraite de Manga de Clavo, lorsqu'il apprit le débarquement des Espagnols. Aussitôt il vole à la Vera-Crux. Il n'attend ni les décrets du congrès ni les proclamations du président. Il appelle aux armes la population. Il demande au commerce de remplir la caisse de l'armée, et s'embarque avec huit ou neuf cents hommes pour aller au secours de la province envahie.

Que faisait le général espagnol ? Il attendait toujours l'arme au bras l'issue de ses proclamations. Tristement détrompé sur les dispositions des Mexicains, il finit par se décider à marcher en avant. Il obtint d'abord quelques succès sur la division de la Garza, et il allait probablement en finir avec elle lorsqu'il apprit que Santa-Anna attaquait Tampico, où il n'avait laissé que trois cents hommes et beaucoup de malades. Cette faible garnison faisait une résistance héroïque, lorsque Barradas accourut en toute hâte pour mettre l'assiégeant entre deux feux. A son tour, Santa-Anna se crut perdu. Une ruse le tira d'affaire. Il fit croire au commandant espagnol que plusieurs régiments de milice venaient à son aide. Ce mensonge lui valut la permission de repasser le fleuve, et le bonheur d'échapper, avec cinq cents des siens, aux trois mille hommes que Barradas pouvait encore mettre en ligne. La famine, les maladies, la misère, l'insalubrité du climat, les pluies, les moustiques décimèrent bientôt cette petite troupe : elle attendit en vain, pendant le mois d'août, les renforts promis. Les Mexicains en recevaient de tous côtés, et à la fin, convaincu que la position n'était pas tenable, et que la vaine gloire de rester quelques jours de plus sur la côte ne lui laisserait pas un soldat valide, Barradas se soumit à la dure nécessité de capituler. Ce fut le 11 septembre, jour mémorable dans les fastes du Mexique républicain, où les généraux des deux armées signèrent les articles de la convention, qui chassait pour la dernière fois les Espagnols de leur ancienne colonie. L'armée de Barradas mit bas les armes; les officiers seuls conservèrent leurs épées. Les malades furent confiés à l'humanité du vainqueur, qui se chargea de les faire transporter à la Havane après leur guérison. Ajoutons que les Mexicains exécutèrent loyalement cette convention honorable pour les deux partis; heureux contraste avec ce qui s'était vu tant de fois au temps de la première insurrection.

Si l'expédition de Barradas prouva la ferme volonté de la nation de rester indépendante, elle devint la cause immédiate de troubles intérieurs. Le Mexique tourna ses forces contre lui-même. Étrange destinée que celle d'un pays où la fièvre révolutionnaire semble l'état normal! Pendant que Santa-Anna allait triomphant de ville en ville recevoir les ovations de la foule, Guerrero perdait de son crédit dans le parti même qui l'avait élevé. Il avait déplu par ses mesures fiscales. Les républicains riches ne lui pardonnaient pas l'abolition générale de l'esclavage, car les républicains tenaient à leurs noirs. Enfin le pouvoir dictatorial du président semblait lourd à tout le monde. L'armée de réserve, rassemblée à Jalapa, sous les ordres de Bustamente, le lui fit savoir. Guerrero avait, pour la seconde fois, fait la faute énorme de réunir un tel corps et de n'en pas prendre le commandement. Il déplaisait à l'orgueil aristocratique des officiers. Il n'appartenait pas à la race blanche, et cela seul, disait-on, le rendait indigne du poste qu'il occupait.

Avant de parler de cette lutte, il faut dire deux mots de l'esprit de l'armée. Cela peut servir à l'intelligence de bien des faits. La majorité de l'armée n'avait jamais été sincèrement attachée à la république, et, par instinct, elle cherchait même à la renverser, sans trop savoir à qui elle donnerait la couronne. Après la victoire obtenue sur les Espagnols, on ne parlait parmi les chefs mexicains que de centraliser la république comme un premier pas vers le système monarchique. Le gouvernement fédéral était en horreur à l'armée. Les troupes du Yucatan se prononcèrent les premières pour ce nouvel ordre de choses, en déclarant le Yucatan séparé de la fédération jusqu'au moment où la fédération cesserait d'exister. Les officiers de la division de réserve de Jalapa se prononcèrent également; mais, guidés par les politiques de Mexico, ils procédèrent avec plus d'adresse et de circonspection. Ils publièrent, le 4 décembre 1829, un plan de réforme. On se bornait à demander la constitution dans toute sa pureté, et le régime des lois. On n'indiquait pas clairement les infractions auxquelles on voulait cependant remédier; mais on était plus explicite sur les personnes. On déclarait que les individus ayant contre eux l'opinion publique, seraient déposés de tout office appartenant, soit au gouvernement général, soit à celui des États. Cette déclaration ne laissait aucun doute sur le sort qu'on réservait à Guerrero. Celui-ci ne se méprit pas sur la portée d'un tel acte. Il se hâta d'armer les leperos, d'organiser quelques bataillons de milices auxquels il confia la garde du palais, et se mit en marche avec deux mille hommes pour arrêter les insurgés. Mais il avait à peine quitté la capitale que la garnison se révolta. Il y eut entre elle et les militaires quelques coups de fusil d'échangés, puis ceux-ci rendirent le palais où vinrent s'établir les chefs de l'insurrection, qui constituèrent un gouvernement provisoire, composé de D. Pablo Velez, du général Rayon, de Louis Quintana et de Lucas Alaman, ancien ministre des affaires étrangères. Cette révolution, contre-partie de celle de l'année dernière, n'était encore que le triomphe d'un parti sur un autre. Elle se termina presque sans effusion de sang, grâce à la rapidité du mouvement et à la prompte adhésion de la plupart des Etats. Guerrero se vit contraint de gagner les montagnes du Sud, son pays natal, où il conservait un puissant parti. Santa-Anna, son ancien ami, n'avait joué qu'un rôle secondaire et même équivoque dans cette révolution, dont Bustamente fut le héros.

Le congrès, rassemblé dans ces orageuses circonstances, le supplia de garder le pouvoir, qu'il eût été dangereux de lui retirer. Toutefois, pour conserver une apparence de légalité, on ne lui donna que le titre de vice-président, en déclarant légitime l'élection du général Gomez Pedraza, qui se trouvait alors à Paris. Quant à Guerrero, il fut déposé comme frappé d'incapacité morale.

Aussitôt que Bustamente se vit à la tête du gouvernement, il commença, dans son intérêt propre et dans celui de son parti, par nommer un nouveau ministère. Alaman eut l'intérieur, Rafaël Mangino le commerce, José Ignacio Espinos la justice, et Facio la guerre et la marine. Avant de suivre dans sa marche cette administration plus ferme et plus habile que les précédentes, il convient de prendre une idée de l'état du pays. Ses relations extérieures s'étaient étendues; mais le temps n'était plus où les capitaux européens abondaient au Mexique pour y chercher un utile emploi, où des compagnies étrangères, se fiant à la foi du gouvernement, créaient de nouvelles industries et ranimaient l'exploitation des mines, où le commerce de l'intérieur prenait un développement rapide, où les voies de communication se multipliaient, où l'on allait se mettre à l'œuvre pour réunir les deux océans par l'isthme de Tehuantepec. Les troubles intérieurs avaient tout changé. L'industrie manufacturière était nulle; le désordre des finances au comble; les dividendes des emprunts n'étaient plus payés. Le Mexique était en banqueroute sur toutes les places de l'Europe. La confédération semblait en pleine dissolution. Le Yucatan continuait à se tenir séparé. Dans l'État de Sonora, les questions sur l'union et la division amenaient de grands désordres. Des troubles régnaient dans l'État de Tabasco. D'où venait cette grande perturbation sociale, cette fièvre de révolutions? Un homme qui n'est pas suspect, le ministre de l'intérieur Alaman, nous l'apprend dans son rapport au congrès. Il l'attribue aux sociétés secrètes, à ce gouvernement occulte qui dicte ses arrêts de la capitale, et dont les ordres vont réveiller sur tous les points les résistances et les ambitions de bas étage; il l'attribue aux élections faites sous l'influence des comités directeurs; aux listes colportées par leurs agents; aux menaces qui éloignent l'homme paisible, l'homme instruit, l'homme qui possède, et laissent le scrutin au pouvoir des agitateurs sans fortune et sans considération; il l'attribue aux pétitions à main armée, autre instrument des factieux, et principe des mouvements révolutionnaires à jour fixe sur tous les points du pays; il l'attribue enfin à la licence de la presse, de cette presse qui se joue des lois répressives, toujours éludées par le véritable coupable et la risée de ceux qu'elle menace et qu'elle ne punit pas.

Le nouveau ministère, dans une parfaite unité de vue avec le président, suivit une tout autre marche que celle de ses prédécesseurs. Les formes républicaines furent conservées à la vérité, mais l'administration prit des allures militaires et dictatoriales qui allaient évidemment vers la destruction du gouvernement fédéral. Le congrès et la presse elle-même devinrent entre ses mains des instruments dociles. Les factions furent réduites au silence et comprimées par la force, grâce à ce système qui n'était pas très-constitutionnel. Deux années, mil huit cent trente et mil huit cent trente et un, se passèrent au Mexique sans révolutions nouvelles. L'opinion commune désigne Alaman comme le directeur de cette politique. C'était à coup sûr, dans le ministère, l'homme auquel on devait attribuer la plus grande somme de talents. Son collègue Facio, élevé dans la garde de Ferdinand VII, regardait l'influence du pouvoir militaire comme une nécessité gouvernementale. Assez mal disposé pour les institutions républicaines, il entretenait l'armée dans un semblable esprit, et plaçait à la tête des régiments des hommes évidemment hostiles à tout gouvernement représentatif. Pendant son administration, la garnison de Mexico fut mise sur le pied de guerre, et les capitales des différents États virent aussi le développement de cet appareil militaire si redoutable à la liberté. Avec un tel système, il fallait un ministre des finances assez habile pour fournir exactement, avec un trésor épuisé, la solde des troupes. Rafaël Mangino y pourvut avec bonheur. Cet homme d'État réunissait dans sa personne cette grâce, ces habitudes attrayantes qui distinguent les courtisans. Dès la proclamation de l'indépendance et au sein du congrès constituant, on l'avait vu demander une monarchie avec un prince européen, et déclarer qu'à défaut d'une telle monarchie il opterait pour une république centrale. Sans changer de principes et sans avoir oublié les habitudes qu'il avait prises à la trésorerie des vicerois, ministre, il développa un esprit centralisateur. Le revenu des douanes était alors engagé pour une somme considérable ; sans s'inquiéter des cris des agioteurs, il suspendit le payement des ordonnances émises par Guerrero ; puis il entra en arrangement avec les possesseurs de ces titres et leur assigna le quinzième du produit de cette même douane, dont il consacra le seizième à payer la dette d'Angleterre contractée en 1825. En continuant religieusement cette marche prudente, la dette flottante du Mexique n'aurait pas été longtemps à s'éteindre. Le commerce prit un important accroissement dans l'année 1830 ; et bien que Mangino partageât l'opinion des Mexicains de la vieille roche, qui voyaient avec peine l'étranger exploiter les différentes branches de l'industrie du pays, et l'exportation du produit des mines, il crut devoir modifier le système prohibitif de Guerrero. Ces mesures, l'affermage du tabac et la rentrée rigoureuse du contingent des États, rendirent bientôt le gouvernement général possesseur de fonds considérables et d'un crédit supérieur à celui des années précédentes.

Alaman comprit que si les intérêts matériels jouaient un grand rôle dans l'établissement de son système, la religion devait être appelée à le consolider. Le clergé, hostile au système fédératif, très-partisan de la centralisation et plus encore de la monarchie, fut caressé. L'adroit ministre, convaincu que ce corps puissant espérait de nouveaux priviléges d'un nouvel ordre de choses, s'occupa d'augmenter son influence pour s'en servir au besoin et de lier ainsi aux projets de l'aristocratie l'intérêt de l'Église. Le chanoine Vasquez, chargé d'affaires du Mexique à Rome depuis 1825, reçut l'ordre d'employer tous les moyens possibles pour obtenir la nomination des évêques proposés. L'évêché de Puebla, l'un des plus riches de la Nouvelle-Espagne, fut la récompense du succès de sa négociation. Le président nomma, de plus, quatre autres évêques dévoués à la cause théocratico-militaire, qui, grâce à leur concours, fit quelques progrès parmi les masses.

Cependant Guerrero, qui s'était laissé déposer assez facilement, et qui semblait, dans sa retraite, se résigner à la vie privée, ne put longtemps dissimuler ses espérances et son ressentiment. Les populations du Sud lui témoignaient une trop vive sympathie pour qu'il ne fût pas tenté d'en profiter. Il ne lui fut pas difficile de réunir un grand nombre de partisans, à la tête desquels il se crut assez fort pour menacer à son tour et prendre l'offensive. Il demanda une nouvelle réunion des états, avec mission de décider à qui devait appartenir la présidence. A cette provocation, Bustamente répondit en mettant son rival hors la loi, et en faisant marcher une division contre lui. Cette insurrection du Sud était plus grave qu'on ne le supposait. On reconnut que jusqu'à Acapulco, tout le pays s'était soulevé en faveur de l'ancien président, et que la guerre se ferait dans un pays de montagnes, où tout deviendrait obstacle pour les troupes du gouvernement. Guerrero y comptait autant de soldats que d'habitants, qui, sans abandonner la culture des terres, se réunissaient pour combattre au jour indiqué. Ces milices improvisées battirent le général Armijo, que le colonel don Juan Alvarez fit assassiner. Acapulco, à la suite de cette défaite, tomba au pouvoir de Guerrero, dont le Mechoacan embrassa la cause avec énergie. Si, après la déroute d'Armijo, la prise d'Acapulco et la défection du colonel Codallos, les États de Zacatecas et de Jalisco se fussent déclarés contre le gouvernement de Bustamente, il est probable que celui-ci eût succombé. Mais cette guerre pour eux n'avait rien de national, ils la regardaient uniquement comme une lutte d'ambitions personnelles entre deux usurpateurs. Gomez Pedraza était à leurs yeux le seul président légal; et ils se seraient prononcés pour lui, si Pedraza, en débarquant à la Vera Crux à son retour d'Europe, craignant que son nom ne servît de prétexte à la guerre civile, ne se fût empressé de réitérer sa renonciation à la présidence. Il semble qu'un tel acte de patriotisme devait concilier à l'illustre proscrit la protection de Bustamente; il en fut tout autrement : Pedraza reçut l'ordre de se rembarquer dans les vingt-quatre heures, repoussé du sol natal par le même parti qui l'avait porté à la présidence, et par l'homme dont il venait à l'instant même d'affermir le pouvoir.

Ce fut au milieu des préoccupations de cette lutte que le ministère mexicain reçut la nouvelle de la révolution de juillet. Vous croyez peut-être que ces républicains s'en réjouirent? Point du tout. Ils prirent cette révolution en fort mauvaise part; ils ne la traitèrent pas mieux qu'on ne le faisait à Vienne et à Saint-Pétersbourg. Leurs journaux officiels l'insultèrent comme une œuvre impie ; ils jeterent à la tête du peuple français les noms de séditieux, de révolutionnaires; et, en donnant de grands éloges au système de M. de Polignac et à la fermeté de l'infortuné Charles X, ils regrettèrent qu'un tel système eût succombé sous les coups d'une démagogie turbulente, ennemie de tout pouvoir légitime. C'était à peu près ainsi que s'exprimaient deux journaux célèbres : *el Sol* et *el Registro official*. Ceci peut donner une idée des vues ultérieures du ministère Alaman, et voilà pourquoi j'en ai parlé.

Cependant quelques rumeurs sourdes grondaient autour du pouvoir. Le général Barragan crut que le meilleur moyen de faire taire toutes les prétentions et de satisfaire tous les systèmes, était de les réunir dans un intérêt commun, en faisant entrer leurs chefs dans une junte extraordinaire, composée de dix-huit personnes. Là, devaient être appelés les généraux Guerrero, Bustamente, Bravo, Santa-Anna, des gouverneurs d'États et des évêques; là, toutes les ambitions devaient se formuler dans un gouvernement oligarchique, dont les décisions étaient à la vérité soumises à l'approbation du congrès, mais bien entendu d'un congrès sans autre volonté que celle des généraux qui avaient la force en main. Ce projet conciliateur, qui rencontrait un insurmontable obstacle dans le parti démocratique, qu'on ne pouvait encore impunément braver, ne fut point adopté, et les hostilités contre Guerrero furent poussées avec énergie. On donna le commandement de l'armée qu'on lui opposait à Nicolas Bravo, l'homme de tout le Mexique qui semblait le moins propre à remplir une telle mission. Si Bravo foulait le sol de la patrie, c'était à Guerrero qu'il le devait; c'était l'ancien président qui l'avait arraché à la peine capitale, après l'insurrection de Tulancingo. Mais comme la reconnaissance n'est pas la vertu obligée des hommes politiques, Bravo accepta et poussa chaudement la guerre. On était alors à la fin de 1830, et l'administration de Bustamente triomphait de tous ses ennemis. Il y avait entre elle et les États apparence d'harmonie. La prospérité du commerce la servait à merveille; les ports du Mexique se remplissaient des arrivages de l'Europe, et le produit des douanes augmentait dans une proportion inespérée. Les ministres purent donc, sans trop mentir, présenter, à l'ouverture du congrès, un tableau du pays beaucoup plus satisfaisant que celui de l'année précédente; ils se flattaient même de pouvoir affranchir le Mexique de tout tribut envers l'industrie étrangère, et il fallait, à les entendre, que tout ce qui était consommé dans le pays se fabriquât par lui. Cependant, au milieu de cette fièvre de nationalité, la guerre du Sud allait son train. Bravo venait de remporter une victoire décisive sur le colonel Alvarez, à la suite de laquelle tous les partisans de Guerrero s'étant dispersés, le général vaincu avait cru devoir se renfermer dans Acapulco. Le malheureux touchait à son heure suprême. Après quelque temps de silence sur sa destinée, on apprit tout à coup qu'il avait été arrêté, jugé par un conseil de guerre dans le village de Cuilapa, et fusillé. Un *Te Deum* fut chanté par les partisans du gouvernement; un cri de douleur fut poussé par le parti populaire, qui perdait son plus ferme appui; et l'horreur s'accrut encore, lorsqu'on sut par quelle infâme trahison il était tombé aux mains de ses ennemis.

Un certain Picalunga, capitaine d'un bâtiment sarde mouillé à Acapulco, se présente un jour devant le ministre Facio. Il se présente comme l'ami de Guerrero, comme l'homme qui jouit de toute sa confiance, le seul qui pourrait le livrer au gouvernement, si le gouvernement voulait récompenser un tel service. Cinquante mille pesos sont le prix que cet autre Judas met à sa trahison. Le conseil des ministres s'assemble; il accepte le honteux marché, et Picalunga revient en toute hâte pour l'accomplir. Il fait tout ce que les traîtres font en pareil cas; il captive de plus en plus la confiance de sa victime, et lorsqu'il croit qu'elle est toute à lui, que l'heure de s'en emparer est arrivée, il invite le général à déjeuner à son bord, et celui-ci, s'empressant d'accepter, s'y rend avec trois aides de camp. Picalunga reçut ses hôtes avec toutes les démonstrations d'un vif attachement; et lorsqu'il les vit à table, disposés à jouir des plaisirs de cette réunion, il fit fermer les écoutilles de la chambre, lever l'ancre et mettre à la voile, en se dirigeant vers le port de Huatulco, où des satellites à gages attendaient l'infortuné qui devait leur être livré. Tout se consomma avec une affreuse ponctualité. En vain le corps représentatif de Zacatecas s'empressa-t-il de solliciter du congrès la grâce du prisonnier, de la réclamer au nom de ses anciens services, de son patriotisme tant de fois éprouvé dans la guerre de l'indépendance, de sa persévérance dans les plus mauvais jours, de son désintéressement, de sa loyauté: tout fut inutile. La mort de Guerrero était résolue. On lui donna pour juges ses ennemis les plus acharnés; et ceux-ci se montrèrent, en le condamnant, dignes d'être associés à la honteuse célébrité de Picalunga. L'action de ce misérable souleva d'indignation tout ce qui portait un cœur d'homme; la honte rejaillit sur ceux qui l'employaient. On appliqua au gouvernement l'odieuse épithète de Picalugano, et longtemps après, la dénomination de picalugada servit à désigner la traîtrise et la subornation.

Cependant cette illégale condamnation, entachée d'ingratitude, car Guerrero avait sauvé la vie à la plupart de ceux qui le faisaient mourir, arrêta l'insurrection. Alvarez fit ses conditions. Codallos fut pris et fusillé. Les populations lassées, les chefs mirent bas les armes, sans se faire illusion toutefois sur les vues du président. Les moins clairvoyants apercevaient la dictature, s'avançant sous le nom de république centrale, et redoutaient un régime semblable à celui de Francia ou des jésuites du Paraguay. Toutefois, on eut un moment de calme, de calme apparent. Mais l'esprit d'opposition était comprimé et non pas éteint; il se réveilla bientôt au sein de la capitale. On vit paraître vers cette époque un journal périodique, *le Tribun*, qui chaque jour signalait, et ce qu'il y avait d'illégal dans le mandat qu'exerçait Bustamente, et les abus au moyen desquels se maintenait le pouvoir. Une autre feuille de l'opposition, *le Phénix de la liberté*, le prenait à partie comme l'assassin de Guerrero, comme le tyran du pays. A la même époque, Landero dénonçait, dans le *Censeur de la Vera-Cruz*, la connivence de la faction militaire avec le gouvernement qui avait détruit les institutions et la liberté du Yucatan. A Zacatecas, le journal *la Comète* faisait une rude guerre au président et aux ministres. Alors aussi, quelques États se réveillèrent, et commencèrent à manifester des symptômes d'indépendance. La législature de Zacatecas se distinguait entre les plus hostiles, et se préparait à la guerre en armant ses milices. Cependant, malgré ces résistances et ces attaques partielles, le gouvernement, fort de l'asservissement du congrès, marchait avec fermeté. Il répondait par la presse salariée à la presse indépendante; il cherchait à détourner les esprits du mouvement révolutionnaire par le mouvement de l'industrie; il s'efforçait d'engager le pays dans des intérêts purement matériels, et de le ramener ainsi à des habitudes d'ordre par d'utiles entreprises. Ses efforts et la lassitude des factions contribuèrent à donner au Mexique une année de repos. L'année 1831 fut comparativement heureuse; mais à la fin de cette année de trêve, une circonstance fâcheuse pour le pouvoir vint compliquer sa situation, et donner à ses ennemis des armes plus fortes contre lui.

Un de ces hommes qui, dans les révolutions, gagnent leurs grades et leurs honneurs en trafiquant de leur conscience avec tous les partis, commandait alors les milices de l'État de Jalisco. Cet homme s'appelait le général Ynclan, jadis champion de Pedraza, alors tout dévoué à Bustamente. Il était détesté, et la presse ne l'épargnait pas. Une certaine brochure, entre autres, l'accusait d'indignes procédés envers une femme qu'il avait déshonorée. Ynclan, furieux, court chez l'imprimeur, et le somme de lui faire connaître le nom de l'auteur du pamphlet. L'imprimeur, que son courage a rendu célèbre, résiste, en s'appuyant sur le texte précis de la loi, qui ne l'oblige à une telle révélation qu'après le verdict du jury qui met l'auteur en cause. A ce refus, Ynclan répond par l'emploi de la force brutale: il fait arrêter l'imprimeur, il le fait jeter au cachot, et le prévient qu'il sera fusillé dans les vingt-quatre heures. Cette terrible menace mit toute la ville de Guadalaxara en alarmes. Le gouverneur de l'État, partageant l'indignation publique, enjoignit au général de suspendre toute action contre un citoyen qui n'avait fait qu'user de son droit. Ynclan se moqua d'abord de l'intervention du gouverneur; puis la peur des conséquences d'un aussi lâche assassinat survint. Toutefois, ne voulant pas céder aux ordres de l'autorité civile, il se fit demander la grâce de l'imprimeur Brambilla par l'évêque, et ne l'accorda qu'à l'autorité ecclésiastique, dont il recherchait la protection. Cette violence du chef militaire produisit dans tout l'État une soudaine réaction contre l'administration de Bustamente. La législature de Jalisco et le gouverneur de Guadalaxara abandonnèrent cette capitale, et se transportèrent à Lagos, déclarant qu'ils étaient contraints à cette démarche pour conserver leur indépendance. Ynclan fut rappelé; sa conduite fut seulement qualifiée d'imprudente par le ministre, et c'était une grande imprudence de sa part de se borner à une telle épithète. Comme il restait impuni, les législateurs de

Jalisco, de Zacatecas et de Tamaulipas s'adressèrent au congrès pour le faire châtier. Le congrès servile garda son silence accoutumé; le ministre de la guerre Facio vint déclarer, au nom du gouvernement, qu'il n'existait pas de loi pour mettre en jugement les commandants généraux. Un tel langage accusait la complicité des ministres; il augmenta le scandale et le mécontentement, et le mécontentement au Mexique se traduit vite en insurrection. La Vera-Crux fut encore le foyer de cette nouvelle prise d'armes contre le pouvoir. Dans la nuit du 2 janvier 1832, les officiers de tous grades composant la garnison de la ville et de la forteresse se réunirent et rédigèrent un pronunciamiento où ils exposaient que la république marchait à sa ruine, et que le renvoi des ministres pouvait seul l'arrêter. On ne disait pas ce qu'on ferait plus tard du président, mais on laissait voir indirectement qu'on ne lui obéirait pas tant qu'il serait entouré de pareils conseillers. On les accusait hautement de centralisme; on adhérait au plan de Jalapa; enfin, on invitait le général Santa-Anna à prendre le commandement des troupes en lui donnant pleins pouvoirs de s'entendre avec Bustamente pour l'exécution immédiate de ce manifeste. Santa-Anna se trouvait alors dans sa célèbre retraite de Manga de Clavo. Il la quitta sur-le-champ pour se rendre à la Vera-Crux, où il fit une entrée triomphante. Landero, dans son journal le *Censeur*, n'avait cessé de vanter ses éminents services, ses talents militaires; il comptait sur son dévouement au parti libéral; il aurait bien dû ajouter et sur son ambition. Elle fut, dans cette circonstance, habile et prudente. Santa-Anna se borna d'abord à dépêcher un exprès à Mexico avec le manifeste de la garnison, en invitant le président à accéder à ses vœux, qu'il croyait justes. La chambre des députés fut saisie de ce pronunciamiento. Alaman vint défendre son administration, et finit par offrir la démission du ministère déjà présentée à Bustamente, et déjà refusée par lui. C'était la guerre résolue à la suite d'une hypocrite comédie. Le congrès, comme on s'y attendait, soutint le ministère, et autorisa le président à prendre tous les moyens nécessaires pour étouffer l'insurrection. Des tentatives de négociations inutiles précédèrent la lutte. La bonne position des insurgés les rendait difficiles. La Vera-Crux, leur quartier général, fut promptement mise en état de défense. Ses murailles sont faibles, mais ses bastions, qui s'élèvent au milieu d'une solitude sablonneuse, la protégent assez bien. La garnison se composait de deux mille hommes de troupes de ligne; mais la popularité de Santa-Anna avait fait accourir sous ses drapeaux un nombre considérable de ces Rancheros qui sont toujours à cheval, et que la vieille épée de Tolède n'abandonne jamais. Le château de Saint-Jean d'Ulloa prêtait à la ville son puissant appui, et la douane lui assurait les moyens de solder l'armée. Elle n'avait pas moins de quatre cent mille pesos en caisse à cette époque, et plus d'un million de rentrées certaines. Santa-Anna ne se lançait donc pas à la légère. Son ambition n'échappait pas aux États; mais ils n'en faisaient pas moins des vœux pour le succès de son entreprise; ils craignaient moins son triomphe que celui du gouvernement. Celui-ci crut porter un coup mortel à l'insurrection en déclarant fermé au commerce tout port quelconque qui se serait soustrait à l'obéissance du gouvernement. Mais ce n'était pas assez de lancer un tel décret, il fallait avoir les moyens de le faire exécuter, et c'est ce qui manquait au président. L'amnistie qu'il publia ne lui réussit pas mieux : on s'en moqua à la Vera-Crux. Il réunit enfin à Jalapa quatre mille hommes de bonnes troupes, sous les ordres du vieux général Calderon, auquel on donna pour lieutenants deux vieux officiers, ce qui fit donner au parti ministériel le sobriquet de *Viejos*, de *Viejecitos*, dénomination triviale, mais qui ne laissait pas que d'avoir sa signification politique, puisque la guerre était de nouveau dirigée contre les vieux principes, le parti dominant étant unanime dans toutes les traditions de l'ancien système espagnol. Santa-Anna se rappelait sans doute l'ancien adage : Qui frappe le premier frappe deux fois, lorsqu'il sortit de la Vera-Crux le 24 février, avec ces fameux Rancheros, pour attaquer un convoi de munitions et d'argent, dont il s'empara, après avoir fait prisonniers les trois cents hommes qui escortaient le convoi ; premier succès, que les journaux ministériels attribuèrent à la défection payée de quelques officiers et à la sympathie des autres pour la révolte. Ce qui est certain, c'est que l'infanterie avait passé tout entière du côté des insurgés. La cavalerie, après avoir laissé quelques hommes sur le carreau, en avait fait autant, et il n'avait fallu qu'une harangue de Santa-Anna pour opérer cette défection. Le ministère ne s'abusa pas sur la portée d'un tel événement. Convaincu du peu d'attachement de l'armée au gouvernement, il crut devoir l'épurer à la suite d'une enquête sur l'esprit des officiers. Cette mesure extrême rendit sa position plus critique encore en lui créant de nouveaux ennemis. Ses journaux jetèrent un cri unanime contre Santa-Anna, qu'ils accusaient de verser le sang de ses compatriotes pour s'emparer de la présidence ; ce n'était cependant pas chose nouvelle. Si l'on excepte la première élection, les autres s'étaient faites à main armée, et la magistrature suprême avait été le prix du vainqueur.

Toutefois, le début brillant de Santa-Anna ne se soutint pas. Ce général, trop confiant dans l'influence de son nom, crut qu'il lui suffisait de se montrer à la tête de toutes ses forces pour voir passer de son côté les troupes ennemies. Il alla au-devant du vieux Calderon, qu'il croyait rencontrer à Puente-Nacional, et qui lui épargna la moitié du chemin en avançant jusqu'à Tolomé. L'armée ministérielle était rangée en bataille devant cette bourgade. L'armée de Santa-Anna, épuisée de fatigue, accablée de chaleur, ne se soutenant qu'avec des liqueurs spiritueuses, fit la faute d'attaquer sans artillerie un ennemi plus nombreux, et qui avait su choisir une excellente position. La victoire ne fut pas indécise : Landero, à la tête de l'avant-garde, fut écrasé, et mourut en brave (*). Les Rancheros, qu'on n'avait jamais pu soumettre à aucune discipline, s'enfuirent aux premières charges; la réserve de Santa-Anna, enveloppée par des forces supérieures, mit bas les armes. En deux heures, le héros de Tampico se trouva presque seul. La nuit protégea sa fuite. La victoire de Tolomé fut complète, et les conséquences en eussent été décisives, si Calderon eût marché rapidement sur la Vera-Crux, qu'il eût probablement emportée d'assaut; mais il employa le temps d'agir à rédiger un pompeux bulletin ; puis il fit halte à Santa-Fe; et quand il se présenta à Bergara, à une lieue de la ville, vers la fin de mars, ce n'était plus cette cité aux fortifications incomplètes, et sous l'influence des impressions d'une déroute récente, c'était une place véritablement forte, par les travaux extérieurs ajoutés, et par l'emploi qu'on avait su faire des terrasses des maisons, converties en citadelles. Sa garnison s'était augmentée de tous les citoyens en état de porter les armes, des habitants de la côte, accourus à sa défense, d'une centaine d'étrangers de toutes les nations, de soldats échappés à l'affaire de Tolomé, et de prisonniers détenus pour dettes ou pour des causes légères, auxquels on avait rendu la liberté. Mais ce qui achevait de donner à l'insurrection un caractère beaucoup plus grave, c'est qu'elle s'étendait alors sur une plus grande échelle, et que les États de Tamaulipas et de Tampico venaient aussi de prendre part au mouvement.

(*) On trouve dans *le Censeur* de la Vera-Crux que Landero fut assassiné après s'être rendu. C'était un excellent officier, ami sincère de son pays. Son frère, également bon militaire, combattait dans les rangs de Bustamente.

On y remarquait depuis longtemps des symptômes de mécontentement qui n'étaient contenus que par l'autorité des chefs civils et militaires dévoués à Bustamente. Ceux-ci cherchèrent à exploiter à leur profit la nouvelle de la défaite de Tolomé; mais cette nouvelle produisit un effet absolument contraire à celui qu'ils attendaient. La mort du colonel Landero, qu'on croyait avoir été assassiné, indigna toutes les populations, et l'idée de marcher au secours de Santa-Anna s'empara de toutes les têtes. Les troupes, qui, trois ans auparavant, avaient combattu dans les mêmes lieux sous les ordres de ce général, se déclarèrent pour leur ancien chef. Ramirez, le commandant de Pueblo Viejo, fut arrêté, et, le 10 avril, le pronunciamiento était général dans les deux Tampico. Cet acte, par lequel les nouveaux États de l'Amérique ont toujours essayé de rendre légales tant de révolutions justes ou injustes, se borna à une adhésion pure et simple au plan de Santa-Anna. Le capitaine de cavalerie en retraite Rodriguez fut mis provisoirement à la tête des troupes; mais les principaux conjurés, Pérez, Garcia, Andrade et Lago, s'empressèrent de négocier avec le général Moctezuma, qui commandait à Altamira, pour le détacher du parti de Bustamente, et donner à l'armée un chef de quelque importance. Moctezuma, incertain de ce qu'il devait faire, finit par convoquer le conseil municipal d'Altamira, dont l'opinion, disait-il, devait régler sa conduite. Cette junte, tout aussi embarrassée que lui, n'osait prendre un parti. Tel était l'état des choses au moment de l'arrivée des députés Andrade et Lago. Ceux-ci furent plus heureux; ils parvinrent à déterminer le général à les suivre, pour juger lui-même de la force des révoltés. Ils étaient à cette heure en plein triomphe dans la ville de Tampico. Les agents de Bustamente, le commandant Ramirez et le gouverneur Mora avaient été arrêtés et envoyés à Vera-Crux avec tous ceux de leurs partisans dont on craignait l'influence. Moctezuma put donc se prononcer en toute sûreté, et il ne balança plus à prêter l'appui de son nom à l'insurrection victorieuse.

Pendant que ces choses se passaient, Calderon, qui avait investi la Vera-Crux, voyait son armée se démoraliser et se fondre sous l'influence combinée de la fièvre jaune, des défections, du manque de vivres et des rigueurs de la saison. Un jour, le 13 mai, tous ses gens, frappés d'une terreur panique, prirent la fuite, abandonnant malades, artillerie, munitions; Santa-Anna les fit poursuivre par sa cavalerie, et marcha de sa personne sur Mexico. De son côté, Moctezuma en faisait autant, et malgré les lenteurs habituelles des chefs mexicains, la capitale allait être emportée, lorsque Santa-Anna et Teran convinrent d'une suspension d'armes, pendant laquelle on négocia. Les prétentions des insurgés s'étaient augmentées avec la bonne fortune; ils ne demandaient pas seulement un changement de ministère, mais la déposition de Bustamente. On cherchait de part et d'autre à gagner du temps. Des commissaires furent envoyés vers Pedraza, alors aux États-Unis, pour hâter son retour, tandis que Bustamente, s'avançant vers le Nord, espérait surprendre la division de Moctezuma, et obtenir de meilleures conditions. Il le battit; mais il fut presque aussitôt forcé d'accourir à la défense de Mexico, devant laquelle Santa-Anna se présentait enfin, après avoir rompu l'armistice et battu Facio, le successeur de Calderon. La capitale ayant tout à redouter de cette soldatesque sans discipline, était dans de vives alarmes. Les gens riches l'avaient abandonnée pour mettre au moins leurs personnes à l'abri. Les marchands transformaient leurs maisons en citadelles, et la populace, se promenant seule dans les rues, attendait impatiemment l'heure du pillage. Heureusement que Bustamente força les insurgés à se retirer sur la Puebla, où Pedraza venait d'arriver. Là s'ouvrirent de nouvelles négociations qui montraient tout à la fois la lassitude des partis, la crainte des excès de la populace, et le peu de foi de tous les chefs dans un résultat prompt et décisif. Ils s'empressèrent de trouver un moyen terme d'arrangement. On stipula la confirmation de tous les actes législatifs, de toutes les nominations depuis 1828 ; on reconnut Pedraza comme président jusqu'au 1er avril 1833. Dans cet intervalle, on devait procéder à la nomination de son successeur et au renouvellement du congrès.

Si le général Santa-Anna ne s'opposa point à ce replâtrage, c'est qu'il servait son ambition en lui donnant le temps de se rendre plus populaire encore, de gagner de nouveaux suffrages, et de s'assurer de plus en plus cette présidence tant désirée. Il fut enfin nommé. Les trois généraux firent leur entrée à Mexico au commencement de janvier, à la tête de leurs armées réunies. Aucun acte de vengeance ne souilla cet interrègne des partis, pendant lequel le gouvernement se traîna sans agir jusqu'au jour de l'installation du nouveau président.

Le triomphe de Santa-Anna était en apparence celui du libéralisme démocratique. A la même opinion appartenait la majorité du congrès nouvellement élu. Les premières propositions faites à la tribune le prouvent assez. Il fut question de l'abolition des dîmes et des priviléges du clergé. On demanda que les corporations ecclésiastiques ne pussent ni acquérir à l'avenir, ni recevoir de legs ; on demanda la liberté des cultes et l'entière liberté de la presse, c'est-à-dire, la presse dans tout son dévergondage, la presse sans répression, et cela, savez-vous pourquoi ? En vue, disait-on, de propager les lumières. Belles lumières, vraiment, que celles qui n'avaient d'autre emploi que d'allumer toutes les passions, de rendre tout gouvernement impossible ! On fit cependant quelques autres propositions plus raisonnables : on s'éleva contre le fardeau d'une armée permanente, plus coûteuse qu'utile, largement payée pour troubler périodiquement la république par ses révoltes, ou pour parader sur les places publiques. Tandis que ces questions occupaient le congrès, le parti aristocratique, toujours actif dans l'ombre, conspirait contre un état de paix qui avait duré tout juste assez de temps pour donner aux vaincus le loisir de se reconnaître, aux mécontents les moyens de se rallier. Ces menées ne restèrent pas sans succès. Au moment où l'on s'y attendait le moins, sur la fin de mai, un cri d'insurrection fut poussé dans l'État de Valladolid. Ce n'était plus un changement de personnes, c'était un changement de système dont il s'agissait. Un certain colonel Escalda proclama le président chef suprême de la cause nationale, et demanda la dictature au nom de la religion. D'autres officiers, à Cuernavaca et à Queretaro, au nombre desquels on remarquait le général Duran, en firent autant, et quelques garnisons séduites jurèrent de faire triompher ce pronunciamiento.

Quelles que fussent les dispositions intérieures de Santa-Anna, il était trop habile pour les laisser entrevoir. Il avait à ménager une ombrageuse démocratie qui le surveillait de près. Il n'hésita pas à demander au congrès la permission de marcher contre les révoltés, et le congrès la lui accorda sans se faire prier, en louant même son patriotisme, qui le portait à combattre ses plus anciens amis. Il partit avec sa cavalerie, emmenant avec lui le général Arista, un allié de Duran, un des coryphées du parti d'Alaman ; celui-ci ne tarda pas à se montrer tel qu'il était : bon absolutiste, il proposa au président de se laisser nommer dictateur, et, sur son refus, il passa avec toute sa division dans les rangs de Duran. Ces deux chefs, voyant Santa-Anna inébranlable, le retinrent prisonnier, mais le gardèrent si mal qu'il parvint à s'échapper et à se rendre sain et sauf à Mexico, où il fut reçu avec des démonstrations de joie d'autant plus vives que les dispositions de la garnison étaient douteuses, et que bon nombre d'hommes politiques n'avaient pas grande foi dans celles du président. Cependant, lorsque le parti populaire fut bien convaincu qu'il n'acceptait pas la dictature, il reprit courage, et résolut même d'agir avec vigueur. Alors vinrent les mesures extrêmes, ces mesures iniques qu'en tout temps de révolution on appelle mesures de salut public. Un décret expulsa pour six ans une trentaine d'adversaires du pouvoir actuel, au premier rang desquels on mit Bustamente; puis on donna au gouvernement le droit de répéter ces proscriptions quand il le jugerait convenable, d'éloigner tout ce qui lui paraîtrait hostile à la cause du peuple, ou, en d'autres termes, tout ce qui serait redoutable à la sienne. C'était bien là aussi de la dictature. Les absolutistes n'en auraient pas demandé davantage s'ils avaient triomphé. Leur temps n'était pas encore venu. Bien qu'au fond Santa-Anna ne leur fût pas hostile, et qu'il fût soupçonné de pencher pour un gouvernement central, il sentit le besoin de rassurer pour le moment l'opinion populaire, et de combattre de nouveau l'insurrection.

Avant de suivre cette guerre civile dans ses phases et sa fortune diverses, voyons les deux armées s'arrêter tout à coup devant un nouvel ennemi plus terrible que la mitraille, devant le choléra, qui fond sur elles et les décime. Ce fléau, dont l'Europe garde un si triste souvenir, avait passé l'Atlantique, et envahi cette partie des rivages du Mexique où la fièvre jaune exerce ordinairement ses ravages. Il s'était déclaré à Tampico; puis, s'avançant dans l'intérieur du pays, il enlevait sur son passage le quart et même le tiers des populations. Il parvint à Mexico dans les premiers jours d'août, et, comme dans nos villes d'Europe, il commença à frapper sur les pauvres, sur les basses classes du peuple, avant d'atteindre les riches. Les masures des faubourgs se remplirent de cadavres. On dit que du 13 au 24, il mourait chaque jour à Mexico plus de dix-huit cents personnes. Ne trouvant plus d'aliments dans les quartiers qu'il avait d'abord dépeuplés, il gagna le centre de la ville, et prit ses victimes dans les classes les plus aisées. Il s'affaiblit enfin vers le milieu de septembre, après avoir décimé la population. Vingt-cinq mille habitants sur cent cinquante mille succombèrent.

Les pertes des deux armées furent dans des proportions plus fortes encore. Elles paralysèrent leurs opérations. Toutefois, Santa-Anna essaya de marcher au secours de Guanaxuato, sans pouvoir arriver à temps. Il fut même obligé d'attendre les renforts que lui amenait Moctezuma pour prendre l'offensive, et forcer Duran et Arista à capituler et à s'expatrier. Sa conduite envers les vaincus ne fut point celle d'un ennemi; on serait plutôt tenté dès ce moment d'y voir toute autre chose, d'y voir surtout beaucoup d'adresse. Le président ne pouvait se faire illusion sur les sympathies du parti militaire pour la cause qu'il combattait par ordre du congrès; la politique lui commandait de ménager un tel parti, le seul où son ambition pouvait trouver un appui. De retour à Mexico, il se prononça pour des mesures de conciliation, et pour un système sinon tout à fait rétrograde, du moins beaucoup plus modéré. Le congrès, au contraire, prétendant qu'on devait marcher en avant dans la voie des réformes, supprima l'obligation de payer les dîmes, et laissa les religieux des deux sexes parfaitement libres de rester dans leurs couvents ou d'en sortir. Ces actes achevaient d'indisposer le clergé. L'armée vit avec indifférence le décret qui ordonnait la translation des cendres d'Iturbide au panthéon de Mexico, où reposaient celles des premiers héros de la guerre de l'indépendance. Sa veuve et ses enfants obtinrent la liberté de rentrer dans leur patrie et d'y jouir de la pension que la loi leur accordait.

Cependant, vaincue dans ses deux chefs, l'insurrection n'était point éteinte. Elle reparut dans les provinces du Sud, moins forte, mais non pas moins active. Un général de haute et populaire renommée, le général Bravo, se mit à la diriger et lui fit faire de nouveaux progrès. On envoya contre lui des troupes de Mexico qu'il battit d'abord; puis la fortune l'abandonna, et il finit par déposer les armes en conservant ses grades et son traitement. A la fin de l'année, le Mexique se débattait encore entre deux partis extrêmes, l'un qui voulait une démocratie toujours révolutionnaire, l'autre qui cherchait à centraliser le pouvoir, en lui donnant pour appui la double influence de l'Église et de l'aristocratie. Dans cette lutte, industrie, commerce, agriculture, disparaissaient; le pays s'appauvrissait à vue d'œil, et se trouvait si mal d'une république fédérative, que le moment semblait arrivé de tenter avec succès l'établissement d'un autre système politique.

Cette disposition des esprits servait trop bien les projets du président pour qu'il ne s'empressât pas d'en profiter, et de rompre ouvertement avec les fédéralistes, dont il avait jadis assuré le triomphe. Le 31 mai 1834, il prononça la dissolution des chambres et annula tous les décrets hostiles au clergé; il fit rouvrir les églises et les couvents, et rappela tous les individus bannis comme Espagnols. Appuyé par l'armée, par les prêtres et par les classes élevées, il comprima facilement quelques soulèvements du parti démocratique. Il dirigea les élections dans le sens de cette révolution. La majorité du nouveau congrès lui fut acquise. Il changea le ministère. Alaman, dont la tête avait été mise à prix, reparut sur la scène politique. Ce fut une réaction complète qui trouva peu d'opposants. Les États du Nord seuls, attachés au principe fédéral, tentèrent de résister. Ils furent battus dans les plaines de la Guadalupe par ce même Santa-Anna qui récemment marchait à leur tête. Le champ de bataille, s'il en faut croire le bulletin officiel, était horrible à voir après le combat. On fit aux révoltés trois mille prisonniers; ils perdirent tout leur matériel, canons, armes et bagages. Cette journée accrut encore la renommée militaire du président, ainsi que la confiance des centralistes.

Alors on demanda de toutes parts une modification dans les institutions fédérales. Au Mexique, à toutes les époques, les chambres ont eu mission d'achever les choses faites. On les mit encore à l'œuvre. La discussion fut longue. Quelques députés essayèrent de défendre les institutions de 1824. Cette opposition sans force devant la volonté de l'armée n'eut que le mérite du courage civil. La majorité du congrès formula un nouvel acte constitutionnel qui, tout en conservant les formes républicaines, consacrait la centralisation du pouvoir suprême dans la capitale. L'exercice de ce pouvoir continuait à être partagé entre le président, le congrès et une haute cour de justice. Le territoire national était divisé en départements à raison de la population. A la tête de chacune de ces nouvelles circonscriptions, un gouverneur nommé par le président exerçait le pouvoir exécutif, ayant une junte pour conseil, et celle-ci chargée de diverses fonctions financières, municipales, électorales et législatives, mais dans ces dernières matières soumise au congrès. Le principe de l'élection populaire subsistait, mais modifié. Toutefois le président, les membres du congrès et des juntes, étaient nommés par le peuple directement ou indirectement et pour un temps limité. Toute l'action gouvernementale partait de Mexico, et l'impôt n'était plus à la merci du bon ou du mauvais vouloir des provinces : il était établi par une loi générale. Le clergé, dans ce grand changement, n'était pas oublié : sans lui donner une action politique, on augmentait son influence, on respectait ses priviléges et surtout ses propriétés. On lisait, en tête de la loi fondamentale, que la nation mexicaine ne professe ni ne protége que la religion catholique romaine, et ne *tolère* l'exercice d'aucun autre culte. Enfin ce nouvel ordre de choses créait un pouvoir plus fort, plus aristocratique que celui qui venait de succomber, sans donner plus de sécurité pour l'avenir; car l'armée restait toujours maîtresse des destinées du pays.

Pendant que ces événements s'accomplissaient, le Mexique se voyait sur le point de perdre une partie de son vaste territoire. La plus orientale de ses provinces, celle dont le gouvernement espagnol semblait ignorer la valeur, que la république mexicaine ne jugeait pas digne de former un État séparé, et qu'elle laissait coloniser par ses industrieux voisins les Américains, le Texas, dont la population avait déjà pris à cette époque un accroissement rapide, était en travail de son indépendance.

Avant de le suivre dans sa lutte révolutionnaire, courte, sanglante et glorieuse pour lui, avant d'assister à son triomphe, l'un des faits les plus extraordinaires de notre époque, il convient de jeter un coup d'œil rapide sur l'ensemble de cette grande contrée. Ses frontières naturelles sont la Sabine à l'est, la rivière Rouge au nord, une chaîne montagneuse qui encadre de vastes prairies à l'ouest, puis du même côté en allant vers le sud, le cours du Rio Bravo del Norte, enfin, de l'embouchure de cette rivière jusqu'à celle de la Sabine, le golfe du Mexique. Le Texas touche donc aux États-Unis par l'est et le nord, et au Mexique par l'ouest. Nul pays n'est mieux arrosé : on n'y compte pas moins de neuf fleuves ou rivières considérables portant à la mer leurs eaux grossies d'une infinité de courants secondaires qui répandent sur tous les points la vie et la fertilité. Tous sont assez profondément encaissés dans les couches meubles de la prairie pour ne jamais former ces épanchements qui se transforment en marais fétides; il est fâcheux que des rapides y viennent si fréquemment arrêter la navigation.

Le Texas peut se diviser en trois zones bien distinctes. La première, inclinant légèrement de l'intérieur à la côte, sur une profondeur de 30 à 80 milles, offre à l'œil un pays entièrement plat et d'immenses prairies dont les horizons ressemblent à ceux de la mer. Là, des lignes boisées dessinent le cours des rivières; là, des forêts se montrent plus nombreuses dans l'ouest qu'à l'orient. Tout ce terrain d'alluvion est d'une grande richesse; pas une seule pierre ne s'y rencontre. Son climat est celui de la Louisiane; aux grandes chaleurs de l'été succèdent les mois humides; puis, au printemps, sous cette double influence d'humidité et de chaleur, des fièvres intermittentes, quelquefois fatales aux nouveaux venus, se déclarent. La seconde région, le *Rolling*, comme on la nomme dans le pays, forme la transition du terrain plat au terrain montagneux. Le sol s'y élève par ondulations semblables à ces longues houles laissées sur l'Océan par les vents d'hiver. C'est la plus belle portion du Texas; plus boisée que la première, plus tempérée, plus riche d'eaux fraîches et pures, de paysages accidentés et de cultures variées. Le Rolling, qui s'étend entre le San-Jacinto et le Colorado, monte jusqu'à cent cinquante milles dans l'intérieur, où il rencontre la région montagneuse, formée par la Sierra-Madre, branche des Cordillères; cette troisième zone est presque entièrement inconnue.

Le littoral du Texas, de la Sabine au Nueces, n'a pas moins de trois cent soixante milles d'étendue; il est singulièrement festonné et présente une suite de bassins intérieurs ou de lagunes. Il est presque partout bordé d'îles ou de presqu'îles, d'une forme très-allongée, qui le serrent de près et semblent comme une seconde côte qui protégerait la première contre les vagues de la haute mer. Là, malheureusement, un seul point excepté, les barres qui s'élèvent à l'embouchure des rivières ne permettent point aux grands bâtiments d'approcher : il y a trop peu de fond pour eux. La seule baie de Galveston admet des navires tirant plus de douze pieds d'eau. Ce port semble appelé à devenir le débouché de la plupart des produits que le Texas exportera directement pour l'Europe (*).

(*) La baie de Galveston est un bassin beaucoup plus grand que le lac de Genève. Son étendue est de 14 lieues du sud au nord, sur 5 à 7 lieues de l'est à l'ouest.

La partie cultivée du Texas est comprise entre le 96ᵉ et le 100ᵉ degré de longitude occidentale du méridien de Paris. Elle s'étend du bord de la mer au 32ᵉ degré de latitude, et même plus loin vers le nord, jusque dans le voisinage de la rivière Rouge. Pour la production du coton le Texas est sans rival. Le coton y est à la fois plus beau, plus abondant sur la même étendue de terrain que dans les États les plus favorisés de l'Union américaine. On n'y peut craindre que l'excès de la production. La canne, variété d'Otaïti, y vient à merveille ; elle fournit la substance sucrée dans le cours d'une végétation de cinq à six mois, et donne deux récoltes. Le maïs y réussit parfaitement. On a constaté que les prairies élevées qui entourent San-Antonio de Bejar, sont très-propres à la culture du blé. Ajoutons, que la culture du mûrier, du tabac et de l'indigo a été essayée avec succès, et que parmi les arbres forestiers, le chêne vert se présente comme un des meilleurs pour la construction des navires.

La constitution géologique du Texas offre d'admirables facilités pour l'éducation du bétail. Ses belles prairies, parées pendant six mois d'une herbe verdoyante, sont couvertes d'innombrables troupeaux errants en liberté et portant seulement ou la marque ou le chiffre de leurs propriétaires. Au temps où l'Espagne possédait cette contrée, des bandes de chevaux sauvages parcouraient aussi ces solitudes en maîtres fiers et libres ; rien n'était plus imposant que ces escadrons, sans cavaliers, lancés au galop, imitant dans leur marche rapide le bruit du tonnerre. Cette race appartenait à la race arabe ; on la rencontre encore aujourd'hui dans les prairies. Mais une autre race introduite, celle des États-Unis, lui est préférée pour sa vigueur.

Sa profondeur est de 15 à 25 pieds, mais seulement dans la partie qui avoisine l'île de San-Luis, partout ailleurs elle varie de 3 à 8 pieds. En général la plupart des baies du Texas sont imparfaitement connues.

Si le Texas n'a pas comme le Mexique des mines d'or et d'argent, il possède ce qui est bien plus précieux pour le travail et la civilisation, le fer et le charbon de terre. Au nord de la Sabine, tout le long des hauteurs qui commencent au N. O. et vont se joindre aux monts Ozarks, on rencontre des mines de fer très-abondantes, qui contiennent, dit-on, cinquante pour cent de métal. Le lit du Brazos est extrêmement riche en grès ferrugineux, et dans la plaine qui s'étend entre le Brazos et le Colorado, tous les ravins sont remplis de fer hématite en grains. Le fer et le charbon doivent contribuer puissamment à la prospérité du Texas, où les rivières et les chemins de fer établis sur des troncs d'arbres, comme aux États-Unis, sont les seules voies de communication, les seules par lesquelles il lui soit possible de faire écouler ses produits.

C'est aussi sur les bords des principaux courants du Texas que nous trouvons ses établissements industriels, ses grandes exploitations agricoles, ses villes anciennes, celles qui n'ont que quelques années, quelques jours de date, celles même qui ne sont encore que dessinées. Nous remarquons sur le San-Antonio aux eaux salubres et limpides, Goliad et Bejar, cités espagnoles qui furent longtemps importantes, la dernière surtout comme point intermédiaire entre la Louisiane et le haut Mexique. La guerre a frappé de tous ses fléaux les petites villes de Victoria et de Gonzalès, mal placées sur le rapide Guadalupe que les *steamers* ne peuvent remonter. C'est sur les bords du Brazos, du Colorado et du Buffalo Bayou qu'il faut chercher les villes les plus importantes. Là, San-Felipe de Austin, berceau de la révolution texienne, peuplée de plus de 6000 habitants, traitée sans pitié par les Mexicains, et qui se relève aujourd'hui plus grande, plus riche et plus jolie ; Houston, dont le sort fut le même pendant la guerre et dont la physionomie nouvelle atteste les progrès de la civilisation, du luxe et la rapide prospérité du pays. Encore quel-

que temps et nous verrons la capitale du Texas, AUSTIN, placée sur le haut Colorado en avant de tous les établissements existants, se développer sur une vaste échelle et offrir à l'Amérique du Nord une grande et belle cité de plus.

Quels ont été les progrès de la colonisation dans le Texas depuis le moment de sa découverte, jusqu'au jour où il a déclaré qu'il était libre et indépendant? Quels sont les événements qui ont amené ce dernier résultat? C'est ce qu'il nous faut maintenant raconter.

Il est probable que le Texas fut traversé en 1536, par Cabeça de Vaca, lorsqu'il se rendit de la Floride aux provinces septentrionales du Mexique. Mais ce courageux voyageur ne laissa dans le pays aucune trace de son passage, et son récit est tellement vague et tellement obscur, qu'on ne peut suivre sa route. C'est au célèbre et infortuné la Salle qu'il faut attribuer le premier établissement sur les côtes du Texas et la prise de possession du pays. On sait que l'intrépide explorateur, trompé sur l'embouchure du Mississipi qu'il croyait bien plus à l'ouest, entra dans le Colorado, et bâtit un fort sur la lagune de San-Bernado, entre Velasco et Matagorda. On sait encore qu'il pénétra, à deux reprises, dans l'intérieur, et fut lâchement assassiné en essayant de gagner à l'est les terres du Mexique. C'était là le véritable but de son expédition. Jusqu'alors le gouvernement espagnol, loin de s'assurer la domination des côtes du Texas par une chaîne de forts non interrompue, depuis Tampico jusqu'à l'extrémité de la Floride, n'avait encore rien fait pour empêcher le premier venu de s'établir entre cette même Floride et le Rio Bravo del Norte; tout ce vaste territoire était abandonné aux sauvages. Le même gouvernement ignorait la découverte du Mississipi, et n'obtint qu'en 1684 les premiers renseignements sur le départ de la Salle pour le golfe du Mexique, où il le fit inutilement chercher. Toutefois, le vice-roi Monclova, craignant que les Français ne vinssent à s'introduire dans la Nouvelle-Espagne par le nord-est, fonda parmi les Indiens de la province de Cohahuila le fort ou le présidio qui porte son nom. Là, il établit une première colonie de cent cinquante familles, qui comptait deux cent soixante hommes en état de porter les armes. Il dut s'applaudir de ces précautions, en apprenant dans l'année 1688, que trois Français étaient arrivés à Santa-Fé, capitale du Nouveau-Mexique. Ce fut par eux, très-probablement, qu'il connut la fin tragique de la Salle et le point sur lequel il avait débarqué. Le détachement espagnol envoyé à sa recherche ne trouva plus que les débris d'un fort de construction récente, et les cadavres de plusieurs Français percés de flèches ou tués à coups de massue. Cinq Français étaient encore en vie parmi les Indiens. Les gens du vice-roi s'en emparèrent et les conduisirent à Mexico, d'où on les fit passer en Espagne. Puis, toujours dans la crainte des mêmes tentatives, on vit les Espagnols envoyer dans l'intérieur du Texas des soldats et des missionnaires, et à partir de la lagune de San-Bernado, multiplier les forts ou présidios. Depuis la paix d'Utrecht jusqu'en 1764, ces établissements, quelquefois abandonnés, mais toujours relevés, arrêtèrent les incursions des Français de la Louisiane. L'Espagne avait encore quelque chose de mieux à faire, et son inaction est d'autant plus étonnante qu'elle savait à quoi s'en tenir sur les belles plaines, sur les grandes rivières du Texas, sur ses bois de construction, sur son climat, sur sa fertilité; et cependant toujours indifférente pour les choses étrangères aux mines d'or et d'argent, elle ne faisait rien pour coloniser cette immense étendue de territoire. Au commencement du siècle actuel, sa population était insignifiante et seulement concentrée sur quelques points. Il était alors facile de prédire de quel côté elle devait arriver. M. de Humboldt l'indiquait dans les premières années du dix-neuvième siècle, avec tous les ménagements que sa position lui prescrivait. Il y avait déjà longtemps que les citoyens de la Louisiane traversaient le Texas dans toute sa largeur pour se rendre dans les provinces septentrionales du Mexique. Les habitants des deux contrées étaient liés par des relations de commerce. Plus tard, pendant la première période de la révolution mexicaine, les insurgés appelèrent des bandes de volontaires anglo-américains pour les aider à planter au Texas le drapeau de l'indépendance. Cette courte campagne contribua à répandre, aux États-Unis, des notions plus exactes sur l'intérieur d'un pays où jusqu'alors l'étranger n'avait pu résider. Ce fut après la chute de Hidalgo qu'un de ses partisans, don Bernardo Gutierrez, riche habitant de Revilla, près le Rio-Grande, se voyant exposé à la vengeance des Espagnols, s'échappa aux États-Unis, où il parvint à réunir un certain nombre d'aventuriers qu'il conduisit au Texas. Son début fut heureux. Il surprit les petites villes de Salcedo et de la Bahia del Spiritu Santo, aujourd'hui Goliad. Ses rangs grossis par d'autres volontaires, il se vit assez fort pour se porter sur la principale ville du Texas, San-Antonio de Bejar, le grand dépôt des Espagnols. Ceux-ci essayèrent d'arrêter sa marche, mais ils furent battus, et la ville se rendit. La capitulation garantissait aux prisonniers tous les bons traitements que l'on doit au courage malheureux. Cette capitulation fut indignement violée. Gutierrez fit massacrer le commandant Salcedo et treize de ses principaux officiers. Cette exécrable boucherie révolta les volontaires américains. Ils déclarèrent hautement que Gutierrez était indigne de les commander. Il savait mieux assassiner des ennemis vaincus que profiter de la fortune. La prise de San-Antonio et la déroute complète d'Elisonda et des milices de la Nouvelle-Biscaye, qui suivit l'entrée des insurgés dans la capitale du Texas, auraient puissamment contribué au triomphe de leur cause, si, passant aussitôt le Rio-Grande, Gutierrez avait pénétré dans les provinces voisines où l'insurrection comptait de nombreux partisans. Mais au lieu de prendre l'offensive, il s'occupa d'organiser un gouvernement provisoire pour un pays qu'il ne possédait pas. Son inaction permit au gouverneur des provinces intérieures de réunir des forces suffisantes pour le combattre. Obligé d'en venir aux mains avec elles, il fut complétement battu le 20 juin 1813. Cette affaire le perdit tout à fait. Ses compagnons d'armes ne virent plus en lui qu'un homme cruel, un ambitieux de bas étage, sans talents militaires. Réunis à la junte et aux notables de San-Antonio de Bejar, ils lui donnèrent pour successeur, un autre officier espagnol, don Alvarez Toledo, qui arrivait des États-Unis avec un certain nombre d'aventuriers de diverses nations, avec des armes, des munitions et quelques pièces de canon.

Les affaires des insurgés, malgré ces renforts, n'étaient pas brillantes; le gouvernement de Mexico, voulant en finir définitivement avec eux, avait dirigé sur le Texas le régiment d'Estramadure, commandé par Arredondo, et d'un autre côté les milices de l'État de Cohahuila. Les républicains bien inférieurs en nombre n'avaient dans cette grave circonstance que deux partis à prendre, ou fortifier San-Antonio et s'y renfermer, ou empêcher la jonction des deux corps ennemis en les attaquant séparément. Malheureusement elle était opérée avant que Toledo eût pu l'atteindre. Les deux armées, si l'on peut donner ce nom à des divisions aussi faibles, se rencontrèrent, le 13 août, près de Medina. Elles se battirent avec un égal acharnement, et leurs pertes étaient telles, à la fin de la journée, que chacune d'elles se disposait à quitter le champ de bataille comme des vaincus, lorsque les Texiens se virent trahis par une partie de leur cavalerie. Ce fut par ces transfuges que les royalistes apprirent le pitoyable état de leurs adversaires, épuisés par la cha-

MEXIQUE

Mexicains.

leur, manquant d'eau et forcés d'abandonner leur artillerie engagée dans les sables. Sur la foi de ces renseignements, Arredondo revint à la charge. Les insurgés furent écrasés. On ne leur fit aucun quartier. Ceux qui échappèrent à ce massacre se dispersèrent dans toutes les directions. Ce fut le dernier effort sérieux de l'insurrection, et les tentatives qu'elle fit l'année suivante ne servirent qu'à constater son impuissance. Cette lutte n'eut d'autre résultat que la dépopulation du Texas et la destruction de ses établissements agricoles. Ce beau pays fut livré à la discrétion de la force militaire concentrée à Bejar, la Bahia et Nacogdoches. Cet état de choses se prolongea pendant toute la durée de la domination espagnole, et finit à la seconde révolution mexicaine.

Pendant cette triste période, ce qui restait de cultivateurs texiens se vit continuellement exposé aux attaques des Indiens-Comanches, auxquels les marchands de Natchitoches fournissaient des armes, de la poudre et du plomb. Ces infâmes pourvoyeurs des sauvages se rencontraient surtout parmi les vertueux patriotes mexicains, réfugiés à la Louisiane, et l'on remarquait, comme l'un des plus actifs et des plus avides, ce Gutierrez que nous avons vu tout à l'heure si ardent pour la liberté du Texas.

Enfin de meilleurs jours se levèrent. Le gouvernement des États-Unis ayant renoncé, par le traité de 1819, à ses prétentions sur le Texas, un citoyen du Missouri, M. Moses Austin, qui avait passé sa vie à diriger des exploitations de mines dans son pays natal et dans les parties les plus éloignées de la Louisiane, jeta les yeux sur le Texas, et vit qu'il se prêtait merveilleusement à des entreprises de défrichement. A cette époque, les citoyens des États-Unis n'avaient point encore pénétré, au delà de la Sabine et de la rivière Rouge, sur un territoire dont la législation coloniale de l'Espagne les repoussait. Austin se dévoua tout entier à une mission sainte et pacifique. Il conçut le projet d'établir sur ce territoire, au milieu des Espagnols, une colonie de ses compatriotes, par les voies légales. Il obtint du cabinet de Madrid l'autorisation d'y amener trois cents familles de colons industrieux, mais catholiques : c'était une condition expresse. Austin mourut au milieu des préparatifs de sa noble entreprise; à son fils échut l'honneur de la poursuivre et de l'exécuter. Le Mexique avait alors repris les armes pour la cause de l'indépendance, et cette fois il avait triomphé presque sans combattre. La révolution de 1821 s'était accomplie; Iturbide venait d'arriver au pouvoir; ce fut à lui qu'Austin s'adressa pour obtenir la confirmation des concessions faites à son père. Elle lui fut accordée sans peine. Le Mexique n'avait pu passer à l'état d'indépendance, si nouveau pour lui, sans subir l'influence de quelques-unes des idées libérales qui accompagnent toujours de pareils mouvements.

Austin arriva, en 1821, sur le Brazos avec les premiers émigrants. Cette colonie eut beaucoup de peine à s'établir parmi les Indiens. Cependant, en 1824, elle avait fait assez de progrès pour être en mesure de châtier ces sauvages, quand ils commettaient des déprédations sur les défrichements. Cette émigration de quelques familles à l'ouest des États-Unis et au delà de la rivière Rouge, n'eut aucun retentissement en Europe; et comme le remarque parfaitement M. Leclerc dans l'ouvrage que nous avons déjà cité, il est probable que parmi les témoins, les auteurs et des promoteurs de l'entreprise, bien peu en apprécièrent la portée. C'est la marche et la loi de toutes choses en ce monde: un commencement inaperçu, une source cachée souvent inaccessible, des premiers pas incertains, des progrès ignorés, puis un grand fait qui éclate, un empire qui se révèle, une nation qui prend hardiment sa place, une révolution qui triomphe de toute résistance. C'est l'histoire de la colonisation et de l'indépendance du Texas. Le congrès ne vit pas toute la portée de la loi du 4 janvier 1823 ; il crut qu'en ouvrant la porte aux étrangers, et surtout aux Anglo-Américains, il allait établir une concurrence salutaire et hâter à son profit les progrès de la culture et de la civilisation. C'étaient là de grandes erreurs ; c'était mal connaître les populations mexicaines et celles des États de l'Union : les premières, paresseuses, sans industrie, sans activité ; les secondes, hasardeuses, entreprenantes et douées au plus haut point de cette persévérance nécessaire à l'œuvre de la colonisation. En appelant de pareils hommes, c'était leur livrer le pays et constituer son indépendance dans un avenir plus ou moins prochain. La politique du Mexique était de maintenir entre lui et les États-Unis des déserts infranchissables. Cela ne fut point fait, et la colonisation se développa paisiblement pendant les présidences de Victoria et de Guerrero qui se succédèrent de 1824 à 1830. L'état du Mexique, ses luttes intérieures ne permettaient pas aux ambitieux de s'occuper d'autre chose que d'eux-mêmes. On se souciait assez peu de ce qui se passait dans les solitudes du Texas, hors du centre d'action de la guerre civile. Quelques années suffirent pour donner une force irrésistible d'expansion à l'élément étranger que le Mexique avait admis dans son sein. Les concessions de terres à vil prix se succédèrent ; le besoin d'argent parlait plus haut à Mexico que toutes les considérations d'une politique d'avenir. A New-York, et sur d'autres points des États-Unis, on agiota scandaleusement sur ces ventes d'immenses territoires, dont vendeurs et acheteurs ne connaissaient pas les limites, et que réclamaient quelquefois deux propriétaires également porteurs de contrats en bonne forme. Dans cette colonie naissante, toute préoccupée des soins de son enfance, nuls projets politiques ne se mêlaient aux travaux de défrichements. Le Mexique se montrait, pour les premiers colons faibles et disséminés, bienveillant et protecteur. Lui qui proscrivait la traite des nègres pour son compte, permit l'introduction des esclaves dans le Texas. Il croyait n'encourager que la culture des terres, et ne réfléchissait pas qu'il créait, entre les deux parties du même État, des intérêts entièrement opposés. Car, par la constitution fédérale, le Texas était réuni à la province de Cohahuila, où dominait exclusivement l'élément espagnol.

Huit ans s'étaient écoulés depuis le jour où les Anglo-Américains avaient mis le pied dans le Texas, et déjà ils en composaient presque toute la population, ils en possédaient presque toutes les terres cultivées. Entre leurs mains, le pays commençait à changer de face ; leurs concitoyens des États de l'ouest et du sud savaient par eux ce qu'il valait. Rien alors, cependant, chez ces colons industrieux et appliqués au défrichement, ne faisait pressentir le projet d'une séparation, et leurs vœux se bornaient tout au plus à former, par la suite, un des États de la grande confédération mexicaine. L'ambition du cabinet de Washington était d'une tout autre nature. Lui ne cachait pas le désir de porter les limites de l'Union jusqu'aux bords du Rio Bravo del Norte. Tous les États à esclaves n'étaient pas moins empressés d'acquérir le Texas. On parlait tout haut d'en traiter avec la république mexicaine ; on spéculait sur sa détresse financière, sur ses dissensions intérieures. Il paraît que le ministre Poinsett fut chargé de cette négociation, qui échoua complétement malgré l'adresse et l'activité du diplomate. Le sentiment national réunissant dans une même pensée tous les partis qui se disputaient le pouvoir, se révolta contre les prétentions du cabinet de Washington. Voici en quels termes le secrétaire d'État mexicain signalait devant le congrès la politique de ce cabinet :

« Les Américains du Nord, dit-il, commencent par s'introduire dans le pays qu'ils convoitent, sous prétexte d'opérations commerciales ou de colonisation, avec ou sans l'autorisation du gouvernement auquel ils appartient. Ces colonies grandissent, se multiplient, deviennent bientôt l'élément principal de la population, et aussitôt ce fondement posé, les Américains du Nord commencent à élever des prétentions qu'il est impossible d'admettre. Leurs manœuvres dans le pays qu'ils veulent acquérir se manifestent ensuite par l'arrivée d'explorateurs qui s'y établissent, la plupart, sous prétexte que leur résidence ne préjuge pas la question de souveraineté. Ces *pionniers* excitent peu à peu des mouvements qui troublent l'état politique du territoire en litige. Puis viennent des mécontentements et des collisions calculés de manière à fatiguer la patience du légitime propriétaire, et à diminuer les avantages de la possession. Quand les choses en sont arrivées à ce point, ce qui est précisément le cas du Texas, alors commence le travail de la diplomatie. L'inquiétude excitée dans le pays, les intérêts des nouveaux colons, les révoltes qu'ils provoquent parmi les aventuriers et les sauvages, l'obstination avec laquelle ils soutiennent leurs prétentions à la propriété du nouveau territoire, deviennent le sujet de notes, où la modération et la justice ne sont respectées que dans les mots, jusqu'à ce que, grâce à des incidents qui ne manquent jamais de se présenter dans le cours de pareilles négociations, il se conclut un arrangement aussi onéreux pour une des parties que favorable pour l'autre.

« Et quand les États-Unis ont réussi de cette façon à introduire leurs citoyens en majorité dans le pays qu'ils convoitent, ils profitent généralement, pour faire valoir leurs prétendus droits, du moment où leurs adversaires sont plongés dans les plus grands embarras. Telle est leur politique dans l'affaire du Texas. Leurs journaux se sont mis à examiner la convenance de l'acquisition de cette province, ils ont déclaré que le Rio Bravo est la limite naturelle des deux républiques, et ce qui est remarquable, c'est qu'ils ont commencé cette discussion lorsqu'ils ont vu le Mexique tout occupé à repousser l'invasion espagnole, persuadés probablement que nous ne pourrions de longtemps songer à aucun autre ennemi. »

Ce document nous montre le gouvernement mexicain parfaitement instruit du danger dont il était menacé; il voyait enfin l'avenir du Texas, et les colons américains étendant leurs spéculations au delà des bornes de cette province. Déjà les fils de Moses Austin et leurs compatriotes s'apprêtaient à remonter le Rio Bravo sur des bateaux à vapeur; ils se proposaient d'attirer à eux le commerce des provinces septentrionales de la confédération mexicaine : gigantesque entreprise qui préparait une double invasion de l'État de Santa-Fé par les habitants du Missouri et du Texas. Le ministère Alaman crut arrêter ces ambitieux projets et le développement de la colonie en prohibant toute émigration ultérieure des Anglo-Américains. Tel fut l'objet de la loi rendue le 6 avril 1830 : loi tardive et impuissante, qui ne fut respectée ni des Américains de la Louisiane et de l'Arkansas, ni des habitants des États voisins. Tous continuèrent de s'établir au Texas, malgré la surveillance de quelques postes mexicains jetés aux deux extrémités de la province; et la colonisation ne s'arrêta pas. Si quelque mesure pouvait la paralyser, c'était bien certainement l'abolition immédiate de l'esclavage dans toute l'étendue de la république mexicaine, ordonnée par Guerrero. Son décret du 15 septembre 1829, rigoureusement exécuté, eût ruiné le présent et empêché les citoyens des États-Unis de franchir plus tard la rivière Rouge et la Sabine; mais ce décret fut révoqué, en ce qui concernait le Texas, par le gouvernement qui succéda à celui de Guerrero. Toutefois Bustamente ne cessa d'avoir l'œil sur la nouvelle colonie. Convaincu qu'il aurait bientôt à lutter avec elle, il se préparait en silence au combat. Il dirigeait successivement sur ce point, et sous divers prétextes, de petits corps de troupes qui se montaient ensemble, en 1832, à douze cent soixante-huit hommes; force assez faible, mais suffisante pour contenir une population peu nombreuse, disséminée et sans expérience militaire. Toutefois la présence et l'insubordination de ces troupes étrangères entretenaient dans les esprits ces vives et profondes irritations qui n'attendent qu'un prétexte pour se transformer en révolte. Les événements vinrent bientôt en aide à ces dispositions hostiles. Ceux qui précèdent la révolution du Texas se rattachent intimement à l'histoire intérieure du Mexique depuis 1830 jusqu'en 1834.

On était alors sous l'empire de la constitution fédérale de 1824; chaque province sous le nom d'État possédait sa législature, son gouverneur électif, son budget, et prétendait souvent à l'exercice sans contrôle du pouvoir souverain. De là les lois particulières en opposition à la législation générale, de là la prétention d'admettre ou de repousser toute disposition du congrès qui semblait contraire aux intérêts locaux. Le décret du 6 avril 1830 déplaisait fort à l'État de Cohahuila et Texas; ne l'exécuter qu'en partie parut un droit à son gouverneur. Dès l'année 1831, il nomma un commissaire pour mettre quelques émigrants en possession de terres qui leur avaient été précédemment concédées. Le gouverneur général des provinces orientales, mécontent de ce qu'il regardait comme un acte de désobéissance, fit jeter brutalement le commissaire en prison. Une autre fois, ce même gouverneur prononça la dissolution d'un corps municipal légalement élu, en établit un autre de son autorité privée, et défendit de procéder à de nouvelles élections sous peine d'exécution militaire. Dans le même temps, le commandant d'Anahuac fit arrêter plusieurs colons anglo-américains. A ce dernier abus de la force, leurs concitoyens établis dans cette partie de la province prennent les armes, paraissent devant la forteresse et somment le commandant de rendre la liberté à ses prisonniers. L'officier espagnol promet de l'accorder, mais demande deux jours pour remplir quelques formalités et mettre sa responsabilité à couvert. Il emploie traîtreusement le délai consenti à faire venir en toute hâte, à son secours, la garnison de Nacogdoches. Elle arriva au moment où les insurgés se retiraient confiants dans la parole donnée. Cette perfidie n'eut point de succès. Les insurgés revinrent sur leurs pas, et firent si bonne contenance que le commandant du détachement de Nacogdoches s'estima fort heureux d'éviter le combat en garantissant la mise en liberté des colons, qui furent relâchés sur-le-champ.

Ces insurgés texiens étaient encore en armes quand ils eurent connaissance du *pronunciamiento* de la Vera-Crux (janvier 1832) et du soulèvement des troupes de Santa-Anna contre l'administration de Bustamente, dont les délégués, par des actes arbitraires, venaient de provoquer leur ressentiment. Le système fédéral qu'il s'agissait de protéger avait toute leur sympathie. Ils redoutaient le triomphe du centralisme, dont ils ne pouvaient jamais attendre la reconnaissance du Texas comme État séparé, acheminement au gouvernement du pays par lui-même, vers lequel les populations anglo-américaines sont attirées comme par instinct. Le Texas fut donc unanime en faveur du fédéralisme. Les colons du Brazos, au nombre de cent dix-sept, furent les premiers à prendre les armes, avec John Austin à leur tête. Ils se mirent en marche pour rejoindre les insurgés d'Anahuac, et chemin faisant, ils s'emparèrent du fort de Velasco, qui fut bravement défendu par son commandant Ugartechea. Assiégeants et assiégés firent ici des prodiges de valeur. Aux coups de canon de la forteresse, les Texiens répondaient par des coups de carabine. Les excellents tireurs de l'ouest coupaient les mains des artilleurs à mesure qu'ils se montraient pour charger leurs pièces. Ugartechea, ne trouvant plus d'hommes pour cette besogne, se mit lui-même à l'œuvre. Son héroïque dévouement fit l'admiration des

Texiens qui, pouvant lui mettre une balle dans l'œil, cessèrent le feu. Le brave commandant vit aussi qu'il avait affaire à des gens trop résolus, pour continuer une défense désormais impossible : il se rendit.

Cependant, Santa-Anna vit autre chose dans cette insurrection qu'un mouvement en faveur du fédéralisme. Le but réel ne lui échappa pas, et loin de se fier aux apparences, il dépêcha le colonel Mexia avec quatre cents hommes, pour rétablir au Texas l'autorité de la république qu'il supposait fort ébranlée. Les chefs texiens appelèrent à leur secours ce que la diplomatie nomme adresse, habileté. Sous leur influence, l'assemblée générale des colons désavoua toute intention hostile au Mexique. Elle expliqua la dernière prise d'armes par le besoin de se défendre contre les actes arbitraires des agents de Bustamente, elle chercha à la rattacher encore au mouvement de la Vera-Crux, et protesta de son dévouement à la politique de Santa-Anna. Mexia, satisfait de cette déclaration, repartit avec tout son monde. A peine eut-il quitté le sol du Texas, que les colons de Nacogdoches attaquèrent la forteresse de ce nom, la prirent et chassèrent la garnison. A la fin de l'été 1832, il ne restait pas un soldat mexicain dans la partie du Texas où se trouvaient établies les colonies anglo-américaines. Ce fut alors qu'elles se mirent à l'œuvre, et ne dissimulèrent plus leurs véritables projets. Elles se réunirent en convention dans la ville naissante de San-Felipe. Cette assemblée, qui n'avait rien de légal, passa plusieurs mois à rédiger une constitution pour le Texas, et finit par consigner dans une pétition au gouvernement de Mexico, les motifs qui la portaient à désirer une séparation de l'État de Cohahuila.

Nous nous plaignons, disaient les Texiens dans cette pétition, moins de quelques abus, que de l'absence totale de ce qui constitue un gouvernement. Il nous faut aller chercher à sept cents milles de nos demeures les tribunaux chargés de rendre la justice. Cet éloignement laisse de grands crimes impunis, et nous prive, en certaines circonstances, de l'exercice de nos droits civils et politiques. Aucun fonds n'est voté pour l'instruction du peuple, et nous en gémissons, nous, anciens citoyens des États-Unis, qui mettons l'éducation des hommes au premier rang des devoirs d'un gouvernement. Les Texiens déploraient encore le régime fiscal en vigueur ; ils le montraient comme ayant pour but de protéger le monopole des pitoyables manufactures du Mexique, et d'arrêter l'importation des choses les plus nécessaires à la vie civilisée. Le mauvais emploi des impôts n'était pas épargné, pas plus que les droits dont l'argent monnayé était frappé dans la circulation. Mais ce qui révoltait surtout les colons, c'était d'être laissés sans défense contre les attaques des sauvages, et d'être obligés de se garder eux-mêmes. Les colons demandaient encore que les lois cessassent d'être promulguées dans la langue espagnole ; qu'égale protection fût accordée aux protestants ; qu'ils fussent affranchis légalement de l'obligation de se soumettre aux pratiques de la religion romaine, qui répugnaient à leur conscience, et dont, à la vérité, ils s'étaient eux-mêmes affranchis.

On voit par cette longue suite de griefs, que ce n'était point seulement la question de l'esclavage, comme on l'a mal à propos supposé, qui portait les Texiens à cette séparation ; il y avait encore un motif qu'ils n'avouaient pas. Trop peu nombreux pour leurs projets d'avenir, ils voulaient, une fois constitués en État souverain, appeler leurs compatriotes de l'Union du Nord à prendre part à l'œuvre de la colonisation, en leur garantissant des droits politiques et civils dont la législation mexicaine se montrait fort avare. Ils chargèrent le général Stephen Austin de se rendre à Mexico et d'y négocier avec le gouvernement. Austin mit tout en œuvre pendant l'année 1833, pour obtenir la séparation demandée, ou du moins la réforme des abus. Il représenta en termes très-vifs et presque menaçants, que si l'on ne voulait pas s'occuper des affaires de cette province, et prendre ses griefs en considération, la population se chargerait elle-même de ce soin. Le ministère tout entier aux basses intrigues des partis qui divisaient la république, et qui le divisaient lui-même, ne fit aucune attention aux demandes du Texas. Austin, fatigué des lenteurs qu'on lui faisait subir, écrivit à la municipalité de Bejar le peu de succès de ses démarches. Il accompagnait cette communication de conseils aux colons; il les engageait à prendre patience, à procéder par les voies légales, à organiser pacifiquement une administration locale. Cette lettre tomba entre les mains de ceux des membres de la municipalité opposés aux vues des colons anglo-américains ; ils la firent passer au gouvernement central qui la trouva séditieuse. Austin avait déjà quitté Mexico et n'était pas loin du Texas, quand il se vit arrêté, reconduit dans la capitale et jeté en prison. C'était d'autant plus fâcheux pour lui, qu'il n'était point du tout d'avis d'un mouvement insurrectionnel et ne partageait que très-faiblement l'impatience de ses concitoyens. Sa captivité fut longue sans être sévère. C'était un de ces hommes qui suivent les grands mouvements politiques, mais qui ne les arrêtent ni ne les dirigent. Il fut rendu à la liberté dans l'année 1835.

Le jour de la lutte n'était pas éloigné. Le Mexique, sans cesse en travail d'une révolution, venait de renverser sa constitution de 1824, et de lui substituer un gouvernement central, œuvre de l'Église et de l'armée, que fit triompher ce même Santa-Anna, cet ambitieux vulgaire, toujours avide du pouvoir suprême; toujours ignorant des devoirs qu'on s'impose quand on veut commander à ses semblables; toujours ébloui de l'éclat de la puissance sans en comprendre la grandeur, et qui finit par se jeter dans les bras des centralistes, après les avoir combattus, lorsqu'il se crut assuré de la faveur populaire.

Cette révolution ralluma le feu de la discorde dans une partie du Mexique. Les opinions se partagèrent suivant les intérêts. Au Texas, le mécontentement fut général, tandis que les autorités de Cohahuila se montraient favorables à la contre-révolution; mais bientôt une question d'argent changea leurs dispositions. Le trésor de la province était vide; le gouverneur proposa de le remplir en vendant une étendue considérable de terres du Texas. Des spéculateurs nombreux, Texiens et Anglo-Américains, se présentèrent; leurs offres furent acceptées. Mais les hommes qui les avaient faites étaient suspects à Mexico : le président refusa de sanctionner le traité, sous prétexte que l'État de Cohahuila n'avait pas le droit d'aliéner le domaine public, et moins encore de s'emparer du prix de la vente avant d'avoir versé dans le trésor de la république l'arriéré considérable qu'il lui devait. L'État de Cohahuila, qui se souciait fort peu de solder cet arriéré, ne tint pas compte de l'opposition du gouvernement central. Celui-ci, qui redoutait de voir la population du Texas s'accroître d'Anglo-Américains, résolut d'employer la force pour se faire obéir. Le général Cos, commandant supérieur des provinces orientales, reçut de Santa-Anna l'ordre de marcher avec sa division sur la capitale de l'État, et d'expulser la législature rebelle. Le gouverneur et plusieurs députés furent arrêtés, et les spéculateurs prirent la fuite; mais en rentrant au Texas, ils portèrent de rudes coups à l'ennemi commun. Ils allèrent de ville en ville, d'habitation en habitation, proclamant la guerre comme l'unique moyen d'échapper au despotisme de Santa-Anna. C'était promener l'étincelle sur une traînée de poudre. La guerre était populaire au Texas; on ne s'y faisait point illusion sur ses terribles chances; mais on n'ignorait pas qu'une victoire devait affranchir le pays et le délivrer pour toujours des vexations et de l'avenir que la haine jalouse du Mexique lui préparait. Le 16 août 1835, l'étendard de l'insurrection fut planté dans les plaines de San-Iacinto, là où il devait triompher quelques mois plus tard. Au même moment, le général Cos passa le Rio del Norte, et la lutte commença.

Stephen Austin reparut alors au milieu de ses concitoyens; et dans une assemblée tenue à Brazoria le 8 septembre, il recommanda la réunion immédiate d'une convention générale de toute la province, et la discussion des bases d'une constitution. Son langage était encore empreint de cette modération qui accompagne presque toujours le début des révolutions. Il n'en fut pas longtemps ainsi; et ce même Austin se vit bientôt entraîné à des actes hostiles, à des résolutions compromettantes qui laissent tout rapprochement impossible. Informé des mouvements du général Cos, il ne tarda pas à les faire connaître au peuple par une circulaire; il ajouta que la ruine du Texas était décidée, et qu'il ne lui restait d'autre ressource que la guerre. Alors il s'établit à San-Felipe un comité de sûreté publique, qui prit aussitôt, par la force des choses, l'attitude d'un comité central. D'un bout à l'autre du Texas, des comités locaux s'organisèrent. Ce fut dans ce premier moment d'énergie patriotique qu'un détachement de la garnison de Bejar eut l'imprudence de s'avancer vers Gonzalès, sur les bords du Rio-Guadalupe, dont la population demanda du secours au comité de San-Felipe. Celui-ci dirigea sur le point menacé un petit nombre de volontaires, commandé par Austin. On en vint aux mains le 2 octobre, et les Texiens manœuvrèrent si bien leur unique canon, que le détachement mexicain se vit obligé de battre en retraite sur Bejar avec une perte de quelques hommes. Ce fut le premier engagement dans l'ouest du Texas. Le mouvement qui éclatait ici gagna tout le pays avec la rapidité de l'incendie. Les comités de Nacogdoches et de San-Augustine levèrent des troupes et les mirent sous les ordres de Samuel Houston, dont le nom est désormais inséparable de la gloire du Texas. Les habitants de la Louisiane, apprenant la marche des Mexicains, organisèrent un comité pour correspondre avec le gouvernement provisoire des insurgés, pour recevoir des souscriptions, enrôler des volontaires. En peu de jours, deux compagnies armées et équipées, apportant 7,000 dollars, se mirent en marche pour se réunir aux Texiens, et concourir au succès de leur noble cause. Ceux-ci ne perdaient point le temps en vaines paroles. Hommes de résolution et d'action, ils prenaient audacieusement l'offensive avec un semblant d'armée, dont la faiblesse du chiffre est à peine croyable. Un de ces détachements s'empara tout d'abord du fort de Goliad, où il trouva de quoi armer 300 hommes, et des provisions pour une valeur de 10,000 dollars. Le 28 octobre, deux chefs d'insurgés, Fannin et Bowie, attaquèrent un parti de Mexicains bien supérieur en nombre, qui perdit 32 hommes et 1 canon. Le 3 novembre, les Mexicains furent encore battus, et le 8, le général Cos se vit assiégé dans Bejar.

Cependant les délégués de toutes les municipalités de la province, réunis à San-Felipe de Austin, se constituaient en *consultation générale*, sous la présidence de M. Archer. Cette assemblée adopta, le 7 novembre, une résolution qui n'était point une déclaration absolue d'indépendance. Elle s'en tenait encore à la constitution fédérale de 1824, et offrait son appui au Mexique pour reconquérir ses libertés. Toutefois, elle organisa un gouvernement provisoire, à la tête duquel elle mit un des colons les plus influents, M. Henri Smith, qui l'emporta de neuf voix sur son concurrent, le général Stephen Austin. Samuel Houston fut nommé major général de l'armée. Le 14 novembre, après une session de onze jours, la réunion termina ses travaux.

La grande affaire des insurgés était

le siége de Bejar, qui traînait en longueur. Le général Cos avait habilement profité de la disposition des lieux et de quelques grands bâtiments en pierre pour se retrancher à l'intérieur. L'officier qui commandait le siège était découragé; les volontaires, qui s'étaient rendus à l'armée comme à une partie de plaisir, ne l'étaient pas moins; ils n'avaient ni provisions ni habits d'hiver; la saison des pluies approchait; chaque jour plusieurs d'entre eux prenaient la route de leurs foyers. Le siége allait être levé, lorsqu'un homme se présente, et promet d'enlever la place si 300 braves prêts à mourir veulent le suivre. Milam, c'était le nom de cet intrépide officier, déjà célèbre dans le Texas par mainte aventure brillante, et l'un des héros de cette guerre, inspirait à ses camarades une confiance sans bornes; tous le suivirent, et la ville fut prise; mais deux jours avant la capitulation de la forteresse, ce nouveau Léonidas fut frappé d'une balle à la tête; il tomba comme enseveli dans son triomphe. Le 11 novembre, le général Cos, son état-major et 1,500 Mexicains défilèrent devant les restes de cette poignée d'insurgés, après avoir donné leur parole d'honneur de ne point s'opposer au rétablissement de la constitution fédérale. Pas un soldat mexicain ne restait au Texas à la fin de 1835.

Santa-Anna était à San-Luis-Potosi lorsqu'il apprit la chute de Bejar. Empressé de réparer cet affront, il hâta ses préparatifs militaires. Les Texiens, de leur côté, ne perdirent pas un moment pour réunir leurs moyens de défense. Nous allons raconter en peu de mots les événements de cette courte et décisive campagne, dont le résultat a consacré l'indépendance du Texas. Le 1er février 1836, le général mexicain entrait dans cette grande contrée à la tête de 6,000 hommes. L'armée d'invasion était divisée en trois corps. Les généraux Sesma, Filisola et Cos appartenaient au premier, chargé de reprendre Bejar; Urrea et Garay commandaient le second, dirigé contre Goliad; le troisième était sous les ordres de Santa-Anna, sans destination précise. Bejar et Goliad étaient des villes espagnoles; de l'une et de l'autre partaient des routes aboutissant à un centre commun, au cœur des établissements anglo-américains, San-Filipe de Austin. Il y avait avantage à les prendre pour base des mouvements ultérieurs de l'armée. Soit par excès de confiance, soit par défaut de moyens, les Texiens avaient négligé de renforcer les garnisons de ces deux villes. Elles étaient faibles et très-insuffisantes. Le colonel Travis, commandant de la première, et qui n'avait que 180 hommes avec lui, se retira dans l'Alamo (la citadelle), qu'il défendit en héros contre les deux divisions de Cos et de Santa-Anna, fortes de 3,000 hommes et bien pourvues d'artillerie. Entouré de tous côtés, il fit pendant quinze jours une admirable résistance. Il avait écrit pendant le siége : « Si je succombe, la victoire coûtera si cher à l'ennemi que mieux vaudrait pour lui une défaite. » Une autre fois il ajoutait : « Si mes compatriotes ne viennent pas à mon secours, je suis décidé à périr en défendant la place, et mes ossements accuseront hautement l'indifférence de mon pays. » Le malheureux Travis ne fut pas secouru; 32 hommes seulement parvinrent à s'introduire dans l'Alamo. L'armée ennemie, au contraire, était plus que doublée depuis le commencement du siége. Santa-Anna, pressé d'en finir, donna, le 6 mars, l'ordre de l'assaut, bien qu'il fût convaincu qu'il allait lui coûter cher. Travis et les siens avaient promis de mourir sur la brèche : ils tinrent parole. L'Alamo fut pris; mais 1,500 Mexicains tombèrent sous les coups des assiégés; un seul de ceux-ci demanda quartier, et fut égorgé. « Encore une victoire pareille, dit Santa-Anna, et c'est fait de nous. »

Goliad n'avait point comme Bejar la ressource d'un fort pour arrêter l'ennemi; c'était une ville tout ouverte. Le colonel Fannin l'avait abandonnée, n'ayant avec lui que cinq cents

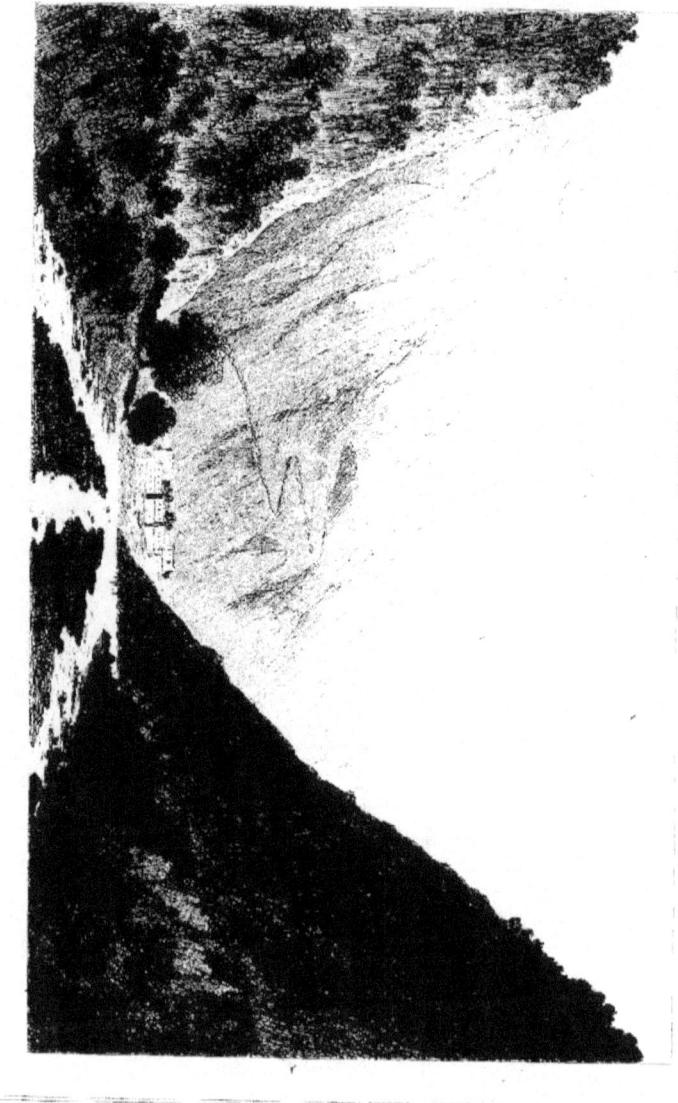

hommes, tandis que la division de Urrea en comptait dix-neuf cents. Attaqué dans la prairie, manquant de vivres et de munitions, il n'en soutint pas moins le choc pendant toute une journée avec un héroïque courage. Mais tout espoir de salut devenant impossible, il accueillit les propositions du général mexicain, et mit bas les armes aux conditions que lui et ses soldats seraient traités en prisonniers de guerre, et que les volontaires américains seraient embarqués pour la Nouvelle-Orléans aux frais du gouvernement mexicain. Ces conditions furent violées avec la plus abominable perfidie. Santa-Anna, qui se trouvait encore à Bejar, ordonna le massacre des prisonniers; et le 17 mars au matin, jour des Rameaux, ils furent tous, au nombre de près de quatre cents, égorgés non loin de Goliad, entre cette ville et la mer. Sur la tête de Santa-Anna pèse tout l'odieux de ce lâche assassinat. Ses généraux s'y opposaient, Urrea surtout; il étouffa leurs voix; lui seul le voulut; il signa la sentence de mort et la fit partir lui-même. Cet homme de sang espérait quelque chose de ce moyen de terreur; la Providence permit qu'il tournât contre lui. Loin de glacer les courages, ce crime fit naître dans tout le pays une soif ardente de vengeance. L'énergie des insurgés y puisa de nouvelles forces.

Ce fut à l'époque de ces désastres que la convention nationale, convoquée à Washington, sans se laisser intimider par la mauvaise fortune, répondit aux menaces du vainqueur par une déclaration de droits et par le cri définitif d'indépendance. Elle rédigea, ou plutôt elle improvisa une constitution dont nous donnerons bientôt une rapide analyse. Elle créa un pouvoir exécutif par *intérim*, et décréta toutes les mesures d'urgence que la gravité des circonstances réclamait.

Le Texas était alors dans un temps de préoccupations tristes et douloureuses. Son avenir se présentait sombre comme celui des vaincus. On voyait les progrès de l'invasion sans apercevoir les moyens de résistance. Il y avait de l'enthousiasme, mais point d'organisation régulière. Le commandant en chef, Houston, n'arriva lui-même sur le Guadalupe que deux ou trois jours après la chute de l'Alamo, et n'y trouva que trois cents hommes. La prudence l'obligea de se replier d'abord sur le Colorado, puis sur le Brazos, et à continuer successivement son mouvement de retraite dans la direction de l'est, laissant à découvert San Felipe, que les habitants abandonnèrent après y avoir mis le feu. Cette tactique de Houston ne manquait pas d'habileté; en se repliant, il augmentait chaque jour sa petite armée de nouvelles recrues, tandis que le général mexicain en le poursuivant, laissait toujours quelques-uns des siens en arrière. Il paraît qu'en se rapprochant de la frontière des États-Unis, Houston comptait sur quelque secours du général Gaines, qui s'était avancé jusqu'à Nocogdoches, sur le territoire texien, par ordre du président Jackson.

Attiré sur les pas d'un ennemi qui semblait redouter le combat, plein de confiance dans ses premiers succès, pénétrant dans le pays, comme pour en prendre possession après la victoire, Santa-Anna, parti de Bejar le 31 mars, se trouvait le 20 avril dans les plaines de San-Jacinto. Ce n'étaient plus des fuyards qu'il aperçut alors, c'était un petit corps de troupes, pas plus nombreux qu'un de nos bataillons d'infanterie, qui marchait résolûment à sa rencontre. Houston le commandait en personne. Santa-Anna venait de recevoir un renfort de cinq cents hommes, sous les ordres du général Cos, ce qui portait ce qu'on appelait son armée à quinze cents hommes effectifs. Les Texiens n'en comptaient que sept cent quatre-vingt-trois, dont soixante et un cavaliers. La bataille entre ces ennemis acharnés eut lieu le 21 août. Les Texiens s'avancèrent dans un profond silence. Tout à coup Houston s'écrie : Amis, souvenez-vous de l'Alamo. A ce cri de guerre, un feu terrible porte le désordre dans les rangs mexicains, qui sont aussitôt abordés à la baïonnette et culbutés.

« Dix-huit minutes après le commencement de l'attaque, dit le rapport officiel du général Houston, nous étions maîtres du camp de l'ennemi, de ses drapeaux, de ses équipages, de ses provisions, de ses armes, de ses bagages. » La déroute fut complète et le carnage fut grand : six cent trente Mexicains, dont un officier général, quatre colonels, restèrent sur la place ; deux cent quatre-vingts furent blessés, et sept cent trente faits prisonniers. Cette victoire ne coûta aux Texiens que deux hommes tués et vingt-trois blessés, dont six mortellement. Le colonel Lamar, depuis président de la république, commandait la cavalerie, et fit des miracles de bravoure.

Santa-Anna prit la fuite, et on le trouva le lendemain tout tremblant, caché dans de hautes herbes. Il fut découvert par un détachement de Texiens envoyés à la poursuite des fuyards. Il baisa la main du premier soldat qui se présenta, et chercha à les corrompre tous, en leur offrant de l'or et des bijoux. N'y pouvant parvenir, il se prit à pleurer. Conduit devant le général Houston, qui dormait au pied d'un arbre, la tête appuyée sur sa selle, il lui dit en espagnol : Je suis Antonio Lopez de Santa-Anna, président de la république mexicaine, et général en chef de l'armée d'opération. Puis laissant échapper une bouffée d'orgueil, il ajouta : Vous n'êtes pas né pour les choses ordinaires ; vous avez vaincu le *Napoléon de l'Ouest*. Il s'enquit avec anxiété du sort qu'on lui réservait, et chercha assez maladroitement à excuser les crimes et les massacres qui lui étaient reprochés. Il paraît que Houston se laissa aller à la pitié, et lui accorda sa protection. Il agissait ainsi en homme d'État qui cherche à tirer le meilleur parti des circonstances, et qui croit qu'un meurtre inutile est tout ce qu'il y a de plus mauvais en politique.

Il était facile de prévoir, d'après le système de modération adopté par le général et le gouvernement provisoire, qu'une convention avec Santa-Anna ne se ferait pas attendre. Déjà l'ordre de se replier sur Bejar avait été donné par ce dernier. Peu de jours après, le 14 mai, deux traités, l'un patent, l'autre secret, furent signés à Velasco. L'article qui stipulait la mise en liberté du président mexicain rendit ces traités tout à fait impopulaires. L'armée surtout continuait à demander sa mort, en représaille du massacre de Goliad. Elle était également mécontente du gouvernement provisoire, dont elle se croyait négligée, et peu s'en fallut que l'officier qu'elle avait chargé de porter ses représentations à Velasco ne mît le gouvernement en prison. Le président allait être arrêté, lorsqu'il fut défendu par les citoyens de la ville, qui finirent par épargner un tel scandale aux vainqueurs de San-Jacinto. Toutefois, le gouvernement, trop faible pour braver l'opinion publique, prit le parti d'ajourner la sanction du traité, et de retenir Santa-Anna prisonnier. Cet homme, qui n'avait certes aucun droit à la bienveillance des Texiens, s'avisa de protester contre sa captivité et les privations qu'il endurait. Vraiment il était bien à plaindre de n'être pas aussi parfaitement traité que dans son palais de Mexico, lorsque les principaux personnages du Texas manquaient de tout. Le président Burnet lui répondit avec dignité : J'ai sacrifié à votre bien-être celui de ma famille malade ; si nous manquons de *comfort*, c'est à votre visite chez nous qu'il faut vous en prendre. Il nous paraît tout simple que vous souffriez un peu de nos maux.

Le vainqueur de Santa-Anna était en ce moment le héros du Texas. Son nom éclipsait tous les autres noms, même celui du fondateur de la nationalité texienne. Aussi Houston l'emporta-t-il sur Austin pour la présidence : il obtint trois mille cinq cent quatre-vingt-cinq suffrages, trois mille de plus que son concurrent. Le colonel Lamar fut élu vice-président par un pareil nombre de votes. Cette réunion d'électeurs se déclara en même temps pour l'incorporation du Texas aux États-Unis. De puissants motifs

Indiens.

empêchèrent alors le cabinet de Washington de proposer au congrès une telle admission. Il craignit qu'elle ne détruisît l'équilibre entre les États agricoles du sud, qui maintiennent l'esclavage, et les États industriels du nord, qui le proscrivent. Toutefois, il reconnut l'indépendance du Texas. Celui-ci, mécontent d'avoir été repoussé par Van Buren, mit alors tout son orgueil à former une république séparée. Houston ne partageait pas un tel désir; il persistait à rattacher le pays à l'Union américaine. Cette circonstance, ses différends avec le congrès, pour la disposition des terres nationales et l'organisation de la milice, son peu d'aptitude pour les affaires, son peu de goût pour le travail, ses habitudes sans dignité, firent promptement oublier de grands services. Il se dépopularisa plus encore, en ne tenant aucun compte de la résolution du congrès au sujet de Santa-Anna. Cette assemblée, à la suite d'un rapport remarquable (*), s'était prononcée contre la mise en liberté du président mexicain. Houston crut son honneur engagé à l'exécution du traité qu'il avait signé; il fit conduire son prisonnier aux États-Unis. Cet acte, d'un loyal soldat, mais non d'un homme politique, mit le comble à son discrédit. Abandonné par l'opinion publique, lors des élections présidentielles de 1838, les suffrages se portèrent sur Mirabeau Lamar, partisan déclaré d'une séparation complète et d'une existence nationale indépendante. Le Texas crut de sa dignité de retirer sa demande et de rester lui-même. Il a montré qu'il avait la conscience de ce qu'il valait et l'intelligence de ses destinées futures. Sa constitution n'a pas demandé de profondes méditations. Nous avons vu qu'elle avait

(*) Les dernières lettres de ce rapport contiennent sur le caractère, la vie politique et la moralité de Santa-Anna des observations très-sévères et malheureusement très-justes: jamais peut-être le chef légal d'un gouvernement étranger n'a été l'objet d'une pareille critique dans un document public émané d'un autre gouvernement.

été improvisée par des Anglo-Américains. Elle devait donc ressembler à celles de la plupart des États de l'Union. Elle est purement démocratique; le pouvoir exécutif est entre les mains d'un président, auquel on a laissé le moins de pouvoir possible. Il possède cependant le veto suspensif. Son traitement annuel est de dix mille dollars. Il est élu par tous les citoyens pour trois ans, et non immédiatement rééligible. La législature se compose de deux chambres: un sénat, renouvelé tous les trois ans, ayant à sa tête le vice-président de la république, une chambre des représentants, renouvelée tous les ans. Ces deux chambres gouvernent, dans toute l'étendue du mot, et nomment à la plupart des places. Leurs membres reçoivent une indemnité, et ne peuvent occuper de fonctions salariées. A leur tour, les ministres des différents cultes ne peuvent remplir de fonctions législatives. Le pouvoir judiciaire réside dans une cour suprême et dans une cour de justice appliquant les lois anglaises, provisoirement en vigueur. L'institution du jury et la liberté des cultes se trouvent écrites dans cette constitution à côté de l'esclavage à perpétuité.

Il faut nous arrêter à cette partie de l'histoire du Texas; le moment n'est pas venu d'en écrire la suite. Nous laissons cette grande contrée triomphante de ses ennemis, indépendante et libre, développant son organisation politique et tous les éléments de sa prospérité. Le temps et l'espace sont pour elle: l'Europe a déjà su prévoir les destinées qui l'attendent, et la France a été la première à les deviner. Elle a signé avec ce nouvel État, le 25 septembre 1839, un traité de commerce et de navigation. Ce bon exemple a été suivi par la Hollande et la Belgique, et dernièrement par l'Angleterre.

C'est à cette dernière puissance que le Texas paraît avoir eu recours pour amener le Mexique à reconnaître son indépendance. La Grande-Bretagne, fidèle à sa politique, a profité de cette circonstance pour se donner un nouveau débiteur, plus solvable que le premier. Créancière du Mexique, elle a stipulé que dans le cas d'un traité de paix dû à sa médiation, le Texas prendrait à sa charge un million de livres sterling de la dette étrangère mexicaine. Cette circonstance explique l'empressement du Texas à contracter un emprunt, devenu pour lui une nécessité d'autant plus impérieuse que ses dépenses et l'intérêt de sa propre dette excèdent ses revenus. Il est dans cet état de transition où le présent doit s'engager pour assurer l'avenir. Son papier-monnaie, créé pour remédier à la pénurie des espèces métalliques et à la difficulté des transactions, bien qu'hypothéqué sur les terres de l'État, est fort déprécié. Les principales ressources du gouvernement se trouvent dans la vente d'immenses terrains et dans le produit des douanes. Ce produit était, en 1838, de 1,390,670 fr.; en 1839, de 1,950,000 fr.; et en 1840, de 2,930,000 fr. Un tel mouvement progressif vient en preuve de l'essor rapide de l'agriculture et du commerce, et du merveilleux accroissement de la population : elle augmente dans une proportion qui dépasse tout ce qu'on a vu jusqu'ici. Le flot d'émigrants qui arrive chaque année sur le sol texien ne saurait désormais s'arrêter ; mais, comme il se répand inégalement sur une immense surface, aucun recensement ne pourra s'exécuter de longtemps avec quelque degré d'exactitude (*). Cet accroissement, qui dépasse toutes les prévisions, a permis au gouvernement de cesser, à partir de 1841, l'encouragement qu'il avait jusqu'alors accordé aux émigrants. La constitution assurait à chacun d'eux, après un séjour de six mois, la possession de cent vingt-deux hectares et demi de terres. Cette libéralité n'est plus nécessaire.

Le Texas, comme Rome dans ses premiers temps, n'a pas assez de femmes ; toutefois, cette disproportion entre les deux sexes tend chaque jour à disparaître. Les Américaines redoutaient de s'allier à de rudes défricheurs de terres, qu'on appelait des aventuriers sans patrie. Aujourd'hui ces aventuriers ne sont plus pour elles des hommes sans existence politique. La victoire les a réhabilités aux yeux du monde, et des épouses viennent avec orgueil partager la fortune des fondateurs d'une grande république.

Devant eux se dispersent les tribus sauvages dont les ancêtres faisaient trembler les premiers colons : les Cushattes, qui s'étendaient jusqu'à la Louisiane, les Lapans, qui occupaient les bords du Rio-Grande, ont totalement disparu ; et les Comanches eux-mêmes, ces féroces ennemis de la civilisation, sont allés grossir cette bande de peaux rouges que la civilisation a chassées devant elle. Le Texas leur jette un défi en plaçant sa capitale à l'extrémité des terres cultivées, et comme aux frontières de ses solitudes. Eux, redoutant une lutte inégale, ont rapproché leurs tentes de Santa-Fé ; c'est au nouveau Mexique à les craindre aujourd'hui.

Le Texas et sa révolution nous ont longtemps arrêtés. Pour cette révolution, notre sympathie est grande, car elle n'a point à rougir devant le monde, car elle s'est montrée pleine de modération et désireuse de toute transaction raisonnable à son origine, brillante de courage sur les champs de bataille, noble et généreuse après le combat. Elle peut être fière de son drapeau. Il nous en coûte de nous arracher à un tel spectacle, de quitter un pays où règnent une industrieuse activité, l'amour de l'ordre et de la liberté, une foi vive dans l'avenir, un sentiment religieux aussi tolérant que profond, pour retourner au milieu de ces luttes mexicaines si tristes, si personnelles, si dépourvues de patriotisme et de grandeur.

(*) Sans adopter entièrement le chiffre donné dans un aperçu statistique sur le Texas dernièrement publié, nous croyons qu'on peut porter sa population pour 1841 à 350,000 âmes : elle n'était que de 9 ou 10,000 au commencement du siècle, et de 70,000 environ à l'époque de la déclaration d'indépendance.

Les Texiens comptaient bien sur cette situation politique de leurs ennemis et sur le caractère des partis qui les divisaient, lorsqu'ils avaient rendu la liberté à Santa-Anna. Ils regardaient cet homme au milieu de ses compatriotes comme un élément de discorde, et la guerre intérieure au Mexique comme un gage de tranquillité. Toutefois, ils se trompaient sur l'influence de l'ex-président; sa popularité s'était évanouie avec le prestige de sa gloire militaire. Bien informé de cette disposition des esprits à son arrivée à la Vera-Crux, il se hâta d'aller cacher sa honte dans une de ses terres, après avoir fait parvenir au gouvernement central des déclarations très-pacifiques. Il put se convaincre, quelques jours après, à quel point il était abandonné. Lors de l'élection pour la présidence, il n'obtint que cinq suffrages, tandis que Bustamente en réunit cinquante-sept, Bravo cinquante-cinq, et Alaman quarante-cinq.

Bustamente signala son installation par un manifeste belliqueux. Il promit de venger la patrie de ses derniers revers, de rétablir l'intégrité du territoire, ou de succomber dans les champs du Texas. « Pour accomplir une telle mission, disait-il, je me suis arraché aux douceurs d'une vie tranquille en Europe, et j'accepte avec empressement la première magistrature de mon pays. » Puis venaient les lieux communs, les protestations de civisme, de respect pour la légalité, pour les chambres, pour le peuple souverain, cortége obligé de semblables harangues.

C'était une rude tâche que prenait Bustamente, car les affaires du Texas n'étaient pas les seuls embarras du Mexique. La Californie s'agitait aussi pour son indépendance. Une autre insurrection en faveur de la constitution fédérale était en progrès à San-Luis de Potosi; un beau nom, celui de Moctezuma, s'était rangé du côté des insurgés. Ces deux révoltes, arrêtées à temps, n'amenèrent aucun nouveau démembrement. Une troisième insurrection dans le Nouveau-Mexique fut plus heureuse. Les Indiens y prirent part. Des troupes envoyées pour la combattre se rangèrent sous son drapeau, qui entra vainqueur à Santa-Fé, dont un colonel, Gonzalez, chef de ce mouvement, fut nommé gouverneur. On remarquait encore dans le Yucatan des symptômes de mécontentement. On s'y préparait à une scission et tout faisait présumer que l'indépendance ne tarderait pas à être proclamée les armes à la main.

Occupé à se défendre sur tant de points, il fut impossible au président de diriger contre le Texas aucune opération sérieuse. Quelques bataillons vinrent, il est vrai, parader un moment sur ses frontières; ils se retirèrent sans les dépasser. Le Mexique était trop épuisé et trop tourmenté dans son intérieur pour entreprendre une guerre d'invasion. Sa marine ne fit pas mieux. Envoyée sur les côtes du Texas pour les surveiller, elle s'empara d'un transport de la Nouvelle-Orléans, chargé d'armes et de munitions pour Galveston. La croisière des Etats-Unis prit fait et cause pour le bâtiment capturé; une de ses corvettes attaqua par représailles un brick mexicain qui fut forcé d'amener son pavillon, et envoyé à Pensecola. Le cabinet de Mexico adressa de vives remontrances au cabinet de Washington, qui, lui, se plaignit à son tour des avanies, des pertes, des confiscations que les Américains éprouvaient au Mexique. L'affaire du brick s'arrangea, mais la question beaucoup plus grave des indemnités fut réservée.

Cette question n'était point particulière aux États-Unis. D'autres plaintes s'élevaient pour les mêmes causes. Entre les plus légitimes, celles de la France étaient en première ligne. Les Français établis au Mexique souffraient depuis longtemps de cette haine jalouse que le Mexicain fainéant nourrit contre l'étranger qui porte chez lui son industrie. Pour appuyer ses réclamations, la France fit partir de Brest une escadre chargée de croiser devant la Vera-Crux et les autres ports du golfe. Son attitude n'avait cependant rien d'hostile;

elle montrait, au contraire, la patience de la force, et supportait, dans des vues toutes pacifiques, les formes tortueuses, les dénégations mensongères et les lenteurs calculées d'un cabinet astucieux. Toutefois, cette généreuse longanimité devait avoir un terme. Le moment de parler haut était venu. Le baron Deffaudis fut chargé de signifier au gouvernement mexicain l'*ultimatum* de la France. Ce document résume les principaux griefs de cette puissance. De lâches assassinats y sont d'abord signalés ; on voit à Atencigo, en 1833, des Français, jouissant de l'estime générale, exerçant une industrie utile au pays, égorgés, coupés par morceaux au cri de *Meurent les étrangers*, et les auteurs de ce crime restent impunis ; à Tampico, d'autres Français sont traqués dans une cour et tués à coups de fusil en présence d'officiers applaudissant à ce massacre ; un autre encore condamné sans aucune preuve par un juge de la capitale à dix ans de présides, sur un simple soupçon d'homicide ; à Colima, un médecin de la même nation attaqué en pleine rue, et percé de coups d'épée par un colonel Pardo, le commandant même de la place, auquel il avait refusé de prêter quelque argent. Puis viennent les pillages, les destructions de propriétés, les emprunts forcés, les confiscations de cargaisons, les fermetures d'établissements industriels, les exils, les emprisonnements arbitraires ; longue suite d'avanies exercées contre les négociants français établis au Mexique.

De semblables crimes exigeaient une éclatante réparation. Six cent mille dollars furent réclamés dans le même *ultimatum* à titre d'indemnité ; on y demandait également la destitution et la punition des officiers et magistrats coupables envers les Français, et pour ceux-ci le droit que leur garantissaient les traités antérieurs, de s'établir sur tout le territoire de la république, d'y faire librement le commerce de détail ; l'exemption des impôts extraordinaires de guerre et de tous emprunts forcés, auxquels ils avaient été soumis contrairement aux conventions qui réglaient les rapports des deux États.

Ces demandes pleines de modération furent repoussées avec hauteur. Le gouvernement mexicain, fidèle à son système dilatoire, voulait traîner les négociations en longueur. Le temps était pour lui le meilleur des auxiliaires. Il lui donnait pour alliées les tempêtes du nord et la fièvre jaune qui ne le servirent que trop bien. L'escadre, commandée par le capitaine Bazoche, eut à souffrir du scorbut, déterminé par la privation d'eau douce, de vivres frais, par la nécessité de laver le linge à l'eau de mer et par le plus pénible des services sur une côte brûlante. La fièvre jaune y fit aussi de cruels ravages. *L'Iphigénie* perdit quarante-cinq matelots et cinq officiers ; *l'Herminie* ne fut pas plus épargnée ; et si proportionnellement elle eut moins de morts, elle compta plus de malades : il en fut ainsi des autres bâtiments. Sur la terre de Sacrificios reposent pour toujours ces nombreuses victimes du fléau, ces jeunes Français qui rêvaient, en quittant le sol natal, la gloire pour leur nom et le champ de bataille pour lit mortuaire. Là s'élève une pyramide en pierre où leurs noms sont gravés. Des croix de bois indiquent la place que chacun d'eux occupe ; un mur entoure ce dernier asile, placé sous la sauvegarde de la religion (*).

Malgré les ravages de l'épidémie et les plus dures privations, l'escadre ac-

(*) Ce petit îlot à base de coraux, de madrépores et de sable apporté par les vents et les marées, s'élève dans le voisinage de Saint-Jean d'Ulloa. On l'aperçoit à une lieue environ à gauche de la forteresse. Sa surface est aride, rocailleuse ; on y remarque quelques roseaux jaunis par un soleil ardent, de rares nopals et de plus rares aloès, ainsi qu'une mare d'eau saumâtre. Ce banc de sable à cause de sa désolation et de son aspect lugubre, avait paru aux indigènes un lieu propre aux sacrifices humains. Grijalva qui le découvrit y aperçut des traces récentes de cet horrible culte, ce qui l'engagea à lui donner le nom qu'il porte encore aujourd'hui.

complissait sa mission avec un zèle soutenu. De son côté, le gouvernement mexicain mettait tout en œuvre pour intéresser l'orgueil national ; un violent manifeste du président appelait tous les citoyens à défendre la dignité et l'honneur du pays. Il se plaignait amèrement des exigences de la France au sujet de l'indemnité, des destitutions de fonctionnaires et des autres concessions demandées ; il s'adressait au patriotisme des masses pour repousser un ennemi puissant, et ne dissimulait point les périls de la situation.

Ce manifeste, c'était la guerre. Le congrès se réunit, et le ministre des finances, en rappelant devant cette assemblée les efforts de M. Canning pour assurer l'indépendance du Mexique, exprima le regret de ne pas voir l'alliance de la Grande-Bretagne et de la république se resserrer en présence des événements actuels. C'était uniquement de ce côté que le Mexique attendait protection ; et comme son intérêt était d'accord avec celui du commerce britannique, l'intervention anglaise devenait dès lors chose probable.

Cependant le temps fixé par l'*ultimatum* s'étant écoulé sans que satisfaction eût été donnée à la France, tous les ports de la république furent déclarés en état de blocus. Les exaltés du congrès, dans un premier moment d'effervescence, proposèrent l'expulsion de tous les Français, mesure qui ne fut point repoussée, mais seulement ajournée ; aussi ceux qu'elle concernait, redoutant les excès de la populace et la faiblesse du gouvernement, s'empressèrent-ils d'adresser aux consuls de France l'inventaire de leurs propriétés s'élevant à onze millions de dollars. Tout prit au Mexique un aspect guerrier : on fortifia les points vulnérables de la côte, on réunit quelques troupes dans les environs de la Vera Crux, et l'on jeta une garnison de cinq cents hommes dans le fort de Saint-Jean d'Ulloa, défendu par une nombreuse artillerie. Ces grands préparatifs se faisaient contre une escadre de deux frégates de soixante canons, huit bricks et une corvette. Les soldats mexicains prirent l'initiative des hostilités en blessant, le 25 juillet, devant Tampico, quelques hommes de *l'Éclipse*, au moment où le brick français s'opposait au passage d'une goëlette ennemie qui essayait d'échapper à la vigilance des croiseurs.

Le blocus continuait depuis plusieurs mois sans d'autres résultats que d'appauvrir les douanes mexicaines, de gêner le commerce des neutres et d'exposer les bâtiments français à la funeste influence du climat. Pendant tout ce temps la fièvre jaune ne cessa de sévir. La faiblesse de la division française l'empêchait de rien entreprendre d'important, surtout contre Saint-Jean d'Ulloa. Un conseil tenu à bord du commandant décida que l'attaque de cette forteresse serait prématurée. Ce fut alors que le brick *le Cuirassier* ramena en France le baron Deffaudis, le ministre de France, et qu'immédiatement après le retour de ce diplomate, le cabinet des Tuileries résolut d'envoyer au Mexique une nouvelle expédition, dont il confia le commandement au contre-amiral Charles Baudin, avec ordre d'adresser une dernière sommation au gouvernement mexicain, et, sur son refus de faire droit aux réclamations de la France, d'attaquer Saint-Jean d'Ulloa et de s'emparer à tout prix de cette formidable position.

Le 31 août 1838, la rade de Brest présentait un spectacle animé : la frégate *la Néréide*, de cinquante canons, commandée par M. Turpin, capitaine de vaisseau ; la corvette *la Créole*, de vingt-quatre canons, sous les ordres du prince de Joinville ; les bricks *le Cuirassier* et *le Phaéton*, achevaient les préparatifs du départ. On embarquait trois cents artilleurs de marine, vingt-cinq soldats du génie, et tout ce que nécessite un armement de guerre. Le 9 septembre cette division relâchait à Cadix, où elle ralliait les frégates *la Gloire*, *la Médée*, quelques bricks et un bâtiment à vapeur ; et dans les derniers jours d'octobre, elle se trouvait devant la Vera-Crux, réunie aux bâtiments du commandant Bazoche, et toute prête à la guerre. Toutefois, avant d'attaquer, l'amiral Baudin, conformément à ses instructions, envoya le capitaine Leray à Mexico, pour tenter encore la voie des négociations. Cette mission délicate, résultat d'une politique claire, prudente et ferme, ne pouvait être en meilleures mains; mais, pour quiconque connaissait l'orgueil du cabinet mexicain, et son espoir dans les bons offices de l'Angleterre, il était facile de prédire qu'elle serait sans succès. M. Leray donna trois jours au ministre des affaires étrangères, Cuevas, pour avoir une réponse catégorique. A l'expiration de ce délai, il n'en obtint qu'une lettre pour l'amiral, et des protestations personnelles d'un vif désir du maintien de la paix. Nous verrons bientôt ce même ministre aux conférences de Jalapa, et là nous aurons sa véritable pensée, et la mesure de son attachement à la France.

Dans la prévision d'une rupture, l'amiral jugea convenable de faire reconnaître le banc de la Gallega, qui s'étend au nord de Saint-Jean d'Ulloa, et dont les cartes donnaient un tracé qu'on avait lieu de croire inexact. Un bon relevé de cette plage devenait indispensable. C'était de ce côté qu'on se proposait d'opérer un débarquement; c'était le seul point où l'assaut pût être tenté; il fallait encore s'assurer de la distance à laquelle les bateaux à vapeur trouveraient assez d'eau pour s'approcher des glacis de la forteresse. Le prince de Joinville fut chargé de cette opération difficile, et s'en acquitta avec un rare courage et le sang-froid d'un vieux marin. Le canot fit presque entièrement le tour du fort; puis le prince, suivi de ses officiers, avança dans l'eau jusqu'au pied des glacis. La reconnaissance était terminée, lorsqu'une sentinelle les aperçut et donna l'alarme; une trentaine de soldats débouchèrent par le chemin couvert, et les poursuivirent pendant quelques instants, en inquiétant leur mouvement de retraite; puis ils s'arrêtèrent, craignant sans doute une embuscade. Une semblable audace pouvait y faire croire, et le retour du prince se fit sans empêchement. L'arrivée du commandant Leray à bord de *la Néréide* fut une véritable fête. Il ne dissimula pas que les probabilités étaient pour la guerre. A cette nouvelle la joie la plus vive brilla sur les visages de ces jeunes officiers avides de combats et de gloire; le prince de Joinville, surtout, ne pouvait dissimuler la sienne; il voulait se venger à Vera-Crux d'être arrivé trop tard à Constantine.

La dépêche du ministre des affaires étrangères gardait le silence sur le fond de la question, et se bornait à proposer d'ouvrir des conférences pour terminer à l'amiable les différends entre les deux pays. Bien que l'amiral ne vît ici qu'un moyen de gagner du temps, il s'empressa d'accepter ces ouvertures, et de donner ainsi une preuve nouvelle de la longanimité de la France. Il se rendit à Jalapa, lieu indiqué par M. Cuevas. Là, ces deux plénipotentiaires firent un échange de notes, de contre-notes, de projets, de contre-projets, et la question ne fit pas un pas. La France prenait pour base l'*ultimatum* du 21 mars précédent, que le Mexique combattait par les arguments qu'il avait déjà fait valoir. S'il consentait à payer six cent mille piastres, comme indemnité des pertes éprouvées par les Français, il prenait le délai de six mois sans donner de garanties. Il n'accordait rien relativement à la liberté du commerce de détail; il regardait comme un droit, d'imposer des emprunts forcés sur les étrangers, tout en déclarant qu'il n'était pas dans son intention d'user de ce droit à l'avenir. L'amiral comprit bien vite qu'il n'y avait aucun arrangement possible, et que sa place, à lui, était à son bord. Il quitta Jalapa le 21 novembre. Cependant, pour mettre tous les torts du côté de son adversaire, et probablement aussi pour se mieux préparer au combat, il annonça que les hostilités ne commenceraient que le 27 à midi. Ce 27 novembre 1838 est un jour glorieux dans les fastes de la marine française. Ce jour, où toutes les incertitudes allaient cesser, le soleil se leva dans un ciel sans nuages; l'air était brûlant; la mer calme, unie et transparente. La rade de la Vera-Cruz était sillonnée par des embarcations qui la parcouraient dans tous les sens, et portaient des ordres sur tous les points; les bateaux à vapeur chauffaient; les bombardes s'embossaient au nord de la forteresse; tout était en mouvement, et l'œil le moins exercé reconnaissait les apprêts d'un combat. Jetons un coup d'œil sur le champ de bataille. Nous sommes devant Saint-Jean d'Ulloa, le but de tous ces préparatifs.

Cette forteresse, l'orgueil du Mexique, est assise sur un îlot à un demi-mille nord-est de la Vera-Cruz; le banc de la Gallega, bordé de rochers au nord, quelquefois à sec dans les grandes marées, et ordinairement caché sous l'eau, vient mourir à ses pieds. Elle déborde l'îlot dont elle couvre l'étendue, et ses murailles d'une médiocre hauteur, hérissées d'embrasures, semblent sortir du sein des flots. Elles offrent ce luxe de solidité que les Espagnols avaient déployé dans leurs constructions civiles et militaires du nouveau monde. Elles sont en madrépores, à l'exception du côté qui domine la ville, et renferment de vastes magasins et d'immenses citernes, qui fournissent à la garnison une eau beaucoup plus salubre que celle que les habitants de la Vera-Cruz vont puiser dans les mares stagnantes dont leur ville est cernée. Saint-Jean d'Ulloa se montre sous la forme d'un parallélogramme légèrement irrégulier, dont chaque angle est flanqué d'un bastion; sur l'un d'eux s'élève le phare, prisme cylindrique; un autre est dominé par le Cavalier (Caballero), haute tour carrée, surmontée d'un belvédère, d'où l'on signale les vaisseaux, et sur lequel flotte le pavillon national. Ce léger belvédère, cette haute tour, de quatre vingt dix pieds, éblouissante de blancheur, contraste d'une manière pittoresque avec le phare, masse rougeâtre, qui semble appartenir au sol dont elle a la couleur. Un large fossé, presque comblé par les alluvions, et n'ayant d'eau qu'à la marée haute; au delà, deux batteries basses, l'une dans le nord-ouest, l'autre dans le sud-est; enfin une demi-lune et deux réduits de place d'armes rentrantes complètent les ouvrages défensifs de ce fort dont la réputation était colossale dans toute l'Amérique espagnole, et qui passait pour une de ces merveilles de l'art, contre laquelle toutes les flottes de l'Europe s'acharneraient en vain.

Dans la prévision du siége, les Mexicains s'étaient empressés de réparer les outrages que le temps et les guerres dernières avec l'Espagne avaient fait subir à leur Gibraltar, nom qu'ils se plaisent à donner à Saint-Jean d'Ulloa. De son côté, l'amiral français avait choisi son point d'attaque de manière à battre le plus grand espace possible, et à n'essuyer le feu que du plus petit nombre de canons. Les trois frégates se placèrent au nord-est de la forteresse, à quatre ou cinq encablures de distance; également au nord, les deux bombardes étaient embossées dans un étroit chenal. Trois corvettes se tenaient hors de la portée du canon pour observer la direction des boulets, et faire, à l'aide de signaux convenus, rectifier le pointage; *la Créole* se tenait sous voile, tandis que quelques bricks croisaient entre les récifs de Pajaros et les frégates embossées. Il était onze heures et demie, et le délai expirait à midi, lorsqu'on vit s'avancer, du môle de la Vera-Cruz, un canot portant pavillon parlementaire; c'était encore des dépêches de M. Cuevas qu'on venait remettre à l'amiral. Il reçut les envoyés avec politesse, lut les dépêches avec rapidité; et comme elles ne renfermaient aucune proposition nouvelle, qu'elles se bornaient à discuter ce qui l'avait été tant de fois, et sans résultats, il répondit sur-le-champ au ministre, que le délai qu'il avait accordé, venant d'expirer sans qu'aucune satisfaction eût été donnée à la France, sa mission de paix était terminée, et sa mission de guerre commençait.

Les parlementaires congédiés, le signal d'ouvrir le feu ne se fit pas attendre. Cent pièces de canon, tirant de volée, y répondirent en envoyant une grêle de boulets sur le fort que les bombardes foudroyaient aussi. Lui, riposta vivement, et disparut sous une épaisse fumée qui enveloppait tous les bâtiments français. La brise, un peu paresseuse, la laissait stationner autour de leurs mâts et de leurs flancs. Plusieurs fois l'amiral donna l'ordre de suspendre le feu pendant quelques minutes pour rectifier le pointage ; mais telle était l'ardeur des canonniers, qu'on pouvait en obtenir difficilement ce repos d'un moment. Le combat durait depuis une heure. *La Créole*, cette légère corvette du prince de Joinville, y prenait une part active et dirigeait un feu bien nourri sur les batteries basses du sud-est. L'effroyable canonnade, répétée par les échos, ressemblait au roulement du tonnerre. Tout à coup une détonation terrible, dominant le bruit du canon, se fait entendre : le magasin à poudre et le parc à bombes venaient de sauter, et puis, quelques moments plus tard, une trombe de feu, de fumée, de pierres, de canons, d'affûts et de lambeaux sanglants de corps humains, s'éleva dans les airs ; c'était la tour du Cavalier, frappée par les bombes, qui sautait aussi avec son léger belvédère et une multitude d'artilleurs et de soldats. Seul, le pavillon national n'avait pas bougé : le pan de muraille qui le portait restait encore debout. Cette double explosion porta le découragement chez les Mexicains. Leur feu se ralentissait par degrés. Celui des frégates françaises, bien que criblées de boulets, se soutenait toujours aussi vif, aussi meurtrier. Les ravages de leur artillerie étaient écrits sur les murailles de St-Jean d'Ulloa. La nuit mit un terme à cette œuvre de destruction. Vainqueurs et vaincus, chacun put alors compter ses pertes ; celles des Mexicains étaient immenses ; les vaisseaux français avaient souffert, mais pas assez pour les empêcher de recommencer le lendemain. Ils s'y préparaient. A l'activité du jour succéda l'activité de la nuit. Les batteries étaient bruyantes et animées. En ce moment un canot accosta *la Néréide*; au cri de *qui vive* de la sentinelle on répondit : *Parlementaire*, et bientôt on vit monter sur le pont deux officiers supérieurs mexicains : ils venaient de Saint Jean d'Ulloa pour remettre à l'amiral une note du général Gaona. Celui-ci demandait une cessation d'hostilités, sous le prétexte de retirer les blessés et les morts de dessous les décombres. Il ne fallait voir dans cette démarche qu'un moyen d'entrer en correspondance, qu'un préliminaire de capitulation. L'amiral français ne s'y méprit pas, et, tout d'abord, il offrit cette capitulation, et l'offrit honorable, ajoutant que si le lendemain au point du jour les conditions n'en étaient pas acceptées, il achèverait la destruction de la forteresse. Elles le furent après quelques heures de négociations et après un premier refus du brave et loyal gouverneur. La place ne pouvait être secourue et sa défense prolongée avec la moindre chance de succès. Dans plusieurs batteries les pièces étaient démontées ou manquaient de munitions depuis l'explosion des poudrières. Il ne restait pas six cents hommes mal aguerris et fort mal disposés, pour repousser un assaut et soutenir une heure seulement le feu de l'ennemi. Les différents conseils de guerre tenus dans la forteresse reconnurent l'obligation de se rendre. Le général Gaona avait été long à se décider ; il lui paraissait dur de remettre le fort à l'ennemi après un seul combat ; mais le combat avait été décisif, et, malgré tous ses regrets, il fut obligé de signer la capitulation, qui accordait à la garnison les honneurs de la guerre, tout en lui imposant l'obligation de ne point servir contre la France avant le terme de huit mois.

Ce grand succès ressemblait à un coup de foudre par sa soudaineté. Vingt-quatre heures après le premier coup de canon tiré contre le Gibraltar mexicain, le pavillon français flottait sur les murailles et recevait le salut de la petite escadre victorieuse. L'amiral voulut voir par lui-même ce que ses canons et ses bombes avaient fait en si peu de temps. Il se rendit au fort et put se convaincre, par les embrasures démolies, par les amas de décombres, par les cadavres des artilleurs couchés autour des pièces qu'ils avaient servies, que la place n'était plus tenable et qu'il avait eu affaire à des gens braves et dévoués.

La chute de Saint-Jean d'Ulloa entraînait nécessairement celle de la Vera-Crux; l'amiral pouvait la foudroyer en quelques heures, l'occuper et y arborer son drapeau; il n'en fit rien : la politique et l'humanité lui dictèrent une conduite tout opposée. Dès le 28, au moment de l'occupation de la forteresse, il se hâta de prouver au monde qu'aucune idée de conquête ne s'attachait à cette guerre. La convention de ce jour, entre lui et le général Rincon, laissait la Vera-Crux toute mexicaine; elle conservait son gouverneur, ses fonctionnaires publics, ses lois; seulement, sa garnison était réduite à mille hommes, sans pouvoir dépasser ce nombre, bien suffisant pour maintenir l'ordre. Son port était ouvert à tous les pavillons étrangers; on lui rendait, à l'instant même, sa vie et son commerce; enfin, la garnison de Saint-Jean d'Ulloa avait droit d'aller s'y approvisionner de vivres frais. La remise de cette forteresse à la paix était encore stipulée dans cette convention très-honorable pour le Mexique, très-généreuse de la part de la France.

Les membres du congrès de Mexico n'en jugèrent point ainsi. Ils refusèrent de la ratifier. La vanité nationale blessée se mit à crier à la trahison, et, pour faire croire qu'on avait été attaqué à l'improviste, qu'on n'était point encore en guerre avec la France, on la lui déclara trois jours après la chute de Saint-Jean d'Ulloa. Misérable jonglerie, qui ne trompa personne, car personne n'ignorait l'époque du délai accordé par l'amiral Baudin, et sa déclaration de commencer la guerre à l'expiration de ce délai. Mais si tout cela n'était que ridicule, ce qui suivit fut barbare. Le gouvernement mexicain se vengea de sa défaite sur les malheureux Français établis dans le pays. Il leur enjoignit, par son décret du 1er décembre, de quitter le territoire de la république dans le délai de quinze jours; ils n'en avaient que trois pour sortir des villes. Il fut question de les diriger sur Acapulco, c'est-à-dire de leur faire parcourir la route la plus dangereuse et des contrées habitées par des Indiens farouches et insoumis, pour arriver sur le point le plus malsain du globe, là où des fièvres mortelles règnent en tout temps. Cette mesure sauvage souleva d'indignation les ministres étrangers accrédités au Mexique, et, sur leurs vives réclamations, le délai de quinze jours fut prolongé à soixante, et le port d'embarquement changé. Il fut permis aux bannis de se retirer sur l'escadre de blocus.

Pendant que ces choses se passaient, d'autres événements vinrent compliquer la situation déjà fort difficile du gouvernement de Mexico. Les deux partis politiques entre lesquels se partage le pays, centralistes et fédéralistes, se trouvèrent encore une fois aux prises : les premiers ayant le pouvoir en main, les autres épiant le moment de le saisir, et croyant l'avoir rencontré dans la lutte engagée avec la France. Une grande agitation régnait dans la province de Tamaulipas; Tampico était en pleine insurrection, et Santa-Anna, qui n'était pas le moindre des embarras du gouvernement, reparaissait sur la scène politique. Cet homme, qui semblait l'avoir abandonnée pour toujours depuis la honteuse campagne du Texas, vivait solitaire sur son habitation de Manga de Clavo. Il n'eut pas plutôt entendu le canon de l'escadre française, qu'il jugea le moment opportun pour sortir de sa retraite et reconquérir quelque chose de son ancienne popularité. Il se rendit en toute hâte à la Vera-Crux et se mit à la disposition du général Rincon. Le gouvernement se serait fort bien passé de ses services; toutefois, après la convention du 28, plus mal reçue encore que la capitulation de Saint-Jean d'Ulloa, et dans ce moment d'effervescence où l'on entendit même sur les bancs du congrès ces cris sauvages : *Meurent les Français! meurent les étrangers!* Santa-Anna fut choisi pour remplacer le général Rincon, disgracié, et commander quelques bataillons réunis dans le voisinage de la Vera-Crux et qui prenaient le nom pompeux d'armée d'avant-garde. Ce fut comme général de cette armée qu'il notifia à l'amiral Baudin le refus du président Bustamente d'approuver la convention dont nous venons de parler. La Vera-Crux redevenait donc une ville ennemie. Elle pouvait être détruite en peu d'instants; mais cette vengeance barbare, qui aurait puni toute une population innocente des erreurs de son gouvernement, ne convenait point à la France; le parti que prit l'amiral était le seul digne d'elle. Il résolut de désarmer la Vera-Crux et de mettre les canons et les forts hors d'état de nuire. C'était l'entreprise la plus audacieuse de cette campagne. Parfaitement conçue, elle fut admirablement exécutée. Une partie des marins de l'escadre, les soldats de marine, les artilleurs et les mineurs, divisés en trois colonnes, partirent par une brume épaisse qui protégeait les embarcations. Chacune de ces colonnes avait sa mission : l'une devait désarmer le fort de l'est, l'autre celui de l'ouest; tout cela fut fait. Les soldats mexicains prirent la fuite, les canons furent encloués et jetés par-dessus les murailles et les affûts brisés à coups de hache. La colonne du centre, commandée par le prince de Joinville, aborda le môle et pénétra dans la ville après en avoir fait sauter la porte à l'aide d'un pétard préparé à la hâte et s'être emparé d'une pièce d'artillerie qui en défendait l'entrée; elle dispersa ce qui tentait de résister, et parvint enfin à la maison habitée par les généraux Santa-Anna et Arista, jadis ennemis, mais combattant alors sous le même drapeau. Le premier, au bruit du pétard, avait pris la fuite; le second, moins bien avisé, était resté dans son lit à sommeiller, s'imaginant que ce bruit n'était autre que le coup de canon de diane tiré chaque matin à bord de l'escadre française. Il fut bientôt désabusé par la fusillade des assaillants et du corps de garde mexicain qui essayait vainement de les arrêter. La colonne française pénétra vivement, sous une grêle de balles, dans l'appartement du général qui fut saisi par le second maître de *la Créole*, puis conduit devant le prince de Joinville et envoyé à bord du *Cuirassier*. Cette capture faite, la colonne alla désarmer les petits fortins qui s'élèvent du côté du sud, et les mit en peu de moments hors d'état de nuire. Ce fut dans cette marche que des soldats mexicains, poursuivis, se réfugièrent dans un hôpital; les Français allaient y pénétrer avec eux, lorsque les malades se levant de leur lit comme des spectres, se jetèrent aux pieds du jeune prince de Joinville qui, n'écoutant que la voix de l'humanité, ordonna de respecter cet asile de la douleur.

Cependant tous les petits corps épars, chassés de leurs positions sur les murailles, s'étaient ralliés dans la vaste caserne de la Merced. C'est un édifice à deux étages, surmonté d'une terrasse, à plusieurs entrées par la ville et par la campagne, et dont la porte principale fait face à l'une des plus grandes rues de la ville (la Calle de las Damas). Cette porte fut barricadée. Les différentes colonnes devaient nécessairement, en faisant le tour des remparts, se réunir sur ce point. La colonne du centre arriva la première, elle fut reçue par une vive fusillade; les Mexicains, bien postés, tiraient à coup sûr; les assaillants avec un obusier de campagne faisaient quelques trous à la porte sans l'enfoncer : ils eurent des morts et de nombreux blessés. L'arrivée de l'amiral mit fin à ce combat sans but. N'ayant ni les moyens ni le projet d'occuper la ville, il donna l'ordre de la retraite, qui se fit avec calme et sans empêchement. L'obusier fut rembarqué ; on plaça à l'extrémité du môle une pièce mexicaine de huit chargée à mitraille pour protéger l'embarquement. Ce fut alors que les Mexicains, qui n'avaient osé bouger de leur forteresse improvisée depuis la retraite des Français, apprenant leurs préparatifs de départ, se portèrent en masse sur la jetée. L'amiral donna l'ordre de les laisser approcher, puis, après avoir pointé lui-même la pièce de huit, commanda de faire feu. L'effet en fut terrible sur cette troupe serrée, qui ne reprit courage qu'en voyant ses ennemis entrer dans leurs chaloupes. Celles-ci ouvrirent sur-le-champ un feu de caronades chargées à mitraille ; et cette fois encore, ces nouvelles décharges firent de nombreuses victimes, parmi lesquelles il faut compter Santa-Anna, qui se montrait enfin, et qu'on reconnaissait à son cheval blanc et à son éclatant zarape. Un biscaïen lui fracassa la jambe gauche, un autre la main du même côté, son cheval fut tué sous lui. Le feu des Mexicains, dirigé sur les chaloupes beaucoup trop chargées et qu'il était difficile de mettre à flot, fut également meurtrier. Il y eut du côté des Français huit hommes de tués et une soixantaine de blessés. Les pertes des Mexicains furent infiniment plus nombreuses, et sans une brume épaisse, Français et Mexicains se seraient fait beaucoup plus de mal encore. A peine les derniers canots de l'amiral Baudin furent-ils arrivés à leur destination, que cette brume, chassée par un vent léger du sud-est, se dissipa en quelques minutes, et le soleil brilla de tout son éclat. L'occasion parut belle pour en finir avec cette caserne de la Vera-Crux, facile à transformer en véritable forteresse et fort incommode alors en cas de nouvelle attaque. Pendant deux heures, les batteries de Saint-Jean d'Ulloa et celles de *la Créole, du Voltigeur, du Cuirassier* et de *l'Éclair* firent pleuvoir une grêle de boulets sur ce grand bâtiment ; ce fut le coup de grâce. La ville n'était plus tenable. Les Mexicains s'empressèrent de l'a-

bandonner et d'aller camper à deux lieues de là, au milieu des collines de sable qui bordent la plage au sud-ouest.

Ainsi se termina cette affaire de la Vera-Crux honorable pour l'escadre française, et si étrangement défigurée dans le rapport de Santa-Anna, misérable rodomontade digne du héros de San-Jacinto. Ce document, faux de tout point, n'en fut pas moins placardé, dans toutes les rues de Mexico, par ordre du gouvernement. Le général mexicain y accusait l'amiral d'avoir envahi la ville au moment où l'on négociait encore ; il s'attribuait tout l'honneur du triomphe ; il traitait de lâches ces Français qu'il avait, disait-il, poursuivis l'épée dans les reins et forcés à se rembarquer ; il n'oubliait pas la prise de la pièce de huit qu'il faisait passer pour un canon français. Il déclarait, enfin, que s'il n'avait pas respecté le parlementaire de l'ennemi, c'est que cet ennemi ne méritait aucun des égards dus aux nations civilisées. Jamais plus insolent langage n'avait été employé au service de la calomnie et de la mauvaise foi.

On pouvait regarder de ce moment la guerre active comme terminée. La possession de Saint-Jean d'Ulloa, le désarmement de la Vera-Crux, l'éloignement des troupes mexicaines, gages de sécurité pour la France, lui permettaient d'attendre à l'aise l'issue des négociations que la vanité blessée du congrès devait retarder longtemps encore. Le président, à l'ouverture de la session de 1839, se montra très-empressé de caresser ce ridicule, dont il n'était probablement pas exempt que les autres. Dans un discours long, diffus, déclamatoire, il répétait une partie des mensonges officiels, il appelait cette guerre la plus scandaleuse des temps modernes ; puis il flattait les neutres par des paroles de bienveillance, l'Angleterre surtout, dans laquelle il semblait mettre toute sa confiance. L'arrivée récente de M. Packenham, ministre de S. M. B. à Mexico, l'augmentait encore. Ce diplomate, venu seul sur la frégate *la Pique*, avait l'ordre de proposer ses bons offices à l'amiral pour la reprise des négociations, et cette offre, faite avec beaucoup de modération et de réserve et dans les termes les plus convenables, avait été acceptée. Mais quelques jours après, survint une flotte anglaise de onze vaisseaux, dont deux de soixante-quatorze. Cette escadre, beaucoup plus forte que l'escadre française, semblait donner à la mission de l'envoyé anglais une couleur presque hostile. Les offres de cet envoyé, toutes bienveillantes et loyales, étaient donc devenues inacceptables par cet incident. Aussi l'amiral s'empressa-t-il de lui signifier qu'il ne pouvait porter la parole en son nom auprès du gouvernement de Mexico, avant que les deux escadres fussent sur un pied parfait d'égalité, et qu'il eût par conséquent à faire éloigner les deux vaisseaux de ligne qui rendaient les forces anglaises supérieures. Cette demande était juste. M. Packenham y fit droit aussitôt, et les deux vaisseaux s'éloignèrent. L'honneur de la France ne demandait pas autre chose. Quand elle refusait au commencement de la guerre la médiation de l'Angleterre, elle faisait acte d'énergie et d'indépendance; il lui fallait alors prouver les armes à la main sa force et son bon droit. Mais après la victoire, alors que son drapeau flottait sur la principale forteresse du Mexique, qu'elle tenait l'armée ennemie à distance et la Vera-Crux sous son canon, elle pouvait très-bien, sans faiblesse et conséquente avec elle-même, accepter les bons offices de l'Angleterre. Un vainqueur a toujours bonne grâce, lorsqu'il se prête à tout ce qui peut accélérer la paix. M. Packenham se mit donc à l'œuvre, et les négociations recommencèrent. Pour se faire une idée des obstacles qu'on eut à vaincre, il faut se transporter à Mexico au milieu des passions politiques qui fermentaient dans cette capitale, et des mouvements révolutionnaires dont elle était le théâtre.

Les fédéralistes des provinces du nord avaient sanctionné leurs principes par une victoire. Les fédéralistes de Mexico y répondirent par un redoublement d'hostilité contre le gouvernement. Eux combattaient la plume à la main, ils faisaient des articles de journaux, des pamphlets, des accusations, comme en savent faire les partis vaincus; ils travaillaient l'opinion des masses, ils les préparaient à une émeute. Ils firent si bien, que Bustamente, pour transiger avec eux, se crut obligé de renvoyer son ministère et d'en former un nouveau, où l'on vit entrer Pedraza, l'ancien président, l'âme des partisans du fédéralisme. Cette concession en augmenta le nombre. Le peuple manifesta toute sa sympathie pour les réformes que l'administration nouvelle allait proclamer. Sous une telle influence, l'insurrection devait promptement s'organiser. Elle éclata, le 12 décembre, aux cris de Vive la fédération! vive la liberté! vive la constitution sans tache! vive la charte de 1824! Meurent les centralistes. Toutes les cloches de la cathédrale sonnaient. Une immense multitude parcourait les rues, et finit par se porter à l'hôtel de la Présidence; ce qui n'effraya pas médiocrement Bustamente, qui se mit à crier aussi du haut de son balcon : « Vive la fédération! Vous aurez la fédération. » La foule satisfaite l'abandonna pour aller au couvent de Santo-Domingo mettre en liberté Gomez Farias, l'ancien ministre, l'ardent démocrate, qui y était emprisonné depuis trois mois. Farias ne sortit pas seul, il se fit accompagner du citoyen Jose Maria Alpuche e infante, autre démocrate, prisonnier comme lui; et tous deux montés dans une voiture, après avoir couru le risque d'être étouffés par leurs amis, se virent l'objet d'une de ces ovations populaires, la petite pièce des conspirations triomphantes. Ceci fut de courte durée. Les troupes étaient restées fidèles au gouvernement, et c'était là un fait de haute importance. Les intrigues du parti prêtre firent avorter cette insurrection. Toutefois, il fallut entrer dans la voie des concessions. Le pouvoir fut confié à des libéraux,

M. Gorostiza eut les affaires étrangères, Cortina les finances, et Labrija, l'intérieur. Ce nouveau ministère mit en liberté les detenus politiques, et déclara nulles les enquêtes commencées contre eux. Malgré ces mesures conciliatrices, les partisans de la constitution de 1824 dirigeaient de fréquentes et sérieuses attaques contre le président. Les autres partis plus habiles en profitèrent pour l'éloigner des affaires, et l'homme qui avait su faire oublier la malencontreuse expédition du Texas, en flattant la vanité mexicaine, fut choisi pour le remplacer. Santa-Anna, s'appuyant sur le parti prêtre dont il était le drapeau, jouissant dans ce moment d'une popularité bruyante, devait exercer une grande influence sur la marche des négociations. Sa position était délicate; il avait à ménager tout à la fois ce que les Mexicains appellent le décorum, et les antipathies des ultra-démocrates. Il n'est pas douteux que le besoin de disposer de toute l'armée contre les fédéralistes ne servît puissamment à abréger les longueurs et les temporisations de la diplomatie mexicaine. Le cabinet montra d'abord quelque répugnance à traiter avec l'amiral, sous le prétexte qu'en faisant la guerre il semblait avoir renoncé à son caractère pacifique. Il lui reprochait ses relations avec les féderalistes et sa correspondance avec le général Urrea, dans laquelle les hommes qui occupaient le pouvoir étaient sévèrement jugés (*). On savait que pas un mot de cette correspondance ne serait rétracté; il fallut l'habileté de M. Packenham, et surtout le besoin de la paix, pour triompher des vanités blessées. Le ton de la presse officielle était encore un obstacle; les journaux continuaient de vanter le prétendu triomphe de Saint-Jean d'Ulloa, et d'injurier grossièrement la France. L'amiral, fatigué de cet ignoble langage et de ces plates calomnies, menaça de rompre toute négociation. Bien convaincu que ce n'etait point là une menace vaine, le gouvernement imposa silence à ces maladroits agents, et les négociations commencèrent. Deux plénipotentiaires, le ministre Gorostiza et le général Guadalupe Victoria, étaient chargés des intérêts du Mexique. L'amiral Baudin représentait la France. On se réunit à la Vera-Cruz que les Mexicains n'occupaient que par permission de ce dernier. Deux jours suffirent pour tout régler; le troisième, on fit les copies; et le soir du même jour, le ministre des affaires étrangères, porteur du traité, se rendit à Mexico pour le soumettre à la ratification du congrès. Il le commenta devant les deux chambres, de manière à dissimuler ce qu'il pouvait avoir de fâcheux pour l'orgueil mexicain. Il alla beaucoup trop loin en expliquant les motifs relatifs aux six cent mille piastres d'indemnité; il prit fort imprudemment l'engagement de protester contre le sens qu'on pouvait attacher au mot *payer*. « Le gouvernement, disait-il, ne prend ce mot que dans le sens de *remettre*, sans aucune reconnaissance de la justice ou de l'injustice des réclamations de la France. » Une telle interprétation ne pouvait être admise; l'amiral le signifia aussitôt qu'il en eut connaissance; il déclara qu'il ne regarderait la ratification comme régulière qu'autant qu'il aurait reçu un acte en bonne forme, par lequel le gouvernement mexicain renoncerait à toutes protestations, restrictions ou réserves, soit publiques ou secrètes, qui pussent atténuer le sens littéral du traité et en empêcher l'effet, soit pour le présent, soit pour l'avenir. Ce langage ferme et loyal fut entendu, et courrier pour courrier, cinq jours après cette difficulté imprévue, arrivèrent la ratification pure et simple et le désistement à toute protestation, dans les termes mêmes que l'amiral avait dictés.

(*) Ces relations n'avaient aucun caractère hostile au gouvernement établi. Les fédéralistes ne partageaient point à la vérité les antipathies de leurs adversaires contre la France, et nul doute que s'ils eussent été au pouvoir, la guerre n'eût point éclaté, et les différends entre les deux pays se seraient facilement arrangés.

Telle fut la fin de cette guerre entreprise pour venger les Français des avanies sauvages et des procédés révolutionnaires du Mexique ; guerre que l'aveuglement et la présomption du gouvernement de cette république soutinrent sans aucune chance de succès, qui paralysa son commerce, et qui l'aurait complétement anéanti, si cette lutte inégale s'était prolongée, si la France n'avait mis autant d'énergie à frapper un coup décisif, que de modération après la victoire (*).

Nous allons laisser le Mexique tourner contre lui-même les forces qu'il venait d'employer contre l'étranger, et décider par les armes qui, des deux grands partis entre lesquels se partage le pays, aura le pouvoir. Cette guerre civile dure depuis trois années avec des fortunes diverses ; il est à craindre qu'elle n'ait d'autre résultat que de donner plus d'influence à l'armée et de rendre un gouvernement durable impossible. Quoi qu'il en soit, les événements qui se sont succédé au Mexique dans ces derniers temps n'appartiennent pas encore à l'histoire (**).

(*) Voyez, sur les événements de cette campagne, la relation publiée par MM. Blanchard et Dauzats, sous ce titre : San Juan de Ulua ou relation de l'expédition française au Mexique, sous les ordres de M. le contre-amiral Baudin, par MM. Blanchard et Dauzats, suivie de notes et documents et d'un aperçu général sur l'état actuel du Texas, par M. E. Maissin, lieutenant de vaisseau, aide de camp de l'amiral Baudin, publié par ordre du roi, sous les auspices de M. le baron Tupinier, alors ministre de la marine. Paris, Gide, éditeur, 1 vol. grand in-8°, avec de nombreuses vignettes.

J'ai souvent mis à contribution cet ouvrage rempli de faits curieux et de documents officiels.

(**) Nous avons consulté, pour cette histoire du Mexique, les ouvrages suivants :

Barcia, Historiadores primitivos, 3 vol. in-fol.

Gomara, Cronica della Nueva España, 1554.

Sahagun, Hist. de l'ancien Mexique (en espagnol), dans les 5ᵉ et 7ᵉ vol. de la collection d'Aglio.

Torquemada, Monarchia indiana, 3 vol. in-f°.

Cortez, carta 2, 3 et 4 de relacion embiada a sua sacra magestad del Emperador nuostro senor, por el capitan general de la Nueva España, don Fernando Cortez (dans le 1ᵉʳ vol. des Historiad. prim. de Barcia.)

Les mêmes lettres, publiées en 1790, avec des notes et additions, par l'archevêque Lorenzana, sous le titre de Historia de Nueva España, etc., etc.; 1 vol. in-f°. Le commentaire de Lorenzana a été vivement critiqué par Clavigero, et avec raison.

Herrera, hist. gener. de los Echos de las Castil, en las illas y tierra firme del mar Oceano, 4 vol. in-f°.

Bernal Diaz del Castillo, Historia verdadera de la conquesta de la Nueva España, in-f°.

Las Casas, Brevissima relacion de la destruycion de las Indias, 1552, in-f°.

Garcia, Origen de los Indios del Nuevo Mondo, 1 vol. in-f°, 1729.

Horne, De originibus Americanis, 1552, in-8°.

Ixtlilxochitl, Histoire des chichimèques ou des anciens rois de Texcuco, traduit sur le manuscrit espagnol, par H. Ternaux-Compans, 2 vol. in-8°.

Le même, Cruautés horribles des conquérants du Mexique, etc., publié en espagnol, par Ch. M. Bustamente, et traduit par H. Ternaux, 1 vol. in-8°.

Ternaux-Compans, Recueil de pièces relatives à la conquête du Mexique, 1 vol. in-8°.

Le même, second recueil de pièces sur le Mexique, 1 vol. in-8°.

Solis, Historia della conquista de Mexico, 1 vol. in-f°, 1704.

Boturini, Idea de una nueva historia della America septentrional, 1 vol. in-4°, 1746.

Clavigero, Storia antiqua del Messico, 4 vol. in-4°, 1780 (le meilleur travail sur l'ancien Mexique).

Al. de Humboldt, Vues des Cordillières et monuments des peuples indigènes de l'Amérique, 1 vol. grand in-f°.

Baradère, Warden, etc., etc., Antiquités mexicaines, comprenant la relation des trois expéditions du capitaine Dupaix en 1805, 1806 et 1807, etc., etc., Paris, 1834 et années suiv., 2 vol. in-f°.

MEXIQUE.

Nebel, Voyage pittoresque et archéologique dans le Mexique, 1835, 1 vol. in-f°.

Icaza e Gondra, Colleccion de las antiquedades mexicanas que ecsisten en el museo national. Litografidas par F. Waldeck, in-f°, 1827, 1835.

Augustine Aglio, Antiquities of Mexico, etc., 7 vol. imperial in-f°, Lond., 1829.

Ce splendide ouvrage, publié aux frais de lord Kingsborough, réunit toutes les peintures hiéroglyphiques mexicaines conservées dans les bibliothèques de Paris, de Berlin, de Dresde, de Vienne, du Vatican, de Bologne, d'Oxford, du musée Borgia, ainsi que les collections de Dupaix et les monuments de l'Amérique de M. de Humboldt. La collection de Mendoza, dont Purchas et Thévenot avaient donné une partie, s'y trouve reproduite avec un certain nombre de planches nouvelles, entre autres, celles relatives aux tribus que Lorenzana avait déjà publiées, mais très-inexactement. L'exécution de toutes ces peintures est admirable et hors de toute comparaison avec les anciens dessins connus. Elles sont accompagnées des savantes remarques de M. de Humboldt, des commentaires de Dupaix, et d'un grand nombre de notes et d'analyses détaillées. On trouve dans le 5ᵉ volume la partie de l'histoire de Sahagun, qui traite de la rhétorique, de la philosophie, de la morale et de la religion des Mexicains. Le surplus de l'histoire du savant franciscain est imprimé dans le 7ᵉ volume. Le 6ᵉ renferme un très-long mémoire de lord Kingsborough tendant à établir que les Juifs, dans les plus anciens temps, ont colonisé l'Amérique. (Cette opinion avait déjà été mise en avant par Thomas Thorowgood, dans un ouvrage publié à Londres en 1650, sous ce titre : Jews in Americæ or probabilities that the Americains, are of that race, 2ᵉ édition aug., 1660.)

Gage, New survey of the west, Indies, 1648 et 1655, in-f°, et 1677, in-8°.

Robertson, History of America, nouv. édit., 1800 ou 1812, 4 vol. in-8°.

Humboldt, Essai politique sur le royaume de la Nouvelle-Espagne, 2ᵉ édit., Paris, 1827.

Mexico and Guatemala, 2 vol. in-18 formant les 11ᵉ, 12ᵉ, 13ᵉ et 14ᵉ parties du Modern Traveller.

Bulloch, le Mexique en 1823, ou relation d'un voyage dans la Nouvelle-Espagne, trad. de l'anglais, 2 vol. in-8° et atlas, 1824.

Beltrami, le Mexique, 2 vol. in-8°, Paris, 1830.

Lyon, Journal of a résidence and Tourin, the republic of Mexico, London, 1828, 2 vol. in-8°.

H. G. Ward, Mexico during the years, 1825, 1826, and part of 1827, second edit. enlarged, 2 vol. in-8°, fig.

Poinsett, Notes on Mexico by a citizen of united states, 1 vol. in-8°, 1824.

Robinson, Memoirs of the Mexican revolution, 2 vol. in-8°.

Bustamente, Cuadro historico de la revolution de Mexico, in-8°.

Mendibil, resumen historico, etc., London, 1828. (C'est un extrait du précédent.)

El Espanol, Lond., 1810, 1815, 8 v. in-8".

Mémoires autographes de don Augustin Iturbide, ex-empereur du Mexique, trad. de l'anglais de M. J. Quin, par Parisot, Paris, 1824, 1 vol. in-8°.

Michel Chevalier, lettres sur le Mexique, publiées dans le *Journal des Débats*, nᵒˢ des 20 juillet, 1ᵉʳ, 7 et 15 août 1837. Ces lettres, écrites sur les lieux, en 1835, par un de nos plus profonds publicistes, savant aussi distingué qu'excellent observateur, nous montrent cette grande contrée aux différentes époques de son histoire. Les résultats de la conquête et l'œuvre de la colonisation espagnole y sont envisagés sous un jour nouveau; et l'état du pays, tel que la révolution l'a fait, y paraît sous l'aspect le plus triste et malheureusement le plus vrai.

A visit to Mexico, New-York, 1834.

Texas, observations hist. and geog. during a visit to austin's colony in the autumn, 1831, Baltimore, 1833.

Frédéric Leclerc, le Texas et sa révolution, 1 vol. in-8°, Paris, 1840. Excellent ouvrage plein de recherches curieuses et d'aperçus nouveaux.

Henri Fournel, coup d'œil historique et statistique sur le Texas, Paris, 1841, 1 vol. in-8°.

W. Kennedy, the rise progress and prospect of the republic of Texas, Lond., 1841.

FIN DU MEXIQUE.

GUATEMALA.

DESCRIPTION DU GUATEMALA. — ÉTYMOLOGIE, SITUATION, LIMITES, MONTAGNES, FLEUVES ET LACS, DIVISION POLITIQUE, POPULATION, PRODUCTIONS DES TROIS RÈGNES.

Le Guatemala, resserré entre deux océans, au centre des deux Amériques, pays de plaines, de lacs, de forêts, de volcans et de ruines d'une civilisation dont l'origine est une énigme, va maintenant nous occuper (*).

(*) Les historiens ne sont point d'accord sur l'étymologie du nom de *Guatemala*. Les uns, comme Domingo Juarros, la trouvent dans le mot *quauhtemali*, qui en langue mexicaine signifie un tronc d'arbre abattu, et ils expliquent le choix de cette dénomination en disant que les Indiens qui accompagnaient Alvarado, le conquérant du pays, aperçurent, près du palais du roi des Kachiquels, un vieux tronc d'arbre dévoré par les fourmis. D'autres font dériver ce nom du mot *uhatezmalha*, qui désigne, dans le dialecte tzendale, une montagne d'où jaillissent des sources, allusion évidente à la montagne au pied de laquelle est bâtie Guatemala l'antigua. Cette dernière origine nous paraît la plus vraisemblable. Quant à la première, elle est inadmissible, d'abord parce que le nom du royaume est certainement plus ancien que la conquête, ensuite parce que Alvarado n'aurait pas laissé aux Mexicains qui l'accompagnaient le soin de baptiser la contrée dont il venait de prendre possession. Nous avons encore le choix entre deux étymologies : l'historien Francisco de Fuentes se décide pour le mot *coctecmalan*, qui signifie *bois laiteux*, et qui s'applique à une espèce d'arbre qu'on ne trouve que sur l'emplacement supposé de la première capitale, c'est-à-dire à l'endroit où l'on voit aujourd'hui le village de Tzacualpa. Enfin, Juarros, déjà cité, avance que *Guatemala* pourrait bien être une corruption du nom de *Juitemal*, premier roi de ce pays, de même que le royaume de *Quiché* prit le nom de son premier maître, Nimaquiché; mais d'abord, l'existence du roi Juitemal n'est pas suffisamment prouvée; en second lieu, il est fort possible que les noms du pays aient été, au contraire, donnés aux souverains. Nous nous en tenons donc au

La situation de cette grande contrée est admirable. Baignée à l'est et au couchant par l'Atlantique et le grand Océan, elle doit un jour servir de passage à l'Europe pour arriver promptement au milieu des archipels de l'Océanie et sur les côtes orientales de l'Asie, et c'est alors que le mouvement commercial dont elle sera le centre, commencera pour elle une ère de prospérité.

D'une étendue plus vaste que le Pérou et le Chili, le Guatemala, par sa heureuse position, est plus qu'aucun d'eux un pays d'avenir; et quand viendront pour lui les jours de paix intérieure et la bonne fortune d'un gouvernement stable; quand la toute-puissance des lois y aura remplacé le despotisme du sabre, les Européens, séduits par la fertilité de son sol, la variété de son climat et de ses produits, s'empresseront d'y fonder des colonies agricoles et de mettre en œuvre les nombreux éléments de richesse qui n'attendent, pour se développer, que les bras de l'homme intelligent et la sécurité de tous les intérêts matériels.

Les limites de la république guatémalienne ne sont pas aussi faciles à déterminer qu'on le croirait, en jetant les yeux sur la carte de ces régions. A l'est, le pays des Mosquitos, enclavé dans le territoire de la république, est réclamé par la Colombie; au nord et au nord-ouest, les provinces de Chiapa et de Soconuzco sont revendiquées par le gouvernement de Mexico. Toutefois, et bien que ces contestations soient loin de toucher à leur terme, nous adopterons la délimitation indiquée provisoirement par les voyageurs et les géographes : nous le bornerons au nord par l'État mexicain de Chiapa, le Yucatan et la mer des Antilles; à l'est par cette mer et le département colombien de l'Isthme; au sud par

mot *Uhatezmalha*, qui, de toute façon, nous paraît le plus admissible.

l'océan Pacifique; à l'ouest par ce même océan et les provinces mexicaines d'Oaxaca et Chiapa.

Le territoire de la confédération centrale n'a pas moins de 360 lieues de longueur et 130 dans sa plus grande largeur; ses côtes ont une étendue d'environ 500 lieues. Les nombreuses îles qui avoisinent son littoral, dans la mer des Antilles, lui appartiennent

Une chaîne de montagnes hérissée de volcans traverse le Guatemala dans toute sa longueur; elle unit la Cordillière de l'hémisphère austral à celle qui s'étend dans le Mexique, pour aller se joindre aux Montagnes Rocheuses. De ses flancs sortent un grand nombre de rivières qui se jettent les unes dans la mer des Antilles, les autres dans le grand Océan. Dans la première catégorie il faut compter le Sumasinta, le Rio-Grande, le Motagua, l'Uhua, le Yare, le Nueva-Segovia ou Blewfield, le San Juan, dont le cours est de plus de quarante lieues, et qui sort du lac de Nicaragua; dans la seconde catégorie, on ne pourrait citer que des cours d'eau sans importance; nous mentionnerons cependant le Guacalat, parce qu'il baigne les murs de Guatemala-la-Vieja, et la Tosta, parce qu'elle peut servir de base à un projet de communication entre les deux mers, ainsi qu'on le verra plus loin.

Avant de continuer cet aperçu géographique, et pour aider à l'intelligence des détails qui vont suivre, nous croyons devoir indiquer la division politique du Guatemala.

Cette division a varié suivant les circonstances qui ont changé la face de ce pays. Dans le dix-septième siècle on comptait jusqu'à trente-deux provinces, dont quatre étaient désignées sous le nom de *gouvernements*, savoir, Comayagua, Nicaragua, Costa-Rica et Soconusco; neuf étaient des *alcadias mayor*, savoir : San Salvador, Ciudad Real, Teguzgalpa, Zonzonate, Vera-Paz, Suchiltepec, Nicoya, Amatique et San Andres de Zaragoza; dix-huit étaient des *corregimientos*, et leurs corrégidors étaient nommés par l'*audiencia*. Vers l'an 1660, la population de Costa Rica ayant considérablement diminué, on annexa à cette province quatre *corregimientos;* quatre autres furent partagées entre les gouvernements de Comayagua et de Nicaragua. Au commencement du dix-huitième siècle, les *alcadias mayor* d'Amatique et de San Andres furent supprimées, et on en créa de nouvelles. Ainsi, et peu à peu, les trente-deux provinces furent réduites à quinze. A cette époque, le Guatemala formait une grande division administrative de l'Amérique espagnole, sous le titre de *Capitainerie générale de Guatemala*. Incorporé en 1821 au Mexique, il s'en sépara trois ans après. Aujourd'hui cette république se compose d'un district fédéral et de cinq États, subdivisés chacun en *partidos*, ou départements. Le district fédéral se compose de Nueva-Guatemala et de ses environs immédiats; les cinq États sont : GUATEMALA, SAN SALVADOR, HONDURAS, NICARAGUA et COSTA-RICA.

On évalue à un peu plus de 2,000,000 d'âmes la population du Guatemala tout entier. Il est fort difficile, pour ne pas dire impossible, de déterminer la proportion des races dans ce chiffre de 2,000,000; en effet, le sang est tellement mêlé dans toute l'Amérique espagnole, qu'il serait téméraire de se prononcer sur une classification absolue. Un voyageur anglais cite, à ce propos, un tableau, que nous croyons devoir reproduire pour donner une idée du croisement des races en Amérique. Ce tableau est spécial au Mexique, mais, sauf quelques changements de noms, il peut s'appliquer au Guatemala. On remarquera qu'il existe jusqu'à quinze castes, indépendamment des blancs proprement dits.

Mestisa (métis), né d'un Espagnol et d'une Indienne.
Castisa, d'une femme métis et d'un Espagnol.
Espanola, d'un castiso et d'une Espagnole.
Mulâtre, d'une Espagnole et d'un nègre.
Morisque, d'une mulatresse et d'un Espagnol.
Albina, d'un morisque et d'une Espagnole.
Tornatras, d'un albino et d'une Espagnole.

Tentinelaire, d'un tornatras et d'une Espagnole.
Lovo, d'une Indienne et d'un nègre.
Caribujo, d'une Indienne et d'un ovo.
Barsino, d'un Coyote et d'une mulâtresse.
Grifo, d'une négresse et d'un lovo.
Albarazado, d'un Coyote et d'une Indienne.
Chanisa, d'une femme métis et d'un Indien.
Mechino, d'une lova et d'un Coyote.

Cette curieuse division prouve combien il est difficile de trouver dans toute cette partie de l'Amérique un type original, et à quels mécomptes on s'expose en étudiant l'*homme américain*, si tant est même que l'*homme américain* proprement dit ait jamais existé. C'est à peine si l'on peut croire à la pureté des races qui vivent dans les forêts vierges du Pérou et dans les parties les plus inaccessibles de l'Araucanie, car rien ne garantit que le sang européen ou africain ne se soit mêlé autrefois à celui de ces peuples sauvages et n'ait altéré le type primitif. Les études anthropologiques sont donc, en Amérique, purement relatives, et l'on ne doit rien conclure en cette matière, que sous toute réserve.

Toutefois, et malgré le mélange des types, certaines peuplades ont toujours vécu dans un isolement à peu près complet et conservé l'originalité de leurs mœurs. Tels sont, entre autres, dans le Guatemala, les Changuènes, nation guerrière, et qui, par sa férocité bien connue, est la terreur de l'État de Costa-Rica, dont elle occupe l'extrémité orientale; tels sont aussi les Mosquitos, qui habitent une partie du littoral de l'État de Honduras. Ce nom de *Mosquitos* vient de la quantité innombrable de mosquites ou moustiques qui tourmentent ici les Indiens et les obligent, pour se soustraire à leurs piqûres, de passer plusieurs mois de l'année en bateau sur les rivières. Ces indigènes n'ont jamais voulu accepter la civilisation, et ils ont toujours professé pour les Espagnols une haine et un mépris que rien n'a pu affaiblir. Ils sont gouvernés par une espèce d'aristocratie; on ne sait rien de leurs idées religieuses, mais, si l'on en croit les anciens voyageurs, ils divisaient l'année en 18 mois de 20 jours, et ils appelaient les mois *ioalar*, c'est-à-dire, *chose mobile*. « Dénomination très-remarquable, dit Malte-Brun, puisqu'elle se rapproche évidemment du mot *Iol*, par lequel les anciens Scandinaves désignaient la fête qui terminait l'année, mot qui pourrait aussi avoir signifié *roue* et *cycle*. » Les Anglais, profitant de l'éloignement de ce peuple pour les Espagnols, cherchèrent à fonder une colonie dans le territoire qu'il occupe. Le duc d'Albemarle, gouverneur de la Jamaïque, prit sur lui de nommer un des Indiens *chef des Mosquitos*, sous la protection de la Grande-Bretagne. Mais le traité de 1786 obligea les usurpateurs à abandonner le pays dans lequel ils s'étaient déjà établis, la couronne d'Espagne s'engageant, en retour, à ne point punir les Mosquitos de leur préférence pour les Anglais.

Les Zambos et les Poyais sont les voisins des Mosquitos. C'est sur le territoire de ces deux tribus que le général anglais Mac-Grégor, après s'être emparé, en 1819, de l'île de Roatan, et avoir obtenu du cacique des Poyais la cession d'un terrain assez considérable, essaya de fonder un État dont il se proclama spontanément le chef. Il se décerna le titre de roi, et vit bientôt des aventuriers, séduits par ses brillantes promesses, accourir autour de lui pour partager sa fortune. Il fit plus : pour subvenir aux frais de l'établissement, il eut l'idée d'émettre un emprunt public sous le nom d'*emprunt royal poyais*. Pour comble de bizarrerie, il se trouva des spéculateurs qui confièrent leurs fonds au souverain improvisé de la *Nouvelle-Neustrie*, car c'est ainsi que Mac-Grégor avait baptisé son royaume. Mais aucun gouvernement européen ne consentit à reconnaître la nouvelle majesté; ses sujets de race anglaise furent mal reçus par ses sujets indigènes; enfin, le gouvernement colombien protesta en 1825 contre l'occupation du territoire dont il s'était sans façon arrogé la propriété. La chute fut lourde; et on n'aurait fait qu'en rire, si des gens trop confiants n'avaient englouti leur fortune dans cette ridicule et chimérique entreprise. Aujourd'hui le royaume des Poyais ne figure plus sur les cartes que comme une curiosité historique et géographique. On le signale à l'endroit où le Tinto, ou rivière noire, se décharge dans l'Atlantique, près du cap Camaron, car c'est là que Mac-Grégor avait placé le théâtre de sa puissance.

Nous ne quitterons pas le chapitre de la population sans consigner un fait de statistique assez singulier : le Guatemala est le pays le plus peuplé, relativement, de toute l'Amérique espagnole. Cette vérité ressort du tableau suivant :

	LIEUES géographiques carrées.	POPULATION absolue.	HABITANTS par lieue carrée.
Mexique	75,830	6,800,000	89
Guatemala	16,740	2,000,000	119
Venezuela	33,700	900,000	29
Nouvelle-Grenade	58,250	1,800,000	
Pérou	12,150	1,400,000	115
Chili	14,240	1,100,000	77
Buénos-Ayres	126,770	2,000,000	15

Ces chiffres ont été relevés il y a une dizaine d'années; mais des documents plus récents nous ont prouvé que si les populations ont augmenté, le rapport est resté le même.

La différence en faveur du Guatemala est d'autant plus remarquable, que ce pays offre de vastes espaces à peu près inhabités, que son climat est, en moyenne, moins salubre que celui des contrées voisines, et que ses nombreux volcans éloignent de certains endroits toute population sédentaire. Nous ne trouvons à ce fait qu'une seule explication : par suite de sa situation géographique, le Guatemala, comme les provinces mexicaines baignées par l'océan Atlantique, fut longtemps le point le plus fréquenté par les Espagnols qui venaient courir les aventures dans le nouveau monde. Les émigrants qui débarquaient sur la côte de Honduras s'arrêtaient de préférence dans le territoire environnant, dont les richesses minérales tentaient leur cupidité. Le Guatemala étant le chemin du Mexique et de la Colombie, on s'y fixait plutôt que d'aller chercher fortune au loin. Ainsi se forma ce noyau de population, qui devait toujours conserver sa supériorité relative sur la population des autres possessions espagnoles.

Les productions végétales du Guatemala sont remarquables par leur variété. Les fruits d'Europe se trouvent ici à côté de ceux des tropiques; la végétation emprunte aux deux mondes toutes leurs richesses et leurs magnificences. Parmi les produits qui sont un objet de commerce, on peut citer le blé, le maïs qui rend jusqu'à 300 pour 1, l'indigo dont la qualité passe pour être supérieure, le rocou, la vigne qui, naturalisée depuis peu de temps, donne déjà d'excellent vin, la salsepareille, le cacao, plusieurs baumes et résines, la cochenille dont la

17ᵉ *Livraison.* (GUATEMALA.)

17

culture a pris, depuis quelques années, une extension considérable, le tabac, le bois d'acajou et d'autres bois recherchés en Europe, le poivre, le julep, le sang-de-dragon, la vanille, le coton, le sucre, le safran, etc., etc.

Le règne animal n'est pas moins riche. Il offre, suivant les historiens et les voyageurs, des espèces que les naturalistes n'ont pas encore décrites. Les forêts de la Vera-Paz sont peuplées d'animaux sauvages, parmi lesquels on remarque le tapir ou *danta*, dont la peau sert à faire des boucliers impénétrables. On fait un commerce important en bestiaux et en peaux. Les ophidiens sont en très-grand nombre, surtout dans certaines localités; toutefois nous ne comprenons pas parmi les espèces authentiques le serpent à deux têtes dont parle le crédule Juarros, animal extraordinaire, qui, selon le naïf historien, se meut en avant ou en arrière, suivant le besoin de sa défense, et se sert avec une égale facilité des deux gueules que la nature a placées aux deux extrémités de son corps.

Quant aux productions minérales du Guatemala, elles peuvent soutenir la comparaison avec celles du pays le mieux partagé sous ce rapport. Outre l'alun, le soufre et d'autres substances qui alimentent les exportations commerciales, il y a d'abondantes mines d'or et d'argent. Il en existe, dans la province de Chiquimula, notamment celles d'Alotopèque et de Saint-Pantaléon, qui ont été autrefois exploitées avec grands profits; la dernière est malheureusement inondée. Le même filon fournit de l'or aux mines de Santa Rosalia, de Montenita, et de San Antonio Abad, qui, débarrassées des terres qui les encombrent, donneraient encore de grandes quantités de métal. Le district de Comayagua possède aussi des terrains aurifères. Dans l'État de Costa-Rica, outre des mines d'argent et d'or, on trouve du cuivre en abondance. Enfin, le territoire de Honduras renferme des métaux qui pourraient à eux seuls, s'ils étaient soumis à une exploitation active, enrichir un grand État.

C'est cette profusion de minéraux précieux qui séduisit tout d'abord les Espagnols dans le Guatemala. Les magnifiques présents que leur firent les caciques vaincus, et les abondantes récoltes qui suivirent leurs premières explorations dans les terrains métallifères, leur firent croire que le pays n'était qu'une vaste mine, et que les volcans eux-mêmes vomissaient de l'or fondu (*). La cupidité des conquérants, ainsi éveillée, causa aux peuples soumis tous les maux qu'une tyrannie impitoyable peut infliger à des sujets sans défense.

JONCTION DES DEUX OCÉANS PAR L'AMÉRIQUE CENTRALE.

Nous avons dit qu'un pays aussi généreusement doté par la nature devait nécessairement jouir tôt ou tard d'une grande prospérité. Nous n'hésitons pas à placer au premier rang des moyens propres à assurer cet heureux avenir, l'exécution du canal destiné à réunir les deux océans. C'est ici le lieu de parler de ce grand projet.

Avant l'examen approfondi de la question par M. de Humboldt, on était réduit à de simples conjectures sur le lieu le plus favorable à l'établissement d'un canal de jonction. Le gouvernement espagnol, dans la crainte de voir des étrangers s'impatroniser

(*) Voici ce que le missionnaire Thomas Gage dit au sujet du volcan qui avoisine la ville de Léon :

« Il y eut un religieux de la Merci qui s'imagina avoir découvert un grand trésor en ce lieu-là, capable de l'enrichir lui et tous ceux du pays, s'étant persuadé que le métal qui brûlait dans ce volcan était de l'or; de sorte qu'il fit faire un grand chaudron et le fit attacher à une chaine de fer, afin de le descendre au bas de l'ouverture de la montagne, pensant qu'il le retirerait plein de cet or fondu, et qu'il aurait assez de quoi se faire évêque et enrichir tous ses parents; mais la force du feu fut si grande, qu'il n'eut pas sitôt descendu le chaudron, qu'il se détacha de la chaine et fut aussitôt fondu. » (*Nouvelle relation contenant les voyages de Thomas Gage dans la Nouvelle-Espagne*, trad. par BAULIEU O'NEIL, 1676.)

dans ses possessions américaines, pour en exploiter les richesses et l'heureuse situation, avait toujours tenu secrètes les études topographiques et hydrographiques faites par son ordre pour l'exécution éventuelle de ce grand travail. Il se montra plus traitable pour M. de Humboldt, à qui il fit connaître les résultats des explorations précédentes. Cet illustre savant, sans avoir besoin d'examiner les lieux, par la seule connaissance des travaux antérieurs, éclaira tout à coup le problème d'une lumière si vive, que ses observations furent considérées comme décisives, et que, même après un long intervalle de temps, elles font encore autorité. Il constata que la jonction des deux océans pouvait s'effectuer sur cinq points différents, tous pris dans l'Amérique centrale : 1° par l'isthme de Darien; 2° dans la province colombienne de Choco; 3° par l'isthme de Tehuantepec, dans le Mexique; 4° par le lac de Nicaragua; 5° par l'isthme de Panama.

L'isthme de Darien, dans sa partie la plus étroite, présente une largeur de soixante milles, première difficulté. La rivière de Santa-Maria, qui en parcourt le tiers, aurait besoin d'être canalisée dans presque toute l'étendue de son cours; il faudrait, en outre, couper la haute chaîne de montagnes qui occupe le centre de l'isthme; enfin il est douteux que les travailleurs pussent résister à l'influence délétère du climat.

La jonction par la province de Choco serait facilitée par la réunion de deux rivières, dont l'une, le Rio Atrato, se jette dans la mer des Antilles, tandis que l'autre, le Rio Noanama, va se perdre dans l'océan Pacifique; mais une pareille voie de communication serait presque inutile, car elle ne pourrait livrer passage qu'à des barques de médiocre grandeur, et ce qu'il faut, c'est un canal capable de recevoir, non-seulement les bâtiments du plus fort tonnage, mais encore les navires de guerre.

Quant à l'isthme de Tehuantepec, M. de Humboldt a cru d'abord qu'il offrait plus d'avantages et de facilités; il pensait que le Rio Guazacoalco, qui débouche dans le golfe du Mexique, et le Rio Chimalapa qui se rend dans le golfe de Tehuantepec, sur la mer du Sud, pourraient être assez aisément réunis par un canal qui traverserait les forêts de Tarifa; mais il a été prouvé depuis, et notamment par les observations d'un voyageur nommé Pitmann, que l'exécution de ce projet éprouverait des obstacles immenses, tels que l'approfondissement et la rectification des deux rivières, la grande distance qui les sépare, les difficultés de toute sorte qu'offre le terrain intermédiaire, et par-dessus tout, le climat, dont l'influence est mortelle pendant presque toute l'année.

Restaient donc le lac de Nicaragua et l'isthme de Panama, seuls points par lesquels on pût songer raisonnablement à effectuer la communication d'une mer à l'autre. Aussi, est-ce sur ces deux localités que s'est concentrée l'attention des spéculateurs et des gouvernements qui se sont occupés de cette œuvre grandiose. Nous n'entrerons pas dans le détail des divers projets de jonction proposés aux congrès de Guatemala et de Colombie; nous allons énumérer seulement ces projets en indiquant leur but principal.

Le 18 septembre 1824, la maison Barclay, de Londres, propose au gouvernement de l'Amérique centrale d'exécuter le projet par le lac de Nicaragua.

Le 2 février 1825, une compagnie des États-Unis, à la tête de laquelle étaient MM. Bourke et Llanos, font les mêmes propositions.

Le 16 juin 1826, un traité se signe entre le gouvernement du Guatemala et la maison Palmer de New-York, pour la canalisation du fleuve Saint-Jean et la réunion du lac Nicaragua à l'océan Pacifique.

Presque en même temps, le roi de Hollande entre en négociation avec ce gouvernement pour le même objet.

En 1829, Bolivar charge des ingénieurs d'étudier le terrain du côté de

Panama et de Chagrès, dans le but d'employer plus tard l'armée colombienne aux travaux de canalisation.

En juin 1831 et octobre 1833, la chambre provinciale du district de Panama provoque la sollicitude du congrès sur cette question, et, pour encourager les spéculateurs, autorise non-seulement l'établissement d'un canal, mais encore toute autre voie de communication, telle qu'un chemin de fer, et même une route ordinaire.

Deux ans après le second vote de cette assemblée, le 25 mai 1835, le baron Thierry, dont tout le monde connaît les travaux de colonisation à la Nouvelle-Zélande, obtient la concession d'un canal entre les rivières Chagrès et Quebra-Grande.

Le 3 mars 1835, le congrès des États-Unis avait résolu par un vote solennel de faire de la jonction des deux mers une affaire de gouvernement, et de prendre une glorieuse initiative. Le colonel Biddle est envoyé dans l'Amérique centrale pour étudier les deux voies de communication; mais au lieu de traiter pour son gouvernement, cet agent officiel traite pour lui-même avec la république de la Nouvelle-Grenade, et s'associe avec une compagnie de ce pays pour l'exécution du travail dont il était chargé seulement de poser les bases.

Enfin, le 29 mai 1838, la maison Salomon et compagnie de la Guadeloupe obtient du congrès de Bogota un décret, qui lui transmet le privilége précédemment accordé au colonel Biddle.

Tous ces projets ont avorté par suite de diverses circonstances que nous ne pouvons énumérer ici. Bornons-nous à constater la singulière fatalité qui, jusqu'à présent, a frappé de stérilité les tentatives les plus sérieuses pour la réunion des deux océans.

Nous allons dire maintenant en quoi consisteraient les inconvénients et les avantages de chacun des deux points dont nous venons de nous occuper spécialement. Nous trouvons dans la *Revue démocratique de Washington* un résumé des observations auxquelles a conduit l'exploration exacte des deux lignes. Nous ne croyons pas pouvoir mieux faire que de reproduire ici ce résumé, en adoptant la traduction qu'en a donnée la *Revue britannique* dans son numéro de juillet 1840 :

Ligne du lac de Nicaragua. « Une canalisation naturelle et presque ininterrompue existe déjà tant par le fleuve Saint-Jean que par le lac de Nicaragua, qui communique au petit lac de Léon. La rivière de Saint-Jean, qui a sa prise dans le grand lac, descend vers l'Atlantique par un cours large et sinueux qui peut avoir cent milles de long; quant au lac lui-même, sa navigation est saine comme profondeur (*), puisqu'on trouve dans presque toute son étendue de trois à huit brasses d'eau. Quelques tempêtes violentes, nommées dans le pays *papagayos*, le dévastent bien par intervalles, mais il est évident que ce n'est point là un inconvénient sérieux pour les paquebots à vapeur. La navigabilité de la rivière de Saint-Jean est un problème moins éclairci. Les versions diffèrent, et ce qui en ressort le plus clairement, c'est qu'aucune reconnaissance hydrographique n'a encore été faite avec quelques détails. Robinson, dans ses *Mémoires sur la révolution mexicaine*, assure que sur un point de la barre

---

(*) Nous ajouterons ici quelques détails sur ce lac. C'est le plus grand de tous ceux qui arrosent les plaines du Guatemala, et il peut figurer parmi les plus remarquables du monde entier. Il a 180 milles de long, de l'est à l'ouest, et près de 100 milles de large, du nord au sud. Le fond est de vase, excepté le long des bords, où il est de sable fin. Les nombreux groupes d'îles qu'il renferme lui donnent l'aspect le plus pittoresque. Une seule de ces îles est habitée; on y voit un volcan qui jette souvent des flammes et de la fumée. Le lac est sujet à des tempêtes assez fortes, qui soulèvent les eaux en lames presque aussi effrayantes que celles de l'Océan. Malgré le grand nombre de rivières qui s'y rendent, on a observé que le niveau du lac ne subissait jamais aucune modification sensible; cependant l'eau incessamment apportée par les cours d'eau tributaires, n'a d'autre écoulement que par le Saint-Jean.

on a trouvé vingt-cinq pieds d'eau, et que le reste du lit est sain jusqu'au lac. Thompson est moins hardi : il n'admet pas qu'on puisse compter, en remontant la rivière, sur une profondeur de plus de quatre pieds. Le marquis de Ycineni, M. Bolton, M. de Canaz, agent diplomatique du Guatemala, s'accordent tous pour signaler des difficultés dans la navigation du Saint-Jean, des hauts-fonds de sable et de rochers, contre lesquels il faudrait employer, inutilement peut-être, les ressources de l'art ; d'où l'on peut conclure que le Saint-Jean ne doit être regardé que comme le réservoir alimentaire d'un canal latéral, et non comme un fragment naturel de la ligne navigable. »

Nous interrompons l'exposé du publiciste américain pour présenter, au sujet de ce qu'on vient de lire sur le Saint-Jean, une observation qui n'est pas sans importance : ce fleuve n'a jamais été exploré scientifiquement dans toute l'étendue de son cours, et ceux qui en parlent se prononcent d'après des ouï-dire, ou des conjectures que personne ne s'est encore avisé de vérifier. Ce qui ferait penser qu'il y a eu beaucoup d'exagération dans tout ce qu'on a dit sur l'impossibilité de rendre le Saint-Jean navigable, c'est le soin qu'a toujours pris le gouvernement espagnol de faire croire à cette impossibilité. Il est constant que les anciens maîtres du Guatemala avaient interdit la navigation du Saint-Jean, *sous peine de mort*, qu'ils en obstruèrent le lit dans plusieurs endroits, en y coulant de vieux navires, et qu'ils firent construire non loin de sa naissance dans le Nicaragua, un fort destiné à éloigner tous ceux qui violeraient l'ordonnance d'interdiction. On sait aussi que l'Espagne a souvent donné une idée très-désavantageuse de ses colonies américaines, précisément pour prévenir chez les peuples étrangers tout désir d'aller y former des établissements. Nous pouvons citer un exemple remarquable de ce système d'éloignement. Quand lord Cochrane arriva avec sa flotte à l'embouchure de la rivière de Guayaquil, il reçut à son bord un pilote qui lui assura que la rivière n'était pas navigable pour les gros bâtiments. En effet, l'amiral ayant consulté les cartes et les plans de cette partie de la côte, vit que le fleuve était signalé comme hérissé d'obstacles, et comme absolument impraticable. Les cartographes anglais, se fiant aux géographes espagnols, avaient marqué une foule d'écueils, de hauts-fonds et de rochers. Cochrane, cependant, demanda quelle était la profondeur moyenne ; on lui répondit qu'elle était de quatre brasses environ. Aussitôt, il ordonna au pilote, sous peine d'être immédiatement fusillé, de le conduire dans le fleuve. Le malheureux obéit en tremblant, et quelques instants après, la flotte jeta l'ancre sous les murs de Guayaquil, à la grande surprise des habitants qui n'avaient jamais vu une frégate si près de leur ville. On devrait donc, ce nous semble, en présence de pareils faits, et en l'absence de tous documents positifs sur le Saint-Jean, s'abstenir de déclarer ce fleuve innavigable. Tant qu'une étude complète du lit de ce cours d'eau n'aura pas mis un terme à toute incertitude, les déclarations du gouvernement espagnol devront être interprétées dans un sens favorable à l'opinion qui soutient la navigabilité.

« Cet obstacle vaincu, ajoute l'écrivain de la Revue américaine, il en reste un second, la communication du lac de Nicaragua avec l'océan Pacifique. D'après toutes les relations, il semble que la haute cordillière du Guatemala s'arrête sur cet isthme pour faire place à un système de petits mamelons coniques, entre lesquels on trouverait sans peine le tracé d'un canal. La plus grande difficulté consisterait, d'après Thompson, dans la différence des niveaux entre les eaux du lac et celles de l'Océan : cette différence est de 140 pieds. Quant à la hauteur du sol, elle varie de 60 à 160 pieds au-dessus du niveau du lac. La nature du terrain est, d'après M. Bolton, un roc maniable et qui formerait un excellent lit pour le canal.

« Ce travail se composerait donc d'une grande tranchée qui, pendant deux milles environ, aurait plus de 130 pieds de hauteur, puis s'abaisserait durant six autres milles pour atteindre un espace propice et naturellement nivelé. La distance totale serait d'une vingtaine de milles. Dans ce cas, l'eau du lac servirait elle-même d'alimentation. Mais peut-être avec un système d'écluses serait-il possible de diminuer l'importance de la tranchée, surtout si l'on faisait dériver une prise d'eau du lac de Léon, qui se trouve de 30 pieds plus élevé que celui de Nicaragua. D'autres projets ont embrassé le lac Léon lui-même, et ont voulu placer le théâtre de la communication maritime au nord-ouest de ce bassin, et dans la direction de Realejo, le meilleur port que la confédération possède sur l'océan Pacifique. De son côté, la compagnie hollandaise avait jeté ses vues sur la partie sud-ouest du lac de Nicaragua, avec l'intention de faire aboutir son canal au port de Nicoya, l'un des bons havres de la côte. Ces deux issues vaudraient mieux en effet que celle du golfe de Papagayo, qui n'offre guère, comme mouillage, que San-Juan de Brito, rade foraine ouverte aux ouragans. Du côté de l'Atlantique, le havre de Saint-Jean semble réunir les avantages désirables. Du reste, toute la contrée riveraine, sur cette ligne de communication, offre des ressources de tout genre : on parle de riches mines d'or, de cuivre, de plomb, de fer, de zinc et de mercure ; les bois y sont abondants et de la plus belle espèce ; la végétation étale partout les plus beaux produits ; nulle part la vie alimentaire n'est plus abondante, plus facile, meilleure ; la population de l'État est de deux millions d'âmes (*), sans mélange de nègres, et pourtant la main-d'œuvre s'y maintient à un taux très-raisonnable. La seule condition locale sur laquelle on n'ait pas de renseignements complets, c'est la salubrité du climat sur la côte des Mosquitos et le long de la rivière Saint-Jean. Il est à craindre que ce ne soit là l'obstacle le plus sérieux et le plus difficile à combattre. »

Ce que dit le journaliste américain, au sujet de la communication par le lac Léon, ne nous paraît pas suffisamment explicite. Nous allons y ajouter quelques détails. Le lac de Nicaragua communique au nord-ouest avec le lac Managua ou Léon, qui a plus de 50 milles de long sur trente de largeur moyenne. La communication a lieu par un cours d'eau navigable nommé Rio Tipitapa, et long d'une vingtaine de milles. Le lac Léon est assez profond pour admettre des vaisseaux du plus fort tonnage. A douze milles seulement de son extrémité nord, coule la rivière Tosta, qui, après un cours de 20 milles, tombe dans l'océan Pacifique. Ainsi, pour opérer la jonction des deux mers, on n'aurait qu'à couper par un canal l'espace de 12 milles qui sépare la Tosta du lac de Léon. Si l'on suivait cette voie, on n'aurait pas besoin de pousser les travaux jusqu'au port de Realejo, dont il est question dans l'exposé de la revue de Washington. La ville de Léon, située non loin du lac, offrirait toutes les ressources possibles aux chefs de l'entreprise et à leurs ouvriers. Enfin, dans cette partie du Guatemala, le climat est parfaitement salubre à toutes les époques de l'année.

Ligne de Panama. « Cette ligne a le précieux et incontestable avantage d'être la plus courte et la plus directe. M. de Humboldt évalue la distance à 28 milles, à vol d'oiseau ; elle pourrait se doubler par les exigences du terrain. La ligne praticable aboutirait du côté de l'Atlantique à l'embouchure du Chagrès, ou à la baie de Limon, du côté de la mer du Sud, à la baie de Panama, ou à celle de la Chorrera. Sur ce point, l'isthme se renfle déjà ; de Chagrès à Panama on compte 40 milles. Le terrain n'est pas, comme

(*) Ou le traducteur s'est trompé en disant : « la population *de l'État*, » au lieu de « la population *de la république*, » ou il a commis une erreur de statistique, car la population du Guatemala tout entier excède à peine 2 millions d'âmes, comme nous avons eu déjà l'occasion de le dire.

on le croit généralement en Europe, une haute cordillière, mais une suite de collines séparées par une vallée transversale et marécageuse. Deux ou trois tranchées un peu profondes, principalement du côté de l'océan Pacifique, suffiraient pour établir le niveau sur tous les points. Des communications existent d'ailleurs et pourraient être utilisées. La rivière de Chagrès, une fois la barre franchie, a une profondeur de 20 à 25 pieds sur une largeur de 300 pieds, jusqu'à la ville de Cruce, et même jusqu'à l'endroit où le Chagrès reçoit les eaux de la Trinité, qui s'unit elle-même à une autre rivière nommée la Quebra-Grande. Ces deux cours d'eau peuvent être remontés jusqu'à un point où la Quebra-Grande passe à peu de distance du Caïmitillo, affluent du Caïmito, qui se jette dans l'océan Pacifique vers la baie de Chorerra. Ce dernier point est à 12 milles de Panama. Le Caïmitillo présente, dans son cours, plusieurs chutes, dont les hauteurs réunies forment un total de 14 mètres. Un vaste étang, situé sur la rive droite de la Trinité, pourrait être utilisé pour le service des eaux du canal qui, à la rigueur, s'alimenterait encore par des dérivations tirées des rivières Bernardino et Arrayacinto. La salubrité du climat, sans être absolue, ne semble pas offrir des empêchements insurmontables, et les saignées dont le canal serait l'occasion et l'objet, suffiraient peut-être seules à l'assainissement du pays.

« Ainsi, continue l'auteur de cet exposé, voilà deux lignes de communication qui sont matériellement exécutables. Les objections tirées de la différence des niveaux des deux océans n'ont plus aucune valeur depuis les relevés qu'exécuta le capitaine Sabine, secrétaire de la société royale de Londres, par les ordres de Bolivar. Cet hydrographe constata que la différence des hauteurs ne provient que de la différence des marées, nulles dans le golfe du Mexique, et très-fortes sur les côtes de l'océan Pacifique; ainsi, toutes les douze heures, en commençant avec la marée haute l'océan Pacifique est de $13 \frac{55}{100}$èmes pieds plus élevé que l'Atlantique; à la marée descendante, il se trouve un instant à la même hauteur; enfin à la marée basse, il est à 6 $\frac{51}{100}$èmes pieds au-dessous.

« Des deux lignes dont il est ici question, la seule qui ne serait l'objet d'aucun conflit politique est celle de Panama (*). Elle est aussi la plus courte; peut-être n'est-elle pas celle qui offrirait le plus de ressources pour l'alimentation d'un canal; c'est un point qui reste à vider. La ligne de l'isthme, pourvue d'une voie d'eau naturelle, serait aussi la seule qui se prêterait à un système de communication provisoire, et sur petite échelle, reliée par un chemin de fer. Dans l'un et l'autre cas, une tranchée profonde serait nécessaire dans une étendue de plusieurs milles; mais il ne faut pas qu'un travail semblable effraye l'imagination. Sur les plateaux mexicains existe, sous le nom de *Desague de Huehuetoca*, un ouvrage exécuté par les Espagnols, et non moins colossal que le percement de l'isthme. Il eut pour but de préserver la vallée de Mexico des inondations, en donnant un écoulement aux eaux des divers lacs par une galerie souterraine creusée dans les collines de Nochistongo. Ouverte le 28 octobre 1507, cette galerie (*socabon*) fut achevée en douze mois, sur un développement de 6,600 mètres. En 1508, le vice-roi la parcourut à cheval. Huit mille Indiens avaient péri à la tâche. Malheureusement le terrain était meuble; il céda bientôt. Il fallut soutenir le plafond formé de couches alternantes de marne et d'argile durcies. Les eaux minèrent les murs latéraux, et

(*) On a vu en effet, dans le paragraphe relatif à la délimitation du territoire guatémalien, que le gouvernement de la Colombie faisait valoir des droits de propriété sur le pays des Mosquitos. Or, l'embouchure du fleuve Saint Jean se trouve principalement sur le littoral en litige. On ne pourrait donc songer à l'exécution du projet par le lac de Nicaragua, sans terminer préalablement la contestation élevée entre les deux républiques.

encombrèrent leur lit par des sédiments successifs. La galerie fut bouchée, et de nouvelles inondations menacèrent Mexico. Alors ce travail gigantesque recommença sur nouveaux frais ; une tranchée à ciel ouvert dut remplacer la galerie. Cette fois, la besogne, mal dirigée, se prolongea durant deux siècles. Dans son état actuel, cet ouvrage est une des choses les plus prodigieuses qui existent. Si la fosse était remplie d'eau à une profondeur de dix mètres, des vaisseaux de guerre passeraient au travers de la rangée des montagnes qui ceignent le bassin de Mexico. Quand on a vu le *Desague de Huéhuétoca*, la canalisation de l'isthme de Panama n'est plus un problème, mais seulement une question de temps.

« En fait d'ouvrages analogues, on ne peut guère citer, en Europe, que les canaux d'Amsterdam et le célèbre canal Calédonien (*). Quoique ces deux travaux n'aient pas la grandeur du projet qui nous occupe, ils doivent être regardés comme une preuve de ce que peut le génie humain dans une telle voie. Par les résultats obtenus, on a été à même de comprendre que des réalisations de ce genre ne sont pas seulement glorieuses, mais encore souverainement utiles. La jonction des deux océans laisserait bien loin tous les précédents, et serait pour l'univers entier un titre de grandeur et une source de richesse (**). La navigation périlleuse et souvent fatale du cap Horn serait à l'instant même supprimée, et les républiques naissantes de l'Amérique occidentale entreraient d'une manière soudaine et active dans le giron commercial du monde européen. »

Nous avons donné quelque étendue à l'examen de cette question du percement de l'Amérique centrale, parce qu'elle a une importance que tout le monde apprécie ; il nous a paru d'ailleurs plus convenable de nous arrêter sur ce sujet si intéressant et généralement si peu connu, que sur des détails géographiques, qui auraient surchargé cette notice sans utilité pour le lecteur.

VILLES PRINCIPALES DU GUATEMALA.

Nous n'avons pas encore parlé des principales villes du Guatemala ; cependant elles méritent d'autant plus d'être mentionnées dans ce travail, que la plupart ont un passé historique plein de faits curieux ou importants.

Guatemala est la quatrième ville de ce nom. La première, qui s'appelait *Tecpanguatemala*, était la résidence des rois kachiquels. Elle fut si complétement détruite, que les historiens espagnols n'ont pu reconnaître la place qu'elle occupait.

La seconde fut fondée en 1524, par Alvarado, entre deux volcans, dont l'un vomissait des flammes, et l'autre des torrents d'eau. Ce ne fut d'abord

---

(*) Le canal Calédonien qui réunit les deux mers d'Écosse et d'Irlande, a coûté 24,673,000 francs. Il donne passage à des bâtiments de 1,000 tonneaux et à des corvettes de 32 canons. Il a environ 10 milles de plus en longueur que n'aurait la communication entre Chagrès et Panama.

(**) D'après les documents officiels, l'Angleterre et les États-Unis ont expédié, en 1835, 205,000 tonneaux de marchandises par le cap Horn ; la France, 30,000 ; la Hollande, 48,000 ; l'Espagne, le Danemark et la Suède, 17,000 environ ; en tout 300,000 tonneaux. L'allée et le retour se composent donc, dans l'état actuel, de 600,000 tonneaux. Or, le transport par le cap Horn a dû occasionner des frais extraordinaires : 1° une assurance exorbitante ; 2° un intérêt de deux mois et demi de traversée sur la valeur de la cargaison et de la coque du bâtiment ; 3° un excédant de dépense en traitement d'officiers, gages d'équipages, etc., tous déboursés forcés qu'éviterait le passage au travers de l'isthme, qu'on ne peut pas évaluer à moins de 25 francs par tonneau, en moyenne, c'est-à-dire, à 15 millions pour les 600,000 tonneaux. En estimant les droits de péage à la moitié, c'est-à-dire à 7 millions et demi, les trente millions que coûterait un canal seraient amortis au bout de quatre années d'exploitation active, sans compter le développement que cette voie nouvelle imprimerait nécessairement à la navigation.

qu'un établissement provisoire; mais les habitants ne trouvant pas dans le voisinage un emplacement plus convenable, résolurent de se fixer sur le terrain primitivement choisi; seulement ils appuyèrent un peu plus à l'est, et se rapprochèrent du volcan de *Agua*, situation ravissante, où l'on trouvait un sol fertile, une température douce, un air salubre, et une terre arrosée par des eaux limpides. Ce fut là que, le 22 novembre 1527, Alvarado fonda définitivement la capitale, qui bientôt après fut peuplée par les dominicains, les franciscains, les frères de la Merci, les ermites mendiants, ceux de la vraie croix, et toute leur innombrable famille. Avec une telle population, la ville ne s'étendit que fort lentement. Cependant elle commençait à acquérir une certaine importance, lorsque, le 11 septembre 1541, elle fut détruite de fond en comble par une catastrophe effroyable. Il avait plu continuellement pendant trois jours. Durant la nuit du 10 au 11, une trombe d'eau, accompagnée de tonnerre et de secousses de tremblement de terre, tomba sur la ville à deux heures du matin. Les habitants, réveillés par les bruits souterrains et la violence du vent, crurent que leur dernière heure était arrivée. Bientôt après, un immense torrent, échappé du sommet de la montagne voisine, se précipita avec fureur sur la ville, entraînant des arbres gigantesques et d'énormes rochers. La plupart des maisons furent renversées, et un grand nombre de malheureux trouvèrent la mort sous leurs débris, ou se noyèrent dans les flots qui les couvraient.

La *Ciudad Vieja*, nom de la deuxième Guatemala, n'existant plus, il fallut songer à bâtir une nouvelle capitale. Cette troisième Guatemala (*Guatemala antigua*) s'éleva à environ une lieue nord-est de la première, dans une vallée agréable, entourée de bois, de prairies, de collines toujours vertes, et jouissant d'une température délicieuse. Ses premiers habitants furent des religieux de tous les ordres, qui bâtirent de belles églises et de vastes couvents. Le monastère des Jacobins passait pour le plus riche; entre autres choses précieuses, on y voyait, au dire d'un missionnaire anglais, une monstrueuse lampe d'argent que trois hommes vigoureux pouvaient à peine soulever, et une statue de la Vierge en argent massif, de grandeur naturelle, autour de laquelle brûlaient constamment douze lampes de même métal. La ville, placée trop près des deux volcans dont nous avons parlé, eut souvent à souffrir de ce dangereux voisinage; les années 1565, 1577, 1586, 1607, 1651, 1663, 1689, 1717, 1751 et 1773, marquent les tremblements de terre et les éruptions les plus mémorables qui menacèrent ou endommagèrent cette capitale; la catastrophe de 1773 la détruisit en partie. Néanmoins, plusieurs milliers d'habitants s'obstinèrent à y résider. Les autres résolurent, ainsi que le gouvernement, de s'éloigner assez des volcans pour n'avoir plus à craindre leurs ravages. Ils firent choix de la vallée où, en 1776, s'éleva la *Nouvelle Guatemala* (*Guatemala la nueva*). Aujourd'hui même, Guatemala l'antique compte dix-huit mille habitants, qui, malgré les périls dont ils sont incessamment menacés, ne paraissent pas disposés à quitter ce lieu de destruction; aussi les appelle-t-on dans le pays *les incorrigibles*. Parmi les édifices les plus remarquables que l'éruption de 1773 ait épargnés, on cite la cathédrale qui renferme les restes mortels d'Alvarado, et qui passe pour un des temples les plus grands de toute l'Amérique.

La nouvelle Guatemala est la capitale de la république; elle est bâtie dans une plaine de cinq lieues de diamètre, arrosée par plusieurs cours d'eau et par des lacs d'une assez grande étendue. Le ciel y est pur, et le climat si tempéré, que, pendant toute l'année, on peut, dit-on, y porter indifféremment des vêtements de laine ou de soie. Les maisons sont basses, à cause des tremblements de terre, mais jolies à l'extérieur et entourées de jardins. La population dépasse quarante mille âmes. Le palais du congrès fédéral et celui du sénat sont les établissements les plus importants de cette capitale; ces deux édifices séparés sont construits sur l'emplacement de l'ancienne université. La ville est située à neuf lieues espagnoles de Guatemala l'*antigua*, à quatre-vingt-dix de l'océan Atlantique, à vingt-six de la mer du Sud, et à quatre cents de Mexico.

Dans l'État de Guatemala proprement dit, nous citerons encore Mixco, remarquable par les ruines de l'ancienne forteresse du même nom, construite par les Kachiquels, et prise, malgré sa position presque inexpugnable, par les troupes espagnoles.

Quiché, près de laquelle sont les ruines d'Utatlan, cette magnifique capitale des rois quichés (*).

Quezaltenango-del-Espiritu-Santo, la première ville fondée par les conquérants, après une victoire éclatante d'Alvarado sur les indigènes.

Totonican, importante par sa population et son industrie.

Soconusco, chef-lieu de l'ancienne province guatemalienne qui reconnut la première l'autorité des Espagnols, de tout temps célèbre par son volcan et l'excellent cacao récolté dans ses environs.

Chiquimula, dans le voisinage de laquelle existent d'abondantes mines de métaux précieux, et que la tradition populaire représente comme ayant été jadis habitée par une race d'hommes gigantesque.

Coban, importante par sa population;

Acasaguastlan, Gualan, Santa-Cruz et Itzaval, par leur commerce.

Péten ou Remedios, intéressante sous le rapport archéologique et historique. Le lac Itza, dans lequel est située l'île de Péten, était autrefois le centre de la nation itza, qui, cent ans avant l'arrivée des Espagnols, avait

(*) On trouvera des détails sur l'ancienne Utatlan dans la partie historique de cette notice.

quitté l'antique Itzalane, située à quelques lieues de Mérida. Don Martin Ursua, qui s'empara de l'île principale en 1697, y trouva vingt temples consacrés au culte des idoles. Un de ces temples, ou *cuès*, était composé d'un massif de maçonnerie quadrangulaire, divisé en neuf marches ou assises. Sur la neuvième assise était placée une idole creuse, en métal et de forme humaine; à côté, il y en avait une autre faite d'une énorme émeraude, et représentant le dieu de la guerre des Itzas. Une troisième idole, qui frappa l'attention des vainqueurs, n'était autre chose qu'un masque plat, représentant le soleil; les rayons étaient figurés par des tablettes de nacre; la bouche était ouverte et garnie de dents véritables, qui avaient appartenu à de malheureux Espagnols égorgés par ces barbares. Sur la plate-forme, on voyait une quantité d'idoles plus horribles les unes que les autres, et faites de matières différentes, telles que jaspe, porphyre, bois, plâtre, pierres de couleur, etc. Dans le sanctuaire de ce temple, on trouva des os renfermés dans un sac suspendu par des cordons. On demanda aux indigènes à qui avaient appartenu ces ossements, et ils répondirent que c'étaient ceux du *tzimin* de Cortez. En effet, quand Fernand Cortez, après avoir reçu le serment d'obéissance des Itzas de Péten, voulut retourner à Mexico, il laissa son cheval malade aux soins du *canek* ou chef de la nation. Le cheval mourut quelque temps après, et les Indiens, craignant que le redoutable capitaine ne les punît comme coupables de ce malheur, vouèrent un culte aux restes du pauvre animal, qui fut dès lors vénéré sous le nom de *tzimin*, par allusion au tapir, pour lequel les indigènes de ces contrées ont toujours eu un respect mêlé de terreur.

Un autre temple fut désigné à Don Ursua comme étant le téocali du canek et de ses ancêtres. On y trouva une grande pierre carrée qui servait aux sacrifices. Les douze sièges destinés aux sacrificateurs étaient rangés autour. Derrière, on remarquait un grand nombre d'idoles.

Sur le temple augural du grand prêtre, il n'y avait qu'une idole de forme effrayante; cette grossière image était consultée par le pontife dans les circonstances critiques. Il paraît, dit un voyageur, que, lorsque le dieu ne répondait pas dans le sens désiré, l'interrogateur le châtiait à coups de bâton, ce qui eut lieu le jour de la prise de l'île par les Espagnols.

Les autres *cués* étaient à l'usage du public. On n'y faisait point de sacrifices; on y brûlait seulement du copal en l'honneur de l'immense quantité d'idoles de toutes les formes et de toutes les grandeurs qui y étaient réunies. Pour donner une idée du nombre de ces hideuses figures, il suffira de dire que les officiers et soldats espagnols furent occupés depuis neuf heures du matin jusqu'à cinq de l'après-midi à les détruire.

Le mode de sacrifice usité chez les Indiens de Péten était semblable à celui des anciens Mexicains : on ouvrait l'estomac de la victime, on lui arrachait le cœur, on le présentait à l'idole, puis on dévorait le cadavre rôti ou bouilli. Il paraît, au surplus, que ces Indiens n'ont pas toujours mangé le corps des suppliciés; à une certaine époque, ils avaient coutume de tuer les patients à coups de flèches. « Il n'est pas prouvé, dit M. de Waldeck, qu'ils aient mangé leurs prisonniers avant la conquête; ce n'est qu'après le commencement de la lutte que le désespoir et une horrible soif de vengeance leur en inspirèrent la pensée. » Cela n'empêche pas que les Itzas ne fussent le peuple le plus cruel et le plus sanguinaire de ces contrées.

Dans l'État de Honduras, nous mentionnerons Comayagua et Teguzgalpa, importantes par leur population; Corpus, par sa mine d'or, la plus riche de toute la république ; Copan, célèbre par les antiqués qui existent dans ses environs. Cette dernière a été une des villes les plus populeuses et les plus riches du Guatemala, antérieurement à la conquête. Le grand cirque, la grotte nommée Tibulca par les anciens historiens, et d'autres édifices grandioses dont les vestiges sont encore visibles, témoignent de la magnificence de cette antique cité, aujourd'hui complétement déserte. Le grand cirque était, suivant Fuentès, un espace circulaire entouré de pyramides hautes de six mètres, sur les bases desquelles on voyait, dit le même auteur, des personnages des deux sexes parfaitement sculptés, peints, et *habillés à la mode espagnole*. Ce dernier détail est trop fantastique pour qu'on le prenne au sérieux. L'historien castillan, poussé par le désir de prouver que ses compatriotes avaient, bien longtemps avant la conquête, visité le continent américain, n'a pas reculé devant une monstrueuse absurdité. En poursuivant sa description, il nous apprend qu'au milieu du cirque quelques marches conduisaient à l'autel des sacrifices. A quelque distance, on voit un portique en pierre, sur les piliers duquel sont sculptés des personnages, *également vêtus à l'espagnole;* après avoir franchi cette porte, on se trouve en face de deux jolies pyramides en pierre, qui soutiennent un hamac contenant deux individus habillés à la mode indienne. On est vivement surpris en voyant que toute cette masse de pierre ne forme qu'un seul morceau, et que, malgré son poids énorme, on peut la mettre en mouvement en la poussant du bout du doigt. Non loin de ce curieux hamac se trouve la grotte de Tibulca, qui a l'apparence d'un vaste temple, creusé au pied d'une montagne, et orné de colonnes à piédestaux, bases et chapiteaux; sur les côtés, on a pratiqué un grand nombre de fenêtres, garnies de pierres merveilleusement travaillées. Tels sont les détails que nous ont transmis les historiens du quinzième et du seizième siècle sur les antiquités de Copan. De nos jours, un Espagnol, ami de la science, a exploré ces mines et a donné sur elles des indications plus précises et plus satisfaisantes. Le colonel Galindo, dans une lettre adressée à la société de géographie, et accompagnée de dessins, a fait la description du temple de Copan et des curieux débris qui l'environnent. Les ruines du grand temple ont un aspect très-imposant. Un grand nombre de tables et d'autels sculptés, des tableaux encadrés, des symboles et des signes symétriquement rangés, sculptés et peints, des cippes également peints, des personnages richement vêtus, portant des sandales à courroies et des habits en réseau, quelques-uns accroupis, tous dans des attitudes expressives, voilà ce qui caractérise principalement ces ruines remarquables. La carrière d'où ont été extraits les matériaux de ce temple est, à ce qu'il paraît, située à 2,000 mètres au nord; c'est là qu'est la grotte de Cutilca, qui doit n'être autre chose que la caverne de Tibulca de Juarros. Cette grotte, d'après les détails fournis par M. Galindo, est moins grande que celle de Jobitsina, près de Péten. On y trouve une grande quantité de bois de sapin pétrifié. Malgré les calculs et les itinéraires de l'auteur de la lettre, la position de Copan ne nous paraît pas encore exactement déterminée. Tout porte à croire, jusqu'à indication contraire, qu'il faut en marquer l'emplacement sur la limite de l'État de Honduras, non loin de Chiquimula.

Dans l'État de San-Salvador, nous ne citerons que la ville de même nom, à moitié détruite, en 1835, par une éruption du volcan auprès duquel elle est bâtie, mais qui n'en compte pas moins encore trente-huit mille habitants; Matapa, qui possède dans ses environs une abondante mine de fer, et San-Miguel, que la catastrophe de 1835 a cruellement endommagée.

Dans l'État de Nicaragua, Léon, grande et belle ville, ornée d'édifices remarquables; Nicaragua, dont l'importance s'accroîtra singulièrement par le voisinage du canal qui joindra le grand lac de ce nom à l'océan Pacifique; Granada, bâtie près d'un volcan; Managua, sur le lac de Léon, et Realejo, qui passe pour le plus beau port de toute l'Amérique espagnole continentale.

Dans l'État de Costa-Rica, San-José de Costa-Rica, qui compte vingt mille âmes, et Cartago, qui, bien que déchue de son ancienne prospérité, renferme encore une population au moins égale à celle du chef-lieu.

Nous terminons ici cette énumération des villes principales du Guatemala.

COLONIE ANGLAISE DE BALIZE.

Nous croyons en avoir assez dit pour fixer nos lecteurs sur la géographie de l'Amérique centrale et la nature de ce pays. Toutefois, nous ne passerons point à la partie historique de cette notice sans arrêter quelques instants notre attention sur une portion du territoire mexicain, qui, par sa position, rentre dans le cadre descriptif que nous nous sommes tracé. Nous voulons parler de la colonie anglaise de Balize, située sur la côte septentrionale du golfe de Honduras et le long de la frontière de l'État de Guatemala. Cet établissement est trop important au point de vue politique, pour que nous puissions nous permettre de le passer sous silence. Grâce à lui, l'Angleterre a un pied dans le Mexique, et menace incessamment d'une invasion les États voisins. C'est un pied à terre en attendant mieux, une première station dans des régions qui, si l'Europe n'y prend garde, pourraient devenir quelque jour une riche annexe de l'empire britannique.

Le traité signé à Versailles en 1786 accorda aux Anglais le droit de couper du bois d'acajou et de campêche dans le pays qu'arrose la rivière de Balize; les Anglais choisirent cette localité, beaucoup moins à cause des profits qu'ils pouvaient retirer directement de ses produits, qu'en vue des avantages politiques et commerciaux qu'elle leur offrirait à l'occasion. La rivière de Balize est navigable pour des barques jusqu'à une assez faible distance d'une autre rivière qui se rend dans le lac de Terminos, lequel communique avec la rivière de Tabasco; cette dernière se joint presque, par son cours supérieur, au Guazacoalco, et celui-ci, par le Saint-Jean, touche à Alvarado. Ainsi, s'il survenait une guerre entre l'Angleterre et le Mexique, ou avec toute autre nation qui tiendrait le golfe du Mexique en état de blocus, Balize pourrait approvisionner Tabasco, Oaxaca, ainsi que toute la république mexicaine, à l'aide de la navigation intérieure et avec deux ou trois jours seulement de transport sur terre. Cette perspective n'est pas, on le pense bien, sans attrait pour une puissance qui cherche des consommateurs par tout le globe.

La ville est située à l'embouchure de la rivière, par les 17° 52′ de latitude nord et 90° 54′ 41″ de longitude, méridien de Paris. La population totale de l'établissement est d'environ 8,000 habitants, y compris la garnison; plus des deux tiers occupent la ville. Cette population se compose: de blancs anglais, un cinquième; mulâtres et nègres libres, deux cinquièmes; et esclaves, deux cinquièmes.

Balize tire un grand profit de sa position, qui lui a permis de devenir l'entrepôt d'une grande partie du Mexique et de tout le Guatemala. La coupe des bois n'est plus son unique industrie; depuis plusieurs années, elle fait un commerce actif avec le Yucatan, la côte des Mosquitos, et l'intérieur des républiques voisines qu'elle inonde de produits anglais introduits en contrebande.

Les importations sont, année commune, de 422,000 l. st. (10,550,000 fr.). Les exportations s'élèvent à 494,700 liv. sterl. (12,367,500 fr.), non compris l'or et l'argent qui, dit-on, donnent annuellement le chiffre de 3,000,000 de gourdes (15,900,000 fr.).

Le commerce avec la mère patrie et avec les États-Unis peut être estimé, pour les importations annuelles, à 10,000,000 de francs, et à pareille somme pour les exportations. Des bâtiments jaugeant 16,000 tonneaux sont régulièrement employés à ce commerce.

Malgré la variété des produits de cet établissement, la coupe des bois forme sa principale richesse. Nous trouvons dans les *Archives du commerce* des détails intéressants sur cette importante exploitation. Nos lecteurs nous sauront gré, sans doute, de les leur faire connaître:

Les bords de la rivière de Balize étant dépouillés d'acajou, la coupe s'en fait principalement sur les autres rivières au nord et au sud. Depuis longtemps la coupe du bois de teinture a été considérée comme beaucoup moins importante que celle de l'acajou. En effet, les maîtres s'en occupent fort peu et la laissent en général à leurs esclaves, qui la font pour leur propre compte. Aussi, la plus grande partie de ce qui en est expédié à l'étranger vient de Bacalar, village mexicain au nord de la colonie. Le campêche qu'on y coupe est de meilleure qualité, nettoyé avec plus de soin, et vaut environ dix pour cent de plus. Le bois d'acajou est donc le principal article d'exportation du Yucatan anglais.

Ce qu'on appelle *les Travaux* (*the Works*) est un petit hameau composé d'une habitation pour les maîtres et de plusieurs cases pour les nègres, et situé sur les bords d'une rivière. De ce hameau part un chemin ouvert dans la forêt, jusqu'à l'endroit où se fait la coupe du bois qui a le plus de prix. Il devient, par conséquent, de plus en plus long à mesure que les arbres sont abattus. Les ouvriers sont divisés par bandes de 20 à 50 individus, qui travaillent sous la direction d'un commandant, souvent esclave comme eux. Un des plus habiles, nommé le *chercheur* (*the hanier*), s'enfonce dans la forêt pour chercher les acajous. A cet effet, la hache en main, il se fraie un chemin jusqu'à ce qu'il rencontre un terrain un peu élevé; alors il monte au haut d'un arbre, et a soin de choisir le plus grand, afin que sa vue puisse planer au loin. Comme cette recherche a lieu au mois d'août, époque à laquelle les feuilles des acajous prennent une teinte rouge-jaunâtre, son œil exercé trouve promptement la place où ces arbres sont le plus abondants. Il redescend, marche de nouveau dans la forêt, dans des lieux où probablement le pied de l'homme n'avait pas laissé d'empreinte, et découvre, avec une sagacité surprenante, l'objet de ses recherches. Il va de suite en instruire ses compagnons, qui se rendent a l'endroit indiqué, pour y couper les arbres qu'ils jugent convenables. Ordinairement on les scie à huit ou dix pieds au-dessus du sol; à cet effet, les ouvriers se placent sur une estrade qu'ils ont d'abord commencé par élever. Une fois les arbres abattus, ils sont sciés de nouveau d'après leur longueur, en deux, trois, quatre morceaux, pour en faciliter le transport. Dans cette opération on cherche à égaliser les charges autant que possible, en donnant plus ou moins de longueur aux blocs, suivant qu'ils sont plus ou moins gros. Le plus lourd qui ait jamais été envoyé à Balize avait 17 pieds de long, 57 pouces de large, et 64 pouces d'épaisseur, faisant ensemble une superficie de 5,168 pieds d'un pouce d'épaisseur, et pesant 15 tonneaux (30,000 livres).

Les blocs sont, en outre, dégarnis de leur écorce et des parties externes, et coupés plus ou moins carrément, autant pour en diminuer le poids que pour aider à les charger plus facilement sur les chariots destinés au transport. Après la coupe, en décembre, on s'occupe de former un chemin propre au charriage; cela constitue à peu près les deux tiers du travail. En février, la saison des pluies cesse, et vers avril le sol est assez ferme pour supporter le poids des chariots; c'est alors que le transport commence.

La distance de l'endroit où la coupe a lieu jusqu'aux *Travaux* est rarement de plus d'une à deux lieues; mais on conçoit aisément qu'on n'avance qu'avec lenteur. Chaque chariot est attelé de 12 à 14 bœufs. Le charriage se fait le plus souvent la nuit et aux flambeaux; on évite, de cette manière, la chaleur du jour et l'on épargne les hommes et les animaux.

Arrivé aux *Travaux*, le bois est marqué des lettres initiales du propriétaire et jeté dans l'eau, où il reste jusqu'au retour de la saison des pluies. Elles commencent en mai; et en juin les rivières ont assez d'eau pour permettre à l'acajou de descendre avec le courant; les nègres le suivent dans de petites chaloupes, afin de débarrasser les blocs des branches d'arbres qui souvent encombrent le passage. A l'embouchure des rivières est placé un arbre qui empêche d'aller outre, et là, les nègres séparent les différentes marques. Ils construisent alors des radeaux de ces bois et les conduisent aux chantiers des propriétaires respectifs.

D'après tout ce que nous venons de dire de la colonie de Balize, on doit trouver tout naturel que les Américains du Guatemala et du Mexique se montrent fort jaloux de cet établissement formé à la porte de leurs États, et qu'ils conçoivent même quelques alarmes sur l'usage que les Anglais feront un jour de la concession de ce petit territoire. Ils savent l'histoire des empiétements de la puissance anglaise dans l'Inde, et ils craignent, avec raison, que leurs ambitieux voisins ne fassent dans l'Amérique centrale ce qu'ils ont fait en Asie, où la possession de quelques villes maritimes leur a servi de point de départ pour la conquête d'une contrée aussi vaste qu'opulente.

APERÇU HISTORIQUE SUR LE GUATEMALA.

Avant de raconter la conquête du Guatemala par les Espagnols, il importe de donner un aperçu de l'histoire de ce royaume dans les temps antérieurs, et de jeter un coup d'œil sur les populations qui l'habitaient. Ce tableau est l'indispensable introduction au Guatemala moderne.

En suivant Juarros dans notre récit, nous puiserons à la source la moins suspecte; car cet écrivain a réuni les témoignages des historiens les plus respectables, et s'est inspiré de la vue des localités les plus célèbres de sa patrie, ainsi que des traditions nationales échappées au naufrage de la civilisation guatémalienne.

Sans chercher par quel peuple l'Amérique centrale était habitée avant l'invasion de ces hordes du Nord dont les premières migrations, sous le nom de Toltèques, remontent à la fin du sixième siècle ou au commencement du septième, et dont la seconde invasion se rattache à la peste et à la grande famine qui désolèrent quatre siècles plus tard le plateau mexicain, où ils s'étaient également établis, constatons que lors de la première arrivée de ces barbares dans l'Amérique centrale, ils trouvèrent cette riche contrée occupée par différentes nations, comme ils avaient déjà trouvé le Mexique colonisé par de nombreuses tribus. Si les Toltèques étaient la souche primitive des peuplades qui existent actuellement dans toute cette partie de l'Amérique, il y aurait parmi elles unité de langage. Or, il n'en est pas ainsi; et, pour ne parler que du Guatemala, tous les voyageurs ont été frappés de la variété des idiomes qui y subsistent encore. On n'en compte pas moins de vingt-cinq. Nous ne chercherons pas d'autre argument pour prouver que l'hypothèse d'une origine commune est inadmissible. Les restes des tribus aborigènes furent sans doute relégués vers le sud, où ils existent peut-être encore.

Laissons de côté la fable absurde d'une émigration de juifs égyptiens dans le Mexique. Ce conte puéril, qui place le berceau des Mexicains sur les bords de la mer Rouge, ne mérite pas d'être discuté. Contentons nous de dire, d'après des documents dont nous sommes loin, du reste, de certifier l'authenticité, que le premier chef des Toltèques fut un certain Tanub, et qu'il eut pour successeurs Capichoch, Calel Ahus, Ahpop et Nimaquiché. Ce dernier, cédant aux conseils d'un oracle, ou plutôt aux inspirations d'une sage politique, abandonna Tula, et se dirigea, à la tête de son peuple, vers le pays de Guatemala. Sans guide et presque sans ressource au milieu des plaines et des montagnes qui accidentent le sol du Mexique, cette multitude erra pendant plusieurs années avant d'atteindre le but de son pénible voyage. Enfin, elle découvrit le lac d'Atitan, situé dans la province de Solola, et y fixa sa demeure. Le lieu choisi par les émigrants pour la construction d'une ville fut nommé par eux *Quiché*, en mémoire de leur souverain Nimaquiché, mort pendant ce long et douloureux pèlerinage.

Il avait été convenu entre Nimaquiché et ses trois frères qui l'accompagnaient, qu'ils se partageraient le pays : à l'un le gouvernement des Quelènes et des Chapanèques ; à l'autre Tezulutlan ou Verapaz ; au troisième, la souveraineté sur les Mames et les Pocomanes ; quant au roi, il s'était réservé le gouvernement des Quiches, des Kachiquels et des Zutugiles. Acxopil succéda à son père défunt, et il se trouvait à la tête de la nation, lorsqu'elle s'établit à Quiché. Il fut ainsi le premier souverain d'Utatlan.

Juarros croit que cette famille de rois était de la même race que les rois du Mexique, et Juarros a raison. Il est prouvé que les rois de Quiché et de Mexico, rois de race toltèque et aztèque, appartenaient dans l'origine à ces hordes du Nord, qui parlaient la même langue, sortaient de la même contrée, et envahirent à des époques différentes, comme nous l'avons déjà dit, le plateau mexicain et les provinces de l'Amérique centrale. Mais le souvenir de cette commune origine avait dû s'effacer d'autant plus vite, que les Toltèques du Guatemala, en beaucoup plus petit nombre que les anciens possesseurs du sol, se fondirent promptement avec ces derniers, bien plus civilisés, dont ils adoptèrent les idiomes, tandis que les Aztèques conservèrent le leur avec d'autant plus de facilité qu'il était parlé sur le plateau d'Anahuac par les Chichimèques, les Acolhues, et les autres tribus qui s'y étaient précédemment établies ou qui s'y rendirent dans le même temps. S'il y eut quelques relations d'amitié entre les races royales d'Utatlan et de

Mexico, il faut en chercher la cause dans des intérêts politiques, indépendants de l'identité de race.

Acxopil ne tarda pas à voir ses domaines s'agrandir et le nombre de ses sujets s'accroître dans une proportion inespérée. Son territoire comprenait les districts qui, plus tard, ont formé les provinces de Solola, de Chimaltenango, de Sacatépèque, et une partie de celles de Quezaltenango et de Totonicapan. Devenu vieux, le roi, pour alléger le fardeau du gouvernement, qui, jusque-là, avait pesé sur lui seul, divisa son empire en trois seigneuries, si l'on peut se servir ici d'un pareil terme : ces trois fractions furent Quiché, Kachiquel et Zutugil. Le vieux cacique se réserva la première ; il donna la seconde à son fils aîné Jiutemal, et la troisième à son second héritier Acxiquat. Les limites de ces territoires sont encore marquées par les idiomes. Partout où chacune des trois colonies a rayonné et s'est maintenue, la langue primitive s'est conservée intacte.

Ce partage eut pour premier effet d'éveiller l'ambition des fils du monarque. Acxiquat, chef des Zutugiles, prit l'initiative des hostilités. Il manifesta hautement l'intention de s'emparer des possessions de son frère Jiutemal, et lui déclara la guerre. Arrêté dès ses premiers pas par l'armée kachiquèle, il s'enferma dans une forteresse dont l'enceinte était presque entièrement baignée par les eaux du lac Atitan. Peu s'en fallut qu'il ne fût pris dans cette retraite qu'il croyait inexpugnable. Son adversaire ravagea ses domaines et le tint étroitement bloqué dans la citadelle. Des torrents de sang arrosèrent le sol du Guatemala, et les combattants ne déposèrent les armes que lorsque le vénérable cacique de Quiché interposa son autorité de père et de suzerain. Bientôt après, Acxopil mourut, et Jiutemal, l'aîné de la famille, réunit les couronnes de Kachiquel et de Quiché. La paix fut violée par l'infatigable souverain des Zutugiles, et cette nouvelle lutte se prolongea pendant tout le règne de Jiutemal et une partie de celui de son fils Hunahpu. Enfin Acxiquat dut céder à la supériorité d'un adversaire dont il avait méconnu la puissance, et, si l'on en croit les historiens, la paix se maintint pendant les dernières années du règne de Hunahpu et toute la durée de celui de son successeur Balam Kiché.

Balam Acan, cinquième roi de Quiché, arriva au pouvoir sous les plus heureux auspices, et ses qualités précieuses promettaient à ses sujets de longs jours de prospérité ; mais un orage imprévu vint troubler la tranquillité de l'empire. Le roi des Zutugiles, abusant de la générosité de Balam Acan, séduisit sa fille Ixcunsocil, et l'enleva du palais d'Utatlan. Pour comble d'outrage, un favori de Zutugilebpop enleva en même temps la nièce du roi. On dit qu'à la nouvelle de cette double injure, Balam Acan, dans un accès de fureur, livra aux bourreaux plusieurs des serviteurs qui l'entouraient, et que ce paroxysme de colère fut suivi d'une grave et longue maladie. Quoi qu'il en soit, une guerre terrible, acharnée, ramena sur les champs de bataille les populations des deux royaumes limitrophes. Balam Acan marcha en personne à la tête de son armée ; il se faisait porter dans une espèce de palanquin orné d'or et étincelant de pierres précieuses ; sur son front brillait un triple diadème, et la splendeur de son costume répondait à la magnificence de son entourage. Les plus nobles personnages de sa cour briguaient l'honneur de porter sa litière sur leurs épaules. Moins fastueux dans son appareil militaire, le chef des Zutugiles s'avança, suivi de près de cent mille hommes, à la rencontre de son cousin. Nous n'entrerons pas dans les détails de cette lutte meurtrière ; nous dirons seulement que des milliers de combattants furent moissonnés dans les diverses batailles dont le territoire des deux royaumes fut le sanglant théâtre. Dans l'une d'elles, au moment où l'armée coalisée des Quiches et des Kachiquèles, cernée de toutes parts, prenait la fuite en désordre, les porteurs de Balam Acan laissèrent tomber la litière au plus fort de la mêlée. Le roi n'eut pas le temps de se relever; il fut immédiatement entouré d'ennemis, et impitoyablement égorgé sur le lieu même de sa chute.

Cette lutte opiniâtre, motivée par l'enlèvement de deux femmes de sang royal, atteste que chez ces nations le point d'honneur était tout aussi exigeant qu'il l'est chez les peuples modernes et civilisés. C'est l'épopée grecque avec un père outragé pour Ménélas.

La guerre ne s'éteignit point dans le sang de Balam Acan ; elle devait se perpétuer jusqu'à l'arrivée des hommes blancs, et servir ainsi au triomphe des Européens par l'affaiblissement des populations indigènes.

Maucotah hérita du trône et de la haine de Balam. Il battit complétement Zutugilebpop, qui mourut de honte et de douleur. Un jeune homme de dix-neuf ans, nommé Rumal Ahaus, prit sa place à la tête de ses armées. Sommé par Maucotah de rendre deux de ses principales forteresses, il lui envoie une réponse outrageante, et bientôt les deux ennemis en viennent aux mains. Au milieu de la bataille, ils se livrent un combat singulier, à la manière antique. Rumal Ahaus est vaincu et s'enfuit blessé du champ de bataille. Mais Maucotah meurt au sein de la victoire, chargé d'années et entouré de l'admiration de son peuple pour ses vertus guerrières.

Les hostilités ne s'étaient pas un seul instant ralenties; mais Iquibalam, le nouveau souverain des Quiches, ne vécut pas assez longtemps pour développer ses rares talents militaires et abattre la puissance de son antagoniste. Presque en même temps qu'il léguait la couronne à Kicab, Rumal succombait de son côté et cédait le trône à son lieutenant Chichiahtulu ; ce dernier périt subitement à la veille d'une attaque générale contre les Quiches ; il mourut à propos, car la victoire échappa à son armée, qui fut taillée en pièces par Kicab.

Depuis cette époque mémorable dans les fastes de l'ancien Guatemala, on n'a aucun détail sur les opérations militaires qui eurent lieu dans ce pays. Silence complet des historiens et absence de traditions sur les règnes des sept rois qui montèrent sur le trône d'Utatlan après Kicab. On sait seulement que les chefs des populations guatemaliennes étaient encore en guerre quand les Espagnols envahirent leurs États. Quant aux sept souverains quiches, leurs noms nous ont été transmis. Ce furent Cacubraxechein, Kicab II, Iximche, Kicab III, Kicab IV, Kicab Tanub, et Tecum Umam. Deux autres princes quiches occupèrent le trône, mais ils ne furent que les serviteurs obéissants et les tributaires des Espagnols. L'un, Chignauvcelut, nommé roi par le conquérant Alvarado, fut pendu, comme un brigand, pour crime de trahison. Après lui, Sequechul ne régna que deux ans; indigné de se voir réduit au rôle de vassal, il se révolta en 1526; le sort des armes ne lui fut pas favorable. Il fut fait prisonnier et passa le reste de sa vie dans les cachots.

Juarros prétend que le Guatemala n'a jamais été soumis aux rois du Mexique. Il raconte qu'Ahuitzotl, huitième roi de Tenochtitlan, envoya aux différents souverains du Guatemala une ambassade pour tâcher de les attirer dans une alliance avec lui, alliance dont il voulait profiter pour soumettre plus tard ces souverains à sa domination ; notre historien ajoute que les ambassadeurs reçurent partout un fort mauvais accueil, et que le roi de Quiché, pour couper court à toute négociation, leur dit qu'il ne comprenait pas la langue qu'ils parlaient. Il n'y a nulle trace dans l'histoire d'une conquête permanente du Guatemala par le Mexique, nulle preuve que le premier ait dépendu du second. Si dans les dernières années du règne de Ahuitzotl, c'est-à-dire vers 1500, Tliltototl, son général, porta la guerre au delà des frontières du Guatemala, il dut se borner, dans cette campagne, à faire des prisonniers et à lever des contributions, car aucun historien ne parle de l'occupation du pays et de sa réunion à l'empire, dont les frontières de ce côté, à l'époque de l'arrivée des Espagnols, n'allaient point au delà de Xoconocho. Torquemada, liv. II, chap. 21, semble indiquer une expédition dans le Nicaragua par les Mexicains, au temps de Moctezuma; mais le même historien, liv. III, ch. 10, nous apprend que cette expédition n'était point d'une nature guerrière, mais qu'il s'agissait d'une colonie qui avait quitté les terres voisines de Xoconocho pour aller s'établir sur les bords du lac de Nicaragua. Bernal Diaz, qui nous trace les limites des garnisons mexicaines au sud et au sud-ouest, cite Soconusco comme un des points occupés par les soldats de Moctezuma, d'où ils surveillaient les frontières du Guatemala et du Chiapa. Il y avait sur cette ligne plusieurs autres places fortes bien gardées; d'où l'on peut conclure que, si l'empire s'était étendu au delà, dans l'intérieur du Guatemala, ces garnisons eussent été parfaitement inutiles et auraient été reportées aux points extrêmes des pays conquis.

Cette peuplade, dont nous rappelons l'émigration, d'après Torquemada, est peut-être celle que les historiens du Guatemala désignent sous le nom de Pipils, et qui s'établit d'après eux sur les côtes du grand Océan dans les provinces de Zonzonate, de San-Salvador et de Saint-Michel. Elle était probablement d'origine mexicaine, puisqu'elle parlait la langue aztèque. D'abord peu nombreuse, elle multiplia prodigieusement en peu de temps; on l'accueillit comme une troupe de marchands, puis on finit par s'en défier, et l'on prit avec elle une attitude hostile. Ce qui l'obligea à s'organiser militairement, à se mettre sur la défensive, et à se donner une organisation régulière.

Si l'on compte les peuples de l'Amérique centrale par le nombre des idiomes en usage, on trouve vingt-six nations différentes. Il est permis de croire que la civilisation des Quiches étendit sa bienfaisante influence sur la plupart de ces tribus éparses, et établit parmi elles une espèce d'unité.

Nous nous servons à dessein du mot civilisation; il n'est certes pas trop ambitieux pour exprimer l'état de société organisé par les maîtres d'Utatlan. Ceux qui ont vu les Indiens de cette partie du nouveau monde, qui ont observé leur misère actuelle, leurs mœurs rudes et grossières, qui ont pénétré dans leurs pauvres et sales demeures, croiront difficilement que ces peuplades aient eu autrefois des villes bien fortifiées, des palais splendides, des citadelles habilement construites, et des édifices majestueux. Le contraste est frappant, en effet. L'Indien le plus riche aujourd'hui n'a qu'une seule cabane, divisée en pièces irrégulières, dénuée de tout ce qui constitue le *confortable*, et offrant le mobilier le plus exigu. Il n'y a pas un seul exemple d'un indigène possédant une maison passablement bâtie et meublée. En présence d'un pareil mépris des besoins réels ou factices qu'enfante la civilisation, comment croire à cette ancienne magnificence dont nous parlent les historiens ? comment se persuader que ces pauvres gens presque abrutis ont eu le goût et le sentiment des grandes choses?

Rien n'est plus vrai, cependant; et si le témoignage des hommes nous manquait pour le prouver, nous en appellerions aux vestiges matériels de cette civilisation éteinte. Le grand palais d'Utatlan dont on admire encore les débris, les villes de Tecpanguatemala, de Mixco, de Xelahuh, de Chéméquêna, de Patinamit, d'Atitlan, les forteresses de Parraxquin, de Socoleo, d'Uspantlan, de Chalcitan, et plusieurs autres dont le nom nous échappe ; le vaste palais de Copan, la célèbre caverne qui l'avoisine ; tout cela parle aux yeux, tout cela constate que les peuples de cette contrée ont eu leurs arts, leurs sciences, l'instinct du beau et du grandiose, des habitudes de luxe et des besoins de bien-être qui n'existent plus chez eux.

Don Francisco de Fuentès, l'un des historiens du Guatemala, nous a laissé

MEXIQUE

Tombeaux des Rois.

à Guatimala.

une description des antiquités d'Utatlan, et ce qu'il en dit vient à l'appui de notre opinion sur la grandeur et la magnificence de cette capitale. La ville était construite sur une élévation, afin que le précipice qui l'entourait lui servît de fossé; on n'y pouvait arriver que par deux passages très-étroits défendus par un château. Cette situation admirablement choisie attestait dans les fondateurs d'Utatlan une intelligence éclairée par des connaissances positives en matière de fortification. Au centre de la capitale se trouvait le palais du roi, entouré des maisons des Indiens nobles. La population était si nombreuse, que le roi tira d'elle seule 72,000 soldats pour combattre les Espagnols. Parmi les édifices, on remarquait surtout, pour l'étendue et la division, le *Séminaire*, qui recevait jusqu'à 6,000 jeunes gens, nourris, habillés et instruits aux frais de l'État; 60 directeurs ou précepteurs y étaient employés à l'enseignement. Indépendamment des châteaux spacieux d'Atalaya et de Resguardo, qui pouvaient contenir de nombreuses garnisons, le grand palais du roi de Quiché servait à la défense de la ville; on assure qu'il le disputait en magnificence au palais de Moctézuma à Tenochtitlan et à celui de l'inca de Cuzco. Sa façade, de l'est à l'ouest, avait 376 pas géométriques, et ses côtés 728 : il était construit en pierres de diverses couleurs et dans d'élégantes proportions. Il se divisait en sept parties distinctes. La première servait de quartier à une troupe nombreuse de lanciers, d'archers et d'autres soldats d'élite formant la garde du roi. La seconde était destinée à l'habitation des princes et parents du roi, qui, pendant tout le temps de leur célibat, y étaient somptueusement entretenus. La troisième était la demeure du roi lui-même. Dans cette partie du palais se trouvaient le trésor royal, le tribunal des juges du peuple et un immense dépôt d'armes. La quatrième et la cinquième division du palais servaient à l'habitation des femmes et des concubines du monarque, qui toutes étaient traitées comme reines, ayant chacune un appartement séparé, avec jardins, vergers, bains, volières, etc. La sixième division était une sorte de collège réservé aux princesses du sang royal.

Ce n'est pas seulement par les grandes cités du Guatemala et par les édifices qu'elles renfermaient que nous voulons prouver la civilisation des Américains durant ces siècles reculés; nous trouvons dans la législation de ces peuples des arguments non moins significatifs. Pour ne parler que des lois de l'empire d'Utatlan, elles suffiraient seules pour attester une organisation féconde en résultats précieux. Nous allons en donner un aperçu qui complétera la démonstration.

Le gouvernement était une monarchie entourée d'une aristocratie puissante, mais soumise. L'ordre de succession au trône était réglé comme dans les États modernes; seulement, si l'un des héritiers de la couronne était incapable de gouverner, on le forçait à se contenter toute sa vie de son titre d'*élect* ou de *chef*. Cette sage exception au principe d'hérédité était une garantie pour la nation, qui était ainsi assurée de n'être jamais soumise aux volontés d'un idiot ou d'un fou.

La royauté était assistée d'un conseil d'État composé de vingt-quatre membres, et chargé de délibérer avec le souverain sur toutes les affaires politiques et militaires. Parmi les priviléges et les distinctions affectés au titre de conseiller, figurait le droit, alors fort envié, de porter la litière du roi sur les épaules. Comme compensation des honneurs réservés à ces hautes fonctions, le moindre délit commis par les conseillers était puni avec une extrême sévérité. Indépendamment des affaires politiques et des intérêts de l'armée, l'administration de la justice et la perception des revenus de l'empire faisaient partie des attributions de ces espèces de ministres-juges. Ainsi les pouvoirs législatif, exécutif et judiciaire, et même l'administration, étaient confondus. Ce vice d'organisation se retrouve chez la plu-

18.

part des nations à demi civilisées.

Le roi nommait des gouverneurs dans les principales villes de l'empire. Ces délégués étaient également assistés d'un conseil composé de nobles. S'il fallait délibérer sur quelque importante affaire relative à l'armée, les guerriers les plus expérimentés et les plus braves étaient consultés.

Depuis le titre de gouverneur et les fonctions de conseiller jusqu'à la charge de concierge du conseil, toutes les places étaient exclusivement réservées à l'aristocratie. Il n'y avait pas un seul exemple d'un emploi public quelconque donné à un individu ne faisant pas partie de la noblesse; aussi les membres de cette aristocratie conservaient-ils avec un soin jaloux la pureté de leur lignage. La loi même venait à leur aide: elle voulait que si un cacique, ou seulement un noble, épousait une femme d'un rang inférieur, il fût dégradé, relégué dans la classe des *mazeguals*, ou plébéiens, obligé de porter le nom de sa femme, et soumis à toutes les fonctions abjectes qui étaient le partage des roturiers; en outre, ses biens étaient confisqués au profit du roi, et on ne lui laissait que le strict nécessaire. On reconnaît dans cette sollicitude pour la pureté du sang noble la rigueur avec laquelle les brahmes veillaient à ce que leur caste n'ouvrît ses rangs à aucun membre d'une classe inférieure.

C'est surtout dans la législation pénale que se révèle le degré de civilisation d'un peuple; c'est dans les lois criminelles que se réfugient les dernières traces de barbarie. Cette partie du code des Quichés portait dans quelques-unes de ses dispositions l'empreinte de mœurs quelque peu sauvages.

C'est ainsi que nous voyons la peine de mort infligée aux voleurs surpris en récidive. Le rapt était également puni du dernier supplice. L'esclave qui avait pris la fuite payait, pour la première fois, une amende à son maître; mais la récidive entraînait la peine capitale. Le sacrilége, l'insulte aux ministres du culte étaient aussi punis de mort, et, de plus, la famille du coupable était déclarée infâme.

Dans les autres lois nous trouvons plus de raison et de sagesse, surtout dans toutes celles qui concernent les fonctionnaires publics. Le roi encourait pour ses actes répréhensibles une sérieuse responsabilité: on pouvait le mettre en jugement, et s'il était convaincu de s'être montré cruel et despote, il était préalablement déposé par les *ahaguas*, ou nobles, réunis en conseil secret. L'héritier direct de la couronne était proclamé à sa place. Quant au coupable, on prononçait la confiscation de ses biens, et quelquefois même on le condamnait à être décapité (*). Dans le châtiment des reines adultères, on retrouve des traces d'une barbarie que la raison d'État ne justifie pas complétement: si l'adultère avait été commis avec un individu de la classe noble, la coupable et son complice étaient étranglés; mais si l'épouse du monarque, oubliant sa dignité, s'était donnée à un plébéien, elle était précipitée du haut d'un rocher.

Si les ahaguas empêchaient la perception des tributs, ou conspiraient contre l'État, on leur tranchait la tête, et les membres de leur famille étaient vendus comme esclaves.

Enfin les crimes contre le roi ou contre les libertés de la nation, ainsi que l'homicide, entraînaient la peine capitale, la confiscation des biens et l'esclavage de la famille.

Comme il n'y avait pas d'appel à une juridiction supérieure, quand l'accusé avouait son crime, il subissait immédiatement sa peine. S'il s'obstinait à nier, on le soumettait à la torture: on le dépouillait de ses vêtements, on le suspendait par les pouces, et, dans cette situation cruelle, on le fustigeait jusqu'au sang, et on brûlait sous lui du piment, pour rendre ses plaies plus douloureuses.

Si l'on s'en rapporte aux renseignements, à coup sûr fort incomplets, que les historiens nous ont transmis sur

(*) Torquemada, 2ᵉ partie, chap. 8.

GUATIMALA.

2.e Salle du même Temple.

l'antiquité du Guatemala, les mœurs des nations de ce pays n'avaient rien de bien original : elles offraient un mélange singulier de douceur et de sauvagerie, de simplicité grossière et de recherche fastueuse. De pareils contrastes ne sont pas rares ; l'histoire de l'humanité fournit plus d'un exemple de ce phénomène social ; quelquefois même on a vu chez le même peuple les extrêmes de la barbarie et de la civilisation. La Chine pourrait à plus d'un titre figurer dans cette catégorie, car elle présente des contradictions et des anomalies dont il est difficile de se rendre compte.

La civilisation du Guatemala n'était peut-être pas de nature à fournir une longue carrière, mais elle aurait assurément ménagé aux indigènes un avenir moins douloureux que celui que les Espagnols lui ont fait. Les conquérants ont si cruellement abusé du droit du plus fort, qu'entre leurs mains le christianisme, si favorable aux progrès de l'esprit humain, s'est changé en un instrument d'oppression. S'il est vrai, comme tout porte à le croire, que près de trente nations, toutes nombreuses et pleines d'énergie, aient été autrefois répandues sur la surface de cette contrée, on peut se faire une idée de la funeste influence exercée par la domination de l'Espagne, en considérant ce qui reste aujourd'hui de cette ancienne population. On dirait qu'un fléau destructeur a passé sur ces tribus belliqueuses et n'a laissé après lui que ruines et misère. Il est difficile de trouver un spectacle plus lamentable et plus significatif. Ce qu'il a de poignant ressort encore mieux en présence du bien-être et du luxe dont les maîtres du pays se sont réservé le monopole : d'un côté l'industrie, la richesse, les jouissances de la civilisation, les raffinements de l'existence matérielle ; de l'autre l'inertie, l'ignorance la plus déplorable, les privations, la vie sans espérance et sans lendemain. On peut appliquer à l'Amérique centrale ce qu'un homme célèbre a écrit sur le nouveau monde en général : « En Amérique, un voyageur qui part d'une ville principale où l'état social est perfectionné, traverse tous les degrés de civilisation et d'industrie, qui vont en se débilitant successivement, jusqu'à ce qu'il arrive à la cabane informe et grossière, construite de troncs d'arbres récemment coupés. Un semblable voyage est une sorte d'analyse pratique de l'origine des peuples et des États. On part de la réunion la plus composée pour arriver aux données les plus simples ; on voyage en arrière dans l'histoire de l'esprit humain, et l'on rencontre dans l'étendue ce qui n'est dû qu'à la succession des temps. » Nous dirions plutôt qu'un pareil voyage est l'étude de la situation désastreuse à laquelle l'égoïsme et la cupidité effrénée d'un gouvernement peuvent réduire le pays le plus propre à recevoir et à féconder les germes de tous les perfectionnements.

INVASION DU GUATEMALA PAR LES ESPAGNOLS.

Nous sommes amenés par une transition naturelle au récit de la conquête du Guatemala. Les circonstances de cet événement sont généralement moins connues que celles de l'invasion du Mexique proprement dit : c'est pourquoi nous consacrerons quelques développements à ce fait historique.

A l'époque où Fernand Cortez chargea un détachement de son armée, sous les ordres de Pedro Alvarado, d'aller conquérir le royaume de Guatemala, Kicab Tanub, roi des Quiches, était en guerre avec les Zutugiles et les Mams. La nouvelle de l'approche des Espagnols le surprit au milieu de ses opérations militaires, et excita vivement son attention. Son premier soin fut de faire un appel à ses voisins et de provoquer une coalition générale contre l'ennemi qui s'avançait ; mais ses propositions furent rejetées. Sinacam, roi de Guatemala, se vengea des mauvais procédés de Kicab Tanub en se déclarant ouvertement l'ami et l'allié des *teules* ou dieux (c'est ainsi que ces peuples appelaient les Espagnols). Le roi des Zutugiles répondit fièrement qu'il se sentait assez fort pour défendre son territoire contre un ennemi encore plus redoutable que celui qui menaçait le royaume. Kicab Tanub se vit donc réduit à ses seules ressources ; mais pendant qu'il s'occupait de ses préparatifs de défense, il tomba malade et mourut. Son fils aîné Tecum Umam, à peine assis sur le trône, dut songer à marcher contre le lieutenant de Cortez. Il apprit que le *tonati*, ou capitaine espagnol, et ses *teules*, avaient quitté Soconusco pour aller assiéger Xelahuh ou Quezaltenango. Cette place était la plus importante et la mieux fortifiée de tout l'empire d'Utatlan ; elle contenait une garnison de quatre-vingt mille hommes ; néanmoins la renommée des Espagnols était telle, que Tecum Umam commença à concevoir de sérieuses inquiétudes. Il sortit de sa capitale en grande pompe, entouré de tous les notables du royaume et à la tête d'une armée de soixante-dix mille hommes, commandés par son meilleur général, Ahzol. A Chemequena, ou Totonicapan, le cortége royal fut grossi par l'adjonction de quatre-vingt-dix mille guerriers levés dans les villes et les villages environnants. De nouveaux contingents qui l'attendaient à Quezaltenango portèrent l'armée indienne à deux cent trente mille combattants. A cette force imposante, Alvarado n'avait à opposer que quelques centaines de soldats et quelques pièces de canon ; mais la discipline et la supériorité des moyens de destruction étaient du côté des agresseurs et égalisaient les chances. Le champ de bataille choisi par le roi des Quiches fut la plaine de Tzaccaha. Peu rassuré sur les résultats de la lutte, malgré le nombre et le courage éprouvé de ses soldats, Tecum Umam se fortifia autant que possible dans son camp. Il entoura d'une muraille volante bordée d'un fossé profond ; en avant du fossé il fit planter plusieurs rangs de pieux empoisonnés, pour arrêter la marche de l'ennemi ; puis il disposa tout pour faire aux Espagnols une réception formidable.

La petite armée d'Alvarado (*), après avoir traversé la province de Soconusco, pénétra dans la chaîne de montagnes appelée Palahunoh ; elle s'y engagea hardiment, et prit sans beaucoup de peine la ville et la forteresse de Xetulul ou Sapotitlan. Elle poursuivit ensuite sa marche, et rencontra, sur les bords de la rivière de Zomala, un corps nombreux d'Indiens qui l'attaqua avec impétuosité. La grêle de flèches, de pierres et de lances que les Quiches firent tomber sur les Indiens auxiliaires des Espagnols, jeta d'abord quelque désordre dans leurs rangs ; mais la mousqueterie rétablit bientôt le combat et les indigènes ne tardèrent pas à prendre la fuite. Ils se rallièrent cependant, et revinrent par trois fois à la charge ; mais chacune de leurs attaques fut repoussée, et ils finirent par abandonner le champ de bataille.

Ce n'était là que les préludes de la campagne. Les Indiens n'avaient pas encore éprouvé d'une manière assez efficace ce que peut la discipline unie au courage, contre des hordes étrangères aux principes de la science militaire.

Les Espagnols s'avançaient vers Xelahuh avec les plus grandes précautions, pour éviter une nouvelle surprise. Comme ils se disposaient à franchir les montagnes nommées depuis Santa Maria de Jésus, ils virent tout à coup un nombre immense d'Indiens qui leur barraient le passage. Le sommet du plateau était aussi occupé par une multitude d'ennemis. Une nouvelle bataille amena une nouvelle victoire pour les Européens. Depuis la Zamala jusqu'à la rivière d'Olintepèque, il fallut repousser six fois les

(*) Cette division se composait de 300 hommes d'infanterie, 135 cavaliers, 200 Tlascalans et Cholulans et 100 Mexicains alliés : Alvarado avait avec lui 4 pièces de canon. Il devait, d'après les ordres de Cortès, employer avant tout les moyens de douceur et de persuasion, et chercher à se faire des alliés. Fra Bartholomé était chargé de prêcher l'Évangile et d'amener les peuples à la soumission en les déclarant libres au nom du Christ.

masses indiennes. Le dernier de ces engagements eut lieu dans un défilé sur la rivière que nous venons de désigner; il fut tellement meurtrier que les eaux de l'Olintepèque se changèrent en flots de sang; aussi ce torrent reçut-il, dès cette époque, le nom significatif de *Xiquigel*, ou rivière Sanglante. Dans une nouvelle action, qui eut lieu bientôt après, les Quichés étaient tellement exaspérés, qu'au dire d'un historien digne de foi, quelques-uns d'entre eux saisissaient les chevaux des Espagnols par la queue, et cherchaient à renverser la monture avec le cavalier. Leur général fut trouvé mort sur le terrain du combat, et des milliers de cadavres en marquèrent la place.

Trois jours se passèrent sans nouvelle agression de la part des Indiens. Les Espagnols profitèrent de cet intervalle pour entrer dans la ville de Xelahuh, qu'ils trouvèrent déserte. Les habitants avaient pris la fuite, dans la crainte que les hommes blancs ne tirassent vengeance de la résistance qu'on leur opposait. Mais ils revinrent bientôt, et firent alliance avec Alvarado, qui eut lieu de se louer de leur fidélité.

Cependant le bruit se répandit que les naturels, réunis en masses formidables, se disposaient à faire repentir les Espagnols de leurs premiers succès. Aussitôt le chef de l'expédition sortit de la ville, et alla prendre position dans une vaste plaine. Le premier choc fut terrible; mais dès le début de l'action, la supériorité des troupes réglées fut constatée par l'inutilité des efforts désespérés des Indiens. Au plus fort du carnage, le roi Tecum Umam se porte en personne à la rencontre d'Alvarado. Un duel acharné s'engage entre les deux chefs. Le cheval du général espagnol tombe mortellement frappé; Alvarado, désarçonné, s'empare de celui d'un de ses officiers, et marche de nouveau contre son adversaire. Le roi l'attaque avec fureur, et les soldats d'Alvarado craignent un moment pour les jours de leur capitaine; mais au moment où Tecum Umam va terrasser l'Espagnol, il est lui-même renversé d'un coup de lance, et il expire en maudissant le Dieu qui a donné la victoire à son ennemi. Furieux de la mort de leur souverain, les Quichés se précipitent tête baissée contre la cavalerie espagnole; la mêlée devient terrible; les chevaux se heurtent contre des monceaux de cadavres; mais bientôt le découragement s'empare des indigènes; persuadés qu'ils luttent contre des hommes invulnérables, ils jettent leurs armes et s'enfuient épouvantés.

Cette journée fut décisive. Aussi les Indiens, convaincus que la résistance à force ouverte serait désormais superflue, eurent-ils recours à la ruse pour se défaire de leurs ennemis. Dans un conseil tenu à Utatlan par ordre du roi Chignauivcelut, successeur de Tecum Umam, il fut résolu qu'on chercherait à attirer les Espagnols dans un piége, et que, ne pouvant les vaincre en bataille rangée, on en viendrait à bout par l'assassinat. En conséquence, le roi envoya à Alvarado une ambassade solennelle, pour lui offrir un riche présent en or, et lui annoncer la soumission du royaume. Les ambassadeurs engagèrent le général à visiter la ville, où, disaient-ils, le roi serait charmé de le recevoir, et où il pourrait se reposer de ses fatigues. Alvarado, qui désirait la paix, et qui vit dans la démarche du roi une occasion de la rétablir, reçut les envoyés avec distinction et bienveillance; il leur promit de se rendre à Utatlan, et les congédia après leur avoir donné quelques menus objets de fabrique espagnole, fort estimés des Indiens. Le jour suivant, l'armée se dirigea, en effet, vers la capitale, remplie de joie, car elle croyait la guerre terminée. Mais quand les soldats eurent remarqué les fortifications et les fossés dont elle était entourée, le peu de largeur des rues, l'absence de femmes et d'enfants, et l'extrême agitation des habitants, ils commencèrent à soupçonner quelque trahison. Leurs craintes furent bientôt confirmées par les révélations des Indiens de Quezaltenango qui les avaient accompagnés ; ils avaient découvert que les habitants d'Utatlan avaient le projet de mettre le feu à la ville pendant la nuit et d'exterminer les Espagnols ; ils savaient que de nombreux détachements d'ennemis étaient cachés dans les défilés voisins, pour tomber sur les étrangers quand ils chercheraient à fuir l'incendie. Des indices certains convainquirent Alvarado de l'exactitude de ces renseignements. Il convoqua un conseil de guerre, et représenta à ses officiers les dangers de la situation et la nécessité de quitter la ville immédiatement. Quelques instants après, et sans aucune apparence d'agitation ni de crainte, les troupes sortirent en bon ordre et gagnèrent la plaine. On donna pour prétexte à ce brusque départ l'habitude qu'avaient les chevaux de paître en liberté dans la campagne. Le roi, feignant une grande bienveillance et une courtoisie empressée, accompagna l'armée dans la plaine ; il ne se doutait pas qu'il courait à sa perte : à peine Alvarado le vit-il à ses côtés qu'il le fit prisonnier, et après un procès sommaire dans lequel sa trahison fut complétement prouvée, on le condamna à être pendu.

Le général s'était flatté que cet exemple terrible frapperait l'imagination des sujets du monarque défunt, et les déciderait à une soumission sincère. Il se trompait ; la mort ignominieuse de leur roi ne fit qu'exalter le ressentiment des Quiches. Ils attaquèrent les Espagnols avec une fureur inouïe, et les assaillirent en même temps de tous côtés. Il fallut employer la mitraille pour balayer ces hordes exaspérées. Le combat ne dura pas longtemps ; les Indiens ne pouvant résister à l'artillerie qui les foudroyait, se rendirent à discrétion, et implorèrent la générosité des vainqueurs, qui furent dès lors les maîtres de l'empire d'Utatlan.

Cette dernière victoire fut remportée le 14 mai 1524. Une petite chapelle fut construite à la hâte sur le champ de bataille, et le lendemain, jour de la Pentecôte, la messe y fut célébrée solennellement. Ce fut l'inauguration du culte catholique dans le Guatemala.

Alvarado ne voulant pas priver la race royale de Tanub du privilége de l'hérédité, ou plutôt ne voulant pas heurter les sentiments de la population, plaça sur le trône Sequechul, successeur légitime de Chignauivcelut. Il séjourna une semaine à Utatlan, et profita de ces quelques jours de repos pour explorer et soumettre le pays environnant. Comme il s'y attendait, d'après les précédents dont nous avons parlé, Sinacam, roi des Kachiquels, lui envoya des ambassadeurs chargés de prêter entre ses mains serment de fidélité, et de lui offrir tous les secours dont il aurait besoin. Le général confia à Juan de Léon Cardona le commandement d'Utatlan, et partit pour Guatemala avec une escorte de deux mille Kachiquels pour éclairer la route. Les Espagnols n'étaient pas sans appréhension sur les intentions de ces nouveaux alliés, mais ils ne tardèrent pas à reconnaître que ces craintes n'étaient pas fondées. Sinacam vint au-devant d'eux dans sa litière richement ornée d'or et de plumes de quetzals ; les deux chefs s'avancèrent alors à la tête de leurs troupes vers la capitale, située, suivant l'historien Fuentès, à l'endroit appelé aujourd'hui San-Miguel Tzacualpa, nom qui signifie *ville vieille*. Les conquérants reçurent chez le monarque guatémalien l'accueil le plus empressé, et goûtèrent un repos qu'ils avaient acheté par de longues fatigues.

Quelque temps après, Alvarado, cédant aux conseils de son hôte, entreprit de soumettre la tribu si belliqueuse des Zutugiles. Il se dirigea vers le village d'Atitlan, et trouva l'ennemi prêt à le recevoir. Deux ou trois avantages sanglants sur les Indiens suffirent pour assurer le succès de l'expédition. Alvarado reprit alors le chemin de Guatemala. Arrivé le 24 juillet au lieu nommé Atmulunca, ou Almolonga (*eau jaillissante*), il s'arrêta et considéra avec un étonnement mêlé d'admiration la beauté du site qui se déroulait sous ses regards. L'aspect pittoresque de ce lieu, les riches prairies qui s'étendaient au loin, arrosées par mille ruisseaux d'eau vive, les hautes montagnes qui s'élevaient des deux côtés du paysage, et dont l'une laissait échapper de ses flancs d'innombrables torrents écumeux, tandis que l'autre était couronnée d'une auréole de flammes et de fumée, tout cela charma si bien les yeux et l'imagination des Espagnols, qu'ils résolurent de s'établir à l'endroit même de leur halte. Aidés par les Mexicains et les Tlascaltèques qui les accompagnaient, ils commencèrent les premières constructions. Le 25 juillet, jour de la fête de saint Jacques, patron de l'Espagne, les troupes assistèrent au service divin dans l'humble église qu'elles avaient élevée à la hâte. La fondation de la ville espagnole fut célébrée par des réjouissances qui durèrent trois jours consécutifs. Le 29, les alcades et les régidors furent installés; le 12 août, les fonctionnaires publics et d'autres personnes, au nombre de quatre-vingt-dix-sept, furent enregistrés comme citoyens. C'est ainsi que fut fondée la ville de *San Jago de los Caballeros de Guatimala.*

L'Espagne était maîtresse de l'Amérique centrale; quelques centaines d'hommes, aidés par de confiants auxiliaires, la lui avaient donnée. Installée au cœur du Guatemala, elle allait commencer l'exploitation de ce riche pays, qui promettait de lui payer largement ses frais de conquête.

Dans la seule année 1524, Alvarado avait soumis les trois principales nations du royaume, les Quiches, les Kachiquels et les Zutugiles. Le pas le plus difficile était fait; il ne s'agissait plus que de s'arrondir aux dépens des voisins, comme un propriétaire avide qui empiète frauduleusement sur le domaine limitrophe.

L'année suivante ne fut pas moins fructueuse; les indigènes eux-mêmes s'empressèrent de favoriser l'insatiable ambition des conquérants : au moment où Alvarado rêvait de nouveaux succès et de nouvelles richesses, plusieurs caciques de la nation des Pipils vinrent faire leur soumission entre ses mains. Ils l'engagèrent en même temps à punir quelques tribus de leur nation, notamment les Indiens d'Escuintla, de leurs intentions malveillantes. Les Espagnols ne pouvaient pas être servis plus à souhait; l'étrange aveuglement des naturels allait au-devant de leurs désirs. Une expédition fut aussitôt organisée; elle se composait d'une poignée de soldats européens et d'un corps nombreux d'auxiliaires kachiquels. Cette participation des Indiens à toutes les entreprises qui avaient pour but de subjuguer leurs compatriotes doit être remarquée. N'est-ce pas un spectacle aussi singulier qu'affligeant de voir les populations du nouveau monde aider les Européens à conquérir leur propre pays, et verser leur sang au profit de quelques aventuriers qui ne devaient leur offrir, en compensation de leurs sacrifices, que la servitude et la misère? On voit que les Espagnols ont joint l'ingratitude à la cruauté et à l'avarice. C'est un trait caractéristique du tableau que nous esquissons.

La province d'Escuintla s'étend sur l'océan Pacifique dans une longueur de trente-deux myriamètres sur douze environ de largeur. La proie était digne d'être convoitée. Alvarado surprit les habitants pendant la nuit et dans leur propre village. Néanmoins ils soutinrent un combat de cinq heures qui força les troupes espagnoles à se retirer. Le général eut alors la barbarie de mettre le feu à la bourgade et de menacer les Indiens de la tribu de ravager leurs plantations de cacao et de maïs, s'ils ne se rendaient pas à discrétion. Intimidés par ces menaces, les malheureux habitants d'Escuintla accoururent se prosterner aux pieds des agresseurs, qui prirent possession de leurs demeures à moitié détruites. Pendant les huit jours qui suivirent ce facile triomphe, les populations des villages voisins firent leur soumission, et grossirent, par leurs présents, le trésor d'Alvarado.

Les Espagnols se remirent en campagne, et, après quelques escarmouches, qui coûtèrent la vie à un certain nombre de leurs auxiliaires, ils s'emparèrent d'Atiquipaque et de Taxisco. Guazacapan tomba aussi en leur pouvoir, mais les Indiens de cette localité ne se soumirent complétement que dans le courant de l'année suivante. A propos de cette tribu, Juarros nous fait connaître un usage qui paraît lui avoir été particulier et qu'il est bon de consigner ici : les guerriers combattaient avec des sonnettes attachées à leur poignets. On ne peut expliquer cette singulière coutume qu'en supposant que le bruit des sonnettes excitait l'ardeur des combattants ; encore cette explication n'est-elle pas complétement satisfaisante. La prise de Pazaco offrit des difficultés plus sérieuses. L'ennemi, entre autres obstacles destinés à arrêter la marche des assaillants, avait couvert la route de chausse-trapes armées de pointes empoisonnées. Tous les hommes blessés par ces pointes moururent dans des tourments affreux. Arrivés dans le voisinage de la ville, les Espagnols trouvèrent les Indiens prêts à défendre vigoureusement leurs foyers menacés. Il fallut leur livrer bataille et avoir recours à toutes les ressources de la tactique pour triompher de leur héroïque résistance. Les habitants de Texutla, ville située à 16 kilomètres de Guazacapan, effrayés par le sort de Pazaco, qui avait été saccagée, implorèrent la bienveillance d'Alvarado, et lui jurèrent obéissance.

A la fin de décembre la campagne était entièrement terminée ; le général retourna, couvert de gloire et chargé d'or, à la capitale des Kachiquels. Dans cette expédition, aussi surprenante par la rapidité des opérations que par la facilité avec laquelle Alvarado vainquit des populations formidables, la petite armée avait parcouru un espace de plus de cent soixante myriamètres, et subjugué les importantes provinces de Zonzonate, de Cuscatlan (aujourd'hui San Salvador), et de Chaparrastique ou Saint-Michel. Désormais la majeure partie du littoral du grand Océan reconnaissait l'autorité de la couronne d'Espagne. C'était un magnifique résultat et Alvarado avait bien mérité de ses patrons.

Pendant que le général était au plus fort de sa guerre contre les Pipils, son frère Gonzalo battait les Indiens Mams dans plusieurs rencontres, s'emparait, après un siége meurtrier, de l'importante forteresse de Socoleo, prenait possession de Güegüetenango, et portait ses armes victorieuses dans toute la province de Totonicapan. Antonio de Salazar, officier plein de bravoure et d'habileté, anéantissait et dispersait une coalition menaçante, formée dans la vallée de Sacatépéques, voisine de Guatemala.

Malgré la négligence des historiens, qui ont oublié de déterminer la date de la prise de Mixco, nous croyons que cette victoire des Espagnols eut lieu durant l'année dont nous venons de rappeler les événements les plus mémorables. Cet épisode de la guerre de 1525 mérite d'être raconté avec quelques détails.

La forteresse de Mixco occupait le sommet d'un rocher extrêmement élevé et dont les flancs abrupts rendaient l'escalade impossible. On n'y parvenait que par un sentier rapide et tellement étroit, qu'un seul homme pouvait y passer. Un faible détachement placé sur les remparts suffisait pour défendre ce poste militaire contre toute une armée, rien qu'en jetant des quartiers de rochers sur les assaillants. Aussi Mixco passait-il dans tout le pays pour imprenable.

Ce fut là précisément le motif qui détermina les Espagnols à se rendre maîtres de cette place ; ils jugèrent qu'il ne fallait pas habituer les indigènes à l'idée qu'ils étaient en sûreté dans ces retraites fortifiées, et ils voulurent leur prouver, dès les premiers temps, qu'aucun obstacle n'arrêtait la valeur des hommes blancs.

Un corps de troupes européennes

et d'Indiens alliés fut dirigé sur la forteresse avec ordre de la réduire. A la vue de ce nid d'aigle, suspendu sur un rocher isolé, l'armée fut frappée de surprise et saisie de découragement. Quand elle eut reconnu qu'il n'existait d'autre communication avec la place que le sentier dont il a déjà été question, et qu'elle eut éprouvé les effets meurtriers des pierres roulées du sommet de la montagne par les Indiens, elle songea à abandonner la partie et à porter la guerre dans les environs. Mais l'arrivée de Pedro Alvarado au camp espagnol changea la face des choses. Un conseil de guerre, présidé par l'intrépide général, décida que le siége serait vigoureusement poussé, et tout fut disposé pour une attaque. On essaya d'abord d'un stratagème : on simula une escalade sur un point du rocher dans l'espoir d'attirer de ce côté toutes les forces de l'ennemi et de lui faire abandonner la garde du sentier. Mais les Indiens, accoutumés à ces sortes de ruses, surent éviter le piége, et firent bonne contenance partout où se montrèrent les assaillants. Accablés par l'avalanche des rochers et par la grêle de flèches empoisonnées que les assiégés faisaient tomber sur eux, les Espagnols, après les pertes les plus sensibles, furent contraints de battre en retraite.

La position était devenue singulièrement critique : lever le siége, c'était s'avouer vaincu, c'était détruire le prestige qui avait jusqu'ici protégé toutes les entreprises des Européens, et encourager les naturels à une levée de boucliers qui pouvait être fort dangereuse; d'un autre côté, continuer à s'escrimer contre ce roc escarpé, c'était s'exposer à une défaite encore plus honteuse et à des pertes qu'il serait impossible de réparer. Pour comble d'embarras; les Indiens Chignautecos, alliés des Mixqueños, attaquèrent à l'improviste la petite armée combinée. Il s'ensuivit une bataille dans laquelle les Espagnols durent faire des prodiges de courage pour échapper à une entière destruction. Le moment était donc venu de prendre un parti décisif.

Alvarado n'hésita pas; il ordonna la continuation du siége.

Par un bonheur inespéré, trois jours après la bataille dont nous venons de parler, les caciques de Chignauta vinrent demander la paix au général espagnol, et l'informèrent qu'il existait un passage souterrain conduisant de la citadelle au bord d'une rivière voisine, et par lequel les Mixqueños pouvaient s'échapper, si l'on parvenait à entrer dans la place. Cet avis n'était pas sans importance; on verra que les Espagnols surent en profiter.

Une attaque générale fut résolue; mais comme le sentier en question était le seul chemin praticable pour arriver au sommet du rocher, il fallut trouver un moyen de suivre cette unique voie de communication. Après mûres réflexions, voici celui auquel on s'arrêta : un homme couvert d'un bouclier, devait s'avancer en tête de la colonne et protéger un arbalétrier auprès duquel se tiendrait un soldat qui ferait feu de son mousquet sur les assiégés; après ce premier groupe, en viendrait un second, et ainsi de suite, jusqu'à ce que toute la troupe des assaillants eût gravi l'éminence qui conduisait à la forteresse. Bernardino de Arteaga, homme d'une insigne valeur et d'un sang-froid à toute épreuve, sollicita l'honneur de conduire la colonne dans le redoutable sentier. L'armée se mit en marche sous sa direction. A peine était-elle engagée dans l'étroit chemin, que la garnison fit pleuvoir sur elle une nuée de pierres et de traits empoisonnés; mais, grâce aux boucliers qui protégeaient les arbalétriers et les fusiliers, ceux-ci pouvaient, sans péril, faire un feu meurtrier sur les Indiens. Les Espagnols avaient déjà parcouru de cette façon une distance considérable, lorsque, à un endroit où le sentier s'élargissait un peu, un énorme bloc de rocher lancé du haut de la citadelle, renversa Arteaga et lui brisa la jambe. Il fut immédiatement remplacé par Diégo Lopez Villanueva, et la colonne, dont cet incident avait redoublé l'ardeur, reprit son ascension. Enfin, parvenus à une espèce de plate-forme où ils pouvaient se réunir en peloton, et faire usage de la tactique ordinaire, les assiégeants attaquèrent si vigoureusement l'ennemi, que le désordre commença à se mettre dans ses rangs. Quelques minutes après, les Espagnols étaient sur le plateau supérieur ; mais là les attendait un nouveau danger : ils furent tout à coup entourés par un corps d'Indiens tenu jusque-là en réserve. Il fallait recommencer la lutte ; elle fut sanglante, mais de courte durée. Les enseignes espagnoles flottèrent enfin sur la citadelle de Mixco.

Les vaincus se précipitèrent en foule, avec leurs femmes et leurs enfants, dans le souterrain dont leurs anciens alliés avaient indiqué les issues au général espagnol. Parvenue au bout du passage, la troupe fugitive fut surprise et faite prisonnière par un détachement aposté tout exprès.

Le premier soin des vainqueurs fut de détruire la citadelle, afin d'ôter aux Indiens la possibilité de s'y retrancher de nouveau. La petite armée regagna ensuite son quartier général, répandant partout, sur son passage, la nouvelle de son dernier exploit.

Tout le pays était soumis dans un rayon très-étendu, et dans toutes les directions autour de Guatemala. Pedro Alvarado crut avoir assez fait pour son pays, et résolut de retourner en Espagne, pour raconter lui-même à l'empereur Charles-Quint ses rapides conquêtes. Mais comme il se disposait à partir, on lui annonça que Fernand Cortès venait d'arriver dans la province de Honduras. C'était pour lui un devoir d'aller présenter à son supérieur la nouvelle assurance de son respect et de son dévouement. Il partit dans le courant de février 1526, espérant revoir dans quelques jours le conquérant du Mexique. A son arrivée à Choluteca, il rencontra un détachement de troupes espagnoles venant de Honduras, et il apprit que Cortès était retourné à Mexico. Il ne pouvait le suivre aussi loin ; il reprit en conséquence le chemin de Guatemala.

Pendant son absence, le royaume, qu'il avait laissé dans une tranquillité parfaite, avait été le théâtre des plus graves événements. Ce pays, qu'il venait de traverser si paisiblement, et dont les habitants lui avaient rendu les honneurs dus à son titre de capitaine général, il le retrouvait en proie à une agitation fiévreuse et animé des sentiments les plus hostiles contre tout ce qui portait le nom d'Espagnol. Son étonnement fut extrême ; il ne lui fut pas difficile de voir qu'il s'agissait d'une insurrection générale ; mais comment ces populations, naguère si résignées, avaient-elles été poussées à la révolte ? C'est ce qu'il lui était impossible de deviner.

Voici, en résumé, ce qui s'était passé pendant le court intervalle écoulé depuis son départ de Guatemala :

Avant de quitter la capitale des Kachiquels, Alvarado avait confié le gouvernement du royaume à son frère Gonzalo. Celui-ci, homme cruel et d'une avarice insatiable, voulut profiter de l'absence de Pedro pour s'enrichir aux dépens des habitants. Parmi les impôts dont il les accabla, il en est un qui mérite d'être particulièrement cité : il réunit deux cents enfants, de dix à douze ans, et ordonna à chacun d'eux de lui apporter, tous les jours, 90 grains d'or. Les enfants se rendaient bien au lieu indiqué pour leur collecte quotidienne, mais ils revenaient souvent avec une provision incomplète du précieux métal ; alors Gonzalo obligeait les parents des délinquants, sous peine du dernier supplice, à parfaire ce qui manquait. Ce despotisme cupide et d'autres exactions non moins barbares produisirent un vif mécontentement parmi toutes les classes de la nation. On menaça le lieutenant gouverneur de signaler ses extorsions à son frère Pedro ; mais voyant que cette menace ne faisait aucune impression sur Gonzalo, on recourut au roi Sinacam, à qui l'on fit un tableau lamentable de la position du peuple. Le monarque dépossédé, qui commençait à ouvrir les yeux sur les desseins des Espagnols, accueillit avec empressement les doléances de

GUATIMALA.

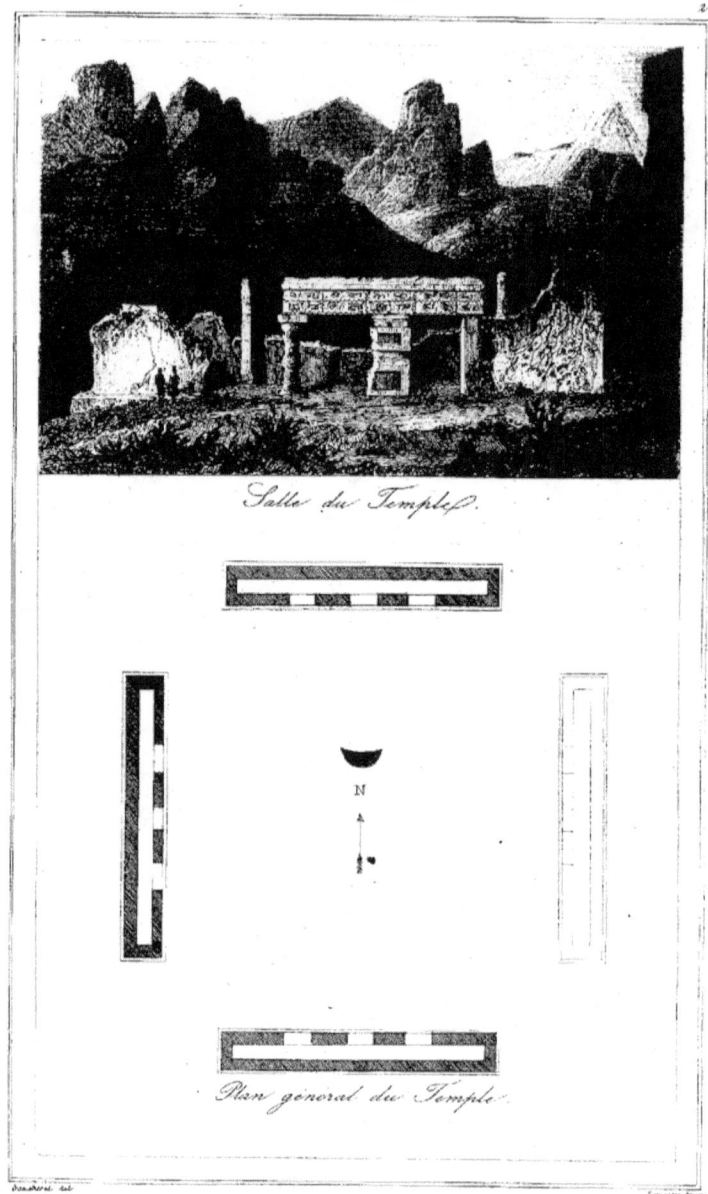

Salle du Temple.

Plan général du Temple.

Temple à Mitla.

ses anciens sujets. L'occasion lui sembla propice pour secouer le joug qu'il s'était si complaisamment imposé. Son premier soin fut de délivrer Sequechul, roi de Quiché, prisonnier à Guatemala depuis l'année 1524. Tous deux s'occupèrent activement d'organiser une coalition contre les étrangers; les caciques de Petapa, de Pinula et un grand nombre d'autres répondirent à leur appel; bientôt une armée considérable d'insurgés se trouva réunie sous les bannières des deux anciens maîtres du royaume; la lutte était engagée, tout était de nouveau mis en question pour l'Espagne.

C'est dans cet état d'agitation que le capitaine général trouva le pays à son retour de son voyage à Honduras. Conservant toute sa présence d'esprit au milieu des périls qui l'entouraient, il marcha droit à l'insurrection avec la poignée de soldats qui lui servait d'escorte. Ses lieutenants n'avaient pas attendu ses ordres pour se mettre en mesure de faire face aux terribles nécessités de la situation; ils avaient divisé en plusieurs détachements le peu de troupes placées sous leur commandement, et ils étaient allés au-devant de l'ennemi. Malgré les succès qu'ils avaient obtenus dans les premiers engagements, ils n'en étaient pas moins bloqués par les hordes insurgées. La subite apparition d'Alvarado leur rendit la confiance qui semblait les avoir abandonnés. Sommés par le capitaine général de rentrer dans l'obéissance, Sequechul et Sinacam répondirent qu'ils étaient décidés à périr plutôt que de reprendre les chaînes de la servitude. On se battit avec fureur et à plusieurs reprises. Les Indiens ne s'étaient jamais montrés aussi hardis dans l'attaque ni aussi opiniâtres dans la résistance; mais la tactique et la discipline, jointes à l'immense avantage que les armes à feu assuraient aux Espagnols, l'emportèrent encore une fois sur la bravoure inexpérimentée des indigènes. Le 22 novembre 1526, une bataille générale décida du sort des rebelles; la victoire des Espagnols fut complète, et les deux rois indiens restèrent prisonniers entre leurs mains. Les malheureux princes expièrent par quinze ans d'une dure captivité le crime impardonnable d'avoir voulu reconquérir leur indépendance.

Le danger auquel les Espagnols avaient échappé fut le dernier de cette nature; leur autorité, désormais mieux consolidée, n'eut plus à essuyer aucun échec sérieux de la part des indigènes.

Pendant plus de deux ans, les nouveaux maîtres de l'Amérique centrale s'occupèrent de l'organisation des provinces qui leur étaient soumises, et ne cherchèrent pas à augmenter leurs domaines. Les Indiens semblaient se façonner au joug de leurs vainqueurs et n'entravaient pas leurs mesures d'administration. Cette situation faillit être funeste aux Espagnols par sa tranquillité même : l'ambition des lieutenants d'Alvarado, excitée par la richesse du pays, avait eu le temps de combiner et de mûrir des plans audacieux; peu à peu l'anarchie leva la tête, et un commencement de guerre civile sembla promettre aux indigènes une vengeance qu'ils étaient loin d'espérer. Ce qui favorisait la cupidité des gouverneurs, c'était la mauvaise délimitation des frontières des différentes provinces. Quand il existait dans le voisinage un district produisant de l'or, c'était à qui l'enclaverait dans son territoire. De là des contestations qui allaient quelquefois jusqu'à l'effusion du sang. C'est ainsi que les gouverneurs de Honduras et de Nicaragua se disputèrent avec acharnement la vallée d'Olanché, dont les mines étaient célèbres dans tout le royaume. Vers la fin de l'année 1529, un fait d'une plus haute gravité prouva au capitaine général la nécessité de couper court à des abus qui pouvaient compromettre sérieusement l'autorité de l'empereur: Pedrarias Davila, gouverneur de Nicaragua, désirait depuis longtemps adjoindre la province de San Salvador à celle dont l'administration lui avait été confiée. Pour exécuter son projet, il ordonna à Martin Esteté d'envahir, à la tête de deux cents hommes, le territoire en litige. Le capitaine franchit, en effet, la frontière, et ayant rencontré le gouverneur de San Salvador, il le fit prisonnier. Il marcha ensuite hardiment vers le chef-lieu, et y pénétra sans coup férir. Chassé de la ville par les habitants indignés, il se retira à quelque distance, commença la fondation d'une capitale, et mit au pillage toute la contrée environnante. Bientôt cependant le gouvernement central de Guatemala apprit ce qui se passait à San Salvador ; il chargea un corps de troupes, commandé par des officiers dévoués, d'aller châtier les insurgés. Mais Esteté n'attendit pas l'ennemi ; il prit la fuite et abandonna lâchement ses soldats, qui obtinrent heureusement une capitulation honorable. Ce dénoûment intimida les autres gouverneurs, et ajourna pour quelque temps leurs projets d'usurpation.

La même année fut marquée par un événement également fâcheux pour les Espagnols, et dont une éclatante victoire ne put réparer les funestes effets. Une expédition tentée contre la belliqueuse tribu d'Uspantan échoua par la faute du gouverneur de Guatemala, qui, au milieu des opérations d'un siége difficile, rappela auprès de lui le chef de l'entreprise. Cet échec jeta un désastreux discrédit sur les armes des Espagnols, jusqu'alors toujours victorieuses. On renouvela la tentative, afin d'avoir raison des Indiens ; on y réussit, mais le mal était fait, et les indigènes de quelques autres localités, enhardis par la défaite des *teules*, qu'ils avaient crus invincibles, prirent les armes contre eux. Parmi les insurgés, les Indiens de Chiquimula de la Sierra furent les plus difficiles à réduire. Cependant on prit possession de leur ville principale (avril 1530), et, dès ce moment, la tranquillité régna dans ce district. Il ne s'agissait plus que de punir l'instigateur de cette rébellion. On savait qu'elle avait été conseillée par le cacique de Copan, nommé Copan Calel, et l'on marcha contre lui.

Riche et vaste cité, renommée de toute antiquité dans le royaume, à cause de son opulence, de son admirable position militaire, des curiosités historiques et des somptueux édifices qu'elle renfermait, Copan devait tenter singulièrement les Espagnols ; aussi croyons-nous devoir attribuer leur résolution plutôt au désir de faire une magnifique capture, que de se venger du cacique qui avait soufflé le feu de la révolte. Ils trouvèrent la place défendue par trente mille hommes et approvisionnée pour plusieurs mois. Notre intention ne saurait être d'entrer dans les fastidieux détails d'un siége ; nous nous bornerons à dire que les premières attaques des assaillants furent repoussées avec succès par les Indiens, inébranlables sous les balles de leurs adversaires. Après plusieurs assauts infructueux, les Espagnols, découragés, étaient sur le point d'abandonner la partie, quand Chavès, leur commandant, résolut de tenter un dernier effort. L'action fut des plus sanglantes ; longtemps la victoire resta indécise ; mais un intrépide soldat nommé Juan Vasquez de Osuña fit pencher la balance du côté des siens : enfonçant ses éperons dans les flancs de son cheval, il franchit le fossé qui entourait la ville, et l'animal, emporté par son élan, renversa la palissade, puis, effrayé par le tumulte qu'il entendit autour de lui, il s'élança tête baissée dans les rangs des Indiens stupéfaits. Cet audacieux exemple fut suivi par quelques autres cavaliers qui pénétrèrent également dans les fortifications. La vue des chevaux qui s'avançaient droit sur eux terrifia les défenseurs de la place à tel point, qu'ils s'enfuirent en poussant des cris d'effroi. Après un dernier acte de courage et de désespoir tenté par le cacique, Copan ouvrit ses portes à la petite troupe de Chavès.

Ce succès, comme tous ceux qui avaient consolidé l'établissement des Espagnols dans l'Amérique centrale, fut obtenu avec une poignée de soldats et quelques centaines d'auxiliaires indigènes. C'est une chose vraiment merveilleuse que la facilité avec

3.e Salle du mème Temple.

GUATIMALA.

laquelle les compagnons d'Alvarado firent la conquête des provinces les plus populeuses. Quelquefois trente ou quarante hommes, sous la conduite d'un officier subalterne, entraient en campagne contre des milliers d'Indiens, et triomphaient de leur résistance en moins de huit jours. C'était beaucoup quand les Espagnols mettaient en ligne de bataille cent hommes, tant fantassins que cavaliers. L'usage des armes à feu et l'emploi des chevaux expliquent ces singuliers avantages. Sans doute le champ de bataille était quelquefois vivement et longtemps disputé; mais l'indécision de la victoire tenait seulement au nombre presque imperceptible des agresseurs. Nous ne doutons pas que si Alvarado eût eu à sa disposition mille soldats de plus, il n'eût accompli la conquête de toute cette partie de l'Amérique en une seule année. C'est là un fait important à constater, pour montrer avec quelle complaisance le nouveau monde s'est livré à l'Europe; on n'en sera que moins disposé ensuite à excuser les crimes de celle-ci envers les peuples conquis.

Depuis le 18 décembre 1527, Pedro Alvarado n'était plus soumis à l'autorité de Fernand Cortès. Des lettres patentes de l'empereur Charles-Quint lui avaient accordé le titre de capitaine général, par lequel nous l'avons déjà désigné plusieurs fois. Ce titre, qui impliquait une véritable indépendance à l'égard du vice-roi du Mexique, était la légitime récompense des efforts et des succès presque fabuleux de ce conquérant. Les historiens ne nous disent rien sur les actes de son administration relatifs aux indigènes; mais il est plus que probable qu'ils portèrent le cachet de la cupidité et du despotisme, passions dominantes à cette époque parmi les Européens établis dans le nouveau monde. Les traitements infligés aux Américains pour satisfaire la soif des richesses qui dévorait leurs vainqueurs, n'ont pas besoin d'historiens; ils se devinent aisément.

En 1537, nous voyons la religion venir en aide à la politique, et entreprendre aussi des conquêtes, non-seulement au profit du catholicisme, mais encore au profit du roi des Castilles. Les vues des missionnaires se portèrent d'abord sur la province de Tuzulutlan, qui devint plus tard celle de Vera Paz. Cette province, située sur la baie de Honduras, entre le lac de Peten au nord, et le golfe de Dulce au midi, avait repoussé trois invasions des Espagnols, et mérité qu'on la désignât sous le nom de *Tierra de guerra* (la terre de la guerre). Ce que n'avait pu faire la force des armes fut accompli par la parole. Quelques missionnaires dominicains, sous la conduite de l'intrépide Las Casas, pénétrèrent hardiment dans la province si redoutée, et réussirent à convertir les caciques et la majeure partie des habitants. Le changement du culte fut pour ces peuplades, autrefois si farouches, le signal de leur asservissement. Leur territoire accrut le domaine de la couronne d'Espagne. C'est par les mêmes moyens que furent soumises les provinces d'Alcala (1552), de la Manche (1606), de Tologalpa (1604-1679), de Taguzgalpa (1619 et suivantes), d'une partie de la province de Costa-Rica (1660 et suivantes), et d'autres districts qui avaient opiniâtrement résisté aux soldats espagnols. Ces triomphes pacifiques furent obtenus au prix de bien des efforts et de bien des dangers. Mais le zèle des missionnaires ne connaissait pas d'obstacles. Plusieurs de ces hommes dévoués payèrent de leur vie leur empressement à prêcher une religion nouvelle à des peuples idolâtres. Le martyrologe des missionnaires chrétiens en Amérique est peut-être la page la plus respectable et la plus touchante de l'histoire du genre humain.

L'année 1541 fut marquée par un événement qui devait faire époque dans les fastes de l'Amérique centrale : nous voulons parler de la mort du conquérant de cette vaste et riche contrée, de Pedro Alvarado. Après lui, un décret impérial, daté du 20 novembre 1542, établit une *audience* ou tribunal suprême, dont Alonzo de Maldonado fut nommé président. Le siége de cette cour fut fixé à Valladolid de Comayagua; mais, sur les justes observations des habitants européens, on le transféra dans la ville de Gracias-a-Dios, qui était beaucoup plus centrale. Plus tard, en 1555, l'*audiencia* fut transportée à Guatemala, puis à Panama, pour être bientôt rendue à la capitale du royaume. Philippe II étendit ses attributions, et en fit une cour prétoriale indépendante du vice-roi du Mexique. La juridiction de la chancellerie royale de Guatemala s'étendait, du côté de l'océan Atlantique, depuis la côte de Belize, dans le haut de la baie de Honduras, jusqu'à la petite île déserte nommée *Escudo de Veraguas*, sur la côte de Veraguas; du côté de l'océan Pacifique, depuis la barre du Paredon, dans la province de Soconusco, jusqu'à l'embouchure de la Boruca, dans celle de Costa-Rica. Le territoire compris entre ces limites offrait une longueur d'environ 900 milles anglais; sa largeur, d'une mer à l'autre, variait de 180 à 500 milles. Sa surface était de 200,500 milles carrés. Ces évaluations, que nous avons lieu de croire exactes, peuvent donner une idée de l'étendue de cet ancien domaine de l'Espagne.

L'esprit d'indépendance, que la sévérité d'Alvarado avait comprimé, se réveilla parmi les gouverneurs espagnols du pays, vers la moitié du seizième siècle. La province de Nicaragua, conquise et colonisée, en 1523, par Pedrarias Davila, était gouvernée, depuis l'année 1534, par Rodrigo de Contreras, qui ne le cédait pas à ses collègues des autres districts pour l'avarice et la cruauté. Ce gouverneur eut quelques démêlés avec la justice, et profita de l'occasion pour tenter la réalisation de ses desseins ambitieux. Ses fils furent ses dociles instruments; l'un d'eux, Hernando, marcha sur Panama et s'en rendit maître; son frère et lui devaient, en cas de réussite, se partager le Pérou et l'Amérique centrale.

C'était une conspiration en règle, et des succès inespérés dans les premiers temps avaient accru l'audace et l'orgueil des rebelles. Ils finirent par succomber devant les troupes royales envoyées contre eux. Une prompte fuite leur épargna la honte du châtiment dû à leur crime. Tout rentra dans l'ordre à Panama et à Nicaragua; mais cette sédition eut un long et funeste retentissement dans ces deux provinces.

On s'étonne que l'autorité des Espagnols n'ait pas été plus souvent menacée par l'insurrection, et surtout que les Indiens n'aient pas cherché sérieusement à se délivrer de ce joug intolérable. Le spectacle des misères de l'Amérique, à l'époque qui nous occupe ici, montre à quel point les hommes peuvent pousser la patience et l'oubli des injures, quand ils sont dominés par un respect absurde pour leurs tyrans. Il est vrai que les conquérants avaient usé du meilleur moyen pour réduire leurs sujets à l'impuissance; c'avait été d'abord de leur interdire, sous des peines sévères, le port d'armes quelconques, de les déshabituer ainsi de la guerre; ensuite de leur inculquer de fausses idées de résignation, en leur expliquant, à leur manière, les préceptes d'humilité contenus dans l'Évangile; enfin de les abrutir par l'excès des boissons alcooliques. Le résultat de cette propagande et du désarmement général répondit merveilleusement à l'attente des vainqueurs: « A présent, dit le missionnaire anglais Thomas Gage, qui résida 12 ans dans le Guatemala, de 1625 à 1637, à présent les Indiens sont devenus sans cœur, en sorte qu'ils tressaillent de peur lorsqu'ils entendent tirer un mousquet; ce qui vient de ce qu'ils sont désarmés et opprimés par les Espagnols. » Nous trouvons dans le naïf récit du même voyageur un tableau poignant des souffrances des indigènes sous la domination espagnole, tableau qui vient à l'appui de ce que nous avons dit plus haut. Nous conservons dans la citation qu'on va lire le vieux français du traducteur de Thomas Gage; le style du dix-septième siècle a une énergie mêlée à une simplicité qui rend la pensée ou l'image dans toute sa vérité et dans toute sa force.

« En cette manière, dit le pieux missionnaire, l'on vend les Indiens, chaque semaine, comme des esclaves, pour deux sous six deniers chacun, sans qu'on leur permette le soir d'aller voir leurs femmes, quoique leur ouvrage ne soit pas à mille pas du village où ils demeurent; mais il y en a d'autres qu'on mène à trois ou quatre lieues au delà, et n'oseraient s'en retourner que le samedi au soir, après avoir exécuté tout ce qu'il aura plu à leur maître de leur commander..... Il n'y a pas de bon chrétien qui ne fût touché de douleur de voir comme ces pauvres misérables sont mal traités par certains espagnols, pendant la semaine qu'ils sont à leur service. Il y en a qui vont abuser de leurs femmes, lorsque leurs pauvres maris sont occupés à labourer la terre; d'autres qui leur donnent le fouet, parce qu'ils leur semblent trop paresseux à travailler, ou qui leur donnent des coups d'épée, ou leur cassent la tête pour s'être voulu excuser contre leurs reproches, ou leur dérobent leurs outils, ou les privent d'une partie ou du total de leurs gages. J'en connaissais quelques-uns qui avaient accoutumé lorsqu'ils avaient semé leur froment, et qu'ils n'avaient presque plus affaire des Indiens, de retenir chez eux tous ceux qui leur avaient été donnés pour leurs fermes, et sachant bien l'affection que ces pauvres gens avaient de retourner en leurs familles, après leur avoir fait couper du bois, le lundi et le mardi, leur demandaient, le mercredi, ce qu'ils leur voulaient donner pour les laisser aller, et ainsi en exigeaient des uns une réale, et des autres deux ou trois, de sorte qu'ils se fesaient non-seulement fournir de bois pour leurs maisons, mais ils en tiraient aussi assez d'argent pour acheter de la viande et du chocolat pendant quinze jours, vivant de la sorte oisivement aux dépens de ces pauvres Indiens..... Ils font porter à ces pauvres misérables, un jour ou deux, sur le dos, des malles qui pèsent cent livres, en les attachant avec des cordes de chaque côté à la ceinture, et passant sur le front une large courroie de cuir attachée à la malle, qui fait que toute la pesanteur de ce fardeau tombe sur leur front, au-dessus des sourcils, qu'ils ont la plupart du temps tellement marqués, qu'ils sont aisés à distinguer des autres habitants des villages, et parce aussi que cette ceinture de cuir leur mange tout le poil et les rend chauves sur le devant de la tête..... J'en ai connu quelques-uns qui, après être revenus du service des Espagnols, dont ils n'avaient reçu pour tout salaire que des coups et des blessures, venaient se mettre au lit, résolus de mourir plutôt que de mener plus longtemps une vie si pleine de misères, et refusaient tous les aliments que leur femme leur présentait, aimant mieux se laisser mourir de faim, que de mener une vie si malheureuse. »

Nous n'ajouterons rien à cette peinture si naïve et si vraie.

Voilà ce que les Espagnols avaient fait des Américains un siècle seulement après la conquête!

Il paraît qu'ils ne traitaient guère mieux les créoles. Quant à eux-mêmes, ils semblaient se soucier peu de ce qui pouvait donner à leur domination la force et la durée. Ils se livraient avec fureur aux vices les plus honteux. Le libertinage le plus éhonté régnait dans toutes les villes de la capitainerie. La corruption chez les hommes et chez les femmes était à son comble. Le vol était applaudi et honoré; la justice n'était qu'un vain mot, et la vénalité des magistrats mettait aux enchères la culpabilité ou l'innocence des accusés. Au dire du voyageur dont nous avons rapporté le témoignage, les juges trouvaient le moyen d'augmenter, dans une proportion considérable, par les présents qu'on leur faisait et par leurs rapines, le traitement qu'ils recevaient du gouvernement. Thomas Gage dit que, durant son séjour à Guatemala il y eut un nombre prodigieux

19ᵉ *Livraison.* (GUATEMALA.)

de vols, de meurtres et autres crimes et délits; que, néanmoins, pas un seul coupable ne fut puni, attendu qu'ils se tiraient tous d'affaire à prix d'or. Ces quelques mots peuvent donner une juste idée de la société européenne installée en Amérique sur les débris de la civilisation indigène.

Depuis l'époque dont nous avons parlé dans les paragraphes précédents, jusqu'aux temps modernes, nous n'avons à signaler que quelques faits historiques qui, sans être d'une importance majeure, méritent cependant d'être mentionnés :

La prise de Truxillo, dans la baie de Honduras, par les Hollandais, au commencement du dix-septième siècle; la terreur que ce hardi coup de main répandit parmi les Espagnols, et la joie qu'ils éprouvèrent quand l'ennemi se retira(*), prouvent combien leur puissance en Amérique était précaire et facile à renverser;

La tentative peu fructueuse faite en 1674, et pendant les années suivantes, pour convertir et soumettre les sauvages tribus des Tcholes, des Lacandons et des Mopans;

Une insurrection de trente-deux villages de la province des Tzendales, insurrection réprimée en 1712, sans grande effusion de sang;

Enfin, l'invasion des Anglais, en 1780; invasion motivée par le désir de s'emparer de la communication d'une mer à l'autre, et qui eut de funestes résultats pour la Grande-Bretagne.

Parvenus à ce point de notre résumé historique, les limites que nous nous sommes tracées nous font un devoir d'arriver d'un saut, et sans transition, aux événements qui ont changé la face de l'Amérique, et préparé son indépendance.

(*) Ils firent des processions publiques pour célébrer cet heureux événement, qu'ils considéraient comme une véritable délivrance.

HISTORIQUE DE LA RÉVOLUTION DU GUATEMALA.

Depuis longtemps le despotisme écrasant du régime colonial avait inspiré aux créoles du Guatemala des idées de liberté et d'indépendance. Ces idées se manifestèrent d'une manière plus menaçante lors de l'invasion de l'Espagne par la France, en 1808. Dès cette époque, les opinions révolutionnaires se propagèrent avec une rapidité alarmante, et firent irruption dans presque toutes les classes de la société espagnole, et surtout parmi la jeunesse. En 1811, 1812 et 1813, le mouvement se prononça plus énergiquement, et les projets des mécontents se dessinèrent avec une hardiesse remarquable dans quelques provinces, entre autres dans celle de San Salvador. Cependant la fatale issue de la guerre de la Péninsule, les défaites de la France et la rentrée de Louis XVIII, comprimèrent jusqu'en 1820 l'explosion du ressentiment des colons. Mais, à peine l'Espagne se fut-elle donné une constitution, que le Guatemala, impatient de secouer les traditions de la monarchie absolue, adopta la même charte, sans aucune modification, faisant ainsi acte d'alliance avec la métropole.

Le 15 septembre 1821, le gouvernement espagnol, à l'instigation de plusieurs localités importantes, effrayé, d'ailleurs, de la déclaration d'indépendance du Chiapa, forma une junte composée de toutes les autorités supérieures et chargée de délibérer souverainement sur les mesures devenues indispensables. Cette junte s'étant déclarée pour une séparation complète, publia un acte général d'indépendance. Il se forma alors deux partis ennemis : l'un qui demandait une absolue indépendance à l'égard du Mexique et de l'Espagne, ainsi qu'une union fédérative de toutes les provinces guatemaliennes; l'autre qui adoptait le plan d'Iguala, lequel, on le sait, proposait l'établissement d'une monarchie et l'installation des Bourbons sur le trône de l'Amérique centrale. Quant au vieux parti espagnol, obligé de choisir entre ces deux opinions, il opta pour celle qui convenait le mieux à ses tendances conciliantes; c'est dire qu'il se rallia au plan d'Iguala. Léon, capitale de Nicaragua, et Comayagua, capitale de la province de Honduras, se déclarèrent aussi pour le gouvernement des Bourbons; mais ce n'était là qu'une minorité; la plupart des villes et des villages de ces provinces firent adhésion à l'acte général d'indépendance proclamé par la junte.

Dans ce conflit, qui menaçait de devenir sérieux, la majorité défera le pouvoir suprême à une junte provisoire, qui représenterait les intérêts fédératifs ou indépendants, et qui fonctionnerait jusqu'à ce qu'un congrès national eût déterminé une forme de gouvernement plus régulière.

Telle était la situation des choses lorsque, le 19 octobre 1821, Iturbide adressa aux habitants du Guatemala un manifeste, dans lequel, après les avoir complimentés sur leur indépendance, il leur annonçait que, pour consolider leur liberté naissante, il dirigeait un nombreux corps de troupes vers leurs frontières. Cette étrange proclamation ne fut pas accueillie par les indépendants aussi bien que l'avait espéré l'empereur mexicain; mais les membres influents du parti espagnol sollicitèrent la protection de l'usurpateur, et dès lors, au lieu de les appeler les *serviles*, comme on avait fait jusque-là, on les désigna sous la dénomination moins flétrissante d'*impérialistes*.

Ce parti reconnaissait pour chef Filisola, président de la junte, chef politique, et l'un des plus ardents promoteurs du plan d'Iguala. C'était principalement par les soins de ce personnage que, le 30 novembre 1821, le manifeste d'Iturbide s'était propagé dans les différentes provinces; à ce document il avait joint une invitation personnelle au peuple de s'allier au Mexique, sous peine de se voir entraîné dans une guerre inévitable contre ce pays limitrophe. Il fit plus : avant l'expiration du temps moral nécessaire pour constater l'opinion des principales villes, il prit sur lui, en sa qualité de président de la junte, de prononcer l'union. Cet abus de pouvoir eut lieu le 11 janvier 1822.

L'indignation du pays fut à son comble; la junte provisoire fut dissoute: Filisola marcha, à la tête de quelques troupes, contre San Salvador, et fut complétement battu le 3 juillet. Défait une seconde fois par le peuple de la même province (23 février 1823), il reprit le chemin de Guatemala, où il reçut la nouvelle de la révolution qui avait précipité du trône l'usurpateur Iturbide. Sa dernière espérance était évanouie : force lui fut de consentir à ce que le congrès fût convoqué sur les bases posées dans l'acte d'indépendance. On forma immédiatement une convention nationale, qui décréta tout d'abord le renvoi immédiat des troupes mexicaines qui avaient envahi le territoire du Guatemala. La retraite de ces troupes fut marquée par un incident qu'il n'est pas inutile de signaler : à leur passage dans la capitale du Chiapa, dont Filisola était commandant, il s'éleva quelques difficultés que le gouverneur trancha à sa manière; il demanda avec instance que cette province fût séparée de la confédération guatemalienne, disant qu'elle appartenait incontestablement au Mexique; les habitants du Chiapa approuvèrent tacitement cette proposition, et Filisola continua sa marche, laissant derrière lui un détachement de sa division qui ne tarda pas à être expulsé par les forces réunies de Tutla et de Comitan. La politique de cet homme insidieux porta ses fruits : le Mexique réclama, plus tard, la province de Chiapa, comme faisant partie de son territoire, et il s'ensuivit entre les deux républiques des discussions très-irritantes.

Les troubles dont la province de San Salvador fut le théâtre ayant perdu de leur gravité à la chute d'Iturbide, et ayant été ensuite complétement apaisés par un rapprochement amical entre les autorités de ce département et le gouvernement central, il est inutile et sans intérêt d'en faire le récit détaillé. Les différentes escarmouches qui eurent aussi lieu dans le Nicaragua ne méritent pas davantage un compte rendu circonstancié.

La déchéance imprévue de l'empereur mexicain désorganisa le parti espagnol et impérialiste. Aucun obstacle ne s'opposait plus à la fusion des opinions divergentes; en conséquence, l'assemblée nationale se réunit le 24 juin 1823. Le 21 juillet suivant, l'indépendance complète fut déclarée, et, le 17 décembre, on fit connaître à la nation les bases de la constitution nouvelle. En même temps, on avait établi un pouvoir exécutif composé de trois membres élus par l'assemblée, et le royaume de Guatemala était devenu une république sous le nom de *Provinces-Unies de l'Amérique centrale*.

Depuis cette époque, le Guatemala a joui de la plénitude de son indépendance; le 6 septembre 1824, le congrès réuni à Costa-Rica compléta les bases de la fédération; le 15 du même mois, le congrès fédéral fut installé, et, le 22 novembre, la constitution fut solennellement signée par les députés.

L'ère nouvelle consacrée par ces mesures fondamentales fut inaugurée par un grand acte d'humanité et de justice : l'abolition de l'esclavage. Cette souillure des siècles civilisés fut effacée par un décret, le 17 avril 1824; une indemnité fut stipulée pour les propriétaires d'esclaves, mais ils la refusèrent noblement, disant qu'ils ne voulaient pas être équitables et généreux à demi. Ce fut un grand exemple donné aux gouvernements qui maintiennent la servitude des nègres. Le sacrifice fut complet; il n'y manqua même pas ce désintéressement qui rehausse si bien les bonnes actions. Le corps législatif, justement fier de son vote, ordonna que le décret d'abolition fût gravé sur l'airain et placé dans le lieu de ses séances.

Si l'on se rappelle que l'Angleterre n'a émancipé ses esclaves qu'en 1832, on reconnaîtra que l'initiative prise par le Guatemala était digne, sous tous les rapports, des éloges des amis de l'humanité.

Nous allons maintenant donner une analyse de la constitution décrétée par le congrès.

La confédération fut divisée en cinq États : Costa-Rica, Nicaragua, Honduras, Salvador et Guatemala; la province de Chiapa fut mise en dehors, et on déclara qu'elle n'entrerait dans la fédération que lorsque elle-même demanderait à y être admise.

Aux termes de la constitution, le gouvernement de la république est populaire, représentatif et fédéral. Chacun des États qui la composent est libre et indépendant dans son gouvernement et son administration intérieurs. Tout pouvoir qui n'appartient point, en vertu du pacte fondamental, aux autorités fédérales, appartient aux États particuliers.

La population des États est divisée en juntes électorales qui nomment les députés.

Le pouvoir législatif réside en un congrès composé de représentants librement élus, à raison d'un pour trente mille habitants. Il y a un suppléant pour trois représentants, et les juntes qui ne peuvent nommer qu'un ou deux représentants ont de droit un suppléant. Le congrès se renouvelle tous les ans par moitié.

Pour être représentant, il faut être âgé de vingt-trois ans au moins, et citoyen depuis cinq ans. Point de cens d'éligibilité, ni de cens électoral.

Les attributions du congrès ne sont pas tout à fait celles qu'on trouve inscrites dans la constitution des États-Unis : elles comprennent des droits qui sont d'ordinaire l'apanage du pouvoir exécutif, comme le droit de guerre et de paix, le droit de grâce et d'amnistie, et celui de créer les tribunaux inférieurs qui connaissent des affaires particulières de la confédération.

Le sénat est composé de membres élus par le peuple, à raison de deux seulement par État. Les seules conditions d'éligibilité sont d'être né dans la république, d'avoir trente ans accomplis, ou d'être citoyen depuis sept ans. Chaque État nomme un suppléant, ayant mêmes qualités que les deux sénateurs.

Cette seconde chambre représentative ne partage pas, comme on pourrait le croire, l'autorité législative avec la première : elle est instituée pour participer aux attributions du pouvoir exécutif. Ainsi, c'est le sénat qui sanctionne les lois, prérogative ordinaire des présidents et des rois constitutionnels ; en outre, il veille au maintien de la constitution, et à l'application sévère des lois générales et des devoirs particuliers des fonctionnaires ; il conseille le pouvoir exécutif dans les cas douteux que présente l'exécution des résolutions du congrès ; il l'aide aussi de ses avis dans les relations ou traités avec les puissances étrangères, dans le gouvernement intérieur de la république, dans les cas de guerre ou d'insurrection ; il convoque le congrès dans les cas extraordinaires ; il propose au pouvoir exécutif trois personnes pour les emplois vacants d'envoyés diplomatiques, de commandants d'armes de la confédération, d'officiers de terre, de commandant des ports et frontières, de ministre de la trésorerie générale et de chefs de perception ; enfin, en cas de délits commis par ces derniers fonctionnaires, c'est le sénat qui examine s'il y a lieu à les poursuivre.

Quant au pouvoir exécutif, il est exercé par un président nommé par le peuple de tous les États, et dont les fonctions durent quatre ans, avec faculté de se faire réélire à l'expiration du terme.

Le président promulgue les lois et veille à leur exécution ; il est le chef de toute la force armée de la république ; il a le droit de destituer, de traduire devant les tribunaux et de suspendre pendant six mois les fonctionnaires insubordonnés, pourvu que le sénat reconnaisse la légitimité des accusations. Pour tout le reste, le président n'est guère qu'un commis du sénat, qui le conseille, le dirige et exerce sur lui un contrôle incessant. Il est assisté par des ministres, responsables comme lui, et chargés d'expédier ses ordres.

Une cour suprême de justice, tirant son origine de l'élection, a pour mission de connaître, en dernier ressort, des causes qui intéressent les lois générales, la politique extérieure de la république, la police maritime, les envoyés diplomatiques et les consuls ; ce tribunal supérieur juge aussi toutes les affaires criminelles concernant les fonctionnaires, mais seulement en vertu d'une déclaration de mise en cause émanée du sénat ; enfin, ce quatrième élément, qui participe à la fois des trois autres, veille sur la conduite des juges inférieurs de la confédération, et propose au pouvoir exécutif trois candidats pour chaque nomination des magistrats inférieurs.

Responsabilité véritable et sérieuse pour tous les fonctionnaires, quels que soient leur rang, leurs titres et leurs emplois. Il existe un tribunal composé de cinq juges choisis par le sénat parmi ses membres suppléants, ou parmi ceux du congrès ; ce tribunal juge les membres de la cour suprême, et prononce en dernier ressort sur les accusations contre le président et le vice-président, déjà jugées par la cour suprême.

Garanties complètes pour la liberté individuelle, pour la liberté de la presse, le droit de pétition et d'association ; abolition des substitutions, des titres de noblesse, des distinctions héréditaires, de la torture et de la confiscation.

Une assemblée de représentants, un conseil représentatif et un chef forment le gouvernement particulier de chacun des États de la république. Les États ont des constitutions particulières comme dans l'Union anglo-américaine.

Nous avons donné quelque étendue à cet exposé de la constitution du Guatemala, parce qu'il nous a semblé que cette constitution offrait un mécanisme assez ingénieux, et en dehors de toutes les chartes octroyées ou consenties que nous connaissons. Elle diffère sur plusieurs points essentiels de la constitution des États-Unis; on peut remarquer en effet qu'elle ne fait pas de la puissance législative, l'attribution générale, commune à la chambre des représentants et au sénat. La chambre des représentants seule compose le congrès, et possède quelques-unes des attributions conférées d'ordinaire à la royauté ou à la présidence; le sénat, placé en dehors du pouvoir législatif et exécutif, tient au premier par un droit de *veto*, et au second par un droit d'inspection et une faculté consultative assez étendus. Le pouvoir exécutif perd ainsi d'un côté ce que la représentation nationale, c'est-à-dire, le principe populaire, gagne de l'autre. Nous n'avons pas besoin d'un examen plus approfondi pour montrer que cette constitution est beaucoup plus démocratique que celles des États-Unis et de la république mexicaine. Il est fâcheux que les citoyens de l'Amérique centrale aient cru devoir adopter ce que ces deux constitutions ont de plus mauvais, c'est-à-dire le gouvernement fédératif. C'est l'unité qui fait la principale force des États, et le Guatemala a déjà eu à se repentir de ne s'être pas assujetti au joug bienfaisant d'une centralisation vigoureuse et sagement réglée.

Un des premiers soins des chefs de la nouvelle république fut d'aviser à répandre l'instruction parmi les classes ignorantes. Les autorités locales furent invitées à dresser la liste des écoles existantes dans chaque province, et à formuler leur avis sur les moyens d'augmenter le nombre de ces établissements. Dès 1826, on comptait, dans la seule ville de Guatemala, dix écoles, dans lesquelles on apprenait à lire et à écrire, et qui étaient suivies par sept cents élèves. On introduisit bientôt l'enseignement mutuel, et ce système ne tarda pas à produire les plus heureux résultats. Une commission fut chargée de traduire les rapports de Fourcroy, de Condorcet et de Talleyrand sur l'instruction publique. Des chaires de mathématiques, d'architecture et de botanique, furent instituées au sein de l'université. On donna surtout des soins particuliers à toutes les branches de connaissances qui constituent la science de l'agriculture, afin de mettre les citoyens en état de tirer du sol si fertile du Guatemala toutes les richesses qu'il peut produire. Sur ce point, le succès fut complet : la face du pays fut bientôt entièrement changée; les procédés agricoles, appliqués avec intelligence, couvrirent de moissons et de plantations magnifiques des terrains restés jusque-là sans culture. Les ressources de la république augmentèrent en proportion. Des articles d'exportation, longtemps sans valeur, tels que le cacao, l'indigo et la cochenille, acquirent une importance réelle et procurèrent au trésor public d'abondantes recettes. En peu d'années, le chiffre des transactions commerciales révéla un accroissement de prospérité que les optimistes même auraient à peine osé espérer. Malheureusement, il survint une crise financière due à la suppression prématurée de plusieurs taxes importantes; néanmoins on put se passer du prêt de sept millions de dollars, qu'une maison anglaise avait soumissionné, et la république se tira d'affaire sans le secours d'aucune bourse étrangère.

La sollicitude du gouvernement fut également éveillée par l'état déplorable des routes et des canaux. Quiconque a voyagé en Espagne sait que les autorités de ce pays ont pris peu de soin d'y faciliter les communications; on ne doit donc pas s'étonner que la mère patrie ait, sous ce rapport, complétement négligé ses colonies. Par suite de cette coupable incurie, le Guatemala a eu tout à faire en matière de canaux et de chemins. La route principale et la plus fréquentée est celle qui conduit d'Omoa à la capitale. Or, la chambre de commerce, dans un de ses rapports, déclara que, la plupart du temps, les marchandises qui arrivaient d'Europe à Omoa, ne pouvaient être transportées au siége du gouvernement en moins de huit mois, quoique la distance soit à peine de 36 myriamètres. Ce fait suffisait, à lui seul, pour déterminer le gouvernement à exécuter ce que la métropole avait dédaigné de faire. Entre autres travaux de communication, il faut citer en première ligne le gigantesque projet de la jonction des deux océans, projet dont nous avons parlé en détail dans le tableau géographique du Guatemala.

L'armée de la république est restée longtemps dans un état de dénûment et de faiblesse qui n'eût pas été sans danger pour le pays, dans le cas d'une agression de la part d'un de ses voisins ; mais de tristes nécessités ont favorisé, pendant ces dernières années, l'accroissement et l'amélioration des ressources militaires de la confédération. La guerre civile a fait naître une armée, et même plusieurs armées intrépides. C'est ici le lieu de rappeler la judicieuse observation de Montesquieu, qui dit que les luttes intestines enfantent parfois, pour les pays qui en sont le théâtre, des bienfaits que la paix ne leur eût pas procurés.

Nous venons de parler de guerre civile ; l'Amérique centrale, en effet, n'en a pas été plus exempte que les États-Unis mexicains. Nous entrerons, à ce sujet, dans quelques détails, afin de donner une idée de l'anarchie et de la confusion que les passions révolutionnaires et des ambitions effrénées ont produites dans l'Amérique centrale.

HISTORIQUE DE LA GUERRE CIVILE.

A peine le Guatemala était-il indépendant, que l'esprit de parti s'éveilla et sema des ferments de discorde dans le pays. Les citoyens se divisèrent en *aristocrates* et *démocrates*. Les premiers furent aussi indifféremment nommés *centralistes* et *serviles*, les seconds reçurent la dénomination de *fédéralistes* ou *libéraux*. Pour ne pas accumuler les désignations, nous appellerons les aristocrates *centralistes* et les démocrates *libéraux*.

Les centralistes, comme le parti fédéraliste des États-Unis, voulaient consolider et centraliser les pouvoirs du gouvernement général ; les libéraux demandaient la souveraineté des États. Il est évident qu'en principe, et au point de vue de la saine politique, la raison était du côté des centralistes ; mais malheureusement leurs doctrines unitaires se mêlaient à des idées rétrogrades qui devaient nécessairement les rendre odieux aux esprits progressifs. Cette faction était en grande partie composée de familles puissantes qui, gratifiées sous la domination espagnole de priviléges et de monopoles exorbitants, avaient pris peu à peu le ton et les allures de la noblesse. Ces enfants gâtés de l'ancien gouvernement trouvaient un appui empressé dans le fanatisme des prêtres et dans les sentiments religieux des masses populaires. Le parti libéral s'était recruté d'hommes intelligents et énergiques, qui s'empressèrent de secouer le joug de l'Église romaine, et proclamèrent la nécessité d'arracher le peuple au fléau de la superstition. Les centralistes prétendaient conserver les usages du système colonial, et s'opposaient à toute innovation comme à toute attaque directe ou indirecte contre les priviléges de l'Église. Les libéraux, pleins d'ardeur et formant mille projets de rénovation, auraient voulu changer brusquement les habitudes et les sentiments des masses ; suivant eux, il fallait que chaque jour amenât la destruction d'un abus et la condamnation d'une théorie mensongère. Les centralistes ne savaient pas que la civilisation est une divinité jalouse qui n'admet point de partage et ne peut rester stationnaire ; les libéraux oubliaient, de leur côté, qu'elle doit toujours être en harmonie avec l'intelligence des nations, leurs coutumes, leurs traditions et leurs lois. Les démocrates citaient avec envie l'exemple des États-Unis et de leurs institutions libres ; les centralistes disaient qu'il était insensé de vouloir appliquer les formes politiques de l'Union américaine à un pays dont la population ignorante et hétérogène était disséminée sur un territoire immense, sans facilités de communication.

A la troisième session du congrès, les partis en vinrent à une rupture ouverte; les députés de San Salvador, la province la plus libérale de la confédération, se retirèrent avec éclat.

Florès, vice-président de l'État de Guatemala, et membre du parti libéral, s'était rendu odieux aux prêtres et aux moines en frappant d'une contribution le couvent de Quezaltenango. Durant un voyage qu'il fit dans cette ville, les moines excitèrent la populace contre lui, et le signalèrent comme ennemi de la religion. Une foule ardente se réunit devant sa maison, criant : « Mort à l'hérétique ! » Florès s'enfuit vers l'église; mais au moment où il allait en franchir le seuil, des femmes exaspérées le saisirent, le frappèrent violemment, et le traînèrent par les cheveux. Échappé miraculeusement des mains de ces furies, le malheureux courut se cacher dans la chaire. Alors on sonne la cloche d'alarme, et tous les mauvais sujets de la ville font irruption sur la place. Quelques soldats essayent d'interdire l'entrée de l'église, mais, assaillis à coups de pierres et de bâton, ils sont obligés de battre en retraite. La multitude se précipite dans le temple divin, et fait retentir la nef de ce cri féroce : « Mort à l'hérétique ! » Elle court vers la chaire où s'était réfugié le pauvre martyr; les uns cherchent à la renverser, d'autres à l'escalader; quelques-uns frappent le malheureux Florès de la pointe de leurs couteaux, fixés au bout de longues perches. Un jeune homme, plus hardi que ses compagnons, mettant un pied sur les moulures de la chaire, et, s'exhaussant par ce moyen jusqu'à la corniche, parvient à saisir la victime par les cheveux. Le curé, effrayé de l'orage populaire que lui-même avait excité, montre solennellement l'image du Sauveur, et conjure les assaillants d'épargner l'hérétique, s'engageant à lui faire quitter immédiatement la ville. Florès tombe à genoux et ratifie cette promesse; mais les moines raniment l'ardeur de la populace, qui, dans un accès de frénésie religieuse, se prosterne devant la sainte image pour lui offrir en holocauste le sang de l'infortuné que poursuit sa vengeance. Aussitôt Florès est arraché de la chaire et traîné dans le couvent; là, les furies qui l'avaient déjà si cruellement maltraité se jettent sur lui et le font expirer sous leurs coups. Son corps fut lacéré, défiguré et livré aux insultes de la populace qui parcourait les rues en demandant, la tête des libéraux et en criant : « Vive la religion, meurent les hérétiques du congrès ! » Il n'en fallut pas davantage pour rendre aux centralistes leur ancienne audace; le fanatisme releva la tête, le parti rétrograde prit le dessus, et les libéraux furent écrasés dans tout l'État de Guatemala.

La province de San-Salvador, connue, dès l'origine des troubles, pour ses principes démocratiques, résolut de venger les patriotes de Guatemala. Le 6 mars 1827, l'armée libérale parut devant les portes de la capitale, et la menaça d'une destruction complète. Mais le fanatisme religieux était trop puissant pour pouvoir être si facilement terrassé. Les prêtres coururent par les rues en exhortant le peuple à prendre les armes; les moines rassemblèrent des bandes formidables de femmes qui, le couteau à la main, jurèrent que tout ennemi de leur religion périrait de leur main. L'armée de San-Salvador fut battue et mise en fuite.

La province de Nicaragua n'était pas plus tranquille que le reste de la confédération. Presque immédiatement après la déclaration d'indépendance et la formation des deux grands partis, cet État devint le théâtre d'une lutte effroyable. Le peuple avait, dans un moment d'erreur déplorable, élu un gouverneur centraliste et un vice-gouverneur libéral. Cette scission dans l'administration amena un conflit sanglant entre les citoyens. Les scènes les plus horribles eurent lieu dans toutes les villes, et surtout dans le chef-lieu. Le terrain fut disputé pied à pied, pouce par pouce, par les deux factions. Enfin, la guerre se concentra dans la capitale. On se battit avec acharnement; les rues furent barricadées, et, pendant trois mois entiers, personne ne put s'aventurer dans les quartiers ennemis sans risquer d'être immédiatement mis à mort. Les libéraux finirent par l'emporter ; le chef centraliste fut tué, ses soldats massacrés, et, dans la frénésie qui suivit le triomphe, la partie de la ville occupée par les aristocrates fut brûlée et rasée jusqu'au niveau du sol.

Mêmes scènes de désolation et d'horreur à Léon, à Taguzgalpa et dans d'autres localités. Les passions populaires étaient déchaînées, et le caractère à moitié barbare des habitants du Guatemala se développa dans toute sa sauvage énergie.

Les partis se firent, pendant deux ans, une guerre obstinée. En 1829, les troupes de San-Salvador, sous le commandement du général Morazan, devenu le chef des libéraux, marchèrent de nouveau contre Guatemala, et après trois jours de combat, entrèrent triomphalement dans cette capitale. Tous les meneurs de la faction centraliste furent exilés ou prirent la fuite; les couvents furent ouverts et saccagés; on abolit les ordres monastiques ; les moines, embarqués sur les vaisseaux disponibles, furent conduits hors du territoire de la république, et l'archevêque, prévenant la sentence d'exil qui le menaçait, ou craignant peut-être un sort plus funeste, alla chercher un asile dans un pays voisin.

En 1831, le général Morazan fut nommé président de la république. A l'expiration de ses fonctions, il fut réélu, et, pendant huit ans, le parti libéral conserva un ascendant incontesté. Toutefois, vers la fin de cette période, de graves mécontentements, occasionnés par l'énormité des impôts et d'imprudentes exactions; éclatèrent au sein de la république. Les centralistes et le clergé s'agitaient ouvertement. Les vaincus, exilés aux États-Unis, au Mexique et sur la frontière, n'avaient cessé d'entretenir de coupables relations avec l'intérieur, et, par leurs intrigues, poussaient les mécontents à l'insurrection. Quelques-uns, n'ayant pu trouver au dehors des moyens d'existence, se hasardèrent à rentrer dans le pays, et, comme on ne les avait pas inquiétés, ils furent bientôt suivis par d'autres proscrits. Ce fut à cette époque que parut sur le théâtre de la guerre civile Carrera, devenu si fameux dans l'Amérique centrale par son élévation rapide. Nous nous arrêterons quelques instants sur ce chef de parti, dont la vie mérite d'être racontée, et dont la destinée se lie d'ailleurs étroitement à celle du pays qui nous occupe.

Carrera est mulâtre, mais chez lui le sang indigène domine à tel point, qu'un écrivain américain n'hésite pas à le dire Indien. En 1829, il était tambour dans le régiment du colonel Aycinena, fougueux centraliste. Quand le parti libéral prit le dessus, et que le général Morazan entra dans Guatemala, il brisa son tambour, et se retira dans le village de Matasquintla. Là, il se fit gardeur de pourceaux, et exerça ce triste métier pendant plusieurs années, sans doute aussi exempt de rêves de fortune que l'étaient les animaux immondes confiés à ses soins. Les excès des partis politiques, les exactions du gouvernement, la confiscation des biens du clergé, de dangereuses innovations parmi lesquelles on cite l'adoption du code Livingston, qui établissait le jugement par jury, et faisait du mariage un simple contrat civil, excitèrent, comme nous l'avons dit, un vif mécontentement dans le pays. Le changement introduit dans l'institution du mariage heurtait particulièrement les idées et les intérêts du clergé, qui exerçait une influence illimitée sur l'esprit des Indiens. En 1837, le choléra, qui, dans sa marche désastreuse à travers le monde, avait jusqu'alors épargné cette partie du continent américain, fit invasion dans la république de Guatemala, et devint la cause immédiate de graves désordres politiques. Les prêtres persuadèrent aux Indiens que les étrangers avaient empoisonné l'eau des sources et des rivières. Galvez, chef de l'État, s'empressa d'envoyer dans les villages environnants des médicaments qui, administrés mal à propos, amenèrent dans la plupart des cas, des résultats funestes. Les prêtres, à l'affût de tout ce qui pouvait nuire au parti libéral, exploitèrent avec une criminelle perfidie ces accidents malheureux, et firent croire aux indigènes que le gouvernement lui-même cherchait à détruire leur race par le poison. Les habitants des campagnes manifestèrent par tout le pays la plus vive irritation. A Matasquintla, le peuple, obéissant à la voix de Carrera, courut aux armes, en proférant ce cri lugubre : « Vive la religion, et mort aux étrangers ! » On débuta par l'assassinat des juges nommés sous l'empire du code Livingston. Le président Galvez envoya aussitôt dans le village une commission chargée d'entendre les doléances des habitants ; mais, pendant que les députés s'entretenaient avec les insurgés, eux et le détachement de cavalerie qui devait les protéger furent tout à coup cernés et égorgés. Bientôt le nombre des mécontents s'accrut dans une proportion inquiétante ; alors Galvez fit marcher contre eux six cents hommes de troupes qui les dispersèrent, incendièrent leurs villages et saccagèrent leurs propriétés. Dans la mêlée, une bande de forcenés fit subir le dernier outrage à la femme de Carrera. Enflammé de fureur à la nouvelle de cet affront, Carrera se joignit à d'autres chefs d'insurgés, et jura de ne pas déposer les armes tant qu'un seul officier de Morazan foulerait le sol de la province. A la tête de quelques bandits sanguinaires, il battit le pays, tuant les juges et les agents militaires du gouvernement, se réfugiant dans les montagnes quand il était poursuivi, demandant des vivres pour ses gens dans les fermes qui se trouvaient sur son passage, et n'épargnant que ceux qui lui prêtaient assistance.

A cette époque, Carrera ne savait ni lire ni écrire ; mais, sur l'invitation de quelques prêtres, entre autres d'un certain père Lobo, scélérat fieffé, il publia une proclamation signée de son nom, dans laquelle, renouvelant l'absurde et odieuse accusation d'empoisonnement, il demandait la mort de tous les étrangers, à l'exception des Espagnols, l'abolition du code Livingston, le rappel de l'archevêque et des moines, l'expulsion des hérétiques, enfin le rétablissement des priviléges du clergé et des anciens usages. Bientôt Carrera eut dans tout le pays la réputation d'un héros de grands chemins et d'un meurtrier. Les routes, dans les environs de Guatemala, étaient infestées de brigands sous ses ordres ; toutes les communications étaient interrompues ; les négociants étaient consternés par suite de la nouvelle qu'ils avaient reçue du pillage des marchandises envoyées à la foire d'Esquipoula. Enfin on apprit avec terreur que Carrera était devenu assez fort pour oser attaquer des villages et même des villes.

Il faut se rappeler que tout ceci se passait dans l'État de Guatemala, et que le parti libéral avait encore la prédominance. Une scission fatale dans les rangs de ce parti favorisa puissamment les projets des centralistes. Barundia, un de ses chefs les plus influents, contrarié de n'avoir pu faire nommer un de ses parents à un emploi d'une assez haute importance, donna sa démission avec bruit, et parut dans la chambre des représentants à la tête de l'opposition. Cet événement, coïncidant avec l'élévation de Carrera, donna des espérances aux mécontents. Les citoyens de l'Antigua (l'ancienne Guatemala) demandèrent, par voie de pétition, une amnistie pour tous délits ou crimes politiques, le retour des exilés et le redressement d'autres griefs. Une députation, prise dans le sein de la chambre des représentants, tenta vainement de ramener les habitants de l'Antigua à d'autres sentiments ; les pétitionnaires ne voulurent rien entendre, et menacèrent de marcher contre Guatemala.

Une vive alarme régna dans la capitale pendant la journée du 20 février 1838 et jusqu'au mercredi suivant. Mais, au moment où l'on s'attendait à être attaqué, le marquis d'Aycinena, chef des centralistes, réussit à obtenir des libéraux la promesse signée d'une amnistie générale, promesse qui produisit une vive satisfaction parmi les dissidents, et rendit quelque tranquillité à la ville.

Le calme ne fut pas de longue durée : le jour même où l'on avait appris la retraite des insurgés de l'Antigua, les troupes du gouvernement fédéral, qui constituaient la seule force armée sur laquelle l'autorité pût s'appuyer, se révoltèrent brusquement, et vinrent, baïonnette en avant et mèche allumée, prendre position sur la place publique. Persuadés que la convention dont nous venons de parler stipulait la destitution de Galvez et la nomination d'une créature de Barundia au commandement de l'armée, les soldats disaient à haute voix qu'ils ne voulaient pas de ce changement. Une proclamation, rédigée par un sergent nommé Mérino, demandait que le général Morazan rentrât aussitôt en ville, et que Galvez fût maintenu au pouvoir jusqu'au retour du président. On satisfit à ces exigences, et l'on expédia un message à Morazan pour l'engager à revenir immédiatement. En même temps, on envoya à Antigua des députés chargés d'expliquer aux citoyens de cette ville le motif de la rupture de la convention; les envoyés perdirent leur temps et leurs paroles : la nuit suivante, la cloche d'alarme annonça aux habitants de Guatemala l'approche d'un corps de huit cents hommes qui venait attaquer la place.

A cinq heures et demie, Galvez réunit les troupes du gouvernement, et, accompagné du colonel Prem, marche à la rencontre des insurgés; mais, avant qu'il eût franchi les portes de la ville, il voit ses propres soldats se tourner contre lui. « Vive le général Mérino, criait-on autour de lui, et meure le chef de l'État qui nous a vendus! feu sur le traître! » A peine ce cri séditieux avait-il retenti aux oreilles de Galvez, que l'état-major essuya une décharge générale de l'infanterie. Une balle traversa le chapeau du colonel Prem; Galvez fut jeté à bas de son cheval; mais il put s'échapper, et alla se réfugier derrière l'autel de l'église de la Concepcion. Yañez, commandant de la cavalerie, dispersa bientôt les rebelles, en laissant une quinzaine de morts sur le pavé. Quant à Mérino, à la tête d'environ cent vingt hommes, il s'empara de la pièce d'artillerie qui accompagnait le bataillon, et vint se poster sur la place de Guadalupe. La nuit se passa en alarmes continuelles; le lendemain, le sergent Mérino fut pris, jeté en prison et fusillé.

Le dimanche matin, le bruit du tocsin se fit encore entendre; les insurgés d'Antigua étaient aux portes de la ville, et tout annonçait une prochaine collision. Après d'inutiles pourparlers entre les rebelles et les soldats de la garnison, le commandant Yañez attaqua les gens de l'Antigua, et les repoussa avec perte. Mais le mercredi, Carrera se joignit aux mécontents. Pendant plusieurs jours, il avait envoyé des émissaires dans les villages voisins, et les Indiens, séduits par la perspective du pillage, s'étaient rangés avec empressement sous sa bannière réprouvée. Le jeudi matin, le chef de ces bandits se présenta aux portes de la capitale à la tête d'une multitude de sauvages à demi nus, de femmes et d'enfants, le tout estimé à plus de dix mille individus. Les Antiguanos regrettèrent alors leur imprudente levée de boucliers, car ils comprirent qu'elle ne profiterait qu'aux ennemis de la cause libérale. Carrera exigeait la destitution de Galvez, l'évacuation de la place par les troupes fédérales, et sa libre entrée dans la ville. Si les citoyens s'étaient spontanément levés pour repousser l'ennemi, nul doute qu'ils n'eussent dispersé ce rassemblement de malheureux sans discipline et presque sans armes. Mais la terreur glaça leur courage, et Carrera obtint tout ce qu'il désirait.

Les assiégeants entrèrent alors dans la ville. Aucune description ne peut donner une idée de la scène à la fois bizarre et effrayante que présenta la ville de Guatemala. Une masse énorme de barbares fit irruption dans les rues et sur les places publiques ; leurs coiffures, surmontées de rameaux verdoyants, offraient de loin l'aspect d'une forêt mouvante ; ils étaient armés de fusils rouillés, de vieux pistolets, de mauvaises arquebuses, dont quelques-unes dépourvues de platines, de bâtons taillés en forme de mousquet et garnis de batteries en plomb ; de massues, de *machetes*, de couteaux fixés au bout de longues perches. Au milieu de cette multitude, on apercevait deux ou trois mille femmes munies de sacs et de paniers destinés à emporter le butin espéré. Un grand nombre de ces malheureux, qui jusque-là n'avaient jamais quitté leur village, restaient stupéfaits à la vue des églises et des autres édifices de la capitale. Quant à Carrera, leur digne chef, on le distinguait sur un cheval de haute encolure, coiffé d'un chapeau couvert de branchages, et vêtu de morceaux d'étoffe de coton dégoûtants de saleté, et grotesquement bigarrés de portraits de saints. Auprès de lui s'avançait le traître Barundia, le chef de l'opposition, le Catilina de cette révolte fatale. Cette foule furieuse envahit bientôt la place en criant : « Vive la religion, mort aux étrangers ! » Au coucher du soleil, la ville retentit d'un chant formidable qui répandit la terreur parmi les habitants. C'était une hymne à la Vierge entonnée par dix mille poitrines vigoureuses. Carrera entra dans la cathédrale ; les Indiens, muets d'étonnement à l'aspect de la magnificence du temple divin, se pressèrent autour de lui, et suspendirent le long de l'autel les grossières images de leurs saints. Monreal, un des plus infâmes acolytes de Carrera, pénétra dans la maison du colonel Prem, s'empara d'un uniforme couvert de riches broderies en or, et s'empressa de l'offrir son patron. Carrera s'en revêtit aussitôt, tout en gardant sur sa tête son chapeau de paille, orné de feuillages, et ne se doutant pas qu'il offrait en ce moment la caricature la plus burlesque qu'on puisse imaginer. On raconte que quelqu'un lui présenta une montre, et que l'honorable chef de bandits ne sut pas s'en servir. Depuis l'invasion de Rome par les Vandales, aucune ville civilisée ne fut visitée par une telle multitude de barbares.

Comme il arrive presque toujours en pareille circonstance, le vainqueur, quelque abject et ignoble qu'il fût, trouva des complimenteurs officiels dans la ville soumise à son bon plaisir. Les autorités vinrent déposer leurs hommages à ses pieds, et lui demander ses conditions. Outre la destitution de Galvez, il exigea tout l'argent et toutes les armes que le gouvernement pourrait se procurer. Les officiers municipaux se retirèrent pour délibérer.

Cependant l'alarme était au comble dans la capitale. Les habitants, s'attendant à toute minute à voir donner le signal du massacre et du pillage, s'étaient barricadés dans leurs maisons, qui, construites en pierres et garnies de portes épaisses, pouvaient résister aux premières tentatives des assaillants. Néanmoins, des atrocités révoltantes furent commises sur plusieurs points de la ville, triste prélude des malheurs dont les vaincus se sentaient menacés. Le vice-président de la république fut égorgé ; le député Florès vit sa demeure saccagée, sa vieille mère foulée aux pieds des sauvages et tuée à coups de crosse, une de ses filles dangereusement blessée au bras par un double coup de feu. Les plus riches négociants étrangers furent attaqués à plusieurs reprises dans leur domicile ; mais, grâce aux grillages en fer qui protégeaient leurs fenêtres et à l'épaisseur des portes donnant sur la rue, ils en furent quittes pour la peur.

Les prêtres seuls pouvaient modérer les élans furieux de ces hommes altérés de sang et avides de pillage. Ils parcouraient les rues tenant le crucifix élevé, et suppliant les Indiens, au nom de la Vierge et des saints, d'épargner la vie des habitants et leurs propriétés. Parmi les étrangers, un seul osa faire tête à l'orage : c'était M. Charles Savage, consul des États-Unis; on vit ce courageux vieillard s'élancer, au milieu d'une grêle de balles, dans les rangs pressés de ces misérables, au moment où ils livraient assaut à la maison d'un négociant, braver les baïonnettes et les poignards, traiter les Indiens de voleurs et de meurtriers, leur imposer par son audace et les disperser par l'effet magique de sa parole. Il ne s'en tint pas à cet acte d'intrépidité : pendant plusieurs heures, il parcourut les groupes les plus menaçants, et partout l'éloquence de ses discours, aussi bien que sa hardiesse, l'emporta sur la cupidité et les appétits sanguinaires des farouches compagnons de Carrera.

Les autorités de Guatemala acquiescèrent à toutes les exigences de Carrera; la peur siégeait à leurs côtés et dicta leur décision. On accorda à cet homme le brevet de colonel, un millier de fusils, et onze mille dollars en argent, dont dix mille pour ses subordonnés et mille pour lui. Certes, la rançon n'était pas considérable, vu la grandeur du danger que couraient les habitants; mais onze mille dollars étaient une somme énorme pour un homme tel que Carrera, et pour des malheureux tels que les bandits qu'il traînait à sa suite. Quant à l'abandon des mille armes à feu, et à la concession du brevet de colonel, on ne peut s'expliquer ces deux actes de folie qu'en les attribuant à un sentiment de terreur poussé jusqu'au délire.

Dans l'après-midi du troisième jour, l'argent fut compté, les fusils délivrés, et Carrera investi du commandement de la province de Mita, district voisin de Guatemala. A la nouvelle du prochain départ du héros de grands chemins, les habitants se livrèrent à une joie immodérée; toutefois, la crainte du pillage ne les quitta point jusqu'à ce que le dernier Indien eût franchi les portes de la ville.

La délivrance de la capitale n'amena point, comme on aurait pu l'espérer, le rapprochement des partis politiques. Valenzuela fut nommé président; la chambre des représentants reprit sa session interrompue; Barundia, chef de la nouvelle coterie ministérielle, proposa d'abolir tous les décrets émanés de l'ex-gouverneur Galvez; on manquait d'argent, et, comme d'habitude, on eut recours à l'imprudent système des emprunts forcés et des contributions de guerre, ce qui exaspéra les riches.

Au milieu de la confusion et du malaise qui régnaient dans la capitale, on apprit que le département de Quezaltenango s'était déclaré indépendant. Presqu'en même temps, le gouvernement reçut de Carrera une lettre dans laquelle le nouveau colonel menaçait d'aller punir les habitants de Guatemala des propos impertinents qu'ils se permettaient sur son compte. De nouvelles menaces, adressées aux autorités de Guatemala, renouvelèrent les terreurs des habitants, qui se répandirent en foule dans les campagnes, cherchant un refuge contre les agressions de leur farouche ennemi. Carrera s'apercevant de l'effet de ses messages, se fit un jeu cruel de réveiller périodiquement les appréhensions des citoyens de la capitale. Il entretenait avec le gouvernement central une correspondance aussi étrange qu'insolente; c'était tantôt une demande de canons, tantôt un ordre brutalement formulé; un jour il exigeait le licenciement des troupes; un autre jour il annonçait solennellement aux magistrats suprêmes le bonheur singulier qu'il avait eu d'échapper à l'assassinat. En effet, son acolyte Monréal, à qui les fumées de l'ambition avaient troublé le cerveau, se saisit de la personne de son patron, le fit lier à un arbre, et était au moment de le faire fusiller, lorsque le frère de Carrera parut et tua Monréal d'un coup de baïonnette. L'audace et l'outrecuidance du colonel n'avaient fait que s'accroître après cet événement, et tout annonçait qu'il allait enfin mettre à exécution ses menaces contre Guatemala.

Sur ces entrefaites, le général Morazan, président de la république, arriva de San-Salvador, à la tête de cinq cents hommes. Après des pourparlers, dans lesquels l'esprit de faction se manifesta de la manière la plus déplorable, ce général fut investi de pleins pouvoirs pour rendre à la province et à la capitale la sécurité à laquelle aspiraient les bons citoyens. Morazan, voulant éviter l'effusion du sang, chargea le chanoine Castillo et le traître Barundia d'aller négocier avec les soldats de Carrera la remise de leurs armes, les autorisant à offrir jusqu'à quinze dollars pour chaque fusil rendu. Les commissaires trouvèrent Carrera dans une de ses retraites favorites, au milieu des montagnes de Matasquintla, vivant, comme les hordes d'Indiens qui l'entouraient, de galettes de maïs. Barundia avait été accueilli dans le camp de Morazan par les murmures des soldats; son pauvre cheval, partageant la responsabilité de sa faute, était resté pendant trente-six heures sans nourriture; un autre châtiment de sa trahison l'attendait chez son ancien allié. Carrera refusa de se rencontrer avec lui dans un lieu couvert, disant qu'il ne pourrait s'empêcher de le tuer, et que cependant il ne voulait pas plonger sa lance, précieuse offrande d'un ecclésiastique, dans la poitrine d'un Barundia. L'entrevue eut donc lieu en plein air, et sur le sommet d'une montagne. Carrera déclara qu'il ne déposerait les armes qu'après que toutes ses demandes auraient reçu satisfaction; il exigea que la capitation à laquelle les Indiens étaient soumis fût réduite des deux tiers; quant aux étrangers, contre lesquels il avait manifesté une haine si furieuse, il se borna à stipuler que ceux-là seulement qui n'étaient pas mariés dans le pays seraient expulsés. Dans le cours de la discussion, le chanoine Castillo ayant cherché à justifier le gouvernement de l'accusation d'empoisonnement sur les Indiens, Carrera l'interrompit brusquement en affirmant, avec son audace ordinaire, que le gouvernement lui avait offert à lui-même vingt dollars pour chaque Indien qu'il empoisonnerait. L'entrevue n'alla pas plus loin, et tout espoir d'accommodement fut dès lors perdu.

Le général Morazan marcha aussitôt sur Matasquintla; mais il apprit en route que les bandes de Carrera avaient quitté leurs montagnes, et s'étaient transportées dans une autre localité, où elles mettaient tout à feu et à sang. Il se dirigea vers l'endroit indiqué; mais, avant que ses troupes pussent atteindre ces brigands, les Indiens avaient déjà regagné leurs montagnes, où, après avoir caché leurs armes, ils se livraient hypocritement aux paisibles travaux de l'agriculture. On apprit que dans cette nouvelle excursion de Carrera, plusieurs sujets anglais, établis à Salama, avaient été particulièrement maltraités par ses troupes.

Dans ces tristes conjonctures, Morazan devint, malgré l'animosité des partis, le seul protecteur vers lequel les hommes de toutes les opinions tournassent leurs regards. Sur l'invitation pressante d'une commission nommée tout exprès, il se décida à reparaître dans Guatemala. Il y fit son entrée, à la tête de deux cents hommes, au bruit des cloches, du canon, et des acclamations du peuple. A peine installé à son poste de président, il fut assailli par les exigences contradictoires des factions. La position était des plus difficiles; mais le général se montra à la hauteur de son rôle, et se conduisit, au milieu de ce conflit d'opinions, avec une droiture et un respect de la légalité qui lui concilièrent l'estime générale. Les centralistes firent des efforts désespérés pour l'attirer à leur parti, mais il refusa constamment les offres perfides et les services hypocrites de ces hommes qu'il avait toujours rencontrés, jusque-là, dans les rangs de ses plus fougueux ennemis.

Cependant, Carrera gagnait du terrain. Il avait mis en déroute plusieurs détachements de troupes fédérales, augmenté son matériel de guerre, et adjoint au noyau primitif de sa petite armée des renforts qui le rendaient plus puissant que jamais. Enfin, on reconnut la nécessité de s'unir pour anéantir ce bandit. L'assemblée des représentants décréta à l'unanimité : 1° que le siége du gouvernement serait transféré à l'Antigua; 2° que le président, en personne ou par délégué, gouvernerait le district, conformément à l'article 176 de la constitution.

Au milieu de cette agitation et de ces alarmes toujours renaissantes, les habitants de Guatemala retrouvèrent assez de sang-froid pour donner un bal des plus brillants au chef de l'État. On raconte que Galvez, dont la vie avait été si sérieusement exposée lors du triomphe de Carrera, dansa toute la nuit, sans avoir l'air de songer le moins du monde aux affaires politiques. Les guerres civiles offrent souvent de ces contrastes, qu'on s'expliquerait difficilement si l'on ne savait pas que les peuples les plus sérieux sont sujets, comme les individus, à des élans de folle gaieté au milieu des circonstances les plus graves.

La petite armée de Morazan continuait à poursuivre activement les bandes de Carrera. Elle les dispersait à chaque rencontre, mais ne pouvait parvenir à s'emparer de leur chef. Ces succès ne satisfaisaient point les habitants de Guatemala, qui, livrés de nouveau aux inspirations de l'esprit de parti, et oubliant les services que leur avait rendus Morazan, l'accusaient, dans des écrits incendiaires, de tenir la ville sous le despotisme des baïonnettes, et d'épuiser le pays pour entretenir des troupes oisives. Toutefois, le général Morazan, faisant peu de cas de ces imputations, et considérant que la capitale était, pour le moment, à l'abri de tout danger extérieur, retourna à San-Salvador, laissant le commandement de la ville à Carlos Salazar, et celui de l'armée à Carvallo. Ce dernier débuta par une proclamation qui offrait une récompense de quinze cents dollars à tout citoyen qui lui amènerait Carrera mort ou vif. Mais, tandis qu'à Guatemala on mettait sa tête à prix, Carrera surprenait, l'un après l'autre, les détachements de troupes fédérales, attaquait Amatitan, s'emparait de l'Antigua, et, après avoir dépouillé cette ville de ses armes et de ses munitions, marchait de nouveau contre la capitale, proclamant à la ronde l'intention où il était de raser toutes les maisons jusqu'au sol, et de tuer tous les habitants de race blanche.

La consternation qui se répandit alors dans la ville ne peut se décrire. On supplia Morazan de revenir en toute hâte; il répondit qu'il allait accourir, mais que la capitale devait se défendre d'abord elle-même et tenir pendant quelques jours. Le danger était trop imminent pour qu'on pût rester sur la défensive. Salazar, à la tête de ces mêmes troupes fédérales dont les services avaient été déclarés inutiles, se mit en marche à deux heures du matin, et, favorisé par un brouillard épais, surprit l'ennemi à Villa-Nueva, lui tua quatre cent cinquante hommes, et le mit en déroute. Carrera lui-même fut grièvement blessé à la cuisse.

Morazan entra dans Guatemala le lendemain de cette victoire. La frayeur du péril et la joie du triomphe avaient opéré une vive réaction en sa faveur. Il était redevenu, aux yeux de tous les partis, l'unique sauveur de la chose publique. D'une commune voix, on lui décerna la dictature.

A ce moment, Guzman, général de Quezaltenango, arriva à la tête de sept cents hommes, et Morazan put dès lors prendre ses dispositions pour cerner et écraser les hordes de bandits qui désolaient encore la province. Même tentative que précédemment, même résultat. Carrera était toujours battu, mais parvenait toujours à s'échapper; ses compagnons étaient dispersés, ses meilleurs soldats pris ou tués, mais lui trouvait toujours moyen de se soustraire aux poursuites de l'ennemi; réfugié sur le sommet d'une montagne, dont la base était entourée d'un cordon de soldats, il se considérait comme insaisissable, et bravait en sécurité les attaques des troupes fédérales. Cependant, dans l'espace de trois mois, chassé de ville en ville, poursuivi de toute part, sans asile et sans espoir, il consentit à conclure avec Guzman un traité par lequel il s'engageait à livrer mille fusils et à disperser le reste de ses bandes. Mais, poussant jusqu'au bout les habitudes du sauvage, il n'exécuta qu'une partie du traité. Guzman était, dit-on, de connivence avec lui, ne se doutant pas du sort cruel qui lui était réservé entre les mains de Carrera.

La réaction qui avait porté Morazan à la dictature fut de courte durée, car à peine le président eut-il quitté Guatemala pour retourner à San-Salvador, qu'on s'empressa de l'accuser encore d'intentions despotiques envers ses concitoyens; vaines clameurs qui n'inspiraient au général qu'un sentiment de pitié.

Un événement grave vint compliquer subitement la situation des affaires : l'influence pernicieuse des écrits du marquis d'Aycinena, admirateur hypocrite des institutions des États-Unis, décida les États de Honduras et de Costa-Rica à se déclarer indépendants du gouvernement général. Profitant de ce nouvel embarras, Carrera, dans le mois de mars 1839, se disposa à faire une nouvelle tentative contre Guatemala. Le 20 avril, ses hordes indisciplinées étaient aux portes de la ville. La situation était effrayante : Morazan était loin, l'anarchie régnait dans les régions du pouvoir; les citoyens riches avaient pris la fuite en emportant leurs richesses, les autres s'enfermèrent dans leurs maisons et s'y barricadèrent. La ville était à la merci des Indiens; Carrera y entra à deux heures du matin à la tête de quinze cents hommes. Salazar, commandant de la place, avait abandonné son poste; les brigands avaient donc leurs coudées franches. Pour être juste, il faut dire que le vainqueur fit tout son possible pour maintenir la tranquillité dans la ville, et que, reconnaissant son incapacité, il confia le soin du gouvernement à des gens qui valaient mieux que lui sous le rapport de l'intelligence.

La restauration du parti centraliste fut complète : abolition des lois décrétées par les libéraux, nomination d'une chambre législative dévouée aux opinions aristocratiques, rétablissement de la législation espagnole, des anciennes cours de justice, et des vieilles dénominations officielles, tout concourut à donner à cette révolution soudaine un caractère sérieux et durable. Quant à Carrera, ne pouvant rester inactif, il marcha sur San-Salvador, dans le but ostensible d'attaquer Morazan. Cette démonstration, loin d'être accueillie avec joie par les centralistes, leur inspira de légitimes appréhensions. En effet, si Carrera était battu, Morazan viendrait immédiatement les punir de leur trahison. Si, au contraire, le nouveau dictateur réussissait dans son entreprise, il était probable que les barbares qui lui obéissaient, exaltés par la victoire, ne voudraient plus reconnaître aucun frein ni aucune autorité. Une circonstance fortuite montra à quel point Carrera était redouté. Sa mère, vieille femme connue pour avoir exercé le métier de revendeuse, vint à mourir. Il était autrefois d'usage, parmi les hautes classes, d'enterrer les morts dans les églises; mais à l'époque du choléra, cette coutume fut abolie, et l'on établit hors de la ville un cimetière dans lequel les familles opulentes possédaient des caveaux particuliers. Carrera déclara que son bon plaisir était que sa mère fût enterrée dans la cathédrale. Que fit le gouvernement? il se chargea lui-même du soin des funérailles, et fit distribuer une immense quantité de billets d'invitation; le convoi fut très-nombreux, et les habitants les plus recommandables accompagnèrent l'ex-revendeuse jusqu'à sa dernière demeure. De semblables démonstrations de dévouement étaient de nature à humaniser le terrible chef des Indiens; mais Carrera n'était pas toujours d'humeur à se laisser faire la cour. Il était sujet à des accès de colère pendant lesquels il ne se possédait plus; on dit même qu'il avait recommandé aux membres du gouvernement de ne pas le contrarier dans ses moments de fureur, et de laisser un libre cours à ses violences. Du reste, pour donner une idée exacte du caractère et du physique de cet homme, nous croyons ne pouvoir mieux faire que de traduire le récit d'une entrevue accordée en 1839 par Carrera à M. Stephens, envoyé officiel du gouvernement des États-Unis. M. Stephens raconte ainsi cette entrevue :

« Quand j'entrai dans l'appartement, Carrera était assis devant une table et s'occupait à compter des pièces de monnaie. Le colonel Monterosa, métis de couleur foncée, était placé auprès de lui et se faisait remarquer par son brillant uniforme. D'autres personnes se trouvaient aussi dans la salle. Carrera a cinq pieds six pouces anglais de haut, les cheveux courts et noirs, le teint et l'expression de physionomie d'un Indien, le menton sans barbe, et un air de jeunesse qui ne lui ferait pas donner plus de vingt et un ans. Il portait une veste ronde de couleur noire, et un pantalon. En m'apercevant, il se leva, poussa les pièces de monnaie au bout de la table, et, sans doute par respect pour mon habit diplomatique, m'accueillit avec courtoisie. Il daigna même m'offrir un siège à ses côtés. Mes premières paroles exprimèrent la surprise que j'éprouvais en le voyant si jeune; il répondit qu'il n'avait que vingt-trois ans; à coup sûr, il n'en avait pas plus de vingt-cinq. Puis, comme s'il se croyait un homme extraordinaire, et comme si je le connaissais déjà, il me dit, sans attendre la moindre question à cet égard, qu'il avait commencé avec treize hommes, armés de vieux fusils dont ils étaient obligés d'enflammer l'amorce avec des cigares; il m'apprit, avec un orgueil visible, qu'il portait les cicatrices de huit blessures, et qu'il avait encore trois balles dans le corps. On n'aurait certes pas reconnu en lui l'homme qui, moins de deux ans auparavant, était entré dans Guatemala à la tête d'une horde de sauvages, et proférant des menaces de mort contre les étrangers. Son opinion sur les hommes des autres pays s'était surtout modifiée; exemple frappant de ce que peut, contre les préjugés de race ou les antipathies de personnes, la fréquentation des gens qui en sont l'objet. Il avait vu et apprécié par lui-même plusieurs étrangers; l'un d'eux, médecin anglais, avait eu le bonheur d'extraire une balle de sa poitrine; ses rapports avec eux lui avaient laissé une impression si favorable, que ses sentiments à leur égard étaient complétement changés. Il disait qu'ils étaient les seuls qui ne l'eussent jamais trompé. Entre autres choses encore plus extraordinaires, au milieu de sa vie si agitée, il avait appris à écrire son nom, et mis sa griffe de côté. Je lui dis qu'il avait une longue carrière devant lui, et qu'il pouvait faire beaucoup de bien à son pays. Aussitôt il mit la main sur son cœur, et s'écria avec véhémence qu'il était résolu à sacrifier ses jours, s'il le fallait, pour sa patrie. Malgré ses fautes et ses crimes, personne ne l'accuse de duplicité, ni de dire ce qu'il ne pense pas. J'ajoute que Carrera se croit un bon et sincère patriote. Considérant qu'il était destiné à exercer une influence sans limites sur les affaires de l'Amérique centrale, et espérant que la perspective d'une réputation honorable pourrait modifier son caractère, je lui dis que son nom avait déjà retenti dans mon pays, et que j'avais lu dans les journaux un récit de sa dernière entrée dans Guatemala, avec force louanges sur sa modération et les efforts qu'il avait faits pour prévenir d'inutiles atrocités. Il répondit qu'il était charmé que son nom fût connu à l'étranger; que, du reste, il n'était ni un voleur ni un meurtrier, comme l'affirmaient ses ennemis. Il me parut intelligent et susceptible d'amélioration morale; je lui conseillai de voyager et de visiter de préférence mon pays. Je m'aperçus qu'il avait une idée très-vague de la situation géographique des États-Unis; il ne les connaissait que sous le nom général de *El-Norte* (le Nord); il s'informa de la distance et des moyens de communication, disant qu'une fois la guerre terminée, il tâcherait de faire une visite à *El-Norte*. Je remarquai, toutefois, que ses deux idées fixes étaient la guerre et sa haine contre Morazan; au fait, il ne connaissait pas autre chose. Il avait des manières et un langage enfantins, mais empreints de gravité; il ne souriait jamais, et ne faisait point parade de sa puissance, bien qu'il parlât toujours à la première personne, et qu'il se complût à dire ce qu'il avait fait et ce qu'il comptait faire. Un de ses familiers, pour lui faire sa cour, chercha un papier portant sa signature, afin de me montrer un spécimen de son écriture; mais il ne put parvenir à le trouver. En somme, mon entrevue avec Carrera fut plus intéressante que je ne l'avais espéré; je ne pus me défendre d'une certaine émotion mêlée d'un sentiment quelque peu charitable en présence de cet homme si jeune, d'origine si humble, ayant peut-être de bons instincts, mais ignorant, fanatique, sanguinaire, esclave de ses passions, et néanmoins devenu la personnification de la force matérielle de son pays. En le quittant, il m'accompagna jusqu'à la porte, et, en présence de ses ignobles soldats, m'offrit cordialement ses services. A cette époque, ainsi que je l'appris plus tard, il se plaisait à répéter qu'il n'était qu'un simple brigadier général soumis aux ordres du gouvernement. Il ne touchait aucun traitement fixe pour son entretien ni pour celui de ses troupes; il n'aimait pas à tenir des comptes, et demandait de l'argent quand il en avait besoin. Avec ce système, il n'exigea pas plus en huit mois de temps que Morazan en deux mois. En réalité, il n'avait pas besoin d'argent pour lui-même, et quant aux Indiens, il les payait fort peu, par politique, ce qui faisait le meilleur effet parmi l'aristocratie, sur qui retombait tout le fardeau des contributions. On apprendra peut-être avec satisfaction que ce chef redoutable subit une domination à laquelle les hommes débonnaires se plient volontiers; sa femme l'accompagne à cheval dans toutes ses expéditions, et exerce sur lui une grande influence; j'ai ouï dire que le chef de l'État se préoccupe sérieusement de ses querelles de ménage. »

Il s'en fallait de beaucoup que la contre-révolution, opérée au profit des idées rétrogrades, eût rendu la tranquillité à la malheureuse province de Guatemala. Les plaies que lui avait faites la guerre civile étaient encore saignantes, quand le nouveau dictateur reparut sur les champs de bataille. Le lecteur se rappelle le traité conclu entre Carrera et Guzman, général de l'État de Los Altos, traité par lequel le chef des Indiens s'était engagé à rendre un certain nombre de fusils. Depuis cette époque, les habitants de Guatemala s'étaient voués corps et âme à la cause de Carrera; comme la défiance qui avait longtems existé contre lui s'était complétement dissipée, ils demandèrent qu'on lui restituât les armes qu'il avait livrées à Guzman. Le gouvernement de Los Altos refusa. Cette province était alors le foyer des doctrines libérales, et Quezaltenango, sa capitale, était l'asile des patriotes bannis de Guatemala. Craignant ou feignant de craindre une agression de la part des libéraux, et mettant en avant le commode prétexte de la restitution des fusils, Carrera marcha contre Quezaltenango avec douze cents hommes. Les Indiens, croyant qu'il venait exterminer les blancs, lui prêtèrent assistance. Les troupes de Guzman abandonnèrent leur chef, qui fut fait prisonnier de la propre main de Carrera, au moment où, malade et embarrassé dans les plis d'un manteau, il cherchait à traverser à cheval un profond ravin. Le vainqueur s'empressa d'envoyer à Guatemala l'uniforme de Guzman comme un témoignage matériel de sa prouesse. Puis, s'acheminant sur la capitale, il destitua le chef de la province, changea la garnison, et annexa l'État de Los Altos à la confédération. Carrera fut reçu triomphalement à Guatemala; il y rentra au bruit du canon et de la musique, sous une voûte de feuillages, ornée de drapeaux, au milieu d'acclamations enthousiastes. L'infortuné Guzman, l'ancien gouverneur de province, l'ancien ministre;

le général victorieux qui, un an auparavant, était accouru aux cris de détresse de ces mêmes habitants pour les soustraire aux fureurs de ce même Carrera, marchait captif derrière son vainqueur, les pieds liés sous sa mule, le visage si meurtri, si lacéré par les coups de pierres et de massue, que ses anciens amis eux-mêmes avaient peine à le reconnaître. Le malheureux, au milieu des événements dont nous allons parler, recouvra sa liberté; mais il avait subi de si cruels traitements, il avait éprouvé une si horrible agonie morale, qu'il était complétement fou quand il sortit de prison.

A partir de la victoire de Carrera sur Guzman, la capitale ne jouit que d'une tranquillité fiévreuse, par suite des craintes qu'inspiraient les intentions de Morazan. Le 14 mars, on apprit que ce chef libéral avait traversé le Rio Paz, et s'avançait contre Guatemala. En effet, le 18, Morazan, profitant de l'absence de Carrera, qui était allé à sa rencontre, entra brusquement dans la ville. Mais ce fut un succès passager : Carrera revint sur ses pas, et alors un combat des plus sanglants eut lieu dans les rues et sur les hauteurs voisines. Les deux chefs se rencontrèrent dans la mêlée, et Carrera se plaisait, quelques jours après, à raconter à M. Stephens, qu'après avoir essuyé le feu du pistolet de Morazan, il avait coupé en deux, d'un coup de sabre, le pommeau de la selle de son adversaire. La victoire resta aux centralistes. Morazan, après avoir perdu ses meilleurs officiers, quatre cents soldats et tous ses bagages, fut réduit à prendre la fuite, poursuivi, l'épée dans les reins, par les troupes de Carrera. Des flots de sang inondèrent les places publiques et les rues de Guatemala, et le carnage ne cessa que lorsqu'on s'aperçut que la poudre manquait. Mais alors commença le massacre des prisonniers; une foule de malheureux furent saisis dans les asiles où ils s'étaient réfugiés, et immédiatement égorgés. Le colonel Arias, qui était resté sur le pavé, grièvement blessé à l'œil, fut tué à coups de baïonnette. Pérez subit le même sort. Marescal, qui s'était caché dans la cathédrale, en fut arraché, et expira sous le couteau de ses ennemis. Padilla, trouvé parmi les blessés, au moment où il suppliait un centraliste, qu'il connaissait, de le sauver, fut achevé à coups de sabre. Les fugitifs étaient amenés sur la grande place deux par deux, trois par trois, et même dix par dix. Carrera désignait les victimes; et les prisonniers qu'il avait dévoués à la mort par un seul signe de son doigt étaient exécutés sur-le-champ à quelques pas de lui. Le major José Viera fut enlevé des bras de ses amis, qui l'avaient accueilli dans leur maison, et conduit au supplice par ordre du sanguinaire dictateur. Au milieu de cette effroyable boucherie, on vit un humble prêtre exposer ses jours pour sauver les captifs qui n'avaient pas encore été immolés. « Ils sont chrétiens comme nous, » s'écria-t-il en se précipitant aux genoux de Carrera, et ses prières arrachèrent au farouche vainqueur un pardon qu'au fond du cœur il regrettait peut-être.

Carrera s'acharna à la poursuite de Morazan. Apprenant que les habitants de Quezaltenango s'étaient insurgés en faveur de son ennemi, il se détourna de son chemin, se rendit en toute hâte dans cette ville, et, pour la punir de son dévouement à la cause libérale, fit mettre à mort, sans aucune forme de procès, dix-huit de ses officiers municipaux.

Pendant que ceci se passait, un corps d'armée centraliste, sous les ordres du général Figoroa, prenait possession, sans coup férir, de la ville de San-Salvador. Mais Morazan, de retour avec quelques centaines d'hommes de sa désastreuse entreprise, parvint facilement à expulser de la place les centralistes triomphants. Ce fut là le dernier exploit de ce général. Abandonné de la plupart de ses soldats, il se rendit, avec quelques hommes qui lui étaient restés fidèles, à la ville de Zonzonate, dont la population, jadis dévouée à sa fortune quand il était

20.

au pouvoir, l'accueillit avec les témoignages les plus cruels de haine et de mépris. Comprenant que le moment n'était pas venu de relever le drapeau du libéralisme, le cœur navré du spectacle lamentable qu'offrait alors sa patrie, il s'embarqua sur un petit vaisseau qui se trouvait dans le port, et fit voile pour le Chili, où se terminera sans doute, dans l'obscurité de la vie privée, sa carrière politique et militaire.

Au milieu des injustices et des exagérations de l'esprit de parti, il est difficile de formuler un jugement sur Morazan. Toutefois, il est à remarquer que les deux seules accusations sur lesquelles ses ennemis insistent, sont celles d'avoir été hostile au clergé et d'avoir écrasé le peuple d'impôts. Nous ne prendrons point la peine de le justifier sur le premier point : l'esprit et les sentiments du corps ecclésiastique, tel qu'il a été légué par l'Espagne à la jeune Amérique, sont trop connus en Europe pour que nous ayons besoin de faire l'apologie d'un de ses ennemis les plus honorables. Quant aux exactions qu'on reproche à Morazan, il est juste d'observer qu'en rançonnant les classes opulentes de son pays, il ne fit qu'obéir aux nécessités de la guerre. Ses plus impitoyables détracteurs reconnaissent qu'il était doux, humain, et irréprochable dans sa conduite privée. Ajoutons que personne ne lui refuse la capacité et l'intelligence des affaires. Déchu de sa grandeur et proscrit, probablement pour toujours, son nom et sa mémoire sont maudits par ceux-là même qui avaient salué l'astre naissant de sa fortune. Mais il n'est que trop vrai que l'Amérique centrale a perdu, par la retraite de Morazan, l'homme le plus capable de la tirer de l'ornière sanglante où elle se débat depuis le jour de son indépendance.

Le lecteur comprendra que nous n'avons pas voulu faire figurer dans notre récit une foule d'épisodes fort peu importants par leurs résultats, et qui n'auraient eu aucun intérêt pour le public français. Nous avons même omis, à dessein, le nom de Ferrera, cet autre ambitieux qui, tout-puissant dans l'État de Honduras, a obstinément disputé le pouvoir à Carrera et à Morazan. Nous n'avons tenu note que des faits les plus considérables et les plus propres à faire comprendre les phases des deux partis dominants dans l'Amérique centrale. Nous aimons à croire qu'on nous saura gré de ne pas nous être égaré dans le dédale des mille circonstances microscopiques dont fourmillent ces déplorables guerres civiles.

Nous ne pousserons pas plus loin ce tableau. Aussi bien, nous croyons savoir que rien de décisif n'est survenu dans le Guatemala pendant ces derniers mois. D'ailleurs les tristes personnages qui s'agitent dans ces contrées, dignes d'un sort meilleur, sont trop médiocrement intéressants pour que l'historien leur consacre un espace et des instants qu'il peut facilement mieux employer.

Nous allons maintenant nous occuper du Chiapas et du Yucatan. Nous avons réservé pour la fin de notre travail la description de ces deux provinces qui, par le nombre et le caractère des ruines qu'elles renferment, offrent un intérêt tout particulier, et méritaient d'être traitées séparément.

CHIAPAS. — DESCRIPTION DES RUINES DE PALENQUÉ.

Nous nous abstiendrons ici de tous détails géographiques. Ce qui dans la province de Chiapas doit attirer particulièrement l'attention, ce sont les ruines qu'on y rencontre. Aussi nous bornerons-nous à une description purement archéologique. Nous entrerons même en matière sans préambule, ce que nous aurions à dire sur la localité où est située Palenqué n'étant pas de nature à offrir grand intérêt à nos lecteurs.

A l'est du Chiapas et près de la frontière du Yucatan, au milieu d'une forêt sombre et silencieuse, le voyageur arrive à une ville en ruine dont la véritable dénomination est inconnue, et qu'on appelle provisoirement *Palenqué*, par suite du voisinage d'une petite bourgade de ce nom.

Le monument le plus grandiose et le plus frappant, à Palenqué, est celui que les explorateurs nomment le *Palais*. On l'aperçoit de loin à travers les arbres de la forêt, et son aspect pénètre l'étranger d'un sentiment de surprise, mêlé d'admiration et de curiosité. Il est assis sur une élévation de forme oblongue, ayant quarante pieds anglais (*) de la base au sommet, trois cent dix pieds par devant et par derrière, et deux cent soixante de chaque côté. Cette espèce de pyramide était autrefois revêtue de pierres ; mais la végétation a détruit cette enveloppe solide et en a dispersé les matériaux, qui gisent çà et là dans une confusion inexprimable.

La façade regarde le levant. L'édifice a deux cent vingt-huit pieds de long sur cent quatre-vingts de profondeur. Sa hauteur n'excède pas vingt-cinq pieds. Tout autour règne une large corniche en pierre. On compte sur la façade quatorze ouvertures de portes, larges chacune d'environ neuf pieds. Les piliers intermédiaires ont de six à sept pieds de largeur. A gauche, huit de ces piliers n'existent plus ; il en est de même de la corniche à droite ; leurs débris jonchent la terrasse dans une assez grande étendue. Mais six pilastres sont encore entiers, et ont pu être dessinés par les voyageurs.

Le monument est en pierre, et il a été bâti avec de la chaux et du sable. La façade est entièrement revêtue de stuc, et elle était autrefois peinte de couleurs éclatantes. Les piliers sont ornés de bas-reliefs représentant des personnages diversement groupés. L'un d'eux nous montre une divinité ou un souverain debout et de profil, avec un angle facial d'environ quarante-cinq degrés. Le front semble avoir été artificiellement déprimé et allongé en arrière, sans doute par le

(*) Toutes les mesures désignées dans ce travail sur Palenqué et Uxmal sont des mesures anglaises.

même procédé qu'emploient les Indiens Chactaws et quelques autres tribus américaines. La face offre un type qu'on ne retrouve plus dans ces contrées ; et, en admettant que ces figures sont des portraits ou des créations conformes à la beauté physique telle que la connaissaient et la comprenaient les artistes de Palenqué, on est conduit à cette conclusion, que la race qui peuplait autrefois ce pays est complétement éteinte. La coiffure se compose de deux bouquets de plumes placés, l'un au sommet de la tête, l'autre plus bas et en arrière. Les épaules sont couvertes d'une espèce de pèlerine divisée en petits carrés et ornée d'une garniture de grains sphériques. La tunique est formée par une peau de léopard dont la queue pend en arrière le long des jambes. Ces vêtements indiquent sans doute le costume de ce peuple inconnu. Le personnage tient dans sa main un bâton orné, ou plutôt un sceptre, le long duquel on distingue la place de trois hiéroglyphes tombés ou arrachés. Devant et derrière sont deux individus assis à la manière des Turcs, et dans une attitude suppliante. Le tout est encadré d'une bordure dont la richesse se devine aisément, malgré de nombreuses solutions de continuité. Dans la partie supérieure du tableau, et en dehors de la bordure, on aperçoit trois hiéroglyphes qui, sans doute, étaient destinés à expliquer le sujet du bas-relief. Le stuc est d'une consistance extraordinaire, et paraît être aussi dur que la pierre. Il était entièrement peint, ainsi que l'attestent des traces visibles de couleur rouge, bleue, jaune, noire et blanche.

Tous les autres pilastres sont ornés de figures du même caractère, mais ils ont été plus maltraités par le temps. Il est probable que cette série de tableaux retraçait l'histoire allégorique de quelque famille ou de quelque grand événement. On peut se faire une idée de l'aspect admirable que devait présenter de loin cette façade quand les ornements et les peintures qui l'embellissaient étaient encore dans tout leur éclat.

L'ouverture principale de la façade n'est indiquée ni par des dimensions plus grandes, ni par de plus riches détails de sculpture. Seulement on la reconnaît aux larges degrés de pierre qui y donnent accès de la terrasse. Les ouvertures sont dépourvues de portes, et l'on n'en a pas trouvé de vestiges. Toutefois, il existe à l'intérieur des trous dans la muraille, dont quelques-uns sont encore garnis de pierres en forme de gonds. Le long de la corniche qui entoure l'édifice et qui fait une saillie d'environ un pied, on remarque aussi des trous creusés dans la pierre. M. Stéphens suppose que le long de cette corniche était attaché un immense rideau de coton que les hôtes du palais levaient ou baissaient à volonté. Il paraît que ces rideaux, servant de porte, sont encore usités dans quelques *haciendas* ou fermes du Yucatan. Le haut des ouvertures a dû être carré, et, au-dessus de chaque porte, on voit, des deux côtés, des cavités évidemment consacrées à recevoir les linteaux. Ces linteaux sont tous tombés, et l'on n'en trouve pas de traces, ce qui prouverait qu'ils étaient en bois. Cette conjecture est suffisamment justifiée par la découverte de linteaux en bois dans les ruines d'Ocozingo et d'Uxmal.

L'édifice offre deux corridors parallèles qui règnent sur ses quatre côtés. Ces corridors, larges d'environ neuf pieds, suivent la longueur du palais dans un espace de plus de deux cents pieds. La muraille qui les divise n'est percée que d'une porte située en face de l'entrée principale, et d'une autre ouverture pratiquée dans la façade postérieure. Le plancher est en ciment aussi dur que celui des ruines romaines. Les murs, hauts d'environ dix pieds, sont enduits de plâtre, et, de chaque côté de la porte principale, ornés de médaillons dont il ne reste que les encadrements, circonstance regrettable, car ils offraient peut-être les bustes de la famille royale. Le mur de séparation présente des ouvertures dont quelques-unes sont en forme de croix, d'autres en forme de *tau* égyptien ou de croix grecque, particularité qui a exercé, sans profit pour la vérité, la science et la sagacité des archéologues. Les corridors se terminent, dans leur partie supérieure, en forme de carré irrégulier ayant un côté oblique et déprimé au sommet,

ce qui prouve que les constructeurs ignoraient l'art de la voûte. Une couche de pierres plates occupe le haut du couloir, et les côtés étant recouverts de plâtre, présentent une surface unie.

En face de la porte centrale du corridor de devant, une rangée de degrés en pierre, occupant en hauteur un espace de trente pieds, conduit à une cour rectangulaire, longue de quatre-vingts pieds et large de soixante et dix. De chaque côté de l'escalier, on remarque des figures gigantesques et hideuses, creusées dans la pierre en bas-relief, ayant neuf ou dix pieds de haut, et dans une position légèrement inclinée, de la base des degrés au niveau du corridor. Ces figures sont ornées de riches coiffures et de colliers; leur attitude est celle de l'inquiétude et de la douleur. Le dessin et les proportions anatomiques sont fautifs; mais la puissance et la justesse de l'expression prouvent que l'artiste n'était pas dépourvu d'imagination et de talent. Presque tous ces personnages ont un bras ou tous les deux croisés sur la poitrine. Leur visage reproduit le type que nous avons indiqué : nez arqué, front fuyant, et lèvre inférieure remarquablement épaisse. Tous sont assis les jambes ployées sous eux, à la manière orientale.

De chaque côté de la cour, le palais est divisé en appartements, sans doute destinés à servir de chambres à coucher. A droite, les pilastres sont détruits; à gauche, ils sont encore debout et ornés de figures en stuc. Dans la chambre du milieu, et dans un des trous dont nous avons parlé, on voit les restes d'une longue perche de bois.

C'est le seul morceau de bois trouvé à Palenqué; il était dévoré par les fourmis, et devait, au bout de quelques années, être réduit en poussière. De l'autre côté de la cour, on aperçoit une autre rangée de degrés en pierre, correspondant à celle de la face principale. Cet escalier est également flanqué de figures gigantesques, et les intervalles planes qui existent entre elles sont occupés par des cartouches d'hiéroglyphes.

« Toute cette cour, dit M. Stephens (*), était couverte d'arbres et encombrée de ruines de grandes dimensions, mais si confusément éparses, qu'on n'en pouvait déterminer l'arrangement architectural. Comme nos lits étaient tendus dans le corridor adjacent, tous les matins en nous éveillant, et le soir, quand nous avions fini le travail de la journée, nous avions ces ruines sous les yeux. Toutes les fois que nous descendions les degrés, les hideuses et mystérieuses figures dont j'ai parlé semblaient nous regarder au visage, et cette localité du palais devint pour nous une des plus intéressantes. Nous désirions vivement faire des fouilles, écarter la masse des buissons et débarrasser entièrement la plate-forme; mais c'était chose impossible. La cour était probablement pavée de pierres ou revêtue de ciment. D'après la profusion d'ornements qu'on remarque dans les autres parties du palais, il y a lieu de croire qu'on trouverait dans cet endroit plus d'un morceau digne d'attention. Cette découverte est réservée aux voyageurs futurs; et, suivant moi, s'ils ne trouvent ici rien de nouveau, le seul spectacle de l'ensemble de cette cour les dédommagera de la fatigue et des frais qu'aura occasionnés le travail de déblaiement. »

La partie de l'édifice qui forme le fond de la cour, et qui y communique par les degrés, consiste en deux corridors semblables à celui de devant, pavés, revêtus de plâtre, et décorés d'ornements en stuc. Le plancher du couloir qui règne sur la façade de la cour était retentissant, et l'on y apercevait un trou qui semblait conduire à des appartements souterrains; mais il a été constaté que ce n'était qu'une excavation faite dans la terre, et complétement privée de murs.

Dans le corridor situé plus loin, les murailles sont détruites à certains endroits, et sont recouvertes de plusieurs couches superposées de plâtre peint; dans un endroit, on a compté jusqu'à six couches offrant chacune des traces de couleur. Ailleurs, on a cru découvrir une ligne de caractères tracés avec de l'encre noire. Ce couloir s'ouvre sur une seconde cour, longue de quatre-vingts pieds, sur trente seulement de largeur; elle s'étend à dix pieds au-dessous du niveau du corridor, et le mur qui l'en sépare est couvert de pierres carrées chargées d'hiéroglyphes. Les piliers sont occupés par des figures en stuc, malheureusement en très-mauvais état.

De l'autre côté de cette dernière cour règnent deux corridors qui terminent l'édifice dans cette direction. Le premier est divisé en trois chambres, dont les portes s'ouvrent, aux extrémités, sur le couloir occidental. Tous les pilastres sont debout, à l'exception de ceux du côté nord-ouest. Tous sont couverts d'ornements en stuc; un seul porte des hiéroglyphes. Le reste présente des bas-reliefs dans lesquels, malgré les ravages du temps, on distingue le même type de figure, le même costume, la même coiffure et le même encadrement que ceux dont notre description a déjà donné une idée. Dans un de ces tableaux, on voit une femme assise sur un monceau d'objets indéfinissables, parmi lesquels on reconnaît aisément le *tau* égyptien, une fleur semblable au lotus, une tête probablement symbolique, et une volute assez artistement contournée. En face de cette femme, est un personnage qui semble occupé à la coiffer, car il lui relève de la main gauche une touffe de cheveux, ou peut-être un bouquet de plumes. Le troisième bas-

(*) *Incidents of travel in central america, Chiapas and Yucatan*, t. II, p. 315.

relief est plus original : il représente un individu qui semble se disposer à couper la tête à un criminel qui se tient à genoux dans une attitude suppliante. Le sacrificateur porte, en guise de coiffure, un masque couronné d'ornements bizarres, et dont la bouche laisse échapper quelque chose qui ressemble à une flamme. Le bras droit supporte une espèce de sceptre ou d'instrument, dont l'extrémité supérieure se recourbe en forme de crochet, et offre une garniture de détails étranges.

Jusqu'ici, la partie du palais que nous avons décrite est distribuée de manière à ce que l'ensemble en soit facilement saisi ; mais sur la gauche, il existe plusieurs édifices distincts et indépendants, dont il serait difficile de donner une idée bien exacte. Nous citerons d'abord une tour située sur le côté méridional de la seconde cour. Remarquable par sa hauteur et ses proportions, elle est peu intéressante quand on l'examine dans ses détails. Elle a trois étages, qui reposent sur une base de trente pieds carrés. Elle renferme une autre tour parfaitement distincte, et un escalier de pierre tellement étroit, qu'un homme un peu gros ne pourrait y passer. Cet escalier n'a point d'issue à sa partie supérieure, car on remarque au-dessus de sa dernière marche un plafond en pierres. Il est absolument impossible de deviner dans quel but il a été construit et à quoi il pouvait servir. La tour entière est bâtie en pierres solides, et sa destination est tout à fait incompréhensible.

A l'est de la tour, est un autre édifice divisé par deux corridors, dont un est décoré de riches peintures, et renferme dans sa partie centrale un tableau de forme elliptique, bien conservé et très-remarquable. Ce bas-relief a quatre pieds de long sur trois de large, et l'on aperçoit tout autour les restes d'une belle bordure en stuc. La figure principale est assise, les jambes croisées, sur une espèce de lit ou de canapé dont les deux appuis de droite et de gauche sont formés par deux têtes de léopards, et dont les pieds ne sont autre chose que les pattes du même animal. L'attitude du personnage est aisée, naturelle, exempte d'efforts ; la physionomie est la même que celle des figures déjà décrites ; l'expression est calme et bienveillante. Le cou est entouré d'un collier de perles ou de grains sphériques, auquel est suspendu un petit médaillon contenant une figure qui n'est peut-être qu'une image du soleil. Comme tous les individus qui font le sujet des sculptures de Palenqué, celui-ci porte des boucles d'oreilles, des bracelets et une ceinture ; quant à la coiffure, elle diffère en ce qu'elle est privée de plumes. Derrière la tête, on voit trois hiéroglyphes qui expliquent indubitablement le sujet du tableau. Le second personnage est une femme, assise aussi les jambes croisées, mais sur terre, richement parée, portant une pèlerine et une robe couverte de broderies disposées en carrés symétriques. Cette femme paraît faire une offrande à la figure assise sur le lit. L'objet qu'elle lui présente est une espèce de bonnet assez singulier, et surmonté d'une aigrette en plumes. Au-dessus de la tête et au bord du cadre, sont placés quatre hiéroglyphes, trois en ligne et un au-dessous du troisième. Ce tableau est le seul morceau en pierre sculptée qui existe dans le palais de Palenqué, à l'exception toutefois des bas-reliefs de la cour. Au-dessous, existait autrefois une table, dont on voit encore l'empreinte sur le mur, et qui, à en juger d'après les autres tables trouvées dans le palais, devait reposer sur deux pieds pleins, et être garnie d'une espèce de dossier le long de la muraille.

A l'extrémité du corridor dont il vient d'être question, existe dans le pavé une ouverture qui conduit par un escalier à une plate-forme, laquelle, par une porte couronnée d'ornements en stuc et s'ouvrant sur un autre escalier, mène à un passage étroit, obscur, coupé par des corridors transversaux. C'est là ce qu'on appelle les appartements souterrains ; ces salles inférieures ont des fenêtres, ou plutôt des soupiraux, qui donnent à la surface du sol; au fait, ce n'est qu'un rez-de-chaussée placé sous le pavé des corridors. Cependant, certaines parties de ces appartements sont si obscures qu'on ne peut les visiter qu'avec des torches. On n'y aperçoit ni bas-reliefs, ni ornements en stuc; on n'y remarque que des tables de pierre, dont une, longue de huit pieds, sur quatre de large et trois de hauteur, est posée en travers du corridor. Un de ces couloirs inférieurs est percé d'une porte qui s'ouvre sur le côté postérieur de la terrasse. Dans deux autres endroits, des escaliers conduisent aux corridors du bas. On suppose que ces appartements étaient des chambres à coucher.

N'oublions pas de mentionner dans une salle somptueusement décorée d'ornements en stuc, malheureusement en fort mauvais état, un autel qui ferait supposer que cette pièce était la chapelle royale. S'il est vrai que ce vaste édifice ait été un palais, il est probable que la partie où nous venons de conduire nos lecteurs était consacrée aux cérémonies publiques, et que le reste du bâtiment était habité par le souverain et sa famille.

« A l'aide de ces données et du plan des ruines, dit M. Stephens, le lecteur pourra se conduire dans les détours du palais de Palenqué; il se fera une idée de la profusion des ornements qu'on y remarque, de leur caractère frappant et original, de l'effet lugubre de ces restes, entremêlés d'une végétation vigoureuse; son imagination reconstruira devant ses yeux, dans toute sa splendeur et avec tous les objets qui l'embellissaient, cette résidence royale habitée par la race étrange dont l'image multiple est reproduite dans ces appartements déserts. »

Nous n'en dirons pas davantage sur le palais, et nous renverrons, pour de plus amples détails, aux ouvrages de Dupaix et de Kingsborough. Toutefois, la description que nous a fournie M. Stephens donne, à notre avis, une idée suffisamment exacte et complète de ce monument, et nous l'avons adoptée d'autant plus volontiers, que l'exploration de ce voyageur américain nous paraît avoir été faite avec plus de conscience, de soin et d'intelligence, que celles de ses devanciers. Nous en exceptons cependant M. Waldeck, qui a résidé deux ans au milieu des ruines de Palenqué, et qui a rapporté en Europe de magnifiques dessins, dont il a bien voulu nous donner communication, mais qui, malheureusement, ne sont pas encore publiés. Les planches de l'ouvrage de M. Stephens offrant la plus frappante conformité avec les dessins de M. Waldeck, ce contrôle de deux artistes l'un par l'autre nous donne la certitude que les gravures et la description qui nous ont servi de guide sont aussi exactes que possible.

Nous allons passer aux autres édifices qu'on a découverts à Palenqué. Il en est quelques-uns, comme on va le voir, qui sont dignes de captiver toute l'attention des archéologues.

On n'aperçoit de la terrasse du palais aucun autre bâtiment. La forêt qui l'entoure est trop épaisse et trop haute pour que le regard puisse rien découvrir dans ses ténébreuses profondeurs. Mais en suivant ce qu'on appelle le passage souterrain, on arrive au bas du côté sud-ouest de la terrasse, où l'on trouve un édifice pyramidal qui paraît avoir été entouré d'escaliers sur tout le pourtour de sa base. Ces marches ont été soulevées et dispersées par la végétation, de sorte qu'on ne peut parvenir au sommet qu'en s'aidant de ses mains et en s'accrochant aux branches des arbres et aux angles des pierres. La pente est si rapide, que, si l'on déplace une pierre, elle roule jusqu'au bas et blesse les personnes qui viennent après vous.

A environ mi-chemin de la montée, à travers le feuillage des arbres, on aperçoit un édifice dont l'aspect grandiose, rendu singulièrement pittoresque par sa situation mystérieuse, remplit le voyageur de surprise et d'émotion. La construction sur laquelle est assis ce monument a cent dix pieds anglais d'élévation. Aucune description, aucun tableau, ne peut donner une idée du spectacle qui se déploie sous le regard, en face de ces étranges ruines ; rien ne peut rendre la sauvage beauté de ce monde de pierres confusément entassées, de ce vaste bâtiment délabré, encombré de débris couverts de mousse, peuplé de figures bizarres, orné de sculptures extraordinaires, tapissé d'hiéroglyphes dont le sens est perdu, entouré et couronné d'arbres gigantesques qui lui font comme une chevelure verdoyante incessamment agitée par la brise.

Si l'on dégage par la pensée cet édifice de l'inextricable végétation qui le dérobe à la vue de l'explorateur, et si on le restaure sur le papier, d'après l'examen de ses vestiges et conformément aux règles de l'art, on aura un bâtiment long et bas, posé sur une pyramide très-élevée, plus étroit au sommet qu'à la base, et couronné d'une espèce de galerie. Le monument a 76 pieds de long sur 25 de profondeur. Sa façade offre cinq portes et six piliers, le tout encore dans sa position primitive. Toute cette façade est revêtue de stuc, et richement ornée ; les piliers des deux extrémités contiennent chacun un tableau d'hiéroglyphes divisé en 76 petits carrés. Les quatre autres pilastres offrent des figures humaines. Le premier cadre représente une femme debout, tenant un enfant dans ses bras, et vêtue d'une jupe élégamment brodée en losanges. La tête et la main gauche manquent. Dans le second on voit un personnage coiffé de plumes, et soutenant sur sa main droite un objet indéfinissable, mais qui semble n'être qu'un ornement de sculpture ; à la ceinture sont suspendues des espèces de rubans qui flottent de chaque côté. Dans le troisième et le quatrième tableau, ce sont encore des femmes avec des enfants dans les bras.

L'intérieur de l'édifice est divisé en deux corridors parallèles, pavés avec de grandes pierres carrées, et se terminant dans le haut par un plafond presque en pointe. Le couloir de devant a sept pieds de large ; le mur de séparation est extrêmement massif et percé de trois portes, dont une grande au milieu, et deux plus étroites sur les côtés. A droite et à gauche de l'ouverture principale, les constructeurs ont placé de vastes tableaux d'hiéroglyphes ayant treize pieds de long sur huit de hauteur, et divisés en deux cent quarante petits carrés contenant des caractères ou des symboles. Chacun de ces tableaux est scellé dans la muraille et ressort de trois ou quatre pouces. Les sculptures sont en bas-relief. Les tableaux se composent de deux grandes pierres plates et de plusieurs petites au centre. Ils étaient en assez mauvais état quand M. Stephens les examina, et le lieu où ils se trouvent est tellement obscur, qu'on fut obligé de se servir de torches enflammées pour les éclairer de façon à pouvoir les dessiner.

Le couloir de derrière, sombre et humide, est divisé en trois pièces dont deux, celles des extrémités, ont chacune deux étroites ouvertures de trois pouces de largeur sur un pied de hauteur. On n'y voit aucuns vestiges de sculpture, de peinture, ni d'ornements en stuc. Dans la pièce du milieu, sur le mur du fond, vis-à-vis la porte principale, est un autre tableau d'hiéroglyphes ayant quatre pieds six pouces de large, sur une hauteur de trois pieds six pouces. Celui-ci est dans un parfait état de conservation, bien que la pierre soit brisée au centre dans le sens de la longueur.

M. Catherwood, compagnon de voyage de M. Stephens, est le premier qui ait dessiné et fait connaître au public ces curieuses tables hiéroglyphiques. Soit incapacité chez les artistes qui les accompagnaient, soit indifférence pour ces documents archéologiques, Del Rio et Dupaix se sont contentés d'en parler en très-peu de mots. M. Stephens a donc rendu un vrai service à la science en faisant copier ces pierres si intéressantes.

Il est une remarque qu'il ne faut pas omettre : c'est que ces hiéroglyphes sont absolument semblables à ceux découverts à Copan et à Quirigua, autre ville ruinée de l'Amérique centrale. Or tout le pays intermédiaire est aujourd'hui habité par des tribus d'Indiens parlant des langues différentes, et ne se comprenant pas entre elles. Cependant tout donne lieu de croire que cette contrée a été autrefois occupée par une seule et même race, parlant une seule et même langue, ou, du moins, se servant des mêmes caractères d'écriture. Quelles révolutions ont pu changer à ce point la face de ce pays, tout en y laissant subsister des peuplades indigènes?

Il n'y a aucune trace d'escalier communiquant du rez-de-chaussée au premier étage de l'édifice qui nous occupe, et l'on ne parvient aux pièces supérieures qu'en grimpant aux arbres dont les branches couvrent le monument. Le toit est incliné, et les revers sont couverts d'ornements en stuc, malheureusement trop détériorés par les pluies et par les envahissements de la végétation pour pouvoir être observés et dessinés; toutefois on peut juger, par ce qui en reste, que lorsque ces ornements étaient entiers et revêtus de couleurs éclatantes, ils devaient offrir un aspect aussi imposant que gracieux. Sur le sommet de l'édifice régnait, comme nous l'avons indiqué, une galerie de petits piliers ayant dix-huit pouces de haut et douze d'épaisseur, faits de pierres scellées avec du mortier, et enduites de stuc. Une couche de pierres plates faisant saillie couronnait cette espèce de balustrade, qui devait être d'un effet merveilleux.

Il est inutile de dire que la destination de ce monument est aussi énigmatique que celle du vaste édifice décrit dans les pages précédentes. Les Indiens de Palenqué croient que c'était une école, et l'appellent ainsi; d'autres personnes, après avoir visité ces localités, prétendent que ce devait être le palais de justice. Nous ne prononcerons pas, on le pense bien, entre ces deux opinions.

Au pied de la pyramide, et en face de cet édifice, coule un ruisseau qui alimente un aqueduc construit près du palais. Si l'on traverse ce torrent, on arrive à une terrasse d'environ soixante pieds d'élévation en pente. Sur l'esplanade qui s'étend au sommet, et qui n'a pas moins de cent dix pieds de longueur, on voit une autre construction pyramidale, ruinée et dévorée par la végétation : elle a cent trente-quatre pieds de hauteur, et supporte un édifice caché, comme le précédent, par les arbres qui ombragent ses débris.

Ce bâtiment a cinquante pieds de façade, et trente et un de profondeur. Trois ouvertures y donnent accès. Tout le devant était autrefois couvert d'ornements en stuc. Les deux piliers extérieurs offrent des hiéroglyphes; un de ceux situés à l'intérieur s'est écroulé; l'autre porte une figure en bas-relief presque entièrement détruite. Le monument est divisé, comme l'autre, en deux couloirs parallèles, avec des plafonds également en pointe, et un pavé de pierres carrées qui porte les traces des brèches qu'y a pratiquées le capitaine Del Rio. C'est dans une salle de cet édifice que se trouve ce fameux bas-relief de la croix, qui a fourni matière à tant d'étranges dissertations. Ce tableau avait originairement dix pieds huit pouces de largeur, et six pieds quatre pouces de hauteur; il était formé par trois pierres juxtaposées. La pierre qui occupe la gauche en face du spectateur est encore en place; celle du milieu a été enlevée par un curieux qui voulait l'emporter, mais qui a été obligé de la laisser sur le bord du ruisseau dont il a été question; c'est là qu'elle gît actuellement, exposée à l'humidité et aux injures de l'air. Le fragment de droite est malheureusement à peu près détruit; plusieurs morceaux ont disparu; mais d'après ceux qu'on a retrouvés devant le monument, il n'est pas douteux que cette partie du bas-relief ne contînt des lignes d'hiéroglyphes correspondant à celles qu'on remarque dans le fragment de gauche. Malgré cette dispersion des parties intéressantes de ce tableau, on a pu le rétablir au complet sur le papier. Le dessin que nous en donnons dans ce volume ne reproduit que les deux tiers de l'original. Dans l'ouvrage de Del Rio, il n'est pas du tout représenté; dans celui de Dupaix, on le voit non tel qu'il existe, mais tel que se l'est représenté l'imagination de l'artiste parisien, c'est-à-dire formant un ensemble parfait; le sujet y est renversé, la croix est au centre, et on n'a figuré qu'un rang d'hiéroglyphes de chaque côté. Probablement à l'époque où Dupaix vit ce tableau, il y a trente-sept ans, il était entier; mais les six rangs d'hiéroglyphes placés derrière chacune des deux figures principales, et contenant de chaque côté cent deux pierres symboliques, n'existent pas dans le dessin publié à Paris. On comprend d'autant moins cette omission, que Dupaix, dans son texte, renvoie expressément à ces nombreux hiéroglyphes.

Une croix fait le principal sujet du bas-relief. Elle est surmontée d'un ornement bizarre que quelques personnes ont pris pour un oiseau. Les deux bras et la pièce verticale sont chargés de dessins indéfinissables et où l'on retrouve le caractère des ornements qui accompagnent les figures du palais. Les deux personnages, dont le rang éminent se devine à leur costume, sont d'un bon dessin, d'un galbe très-correct, et comparables, pour la proportion des formes, aux figures sculptées sur les murs des temples de l'Égypte. Leurs vêtements diffèrent de ceux que nous avons précédemment décrits, et les plis qu'on y remarque attestent qu'ils étaient en étoffe souple, telle, par exemple, qu'un tissu de coton. Les deux figures sont tournées vers la croix qui est entre elles; l'une, affublée d'une coiffure baroque, et portant une espèce de cravate dont les bouts pendent le long du dos, en grosse torsade, tient à la main un instrument qu'on peut prendre pour un sceptre; l'autre personnage, beaucoup plus simplement vêtu, semble présenter une offrande; l'objet qu'il tient sur ses bras nous paraît complétement indéfinissable, bien qu'on ait affirmé que c'était un enfant. L'ensemble du tableau a un caractère moins barbare que les bas-reliefs des autres édifices de Palenqué; malgré la bizarrerie des ornements, on y observe une plus grande régularité dans le dessin, plus de symétrie et plus de grâce dans les contours. On a pensé avec raison que ces figures pouvaient représenter des prêtres dans l'exercice de leurs fonctions sacerdotales. Sans aucun doute, les hiéroglyphes donnent le mot de l'énigme; il faut même remarquer que d'autres caractères symboliques, placés dans l'intérieur du tableau et tout près des figures, rappellent l'usage adopté par les Égyptiens d'indiquer d'une manière analogue le nom, l'histoire, les fonctions ou la qualité de l'individu représenté.

Ce bas-relief a, comme nous l'avons dit, donné lieu à une foule de conjectures. Dupaix et ses commentateurs, assignant à l'édifice qui le renferme une haute antiquité, ou du moins une date de beaucoup antérieure à l'avènement du Christ, affirment que c'est là une véritable croix, telle que, suivant eux, elle était connue et usitée comme un emblème chez les peuples anciens, longtemps avant qu'elle devînt le signe de la foi chrétienne. D'autres y ont vu la croix chrétienne elle-même, attribuant sa présence dans un temple de Palenqué à certain voyage, tant soit peu fantastique, du peuple de Dieu dans le nord du nouveau continent. Les moines d'Amérique, dans un excès de zèle, ont écrit, sur la foi de chants populaires probablement fabriqués par eux-mêmes, que la venue du Messie chrétien avait été prédite de toute antiquité dans le nouveau monde, et dès lors se trouverait naturellement expliquée la croix de Palenqué. Il est fâcheux que toutes ces dissertations soient plus ingénieuses que fondées en raison. M. Waldeck nous paraît plus près de la vérité quand il croit retrouver dans cette prétendue croix un instrument de supplice usité par le peuple de ces contrées (*). Toutefois,

(*) Voir le Voyage archéologique et pittoresque dans la péninsule de Yucatan, par M. Waldeck.

nous jugeons qu'il est sage de s'abstenir en pareille matière, car aucun rayon de lumière ne peut jusqu'à présent percer l'obscurité qui entoure les emblèmes et le culte de ces nations éteintes.

Absence complète de traces d'escaliers dans le monument dont il est question comme dans celui qui précède. Les arbres qui croissent le long de ses murs sont le seul moyen de communication avec la partie supérieure. Il se termine tout autrement que l'édifice voisin : le toit est incliné, et ses revers sont chargés de figures, de plantes et de fleurs en stuc, aujourd'hui presque méconnaissables. Parmi les débris de cette toiture se trouvaient les fragments d'une belle tête et de deux corps presque comparables, pour le dessin et les proportions, aux modèles de la statuaire grecque. Le sommet du toit s'élargit en plate-forme, et supporte, dans cette partie, deux étages superposés. Cette plate-forme n'a que deux pieds dix pouces de large, et le premier étage a sept pieds cinq pouces d'élévation ; la hauteur du second est de huit pieds cinq pouces. On monte de l'un à l'autre par une série de pierres carrées faisant saillie les unes au-dessus des autres. Le dernier étage est couvert de pierres posées à plat, et ressortant de chaque côté. Les deux faces de cette étroite construction sont décorées d'ouvrages en stuc entremêlés d'emblèmes variés, de figures humaines, de jambes, de bras dispersés dans un désordre étrange, le tout offrant des ouvertures de distance en distance, et comme percé à jour ; autrefois d'élégants ornements en relief rehaussaient l'éclat et la valeur de ces détails de sculpture. L'aspect de ces deux étages devait être, à distance, celui d'un treillis gracieux. On ne voit rien de semblable dans les autres monuments de Palenqué, lesquels sont eux-mêmes uniques dans leur genre. Peut-être cette galerie supérieure était-elle destinée à servir d'observatoire ou de belvéder, car, à travers les arbres dont les branches arrivent jusqu'à cette hauteur, le regard embrasse un magnifique panorama, dans lequel la forêt, le lac de Terminos et le golfe du Mexique sont les objets les plus remarquables.

Non loin de ce curieux monument, M. Stephens a découvert une statue qui n'avait pas été aperçue par ses devanciers, et qui était à moitié enfouie sous un monceau de terre et de débris. C'est la seule qui ait été jusqu'ici trouvée à Palenqué. On est frappé de l'expression calme de la pose et de la physionomie, ainsi que de l'analogie singulière qui existe entre ce morceau et les personnages des temples égyptiens, bien que cependant on ne puisse pas le comparer, sous le rapport de la taille, aux gigantesques figures trouvées sur les rives du Nil. Cette statue a dix pieds six pouces de haut ; la coiffure est haute, et s'élargit des deux côtés de la tête ; à la place des oreilles, il y a des trous qui étaient peut-être ornés de pendants en or ou en perles. Le cou est entouré d'un collier ; la main droite tient appuyée contre la poitrine une espèce d'instrument dont la partie supérieure est dentelée. La main gauche est posée sur un hiéroglyphe au-dessous duquel on voit des ornements probablement symboliques. La partie inférieure du vêtement a une ressemblance malheureuse avec un pantalon moderne. Le personnage est debout sur un hiéroglyphe qui rappelle encore l'usage égyptien de consacrer de cette façon le nom et les fonctions du héros ou de la personne représentée. Les côtés sont arrondis, et le derrière de la statue est en pierre non travaillée, ce qui prouve que cet intéressant débris était encastré dans un mur.

Au pied de l'élévation qui supporte l'édifice dont nous venons de nous occuper, existe une autre construction de forme pyramidale, ayant à peu près la même hauteur, et également couronnée d'un monument. Telle est l'épaisseur de la forêt dans cet endroit, et même sur les flancs de la pyramide, que, bien que ces deux bâtiments soient séparés par une distance insignifiante, on ne peut, du sommet de l'un, apercevoir l'autre.

La restauration de ce temple sur le papier, d'après l'examen de ses restes, nous montre un monument de vingt-huit pieds de profondeur, et dont la façade, longue de trente-huit pieds, offre trois ouvertures, dont une, celle du milieu, plus large que les deux autres. Les pilastres des deux extrémités sont décorés d'hiéroglyphes en stuc, et de deux larges médaillons gracieusement divisés en compartiments. Les piliers intermédiaires sont revêtus de bas-reliefs marqués du même cachet que la plupart de ceux que nos lecteurs connaissent.

L'intérieur est divisé en deux corridors exactement semblables aux autres. En dehors et en dedans on remarque, en différents endroits, des trous qui servirent peut-être à recevoir les perches formant les échafaudages pendant la construction de l'édifice, et qui n'ont jamais été bouchés (*). A l'extrémité du couloir est une de ces fenêtres sur lesquelles on a tant disserté, à cause de leur analogie avec le *tau* égyptien.

Le corridor de derrière est divisé en trois pièces. Celle du milieu renferme un bas-relief de neuf pieds de large sur huit de hauteur, et que l'on peut considérer comme le plus bel échantillon de sculpture qui existe à Palenqué. Ni Del Rio ni Dupaix n'ont donné le dessin de ce tableau, et nous le trouvons pour la première fois dans l'ouvrage de M. Stephens. Il se compose de trois pierres juxtaposées. Le travail de sculpture est irréprochable, et les caractères ainsi que les figures ressortent nettement et distinctement. De chaque côté l'on voit des séries d'hiéroglyphes. Les deux principaux personnages sont les mêmes que ceux qui occupent le bas-relief de la croix : ils portent le même costume, mais ici tous deux font des offrandes à la divinité, et sont debout sur le dos de deux êtres humains, dont un s'appuie à terre sur ses genoux et sur ses mains, tandis que l'autre, couché sur le sol, semble écrasé sous le poids qu'il supporte. Entre eux et au bas du tableau on remarque deux figures accroupies et les jambes croisées, toutes deux s'appuyant d'une main par terre, et soutenant de l'autre une espèce d'appareil dont les deux extrémités reposent aussi sur leur dos. Ces figures sont d'un excellent mouvement, et leur attitude exprime on ne peut mieux la fatigue et la souffrance physique. Elles sont richement vêtues, et portent un jupon de peau de léopard. Sur l'appareil, au centre duquel l'artiste a placé un ornement assez bizarre, sont posés deux bâtons croisés en x, soutenant, à l'endroit de leur jonction, un masque hideux, dont les yeux, figurés par deux volutes, sont démesurément ouverts, et dont la langue pend jusque sur la bordure qui entoure cette tête monstrueuse. Ce masque, emblème de quelque culte perdu, semble être l'objet auquel s'adressent les offrandes des deux principaux personnages. Quant à ces offrandes, elles consistent en deux enfants nouveau-nés, ayant tous deux des visages de monstres à aspect fantastique. Comme dans le bas-relief de la croix, le dessin des deux grandes figures est d'une rare élégance, ce qui est digne d'attention.

Chacun des piliers entre lesquels s'ouvre la porte de cette salle, présente un tableau en pierre avec des figures creusées en bas-relief. Ces tableaux ont été enlevés de leur place primitive et transportés dans une maison du village de Palenqué. Les deux personnages sont debout en face l'un de l'autre : l'un, qui représente évidemment un vieillard aux formes amaigries, a le nez et les yeux fortement marqués ; mais cette particularité n'est pas si étrange qu'elle puisse indiquer une race différente de celle que nous connaissons déjà. La coiffure est singulière et compliquée : elle consiste principalement en feuilles de plantes, parmi lesquelles on remarque une espèce de cactus ; une fleur s'y trouve mêlée et pend derrière la tête. Au nombre des

---

(*) On observe des trous semblables dans tous les corridors des temples de Palenqué.

ornements on distingue le bec et les yeux d'un oiseau, ainsi qu'une espèce de carapace ressemblant à une tortue. Les épaules et le dos sont couverts d'une peau de léopard qui pend jusqu'à moitié jambe. Des manchettes entourent les poignets, et les chevilles sont couvertes d'un ornement semblable. Ce personnage a dans la bouche un chalumeau, de l'extrémité duquel s'échappe une flamme qui rayonne en haut et en bas. Ne serait-ce pas le souffle de la vie, et cette figure ne serait-elle pas destinée à représenter le dieu qui donne l'existence, c'est-à-dire le Créateur ?

L'autre personnage, placé dans le tableau à gauche du spectateur, a le profil qui caractérise tous ceux de Palenqué. Sa coiffure se compose d'un bouquet de plumes, du milieu duquel se détache un oiseau tenant dans son bec un poisson; deux autres poissons sont mêlés aux plumes de derrière. Le costume consiste en une palatine brodée, en une large ceinture avec une tête d'animal au milieu, en sandales et en jambards montant jusqu'aux genoux. La main tient, par-devant, une espèce de palme qui pend jusqu'à terre. A la ceinture est suspendue une sorte de chaîne, qui soutient un enfant grotesquement dessiné. Des hiéroglyphes garnissent la partie supérieure du cadre.

Ces deux figures, avec le grand tableau qu'on aperçoit au fond, sont une des choses les plus remarquables à Palenqué, tant à cause de leur état de conservation, que de la finesse de l'exécution et de l'aspect singulier que présente cet ensemble de sculptures.

Nous passerons sous silence deux ou trois autres monuments découverts à Palenqué, mais qui ne renferment rien d'important, et sont d'ailleurs si ruinés, qu'ils n'ont pu donner matière qu'à des dessins insignifiants.

Quoique résumée dans le plus court espace possible, la description de Palenqué, que nous venons d'essayer, est assez complète pour donner une idée exacte de ces intéressantes ruines. Nous avons consacré plusieurs pages à cette description, parce que cette localité de l'Amérique centrale est une de celles qui tiennent constamment en éveil la sollicitude de la science, et que ce qu'on en sait se trouve jusqu'à présent contenu dans de gros ouvrages rendus par leur prix exorbitant inaccessibles à la masse du public. Nous aimons à croire que nos lecteurs nous pardonneront l'aridité des détails descriptifs, en considération de l'intérêt du sujet. Il ne nous reste plus que quelques mots à dire sur Palenqué.

On est sans doute curieux de savoir quelle étendue de sol occupent ces ruines. Suivant M. Waldeck, on en trouve dans l'espace de plusieurs lieues; suivant M. Stephens, le rayon que couvrent ces restes d'une ville inconnue est assez circonscrit. Ce qu'il y a de certain, c'est que, quand les maisons au milieu desquelles s'élevaient ces palais et ces temples existaient encore, la ville devait s'étendre sur une surface immense. Telles qu'elles sont, les ruines de Palenqué remplissent le voyageur d'une respectueuse admiration, et l'étonnent par leurs dimensions, par la profusion et le caractère excentrique des ornements qui les décorent, par leur position sur des constructions pyramidales, enfin par la majesté de leur ensemble et le mystère de leur passé. « Ce que nous avions sous les yeux, s'écrie M. Stephens dans un élan d'enthousiasme, était grandiose, intéressant, remarquable sous tous les rapports; c'étaient les traces matérielles de l'existence d'un peuple à part, qui a passé par toutes les phases de la grandeur et de la décadence des nations, qui a eu son âge d'or, et a péri isolé et inconnu. Les liens qui l'unissaient à la famille humaine ont été brisés, et ces pierres muettes sont les seuls témoignages de son passage sur la terre. Nous vivions dans les ruines des palais de ses rois; nous explorions ses temples dévastés et ses autels renversés; de quelque côté que nous jetassions nos regards, nous retrouvions des preuves de son goût, de son habileté dans les arts, de sa richesse, de sa puissance.

Au milieu de ce spectacle de destruction, nous faisions un retour vers le passé; nous faisions disparaître en imagination la vaste forêt qui dévore ces vestiges respectables; nous reconstruisions par la pensée chaque édifice, avec ses terrasses, ses pyramides, ses ornements sculptés et peints, ses proportions hardies; nous ressuscitions les personnages qui nous regardaient tristement du milieu de leurs encadrements; nous nous les représentions parés de riches costumes rehaussés par l'éclat des couleurs, coiffés de gracieuses aigrettes; il nous semblait qu'ils gravissaient les terrasses du palais et les degrés des temples; ces évocations fantastiques réalisaient pour nous les plus brillantes créations des poëtes orientaux. Dans le roman de l'humanité, rien ne m'a plus vivement ému que le spectacle de cette cité, autrefois vaste et splendide, aujourd'hui bouleversée, saccagée, silencieuse, trouvée par hasard, couverte d'une végétation absorbante, et n'ayant pas même conservé son nom, aussi inconnu que son histoire; triste et solennel exemple des révolutions de ce monde! »

Nous ne quitterons pas la province de Chiapas sans mentionner une autre enceinte ruinée découverte dans le voisinage d'Ocozingo. Mais la description de ces restes d'une grande ville nous entraînerait trop loin. Bornons-nous à dire qu'on y remarque des édifices grandioses assis sur des pyramides élevées, et renfermant des détails de sculpture analogues à ceux qu'on observe à Palenqué, mais beaucoup moins intéressants.

Quant à l'antiquité et au caractère particulier des ruines du Chiapas, nous reviendrons sur cette question après avoir fait connaître à nos lecteurs l'ancienne cité d'Uxmal, qui ne doit pas être mise à part dans l'examen de ce curieux problème.

RUINES DU YUCATAN.

La province de Yucatan forme, comme on sait, une péninsule qui se détache hardiment du sol de l'empire mexicain, et s'avance, au milieu de la mer des Antilles, dans une direction nord-est et nord. Cette portion de terre, qui accidente d'une façon si singulière la région centrale de l'Amérique, a vivement excité l'attention des géologues et des érudits qui font de la géographie physique leur étude spéciale. En considérant l'ensemble des continents et des mers, on a remarqué que toutes les grandes protubérances et tous les grands enfoncements ont lieu dans un sens nord et sud. Cette observation est surtout juste pour les péninsules : en effet, l'Amérique méridionale, l'Afrique, l'Hindoustan, l'Indo-Chine, la Corée, le Kamtchatka, la Scandinavie, la Turquie, l'Italie, l'Espagne avec le Portugal, le Groënland, l'Acadie, les Florides, Alachka, la Californie, présentent au nord l'isthme qui les unit au continent, et au midi la pointe qui les termine. On ne peut citer que deux exceptions marquantes : le Jutland et le Yucatan. Mais, en étudiant la nature du sol de ces deux grandes presqu'îles, on a constaté que l'une et l'autre consistent presque entièrement en terres d'alluvion. L'exception n'est donc qu'apparente, et ne contredit en aucune manière le caractère général du phénomène que nous venons de rappeler. Quoi qu'il en soit, la péninsule de Yucatan constitue un des traits physiques les plus frappants du continent américain.

Au point de vue historique et archéologique, cette péninsule n'est pas moins intéressante, car elle est, pour ainsi dire, jonchée de ruines. Partout, dans cette partie de l'Amérique, la poésie des souvenirs parle à l'imagination du voyageur. Malheureusement, ces curieux débris n'ont été que partiellement examinés, ce qui explique suffisamment l'incertitude où l'on est encore sur la filiation, les arts et les religions de ces peuples éteints. Nul doute qu'une exploration complète de la province de Yucatan, au point de vue de la science et des arts, n'amenât des résultats positifs. Mais, en attendant, on en est réduit sur une foule de points de l'histoire des anciens Yucatèques, à des conjectures plus ou moins ingénieuses.

A quelque distance de Campêche, près de la rivière problématique de Champoton (*), et à douze lieues de la mer, on trouve, dans deux endroits différents, des ruines presque entièrement ensevelies sous une végétation puissante.

Il existe, à sept lieues au nord de Campêche, un très-grand tumulus autour duquel on a trouvé une quantité de terres cuites et de bouts de lances en silex artistement travaillé. D'autres tumuli, d'un abord difficile dans la saison des pluies, se voient à quatre lieues plus loin.

Sur la route d'Équelchacan, on peut visiter d'immenses grottes faites de main d'homme, et des monuments en partie cachés par la végétation et par les fragments qui couvrent la terre autour d'eux.

Non loin du Rio-Lagartos, deux pyramides isolées élèvent sur le rivage leur sommet couronné d'arbres séculaires.

Au cap Catoche (nord-est de la Péninsule), ce n'est pas un tumulus antique, ou quelques édifices épars, mais une ville tout entière, qui attend les investigations de l'archéologue.

Sur la côte située en face de l'île Cuzamil (Cozumel), on aperçoit une enceinte de monuments ruinés qui occupe une étendue de plusieurs lieues.

A la pointe de Soliman, et à la baie d'Espiritu Santo, les cartes les plus récentes indiquent d'autres vestiges de la civilisation yucatèque. Les tours qu'on découvre au loin, sur la route de Bacalar, sollicitent aussi l'attention de l'observateur.

(*) On ne sait si elle vient de l'intérieur du pays ou bien si elle est formée ou plutôt simulée par la mer. A un certain endroit où la rivière forme un grand lac, les bords sont couverts de bois si épais et si impénétrables, qu'on ne peut s'assurer si le Champoton remonte au delà de ce point. On ne pourrait résoudre cette question qu'en faisant le tour du lac dans un bateau rempli de provisions pour toute la durée de l'exploration.

21ᵉ *Livraison.* (GUATEMALA.)

Les belles ruines de Chichenisa, près de Valladolid, ne renferment pas moins de trésors scientifiques que celles de Tichoualahtoun, situées à huit lieues de distance. Enfin, si l'on suit la chaîne de montagnes qui traverse la Péninsule, depuis Muna jusqu'à Tecax, on rencontrera pour ainsi dire à chaque pas des traces intéressantes du séjour d'une nation puissante sur cette terre appauvrie et presque dépeuplée par la conquête.

Mais de toutes les ruines du Yucatan, celles d'Uxmal sont les plus importantes par leurs proportions, leur caractère, et le vaste espace qu'elles occupent.

A dix-sept lieues au sud de Mérida, capitale de la province, sur un plateau élevé, s'étend une enceinte de monuments ruinés, connus sous la dénomination d'*Uxmal* (*), à cause du voisinage d'une *hacienda*, ou ferme, qui porte ce nom. Ces restes d'une cité puissante couvrent, suivant M. Waldeck, un terrain de plus de huit lieues; ils sont beaucoup mieux conservés que Palenqué, ce qui permet de les examiner en détail.

Uxmal est le nom moderne, le nom provisoire et emprunté. Quelle est la véritable dénomination de ces ruines? En d'autres termes, quelle était la grande ville dont les vestiges jonchent aujourd'hui le plateau d'Uxmal? Les documents positifs nous font défaut pour résoudre cette question importante. M. Waldeck, qui a parcouru et habité le Yucatan pendant les années 1834 et 1836, hasarde une solution que nous devons faire connaître : il affirme que cette ancienne cité ne pouvait être qu'Itzalane; et voici sur quelles considérations il se fonde :

Itzalane était la capitale des Itzaexes; or, l'enceinte dont il est ici question, révèle une ville de premier ordre ;

Itzalane était positivement voisine de Mani. Or, les restes de Mani couvrent la plaine qui s'étend autour du plateau d'Uxmal.

(*) Prononcez *ouchmal* : ce nom signifie *ancien*, ou *du temps passé*. C'est à tort que quelques écrivains disent *Oxmutal*.

Les Itzaexes étaient le peuple le plus sanguinaire de ces contrées; or, le seul téocali, ou temple à sacrifices, qui, suivant M. Waldeck, existe dans tout le Yucatan, se trouve parmi les ruines qui nous occupent.

La seconde considération nous paraît la plus sérieuse. Toutefois, elle n'est pas assez puissante pour autoriser un jugement qui, vu l'absence de documents certains, nous semble quelque peu aventuré. Nous croyons donc, malgré l'autorité du savant voyageur, devoir continuer le nom d'Uxmal aux ruines dont nous allons parler.

L'aspect des ruines d'Uxmal est beaucoup plus imposant que celui des restes de Palenqué. D'abord les monuments ont des dimensions beaucoup plus grandes; ensuite le soin qu'on a pris de les débarrasser tout autour et dans un rayon assez étendu, des arbres qui en masquaient autrefois la vue, permet au voyageur d'en embrasser d'un regard l'ensemble majestueux; il en résulte une impression de surprise d'autant plus vive qu'on ne s'attend pas à une perspective aussi dégagée.

Nous commencerons, sans préambule, par la description du monument qui, autant par sa situation que par la hardiesse de ses proportions, fixe tout d'abord et irrésistiblement l'attention de l'explorateur.

C'est un édifice assis sur une élévation artificielle de forme oblongue et arrondie aux deux extrémités; la base de la pyramide a deux cent quarante pieds de long et cent vingt de largeur; elle est entourée d'un revêtement de pierres carrées. Une rangée de marches abruptes conduit à la plate-forme, en pierre, large de quatre pieds et demi, et qui règne tout le long de la construction pyramidale. Il n'existe pas de porte au centre de l'édifice, mais à chaque extrémité, une ouverture conduit à une pièce de dix-huit pieds de long sur neuf de profondeur; entre les deux salles, on en trouve une troisième de mêmes dimensions. Tout le monument est construit en pierre; à l'intérieur, les murs sont remarquablement polis; au dehors, on observe au-dessus de la porte une corniche parfaitement travaillée, et, à partir de cette corniche jusqu'au sommet du bâtiment, toutes les faces du temple sont couvertes d'ornements aussi riches que compliqués, et formant une espèce d'arabesque. Le style et le caractère de ces sculptures diffèrent complétement de tout ce qu'on voit en ce genre soit en Amérique, soit ailleurs; elles n'ont même aucune analogie avec les ornements de Copan et de Palenqué. Ce sont des dessins étranges et indéfinissables, laborieusement tracés, quelquefois grotesques, mais souvent simples, du meilleur goût et pleins d'élégance. Parmi ceux dont il est permis de se rendre compte, on voit des carrés et des pierres polyangulaires portant des bustes d'êtres humains, des têtes de léopards, des feuilles, des fleurs, et ces gracieuses bordures connues sous le nom de *grecques*. Tous les ornements sont différents les uns des autres; le tout forme un ensemble dont la richesse produit un effet extraordinaire. Ce qu'il y a de particulier, c'est qu'aucun tableau aucune pierre isolée ne représente séparément un sujet complet; bien loin de là, les pierres contiennent chacune une partie du sujet, et, placées l'une à côté de l'autre, concourent à produire un ensemble qui n'existerait pas si elles étaient détachées. On pourrait dire que c'est là une espèce de mosaïque sculptée.

Devant la porte principale de ce singulier monument, un pavé de ciment très-dur conduit à la partie supérieure d'un autre édifice construit plus bas sur la pyramide artificielle dont il a été question. Il n'existe ni escalier, ni aucune autre communication visible entre les deux bâtiments. On est obligé de se suspendre aux broussailles qui poussent çà et là, et l'on finit par trouver une porte qui donne accès dans une pièce coupée par des corridors. Tout l'extérieur de cet édifice est semblable à celui du temple dont nous nous sommes occupé tout d'abord.

A Uxmal, comme dans la plupart des villes ruinées de l'Amérique, les Indiens donnent à chaque monument un nom particulier. Celui dont nous venons de parler s'appelle, dans le pays, *la Casa del Anano*, ou la maison du nain. Cette dénomination tire son origine d'une légende merveilleuse encore en crédit parmi les simples habitants de ces contrées.

Il en est un autre que l'on suppose avoir servi de couvent à des religieuses qui auraient passé leur vie, comme les vestales du Mexique, à conserver le feu sacré. Pour cette raison, on l'appelle *Casa de las Monjas*, ou maison des nonnes. Il est également situé sur une élévation artificielle d'environ quinze pieds de hauteur. Sa forme est quadrangulaire, et sa longueur est de quatre-vingts pas. Il offre à l'extérieur des ornements sculptés, semblables par leur richesse, leurs détails compliqués et leur caractère indéfinissable, à ceux dont il a été déjà question. L'entrée principale est large et s'ouvre sur une belle cour couverte de gazon, mais débarrassée des arbres qui l'encombraient. La façade intérieure est beaucoup plus riche d'ornements et plus travaillée que celle de l'extérieur; elle est aussi mieux conservée. D'un côté règne une série de pierres à facettes, sculptées avec goût et simplicité. A l'extrémité de la cour, deux serpents gigantesques, dont les têtes gisent sur le sol, s'enroulent, dans des directions opposées, le long de la façade.

En face de la maison des nonnes est un autre édifice bâti sur une plus petite élévation, offrant le même caractère, et connu sous la dénomination de *Casa de Tortugas*, à cause des tortues sculptées au-dessus de la porte. De larges crevasses dans ses murs feraient croire que ce monument a été ébranlé par un tremblement de terre. Il se trouve à peu près au centre des ruines, et l'on y jouit d'une vue magnifique.

Tout à côté, et un peu sur la droite, on aperçoit un bâtiment auquel on ne parvient qu'en escaladant deux hautes terrasses. Le corps du monument n'a rien qui le distingue essentiellement des autres; mais la façade est surmontée d'un mur élevé, couvert d'ornements, et ayant cette forme singulière

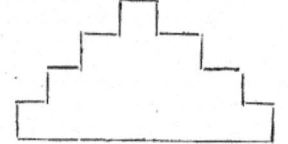

Cette disposition lui a fait donner le nom de *Casa de Palomos*, ou maison des pigeons, désignation fondée sur la ressemblance qu'il offre, à distance, avec un pigeonnier.

Vis-à-vis s'ouvre une avenue bordée de ruines, qui conduit à un monceau de pierres, tristes restes d'un ancien monument; derrière ce tas informe, on découvre un grand édifice précédé d'une cour dont le sol retentit sous les pieds du voyageur. On a constaté qu'il existait au-dessous de cette cour un souterrain revêtu de ciment, et qui a peut-être servi de grenier.

Mais le monument le plus remarquable d'Uxmal est celui que les Indiens nomment *la maison du gouverneur*. C'est le plus vaste, le plus digne d'attention, sous le rapport de l'architecture, et le mieux conservé. Il est construit sur une série de terrasses superposées qui lui donnent une assez grande élévation. La première, en commençant par la base, n'a pas moins de six cents pieds de long et cinq de hauteur. Elle est revêtue de pierres, et se termine en une plate-forme de vingt pieds de largeur, sur laquelle repose une seconde terrasse de quinze pieds d'élévation. La grande plate-forme qui s'étend au-dessus est cultivée par le propriétaire des ruines et plantée en blé. A l'angle sud-est de cette plate-forme on voit une rangée de piliers arrondis, ayant dix-huit pouces de diamètre et trois ou quatre pieds de haut; ces piliers occupent un espace d'environ cent pieds en longueur. On ne peut pas dire préci-

21.

sément que ce soient là des colonnes, mais on ne peut se refuser à constater l'apparence d'analogie. Ce sont, du reste, à ce qu'il paraît, les seuls fragments qui pourraient, à la rigueur, faire supposer que la colonne n'a pas été inconnue aux architectes de l'ancienne Amérique. Au milieu de la terrasse, le long d'une avenue qui aboutit à une rangée de degrés, on aperçoit un autre pilier rond, brisé, et dans une position inclinée.

A deux cent cinq pieds du bord de la plate-forme, s'élève un escalier en pierre, large de plus de cent pieds, composé de trente-cinq marches, et conduisant à une troisième terrasse. Celle-ci est à quinze pieds au-dessus de l'autre, et à trente-cinq pieds du niveau de la plaine ; et comme le paysage environnant est parfaitement dégagé, la vue, du haut de cette vaste éminence, se promène sur un superbe panorama. Il est évident que la seule construction de ces terrasses superposées a été un travail immense. C'est sur la troisième plate-forme que s'élève le majestueux palais dont les habitants ont fait la *maison du gouverneur*. La façade a trois cent vingt pieds de longueur. Situé sous un climat moins pluvieux et dans un lieu moins humide que Palenqué, cet édifice a conservé ses murs presque aussi intacts que quand ses hôtes l'abandonnèrent ou furent exterminés. Tout le bâtiment est en pierre ; il est nu jusqu'à la corniche qui règne au-dessus de la porte ; mais dans le haut, il est orné de sculptures aussi riches et aussi bizarres que celles des autres monuments d'Uxmal. Bien loin de pouvoir reprocher à son plan et à son exécution architecturale cette espèce d'étrangeté et de barbarie qu'on observe dans d'autres palais en ruine, on remarque dans ses proportions une grandeur et une symétrie tout à fait conformes aux saines règles de l'art. En contemplant cette magnifique construction, il est impossible de se persuader qu'on a devant les yeux l'œuvre d'un peuple dont l'épitaphe, tracée par les historiens, l'accuse d'avoir été d'une ignorance profonde en matière d'art, et d'avoir vécu jusqu'au jour de sa destruction, d'une vie grossière et sauvage. A coup sûr, d'après le témoignage des voyageurs les plus véridiques, ce vaste palais peut soutenir la comparaison, sous le rapport de l'architecture, avec les restes de l'art égyptien, romain et grec.

Il faut signaler une particularité qui constitue une singulière anomalie dans un monument aussi complet et aussi régulièrement construit : c'est que tous les linteaux étaient de bois. Ces linteaux étaient des poutres pesantes, ayant huit ou neuf pieds de long, dix-huit ou vingt pouces de large, et douze à quatorze pouces d'épaisseur. Le bois en est excessivement dur et résiste au couteau. Comment expliquer l'usage du bois dans un édifice si solidement bâti en pierre? Serait-ce que ce bois ne se trouvant que dans le voisinage du lac de Péten, et le transport en étant aussi long que difficile à une pareille distance, on le considérait comme un objet de curiosité, et comme un ornement digne de la demeure des souverains? Quoi qu'il en soit, le fait est hors de doute. Ajoutons que la position des linteaux leur imposait la charge d'un mur de quatorze à seize pieds de hauteur sur trois ou quatre d'épaisseur. Il en devait résulter qu'à la longue, quelle que fût la dureté du bois, ils ploieraient sous un pareil poids. C'est ce qui est arrivé pour quelques-uns. Il en est qui sont brisés par le milieu, et soutiennent encore le mur, qui ne tardera pas à s'écrouler ; d'autres sont tombés, entraînant dans leur chute tout ce qui reposait sur eux ; enfin, quelques-uns sont dévorés par les fourmis, et seront bientôt réduits en poussière. En réalité, si l'on excepte le couvent, les dégradations observées dans les monuments d'Uxmal ont été, pour la plupart, occasionnées par la destruction de ces poutres. Si les linteaux avaient été de pierre, il n'est pas douteux que les principaux édifices ne fussent encore presque intacts. Il est évident que les construc-

GUATIMALA.

Pont dans la province de Tlascala près de Los Reyes

teurs de ces temples et de ces demeures somptueuses croyaient qu'il y aurait toujours des mains empressées à réparer les dégâts occasionnés par la fracture ou la chute de ces pièces de bois.

La façade du palais qui nous occupe est tournée au levant. Au centre, et vis-à-vis l'escalier qui conduit à la terrasse, sont trois entrées principales dont une plus large que les autres. La porte du milieu s'ouvre sur une salle de soixante pieds de long sur vingt-sept de profondeur; cette pièce est divisée en deux corridors par un mur épais, percé d'une porte de communication. Le plan de ce corps de logis est le même que celui du couloir de devant dans le palais de Palenqué, à l'exception qu'ici le corridor n'occupe pas toute la longueur du bâtiment, et que celui du fond n'a pas de porte de sortie. Le pavé est composé de pierres carrées, et les murs sont également construits en blocs de même forme, parfaitement joints et merveilleusement polis. Le plafond se termine presque en pointe comme celui des corridors de Palenqué.

La division des autres ailes du palais correspond à celle de l'appartement central, et l'on observe une grande uniformité dans les ornements. Dans certaines pièces, les murailles sont revêtues de plâtre aussi fin que celui qu'on emploie à Paris. Il importe de remarquer qu'on ne trouve ici ni peintures, ni ornements en stuc, ni bas-reliefs, ni décorations d'aucun genre.

Un voyageur a trouvé un objet fort intéressant dans une salle de la Maison du gouverneur : c'est une grosse solive longue de dix pieds, très-pesante, et qui était tombée sur terre du haut de la porte où elle était placée. Sur le devant de cette poutre on voit une ligne de caractères creusés ou empreints dans le bois, presque effacés, mais cependant assez visibles pour qu'on ait pu constater que c'étaient des hiéroglyphes analogues à ceux de Copan et de Palenqué. C'est peut-être le seul document qui puisse mettre sur la trace du passé de cette ville en ruine, car on ne trouve à Uxmal ni idoles comme à Copan, ni figures en stuc, ni tableaux sculptés comme à Palenqué, rien enfin de ce qui pourrait aider les investigations de la science moderne.

Il est un ornement qu'on retrouve dans presque tous ces édifices : c'est une tête de mort avec deux ailes étendues et des dents saillantes. Le tout a deux pieds de large, et s'attache aux murs à l'aide d'un crochet fixé par derrière.

Quant aux autres ornements dont la multiplicité étonne à Uxmal, et qui forment, comme nous l'avons dit, une espèce de mosaïque sculptée, aucune description ne pouvant en donner une idée, nous renvoyons le lecteur aux gravures qui les représentent.

Nous ne devons pas omettre un fait assez étrange qu'on a remarqué à Uxmal : c'est qu'on n'y a jamais connu d'eau. Les Indiens, qui fréquentent cette localité, affirment qu'il n'y a pas un seul ruisseau, pas une fontaine, ni même un puits, et que, pour trouver de l'eau, il faut aller à la ferme du propriétaire, qui est située à un mille et demi. Il est probable que les sources qui alimentaient la ville sont taries, les citernes détruites, et les ruisseaux desséchés. Cependant les habitants éclairés des environs pensent que la face du pays n'est modifiée en rien ; il faudrait donc qu'il existât des réservoirs souterrains, destinés à conserver des eaux cachées elles-mêmes dans les entrailles du sol. C'est là une question qui n'est pas sans intérêt, et dont la solution n'est pas aussi facile qu'on le croirait au premier abord.

Les ruines d'Uxmal sont connues en Europe depuis peu de temps, et elles le sont encore fort mal ; il n'est donc pas surprenant qu'une foule de problèmes qui s'y rattachent aient été jusqu'à ce jour à peine posés. Les ruines de

Palenqué, découvertes et explorées bien longtemps auparavant, renferment une multitude de choses qui sont encore des mystères pour nous. Ces débris d'une civilisation éteinte ont si peu occupé l'attention des hommes compétents, qu'on peut dire que le champ des antiquités américaines est encore à défricher.

On s'est livré aux conjectures les plus hasardées sur l'origine des ruines de l'Amérique septentrionale et centrale ; on a fait des rapprochements plus ou moins ingénieux entre les monuments du nouveau monde et ceux de l'ancien. Qu'y a-t-il de fondé dans ces hypothèses si péniblement élaborées ? Il est d'abord certain que les ruines américaines n'ont ni le caractère cyclopéen, ni aucune analogie avec les monuments grecs et romains; rien en un mot ne peut leur être comparé en Europe. Quant aux monuments antiques de la Chine et du Japon, qu'on a voulu faire entrer comme éléments dans l'examen du problème, ils sont assurément trop peu connus pour pouvoir fournir matière à une discussion sérieuse. On a parlé de l'Inde. Mais on ne trouve pas dans toute la partie de l'Amérique que nous venons de parcourir, une seule de ces cavernes dans lesquelles les Hindous aimaient tant à placer le sanctuaire de leurs idoles. Les Américains, loin de profiter des nombreux accidents de terrains, qui auraient si puissamment favorisé les travaux d'excavations, plaçaient leurs édifices sur des élévations artificielles construites à grands frais. Si les ruines de Palenqué étaient d'origine indienne, comment pourrait-on supposer que leurs constructeurs eussent brusquement renoncé à leurs habitudes et aux principes de l'art national? Les sculptures ne diffèrent pas moins. En Amérique, point de ces figures hideuses, contournées, difformes, décapitées ou à plusieurs têtes, comme celles qu'on remarque sur les monuments de l'antiquité hindoue. L'analogie observée dans la pose des personnages, dont quelques-uns sont assis à la manière des Asiatiques, ne suffit pas pour servir de base à un système de rapprochement.

Quant à l'Égypte, la ressemblance ne paraît pas mieux établie. On a beaucoup insisté sur le système pyramidal adopté dans les deux pays. Mais l'idée de la pyramide est naturelle à tous les peuples et ne peut prouver la communauté d'origine. D'ailleurs les pyramides égyptiennes diffèrent essentiellement des pyramides d'Amérique. Les premières ont un caractère particulier, uniforme, et furent toutes construites dans un même but; elles sont carrées à la base, et leurs faces offrent des degrés qui vont en diminuant jusqu'au sommet, qui est toujours en pointe. Les pyramides américaines sont toutes oblongues, arrondies aux quatre coins, et tapissées d'un revêtement de pierres unies; en fait de degrés, elles n'en ont qu'au centre et quelquefois derrière. Il en est qui sont coupées par de larges terrasses ou plates-formes superposées, communiquant les unes aux autres par des escaliers. En second lieu, les pyramides de l'Égypte sont creuses, elles ont des chambres intérieures, et, indépendamment des autres usages auxquels elles pouvaient servir, elles étaient des lieux de sépulture. Les pyramides américaines, au contraire, sont des solides parfaitement pleins, sans ouvertures ni excavations. Mais ce qui constitue la différence la plus frappante, c'est que les pyramides d'Égypte sont complètes en elles-mêmes, tandis que celles d'Amérique n'ont été élevées que pour servir de fondements à des édifices. Il n'existe pas en Égypte une seule pyramide supportant un temple ou un palais; il n'en est pas une seule en Amérique au sommet de laquelle on n'aperçoive un monument. Ajoutons que les Égyptiens se servaient, dans la construction de leurs édifices, de pierres de dimensions colossales; en Amérique, il n'en a pas été de même; tous les édifices sont bâtis de pierres de grosseur très-ordinaire, on n'en trouverait pas une qui fût digne de figurer dans un mur égyptien. Comparera-t-on les obélisques de l'Égypte aux idoles de Copan et de Quirigua, lesquelles sont sculptées sur des pierres isolées et placées debout comme des obélisques? Mais des blocs aussi médiocres n'ont jamais été employés en Égypte que dans la construction des murs les plus insignifiants; les obélisques qui servent d'ornements aux portes des grandes villes ont jusqu'à quatre-vingt-dix pieds de hauteur, et sont des géants auprès des pierres de Copan. L'imitation serait donc tout à fait ridicule, et il est beaucoup plus naturel de croire qu'il n'y a aucun rapport entre ces deux échantillons de l'art américain et de la sculpture égyptienne. La colonne, qui forme un trait distinctif des temples que baignent les eaux du Nil, n'existe pas non plus en Amérique. Jusqu'à présent on n'a pas trouvé une seule colonne proprement dite dans les ruines du Mexique, du Yucatan et de l'Amérique centrale. On n'y voit pas non plus le *dromos*, le *pronaos*, et l'*adytum*, qui caractérisent aussi les temples égyptiens. Enfin il est impossible de soutenir sérieusement, comme on l'a fait, que la sculpture américaine offre de l'analogie avec la sculpture des anciens habitants de l'Égypte. On s'en convaincra aisément en comparant entre eux des bas-reliefs des deux pays. On verra que l'usage du profil dans le dessin des personnages est le seul trait de ressemblance; encore faut-il observer que le dessin en profil se retrouve dans presque toutes les bonnes sculptures en bas-relief.

Les monuments américains n'ont donc nulle part leurs analogues. Ils sont d'une originalité complète, sans modèles, sans tradition; ils sont le produit d'une civilisation isolée, inconnue du reste du monde, et absolument indigène. M. Waldeck croit bien avoir reconnu sur les édifices d'Uxmal la trompe de l'éléphant asiatique et d'autres détails qui attesteraient, suivant ce voyageur, une origine indienne; mais, à en juger par ses propres dessins, à l'exactitude desquels nous avons toute raison de croire, c'est là une conjecture très-aventureuse. Nous ne voyons donc rien qui infirme notre conclusion, et nous pensons, comme M. Stephens, que l'art américain est tout à fait exceptionnel, sans lien avec les œuvres des autres peuples.

Quelle date faut-il donner à ces vieux monuments du nouveau monde? Doit-on en faire remonter l'origine au delà des siècles historiques, ou les regarder comme le produit des derniers temps de l'Amérique indépendante? Cette ténébreuse question a fait naître des conjectures fort diverses et fort opposées, qu'aucune preuve historique ne vient appuyer. Lord Kingsborough a rattaché à une migration de juifs la vieille civilisation de l'Amérique centrale. M. Dupaix suppose à ses ruines une origine antédiluvienne, tandis que M. Stephens leur assigne une époque comparativement récente. Il y a, entre de tels systèmes, l'immense intervalle de quelques milliers d'années. Nous n'avons garde, comme on le pense bien, de prendre parti pour l'une ou l'autre de ces conjectures. Nous croyons qu'il n'y a nul moyen d'établir historiquement, ou même par simple analogie, l'âge dans lequel florissait le peuple qui fit ces grands travaux. M. Waldeck pense que la dynastie et la civilisation palenquéennes étaient éteintes longtemps avant l'établissement des Aztèques dans l'Anahuac. Nous le croyons aussi, et tout tend à établir que les monuments de construction aztèque, tels qu'ils existaient au moment de la conquête, ne furent que des copies fort altérées des grands et anciens édifices civils de l'Amérique centrale. Les conquérants, gens peu versés dans les détails de l'art, purent très-bien les confondre dans leurs descriptions, sans que la ressemblance fût parfaite; mais, par leurs récits même et par les traditions mexicaines, il reste constant qu'il y avait alors des temples, des pyramides et des palais en ruine, et qu'on regardait comme l'œuvre d'un peuple qui n'existait plus.

Toutefois, quel que soit le point de vue sous lequel on envisage ces questions, le nom de ce peuple, sa patrie, ses lois, ses mœurs, son culte religieux primitif restent un profond mystère. Ce qu'on ne peut méconnaître, c'est qu'il a laissé de merveilleuses traces de son passage sur la terre d'Amérique (*).

(*) M. Lacroix, jeune littérateur plein de savoir et l'un des collaborateurs de L'UNIVERS, a pris part à notre rédaction du Yucatan et du Guatemala, nous lui adressons ici nos remerciments pour les curieux renseignements qu'il nous a fournis.

LARENAUDIÈRE.

PÉROU ET BOLIVIE.

Par M. FRÉDÉRIC LACROIX.

COUP D'ŒIL GÉNÉRAL SUR LE PÉROU. — DIVISION GÉOGRAPHIQUE. — PRODUCTIONS. — DIVISION POLITIQUE.

Considérée au point de vue purement géographique, l'immense contrée connue autrefois sous le nom général de *Pérou* forme trois divisions naturelles : *bas Pérou, haut Pérou* et *Pérou intérieur.* « Les Andes, qui traversent le Pérou du sud au nord, forment généralement deux chaînes à peu près parallèles; l'une, la grande Cordillère des Andes, constitue le noyau central du Pérou; l'autre, beaucoup plus basse, est appelée Cordillère de la côte. Entre celle-ci et la mer, se prolonge le bas Pérou, formant un plan incliné large de dix à vingt lieues, et connu dans le pays sous le nom de *Valles.* Il est composé en partie de déserts sablonneux, dépourvus de végétation et d'habitants. Cette stérilité provient de l'aridité naturelle du sol et du manque absolu de pluies; car jamais, en aucune saison, il ne pleut ni ne tonne dans cette partie du Pérou; il n'y a de fertile que le bord des rivières et les terrains susceptibles d'être arrosés artificiellement, ou bien les endroits humectés par des eaux souterraines (*), résultat des brouillards et des fortes rosées. Dans ces lieux privilégiés, la terre ne cesse de se revêtir de la parure réunie du printemps et de l'automne. Le climat se fait encore remarquer par la douceur constante de la température. Jamais, à Lima, on n'a observé le thermomètre de Fahrenheit, à midi, au-dessous de 60 degrés (**), et rarement il s'élève, dans l'été, au-dessus de 86° (***). La plus grande chaleur qu'on ait jamais éprouvée à Lima fit monter le thermomètre à 96 degrés (*). La fraîcheur qui règne presque toute l'année le long de la côte du Pérou, sous le tropique, n'est nullement un effet du voisinage des montagnes couvertes de neige; elle est due plutôt à ce brouillard (*garua*) qui voile le disque du soleil, et à ce courant très-froid d'eau de mer, qui porte avec impétuosité vers le nord, depuis le détroit de Magellan jusqu'au cap Parinna. Sur la côte de Lima, la température du grand Océan est à 12°5, tandis que sous le même parallèle, mais hors du courant, elle est à 21° (**).

« Le pays compris entre les deux cordillères est appelé *la Sierra*. Ce ne sont que des montagnes et des rochers nus, entrecoupés de quelques vallées fertiles et cultivées. Mais ces montagnes renferment les plus riches mines d'argent que l'on connaisse, et les veines les plus abondantes se trouvent ordinairement dans les montagnes les plus arides. Le climat de la Sierra est l'un des plus salubres qui existent, si l'on peut en juger par la longévité de ses habitants. Quelques écrivains distinguent de la Sierra la plus haute chaîne des Andes, ou la région des neiges éternelles; nous pensons qu'il vaut mieux les comprendre l'une et l'autre sous le nom de *haut Pérou*.

« Derrière la chaîne principale des Andes s'étend, vers les bords de l'Ucayale et du Marañon, une immense plaine inclinée à l'est, traversée par plusieurs chaînes de montagnes détachées, qu'on appelle au Pérou la *Montana real.* Sous un ciel pluvieux, souvent sillonné d'éclairs, l'éternelle verdure des forêts primordiales charme

(*) *Viagero universal*, XIV, 106.
(**) 15°56 centigrades.
(***) 30° centigrades.

(*) 35°56 centigrades.
(**) Humboldt, Tableaux de la nature, I, 126.

les yeux du voyageur, tandis que les inondations, les marais, les serpents énormes et d'innombrables insectes arrêtent sa marche. Cette région peut s'appeler le *Pérou intérieur*. Les communications avec la région intérieure sont plus difficiles qu'avec le bas Pérou (*). »

Au nord la république de l'Équateur, à l'est l'empire du Brésil et les anciennes provinces de la vice-royauté de Buénos-Ayres, au sud le Chili, à l'ouest l'Océan pacifique, telles sont les limites naturelles du Pérou, considéré dans toute son étendue et abstraction faite de sa division politique.

Les Andes forment le trait physique le plus remarquable de cette contrée, aussi bien que du Chili et du Mexique. Quoique cette immense cordillère soit la même dans ces trois pays, elle offre dans sa charpente ou sa construction des différences qui lui donnent un caractère et un aspect particuliers, suivant qu'on l'observe au nord ou au sud de l'équateur. « Dans l'hémisphère austral, dit M. de Humboldt, la cordillère est partout déchirée et interrompue par des crevasses qui ressemblent à des filons ouverts et non remplis de substances hétérogènes. S'il y existe des plaines élevées de 2,700 à 3,000 mètres, comme dans le royaume de Quito, et plus au nord dans la province de Los Pastos, elles ne sont pas comparables en étendue à à celles de la Nouvelle-Espagne. Ce sont plutôt des vallées longitudinales limitées par deux branches de la grande cordillère des Andes. Au Mexique, au contraire, c'est le dos même des montagnes qui forme le plateau; c'est la direction du plateau qui désigne pour ainsi dire celle de toute la chaîne. Au Pérou, les cimes les plus élevées constituent la crête des Andes; au Mexique, ces mêmes cimes, moins colossales il est vrai, mais toutefois hautes de 4,900 à 5,400 mètres, sont ou dispersées sur le plateau ou rangées d'après des lignes qui n'ont aucun rapport de parallélisme avec l'axe principal de la cordillère. Le Pérou et le royaume de la Nouvelle-Grenade offrent des vallées transversales dont la profondeur perpendiculaire est quelquefois de 1,400 mètres. C'est l'existence de ces vallées qui empêche les habitants de voyager autrement qu'à cheval, à pied, ou portés sur le dos d'Indiens appelés *cargadores*. Dans le royaume de la Nouvelle-Espagne, au contraire, les voitures roulent depuis la capitale de Mexico jusqu'à Santa-Fé, dans la province du Nouveau-Mexique, sur une longueur de plus de 2,200 kilomètres ou 500 lieues communes. Sur toute cette route, l'art n'a pas eu à surmonter de difficultés considérables (*). »

Pour donner une idée exacte de la variété de paysages qu'offre la double cordillère du Pérou, nous extrairons du voyage de M. Alcide d'Orbigny quelques passages qui nous paraissent rendre avec bonheur le caractère de la nature américaine dans les montagnes de l'hémisphère austral. Les fragments que l'on va lire se rapportent exclusivement au haut Pérou ou république de Bolivie.

« Je traversai, dit le savant voyageur, trois petits affluents du Rio d'Ancomarca, dont les bords escarpés sont formés de trachytes, et contre lesquels s'appuient çà et là quelques huttes abandonnées, ainsi que des enceintes en pierres sèches où les Indiens renferment leurs troupeaux. Rien de plus triste au monde que cette partie du plateau; son sol blanchâtre, sablonneux, montre à peine de distance en distance de rares plaques d'une verdure sombre et grisâtre. La nature semble entièrement inanimée; on n'y voit plus planer le majestueux condor; les oiseaux ont fui; le montagnard avec ses troupeaux y manque entièrement; un morne silence n'y est interrompu que par la marche pesante des mules chargées, dont l'écho seul répète le bruit. La désolante unifor-

---

(*) Malte-Brun, t. VI, p. 268, édit. de 1841.

(*) Essai politique sur le royaume de la Nouvelle-Espagne, t. I, p. 253, édit. de 1825.

mité du sol n'est pas même variée par un nuage passager qui, momentanément, jetterait un peu d'ombre sur la campagne. Un ciel d'un bleu foncé, sans la moindre petite tache, s'étend aussi loin que l'horizon... Nous étions seul, et aucun être humain ne s'apercevait dans le lointain. On ne saurait exprimer la sensation que produisent ces grandes solitudes du nouveau monde, où l'on est, des journées entières, isolé, perdu au milieu de plaines sans bornes, de forêts vierges ou de montagnes désertes... Bientôt en marchant sur les trachytes blancs et sans végétation, j'arrivai aux bords du Rio-Maure, le plus grand des cours d'eau de la chaîne. On s'étonne de trouver tout à coup au milieu de ces terrains presque horizontaux, une vaste fente, profonde de quelques centaines de mètres, au fond de laquelle la rivière coule majestueusement comme dans un gouffre. Les bords en sont coupés presque à pic et forment comme deux murailles. Au premier moment, on se demande, en mesurant de l'œil, comment on pourra parvenir jusqu'au lit de la rivière; mais bientôt le muletier vous fait découvrir un petit sentier à peine de la largeur d'une mule, et taillé dans le trachyte blanchâtre. Vous y devez entrer pour suivre ensuite mille détours, suspendu sur l'abîme, en dessus ou en dessous de masses de porphyre et de trachytes superposées, à moitié en équilibre, qui menacent de se détacher sous vos pas ou de vous écraser. On descend ainsi, non sans être obligé plusieurs fois d'abandonner la mule et de se fier à ses jambes plutôt qu'à celles de sa monture, et l'on arrive avec peine jusqu'au fond. Des eaux majestueuses, de trente à quarante mètres de largeur, mais peu profondes, y coulent avec rapidité sur un lit de galets. Quelques plantes graminées y viennent former de petits rubans verts flottant au gré des eaux et au milieu desquels se jouent de petits poissons.

« ....Après avoir aperçu quelques cabanes d'Aymaras, continue M. D'Orbigny, j'arrivai au sommet de la chaîne du Delinguil. Là, j'éprouvai un sentiment d'admiration que déterminaient la vaste étendue qui se déployait sous mes yeux et la grande variété d'objets que la vue pouvait saisir à la fois. Il y a sans doute bien des points plus gracieux dans les Pyrénées et dans les Alpes, mais jamais un aspect aussi grandiose et aussi majestueux ne s'y est offert à moi. A mes pieds le plateau bolivien, de plus de trente lieues de large, s'étendant à perte de vue, à droite et à gauche, montrant seulement au milieu de cette vaste plaine quelques petites chaînes parallèles mollement ondulées, comme les houles de la mer, sur ce bassin gigantesque, dont le lointain, au nord-ouest et au sud-est, me cachait les limites; tandis qu'au nord, toujours sur le plateau, je voyais briller par-dessus les hautes collines qui le circonscrivent, quelques parties des eaux limpides du fameux lac de Titicaca, berceau mystérieux des fils du soleil. Au delà de cet ensemble imposant, un cadre sévère formé par le vaste rideau des Andes (*), découpées en pics coniques représentant tout à fait une Sierra. Au milieu de ces sommités s'élèvent le Guaina-Potosi (**), l'Ilimani (***) avec ses deux pointes, et l'Ancumani (****), ou le

(*) On a bien souvent abusé du mot *andes*, en l'employant comme synonyme de *cordillères* et en l'appliquant à toutes les chaînes américaines. C'est une faute de géographie aussi grave que si l'on disait les *Pyrénées de Colombie* ou les *Alpes du Chili*. *Andes* est un mot corrompu *d'antis* qui, chez les Incas, ne signifiait pas *cordillère*, mais bien les montagnes boisées situées à l'est de la cordillère occidentale, témoin la province *d'Antisuyo*. Les anciens Espagnols l'ont si bien senti, que, dans les cartes d'Herrera, on trouve la chaîne occidentale sous le nom de *Cordillera*, et la chaîne orientale sous celui *d'Andes*. Je crois, en conséquence, que la chaîne orientale doit seule conserver cette dernière dénomination. (*Note de M. d'Orbigny.*)

(**) Le nouveau *Potosi*.

(***) L'Ilimani est élevé de 7,315 mètres au-dessus du niveau de la mer.

(****) C'est le Sorata, dernière dénomina-

vieux blanchi par les ans, comme le nomment poétiquement les indigènes, montrant son cône oblique, écrasé, les trois géants des monts américains, dont les éblouissantes neiges se dessinent au-dessus des nuages sur le bleu foncé du ciel le plus beau et le plus pur du monde. »

Dans les environs de la Paz, et en s'acheminant vers la province de Yungas, M. d'Orbigny contemple des paysages d'une autre nature : « J'étais, dit-il, entouré de montagnes sèches, dont la roche se cachait par endroits soit sous quelques lambeaux de pelouse, soit sous les neiges éternelles. Un silence solennel régnait de tous côtés, ces régions sauvages et glacées n'étant pas même fréquentées par le passereau voyageur. Le guanaco ou l'agile cerf des Andes, l'isoard ou le chamois de ces contrées, parcourent seuls les montagnes voisines, que le pasteur montagnard craint quelquefois d'aborder..... Arrivé au sommet des Andes, l'admiration l'emporta sur la souffrance que me causait le froid piquant dont j'étais saisi, et me fit oublier les effets si pénibles de la raréfaction de l'air. J'étais tellement ébloui par la majesté du tableau, que je n'en vis d'abord que l'immense étendue, sans pouvoir en distinguer les détails... Ce n'était plus une montagne neigeuse que je croyais saisir, ce n'était plus ce vaste plateau sans nuages comme sans végétation active. Tout ici était différent : en me retournant du côté de la Paz, j'apercevais encore ces montagnes arides et ce ciel toujours si pur, caractéristique des plateaux. Au niveau où je me trouvais, partout des sommités couvertes de neige et de glace ; mais vers Yungas, quel contraste ! Jusqu'à cinq ou six cents mètres au-dessous de moi, des montagnes couvertes d'un riche tapis vert de pelouse, sous un ciel pur et serein ! A ce niveau, un rideau de nuages blanchâtres, représentant comme une vaste mer qui battait les flancs des montagnes, et sur lesquels les pics les plus élevés venaient se détacher et représenter des îlots. Au-dessous de cette zone, dernière limite de la végétation active (*), lorsque les nuages s'entr'ouvraient, j'apercevais à une profondeur incommensurable le vert bleuâtre foncé des forêts vierges qui revêtent toutes les parties du sol le plus accidenté du monde. »

Arrivé au pied d'une chute d'eau, sur la montagne de Quiliquila, le savant observateur fait le parallèle suivant :

« La composition géologique des montagnes a la plus grande influence sur l'aspect pittoresque des localités. Lorsqu'on parcourt les Pyrénées et

---

tion appliquée par le voisinage de la ville de ce nom au pic de la montagne appelée *Ancumani* par les Indiens. Cette montagne est la plus haute de l'Amérique méridionale, d'après M. Pentland ; elle est plus élevée que l'Ilimani, puisqu'elle a 7,696 mètres au-dessus de l'Océan.

(*) L'ensemble des montagnes, par cette latitude, offre trois climats tout différents, déterminés par les vents régnants et les barrières que leur opposent les diverses chaines ; 1° dans la province de Yungas et sur tout le versant oriental des Andes, les nuages existent toujours, ou même, pendant neuf mois de l'année, ne franchissent pas une limite déterminée, arrêtés qu'ils sont par les montagnes ; il en résulte des pluies continuelles et la plus belle végétation du monde ; 2° sur les plateaux, neuf mois de l'année, aucun nuage ne se montre à l'horizon ; mais à l'instant de l'été les nuages du versant s'élèvent un peu, quelques-uns franchissent les montagnes et passent sur les plateaux ; alors des orages fréquents, presque journaliers, et pour ainsi dire à heure fixe, y versent (vers trois heures) des torrents de pluie ou de grêle, et font naître une végétation maigre et rabougrie ; 3° ces nuages sont arrêtés par la cordillère occidentale, et il en résulte qu'aucun ne passe sur le versant ouest, où par suite du manque continuel de pluie, il n'existe plus qu'une végétation artificielle. Ainsi le versant occidental, où jamais on ne voit de pluie ; les plateaux où il pleut trois mois de l'année ; le versant oriental où il pleut toujours ; telles sont les trois zones tranchées qu'on trouve sous les tropiques en Bolivia et au Pérou. (*Note de M. d'Orbigny*.)

GUATIMALA.

les Alpes, on rencontre à chaque pas des cascades magnifiques qui se précipitent d'une grande hauteur. J'avais été étonné de ne rien trouver de semblable dans les Cordillères et les Andes, où les torrents mêmes, tout en descendant par des pentes rapides, n'offrent jamais les accidents si remarquables qu'on admire de Cauteretz au lac de Gob, dans les Pyrénées. Quand, plus tard, je me demandai l'explication de ce fait, la géologie m'en donna la raison. Dans les Alpes et dans les Pyrénées, la cascade du Giessbach en Suisse, celles du lac d'O, de Bagnères-de-Luchon et de Gavarnie dans les Pyrénées, proviennent de la dureté des roches, dont les dislocations ont formé d'immenses saillies en gradins, que les eaux ne détruisent pas depuis des siècles, le granit ou la craie durcie résistant à leur choc le plus impétueux. Dans les Cordillères, le manque d'eau sur le versant occidental, où les roches ignées pourraient aussi produire des cascades, empêche sans doute qu'il s'en forme; mais sur le versant oriental des Andes, où les eaux sont des plus abondantes, c'est au contraire la nature des couches qui s'y oppose. Le granit y est partout en décomposition; les schistes qui le recouvrent sont les plus souvent friables. Il en résulte que les torrents se creusent un lit incliné, et qu'ils ne sont arrêtés que par quelques petits blocs plus durs que le reste, qui n'offrent ni cet appareil de résistance, ni ces hautes saillies, causes des grandes chutes d'eau des montagnes d'Europe. Cette différence de dureté des roches influe encore beaucoup sur l'aspect du pays. Les chaînes de montagnes, sur le versant oriental des Andes, sont des plus abruptes; chacune y forme le plus souvent une crête presque aiguë; mais la roche se décomposant facilement à l'air, ne saurait présenter nulle part de ces pics aigus, de ces rochers escarpés des Alpes et des Pyrénées; aussi les montagnes offrent-elles partout des croupes légèrement ondulées, et nullement heurtées ni déchirées. »

On nous saura gré, nous l'espérons, d'avoir cité ces passages d'un livre qui fait merveilleusement connaître à l'Europe une bonne partie du Pérou. En pareille matière, un résumé ne remplace jamais une citation faite à propos.

Nous ne voulons pas omettre ici des détails que nous trouvons dans le *Mercurio Peruano*, et qui termineront ce que nous avons à dire sur la cordillère du Pérou:

La chaîne la plus rapprochée de la mer, et qu'on nomme *Cordillère de l'Ouest*, est la moins interrompue et la moins élevée des deux; l'autre, qui borde le plateau à l'est et qu'on appelle *Cordillère des Andes*, offre de plus grandes élévations, mais aussi des ouvertures plus nombreuses, par lesquelles s'écoulent vers le bassin de l'Amazone les rivières qui naissent dans les vallées, dans les plaines ou sur les montagnes intermédiaires du plateau. Cette chaîne avait reçu des anciens Péruviens le nom de *Ritisuyo*, c'est-à-dire *bande de neige*.

Les aspects variés de ces montagnes ont donné naissance à des termes particuliers : ainsi, les sommets nus et arides s'appellent dans le pays *paramos*; on nomme *québradas* ces crevasses taillées presque à pic, profondes de plusieurs milliers de pieds, et qui ouvrent entre les diverses vallées et les terrasses de la chaîne des routes de communication si effrayantes, qu'elles épouvanteraient le plus intrépide habitant des Alpes ou des Pyrénées. Les endroits où les fleuves, resserrés par des rochers, coulent avec rapidité, sont connus sous la dénomination de *pongos*; ces endroits sont souvent précédés d'une espèce de baie qu'on désigne par le nom de *ports*.

Entre les fleuves Ucayale et Huallaga, dont nous parlerons un peu plus loin, par les 10° et 11° degrés de latitude méridionale, s'étend une contrée hérissée de montagnes. On y remarque le *Grand Payonal*, groupe de montagnes couvert d'une belle végétation et surtout de riches pâturages. La *Sierra de San-Carlos* en constitue la pointe septentrionale. Le groupe entier a 30 milles de l'est à l'ouest sur 24 du nord au midi. Il se réunit aux Andes par une chaîne nommée *Cerro del Sal*, c'est-à-dire *montagne du sel*. Au nord du Cerro del Sal s'élève la petite Cordillère qui suit les rivages du Huallaga.

Au nord et au nord-est de ces régions montagneuses, entre le Huallaga, l'Ucayale et l'Amazone, s'étend la grande plaine péninsulaire nommée par les Espagnols du Pérou *la Pampa del Sacramento*. Cette plaine a 120 lieues de long sur une largeur qui varie entre 20 et 60 lieues; on en a évalué, par approximation, la superficie totale à 4,000 lieues carrées.

Un autre trait physique qui, dans le Pérou, frappe, au premier abord, les regards du géographe, c'est l'inégale répartition des grands cours d'eau entre les deux parties du pays qui séparent les Andes. Tandis que dans la portion comprise entre la cordillère et l'océan Pacifique, les rivières sont rares et de trop petite dimension pour être navigables, à l'est des montagnes, les grands fleuves abondent et se croisent dans tous les sens, alimentés par des affluents, qui eux-mêmes roulent des eaux profondes et favorables à la navigation. Au nord le Lauricocha ou le Maragnon du Père Fritz, le Huallaga et l'Apurimac considéré comme la souche de l'Amazone, et qui reçoit l'Ynabari, le Mantaro ou Jauja, le Perène, le Pachitea. Les rivières réunies à l'Apurimac forment le Grand-Para, c'est-à-dire, *la grande eau* ou *confluent des eaux*. Depuis le 9e degré de latitude, ce beau fleuve, libre de toute entrave, débarrassé des bas-fonds et des rochers qui encombraient ou resserraient son lit, coule à travers des forêts immenses et des plaines qu'il inonde parfois dans une étendue de plusieurs lieues. Vis-à-vis de la ville de San Joaquim d'Omaguas, il se réunit au Lauricocha ou Tunguragna, ou Faux-Maragnon, à qui il fait changer de direction. Le Huallaga, qui prend sa source sous le 11e degré de latitude sud, coule, sous le nom de Huanaco, entre des précipices affreux, dont le resserrement double sa rapidité. Devenu navigable, il se dirige au nord, ayant à droite une chaîne assez étroite de montagnes escarpées, et à gauche, les vallées qui descendent de la cordillère des Andes, et qui forment les provinces de Pastos et de Los-Lamas. A 7 degrés et demi de latitude, il entre dans la région des plaines, et se joint, deux degrés plus bas, au Faux-Maragnon. A cet endroit, sa largeur de 560 mètres, et sa profondeur de 56, en font une superbe rivière. Ses bords offrent les sites les plus pittoresques; ses eaux sont peuplées d'innombrables poissons, qui servent de nourriture à des caïmans, destinés eux-mêmes à tomber sous la dent meurtrière des jaguars ou tigres d'Amérique. Le paysage est animé par la présence d'un grand nombre de bateaux, les uns chargés de denrées et marchant à la voile; les autres attendant au mouillage leur cargaison de cacao et de cire.

Indépendamment des rivières que nous venons de désigner, on remarque à l'est, la Madera, au sud-est le Mamore et la rivière de Santa-Magdalena; au sud le Rio Pilcomayo et la Tarija; enfin d'autres cours d'eau, qui n'existent pas sur la plupart des cartes du Pérou, mais que M. d'Orbigny a découverts et qui figurent sur sa carte de la Bolivie, si habilement reproduite et gravée par M. Bouffard. Toutes ces grandes artères forment un réseau de voies naturelles de communication qui n'a peut-être pas son analogue dans le monde entier. La direction de quelques-unes de ces rivières a même donné lieu au projet formulé par M. de Humboldt, d'établir une jonction entre les deux océans à travers le Pérou. En effet, « sous les 10° de latitude australe, à deux ou trois journées de Lima, on arrive aux bords de la Guallaga (ou Huallaga), par laquelle, sans doubler le cap Horn, on peut se rendre aux côtes du Grand-Para dans le Brésil. Les sources du Rio Huanaco, qui se jette dans le Guallaga, sont

Forêt dans la province de Techuantepec.

GUATIMALA

éloignées, près de Chinche, de quatre à cinq lieues des sources du Rio Huaura, qui débouche dans l'océan Pacifique. Même le Rio Xauxa, affluent de l'Apurimac ou Ucayale, prend son origine près de Jauli, à peu de distance des sources du Rio Rimac, qui traverse la ville de Lima. La hauteur de la cordillère péruvienne et la nature du terrain y rendent impossible l'exécution d'un canal; mais la construction d'une route commode, tracée de la capitale du Pérou au Rio de Huanaco, faciliterait le transport des marchandises en Europe. Les grandes rivières de l'Ucayale et du Guallaga porteraient en cinq ou six semaines les productions du Pérou à l'embouchure de l'Amazone et aux côtes les plus voisines de l'Europe, tandis qu'il faut un trajet de quatre mois pour faire parvenir ces mêmes marchandises au même point, en doublant le cap Horn (*). »

Malgré ce que plusieurs géographes, Malte-Brun entre autres, disent du peu de fertilité du Pérou et de l'éternelle pauvreté à laquelle ce pays serait, d'après eux, condamné par la nature, on peut affirmer que, sous un gouvernement habile et actif, cette vaste contrée arriverait promptement à un état de prospérité digne de faire envie aux peuples les mieux dotés. L'extrême variété du climat et de la température y fait croître les végétaux les plus divers et y favorise toutes les cultures. Le tabac, le sucre, le coton, le cacao, le café, la coca (**), le blé, l'anis, la vanille, la cannelle, le piment, la cochenille, le riz, le chanvre, la vigne, les olives, le maïs, telles sont les principales productions du Pérou. Certes, peu de contrées peuvent présenter un aussi magnifique inventaire. Voici les renseignements que nous trouvons à ce sujet dans le *Voyage de la Vénus*, par l'amiral du Petit-Thouars, qui a visité le Pérou en 1837 : « Le sucre se travaille au Pérou par les procédés les plus défectueux; le planteur, en suivant la vieille routine en usage, éprouve des pertes immenses qu'il ne songe même pas à éviter, parce que toute amélioration lui paraît impossible ou impraticable; mais qu'un homme intelligent et entreprenant introduise au Pérou les perfectionnements connus en Europe, et le commerce des sucres de ce pays pourra lutter avec avantage avec celui des marchés d'outre-mer, parce qu'au Pérou, sur la côte, la canne à sucre vient naturellement, qu'elle n'a pas d'ennemi, qu'aucun insecte ne lui est préjudiciable; il n'y a pas de sol dans la bande maritime qui ne la produise en abondance. Elle croît et mûrit avec rapidité et donne du sucre d'une qualité supérieure en quelques endroits, et partout assez bonne. — Le coton, nouvellement exploité, est destiné à prendre le premier rang parmi les productions du littoral péruvien; la qualité en est belle et comparable à celle des beaux cotons de Fernambouc. La récolte a, dans ce pays, quelque chose d'incroyable et de surprenant : aux États-Unis, ainsi que dans les colonies des Antilles, au Brésil et sur tous les autres points du continent américain, la végétation a un temps d'arrêt : la saison des pluies et ensuite la sécheresse nuisent aux plantes et détruisent quelquefois les récoltes; on est souvent obligé de replanter, et le produit d'un pied de coton n'est évalué qu'à 4 ou 500 grammes, tandis qu'au Pérou il est des localités où chaque plante donne de 10 à 12 kilogrammes, et que la moyenne générale est évaluée à 6 kilogrammes de coton par pied. Les récoltes s'y succèdent sans interruption. Des cotons semés dans de bonne terre produisent au bout de 7 à 8 mois, et, dès la seconde année, les plantes ayant poussé de plus profondes racines, donnent les résultats les plus satisfaisants. C'est à la douceur de la température, c'est à cet état presque

---

(*) Essai politique sur le royaume de la Nouvelle-Espagne, t. I, p. 238, édit. de 1825.

(**) Feuille d'un arbuste que les Indiens des montagnes mâchent constamment, et qui apaise si bien la faim et la soif, que ceux qui en font usage peuvent se passer de nourriture pendant plusieurs jours.

uniforme de l'atmosphère, dont les variations se renferment entre 11 et 23 degrés Réaumur, que l'on doit attribuer l'excès de fertilité du littoral du Pérou. Là la végétation ne s'arrête jamais ; les récoltes de toute espèce se suivent sans intervalle, la terre semble infatigable ; et, partout où se trouve une goutte d'eau pour lui donner la vie, surgit une végétation abondante, qui ne demande au cultivateur qu'un peu d'intelligence et de soin pour lui donner les plus grands profits (*). »

On voit que l'assertion de Malte-Brun, au sujet de la stérilité absolue du Pérou maritime, est fort exagérée.

Ajoutons qu'au delà de la Cordillère la végétation est beaucoup plus active ; que dans les montagnes même on récolte le quinquina, plusieurs espèces de baumes, de gommes, de résines, et quantité de plantes médicinales ; enfin qu'à l'est de la Cordillère on trouve des forêts immenses, qui donnent des bois précieux d'ébénisterie et de construction. Il ne faut pas oublier, parmi les produits du Pérou, ceux qu'on tire du lama, de la vigogne et du chinchilla.

Du reste, les métaux dont le sol du Pérou est partout mêlé, suffiraient seuls, peut-être, pour assurer la prospérité de ce pays, s'il était sagement et pacifiquement gouverné. Tout le monde sait que le territoire péruvien n'est, si l'on peut parler ainsi, qu'une vaste mine, où l'or et l'argent se trouvent en filons innombrables.

Le *Mercurio Peruano* nous apprend qu'il existait, en 1791, dans la vice-royauté du Pérou, sans y comprendre ni la province de Quito, ni celle de Buénos-Ayres, ni même le riche département de Potosi, un nombre prodigieux de mines, soit en cours d'exploitation, soit abandonnées. En voici le détail, d'après les renseignements consignés dans ce recueil :

Dans l'intendance de Lima, il y a 4 mines d'or, 181 d'argent, 1 de mercure, et 4 de cuivre, toutes exploitées.

(*) Voyage de *la Vénus*, t. I, p. 271, 272.

Par différentes raisons, 70 mines d'argent ont été abandonnées.

Dans l'intendance de Tarma et les provinces de Pasco et Huallanca, qui en font partie, 227 mines d'argent sont en exploitation, et 22 sont abandonnées. Il y a, en outre, 2 mines de plomb, d'où l'on tire une quantité immense de ce métal.

Dans l'intendance de Truxillo, y compris le district de Chota, 3 mines d'or et 134 mines d'argent sont exploitées ; 161 de ce dernier métal sont abandonnées.

Dans l'intendance de Huamanca, y compris le district de Lucanos, 60 mines d'or, 102 mines d'argent et 1 de mercure sont en activité ; 3 mines d'or et 63 d'argent ont été abandonnées.

Dans l'intendance de Cuzco, et le district de Curahuasi, on n'a trouvé jusqu'à présent que des mines d'argent. Leur nombre s'élève à 19, et elles sont toutes exploitées avec le plus grand succès.

Dans l'intendance d'Aréquipa, 1 mine d'or et 71 mines d'argent sont en exploitation ; 4 mines du premier métal et 28 du second sont abandonnées.

Dans l'intendance de Guantayaya, avec le district de Tacna, 1 mine d'or et 20 mines d'argent sont exploitées ; il n'y a cependant pas moins de 19 mines du premier métal abandonnées, et 30 mines d'argent sont dans le même état.

Dans l'intendance de Huancavélica, 1 mine d'or, 80 d'argent, 2 de mercure et 10 de plomb sont exploitées ; 2 mines d'or et 215 mines d'argent sont abandonnées. La grande quantité de mines d'argent délaissées provient des inondations dont on n'a pu les garantir.

Il résulte de cette curieuse énumération que, dans les huit intendances qui composaient l'ancienne vice-royauté du Pérou, 70 mines d'or, 834 mines d'argent, 4 mines de mercure, 4 mines de cuivre et 12 de plomb étaient exploitées en 1791 ; et qu'à cette même époque, 28 mines d'or et 591 mines

nes d'argent étaient abandonnées.

Depuis le commencement de l'année 1780 jusqu'à la fin de 1789, c'est-à-dire, dans un intervalle de dix ans, les mines qu'on vient de mentionner produisirent 35,359 marcs d'or à 22 carats, et 3,739,763 marcs d'argent. Le prix du marc d'or étant de 125 piastres, et celui du marc d'argent étant de 8 piastres, tout le produit de ces mines s'éleva, pendant les dix ans en question, à plus de 184,000,000 de francs.

En 1790, les mines d'argent produisirent 412,117 marcs, ce qui donne un excédant de 38,147 marcs, au delà de la moyenne des années précédentes.

En énonçant ces résultats, nous rappellerons ce que nous avons fait observer tout d'abord, savoir : qu'on n'a compris dans ces chiffres ni les mines de Buénos-Ayres, ni celles de Quito, ni même celles de Potosi. Les mines de ce dernier département produisirent, de 1574 à 1637, malgré l'exploitation la plus défectueuse, plus de 450 millions d'écus espagnols, ou 2,457,000,000 de francs. « Cette somme, ajoute Alonzo Barba, suffirait pour couvrir 60 milles espagnols carrés, en comptant 25 écus par aune, et 500 aunes par mille (*). »

Il y a quatre-vingts ans, dit M. Helms (**), une montagne, peu éloignée de la ville de la Paz, s'écroula en partie. Il s'y trouva à découvert des morceaux d'or massif de 50 livres pesant. Encore en 1787, les pluies y mettaient souvent à découvert des morceaux de 2 onces, et au delà. Le même statisticien pense que les cordillères fourniraient à des mineurs, même médiocrement instruits, une masse de métaux qui, mise en circulation, bouleverserait tout notre système industriel et commercial, en rendant l'argent aussi commun que le cuivre et le fer.

On peut se faire une idée, d'après cela, du parti que pourrait tirer d'un pareil pays un gouvernement bien organisé et intelligent. Et cependant la situation des mines du Pérou est loin de favoriser l'extraction des métaux. « Les mines d'argent les plus considérables, celles de Potosi, de Pasco et de Chota, se trouvent à d'immenses élévations, très-près de la limite des neiges éternelles. Pour les exploiter, il faut amener de loin les hommes, les vivres et les bestiaux. Des villes situées sur des plateaux où l'eau gèle pendant toute l'année, et où les arbres ne peuvent végéter, ne sont pas faites pour offrir un séjour attrayant. Il n'y a que l'espoir de s'enrichir qui peut déterminer l'homme libre à abandonner le climat délicieux des vallées, pour s'isoler sur le dos des Andes du Pérou. Au Mexique, au contraire, les filons d'argent les plus riches, ceux de Guanaxuato, de Zacatecas, de Tasco et de Real del Monte, se trouvent à des hauteurs moyennes de 1,700 à 2,000 mètres. Les mines y sont entourées de champs labourés, de villes et de villages ; des forêts couronnent les cimes voisines ; tout y facilite l'exploitation des richesses souterraines (*). » Malgré les désavantages départis par la nature au Pérou, pour l'extraction des minéraux, l'industrie humaine en a tiré des trésors incalculables ; elle en tirerait encore des masses d'argent et d'or capables de faire envie à tous les Crésus de la terre.

Du temps des Incas, les émeraudes étaient communes sur le littoral de Monta et dans la province d'Atacama ; on assure que dans ce dernier district il y a des mines dont les Indiens cachent avec soin le gisement, de peur d'être employés à des travaux qu'ils considèrent avec raison comme funestes à leur santé et même à leur existence. Enfin, parmi les minéraux utiles que renferme le sol péruvien, il faut citer, outre le sel, la pierre de *Galinazo*, espèce de verre volcanique

---

(*) Pour de plus amples détails sur Potosi, nous renvoyons le lecteur à la description de la capitale de ce département.

(**) *Journal d'un voyage de Buénos-Ayres à Potosi*, par Helms.

22ᵉ *Livraison.* (PÉROU ET BOLIVIE.)

(*) Humboldt, Essai politique sur la Nouvelle-Espagne, t. I, p. 276, 277.

de couleur noire, et dont on se sert en guise de miroirs. Cette pierre partage ce privilége avec celle dite *des Incas*.

Sans donner de plus amples et inutiles développements à cet aperçu général du Pérou, nous indiquerons ici les différentes divisions politiques que ce pays a subies depuis les premiers temps connus de son histoire jusqu'à nos jours.

La dénomination de *Pérou*, dont l'étymologie est incertaine (*), s'est successivement appliquée à des territoires de diverses grandeurs. L'ancien empire des Incas, au moment de sa destruction, avait pour capitale Cuzco, et comprenait la province de Quito, conquise par les souverains du Pérou. Quand les Européens eurent envahi cette contrée, le Pérou constitua une vice-royauté qui embrassait la totalité des possessions espagnoles au sud de l'isthme de Panama. Un démembrement eut lieu en 1718 : les royaumes de Terre-Ferme, de Nouvelle-Grenade et de Quito, formèrent une vice-royauté distincte, dont le siége fut établi à Santa-Fé de Bogota. Nouveau démembrement en 1778 : à cette époque, les riches districts de la Paz, Potosi, Charcas et Santa-Cruz, ainsi que les provinces orientales de Rio de la Plata, Paraguay et Tucuman, furent détachés et placés sous l'autorité d'un vice-roi établi à Buénos-Ayres. Ajoutons que le titre de *vice-royauté* était particulier à quatre gouvernements, savoir : Mexique, Pérou, Nouvelle-Grenade et Rio de la Plata. Quant au Guatémala et aux provinces de Vénézuela, Caracas, Cumanas et Chili, elles étaient désignées par la simple dénomination de *capitaineries générales*.

(*) Quelques auteurs disent que *Birou* était le nom d'un cacique qui gouvernait un district maritime; d'autres font dériver le nom de *Pérou* de celui d'une certaine rivière *Bérou*, que Pizarre aurait traversée quelques instants après son débarquement; d'autres enfin pensent qu'un promontoire *Pélou* pourrait bien avoir transmis son nom au pays tout entier.

La révolution péruvienne, comme on le verra plus loin, a changé cette division politique et les noms qu'elle avait enfantés. L'empire des Incas, sauf Quito, dès longtemps perdu pour le Pérou, a d'abord été partagé en deux États qui sont le *haut Pérou* ou *Bolivie*, et le *Pérou* proprement dit. Puis une nouvelle organisation créa une confédération qui se composait de trois États distincts : *Pérou du nord*, *Pérou du sud* et *Bolivie*. On est enfin revenu à la précédente division : *Bolivie* et *Pérou*.

ÉTENDUE ACTUELLE DU PÉROU. — POPULATION. — COMMERCE. — DESCRIPTION TOPOGRAPHIQUE. — On vient de voir quelle est la nouvelle division politique du Pérou. Ce pays, considéré dans son ensemble, s'étend de Tumbez à la rivière Macara, à l'est jusqu'au fleuve de l'Amazone et aux frontières du Brésil. Il est borné au sud-est par la province de Gran-Chaco, au sud par celle de Salta et par la montagne de Morro-Moreno qui forme la limite septentrionale du Chili sur le littoral maritime.

Le Pérou proprement dit occupe une superficie de quarante-cinq mille lieues carrées; la surface de la Bolivie n'est que de quarante mille lieues.

La population totale du Pérou est d'environ 1,246,000 âmes. La Bolivie a 1,200,000 habitants.

Les revenus publics du Pérou s'élèvent annuellement à 3,200,000 piastres; ceux de la Bolivie, en temps ordinaire, à plus de 2,000,000 de piastres, ou 10 millions de francs.

Les dépenses du Pérou, en temps normal, peuvent être évaluées à 2,100,000 piastres, et celles de la Bolivie à 1,500,000 piastres. Mais les révolutions et les guerres successives qui ont affligé ces deux républiques, ont diminué les sources de la prospérité générale et grevé les finances de l'État. Le Pérou proprement dit doit au commerce anglais plus de 15 millions de piastres, et sa dette nationale est de 10 millions de piastres. Quant à la Bolivie, elle ne doit rien à l'étranger, et sa dette nationale n'est que de

500,000 piastres; elle est donc la mieux partagée sous ce rapport, comme elle l'est sous celui des productions.

Quand la tranquillité règne au Pérou, le commerce des deux parties de la république donne les chiffres suivants: importations 7,000,000 de piastres, dont 800,000 en importations de France; exportations 1,200,000 piastres. Le commerce d'exportation consiste principalement en laines, cotons, quinquina, salpêtre. La différence entre le chiffre des importations et celui des exportations se paye en argent monnayé, en lingots d'or et d'argent. La Bolivie consomme pour 2,000,000 de piastres de marchandises européennes. Ceux de nos lecteurs qui désireraient de plus amples détails sur le commerce de ces républiques, et notamment sur celui de la Bolivie, devront consulter une longue et très-curieuse note communiquée à l'amiral Du Petit-Thouars, par un négociant français, et insérée p. 273 et suiv. du tome Ier du voyage de *la Vénus*.

Nous allons maintenant passer à la description topographique du Pérou et de la Bolivie, sans acception de division politique ni de limites. En prenant chaque ville importante isolément, et en disant tout ce qu'elle comporte d'intéressant, nous trouverons le moyen de parler des antiquités, des mœurs, du costume, et en général de tout ce qui n'était pas de nature à entrer dans le tableau de l'ancienne civilisation péruvienne.

DESCRIPTION DE LIMA.

La description la plus complète et la plus récente de la capitale du Pérou, est celle que nous a donnée M. Du Petit-Thouars. Nous croyons en conséquence faire une chose utile et en même temps agréable à nos lecteurs, en reproduisant les passages les plus intéressants de cette description. Nous mettrons d'autres voyageurs à contribution pour rendre le tableau aussi fidèle que possible.

En allant du port de Callao à Lima, on se trouve, après un certain trajet, au point où commence la belle avenue qui mène à la capitale. « Cette avenue est formée, de chaque côté, par un rideau de très-beaux peupliers d'Italie mêlés de saules pleureurs, et par des jardins plantés d'orangers d'une grande beauté; ces arbres sont aussi grands que les chênes de toute venue; ils sont toujours couverts de fleurs et de fruits, et rendent les abords de Lima fort agréables. Ce chemin est encore orné de contre-allées garnies de bancs et bordées de chaque côté par des acequias qui conduisent une eau rapide et claire, dont le murmure et la fraîcheur ajoutent un grand charme à cette promenade. Dès qu'on arrive dans les environs de la ville, on se figure aisément qu'au temps de sa splendeur, elle devait être un séjour délicieux; cette entrée de la capitale est pleine de magnificence, et digne de la *ville des rois* (*)... La pente de Lima au Callao est si bien ménagée que la route paraît être à peu près de plain-pied, bien que le niveau moyen de la ville soit élevé au-dessus de celui de l'océan d'environ 116 mètres 50 centimètres; celui du Rimac, pris au pont, ne l'est que de 99 mètres 45 centimètres.

« La porte de Lima, par laquelle on entre en venant du Callao, est d'une belle architecture et répond aux idées de grandeur que l'on conçoit en approchant de cette capitale. Mais aussitôt que l'enceinte est passée, on est bien désagréablement surpris en se trouvant dans une rue bordée de maisons inachevées, sans étages ou en ruine. Le sol de la rue est couvert d'une poussière épaisse, très-fine et de mauvaise odeur. En avançant, cependant, les maisons deviennent plus belles et plus soignées, mais de la rue l'aspect en est toujours triste. Les maisons, situées entre cour et jardin, ou tout simplement autour d'un *patio* qui existe dans presque toutes, pour servir de refuge aux habitants pendant les tremblements de terre, sont en général sans étages. Tous les ap-

(*) *Los Reyes*. Cette ville, fondée le jour de l'Épiphanie, a longtemps porté ce nom.

22.

partements sont de plain-pied, et quelquefois, dans les belles maisons, ils sont doubles, c'est-à-dire, qu'après avoir traversé la cour, on entre par le péristyle dans une immense salle ou vestibule d'où l'on passe dans un grand salon qui n'en est séparé que par une cloison à jalousies ou à fenêtres, avec barreaux et sans glaces. Cette disposition est utile pour laisser circuler l'air, et elle rend ces appartements fort agréables à habiter, à cause de la fraîcheur qui y règne. Les chambres à coucher sont ordinairement placées dans les parties latérales de la maison; elles donnent sur le *patio* ou sur le jardin qui, dans les grandes maisons, est toujours situé derrière le grand corps de logis, en face de l'entrée principale. Presque toutes les maisons ont des portes cochères; ces portes sont, comme celles des salons, toujours ouvertes pendant le jour, excepté à l'heure des repas; de sorte que de la rue on peut voir ce qui se passe dans l'intérieur des salons, et les personnes qui s'y trouvent.

« Les murs des *patios* sont assez ordinairement décorés de peintures à fresque; elles représentaient autrefois des sujets tirés de l'Ancien Testament; aujourd'hui ces tableaux sont d'une nature bien plus profane, et en général très-négligés, car chaque jour la décadence de Lima augmente avec la misère qui s'accroît dans une proportion effrayante. La population diminue aussi très-rapidement. En 1820, date du dernier recensement, on comptait près de 69,000 habitants; il n'y en a pas aujourd'hui plus de 40,000. Cette population est composée de gens de toutes les nuances; les noirs y sont très-nombreux, bien que, depuis longtemps, on n'en importe plus; ces races africaines se sont mêlées avec celles des Indiens et les descendants des Espagnols....

« Lima est située par 12° 2′ de latitude sud, à deux lieues de la mer et à l'entrée d'une vallée profonde, formée par les montagnes des Andes, et que l'on nomme la vallée du Rimac; elle prend ou elle donne son nom à une rivière qui coule au fond du ravin. Cette rivière, quelquefois, après une fonte de neiges, devient un torrent rapide; le plus ordinairement elle n'est qu'un cours d'eau sans importance. Le Rimac coule sur un lit pavé de cailloux qui est souvent à sec; il est parsemé d'îlots couverts de bouquets d'arbustes, de joncs et de plantes aquatiques. Les eaux sont utilement employées pour l'entretien des fontaines publiques, pour l'arrosement des rues et des jardins, et pour la mise en mouvement de douze moulins à farine, et des machines de l'hôtel de la monnaie; il y a aussi d'autres prises d'eau qui servent à l'irrigation des sept rues principales. Lima, ancienne capitale du Pérou, est aussi le siége du nouveau gouvernement. Le président de la république y fait sa résidence habituelle. Cette ville, assise sur les bords de la rivière, en occupe la rive gauche; sa forme est celle d'un croissant; elle est fermée par une chemise ou muraille en tapia, d'environ 7 ou 8 mètres de hauteur, et percée de huit portes en y comprenant celle du pont qui conduit au faubourg de Malambo, situé au nord de la ville sur la rive droite du Rimac.

« La ville est divisée par *quadras*, dont le côté est d'environ 125 mètres. Cette mesure paraît avoir été adoptée d'une manière invariable pour toutes les villes de l'Amérique espagnole. La quadra sert aussi d'unité de mesure agraire dans le Pérou comme au Chili. Les rues ont dix mètres de largeur; celle de Malambo seule en a vingt.

« Lima n'offre rien de bien remarquable; la place du Palais prend son nom de cet édifice qui en occupe tout le côté nord; elle est la plus grande de Lima, et sa surface est celle d'une quadra, plus la largeur des rues qui l'environnent; sur le côté de l'est sont l'archevêché et la cathédrale; les côtés du sud et de l'ouest sont ornés de galeries sous lesquelles on trouve des boutiques de nouveautés et d'objets de luxe; le milieu de la place est décoré par une fontaine en bronze, très-élégante, surmontée d'une Renommée. Il y a trente-quatre petites places qui ont été ménagées devant les églises et les couvents, dont elles prennent les noms. Ces places sont généralement prises sur l'aire de la quadra, occupée par l'église ou le couvent; et, dans ce cas, elles sont entourées de grilles.

« Il y a, dans la capitale, sept églises paroissiales, dont dépendent plusieurs chapelles qui appartiennent à des couvents d'hommes ou de femmes. Le nombre de ces couvents est très-considérable. On compte en tout cinquante-six églises ou chapelles. Le luxe des églises était très-grand avant l'indépendance; il y avait dans quelques-unes beaucoup d'ornements en argent massif; on remarquait surtout, dans le chœur de la cathédrale, huit colonnes en argent qui décoraient le maître-autel; elles ont été enlevées pour subvenir aux besoins de la république; ces riches colonnes ont été remplacées par des colonnes de bois plaquées en argent. On voyait encore dans la cathédrale de beaux tableaux de l'école italienne. San-Francisco et Santo-Domingo étaient, après cette église, celles qui possédaient les plus précieux ornements (*).

« Le clergé du Pérou ne méritait guère plus que celui du Chili, et, en général, que celui de toutes les colonies espagnoles d'Amérique, le respect que devraient toujours commander les hommes chargés de prêcher la morale si douce de l'Évangile et les saines doctrines de l'Église catholique. La discipline était très-relâchée; et, on peut le dire, l'inconduite de la plupart de ses membres lui enlevait toute son influence; la population entière croupissait dans l'ignorance, et vivait dans la plus affreuse comme dans la plus abjecte dépravation.

« Les couvents, ainsi que les religieux de tous les ordres, étaient et sont encore très-nombreux à Lima; mais tous les couvents sont dans une décadence plus ou moins avancée; déjà beaucoup sont ruinés et abandonnés. Il y avait des fondations pieuses dans la plupart de ces maisons religieuses; presque toutes avaient un but spécial de charité; les unes étaient destinées à recevoir les orphelins, les vieillards, les incurables, les aveugles, les vieux soldats, les vieux marins, les vieux gentilshommes. Les autres avaient plus particulièrement pour objet de recevoir les noirs, les Indiens et les étrangers. Le nombre des couvents de femmes était également très-grand. Ces établissements avaient aussi des destinations particulières. Jusqu'en 1826, époque de l'indépendance du Pérou, toutes ces fondations religieuses étaient dotées; et si l'on pouvait remarquer quelque relâchement dans la règle, elles n'en pratiquaient pas moins la charité d'une manière large et digne d'éloges. Dans beaucoup de couvents, un homme malheureux était reçu gratuitement pendant plusieurs jours; il y restait jusqu'à ce qu'il eût trouvé quelques moyens d'existence, que, dès son entrée dans la maison, on s'occupait de lui procurer. Dans d'autres couvents, la charité s'exerçait différemment : toute personne pouvait, pendant trois jours, se présenter au réfectoire à l'heure des repas, et elle y recevait à manger.

« Les couvents qui ont conservé des revenus se soutiennent encore; mais, en général, ces maisons sont abandonnées; elles ne reçoivent plus de pensionnaires ni de dotation. On trouve à acheter, dans les couvents de femmes, différents ouvrages d'aiguille : des sachets parfumés, ornés de rubans; des allumettes parfumées, garnies de cannetille et de pierres de couleur, etc., etc.

« Après les églises et les couvents, on remarque, à Lima, l'ancienne prison de l'inquisition, dans laquelle tous les prisonniers étaient enfermés dans l'isolement et dans des cellules qui étaient disposées dos à dos, et dont les portes étaient placées de telle façon, que toutes avaient accès par des gale-

---

(*) Des voyageurs assurent que dans les églises de Lima sont suspendues des cages en argent, renfermant des oiseaux dont le chant se mêle à la voix des fidèles et aux accords mélodieux de l'orgue.

ries différentes. Les cellules étaient de dimensions diverses; elles servaient à appliquer le degré de punition qu'on voulait infliger. Il y en avait dans lesquelles les prisonniers ne pouvaient se coucher de toute leur longueur; dans d'autres, on voyait encore les anneaux scellés dans les murailles (*). »

Au sujet de l'inquisition espagnole à Lima, et de l'horrible repaire dans lequel elle enfermait ses victimes, nous trouvons, dans le 1er volume du Voyage de M. Stevenson en Amérique, des détails que nous nous empressons de reproduire. M. Stevenson arriva à Lima en 1811, pendant la vice-royauté d'Abascal; et durant son séjour dans cette capitale, on y reçut l'acte des cortès qui abolissait l'inquisition. Peu de temps auparavant, le touriste anglais avait été cité devant le terrible tribunal pour s'être querellé avec un frère dominicain. Il put faire une seconde visite à ces messieurs, mais dans un but et des circonstances bien différentes. Après la réception du décret, il obtint la permission d'explorer, en compagnie de quelques personnes de connaissance, l'antre ténébreux qu'habitait le monstre proscrit par le vote des cortès. M. Stevenson raconte ainsi sa visite; nous traduisons textuellement son récit:

« Les portes de la salle une fois ouvertes, plusieurs d'entre nous y entrèrent sans invitation; et, ne voyant rien qui indiquât un projet de défense, les premières victimes de notre colère furent les tables et les chaises. Ces meubles furent en un instant brisés en mille pièces; après quoi, on souleva les rideaux de velours qui ornaient le dais; et on les tira si violemment, que dais et crucifix tombèrent avec un bruit horrible. On retira le crucifix des ruines du tribunal inquisitorial, et l'on découvrit avec surprise que la tête du Christ était mobile. On constata qu'une échelle était cachée derrière le dais; et, dès lors, on s'expliqua le mystère : un homme montait sur l'échelle, caché par les draperies; et, en introduisant sa main dans une cavité ménagée tout exprès, il faisait mouvoir la tête de manière à lui faire dire, par signes, oui ou non. Dans combien de cas cette imposture n'a-t-elle pas dû décider un accusé à avouer des crimes auxquels il n'avait jamais songé! Dominé par la terreur, et condamné, en apparence, par un miracle, le mensonge prenait dans sa bouche la place de la vérité; et l'innocence, si elle n'était pas soutenue par la force d'âme, se confessait coupable. A l'aspect de ce crucifix frauduleux, chacun des assistants, transporté de colère, s'écria : « Il y a encore des victimes dans les cellules; cherchons, cherchons! » Et la porte qui conduit à l'intérieur fut bientôt enfoncée. La première chambre que nous rencontrâmes s'appelait le *secret*; cette dénomination excita notre curiosité, et la porte fut également forcée. Nous nous trouvâmes dans les archives. Là, nous vîmes empilés sur des rayons des papiers concernant les gens qui avaient été accusés ou jugés. Je cherchai dans ces papiers, et j'y lus le nom de plus d'un ami qui était loin de se douter que sa conduite avait été minutieusement scrutée et surveillée par le saint tribunal, et que son nom avait été prononcé dans un lieu aussi formidable. Quelques-unes des personnes présentes se virent inscrites sur les fatales listes; elles s'empressèrent de mettre dans leurs poches les papiers qui les concernaient. Quant à moi, je mis de côté quinze dossiers, et les emportai; mais ils étaient sans importance. Quatre de ces dossiers portaient condamnation, pour cause de blasphème, à trois mois de séquestration dans un couvent, à une confession générale, et à divers autres châtiments, tous secrets. Les autres papiers contenaient des accusations contre des frères *sollicitantes in confessione;* deux de ces derniers m'étaient connus; et, bien qu'il y eût quelque danger à cette ré-

---

(*) Voyage autour du monde sur la frégate la *Vénus*, pendant les années 1838-1839, publié par ordre du roi sous les auspices du ministre de la marine, par Abel du Petit-Thouars. Relation, t. I, p. 287 à 299.

vélation, je leur dis, peu de temps après, ce que j'avais lu. Une grande quantité de livres défendus était renfermée dans la même chambre, et plusieurs trouvèrent des propriétaires empressés. A notre grande surprise, nous y découvrîmes une masse de mouchoirs de coton imprimés. Ces mouchoirs avaient, hélas! encouru le déplaisir de l'inquisition, à cause d'une figure de la religion placée au centre, laquelle tenait un calice d'une main, et une croix de l'autre; cette image avait été placée là par quelque manufacturier étourdi, qui avait pensé que cet emblème de dévotion assurerait des acheteurs à ses mouchoirs, et qui n'avait pas songé au scandale de se moucher et de cracher sur la sainte croix. Pour prévenir un pareil crime, le pieux tribunal avait acheté la pacotille en masse, se dispensant d'en payer le prix au propriétaire, qui devait s'estimer trop heureux de ne pas voir toute sa boutique confisquée par le sacré collége.

« Nous entrâmes ensuite, toujours par violence, dans une autre pièce, qui, ainsi que nous le reconnûmes avec un étonnement mêlé d'indignation, était la salle de torture. Au centre il y avait une forte table ayant huit pieds de long sur sept de large; à chaque extrémité l'on voyait un collier de fer, s'ouvrant par le milieu horizontalement et destiné à recevoir le cou de la victime. De chaque côté du collier étaient de fortes courroies garnies de boucles pour fixer les bras près du corps; sur les côtés de la table, on voyait d'autres courroies également garnies de boucles, pour maintenir les poignets; ces attaches correspondaient à des cordes placées sous la table et amarrées sur l'axe d'une roue horizontale; à l'autre bout étaient des liens pour les pieds, avec des cordes également fixées sur la roue. Il était évident qu'on pouvait étendre un homme sur la table, et, en faisant tourner la roue, lui tirer les membres dans toutes les directions, sans craindre de le tuer, mais avec la certitude de lui disloquer toutes les articulations. Après avoir découvert l'usage infernal de cette machine, chacun de nous frissonna et jeta involontairement un regard sur la porte d'entrée comme s'il eût craint qu'elle ne se fermât sur lui. D'abord on murmura des malédictions; mais bientôt ces murmures se changèrent en imprécations furieuses contre les inventeurs de ces tortures et contre ceux qui les appliquaient; en même temps, on bénissait les cortès pour avoir aboli ce tribunal barbare et tyrannique.

« Nous examinâmes ensuite un pilori vertical placé contre le mur; on y apercevait une grande ouverture et deux plus petites. En brisant la moitié de cet instrument de supplice, nous vîmes dans la muraille des trous qui nous en firent deviner la destination : un condamné ayant le cou et les poignets fixés dans les trous du pilori, la tête et les mains cachées dans la muraille, pouvait être flagellé par les frères lais de Saint-Dominique sans être reconnu par eux ; de cette façon on prévenait toute découverte ultérieure. Des fouets de différentes espèces étaient suspendus à la muraille; quelques-uns étaient en cordes nouées et portaient des marques de sang; d'autres étaient en fil de fer armé de pointes semblables à celles d'un éperon; ceux-là étaient également souillés de taches sanglantes. Nous vîmes aussi des instruments de torture faits en fil de fer tressé; chaque maille était armée d'une pointe longue d'environ un huitième de pouce et tournée en dedans; l'extérieur était couvert de cuir et offrait des lanières au moyen desquelles on attachait le terrible instrument. Il y en avait d'assez grands pour être mis autour du corps, d'autres s'adaptaient aux cuisses, aux jambes et aux bras. Les murs étaient aussi ornés de chemises de crin qui ne devaient pas être un vêtement bien commode après la flagellation; d'ossements humains armés à chaque bout d'une corde, pour bâillonner ceux qui faisaient un usage immodéré de leur langue; de pinces de roseau affectées au même office. Les pinces consistaient en deux fragments de roseau réunis et liés à leur extrémité. L'instrument mis dans la bouche, ouvert par le milieu et fixé par des liens qui s'attachaient derrière la tête, pressait nécessairement la langue et lui interdisait tout mouvement.

« Nous trouvâmes dans un tiroir une grande quantité d'écrous à doigts ; c'étaient de petits anneaux en fer, semi-circulaires, ayant un écrou à chaque extrémité, de telle sorte qu'ils pouvaient être fixés sur les doigts et vissés à tel degré qu'on voulait, même jusqu'à écraser les ongles et à broyer les os. En contemplant ces instruments de torture, qui pourrait trouver la moindre excuse en faveur des monstres qui les faisaient servir à la propagation et à la glorification des préceptes si doux et si charitables prêchés par le divin Jésus ? Puisse celui qui ne les accable pas de ses malédictions, tomber entre leurs mains impitoyables ! »

La gêne et le pilori furent bientôt détruits ; telle était la fureur des cent et quelques personnes qui avaient fait irruption dans ces lieux maudits, que ces instruments, eussent-ils été de fer, n'auraient pas résisté à l'assaut énergique que leur livrèrent les assistants.

« Il y avait dans un coin un cheval de bois peint en blanc. Nous crûmes d'abord que c'était un instrument de supplice, et, en une minute, il fut mis en pièces. Mais j'ai su depuis la destination de ce cheval: une victime de l'inquisition, qui avait été brûlée, fut, quelque temps après, reconnue innocente des crimes qu'on lui avait imputés ; en dédommagement de sa mort, son innocence fut publiquement proclamée, et son effigie, vêtue de blanc et placée sur le cheval en question, fut promenée en grande pompe dans les rues de Lima. Quelques personnes m'ont dit que le condamné fut brûlé dans cette capitale ; d'autres affirment qu'il fut supplicié en Espagne, et que, en vertu d'un décret de l'inquisiteur général, cette indigne comédie se joua dans toutes les possessions espagnoles où existait un tribunal d'inquisition.

« Nous courûmes ensuite aux cellules, mais nous les trouvâmes toutes ouvertes et vides ; elles étaient petites, mais ne nous parurent pas trop incommodes comme prison. Quelques-unes attenaient à une petite cour ; d'autres, plus solitaires, étaient privées de cet espace ouvert. La dernière personne que l'on savait avoir été emprisonnée dans ces cabanons, était un officier de marine, Andalou de naissance, et qui fut exilé en 1812 à Boca-Chica.

« Après avoir visité tous les coins et recoins de cette mystérieuse prison, nous nous retirâmes vers le soir, emportant livres, papiers, fouets, instruments de torture, etc. Plusieurs de ces objets furent distribués à la porte, notamment les mouchoirs impies. Le lendemain, l'archevêque convoqua les fidèles à la cathédrale et déclara excommuniés, *velut participantes*, tous ceux qui avaient pris et qui garderaient en leur possession quoique ce fût qui eût appartenu à l'ex-tribunal d'inquisition. Effrayés par cet anathème, plusieurs des pillards restituèrent ce qu'ils avaient pris ; quant à moi, je gardai ce qui m'était tombé entre les mains en dépit des flammes infernales dont le saint archevêque avait menacé *renitentes* et *retinentes*.

« Les étrangers qui visitent Lima seront peut-être bien aises d'apprendre que l'endroit où l'on brûlait les malheureuses victimes de l'inquisition est proche de la *plaza del Toro*, et que c'était à la porte de l'église *de los Desamparados* (des Abandonnés) qu'on les livrait aux bourreaux pour les conduire au bûcher (*). »

A ces détails, nous en ajouterons d'autres assez curieux : depuis la création de ce tribunal, en 1570, quarante individus furent brûlés à Lima ; cent vingt condamnés échappèrent au supplice par une rétractation solennelle. La dernière personne qui fut mise à mort était une femme nommée *Castro*, née en 1761, à Tolède en Espagne.

(*) Stevenson, vol. I, p. 267-276.

Pendant son séjour dans la capitale du Pérou, M. Stevenson vit deux individus publiquement châtiés par l'inquisition, l'un pour avoir célébré la messe sans avoir reçu l'ordination; l'autre pour s'être mêlé de prophétiser et s'être livré à la sorcellerie; après avoir subi leur peine, ils furent condamnés à servir dans les hôpitaux pendant tout le temps qu'il plairait au saint-office. On dit que le vice-roi Castelforte fut un jour accusé et mandé par l'inquisition. Il se rendit devant le tribunal, suivi de ses gardes du corps, d'une compagnie d'infanterie et de deux pièces d'artillerie qu'il fit braquer sur la porte de la prison. Il entra, et plaçant sa montre sur la table, il dit aux inquisiteurs que si l'affaire n'était pas bâclée en une heure de temps, la maison serait détruite de fond en comble, car tel était l'ordre qu'il avait laissé au commandant du détachement. Cette menace suffit; les inquisiteurs quittèrent brusquement leurs siéges et accompagnèrent poliment le vice-roi jusqu'à la porte, trop heureux quand ils virent les talons de Son Excellence et de sa redoutable escorte.

Reprenons la description de Lima : « L'hôtel de la monnaie est un bel établissement très-vaste; les usines y sont d'anciennes constructions; les balanciers sont mis en mouvement par un courant d'eau.

« La salle de spectacle de Lima, située au milieu de la ville, près du couvent de Saint-Augustin, n'a, de l'extérieur, aucune apparence; à l'intérieur, elle est bien coupée; les loges sont commodes, et le parterre est garni de banquettes. Cette salle fait exception à la règle : la scène est sur un des grands côtés de l'ellipse; cette disposition lui donne un grand développement et elle est très-avantageuse pour jouer les *saynètes* (*); les spectateurs sont mieux placés pour voir, et je ne me suis pas aperçu que l'acoustique y

(*) Intermèdes de comédies, parades dans lesquelles il y a souvent un grand nombre de personnages.

perdît beaucoup. Le théâtre de Lima est peu suivi : sous ce délicieux climat la promenade est souvent préférée. Les femmes qui vont au spectacle font toilette pour aller dans les loges; elles vont en *saya* au parterre où elles sont toujours en très-grand nombre. Pendant les entr'actes il est permis de fumer; dès que le rideau tombe, on voit tous les amateurs tirer leurs *cigareros* (porte-cigares), battre le briquet et fumer. Les femmes leur tiennent compagnie et fument aussi; il faut excepter cependant celles qui sont dans les loges; si elles en ont l'habitude, elles la cachent du moins en public. La population de Lima préfère les combats de taureaux à tous les autres spectacles, et, à leur défaut, elle aime encore mieux les combats de coqs que tous les autres amusements. Il y avait à Lima un opéra italien assez bien composé, mais les artistes y mouraient de faim, car ils étaient sans public, ce qui les a décidés à partir pour la Chine, où ils espéraient trouver des oreilles mieux disposées à les écouter. » Certes le lecteur européen ne se serait jamais douté que des chanteurs italiens eussent choisi la Chine pour théâtre de leurs roulades. Le fait nous a paru si original, que nous n'avons pas voulu le supprimer.

Le cimetière de Lima est dû au vice-roi Abascal. Il est connu sous le nom emphatique de *Panthéon*. Situé hors des murs, il est assez vaste pour contenir sans déménagement tous les morts qu'on y apporte dans l'espace de six ans. C'est un enclos carré, divisé en plusieurs parties par des murs percés de niches destinées à recevoir chacune un corps. Ces niches sont en double rangée; il en est toutefois qui ont jusqu'à huit étages superposés. Les allées sont plantées d'arbres aromatiques au feuillage toujours verdoyant. Au centre du cimetière, on voit une petite chapelle ou plutôt un autel abrité par un toit. Cet autel est octogone, de sorte que huit prêtres peuvent dire l'office en même temps. Les corps sont placés dans les niches, les pieds en avant; s'ils sont dans un cercueil, ce qui est rare, excepté dans la classe riche, on enlève le couvercle, et l'on jette sur le cadavre une certaine quantité de chaux vive qui le consume en peu de temps. Les morts sont transportés dans des corbillards appartenant au Panthéon. Le transport est interdit dans les rues passé l'heure de midi (*).

Cette manière d'enterrer les morts offre des inconvénients faciles à apprécier ; un autre usage suivi à Lima révolte encore plus les sentiments de l'homme civilisé : nous voulons parler de l'habitude où l'on est de jeter par-dessus les murs du cimetière les cadavres des malheureux trop pauvres pour laisser à leur famille le prix d'un cercueil. Ces corps, la plupart du temps à moitié putréfiés, gisent sur le sol jusqu'à ce que les fossoyeurs veuillent bien s'occuper de leur donner la sépulture. Souvent en parcourant, dans la matinée, le Panthéon de Lima, l'étranger se heurte à ces tristes dépouilles, étendues sur le gazon, ni plus ni moins que si c'étaient des cadavres de chiens (**).

« Il n'y a qu'un seul pont sur le Rimac ; il est en pierre ; les piliers sont élevés au niveau du tablier, et les parapets non interrompus suivent la partie extérieure de ces piliers, ce qui forme autant d'espèces de redans qui sont entourés de bancs en pierre et servent à l'agrément des promeneurs, lorsque, le soir, ils viennent fumer et prendre le frais sur ce pont, d'où la vue que l'on a sur le Rimac est toujours très-pittoresque, soit que l'on regarde, en remontant la vallée, les montagnes qui l'encaissent, soit que l'on tourne la vue vers l'ouest, où l'on découvre, au delà de l'embouchure de la rivière, une petite partie de la pleine mer ; de ce côté, l'on aperçoit encore, lorsque le Rimac n'est pas trop gonflé, la chute d'eau qu'occasionne l'élévation du radier du pont sur le lit du torrent. Lorsque les eaux sont basses, cette nappe d'eau a environ un mètre d'élévation, et en tout temps la différence de niveau donne lieu à un bouillonnement des eaux qui augmente l'intérêt du tableau que l'on a sous les yeux.

« Dans le faubourg de Malambo, il y a aussi plusieurs belles promenades publiques bien plantées. L'une suit les bords du Rimac en remontant vers sa source ; elle se nomme Alamedita Nueva (*), pour la distinguer de l'*Alameda Vieja* qui est plantée d'orangers et décorée de trois belles fontaines. Cette dernière promenade, située au milieu du faubourg de Malambo, est sur le chemin qui conduit aux *Alamancaes* (**). L'Alamedita Nueva est, comme toutes ces promenades, limitée par des acequias qui passent au pied des arbres. Le long du Rimac règne un parapet ; du côté opposé ce sont des maisons dont on ne voit, sur une partie de la promenade, que le mur auquel elles sont adossées. Ce mur a été recrépi et peint à fresque ; les peintures représentent plusieurs tableaux, toujours sur le même sujet, qui est celui du monde renversé. Dans l'un d'eux on voit deux chevaux qui, montés sur deux hommes, rompent une lance ; dans un autre, c'est un poisson qui pêche un homme à la ligne ; c'est un lièvre qui fait rôtir une femme à la broche ; une société qui se promène sur les mains, les jambes en l'air, et beaucoup d'autres représentations de ce genre, dont j'ai perdu le souvenir. Tout près de cette promenade, en face du rond-point qui en forme le milieu, on trouve le Cirque ; il est grand et peut facilement contenir de huit à dix mille spectateurs (***).

« La société de Lima et celle des autres parties de l'Amérique se rapprochent beaucoup de celle d'Europe, on y trouve des personnes remarquables par leur instruction, leurs manières et leur tenue.

(*) Stevenson, vol. I, p. 281.
(**) Mathison, p. 247.

(*) Petite promenade neuve.
(**) Nom que l'on donne à une petite fleur jaune qui croît sur la montagne de Saint-Christophe, où se tient une foire qui ne dure que ce que durent ces fleurs, quelques jours.
(***) Voyage de *la Vénus*.

« Les modes françaises sont suivies, à Lima, par les gens du grand monde. Il règne, dans cette capitale, beaucoup de luxe, de toilette et de propreté. Les femmes sont, en général, petites, gracieuses et fort spirituelles; presque toutes ont des traits remarquablement fins, de fort beaux yeux, de belles dents blanches, qu'elles conservent longtemps, et des cheveux noirs, magnifiques, et à profusion, qui tombent sur la terre. Elles ont encore le pied petit et bien fait, le bas de la jambe fin; mais elles ont le teint des filles du soleil, d'une nuance blanche, inclinant un peu sur le jaune, et sans couleurs. On ne peut dire quel est précisément le charme de cette complexion; mais il est très-grand, et il y a incontestablement de très-jolies et très-agréables femmes à Lima. L'éducation autrefois n'était point aussi répandue qu'elle l'est aujourd'hui, surtout au Chili, où elle est encore plus générale qu'au Pérou; elle y a aussi plus d'étendue. Peu de jeunes personnes, à Lima, savent d'autre langue que l'espagnol; peu sont très-fortes musiciennes, et infiniment peu s'occupent de lecture ou de travaux d'aiguille. Les femmes âgées, n'ayant reçu aucune éducation, ont, dans leur enfance, pris, comme passetemps, l'habitude de fumer. Jeunes, elles fumaient des cigaritos; en avançant en âge, les cigares ont, avec elles, grandi avec les années; j'ai vu des femmes âgées qui fumaient des cigares gros comme des bougies. Les cigares cependant ne se fument pas d'une seule fois; ces dames font durer le plaisir plusieurs jours, quelquefois une semaine et plus.

« La mise des femmes est élégante et très-recherchée; elles sont toujours coiffées en cheveux, avec des fleurs naturelles; elles ne portent que des bas de soie et des souliers de satin, dont elles font une consommation ruineuse. Une élégante ne peut porter que des bas et des souliers neufs. Lorsque les dames sortent pour faire des visites ou pour se promener, elles ne vont qu'en voiture, lorsqu'elles sont dans le costume dont nous venons de parler; mais, quand elles sortent à pied, à ce premier costume elles en ajoutent un autre, qui se met par-dessus, et n'est pas moins singulier que nouveau pour nous; il n'est en usage qu'au Pérou, et là, seulement dans les villes de Lima, d'Aréquipa et de Truxillo. Ce costume original est celui que l'on prend pour faire des visites le matin, pour aller à l'église ou pour courir les boutiques; il se nomme la *saya* ou *saya manto*. Cette toilette est composée de deux pièces principales : l'une, qui est la jupe (saya), prend la taille à la ceinture, et descend jusqu'à la cheville du pied; cette jupe est en étoffe de soie, d'une couleur quelconque, et elle est plissée depuis le haut jusqu'en bas; les plis sont tenus ensemble par des fils qui les maintiennent, sans, toutefois, empêcher l'élasticité de ce vêtement, qui est très-étroit, et prend si exactement les formes, que les jambes ont toujours l'air d'être attachées; elles sont si serrées, qu'il faut faire effort sur la jupe pour avancer le pied, et marcher. La seconde partie de ce costume est la mante (*el manto*); elle prend également à la taille, où elle est arrêtée avec un cordon, sur lequel elle est froncée à coulisse; elle revient par derrière, au-dessus de la tête qu'elle enveloppe, ainsi que la partie supérieure du bras; chaque main tient un des bords de cette partie de la mante qui sert de voile, et se croise sur la figure, de manière à ne laisser voir qu'un œil. Le *manto* est toujours en soie noire, quelle que soit la couleur de la saya. Les femmes, dans ce costume, ne peuvent être reconnues; c'est une espèce de mascarade continuelle, car, sous ce déguisement, on peut leur parler sans qu'elles se formalisent; elles semblent ainsi empaquetées comme les figurines que l'on trouve dans les tombeaux d'Égypte; elles ne peuvent marcher qu'à très-petits pas, ce qui, lorsqu'elles vont vite, leur donne une tournure et des mouvements très-extraordinaires, et fort amusants pour les voyageurs qui arrivent et ne connaissent pas encore ce singulier accoutrement. Cet usage, qui a été général jusqu'à l'émancipation du Pérou, tend chaque jour davantage à se perdre. Les Anglais et les autres étrangers, mariés à Lima, ont prié leurs femmes d'abandonner cette mode ; il paraît que leurs prières ne sont pas restées sans effet, puisque quelques femmes y ont renoncé entièrement ; cependant d'autres n'ont fait, à ce qu'il paraît, que des demi-concessions, comme le prouvent les sayas déplissées depuis les genoux jusqu'en bas. Cette mode paraît d'abord aux étrangers passablement inconvenante par son indécence ; elle choque moins ensuite ; et, après quelque temps de séjour, on ne remarque plus que la grâce déployée par quelques femmes sous ce costume (*). »

Les Péruviennes, dit un voyageur anglais, aiment les fleurs avec passion, et les payent quelquefois à des prix extravagants. Un lis blanc, un peu hors de saison, s'est vendu huit dollars, ou quarante francs ; des hyacinthes ont été achetées trois dollars, ou quinze francs pièce. On a observé, à ce propos, que la plupart des fleurs particulières aux environs de Lima étaient jaunes, ce qui a donné lieu à ce dicton populaire : *Oro en la costa, plata en la sierra* (or sur la côte, argent dans les montagnes), les fleurs des montagnes étant généralement blanches. Le *floripondio* est admiré pour son parfum ; cette fleur a de l'analogie avec le lis ; l'arbre qui la produit est très-touffu, et atteint une hauteur de dix pieds. Les fleurs sont blanches, et ont huit pouces de long ; elles sont faites en forme de cloches, et groupées en bouquets. Un seul arbre suffit pour parfumer tout un grand jardin ; s'il y en a un plus grand nombre, l'odeur est trop forte, et donne mal à la tête. Le *suche* est un grand arbre à branches étendues, et qui se couvre de grappes de fleurs ; ces fleurs sont également en forme de cloches, tantôt blanches, tantôt jaunes, quelquefois même cramoisi. Elles répandent un parfum délicieux. L'*arome* est aussi très-estimé des Péruviennes pour ses fleurs rondes, jaunes, abondantes, et doucement aromatiques.

La capitale du Pérou est peuplée d'un grand nombre de races différentes ou mélangées. Nous esquisserons la physionomie des types principaux.

Le *créole* de Lima offre, sous le rapport du caractère, beaucoup de points de ressemblance avec l'Andalou : il est vif, généreux, peu soucieux du lendemain, amoureux de la parure, lent à venger ses injures, ou plutôt disposé au pardon. De tous ses penchants, la dissipation est le plus irrésistible. Sa conversation est rapide et épigrammatique ; celle des femmes est singulièrement gaie et spirituelle, empreinte d'une franchise qu'on prendrait volontiers pour de la légèreté, et même peut-être pour une coquetterie frisant la licence.

Le *métis* (fils d'un blanc et d'une Indienne) est généralement robuste, basané, mais glabre. Doux, affable, généreux et serviable, il aime à s'introduire dans la société des blancs. Dans certaines localités de l'intérieur, on trouve un grand nombre de métis ; là, leur teint est plus blanc ; ils ont les yeux bleus et les cheveux blonds pendant leur enfance ; mais les uns et les autres brunissent à mesure qu'ils avancent en âge.

Le *mulâtre* se fait généralement remarquer par une constitution délicate, par son amour de la toilette et du faste, par l'activité de son imagination, sa facilité de parole, son éloquence naturelle et ses instincts poétiques. Beaucoup de mulâtres, à Lima, reçoivent une bonne éducation en accompagnant leurs jeunes maîtres à l'école, quand ils sont encore enfants ; et en les suivant au collége, quand ils sont d'âge à y aller. Parmi les médecins et les chirurgiens de la capitale, on compte un grand nombre de mulâtres, et il est à remarquer que presque tous font honneur à leur profession. Comme des lois absurdes leur interdisent l'accès du barreau et de l'état ecclésiastique, ils se livrent à la médecine, et plu-

(*) Voyage de *la Vénus*.

sieurs sont devenus, dans cette spécialité, des praticiens d'une grande distinction. Quelques femmes de cette classe sont extrêmement jolies et bien faites; on les cite pour leur esprit, leur bon caractère et leur fidélité en amitié comme en amour. Celles qui servent dans les maisons riches deviennent souvent les confidentes de leur maîtresse; et quelques-unes arrivent même à diriger le ménage et toutes les affaires intérieures de la famille. On en voit qui font l'office de duègnes auprès des jeunes dames. Elles aiment avec passion la toilette, la danse et les réunions publiques, où elles paraissent avec leur chevelure bouclée, tombant à peine sur les épaules, et ornée de fleurs. Quelquefois elles remplissent leurs cheveux de boutons de jasmin, qui, au bout d'une heure, s'ouvrent et présentent en masse l'aspect d'une perruque poudrée à blanc.

Le *Quarteron* comme le *Quinteron*, produit de la race blanche et de la race mulâtre ou métis, a les traits généralement réguliers et beaux, le teint clair, les yeux bleus et les cheveux blonds. On les dit extrêmement doux et sociables, moins actifs et moins intelligents que les mulâtres. Un front étroit est le signe distinctif du métis; c'est aussi le trait physique le plus remarquable chez le Quarteron; il faut y joindre une petite saillie au milieu du nez et quelques taches noires sur différentes parties du corps, notamment sur les reins; celles-ci sont les dernières à disparaître, et elles subsistent quelquefois jusqu'à la quatrième et à la cinquième génération. C'est le signe infaillible de l'origine indienne. Quant à l'étroitesse du front, il paraît que les métis y attachent une idée d'infériorité, car leurs mères ont soin, dès leur plus tendre enfance, de leur tresser les cheveux en les rejetant en arrière, afin de favoriser l'élargissement du front.

Les *Zambos* (produit du nègre et du mulâtre) sont beaucoup plus robustes que les mulâtres; moroses et entêtés, ils participent largement du nègre africain, mais sont beaucoup plus vicieux, ce qu'il faut sans doute attribuer à leur manque absolu d'éducation, et à la position inférieure qu'ils occupent dans la société. Ce sont eux qui fournissent aux tribunaux le plus grand nombre de voleurs et de meurtriers; sous ce rapport toutefois, ils ont pour concurrents les *Chinos* (mélange de sang nègre et indien), la pire classe de la population péruvienne. Ceux-ci sont cruels, vindicatifs, rancuniers, stupides et provocateurs; leur taille est peu élevée, et leur menton presque entièrement privé de barbe les rapproche de la race indienne; la frisure des cheveux constitue un signe caractéristique de cette classe.

Le nègre créole a d'ordinaire des formes plus athlétiques que ses parents d'Afrique. On remarque en lui tous les vices et toutes les qualités qui distinguent sa race, toutefois avec le vernis que donne à ces malheureux une condition misérable succédant à l'esclavage. Il se croit bien au-dessus du *Bozalès* ou esclave africain, et se mêle rarement par mariage à cette espèce réprouvée.

Quant aux Indiens qui habitent la capitale, ils imitent si parfaitement les manières et la mise des créoles, que, sans leur teint cuivré, il serait difficile de les distinguer. Leur principal métier est de faire des franges, de la passementerie d'or et d'argent, des épaulettes et des broderies de toute espèce; quelques-uns exercent la profession de tailleur, d'autres sont porteurs de balles, mais peu d'entre eux servent comme domestiques, car ils montrent généralement beaucoup de répugnance à accepter des fonctions qui les réduisent à l'état de machines.

Les tristes restes de la population aborigène qui habitent le voisinage de Lima, peuvent à peine être considérés comme des échantillons exacts de la race indienne. A Chorillo, bourg situé à huit milles de la capitale, on trouve beaucoup d'Indiens pêcheurs qui portent à un plus haut degré le type originel. M. Mathison, qui visita cette localité en 1822, trace le portrait suivant de ces indigènes : « Les Indiens que je vis me parurent fort peu intéressants. Ils vivent de poisson, de maïs et de cannes à sucre. Les hommes s'habillent à l'espagnole; le *poncho* est leur principal vêtement ; les femmes portent un large jupon et un châle de laine de lama. Leur chevelure, noire comme du jais, est soigneusement tressée, et forme derrière la tête une multitude de petites boucles ou plutôt de petites queues. Ces pauvres gens ne prennent aucun soin de leur corps, qui est d'une saleté au-dessus de toute description (*). Peut-être les *Coyas* et les vierges du soleil, comme appartenant aux familles aristocratiques, étaient-elles autrefois plus jolies et plus attravantes; mais si l'on juge les anciens Indiens par leur postérité, on est tenté de déclarer que leur beauté, si longtemps célébrée en Europe, n'était qu'une fiction poétique. »

M. Stevenson décrit ainsi la physionomie de ces hommes : « Ils ont le teint couleur de cuivre rouge, le front bas ; leurs cheveux commencent à partir de l'extrémité des sourcils; leurs yeux sont petits et noirs; leur nez délicat; leurs narines ne sont pas relevées comme celles des Africains ; ils n'ont point de barbe, excepté quand ils vieillissent, et leur visage affecte la forme ronde. Ils ont les cheveux noirs, gros, lisses et nullement frisés. Leur corps est bien proportionné et leurs membres sont généralement bien tournés; ils ont le pied remarquablement petit. Leur taille est peu élevée; ils acquièrent un énorme embonpoint quand ils mènent une vie inactive, ce qui a fait dire que chez eux une jolie fille devait être aussi grosse qu'un cacique. Dans les localités plus froides, quoique sous la même latitude, le teint de ces Indiens est plus clair(*). »

Ce qu'il y a de singulier, c'est que l'écrivain à qui nous venons d'emprunter ces quelques lignes, contrairement aux assertions d'autres voyageurs, représente les Indiens comme aussi propres de leur personne que dans leurs habitudes, et notamment pour tout ce qui tient à la nourriture ; il assure qu'ils sont sobres, et que malgré les excès auxquels ils se livrent en temps de fête, ils ne sont pas portés à l'ivrognerie. « Ils cultivent avec soin et industrie leurs champs et leurs jardins, se livrent avec succès à d'autres occupations, et se font remarquer par leur fidélité à remplir leurs engagements. Ils connaissent le prix de la richesse, s'efforcent d'y arriver, et sont très-jaloux de passer pour riches. L'infidélité conjugale est parmi eux très-rare. Ils sont bons parents, ce qui rend leurs enfants reconnaissants et respectueux. » Parlant des indigènes en général, le même voyageur combat l'assertion des auteurs espagnols qui se sont plu à représenter cette race comme dépourvue de facultés intellectuelles(**); éternel mensonge

---

(*) Les gens de la basse classe quittent rarement leurs vêtements pour se coucher. Ils se plaisent à répéter un proverbe qui dit que l'eau est indigne des mains et que le savon est un traître (*el agua es indigno, y el jabon traidor*). Peut-être ces malheureux tiennent-ils à conserver les apparences de la misère, pour se mettre à l'abri des extorsions du gouvernement. On peut encore supposer que l'extrême aridité du climat, dans certaines localités, est une cause de cette répugnance pour la propreté; en effet, les Européens nouvellement arrivés dans cette partie du Pérou ne tardent pas à voir leur visage pâlir, leurs lèvres enfler et se fendre au point d'occasionner de vives souffrances; or, on suppose, à tort ou à raison, que l'action de l'eau sur la peau a pour effet d'augmenter cet état de choses. (Miller, t. II, p. 227.)

(*) Il importe de comparer ce portrait avec celui que M. d'Orbigny a fait de la nation quichua ou péruvienne dans son *Homme américain*. L'écrivain français, dont nous avons reproduit les assertions dans le tableau spécial des tribus indigènes, est, sous tous les rapports, plus digne de foi que le voyageur anglais.

(**) Ulloa et La Condamine sont au nombre de ces détracteurs des Américains. C'est avec plaisir que nous voyons le témoignage de ces deux savants du dix-huitième siècle, combattu par MM. Stevenson et d'Orbigny. (Voir dans ce travail le tableau des tribus indigènes.)

des blancs qui, pour justifier ou du moins pour excuser leur tyrannie, font passer les hommes d'une autre couleur pour des créatures stupides et voisines de la brute. M. Stevenson rappelle que plusieurs Indiens ont paru avec éclat au barreau de Lima, de Cuzco, de Chuquisaca et de Quito (*). On a aussi accusé les indigènes du nouveau monde d'être lâches et efféminés ; mais durant la guerre de l'indépendance, les Indiens de l'Amérique du Sud ont payé plus que leur contingent en bravoure et en intrépidité; si l'infortuné Pumacagua de Cuzco avait eu des armes et des munitions en quantité suffisante, il n'aurait certainement pas été vaincu par Ramirez et Maroto.

En parlant des Indiens de Lima, nous avons été entraîné à parler des indigènes en général. Nous n'avons pourtant pas encore terminé la description de la capitale. Il nous reste à donner quelques indications sur le climat, les maladies qui règnent dans cette ville et les catastrophes naturelles auxquelles elle est sujette.

Lima, quoique épargnée par les orages, n'en est pas moins exposée aux phénomènes physiques les plus redoutables. Tous les ans on y ressent des secousses de tremblements de terre, particulièrement après la saison des brouillards, et lorsque le soleil d'été commence à échauffer la terre. Ces secousses se font généralement sentir deux ou trois heures après le coucher du soleil, ou quelques instants avant l'aurore. Leur direction ordinaire a été, jusqu'à ce jour, du sud au nord. Les plus violentes ont eu lieu à des intervalles d'environ cinquante ans. Les tremblements de terre qui ont causé le plus de désastres sont ceux de 1586, 1630, 1687, 1746, 1806 et 1828. Ils paraissent avoir sévi principalement à Lima et dans les environs, car Arequipa et Quito ont aussi leurs époques de tremblements de terre, et elles diffèrent de celles de la capitale. La catastrophe de 1746 fut plus terrible que celle de Lisbonne; on ressentit deux cents secousses dans les premières vingt-quatre heures. L'océan se retira deux fois, et revint deux fois avec furie. Une portion de la côte, près du Callao, fut convertie en baie, ainsi que quatre autres havres. Sur vingt-trois vaisseaux mouillés dans le port, dix-neuf sombrèrent, et les autres furent lancés à d'énormes distances dans l'intérieur des terres. Toute la population du Callao fut engloutie. Lima fut aux trois quarts détruite. Quatre volcans firent éruption dans les districts dits *Lucanas* et *Convensiones de Caxamarquilla* (*). « On a remarqué, dit M. Stevenson, que le monde végétal souffrait particulièrement des secousses violentes. Ainsi, la campagne voisine de Lima et celle qui s'étend sur le littoral furent ravagées par le tremblement de terre de 1678. La récolte de blé, de maïs et autres céréales, fut entièrement perdue, et, durant plusieurs années, le sol resta improductif. » Il est probable que les sources et les cours d'eau, taris ou modifiés par les mouvements de la terre, contribuent puissamment à rendre stériles des terres qui avaient été jusque-là productives. Il faut remarquer, du reste, que les grands tremblements de terre de 1687 et 1746 furent suivis de pluies torrentielles. Après la violente secousse de 1806, les rues de Lima furent inondées pendant plusieurs jours, ce qui ajouta singulièrement à la terreur et aux malheurs des habitants.

« C'est un spectacle curieux, dit M. Du Petit Thouars, que celui de Lima au moment où un tremblement de terre se déclare. Les rues, ordinai-

---

(*) Manco Yupanqui, le dernier protecteur général des Indiens du Pérou, connaissait parfaitement l'anglais et le français; il passait pour le meilleur helléniste de la capitale. Un autre Indien, don José Huapago, vice-recteur du collége del principe, était un homme aussi remarquable par son intelligence que par ses talents.

(*) George Juan et Ant. Ulloa, *Voyage hist. de l'Amérique méridionale, fait par ordre du roi d'Espagne* (dans la traduction française).

rement assez solitaires, excepté dans le quartier du Palais, se remplissent tout à coup d'une foule de gens qui se présentent dans le costume, souvent plus que négligé, qu'ils avaient avant l'événement. Les uns se jettent à genoux, la figure prosternée contre terre, les autres se frappent la poitrine en disant des *meâ culpâ;* les plus timorés font quelquefois la confession publique de leurs fautes secrètes; tandis que des filous, plus aguerris, profitent de ces instants de trouble pour pénétrer dans les maisons et pour voler. Cet ensemble présente un tableau très-animé et très-varié; tout alors est mouvement, bruit et confusion. Lima offre aussi au voyageur un tableau qui est tout l'opposé de celui-ci; c'est dans les jours de fête que l'effet peut en être le mieux saisi, et qu'il devient le plus frappant, par la plus grande opposition qu'il présente. Il est d'usage à Lima, toutes les fois que l'*Angelus* sonne, que les personnes qui sont dans les rues s'arrêtent et se découvrent au premier tintement de la cloche. L'habitude en est tellement prise, que si, un jour de fête, vers le soir, on se trouve sur la place du Palais à examiner les équipages, les cavalcades, les promeneurs, les sayas qui rentrent en ville par le pont, au milieu d'un bruit confus de chevaux, de voitures, de cris et de conversations, on est frappé, lorsque vient l'*Angelus*, de voir tout ce mouvement, tout ce bruit cesser subitement comme par un seul coup de baguette. Aussitôt l'immobilité succède au mouvement, le silence à la confusion des voix et au bruit; mais le dernier son de l'*Angelus* est à peine sonné, que tout recommence de plus belle, agitation et tapage. Pendant le moment de recueillement, chacun est censé faire une prière et un retour sur soi-même; le bruit reprend par un souhait pieux que chacun adresse à son voisin. »

Lima jouit du plus délicieux climat du monde. En été, l'ardeur du soleil est modérée par un rideau de nuages constamment étendu sur la ville. Pendant les mois d'hiver, c'est-à-dire, depuis avril ou mai jusqu'en novembre, il règne des brouillards épais qui refroidissent la température et humectent le sol; pendant les autres saisons, ces brumes apparaissent aux changements de lune. Tandis que le soleil d'hiver est voilé au-dessus de Lima par des nuages qui donnent l'humidité et la fertilité à la vallée du Rimac, la pluie inonde les montagnes voisines, au bruit du vent et du tonnerre. Ce phénomène est particulier aux parties du bas Pérou dans lesquelles les montagnes s'approchent de l'océan Pacifique. Tout au contraire, à Guayaquil, où la distance entre la Cordillère et la mer est considérable, les pluies sont abondantes et les brumes assez rares.

Pendant les mois de mars et d'avril, et au commencement de l'automne, les fièvres intermittentes sévissent à Lima. C'est peut-être à cette cause qu'il faut attribuer l'air languissant et la maigreur d'un assez grand nombre d'habitants de cette ville.

Nous allons maintenant décrire les villes les plus importantes après Lima, et celles qui se recommandent à l'attention du voyageur par quelque particularité importante au point de vue géographique ou archéologique.

LE CALLAO. Dans le cours de notre résumé de l'histoire moderne du Pérou, nous nommerons souvent le port du Callao. La petite ville qui porte ce nom, située à six milles de Lima, ne se compose plus que de deux ou trois cents pauvres maisons dont l'apparence est aussi pitoyable que l'aspect physique de leurs habitants. L'ancienne ville était à quelque distance au sud du bourg actuel; elle fut entièrement détruite par le terrible tremblement de terre de 1746. La mer la couvrit par deux fois, et, sur quatre mille habitants, n'en épargna, dit-on, qu'un seul pour porter à la capitale la nouvelle de cette catastrophe. Il paraît que par un temps calme, on peut apercevoir les ruines de l'ancien Callao au fond de la mer, dans cette partie de la baie qu'on appelle *mar braba*. La bourgade actuelle est protégée par une citadelle convenablement armée, et principalement destinée à mettre la capitale à l'abri d'un débarquement. Derrière le fort, on aperçoit un rideau de montagnes qui s'élève par gradation et se termine à l'horizon par l'imposante chaîne des Andes, dont les pics sourcilleux se cachent dans les nuages. Rien de plus beau, de plus admirable que le panorama qui se déploie sous le regard de l'observateur placé sur les hauteurs de Callao; à l'heure où le soleil se couche, même après que l'ombre s'est étendue sur la plaine, les dômes et les clochers des églises de Lima brillent encore dans le lointain, éclairés par les rayons de l'astre à son déclin, et lorsque la capitale est à son tour plongée dans l'obscurité, la crête des Andes, toujours illuminée, se détache de l'horizon comme un phare gigantesque allumé par les mains de la nature.

Cuzco. Cette ville, située à environ 550 milles anglais E.-S.-E. de Lima, par 13° 42′ de latitude et 71° 4′ de longitude occidentale (méridien de Greenwich), s'élève au milieu d'une vaste et fertile vallée, arrosée par la petite rivière de Guatanay. D'après la tradition, elle fut bâtie par Manco Capac, le premier des Incas, et fut divisée en deux villes, *Hanam Cuzco* et *Hurin Cuzco*. Il paraît que ce nom de *Cuzco* signifie *centre*; il répondrait à l'ὀμφάλος ou *umbilicus terrarum* des anciens.

Les proportions grandioses et la magnificence des édifices, parmi lesquels on doit citer en première ligne la forteresse et le temple du soleil (*), frappèrent les Espagnols d'étonnement, lorsque Pizarre prit possession de cette antique cité. Il ne reste du fameux temple que quelques murs de construction singulière, et sur lesquels s'élève le couvent des Dominicains. L'autel a été bâti à l'endroit même où l'image du dieu des Péruviens était exposée à leur adoration. Les chambres des vierges du soleil (**) sont maintenant occupées par des religieux; des champs de blé et des prairies couvrent l'emplacement où s'étendaient autrefois le jardin royal et la ménagerie, l'un et l'autre décorés d'ornements fantastiques, tels que fleurs et arbrisseaux gigantesques en argent et en or massifs.

On voit encore sur une colline au nord de la ville les ruines de la forteresse, dont les murs sont en grande partie parfaitement conservés. Ces murs sont construits de pierres d'une grandeur prodigieuse, de forme polyangulaire et de dimensions différentes. Placées les unes sur les autres, ces pierres ne sont unies ensemble par aucun ciment, et elles sont pourtant si bien jointes qu'il serait impossible d'introduire une aiguille dans les interstices. Ulloa prétend qu'elles ont presque toutes neuf angles, et qu'il est impossible de distinguer les lignes de rapprochement. Une de ces pierres, d'après le même voyageur, gît isolée sur le sol, et semble n'avoir jamais été destinée à figurer dans la construction des murs; on l'appelle la *cansada* ou la *bruyante*.

On remarque également à Cuzco le couvent de Saint-Augustin et celui de la Merced, édifices qui ne le cèdent, ni en magnificence ni en beautés architecturales, aux monuments religieux de l'ancien monde. Le voyageur reconnaît aussi avec surprise que les murs d'un grand nombre de maisons particulières portent les marques d'une ancienneté incontestable. La grandeur des pierres, la variété de leurs formes et l'art inimitable avec lequel elles sont disposées, donnent à cette ville une physionomie d'antiquité romanesque qui pénètre l'étranger de respect et impressionne vivement son imagination (*). En contemplant ces vestiges de la civilisation primitive du Pérou, on ne peut se défendre d'un sentiment de colère contre les conquérants qui ont saccagé ces restes précieux, et ont en quelque sorte

---

(*) Voyez la description de ce temple dans le tableau de l'ancien empire du Pérou, placé ci-après.

(**) Voir dans le tableau de l'ancien empire du Pérou le passage où il est question des vierges consacrées au soleil.

(*) Miller, t. II, p. 223.

pris à tâche d'en faire disparaître les traces.

Les autres choses dignes d'attention à Cuzco, sont les bains qui fournissent de l'eau chaude et de l'eau froide; les vestiges d'une large route pavée, construite par ordre des Incas, et qui conduisait jusqu'à Lima; enfin, les restes de plusieurs passages souterrains qui unissaient le palais des Incas à la forteresse; les murs de ces souterrains étaient très-rapprochés et très-bas, de façon à ne laisser passer, dans certains endroits, qu'une seule personne de front.

Cuzco est encore la seconde ville du Pérou; on y compte de quarante à quarante-cinq mille habitants. Quand l'armée libératrice y fit son entrée, durant la guerre de l'indépendance, les habitants de race indienne témoignèrent leur joie par des fêtes solennelles; et ces divertissements avaient pour eux d'autant plus de prix, qu'ils avaient toujours été prohibés par les Espagnols à cause des allusions qu'on y introduisait au règne et à la puissance des Incas. Rien de plus curieux que les processions qu'ils conduisaient tous les jours par la ville; leurs masques singuliers, leur costume grotesque et bariolé de couleurs éclatantes, les plumes d'autruche dont ils s'affublaient, leurs instruments de musique consistant en tambourins, cornemuses, flûtes à Pan et tambours, leurs chants mélancoliques, leur physionomie attristée, leurs danses si bien appropriées, par leur caractère sérieux, aux souffrances que ces pauvres gens ont endurées pendant des siècles, tout cela formait un spectacle étrange et de nature à frapper le voyageur d'étonnement.

A vingt lieues à l'est de Cuzco commencent les territoires habités par les tribus insoumises. Le diocèse de Cuzco s'étend vers le sud jusqu'aux rives septentrionales du lac Titicaca, et comprend les provinces de Lampa et de Caravaya dans le département de Puno, si riche en métaux précieux. Vers le sud-ouest, il embrasse la province d'Aymaras, et, jusqu'en 1609, la ville d'Arequipa en a fait partie. Au sud de Cuzco, et à l'est du lac Titicaca, s'étend la plaine de Tiahuanaco, où l'on voit des ruines qui offrent le même caractère que les anciennes murailles de Cuzco, et qui étonnent par les dimensions des matériaux (*). Ces édifices antiques paraissent n'avoir jamais été terminés; à l'arrivée des Espagnols, les indigènes en attribuaient la construction à des hommes barbus qui habitaient le bord des cordillères bien longtemps avant la fondation de l'empire des Incas (**).

Lac Titicaca. Nous avons parlé de ce lac célèbre qu'on rencontre au sud de Cuzco. Nous allons en placer ici la description :

Le lac de *Chuquito* ou *Titicaca* est situé entre les deux cordillères, et se trouve complétement enfermé par les montagnes qui le bordent. Il a 240 milles anglais de circuit, et une profondeur qui, dans quelques endroits, n'est pas moindre de 480 pieds. Il reçoit plusieurs rivières, mais son unique écoulement a lieu par le *Desaguadero*, espèce de canal naturel qui le fait communiquer au lac Paria (***). On suppose que les eaux ont des fuites souterraines qu'il a été jusqu'à présent impossible de constater. Les tempêtes qui soufflent souvent du côté des An-

(*) Voir plus loin le tableau des tribus indigènes du Pérou.

(**) Humboldt.

(***) Le lac Paria a quatre lieues de longueur extrême sur deux de largeur, et quoique ses eaux ne soient pas très-douces, il abonde en excellent poisson. Alcedo affirme que l'eau de ce lac se fraye un passage souterrain vers la mer par-dessous la Cordillère. En 1748, dit-il, le niveau s'éleva considérablement, ce qui fit penser que l'ouverture souterraine était encombrée par quelques vieux radeaux des anciens Péruviens qui avaient autrefois coulé à fond dans une tempête; peu de temps après, on vit les eaux reprendre leur niveau ordinaire, ce qui confirme cette opinion. Un semblable phénomène s'observe, du reste, dans les lacs de Metapa et d'Atitan, enclavés dans le territoire de la république de Guatemala.

des, rendent la navigation du grand lac difficile et dangereuse. Les eaux sont troubles et d'une saveur amère; néanmoins les bestiaux en boivent ainsi que les Indiens. Elles abondent en truites et autres poissons; et ses rives pittoresques sont fréquentées par d'immenses troupes d'oies sauvages.

Le lac de Titicaca, ou *lac de Plomb*, doit son nom à l'île principale qu'il renferme. C'est dans cette île que, conformément aux croyances des indigènes, Manco Capac fit sa première résidence, et qu'il eut la révélation de la mission que le soleil lui réservait. C'en était assez pour assurer à ce coin de terre la vénération de ces peuples crédules. Les souverains incas y construisirent un temple magnifique dont les murs étaient couverts d'or. Comme chaque Péruvien était obligé de visiter une fois par an ce lieu de pèlerinage et d'y apporter quelque offrande qui pût être agréable à la divinité, il en résulta dans le temple une accumulation prodigieuse de richesses. Quand le pays fut envahi par les Espagnols, les Indiens, pour empêcher de s'emparer de la demeure sacrée, en rasèrent les murs, et jetèrent dans le lac tous les trésors qu'il contenait. Telle est, du moins, la tradition. Au nombre des objets précipités dans les flots, il faut citer la grande chaîne d'or faite par ordre de l'Inca Huayna Capac; cette chaîne, dont tout le monde a entendu parler, et dont il est plus d'une fois question dans ce travail, était si longue, que plusieurs centaines de personnes pouvaient exécuter des danses dans le cercle qu'elle formait. Il n'existe aucune trace de ce temple, dont la grandeur et la magnificence ne peuvent être appréciées que par comparaison avec les édifices de Tiahuanaco; suivant Alcedo, il aurait occupé l'emplacement sur lequel s'élève aujourd'hui le célèbre sanctuaire de Notre-Dame de Capac-Avana. L'île a trois lieues de long sur une de large; elle est située à un mille du rivage. Fertile, quoique en grande partie inculte, elle abonde en fruits et se couvre, dans la belle saison, de fleurs parfumées. Elle sert de refuge à de nombreux troupeaux, qui y trouvent des pâturages verdoyants.

Près de l'extrémité méridionale du lac, les rives se resserrent et forment une baie qui se termine par le Rio Desaguadero. Cette rivière, ou plutôt ce canal, a environ cent mètres de largeur; l'eau s'y précipite avec impétuosité. Capac Yupanqui, cinquième Inca, y fit jeter un pont de bois, au moyen duquel l'armée péruvienne put marcher, à la conquête de Charcas (*).

CHUQUISACA. Cette ville, ainsi appelée par les Péruviens, est aussi connue sous les noms de *Plata* et de *Charcas*. Nous n'avons pas grand'chose à en dire. Quoiqu'elle soit la capitale de la Bolivie, elle n'a qu'une quinzaine de mille âmes. De nombreux aqueducs y conduisent les eaux des montagnes voisines. On y remarque la cathédrale, qui possède des tableaux précieux, et dont la magnificence était autrefois augmentée par une profusion d'ornements en or, en argent et en pierreries. Le voyageur visite aussi avec intérêt les églises attenantes aux divers couvents d'hommes ou de femmes. Chuquisaca, fondée en 1539 par un des lieutenants de Pizarre, fut érigée en évêché en l'an 1551, puis transformée en Audience royale de los Charcas en 1559, puis enfin dotée d'un archevêché en 1608. Elle est située par 19°31' de latitude méridionale, à 290 lieues de Cuzco.

ARÉQUIPA. Capitale de la province de ce nom, la ville d'Aréquipa est vaste, bien bâtie, et compte plus de 30,000 habitants. Elle s'élève dans une plaine arrosée par la rivière Chili; on la place à 20 lieues de la côte; à 217 sud-est de Lima; à 60 sud-ouest de Cuzco, par 16° 16' de latitude méridionale, et 72° de longitude occidentale. La ville en elle-même n'offre rien de précisément remarquable; mais ses environs sont dignes d'attention. A six ou huit milles de ses murs, on aper-

(*) Pour plus de détails sur le lac Titicaca, on peut voir le Voyage de M. d'Orbigny dans l'Amérique méridionale.

23.

çoit une montagne conique, dont la base a environ cinq lieues de circonférence, et dont le sommet est occupé par un cratère qui vomit presque constamment des cendres et de la fumée. Ce volcan est, à juste titre, la terreur des habitants d'Aréquipa. Quatre fois il a occasionné la destruction de leurs demeures : la première en 1582; la seconde en février 1600 ; la troisième en 1604, et la quatrième en 1725. Les tremblements de terre de 1687, 1732, 1738, 1785 et 1819, furent moins violents, mais n'en portèrent pas moins le ravage et la mort dans les lieux circonvoisins.

POTOSI. C'est la ville péruvienne dont le nom est le plus connu en Europe, grâce aux mines d'argent qui l'entourent. Elle est la capitale de la province la plus méridionale de la Bolivie. En 1611, on évaluait sa population à 150,000 âmes, ce qui s'explique par le grand nombre de mineurs que l'inexorable loi du *mita* y envoyait de trois cents lieues à la ronde. Ces malheureux étaient presque tous accompagnés, dans le lieu de leur exil, par leurs familles, ce qui augmentait considérablement la population normale de la ville et de ses environs. L'abolition du *mita* et la décadence de l'exploitation des minéraux a fait tomber le chiffre de cette population à 8,000 habitants.

Potosi, qui ne renferme rien de curieux, si ce n'est peut-être un hôtel des monnaies aussi vaste que bien distribué, est bâtie au pied de la célèbre montagne de *Cerro*. Un pain de sucre ayant trois lieues de circonférence à sa base, et 17,000 pieds d'élévation au-dessus du niveau de l'Océan, telle est la montagne dont la richesse en métaux précieux a été de tout temps vantée dans le monde entier. Plus de cinq mille ouvertures, conduisant aux mines, ont été creusées dans ses flancs. De ce nombre, il n'en est plus que cinquante ou soixante qui servent aujourd'hui à l'exploitation du métal. Les autres galeries sont obstruées par des éboulements ou inondées par les eaux intérieures. La partie supérieure de la montagne est tellement sillonnée, qu'on peut la dire percée à jour. Quant à la région inférieure, à partir de la base jusqu'à un tiers de la hauteur totale, elle a été à peine entamée, par suite de la quantité de sources qu'elle recèle, et qui font obstacle aux travaux.

Le pays environnant est également métallifère. On trouve de l'argent d'excellente qualité et en abondance dans une montagne appelée *Guayna-Potosi* (le nouveau Potosi), et située près du *Cerro*. Malheureusement cette montagne ne peut être soumise au travail des mineurs, à cause du nombre des sources qu'on rencontre à quelques pieds de sa surface.

Le minerai est broyé dans des moulins dont les roues sont mises en mouvement par des cours d'eau qu'alimentent des lacs ou réservoirs placés dans les montagnes. Les plus vastes de ces bassins reçoivent leurs eaux au moyen d'écluses construites à travers les *quebradas* ou ravins les plus profonds. On laisse échapper l'eau pendant le jour ; mais, la nuit, les écluses sont fermées, et même souvent on ne les ouvre que deux fois par semaine. Un nombre considérable d'employés et d'ouvriers est affecté au service de ces travaux hydrauliques, qui sont suspendus quand une sécheresse prolongée tarit les sources dans les flancs des montagnes.

M. Miller signale un singulier usage auquel l'indulgence des premiers propriétaires de mines a donné naissance, et qui s'est maintenu jusqu'à nos jours : entre la nuit du samedi et la matinée du lundi, le *Cerro* devient la propriété exclusive de tout individu qui veut, dans cet intervalle de temps, travailler pour son propre compte. Ceux qui vont ainsi glaner dans les mines s'appellent *Caxchas*, et d'ordinaire ils vendent à leurs patrons le produit de leurs dimanches. On conçoit qu'indépendamment du métal ainsi soustrait, les caxchas doivent causer un notable préjudice à l'exploitation générale, en négligeant, dans leurs travaux particuliers, les précautions nécessaires pour étayer les terres excavées. On se doute bien aussi, que quand les ouvriers trouvent, dans le courant de la semaine, une veine plus riche que d'ordinaire, ils s'abstiennent de la signaler, afin de l'explorer pour leur propre compte le dimanche suivant. Les propriétaires ne s'aviseraient pas d'aller surveiller leurs ouvriers pendant ce jour consacré, car ils savent qu'ils trouveraient moyen de les en faire repentir. On voulut, un jour, abolir cet usage, à cause des abus qu'il entraînait après lui ; mais tous les efforts faits dans ce but furent infructueux. Les caxchas défendirent leurs priviléges les armes à la main, et tuèrent plusieurs soldats en roulant sur eux, du haut de la montagne, des pierres énormes. Depuis ce jour, on les a laissés en paisible possession de ce droit consacré par la tradition. Ces ouvriers sont si vigilants à l'endroit de leurs priviléges, qu'un soir, ils surprirent quinze ou vingt lamas chargés d'argent, et qui avaient été mis en route après le moment où avait commencé l'exercice du droit de caxcha. Les lamas furent saisis par eux, et l'on n'entendit plus parler ni des animaux, ni de leurs conducteurs.

La Paz. Plus importante que Chuquisaca par sa population, qui s'élève à 40,000 âmes, la Paz n'est pourtant que la seconde ville de la Bolivie. Ses fontaines publiques et ses édifices méritent d'être visités par les étrangers. La rivière de Choqueapo, qui serpente dans la vallée où s'élève la ville, offre une particularité qui ne doit pas être passée sous silence : quand ses eaux sont grossies par les pluies ou la fonte des neiges, elles entraînent des rochers d'une grosseur prodigieuse, et roulent des paillettes d'or, que l'on s'empresse de recueillir dès que le niveau a baissé. Il faut, suivant nous, attribuer l'effet de ces eaux sur les rochers à la présence d'une quantité notable d'acide carbonique, au nombre des éléments dont elles sont composées. On sait quelle action dissolvante exercent sur les roches granitiques les plus minces ruisseaux, quand ils sont saturés d'acide carbonique.

Caxamarca. Ce nom vient du mot péruvien *Cassac-Malca*, qui signifie *lieu sujet à la gelée*. L'explication de cette étymologie suffit pour faire deviner que le climat de Caxamarca est assez froid, bien que cette ville soit située au nord du Pérou, et par conséquent bien plus près de l'équateur que toutes celles dont nous avons déjà parlé.

La riche vallée qui entoure la ville étale aux regards la plus magnifique végétation, et suffirait pour assurer aux habitants une prospérité perpétuelle, si de fréquentes gelées ne venaient pas détruire quelquefois dans vingt-quatre heures les plus belles récoltes en blé, en maïs et en fruits de toute espèce.

Caxamarca est citée pour les ruines du palais des Incas que renferment ses murs, pour ses sources d'eau thermale et pour ses forges où travaillent les plus habiles ouvriers du Pérou. Les seuls vestiges du palais consistent en quelques pierres qui font maintenant partie du mur d'une méchante maison. Ces pierres sont polies et exactement jointes les unes avec les autres, quoiqu'elles ne soient pas carrées. Comme on a trouvé dans le terrain environnant des outils composés d'un mélange d'étain et de cuivre, on a supposé qu'ils avaient pu servir à la construction des murs. Quelques voyageurs ont cru reconnaître parmi ces vestiges la chambre où l'Inca Atahualpa fut retenu prisonnier pendant trois mois. Dans la chapelle de la prison de la ville, la pierre qui sert de base à l'autel passe pour être celle sur laquelle le malheureux prince fut étranglé par ordre des Espagnols.

Les églises de Caxamarca étaient autrefois renommées pour la richesse de leurs ornements. La révolution les a dépouillées de leurs trésors.

On évalue à 7,000 âmes seulement la population de cette ville qui n'aurait mérité qu'une mention pure et simple, si elle ne s'était recommandée à notre attention par les ruines et les localités intéressantes qu'on trouve dans ses environs.

A une lieue des faubourgs sont les *Bains des Incas*, alimentés par deux sources abondantes, l'une d'eau froide, l'autre d'eau bouillante. Ce fut, dit-on, de cet endroit que l'Inca Atahualpa alla, porté sur un trône d'or, à la rencontre des conquérants espagnols. On ajoute que, lorsque les Européens se rendirent maîtres du pays, les Péruviens voyant qu'ils ne pouvaient leur opposer une résistance efficace, jetèrent le trône d'or dans le cratère de la source d'eau bouillante, afin qu'il ne tombât pas entre les mains des étrangers. Quelques années après, deux riches Espagnols firent pratiquer un canal pour vider le bassin de la source et en retirer le trône, objet de tant de convoitise. Mais leurs efforts furent inutiles, car la source était trop profonde pour qu'un canal pût en atteindre le fond.

Tout près des bains, et sur le terrain d'une ferme espagnole, on voit les ruines d'un bâtiment qui peut avoir servi de grenier ou de magasin aux Incas. On y observe un grand nombre d'excavations dont quelques-unes offrent des pierres qui portent les chiffres mille, deux mille, etc., ce qui a fait supposer que quelque trésor était caché dans ces cavités. On a cherché, et on n'a rien trouvé.

A deux lieues de Caxamarca, mais dans une autre direction, on remarque une pierre dite *inca-rirpo, pierre de repos de l'Inca*. Elle est semblable à celle que vit M. de Humboldt au *Paramo de Asuay*, et qu'il a décrite sous le nom de *inga-chungana, lieu de repos de l'Inca*. La pierre dont il est ici question est un bloc de onze pieds de long, et de deux pieds huit pouces de hauteur au-dessus du sol, sur une largeur de treize pouces seulement. Il offre dans sa partie centrale deux cavités de quatre pouces de profondeur et de cinq pouces de large. On voit aussi les restes d'une clôture circulaire qui règne autour du bloc à la distance de huit ou dix mètres. Elle occupe une petite portion de la route militaire que suivaient les Incas pour se rendre de Cuzco à Quito, et qui est encore connue dans le pays sous le nom de *Camino del Inca*. Du lieu où gît la pierre vénérée, on jouit d'une vue magnifique, et l'on embrasse du regard les plus belles parties de la vallée de Caxamarca. D'après la tradition qui s'est perpétuée parmi les Indiens, l'Inca avait coutume de se faire transporter sur cette hauteur pour contempler le beau panorama qu'elle domine, et les deux cavités observées au milieu de la pierre servaient à maintenir les pieds du trône sur lequel s'asseyait le monarque.

Près de la ferme appelée la *Lagunilla*, non loin du village de *Jésus*, et à cinq lieues de Caxamarca, on a découvert les ruines d'une ville péruvienne bâtie d'une façon singulière. La plupart des maisons sont encore entières; elles sont en pierre et construites de manière à entourer un rocher ou monticule, situé au milieu d'une vallée. La rangée inférieure des maisons a des murs d'une épaisseur prodigieuse; un voyageur dit y avoir mesuré des blocs de pierre de douze pieds de long et de sept pieds de hauteur, formant un côté entier de la pièce; une ou plusieurs autres pierres sont posées par-dessus pour former le toit. Au-dessus de cette rangée, il y en a une autre plus élevée, construite de la même manière, et ayant sur le derrière les portes d'entrée; un autre rang a ses murs de derrière adossés à la montagne. Toute la ville consistait en doubles rangées de chambres habitables, le tout s'élevant à la hauteur de sept étages. Au sommet, on voit des ruines qui paraissent être celles d'un palais ou d'une forteresse.

« Lorsque je visitai ce lieu pour la première fois, dit M. Stevenson, je crus d'abord que les chambres n'étaient autre chose que des excavations pratiquées dans le roc. Mais j'acquis bientôt la conviction qu'elles avaient été construites de main d'homme, et je restai stupéfait en contemplant cet immense travail, dont l'objet spécial est maintenant ignoré. Les chambres ont presque toutes douze pieds carrés et sept pieds de hauteur; sur le devant est percée une porte plus étroite dans le haut qu'à la base. Les pierres du devant ont reçu la forme de carrés irréguliers, et elles sont jointes ensemble par un ciment (*). Quelques-unes des murailles les plus épaisses sont formées de deux pierres rapprochées; l'interstice est rempli de petites pierres et de cailloux cimentés à l'aide d'une argile rougeâtre, qui a fini par former une masse si solide, qu'elle est presqu'aussi dure que la pierre. Le ciment employé pour joindre les pierres était sans aucun doute de l'argile détrempée; mais on en employait une si petite quantité, qu'on a cru que les blocs étaient tout simplement placés les uns sur les autres; en quoi l'on s'est évidemment trompé (**).

« Toute cette construction pouvait contenir au moins 5,000 familles (***), mais on ne peut deviner à quel usage elle était destinée. D'après certaines traditions assez vagues, c'était un palais ou une maison de réception pour les Incas dans le cours de leurs voyages; mais cela n'est guère probable, car le bâtiment en question s'élève à une lieue, tout au plus, de la grande route fréquentée par les Incas, et à cinq lieues de Caxamarca. D'autres prétendent que c'était le grenier général de cette partie du Pérou au temps des Incas; mais à cette assertion on peut opposer une objection de même nature; car le lecteur a déjà vu qu'il existait des restes d'un grenier d'abondance sur le terrain d'une ferme voisine de Caxamarca; ces espèces de magasins sont très-reconnaissables, car ce ne sont que des citernes tapissées de murs de pierre. Il me paraît beaucoup plus vraisemblable que ce fut la résidence du Chimu de Chicama, pendant qu'il habitait l'intérieur du pays, et avant de devenir sujet de l'Inca Pachacutec. Le sommet de la montagne a été évidemment occupé par des constructions plus grandioses, car d'après la ligne encore visible des fondations, les appartements et les cours de cette partie de la ville étaient beaucoup plus spacieux que les chambres et les espaces libres des rangées inférieures.

« Quatre chemins principaux conduisent de la base au sommet de la montagne, et correspondent aux quatre points cardinaux; au moyen de ces chemins, ou de ces rues, les habitants pouvaient passer du toit de leur maison chez leur voisin; ils pouvaient même peut-être parcourir toutes les rangées d'habitations au moyen de ponts jetés sur les points d'intersection des rues. Sept promenades auraient ainsi existé, indépendamment des rues circulaires.

« Le propriétaire de ces ruines, don Thomas Bueno, croyait que c'étaient les restes d'un ancien temple, et se plaisait à supposer que quelque gros trésor était caché dans cette mystérieuse enceinte.

« On n'aperçoit sur ces constructions aucune trace de sculptures délicates; seulement quelques pierres offrent des arabesques plus bizarres que gracieuses. Il est évident, aussi, que l'architecture dont ces ruines sont un si curieux échantillon, n'avait rien de l'élégance qui distingue l'architecture grecque et romaine. Ce qu'il faut admirer ici, c'est la prodigieuse habileté des hommes qui ont extrait de la carrière, taillé, transporté et mis en place de si énormes blocs de pierre, tout cela sans machines et sans instruments de fer.

« Dans le voisinage des ruines, on voit un petit lac ou *Laguna*, qui a donné son nom à toute la localité circonvoisine; il est de forme ovale et a 900 mètres de longueur sur 650 de

---

(*) Si le voyageur anglais ne s'est pas mépris, c'est là un fait remarquable, car jusqu'à présent il n'avait été question, au Pérou, que d'édifices construits de pierres irrégulières *sans ciment.*

(**) Nous ne savons jusqu'à quel point est fondé ce démenti donné à une opinion qui paraît basée sur une observation attentive et réitérée.

(***) M. Stevenson exagère probablement, car cinq mille familles, à quatre individus seulement par famille, représentent un total de 20,000 âmes.

largeur. Un côté du lac baigne le pied des montagnes qui séparent la ferme de la vallée de Caxamarca; de l'autre côté de la chaîne coule la rivière dont nous avons parlé. Un tunnel, ou canal souterrain, a été pratiqué à travers la montagne, afin de ménager à l'eau du lac un écoulement dans la rivière. Ce lac a probablement été la carrière d'où furent extraites les pierres qui ont servi à la construction de la ville en ruine, et le tunnel fut sans doute creusé à la même époque par les Indiens, pour prévenir les inondations. La ferme, les étables, et autres dépendances, ont été bâties avec les blocs en question, enlevés au *Tambo del Inca*. Il est à regretter qu'on n'ait pas respecté ces vestiges si vénérables et si intéressants de la civilisation indigène (*). »

D'après ce qu'on vient de lire, on voit que les environs de Caxamarca méritent toute l'attention du voyageur. C'est une des localités les plus importantes à visiter; elle est d'autant plus digne d'être parcourue en détail, qu'elle confine à des régions où la nature américaine étale toute sa splendeur et où l'on rencontre des tribus sauvages qui portent encore le type primitif de la race péruvienne. Plusieurs touristes ont poussé leurs excursions jusque dans cette contrée. Après avoir franchi la Cordillère et échappé aux mille dangers d'un voyage à travers des précipices effrayants, ils ont pénétré jusqu'à l'endroit où l'Amazone réunit ses eaux à celles de l'Ucayale; ils ont visité les peuplades qui habitent les bords de ces deux rivières; ils se sont enfoncés dans l'épaisseur des forêts vierges, et ont étudié la nature dans ses spectacles les plus majestueux, dans ses créations les plus imposantes. Le tableau qu'ils ont tracé de cette zone extrême du territoire péruvien est si attachant, qu'il nous fait vivement regretter de ne pouvoir les suivre dans ces poétiques solitudes. Parmi les récits qui nous ont le plus captivé, nous citerons celui du lieutenant Mawe, comme le plus pittoresque et le plus intéressant. Nous ne pouvons malheureusement qu'y renvoyer nos lecteurs.

TRUXILLO. Le diocèse de Truxillo s'étendait au delà des limites de la vice-royauté de Lima et embrassait la province de Jaen de Bracamoros, dans le royaume de Quito. Truxillo est située à une demi-lieue de la mer, sous le huitième degré 6' de latitude méridionale. Bien que cette ville ait une circonférence d'une lieue et demie, elle renferme à peine 9,000 habitants. Le port, nommé *Huanchaco*, est habité par quelques misérables Indiens logés dans des huttes, et par les autorités du lieu.

Près de Truxillo, la route passe au milieu des ruines d'une grande ville indienne appelée le *Grand-Chimu*, et dont les habitants résistèrent longtemps aux armes des Incas. On y voit encore un assez grand nombre de bâtiments en bon état de conservation; on y remarque surtout plusieurs vastes *guacas* d'où l'on assure que les Espagnols ont tiré une grande quantité d'or. Les Indiens qui résident actuellement dans cette vallée paraissent former une race particulière, qui n'a pas encore été étudiée. Les Espagnols, pour les récompenser de leur avoir révélé les richesses enfouies dans les guacas, les exemptèrent de tout tribut. La vallée a environ quatre lieues de long sur deux de largeur. Le sol, humecté par les eaux d'une petite rivière, est couvert d'une végétation qui contraste agréablement avec la région sablonneuse qui s'étend le long des côtes du Pérou (*).

On suppose généralement que les huacas ou *guacas*, dont nous venons de parler, n'étaient autre chose que des lieux spécialement consacrés à la sépulture. Un voyageur anglais fait observer que les Indiens non civilisés sont encore aujourd'hui dans l'usage d'enterrer leurs morts dans leurs propres maisons, qu'ils abandonnent aus-

---

(*) Stevenson, vol. II, p. 164 et suivantes de l'édition anglaise.

(*) Maw, p. 19.

sitôt pour aller se bâtir ailleurs d'autres demeures. Il pense que la même coutume existait chez les anciens Péruviens. Il n'y aurait donc pas eu de cimetières proprement dits chez ce peuple, ce qui est en contradiction avec les découvertes de tombeaux souterrains réunis en très-grand nombre dans certaines localités du Pérou et de la Bolivie. Près du village de Supe, dans la vallée de Huaura, existent les ruines d'une autre ville indienne bâtie sur le flanc d'un immense rocher. Des galeries ont été creusées dans le roc vif et ensuite divisées en compartiments ou en chambres. Indépendamment des murs, on voit encore des parapets en pierre élevés devant les maisons; de sorte que la montagne a l'air d'être fortifiée. A une faible distance, se voient les restes d'une autre ville située dans une plaine élevée. C'est là que le voyageur cité tout à l'heure croit avoir constaté que les Péruviens enterraient les morts dans leur domicile même. M. Stevenson fit exécuter des fouilles et découvrit plusieurs tombeaux anciens. Les cadavres avaient été évidemment enterrés avec tout ce qui leur appartenait au moment de la mort; les femmes avaient auprès d'elles des pots, des casseroles, et des vases de terre cuite, dont quelques-uns étaient fort curieux. Un de ces derniers se composait de deux parties sphériques et creuses, chacune de trois pouces de diamètre, et réunies par un petit tube placé au centre des deux boules; une anse creuse, recourbée, et ayant un trou dans sa partie supérieure, servait à saisir l'ustensile. Si l'on introduisait de l'eau par ce trou jusqu'à ce que ce vase fût à moitié plein, et si l'on inclinait les deux boules tantôt d'un côté et tantôt de l'autre, il s'en échappait un bruit semblable à un sifflement. Quelques-unes de ces poteries offraient l'image d'un homme modelée sur chaque boule. La tête était percée d'un petit trou qui faisait entendre le même bruit, quand on remplissait le vase à moitié et qu'on l'agitait en divers sens. Il existait une de ces terres cuites au couvent des Carmélites de Quito; on y voyait figurés deux Indiens portant un mort sur leurs épaules dans un cercueil creux semblable à un baquet de boucher. Lorsqu'on inclinait l'appareil à droite et à gauche, on entendait un son plaintif comme le cri funèbre que poussent les Indiens dans les enterrements. Du reste, ajoute notre voyageur, les vases et ustensiles étaient de bonne argile et bien cuits, ce qui prouve que les anciens Péruviens pratiquaient avec succès l'art de la poterie. Mais ce n'étaient pas les seuls objets contenus dans les guacas : on y trouva aussi de longs morceaux d'étoffes de coton, semblables à celles que les Indiens fabriquent aujourd'hui et qu'ils appellent *tocuyo*; beaucoup de calebasses; une grande quantité de maïs, de quinua, de fèves et de feuilles de plantain; des plumes d'autruche provenant des plaines de Buénos-Ayres; des vêtements de plusieurs espèces; quelques bêches de palmier; des lances et des massues du même bois; des pots pleins de *chica* qui avait conservé sa saveur douce, mais ne tarda pas à s'aigrir au contact de l'air. On trouva encore de petites poupées de coton habillées comme le sont encore les Indiennes de Cajatambo et de Huarochiri; ce costume se composait d'un jupon blanc nommé *anaco*, d'un morceau de flanelle de couleur, dont deux coins étaient fixés sur l'épaule gauche au moyen d'une épine de cactus; le reste de l'étoffe passait sous le bras droit, s'appliquait autour du corsage à l'aide d'un cordonnet de couleur, et flottait librement au côté gauche et au bas du buste. Cette partie du costume s'appelait *chaupe anaco*. Le *yigla*, autre morceau de flanelle de couleur différente et ayant deux pieds en carré, couvrait les épaules et s'attachait sur la poitrine au moyen de deux longues épingles d'argent ou d'or nommées *topas*. Les cheveux étaient séparés en deux tresses, réunies à leur extrémité, derrière la tête, et maintenues par un cordon de couleur. Enfin, on retira des guacas des anneaux et de petites coupes d'or extrêmement minces et pas plus grandes que la moitié de la coquille d'un œuf de poule. Ces ornements se portaient sans doute suspendus aux oreilles, car ils sont munis de petites montures semblables aux boutons en usage parmi les femmes indigènes. Il faut aussi mentionner des fragments d'argent ayant dix pouces de long sur deux de large et aussi minces qu'une feuille de papier. Tous les morceaux d'or qu'on trouva dans ces tombeaux étaient renfermés dans la bouche des cadavres. Grâce à la nature du sol dans lequel les guacas étaient pratiqués, les corps ensevelis étaient encore presque entiers et nullement défigurés, bien que quelques-uns fussent enterrés depuis trois siècles au moins. Les vêtements étaient dans le même état de conservation; mais corps et habits tombèrent bientôt en poussière sous l'action de l'air et du soleil. On déterra un homme dont les cheveux se joignaient aux sourcils et couvraient si complétement le front, que cette partie du visage n'existait réellement pas. Près de lui on voyait une grande quantité d'herbes sèches, plusieurs petits pots et des poupées habillées. Les Indiens, qui exécutaient ces fouilles sous la direction du touriste anglais, prétendirent que cet homme avait été un *brujo* ou devin ; on peut supposer aussi qu'il avait été médecin, car la sorcellerie et l'art de guérir se confondaient et s'exerçaient à la fois chez ces peuples ignorants, comme chez la plupart des nations non civilisées.

Signalons encore dans les environs de Truxillo, près de Guambacho, petit port au sud de Huanchaco (*), d'autres ruines non moins intéressantes que celles dont nous avons parlé tout à l'heure. C'est une immense ligne de fortifications construites, suivant toute probabilité, bien longtemps avant la conquête. La muraille est presque partout entière, et offre des angles saillants à peu près semblables à de grossiers bastions. Ce mur suit le flanc d'une haute montagne située tout près

(*) L'ancienne ville de Guambacho fut détruite par un pirate hollandais, en 1685.

de la mer. L'histoire nous apprend qu'une grande victoire fut remportée dans cet endroit par le dixième Inca sur Chimu, dernier roi de la province appelée aujourd'hui *Truxillo*. Une immense quantité d'ossements humains répandus çà et là atteste le carnage qui eut lieu sur ce champ de bataille. On a remarqué que plusieurs squelettes avaient la chevelure intacte.

Toutes les ruines qui gisent dans le voisinage des lieux habités ont été, comme on doit bien le penser, explorées, visitées et fouillées dans tous leurs recoins par les Espagnols, qui espéraient y trouver des trésors cachés. Souvent la cupidité des Européens fut largement satisfaite par de magnifiques trouvailles. On raconte qu'en 1576, un Espagnol retira d'un guaca, supposé être la sépulture d'un roi de la famille de Chimu, une si grande quantité d'or, que la somme formant le cinquième dû au trésor royal s'éleva à 9,632 onces d'or, ce qui suppose que la totalité du trésor représentait 3,750,000 francs. Aujourd'hui encore, on est persuadé au Pérou que les guacas contiennent des richesses qui attendent d'heureux explorateurs. Lorsque les exhalaisons qui s'élèvent de ces tombeaux produisent sur le sommet des montagnes des lueurs phosphoriques, les habitants des campagnes croient que ces feux passagers indiquent la présence de trésors enfouis ; et ils s'empressent d'aller visiter ces anciennes sépultures, qui déjà avaient été vingt fois inutilement profanées par des mains avides.

Nous terminerons cette longue description des villes du Pérou, en citant, mais seulement pour mémoire :

Guamanga, fondée par Pizarre et peuplée de 40,000 individus ;

Jauja ou Xauxa, qui compte 10,000 habitants, et se soutient principalement par le produit de ses mines d'argent ;

Ayacucho, près de laquelle le général Sucre remporta la victoire célèbre dont nous parlerons en détail dans le résumé de l'histoire de la révolution péruvienne ;

Puno, chef-lieu du département de même nom, et contenant une population de 16,000 âmes.

Dans la Bolivie :

Oropesa, située dans le département de Cochabamba, appelé à bon droit *le grenier du Pérou* (25,000 habitants);

Cochabamba (30,000 âmes);

Tarija, chef-lieu de la province de Chicas, qui produit en abondance du blé, des fruits et des vins d'excellente qualité;

Santa-Cruz de la Sierra Nueva (6,000 habitants).

TABLEAU DE L'ANCIEN EMPIRE DU PÉROU.—DYNASTIE DES INCAS.

Les ténèbres les plus profondes entourent le berceau des Péruviens, comme celui de toutes les nations qui peuplent l'Amérique. Aucune tradition, aucun monument, aucun vestige de nature quelconque, ne peuvent aider l'historien à remonter avec certitude dans les annales du Pérou, au delà de l'époque, assez moderne, à laquelle ce pays fut soumis à des institutions à peu près régulières, grâce à l'établissement de la dynastie des Incas. Encore, la situation morale et matérielle de l'empire péruvien sous cette descendance de rois est-elle très-confuse et, sur certains points, environnée d'une obscurité complète. S'il est impossible de connaître la condition du Mexique avant l'irruption des Aztèques dans l'Anahuac, du moins on peut suivre les fastes nationaux de ce royaume depuis cette invasion jusqu'à l'arrivée des Espagnols; les manuscrits mexicains qui existent encore, et des traditions sûres, en fournissent les moyens. Il n'en est pas ainsi du Pérou. Les Incas ne nous ont laissé aucun document écrit sur la période de leur domination. Malgré les assertions de quelques auteurs peu exigeants, nous ne saurions voir dans les *quipos*, des archives nationales régulières et suffisantes. Les quipos étaient des cordons à nœuds de différentes couleurs, qui ne doivent être réellement considérés que comme un instrument de calcul. Les nuances exprimaient les objets, et les nœuds représentaient les nombres. On s'en servait pour tenir compte de la population de chaque province et de ses productions, rassemblées avec soin dans de vastes magasins pour les besoins de la communauté. Les quelques faits que rappellent ces nœuds coloriés sont donc à peu près insignifiants au point de vue historique. Ce qu'il nous importe de connaître, ce sont les institutions, les mœurs, les lois des Péruviens; et c'est précisément ce que ne nous apprennent pas les quipos. D'ailleurs, alors même que ces cordons allégoriques rappelleraient des faits vraiment intéressants, ils ont été si bien détruits par les conquérants espagnols, qu'on n'en pourrait tirer aucune utilité réelle. On est donc réduit à se contenter des documents qui nous viennent des écrivains européens. En arrivant au Pérou, les Espagnols observèrent la société à laquelle ils étaient destinés à donner des lois. Ils apprirent, en outre, de la bouche des indigènes, ce qu'avait été la génération précédente. A l'aide de l'examen personnel et des renseignements recueillis dans le pays, les historiens purent faire un tableau suffisamment exact de ce qui existait au moment de la conquête. Mais ce tableau ne pouvait pas remonter bien loin dans les fastes du Pérou; passé une certaine époque, au delà de laquelle la tradition orale devenait nécessairement incertaine, il ne pouvait présenter des faits confus et altérés. Quant à Garcilasso de la Véga qui, en sa qualité de descendant des Incas, voulut consacrer la gloire de ses ancêtres, en écrivant leur histoire complète, il n'a presque rien ajouté à ce que les auteurs espagnols avaient dit avant lui; et il s'est complu à répéter les choses merveilleuses et incertaines qui se trouvaient déjà en circulation au sujet des temps antérieurs à la conquête.

Ainsi, l'obscurité est profonde et entière pour l'histoire ancienne du Pérou; les documents sont incomplets, et sur certains points tout à fait nuls, pour la seconde période, c'est-à-dire celle qui s'écoula depuis l'établissement de la dynastie des Incas jusqu'à la conquête. Nous devons donc nous résigner à répéter, pour les âges primitifs, ce que les historiens ont avancé d'après de simples conjectures; et quant à la seconde époque, il faudra, nous étayant du témoignage des écrivains espagnols et de Garcilasso de la Véga, éclairer, à l'aide de ce flambeau, quelquefois insuffisant, les premiers moments du règne des Incas. Nous ne rencontrerons la certitude historique que quand nous aurons à parler des derniers souverains indigènes. Quelque gênante que soit la nécessité de marcher ainsi à tâtons dans les annales d'un peuple dont le passé a dû être si intéressant, il faut, bon gré, mal gré, s'y soumettre.

Si l'on en croit certains écrivains espagnols, les Péruviens, avant l'apparition du premier Inca, vivaient dans la plus honteuse barbarie. Nulle institution, nul principe formulé en loi, ne modérait leurs passions, ne réglait l'élan de leurs instincts. Semblables aux animaux sauvages, ils mangeaient ce qui s'offrait à leur gloutonnerie, s'accouplaient pour la seule satisfaction de leurs désirs charnels, et faisaient des bois et des cavernes leurs demeures ordinaires. Pleins d'idées superstitieuses et de penchants féroces, ils vouaient un culte stupide aux astres, aux plantes, à des animaux immondes, et offraient aux objets de leur adoration le sang des victimes humaines qu'ils égorgeaient sur leurs autels. Entièrement privés d'industrie, ils erraient çà et là, dans la nudité la plus complète, dépensant dans des querelles frivoles une énergie qu'ils auraient pu mieux employer, et dédaignant les bienfaits d'un sol qui ne demandait que de faibles efforts pour être fertilisé. En un mot, ils réalisaient tout ce que les voyageurs et les philosophes nous ont appris de la vie sauvage.

On ne sait combien de temps les Péruviens vécurent dans cette condition misérable. On suppose qu'ils n'avaient encore fait aucun progrès dans la civilisation, quand parurent un homme et une femme qui entreprirent de les former à la vie sociale, et de les soumettre à des lois régulières. Cet homme était Manco Capac, cette femme s'appelait Mama Oello. Profitant de la vénération des Péruviens pour le soleil, ils se donnèrent pour enfants de cet astre, et dirent avoir été envoyés par lui pour arracher son peuple à l'ignorance et à la misère. D'où venait le couple réformateur, c'est ce qu'on ignore; ce qu'il y a de certain, c'est que l'intelligence de Manco Capac et de sa compagne subjugua promptement les Indiens, et trouva dans ces gens crédules des instruments dociles et empressés. Le prétendu fils du soleil enseigna aux Péruviens à cultiver la terre, à construire des maisons, à pratiquer les arts les plus utiles à l'homme. Mama Oello apprit aux femmes à filer et à tisser des étoffes. Quand ils eurent pourvu aux choses de première nécessité, c'est-à-dire à la nourriture, au vêtement et à l'habitation des peuplades qui avaient répondu à leur appel, ils s'occupèrent de leur donner les institutions les plus propres à consolider ces bienfaits. Manco ordonna, au nom du soleil son père, et les Péruviens obéirent. Il détermina les devoirs des sujets entre eux et vis-à-vis de leurs chefs; il créa une administration, organisa une hiérarchie, et assouplit si habilement les indigènes à la discipline, qu'il se forma bientôt un État politique régulier, et, en apparence du moins, bien gouverné. La fondation de la ville de Cuzco, l'un des premiers actes du législateur, en réunissant les tribus autour d'un centre commun, favorisa puissamment l'œuvre de régénération; c'est ainsi que fut fondé l'empire des *Incas*, ou *seigneurs* du Pérou, du moins si l'on en croit la tradition des Indiens, perpétuée par les récits des historiens espagnols. Cet empire fut d'abord fort peu étendu, car il n'embrassait qu'un espace de huit ou dix lieues autour de Cuzco; mais les conquêtes de Manco Capac et de ses successeurs en reculèrent les limites, si bien que, lorsque les Européens envahirent ces belles contrées, ils trouvèrent un pays immense soumis à la domination et aux lois des Incas.

Il est fort à regretter qu'aucune donnée tant soit peu positive ne puisse conduire à la découverte du lieu de naissance et de l'origine de Manco Capac et de sa compagne. La tradition dit qu'ils partirent tous deux du lac de Titicaca. Ne doit-on pas voir dans cette croyance populaire la preuve que Manco était de la nation des Aymaras qui habitait les bords du même lac? Dans ce cas, cette nation aurait été la souche et le type de la civilisation péruvienne. Telle est, au reste, l'opinion de M. d'Orbigny. Mais s'il est vrai, comme on l'assure, que les Péruviens, au moment où ils parurent au milieu d'eux, fussent encore dans l'état de barbarie que nous avons décrit, et si l'on suppose que le couple révélateur fût originaire du pays même, on sera frappé du contraste qui existait entre son intelligence et la stupidité des gens qui l'entouraient, entre ses lumières et leur ignorance profonde, entre ses tendances vers la vraie civilisation et les préjugés grossiers de ces hordes sauvages. Une pareille bizarrerie étant inexplicable, et même, on peut le dire, impossible, on est conduit à ce dilemme : ou le premier Inca était étranger au pays, et dans ce cas on ne pourrait déterminer le lieu de son origine, car tous les pays avoisinants étaient probablement dans le même état de barbarie; ou bien il n'est pas vrai que les Péruviens fussent, à l'époque dont il s'agit, aussi arriérés qu'on se plaît à l'affirmer, et alors il serait tout simple qu'il se fût élevé du sein de ce peuple un homme et une femme dont l'intelligence eût résumé tous les progrès accomplis jusqu'à eux, et dont le génie eût devancé les progrès à venir. Nous serions assez disposés à nous en tenir à cette supposition; et l'hypothèse une fois admise, nous regarderions tout ce qu'on a dit de la déplorable situation des Péruviens avant l'apparition de l'Inca, comme autant de flatteries destinées à grandir le mérite du reformateur par la difficulté de la tâche. Quant à la supposition qui ferait venir Manco Capac d'un autre continent, ou du moins de quelque terre éloignée de l'Amérique, nous savons bien qu'elle ne répugnerait pas à certains esprits aventureux qui se plaisent aux problèmes excentriques et aux paradoxes laborieusement inventés; mais nous préférons nous en tenir à l'hypothèse, beaucoup plus simple et toute naturelle, d'une origine péruvienne, coïncidant avec un état social moins barbare que celui dont on nous a donné le tableau probablement exagéré.

A quelle époque eut lieu l'apparition de Manco Capac? aucun document ne peut le faire deviner. Les Péruviens se plaisent à faire remonter l'origine de leur famille royale au delà de quatre siècles avant la conquête. Mais si l'on considère que la dynastie des Incas ne se composa que de douze souverains régnants, et si l'on suppose que chaque règne ait duré vingt ans en moyenne, on ne trouvera pour toute la domination de ces princes, à commencer par Manco Capac, qu'une période de deux cent quarante ans. L'assertion des Péruviens est donc probablement mensongère, et elle doit être attribuée à ce désir puéril qu'ont tous les peuples de se vieillir beaucoup plus qu'ils n'en ont le droit.

Tout le système de gouvernement établi par Manco Capac se fondait sur les croyances religieuses; institutions politiques et civiles, hiérarchie, législation, tout procédait de la religion et tout y aboutissait. « Le gouvernement des Péruviens, dit Robertson dans son *Histoire d'Amérique*, a cela de singulier et de frappant, qu'il doit à la religion son esprit et ses lois. Les idées religieuses font très-peu d'impression sur l'esprit d'un sauvage; leur influence sur ses sentiments et sur ses mœurs est à peine sensible. Parmi les Mexicains, la religion réduite en système, tenant une grande place dans leurs institutions publiques, concourait avec beaucoup de force à former le caractère national. Mais au Pérou, tout le système civil était basé sur la religion. L'Inca n'était pas seulement un législateur, mais un envoyé du ciel. Ses préceptes étaient reçus, non comme les ordres d'un supérieur, mais comme des oracles sortis de la bouche d'une divinité. Sa famille était sacrée, et pour la tenir séparée et sans aucun mélange impur d'un sang moins précieux, les enfants de Manco Capac épousaient leurs propres sœurs, et aucun ne pouvait monter sur le trône, sans prouver sa descendance des seuls enfants du soleil. C'était là le titre de tous les descendants de l'Inca, et le peuple les regardait avec le respect dû à des êtres d'un ordre supérieur. On croyait qu'ils étaient sous la protection immédiate de la divinité qui leur avait donné naissance, et que toutes les volontés de l'Inca étaient celles de son père le soleil. Deux effets résultaient de cette influence de la religion sur le gouvernement. L'autorité de l'Inca était absolue et illimitée dans toute la force de ces termes. Lorsque les décrets d'un souverain sont regardés comme des commandements de la divinité, c'est non-seulement un acte de révolte, mais encore un acte d'impiété, de s'y opposer. L'obéissance devient un devoir de religion ; et comme ce serait un sacrilège de blâmer l'administration d'un monarque qui est immédiatement sous la direction du ciel, et une audace présomptueuse de lui donner des avis, il ne reste plus qu'à se soumettre avec un respect aveugle. Tel doit être nécessairement le principe de tout gouvernement établi sur la base d'un commerce avec le ciel. De là aussi la soumission des Péruviens envers leurs souverains ; les plus puissants et les plus élevés de leurs sujets reconnaissaient en eux des êtres d'une nature supérieure ; admis en leur présence, ils ne se présentaient qu'avec un fardeau sur les épaules, comme un emblème de leur servitude, et une disposition à se soumettre à toutes les volontés de l'Inca. Il ne fallait au monarque aucune force coactive pour faire exécuter ses ordres. Tout officier qui en était chargé était l'objet du respect du peuple, et, selon un observateur judicieux des mœurs des Péruviens (*), il pouvait traverser l'empire d'une extrémité à l'autre, sans rencontrer le moindre obstacle ; car en montrant une frange du *borla*, ornement royal de l'Inca, il devenait le maître de la vie et de la fortune de tous les citoyens. Il faut regarder comme une autre conséquence de cette liaison de la religion avec le gouvernement, la peine de mort infligée à tous les crimes. Ce n'étaient plus des désobéissances à des lois humaines, mais des insultes à la divinité. Les fautes les plus légères et les crimes les plus atroces appelaient la même vengeance sur la tête du coupable, et ne pouvaient être expiés que par son sang. La peine suivait la faute inévitablement, parce qu'une offense envers le ciel ne pouvait en aucun cas être pardonnée (**). Parmi des nations déjà corrompues, des maximes si sévères, en conduisant les hommes à la férocité et au désespoir, sont plus capables de multiplier les crimes que d'en diminuer le nombre. Mais les Péruviens, avec des mœurs simples et une crédulité aveugle, étaient contenus dans une telle crainte, que le nombre des fautes était extrêmement petit. Leur respect pour des monarques éclairés et guidés par la divinité qu'ils adoraient, les maintenait dans le devoir, et la crainte d'une peine qu'ils étaient accoutumés à regarder comme un châtiment inévitable de l'offense faite au ciel, les éloignait de toute prévarication. »

Nous avons cité tout au long ce passage de Robertson, parce que l'auteur de l'*Histoire d'Amérique* nous paraît avoir judicieusement apprécié les résultats d'un gouvernement uniquement fondé sur une croyance religieuse, sincère et inébranlable. Il n'est pas douteux que Manco Capac n'eût prévu les conséquences de son système, et cela seul prouve la haute intelligence de ce

(*) Zarate, lib. I, cap. XIII.
(**) Garcilasso de la Véga, lib. II, cap. VI.

législateur. Il connaissait évidemment les éléments sur lesquels il allait agir; il savait que les Péruviens adopteraient sans difficulté un gouvernement dont la base s'accordait si bien avec leurs idées sur la puissance du soleil; une fois rassuré sur ce point essentiel, il calcula avec une rare perspicacité les résultats inévitables d'un système fondé sur une croyance aveugle; de là, la série de ces institutions qui toutes procèdent directement ou indirectement d'une royauté essentiellement de droit divin.

La direction que Manco Capac donna aux idées superstitieuses des Péruviens, produisit un autre effet, dont il dut se réjouir singulièrement : ce fut d'adoucir les mœurs de ce peuple qui, si l'on en croit certains écrivains et de vagues traditions, se plaisait auparavant à offrir à ses grossières divinités des sacrifices humains. En proposant à l'adoration de ces hommes crédules les plus belles manifestations de la nature physique, telles que le soleil et les autres astres, l'Inca présumait avec raison que ses sujets adopteraient un culte moins barbare. C'est, en effet, ce qui eut lieu. Les Péruviens, sous la domination de leurs rois, ne croyaient pas, comme les Mexicains, à des êtres hideux et bizarres, tristes fruits d'une imagination déréglée, et avides d'offrandes souillées du sang des hommes; ils reconnaissaient pour dieux principaux le soleil, la lune et les étoiles. C'était, à vrai dire, des abstractions, car ils ne vénéraient dans ces hôtes brillants de la voûte céleste que les dispensateurs de la lumière, de la chaleur et de la vie. De pareilles divinités ne pouvaient exiger d'odieux sacrifices. Aussi les Péruviens se bornaient-ils à porter sur leurs autels les fruits de la terre, développés et mûris par la bienfaisante chaleur du soleil; quelques produits précieux de l'industrie de leurs mains guidées par sa lumière; quelques animaux nés et développés pour leurs besoins, grâce à sa puissance vivifiante. C'était ainsi qu'ils concevaient le culte dû à l'emblème le plus éclatant de la bonté divine. On conçoit à quel point leurs mœurs et leur caractère durent se ressentir de ces pratiques religieuses. L'amour de l'agriculture, autre produit des idées propagées par l'Inca, acheva de convertir la nation aux sentiments paisibles.

Nul doute que le naturel foncièrement doux et pacifique des indigènes du Pérou n'ait puissamment contribué à les amener à cette condition morale. Un peuple à instincts plus cruels et plus turbulents eût résisté beaucoup plus énergiquement à la propagande de ses législateurs et à l'action d'une religion fondée sur des principes d'humanité. Mais, d'un autre côté, on ne peut nier l'influence des doctrines religieuses sur les nations. Le caractère des Péruviens fut probablement pour beaucoup dans l'œuvre de civilisation, mais le culte nouveau put y revendiquer aussi une large part. Il faut également tenir compte de la politique humaine et civilisatrice des Incas. Convaincu que l'affection et l'obéissance de ses sujets étaient l'effet de leur croyance à son origine céleste, le souverain faisait tout ce qui était en lui pour maintenir et perpétuer cette croyance; il s'efforçait, par ses lois et ses actes, de se montrer l'égal en bienfaisance et en générosité, de l'astre dont il se disait le descendant. Il exerçait un despotisme absolu et sans contrôle, mais il savait le tempérer par l'intervention propice de la religion. Sa conduite envers les peuples étrangers n'était pas moins digne d'éloges. Les Incas ne faisaient pas la guerre comme la plupart des nations américaines, c'est-à-dire pour exterminer des voisins importuns et pour rassasier leurs fétiches du sang de leurs ennemis. Bien loin de là, ils combattaient dans un but de véritable civilisation. Les prisonniers étaient traités avec douceur et instruits dans les doctrines des vainqueurs. Aucune violence ne venait en aide à l'œuvre de conversion. La persuasion était seule employée, et les bons traitements dont on usait envers les nations subjuguées étaient pour beaucoup dans le résultat final.

Il n'est pas sans importance de faire remarquer qu'au milieu de ces croyances religieuses et de leurs conséquences, on voit percer l'idée d'un créateur unique, autre que le soleil. Les Péruviens révéraient une puissance supérieure dont ils ne parlaient qu'avec les témoignages les plus significatifs de respect et de crainte. Ce dieu inconnu s'appelait *Pachacamac*, nom composé de deux mots, *pacha* (monde), et *camar* (animer). « Ce nom, dit Garcilasso de la Véga, leur était en si grande vénération, qu'ils n'osaient le prononcer; si la nécessité les y obligeait, ils le faisaient avec de grandes marques de respect et de soumission; ils rapprochaient leurs épaules, baissaient la tête, penchaient leur corps en avant et levaient les yeux aux ciel, puis tout à coup ils abaissaient leurs regards vers la terre, portaient leurs mains ouvertes sur l'épaule droite et donnaient des baisers à l'air (*). » Ils réservaient tous ces signes de respect superstitieux à Pachacamac, car ils prononçaient à tout instant le nom du soleil sans se livrer aux mêmes démonstrations; ce qui prouve qu'ils plaçaient plus haut, dans leurs croyances, le dieu Pachacamac que son emblème. « Si quelqu'un leur demandait qui était Pachacamac, ils répondaient que lui seul donnait la vie à l'univers et le faisait subsister; qu'ils ne l'avaient pourtant jamais vu; qu'à cause de cela ils ne lui bâtissaient point de temples et ne lui offraient aucuns sacrifices; mais qu'ils l'adoraient dans le fond de leur cœur, et qu'ils le regardaient comme le dieu inconnu. Augustin de Zarate rapporte que le R. P. F. Vincent de Valverde dit au roi Atahualpa, que Notre-Seigneur Jésus-Christ avait créé le monde, et que l'Inca lui répondit qu'il ne savait rien de cela, qu'il ne croyait pas même qu'aucun être, excepté le soleil, pût créer quelque chose; qu'il le tenait pour Dieu et la terre pour mère avec leurs Guaccos; qu'au reste *Pachacamac avait tiré le grand monde du néant*, etc. (*). » On ne peut donc révoquer en doute la croyance des Péruviens à un pouvoir supérieur, auteur de toutes choses. Du reste, c'est ce qu'on observe chez presque tous les peuples, et même chez ceux qui vivent dans le fétichisme le plus grossier et qui admettent la pluralité des dieux.

On a cru, sur la foi des écrivains espagnols, que Pachacamac était le démon ou le mauvais principe; mais Garcilasso rectifie cette erreur. Cet historien qui, en sa qualité d'Indien, parlait la langue péruvienne et en comprenait toutes les nuances, affirme que Pachacamac était le créateur de l'univers, le Dieu Tout-Puissant mais inconnu, et que les indigènes désignaient le démon sous la dénomination de *Cupay*; il ajoute que quand ils prononçaient le nom du génie du mal, ils crachaient à terre en signe de mépris et de malédiction, tandis qu'ils ne désignaient Pachacamac qu'en donnant les marques de la vénération la plus profonde.

Il paraît certain qu'ils croyaient à l'immortalité de l'âme et à une résurrection. Ils appelaient le corps *Alpacamasca*, c'est-à-dire *terre animée*; et pour distinguer l'homme de la bête, ils employaient les expressions de *Runa* et de *Llama*, dont la première signifie un être doué de raison, et la seconde un animal. L'idée de la résurrection était, à ce qu'il semble, chez eux, plus nette et plus précise. Suivant Garcilasso de la Véga, ils avaient grand soin de mettre en lieu de sûreté les rognures de leurs ongles et les cheveux qu'ils se coupaient ou qu'ils faisaient tomber en se peignant, et cela dans le but de se retrouver au complet quand viendrait le jour de la résurrection. Francisco Lopez de Gomara dit que quand les Espagnols ouvraient les tombeaux des princes péruviens et en dispersaient les ossements, les Indiens les conjuraient de laisser ces débris réu-

---

(*) Histoire des Incas, rois du Pérou, traduite de l'espagnol de l'Inca Garcilasso de la Véga, t. I, p. 61, édit. d'Amsterdam, 1737, in-4°.

(*) Garcilasso, t. I, p. 61.

nis, afin qu'ils se trouvassent à leur place naturelle lorsqu'il faudrait ressusciter. Quant à l'idée que les habitants du Pérou se faisaient de la vie future, elle se rapprochait singulièrement, si l'on en croit les assertions de Garcilasso et de quelques autres historiens espagnols, du dogme chrétien ou plutôt du dogme catholique : ils divisaient le monde à venir en trois parties : la première, ou le ciel, s'appelait *Hanan-Pacha*, ou le monde supérieur : c'était là que devaient se rendre un jour les hommes bons et vertueux; la seconde, *Hurin-Pacha*, ou le monde inférieur, correspondant à peu près au purgatoire; la troisième, *Veu-Pacha*, qui signifiait le centre de la terre : c'était l'enfer ou le séjour des méchants. Ils nommaient encore ce dernier monde *Cupaypa-Huacin*, c'est-à-dire maison du diable. Ils le disaient infesté de tous les maux et de tous les fléaux physiques qui nous affligent ici-bas. Quant au ciel, on y jouirait, suivant eux, d'une vie paisible, également exempte des inquiétudes de l'existence terrestre et privée des plaisirs des sens, de sorte que la souveraine récompense de nos bonnes actions devait consister en un état négatif et monotone, en une espèce de contemplation éternelle ou d'extase physique et morale.

Quelque imparfait que fût chez les Péruviens le dogme de la vie future, on devine que cette croyance devait exercer la plus heureuse influence sur leur conduite et sur leurs mœurs. Avec les instincts sociables dont la nature les avait doués, et la foi aux récompenses et aux châtiments à venir, ils devaient nécessairement mener une vie tout autre que celle des peuples matérialistes.

Malgré la croyance à Pachacamac, le soleil, comme le seul créateur visible de la nature matérielle, était le principal objet du culte des Péruviens. Ils rapportaient presque tout à cet astre; ils l'adoraient dans des temples magnifiques, et célébraient en son honneur des fêtes splendides. Le temple de Cuzco était le plus somptueux des édifices qu'on lui avait consacrés. Nous en donnerons ici la description d'après Garcilasso de la Véga :

Les dimensions en étaient immenses, à en juger seulement d'après l'emplacement qu'il occupait. Les murs étaient couverts du haut en bas d'épaisses plaques d'or; en outre, le bâtiment était couronné d'une espèce de guirlande de même métal, large de plus d'une aune et régnant tout autour de l'édifice. Les nombreuses portes qui donnaient accès dans l'intérieur étaient également revêtues de lames d'or. Ce qu'il y a de singulier, c'est que le toit était en bois recouvert de chaume, l'usage de la tuile et de l'ardoise étant inconnu des Péruviens. Le grand autel s'élevait du côté de l'Orient. On voyait au-dessus une image du soleil en or, d'une seule pièce et modelée sur une plaque d'une notable épaisseur. Cette figure était, comme les peintres d'autrefois avaient coutume de la représenter, environnée de rayons et de flammes. Sa grandeur était telle, qu'elle occupait presque tout l'espace compris entre les deux murs parallèles du temple (*). A droite et à gauche de la sainte image étaient les corps des rois défunts, tous rangés par ordre de date, et si bien embaumés qu'ils paraissaient vivants. Ils étaient placés sur des trônes d'or, le visage tourné vers l'entrée du temple; Huayna-Capac, le plus vénéré des descendants du soleil à cause de ses qualités éminentes, avait seul l'insigne privilége d'être tourné vis-à-vis la figure de cet astre (**).

(*) Quand les Espagnols entrèrent à Cuzco, cette image du soleil échut par le sort à Manéco Serra de Léquicano, gentilhomme castillan, qui faisait partie de l'expédition. Cet homme était grand joueur. Embarrassé de son butin, il joua son soleil d'or et le perdit dans une seule nuit; ce qui donna lieu à ce proverbe : « Il joue le soleil avant qu'il fasse jour. »

(**) A l'arrivée des Espagnols, les Indiens cachèrent tous ces corps, sans qu'on pût savoir où ils les avaient déposés. En 1559, le licencié Polo en découvrit cinq, dont trois corps de rois et deux de reines.

Tout auprès du temple s'élevait un cloître dont le faîte était orné, sur tout son pourtour, d'une plaque d'or large d'une aune. Ce bâtiment était entouré de cinq grands pavillons carrés, surmontés de toits pyramidaux. Le premier était dédié à la lune, femme du soleil. Il se distinguait par les plaques d'argent qui recouvraient ses portes et son enceinte. On y voyait l'image de la lune représentée par un visage de femme gravé sur argent. C'était dans ce temple que les habitants de Cuzco allaient faire leurs dévotions à l'astre qui, suivant eux, avait, conjointement avec le soleil, donné le jour à leurs Incas. A droite et à gauche de la sainte image, étaient rangés les corps des reines décédées. Mama-Oello, mère de l'Inca Huayna-Capac, avait, par un privilége mérité, la figure tournée en face du symbole rayonnant.

Le deuxième pavillon était consacré aux étoiles, et notamment à Vénus et aux Pléiades. Les Péruviens croyaient, à ce qu'il paraît, que les étoiles étaient employées au service de la lune (*). Le troisième édifice était dédié aux éclairs et au tonnerre, et l'or s'y étalait avec profusion. Dans le quatrième, les indigènes vouaient un culte à l'arc-en-ciel, émanation directe du soleil. Le cinquième pavillon était destiné au grand sacrificateur et aux autres prêtres employés au service du temple : c'était une salle de délibération et en même temps une espèce de sacristie.

On dit que, pour ajouter à la magnificence de la demeure du soleil, les jardins qui entouraient les asiles sacrés dont nous venons de parler, étaient remplis d'arbres et de plantes au feuillage d'or et d'argent, chefs-d'œuvre des orfévres de la capitale.

Parmi les temples qui existaient dans les autres villes du Pérou, les écrivains espagnols citent particulièrement celui qui s'élevait dans l'île de Titicaca. Cette île, située dans le lac du même nom, passait pour avoir été le premier asile des enfants du soleil, Manco-Capac et Mamma-Oello. Elle était devenue, par cela seul, un objet de vénération, et les Péruviens l'avaient sanctifiée en y bâtissant un temple splendide. Si l'on en croit les historiens, cet édifice était complétement revêtu de lames d'or, et il renfermait des trésors inappréciables. Entre autres objets curieux, on y voyait la fameuse chaîne d'or fabriquée par ordre de l'Inca Huayna-Capac, à l'occasion de la fête solennelle par laquelle il célébra le jour où fut sevré son fils aîné. Cette chaîne qui servait, dit-on, à exécuter une danse usitée parmi les habitants du Pérou, avait sept cents pieds de longueur. Elle fut, comme les autres richesses du temple de Titicaca, jetée dans le lac par les Indiens, à l'arrivée des Espagnols.

Le culte du soleil, au Pérou, comportait des cérémonies publiques dont nous devons donner une idée au lecteur. La fête solennelle appelée *Yntip Raymi*, ou tout simplement *Raymi*, était célébrée avec une pompe et une magnificence toutes particulières. Les fidèles s'y préparaient par un jeûne austère. Pendant les trois jours qui précédaient la cérémonie, ils ne mangeaient qu'un peu de maïs ou avec quelques herbes également crues, et ne buvaient que de l'eau ; ils s'abstenaient de tout rapprochement avec leurs femmes, et veillaient à ce qu'on ne fît du feu dans aucun endroit de la ville. La veille de la fête, les prêtres incas préposés aux sacrifices préparaient tout pour la solennité du lendemain. Les vierges consacrées au soleil, et dont nous parlerons plus loin, passaient la nuit à pétrir une grande quantité d'une pâte appelée *cancu*, dont elles faisaient de petits pains ronds de la grosseur d'une pomme (*). Elles apprêtaient aussi toutes les viandes qui devaient être mangées par le monarque et sa fa-

(*) Garcilasso de la Véga.

(*) Nous ferons remarquer ici, d'après Garcilasso, que les Péruviens n'employaient jamais leur blé à faire du pain qu'en cette seule circonstance et à une autre fête appelée *Citu*, et que même alors ils n'en mangeaient que deux ou trois morceaux. La *cara*, espèce de légume, leur tenait lieu de pain.

GUATIMALA.

Idole à Copan.

mille. Ces vierges étant censées femmes du soleil, c'était cet astre bienfaisant qui traitait son peuple par l'intermédiaire et par les mains de ses épouses immaculées.

Le jour venu, il se formait une immense procession, qui se rendait au temple du soleil. Le souverain marchait en tête, ou son plus proche parent, quand il était à la guerre. Après lui venaient les *curacas* ou gouverneurs de districts, couverts de vêtements magnifiques, mais bizarres. Les uns portaient des robes semées de lames d'or et d'argent, et des bonnets entourés de couronnes faites de feuilles des mêmes métaux; d'autres étaient parés de la peau du tigre d'Amérique, dont la tête leur servait de casque; on en voyait qui s'étaient attaché sur le dos des ailes de condor, pour montrer qu'ils avaient la prétention de descendre de ces oiseaux; quelques-uns se déguisaient à l'aide de certains masques étranges, qui représentaient des figures horribles; enfin un certain nombre de curacas se faisaient remarquer par leurs habits bariolés et leurs ornements grotesques. Ils faisaient en marchant mille singeries, prenaient les postures les plus singulières et se livraient à des actes si extravagants, qu'on les eût pris pour des insensés; toutes ces contorsions étaient accompagnées du bruit d'une musique bruyante, exécutée à l'aide d'instruments criards et discordants, tels que fifres, tambours, trompes, crécelles, etc. Chaque nation du Pérou assistait à la cérémonie dans la personne de quelques représentants de haute naissance. Chacune portait les armes dont elle se servait à la guerre, telles que flèches, javelots, lances, haches longues et courtes. Des bannières richement ornées représentaient les belles actions faites au service du soleil par ceux qui les portaient. C'était à qui paraîtrait, dans cette circonstance solennelle, avec le plus d'éclat et d'originale magnificence.

Parvenue sur la grande place de la ville, la procession s'arrêtait, et tous, pieds nus, dans l'attitude la plus respectueuse, tenaient leurs regards fixés sur la partie orientale du firmament et attendaient que le soleil se levât. Dès qu'il paraissait sur l'horizon, ils se prosternaient vers lui, l'appelant leur père et lui envoyant de pieux baisers. Puis le roi se levait et prenait dans ses mains deux grands vases d'or pleins de la boisson ordinaire des Péruviens. Élevant la coupe qu'il tenait de la main droite, il invitait le soleil à boire; cela fait, il versait la liqueur consacrée dans un réservoir en or, d'où elle se rendait, par un tuyau souterrain, au temple du soleil. Ensuite le roi buvait quelques gouttes de la boisson contenue dans l'autre vase, et distribuait le reste aux Incas. Quant aux Curacas, comme ils n'étaient pas du sang royal, on leur donnait à boire d'un breuvage préparé par les vierges du soleil.

Cette cérémonie n'était qu'une espèce d'introduction à la solennité principale. La procession se rendait immédiatement au grand temple. Là, l'Inca et sa famille déposaient entre les mains des prêtres, à titre d'offrande au soleil, les vases qui avaient servi aux libations. Les curacas venaient à leur tour déposer leurs coupes d'or et d'argent; ils y ajoutaient des pièces de monnaie et des modèles d'animaux de toute espèce coulés en métaux précieux. Ces préliminaires achevés, les prêtres incas offraient au soleil une quantité d'agneaux et de brebis stériles (*) de toutes couleurs. Dans le nombre ils choisissaient un agneau noir (**) qu'ils

(*) Les Péruviens ne sacrifiaient jamais les brebis susceptibles d'être fécondées. Ils ne mangeaient de leur chair que lorsqu'elles n'étaient plus propres à engendrer.

(**) Les Indiens préféraient la couleur noire à toute autre, principalement dans leurs sacrifices, parce qu'elle a, disaient-ils, quelque chose de divin. Ils ajoutaient qu'un animal de couleur noire était presque toujours noir par tout le corps, tandis qu'un agneau blanc avait la plupart du temps quelque tache noire sur le museau, ce qui leur paraissait constituer un défaut. C'est pour cela, dit Garcilasso de la Véga, que leurs rois étaient le plus souvent vêtus de noir. Leurs habits de deuil étaient de la couleur que nous appelons *gris de souris*.

24.

éventraient tout vivant, pour en extraire les viscères et y lire les arrêts du destin. Après ce premier sacrifice, ils immolaient plusieurs brebis et plusieurs moutons; ces dernières victimes étaient tout simplement égorgées et écorchées; on n'en offrait au soleil que le sang et le cœur; puis on brûlait le tout jusqu'à le réduire en cendres. Il fallait que le feu employé dans ces solennités fût donné aux prêtres incas par la main même du soleil. A cet effet, ils enflammaient de la charpie de coton en concentrant les rayons du soleil au fond d'un vase concave et poli, opération dans laquelle ils se servaient probablement d'une lentille, ou d'un procédé analogue. Ce feu, obtenu de cette façon, servait à cuire tous les aliments distribués aux acteurs de la cérémonie; on en réservait une partie, que l'on transportait au couvent des vestales, où il était soigneusement conservé jusqu'à l'année suivante. S'il arrivait que la veille du *Raymi*, le temps fût couvert et le soleil voilé, on était réduit à faire du feu au moyen de deux fragments de bois frottés l'un contre l'autre.

Les viandes cuites au feu sacré, on les distribuait aux membres de la famille royale, aux curacas et aux autres personnes qui avaient assisté à la cérémonie. On mangeait jusqu'à satiété, après quoi l'on buvait de même (*). Il était rare, à ce qu'il paraît, que la journée se terminât sans quelques scènes d'ivrognerie et de désordre.

Pendant les huit jours qui suivaient, la famille royale, les curacas et les principaux guerriers de l'empire, passaient tout leur temps en festins et en réjouissances. Les banquets se succédaient sans interruption; ils étaient animés par les toasts que ne cessaient de se porter les convives, et par le bruit des danses grotesques qu'exécutaient autour de la table des baladins affublés de costumes bizarres et de masques grotesques.

Indépendamment de cette fête du

(*) Les Péruviens paraissent avoir été dans l'habitude de ne boire qu'après avoir mangé.

soleil, il y en avait trois autres, dont deux célébrées avec beaucoup moins de pompe. Quant à la quatrième, appelée *Citu*, et dont le but était d'éloigner toutes les maladies et tous les fléaux, elle mérite qu'on en fasse mention avec quelques détails.

Un jeûne préliminaire de vingt-quatre heures préparait les fidèles aux pieuses cérémonies du lendemain. Dans la nuit qui précédait le grand jour, ils faisaient du pain semblable à celui dont nous avons déjà parlé, et pareillement divisé en fragments arrondis. La moitié des petits pains contenait du sang de jeunes garçons de 5 à 10 ans. On obtenait ce sang en saignant les enfants entre les deux sourcils ou en provoquant l'hémorragie par les narines; c'était là, du reste, leur manière de saigner dans toutes leurs maladies habituelles. Le pain, une fois retiré des marmites de terre dans lesquelles, à défaut de fours, on le faisait cuire, les individus qui avaient pris part au jeûne se lavaient soigneusement le corps, quelques instants avant le lever du soleil. Ils prenaient ensuite un des pains qui contenaient du sang, et ils s'en frottaient dévotement la tête, le visage, l'estomac, les épaules, les bras et les cuisses, dans la conviction qu'ils se purifiaient ainsi le corps et qu'ils éloignaient pour longtemps la maladie. Cela fait, le membre le plus âgé et le plus respectable de la famille prenait un gros morceau de la même pâte mêlée de sang, et allait en frotter la porte donnant sur la rue; il l'y laissait même attaché, pour montrer aux passants que la maison avait été purifiée et sanctifiée.

Pendant que ceci se passait dans les demeures des simples particuliers, le grand prêtre présidait aux mêmes cérémonies dans le palais et dans le temple du soleil; d'autres prêtres en faisaient autant dans le couvent des vestales et dans *Huanacauri*, autre temple situé à une lieue de la capitale et singulièrement vénéré des Péruviens, parce qu'il était construit sur le lieu où Manco Capac avait fait sa première

GUATIMALA.

Idoles.

halte en arrivant à Cuzco. Quant à la cérémonie qui se faisait dans le palais du souverain, le soin en était exclusivement réservé au plus âgé des oncles légitimes de l'Inca régnant.

Aux premiers rayons de l'aurore, ils se prosternaient devant le soleil, et le suppliaient de préserver la ville et ses habitants de toute calamité. Ensuite le jeûne était rompu, et ils mangeaient le pain pétri sans mélange de sang. Alors on voyait sortir de la forteresse un Inca de sang royal, richement vêtu, et qui s'annonçait comme courrier du soleil. Il portait une robe retroussée autour du corps, et tenait à la main une lance garnie de plumes de couleur et de cercles d'or (*). C'est dans cet équipage qu'il descendait du haut de la colline appelée *Sacsahuamam*, en brandissant sa lance, qu'il tenait élevée d'un air menaçant. Arrivé sur la principale place de la ville, il était rejoint par quatre autres Incas de sang royal, armés de lances pareilles et vêtus de robes également retroussées. Le messager céleste, après avoir touché de sa lance celles des quatre Incas, leur disait que le soleil leur ordonnait, comme à ses agents et à ses fidèles serviteurs, de chasser de la capitale et de ses environs tous les fléaux et toutes les maladies qu'ils y trouveraient. Aussitôt les Incas se mettaient en marche, en suivant les quatre chemins qui aboutissaient à Cuzco et par lesquels les habitants croyaient qu'on allait aux quatre parties du monde appelées *Tahuantinsuyu*. En voyant passer ces courriers, tous les habitants, hommes et femmes, jeunes et vieux, se mettaient à la fenêtre ou à la porte de leurs maisons, et poussaient de bruyantes acclamations, en secouant leurs robes, comme s'ils eussent voulu se débarrasser des miasmes pestilentiels qu'elles étaient censées contenir. Dans leur crédule enthousiasme, ils s'agitaient comme des possédés, posant leurs mains sur leur tête, se frottant tour à tour le visage, les bras, les cuisses et les jambes, pour les purger de tout atome morbide. Ceci se pratiquait non-seulement sur le passage des courriers, mais encore dans les autres parties de la ville. Enfin les messagers gagnaient la campagne, et se rendaient à un quart de lieue de la capitale, dans un lieu désigné, où ils trouvaient quatre autres Incas. Ces derniers, s'armant de leurs lances, faisaient, comme eux, une course d'un quart de lieue. En se relayant ainsi les uns les autres, ils faisaient cinq ou six lieues dans quatre directions. Enfin, arrivés au but de leur marche, les derniers messagers plantaient leurs lances en terre, pour montrer que les calamités publiques ne dépasseraient pas cette limite.

La nuit venue, les habitants parcouraient les rues, armés de torches enflammées (*), pour chasser les maux de la nuit, comme ils avaient expulsé ceux du jour. Puis, quand leurs torches étaient presque entièrement consumées, ils allaient en foule les jeter dans la rivière où, la veille, ils avaient fait leurs ablutions. Si, le lendemain, quelqu'un trouvait au bord de l'eau des fragments de ces flambeaux consacrés, il s'en éloignait avec horreur, de peur qu'ils ne lui communiquassent les germes de contagion dont on les supposait chargés.

Après avoir ainsi mis en fuite, par le fer et par le feu, les fléaux qu'ils redoutaient, les Péruviens sacrifiaient au soleil et à la lune un certain nombre d'agneaux, dont ils jetaient le sang et les intestins dans les flammes, et dont ils mangeaient la chair en signe de réjouissance. Le reste de la journée et les suivantes se passaient en festins arrosés de libations quelquefois beaucoup trop copieuses, et égayés par les chants qui sortaient de mille poitrines vigoureuses.

Nous avons parlé plus haut des vierges consacrées au soleil. Le Pérou avait, en effet, ses vestales. Quinze

---

(*) Cette lance, ou une autre ornée de la même manière, servait d'étendard en temps de guerre.

(*) Ces torches, faites de paille nattée, s'appelaient *poncuncu*.

cents filles, toutes ayant pour pères des Incas, étaient employées au culte du soleil et à la conservation du feu sacré. Enfermées dans un vaste couvent, elles n'avaient aucune communication avec l'extérieur, et ne pouvaient voir, en fait d'hommes, que l'empereur. Encore celui-ci se faisait-il scrupule de souiller par sa présence l'asile sacré de ces religieuses, et chargeait-il la reine ou quelque autre femme de sa cour d'aller visiter de sa part les *vierges choisies*. Les vœux prononcés par ces filles étaient éternels. Elles faisaient serment de virginité, et malheur à celle qui oubliait ce formidable engagement : elle était condamnée à être enterrée vivante ; en outre, son complice devait être mis à mort, ainsi que ses parents, et la ville qui l'avait vu naître devait être rasée de fond en comble, pour la punir d'avoir donné le jour à un si grand criminel. Nous devons ajouter que, d'après les auteurs espagnols, cette loi barbare et absurde ne fut jamais exécutée, soit qu'elle eût été reconnue inapplicable, soit que le crime qu'elle était destinée à punir n'eût jamais été commis dans l'empire péruvien. Les religieuses étaient, dans l'intérieur du couvent, employées à toute sorte de travaux de femmes. Comme elles étaient censées les épouses du soleil, elles remplissaient des fonctions importantes dans l'exercice du culte. Cinq cents jeunes filles, toutes vierges et filles d'Incas, se consacraient à leur service particulier. Tous les ustensiles de la maison, depuis la vaisselle jusqu'aux chaudrons, étaient d'or et d'argent. On dit que le jardin qui entourait le couvent contenait, comme celui du grand temple, des arbres, des plantes et des fleurs en or, merveilleusement imités.

Outre la maison des religieuses de Cuzco dédiées au soleil, il y avait d'autres couvents de femmes dans le royaume, tous organisés, à peu de choses près, d'après le même plan. Il en existait dans toutes les principales villes du Pérou. On admettait dans ces établissements des filles de toute condition, soit qu'elles fussent de sang royal et de naissance légitime, soit qu'elles fussent bâtardes et même nées d'un sang étranger ; on y recevait aussi les filles de bourgeois, pourvu qu'elles fussent belles ; à vrai dire, c'étaient là les harems du roi, car ces *filles du soleil* étaient destinées à devenir les concubines de l'Inca. Le souverain n'avait qu'un signe à faire, ou qu'un ordre à donner ; la vierge qui avait eu l'insigne bonheur de lui plaire, lui était immédiatement livrée, et c'était un grand honneur pour elle comme pour sa famille. Du reste, l'adultère dans ces asiles de pieuse prostitution était aussi rigoureusement puni que la violation du vœu de chasteté dans le couvent des vierges choisies de Cuzco. Nous en trouvons la preuve dans un passage assez curieux d'Augustin de Zarate. Cet historien, en parlant des causes de la mort violente d'Atahualpa, dit que ce fut l'Indien Philippillo qui conduisit toute cette affaire. Il ajoute : « Quelques-uns ont cru que cet Indien étant amoureux d'une des femmes d'Atabalipa, et qu'ayant un commerce criminel avec elle, il avait voulu s'assurer la jouissance paisible de sa maîtresse par la mort de ce prince. On a même dit qu'Atabalipa avait eu connaissance de cette intrigue et qu'il en avait fait des plaintes au gouverneur, disant : qu'il était plus sensible à cet outrage qu'au supplice de la captivité et à tous ses autres malheurs, alors même qu'ils devraient être suivis de la perte de son existence ; qu'il ne pourrait sans un chagrin mortel de voir traiter avec tant de mépris par un Indien de si basse extraction, qui lui infligeait un si sanglant affront, en dépit de la loi du pays ; qu'il n'ignorait assurément pas que cette loi ordonnait que celui qui serait reconnu coupable d'un tel crime, ou qui aurait seulement tenté de le commettre, *fût brûlé vif avec sa complice* ; que même, pour mieux prouver l'horreur qu'inspirait un pareil attentat contre le respect dû à la majesté du souverain, *on faisait ordinairement mourir le père, la mère, les frères et tous les proches parents de* l'*adultère; qu'en outre on faisait périr tous ses bestiaux ; qu'on dépeuplait et ravageait entièrement le lieu de sa naissance, qu'on y semait du sel, qu'on en coupait les arbres, et qu'on en démolissait la maison; qu'enfin on faisait tout ce qu'on jugeait capable d'inspirer de l'horreur pour un tel crime et de rendre à jamais infâme la mémoire de celui qui s'en serait rendu coupable.* » On voit, d'après cette citation, que les rois du Pérou savaient conserver purs de toute souillure les asiles mystérieux où ils parquaient les objets de leur convoitise charnelle, et qu'ils ne se faisaient pas scrupule de protéger leurs amours par des lois révoltantes de barbarie.

Après cette esquisse rapide des institutions et des cérémonies publiques auxquelles avait donné lieu le culte du soleil, il importe de faire remarquer que ce culte n'était pas exclusivement adopté dans l'empire du Pérou, et que l'idolâtrie s'était maintenue dans des localités assez nombreuses du royaume. On en trouve la preuve dans un écrit rédigé vers l'an 1555, par un des premiers religieux Augustins qui passèrent au Pérou (*). Nous citerons quelques fragments de ce mémoire destiné à éclairer le président du conseil des Indes sur la condition morale des Américains. On remarquera que l'auteur parle de choses qui se passaient à l'époque même où il écrivait et dont il pouvait parfaitement avoir été témoin. Même en faisant la part de l'exagération naturelle à l'esprit de catholicisme exclusif, on verra qu'il reste assez de faits pour confirmer pleinement notre assertion au sujet des superstitions des Péruviens.

Le missionnaire nous apprend d'abord que les Indiens attribuaient la création de toutes choses à un dieu nommé par eux *Ataguju*, lequel, se voyant seul, avait créé deux autres dieux, Sagad-Zavra et Vaungavrad,

chargés de gouverner le monde conjointement avec lui. « Les temples dans lesquels ils adoraient ces fausses divinités, dit le religieux, étaient de grandes cours entourées de hautes murailles. Au milieu de la cour existait une fosse profonde dans laquelle étaient plantés plusieurs mâts. Celui qui voulait offrir un sacrifice montait, habillé de blanc, au haut d'un de ces mâts que l'on avait soin d'entourer de paille, et là, il immolait un coy (lapin du Pérou), ou un mouton du pays, dont il offrait le sang à Ataguju et dont il mangeait la chair sans pouvoir en rien laisser ni en emporter. Il y avait des trous préparés dans les murs pour recevoir les os de la victime. Tout le pays est rempli de temples de ce genre, et nous en avons détruit un grand nombre; mais il en existe encore beaucoup, et bien des Espagnols les voient sans se douter de ce que c'est. Tous ceux de la province de Huamachuco sont détruits, et l'on a arraché les mâts au pied desquels le grand prêtre avait coutume de répandre de la *chicha* et du *zaco* ; c'est ainsi qu'ils appellent la farine de maïs délayée dans l'eau bouillante, qu'ils regardent comme la nourriture des guacas (divinités). Les fêtes qui se célébraient dans ces temples, et qui se nommaient *taquis*, duraient cinq jours. Ils prenaient à cette occasion leurs plus beaux habits, et passaient tout ce temps à chanter et à boire, les uns se relevant à mesure que les autres tombaient.

« Ils brûlaient aussi en l'honneur d'Ataguju, de la coca, herbe que les Indiens estiment beaucoup. Ils supportent de grandes fatigues en mâchant de cette herbe sans prendre autre chose, et ils prétendent que cela leur donne de la vigueur. Ils disent que la fumée de cette plante monte au ciel et que c'est pour leurs dieux le parfum le plus agréable. Ils la brûlent pour obtenir une longue vie pour eux, leurs enfants et leurs troupeaux. A cette occasion ils tuent aussi des coyes et font des libations de chicha et de zaco, comme je l'ai dit plus haut.

(*) Cette lettre a été publiée, pour la première fois en français, dans le Recueil de documents sur l'histoire des possessions espagnoles d'Amérique, par M. Ternaux Compans.

« Ils croient qu'Ataguju a deux serviteurs qu'ils nomment *Uvigaicho* et *Unstiqui*. Ils leur sacrifient des coyes et du zaco à l'époque où le maïs est en fleur. Ils croient qu'après ces deux-ci, Ataguju se créa un serviteur qu'ils nomment Guamansiri.

.... « Les idoles des Indiens étaient généralement de grandes pierres sculptées; mais il y en avait aussi en bois. Ils faisaient pour elles de grands coussins bien travaillés, sur lesquels ils les plaçaient.... Ce coussin était richement orné et peint des couleurs les plus brillantes, quand il était destiné aux principaux dieux, plus simple quand il l'était à ceux d'un ordre inférieur. Ils plaçaient l'idole sur ce coussin, dans un panier tressé avec des baguettes blanches. Ce panier avait quatre ou cinq palmes de long et était plus large par une extrémité que par l'autre; ils bouchaient le petit bout avec un filet pour que la guaca ne pût sortir par là. Quand l'idole était placée, ils recouvraient le tout d'un tissu de laine, et ensuite ils l'habillaient comme un seigneur avec une tunique de cumla, étoffe tissée avec la plus fine laine des moutons du pays. Ils posaient par-dessus un llonto ou manteau garni de bijoux et fermé avec des agrafes d'or; ils lui empanachaient la tête, et mettaient à côté de l'idole des vases de chicha et des frondes ou guaracas. Ils leur donnaient quelquefois des casques en argent ou en cuivre, des boucliers et quantité d'autres choses. »

Il paraît que ces idoles parlaient ou étaient censées parler, à la manière des pythonisses de l'antiquité grecque, et leurs oracles, formulés par la bouche de quelque charlatan pieux caché derrière le rideau, étaient accueillis comme articles de foi.

« Les idoles, continue l'auteur du mémoire, avaient une espèce de majordome pour les servir, et des esclaves des deux sexes pour les habiller, des bergers qui gardaient les troupeaux qui leur appartenaient, et d'autres Indiens qui remplissaient toutes les fonctions nécessaires dans les sacrifices.

Les prêtres portaient des vêtements de plumes ornés d'agrafes d'or et d'argent, et sur la tête de hauts diadèmes de plumes. »

Le religieux, poursuivant son tableau, attribue aux Indiens une fable puérile au sujet de la naissance de deux divinités, Apo-Catequil ou le démon, et Piguerao, tous deux fils de Guamansuri, un des coadjuteurs d'Ataguju. Il paraît que Apo-Catequil était adoré depuis Quito jusqu'à Cuzco, et que c'était le dieu le plus respecté et en même temps le plus redouté qui existât au Pérou. « Les Indiens regardaient Catequil comme leur créateur, et c'est pour cela qu'ils ont une si grande vénération pour lui. Ils disent aussi qu'il produit le tonnerre et les éclairs, en lançant des pierres avec sa fronde, et ils en ont une telle peur, qu'ils lui sacrifient tout ce qu'ils possèdent pour obtenir qu'il épargne leur vie. Les Indiens sont tellement pusillanimes, qu'ils meurent quelquefois de peur, s'il s'élève un orage pendant qu'ils traversent seuls les montagnes, et l'on dit alors que c'est Catequil qui les tue. »

Il existe au sommet d'une montagne voisine du Pérou, trois rochers très-élevés que les indigènes nommaient Apo-Catequil, Mama-Catequil et Piguerao; ils disaient que c'étaient Catequil, son frère et leur mère. Ils avaient placé sur un de ces rochers une statue de pierre qui représentait un homme, c'est-à-dire Apo-Catequil. Au bas de la montagne était un grand village dont les habitants se consacraient volontairement au service de cette divinité redoutable.

Les Péruviens adoraient aussi Tantaguaganay, fils de Catequil. Le même écrivain dit que du temps des Incas, les habitants de Guamachuco vouaient un culte fervent à neuf *guacas*, ou idoles principales, dont chacune possédait des troupeaux et une infinité d'autres choses que l'Inca régnant leur donnait. Chacune avait aussi ses prêtres et ses serviteurs particuliers. Elles se nommaient Ulpillo, Pomacama, Caoquilca, Quingachugo, Nomadoi, Garacayoc, Quanacatequil, Casipoma et Llaiguen. Casipoma était une des plus redoutées. C'était le dieu favori de l'Inca Huayna Capac, et il le portait à la guerre auprès de lui. Cette idole avait une palme et demie de hauteur et une figure effroyable.

Il paraît que chaque village, chaque profession avait ses idoles particulières. On en signale une, entre autres, à laquelle on faisait des offrandes pour qu'elle fît réussir la teinture des étoffes. Au milieu de chaque bourgade il y avait une grande pierre que les Indiens regardaient comme le dieu tutélaire de l'endroit, et qu'ils nommaient Guachecoal. Un missionnaire trouva dans une petite ville trois idoles nommées Tantuzoro, Guarasgaïde et Guagalmojon; cette dernière était une femme et avait ses dix fils rangés autour d'elle. Ces idoles possédaient quarante et un vases d'argent et cinq couronnes, quatorze joyaux de même métal, en forme de fer à cheval, qu'on leur plaçait autour du menton, quatorze trompettes d'argent mêlé d'un alliage de cuivre, et beaucoup d'autres richesses. La femme dont nous parlions tout à l'heure, montrait ses parties naturelles, pour indiquer qu'elle avait donné le jour aux ancêtres des Péruviens.

« Toutes les fois qu'une femme mettait au monde deux jumeaux, ou que les lamas faisaient deux petits d'une portée, les Indiens, ajoute l'auteur de la lettre en question, jeûnaient pendant cinq jours sans oser sortir de leur maison, et le sixième jour ils allaient faire un sacrifice à une idole nommée Acuchuccacque. Quand une province se révoltait, ceux qui allaient la soumettre invoquaient les dieux Yanaguanca et Xulcaguaca. Ils attribuaient au dieu Maïllor le pouvoir de paralyser ceux qui parlaient de lui avec irrévérence; ce qui les effrayait tellement, que les missionnaires eurent beaucoup de peine à apprendre d'eux où cette idole était placée. On trouva également une idole nommée *Paucar*, qui consistait en un gros perroquet en terre cuite.......... Dans toutes les maisons qui appartenaient aux Incas, on a peint de grandes couleuvres, et les Indiens disent que c'étaient là les armes de leurs anciens rois. Je l'ai souvent vu moi-même à Cuzco et à Guamachuco. Les Indiens disent que lorsque Chacochima, général des troupes de l'Inca, se trouvait dans cette province, avec une nombreuse armée, le démon lui apparut sous la forme d'un serpent velu plus gros que la cuisse; sa tête était semblable à celle d'un cerf, et il était si long, que quand on était près de sa tête on ne pouvait voir le bout de sa queue. Ils nomment ce serpent *Uscaguai*. Il avait des clochettes d'or à la queue; c'est pourquoi les Indiens le regardent comme le dieu des richesses, et l'adorent pour en obtenir. Quand il apparut la seconde fois, il annonça qu'il retournait au ciel, et toute la nation le vit s'élever en tournoyant jusqu'à ce qu'il disparût.... Ils adorent même les animaux. Quand ils prennent un renard, ils l'ouvrent, le vident et le font sécher au soleil; ils l'habillent ensuite d'un costume de veuve et l'attachent avec une écharpe comme celles que les veuves ont l'habitude de porter, et après l'avoir placé sur une espèce de trône, ils lui offrent de la chicha et d'autres objets. J'en ai vu et brûlé un que l'on avait placé avec son petit dans l'attitude d'une femme qui allaite son enfant. »

Nous avons transcrit tous ces détails sur l'idolâtrie et les superstitions des Péruviens, afin de montrer que le culte du soleil n'était pas sans mélange, et que les idées des indigènes sur la puissance de cet astre se combinaient avec des croyances bizarres et absurdes, tristes restes de leur fétichisme primitif. Il ne faut donc pas croire, sur la foi de quelques historiens mal informés, que le système religieux des Péruviens reposât exclusivement sur l'adoration du soleil. Toutefois, en comparant entre eux les rares écrivains qui ont jeté quelque lumière sur l'idolâtrie de cette nation, on reconnaît que le culte du soleil occupait la plus notable place dans l'ensemble de ses pratiques religieuses. Ce culte devait donc avoir la plus grande influence sur les mœurs et sur les habitudes du peuple, et c'est pour cela que nous n'avons rien à modifier dans ce que nous avons dit, quelques pages plus haut, du résultat des institutions religieuses au point de vue moral.

D'après le tableau que nous en ont laissé certains historiens espagnols, les mœurs et usages des Péruviens n'avaient rien d'excentrique ni même de bien original. On y remarquait une simplicité exempte de bizarrerie. Les mariages se faisaient suivant une loi inviolable et qui atteste la toute-puissance du souverain : tous les ans à certaine époque déterminée, le roi faisait assembler toutes les filles et tous les garçons de sa race, qui se trouvaient à marier dans la ville de Cuzco. Les filles devaient être âgées de dix-huit ans au moins, et les garçons de vingt-quatre ans. Soit désir de n'unir que des gens capables de bien comprendre la portée d'un pareil engagement, soit prévoyance fondée sur des observations purement physiologiques, l'Inca avait décrété que nul ne se marierait avant l'âge que nous avons désigné. Voici en quoi consistait la cérémonie : les futurs époux se tenaient par couples autour du roi ; ce dernier les appelait par leur nom, puis les prenant par la main, il leur faisait prononcer le serment de fidélité conjugale, et les déclarait mariés en les remettant entre les mains de leurs parents. Les époux se retiraient chez le père du mari et la noce durait trois ou quatre jours. Les filles dont le roi avait ainsi consacré l'union, étaient appelées *les femmes livrées par l'Inca*, nom qu'on leur donnait comme marque d'honneur. Le lendemain du jour où ce monarque avait marié les individus de sa famille et de sa race, des fonctionnaires délégués à cet effet unissaient de la même manière les simples habitants de la ville, en suivant rigoureusement l'ordre des quartiers. Dans les provinces et les districts, c'étaient les curacas qui étaient chargés de la célébration des mariages et ils intervenaient dans ces occasions solennelles, comme représentants du roi. C'était donc le souverain qui présidait en personne ou par procuration à l'acte le plus sérieux et le plus important de la vie civile. Du reste, comme on vient de le voir, point d'appareil, point d'étalage, rien de somptueux ni même de solennel dans ces unions officiellement constatées. Il faut aussi remarquer que les mariages se faisaient tous exclusivement entre gens d'une même ville et même entre parents. Il était absolument interdit aux habitants d'une province ou d'un district d'épouser des indigènes d'une province ou d'un district voisin. Cette mesure, dont on retrouve un exemple célèbre dans les anciennes tribus d'Israël, avait pour but de conserver l'esprit de famille ; on comprend que son résultat le plus positif était d'isoler les citoyens, au lieu d'en faire une nation compacte et homogène. Ajoutons que les Indiens étaient si sévèrement parqués dans leurs demeures, qu'il leur était expressément défendu d'aller vivre d'une province, d'une ville et même d'un quartier à l'autre.

Dès qu'une femme était mariée, elle se confinait dans sa demeure, et n'en sortait guère. Elle passait son temps à filer et à tisser de la laine dans les pays froids, du coton dans les pays chauds. Elle cousait rarement, les vêtements des hommes et des femmes étant presque dépourvus de coutures. Quant aux hommes, outre les travaux de l'agriculture auxquels ils se livraient avec ardeur, ils étaient généralement chargés de fournir la famille de chaussures. Aussi tout Péruvien, quelque peu jaloux de l'estime publique, savait-il confectionner lui-même cette partie de son costume, condition, du reste, indispensable pour être armé chevalier. Les Incas eux-mêmes, les curacas et les gens les plus riches ne se dispensaient pas de ces soins domestiques ; tous s'en occupaient avec empressement, et la plupart même savaient forger leurs armes. On comprend que de pareilles habitudes rendaient certains métiers tout à fait inutiles ; aussi les professions de tailleur, de cordonnier, de fabricant de bas, étaient-elles inconnues au Pérou, chose assez digne de remarque.

Autant la cérémonie du mariage se faisait d'une manière sérieuse et calme, autant les réjouissances qui accompagnaient le sevrage des enfants étaient animées et bruyantes. C'était surtout quand l'enfant sevré était un garçon et l'aîné de la famille, qu'on célébrait cet événement avec éclat et somptuosité. On sevrait les nourrissons à deux ans, et on leur coupait les cheveux, pour marquer le commencement d'une période nouvelle dans l'existence du jeune enfant; avant ce temps, on laissait sa chevelure tout à fait intacte. Le jour marqué pour la cérémonie, tous les parents se réunissaient, et le parrain donnait le premier coup de ciseaux (*) aux cheveux de son filleul. Après lui, l'instrument passait dans les mains des autres assistants, et chacun enlevait une mèche de la chevelure. Quand l'enfant était entièrement rasé, on lui donnait un nom, car jusque-là il n'en avait porté aucun. Puis chacun lui offrait quelque présent, l'un des habits, l'autre des bestiaux, celui-ci des armes de différente nature, celui-là des vases précieux. Suivaient des réjouissances et des festins qui se prolongeaient trois ou quatre jours durant. Le sevrage de l'héritier présomptif du trône donnait lieu à des cérémonies de ce genre, et à une fête véritablement nationale. On mangeait et l'on chantait pendant une vingtaine de jours, et les présents déposés aux pieds du rejeton royal consistaient en objets d'or et d'argent d'une grande valeur.

Les enfants étaient élevés très-durement, afin de n'en pas faire des hommes efféminés. Les mères poussaient si loin le rigorisme à cet égard, qu'elles ne prenaient jamais leurs nourrissons dans leurs bras, même pour les allaiter;

elles prétendaient que les enfants devaient prendre le sein debout; et avant qu'ils eussent assez de force pour y parvenir, elles se penchaient sur eux, mais ne les soulevaient jamais.

Les funérailles des Péruviens, du moins celles des simples particuliers, n'avaient probablement rien de remarquable, car Garcilasso de la Véga n'en a rien dit dans son ouvrage, d'ailleurs si détaillé. Quand un Péruvien était mort, on lui repliait les membres dans l'attitude d'un homme assis; on le renfermait ensuite avec tous ses vêtements dans une tombe garnie de murailles en pierres sèches et recouverte de terre, ou bien, comme cela se pratiquait sur les côtes, dans une sépulture commune, où chaque famille avait des caveaux funéraires disposés par étages; quelquefois aussi on déposait le défunt dans un lieu souterrain faisant partie de la maison même qu'habitait sa famille (*). Suivant Ulloa, on plaçait jusqu'à trente cadavres dans ces tombeaux à domicile. Environné des objets qui lui avaient appartenu et de vases remplis de boisson, le corps se desséchait promptement et ne tombait pas en putréfaction. On en découvre encore aujourd'hui qui sont parfaitement conservés et à l'état de momies, et l'on trouve dans quelques-uns de ces caveaux des vases et des ustensiles qui peuvent donner une idée des arts de la nation péruvienne sous la domination des Incas. D'ordinaire, les cimetières étaient communs, et toute la tribu plaçait ses morts les uns à côté des autres. Du reste, nous avons parlé ailleurs des tombeaux péruviens, et pour ne pas faire double emploi, nous renvoyons le lecteur au passage de la description topographique où il en est question.

Certaines tribus avaient coutume de donner aux tombeaux la forme pyramidale, et de les placer sur les

---

(*) Il serait plus juste de dire le premier coup de rasoir, car les Péruviens, ignorant l'usage des ciseaux, se servaient d'une espèce de couteau ou de rasoir dont la lame était faite d'un morceau de silex tranchant.

(*) M. Stevenson pense, comme nous l'avons dit précédemment, que les Péruviens plaçaient leurs morts dans leurs maisons, qu'ils abandonnaient ensuite.

hauteurs qui recevaient les premières les rayons du soleil levant. M. D'Orbigny rencontra sur sa route à travers les Andes, plusieurs tumuli de cette espèce. « Avant d'arriver à Palca, dit-il, j'avais vu sur la hauteur plusieurs pyramides de terre. Je les retrouvais en nombre autour du village. J'appris bientôt que c'étaient des *chulpas* (*), ou tombeaux des anciens Aymaras, antérieurs à la conquête, espèces d'obélisques de six à dix mètres d'élévation, d'un tiers plus hauts que larges, carrés ou oblongs, à pans droits, surmontés d'une surface inclinée comme un toit. Ils sont parfaitement orientés, et offrent à l'est une petite ouverture triangulaire. Ces tombeaux, bâtis avec de la terre et quelquefois de la paille hachée, figurent assez bien des étages de pierres de taille. Ils sont fermés de toutes parts; lorsqu'ils n'ont pas été profanés, leur intérieur contient plusieurs corps assis autour, avec des vases et des ustensiles caractéristiques du sexe des défunts..... La position des chulpas est parfois très-pittoresque. Les anciens indigènes révéraient le soleil comme l'image visible du dieu Pachacamac. Ils croyaient, dès lors, placer leurs parents morts dans la direction la plus convenable, en les exposant sur les pointes des rochers qui, les premières, recevaient, dans la vallée, les rayons de l'astre fécondateur, pour qu'en entrant dans l'autre vie, ils pussent immédiatement contempler le soleil. »

Quant aux funérailles des Incas, elles étaient pour tous les citoyens, de quelque rang qu'ils fussent, une importante affaire; on les célébrait avec pompe, et toute la population y prenait part. Dès que l'Inca était mort, on l'embaumait, après avoir transporté ses viscères et ses entrailles dans le temple de la ville de Tampu, situé sur la rivière de Yucay, à cinq lieues de Cuzco. Puis le corps était solennellement déposé dans le grand temple du soleil, devant l'image de cet astre. Là, on lui offrait des sacrifices comme à une divinité. Une immense procession de sujets éplorés et portant ses armes, ses enseignes, ses habits, accompagnait le défunt à sa dernière demeure. Ses serviteurs et les femmes qu'il avait le plus aimées se dévouaient à la mort, et se laissaient enterrer tout vivants, pour aller retrouver leur maître adoré dans un autre monde. Que les victimes marchassent au supplice de leur plein gré et dans un accès de dévouement fanatique, ou bien qu'elles fussent conduites à la tombe par contrainte et violence, toujours est-il que cette coutume barbare faisait périr un grand nombre d'individus à la mort non-seulement du souverain, mais encore de chaque prince ou seigneur éminent. Le deuil national durait un an, et pendant tout ce temps, la population ne cessait de donner des marques d'affliction, allant sacrifier devant les restes embaumés de l'Inca, faisant chorus avec les pleureurs à gages, et se rendant en pèlerinage aux lieux où le roi avait fait halte dans ses guerres ou dans ses voyages.

Des autres usages des anciens Péruviens, nous ne citerons que ceux qui offrent quelque originalité.

Nous avons déjà parlé de leur manière de compter par nœuds ou *quipos;* voici en quoi consistait cette méthode de numération : ils prenaient des fils de différentes couleurs ; chaque nuance, soit qu'elle fût simple ou mélangée, avait sa signification particulière. Trois ou quatre fils tordus formaient un cordon gros comme de la ficelle moyenne, et long d'environ un mètre. Tous les cordons étaient suspendus par ordre à une longue ficelle, et constituaient ainsi une espèce de frange. On jugeait de la signification de chaque fil par la couleur : le jaune désignait l'or, le blanc l'argent, le rouge les gens de guerre. Quand on voulait désigner des choses dont les couleurs ne fussent pas remarquables, on suivait un système particulier : on classait les objets par ordre de valeur ou d'impor-

---

(*) *Chulpa*, ou mieux *chuḍpa*, veut dire *tombeau* dans la langue aymara. Ce nom est consacré dans toute la Bolivie.

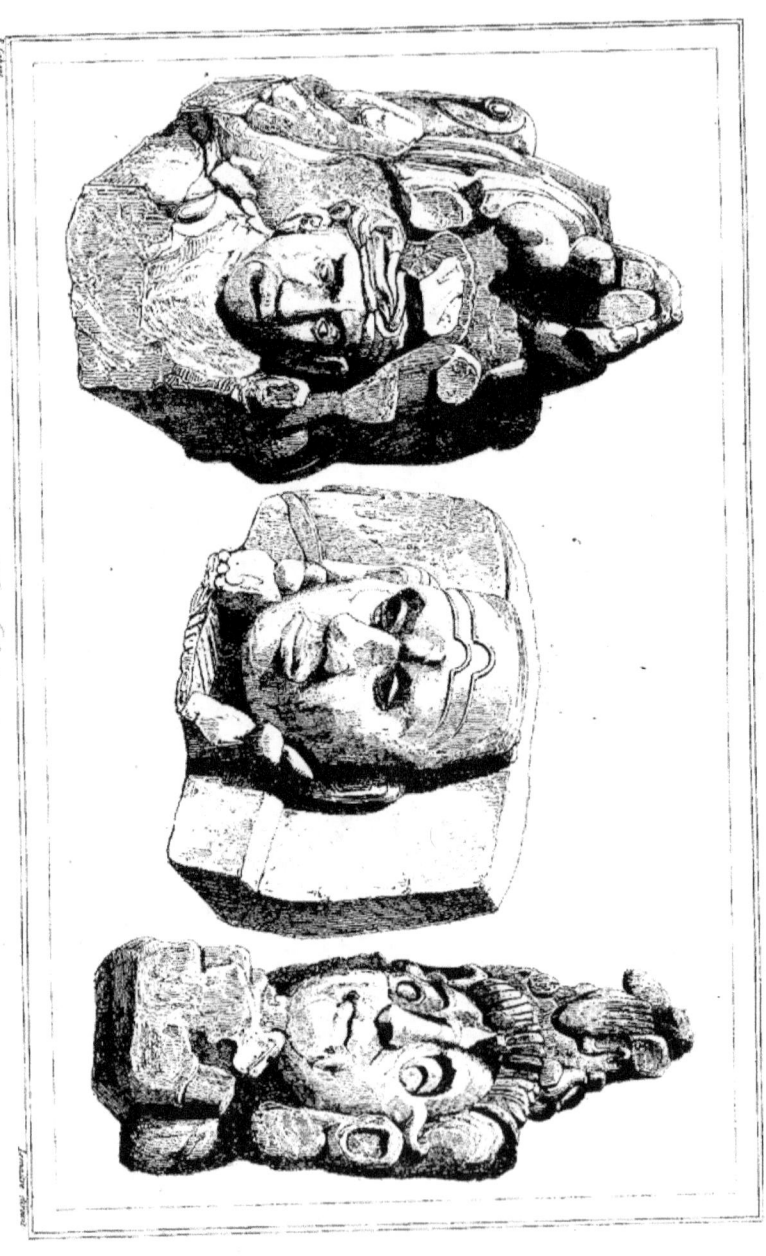

tance ; par exemple, s'il s'agissait de blé ou de légumes, on plaçait d'abord le froment, puis le seigle, les pois, les fèves, etc... De même, quand ils voulaient compter des armes, ils mettaient en premier lieu celles qu'ils jugeaient les plus nobles, c'est-à-dire les lances, puis les flèches, les arcs, les javelots, les massues, les haches, les frondes, etc... Pour faire le dénombrement de la population, ils commençaient par les habitants de chaque ville, ensuite ils marquaient la population de chaque province. Ils désignaient par le premier fil les vieillards de soixante ans et au-dessus, par le second, les hommes de cinquante ans, par le troisième, ceux de quarante, et ainsi des autres, en descendant toujours de dix en dix ans, jusqu'aux enfants à la mamelle. Ils comptaient les femmes de la même manière, et en suivant un ordre semblable.

Certains petits fils très-fins et de même couleur, mêlés aux cordons, désignaient des exceptions au fait général; par exemple, les fils de cette nature insérés dans le cordon consacré aux hommes ou femmes mariés de tel ou tel âge, indiquaient ce qu'il y avait eu de veufs ou de veuves dans le courant de l'année; nous disons dans le courant de l'année, car les quipos ne servaient qu'à une statistique annuelle.

On observait toujours dans les quipos l'ordre de dizaine, c'est-à-dire qu'on procédait ainsi : dizaine, centaine, mille, dizaine de mille. On dépassait rarement la centaine de mille, parce que chaque ville ayant son registre particulier, on atteignait difficilement le chiffre de cent mille. Il paraît, du reste, que ce n'était pas faute de pouvoir exprimer le nombre cent mille dans la langue péruvienne, car cette langue se prête à toutes les combinaisons d'arithmétique. On plaçait en haut le nombre le plus fort, c'est-à-dire la dizaine de mille, et l'on descendait en suivant la progression.

Tout ce qui était du domaine du chiffre pouvait s'exprimer au moyen des quipos. Les tributs perçus pour l'Inca, le nombre des gens de guerre, des naissances, des décès, des batailles, des ambassades, des ordonnances royales, formaient le contenu de ces singulières archives. Mais on comprend qu'il était impossible d'exprimer par des nœuds et par des cordons, les événements historiques, la substance des édits impériaux et le but des ambassades. En un mot, tout ce qui est du ressort exclusif de la parole ou de l'écriture variée ne pouvait trouver place dans les quipos. Toutefois, les Péruviens avaient certaines marques particulières destinées à conserver jusqu'à un certain point le souvenir des actions mémorables et des décisions les plus importantes du souverain. Les gardiens des quipos étaient d'ailleurs chargés d'en apprendre les détails par cœur, et d'en transmettre la tradition à leurs successeurs, de père en fils. En outre, les *amautas*, ou philosophes, résumaient sous forme d'apologue les choses les plus dignes de mémoire, afin que les pères les racontassent à leurs enfants, et les hauts fonctionnaires à leurs subordonnés. Enfin, les *arovicus*, ou poëtes, prêtaient à l'histoire le secours de la versification, pour mieux inculquer dans l'esprit des contemporains et des races futures le souvenir des faits nationaux les plus éclatants. On comprend, toutefois, combien ce moyen de propagande historique était défectueux. C'est à ce manque de traditions certaines qu'on doit attribuer l'impossibilité d'écrire complétement, ou du moins avec quelque degré de certitude, l'histoire de l'ancien empire du Pérou.

Néanmoins, M. D'Orbigny croit trouver dans un passage d'Acosta (*) la preuve que les quipos (**) servaient positivement d'annales historiques. Voici ce passage tel que l'a traduit notre savant compatriote :

(*) *Historia nat. de las Indias* (1591), lib. vi, cap. viii, p. 266.

(**) Les dictionnaires écrivent *qquipus*, le premier *q* étant très-guttural.

« Pour les différentes affaires de guerre, de gouvernement, de tributs, de cérémonie, de terres, il y avait divers quipos, et dans chaque paquet de ceux-ci, beaucoup de nœuds et de fils attachés ; les uns rouges, verts, bleus, blancs, et autant de différences que nous en trouvons dans nos vingt-quatre lettres, en les plaçant de diverses manières, pour tirer une aussi grande quantité de sons; de même les Indiens, de leurs nœuds et couleurs, tiraient un grand nombre de significations de choses. » A notre avis, il ne résulte pas de ce témoignage que les quipos pussent tenir complétement lieu de registres historiques ou d'archives proprement dites. De l'expression d'un certain nombre d'idées, à l'enregistrement de tous les faits importants des fastes d'une nation, il y a loin assurément. La question serait tranchée, s'il était vrai, comme l'affirme Acosta, que les Péruviens eussent des peintures hiéroglyphiques destinées à consacrer symboliquement la mémoire des événements les plus marquants, ou la gloire des hommes illustres. Mais, à moins de considérer comme des hiéroglyphes quelques caractères bizarres représentés sur un monument dessiné par M. D'Orbigny, et publié dans son atlas, nous ne sachions pas que l'existence de ce mode d'écriture chez les anciens Péruviens ait été prouvée péremptoirement. Si ce peuple avait connu l'écriture symbolique, il ne s'en serait pas servi seulement sur ses édifices ; il aurait écrit son histoire sur des tablettes, sur des parchemins ou sur un tissu végétal quelconque, comme ont fait les Mexicains. Et si cette coutume avait existé au Pérou, les Espagnols en auraient à coup sûr retrouvé des traces nombreuses. Alors même que les conquérants eussent anéanti tous ces documents si précieux, ce qui n'est pas présumable, le fait aurait été infailliblement constaté par les chroniqueurs et surtout par Garcilasso de la Véga.

Nous croyons donc qu'il faut s'en tenir à l'explication de ce dernier auteur qui, ainsi qu'on l'a vu, borne les archives péruviennes à l'usage des quipos, et l'utilité de ceux-ci à la constatation des faits les plus simples, surtout en matière de statistique.

Nous avons parlé tout à l'heure des gardiens des quipos. On confiait, en effet, la conservation de ces cordons à des hommes choisis parmi les plus probes et les plus éclairés. Ces fonctionnaires s'appelaient *quipucamayus*, c'est-à-dire, *préposés aux comptes*. On en proportionnait le nombre à la population des villes et des provinces. Pour si petite que fût une ville, elle devait avoir quatre quipucamayus. Il paraît, toutefois, qu'on ne dépassait pas le nombre de trente. La raison de la multiplicité de ces gardiens était tout à fait plausible; bien que tous les archivistes d'une même ville eussent les mêmes quipos, et que, par conséquent, un seul gardien pût suffire à la rigueur, néanmoins, pour prévenir toute supercherie, l'Inca voulait qu'il y en eût plusieurs dans chaque localité, disant que, s'ils étaient en petit nombre, ils pourraient s'entendre pour interpréter faussement les quipos, tandis que le mensonge était beaucoup plus difficile avec un grand nombre de fonctionnaires ; il fallait qu'ils fussent tous fidèles ou qu'ils trempassent tous dans le même complot, ce qui n'était guère à supposer. Ces considérations montrent combien les Péruviens eux-mêmes regardaient les quipos comme insuffisants et même dangereux.

Parmi les usages des Péruviens, nous ne devons pas oublier celui que rappelle M. D'Orbigny dans la partie de son voyage qui concerne la Bolivie. « A l'entrée de la vallée et à la sommité de chaque côte, je remarquai sur toute la route, dit le savant voyageur, des monticules de pierres plus ou moins volumineux, le plus souvent surmontés d'une croix de bois et couverts de taches d'une matière verdâtre ; je voulus savoir ce que c'était. J'appris, et j'eus lieu de m'en assurer plus tard, en les retrouvant sur toute la partie de la république de Bolivie,

GUATIMALA.

Idole et Autel.

habitée par les Indiens, que c'étaient des *apachectas*. Ces monticules existaient avant l'arrivée des Espagnols. Ils étaient formés par les indigènes chargés, qui, gravissant avec peine les côtes escarpées, rendaient grâce au Pachacamac, ou dieu invisible, moteur de toutes choses, de leur avoir donné le courage d'atteindre le sommet, tout en lui demandant de nouvelles forces pour continuer leur route. Ils s'arrêtaient, se reposaient un instant, jetaient quelques poils de leurs sourcils au vent, ou bien sur le tas de pierres, la *coca* qu'ils mâchaient, comme la chose la plus précieuse pour eux, ou bien encore se contentaient, s'ils étaient pauvres, de prendre une pierre aux environs, et de l'ajouter aux autres. Aujourd'hui rien n'est changé; seulement l'indigène ne remercie plus le Pachacamac, mais bien le Dieu des chrétiens, dont la croix est le symbole; singulier mélange d'anciens souvenirs confondus avec les croyances religieuses actuelles (*) ! »

Les Incas avaient adopté un système assez ingénieux de communication avec toutes les parties de leur royaume. C'était une véritable poste, desservie non par des animaux, mais uniquement par des hommes. Des courriers à pied étaient chargés de transmettre avec le plus de rapidité possible les ordres du souverain, et de lui porter la nouvelle des événements de quelque importance qui se passaient dans les provinces. A cet effet, on plaçait de quart de lieue en quart de lieue, cinq ou six Indiens jeunes, vigoureux et agiles, qui, à l'occasion, se mettaient à couvert dans des cabanes construites sur des hauteurs. Tous avaient les regards fixés sur la route, où ils se tenaient en vedette, pour apercevoir les courriers avant qu'ils arrivassent jusqu'à eux, et pour recevoir immédiatement le message dont ils étaient chargés. Le courrier, porteur de la nouvelle ou de l'ordre de l'Inca, dès qu'il apercevait la cabane, annonçait son message à haute voix, et tout en courant; il répétait plusieurs fois et dans les termes les moins sujets à équivoque, ce qu'il avait à dire, jusqu'à ce que celui qui devait courir à son tour parfaitement entendu; s'il ne réussissait pas à se faire entendre, il accostait l'homme en vedette et articulait distinctement les termes de la dépêche; le message arrivait assez promptement, de courrier en courrier, à sa destination. Les Péruviens se servaient aussi quelquefois des quipos dans le même but; mais ce mode de correspondance n'était guère employé que par le roi et les gouverneurs de province. La différence des couleurs et la variété des combinaisons indiquaient le nombre de soldats qu'il fallait mettre en marche, et la quantité d'armes ou de munitions qu'il fallait préparer. En cas de guerre imprévue, de révolte subite, ou d'événements extraordinaires, on employait aussi les feux, dont la lueur éclairant le sommet des montagnes, avertissait le chef de l'État du danger qui le menaçait. On sait, du reste, que ce mode de transmission télégraphique est en usage chez un grand nombre de peuples encore dans l'enfance de la civilisation.

Bien que les Péruviens ne fussent pas un peuple navigateur, néanmoins ils s'aventuraient intrépidement sur les fleuves et même sur la mer. Ils ne construisaient ni pirogues ni canots, non, comme le dit Garcilasso, parce que leur pays ne produisait que des arbres trop durs pour être creusés, mais bien plus probablement, parce qu'ils voulaient s'en tenir aux premiers moyens de navigation qui leur fussent venus à l'esprit. Ils faisaient des radeaux de toute grandeur avec des fragments d'un bois extrêmement léger, en ayant soin que le morceau du milieu fût le plus long, et que les autres allassent en diminuant de chaque côté, à partir du centre jusqu'au bord. Ces radeaux, qui avaient à peu près la forme d'un losange, étaient ainsi plus propres à

(*) *L'Homme américain*, t. I.

fendre l'eau qu'ils ne l'auraient été si on les eût composés de pièces d'égale longueur. Pour les faire avancer, on les tirait à l'aide de cordes attachées à l'une ou l'autre extrémité. « Outre ces radeaux, dit le traducteur de Garcilasso de la Véga, ils se servent, au lieu de barques, d'une autre invention fort plaisante, car ils prennent un faisceau de joncs de la grosseur d'un bœuf, qu'ils attachent le plus fortement possible, et le disposent de telle sorte que, depuis le milieu jusqu'au bout, il est fait en pointe, comme si c'était la proue d'une barque, afin de mieux couper l'eau ; par ce moyen, il va toujours en s'élargissant des deux tiers en arrière, et le dessus où ils mettent telle charge qu'ils veulent, en est plat. Pour conduire une de ces barques, il ne faut qu'un seul homme, qui se met au bout de la poupe, et se laissant porter au fil de l'eau, ses bras et ses cuisses lui servent de rames. Il est vrai que si la rivière est impétueuse, il aborde cent ou deux cents pas plus bas que le lieu d'où il est parti. Quand ils passent quelqu'un, ils le font coucher tout de son long sur le bateau, la tête appuyée sur le batelier, qui lui recommande surtout de se tenir ferme aux cordes de la barque, sans lever la tête, ni ouvrir les yeux pour regarder. Je me souviens, ajoute l'historien, d'avoir autrefois passé de même une rivière impétueuse (car ces sortes de bateaux ne vont ordinairement que sur une eau dont le courant est fort grand), où, à cause du soin extrême que se donnait le batelier pour m'empêcher de lever la tête et d'ouvrir les yeux, il me prit envie de faire l'un et l'autre ; car étant fort jeune, je fus saisi d'une si grande peur, qu'il me semblait à tout moment que la terre s'élevait ou que le ciel tombait. Comme je voulus donc voir s'il n'y avait pas là d'enchantement, ou si je n'étais point dans un nouveau monde, lorsque je jugeai à peu près que nous étions au milieu de la rivière, je levai la tête pour regarder l'eau ; et alors il me sembla véritablement que nous tombions du haut des nues, ce qui venait sans doute de ce que la tête me tournait à cause du grand courant de la rivière qui emportait le bateau avec une impétuosité prodigieuse. La peur, qui me saisit plus qu'auparavant, me fit refermer les yeux et avouer que le batelier avait raison de recommander à ceux qui passaient, de s'empêcher de les ouvrir. »

Les Péruviens se servaient encore d'une autre espèce de radeau formé de grandes calebasses vides fixées l'une contre l'autre. Un Indien nageant en avant tirait l'embarcation et le passager ; un autre la poussait par derrière.

Quand l'impétuosité du courant ne permettait l'emploi d'aucun de ces moyens de navigation, on se servait, pour passer les rivières, d'une espèce de bac consistant en une corbeille qui glissait sur un câble tendu de l'une à l'autre rive. Il paraît que chaque province envoyait tour à tour des hommes chargés de passer gratuitement les voyageurs : singulière et touchante sollicitude qui indique des habitudes hospitalières et rappelle la bienveillance des Orientaux pour l'étranger qui passe et demande assistance.

Les Indiens se servaient pour pêcher, soit dans les rivières, soit en mer, des bateaux de joncs dont nous avons parlé. La mer étant très-calme dans certains endroits des côtes du Pérou, ils s'avançaient quelquefois à la distance de cinq ou six lieues. Le pêcheur dirigeait sa frêle embarcation à l'aide d'un morceau de bambou divisé par la moitié et qui servait de pagaie. Quand l'embarcation était au fil de l'eau ou au milieu du courant de la côte, elle voguait avec une rapidité telle, qu'un cheval au galop n'aurait pu la suivre. A genoux, à l'extrémité du faisceau de joncs, et armé d'un harpon, comme les baleiniers, l'Indien frappait le poisson, puis il lâchait la corde à laquelle l'arme meurtrière était attachée ; le poisson, se sentant blessé, fuyait rapidement, mais bientôt le pêcheur l'attirait à lui et s'emparait facilement de sa proie.

La chasse était un des passe-temps des Péruviens. Ils faisaient de temps à autre de grandes battues auxquelles prenaient part, alternativement, les habitants de toutes les provinces. Garcilasso de la Véga et Augustin de Zarate ont donné les détails de ces réjouissances. Voici comment M. d'Orbigny les a résumés : « Du temps des Incas, tous les quatre ans, une chasse réglée était faite dans chaque canton, et leur territoire, divisé en quatre parties, leur donnait une belle battue tous les ans. Cette chasse, nommée *chacu*(*), se faisait par tous les hommes d'une province, toujours réunis au nombre de plusieurs milliers. Ils marchaient en file dans une direction donnée, embrassant une surface immense de la plaine et de la montagne, poussaient le gibier devant eux, puis formaient un vaste cercle qu'ils resserraient de plus en plus, afin de concentrer tout ce qui s'y trouvait; ils tuaient ensuite tous les animaux malfaisants, le surplus des mâles propres à la reproduction chez les cerfs, les guanacos et les vigognes, puis tondaient toutes les femelles de ces dernières espèces et les rendaient à la liberté. On faisait la répartition des bêtes tuées et de la laine aux plébéiens. Les Incas et leurs familles se réservaient, comme fils du soleil, toute la laine des vigognes destinée à leur confectionner des vêtements, et dans chaque province on conservait, au moyen des quipos, le compte de ces animaux sauvages, par sexe et par espèces, afin de connaître les ressources de l'État. A l'arrivée des Espagnols, les chasseurs trouvèrent beaucoup à faire, et, en peu de temps, ils en tuèrent tant, qu'aujourd'hui on ne voit presque plus de cerfs. On ne trouve maintenant de guanacos que sur quelques points des Andes orientales, et les vigognes sont assez rares. A l'imitation des Incas, les Espagnols, et actuellement les spéculateurs, ont fait et font encore une chasse plus facile, à laquelle ils emploient beaucoup d'indigènes. Ils tracent un vaste cercle avec de petits pieux fichés en terre de distance en distance et auxquels ils attachent, à un demi-mètre au-dessus du sol, un fil de laine, de manière à former une enceinte dont l'entrée présente un vaste entonnoir formé de fils. Beaucoup d'Indiens poursuivent les vigognes dans la direction de l'embouchure, puis les forcent d'y entrer en se pressant derrière elles. Les pauvres animaux sont si timides qu'ils ne franchissent pas cette faible barrière, et se laissent tuer plutôt que de chercher à rompre le fil ou de sauter par-dessus; mais si parmi les vigognes il se rencontre un guanaco, celui-ci, plus hardi, force la barrière, et les vigognes le suivent rapidement; aussi a-t-on le plus grand soin de tuer à coups de fusil ou de chasser les guanacos, dont la présence détruirait l'espoir du chasseur. »

Les amusements et les réjouissances des Péruviens ne se bornaient pas aux festins solennels dont nous avons parlé. La danse était du nombre, et ces Indiens paraissent l'avoir beaucoup aimée. Chaque province avait sa danse particulière qui ne variait pas plus que les pas et le rhythme adoptés par leurs ancêtres. Quand les Incas se donnaient le plaisir de la danse, ils s'y livraient avec une gravité caractéristique : au lieu de faire des sauts et des gestes comme les autres acteurs de ces scènes joyeuses, ils dansaient d'un air majestueux et compassé. Les hommes étaient seuls admis à ces réunions de cour. Tous les danseurs se tenaient par la main et semblaient ainsi former une chaîne. Dans les circonstances solennelles, on comptait dans ces bals impériaux jusqu'à trois cents personnages de haut rang; tous dansaient à une certaine distance du souverain, par respect pour la majesté de la couronne. Le premier qui menait la danse partait en mesure et les autres le suivaient; ils s'avançaient de cette façon,

(*) C'est de ce mot, qui veut dire *cercle*, *enceinte*, qu'est venu le mot espagnol *chaco*, désignant un lieu cultivé et entouré, et le nom du *grand chaco*, compris entre Corrientes et Tucuman.

et toujours dansant, jusqu'au milieu de la place où était l'Inca. Ils chantaient tour à tour, et leurs chants cadencés avaient pour sujet invariable l'éloge du monarque, de ses prédécesseurs, et des autres princes du sang royal qui avaient acquis une glorieuse célébrité. Les Incas qui se trouvaient présents chantaient aussi, et même l'empereur, pour rendre les fêtes plus solennelles, daignait quelquefois danser avec ses parents et ses sujets; insigne honneur que les spectateurs prisaient au plus haut degré. Ce fut, dit-on, cette espèce de danse impériale qui suggéra à Huayna Capac l'idée de faire fabriquer cette fameuse chaîne d'or que nous avons déjà eu occasion de mentionner. Cet Inca jugea qu'il serait plus convenable et plus digne de l'éclat du trône de tenir une chaîne d'or en dansant que de se prendre la main. On prétend que cette chaîne s'étendait d'un bout à l'autre de la grande place de Cuzco, où se célébraient les fêtes principales.

La musique avait son tour dans les réjouissances publiques ou privées; mais cet art participait, chez les Péruviens, de la monotonie de la danse. L'instrument le plus usité était composé de quatre ou cinq tuyaux de roseaux juxtaposés, comme dans ce qu'on appelle la flûte de Pan. Chaque tuyau produisait un son différent, et d'après ce que disent les historiens, il est vraisemblable que les exécutants ne s'attachaient à rendre aucune de ces combinaisons qui charment une oreille civilisée et qui sont devenues la base de l'art musical. Ajoutons que les Péruviens ne connaissaient pas les demi-tons. Les hauts fonctionnaires de la cour et les plus éminents personnages de l'État apprenaient à jouer de quelque instrument, pour faire partie de la musique de l'Inca. La flûte péruvienne rendait quatre ou cinq sons différents, mais on ne s'appliquait pas à combiner ces sons de manière à former un chant avec ses diverses parties d'accompagnement. Ils chantaient des poésies rimées dont le sujet était toujours les douleurs ou les plaisirs de l'amour. Chaque chanson avait son air spécial; il n'y en avait pas deux qui fussent ajustées à la même musique. Un amant qui donnait une sérénade à sa maîtresse exprimait les mouvements de son cœur à l'aide de sa flûte; par la diversité du ton ou du mouvement, par la gravité ou la vivacité du rhythme, il indiquait la joie ou la tristesse de son âme. Voici un exemple de chanson péruvienne rapporté par Garcilasso de la Véga :

« N'entendez-vous pas cette flûte dont mon amant joue sur la colline? Il m'appelle avec tant de passion, que je ne puis résister à ces tendres accents; laissez-moi donc, je vous en conjure, car l'impétuosité de mon amour m'entraîne vers lui; il faut que je sois sa femme et qu'il soit mon époux. »

Les Péruviens n'accompagnaient pas des sons de la flûte leurs faits d'armes et leurs actions éclatantes; ils réservaient d'aussi nobles sujets pour leurs fêtes solennelles.

Celles de leurs chansons qui étaient destinées à glorifier les bienfaits du soleil et les vertus des Incas, étaient toutes composées sur le mot *hailly*, qui signifie *triomphe* dans la langue générale du Pérou. Aux chants d'allégresse par lesquels ils célébraient la fête de l'agriculture, ils mêlaient les mots les plus familiers et les plus agréables aux gens de guerre et aux amants fidèles, et ils en faisaient une application ingénieuse aux travaux de la terre. Le mot *hailly* revenait à la fin de chaque couplet, et ils le répétaient longtemps en cadence, afin de s'encourager au travail. Les femmes chantaient aussi et faisaient chorus avec les hommes pour répéter le mot sacramentel.

L'air et le rhythme de ces chansons péruviennes parurent, dit-on, si agréables au maître de chapelle de la cathédrale de Cuzco, qu'en 1551, il s'en servit pour composer un *motet* sur l'orgue en l'honneur du saint sacrement. Des chanteurs espagnols, indiens et métis, répondaient en chœur aux paroles latines, et les Péruviens étaient charmés de voir les étrangers adopter leur chant national pour célébrer leur propre Dieu.

INSTITUTIONS DU PÉROU.

Examinons maintenant les institutions des Péruviens, et constatons les résultats qu'elles produisirent.

Nous avons déjà dit quelle était la forme du gouvernement, sur quelle base il s'appuyait, quel en était le caractère et la tendance. Les lois et les institutions décrétées par les Incas participaient de la nature à la fois paternelle et despotique de ce pouvoir.

L'empire avait été divisé en quatre parties appelées *Tahuantinsuyu*, c'est-à-dire les quatre parties du monde. On avait suivi dans cette division la position des quatre points cardinaux. La ville de Cuzco était comme le centre du monde péruvien. Il faut remarquer, du reste, que dans la langue particulière aux Incas, *Cuzco* signifiait *nombril de la terre*. « Or, dit Garcilasso, le Pérou est long et étroit comme le corps humain, et Cuzco en fait presque le milieu. » La partie qui regarde le levant était appelée *Antisuyu*, à cause du pays des Antis qui était situé du même côté, et c'est par le même motif qu'ils nommaient Anti (d'où l'on a fait *Andes*) l'immense chaîne de montagnes qui s'élève dans la partie orientale du Pérou. La zone occidentale portait la dénomination de *Cuntinsuyu*; la région du nord, celle de *Chinchasuyu*; et la partie sud, celle de *Collasuyu*. La population de tout ce vaste empire était enregistrée par décuries, c'est-à-dire dix par dix, avec un chef ou décurion pour les commander. Cinq décuries reconnaissaient un chef général, qui avait ainsi cinquante hommes sous ses ordres. Deux compagnies de cinquante hommes étaient réunies sous le commandement d'un seul capitaine. Cinq détachements de cent hommes obéissaient à un autre chef; enfin, deux brigades de cinq cents hommes étaient placées sous l'autorité d'un général; et ainsi de suite de mille en mille. Cette organisation avait l'avantage d'établir une certaine solidarité entre les citoyens, de les rapprocher, de les maintenir dans une salutaire union, et aussi d'assurer au pays une masse compacte de défenseurs.

Du reste, ce système d'association avait principalement pour but de garantir bonne et prompte justice aux citoyens et de maintenir l'ordre public dans le royaume. En effet, d'une part, les décurions étaient chargés de faire connaître aux gouverneurs ou au souverain les besoins et les doléances de leurs subordonnés. D'autre part, ils exerçaient une espèce de ministère public, car ils devaient dénoncer les moindres fautes des membres de leur brigade, et même se porter personnellement accusateurs. La justice était sommaire et débarrassée de toute forme qui aurait pu entraîner des frais trop considérables. Tout chef de compagnie qui était convaincu d'avoir négligé les intérêts de ses subalternes, de n'avoir pas appuyé ses justes réclamations auprès de l'autorité, ou de s'être prêté à de coupables intrigues au détriment d'un concitoyen, était sévèrement puni. D'un autre côté, si le chef de brigade tardait à poursuivre ou à dénoncer un crime commis par un membre de sa décurie, il était châtié doublement, d'abord pour n'avoir pas fait son devoir, ensuite pour avoir partagé par sa négligence la responsabilité du délit. On comprend à quels abus devait conduire un pareil système de police. Il habituait les citoyens à se dénoncer les uns les autres; et comme les moindres fautes étaient presque toujours punies de mort, ou tout au moins du fouet et du bannissement, les chefs, pour complaire à l'autorité supérieure et éviter un châtiment terrible, outre-passaient nécessairement leurs devoirs et faisaient plutôt trop que pas assez. La loi péruvienne poussait l'absurdité jusqu'à vouloir que le père de famille fût sévèrement puni pour les écarts de jeunesse que se permettait son fils. Il devait en résulter une tyrannie odieuse des pères envers leurs enfants, tyrannie qui produisait assurément un effet tout contraire à celui qu'en avait attendu le législateur.

25.

Comme nous l'avons déjà fait observer, la peine de mort était prodiguée; symptôme infaillible de barbarie et de despotisme. On tuait, mais on ne confisquait pas les biens du condamné; on ne lui infligeait même pas d'amende. Le législateur avait voulu que le coupable fût tout simplement retranché du nombre des vivants. La peine capitale était décrétée contre le juge qui dérogeait au texte de la loi, et l'interprétait autrement qu'elle ne devait l'être; c'était, comme on voit, un régime de terreur. Si l'on en croit les historiens, les habitants du Pérou, intimidés par une législation si menaçante, s'abstenaient de tout ce qui pouvait ressembler à un délit, et devenaient vertueux par crainte du supplice. Il est permis de douter de cette assertion. Ce qu'il y a de certain, toutefois, c'est que les Péruviens, persuadés que leurs fautes particulières étaient autant d'offenses directes à la divinité et attireraient sur la république une foule de calamités, poussaient le scrupule jusqu'à se dénoncer eux-mêmes en pleine place publique, et jusqu'à demander la mort après s'être confessés coupables. En présence d'un pareil fait, on conviendra que les Incas avaient été fort heureux d'avoir affaire à un peuple aussi débonnaire et aussi crédule que les indigènes du Pérou.

Il n'y avait point appel d'un tribunal à un autre : le juge prononçait en dernier ressort, car il était censé aussi infaillible qu'inflexible sur l'application de la loi; seulement il rendait compte à son supérieur des causes dans lesquelles il avait été appelé à juger. C'était le seul contrôle que les magistrats exerçassent les uns sur les autres. L'Inca recevait de temps en temps la statistique judiciaire des provinces au moyen des quipos, qui lui apprenaient le nombre de crimes punis dans chaque localité.

Les Péruviens avaient, comme les Romains, leur loi municipale et leur loi agraire, comme on le verra un peu plus loin. La *loi commune* était celle qui ordonnait aux Indiens valides de travailler aux ouvrages publics, par exemple, d'aider à bâtir les temples, à construire des ponts et à réparer les chemins. Il paraît que la construction des demeures des rois et des grands de l'empire, ainsi que le labourage de leurs terres, étaient désignés dans cette loi comme travaux publics, et, par conséquent, obligatoires pour les sujets. C'est un nouveau trait caractéristique du despotisme du gouvernement des Incas. Une autre loi, nommée *fraternelle*, enjoignait aux citoyens de se prêter une mutuelle assistance, et sans aucun salaire, pour labourer la terre, semer, faire la récolte, bâtir et réparer les maisons. Cette disposition législative était éminemment propre à développer un des plus nobles sentiments du cœur humain, la fraternité. Une ordonnance impériale réglait l'ordre du travail de chaque famille ou de chaque tribu, quand il s'agissait de quelque entreprise d'intérêt public. On voulait que les escouades de travailleurs se relevassent tour à tour, et que chacun ne fît que la tâche qui lui était dévolue. Une loi somptuaire déterminait les dépenses ordinaires des familles et proscrivait l'usage de l'or, de l'argent et des pierreries sur les vêtements. Cette même loi retranchait toutes superfluités des repas; elle ordonnait que les habitants des villes mangeassent en commun deux ou trois fois par mois devant leurs curacas, sans doute afin d'entretenir ce sentiment de fraternité que les Incas tenaient à développer dans le cœur de leurs sujets; peut-être aussi pour obliger les hommes laborieux à se délasser par le plaisir de ces réunions périodiques. Les hommes en bonne santé devaient aussi s'exercer de temps en temps à des jeux militaires, pour se maintenir en bonne santé et s'habituer aux idées belliqueuses. Une loi particulière ordonnait que les aveugles, les muets, les boiteux, les estropiés, les malades, les vieillards, en un mot, que tous ceux qui, par suite d'une infirmité quelconque ou de leur âge, ne pouvaient labourer leurs terres, ni se pourvoir de vêtements, fussent entretenus de provisions tirées des magasins publics. On avait aussi recours à ces magasins pour assister les hôtes qui arrivaient dans une ville, qu'ils fussent étrangers ou simplement voyageurs. Les nouveaux venus étaient accueillis dans des établissements publics, où on leur fournissait abondamment tout ce qui leur était nécessaire. Les pauvres devaient être appelés aux repas publics dont nous avons parlé, afin qu'ils oubliassent quelques instants leur misère. Une loi sur le ménage, ou plutôt sur la famille, recommandait particulièrement deux points principaux : d'abord d'éviter l'oisiveté ; à cet effet, on employait jusqu'aux enfants de cinq ans aux travaux qu'on jugeait être à leur portée; les aveugles même, ainsi que les boiteux et les muets, n'étaient pas dispensés du travail, à moins qu'ils n'eussent quelque autre infirmité qui les rendît tout à fait invalides. Ainsi tous les individus qui avaient assez de force et de santé pour mettre la main à l'œuvre, travaillaient de leur mieux, pour éviter d'être mis au nombre des fainéants qu'on châtiait en place publique. Le second point de la loi sur le ménage enjoignait aux Indiens de laisser leurs portes ouvertes aux heures de leurs repas, afin que les officiers de justice eussent l'entrée libre chez eux. On appelait ces magistrats *llactacamayu*; ils avaient pour mission de visiter les temples et les maisons particulières ou publiques pour vérifier si tout s'y passait convenablement. Ils examinaient si le père de famille apportait tout le soin nécessaire à son ménage et à l'éducation de ses enfants. Quand ils entraient dans une maison bien tenue, garnie de meubles et d'ustensiles brillants de propreté, ils louaient et félicitaient à haute voix les maîtres du logis; mais ils châtiaient à coups de fouet ceux qu'ils surprenaient en flagrant délit de négligence ou de malpropreté.

On reconnaît dans ces lois et règlements, à côté d'une barbarie incontestable, un grand fonds de charité, les intentions les plus paternelles et une parfaite connaissance des principes fondamentaux de l'hygiène publique et privée.

Voici en quoi consistait la loi agraire, que nous n'avons fait que mentionner ci-dessus : toutes les terres étaient divisées en trois portions ; l'une était consacrée au soleil, et tout ce qu'elle produisait était employé à la construction des temples, ainsi qu'aux frais du culte. La seconde portion était abandonnée à l'Inca, et suffisait aux dépenses du gouvernement et de l'administration. La troisième, qui était la plus considérable, servait aux besoins du peuple. Aucun citoyen n'avait un droit exclusif de propriété sur la portion qui lui était attribuée. Il ne la possédait que pour une année. A l'expiration de ce terme, on faisait un nouveau partage, selon le rang, le nombre, les besoins des individus. Ces terres étaient cultivées par tous les membres de la communauté, chacun à son tour. Le peuple, convoqué par un fonctionnaire chargé de cette branche d'administration publique, se rendait dans les champs et remplissait la tâche imposée. Des chants cadencés et le son des instruments de musique excitaient l'ardeur et soutenaient le courage des travailleurs. Comme le fait très-bien observer Robertson, cette distribution des terres et la manière de les cultiver gravaient dans l'esprit de chaque membre de la communauté l'idée d'un intérêt national et de la nécessité d'une assistance mutuelle; chaque individu sentait l'utilité du lien qui l'unissait à ses concitoyens, et le besoin qu'il avait de leur secours. La société péruvienne était en quelque sorte une grande famille dans laquelle l'échange continuel de bons offices maintenait l'harmonie et l'affection réciproque. On ne saurait nier que cet état de choses ne dût produire des mœurs douces et des vertus sociales étrangères aux autres peuples d'Amérique. Toutefois, cette organisation avait un immense inconvénient : c'était d'habituer l'homme à compter sur son prochain et à ne faire d'efforts individuels que pour se procurer le strict nécessaire, d'éteindre dans son cœur toute étincelle d'ambition, et par conséquent de paralyser en lui toute initiative, tout élan de génie. C'est le propre du régime de la communauté d'accoutumer le citoyen à une certaine médiocrité résultant de l'acquisition facile des moyens d'existence, et de le priver de ces désirs de progrès qui font accomplir les grandes choses et mènent aux grandes inventions. Un peuple à demi civilisé peut s'accommoder du système de la communauté, et rester volontiers courbé sous le niveau qu'il impose à l'intelligence de l'individu ; mais une nation active et éclairée ne se résignera jamais à une organisation qui a pour effet inévitable de tuer toute spontanéité, toute ambition, toute grande pensée. Les philosophes qui ont rêvé l'utopie de la vie en commun, ont tous oublié ou dédaigné cette considération qui, pourtant, est toute puissante au point de vue social.

Du reste, et comme aggravation de ces conséquences, le régime de la communauté coïncidait, au Pérou, avec une inégalité de conditions tout à fait en contradiction avec la tendance fraternelle de certaines lois. La distinction des rangs était absolue. Un grand nombre de citoyens étaient tenus, sous le nom de *Yanaconas*, dans l'état de servitude. Leurs habillements et leurs maisons étaient d'une forme différente de celle des demeures et des vêtements des hommes libres. Comme les *Tamemes* du Mexique, ils étaient employés à porter des fardeaux et à exécuter les travaux les plus pénibles (*). Au-dessus d'eux étaient les hommes libres qui n'exerçaient aucune fonction publique et n'étaient revêtus d'aucune dignité héréditaire. Ensuite venaient ceux que les Espagnols ont, par la suite, nommés *Orejones* (**), à cause de la longueur

(*) Herrera, *Decad*.
(**) Herrera, ibid.

qu'ils donnaient artificiellement à leurs oreilles. Ces derniers composaient la classe noble, et remplissaient tous les emplois, en temps de paix comme en temps de guerre. Enfin, à la tête de la nation, étaient les Incas, enfants du soleil, dominant autant les Orejones par leur naissance et leurs priviléges, que les Orejones eux-mêmes étaient au-dessus des autres citoyens. On voit qu'après tout, l'égalité n'existait, au Pérou, qu'entre les individus de la classe inférieure, et que la loi avait établi une distance énorme entre les différentes classes de la société. A chaque pas que l'on fait dans l'étude de cette curieuse législation, on rencontre des contrastes frappants, des anomalies étranges et des contradictions choquantes, en un mot, tous les inconvénients d'un gouvernement de droit divin, et tous les avantages d'une organisation élaborée par des souverains amis de leurs sujets.

La forme de société adoptée par les Péruviens, impuissante à civiliser complétement cette nation, avait favorisé jusqu'à un certain point le progrès des arts. Mais on va voir que la limite du perfectionnement ne dépassait pas ce niveau peu élevé sous lequel se développe la vie matérielle avec quelques-uns de ses avantages les plus vulgaires. Les Mexicains, qui n'étaient pas soumis au même régime social, avaient marché plus rapidement dans la civilisation, et les produits de leurs arts industriels prouvèrent aux conquérants espagnols que leurs connaissances étaient plus variées et plus étendues que celles des Péruviens. Toutefois, il faut le dire, ces derniers étaient plus avancés en tout ce qui concerne les arts les plus nécessaires.

L'agriculture, par exemple, était mieux entendue et plus perfectionnée au Pérou que dans toute autre partie de l'Amérique. Les approvisionnements de toute espèce étaient si abondants dans toutes les provinces de l'empire des Incas, que les Espagnols, dans leur marche à travers ce vaste territoire, trouvèrent partout des vivres, et ne furent jamais exposés à ces situations cruelles où la famine les réduisit dans leurs expéditions contre le Mexique. Ils cultivaient dans les régions froides la *quinua* et la pomme de terre que nous avons reçue des Américains ; dans les vallées plus chaudes, le maïs et la *occa* (oxalis). Ils savaient que la gelée est un moyen de conservation pour les pommes de terre sèches.

La quantité de terre mise en culture était déterminée, non par la volonté des particuliers, mais par l'autorité publique qui calculait les besoins de la communauté. Les calamités qui sont la suite habituelle des mauvaises récoltes, étaient fort peu redoutées, parce que le produit des terres consacrées au soleil, ainsi que la portion abandonnée à l'Inca, étaient déposés dans les *tambos*, ou greniers publics, et qu'on était toujours sûr d'y trouver des ressources pour les temps de disette (*). C'était donc un grand motif de sécurité pour les citoyens, et cette sécurité, toute favorable qu'elle était sous certains rapports, était un encouragement à la paresse d'esprit et à l'abandon de toute velléité d'amélioration. Seulement les Indiens étaient obligés de s'ingénier à neutraliser certains inconvénients inhérents au sol et au climat de leur pays. Par exemple, force leur était de songer à l'irrigation de leurs terres et aux moyens artificiels de les fertiliser. Toutes les grandes rivières qui coulent des Andes se dirigent, comme on l'a vu, vers l'est, et portent le tribut de leurs eaux à l'océan Atlantique. Le Pérou n'est arrosé que par des torrents qui se précipitent des montagnes. Les parties basses sont, en général, sablonneuses, et il y a des localités où la terre n'est jamais humectée par la pluie. Les Péruviens avaient creusé avec beaucoup d'adresse et de patience des canaux qui distribuaient à leurs champs, avec une régularité parfaite, les eaux de ces rivières impétueuses (**). Ces canaux, qui avaient exigé des travaux immenses, sont éminemment remarquables autant par l'entente du niveau que par le nombre de difficultés de toute nature qu'il a fallu vaincre pour les creuser. M. D'Orbigny en a vu, sur les montagnes de Cochabamba, des restes qui, dit-il, « témoignent d'un travail réellement inouï. » Tous les auteurs s'accordent à parler avec étonnement et admiration des canaux du Pérou. Là où l'on ne pouvait se procurer qu'une petite quantité d'eau, on réglait le mode et les heures d'arrosage, de façon à ce que tout gaspillage fût impossible. Chacun recevait à son tour la provision qui lui était nécessaire, et le temps consacré à l'arrosage était limité. Un esprit d'égalité inexorable présidait à cette répartition. L'arrosement des terres n'était pas facultatif, il était obligatoire ; si un citoyen négligeait ce soin indispensable, on le fouettait publiquement, et on le flétrissait de la qualification de lâche et de fainéant. Cette violation de la liberté individuelle était une conséquence forcée du régime de la communauté ; car la paresse d'un seul pouvant préjudicier à tous, le délinquant devait être puni au nom de la communauté dont il compromettait les intérêts. S'étant aperçus que les champs situés sur les flancs des montagnes, et en général sur des plans inclinés, étaient sujets, dans la saison des pluies et des orages, à des éboulements, ils eurent l'ingénieuse idée de retenir les terres par des gradins en pierres sèches. Toute la province d'Yungas, dans la Bolivie, est cultivée de cette manière, la seule rationnelle dans un pays aussi montagneux. Pour fertiliser les terres, ils y répandaient la fiente des oiseaux de mer qui fréquentent les îles situées le long des côtes (*). Aussi prenait-on un soin tout particulier de ces oiseaux ; il était défendu, sous peine de mort, de les tuer, et même de mettre le pied dans les îles au moment de la ponte ou

---

(*) Augustin de Zarate, liv. I, ch. xiv.
(**) Zarate, liv. I, ch. iv.

(*) Acosta, liv. iv, ch. xxxvii.

de l'incubation. Ces îles elles-mêmes étaient partagées entre les différentes provinces. Les plus grandes étaient affectées à la fertilisation de deux ou trois départements ; on entourait de limites facilement reconnaissables chaque portion concédée, afin qu'une province n'empiétât point sur la part de sa voisine. Le partage du fumier se faisait ensuite entre les membres de la communauté, et l'on y procédait avec une justice si rigoureuse, que tout individu qui, abusant de la confiance du distributeur, se faisait donner une portion plus considérable, au détriment d'un autre, était puni de mort, châtiment hors de proportion avec le délit, mais qui s'accordait avec le caractère général de la législation péruvienne. Les Indiens se servaient aussi, pour engraisser leurs terres, des petits poissons qu'à certaines époques de l'année, la mer jetait en masses innombrables sur les rivages du Pérou.

Ces moyens d'irrigation et de fertilisation parurent si ingénieux aux conquérants, qu'ils les adoptèrent et continuèrent à s'en servir pendant plusieurs siècles. Ils conservèrent plusieurs des aqueducs construits du temps des Incas, et en firent d'autres sur le même modèle. La fiente des oiseaux de mer fut aussi soigneusement recueillie que du temps des souverains indigènes. Ulloa parle de la quantité presque incroyable qui s'en trouve dans les petites îles qui bordent le littoral (*).

L'usage de la charrue étant inconnu aux Péruviens, ils travaillaient la terre avec une espèce de bêche faite d'un bois très-dur (**). Ce travail n'étant pas considéré comme assez humiliant pour être exclusivement abandonné aux femmes, les hommes s'y livraient également ; les Incas donnaient l'exemple en cultivant de leurs propres mains un champ situé près de Cuzco, et, dit Garcilasso de la Véga, ils honoraient ce labeur en l'appelant

(*) Ulloa, *Voyage en Amérique.*
(**) Augustin de Zarate.

leur *triomphe sur la terre*, c'est-à-dire, sans doute, leur action la plus glorieuse.

Le bétail était réparti, comme les terres, entre les membres de la communauté. Les pasteurs conduisaient les troupeaux de llamas et d'alpacas dans les lieux qui leur sont le plus favorables, en les séparant par sexes, afin d'éviter les accidents. Ils n'employaient que les mâles des llamas comme bêtes de somme, et traitaient ces animaux avec une grande douceur.

Ces détails seraient sans doute déplacés dans le tableau d'une civilisation plus parfaite ; mais quand il s'agit d'un peuple qu'on serait tenté de soupçonner d'imprévoyance, comme peuvent l'être toutes les nations à peu près barbares et ignorantes, on ne saurait être trop explicite.

La supériorité des Péruviens dans la construction des maisons et des édifices publics est incontestable. Dans les plaines immenses du littoral, où règne un climat extrêmement doux, et où le ciel est toujours d'une admirable pureté, leurs demeures pouvaient, sans le moindre inconvénient, être légères et mal closes ; ils se contentaient de petites huttes arrondies en dôme, couvertes de branchages et de terre, mode de construction encore en usage aujourd'hui parmi les Indiens de cette contrée. Dans les parties plus élevées, et surtout dans la région montagneuse, où les pluies sont fréquentes et où le froid se fait quelquefois vivement sentir, les habitations devaient être et étaient en effet plus solidement bâties. La forme en était ordinairement carrée. Les murs, hauts de sept ou huit pieds, étaient faits de briques durcies au soleil. La maison était privée de fenêtres, et la porte d'entrée était étroite et basse. Cette construction si simple, et dans laquelle entraient des matériaux si grossiers, était cependant si solide, qu'un assez grand nombre de ces bâtiments se sont conservés jusqu'aux temps modernes, tandis qu'il ne subsiste dans tout le reste de l'Amérique aucun vestige d'habitations particulières propre à nous éclairer sur la condition des simples sujets.

L'habileté des architectes péruviens s'est surtout révélée dans la construction des temples et des palais. Les pompeuses descriptions que nous ont données de ces édifices les historiens espagnols passeraient pour mensongères, ou tout au moins pour exagérées, si des ruines grandioses et parfaitement conservées ne certifiaient aux yeux de l'observateur moderne la véracité de ces écrivains. Le nombre seul des palais et des temples dont les restes se voient encore dans presque toutes les provinces de l'ancien empire péruvien, suffirait, à défaut d'autres témoignages, pour prouver que ces édifices furent l'ouvrage d'un peuple industrieux et puissant, non dans l'acception absolue de ces mots, mais relativement aux autres nations américaines. Ils sont de grandeurs différentes ; quelques-uns n'ont qu'une étendue médiocre ; il en est dont les dimensions gigantesques confondent l'esprit du voyageur ; tous se ressemblent par leur solidité, le mode de leur construction et le style de l'architecture. Le temple de Pachacamac, le palais de l'Inca et la forteresse de Cuzco occupaient ensemble une superficie de plus d'une demi-lieue de circuit. On y remarque un goût, sinon bizarre, du moins étrange. Les Péruviens, ignorant l'usage de la poulie et des autres puissances mécaniques inventées par le génie de l'ancien monde, et ne pouvant, par conséquent, élever à une grande hauteur les pierres énormes dont ils se servaient, n'avaient donné que douze pieds d'élévation aux murailles du palais. Les pierres sont juxtaposées, sans ciment ni mortier, et cependant, au dire de plusieurs voyageurs, les matériaux sont si bien unis qu'on distingue difficilement les jointures. L'intérieur était mal distribué, et tout porte à croire qu'il n'existait pas une seule fenêtre dans tout le bâtiment. Les pièces ne recevant de jour que par la porte, devaient être fort obscures, à moins qu'elles ne fussent éclairées par le haut, ce dont il n'est guère possible de s'assurer. Malgré ces imperfections et ces anomalies, ces monuments sont la preuve d'une habileté peu commune de la part d'un peuple qui ignorait l'usage du fer et des moyens que la science de la mécanique met à la disposition des architectes modernes. De tous les voyageurs qui ont décrit les monuments du Pérou (*), il n'en est pas un qui n'ait fait les observations suivantes : 1° Les pierres employées par les Péruviens, dans quelques-uns de leurs édifices, étaient prodigieusement grandes. Acosta en a mesuré une qui avait trente pieds de long et dix-huit de large sur six d'épaisseur ; il ajoute qu'on en voyait de bien plus considérables encore à la forteresse de Cuzco. Comment les Indiens pouvaient-ils remuer ces lourdes masses et les élever, même à la faible hauteur de douze pieds ? 2° Les Péruviens devaient être fort ignorants et inhabiles dans l'art de la charpente. Les outils grossiers et tout à fait insuffisants dont ils se servaient, les empêchaient de faire aucun progrès dans cette branche si importante de l'architecture. Il est probable qu'ils ne pouvaient même pas emmortaiser deux poutres ; de là l'impossibilité de donner à leurs charpentes la solidité nécessaire. Ils ne connaissaient pas la voûte, et ignoraient l'usage des cintres ; comment parvenaient-ils donc à couvrir leurs monuments ? 3° Tous ces monuments prouvent incontestablement que, malgré une certaine habileté pratique, les Péruviens étaient

(*) Ulloa, Voyage en Amérique, a décrit le temple de Cayambo, le palais des Incas de Callo, dans la plaine de Lacatunga, et celui d'Atun Cannar. La Condamine a publié dans les Mémoires de l'Académie de Berlin, année 1746, un mémoire intéressant sur Atun Cannar. Acosta parle des monuments de Cuzco. Zapata a donné de curieuses indications sur d'autres édifices peu connus. Enfin quelques voyageurs modernes, parmi lesquels il faut citer en première ligne M. de Humboldt, ont traité le même sujet.

très-arriérés dans l'art de la construction, et qu'ils étaient obligés de suppléer au génie de l'invention par une extrême patience. Aucune des pierres destinées à un grand bâtiment ne recevait une forme particulière ou semblable à celle des autres, dans le but de la rendre plus facile à placer et à consolider; ils les prenaient telles qu'elles tombaient des montagnes ou qu'elles sortaient des carrières; les unes étaient carrées, les autres triangulaires, celles-ci sphériques, celles-là polygonales. Il fallait donc qu'ils s'évertuassent à les réunir de telle façon que les angles de l'une répondissent aux enfoncements de l'autre, et que le tout formât un ensemble parfaitement homogène. Ils auraient pu s'épargner tant de soins et de peines en égalisant les surfaces de leurs blocs, à l'aide de leurs haches de cuivre ou de silex, ou par le frottement, et en juxtaposant ensuite leurs matériaux. Mais ils préféraient procéder autrement, comme l'atteste la vue des monuments dont les ruines existent encore; il est probable qu'ils s'y déterminaient par cette considération, très-juste à coup sûr, que n'ayant ni mortier ni ciment, leurs murs seraient bien plus solides étant construits de pierres inégales mais parfaitement jointes et s'équilibrant les unes avec les autres, que s'ils étaient formés de blocs carrés, placés côte à côte, ou superposés sans lien d'aucune espèce. Du reste, d'après la Condamine, on voit dans les ruines d'Atun Cannar des assises exactement parallèles et de hauteur égale, ce qui indique un progrès et par conséquent une origine plus récente. Il est probable que ces édifices furent construits de cette façon à l'aide d'un ciment quelconque ; ce qui justifierait l'opinion de M. Stevenson sur l'argile dont, suivant lui, les Péruviens se servaient pour joindre leurs blocs de pierre.

Les Péruviens n'avaient pas fait de grands progrès dans la sculpture, si l'on en juge par leurs statues, qui toutes ont les membres attachés au corps. Mais ceux de leurs vases qu'on a retrouvés dans les ruines ou dans les tombeaux, feraient penser le contraire. « On s'étonne, dit M. d'Orbigny (*), de trouver dans ces vases des figures qui annoncent l'entente du dessin, un degré réellement extraordinaire de vérité, de perfection, de finesse, dans les traits. »

Parmi les plus beaux ouvrages des Incas, il faut citer en première ligne les deux grandes routes de Cuzco à Quito. Ces routes avaient plus de cinq cents lieues de long ; l'une traversait les parties intérieures et montagneuses du Pérou, l'autre les plaines qui s'étendent le long de l'Océan. Si l'on en croyait les premiers historiens de ce pays, on serait tenté de supposer que les Péruviens étaient aussi habiles que les Romains dans l'art de la construction des routes. Mais les assertions de ces écrivains sont évidemment exagérées, et leur enthousiasme s'est échauffé à peu de frais : dans un pays où il n'existait d'autre animal domestique que le lama, qui n'était pas même employé comme bête de trait, et qui ne peut porter que des charges légères, dans un pays où, d'ailleurs, les chemins montueux n'étaient fréquentés que par les hommes, on n'avait certainement pas pu perfectionner le système des voies de communication. Les chemins du Pérou, d'après Cieca de Léon, n'avaient que quinze pieds de largeur, et dans nombre d'endroits ils étaient si peu solides, qu'on ne peut retrouver leur direction. Il est donc impossible de les comparer à ces admirables voies romaines dont les restes existent encore, parfaitement intacts, dans l'ancien empire des Césars. En outre, dans les parties basses, les Péruviens s'étaient contentés de planter des arbres ou de poser des bornes qui guidaient suffisamment le voyageur. Il était moins aisé de travailler dans les montagnes ; cependant on avait aplani quelques hauteurs, comblé des vallons, nivelé le sol dans certains endroits par trop raboteux ; pour conserver les routes, on les avait bordées de bancs de gazon.

(*) *L'Homme américain*, t. I, p. 288.

De distance en distance s'élevaient des *tambos* où magasins contenant des approvisionnements de toute espèce pour l'Inca et sa suite, quand il voyageait. Ce chemin, dans les parties montueuses, était plus solidement construit que dans les endroits plus faciles; il en reste même des vestiges assez bien conservés, malgré l'incurie des Espagnols, qui n'ont fait les frais d'aucune réparation. Quoi qu'il en soit, et malgré ce qu'il faut rabattre de l'exagération des historiens au sujet de la fameuse route des Incas, on doit reconnaître, dans ces voies de communication, une preuve des progrès de la nation péruvienne dans les arts utiles. Si l'on considère que dans tout le reste du nouveau monde, les indigènes ne paraissent pas même avoir songé à faciliter par des routes les relations d'un district à un autre; que les Mexicains, peuple industrieux, en avaient à peine eu l'idée; que les Européens eux-mêmes ont mis un temps infini à perfectionner la construction des chemins, et que des pays voisins de la France sont, en plein dix-neuvième siècle, presque privés de routes publiques, on conviendra que le Pérou était, sous ce rapport, notablement avancé.

En fait de voies de communication, les chemins ne suffisaient pas. Il fallait aussi inventer des moyens pour franchir les rivières. D'ailleurs les torrents qui, en descendant des montagnes, traversaient en vingt endroits différents la route des Incas, ne comportaient, à cause de leur impétuosité, aucune navigation régulière. Les Péruviens, ne connaissant ni le système de la voûte, ni les procédés que révèle la science de l'hydraulique, ni les moyens de travailler le bois et d'en faire des charpentes solides, ne pouvaient malheureusement construire de ponts véritables en bois ou en pierre; ils ne pouvaient même en concevoir l'idée. Mais leur imagination suppléa à leur ignorance. Voici comment ils parvinrent à unir les deux rives des cours d'eau qu'ils avaient à traverser fréquemment : avec de l'osier et des lianes ils fabriquaient des câbles extrêmement forts; six de ces câbles étaient tendus d'un bord à l'autre et solidement fixés à chaque extrémité; puis on les réunissait au moyen d'autres cordes plus petites, assez rapprochées pour former une espèce de filet; on recouvrait le tout de branches d'arbres et ensuite de terre, que l'on battait pour en faire une surface dure et unie. Cette dernière opération faite, le pont était terminé, et l'on pouvait le passer en toute sécurité. A la vue de ces passerelles tendues par leur propre poids, agitées par le vent, ou dans un balancement continuel causé par les mouvements de la personne qui les traverse, les Espagnols furent d'abord effrayés; mais ils s'y habituèrent bientôt, et reconnurent que c'était le meilleur moyen de communication à travers des torrents qui auraient infailliblement emporté les plus solides ponts de pierre ou de bois. Du reste, ces ponts de lianes sont quelquefois assez larges pour que les mules y puissent passer toutes chargées. Nous avons parlé précédemment des autres moyens de traverser les rivières du Pérou; nous avons décrit les radeaux et les espèces de barques que construisaient les Indiens pour naviguer sur les torrents et sur la mer. Nous n'en dirons pas davantage sur ce sujet.

L'imagination et l'habileté des Péruviens s'étaient aussi exercées dans d'autres branches d'industrie et de travail : ils cultivaient avec un certain succès les arts qu'on peut appeler de luxe. Justes appréciateurs de la valeur de l'or et de l'argent, ils exploitaient avec fruit, quoique par des procédés défectueux, les richesses minérales de leur territoire. Ils recueillaient l'or comme les Mexicains, c'est-à-dire dans le lit des rivières ou en lavant les terres qui le contenaient. Ils employaient des moyens plus ingénieux pour se procurer de l'argent : ne sachant pas pénétrer profondément dans le sol pour extraire de ses entrailles les richesses qu'elles recélaient, ils ouvraient des cavernes sur les bords escarpés des torrents et sur les pentes des montagnes, puis ils suivaient soigneusement tous les filons métalliques jusqu'au point où ils s'enfonçaient dans la terre. Là où le minerai était près de la surface du sol, ils pratiquaient l'ouverture en dessus, sans oser faire de trop profondes excavations, afin que les ouvriers pussent jeter sur les bords du trou ou faire passer de main en main dans des paniers, les trésors qu'ils avaient découverts (*). Ils savaient fondre la mine et la purifier, soit par le feu, soit, quand elle était trop difficile à traiter ou mélangée de substances hétérogènes, en la mettant dans de petits fourneaux construits tout exprès. Ces fourneaux étaient élevés, et si artistement disposés, que le courant d'air remplaçait le soufflet, moyen artificiel qui leur était inconnu. Par ce procédé si simple, le métal était fondu avec tant de facilité, que l'argent était devenu assez commun au Pérou pour servir sous forme d'ustensiles de ménage et de vases destinés aux usages ordinaires. Un grand nombre de ces ustensiles étaient, à ce qu'il paraît, merveilleusement travaillés. Les plantes, les fleurs et les fruits d'or qui, suivant les historiens (**), ornaient les jardins de l'Inca, prouvent que les Péruviens avaient poussé assez loin l'art de ciseler les métaux précieux et de leur donner toutes les formes possibles. « Mais, dit Robertson, comme les conquérants de l'Amérique ne connaissaient bien que la valeur du métal, et ne s'occupaient guère des formes que l'art lui avait données, dans le partage du butin, on ne tint compte que du poids et du degré de finesse, et presque tout fut fondu. » Nous avons nommé, dans une autre partie de ce travail, l'Espagnol à qui échut par le sort la splendide image du soleil arrachée au temple de Cuzco ; on a vu le cas que le grossier soldat fit de ce trésor, mis pour enjeu dans une partie de dés, et perdu dans l'espace de quelques heures. La masse des richesses de toute nature qui tombèrent entre les mains des vainqueurs est incalculable, et elle atteste le degré d'industrie où étaient parvenus les Péruviens dans tout ce qui concernait la fonte et la façon de l'or et de l'argent.

Des objets intéressants trouvés dans les tombeaux du Pérou, tels que des miroirs faits d'une pierre dure, polie et brillante, des vases de terre de formes variées, des haches et des armes de guerre, des outils de silex et de cuivre durci, prouvent que les Péruviens employaient aussi leur adresse et leur patience à quelques-uns de ces ouvrages qui sont à la fois du domaine de l'utilité et du *confortable*. Mais on a trouvé un trop petit nombre de ces objets pour affirmer qu'ils fussent d'un usage général ; d'ailleurs, les outils en question étaient si petits et si légers, qu'ils ne pouvaient évidemment avoir servi que pour des ouvrages en quelque sorte insignifiants. Peut-être le métal dont ils étaient faits était-il rare, ou bien l'opération par laquelle on lui donnait la dureté nécessaire, était-elle si difficile et si longue, qu'on se bornait à fabriquer quelques-uns de ces instruments. Toutefois le fait seul de l'existence de ces objets constitue la supériorité des Péruviens sur les autres peuples du nouveau monde, car les pièces d'orfévrerie et les autres produits de l'industrie péruvienne trouvés après la conquête, s'ils ne sont pas remarquables sous le rapport de l'élégance et du goût, sont justement admirés à cause de l'habileté prodigieuse qu'il a fallu déployer pour les confectionner avec des instruments de travail si imparfaits.

Toujours est-il qu'ils savaient travailler l'or, l'argent, le cuivre et le plomb. Pour ce qui est du cuivre, ils le mélangeaient d'étain, et le rendaient ainsi assez dur, pour pouvoir, à défaut du fer, en fabriquer des outils et des armes.

L'art du tissage avait été, comme nous l'avons dit, enseigné aux Péruviens par Manco Capac et sa compa-

(*) Ramusio, III, 414.
(**) Acosta, liv. IV, ch. XLV; Garcilasso; Ulloa.

gne, dès les premiers temps de leur puissance. Les indigènes finirent par devenir si habiles dans la fabrication des étoffes, qu'ils faisaient des tissus de laine d'une finesse extraordinaire. « Nous avons trouvé dans les tombeaux, dit M. D'Orbigny (*), des tissus magnifiques, bien qu'on ne puisse pas les comparer à ceux que tissaient les vierges du soleil. » Cette perfection était d'autant plus étonnante, que leurs métiers étaient essentiellement grossiers et insuffisants. Ces métiers consistaient en deux bâtons placés sur terre horizontalement, et auxquels la trame était attachée. On en trouve encore aujourd'hui de semblables au Pérou.

L'art de la teinture avait été aussi poussé très-loin. Ils étaient parvenus à fixer avec tant de solidité les couleurs les plus vives, le rouge et le jaune surtout, qu'on trouve encore des étoffes qui, malgré un séjour séculaire dans les tombeaux, ont conservé leurs nuances dans toute leur fraîcheur primitive.

A propos des étoffes et de la teinture, nous reviendrons sur le costume des anciens Péruviens. Les vêtements des gens du peuple étaient faits avec de la laine d'alpaca. Ils consistaient en une tunique qui descendait jusqu'à mi-jambe, et en une espèce de caleçon venant jusqu'au genou. Un bonnet et des sandales (*usutas*, aujourd'hui *ojatas*) complétaient ce costume aussi simple que favorable aux mouvements du corps. Tout l'ajustement était de couleur sombre et de tissus grossiers. Les hommes eux-mêmes portaient les cheveux tressés et tombant par derrière. Les femmes portaient une chemise de laine; par-dessus cette chemise une tunique sans manches, non cousue dans la partie supérieure; les deux pièces qui la composaient étant réunies au moyen de deux épinglettes d'argent, et recouvertes d'une pièce d'étoffe carrée qui venait se fixer sur la poitrine au moyen d'une autre épinglette.

(*) *L'Homme américain*, t. I, p. 286.

Leurs cheveux tombaient aussi sur leurs épaules. Pour tout ornement, elles portaient des colliers de petites pierres. Quant aux Incas, leurs vêtements, tissés par les vierges du soleil, qui y mettaient tout leur savoir-faire, étaient d'une finesse admirable. Eux seuls pouvaient se permettre les ornements de plumes et la couleur rouge et jaune. Par un privilége obtenu de la bonté des empereurs, les indigènes de certains districts pouvaient s'allonger artificiellement les oreilles. La longueur était proportionnée au rang des individus.

Du reste, on trouvera dans une autre partie de ce travail des détails assez explicites sur le costume péruvien. Nous les avons intercalés dans le passage relatif aux objets trouvés dans quelques tombes anciennes.

La conclusion à tirer de tous ces faits touchant les usages, les institutions et les connaissances des Péruviens, c'est que ce peuple était parvenu à un degré de civilisation qui, sans le placer bien haut dans l'échelle sociale, le mettait cependant, sous certains rapports, au premier rang des nations de l'Amérique. Toutefois d'autres faits non moins significatifs prouvent que cette civilisation devait se restreindre dans un cercle assez étroit. L'existence d'une seule ville, Cuzco, tandis que le reste de la population était disséminé dans des villages ou des maisons éparses, démontre suffisamment l'exactitude de cette assertion. Cet isolement des membres d'une même société, ce manque de relations habituelles entre citoyens d'un même pays, cet éparpillement des sujets loin de l'unique centre politique, devaient avoir pour résultat nécessaire l'extinction de l'activité sociale et l'engourdissement des intelligences. Les hommes ne se perfectionnent que par le frottement, par des rapports continuels les uns avec les autres, par cette espèce d'excitation qui résulte de la réunion d'un grand nombre d'individus sur certains points d'un empire. Dans un pays aussi vaste que le Pérou, et où il n'existait qu'une seule ville, les progrès de l'esprit ont dû être non-seulement très-lents, mais encore essentiellement bornés.

Ce défaut de centres d'activité avait un autre effet qui lui-même influait sur la marche de la société péruvienne dans les voies de la civilisation : c'est qu'il était un obstacle au commerce. Là où existent de grandes villes, les besoins des citadins, qui sont tout à fait autres que ceux des agriculteurs, amènent un échange de produits ou de valeurs, qui, en rapprochant les hommes, favorise singulièrement le progrès intellectuel aussi bien que les améliorations matérielles. L'industrie cherche des procédés nouveaux qui augmentent la masse de ses produits et les améliorent en même temps ; l'agriculture, de son côté, s'efforce d'obtenir de la terre des richesses plus abondantes et plus recherchées des consommateurs. Une heureuse émulation s'établit et se propage parmi les citoyens de toutes les classes ; la prospérité publique s'accroît, et le bien-être des individus augmente dans une proportion égale. Là, au contraire, où les hommes, éparpillés, ont tous à peu près les mêmes besoins, qu'ils satisfont facilement chacun dans sa sphère particulière, le commerce, privé d'excitation, reste complètement nul, et ses résultats, si désirables, sont perdus pour la nation. Tandis que les villes du Mexique avaient leurs marchés réguliers où abondaient les objets d'échange, au Pérou la singulière division de la propriété et l'éparpillement des citoyens rendaient ces réunions périodiques inutiles et prévenaient l'essor de toute activité commerciale. Un autre effet de cet état de choses, c'était de restreindre les besoins des membres de la communauté aux nécessités de l'existence animale ; par conséquent, de rendre superflus les efforts de l'imagination et du génie, enfin de dispenser les citoyens de toute éducation industrielle, de toute initiation sérieuse aux choses qui sont du domaine de l'art et de l'invention. Aussi, ne devons-nous pas nous étonner d'apprendre que chaque Péruvien exerçait indistinctement toutes les professions. Les artistes occupés aux ouvrages les plus délicats et les plus recherchés formaient seuls un ordre séparé. De cette absence presque complète de spécialité, résultait naturellement une médiocrité générale et un ajournement indéfini des perfectionnements dont le génie humain est susceptible.

Un trait caractéristique de la civilisation péruvienne, c'est la mollesse incurable dans laquelle l'extrême adoucissement des mœurs et l'influence des institutions avaient plongé la nation tout entière. Les Péruviens ont toujours été destitués d'esprit militaire. Malgré les expéditions guerrières que les historiens racontent à la gloire de leurs Incas, il est incontestable que ce peuple ne s'est jamais distingué par son humeur belliqueuse. Les Mexicains et les indigènes de l'Amérique centrale ont résisté avec énergie, mais sans succès, aux Espagnols. Les Péruviens, au contraire, se sont laissé subjuguer presque sans défense. Dans une ou deux circonstances seulement ils ont prouvé qu'ils ne méritaient pas, absolument parlant, le reproche de lâcheté que leur ont adressé plusieurs observateurs pessimistes.

Si, à tous ces détails de mœurs, de caractère et d'habitude, on ajoute quelques traits de barbarie tout à fait significatifs, tels que les sacrifices humains sur la tombe de l'empereur, et l'usage de manger la viande et le poisson entièrement crus, on reconnaîtra que la société péruvienne offrait, sous la dynastie des enfants du soleil, le plus bizarre mélange de bons et de mauvais résultats, d'institutions civilisatrices et de lois pernicieuses, de sagesse et d'imprévoyance, de phénomènes dignes d'admiration et de faits accusateurs ; ensemble hétérogène qui prouve que les efforts des législateurs du Pérou n'avaient produit, en définitive, qu'un état social très-imparfait et plein de contrastes choquants.

Nous n'avons encore rien dit de la situation intellectuelle des Péruviens sous les Incas; un court exposé suffira pour fixer le lecteur sur ce point.

Les Indiens du Pérou paraissent avoir eu quelques idées de philosophie, d'astronomie, de médecine et d'arithmétique. Leurs hommes les plus distingués, sous le rapport de l'esprit, s'appelaient *amautas*; on ne sait trop quelle était leur spécialité. « Ils avaient, dit Garcilasso, des raisonnements subtils, à la manière des philosophes, et en réduisaient la théorie en pratique, comme ils le témoignaient en plusieurs rencontres par rapport au gouvernement de leur État. » D'après cette définition un peu vague, les amautas étaient sans doute consultés sur les divers points de législation ou de matières gouvernementales qui intéressaient la chose publique. Malheureusement, l'usage de l'écriture leur manquant, ils n'ont pu transmettre à la postérité leurs principes, leurs vues, et les formules de leur morale.

En fait d'astronomie, les Péruviens n'avaient observé que quelques-uns des phénomènes qui se rattachent aux évolutions du soleil et de la lune. Ils avaient remarqué la différence des jours, ainsi que leur égalité à certaines époques, les phases de la lune, et ce qu'ils appelaient sa mort, c'est-à-dire sa disparition pendant un certain temps; mais ils ne se rendaient pas compte de ce mouvement. Ils appelaient l'étoile de Vénus *Chasta*, c'est-à-dire *chevelue*, à cause de son éclat rayonnant. Ils admiraient les pléiades, parce que ces astres leur paraissaient différents des autres.

Ils savaient que la révolution de la terre autour du soleil s'accomplissait dans une année, ce qu'ils désignaient par le mot *huata*. Suivant Acosta, leur année commençait, comme la nôtre, au mois de janvier. Le peuple comptait les années par les récoltes et les mois par les lunes; ils faisaient l'année de douze lunes, mais ils ne savaient pas calculer les différences de l'année solaire. Ils connaissaient les solstices, et voici de quelle manière ils en constataient le retour : ils avaient construit, à Cuzco, seize tours, dont huit situées à l'est, et les autres à l'ouest. Ces tours étaient rangées quatre par quatre; les deux du milieu étaient plus petites que les autres et avaient trois étages; on avait laissé dix et jusqu'à vingt pieds de distance entre une tour et sa voisine. L'Inca se plaçait dans un lieu propice pour observer si le soleil se levait et se couchait entre les deux petites tours de l'est et de l'occident, et quand le fait se réalisait, on déclarait le solstice arrivé.

Les équinoxes leur étaient aussi connus, quoiqu'ils en ignorassent la raison déterminante, et ils en célébraient le retour par de grandes réjouissances publiques. Pour en fixer l'époque, ils avaient élevé au milieu de la place qui s'étendait devant le temple du soleil, des colonnes très-riches et artistement travaillées. Aux approches de l'équinoxe, les prêtres se mettaient en observation, et suivaient attentivement l'ombre des colonnes. L'emplacement sur lequel s'élevaient ces espèces d'observatoires était circulaire, et, de son centre, on avait tiré une ligne de l'est à l'ouest. Une longue expérience leur avait appris en quel endroit ils devaient chercher le point de la réalisation du phénomène, et, par l'ombre que la colonne projetait sur la ligne, ils jugeaient du moment où l'équinoxe aurait lieu. Si, depuis le lever du soleil jusqu'à son coucher, l'ombre se faisait remarquer autour de la colonne, et qu'il n'y en eût pas du tout à midi, de quelque côté qu'on regardât, ils proclamaient ce jour équinoxial. Aussitôt ils ornaient les colonnes de fleurs et d'herbes odoriférantes, puis ils plaçaient au sommet de l'une d'elles un trône magnifique où ils disaient que le soleil, leur père, venait s'asseoir toute la journée. Des cérémonies publiques fêtaient ce grand jour, et l'on offrait à l'astre bienfaisant des présents dignes de lui, c'est-à-dire de l'or, de l'argent, des pierreries, et autres objets précieux. Il faut remarquer qu'en poussant leurs conquêtes du côté de l'équateur, les rois du Pérou observèrent que plus ils approchaient de la ligne équinoxiale, moins les colonnes produisaient d'ombre en plein midi; aussi celles qu'on éleva à Quito, et dans le voisinage de cette ville jusqu'à la mer, étaient-elles les plus estimées, parce que le soleil y donnait à plomb, et qu'à midi elles ne projetaient pas d'ombre. Les Péruviens croyaient que leur père ne trouvait pas de siége plus agréable, et qu'il s'asseyait perpendiculairement sur ces colonnes, tandis qu'il se posait de côté sur celles des autres pays.

Ils avaient, comme tous les peuples peu éclairés, les idées les plus bizarres sur les éclipses : quand l'occultation du soleil avait lieu, ils disaient qu'il était irrité contre eux, car son visage était troublé comme celui d'un homme en colère; de là des prédictions et des craintes puériles pour l'avenir. Les éclipses de lune enfantaient les mêmes terreurs superstitieuses : l'obscurité projetée sur l'astre leur faisait dire qu'il était malade. Ils tremblaient que, venant à mourir, et se détachant du firmament, la lune ne tombât sur la terre et ne les écrasât en masse. Dès que l'éclipse commençait, ils faisaient le plus de bruit possible avec des trompettes, des timbales et des tambours; ils attachaient les chiens et les fouettaient, pour leur faire jeter des cris de douleur. Ils pensaient que la lune, qui était censée affectionner ces animaux, aurait pitié de leurs lamentations, et sortirait de son assoupissement pour les délivrer. Les taches de cet astre leur inspiraient des idées encore plus absurdes et plus ridicules : ils disaient que le renard, s'étant épris d'amour pour la lune, à cause de son éclat et de sa beauté, s'avisa, un jour, de monter au ciel pour s'accoupler avec elle, et qu'il l'embrassa si fort que, dans ses étreintes brutales, il lui fit des contusions qui produisirent les taches en question. Ajoutons que, pendant les éclipses, ils excitaient les enfants et les jeunes gens à invoquer l'astre souffrant, à l'appeler du doux

nom de *Mama quilla*, ou *Mère lune*, et à la supplier de ne se point laisser mourir, de peur que son trépas n'occasionnât la perte de toute sa race. Les hommes et les femmes répondaient à ces cris et à ces prières, de telle sorte que, dans ces moments solennels, il se faisait dans tout le Pérou un bruit épouvantable, dont rien ne saurait donner une idée. Il va sans dire que quand l'occultation cessait, la joie succédait aux cris de désespoir et de terreur.

Ils appelaient le jour *Punchan*, la nuit *Tuta*, et le matin *Pacari*; ils avaient aussi des dénominations pour désigner les autres parties du jour et de la nuit, telles que l'aurore, midi, minuit, et le crépuscule.

Ils vénéraient singulièrement l'arc-en-ciel, tant à cause de ses couleurs brillantes que parce que ces couleurs venaient du soleil. Les rois du Pérou le placèrent même dans leurs armes impériales.

Ils croyaient voir dans les dessins de la voie lactée, l'image d'une brebis qui allaitait un agneau. Ils voyaient, dans l'apparition des comètes, l'annonce de grandes calamités publiques, telles que la mort de l'empereur et la destruction du royaume. Quant à la planète de Vénus, comme ils la voyaient briller le matin et le soir, ils disaient que le soleil, en qualité de roi des étoiles, ordonnait à celle-ci, comme la plus belle de toutes, de se tenir sans cesse auprès de lui.

Quand ils voyaient le soleil se coucher à l'horizon, ils étaient persuadés qu'il se plongeait réellement dans l'Océan, et que sa chaleur desséchait la plus grande partie de la mer; que, pour reparaître le matin à l'orient, il passait par-dessous la terre, qu'ils supposaient être sur l'eau.

Leurs connaissances en médecine étaient tout aussi bornées : ils employaient les purgatifs, les vomitifs et la saignée, mais sans aucun discernement. Quand ils éprouvaient de violents maux de tête, ils se faisaient tirer du sang de la partie du front qui se trouve entre les sourcils. Leur lancette se composait d'un petit caillou pointu fixé au bout d'un manche fendu en deux. Ils avaient des substances qui provoquaient à la fois le vomissement et les évacuations alvines ; mais ils en usaient avec si peu de sagacité, que l'administration de ce remède équivalait presque à un empoisonnement et mettait le malade à deux doigts de la mort. Les herboristes, les hommes les plus instruits, et certaines vieilles femmes, quelque peu sorcières, faisaient l'office de médecins. Quand les enfants à la mamelle tombaient malades, on leur faisait boire de l'urine, puis on les en frottait par tout le corps, et on les enveloppait bien soigneusement dans leurs langes. En outre, quand on coupait le cordon ombilical du nouveau-né, on en laissait un bout d'une certaine longueur ; lorsqu'il était tombé, on gardait ce reliquat très-précieusement, pour le faire sucer à l'enfant quand il serait malade. Ils appelaient le frisson de la fièvre tierce *chuéchu*, c'est-à-dire, *tremblement*, et la chaleur qui le suivait *ruppa*, c'est-à-dire brûlure. Du reste, ils ne paraissent pas avoir eu la moindre idée de la circulation du sang.

Garcilasso de la Véga assure qu'ils étaient assez experts en topographie ; il appuie cette assertion sur un plan en relief de la ville de Cuzco exécuté par les Indiens après la conquête. Ce plan, à ce qu'il paraît, reproduisait fidèlement et au naturel les places, les rues, les carrefours, les édifices, les ruisseaux, et même les environs de la ville. Mais cet exemple ne prouve qu'une chose : c'est que les Péruviens avaient un talent d'imitation assez remarquable ; encore ne s'agit-il pas des anciens Péruviens, mais bien des indigènes du temps de l'invasion.

L'arithmétique leur était plus familière. Bien qu'ils ne s'aidassent pas de l'écriture, ils pouvaient se livrer à des calculs assez compliqués au moyen de leurs quipos. Nous avons dit que leurs cordons allaient jusqu'à cent mille ; le grand nombre des fils et des nuances dont ils se composaient nécessitait des supputations multipliées dont il paraît qu'ils se tiraient facilement ; reste à savoir s'ils avaient une idée des combinaisons de nombres qui forment la base de l'arithmétique, considérée comme science.

Ils cultivaient la poésie et même l'art dramatique. Les amautas composaient des comédies et des tragédies qu'on représentait, pendant les fêtes solennelles, devant le roi et les grands personnages de la cour. Les rôles étaient remplis par des individus de la classe aristocratique, et particulièrement par des fils de curacas. Le sujet des tragédies roulait d'ordinaire sur les exploits et la puissance des Incas et des autres hommes illustres. Quant aux comédies, elles traitaient des choses de la vie civile et même domestique. Les acteurs qui s'étaient le mieux acquittés de leur tâche, recevaient en récompense des joyaux et d'autres objets précieux.

Le rhythme de leur poésie était varié, mais régulier ; l'amour en était le sujet habituel. Cependant ils s'exerçaient quelquefois sur les actions glorieuses de leurs souverains et sur les grands événements dont ils avaient conservé la tradition. Ils composaient de petites pièces de vers dans la forme des anciens rondeaux espagnols. Le P. Blas Valera, dans ses Mémoires, cite un petit fragment de poésie qui n'est pas sans charme. Le sujet est un mythe populaire sur les météores, tels que le tonnerre, la pluie, la grêle et la neige. Les Péruviens croyaient que le créateur de toutes choses avait placé dans le ciel la fille d'un roi, en lui mettant à la main une cruche pleine d'eau, pour qu'elle en répandît de temps en temps le contenu sur la terre quand elle en aurait besoin ; ils ajoutaient que le frère de cette jeune fille cassait quelquefois la cruche, et que le bruit qui en résultait produisait le tonnerre. Les hommes étant, à leurs yeux, plus méchants et plus farouches que les femmes, ils vouloient que le fracas et les explosions redoutables de la foudre fussent l'ouvrage d'un homme, tandis que la pluie, la grêle et la neige devaient provenir d'une femme, créature plus faible et plus bienveillante. C'est sur cette croyance qu'un Inca, poëte habile et renommé, avait composé la pièce de vers dont voici la traduction, telle que la donne, d'après l'original, l'historien Garcilasso de la Véga :

> Belle fille,
> Ton frère pluvieux
> Brise maintenant
> Ta petite cruche;
> Et c'est pour cela
> Qu'il tonne, qu'il éclaire,
> Et que la foudre tombe.
> Toi, fille royale,
> Tu nous donneras par la pluie
> Tes belles eaux.
> Quelquefois aussi
> Tu fais grêler sur nous,
> Et neiger de même.
> Celui qui a fait le monde,
> Le Dieu qui l'anime,
> Le grand Viracocha,
> T'a donné l'âme,
> Pour remplir cette charge
> Qu'il t'a confiée.

Les Péruviens paraissent avoir été beaucoup moins avancés dans l'art musical, art, du reste, relativement moderne chez tous les peuples. Nous n'ajouterons rien à ce que nous en avons dit en parlant des mœurs et coutumes de ce peuple.

Les Péruviens, considérés comme nation, avaient deux langues différentes : l'une parlée exclusivement par les Incas, et dont les autres classes ne comprenaient pas un seul mot, espèce de langage maçonnique interdit aux profanes ; l'autre répandue généralement dans tout le royaume, grâce aux soins des empereurs. Cette communauté d'idiome avait de précieux avantages : d'abord celui d'établir un lien entre les divers peuples dont se composait la population de l'empire péruvien ; en second lieu, celui de faire adopter plus facilement les institutions et les lois des Incas par les tribus subjuguées ; enfin, celui d'établir sur tout l'empire un certain niveau de civilisation, en accoutumant peu à peu les peuplades les plus farouches aux mœurs, aux connaissances et aux habitudes des Péruviens. Nous croyons intéressant de citer quelques détails que nous trouvons dans le P. Blas Valera, sur cette langue générale ; nous conservons l'ancienne traduction française, qui rend merveilleusement la naïveté et les tournures originales du vieux espagnol :

« Quoiqu'il soit vrai, dit le pieux ecclésiastique, que chaque province ait son langage particulier différent des autres, cependant il y en a un général, qu'on appelle *la langue de Cuzco*, laquelle était en usage, du temps des rois incas, depuis Quito jusqu'au royaume de Chili et de Tumac. Les Caciques et les Indiens, dont les Espagnols se servent comme d'agents dans leurs affaires, parlent encore cette langue. Et il faut remarquer qu'à mesure que les rois incas soumettaient à leur empire quelque royaume ou quelque province, la principale chose qu'ils recommandaient à leurs nouveaux sujets, était d'apprendre la langue de la cour de Cuzco, et de l'enseigner à leurs enfants. Mais, afin qu'on pût exécuter leur commandement, ils envoyaient des Indiens natifs de cette ville, pour les instruire dans la langue et dans la manière de vivre de cette cour. Ils donnaient à ces maîtres des héritages et des maisons dans les villes et dans les provinces, afin de les obliger à s'y naturaliser, et que eux et leurs enfants y enseignassent à perpétuité cette langue. Outre cela, les gouverneurs incas préféraient aux charges de la république ceux qui savaient mieux parler cette langue générale ; aussi tout le monde l'entendait, et par ce moyen les Incas gouvernaient en paix tout leur empire et tous leurs sujets de quelque nation qu'ils fussent. »

Nous ne pousserons pas plus loin ce tableau de la condition intellectuelle des Péruviens. Dans tout ce que nous avons dit sur les mœurs, les usages, l'industrie, le gouvernement, les lois et les connaissances de ce peuple, nous n'avons pas entendu indiquer une seule époque, une seule période de son histoire. Nous avons résumé les manifestations de sa vie sociale, telle qu'elle s'est développée pendant toute la durée de l'empire des Incas jusqu'à la conquête espagnole. Nous avons réuni dans un même cadre toutes les institutions élaborées successivement par les souverains indigènes. Il ne faut donc pas, en lisant cet exposé, rapporter ce que nous disons à telle ou telle époque en particulier, car notre travail embrasse tout le temps de la domination des enfants du soleil.

Il ne nous reste plus, pour compléter ce que nous avions à dire sur les temps anciens, qu'à raconter l'histoire proprement dite des empereurs du Pérou, ce que nous ferons brièvement, en élaguant de notre récit tous les faits et tous les détails qui, par leur nature, devaient entrer dans le tableau général de la civilisation péruvienne.

DYNASTIE DES INCAS. — Nous avons peu de chose à dire sur le règne du premier Inca, Manco Capac. Le lecteur sait déjà quels furent les commencements de la domination de ce réformateur, ses actes les plus importants, la nature et les tendances de ses institutions. Ce qu'il nous reste à rappeler de cette époque ne vaut guère la peine d'être cité autrement que pour mémoire.

Après sept ou huit ans de propagande et d'efforts couronnés de succès, Manco Capac vit le nombre de ses adeptes s'accroître au point de lui permettre de lever une armée, pour réduire par la force ceux des indigènes qui ne voulaient pas céder à ses exhortations. Il soumit à ses lois toute la partie orientale jusqu'à la rivière de Paucartempé, quatre-vingts lieues à l'ouest jusqu'à l'Apurimac, et neuf lieues au sud jusqu'à Guequezona. Après avoir fondé Cuzco, il bâtit treize villages vers l'est, trente vers l'occident, dans l'espace de huit lieues, forma des colonies dans tout le territoire conquis, et peupla les parties les plus fertiles et les moins habitées.

Manco vécut, suivant le calcul des historiens du Pérou, vers le onzième siècle de notre ère. C'est à lui que les Péruviens furent redevables de la construction du temple du soleil à Cuzco. C'est lui qui fit élever ce couvent dans lequel étaient cloîtrées les vierges consacrées au soleil. Pour distinguer les princes du sang impérial des autres personnages de la cour, et les désigner au respect de la foule, il ordonna que, à son exemple, tous les hommes de sa famille eussent la tête rasée, et qu'on ne leur laissât qu'une touffe de cheveux au sommet du crâne. Il voulut aussi qu'ils eussent, comme marque distinctive, les oreilles percées. Mais comme signe visible et irrécusable de l'origine impériale, il établit que tous les membres de sa famille porteraient un bandeau de laine rouge qui faisait plusieurs fois le tour de la tête en forme de turban. Cette espèce de diadème fut nommé *llauta*.

Le règne de Manco Capac dura, dit-on, trente ou quarante ans. Quand ce souverain vit approcher le moment de sa mort, il réunit autour de lui sa famille, ainsi que les plus éminents de ses sujets, et leur adressa un long discours dans lequel il recommanda à son fils Sinchi Roca le bonheur de son peuple, aux Péruviens la fidélité et l'obéissance à son héritier.

Les funérailles du roi furent célébrées pendant trois mois consécutifs. Le souvenir de ce grand homme resta entouré d'une vénération superstitieuse fondée sur ses qualités éminentes et sur les services immenses qu'il avait rendus aux peuples du Pérou.

Sinchi Roca, une fois en possession du pouvoir, épousa sa sœur, Mama Oello, afin que ses enfants fussent doublement légitimes, et tinssent également de leur mère et de leur père, leur droit à la couronne. Le mariage entre frère et sœur constituait un privilège exclusif en faveur du souverain ; il était fondé sur cette considération que la race des Incas devait toujours rester pure de toute mésalliance, et que rien ne pouvait mieux assurer la virginité du lignage impérial que ces unions entre si proches parents.

Ce fut sous le règne de Sinchi Roca que se fit la division de l'empire péruvien en quatre parties, déterminées par les points cardinaux. On subdivisa les grandes provinces en districts ; on fit le recensement de la population, et on organisa les habitants en décuries, avec surveillance des officiers chargés de veiller au maintien de l'ordre et de signaler aux gouverneurs les besoins de leurs concitoyens.

Lorsque l'Inca se vit affermi sur le trône, il voulut ajouter de nouveaux domaines à ceux que son père lui avait légués. Il se mit en marche à la tête d'une nombreuse armée, en ayant soin de faire publier par des hérauts qui le précédaient, son ferme dessein de soumettre les pays limitrophes aux lois dictées par Manco Capac. Presque partout sur son passage cet avertissement suffit pour décider les indigènes à se ranger sous sa bannière. De retour dans sa capitale, il continua de loin ses conquêtes pacifiques.

Après un règne dont on ne peut fixer la durée avec certitude, mais qui paraît avoir été assez long, Sinchi Roca mourut, laissant la couronne à son fils aîné Lloque Yupanqui.

Ce nom singulier, le troisième Inca le devait à l'habitude qu'il avait contractée de se servir de la main gauche. A peine eut-il été revêtu de la souveraine puissance, que, tourmenté de désirs ambitieux et de rêves d'agrandissement, il résolut de reculer les frontières de son royaume. Au lieu de suivre les exhortations et les conseils paternels, il recourut immédiatement aux voies belliqueuses, et déclara la guerre à toutes les peuplades qui hésitaient à se courber sous sa domination. Après avoir soumis le pays de Cana, il tenta de subjuguer un territoire dont les habitants étaient plus accoutumés au métier des armes et plus jaloux de leur indépendance. La première rencontre des deux armées fut des plus meurtrières, et la victoire resta incertaine. Enhardi par cette apparence de succès, l'ennemi assiégea le camp impérial, mais il fut vigoureusement repoussé. L'arrivée de renforts assez considérables permit bientôt à l'Inca de reprendre l'offensive et de battre complétement ses adversaires. Il s'ensuivit une guerre de partisans, qui se termina par la soumission du peuple étranger. Ce triomphe amena la prise de Purara, où l'Inca fit bâtir plusieurs forteresses.

L'activité guerrière de Lloque Yupanqui ne pouvait s'accommoder d'un long repos. Les soins donnés à l'administration, quelques règlements d'ordre public, occupèrent l'intervalle qui s'écoula entre la dernière campagne et une nouvelle tentative d'agrandissement. Les habitants de Collao se montrèrent de plus facile composition que ceux de Cana ; sachant que l'Inca s'avançait contre eux, ils résolurent de se déclarer ses sujets ; en conséquence, ils allèrent au-devant de lui, et l'accueillirent en souverain. L'adjonction de ce peuple augmenta notablement la monarchie péruvienne ; car les habitants de Collao formaient plusieurs nations originaires des bords du lac de Titicaca.

Quelques années après cet important succès, l'Inca, toujours dominé par sa passion pour les entreprises belliqueuses, organisa une expédition contre la province de Chuquito. Mais il n'eut pas besoin de se mettre en frais de bravoure ; les habitants du pays qu'il convoitait s'empressèrent de reconnaître sa souveraineté, et implorèrent sa protection comme une insigne faveur.

Dès ce moment, le nom de Lloque Yupanqui acquit, dans tout l'empire et les contrées environnantes une glorieuse popularité. Des nations sauvages, voyant la prospérité dont jouissaient les sujets de l'empereur péruvien, demandèrent à être agrégées à cette société nouvelle, arrachée à la barbarie par la sagesse de Manco Capac. La puissance des rois de Cuzco s'en accrut considérablement, et il est juste de dire qu'ils n'en usèrent pas dans des vues égoïstes. L'Inca employa tous ses instants à civiliser les peuples nouvellement réunis à l'empire, à visiter ses provinces, à perfectionner la culture des terres, à élever des édifices publics, à creuser des canaux, à tracer des chemins, en un mot, à consolider l'œuvre de ses deux prédécesseurs. Enfin, affaibli par l'âge et les infirmités, il mourut, laissant après lui la réputation du plus grand homme de guerre et du monarque le plus juste qui fût encore monté sur le trône du Pérou.

Mayta Capac, quatrième Inca, résolut de marcher sur les traces de son père, c'est-à-dire d'agrandir ses domaines aux dépens de ses voisins. Parmi les peuples qu'il désirait voir passer sous son autorité, un seul osa lui résister : c'étaient les habitants d'un pays nommé *Cacyaviri*. La lutte fut sanglante, mais de courte durée ; la victoire resta à l'empereur de Cuzco, qui, dans sa clémence, pardonna à ses nouveaux sujets, chose rare chez les nations américaines, et par cela même singulièrement admirée. Une seconde expédition amena, après plusieurs combats à l'avantage des Péruviens, la soumission de la province de Cluscuna. Au nombre des réformes que l'Inca fit subir aux habitants de ce pays, on cite l'abolition immédiate de l'horrible usage du poison suivi de temps immémorial par ce peuple barbare.

Il serait fastidieux d'énumérer toutes les provinces que les descendants de Manco adjoignirent à leur royaume. Nous ne pouvons, toutefois, passer sous silence l'expédition de Mayta Capac au delà de l'Apurimac. Cette grande rivière était un obstacle que les rois du Pérou avaient jusqu'alors respecté. Le quatrième Inca y fit jeter un pont de lianes assez solide pour porter son armée. Les ennemis, étonnés de cet ouvrage, si extraordinaire à leurs yeux, crurent que le roi de Cuzco avait les dieux pour lui ; cette opinion suffit pour les déterminer à aller au-devant du joug que leur réservait Mayta Capac. Quelque temps après, la petite vallée d'Aréquipa fut colonisée, et les districts récemment conquis reçurent une organisation régulière. Parmi les institutions civiles dont les Péruviens furent redevables à cet Inca, il faut citer la fondation de plusieurs hôpitaux pour les vieillards et les infirmes.

Mayta mourut, dit-on, dans la trentième année de son règne, et légua la couronne à son fils Capac Yupanqui. L'empire s'étendait alors, au sud, jusqu'à Choque Apu (la Paz), et jusqu'à Paria (Oruro) ; vers la côte jusqu'à Arequeba (Aréquipa).

Il est à remarquer que presque tous les Incas inauguraient leur règne par une visite à leurs sujets. Ces voyages à travers les diverses parties de leur royaume leur attiraient une très-grande popularité. Ils offraient aux citoyens l'occasion de porter leurs griefs et leurs vœux aux pieds du souverain, et il en résultait un sentiment mutuel d'affection entre le monarque, qui apprenait ainsi à connaître les populations de son empire, et ces dernières, qui avaient pu obtenir justice directement et sans délai.

Le voyage de Capac Yupanqui dans ses États dura, dit-on, deux ans. Observons, en passant, que ces longues absences témoignaient de la confiance du roi dans la fidélité de ses sujets, et de la tranquillité parfaite dont jouissait le Pérou.

Plusieurs expéditions successives à l'est de Cuzco réussirent au gré de l'Inca, et sans effusion de sang. La conquête du pays d'Uncasuyu fut considérée comme très-importante, à cause des richesses de toute nature que cette province allait ajouter aux ressources générales de l'empire. Ce succès ne fit que surexciter l'ambition de Capac Yupanqui : bientôt il prépara une campagne contre les Quicheas ; mais il ne voulut pas la conduire en personne, et en laissa tout l'honneur à son frère. Ce prince n'eut qu'à se présenter dans le pays ennemi à la tête de 25,000 hommes ; les barbares épouvantés demandèrent la paix et l'obtinrent en échange de leur indépendance. De retour à la capitale, le triomphateur pacifique fut nommé régent de l'empire, le roi ayant le dessein de diriger lui-même une nouvelle entreprise. Même résultat que précédemment. Toutes les peuplades qui habitaient les bords du lac de Puria, limite des acquisitions de Mayta Capac, envoyèrent des députés à l'empereur pour lui jurer obéissance. Les provinces de Chaycuta et de Charcas (Chuquisaca) eurent leur tour, et montrèrent le même empressement à se laisser enrôler sous la bannière des rois du Pérou. Les Incas avaient évidemment affaire à des populations peu habituées au rude métier de la guerre, et d'ailleurs, le prestige de leur puissance fascinait ces nations crédules au point de leur faire renoncer volontairement à leurs usages, à leurs dieux, et à leur gouvernement.

Nous ne pouvons malheureusement éviter la monotonie dans ce récit des faits et gestes des enfants du soleil ; la faute en est aux historiens qui ne nous apprennent, sur l'histoire de la dynastie des Incas, que des faits uniformes et quelquefois même insignifiants. Il est également impossible de deviner le véritable caractère des empereurs péruviens au milieu des flatteries et des éloges emphatiques que les chroniqueurs, et surtout Garcilasso de la Véga, adressent à leur mémoire. Tous les Incas sont des espèces de divinités, des êtres pleins de vertu, de sagesse, de bravoure, de clémence et de bonté ; on ne saurait leur reprocher aucun méfait, ni leur imputer aucun défaut. En un mot, c'est un panégyrique sans interruption, un long discours à la louange exclusive de ces souverains. On conçoit qu'il est fort difficile d'entrevoir la vérité à travers cet épais nuage d'encens. Aussi sommes-nous réduit nous-même à paraphraser en quelque sorte les assertions des historiens qui nous servent de guides.

Inca Roca, sixième monarque péruvien, commença son règne par un voyage de trois ans dans ses États, usage consacré par ses prédécesseurs ; puis il conquit les provinces de Chomcas, d'Uramarca, de Sulla, d'Utumsulla, et plusieurs autres qui, au dire de Garcilasso, renfermaient environ 400,000 familles, évaluation qu'il est permis de croire exagérée. Pendant les quelques années qu'il employa ensuite à améliorer les institutions de son pays, il habitua son fils aîné aux affaires du gouvernement. Il lui confia la direction d'une entreprise contre la province d'Antisuyu, entreprise qui réussit et annexa aux domaines des Incas un riche et vaste territoire. Quelque temps après, la conquête des provinces de Charcas (Chuquisaca), commencée sous le règne précédent, fut consommée, et acquit à Inca Roca une gloire impérissable. Bientôt de nouveaux agrandissements portèrent au loin la réputation de l'empereur de Cuzco. Quoi qu'il en soit, le titre le plus légitime et le plus sérieux de ce monarque à la vénération de son peuple, ce fut d'avoir fondé des écoles publiques à Cuzco, et organisé un système d'instruction pour la classe noble. Le bienfait, comme on le voit, fut exclusif, et ne s'étendit pas jusqu'aux rangs infimes de la société, comme la justice l'exigeait, mais il détermina un progrès qui exerça une heureuse influence sur l'esprit général de la nation.

On attribue au règne de Roca une durée de cinquante ans. Il n'y a rien d'impossible à cela, et si l'on admet les assertions de Garcilasso sur la durée des autres règnes, on arrivera facilement aux quatre cents ans d'antiquité dont se vantent les Incas, à partir de la conquête. Reste à savoir s'il est dans l'ordre des choses vraisemblables qu'une série de douze rois remplisse à elle seule une aussi longue période, et qu'avec un pareil nombre de souverains, on trouve une moyenne de trente-trois ans environ par règne.

Nous ne devons pas omettre une assertion importante qui se rapporte au règne d'Inca Roca. L'historien espagnol Acosta dit qu'il y eut deux lignages ou familles d'Incas, et que le second lignage commence à Roca, qui renouvela les lois et donna de nouveaux règlements à l'empire. Ce fait serait digne d'attention, au point de vue historique, s'il pouvait être parfaitement prouvé ; mais rien ne nous paraît justifier l'assertion d'Acosta ; c'est pourquoi nous nous bornons à en prendre note.

Malgré son penchant au panégyrique, Garcilasso avoue que Yahuarhuacac, successeur d'Inca Roca, fut un prince efféminé et tout à fait dépourvu des qualités qui font les grands capitaines. Toutefois cet historien déguise la pusillanimité de son ancêtre sous le nom de bienveillance et d'amour inaltérable pour la paix. Malheureusement l'Inca avait un fils dont la turbulence et le caractère impétueux contrastaient avec le calme de son père. La conduite du jeune prince fut telle, que le roi se vit obligé de l'exiler à quelques lieues de sa capitale et de le réduire à garder les troupeaux du soleil. Pendant trois ans, l'héritier présomptif du trône se résigna à cette humiliante condition, roulant dans sa tête des projets de vengeance et de larges compensations au rôle indigne que lui imposait la colère paternelle.

Un jour, on vient annoncer à l'Inca que les provinces de Chincasuyu et de Charcas se sont révoltées, ont massacré leurs gouverneurs et envoient contre Cuzco une armée de 40,000 hommes. A cette nouvelle, le faible monarque est saisi d'épouvante et se hâte d'abandonner sa capitale. Dans cette situation critique, les habitants tiennent conseil, et se décident à implorer l'appui de Viracocha, le prince exilé. Viracocha reparaît, rallie autour de lui tous les citoyens en état de porter les armes, et marche à l'ennemi, au lieu de l'attendre dans les murs de Cuzco.

Après avoir pris une position avantageuse et qui le mettait à l'abri d'une défaite décisive, le jeune prince, dont l'armée avait été renforcée par un corps de Quichuas, ennemis implacables des Charcas, envoya à ces derniers des propositions de paix, d'amnistie et d'alliance ; mais les insurgés rejetèrent ces offres d'accommodement et s'avancèrent jusqu'à une demi-lieue du camp impérial. Le lendemain, au point du jour, la lutte s'engagea opiniâtre et sanglante. Viracocha figurait au premier rang et animait le courage de ses compagnons. Après une bataille qui coûta la vie à des milliers de combattants, la victoire se déclara en faveur des Péruviens. Les principaux chefs des insurgés étaient restés au pouvoir des vainqueurs ; mais Viracocha, usant de modération, leur accorda la vie et la liberté. Tout le pays des Charcas se soumit immédiatement à l'autorité des maîtres de Cuzco.

Soit que les penchants de Viracocha se fussent modifiés sous l'influence de l'exil et de la solitude, soit que le prestige dont l'environnait son récent triomphe eût fait oublier sa conduite passée, il fut considéré par le peuple péruvien comme seul digne d'exercer le pouvoir suprême. Profitant de ces dispositions favorables, Viracocha déclara son père déchu de l'autorité souveraine et s'empara du trône. L'Inca découronné passa le reste de ses jours dans l'oubli et l'isolement. Il mourut dans un âge avancé, sans être regretté de personne.

Nous ne sayons jusqu'à quel point on doit ajouter foi aux historiens qui disent qu'à peine maître de la toute-puissance, Viracocha, toujours dominé par son orgueil, fit faire un tableau qui représentait sa victoire et la fuite honteuse de son père. Qu'était-ce que ce tableau ? C'est ce qu'on ne dit pas, et c'est ce qu'il serait intéressant de savoir, pour être fixé sur l'état des arts péruviens dans les premiers temps de la dynastie des Incas.

Un des premiers actes de Viracocha fut de récompenser tous les guerriers qui avaient pris les armes avec lui contre les insurgés. Il visita ensuite ses provinces et y fit des règlements conformes aux traditions et au génie de chacune d'elles. Cédant à l'esprit de conquête qui avait animé quelques-uns de ses prédécesseurs, il leva une armée de 30,000 hommes et tenta plusieurs expéditions ; les vastes territoires de Corauca, d'Ullara, de Llipi et de Chica, furent bientôt réunis à l'empire. A cette époque, les frontières du royaume des Incas s'étendaient à l'est aussi loin que la nature pouvait le permettre ; au sud, jusqu'à l'extrémité du pays de Charcas et jusqu'aux déserts qui séparent le Pérou du Chili, et qu'alors on croyait impraticables. Mais l'ambition de Viracocha avait le champ libre vers le nord. Ce fut dans cette direction que l'Inca se porta à la tête de ses armées. A son approche, les habitants de Huyatora, de Pocra, et de plusieurs autres districts, firent leur soumission, sans oser la moindre résistance. Au nombre des améliorations dont il dota cette partie de ses domaines, il faut citer un canal de cent vingt lieues de long et de douze pieds de profondeur, pour les besoins de la navigation et du commerce. Ce magnifique travail existe encore aujourd'hui et offre la preuve incontestable de la puissance des rois de Cuzco et de leur sollicitude éclairée pour leurs sujets. Garcilasso mentionne un autre canal encore plus remarquable par ses dimensions, creusé par ordre du même Inca dans le pays de Contisuyu; mais celui-ci, abandonné par les Espagnols, est complétement tombé en ruine.

Dans une nouvelle tournée à travers ses États, Viracocha, arrivé dans une ville du littoral maritime, y reçut des ambassadeurs et des présents de la part du roi de Tucuman. Ces envoyés lui donnèrent des détails sur le Chili et retournèrent auprès de leur maître, avec la plus haute idée des lois et des institutions péruviennes. Telle est du moins l'assertion de Garcilasso de la Véga.

Viracocha mourut au sein de la puissance et de la prospérité dont ses conquêtes et ses règlements avaient doté son pays. Il passa pour l'auteur d'une prophétie à laquelle ses sujets ajoutaient foi, et qui était conservée dans les archives, sans doute au moyen des quipos. Cette prédiction assurait qu'après la succession d'un certain nombre d'Incas, il viendrait d'une contrée lointaine un peuple, inconnu des Péruviens, qui abolirait leur religion, foulerait aux pieds leurs lois les plus respectées, et renverserait leur empire. C'est là une de ces prophéties qui trouvent dans un hasard providentiel une réalisation inattendue; peut-être même peut-on la mettre au nombre de ces oracles formulés après l'événement et destinés à donner la consécration du merveilleux à des choses toutes naturelles. C'est ainsi qu'au Mexique, et dans l'Yucatan, les prêtres catholiques, pour faire croire aux indigènes que l'arrivée des chrétiens avait été prévue et désirée par leurs ancêtres, firent après coup des prédictions en vers et en prose, dans lesquelles la venue du vrai Dieu était annoncée, et dont la date remontait, par une fraude pieuse, jusqu'aux premiers temps de l'histoire de ces peuples. M. Waldeck, dans son curieux ouvrage sur les ruines d'Uxmal, que nous avons mentionné plusieurs fois dans la notice sur l'Yucatan, a cité une de ces traditions soi-disant nationales et fabriquées par les Européens. Ce document porte tous les caractères du mensonge et de la fourberie. Nous ne serions donc pas surpris que les prêtres espagnols eussent fait au Pérou ce qu'ils ont fait dans d'autres contrées de l'Amérique.

Le règne de Viracocha ne dura pas moins de cinquante ans, comme celui de l'Inca Roca, son aïeul. Nous ne pouvons encore ici contrôler ce chiffre, contre lequel nous ne protestons pas, mais dont nous ne garantissons pas non plus l'authenticité. Garcilasso affirme avoir vu le corps embaumé de cet empereur dans un parfait état de conservation. Or, cet historien écrivait vers la moitié du seizième siècle.

Dans les premières années de son règne, Pachacutec (*), neuvième Inca, soumit la province de Sausa, nommée *Xauxa* par les Espagnols, la nation belliqueuse des Huancas, le pays de Chicarpac, le territoire d'Ancara et celui des Huyallas. Dans ce dernier, il abolit le détestable vice de la sodo-

(*) Ce nom signifie *qui renverse l'univers.*

mie, qui y était si répandu que le nom d'Huyallas était devenu infamant. Tournant ensuite son activité vers les choses de l'ordre civil, l'Inca fit construire des magasins, des greniers et des routes. Puis il reprit les armes, et confia le commandement de ses troupes à son frère Yupanqui. L'adjonction à l'empire des provinces de Huaras, de Canchuca, de Miscossampu et de Caxamarca, fut, après une lutte de courte durée, le fruit de cette nouvelle entreprise. Edifices publics, aqueducs, ponts, grandes routes, canaux, agriculture, administration, conquêtes, Pachacutec ne négligeait rien. Pendant que son frère et son jeune fils faisaient la guerre en son nom et à son profit, il s'occupait du bien-être de son peuple et de l'affermissement de son pouvoir. Après une guerre sanglante contre Chuquimanqua, souverain de quatre riches vallées qui avaient refusé de se soumettre, Yupanqui parvint à prendre possession des domaines de cet ennemi, mais cette victoire fut achetée par quatre ans de lutte opiniâtre et meurtrière.

Enfin les vallées de Pachacamac, de Rimac, de Chancoy et de Huamac, le royaume de Chima, et d'autres pays que nous nous dispenserons d'énumérer, reconnurent successivement la domination de Pachacutec.

A la fin de sa carrière, ce prince organisa une milice dans chaque département, pour la sûreté de ses Etats, fonda plusieurs colonies, embellit la capitale, fit construire des temples, et bâtit un palais pour la résidence des Incas.

Comme si tout, dans ce souverain, devait être remarquable, on affirme que son règne dura vingt ans de plus que celui de son prédécesseur, c'est-à-dire soixante-dix ans. Cela suppose une très-longue existence, ce qui, à toute rigueur, n'est pas impossible. Pachacutec laissa un renom si populaire et si éclatant, que les Péruviens le mirent au rang des dieux, honneur insigne qu'il ne fit, du reste, que partager avec les plus illustres de ses aïeux.

Le règne de l'Inca Yupanqui, dixième empereur du Pérou, fut marqué par deux grandes expéditions qui surpassèrent, en difficultés et en éclat, toutes les entreprises des précédents souverains. La première de ces expéditions avait pour but la soumission de la province de Muza, nommée *Moxos* par les Espagnols, et située au delà des Andes, non loin du Paraguay. Elle réussit au gré des désirs de l'Inca. La seconde, plus importante et plus périlleuse, fut dirigée contre le Chili. Jamais les Péruviens n'avaient rencontré une résistance aussi vive et aussi opiniâtre. La première campagne fut sans succès. L'année suivante, Yupanqui mit sur pied des forces plus considérables et s'avança de nouveau contre ses voisins. On se battit pendant six jours consécutifs, avec un acharnement jusque-là sans exemple dans les fastes militaires du Pérou; et la lutte se termina sans que ni l'une ni l'autre des deux armées pût se dire victorieuse. Quelle fut l'issue de cette guerre mémorable, c'est ce que les chroniqueurs ne nous apprennent pas d'une manière bien précise. On laisse supposer qu'à la mort de Yupanqui, l'empire avait mille lieues du nord au sud, et que, par conséquent, il s'était agrandi de tout le Chili; mais la conquête de ce pays par les armées péruviennes nous paraît fort douteuse; tout au plus pourrions-nous accorder que l'Inca soumit quelques districts de la partie septentrionale du Chili. Ce fait historique serait assez intéressant à éclaircir; malheureusement on ne sait sur quelles bases s'appuyer pour entrer dans une discussion sérieuse sur ce point. Toujours est-il que l'empire s'était notablement agrandi vers l'est, sous le règne de Yupanqui; il avait été reculé jusqu'aux Chiriguanos, au levant de la Bolivie.

Inca Yupanqui bâtit la fameuse forteresse de Cuzco, dont nous avons parlé plusieurs fois. Lui aussi mourut, dit-on, dans un âge très-avancé. Il faut bien, à toute force, que Garcilasso de la Véga, historien patriote et descendant des Incas, trouve les quatre cents ans d'antiquité qu'il attribue à la dynastie des fils du soleil.

Quelques entreprises heureuses et une expédition contre les provinces qui s'étendent jusqu'aux frontières de Quito, expédition qui avorta et ne fit qu'ouvrir la route de cette riche contrée au successeur de Tupac Yupanqui, tels furent les événements les plus remarquables du règne de ce onzième Inca.

Dès l'avénement de Huayna Capac, la guerre de Quito recommença plus acharnée et plus sanglante que jamais. Les Péruviens avaient affaire à des adversaires belliqueux et obstinés, qui n'abandonnaient pas un pouce de terrain sans l'avoir énergiquement disputé; mais l'étoile des Incas l'emporta, et après trois ans de combats, Quito jura obéissance aux dominateurs de Cuzco.

L'historien Acosta nous apprend que, contrairement à l'usage, Huayna Capac fut de son vivant honoré comme un dieu. Ce fait suffit pour prouver la réputation et la popularité dont jouissait cet Inca dès les premières années de son gouvernement. L'une et l'autre étaient, du reste, justifiées par de brillantes qualités et surtout par une ardeur guerrière que tempérait, après la victoire, une générosité qui ne se démentit jamais.

Ce fut Huayna qui fit fabriquer cette fameuse chaîne d'or longue de six ou sept cents pieds, et qui servait à exécuter une danse solennelle dans certaines circonstances importantes. La confection de cette chaîne était destinée à célébrer la naissance du fils aîné de l'empereur; c'est pourquoi le nouveau-né fut nommé *Huascar*, c'est-à-dire, *chaîne*.

Huayna eut bientôt un autre fils de la fille du feu roi de Quito. Ce second enfant reçut le nom d'Atahualpa, ou d'Atabalipa, suivant les historiens espagnols.

L'Inca soumit ensuite, sans coup férir, toute la vallée de Chima qui avait été la limite des conquêtes de ses prédécesseurs. Peu de temps après, il décida les habitants de Tumbez à adopter la religion et les lois péruviennes. Il punit les Indiens de Huancavélica qui avaient assassiné leurs gouverneurs. D'après les conseils d'un oracle fameux qui prophétisait dans la vallée de Rimac, il somma, suivant l'usage, les indigènes de l'île de Puna de se reconnaître sujets des Incas; Tumpalla, chef de cette île, feignit de se soumettre, et supplia le roi d'honorer son pays de sa présence. Plein de confiance dans la loyauté de son nouveau vassal, Huayna Capac se rendit à Puna avec une partie de ses troupes. Il ne soupçonnait pas la perfidie de son hôte. Tandis qu'il s'occupait d'établir un commencement d'administration chez ces insulaires, une insurrection formidable éclata, et un grand nombre des soldats de l'Inca furent égorgés. Plusieurs princes du sang périrent même, dit-on, dans ce massacre. Huayna Capac tira une vengeance exemplaire de cette trahison; mille insulaires payèrent de leur vie un facile et odieux triomphe. Ce sanglant événement fit une profonde impression sur les populations timides et soumises que les Incas avaient façonnées à leur joug. Elles le célébrèrent dans leurs poésies, et elles en conservèrent si bien le souvenir, que les Espagnols entendirent plus d'une fois raconter ce lugubre récit par des Péruviens. Huayna fit bâtir une forteresse à Tumbez, et l'île de Puna fut confiée à la vigilance d'un gouverneur aussi actif qu'énergique.

L'exemple de Puna avait été contagieux. Les Indiens de la province de Chuchupuyas s'étaient aussi révoltés et avaient tué tous les magistrats et toutes les autorités nommées par l'Inca. A l'approche de l'empereur qui s'avançait contre eux à la tête d'une armée, ils cherchèrent un refuge dans des montagnes inaccessibles. Mais leurs femmes se jetèrent aux pieds de l'Inca et implorèrent sa clémence. Huayna se laissa toucher et fit grâce.

Rentré dans sa capitale, l'Inca avait formé le projet, conforme, du reste, aux exigences de son âge, de terminer sa carrière de souverain par un voyage à travers ses vastes domaines. Il avait déjà commencé sa tournée, quand il apprit qu'une révolte avait éclaté dans la province de Caranqué. Il fallut livrer plusieurs fois bataille aux insurgés pour les réduire; enfin, ils furent battus, et deux mille d'entre eux furent sacrifiés à la vengeance de l'empereur.

La paix une fois rétablie dans toute l'étendue de son royaume, l'Inca revêtit Atahualpa, son fils naturel, de la souveraineté de Quito. Ce démembrement de l'empire parut de mauvais augure aux plus sages d'entre les Péruviens, du moins si l'on en croit les historiens espagnols, intéressés à faire croire que la destruction de la domination des Incas était prévue et redoutée par les indigènes eux-mêmes. Ce qu'il y a de singulier, c'est de voir Huayna Capac, comme poussé par une étrange fatalité, quitter sa ville de Cuzco, la capitale de ses ancêtres et la sienne jusqu'à ce moment, pour aller établir sa cour à Quito. Ce changement de résidence lui devint funeste; un jour, tourmenté par l'extrême chaleur, il eut l'imprudence de se baigner, en temps inopportun, dans un lac du voisinage; il s'ensuivit un refroidissement qui le conduisit au tombeau. Sa mort eut lieu huit ans avant la première expédition de Pizarre.

Huascar Inca, héritier légitime du trône, régna cinq années entières sans inquiéter son frère Atahualpa dans la possession du royaume de Quito. Au bout de ce temps, il réclama les domaines d'Atahualpa comme faisant partie de l'empire des Incas, dont il était le seul titulaire. De là des troubles civils qui favorisèrent puissamment les projets des Espagnols, ainsi qu'on le verra plus loin. Quelques historiens accusent Atahualpa d'avoir été le promoteur de ces querelles intestines. Quoi qu'il en soit, il paraît certain que Huascar promit de ratifier la cession faite par son père, à la condition que son frère jouirait de ses possessions à titre de fief de l'empire, qu'il rendrait hommage au roi de Cuzco, et qu'il n'essayerait pas d'agrandir son territoire. Atahualpa promit et s'engagea même à accompagner son frère à Cuzco, à la tête de tous les curacas et personnages éminents de son royaume. Mais cette promesse cachait un piége infâme. Au lieu de se rendre en ami auprès du confiant Huascar, il marcha contre lui à la tête de forces considérables, le vainquit et le fit prisonnier. Les Espagnols se chargèrent de venger le malheureux Inca, car Atahualpa tomba lui-même entre leurs mains et fut sacrifié à leur impitoyable ambition. Mais n'anticipons pas sur les événements que nous aurons à raconter plus au long en faisant le récit de la conquête du Pérou. Nous n'en aurions même pas fait mention, si nous n'avions tenu à conduire la dynastie des Incas jusqu'au moment de sa destruction.

TABLEAU DES NATIONS INDIGÈNES.

Après avoir donné un aperçu de la civilisation de l'ancien empire péruvien, nous croyons à propos de faire connaître, sous le rapport physiologique et statistique, les peuples indigènes qui habitent cette contrée depuis les premiers temps historiques. Il va sans dire que nous supprimerons tout ce qui pourrait faire double emploi avec ce que nous avons déjà dit au sujet des mœurs et coutumes des Péruviens sous la domination des Incas.

Nous devons prévenir le lecteur que nous suivrons, dans cet exposé, l'ouvrage de M. d'Orbigny, intitulé *L'Homme américain*, ouvrage basé lui-même sur les sources les plus respectables, aussi bien que sur les observations personnelles de l'auteur.

Le territoire du Pérou était et est encore occupé par quatre nations distinctes. La principale et la plus nombreuse est la nation *Quichua* ou *Inca*; la seconde, par rang d'importance, est la nation *Aymara*; les deux autres sont les *Atacamas* et les *Changos*. Les Quichuas étaient autrefois le peuple dominant, souverain, le représentant de la civilisation péruvienne. C'est cette nation que nous avons jusqu'à présent désignée, dans tout le cours de ce travail, sous la dénomination générale de *Péruviens*. Les Aymaras, malgré leur importance numérique, étaient, ainsi que les Atacamas et les Changos, soumis aux Quichuas. Actuellement on évalue comme suit la population respective de ces quatre tribus :

Quichuas ou Incas.....	874,907.	Métis	448,572
Aymaras...............	372,397.	Métis	188,237
Atacamas..............	7,348.	Métis	2,170
Changos...............	1,000		»
	1,255,652.		638,979

Ce total de 1,894,631 individus, tant métis que de race pure, ne comprend que des chrétiens. Il n'existe plus depuis longtemps, au Pérou, d'hommes à l'état sauvage proprement dit.

Passons maintenant aux détails :

QUICHUAS. Il est évident que la nation quichua a absorbé une foule d'autres tribus qui s'agrégèrent successivement à l'empire des Incas. Il paraît même que ce nom de *Quichua* n'était autrefois que la dénomination d'une de ces tribus; on croit qu'il n'a été généralisé que par les Espagnols. Celui d'*Inca*, qui est devenu synonyme de *Quichua*, fut d'abord réservé aux membres et aux descendants de la famille royale; il signifiait plus particulièrement *roi* ou *chef*.

Les Quichuas s'étendaient, vers le nord, sur tout le plateau, et probablement jusqu'à Quito (*); en se dirigeant vers le sud, ils occupaient tout le plateau des Andes du Pérou et une certaine portion du versant oriental jusqu'au 15ᵉ degré sud, où ils confinaient aux Aymaras; au sud de cette dernière nation, ils habitaient les provinces de Cochabamba, de Chuquisaca, de Chayanta et de Potosi; à partir de cette zone, ils ne reparaissent plus sur les plateaux, et vivent sur le versant oriental jusqu'à Tucuman et Santiago del Estero, au 28ᵉ

(*) Aujourd'hui même on parle la langue quichua dans le royaume de Quito.

degré de latitude. Sur le versant occidental, vers la côte, ils s'arrêtent à la ville d'Aréquipa, habitée par les Aymaras, et à celle d'Atacama, peuplée autrefois par la tribu de même nom. Sur tout le littoral du sud, les Quichuas régnaient sur des peuples soumis, mais d'une origine différente de la leur. Ils couvraient donc une longue bande de terrain qui suivait, du nord au sud, la chaîne des Andes, depuis Quito jusque près du lac de Titicaca; au delà des Aymaras, enclavés au milieu d'eux, ils se montraient encore sur une lisière du versant oriental, depuis Cochabamba jusqu'à Santiago del Estero; vers l'ouest, ils étaient bornés par les Andes; vers l'est, par les plaines chaudes et boisées.

Une foule de petites nations, répandues depuis Quito jusqu'à Santa-Cruz de la Sierra, avoisinaient les Quichuas au levant; dans le nombre on peut citer les Chayaritos, les Chuchos du Rio Paro, les Quixos, les Apolistas, les Maropas, les Tacanas, les Mocéténès et les Yuracarès. Dans la direction du sud, les Quichuas confinaient aux Chiriguanos, et plus au sud encore, aux Matacos, aux Mbocobis, tribus d'origine araucane. Au nord, ils avaient pour voisins des populations de la race des Muiscas, habitants du plateau de Condinamarca; enfin, au sud-ouest, comme nous l'avons dit, les Aymaras leur étaient limitrophes.

La population des Quichuas, telle qu'elle a été réduite par des massacres réitérés, par les guerres civiles, et par les travaux des mines, peut s'apprécier et se diviser comme suit :

	Quichuas purs.	Métis de Quichuas et d'Espagnols.
Cochabamba (Bolivie).....	1,182	12,980
Province de Sacava, département de Cochabamba..	3,805	2,290
Province d'Ayopapa, département de Cochabamba..	4,585	1,462
Province de Tacapari, département de Cochabamba...	14,780	8,090
Province d'Arque, département de Cochabamba...	13,491	4,741
Province de Clisa, département de Cochabamba....	16,355	11,192
Province de Mizqué, département de Cochabamba...	8,031	5,602

	Quichuas purs.	Métis de Quichuas et d'Espagnols.
Province de Yamparais, département de Chuquisaca.	12,440	6,220
Province de Tomina, département de Chuquisaca...	14,853	9,426
Province de Sinti, département de Chuquisaca....	13,636	6,818
Ville de Chuquisaca.......	1,312	3,282
Province de Potosi, département de Potosi........	1,365	6,825
Province de Chayanta, département de Potosi.....	39,268	19,834
Province de Porco, Chichas et Lipez..............	67,066	33,533
Province de Valle-Grande, département de Santa Cruz.................	317	4,239
Province de Cuzco (Pérou).	14,254	699
Province de Paucartambo..	11,229	957
Province d'Abaucay, département de Cuzco........	18,419	4,739
Province de Calca-y-Lares, département de Cuzco...	5,519	320
Province d'Urubamba, département de Cuzco......	5,164	3,194
Province de Cotabamba, département de Cuzco.....	18,237	1,382
Province de Paruro, département de Cuzco........	15,034	2,733
Province de Chabibilca, département de Cuzco.....	11,475	»
Province de Tinta, département de Cuzco.........	29,045	5,420
Province de Quispicanchi, département de Cuzco...	19,947	4,306
Département de Lima (Pérou)	63,181	13,347
Département d'Ayacucho (Pérou)...............	99,183	34,158
Département de Junin (Pérou).................	105,187	78,684
Département de la Libertad (Pérou)..............	115,647	76,949
Département de Guayaquil (république de l'Équateur).	153,900	76,950
Département de Quito (république de l'Équateur).	36,800	18,400
	874,907	448,572(*)

On voit que la population quichua, non mélangée de sang espagnol, est encore assez considérable. On peut donc étudier facilement les caractères physiologiques et les mœurs actuelles de ce peuple, dernier représentant de la civilisation indigène dans l'Amérique méridionale.

La race quichua est généralement petite, quoique bien constituée. La taille moyenne de ces Indiens paraît être de 1 mètre 60 centimètres; elle est souvent moindre, surtout dans les lieux les plus élevés et où la raréfaction de l'air empêche le développement normal de l'individu. Les femmes sont encore plus petites et n'atteignent guère que 1 mètre 460 millimètres.

Les Quichuas ont en général les formes massives, les épaules extrêmement larges, la poitrine volumineuse, bombée et remarquablement longue, ce qui augmente le tronc, et lui donne une singulière disproportion avec les membres. La tête est d'ordinaire très-grosse, relativement à l'ensemble du corps; les mains et les pieds sont toujours petits. Les femmes offrent les mêmes particularités; en outre, elles se distinguent par le volume de leur gorge.

La largeur de la poitrine, remarquée chez la plupart des Quichuas, tient évidemment à ce que, répandus sur des plateaux d'une grande élévation, et où par conséquent l'air est considérablement raréfié, ces Indiens ont besoin, pour vivre, d'habituer leurs poumons à de plus fortes et plus fréquentes aspirations, ce qui rend une cavité plus large et plus profonde nécessaire au jeu de l'appareil respiratoire.

Le teint des Quichuas n'a ni la nuance cuivrée des nations de l'Amérique septentrionale, ni la couleur jaune des Brésiliens; il offre un mélange de brun olivâtre foncé, particulier, du reste, aux Araucans, et en général à tous les peuples que M. d'Orbigny comprend dans sa race *pampéenne*. Pour mieux dire, le teint de la nation quichua est celui des mulâtres, et il est invariable chez tous les individus de cette race dont le sang est resté pur. Il n'est donc pas vrai, comme l'affirme Ulloa, que les Péruviens soient rougeâtres; ils sont plutôt bronzés, ainsi que l'a observé M. de Humboldt.

Les traits des Quichuas offrent un ensemble qui paraît constituer un type distinct et beaucoup plus rapproché du type mexicain que de celui des nations voisines. La tête, oblongue d'avant en arrière, est sensiblement déprimée sur les côtés; le front est

(*) Ce tableau est extrait textuellement de *L'Homme américain* de M. d'Orbigny.

légèrement bombé quoique fuyant, disposition qui n'empêche pas que le crâne ne soit souvent très-développé et le cerveau notablement volumineux. La figure est large et ordinairement ronde; le nez est saillant, allongé, aquilin, recourbé à son extrémité inférieure, déprimé par le haut, garni de narines larges et ouvertes. La bouche, grande et proéminente, sans cependant que les lèvres soient trop grosses, est ornée de dents blanches et tellement solides que la vieillesse les respecte. Les joues ne sont guère saillantes que chez les hommes avancés en âge. Les yeux, généralement petits et constamment en ligne droite, ne sont ni bridés ni relevés en dehors. La sclérotique est toujours jaunâtre, comme chez quelques peuples à teint foncé. Quant aux cheveux, ils sont invariablement noirs, grossiers, épais, longs, roides, remarquablement lisses et plantés très-bas des deux côtés du front. Les sourcils, quoique très-arqués, sont étroits et peu fournis; la barbe est extrêmement rare, et c'est à peine si, chez les hommes faits, on aperçoit quelques poils maigres et droits sur la lèvre supérieure et au menton. Ce qu'il y a de plus frappant dans la physionomie des Quichuas, c'est la saillie des arcades sourcilières et la dépression du nez dans sa partie supérieure. On ne peut s'empêcher de remarquer aussi sur le visage de ces Péruviens dégénérés un air triste, sérieux et réfléchi, mêlé à une certaine expression sinon d'hypocrisie, du moins de sournoiserie.

Nous avons parlé de la langue péruvienne, et nous avons dit qu'indépendamment de la langue vulgaire il y en avait une réservée aux Incas et aux grands du royaume. Nous ajouterons quelques détails sur ce point intéressant :

L'idiome quichua est assez riche, non-seulement pour rendre toutes les idées que comportait la civilisation des anciens Péruviens, mais encore pour répondre aux besoins d'un état social plus avancé. Il est plein de ressources ingénieuses, de figures élégantes de comparaisons judicieuses; malheureusement la prononciation en est d'une rudesse extrême. On y signale des sons horriblement gutturaux et analogues à certaines aspirations de la langue arabe; l'accent général en est aussi très-marqué, et l'habitude de faire toujours longue la pénultième syllabe de chaque mot, contribue puissamment à rendre cet accent monotone et fatigant. Comme dans plusieurs idiomes américains, il y a souvent cumulation de consonnes, sans que les langues européennes puissent rendre l'effet de ces combinaisons de lettres. Ainsi l'on ne peut, si on n'a pas entendu parler le quichua, se faire une idée du *cc*, du *scc*, du *tcc*, du *tto*, du *qq*, etc. Dans *qquichua*, par exemple, le premier *q* se prononce, dit M. d'Orbigny, du fond de la gorge, comme un croassement. Une autre particularité de cette langue, c'est que les mots se terminent, la plupart du temps, en *a* ou en *i*; mais lorsqu'ils finissent par une consonne, ils ont d'ordinaire les sons *ip*, *ac*, *ak*, et quelquefois celui de *am* ou *an*. Point de diphthongues et absence complète de la lettre *u*; quant au *j*, il existe, mais avec la prononciation gutturale que lui donnent les Espagnols. Les sons du *b*, du *d*, de l'*f*, du *g*, de l'*x*, manquent complétement. Les adjectifs ne sont pas modifiés suivant les genres et les cas; les substantifs, au contraire, varient suivant les exigences du singulier ou du pluriel.

Nous avons dit ailleurs que leurs noms de nombres admettaient toutes les combinaisons possibles, et allaient jusqu'à 100,000.

Quant à la langue particulière que parlaient les Incas, elle est complétement éteinte, et l'on ne peut aujourd'hui s'en faire une idée.

Les Quichuas sont d'un caractère doux, pacifique, et éminemment sociable. C'est à tort qu'on les a accusés de lâcheté. Ils ont prouvé, comme on le verra dans le récit de la conquête du Pérou, qu'ils n'étaient pas foncièrement dépourvus de courage et d'intrépidité. Mais la tendance des institutions de leur pays a exercé sur leur naturel une influence qui s'est prolongée jusqu'à nos jours. Les habitudes d'obéissance passive et de respect aveugle pour leurs souverains, jointes à la terreur que leur inspiraient des lois d'une sévérité excessive, comprimèrent chez eux tout sentiment d'initiative, et disposèrent leur esprit à cette espèce d'abrutissement qu'on leur a si souvent reproché. Toute pensée de rebellion contre le monarque et ses délégués étant non-seulement un crime de lèse-majesté, mais encore un sacrilége, les sujets s'étaient peu à peu accoutumés à une soumission absolue envers les autorités. Façonnés à cette résignation sans bornes, ils changèrent de maîtres sans murmurer, et réportèrent sur les Espagnols la vénération superstitieuse dont ils faisaient profession envers les Incas. Ils obéirent aux conquérants comme ils avaient obéi aux prétendus enfants du soleil. Ils se laissèrent opprimer presque sans résistance, parce qu'ils voyaient dans les Européens des hommes envoyés, eux aussi, par leur père commun. De là cette opinion que les Péruviens étaient un peuple de lâches, comme si les instincts les plus énergiques n'étaient pas modifiés par des idées et des institutions énervantes. On se rappelle d'ailleurs ce que nous avons fait observer au sujet de la division des terres et du régime de la communauté. Nul doute que la certitude d'un bien-être facilement acquis, et l'extinction de toute ambition, comme de tous désirs excentriques, dans le cœur des indigènes, n'eussent puissamment contribué à plonger les Péruviens dans cette indolence et cette apathie que les historiens ont prise pour de la pusillanimité. Sans doute, nous le répétons, les Quichuas sont d'un naturel docile et éminemment sociable; mais de la douceur à la lâcheté il y a loin; la docilité n'est pas du tout incompatible avec le courage.

Les Quichuas sont hospitaliers envers les étrangers, reconnaissants envers les personnes qui leur ont fait du bien, bons pères de famille, ouvriers adroits et laborieux. Ils oublient difficilement une offense, mais ne cherchent pas les occasions de se venger; aussi les crimes sont-ils extrêmement rares au Pérou. Ils sont généralement taciturnes, et leur physionomie exprime une mélancolie qui n'a rien de farouche, mais qui est le signe caractéristique d'une condition malheureuse. Au nombre de leurs bonnes qualités, il faut mettre la sobriété, la résignation dans les souffrances physiques ou morales, et la discrétion (*).

Les voyageurs qui n'ont vu que les défauts de ces Américains, sans tenir compte de l'influence abrutissante de la servitude, n'ont pas craint d'accuser les Quichuas de stupidité, et de les assimiler à la brute. La Condamine et son compagnon de voyage Bouguer ont fait des Indiens du Pérou le portrait le plus repoussant. Ulloa, qui partagea les travaux et la gloire de ces deux célèbres académiciens, renchérit sur leur appréciation, et nous montre les Quichuas sous le jour le plus ignoble. Nous citerons l'opinion de ce savant Espagnol, afin que le lecteur sache jusqu'où a pu aller l'injustice des écrivains qui ont jugé les Péruviens au point de vue des idées européennes, et abstraction faite de la situation, alors si douloureuse, de ces pauvres gens:

« Si on les regarde comme des hommes, dit Ulloa, les bornes de leur intelligence semblent incompatibles avec l'excellence de l'âme, et leur imbécillité est si visible, qu'à peine, en certains cas, peut-on se faire d'eux une autre idée que celle qu'on a des animaux. Rien n'altère la tranquillité de leur âme, également insensible aux revers et aux prospérités. Quoique à demi nus, ils sont aussi contents que le roi le plus somptueux dans ses habillements. Les richesses n'ont pas le moindre attrait pour eux; l'autorité et les dignités où ils peuvent prétendre leur paraissent si peu des objets d'ambition, qu'un Indien recevra avec la même in-

(*) Ulloa rappelle qu'un complot s'est tramé durant trente ans au Pérou, sans qu'il y ait eu un seul dénonciateur.

différence l'emploi d'alcade ou celui de bourreau, si on lui ôte l'un pour lui donner l'autre. Rien ne peut les émouvoir ni les faire changer. L'intérêt n'a aucun pouvoir sur eux, et souvent ils refusent de rendre un petit service, quoique sûrs de recevoir une grosse récompense. La crainte ne fait aucun effet sur eux; le respect n'en produit pas davantage : disposition d'autant plus singulière, qu'on ne peut la changer par aucun moyen. On ne peut ni les tirer de cette indifférence, qui est à l'épreuve des hommes les plus habiles, ni les faire renoncer à cette grossière ignorance et à cette négligence insouciante qui déconcertent la sagacité de ceux qui s'occupent de leur bien-être (*). »

On reconnaît dans ce passage toutes les calomnies que les partisans de l'esclavage ont, de tout temps, prodiguées aux nègres. Ce qu'on a dit des malheureux arrachés aux rivages de l'Afrique, et démoralisés par la servitude dans les colonies, Ulloa et d'autres voyageurs l'ont répété au sujet des Quichuas, et en général des indigènes de l'Amérique méridionale. On compte pour rien les effets de l'esclavage, de la misère, et de l'absence complète d'éducation sur ces peuples déshérités. On impute à ces infortunés des imperfections qui sont le résultat d'une situation humiliante et précaire. On oublie la cause pour ne voir que l'effet, et l'on punit les Américains des crimes de leurs oppresseurs. Est-ce là de la justice?

Ce portrait des Péruviens, fût-il exact, ne prouverait que contre les institutions des Incas et le gouvernement des Espagnols. Mais tout se réunit pour prouver qu'il n'est point fidèle. M. d'Orbigny, qui a très-minutieusement observé les Quichuas sous le rapport physiologique et moral, affirme qu'ils ne sont pas inférieurs en intelligence aux peuples européens « Ils ont, dit-il, la conception vive, apprennent avec facilité ce qu'on veut leur enseigner, et diverses observations ne permettent pas de douter qu'ils n'aient tout ce qu'il faut pour faire un peuple éclairé. » À défaut de ce témoignage, nous trouverions dans l'histoire du Pérou mille preuves de l'aptitude des Quichuas pour l'industrie, les arts et les sciences qui conduisent à la vraie civilisation. Certes, un peuple qui a bâti des monuments grandioses et somptueux, qui a montré une grande habileté dans les procédés d'agriculture, qui savait fondre et travailler les métaux, qui s'était rendu compte de l'année solaire, qui était parvenu à déterminer les équinoxes et les solstices, qui avait inventé toutes les séries de nombres nécessaires aux combinaisons de l'arithmétique, qui enfin avait fait tout ce que nous avons énuméré dans notre exposé de la civilisation péruvienne; un tel peuple peut, à bon droit, être proclamé éminemment intelligent, et ce n'est pas sa faute si les Espagnols ont, par un despotisme avilissant, altéré ses belles facultés, arrêté l'essor de ses nobles instincts, et oblitéré ses heureuses aptitudes.

Nous n'en dirons pas davantage sur les Quichuas. Tout ce que nous aurions à ajouter pour compléter la physionomie de ce peuple, a déjà trouvé place dans le tableau de l'empire du Pérou sous la domination des Incas. Nous y renvoyons donc le lecteur.

AYMARAS. Plusieurs circonstances significatives, et les assertions des historiens en crédit, font présumer que la nation aymara fut le berceau de la civilisation péruvienne. Ce peuple mérite donc toute notre attention.

Les Aymaras habitaient, antérieurement à l'établissement de la dynastie des Incas, une contrée voisine du lac de Titicaca. Or, c'est de ce lac que sortirent, comme on l'a vu, Manco Capac et sa compagne. Attaqués une première fois par le troisième inca, Lloque Yupanqui, assaillis de nouveau par les Quichuas, sous le règne de Maïta Capac, quatrième roi de Cuzco, les Aymaras ne furent définitivement soumis

---

(*) Voyage en Amérique pour déterminer la forme et la figure de la terre, fait par ordre du roi d'Espagne par don George Juan et Ulloa.

que durant le gouvernement de Yahuar-Huacac. Dès lors, le nom d'*Aymara* fut étendu à toutes les populations qui parlaient la langue de cette province. Cette langue ne s'est point mêlée à celle des Quichuas, encore moins a-t-elle été absorbée par elle, bien que les Incas eussent pour règle d'établir l'unité de langage dans tout leur empire. Ce fait prouve que la nation aymara fut puissante et nombreuse. Elle couvrit tout le plateau des Andes, du 15° au 20° degré de latitude australe. Elle s'étend encore aujourd'hui, dans la direction nord et sud, entre les mêmes parallèles, c'est-à-dire, depuis les provinces de Tinta et d'Aréquipa, en suivant le plateau, jusques et y compris le bassin de Paria et d'Oruro. De l'est à l'ouest, elle occupe l'espace compris entre les 69° et 75° degrés de longitude occidentale (méridien de Paris), ou, en d'autres termes, une surface irrégulière formant, d'après la division actuelle, le département d'Aréquipa presque tout entier, les provinces d'Aymaras, de Paucartambo, de Cuzco, tout le département de la Paz et celui d'Oruro. Elle a pour voisins au nord-ouest, les Quichuas; à l'est, les nations des Andes proprement dites, telles que les Tacanas, les Apolistas et les Mocéténès; au sud-est et au sud, les Quichuas de Cochabamba, de Chayanta et de Potosi; enfin au sud, vers le littoral, les Atacamas et les Changos. On voit que les Aymaras forment, à proprement parler, un noyau autour duquel rayonne la population quichua.

La grandeur des monuments de Tiahuanaco, les nombreux vestiges d'habitations qu'on retrouve sur les bords du lac de Titicaca, la quantité de tombeaux qui existe dans des localités aujourd'hui désertes, prouvent, aussi bien que la conservation de la langue aymara, l'importance numérique et sociale de cette nation. A défaut de documents propres à nous fixer sur la population des anciens indigènes, on peut apprécier avec assez d'exactitude la population actuelle. La Bolivie et le Pérou proprement dit présentent un total de 372,397 Aymaras de sang pur et 188,237 métis, tous professant la foi chrétienne. Par ces restes, on peut juger ce que devait être autrefois ce peuple, qui cependant n'était pas la nation dominante.

Sous le rapport physique, les Aymaras et les Quichuas semblent ne faire qu'une seule et même nation. Il y a entre eux similitude parfaite de physionomie, de taille et de couleur; on remarque même chez les Aymaras cette ampleur de la poitrine observée chez leurs voisins, et qui s'explique par une résidence continuelle dans des régions où la raréfaction de l'air exige un développement extraordinaire de l'appareil respiratoire.

Il paraît certain que les Aymaras avaient autrefois l'habitude de s'aplatir la tête. On a trouvé dans les tombeaux que renferment les îles du lac de Titicaca un grand nombre de crânes dont la forme étrange ne laisse aucun doute sur cette question. Comme il existait dans ces sépultures d'autres têtes non déprimées, on en a conclu que cette forme n'était pas normale, mais artificielle; on a, de plus, constaté que les crânes d'hommes offraient seuls des traces d'aplatissement. D'après l'inspection de ces débris humains, il est évident que la pression avait lieu d'avant en arrière et aussi circulairement. Cette opération avait pour effet de refouler le cerveau en arrière, et de donner un grand développement aux parties postérieures de la tête, au détriment des parties antérieures. Nous avons vu nous-même une momie d'enfant aymara qui ne permet pas la moindre incertitude sur la réalité de cette singulière coutume, plus répandue, du reste, qu'on ne le croit, chez les peuples sauvages ou encore dans l'enfance de la civilisation.

On ne sait pas au juste à quelle époque remonte cet usage parmi les Aymaras. La découverte d'une statue colossale antérieure à l'époque des Incas, prouverait qu'il n'existait pas avant l'établissement de cette dynastie de souverains. L'allongement des oreilles, autre coutume commune aux Quichuas et aux Aymaras, n'a dû se pratiquer chez ces derniers que dans le quatorzième ou le quinzième siècle.

Il est difficile d'admettre, avec M. d'Orbigny, que la dépression du crâne n'influât en rien sur les facultés intellectuelles des Aymaras. La physiologie nous enseigne qu'on n'altère pas impunément la forme naturelle de la tête; la phrénologie, consultée au besoin sur cette question, répondrait de même, et même plus affirmativement.

Comme la langue quichua, l'idiome aymara est d'une grande richesse, et offre toutes les ressources possibles pour l'expression nette et précise des pensées les plus variées. Élégant dans ses tournures et poétique dans son caractère général, il est horriblement dur à prononcer. Les sons gutturaux y sont très-fréquents, et à cet égard il l'emporte sur le quichua. Comme dans cette dernière langue, il y a force redoublements de consonnes. Il est à remarquer que les mots se terminent toujours par des voyelles; un grand nombre par la voyelle *a*, dont ils sont pour la plupart composés. L'*e*, l'*i*, l'*o* et l'*u* sont quelquefois remplacés par la consonne *t*. Les diphthongues sont inconnues. Il en est de même de l'*u* avec la prononciation française. Les lettres *b*, *d*, *f*, *r*, *x* ne sont pas employées; le *g* devant les voyelles se prononce *wa*; le *j* est excessivement guttural. Les adjectifs, comme dans la langue anglaise, ne varient pas suivant le cas, le nombre et le genre. La numération est décimale, ainsi que chez les Quichuas, et elle se prête à toutes les désignations de chiffres jusqu'à un million. Observons toutefois que si pour les nombres 3, 6, 8 et 1000, le quichua et l'aymara paraissent avoir une origine commune, pour les autres chiffres ils diffèrent totalement. Les synonymes sont nombreux dans la langue aymara; les mots composés se contractent volontiers pour le besoin de l'oreille, d'ailleurs si peu respectée dans la prononciation de certaines syllabes. Un vingtième des mots se retrouve, avec de légères modifications, dans le quichua, et cela seul suffirait pour prouver une source commune.

Il est à supposer que l'idiome aymara a été la souche de la langue quichua, qui l'environne de toutes parts.

Nous ne dirons rien du caractère, des facultés intellectuelles, des mœurs ni des usages des Aymaras : ce peuple offrait sous ces différents rapports une parfaite similitude avec les Quichuas. Mais nous signalerons un point important qui dénote une différence essentielle entre les deux civilisations indigènes : c'est l'architecture. Les monuments de Tiahuanaco, situés près du lac de Titicaca, c'est-à-dire dans le foyer principal de la civilisation aymara, sont le produit d'un état social relativement très-ancien. « Ils se composent d'un tumulus élevé de près de cent pieds, entouré de pilastres; de temples de cent à deux cents mètres de longueur, bien orientés à l'est, ornés de suites de colonnes anguleuses, colossales, de portiques monolithes, que recouvrent des grecques élégantes, des reliefs plats d'une exécution régulière, quoique d'un dessin grossier, représentant des allégories religieuses du soleil et du condor, son messager; de statues colossales de basalte chargées de reliefs plats, dont le dessin à tête carrée est demi-égyptien; et enfin d'un intérieur de palais formé d'énormes blocs de roche parfaitement taillés, dont les dimensions ont souvent jusqu'à sept mètres quatre-vingts centimètres de longueur, sur quatre mètres de largeur et deux d'épaisseur. Dans les temples et dans les palais, les pans des portes sont, non pas inclinés, comme dans ceux des Incas, mais perpendiculaires, et leurs vastes dimensions, les masses imposantes dont ils se composent, dépassent de beaucoup, en beauté comme en grandeur, tout ce qui postérieurement a été bâti par les Incas. D'ailleurs, on ne connaît aucune sculpture, aucuns reliefs plats dans les monuments des Quichuas de Cuzco, tandis que tous en sont ornés à Tiahuanaco. La présence de ces restes évidents d'une civilisation antique sur le point même d'où est sorti le premier Inca, pour fonder celle du Cuzco, n'offrirait-elle pas une preuve

GUATIMALA

Grande Place de l'ancienne Guatimala.

de plus que de là furent transportés, avec Manco Capac, les derniers souvenirs d'une grandeur éteinte sur la terre classique des Incas(*)? »

Il y a aussi une notable différence entre les tombeaux des Aymaras et ceux des Quichuas. Les sépultures des Aymaras, au lieu d'être souterraines, consistaient quelquefois en grands bâtiments carrés, avec une petite ouverture destinée à donner passage aux cadavres; ceux-ci étaient rangés le long des murs, assis, couverts de vêtements ou d'une espèce de tissu de paille. Souvent c'étaient de petites maisons en briques non cuites, de la même forme que les monuments funéraires dont nous venons de parler, à toit incliné, et offrant également une ouverture du côté du levant; d'autres fois, c'étaient des espèces de tours carrées, à divers étages, contenant des corps symétriquement rangés. Ce dernier genre de tombeaux se trouve principalement et en grand nombre dans les îles de Quebaya et sur les bords du lac de Titicaca. Ces sépultures, dont les dimensions sont parfois considérables, réunies en groupes serrés, forment souvent des espèces de villages, nécropoles silencieuses dont les habitants dorment du sommeil éternel.

Il est impossible de dire avec certitude quelle fut la religion des Aymaras; l'examen des monuments fait présumer que le culte du soleil existait chez cette nation, et que des bords du lac de Titicaca il fut transporté dans les murs de Cuzco. L'orientation des temples à l'est, les bas-reliefs des portiques monolithes qui représentent l'astre bienfaisant entouré de rayons, ces hommes tenant deux sceptres, occupant le centre du tableau et environnés de rois couronnés et de condors, telles sont les preuves sur lesquelles s'appuie l'opinion qui suppose l'existence du culte du soleil chez les Aymaras.

En résumé, les Aymaras ne diffèrent des Quichuas que par une partie des mots de leur langue, par l'usage

(*) D'Orbigny, *l'Homme américain* t. I, p. 324.

de s'aplatir la tête, par la construction des monuments et par les tombeaux; pour tout le reste, ces deux nations ont entre elles la plus parfaite analogie. On peut donc les considérer comme deux rameaux issus de la même souche; et les Aymaras ayant vécu, depuis les premiers temps de l'histoire du Pérou, à l'entour du lac de Titicaca, berceau de Manco Capac et de Mama Oëllo, il y a de fortes raisons de présumer qu'ils ont donné naissance à la civilisation quichua. Il faudrait donc voir dans les Aymaras le type de la société péruvienne, le peuple modèle de cette contrée, la nation la plus anciennement civilisée, et dont les institutions ont été copiées par des voisins plus puissants.

ATACAMAS. Les ancêtres de cette nation se nommaient *Olipes* ou *Llipi*, suivant Garcilasso de la Véga. On croit que les Atacamas occupent aujourd'hui le versant occidental des Andes, depuis le 19ᵉ jusqu'au 22ᵉ degré de latitude méridionale, c'est-à-dire l'espace compris entre le sud d'Arica et le pays des Changos, qui, avec les Aymaras, sont leurs seuls voisins. Ce peuple habite toute la province de Tarapaca et celle d'Atacama. On évalue le nombre de ces Indiens à environ 7,348, et les métis à 2,170.

Tout ce que nous avons dit des caractères physiques des Quichuas peut s'appliquer aux Atacamas; mais leur langue paraît différer essentiellement du quichua, de l'aymara et du chango, ce qui constitue un fait éminemment caractéristique. Ils sont pêcheurs et agriculteurs, ce qui s'explique par leur résidence sur le littoral et dans les vallées fertiles. Pacifiques et sédentaires, ils ont les mêmes mœurs et les mêmes coutumes que les Aymaras. Leurs tombeaux sont tout ce qui reste de leur civilisation passée. Ces sépultures ont une grande analogie avec celles des Quichuas; elles sont souterraines, et consistent en un caveau revêtu de murs en pierres sèches. Les morts y sont placés les jambes pliées, entourés de vases, d'ustensiles de ménage, de vêtements, d'aliments, d'ar-

27.

mes, ou de fuseaux et de fil, si c'était une femme. On couvrait la fosse de branchages et de pierres, puis de terre, de manière toutefois à ce que le tout fût au niveau du sol. Ces tombeaux ne sont pas isolés, mais réunis de façon à former de vastes cimetières.

Là se bornent les détails consignés par M. d'Orbigny dans l'intéressant ouvrage qui nous sert de guide.

CHANGOS. Cette nation se réduit aujourd'hui à quelques individus qui habitent principalement les environs du port de Cobija (Bolivie), et se rencontrent sur les bords de l'océan Pacifique, entre les 22° et 24° degrés de latitude sud. Ils confinent vers le nord et vers l'est aux Atacamas, vers le sud aux Araucans, dont ils sont toutefois séparés par le désert d'Atacama. L'établissement d'une mission à Cobija, dans le but spécial de convertir cette nation, prouverait qu'elle était autrefois assez nombreuse. On peut la considérer actuellement comme à peu près anéantie, car c'est tout au plus si, au dire des autorités de Cobija, on compte mille Indiens de cette tribu.

En observant attentivement les Changos, on reconnaît que leur teint est un peu plus foncé que celui des Quichuas, et leur taille un peu plus petite. Quant aux autres caractères physiques, ils sont identiques à ceux des peuples voisins, à l'exception du nez qui n'est pas aquilin; du reste, même physionomie triste et taciturne.

La langue chango diffère, dit-on, de celle des Atacamas, des Quichuas et des Aymaras; toutefois, il n'y a aucune certitude à cet égard, les renseignements recueillis par les voyageurs étant tout à fait insuffisants.

Le littoral sur lequel vivent les Changos se trouvant sous un climat constamment sec, les habitations de ces Indiens n'ont besoin d'être ni solides ni bien closes. Une tente fermée au moyen de quatre piquets et de peaux de phoques suffit à une famille tout entière. Quelques peaux de moutons ou des algues sèches composent le lit sur lequel couchent pêle-mêle le père la mère et les enfants. Le mobilier est à l'avenant. Les hommes passent tout le jour à la pêche, leur seule industrie. Les barques sur lesquelles ils s'aventurent en mer consistent tout simplement en deux outres de peaux de phoques remplies d'air et liées ensemble. Cette espèce de canots, dont les Aymaras font également usage, se dirigent, au milieu des flots les plus agités, au moyen d'une rame à deux bouts, propre à pagayer des deux côtés. Le pêcheur, à genoux sur l'avant de cette singulière embarcation, va faire la chasse aux loups marins sur les rochers, et harponner le poisson en pleine mer. Leur adresse égale leur intrépidité, et il est rare qu'ils rentrent dans leur cabane sans un butin raisonnable.

Dans les voyages qu'ils font quelquefois à travers les déserts situés entre la côte et l'intérieur du pays, ils font porter à leurs femmes les fardeaux les plus pesants; ces femmes se servent pour cela d'une espèce de hotte qu'elles soutiennent au moyen d'une sangle portant sur le front. C'est aussi à l'aide d'une lanière en cuir passant sur le devant de la tête que les Indiens de l'Amérique centrale portent les plus lourdes charges.

On découvrit en 1830 des tombeaux de Changos dans le voisinage de Cobija. La couche de terre de quatre mètres qui les recouvrait prouve que les corps qu'ils renfermaient devaient être inhumés depuis une époque très-reculée. Ces corps étaient couchés en long, ce qui est caractéristique, les sépultures des autres peuples péruviens n'ayant montré jusqu'à ce jour que des cadavres ployés à la manière des enfants dans le sein de leur mère. Ils étaient, du reste, couverts de vêtements de laine d'un tissu remarquablement fin, et l'on a observé qu'ils étaient rangés séparément par sexe et par âge.

Nous allons maintenant faire connaître plusieurs autres nations qui jusqu'à ces dernières années avaient été inconnues aux Européens, et qui complètent l'ensemble des populations indigènes du Pérou et de la Bolivie.

GUATIMALA.

Palais à Palenque.

YURACARÈS. Ce nom, qui signifie *hommes blancs*, désigne une peuplade dispersée au pied des derniers contre-forts des Andes orientales, et surtout dans les forêts qui avoisinent les montagnes. Quoique cette nation ne compte pas aujourd'hui deux mille individus, elle occupe une superficie de vingt à trente lieues de largeur, comprise entre Santa-Cruz de la Sierra à l'est, et la longitude de Cochabamba à l'ouest; les 67° et 69° degrés de longitude occidentale, 16° et 17° degrés de latitude sud, forment les limites du territoire habité par ces sauvages.

Le trait caractéristique des Yuracarès est la couleur presque blanche de la peau, couleur qui évidemment n'est pas une anomalie, et doit être exclusivement attribuée à l'influence des forêts épaisses et humides sous l'ombre desquelles vivent constamment ces Indiens. Ce qu'il y a de plus singulier encore, c'est que sur un grand nombre d'entre eux, le visage et le corps sont couverts de larges taches d'une nuance beaucoup plus claire que le reste de leur peau. Nous ne savons jusqu'à quel point on peut assigner pour cause à ce phénomène une maladie cutanée; l'opinion de M. d'Orbigny à cet égard, quoique positivement formulée, ne nous paraît pas péremptoire, car un voyageur anglais a observé la même anomalie sur les *quarterons* de Lima; seulement chez ces derniers les taches sont noires, comparativement à la couleur générale du corps.

La taille des Yuracarès est, en moyenne, de 1 mètre 66 centimètres, et atteint quelquefois 1 mètre 76 centimètres. Ce peuple est donc remarquablement plus grand que les nations dont nous avons déjà esquissé la physionomie. Le corps, convenablement proportionné à cette stature, offre toutes les apparences de la force et de l'agilité. La fierté de la démarche trahit la vanité qui constitue le fond du caractère de cette peuplade. Les femmes ont aussi des formes qui, sans nuire à la grâce et à la souplesse, annoncent une grande vigueur physique.

Complétement différents des Quichuas, sous le rapport de la couleur, les Yuracarès se rapprochent d'eux sous le rapport des traits. Leur front court et bombé, leur nez long et presque toujours aquilin, leurs yeux petits et noirs surmontés de sourcils arqués, leur barbe droite et rare, leurs cheveux noirs, roides et longs, rappellent le type inca ou quichua. Seulement leur physionomie se distingue par une expression de fierté et de vivacité qu'on peut prendre pour de l'enjouement.

Le langage des Yuracarès est très-doux, sans accumulation de consonnes ni désinences trop dures, quoique le *j* soit guttural (*). Cette euphonie suffirait à elle seule pour établir une notable différence entre cet idiome et la langue des Quichuas et des Aymaras. D'autres particularités corroborent la distinction; mais nous les passerons sous silence à cause de l'espace borné

(*) Ce que nous avons déjà dit de la rudesse et de la gutturation de certains idiomes particuliers aux peuples de ces contrées, ne donne qu'une idée bien insuffisante de la prononciation et de la bizarrerie de ces idiomes. L'extrait suivant du voyage de La Condamine sur le fleuve des Amazones contient des détails plus explicites et par cela même plus propres à faire comprendre la singularité de ce phénomène philologique :

« La langue des Yameos, dit le célèbre voyageur, est d'une difficulté inexprimable, et leur manière de prononcer est encore plus extraordinaire que leur langue. Ils parlent en retirant leur respiration et ne font sonner presque aucune voyelle. Ils ont des mots que nous ne pourrions écrire, même imparfaitement, sans employer moins de neuf ou dix syllabes; et ces mots, prononcés par eux, semblent n'en avoir que trois ou quatre. *Poettarrarorincouroac* signifie en leur langue le nombre *trois*. Heureusement pour ceux qui ont affaire à eux, leur arithmétique ne va pas plus loin. Quelque peu croyable que cela paraisse, ce n'est pas la seule nation indienne qui soit dans ce cas. La langue *brasilienne*, parlée par des peuples moins grossiers, est dans la même disette, et passé le nombre *trois*, ils sont obligés, pour compter, d'emprunter le secours de la langue portugaise. »

qui nous reste pour compléter cette étude sur le Pérou ancien et moderne.

« Le caractère de ces sauvages, dit M. d'Orbigny, offre la réunion la plus monstrueuse de tous les défauts que puisse amener, chez l'homme sans instruction et superstitieux, une éducation affranchie du frein des réprimandes et même des plus simples conseils. Les Yuracarès sont assez gais, ont une pénétration facile, de l'esprit même et beaucoup de finesse; ils se croient les premiers hommes; hautains, insolents, hardis, entreprenants, ils ne redoutent rien. Cruels autant pour eux-mêmes que pour les autres, endurcis aux souffrances physiques, leur insensibilité est extrême, habitués qu'ils sont, dans chacune des occasions que leur offrent des superstitions sans nombre, à se couvrir de blessures, à martyriser leurs femmes et leurs enfants. Ils n'ont aucun attachement pour leurs pères, qu'ils abandonnent souvent, et immolent de sang-froid leurs enfants dans le seul but de s'affranchir de l'embarras de les élever. Ennemis de toute espèce de société qui pourrait leur ôter un peu de leur indépendance, ils ne vivent que par familles, et encore dans celle-ci même ne connaît-on ni les égards mutuels, ni la subordination, chaque individu ne vivant que pour soi. Les femmes partagent le caractère des hommes, et chez elles on ne trouve même pas toujours le sentiment maternel; elles immolent fréquemment la moitié de leurs enfants, tout en restant esclaves de ceux qu'elles élèvent.

« Les mœurs des Yuracarès sont tout à fait en harmonie avec leur caractère : ils se montrent encore aujourd'hui ce qu'ils étaient avant l'arrivée des Espagnols, et n'ont en rien modifié leurs usages par le contact de la civilisation qui les entoure, vivant toujours au plus épais des bois, par petites familles ambulantes, qui se fuient, et cherchent plus que jamais à s'éloigner des lieux habités par les chrétiens. Marié après une orgie, un Yuracarès se sépare aussitôt de ses parents et va s'établir avec sa femme près d'un ruisseau, au sein des plus sombres forêts. Là, aidé des siens, qu'il a invités à le joindre dans cette circonstance, il abat des arbres, construit une vaste cabane couverte de feuilles de palmier, ensemence un champ, et, en attendant la récolte, vit de chasse et de pêche. Il y séjourne quelques années, puis quitte la place pour aller se fixer à peu de distance; la femme alors se charge de tout le bagage renfermé dans une espèce de filet, dont tout le poids pèse sur le front, et, en outre, de ses jeunes enfants, tandis que son mari ne porte que son arc et ses flèches. Visiteurs infatigables, les Yuracarès n'arrivent jamais chez leurs voisins sans les prévenir de loin par des fanfares ou par des sifflements. Ils se traitent les uns les autres avec beaucoup de cérémonial, et ont des conférences prolongées, sans jamais se regarder en parlant. Ces réunions amènent presque toujours des orgies de boissons fermentées et des danses monotones; elles se renouvellent à diverses époques de leur existence, à la nubilité d'une jeune fille par exemple, et ne se terminent jamais sans que chacun ait arrosé la terre de son sang, en se faisant de nombreuses blessures aux bras et aux jambes. Les femmes vont accoucher au milieu des bois, au bord d'un ruisseau, dans lequel elles se baignent immédiatement, et reviennent à leur maison reprendre leurs travaux ordinaires; mais souvent elles tuent de suite leur enfant, soit parce qu'elles en ont un assez grand nombre, soit parce que leurs premiers n'ont pas vécu. Les hommes pratiquent le suicide et se battent souvent en duel à coups de flèches. En réunion, ils mangent ensemble, et leurs repas, comme leur chasse et leur pêche, sont assujettis à une foule de superstitions. Les malades sont traités, souvent au milieu des bois, par des saignées locales ou par des cérémonies superstitieuses. A la mort de l'un d'eux, tout ce qui appartenait au défunt est anéanti; on abandonne sa cabane et son champ, puis on l'enterre; mais son souvenir se conserve longtemps dans sa famille. Les Yuracarès ont pour règle générale de ne jamais réprimander leurs enfants, et même de ne leur faire aucune observation. Ils se piquent d'être tous de très-grands orateurs et parlent quelquefois des heures entières (*). »

Les Yuracares mettent beaucoup de soin à la confection de leurs armes, qui consistent principalement en arcs et en flèches. Ils se font des chemises en écorce d'arbres et y impriment des dessins coloriés, qui ne sont autre chose que des lignes droites et courbes, sans signification, même emblématique. Un fait assez remarquable, c'est qu'ils impriment ces dessins au moyen de planches en bois sculptées. Cependant les nations voisines, quoique bien plus civilisées, ignoraient l'art de l'impression; en revanche, ils ne connaissent pas le tissage. Ils naviguent sur les rivières, pêchent en se servant de leurs flèches en guise de harpons, et se montrent très-adroits à la chasse. Ils ne couchent point dans des hamacs, comme d'autres peuples américains. Aux femmes est abandonné le soin de cultiver la terre, de préparer des boissons fermentées, et de fabriquer des poteries, qu'elles font en accompagnant leurs travaux de mille cérémonies superstitieuses. Quand la famille change de résidence, ce sont les femmes qui portent les bagages, les provisions, les enfants, et qui se chargent de conduire les animaux domestiques.

Le costume des Yuracarès est assez original : le vêtement principal est une tunique sans manches, faite d'écorce de mûrier et ornée de dessins rouges et violets, assez élégants quoique bizarres. Les hommes portent les cheveux coupés carrément sur le front et laissent ceux de derrière tomber sous forme de queue sur leurs épaules. Ils ont l'habitude de s'épiler

(*) *L'Homme américain*, t. I, p. 359 et suiv.

les sourcils et de se peindre de rouge et de noir tout ou partie du visage, particulièrement le nez et le front. Les jours de fête, et au moment de la danse, ils se couvrent la tête de plumes; quand ils vont en visite chez leurs voisins, ils mêlent à leur chevelure le duvet blanc de l'oiseau connu sous le nom de *grande harpie*. Ils portent une bandoulière à laquelle sont suspendus des sifflets et quelques autres objets destinés à servir d'ornements; on n'est pas peu surpris de voir leur couteau attaché à l'extrémité des cheveux qui pendent sur leur dos. Quant aux femmes, leur tunique est complètement privée d'ornements; seulement, pour danser, elles placent sur leurs épaules des bouquets de plumes de couleurs variées.

A vrai dire, il n'existe pas de gouvernement parmi ces sauvages, car ils vivent dans une indépendance que favorisent leur division par familles isolées et leur dispersion dans les bois.

« La religion des Yuracarès est des plus singulières; ils n'adorent ni ne respectent aucune divinité, et néanmoins ils sont plus superstitieux que tous leurs voisins. Ils croient que toutes les choses se sont formées d'elles-mêmes dans la nature, et qu'ainsi ils ne doivent en remercier personne; qu'ils n'ont rien à attendre d'une conduite plus ou moins vicieuse, l'homme naissant le maître absolu de ses actions, bonnes ou mauvaises, sans que jamais rien doive le retenir. Ils ont néanmoins une histoire mythologique des plus compliquées, remplie de fictions gracieuses, et dans laquelle un assez grand nombre de dieux ou d'êtres fabuleux apparaissent tour à tour. Le *sararuma* cause un incendie général des forêts, qui remplace le déluge des autres nations, et dont un seul homme se sauve en se cachant dans une caverne. Le sararuma lui donne des graines qui lui servent à repeupler la terre de ses arbres, après quoi, plusieurs êtres se succèdent dans le monde et y jouent un grand rôle : c'est *Ulé* qui, de l'arbre le plus brillant des forêts qu'il était d'abord, se métamorphose en homme, à la prière d'une jeune fille; c'est *Tiri* qu'élève la femelle d'un jaguar, après l'avoir arraché du sein de cette même jeune fille, devenue mère; c'est *Caru*, qui rendit les hommes immortels; c'est *Tiri* encore qui fit sortir du creux d'un arbre toutes les nations connues des Yuracarès, et qui le referma dès qu'il vit la terre assez peuplée. Les Yuracarès savent tous l'histoire mythologique de leur pays, mais ne révèrent aucun des êtres qu'ils y placent; au contraire, ils les détestent et se plaignent d'eux. Il en est de même du dieu du tonnerre, Maroroma, qui, du haut des montagnes, leur lance ses foudres; ils le menacent de leurs flèches, et le défient lorsqu'il tonne; de même aussi de Pepezu, qui les enlève du milieu des bois, et de Chunchu, dieu de la guerre. Leur demande-t-on quelle est leur divinité, ils montrent leur arc et leurs flèches, armes auxquelles ils doivent leur nourriture. Ils croient à une autre vie, dans laquelle ils auront abondance de chasse, et où tous, sans exception, doivent se retrouver. Leurs superstitions se transmettent de père en fils; ils en connaissent peu pour les maladies; mais ce qui a rapport à la chasse, à la pêche, aux aliments, leur en inspire beaucoup, et des plus absurdes. Ils craignent qu'en offensant les animaux tués il ne s'en présente plus à leurs coups. Ils ont des superstitions relatives à l'agriculture et aux plantes. L'époque de la nubilité des jeunes filles est marquée par des fêtes sanglantes où, après avoir dansé, les assistants de tout âge se couvrent les bras de profondes blessures, les hommes pour devenir plus adroits, les femmes pour se fortifier, les enfants pour grandir (*). »

Ce pêle-mêle de croyances bizarres et contradictoires; ce scepticisme brutal à côté des superstitions les plus grossières; cette mythologie qui rappelle, dans quelques-uns de ses détails, cartaines traditions de la Genèse chrétienne; ce mépris pour des divinités redoutables; cette foi en une autre vie, jointe à une indifférence parfaite sur les actions bonnes ou mauvaises de l'existence d'ici-bas; ces fêtes étranges où coulent des flots de sang versés dans un but de régénération, tout, jusqu'au costume excentrique des Yuracarès, fait de cette nation une des plus curieuses à étudier parmi toutes celles qui composent la grande famille américaine.

En examinant attentivement ce peuple singulier, on est naturellement amené à reconnaître les faits suivants : si les Yuracarès ont le nez aquilin des Quichuas et des Aymaras, d'un autre côté, leur teint est beaucoup plus blanc, ce qu'on doit attribuer, jusqu'à preuve du contraire, à l'influence des contrées humides et ombragées qu'ils habitent. Soumis à l'action d'un air plus abondant et plus favorable à la respiration que celui des hautes montagnes, ils se développent avec plus de facilité que les habitants des plateaux élevés; aussi sont-ils plus grands que ces derniers. Leur idiome n'a aucun trait de ressemblance avec celui des montagnards. Quant à leur caractère, à leurs mœurs, à leurs usages, ils ont une analogie frappante avec les usages, les mœurs et le caractère des populations du Grand-Chaco, dont ils diffèrent sous le rapport des croyances religieuses.

Malgré l'intérêt que présenterait une esquisse complète et détaillée de ce peuple, encore si peu connu en Europe, nous sommes, à regret, obligé de nous borner à ces indications.

MOCÉTÉNÈS. On trouve cette tribu, appelée aussi *Chunchos* par les Espagnols, dans les montagnes que sillonne le Rio Béni, entre les 15° et 16° degrés de latitude, 69° et 71° de longitude à l'ouest du méridien de Paris. Les villages habités par ce peuple, divisé en petites tribus, sont situés au milieu des bois les plus sombres et les plus humides; c'est pourquoi les Mocéténès sont aussi blancs que leurs voisins les Yuracarès. Une certaine partie de cette nation est encore sauvage; le reste est con-

(*) *L'Homme américain*, t. I, p. 364-366.

verti au christianisme et organisé en *missions*, sous les noms de San-Miguel et de Santa-Anna. En réunissant les deux fractions, on trouve un total d'environ 2,500 individus.

Comme tous les peuples de ces montagnes, les Mocéténès sont trapus et remarquablement moins grands que les Yuracarès, habitants des plaines. Semblables à ces derniers pour la couleur de la peau, qu'ils ont également tachetée de blanc, ils en diffèrent sous les autres rapports physiques : ainsi, ils ont le nez très-court et aplati, la physionomie d'une expression tout à fait efféminée, tandis que les Yuracarès ont le nez aquilin et un air mâle qui s'harmonise merveilleusement avec leur taille élevée et leurs formes vigoureuses mais élancées. Pour le reste des traits physiques, les Mocéténès se rapprochent beaucoup des Quichuas et des Aymaras.

L'idiome de cette nation est extrêmement euphonique et semble un reflet de son caractère éminemment sociable. Si les Mocéténès ne sont pas encore entièrement soumis au christianisme et aux lois régulières des républiques voisines, c'est que l'accès de la contrée qu'ils habitent est trop difficile pour que les missionnaires et les autres agents de civilisation, qui pourraient les amener à une vie régulière, s'empressent de braver les périls du voyage et les ennuis d'une résidence au milieu de ces forêts humides.

La vie de ces gens simples et naïfs s'écoule paisiblement à la chasse dans les bois et sur le flanc des ravins, à la pêche sur les nombreux cours d'eau qui se précipitent des montagnes, ou bien encore au sein des joies de la famille, dans le foyer domestique. Quant aux femmes, elles ne quittent guère leur cabane, la jalousie de leurs maris leur interdisant toute course lointaine et toute absence quelque peu prolongée.

Il paraît que l'esprit de commerce existe parmi les Mocéténès, car ils échangent leurs plumes aux couleurs brillantes, et les rares produits de leur pays, contre des haches, des couteaux et d'autres ustensiles tirés des provinces voisines.

L'industrie de ce peuple se borne à la fabrication des armes et des ornements de plumes, à la culture de la terre, au tissage et à la teinture des étoffes. Quoique les Mocéténès soient habitués à la navigation, ils ne se servent, pour parcourir les rivières et les torrents, que de troncs d'arbres réunis en radeaux à l'aide de fortes lianes.

Leur costume, qui offre de l'analogie avec celui des Yuracarès, consiste en une tunique sans manches, d'un tissu de coton assez fin et bordée de rouge sur un fond violet. Eux aussi ont l'habitude de laisser tomber entre leurs épaules une espèce de queue à laquelle ils suspendent leur couteau ; mais ils ne s'épilent pas les sourcils comme leurs voisins. Ils mettent une certaine coquetterie à avoir le visage bariolé de trois raies bleues, l'une tracée en arc, d'une joue à l'autre, en passant par la lèvre supérieure ; la seconde traversant l'espace compris entre la lèvre inférieure et le menton ; la troisième sur le nez. Les jours de fête, ils se présentent à la danse, la tête ornée de plumes brillantes extraites des ailes des perroquets qui peuplent leurs forêts.

TACANAS. Quoique les Espagnols désignent sous les noms d'*Atenianos*, d'*Isiamos* et de *Carinas*, les indigènes dont il est ici question, M. d'Orbigny, considérant que leur idiome s'appelait *Tacana*, a fait de cette dénomination le nom de la nation elle-même.

On rencontre les Tacanas dans les profondeurs du versant occidental du Rio-Béni, sur les montagnes ombreuses et humides qui couvrent les pentes orientales des Andes boliviennes, depuis le 13e jusqu'au 15e degré de latitude méridionale, et entre les 70e et 71e degrés de longitude à l'ouest du méridien de Paris. Toute cette tribu, en y comprenant les Indiens des missions d'Aten, d'Isiamos, de Carinas, de Tumupasa, de San José, et les sauvages Toromonas, ne présente qu'un chiffre total de 6,300 individus.

Les Tacanas, moins bruns que les Aymaras et les Quichuas, ont toutefois le teint moins clair que les Mocéténès et les Yuracarès. Du reste, mêmes taches blanchâtres sur la peau que celles observées sur les nations qui habitent, comme eux, des régions ombragées; formes et traits identiques à ceux des Mocéténès; différence notable pour le langage, celui des Tacanas étant un des plus gutturaux et des plus durs de toute l'Amérique méridionale.

Vaniteux, irritables, pleins d'arrogance et de fierté, ces Indiens se sont néanmoins soumis sans répugnance au christianisme; toutefois, un certain nombre est resté fidèle à l'état sauvage; chasseurs, pêcheurs, et agriculteurs, ils vivent dans un pays dont la fertilité fournit aisément à tous leurs besoins. Il paraît que chaque homme est tenu de construire à lui seul la maison qu'il doit habiter plus tard avec sa femme et ses enfants; s'il néglige ce soin, il est déshonoré.

Les Tacanas sauvages vont tout nus, et se bornent à orner leur tête de plumes quand ils exécutent leurs danses nationales. Ceux des missions chrétiennes ne se couvrent pas la tête, mais portent une chemise ou tunique à manches courtes. Quant aux femmes, elles aiment à se parer de bracelets, de colliers de verroteries, et de jarretières en or ou en argent.

L'industrie de ce peuple est presque nulle; elle se réduit au tissage d'une grossière étoffe de coton, à la fabrication des arcs et des flèches, et à la composition d'un ornement en plumes qui, du reste, n'est pas sans valeur.

MAROPAS. Cette tribu occupait autrefois les bords même du Rio Béni, et la base des montagnes boisées qui couvrent les derniers contre-forts des Andes boliviennes. Mais dans le dix-huitième siècle ils furent réunis en *mission* et transportés sur la rive orientale du même cours d'eau, par 13° 50′ de latitude et 70° de longitude occidentale (méridien de Paris). C'est à peine si la mission des Maropas compte aujourd'hui 900 individus.

Teint semblable à celui des Mocéténès, avec une nuance un peu plus foncée; taille très-peu élevée, car elle ne dépasse pas 1 mètre 65 centimètres; visage arrondi, à expression douce et même efféminée; idiome assez euphonique; grande docilité et caractère essentiellement pacifique; costume consistant en une simple tunique: telles sont les seules indications que nous croyons devoir donner sur cette petite tribu.

APOLISTAS. C'est le nom d'une nation qui, au nombre de 2,775 individus, habite le bourg d'Apolobamba, situé sur le Rio d'Apolo, affluent du Rio Béni. Ce peuple a pour voisins, au nord, les Tacanas, au sud les Mocéténès, à l'ouest les Aymaras; il faut ajouter toutefois qu'une ceinture de montagnes le sépare de ces nations indigènes. Le bourg de Santa-Cruz qui renferme aussi des Apolistas, ayant une population d'environ 840 âmes, on peut évaluer à 3,615 le nombre total des Indiens de cette tribu.

En les considérant attentivement, et après avoir reconnu l'analogie de leurs traits avec ceux des Mocéténès, on remarque qu'ils ont le nez très-court et même épaté, que leur physionomie a quelque chose de plus mâle, et qu'elle porte un singulier caractère de franchise et de gaieté. On dit que leur langue n'a rien de commun avec l'idiome des Mocéténès et des Tacanas. Ils possèdent toutes les qualités qui rendent un peuple sociable et susceptible de civilisation. Leur costume mi-parti indien et espagnol n'a plus rien de primitif, ni par conséquent d'original. Avides de plaisirs et de distractions, ils saisissent avec empressement toutes les occasions de danse et de réunions joyeuses que leur fournit la pratique exacte du culte catholique. Leur industrie, quoique bornée, est aussi avancée que le permet l'état des missions des Andes boliviennes.

Les Apolistas ont ceci de remarquable, que, par leur teint brun, leur petite taille et leurs formes vigoureuses, ils participent des peuples répandus sur les plateaux les plus élevés; tandis que leurs traits efféminés, leur nez court et leur idiome euphonique les rapprochent des nations établies dans les parties chaudes des montagnes. Ce peuple sert donc de lien ou de transition entre deux types bien caractérisés.

Citons encore, mais seulement pour mémoire, les Huacanahuas, les Suriguas, les Machuis, peuple essentiellement belliqueux, les Ultume-Cuanas, les Chontaquiros, les Chunchos, les Quixos et les Chayaritos, qui tous doivent être comptés parmi les nations particulières à l'empire péruvien, ou vivant dans son voisinage immédiat.

CONQUÊTE DU PÉROU. — GUERRE CIVILE.

Nous entreprenons le récit de l'événement le plus important parmi ceux qui suivirent la découverte de l'Amérique. L'influence que la conquête du Pérou exerça sur l'Espagne fut immense et prolongée. En donnant à la métropole d'incalculables trésors, cette partie du nouveau monde changea la valeur des métaux précieux en Europe, et modifia par cela même les conditions financières des gouvernements. La soif de l'or s'accroissant chez les conquérants, à mesure que leur passion trouvait à se satisfaire, la mère patrie donna carrière à sa cupidité, et traita sa colonie comme un monarque avare et cruel traite des sujets qu'il appauvrit en les tyrannisant. De là, une série de fautes qui arrêta tout progrès, et comprima tout élan vers une situation plus prospère; de là aussi un profond ressentiment chez les habitants, même de race espagnole, contre les maîtres avides qui les opprimaient sans aucune compensation. Les complications produites par cet état de choses amenèrent un dénoûment auquel l'Espagne était loin de s'attendre. Après avoir été enrichie par l'Amérique, elle la perdit et fut ruinée par elle.

Trente-trois ans après la découverte du nouveau monde, en 1525, trois hommes tourmentés par un indomptable désir de s'enrichir, formèrent une association ayant pour but de reconnaître et d'explorer les contrées qu'ils supposaient devoir s'étendre au sud de l'isthme de Darien. Ces hommes, tous trois habitants de la ville de Panama, s'appelaient François Pizarre, Diégo d'Almagro et Fernand de Luque. Pizarre, né à Truxillo, en Espagne, d'un père grand seigneur et d'une mère de basse extraction, avait dû à son titre d'enfant illégitime de ne recevoir aucune éducation. On dit même que son père, le croyant destiné à vivre dans la plus humble condition, lui avait confié le soin et la garde de ses pourceaux. Mais Pizarre, poussé par une vocation irrésistible, se fit soldat, et après avoir fait la guerre en Italie, passa en Amérique, où un champ sans limites s'ouvrait à son ambition et à son génie aventureux. Dès les premiers temps de son séjour dans le nouveau monde, il se fit remarquer par sa bravoure. Guidé par sa bonne étoile, il réussit dans toutes les entreprises qui lui furent confiées, et l'on reconnut bientôt en lui les qualités qui distinguent l'homme de guerre et le politique éminent.

Diégo d'Almagro avait eu une jeunesse non moins obscure et non moins laborieuse. Enfant trouvé, et probablement bâtard comme son compagnon d'armes, il avait également embrassé la carrière militaire, et s'y était signalé par une grande intrépidité jointe à une loyauté chevaleresque.

Quant à Fernand de Luque, c'était un ecclésiastique, maître d'école à Panama, et devenu riche dans ce pays qui prodigua ses trésors à des maîtres ingrats.

Tels étaient les trois hommes associés pour conquérir l'Amérique méridionale. Deux soldats et un maître d'école devaient, à la tête d'une poignée d'Européens, renverser l'empire le plus vaste du nouveau continent, et prendre la place d'une dynastie de souverains affermie sur le trône par plusieurs siècles d'une domination incontestée.

Quoique la passion des richesses et l'esprit de découvertes, qui possédait alors les Espagnols et les Portugais, fussent les principaux mobiles des trois associés, on peut croire qu'une pensée religieuse présida aussi à la conception de leur projet. Convertir des païens à la foi chrétienne était, à cette époque, chose trop désirable et trop glorieuse pour qu'un pareil motif pût être mis à part dans une aussi grande entreprise. Toujours est-il que le pacte conclu entre Pizarre, Almagro et Fernand de Luque, fut tout d'abord placé sous les auspices de la religion ; car une messe célébrée par le maître d'école, et l'hostie partagée en trois, consacrèrent l'association. « Ainsi, dit Robertson, un contrat qui avait pour objet le pillage et le meurtre fut ratifié au nom du Dieu de paix. »

Pizarre étant le moins riche des trois, il fut convenu qu'il payerait de sa personne, et qu'il commanderait les expéditions militaires, tandis qu'Almagro s'occuperait de lui amener les renforts dont il aurait besoin, et que Fernand de Luque, destiné à rester à Panama, aurait le soin des préparatifs, des intérêts généraux de l'entreprise, et des approvisionnements de toute espèce.

Investi de pleins pouvoirs par Pedrarias Davila, gouverneur de Panama, Pizarre s'embarqua avec 114 hommes sur un vaisseau équipé à la hâte, et non sans difficultés. Après une pénible traversée de 70 jours, que des navigateurs plus expérimentés auraient pu abréger des trois quarts, l'expédition ne se trouva guère plus avancée qu'à son départ. Sur tous les points où elle avait pris terre, elle avait trouvé un pays pluvieux et insalubre, des indigènes belliqueux et intraitables. La petite armée, décimée par la faim, la fatigue et le fer ennemi, fut, de guerre lasse, obligée de se retirer à Chinchama, vis-à-vis les îles des Perles, où elle attendit les renforts qui devaient lui arriver de Panama. En effet, Almagro était parti avec 70 hommes, et avait cinglé vers l'endroit où il espérait rejoindre ses compagnons de fortune. Il rencontra partout les mêmes obstacles que Pizarre, et enfin, dans un dernier combat qu'il eut à soutenir contre les naturels, il reçut un coup de flèche qui lui fit perdre un œil. Contraint de remonter la côte jusqu'à Chinchama, il y trouva, par le plus heureux hasard, son associé, qui commençait à désespérer.

Nos deux aventuriers se trouvèrent alors à la tête d'une troupe d'environ 200 hommes. Ils reprirent leur navigation le long des côtes ; mais de nouvelles contrariétés et des fatigues intolérables contraignirent Pizarre et son compagnon à ajourner l'exécution de leurs projets. En moins de neuf mois, 130 Espagnols étaient morts, non sous le fer des sauvages, mais de maladie (*). Il fut dès lors convenu que Diégo d'Almagro irait chercher des renforts à Panama.

Le récit des souffrances des soldats de Pizarre effraya tellement les habitants de Panama et des environs, qu'Almagro eut grand' peine à recruter 80 hommes de bonne volonté. Ce fut avec ce faible secours que l'intrépide capitaine résolut de reprendre l'exploration interrompue. De nouvelles calamités assaillirent les Européens sur la côte du Pérou. Toutefois, parvenus à la baie de Saint-Mathieu, et ayant débarqué à Tacames, au sud de la rivière des Émeraudes, ils se trouvèrent dans un pays plus fertile, plus salubre, et peuplé d'indigènes dont les habitudes et les vêtements annonçaient une condition plus heureuse. Ces Indiens qui, du reste, les reçurent à coups de flèches, portaient des étoffes de laine et de coton, et des ornements en métaux précieux. « Ils avaient, dit Zarate, le visage tout parsemé de clous d'or enchâssés dans des trous qu'ils se faisaient exprès pour porter ces ornements. » Il est probable que ces hommes avaient l'habitude de s'appliquer sur la figure de petites plaques d'or, ce qui fit croire aux compagnons de Pizarre qu'ils inséraient dans leur peau des clous de ce métal. Les ennemis

---

(*) Xérès, *Verdadera relacion de la conquista del Peru y provincia de Cuzco*.

Vases trouvés à Gueguetenango

étant trop nombreux pour que les Espagnols pussent espérer vaincre leur résistance, et le pays étant néanmoins de nature à tenter leur cupidité, Pizarre et Almagro se déterminèrent à ne pas chercher ailleurs; mais ils ajournèrent toute attaque sérieuse jusqu'au moment où un nouveau voyage de l'un d'eux à Panama aurait suffisamment grossi le nombre des combattants. En conséquence, tandis qu'Almagro cinglait vers le nord, Pizarre se retira avec les siens dans la petite île de Gallo, située à une très-faible distance du continent.

Soit que l'insuccès de ces deux premières tentatives, et les pertes relativement considérables qu'avait essuyées l'expédition, eussent produit une fâcheuse impression sur le gouverneur de Panama, soit que ce personnage eût conçu quelque jalousie des projets des trois associés, Pédro de los Rios, successeur de Davila, bien loin de favoriser les efforts d'Almagro, expédia à Pizarre l'ordre de revenir aussitôt à Panama avec tous ses gens. Cette injonction ébranla le courage de la plupart des soldats de Pizarre. Se voyant au moment d'être abandonné de tous ses camarades, l'intrépide chef s'avance au-devant de sa troupe, trace avec la pointe de son épée une ligne sur le sol, et après une exhortation dans laquelle le point d'honneur était souvent invoqué, il déclare que tous ceux qui franchiront la limite indiquée seront désavoués par lui; que ceux, au contraire, qui resteront en deçà, seront les glorieux compagnons de sa fortune et de ses succès. Ce discours ne produisit pas l'effet désiré. Depuis longtemps, ces hommes avaient perdu tout espoir de réussir; ils n'attendaient qu'une occasion de quitter la partie, et elle se présentait trop belle pour qu'ils la laissassent échapper. Ils coururent au bâtiment qui leur offrait un asile assuré, et quand Pizarre compta les fidèles, il n'en trouva que douze!

Que faire avec cette poignée de combattants? Non-seulement il fallait attendre le retour d'Almagro, si toutefois Almagro devait revenir, mais encore il eût été imprudent de rester dans l'île de Gallo, si voisine du littoral péruvien. Pizarre se transporta immédiatement dans l'île de la Gorgone, située à quelques lieues plus loin de la côte; rocher désert et incessamment battu par les flots de l'Océan qui n'y apportent que la tristesse et la stérilité. Là, réduits à vivre de coquillages et de la chair des reptiles, s'abreuvant d'une eau saumâtre et malsaine, privés de toute ressource, et presque sans vêtements, Pizarre et les douze braves qui s'étaient résignés à partager sa destinée, attendirent le vaisseau qui devait leur apporter les moyens de vivre et de triompher. Ils attendirent cinq mois entiers, dévorés d'impatience et maudissant le mauvais vouloir du gouverneur de Panama. Enfin, le bâtiment qui portait Almagro parut à l'horizon. Malheureusement il n'était chargé que d'approvisionnements, le gouverneur n'ayant pas voulu encourager les espérances de Pizarre par l'envoi d'un secours en hommes. Malgré ce désappointement, le premier projet fut repris avec enthousiasme, et l'on mit à la voile pour aller de nouveau à la découverte (*). Le vingtième jour après le départ, ils aperçurent la côte péruvienne, et jetèrent l'ancre devant la ville de Tumbez, située par delà le 3e degré de latitude méridionale.

La grande quantité d'or et d'argent que les Espagnols virent dans cette ville les éblouit et leur fit concevoir les plus brillantes espérances;

(*) Les historiens espagnols ont conservé les noms des hommes courageux qui consentirent à rester dans l'île de la Gorgone, et à qui, par conséquent, la métropole dut la découverte du Pérou, c'est-à-dire de la plus riche de ses possessions d'Amérique. Voici ceux de ces noms qui parvinrent à la connaissance de Zarate : Nicolas de Ribera, né à Olvera; Pierre de Candie, originaire de l'île de ce nom; Jean de Torre; Alfonse Briseno, natif de Benevent; Christophe de Péralte; Alfonse de Truxillo; François de Cuellar et Alfonse de Molina. Le pilote de la petite expédition était Barthélemi Ruyz, né à Moguer.

mais ils étaient en trop petit nombre pour pouvoir rien entreprendre de décisif. Il fallut donc encore ajourner les opérations sérieuses, et l'expédition remit à la voile pour Panama.

Trois ans s'étaient écoulés depuis que Pizarre avait quitté cette ville de l'Amérique centrale ; trois ans de fatigues, d'épreuves de toute nature. Certes, on ne peut trop admirer le courage et la fermeté que déploya le chef de la troupe d'aventuriers pendant toute cette période de calamités. Pour dernière infortune, Pizarre, en arrivant à Panama, reconnut qu'il était ruiné, comme ses deux associés. Il n'en prit pas moins la résolution de poursuivre l'exécution de ses desseins.

Le gouverneur Los Rios, qui avait une première fois refusé tout concours à la tentative de Pizarre et d'Almagro, fut encore moins disposé à la seconder, quand il sut au prix de quelles souffrances et de quels périls les deux amis avaient fait une découverte dont les avantages étaient très-problématiques. Il ne restait plus à Pizarre d'autre ressource que d'invoquer l'intervention de la métropole. Il fut convenu qu'il se rendrait en Espagne, qu'il implorerait l'assistance de l'empereur, qu'il demanderait pour lui-même le titre de gouverneur des pays découverts au sud de Panama, pour Almagro celui de lieutenant-gouverneur, et pour Fernand de Luque la dignité d'évêque.

Il partit, après s'être procuré, à titre d'emprunt, la petite somme nécessaire à son voyage, tant était déplorable le dénûment des trois associés. Il vit l'empereur, lui raconta ses entreprises, ses traverses, sa découverte ; fit briller à ses yeux une perspective éclatante, exagéra la richesse des contrées qu'il voulait conquérir ; en un mot, il séduisit le monarque, et réussit au delà de ses espérances. Voyant que la cour s'intéressait à son projet, et lui accordait confiance, il chercha à tirer le meilleur parti possible de ces dispositions favorables, mais il songea d'abord à lui et s'occupa fort peu des intérêts de ses associés. Comme il ne pouvait voir dans Fernand de Luque un rival dangereux, il demanda et obtint pour lui le titre d'évêque ; quant à Almagro, dont il redoutait l'ambition et les talents, il le traita tout à fait en subalterne, et se borna à lui faire conférer le commandement de la future forteresse de Tumbez. Il se réserva, pour lui, le titre de capitaine général et, qui mieux est, celui d'adelantade de tous les pays qu'il pourrait encore découvrir et subjuguer, avec une autorité absolue sur toutes les branches du gouvernement et de l'administration, et tous les privilèges accordés jusqu'alors aux conquérants du nouveau monde. Il fut stipulé que son pouvoir, indépendant des gouverneurs de Panama, s'étendrait sur deux cents lieues de côte, au sud de la rivière de San-Yago ; qu'il nommerait tous les officiers qui serviraient sous ses ordres ; enfin, qu'il serait souverain sous le contrôle de la couronne d'Espagne. En retour de ces énormes concessions, Pizarre s'engageait tout simplement à lever une compagnie de 250 hommes, à se procurer des vaisseaux en nombre suffisant, et à se pourvoir de munitions, afin de pouvoir soumettre, au besoin par les armes, le pays dont on lui accordait le gouvernement.

Pizarre triomphait, et cependant il n'était pas au bout de ses peines et de ses contrariétés ; il eut mille difficultés pour recruter les 250 soldats en question. A peine lui fut-il possible d'en réunir 125, c'est-à-dire la moitié ; et au moment où les commissaires de la cour allaient venir vérifier l'armement, et s'assurer si toutes les conditions avaient été fidèlement remplies, Pizarre mit clandestinement à la voile, emportant ses lettres patentes, sa commission de gouverneur, en un mot, tout ce qui devait servir de fondement à sa grandeur future. Ainsi, le conquérant du Pérou était obligé, en quelque sorte, de voler les titres sur lesquels devait s'appuyer sa domination, et d'employer la ruse pour se procurer les moyens d'exécution dont il avait besoin.

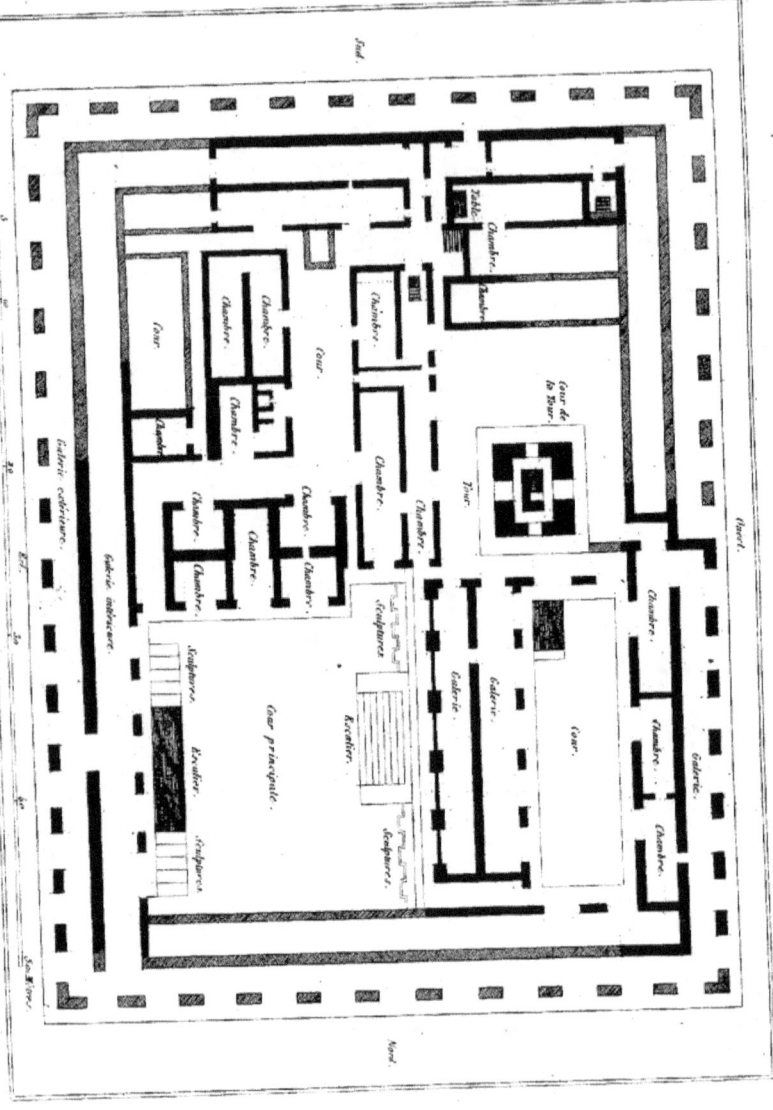

Pizarre emmenait en Amérique ses frères Fernand, Jean, Gonzale, et François-Martin d'Alcantara. Fernand Pizarre et Jean Pizarre étaient frères de père et de mère et seuls enfants légitimes de Gonzale Pizarre, de Truxillo ; François, le héros de la conquête du Pérou, était enfant naturel, ainsi que nous l'avons déjà dit ; Gonzale l'était aussi, mais d'une autre mère. Quant à François-Martin, il était frère de François du côté de sa mère seulement, car il était né d'un autre père.

On se doute bien que ce ne fut pas sans une vive indignation qu'Almagro apprit de quelle façon Pizarre avait arrangé les choses et distribué les rôles dans son voyage à Madrid. Dans son premier mouvement de colère, il résolut de rompre avec un associé aussi déloyal et d'organiser une nouvelle expédition avec des hommes plus dignes de confiance. Mais Pizarre, redoutant les suites de cette séparation, s'empressa de faire d'apparentes concessions. Il affirma n'avoir rien demandé, et s'être vu contraint d'accepter des honneurs qu'il n'avait pas ambitionnés. Pour preuve de sa véracité, il offrit à Almagro de se démettre en sa faveur du titre d'adelantade, s'engageant à faire tous ses efforts pour faire ratifier cet abandon par le gouvernement de Madrid. C'en était assez pour apaiser le ressentiment de Diégo d'Almagro. Une réconciliation, ménagée par Fernand de Luque, rétablit, au moins pour quelque temps, la bonne harmonie entre les deux anciens amis. On renouvela le pacte un moment brisé, et il fut convenu, comme précédemment, que l'expédition se ferait à frais communs, et que les profits, de quelque nature qu'ils fussent, seraient partagés, sans privilége pour aucun des trois contractants. On verra comment François Pizarre tint cet engagement.

Quelque temps après, Pizarre partait à la tête de 180 soldats, dont 36 cavaliers. C'est avec cette petite troupe qu'il allait entreprendre la conquête d'un vaste et puissant empire. Almagro resta encore à Panama, pour envoyer à Pizarre des renforts et des munitions.

Mais avant de pousser plus loin le récit de la conquête du Pérou, il importe d'exposer la situation de ce royaume au moment où les Espagnols y firent leur dernière et définitive apparition.

Dans le résumé de l'histoire des Incas, nous avons dit que Huayna Capac, douzième souverain, après avoir soumis la ville et la province de Quito à son autorité, avait épousé la fille du chef vaincu et fixé sa résidence dans la capitale nouvellement conquise. De la nouvelle union de Huayna Capac naquit un enfant qui fut nommé *Atahualpa*, ou, suivant les écrivains espagnols, *Atabalipa*.

Quelques années après, l'Inca mourut, léguant à son fils aîné l'empire du Pérou et le trône du Cuzco, à Atahualpa la province et la ville de Quito. Le premier soin d'Atahualpa, après avoir rendu les derniers devoirs à son père, fut de s'assurer le dévouement de l'armée cantonnée à Quito, et de s'emparer des trésors du monarque défunt. Puis il envoya à son frère des ambassadeurs chargés de lui demander la ratification du legs de son père. Huascar Inca lui fit répondre que l'empire ne pouvait être ainsi divisé ; que les lois fondamentales et l'usage s'y opposaient ; que, du reste, si Atahualpa consentait à ramener à Cuzco l'armée qu'il avait jusque-là retenue auprès de lui, il se ferait un plaisir de lui accorder des domaines et des richesses qui lui permettraient de vivre avec toute la magnificence d'un prince de sang royal ; que s'il refusait, il serait déclaré traître à son souverain, et que lui, Huascar, marcherait immédiatement contre Quito, pour le punir de sa rébellion. Atahualpa, après avoir consulté deux des meilleurs capitaines de son père, l'un nommé Quizquiz, l'autre Liliouchima, résolut de ne pas attendre son frère et de l'attaquer à l'improviste. Il se mit en campagne et soumit tout le pays qu'il parcourut. Huascar, averti par le chef de son armée, alla en personne à la rencontre de son rival. Une bataille sanglante inaugura la guerre civile, et le sort parut un instant vouloir favoriser la cause de l'empereur de Cuzco, car Atahualpa resta prisonnier entre ses mains ; mais le captif étant parvenu, à l'aide d'une barre de cuivre qu'une femme lui avait procurée, à percer le mur de sa prison, s'échappa et se rendit en toute hâte à Quito où il rallia ses troupes et ranima leur ardeur. Une nouvelle rencontre avec l'armée de Huascar amena une seconde bataille; mais, cette fois, la fortune se déclara pour Atahualpa. Cette journée, si tristement mémorable dans les fastes du Pérou, fit un si grand nombre de victimes, que longtemps après, on voyait encore, dans le lieu qui servit de théâtre à la lutte des deux frères, des monceaux d'ossements humains et d'armes brisées (*). Atahualpa, profitant de sa victoire, marcha en avant, portant le ravage et la désolation dans les provinces qui refusaient de reconnaître son autorité et de prendre fait et cause pour lui. Arrivé près de Caxamarca, il apprit que l'armée ennemie était campée dans le voisinage. Un corps de 3,000 hommes fut aussitôt envoyé en reconnaissance ; par une fatale coïncidence, Huascar, ne soupçonnant pas l'approche de ses adversaires, se retirait, suivi seulement de quelques centaines d'hommes, à une certaine distance du camp, tandis que les troupes d'Atahualpa s'avançaient contre lui. Il fut surpris, cerné et fait prisonnier. Vainement son armée s'ébranla-t-elle pour le délivrer ; le chef du détachement ennemi menaça l'Inca de la mort si ses partisans persistaient à vouloir le dégager. Huascar, intimidé par la perspective d'un supplice affreux, ordonna aux siens de se retirer, et resta au pouvoir du capitaine d'Atahualpa. Ainsi fut tranchée la question qui avait un moment ensanglanté la terre du Pérou, et troublé la tranquillité si habilement maintenue, pendant des siècles, par la sagesse des Incas.

Tel était l'état de cet empire quand les Espagnols parurent sur la côte. L'affaiblissement produit par la guerre civile, la division des habitants, la dispersion de l'armée de Huascar, et le licenciement de celle d'Atahualpa, favorisèrent puissamment la tentative des Européens. Dans une situation normale, le Pérou aurait d'autant plus facilement résisté à cette poignée d'aventuriers, qu'elle était isolée à une grande distance de Panama et sans espoir d'être suffisamment renforcée.

Reprenons maintenant notre récit. François Pizarre, accompagné de ses quatre frères, avait mis à la voile au commencement de l'année 1531, sur un vaisseau équipé aux frais de Fernand de Luque (*). Nous n'entrerons pas dans le détail des souffrances que les gens de l'expédition eurent encore à endurer dans leur navigation le long du littoral péruvien. Disons seulement que Pizarre dut faire preuve d'une rare énergie en présence de sa troupe mécontente et souvent mutinée. Enfin, l'exploration d'une province appelée *Coaque* raffermit le courage des Espagnols et ranima leurs espérances ; on trouva, en effet, dans la ville et dans les environs, une suffisante quantité de vivres et de l'or en assez grande abondance pour rassurer ceux qui avaient élevé des doutes sur les richesses métalliques du Pérou. Quelques jours après, un des vaisseaux de la petite escadre partait pour Panama.

(*) Augustin de Zarate dit *Fernand Ponce de Léon*. Il est évident que c'est le même personnage que celui dont il a été déjà question et qui était, dès le principe, associé avec Pizarre et Almagro. En comparant l'édition d'Anvers, de 1555, avec celle de Séville, de 1577, on pourrait soupçonner qu'il y a une faute d'impression dans le passage où Zarate nomme Fernand de Luque, et qu'il faut lire *Fernand de Léon*. Ce serait là un point assez intéressant à éclaircir, car il n'est pas indifférent à l'histoire de savoir au juste le nom d'un des trois hommes qui découvrirent et conquirent le Pérou.

(*) Zarate, t. I, p. 87 de la trad. franç.

chargé de 30,000 pièces d'or (*) pour Almagro et François de Luque, appât irrésistible offert à la cupidité de ces deux associés de Pizarre.

Après avoir rançonné le pays, l'expédition se dirigea vers le sud et alla jeter l'ancre devant Porto-Viéjo, où elle ne trouva que des indigènes disposés à accepter la domination des Européens. Ce fut dans cette ville que Pizarre fut rejoint par les capitaines Benalcazar et Jean Forès, qui lui amenaient un petit détachement de fantassins et de cavaliers expédié de Nicaragua. Le but du gouverneur général était d'atteindre Tumbez où il avait abordé dans sa précédente campagne et dont il s'était proposé de faire le centre de ses opérations. Arrivé à la hauteur de ce port, il jugea à propos de s'emparer préalablement de l'île de Puna, située vis-à-vis. Ce ne fut pas sans difficulté qu'il y parvint. Peu après, une descente eut lieu sur le territoire de Tumbez, et le cacique de cette ville, après une résistance assez énergique, fut obligé de se soumettre, non sans avoir acheté la paix par de riches présents en or et en argent.

De Tumbez, Pizarre se porta à trente lieues au sud, reçut le serment d'obéissance des chefs du pays, et se disposa à marcher vers l'intérieur du Pérou. Au moment où, assez embarrassé dans le choix d'une direction, il hésitait et combinait ses moyens d'action, il reçut un message de l'Inca Huascar, qui, encore à la tête de son armée, l'informait de la révolte de son frère, et le priait d'embrasser la cause du souverain légitime contre le rebelle. La nouvelle des troubles qui agitaient le Pérou, et de la guerre civile qui l'affaiblissait, fut pour Pizarre une révélation soudaine des chances favorables que lui réservait la fortune. Il comprit tout le parti qu'il pouvait tirer de cet état de choses, soit qu'il prît fait et cause pour Huascar, soit qu'il se déclarât contre lui, ou bien

(*) Le traducteur de Zarate évalue ces trente mille pièces d'or à 111,000 livres de l'ancienne monnaie française.

28ᵉ *Livraison.* (PÉROU ET BOLIVIE.)

encore qu'il se tînt dans une prudente et perfide neutralité. Il ne balança pas à se mettre en marche, et se rendit en toute hâte dans la province de Caxamarca, où se trouvait Atahualpa, et où il pourrait observer les événements. Telle était la préoccupation des deux princes rivaux, qu'aucun d'eux ne devina le péril qui menaçait l'empire, et ne jugea à propos de s'opposer aux mouvements de la petite troupe conquérante. Ignorant le véritable but des Espagnols, l'un et l'autre champions s'imaginaient pouvoir utiliser leur assistance, sauf à se défaire d'eux plus tard, s'ils devenaient par trop entreprenants. Jamais empire ou souverain ne fournit un exemple plus frappant du danger de la guerre civile en présence de l'ennemi commun. Jamais aussi, il faut le dire, l'audace d'un conquérant ne fut favorisée par des circonstances plus propices.

En arrivant à Caxamarca, le gouverneur reçut un message d'Atahualpa, qui lui défendait de s'établir dans cette ville. Les dispositions de ce prince étaient donc peu conciliantes, et Pizarre devait se préparer à une lutte, suivant toute apparence, inévitable. On se doute bien que le chef espagnol ne tint aucun compte de la défense d'Atahualpa. A peine établi dans Caxamarca, il envoya le capitaine Fernand de Soto au camp du prince, éloigné d'une lieue, afin de prévenir le roi de Quito de l'arrivée des étrangers. Les historiens racontent qu'arrivé en présence d'Atahualpa, Soto poussa vers lui son cheval pour mieux se faire entendre, et que la vue de ce coursier, qui semblait identifié avec le cavalier, fit fuir les Indiens qui entouraient leur maître. Comme le capitaine était en pourparler avec le prince, qui ne daignait lui répondre que par l'intermédiaire d'un interprète, on vit paraître Fernand Pizarre, envoyé à la suite de Soto, avec un petit détachement de cavalerie. Interpellant directement Atahualpa, le frère du gouverneur lui dit que son chef, représentant du puissant roi d'Espagne, désirait le voir et lui offrait son amitié. Le prince répondit qu'il acceptait l'amitié du roi d'Espagne, mais à condition que ses sujets rendraient l'or et l'argent qu'ils avaient déjà enlevés aux habitants du Pérou, et qu'ils quitteraient immédiatement le pays; que, pour s'entendre à ce sujet avec le chef des Européens, il se rendrait le lendemain à Caxamarca.

Le rapport que Fernand Pizarre fit à son frère, sur son entrevue avec Atahualpa, et sur tout ce qu'il avait vu, ne laissa pas d'inspirer une certaine inquiétude au gouverneur. L'aspect formidable du camp indien, et le nombre considérable de soldats qui marchaient sous la bannière du prince, firent craindre à Pizarre d'avoir trop compté sur la faiblesse de l'ennemi. Mais on ne s'aventure pas ainsi, les armes à la main, et en nombre infiniment minime, dans un pays inconnu, sans avoir préalablement pris la résolution de réussir ou de succomber glorieusement. Les compagnons de Pizarre étaient tous gens intrépides et éprouvés; le gouverneur n'eut pas besoin d'électriser leur courage pour les décider à affronter les périls d'une lutte si inégale.

Des deux côtés, on passa la nuit en préparatifs; car les Indiens pensaient bien, comme les Espagnols, que la réponse de leur général aux propositions du chef des Européens ne pouvait conduire qu'à une rupture.

Le lendemain, tandis que Pizarre faisait ses dispositions de combat, l'armée péruvienne se mit en marche, mais si lentement, qu'elle employa plus de quatre heures à faire une lieue. Atahualpa s'avançait dans une litière dorée, portée, suivant la coutume, sur les épaules des plus éminents personnages de sa cour; sur son passage, trois cents Indiens, tous couverts de la même livrée, débarrassaient le chemin des moindres obstacles, des plus petites pierres. Après la litière du prince, venaient les caciques et les autres grands du royaume de Quito, également étendus dans de riches litières. Telle était l'opinion qu'ils avaient de la petite armée espagnole, qu'ils croyaient pouvoir la faire prisonnière sans coup férir, et sans même se déranger de leurs voluptueux palanquins. Les rapports des gouverneurs indiens, qui avaient déjà été en contact avec les gens de Pizarre, avaient contribué à répandre cette fausse opinion; l'un d'eux avait fait dire à Atahualpa que non-seulement le nombre des Espagnols était presque imperceptible, mais encore que leur paresse et leur lâcheté les engageaient, pour ne pas se fatiguer, à monter sur de grandes brebis, qu'ils appelaient des chevaux. Ce fut donc avec la conviction qu'il n'avait qu'à se montrer pour disperser cette tourbe d'étrangers, que le prince péruvien arriva dans un champ clos situé devant le palais de Caxamarca. N'apercevant qu'une partie des Espagnols, parce que la cavalerie avait reçu l'ordre de se cacher, Atahualpa crut qu'ils l'attendaient pour lui demander grâce. Mais, tandis qu'il communiquait sa pensée aux gens qui l'entouraient, il vit s'avancer vers lui un étranger tenant un livre à la main, et portant la tête haute; c'était l'évêque Vincent de Valverde, devenu célèbre dans l'histoire du Pérou. Dès qu'il fut assez près du prince pour en être entendu, le prêtre s'arrêta devant lui, et, lui montrant d'une main un crucifix, de l'autre, son bréviaire, il lui adressa un long discours que l'Inca, plus surpris qu'irrité, eut la patience d'écouter jusqu'au bout. Rien de plus extravagant que cette harangue : Valverde y exposait la doctrine de la création, la chute du premier homme, le mystère de l'incarnation, la passion et la résurrection de Jésus-Christ; le choix que Dieu était censé avoir fait de saint Pierre pour être son grand vicaire sur la terre; le pouvoir de saint Pierre transmis aux papes, et la donation faite au roi de Castille, par le pape Alexandre, de toutes les régions du nouveau monde. Après cet étrange bavardage, le pieux évêque somma Atahualpa d'embrasser la religion chrétienne, de reconnaître l'autorité du souverain pontife et du roi d'Espagne, lui promettant, s'il se soumettait, la protection de son seigneur et maître pour le Pérou et pour lui-même, mais le menaçant de la plus terrible vengeance s'il refusait d'obéir et d'abjurer son impiété.

Cet inqualifiable discours, fidèle échantillon du fanatisme du siècle, fut d'autant plus inintelligible pour les Péruviens, que l'interprète, peu versé dans la langue espagnole et dans l'idiome quichua, le traduisit fort mal. Cependant Atahualpa parvint à en comprendre quelques points, et, quoique aussi indigné que surpris de l'absurde insolence du prêtre espagnol, il lui fit une réponse pleine de dignité, de bon sens et de modération. Il dit qu'il était maître de son royaume, et qu'il trouvait fort singulier qu'un pontife étranger se permit de disposer de ce qui ne lui appartenait pas; qu'il ne lui convenait pas le moins du monde de renoncer à la religion de ses ancêtres et d'abjurer le culte du soleil, divinité immortelle, pour adorer le dieu des Espagnols, qui, suivant son interlocuteur lui-même, était sujet à la mort; que quant au reste de la harangue, il n'y comprenait rien, et serait curieux de savoir où le prêtre avait puisé des choses si extraordinaires : — « Dans ce livre ! » s'écria Valverde en montrant son bréviaire. Atahualpa prit le volume, l'examina attentivement, le porta à son oreille, et le jetant dédaigneusement à terre : « Cela ne parle pas, dit-il, et ne m'apprend rien. » Furieux de la profanation que vient de subir le livre saint, l'évêque court vers ses compagnons, et, d'une voix tremblante de colère, leur crie : « Aux armes ! aux armes, chrétiens ! On insulte le vrai Dieu ; vengez-le sur ces misérables infidèles ! » Soit que ce signal eût été convenu, soit que Pizarre jugeât qu'en effet le moment décisif était arrivé, il s'avança pour commencer l'attaque, et fit dire à son frère Fernand d'exécuter le mouvement qu'il lui avait prescrit. En même temps, l'ordre fut transmis à l'artillerie de jouer, et à la cavalerie d'assaillir les Indiens de trois côtés différents, tandis que lui-même conduirait l'infanterie contre le corps d'armée que commandait Atahualpa en personne. Ces instructions furent immédiatement suivies. Les fantassins, poussant hardiment jusqu'aux litières qui portaient les chefs, dirigèrent leurs premiers coups contre les Indiens qui entouraient l'Inca et sa suite ; mais les Péruviens étaient en si grand nombre, que les vides occasionnés dans leurs rangs par les balles des Espagnols étaient aussitôt remplis. Le général, jugeant avec raison qu'il perdait beaucoup plus par la mort d'un seul soldat, qu'il ne gagnait en tuant 100 Péruviens, et voulant, en conséquence, abréger le combat, se fit jour jusqu'à la litière où se trouvait Atahualpa. Écartant à coups d'épée les serviteurs qui, s'empressant autour de leur maître, voulaient lui faire un bouclier de leur corps, il s'élança sur l'Inca, le saisit par ses longs cheveux, et le tira si violemment, qu'il le fit tomber à terre. En même temps, les soldats espagnols qui avaient suivi les pas de leur chef, frappaient à coups redoublés sur la litière impériale, si bien que Pizarre reçut une blessure à la main. Les Indiens, furieux de l'outrage que vient de subir leur souverain, cherchent à le dégager et à punir l'audacieux agresseur. Leur courage, s'exaltant par la colère, leur fait oublier le danger, et accomplir des actes d'héroïque intrépidité ; mais c'est en vain : la supériorité de la discipline et des armes à feu l'emporte sur la valeur désordonnée et sur les moyens de défense des Péruviens. Pizarre, qui est parvenu à terrasser le malheureux Atahualpa, s'empare de sa personne et l'emmène. A cette vue, les Indiens consternés songent à leur propre salut. Attaqués sur plusieurs points par la cavalerie, qui leur inspire une terreur insurmontable, ils prennent la fuite dans toutes les directions. Les Espagnols, excités par l'infâme Valverde, qui, mêlé aux combattants, désigne les infidèles au glaive de ses compatriotes, égorgent tout ce qui s'offre à leurs coups, et poursuivent les fuyards dans leur retraite précipitée. La confusion devient telle, que les Indiens, arrivés à un angle du champ clos où se livre la bataille, se heurtent pêle-mêle contre le mur d'enceinte, et l'abattent par la violence du choc (*). La nuit seule empêche la cavalerie de s'attacher aux pas des vaincus, répandus au loin dans la campagne. Ruminagui, général d'Atahualpa, s'apercevant, dans le poste isolé où on l'avait placé avant le combat, que les étrangers sont victorieux, s'enfuit à son tour, et gagne sans s'arrêter la ville de Quito, située à plus de 200 lieues. En un mot, rien ne résiste plus aux Espagnols, et l'Inca reste captif entre les mains de Pizarre.

Telle fut cette bataille, cette lutte unique, qui donna d'un seul coup l'empire péruvien à l'Espagne. Pizarre avait mis toute sa fortune sur une seule carte; la chance le favorisa, et il gagna la partie.

Le résultat de cette journée était immense. Des deux princes qui auraient pu défendre le Pérou, l'un se trouvait prisonnier des Espagnols, l'autre était poursuivi par un des généraux d'Atahualpa. Pizarre était en présence de deux éventualités, toutes deux à peu près également favorables : en effet, si Huascar était vaincu, l'expédition n'aurait plus d'ennemi sérieux à redouter; si, au contraire, il l'emportait sur le chef ennemi, Pizarre se trouverait être tout naturellement son allié, car il l'avait débarrassé de son frère. Cette alliance, le général espagnol saurait l'exploiter à son profit; il se ferait payer cher le service rendu à l'Inca de Cuzco, et saisirait sans scrupule l'occasion de se défaire sans péril de ce dernier obstacle. La position des Espagnols était donc aussi bonne que possible, et ils durent s'étonner eux-mêmes d'avoir fait en si peu de temps un chemin si rapide vers le but qu'ils recherchaient.

Le prince vaincu et prisonnier s'aperçut, dès les premiers moments de sa captivité, que la passion des richesses était le principal mobile de ses nouveaux ennemis. A l'ardeur avec laquelle il avait vu chefs et soldats se précipiter sur les tentes de son armée, piller les objets précieux qu'elles contenaient, et enlever sa magnifique vaisselle d'or, il avait deviné que le seul moyen de trouver grâce auprès de ses vainqueurs, c'était de flatter leur avarice, et de leur promettre, en retour de leur clémence, des trésors incalculables. Amené en présence de François Pizarre, il demanda à être traité généreusement, et avec les égards dus à son rang. « Pour prix de votre bienveillance, lui dit-il, je vous donnerai plus d'or et d'argent que vous ne pourrez en emporter dans votre pays. Regardez cette chambre, je la remplirai de vases et d'ustensiles précieux jusqu'à la hauteur où ma main peut atteindre, et tout cela vous appartiendra. Je ferai plus encore, et vous pouvez vous fier à moi du soin de vous enrichir, vous et les vôtres, au delà de vos plus brillantes espérances. » De telles promesses étaient de nature à arracher au gouverneur toutes les concessions possibles. Il s'engagea à traiter son prisonnier avec douceur et déférence; mais le malheureux Atahualpa n'avait pas compris qu'en faisant briller tant d'or et d'argent aux yeux du chef ennemi, il exciterait outre mesure sa cupidité; qu'en se disant maître de trésors inépuisables, il s'exposait à des exigences toujours croissantes, et impossibles à satisfaire. Désormais les désirs des conquérants seraient sans bornes, et leur première pensée devait être de se débarrasser de l'Inca, pour le remplacer dans la possession d'un pays aussi opulent.

Rassuré sur l'avenir, Atahualpa envoya des messagers par tout le pays, afin de réunir la quantité d'argent et d'or stipulée pour sa rançon. Chaque jour arrivaient des masses de métaux précieux; mais les Espagnols trouvaient que c'était peu, que la chambre ne s'emplissait pas assez vite, enfin, que le prince ne paraissait pas assez empressé de tenir son engagement. Pizarre lui fit même savoir que ces retards l'exposaient à de fâcheux soupçons; qu'on pouvait croire, par exemple, qu'il voulait se donner le temps d'assembler des troupes pour attaquer les Espagnols à l'improviste et les ex-

(*) Aug. de Zarate.

terminer. Atahualpa se justifia facilement : il fit observer que la plus grande partie des trésors qui devaient payer sa liberté était à Cuzco, éloignée de près de 200 lieues; que ces richesses ne pouvaient être transportées qu'à dos d'homme, par des chemins fort difficiles ; il ajouta qu'on pouvait aisément s'assurer de la possibilité où il était de remplir sa promesse, et qu'une fois cette certitude acquise, un retard de quelques jours et même d'un mois devait être compté pour peu ; enfin, il proposa d'envoyer deux Espagnols à Cuzco, afin qu'ils pussent voir de leurs propres yeux les objets promis, et en donner à Pizarre des nouvelles positives. Tout cela était sans réplique, et la proposition du prince très-raisonnable ; mais les officiers déclarèrent qu'ils ne se fiaient pas assez à la bonne foi des Indiens pour entreprendre le voyage de Cuzco. Cette nouvelle difficulté fut aussitôt levée par Atahualpa : il s'engagea à donner aux deux voyageurs un sauf-conduit qui les mettrait à l'abri de tout événement fâcheux. « Au surplus, dit-il, qu'avez-vous à craindre? n'êtes-vous pas maîtres de ma liberté, de mon trône et de mon existence? Ma femme, mes enfants et mes frères ne sont-ils pas en votre pouvoir ? Ne vous suffit-il pas de ces otages, et vous faut-il des garanties plus rassurantes? »

La proposition fut enfin acceptée ; le capitaine Fernand de Soto et Pierre de Barco s'offrirent pour faire le voyage. Suivant les instructions d'Atahualpa, ils se placèrent chacun dans une de ces litières que deux Indiens portaient au pas de course. Ainsi les sujets de l'Inca, les enfants et les protégés du soleil, prêtaient déjà leurs épaules aux aventuriers qui venaient voler leurs trésors et confisquer leur liberté !

A quelques journées de marche de Caxamarca, les deux lieutenants de Pizarre rencontrèrent sur la route de Cuzco une troupe nombreuse accompagnant une litière richement ornée. C'était Huascar, l'héritier légitime du trône des Incas, qui, vaincu et fait prisonnier par un des capitaines de son frère, était conduit vers son rival, captif lui-même à Caxamarca. Le prince ayant appris d'où venaient les deux étrangers et qui ils étaient, sollicita et obtint la faveur de leur parler. Il leur raconta l'origine et les détails de sa lutte avec son frère ; il les conjura de retourner vers Pizarre, pour l'instruire du véritable état des choses, ajoutant que s'il consentait à embrasser sa cause, et à le replacer sur le trône de ses pères, il comblerait d'or et d'argent jusqu'au faîte la chambre qu'Atahualpa ne devait remplir qu'au tiers. « Informez-vous, dit-il, si je ne suis pas à même de payer le service que je sollicite de votre chef. Pour vous donner tout ce qu'il vous a promis, mon frère sera obligé de dépouiller le temple du soleil ; moi qui possède toutes les pierreries et les immenses trésors de mon glorieux père, je puis aisément, et avec mes seules ressources, faire beaucoup plus que mon ennemi. Je suis le plus riche, protégez-moi. » L'argument était, en effet, irrésistible ; mais Atahualpa ne permit pas à Huascar de s'apercevoir de la magique toute-puissance de ses promesses.

Les deux voyageurs, après avoir fait à l'Inca une réponse évasive, continuèrent leur route vers Cuzco.

Instruit par ses agents de l'entretien qui avait eu lieu entre son frère et les envoyés de Pizarre, Atahualpa comprit le nouveau danger qui le menaçait. Devinant que l'appui de Pizarre serait accordé au plus offrant, et que les brillantes promesses de Huascar feraient pencher la balance du côté de son rival, il s'arrêta à une résolution barbare, mais que sa position lui faisait croire nécessaire. Il ordonna que le prisonnier fût mis à mort ; et cet ordre ne fut que trop promptement exécuté. Pizarre se trouva ainsi débarrassé d'un ennemi dont il pouvait craindre, pour l'avenir, l'influence et le pouvoir. Tout lui réussissait à souhait ; jamais conquérant n'avait été ainsi porté sur les ailes de la fortune.

Pendant que ces événements se passaient dans l'intérieur du pays, Diégo d'Almagro avait quitté Panama avec un détachement de troupes et avait fait voile pour le Pérou A peine débarqué, il se rendit, à la tête de ses soldats, auprès de François Pizarre. L'arrivée de ce compétiteur était un grave embarras pour le gouverneur. Almagro allait exiger sa part, non-seulement des richesses conquises, mais encore de l'autorité et du commandement. Dès ce moment allait commencer entre ces deux hommes une lutte qui, d'abord sourde et timide, devint énergique et opiniâtre.

Le moment était précisément venu de faire le partage des monceaux d'or et d'argent recueillis pour la rançon d'Atahualpa. Bien que le prisonnier n'eût pu remplir qu'en partie ses promesses, les objets précieux qui lui avaient été envoyés de tous les coins de l'empire n'en formaient pas moins un amas énorme de richesses métalliques. L'impatience des vainqueurs ne voulut pas attendre le complément de la rançon. On fit fondre tous les vases et ustensiles, à l'exception de quelques pièces d'un travail curieux, réservées pour le roi d'Espagne. Le quint dû à la couronne fut aussi prélevé, et produisit, pour l'argent, 30,000 marcs; pour l'or, 120 millions de maravédis ou 900,000 livres de notre ancienne monnaie. 100,000 pesos furent distribués aux soldats d'Almagro. Il restait 1,528,500 pesos pour Pizarre et ses compagnons. Le jour de la fête de saint Jacques, patron de l'Espagne, fut choisi pour la répartition de cette somme. Une messe fut célébrée, et les spoliateurs d'Atahualpa invoquèrent solennellement les lumières du ciel pour les éclairer dans le partage des fruits de leurs rapines. C'est ainsi que, dans ce siècle, on pillait et on égorgeait son prochain au nom d'un Dieu clément et miséricordieux. On procéda ensuite à la distribution; chaque cavalier eut 12,000 pesos en or, que Zarate évalue à plus de 80,000 francs; chaque fantassin reçut 9,000 pesos; tout le reste fut attribué à Pizarre et à ses lieutenants. Fernand Pizarre fut chargé de porter au roi sa part du butin; il s'embarqua peu de temps après pour l'Espagne.

Pour tous les soldats de Pizarre, gens grossiers et jusque-là indigents, ce fut une fortune aussi brillante que rapidement acquise. Quelques-uns, satisfaits de ce résultat inespéré, et préférant aux dangers de la guerre une vie tranquille dans leur patrie, sollicitèrent la permission de retourner en Espagne. Présumant qu'il n'avait plus rien à attendre de ces hommes, et que, d'ailleurs, le spectacle des richesses qu'ils emporteraient au loin, ferait naître parmi leurs amis et leurs parents le désir de grossir les rangs de sa petite armée, Pizarre permit aux plus importuns de partir sur le vaisseau qui devait porter son frère en Europe.

Tandis que les conquérants se partageaient les dépouilles opimes de son empire, Atahualpa rêvait la liberté et son prochain retour dans sa capitale. Le malheureux ne se doutait pas que sa mort était depuis longtemps résolue. « Pizarre, en imitant la conduite que Cortès avait tenue envers le souverain du Mexique, manquait des talents nécessaires pour bien suivre ce plan. Comme il n'avait ni l'adresse ni la modération qui eussent pu lui faire gagner la confiance de son prisonnier, il n'avait pas su mettre à profit l'avantage d'être maître de sa personne et de son pouvoir. Il est vrai qu'Atahualpa montrait plus de discernement que Montézuma, et qu'il paraissait avoir mieux deviné le caractère et les vues des Espagnols. Les soupçons et la défiance s'établirent bientôt entre les vainqueurs et le captif. Le soin avec lequel il fallait garder un prisonnier de cette importance augmentait beaucoup les embarras du service militaire, tandis que le profit qu'on retirait de cette captivité était devenu insignifiant. Pizarre ne considéra plus l'Inca que comme un fardeau dont il désirait vivement se délivrer. D'un autre côté, Almagro et ses compagnons, bien qu'ils eussent eu, sans la mériter, une part raisonnable dans la somme distribuée, étaient tous mécontents. Ils craignaient que, tant que l'Inca serait prisonnier, les soldats de Pizarre ne regardassent les trésors qu'on pourrait amasser par la suite comme le supplément de ce qui manquait à la rançon du prince, et que, sous ce prétexte, ils ne voulussent se les approprier en totalité. Ils demandaient donc la mort d'Atahualpa, afin que tous ils fussent désormais sur le même pied, et eussent les mêmes droits (*). »

La cupidité, et ce que les hommes politiques appellent la raison d'État, tels furent les principaux, et probablement les uniques motifs de la résolution de Pizarre. Quant aux prétendues appréhensions que lui inspiraient, suivant certains historiens, les rassemblements de troupes indigènes secrètement ordonnés par l'Inca, il ne nous paraît pas possible d'y croire sérieusement. Ce n'était évidemment qu'un prétexte, et malheureusement la fourberie du gouverneur trouvait dans un des gardiens d'Atahualpa un auxiliaire aussi habile qu'empressé. Cet homme était un Indien engagé comme interprète au service de Pizarre, et que les Espagnols appelaient Philippillo. Chargé de la surveillance spéciale de l'Inca, et, par cela même, autorisé à pénétrer à tout instant dans l'appartement qui lui servait de prison, il s'était épris d'une des femmes du prince, et avait résolu, pour la posséder, de perdre son royal époux. Ainsi tout conspirait contre l'infortuné captif. L'infâme Philippillo affirmait que l'Inca méditait l'extermination des Espagnols, et organisait contre eux un vaste plan d'attaque. Ces prétendues révélations venaient merveilleusement à l'appui des intentions de Pizarre, et donnaient aux soupçons qu'il prétendait avoir conçus, une apparence de fondement. Aussi le gouverneur s'affermissait-il de plus en plus dans son sinistre dessein. Quelques circonstances, qu'on pourrait croire insignifiantes, mais qui, suivant toutes probabilités, furent décisives, achevèrent de faire pencher la balance. Charmé des égards que lui témoignaient Fernand Pizarre et Fernand de Soto, officiers distingués, et supérieurs à leur chef par l'éducation, Atahualpa avait une prédilection marquée pour ces deux lieutenants du gouverneur; autant il était timide et réservé en présence de François Pizarre, autant il se montrait expansif et confiant envers son frère. Le général n'avait pas tardé à s'apercevoir de cette préférence, et il en avait conçu quelque dépit. Bientôt le prisonnier, qui déjà détestait Pizarre, en vint à le mépriser. Parmi les connaissances des Européens, l'art de lire et d'écrire excitait surtout l'admiration du prince américain. Était-ce chez les étrangers un don spécial de la nature ou un talent acquis ? Cette question préoccupait Atahualpa, et pour éclaircir ses doutes, il pria un des soldats qui le gardaient de tracer sur l'ongle de son pouce le mot *Dieu*. Tous les officiers à qui il montra le mot écrit, le lurent sans hésiter. Un seul fut forcé de confesser son ignorance : c'était François Pizarre. L'impression que cet aveu fit sur l'Inca n'échappa point au général ; du reste, le captif ne prit pas la peine de déguiser le peu de cas qu'il faisait d'un chef moins instruit que ses subordonnés. Pizarre fut vivement blessé des mépris de son prisonnier ; un ressentiment véritable s'ajouta dans son cœur aux pensées homicides qu'il y cachait depuis le jour de sa victoire. Dès ce moment, il mit de côté tout scrupule et tout respect humain ; Atahualpa ne fut plus pour lui qu'un condamné qui attendait le supplice (*).

Toutefois, pour ne pas assumer sur lui seul la responsabilité d'un acte aussi criminel, Pizarre voulut faire juger le prisonnier suivant les formes usitées en Espagne. Lui-même et Almagro, avec deux conseillers, constituèrent le tribunal qui devait prononcer sur le sort de l'Inca. Tout se passa suivant les règles et les usages judiciaires,

---

(*) Robertson, d'après Herrera, Zarate et Garcilasso de la Véga.

(*) Herrera, *Decad*. Garcilasso de la Véga.

odieuse dérision destinée à donner le change à la postérité. Un aventurier, transformé en procureur général, prononça un réquisitoire en forme ; un conseil fut donné à l'accusé pour sa défense ; en un mot, rien ne manqua à cette indigne comédie. On articula les imputations les plus étranges contre le malheureux Atahualpa, qui ne comprenait rien à tout cet hypocrite verbiage. On lui reprocha d'avoir usurpé le pouvoir et fait périr son frère, comme si c'était à Pizarre à venger le sang de Huascar ; on lui demanda compte de son idolâtrie et des sacrifices humains que, disait-on, il avait ordonnés, comme si le descendant de Manco Capac avait à se justifier d'avoir suivi la religion de ses ancêtres ; on lui fit un crime d'avoir plusieurs concubines, ainsi que l'autorisaient les institutions religieuses du Pérou ; on l'accusa, chose incroyable, d'avoir dissipé et détourné frauduleusement les trésors de son empire, qui appartenaient aux Espagnols par droit de conquête ; enfin on prétendit qu'il avait excité ses sujets à s'armer contre les Européens.

On ne sait, en vérité, de quoi s'étonner le plus, de l'effronterie des accusateurs ou de leur iniquité. Mieux valait, certes, envoyer tout simplement le bourreau à Atahualpa, que de faire entendre contre lui des imputations aussi absurdes. Jamais procès plus étrange, plus monstrueux, n'avait été intenté et poursuivi jusqu'au bout. Jamais vainqueur n'avait abusé d'une façon aussi extraordinaire de son absolue autorité sur un ennemi abattu. Si Pizarre avait condamné son captif à mourir sans justification, il n'aurait fait que suivre l'exemple de tous ces conquérants, à qui un crime utile à leurs desseins n'a pas coûté même un remords. En faisant condamner le prince péruvien avec tout l'appareil de la justice, il ajoutait à l'infamie de l'action l'odieux du procédé ; il donnait à un arrêt inique le caractère d'une grotesque ironie, d'une parade ignoble.

Des témoins furent entendus, et comme ils faisaient leurs dépositions dans la langue indienne, le perfide interprète, rival d'Atahualpa, travestissait facilement leurs assertions, de manière à rendre accablants pour l'accusé les témoignages les plus favorables. Bref, l'Inca fut condamné à être brûlé vif. Valverde, l'horrible prêtre qui, le jour de la bataille, avait donné le signal du massacre, abusa de son saint ministère au point de confirmer la sentence, et d'en attester la justice par son approbation signée. Dès qu'il fut instruit de sa nouvelle situation, le malheureux Atahualpa conjura ses persécuteurs de l'envoyer en Espagne, où il aurait du moins pour juge un souverain comme lui. Mais ses prières et ses larmes furent inutiles ; Pizarre se montra impitoyable. Comme si on voulait aggraver la position du condamné, et insulter à son malheur, ce même Valverde qui avait ratifié l'arrêt de mort au nom de Dieu et de la religion, fut chargé de consoler et de convertir la victime à ses derniers moments. « Acceptez le baptême, lui dit-il, et nous adoucirons la rigueur de votre supplice. » Épouvanté par la perspective d'une mort affreuse, l'Inca consentit à ce qu'on exigeait de lui. Quelques instants après, il y eut un chrétien et un martyr de plus sur la terre. On daigna faire grâce du bûcher à Atahualpa, et Pizarre poussa la générosité jusqu'à accorder à son ennemi l'insigne faveur d'être tout simplement étranglé (1533).

Il faut le dire à l'honneur de l'Espagne du seizième siècle, l'assassinat d'Atahualpa ne fut pas unanimement approuvé par les compagnons de Pizarre. Plusieurs officiers protestèrent avec une noble énergie contre un acte de barbarie qu'ils regardaient comme déshonorant pour eux et pour leur nation. Leurs remontrances trouvèrent des oreilles décidées à ne pas les entendre ; mais l'histoire n'en doit pas moins consigner ce fait, qui prouve que, même parmi les aventuriers qui couvraient l'Amérique de sang et de ruines, il se trouvait des hommes chez qui tout sentiment de justice et d'humanité n'était pas éteint.

Huascar et Atahualpa, les deux hommes dont les Espagnols auraient pu redouter la puissance, n'existaient plus; la route du trône était donc désormais libre devant Pizarre. Néanmoins, il jugea prudent de placer entre la nation péruvienne et lui, un fantôme de roi destiné à lui servir d'instrument, et à couvrir momentanément ses projets véritables aux yeux des crédules indigènes. Un des fils d'Atahualpa, que les historiens espagnols nomment Paul Inca, fut proclamé empereur par ordre de Pizarre, tandis que les populations de Cuzco et des districts environnants reconnurent pour roi Manco Capac, frère de Huascar (*). Mais pour ces deux princes, le titre de souverain fut à peu près honorifique. L'ambition d'Atahualpa avait déjà troublé le royaume. L'indignité et la cruauté avec lesquelles ce monarque avait traité une foule de descendants des Incas, avaient nécessairement affaibli le respect de la nation pour les membres de cette grande famille et pour le gouvernement luimême. L'arrivée des Espagnols, et la mort d'Atahualpa, succédant en un si court espace de temps à celle de Huascar, jetèrent les Péruviens dans une espèce de désarroi, et plongèrent le pays dans l'anarchie la plus déplorable. Les généraux qui avaient combattu pour l'un ou l'autre empereur jetèrent les yeux jusque sur le trône. L'un d'eux, que nous avons déjà nommé, ce même Ruminagui qui, à la bataille de Caxamarca, s'était lâchement enfui avec les 5,000 hommes qu'il commandait, s'empara de la province de Quito, et fit mettre à mort les enfants de son ancien maître, ainsi que son frère Illescas. Tous ces désordres venaient à propos pour servir les projets des Espagnols. Pizarre le comprit, et résolut de marcher sans plus tarder sur la capitale de l'empire. Les renforts qu'il avait reçus lui permettaient de tenter ce coup de main. Avec les 500 hommes qui composaient sa petite armée, il pouvait parcourir le Pérou d'une extrémité à l'autre, tant était profond le respect que les indigènes professaient pour les étrangers à longue barbe.

Un seul combat heureux ouvrit à Pizarre les portes de Cuzco. Bien que les habitants eussent enlevé ou enfoui une grande partie des trésors que renfermait cette ville, les Espagnols y trouvèrent plus d'or et plus d'argent que n'en avait produit la rançon d'Atahualpa. Suivant Herrera, le butin, partagé entre 480 personnes, donna à chacune 4,000 pesos, ce qui ferait un total de 1,920,000 pesos; mais la part du général et des capitaines ayant été assurément beaucoup plus forte que celle des simples soldats, la somme entière doit s'être élevée à un chiffre bien plus considérable.

Avant de quitter le littoral du Pérou pour s'avancer sur Caxamarca, Pizarre avait fondé sur la côte une ville qu'il nomma Saint-Michel, et y avait laissé une garnison sous le commandement de Benalcazar, un de ses lieutenants les plus distingués. Tandis que le général soumettait Cuzco, et se disposait à prendre possession des pays adjacents, Benalcazar s'impatientait d'une oisiveté dont ses goûts ni son ambition ne pouvaient s'accommoder. Une circonstance imprévue vint lui fournir un prétexte pour tenter la conquête du royaume de Quito : une tribu d'Indiens s'étant plainte à lui des exactions et des violences de Ruminagui, meurtrier des fils et du frère d'Atahualpa, Benalcazar prit fait et cause pour les opprimés, et marcha contre le tyran. Il espérait qu'après avoir pillé les trésors laissés par Atahualpa à Quito, il n'aurait plus rien à envier à Pizarre sous le rapport de la fortune. Son attente fut trompée : après une série de combats qui fatigua beaucoup la petite armée d'invasion, les Espagnols entrèrent dans la capitale de la province; mais les habitants en avaient préalablement détruit ou enlevé toutes les richesses. Le désappointement dut être cruel pour des hommes chez qui la cupidité parlait plus haut que tout autre sentiment.

Par une coïncidence singulière, tandis que la capitale du royaume de Quito était envahie par un lieutenant de Pi-

(*) Garcilasso de la Véga.

zarre, elle était menacée d'un autre côté par un ennemi sur l'arrivée duquel Benalcazar ne pouvait avoir aucun indice, ni aucun soupçon. Dans la partie de ce volume consacrée au Guatemala et au Yucatan, nous avons raconté la conquête de cette partie de l'Amérique par Pedro Alvarado. Au bruit des succès de Pizarre, le capitaine général du Guatemala, brûlant du désir de partager la gloire et les richesses du vainqueur d'Atahualpa, organisa une colonne de 500 hommes, et fit voile pour le Pérou. Il débarqua à Puerto-Viejo, et, connaissant mal le pays qu'il se proposait d'envahir, il marcha directement sur Quito en suivant le cours du Guayaquil, et en traversant les Andes vers la source de cette rivière. On ne peut se faire une idée de ce que l'expédition eut à souffrir dans ce trajet, aussi long que périlleux. Le froid, la chaleur, la faim, la soif, la fatigue et le désespoir, éclaircirent singulièrement les rangs de la petite armée. Enfin Alvarado atteignit le but de son pénible voyage; mais il se heurta tout d'abord à un obstacle auquel il était loin de s'attendre : les premiers adversaires qui lui barrèrent le chemin furent, non pas les Péruviens, mais ses propres compatriotes. Diego d'Almagro, qui avait aidé Benalcazar à compléter la conquête de Quito, dès la première nouvelle de l'apparition d'Alvarado, se porta à sa rencontre, bien décidé à l'empêcher de passer outre. Un conflit sanglant allait avoir lieu entre les deux petites armées, lorsque quelques officiers, plus sages que leurs compagnons, essayèrent des moyens de conciliation, et demandèrent une trêve de 24 heures, qui fut consentie de part et d'autre. Dans cet espace de temps, il fut conclu entre les deux chefs un traité par lequel Alvarado s'engageait à évacuer le pays, moyennant l'abandon de 100,000 pesos fait à lui et à ses camarades, comme indemnité pour leurs fatigues et les frais de l'armement. Cet arrangement une fois signé, la troupe d'Alvarado se débanda en très-grande partie. Bon nombre de ses soldats, et même de ses officiers, passèrent au service d'Almagro, de sorte que, loin d'avoir affaibli les moyens d'exécution et l'autorité de l'heureux Pizarre, cet épisode, d'abord assez alarmant, eut pour résultat définitif de les augmenter.

Tel fut le premier acte de la guerre civile qui devait si longtemps diviser les conquérants du Pérou.

Fier du succès pacifique qu'il avait obtenu, Almagro sentit se réveiller en lui les idées d'ambition auxquelles une impérieuse nécessité l'avait jusque-là forcé d'imposer silence. Informé par une rumeur, encore assez vague, que le roi d'Espagne lui avait accordé, après l'arrivée de Fernand Pizarre, le titre de gouverneur, et une vaste étendue du continent américain, au sud de la portion concédée à son associé, il voulut immédiatement marcher de pair avec François Pizarre, et se venger de sa déloyauté. Feignant de croire que Cuzco ne faisait point partie du domaine de son compétiteur, il entra en maître dans cette capitale, où se manifesta aussitôt une vive agitation. Deux frères du gouverneur, Jean et Gonzale, résistèrent énergiquement aux prétentions d'Almagro, qui avait trouvé dans Fernand de Soto un auxiliaire dévoué. Chaque jour, les deux partis étaient près d'en venir aux mains, et les conquérants étaient au moment de s'entr'égorger, lorsque François Pizarre, qu'une tournée dans les provinces avait tenu pendant quelque temps éloigné de Cuzco, fit sa rentrée dans cette ville. La présence du général rétablit le calme, et inspira à Diego d'Almagro des sentiments plus conciliants. Les deux chefs se rapprochèrent avec une apparence de sincérité qui ne trompa que les moins clairvoyants de leurs compagnons. Il fut convenu qu'Almagro irait à la découverte dans le sud, c'est-à-dire, vers le Chili; que s'il y trouvait un pays qui fût à sa convenance, il y resterait, sinon qu'il reviendrait au Pérou, et que Pizarre partagerait avec lui ses domaines et son autorité.

A quelque temps de là, Almagro partit pour le Chili à la tête d'une troupe de 200 hommes (*), tandis que

(*) C'est à tort que Robertson porte à

François Pizarre, momentanément rassuré, retournait à Lima, dont il avait déjà jeté les premiers fondements sous le nom de *ville de Los Reyes*.

L'expédition d'Almagro n'eut pas le succès qu'on en avait espéré. Les Indiens du Chili repoussèrent vigoureusement les étrangers, et la petite armée était déjà très-compromise, lorsque Almagro fut rappelé au Pérou par des événements aussi graves qu'imprévus.

Dès le départ des troupes d'Almagro, les chefs péruviens les plus influents, observant l'imprudence avec laquelle Pizarre avait disséminé ses forces, organisèrent un vaste complot qui avait pour but le massacre des Espagnols et la délivrance du Pérou. On aime à voir ce peuple donner de temps à autre des preuves d'un patriotisme et d'un courage qu'on serait tenté, sans cela, de nier. L'Inca Manco Capac, dont on se souvient sans doute, était l'âme et le chef de cette conspiration. D'abord enfermé à la forteresse de Cuzco, par suite de certaines révélations arrachées par la torture à l'interprète Philippillo, l'Inca n'en avait pas moins persisté dans son dessein. Soit que Fernand Pizarre, qui depuis un mois ou deux était de retour au Pérou, espérât tirer de ce prince quelque riche présent, ou qu'il eût été séduit par l'apparente candeur du prisonnier, il accorda à Manco la liberté qu'il sollicitait avec instance. Il fit plus : il lui donna la permission de se rendre à une fête solennelle qui devait se célébrer dans la province d'Incaya. Manco profita de l'occasion pour exécuter son plan. Le cri de guerre surprit les Espagnols au moment où ils se croyaient dans la sécurité la plus parfaite. Un assez grand nombre d'Européens furent

570 hommes la petite armée d'Almagro. Il n'a pas fait attention que Zarate rectifie, à la fin du chapitre, le chiffre qu'il avait donné au commencement. La colonne ne compta 570 combattants que par l'adjonction de plusieurs renforts successifs. Du reste, ce n'est pas la seule erreur de Robertson.

égorgés dans les maisons de campagne qui leur avaient été concédées; des détachements isolés furent assaillis et massacrés. Une armée d'insurgés, dont les historiens portent le nombre à 200,000 hommes, investit la capitale, et la ville naissante de Los Reyes fut elle-même attaquée par des forces considérables. En un mot, la révolte devint générale, et les étrangers, qui avaient si facilement pénétré au cœur de cet empire, étaient menacés d'y périr sous le glaive vengeur de leurs nouveaux sujets.

Le siége de Cuzco, qui n'était défendu que par 170 Espagnols, fut activement poussé pendant près de neuf mois consécutifs. Les indigènes n'y déployèrent pas seulement un grand courage et une remarquable persévérance, ils se signalèrent aussi par une aptitude merveilleuse à imiter leurs adversaires dans leur manière de combattre et jusque dans leur discipline. Ils organisèrent des bataillons sur le modèle de ceux qui les avaient jusque-là vaincus, et ils armèrent des compagnies avec les lances et les épées des Espagnols tués en dehors des murs de la ville. Quelques-uns même ne reculèrent pas devant l'usage du mousquet. Quant à la cavalerie, qu'ils avaient toujours singulièrement redoutée, ils savaient en venir à bout à l'aide de leurs *laços*; enfin, ils donnèrent une preuve encore plus frappante de leur intelligence, en détournant les eaux d'une rivière dans un vallon où était établi un poste espagnol, et peu s'en fallut que tous les Européens qui se trouvaient dans la vallée inondée ne fussent engloutis. De leur côté, les Espagnols faisaient des prodiges de bravoure; pour faire face à tant d'assaillants, ils étaient obligés de se multiplier et de se tenir toujours sur le qui vive. Les trois frères de Pizarre, qui les commandaient, donnaient à leurs soldats l'exemple de l'intrépidité et de la constance. Néanmoins, le nombre l'emportant sur le courage uni à l'habileté, une partie de la ville tomba au pouvoir de l'Inca; il fallut des efforts inouïs pour regagner le terrain perdu et repousser l'ennemi hors des murs. Jean Pizarre, celui des quatre frères qui était le plus aimé de ses compagnons, perdit la vie dans un des combats les plus acharnés. Enfin, épuisés de lassitude, manquant de vivres, et découragés par la persévérance d'un ennemi dont les rangs grossissaient chaque jour, les soldats espagnols se disposaient à abandonner Cuzco et à se diriger vers la mer, lorsqu'un incident d'une haute gravité vint faire diversion à leurs projets et attiédir l'ardeur de leurs adversaires.

Informé de ce qui se passait au Pérou, Almagro sentit tout d'abord la nécessité de secourir ses compatriotes. Ce fut là son premier mouvement; mais sa seconde pensée fut une pensée d'égoïsme et d'ambition. Sachant, par une communication officielle, que le roi d'Espagne l'avait nommé adelantade, et lui avait accordé deux cents lieues de territoire au sud des domaines de Pizarre, le nouveau gouverneur du Chili reprit son projet contre Cuzco et ses plans hostiles contre son associé. Pizarre l'avait trompé; il se croyait, par cela seul, autorisé à en agir de même envers lui. Il repassa donc au Pérou avec des intentions d'où ne pouvait sortir que la guerre civile. Au moment où il parut devant la capitale assiégée, les défenseurs de la place étaient assez instruits de ses desseins pour qu'ils hésitassent à l'accueillir comme un libérateur. Almagro, par la lenteur étrange avec laquelle il avançait vers la ville menacée, donnait crédit à l'opinion qu'on avait conçue de lui et de sa conduite. De leur côté, les Indiens, assez intelligents pour deviner ce qui se passait entre les deux partis, cherchèrent à profiter de cette division si favorable à leurs vues. L'Inca entama une négociation, et fit preuve dans tous les pourparlers qui eurent lieu, d'une rare sagacité; mais s'apercevant que, si Almagro consentait jamais à lui prêter assistance, ce serait dans le but de le sacrifier plus tard, il reprit les armes et tomba à l'improviste sur les Espagnols. Malgré le nombre des Indiens, la valeur et la discipline triomphèrent; Manco Capac fut complétement battu; la dispersion de la plus grande partie de ses troupes livra au chef européen les avenues de Cuzco.

Les deux partis étaient donc en présence. Les Pizarre voulaient interdire l'entrée de la ville à leur rival; mais comment risquer une lutte à force ouverte sans se compromettre vis-à-vis des Péruviens, qui épiaient toutes les fautes des Espagnols pour en tirer avantage? Tandis qu'on temporisait et qu'on proposait de part et d'autre des accommodements inacceptables, Almagro faisait une adroite propagande dans les rangs même de la garnison, et attirait par ses manières bienveillantes ceux des combattants subalternes dont la rudesse des Pizarre avait blessé la susceptibilité. Une nuit, Almagro s'avance silencieusement vers la place, désarme les sentinelles, entre, investit la demeure des deux frères, et après une résistance des plus énergiques, les force à capituler.

Le Rubicon était donc franchi, et la question entre Almagro et François Pizarre ne pouvait plus être tranchée que par l'épée.

Pizarre accepta le défi, mais il fut d'abord pris au dépourvu, car un certain temps s'écoula avant qu'il apprît ce qui s'était passé à Cuzco, et avant qu'il pût faire les préparatifs d'une attaque sérieuse. La guerre contre les Indiens continuait, et Pizarre, ayant imprudemment partagé ses forces en petits détachements isolés, eut la douleur de voir ses compagnons massacrés dans vingt endroits différents. Enfin, Alphonse d'Alvarado (qu'il ne faut pas confondre avec Pédro d'Alvarado, conquérant du Guatemala), ayant eu quelques succès contre les Péruviens, et ayant réuni un assez bon nombre de soldats sous son commandement, fut chargé par le gouverneur d'aller porter secours à ses frères, qu'il supposait toujours bloqués par les Indiens dans la capitale. Alvarado, au lieu de rencontrer des Péruviens, vit, à sa grande surprise, qu'il avait affaire à ses propres compatriotes. Les tentatives d'Almagro pour le gagner à sa cause ayant échoué contre sa loyauté, il fut surpris pendant la nuit et fait prisonnier. Pizarre lui-même quitta Los Reyes (Lima), à la tête de 700 hommes, et marcha sur Cuzco, toujours dans la plus complète ignorance de l'usurpation d'Almagro. Il paraît qu'il ne fut instruit de la situation des choses qu'à vingt-cinq lieues de Los Reyes. Considérant que la situation était grave et méritait de mûres réflexions, il retourna sur ses pas, afin de se donner le temps d'aviser. Si son adversaire avait profité du moment où il ne savait rien encore, pour le surprendre et l'envoyer dans la même prison que ses frères, la guerre civile aurait été indubitablement terminée d'un seul coup. Mais Almagro résista aux conseils d'Orgognos, qui était d'avis que l'on tentât ce coup de main. L'homme qui n'avait pas reculé devant la violation d'un engagement solennel et avait porté une main audacieuse sur les frères de Pizarre, recula effrayé devant la responsabilité d'une telle agression. Il voulut épargner son rival et lui laisser l'initiative. Ce fut une faute que le trouble de sa conscience peut seul expliquer.

Quoique Pizarre eût sous ses ordres une armée relativement nombreuse, et que la fuite des Indiens qui bloquaient Los Reyes le laissât libre de disposer de toutes ses forces, néanmoins, il jugea prudent de ne rien tenter de décisif avant l'arrivée des renforts qu'il attendait de l'Amérique centrale. Pour gagner du temps, il entama des négociations avec Almagro. Celui-ci ne voulut entendre à aucun accommodement, et se porta à la rencontre de son rival. Il laissait Gonzale Pizarre et Alphonse d'Alvarado à Cuzco; mais il emmenait avec lui, sous bonne garde, Fernand Pizarre, dont il redoutait sans doute davantage les entreprises. Il s'avança ainsi jusqu'à la province de Chincha, située à vingt lieues de Los Reyes; mais au lieu de continuer sa route, il s'arrêta brusquement, et, d'après un historien espagnol (*), il s'amusa à fonder des colonies dans le territoire appartenant à son adversaire.

Cependant Pizarre cherchait toujours à entrer en arrangement; son but était de se donner le temps de délivrer ses frères et d'organiser une armée supérieure en nombre à celle d'Almagro. Celui-ci prêta une oreille plus complaisante aux propositions de son antagoniste, ne se doutant pas qu'il n'y avait rien de sincère dans ces négociations. Pendant ces pourparlers, Gonzale Pizarre et Alphonse d'Alvarado parvinrent à s'échapper de prison et rejoignirent le gouverneur avec 70 soldats d'Almagro qu'ils avaient déterminés à déserter. La nouvelle de cette défection, et de l'évasion des deux captifs, affecta don Diego au point de lui faire désirer un rapprochement avec Pizarre; il alla même jusqu'à proposer une entrevue à son ennemi. Les deux parties ayant pris pour arbitre François de Bovadilla, provincial de l'ordre de la Merci, ce religieux ménagea une conférence entre les deux compétiteurs. Cette conférence eut lieu, et malgré le zèle compromettant de Gonzale, qui fit soupçonner à Almagro une manœuvre déloyale, un traité provisoire fut le résultat de l'entretien des deux généraux. Don Diègue, ne se doutant pas du piège que lui tendait François Pizarre, consentit à soumettre la querelle à la décision du roi d'Espagne. Fernand Pizarre, rendu à la liberté, fut désigné pour aller porter au tribunal du monarque les griefs et les prétentions des deux partis.

Désormais Almagro était en quelque sorte impuissant contre son rival, car il n'avait plus à sa disposition la vie des deux otages qui, jusque-là, lui avaient servi de garantie. Le gouverneur, oubliant la parole donnée, comme don Diègue lui-même avait violé son serment, en revenant du Chili, sortit pour la seconde fois de Los Reyes et se mit en campagne. Un ordre arrivé de Madrid, et qui enjoignait

(*) Aug. de Zarate.

aux deux gouverneurs de s'en tenir aux découvertes que chacun d'eux aurait faites, fut le prétexte de la rupture du traité. Almagro jugea à propos de reculer jusqu'aux environs de Cuzco et de se fortifier sur une montagne élevée. Il ne tarda pas à en être expulsé par Fernand Pizarre. Malade et affaibli par l'âge, don Diègue ajournait autant que possible le combat. Vainement lui fit-on observer que les soldats de Fernand, incommodés par les effets de la raréfaction de l'air sur le haut de la montagne, seraient aisément battus par des troupes habituées à l'atmosphère de ces régions élevées, qu'il fallait, en conséquence, retourner sur ses pas et prendre une vigoureuse offensive; Almagro et son lieutenant général Orgognos persistèrent à battre en retraite jusqu'à la capitale.

Deux mois après, les troupes de Pizarre, établies dans la plaine de Cuzco, menacèrent sérieusement la ville. Le 26 avril 1538, les deux armées se trouvèrent en présence. D'après les historiens, les deux promoteurs de la guerre civile étaient absents. François Pizarre était retourné à Los Reyes, et don Diègue, malade, ou se disant malade, s'était fait porter, dans sa litière, au sommet d'une colline d'où il pouvait suivre, sans y prendre part, les mouvements de la bataille. Peut-être les deux adversaires n'osèrent-ils pas tirer eux-mêmes l'épée pour défendre leurs prétentions; quoi qu'il en soit, l'absence de François Pizarre et d'Almagro est un fait qui ne doit pas être omis.

Le combat fut sanglant et acharné. Malgré la supériorité du nombre, les Pizarre auraient peut-être été vaincus si deux compagnies de mousquetaires, récemment organisées par le gouverneur, n'eussent pas foudroyé, dès les premiers instants, les escadrons d'Almagro. La victoire resta à Fernand Pizarre, lieutenant général et représentant de son frère. Orgognos, chef de l'armée ennemie, fut blessé dans l'action et achevé par un soldat qui avait eu à se plaindre de lui. Almagro, qui avait pu voir de loin tout ce qui s'était passé, prit la fuite et alla se réfugier dans la citadelle de Cuzco; mais il fut fait prisonnier, et, dès lors, le triomphe de son rival fut complet.

Un certain nombre d'Indiens avait pris part à la bataille dans l'un et l'autre camp. Après la défaite de don Diègue, ils pouvaient tomber à l'improviste sur les vainqueurs, affaiblis par une lutte prolongée, et à coup sûr ils auraient eu bon marché de cette poignée d'hommes fatigués et décimés. Ils n'en firent rien, soit qu'ils ne comprissent pas l'avantage de la position, soit que le courage leur manquât, ce qui est plus probable.

Quoique la ville de Cuzco eût été pillée par les vainqueurs, qui y trouvèrent encore des richesses considérables, il fut impossible à Fernand Pizarre de satisfaire la cupidité de tous ses compagnons. Entouré de gens insatiables et turbulents, il dut songer à les éloigner de sa personne, ce qui, heureusement, n'était pas difficile. Les découvertes et les conquêtes qu'il restait à faire dans l'empire péruvien et les pays limitrophes ouvraient un vaste champ à l'ambition des mécontents. Fernand Pizarre poussa dans cette voie ceux de ses officiers dont il connaissait l'esprit actif et entreprenant. Un assez bon nombre de soldats, parmi lesquels se trouvaient des partisans d'Almagro, suivirent les chefs des expéditions lointaines, et délivrèrent les Pizarre de leur importune et dangereuse présence. De telle sorte que Fernand se trouva débarrassé en même temps de ses ennemis et de ceux de ses amis dont il redoutait les exigences.

Peut-être Fernand fut-il conduit à s'isoler ainsi par le désir de pouvoir prononcer en toute sécurité sur le sort de son prisonnier. Quoi qu'il en soit, dès qu'il se vit à l'abri de toute remontrance et de tout péril de la part de son entourage, il mit à exécution ce que, dès le jour de sa victoire, il avait projeté contre don Diègue. Il est probable, toutefois, qu'en faisant juger et condamner à mort, pour crime de trahison, le rival de son frère, il ne fit que suivre les instructions de François Pizarre; car il serait difficile de concevoir qu'il eût accepté la responsabilité d'un tel acte, s'il ne s'était pas assuré l'acquiescement du gouverneur.

Les historiens espagnols disent qu'après avoir entendu la fatale sentence, Almagro sentit faillir ce courage intrépide qui avait si souvent bravé le danger sur les champs de bataille. Il supplia Pizarre de lui laisser la vie, et fit valoir, à l'appui de ses prières, des considérations qui, certes, auraient dû être toutes-puissantes sur un ennemi moins impitoyable que Fernand. « Il représenta que lui et son frère François lui étaient en quelque sorte redevables de la grandeur et de l'élévation auxquelles ils étaient parvenus, car il était celui des trois associés qui avait fourni la plus forte part des dépenses nécessaires pour la découverte du Pérou, dont ils étaient maintenant les maîtres ; il rappela à Fernand que lorsqu'il était lui-même prisonnier, lui, Almagro, l'avait remis gratuitement en liberté, sans vouloir suivre le conseil et les sollicitations de ses capitaines qui l'engageaient à le faire mourir. Il ajouta que si Fernand avait subi quelques mauvais traitements dans sa prison, ce n'avait été ni par son ordre ni même avec son assentiment; enfin, il fit observer que son grand âge le conduirait bientôt naturellement au tombeau, et que, dès lors, il était inutile d'abréger ses jours par une mort flétrissante (*). » Le condamné aurait pu dire aussi que François Pizarre lui avait donné l'exemple de la trahison en oubliant les clauses de leur association et en usurpant à ses dépens un titre et une autorité qui auraient dû être partagés. Mais Fernand ne l'écoutait qu'avec impatience, et les prières du vaincu étaient paroles perdues. Almagro fut étranglé, puis décapité en place publique. Il était alors dans sa soixante-quinzième année. Son fils, prisonnier à Lima, avait été désigné par lui pour lui succéder dans son gouvernement.

Les Pizarre, espérant que la guerre civile ne se rallumerait pas, s'occupèrent plus activement que jamais de leurs projets de découvertes et de conquêtes. C'était le meilleur moyen d'employer l'inquiète activité de leurs subordonnés. Entre autres déterminations qui méritent d'être rappelées, le mestre de camp Pedro de Valdivia fut envoyé au Chili, que don Diego d'Almagro avait découvert, et qui, jusqu'à ce moment, s'était soustrait à la domination des Européens. Le Pérou se trouvant dans un état de tranquillité assez satisfaisant, Fernand Pizarre jugea nécessaire de partir pour l'Espagne, afin d'aller rendre compte au roi de tout ce qui s'était passé entre son frère et Almagro.

De tous les voyages de découvertes qui eurent lieu à cette époque, sous forme d'expéditions militaires, celui dont nous allons parler est le plus extraordinaire et le plus mémorable. Gonzale Pizarre avait été nommé gouverneur de la province de Quito, en remplacement de Benalcazar, conquérant de ce royaume. Informé qu'à l'est de son territoire, et au delà de la Cordillère, il existait un pays aussi riche en productions végétales qu'en minéraux, Gonzale forma le projet d'explorer et de soumettre cette contrée encore inconnue. Son frère François lui en ayant donné l'autorisation, il partit à la tête de trois cent quarante hommes, dont la moitié environ de cavalerie, et avec une escorte de quatre mille Indiens, chargés du bagage et de la conduite des bêtes de somme. Pour pénétrer dans le pays qu'on voulait conquérir, il fallait s'ouvrir une route périlleuse à travers les montagnes. Dans cette partie du trajet, les Indiens qui accompagnaient la petite armée périrent presque tous de froid et de fatigue. Quant aux Espagnols, quoique plus robustes, et plus habitués aux variations de la température, ils souffrirent cruellement de la marche sur les plateaux

(*) Aug. de Zarate, t. I, p. 230 de la trad. franç., in-12.

élevés, où la raréfaction de l'air éprouve les poitrines les plus solides. Mais, quand l'expédition eut atteint la région des plaines, nos aventuriers eurent à endurer des misères encore plus poignantes. Une pluie torrentielle, qui dura deux mois sans interruption, compromit leur santé, et leur causa tous les maux physiques qui résultent de l'action d'une excessive humidité. Les vastes espaces de terrain qu'ils parcouraient, complétement déserts, ou habités par des peuples barbares, ne pouvaient leur fournir assez de vivres. A chaque instant, arrêtés par des marais profonds ou par des forêts vierges, ils étaient obligés de marcher dans l'eau ou de se frayer un chemin en abattant les arbres qui leur faisaient obstacle. Les travaux étaient donc sans fin, et les fatigues sans relâche. Mais les Espagnols s'étaient fait une si séduisante idée des pays vers lesquels ils s'avançaient, que leur courage résistait à toutes les épreuves, et qu'ils persistaient énergiquement à chercher cette terre promise, but de tant d'héroïques efforts. Ils arrivèrent enfin sur les bords du Coca ou Napo, un des plus grands affluents du Maragnon. Là, ils construisirent un petit bâtiment, ou plus vraisemblablement une barque, dont ils espéraient tirer un grand avantage. Augustin de Zarate nous a transmis, sur la construction de cette embarcation, des détails qui donnent une idée exacte des difficultés immenses qu'il fallut vaincre pour venir à bout de ce travail. « Il leur fallut, dit l'historien espagnol, bâtir des fournaises pour y faire chauffer le fer dont ils avaient besoin, afin de le mettre en œuvre. Ils se servirent des fers des chevaux morts, parce qu'ils n'en avaient point d'autre, et ils furent aussi obligés d'accommoder des fourneaux pour y faire du charbon. Gonzale Pizarre obligeait tout son monde, sans aucune distinction, à travailler; et, pour donner exemple et courage aux autres, il travaillait aussi lui-même et de la hache et du marteau. Au lieu de poix et de goudron, ils se servirent d'une gomme qui distillait de quelques arbres; et, au lieu d'étoupes et de filasse, ils employèrent les vieilles mantes des Indiens, et les chemises usées et pourries des Espagnols, chacun contribuant de tout son pouvoir à avancer l'ouvrage. » L'embarcation terminée, on y plaça cinquante soldats sous le commandement de François Orellana. Bientôt Pizarre perdit de vue le bâtiment, car l'irrésistible impétuosité du courant l'emportait avec une effrayante rapidité. Dès ce moment, Orellana se considéra comme indépendant, par cela seul qu'il n'était plus sous les regards de son supérieur. Oubliant l'ordre qu'il avait reçu d'aller attendre ses compagnons au confluent du Napo ou de l'Amazone, il résolut de suivre le cours de ce dernier fleuve jusqu'à son embouchure dans l'Océan. Ce fut de sa part une faute grave, presqu'un crime, car son éloignement allait priver ses camarades de la précieuse embarcation, et les plonger peut-être dans le désespoir, en aggravant leur situation déjà si pénible. Mais l'histoire a oublié les torts d'Orellana pour ne se souvenir que de sa merveilleuse entreprise; et certes, tenter un voyage de dix-huit cents lieues, à travers un pays inconnu et au milieu de nations barbares, sur un bâtiment construit à la hâte avec du bois vert, sans boussole, sans provisions, sans guide, c'était, après tout, mériter d'avance le pardon des contemporains et de la postérité.

En suivant le cours du Napo, Orellana arriva dans les eaux du fleuve des Amazones, sur lequel il s'aventura audacieusement, malgré les dangers propres à la navigation de cette grande artère de l'Amérique méridionale. Chaque jour, il était obligé de descendre sur les bords, soit pour acheter des indigènes les provisions dont l'équipage de la barque avait besoin, soit pour obtenir des vivres de vive force, quand les Indiens lui en refusaient. Après des fatigues inouïes et une suite de périls qui auraient épouvanté un esprit moins intrépide, Orellana entra dans l'Océan, où il eut encore à surmonter des dangers formidables. Enfin, arrivé sain et sauf à l'île de Cubagna, il fit voile pour l'Espagne. Le récit de son voyage émerveilla ses crédules compatriotes. Il affirma avoir visité des peuples si opulents, que leurs temples étaient couverts d'or; de là, l'opinion qu'il existait dans ces régions un pays où l'or était en abondance, et qu'on nommait en conséquence *el dorado*. Orellana prétendit aussi avoir rencontré des femmes belliqueuses et farouches, qui vivaient en république et dans un isolement complet, d'où vient le nom d'*Amazone* donné au fleuve qu'il avait parcouru (*).

Quelle ne fut pas la consternation de Pizarre et de ses compagnons, lorsque, arrivés au confluent du Napo et du Maragnon, ils n'y trouvèrent pas le bâtiment confié à Orellana. Ils pensèrent d'abord que quelque accident avait entraîné l'embarcation au delà du point indiqué; et ils firent, en conséquence, une cinquantaine de lieues en avant, cherchant du regard la barque tant désirée, et appelant à haute voix l'équipage qu'ils croyaient égaré. Enfin, ils trouvèrent un officier d'Orellana qui, pour avoir osé rappeler à son supérieur ses devoirs envers Pizarre, avait été impitoyablement abandonné sur les rives du fleuve; ce malheureux raconta à ses compatriotes tout ce qui s'était passé; et dès lors les soldats de Pizarre comprirent tout ce que leur situation avait de redoutable. L'expédition se trouvait à douze cents milles de Quito; et, pour franchir cette énorme distance, il lui fallait braver des périls encore plus effrayants que ceux qu'elle avait jusque-là vaincus. On se décida néanmoins à rétrograder; entreprise désespérée, mais devant laquelle on ne pouvait reculer. On se mit en marche tristement, et comme si une mort inévitable était le but de ce nouveau voyage. Pizarre et ses malheureux compagnons furent bientôt réduits à se nourrir de racines, à manger leurs chevaux, leurs chiens, les reptiles les plus immondes, et jusqu'au cuir de leurs selles et de leurs ceinturons. Ceux qui résistèrent à tant de misères arrivèrent à Quito dans un tel état de nudité et d'épuisement, qu'on les prit tout d'abord pour des sauvages. Quatre mille Indiens et deux cent dix Espagnols avaient payé de leur vie la folle ambition de Gonzale Pizarre; de sorte qu'après deux ans de travaux et d'efforts inutiles sur les bords inhospitaliers de l'Amazone, le chef de cette déplorable expédition ne ramena au Pérou que quatre-vingts de ses soldats, le reste ayant été conduit en Espagne par Orellana (*).

Pendant l'absence de Gonzale Pizarre, il s'était passé des événements qui avaient singulièrement changé la face des choses au Pérou: Fernand Pizarre, parti pour l'Espagne, ainsi que nous l'avons dit, avait été arrêté par ordre du roi, et jeté en prison. La cour de Madrid, justement alarmée des désordres sanglants qui agitaient la nouvelle colonie américaine, s'était résolue à envoyer sur le théâtre de la guerre civile un homme dont le désintéressement et la probité ne fussent pas suspects. Le choix du souverain était tombé sur le licencié Vaca de

---

(*) Orellana avait commencé à descendre le Napo dans les premiers jours de février 1541, et il arriva à l'embouchure du Maragnon le 26 août de la même année. Il employa donc sept mois à faire ce voyage. En 1743, il ne fallut que quatre mois à La Condamine pour arriver de Cuença, ville du Pérou, à l'établissement portugais de Para, trajet beaucoup plus long que celui du voyageur espagnol. Cette entreprise audacieuse, à laquelle Orellana avait été poussé par l'ambition, et La Condamine par l'amour de la science, fut exécutée, en 1769, par madame Godin des Odonais, dans le seul but d'aller rejoindre son mari. Rien n'est plus touchant ni plus dramatique que l'histoire des souffrances, des fatigues, des épreuves de tous genres supportées par cette femme héroïque, durant ce long et dangereux pèlerinage. M. Ferdinand Denis en a esquissé le tableau dans son intéressant travail sur le Brésil.

(*) Zarate, Garcilasso de la Véga, Herrera, Pizarro y Orellana, *varones illustres de Nuevo-Mundo*.

Castro, homme généralement estimé pour son noble caractère ; et le délégué du monarque était immédiatement parti pour l'Amérique.

Au Pérou même, une véritable révolution avait eu lieu. Nous allons en faire un récit succinct.

Nous avons parlé de ce fils d'Almagro que François Pizarre retenait en prison à Los Reyes. Ce jeune homme, mis enfin en liberté, devint le point de mire de toutes les ambitions trompées par la mort de son père, de tous les ressentiments non satisfaits, de toutes les espérances des ennemis de Pizarre. Doué de toutes les qualités qui pouvaient lui concilier le dévouement et le respect des mécontents, plus éclairé (*) et non moins intelligent que don Diègue, il avait sur les hommes grossiers et ignorants qui l'entouraient la supériorité que devait lui donner un commencement ou plutôt un semblant d'éducation. L'ardeur naturelle à son âge et le désir de venger son père le disposaient à accueillir toute proposition qui aurait pour but l'anéantissement de la puissance des Pizarre. Secrètement excité par Jean de Herrada, son précepteur, il n'attendait qu'une occasion pour agir. Bientôt les partisans de sa famille se groupèrent autour de lui. Leurs rangs se grossirent par l'accession d'une foule d'officiers que la révolte et la défaite de don Diègue avaient précipités dans la plus affreuse misère (**). Peu à peu s'organisa une vaste conspiration, dont le fils d'Almagro était, sinon le moteur réel, du moins le chef nominal. François Pizarre, informé de ce qui se passait, refusa de croire au complot qu'on lui dénonçait. Persuadé que ses ennemis étaient désarmés et réduits à l'impuissance, qu'Almagro ne jouissait d'aucune influence, que, dans tous les cas, le nom de Pizarre et la terreur qu'il inspirait seraient une égide efficace contre toute entreprise sérieuse, le gouverneur dédaigna les avis qu'on lui donnait, et laissa, comme d'ordinaire, son palais ouvert à tout venant.

Le dimanche, 26 juin 1541, à midi, c'est-à-dire au moment de la sieste, Jean de Herrada et dix-huit des conjurés sortent de la maison d'Almagro, armés de pied en cap et l'épée à la main. Ils courent vers le palais de Pizarre en criant : « Mort au tyran ! Mort à l'infâme qui a fait périr le juge de Sa Majesté ; » voulant faire croire par là que le gouverneur avait outragé le roi dans la personne de son délégué. Ils envahissent le palais, préviennent toute intervention des habitants en leur disant que Pizarre est mort; et tandis que les autres conspirateurs se disposent à les soutenir vigoureusement, ils arrivent jusque dans les appartements du gouverneur. Prévenu tout à coup du danger qui le menace, Pizarre demande ses armes, et n'ayant pas le temps d'attacher sa cuirasse, il s'apprête, avec une épée et un bouclier, à repousser les assaillants. Quelques courtisans qui se trouvaient auprès de lui au moment où le tumulte s'était fait entendre, sautent par les fenêtres et laissent leur maître avec deux pages et son beau-frère Alcantara pour tous défenseurs. François de Chavès, à qui Pizarre a ordonné de fer-

---

(*) Voici comment Augustin de Zarate termine le portrait du jeune Almagro : « Il savait aussi parfaitement bien lire et écrire, ce qu'on peut dire qu'il faisait mieux que sa profession ne semblait le demander. » Ceci donne bien une idée de la profonde ignorance des hommes de guerre du seizième siècle.

(**) D'après Herrera, la situation de ces officiers était des plus lamentables. Douze gentilshommes qui avaient servi avec distinction sous Almagro, logeaient dans la même maison, n'ayant qu'un seul manteau qu'ils portaient à tour de rôle quand ils devaient paraître en public; et dans ces circonstances, les autres étaient, bien entendu, obligés de rester chez eux. Abandonnés de tout le monde, méprisés pour leur pauvreté, privés même du nécessaire, ils ne pouvaient que porter envie à ceux de leurs anciens camarades qui, restés fidèles à la fortune de Pizarre, étaient logés dans des édifices somptueux et jouissaient de toutes les douceurs de la vie matérielle.

mer toutes les portes, a l'imprudence d'aller au-devant des ennemis; au moment où il leur demande quelles sont leurs intentions, il tombe percé de coups. L'instant d'après, les conjurés sont en présence de Pizarre lui-même, et une lutte furieuse s'engage aussitôt. Le gouverneur cherche à empêcher ses adversaires de pénétrer dans la salle où il s'est retranché, et chaque ennemi qui se présente à la porte est tué de sa main. Tous les coups sont mortels, et les assaillants commencent à désespérer de venir à bout d'un pareil antagoniste. Mais Alcantara tombe mort aux pieds de son beau-frère, et les pages sont hors de combat. Pizarre, affaibli par la longueur de la lutte, ne soutient plus que difficilement son bouclier et son épée. Les conjurés s'en aperçoivent et redoublent d'énergie; l'un d'eux s'expose volontairement aux coups de l'athlète épuisé, et tandis que le gouverneur s'acharne sur cet adversaire isolé, les autres le frappent aisément. Atteint d'une blessure profonde à la poitrine, Pizarre expire en embrassant l'image du Christ.

Dès que la nouvelle de cet événement se fut répandue dans la ville, un grand nombre d'individus, qui n'attendaient que ce dénoûment pour se prononcer, se déclarèrent hautement pour Almagro. Les meurtriers pillèrent préalablement le palais de Pizarre, et s'occupèrent ensuite du désarmement de leurs ennemis. Herrada, qui avait joué le premier rôle dans le complot et dans la scène sanglante qui l'avait terminé, fit monter Almagro à cheval et le conduisit ainsi par toute la ville, aux acclamations de ses complices; puis on réunit la municipalité et on l'obligea de proclamer le jeune don Diègue gouverneur général, en vertu de l'hérédité stipulée dans l'acte royal qui avait concédé à son père ce même titre de gouverneur de la Nouvelle-Tolède. Des supplices et des confiscations odieuses inaugurèrent le pouvoir du nouveau dictateur. D'anciens serviteurs restés fidèles à Pizarre jusqu'à ses derniers moments, furent envoyés à la mort. « C'était, dit Zarate, un objet digne de compassion de voir la désolation, les pleurs et les sanglots des femmes et des familles de ceux qu'on avait massacrés et dont on avait pillé les maisons. » La terreur fut telle à Lima, que personne n'osait rendre les derniers devoirs à la dépouille mortelle de François Pizarre, et qu'un vieux domestique du défunt fut obligé de se charger clandestinement de ce soin pieux, afin de soustraire le corps de son maître à d'indignes mutilations. Ainsi, cet homme qui s'était élevé au faîte des grandeurs, après avoir renversé à son profit un empire aussi vaste qu'opulent, fut inhumé comme un obscur criminel, trop heureux de trouver une main amie pour lui donner la sépulture; exemple frappant des vicissitudes de la fortune et de la fragilité du pouvoir !

Ce serait peut-être ici le lieu de tracer un portrait complet de Pizarre, et même d'établir un parallèle entre lui et son rival Diego d'Almagro; mais nous craindrions de ne pas trouver dans les historiens qui nous servent de guides des éléments assez complets ni, il faut le dire, assez sincères. Augustin de Zarate s'est amusé à ce jeu de rhétoricien : il fait un long panégyrique de Pizarre, à qui il attribue le plus noble caractère et dont il fait un héros accompli. D'après certains actes de ce conquérant, il nous est difficile de croire qu'il réunissait en lui de si nombreuses et si éclatantes vertus. A notre avis, ce grand homme, car on ne peut lui refuser ce nom, aux qualités éminentes qui distinguent l'homme de guerre et l'aventurier du seizième siècle, c'est-à-dire l'audace, le courage et la persévérance, joignait les vices les plus odieux, tels que l'avarice poussée jusqu'à la cupidité la plus effrénée, et une duplicité mêlée d'instincts de barbarie. Nous n'avons pas besoin de résumer les faits sur lesquels se fonde ce jugement; le lecteur se les rappelle sans doute assez bien pour décider si notre appréciation est conforme à la vérité et à la justice.

Quelques jours après la mort de Pizarre, le jeune Almagro se trouva à la tête de 800 hommes qui s'étaient spontanément réunis sous ses drapeaux. Ces forces, relativement considérables, lui auraient suffi, et au delà, pour consolider son autorité, si toutes les villes occupées par les Espagnols avaient suivi l'exemple de Lima. Mais il n'en fut pas ainsi : les chefs de plusieurs provinces, entre autres Alphonse d'Alvarado, protestèrent contre l'élévation de don Diègue ; et Pedro Alvarez Holguin, qui commandait à Cuzco, déclara immédiatement la guerre à l'usurpateur. Aussitôt les partisans des Pizarre, qui, jusque-là, n'avaient osé manifester leurs sentiments, se rallièrent à Alvarado et à Holguin. Les opposants n'étaient pas encore assez forts pour entrer en campagne contre les 800 hommes d'Almagro, mais sous le commandement d'un chef habile et puissant leur petite armée, chaque jour grossie par l'arrivée de nouvelles recrues, pouvait devenir formidable.

Ce chef était déjà trouvé. Vaca de Castro, commissaire du roi, était arrivé à Quito, et, instruit de la mort de Pizarre, il s'était fait aussitôt reconnaître gouverneur du Pérou, en vertu de ses lettres patentes. Benalcazar, commandant de la province de Popayan, et Pedro de Puelles, gouverneur de Quito pendant l'absence de Gonzale Pizarre, prêtèrent immédiatement serment de fidélité à Vaca de Castro. Peu de temps après, le nouveau gouverneur, dont l'active propagande avait réussi au delà de ses espérances, vit se grouper autour de lui un nombre suffisant de partisans dévoués. Joint aux forces dont Alvarado et Holguin pouvaient disposer, le corps de troupes réuni à Quito pouvait entrer en campagne avec de grandes chances de succès.

Cependant Almagro se dirigeait vers Cuzco ; il ne réussit pas à rencontrer Alvarado, qu'il cherchait, et ce chef ennemi fit sa jonction avec Holguin ; dès ce moment, le successeur de Pizarre jugea nécessaire, avant toute opération sérieuse, de se rendre maître de la capitale de l'empire. Malheureusement pour lui, Herrada, son plus fidèle et plus habile conseiller, mourut pendant la marche sur Cuzco. Privé des avis de son précepteur, Almagro commit des fautes graves et des excès de pouvoir qui irritèrent un grand nombre de ses partisans et compromirent, par cela même, sa position. Profitant des circonstances qui semblaient favorables, Vaca de Castro rejoignit, à la tête de sa troupe, Alvarado et Holguin qui l'attendaient. Bien que le nouveau gouverneur, ancien juge à l'audience de Valladolid, ne fût porté ni par ses antécédents, ni par ses habitudes, ni, à plus forte raison, par ses connaissances, au métier des armes, il n'en prit pas moins le commandement de toute l'armée avec une résolution digne d'un militaire déjà familiarisé avec les périls de la guerre. Ajoutons que, dès les premiers jours, il montra un coup d'œil, une habileté et un courage qui auraient fait honneur à un officier consommé. Son désir était de terminer la guerre d'un seul coup ; de son côté Almagro, qui sentait la nécessité de ne pas se laisser affaiblir par la désertion, était tout disposé à trancher la question par une seule bataille. Le 16 septembre 1542, les deux armées se rencontrèrent à Chupas, lieu situé à deux cents milles de Cuzco. L'artillerie de don Diègue fit d'abord beaucoup de mal aux bataillons de Castro ; la chance parut même, dans les premiers instants, fixée du côté des almagristes ; mais l'armée royale donna enfin vigoureusement, et grâce à l'intrépidité de François de Carvajal, qui conduisit l'infanterie jusque sur les canons ennemis, les choses changèrent de face, avec toute probabilité de succès pour le gouverneur. Il se fit encore un grand carnage, car les uns et les autres combattaient avec toute la fureur qui anime les partis dans les guerres civiles. Enfin une charge de cavalerie, exécutée par un escadron de réserve que commandait Vaca de Castro en personne, décida du sort de la journée. Au moment où les soldats d'Almagro prirent la fuite, deux capitaines, dit Augustin de Zarate, pénétrés de douleur et de rage, se précipitèrent, tête baissée, au milieu des royalistes, criant l'un et l'autre de toute leur force : « Je suis un tel, qui a tué le marquis (*) ! » Et ils continuèrent à provoquer ainsi la fureur de leurs adversaires, jusqu'à ce qu'ils fussent mis en pièces. La bataille ayant commencé au déclin du jour, l'obscurité favorisa la fuite d'un grand nombre d'almagristes. Quant à ceux qui espéraient se sauver en suivant le chemin de la vallée, ils furent tous égorgés par les Indiens, qui, cette fois, du moins, eurent l'esprit de profiter des querelles de leurs oppresseurs; 150 cavaliers, qui se réfugièrent à Guamanga, distante de deux lieues du théâtre du combat, furent désarmés et faits prisonniers par les habitants. Enfin Almagro, qui chercha un asile à Cuzco, y fut arrêté par ordre d'un de ses lieutenants, Rodrigue de Salazar. Ainsi le successeur de Pizarre vit son pouvoir d'un jour détruit en quelques heures, et ne trouva plus que des ennemis dans ceux-là même qui lui avaient juré fidélité jusqu'à la mort; désappointement cruel, mais dont se serait moins étonné un homme plus habitué aux trahisons qui déshonorent la plupart des guerres civiles.

Vaca de Castro usa de la victoire avec une rigueur, conforme peut-être à l'esprit du temps, mais peu en harmonie avec ses antécédents d'homme de loi. Dès le lendemain de la bataille, il fit mettre à mort quelques-uns des prisonniers qui avaient pris part au meurtre de Pizarre. Le jour suivant, plusieurs capitaines d'Almagro furent suppliciés à Guamanga. Enfin, le gouverneur s'étant transporté à Cuzco, instruisit le procès de don Diègue, et fit immédiatement décapiter le condamné en place publique, pour frapper, par cet exemple terrible, l'imagination de la foule. Suivant les historiens, il n'y eut pas moins de quarante prisonniers envoyés au bourreau, vingt autres furent bannis, et le reste fut amnistié.

Ainsi s'éteignit le nom d'Almagro. Il ne resta de cette famille, dans le Pérou, qu'un souvenir mêlé de haine chez les uns, d'indifférence chez les autres. Les ressentiments que les malheurs du père et du fils avaient déposés dans le cœur de quelques amis dévoués, ne tardèrent pas à s'effacer sous l'influence de nouvelles passions. La guerre civile n'était pas finie, et l'homme qui l'avait allumée fut si bien oublié, qu'on ne se souvint pas de lui, même pour le maudire.

Il n'est pas sans intérêt d'apprendre que, tandis que Vaca de Castro se disposait à gouverner à son tour ce pays arraché par la violence à ses maîtres légitimes, le malheureux Inca, qui portait encore le titre fictif d'empereur du Pérou, errait sans asile dans les montagnes, de peur que le nouveau gouverneur ne le punît d'avoir témoigné quelque bienveillance au rival de Pizarre.

Jusqu'à ce moment le Pérou avait été agité par l'ambition de quelques hommes; l'heure était venue où la métropole elle-même allait y fomenter, par ses imprudences et des fautes de toute nature, des troubles non moins graves que ceux dont on a lu le récit.

Dès les premiers temps de la conquête, Pizarre, ses frères, et les aventuriers qui marchaient sous leur commandement, s'étaient partagé non-seulement les terres du Pérou, mais encore les habitants de ce malheureux pays. Il y avait eu confiscation du sol au profit des nouveaux venus, et confiscation de la liberté des indigènes. Le droit de la guerre, tel qu'on l'entendait à cette époque, avait donné le territoire aux Espagnols; les préjugés accrédités contre tous les hommes qui n'étaient pas de race blanche avaient autorisé l'attentat à la liberté des habitants. On conçoit quels abus avait enfantés cette double spoliation. La cupidité des Européens avait amené des querelles déplorables entre les propriétaires, toujours disposés à empié-

---

(*) Pizarre s'était fait conférer le titre de marquis par le roi d'Espagne. Les historiens l'appellent indifféremment le gouverneur ou le marquis.

ter sur les domaines, mal délimités, de leurs voisins ; et l'assujettissement des Indiens au travail de la terre pour le compte de leurs nouveaux maîtres avait donné lieu à un effroyable déchaînement d'arbitraire de la part des propriétaires envers leurs esclaves. Investis du droit de vie et de mort sur les Péruviens, les Espagnols les traitaient en conséquence ; ils exigeaient de ces malheureux des labeurs au-dessus de leurs forces, soit qu'ils les employassent à la culture de leurs champs, soit qu'ils les condamnassent à l'exploitation homicide des mines, soit enfin que, les assimilant à des bêtes de somme, ils les obligeassent à porter de lourds fardeaux. Anarchie et oppression : ces deux mots résument la situation des colons du Pérou entre eux et vis-à-vis des peuples vaincus.

Instruit de cet état de choses, le gouvernement de Madrid avisa aux moyens les plus propres à le faire cesser. La voix de Barthélemi de Las Casas s'était fait entendre en Espagne, et la condition misérable des Indiens avait été éloquemment révélée à l'Europe. On apprit que les conquérants du Pérou suivaient la même voie que les premiers colonisateurs des Antilles, et qu'au bout de quelques années de ce régime, la race indigène disparaîtrait infailliblement, comme elle avait disparu déjà à Hispaniola et dans d'autres localités de l'Amérique. L'appel énergique adressé par Las Casas au roi d'Espagne fut entendu. L'empereur décréta des règlements destinés à couper le mal dans sa racine. Ces règlements portaient qu'à l'avenir on ne pourrait plus contraindre aucun Indien à travailler aux mines, ni à pêcher des perles ; qu'on ne les obligerait plus à porter des fardeaux pesants, sauf dans les lieux où l'on n'aurait pas d'autres moyens de transport ; que leur travail serait rétribué, et qu'on fixerait, suivant les principes de l'équité la plus rigide, le tribut qu'ils payeraient aux Espagnols ; que tous les indigènes dont les maîtres viendraient à mourir, au lieu de passer aux héritiers, deviendraient esclaves de la couronne. Aux termes de la même ordonnance, tous les Indiens qui appartenaient aux couvents, aux hôpitaux et aux évêques d'Amérique, devaient être immédiatement mis en liberté ; il en devait être de même des esclaves appartenant aux gouverneurs, lieutenants ou officiers du roi, sans que ces fonctionnaires pussent se soustraire, sous un prétexte quelconque, à cette injonction. L'ordonnance désignait spécialement tous les Espagnols qui avaient pris part aux troubles occasionnés par la rivalité de Pizarre et d'Almagro ; ceux-là devaient être sur-le-champ dépouillés de la propriété de leurs Indiens, qui deviendraient esclaves de la couronne. Enfin, il était décrété que tous les tributs payés jusqu'à ce jour par ces Indiens à leurs maîtres, seraient à l'avenir versés dans les caisses publiques, au nom et pour le compte du roi d'Espagne (*).

Mais ce n'était pas tout que d'avoir songé au soulagement des opprimés. L'empereur, assisté de son conseil des Indes, voulut encore assurer la bonne administration de sa colonie, et empêcher le renouvellement des désordres causés par des ambitions rivales. Il pensa que rien ne pouvait mieux atteindre le but qu'il se proposait, que la nomination d'un vice-roi, qui serait son délégué ou son représentant au Pérou, et dont l'autorité, émanée de celle du monarque lui-même, imposerait silence à toutes les passions dangereuses. L'éloignement de l'audience de Panama, dans le ressort de laquelle avait été jusque-là compris le Pérou, rendait aussi indispensable la création d'un tribunal spécial pour la nouvelle conquête. En conséquence, on nomma un vice-roi et une audience dont le siége serait à Lima. Le choix de l'empereur pour le gouvernement du Pérou se fixa sur Blasco Nugnez Véla, commissaire général des douanes de Castille ; quant aux auditeurs, ce furent le licencié Cépéda, le docteur Lison de Texada, le licencié Alvarez, et le

_____
(*) Augustin de Zarate, t. II de la trad. franç.

licencié Pedro Ortez de Zarate. Enfin, on nomma un maître des comptes ou trésorier général, et ce fut Augustin de Zarate, l'historien que nous avons cité plus d'une fois, qui fut désigné pour remplir cette mission de confiance.

La nouvelle de ces décisions produisuit au Pérou la plus fâcheuse impression. On murmura, puis on réclama hautement contre les nouveaux règlements. On finit par décider qu'on désobéirait à l'empereur. « L'esprit d'insubordination alla jusqu'à la révolte. Des hommes gâtés par une longue anarchie ne pouvaient voir sans répugnance et sans crainte l'introduction d'un gouvernement régulier, l'établissement d'une cour de judicature et d'un vice-roi. Mais ils s'indignaient encore plus à l'idée de se soumettre à des lois qui les dépouillaient en un jour du fruit de tant d'années de travaux, de services et de souffrances. Les habitants s'assemblèrent, les femmes en larmes, et les hommes se récriant contre l'injustice et l'ingratitude d'un souverain qui les privait de leurs biens sans avoir entendu leurs observations. Est-ce là, disaient-ils, la récompense due à des citoyens qui, sans le secours de l'État, à leurs propres frais, et par leur courage, ont soumis à la couronne de Castille des territoires si riches et si étendus? Est-ce là le prix de tant de maux que nous avons soufferts, de tant de dangers que nous avons courus pour servir la patrie? Quel est, parmi nous, celui qui ait assez bien mérité de son pays, ou dont la conduite ait été assez irréprochable, pour qu'on ne puisse pas le condamner en vertu de quelqu'une des dispositions de ces nouvelles lois, conçues en termes si vagues et si généraux ? Ne paraissent-elles pas rédigées dans le but de devenir autant de pièges auxquels il est impossible d'échapper? Tous les Espagnols de quelque considération, au Pérou, ont eu part à l'autorité; et tous, sans exception, ont été forcés d'entrer dans les querelles des différents chefs de parti. Faut-il dépouiller les premiers parce qu'ils ont rempli un devoir, et punir les autres de s'être trouvés dans des circonstances qu'ils n'ont pu éviter? Les conquérants d'un grand empire, au lieu des récompenses et des distinctions qu'ils ont si bien méritées, seraient donc privés de la consolation de pourvoir à la subsistance de leurs femmes et de leurs enfants, et forcés de les laisser dans la dépendance des secours qu'ils pourraient arracher à une cour ingrate? Nous ne sommes plus, ajoutaient-ils, en état d'aller découvrir de nouvelles régions pour y former des établissements plus solides. Notre santé, affaiblie par l'âge, et nos corps couverts de blessures ne sont plus propres à une vie si fatigante et si active; mais il nous reste encore assez de force pour défendre la justice de nos droits et pour ne pas nous laisser dépouiller honteusement (*). »

Ces récriminations étaient sans doute quelque peu vives et exagérées ; mais, d'un autre côté, il faut reconnaître que les nouvelles ordonnances frappaient les Espagnols dans leurs intérêts et dans leur avenir. La métropole avait eu le tort grave de laisser s'implanter dans ce pays des abus révoltants; mais changer en un jour l'état de choses qu'elle avait toléré jusque-là, c'était ruiner la colonie de fond en comble. Quelque droites et humaines que fussent les intentions du roi d'Espagne à l'égard des indigènes de l'Amérique, il était imprudent de les soustraire immédiatement au joug que la conquête leur avait imposé; car c'était priver brusquement les colons des bras nécessaires pour les travaux de l'agriculture et l'exploitation des mines; c'était les dépouiller d'une propriété sur laquelle ils avaient fondé toutes leurs espérances ; c'était aussi les exposer à la vengeance de leurs esclaves devenus libres. La cour de Madrid aurait pu prendre des moyens transitoires, et préluder à l'affranchissement des Indiens par des mesures mieux

---

(*) Gomara, Herrera, Augustin de Zarate, Garcilasso de la Véga, analysés par Robertson dans son *Histoire d'Amérique*.

appropriées aux circonstances et aux nécessités du moment.

Les mécontents voulaient s'opposer à l'entrée du vice-roi dans le pays. Mais Vaca de Castro parvint à conjurer l'orage qui se formait sous ses yeux. Il engagea les plus impatients à attendre l'arrivée de Nugnez Véla, leur disant que le vice-roi ne pourrait pas refuser satisfaction à leurs justes réclamations. Malheureusement ce personnage n'avait pas les qualités nécessaires pour pacifier les esprits, tout en respectant les intentions du gouvernement de Madrid. Dès son débarquement à Tumbez, Nugnez Véla déclara qu'il n'écouterait aucune plainte, aucune observation, et qu'il ferait exécuter strictement les lois décrétées par le roi son maître. Il préluda par la mise en liberté de tous les Indiens des localités situées sur sa route; il dépouilla immédiatement tous les fonctionnaires publics de leurs terres et de leurs travailleurs; pour donner l'exemple, il ne voulut pas employer un seul indigène au transport de ses bagages. A peine arrivé à Lima, il prouva par son arrogance, par ses allures hautaines et ses discours menaçants, qu'il n'y avait à espérer de lui aucun adoucissement aux rigueurs des lois nouvelles. Par son ordre, plusieurs citoyens éminents, qui avaient donné des gages de dévouement à l'empereur, mais qui n'approuvaient pas entièrement les mesures dont il s'était fait l'exécuteur, furent arrêtés et jetés en prison. Vaca de Castro lui-même, malgré sa probité et les services signalés qu'il avait rendus à son souverain, notamment en prévenant une révolte imminente, fut soupçonné d'avoir favorisé la sédition, et, en conséquence, chargé de chaînes comme un criminel.

Dans ces conjonctures si menaçantes, il était surtout à craindre que les mécontents ne trouvassent un chef autour duquel ils pussent se grouper. Il en existait un que son nom et ses antécédents désignaient aux regards des ennemis du vice-roi : c'était Gonzale Pizarre. Ce frère du conquérant du Pérou, moins intelligent, mais non moins courageux que François et que Fernand (*), jugeant que le moment était favorable pour se venger de l'ingratitude de la cour d'Espagne, et pour s'emparer d'un pouvoir qui lui appartenait par droit d'héritage, prêta une oreille complaisante aux sollicitations des insurgés. Toutefois, et malgré les puissants motifs qui le poussaient à une résolution décisive, il hésita longtemps à prendre les armes, tant était formidable l'idée d'une rébellion contre l'autorité royale. Enfin, pressé par les vœux de ses partisans, certain de rallier sous son drapeau un nombre considérable de combattants, menacé lui-même par la tyrannie du vice-roi, il se détermina à tirer l'épée. Son premier soin fut de se rendre à Cuzco, où il fut reçu aux acclamations de tous les habitants. Nommé procureur général des affaires des Espagnols du Pérou, il fut, en outre, autorisé à se rendre en armes à Lima pour faire entendre au tribunal suprême les griefs et les réclamations des citoyens. Il se saisit du trésor royal, leva des troupes, s'empara d'une assez grande quantité d'artillerie que Vaca de Castro avait laissée en dépôt à Guamanga, et se mit en marche pour la nouvelle capitale.

Une circonstance favorisa singulièrement les projets de Pizarre : les membres de l'audience, blessés de la morgue insultante et du despotisme du vice-roi, étaient secrètement disposés à contrarier l'exercice de son pouvoir. Peu à peu leurs ressentiments s'envenimèrent, et ils en vinrent à contre-carrer ouvertement Nugnez Véla dans tous les actes pour lesquels il avait besoin de leur coopération : ainsi, ils mettaient en liberté les prisonniers arrêtés par ordre du dictateur, acquittaient les accusés traduits à leur barre, fréquentaient publiquement les gens les plus hostiles au nouvel ordre de choses, et encourageaient même leurs espérances. La lutte ne fut pas de longue durée; dé-

(*) Ce dernier était alors prisonnier en Espagne.

testé de toute la population, haï par ceux-là même dont le dévouement lui semblait assuré, le vice-roi fut, un beau jour, saisi dans son palais, sous les yeux de ses gardes immobiles, et dirigé sur une île déserte du littoral, pour y rester prisonnier, jusqu'à ce qu'on jugeât à propos de le renvoyer en Espagne.

Débarrassés du vice-roi, les membres de l'audience suspendirent l'exécution des nouvelles lois, et sommèrent Pizarre de licencier son armée; ils savaient bien que Gonzale n'en ferait rien, et profiterait, au contraire, de ce qui venait de se passer pour se saisir de la dictature. Mais les auditeurs ne voulaient point paraître favoriser les prétentions de Pizarre, et ils agissaient comme s'ils étaient complétement étrangers à ses projets et à ses espérances. Pizarre demanda le titre de gouverneur et de capitaine général, et requit l'audience de l'investir officiellement de ces fonctions suprêmes. Le conseil fit semblant de résister; mais Carvajal, lieutenant de Gonzale, étant brusquement entré dans Lima, et ayant fait mettre à mort quelques partisans du vice-roi, les auditeurs, se considérant comme contraints et forcés, s'empressèrent de déférer au désir de Pizarre. Le même jour, le nouveau gouverneur fit son entrée solennelle dans la capitale et prit possession du pouvoir.

Telle était alors, au Pérou, l'habitude de l'anarchie, le besoin d'agitation et la mobilité des dévouements, que Pizarre, à peine installé dans ses nouvelles fonctions, se vit menacé d'un péril qu'il lui eût été difficile de prévoir. Nugnez Véla avait été envoyé, par ordre de l'audience, à bord d'un navire pour être transporté en Europe. Le prisonnier avait été confié à la garde d'un des membres du tribunal, le licencié Alvarez. A peine le bâtiment eut-il appareillé, que le traître Alvarez, se jetant aux pieds du vice-roi, implora le pardon de son crime, et se déclara prêt à exécuter tous les ordres qu'il plairait au représentant légitime du souverain de lui donner. Profitant d'un retour si imprévu, Nugnez demanda à être conduit à Tumbez. En remettant le pied sur le sol péruvien, il se fit de nouveau proclamer vice-roi, et releva la bannière royale. D'abord, réduit au concours de quelques citoyens qui jusque-là avaient gardé une prudente neutralité, il vit sa petite troupe se recruter parmi ceux que la maladroite sévérité et les inopportunes vengeances de Pizarre avaient indisposés contre le nouveau gouverneur. Bientôt il se vit à la tête d'une armée assez nombreuse pour tenter une attaque sérieuse. En même temps, Diego Centeno, officier habile et audacieux, irrité par les procédés tyranniques du lieutenant de Pizarre dans la province de Charcas, s'insurgeait contre son supérieur, et après l'avoir tué, se déclarait pour la cause royale.

Malgré la fâcheuse coïncidence de ces événements, Pizarre conserva tout le sang-froid qu'exigeait une position si critique. Il marcha sans hésiter contre le vice-roi, espérant pouvoir lui livrer bataille et en finir d'un seul coup avec lui. Nugnez, jugeant que l'infériorité de ses forces lui laissait peu de chances de succès s'il brusquait le dénoûment, se retira sur Quito. Gonzale se mit à sa poursuite, mais ne put l'empêcher d'entrer dans Quito, où il comptait se fortifier. Durant cette longue marche à travers une contrée hérissée de hautes montagnes et entrecoupée de déserts arides, les deux armées eurent à endurer des souffrances et des fatigues inouïes. Augustin de Zarate dit que Pizarre suivit son adversaire l'espace de trois mille milles. Un fait pourra donner une idée des difficultés de la marche d'une armée dans un pays aussi accidenté : pendant son voyage de Cuzco à Lima, pour renverser le vice-roi, Pizarre avait été obligé de faire porter ses canons à bras ; « il fallait, dit Zarate, douze Indiens pour porter chaque pièce, et ils ne pouvaient marcher qu'environ cent pas avec un tel fardeau ; puis douze autres prenaient leur place, et de cette manière, il y avait trois cents Indiens affectés à chaque pièce. Il fallait six mille Indiens pour l'artillerie seule avec ses munitions. »

Carvajal, qui, quoique âgé de près de quatre-vingts ans, avait montré dans cette marche l'ardeur et l'activité d'un jeune homme, arriva à Quito avec l'avant-garde de Pizarre presqu'en même temps que l'armée royale. Mais le vice-roi s'était hâté d'abandonner une ville sans défense, et s'était dirigé vers la province de Popayan. Gonzale s'attacha à ses pas ; mais enfin, las d'une poursuite inutile, et désespérant d'atteindre un ennemi insaisissable, il revint à Quito. Là, se rappelant enfin qu'il avait d'autres adversaires à combattre, il chargea Carvajal d'aller disperser les forces imposantes réunies dans les districts méridionaux du Pérou par les soins et sous le commandement de Centeno.

Cependant Nugnez Véla ne restait pas inactif dans le Popayan ; grâce à Benalcazar, toujours fidèle à la cause royale, il renforça sa petite armée et la vit peu à peu s'élever à quatre cents hommes. Quelques-uns de ses officiers lui conseillaient d'entrer en négociation avec Pizarre ; mais l'orgueilleux vice-roi méprisa ces avis, qu'il regardait comme dictés par la peur. Plein de foi dans son habileté, et aussi peut-être dans son étoile, il marcha sur Quito pour se rencontrer enfin face à face avec l'adversaire qu'il avait si soigneusement évité jusque-là. Pizarre, charmé de ce changement de résolution, rassuré, d'ailleurs, par le nombre et le courage éprouvé de ses soldats, alla au-devant de Nugnez. Tandis qu'il le cherchait, le vice-roi, après avoir fait un détour dans les montagnes, entrait dans la ville ; mais bientôt après il en sortit ; et, malgré l'infériorité numérique de son armée, il se décida à livrer bataille.

La lutte fut opiniâtre et sanglante. L'un et l'autre chef combattaient en personne à la tête de leurs bataillons, et animaient par leur exemple le courage de leurs soldats. Pendant quelque temps les chances semblèrent égales, et la victoire resta indécise. Mais un certain Fernand de Torrès ayant asséné sur la tête du vice-roi un violent coup de hache, le blessé tomba de cheval, et dès ce moment le désordre se mit dans les rangs des royalistes. Quelques instants après, Pizarre se voyait maître du champ de bataille.

Des cruautés, d'autant plus blâmables qu'elles étaient inutiles, souillèrent la victoire de Gonzale. Le licencié Carvajal coupa froidement la tête du vice-roi, et l'exposa aux insultes d'une soldatesque exaltée par le triomphe ; dix ou douze personnes qui s'étaient d'abord cachées dans les églises de Quito, furent pendues pour avoir secondé le cause de Nugnez. Suivant Zarate, l'infâme Pizarre poussa plus loin sa soif de vengeance : il voulut faire mourir par le poison plusieurs de ses prisonniers les plus distingués et les plus redoutables. En effet, le licencié Alvarez expira dans son cachot avec tous les symptômes d'un empoisonnement. Quant à Benalcazar et à don Alphonse de Montemayor, lieutenant général du vice-roi, secrètement avertis de l'horrible projet de Pizarre, ils se tinrent sur leurs gardes et évitèrent le sort qui leur avait été réservé. Quelque temps après, don Alphonse, ainsi que plusieurs de ses compagnons de captivité, furent exilés au Chili.

Tout semblait favoriser les intérêts de Gonzale : son principal adversaire n'existait plus ; Centeno, battu par Carvajal, fut obligé de chercher un asile dans les montagnes, où il se tint caché durant plusieurs mois. Dans toute l'étendue du Pérou, tout reconnaissait en ce moment, l'autorité de Pizarre. Sa flotte, sous le commandement de Pedro Hinojosa, le rendit maître de la mer et de Panama. Enfin les succès de cet homme furent tels, qu'il put mettre garnison dans la ville de Nombre-de-Dios, qui, située sur la côte opposée de l'isthme, servait de point de communication entre l'Espagne et le Pérou.

Après les premiers moments donnés à la dissipation et à l'oisiveté permises après une pareille victoire, il fallut songer sérieusement aux affaires. François de Carvajal, le conseiller intime de Pizarre, voulait qu'on profitât largement de la défaite de l'ennemi, et qu'on poussât les choses à l'extrême. Il excitait Pizarre à prendre un parti décisif, lui disant que dans sa position les moyens termes étaient beaucoup plus dangereux que les résolutions hardies. Il irritait son ambition en faisant briller à ses yeux la perspective d'un pouvoir absolu et sans contrôle. Il l'engageait à se déclarer indépendant, et lui indiquait en même temps les ressources dont il disposait pour consolider son pouvoir; il lui conseillait surtout de se concilier le respect et l'affection des indigènes; et pour cela, il lui avait suggéré l'idée assez ingénieuse d'épouser parmi les *coyas*, ou filles du soleil, celle qui était le plus rapprochée du trône. Cette union établirait un lien indissoluble entre la famille de Pizarre et la nation péruvienne, et l'autorité de Gonzale acquerrait aux yeux des Indiens un caractère de légitimité qui lui donnerait une force nouvelle.

Ces exhortations, vivement appuyées par le licencié Cépéda, autre conseiller de Pizarre, chatouillaient les instincts cupides et despotiques de Gonzale. Mais, soit que le vainqueur du vice-roi se méfiât de la mobilité de cette tourbe de courtisans et de soldats, qui, de trahison en trahison, avaient fini par se donner à lui, sauf à l'abandonner le lendemain; soit plutôt que son intelligence bornée se refusât à apprécier les avantages du parti que lui proposait Carvajal, il recula effrayé devant une usurpation complète. Il ne comprit pas que, rebelle à demi, il était tout aussi coupable aux yeux du roi; qu'en pareil cas, la distance du plus au moins n'est comptée pour rien, et que, par conséquent, il y a plus de profit à jouer le tout pour le tout. Pizarre n'avait pas le courage de son rôle, et il laissa échapper la plus belle occasion qui pût jamais s'offrir à lui. Il se borna à solliciter de la cour d'Espagne la faveur d'être maintenu dans le gouvernement du Pérou. Un de ses officiers fut chargé d'aller présenter sa requête à l'empereur.

De son côté, le gouvernement de Madrid cherchait les moyens de faire rentrer les insurgés dans la voie de l'obéissance et du devoir. Il ignorait encore le sort tragique du vice-roi, mais il savait la révolte de Pizarre et l'emprisonnement de Nugnez Véla. Malheureusement Charles-Quint, alors absorbé en Allemagne par les préoccupations que lui causait la fameuse ligue de Smalcalde, ne pouvait présider aux mesures que réclamait l'état du Pérou. Abandonnés à leurs inspirations, ses ministres et son fils Philippe n'osèrent prendre un parti énergique. Après avoir pesé les avantages et les inconvénients d'un retour offensif contre Pizarre, ils s'arrêtèrent à des résolutions plus pacifiques. Du reste, il faut reconnaître que toute autre décision eût été, en ce moment, d'une exécution fort difficile. L'Espagne, épuisée par l'ambition de son souverain, était à bout de sacrifices en hommes et en argent; elle ne pouvait envoyer au delà des mers un corps de troupes suffisant pour mettre les insurgés à la raison. En second lieu, Pizarre étant, comme nous l'avons dit, maître de Nombre-de-Dios, la communication d'un océan à l'autre par Panama était impossible. On pouvait, à la rigueur, se diriger sur Quito par la Nouvelle-Grenade; mais cette route était longue, fatigante, hérissée de périls de toute espèce. La situation exigeait donc l'emploi des moyens dilatoires et des mesures de conciliation.

Pierre de la Gasca, ecclésiastique et conseiller de l'inquisition, fut chargé d'aller faire entendre aux rebelles des paroles de clémence, et rétablir l'ordre au Pérou. On pensa qu'un homme d'un caractère doux, mais ferme, conciliant dans les formes, mais au fond très-énergique, serait plus propre qu'un militaire à remplir une mission aussi délicate. Ce fut de la part de Gasca un acte de vrai dévouement que d'accepter, malgré son âge avancé et la faiblesse de sa constitution, un rôle qui allait l'exposer à de grandes fatigues et à des périls sans nombre. En outre, il fit preuve de désintéressement en refusant un évêché qu'on lui offrit pour donner plus d'autorité à ses décisions. Il ne voulut accepter d'autre titre que celui de président de l'audience de Lima, et il renonça d'avance aux émoluments attachés à ces fonctions. Il demanda que sa famille fût entretenue, en Espagne, aux frais de l'État; quant à lui, il se contenta d'une escorte si modeste, que sa mission ne devait certes pas être onéreuse au gouvernement de la métropole. Sur un seul point il se montra, et avec raison, très-exigeant : ce fut relativement aux pouvoirs dont il serait revêtu. Il déclara ne pouvoir accepter qu'à la condition qu'il jouirait d'une autorité sans bornes; il voulut être autorisé à punir, à pardonner, à employer la rigueur, et au besoin la force des armes pour soumettre les insurgés, à lever des troupes et à établir sur tous les pays soumis à la domination espagnole les impôts nécessités par les circonstances. Les ministres hésitèrent d'abord à confier à Gasca un mandat aussi illimité; mais l'empereur, reconnaissant que ces exigences étaient légitimes, et que, pour agir efficacement, son délégué avait besoin d'une véritable dictature, accéda aux demandes de Gasca, et lui donna carte blanche.

Le président mit à la voile dans le mois de mai 1546, emmenant pour toute escorte de pacifiques valets, et les autres employés de sa maison. En arrivant à Nombre-de-Dios, il trouva cette ville occupée par un corps de troupes commandé par Fernand de Mexia, et chargé, par Gonzale Pizarre, de s'opposer au débarquement de tout détachement armé. Mais Gasca se montrait si bienveillant, sa suite était si peu redoutable et son titre si modeste, que, loin d'inspirer la moindre crainte à Mexia, il reçut de lui un accueil respectueux et empressé. Il déclara qu'il venait au Pérou pour faire droit aux griefs des habitants, pour amnistier le passé et établir une organisation conforme aux vœux des colons. A Panama comme à Nombre-de-Dios, il s'annonça comme un messager de paix et non comme un instrument de la vengeance de l'empereur; aussi Hinojosa, qui commandait la flotte de la mer du Sud, le reçut-il avec des témoignages de déférence. Bientôt cet officier, séduit, comme son camarade Mexia, par le langage paternel du président et par ses manières affables, abandonna la cause de Pizarre, et attendit une occasion favorable pour se déclarer hautement en faveur de Gasca; nouvel exemple de la mobilité des esprits et des dévouements parmi les conquérants du Pérou.

Dès que Pizarre fut instruit de l'arrivée du président à Panama, il conçut un violent dépit, qui ne fit qu'augmenter quand il sut que Gasca n'était pas chargé de le confirmer dans ses fonctions de gouverneur. Il résolut, en conséquence, de s'opposer à l'entrée du nouveau mandataire impérial au Pérou. Il se hâta d'envoyer en Espagne des députés, avec ordre d'obtenir du roi la révocation de la mission confiée à Gasca. Ces députés devaient, en passant par Panama, signifier au président l'injonction de retourner immédiatement en Europe, et remettre à Hinojosa des instructions secrètes qui prescrivaient à cet officier de faire périr Gasca par le poison, dans le cas où, insensible à un présent de cinquante mille pesos, il refuserait de quitter le pays. On voit que Pizarre, qui d'abord avait hésité à s'emparer de la souveraine puissance, était désormais décidé à rompre avec le gouvernement de Madrid. Malheureusement pour lui, cette résolution était bien tardive; mais en s'y arrêtant, il ne douta pas du succès des efforts qu'il allait tenter. Il savait qu'il y avait alors plus de dix mille Espagnols établis au Pérou; il se flattait que le plus grand nombre prendrait les armes en sa faveur, et que le prestige de son nom ferait le reste, si toutefois l'empereur refusait d'acquiescer à sa demande, ce qu'il ne croyait pas possible.

Mais, dans ses prévisions, il n'avait pas fait la part de la trahison et du malheur. Hinojosa, sur qui Pizarre avait toujours cru pouvoir compter, Hinojosa, maître de la flotte et d'une ville importante, reconnut publiquement l'autorité de Gasca; son exemple fut immédiatement suivi par ses officiers, et il fut si irrésistible, que les députés eux-mêmes se déclarèrent les serviteurs dévoués du président, qu'ils étaient chargés d'expulser d'Amérique. De telle sorte que Gonzale, au lieu de recevoir la nouvelle du départ de Gasca, ainsi qu'il s'y attendait, apprit qu'il était trahi par ses délégués, et que son ennemi disposait de la flotte de Panama.

Le sort en était jeté; la guerre était devenue inévitable. Pizarre commença par décréter Gasca d'accusation pour s'être emparé de ses vaisseaux, pour avoir corrompu ses officiers et empêché ses députés de passer en Espagne. Comme il arrive toujours en pareille circonstance, il se trouva des juges pour se charger d'un pareil procès, et ces juges ne furent autres que les membres de l'audience de Lima. Cépéda procéda sans scrupule à l'instruction de cette singulière affaire, déclara le président coupable de haute trahison, et le condamna à mort. Sans doute une pareille condamnation n'avait en quelque sorte que la valeur d'une simple formalité; mais l'effet en avait été habilement calculé et prévu: la foule d'aventuriers ignorants qui peuplait le Pérou fut vivement impressionnée par ce jugement, et voyant dans Gasca un criminel frappé par la loi, elle s'empressa d'aller se ranger sous les drapeaux de Pizarre, qui, dès ce moment, se trouva à la tête de mille hommes parfaitement équipés et pourvus d'artillerie.

Gasca, instruit des dispositions de Pizarre, n'était pas non plus resté inactif: il fit venir de Nicaragua, de Carthagène et des autres établissements espagnols les plus voisins, toutes les troupes disponibles. Bientôt il se vit entouré d'un nombre respectable de défenseurs, et il put même détacher de sa flotte une petite escadre portant des forces assez considérables et chargée de munitions de guerre. Cette escadre parcourut le littoral du Pérou, déposant çà et là des agents qui répandirent à profusion des copies de l'acte d'amnistie et de la révocation des dernières ordonnances. Par ce moyen, dans l'espace de quelques jours, le caractère pacifique du président et le but de sa mission furent connus de toute la population de la côte; il en résulta une prompte réaction en sa faveur. Tous les Espagnols que les imprudentes violences de Pizarre avaient froissés ou atteints dans leurs intérêts, tous ceux qui avaient gardé quelque fidélité à l'empereur se détachèrent secrètement de la cause de Gonzale. Quelques-uns même prirent ouvertement parti pour le président; Centeno fut de ce nombre. On se rappelle que ce capitaine, battu par Carvajal, s'était réfugié dans les montagnes. A la nouvelle de ce qui se passait, il quitta hardiment la caverne où il était resté caché pendant plusieurs mois, réunit une cinquantaine de soldats dévoués, et s'avança vers Cuzco. Quoique cette ville fût occupée par un corps de cinq cents hommes, une attaque nocturne, aussi audacieuse que bien combinée, l'en rendit maître. La plupart des officiers et des soldats de la garnison passèrent sous son commandement, avec ce laisser-aller qui caractérise toutes les défections de cette guerre civile. De sorte que Centeno se vit, en très-peu de temps, le chef d'une petite armée dont la coopération allait être d'un grand secours au président.

Pris entre deux feux, Pizarre dut songer d'abord à repousser l'ennemi le plus actuellement redoutable, c'est-à-dire Centeno. Il marcha à sa rencontre avec un empressement qui révélait les appréhensions que cet incident imprévu lui avait fait concevoir. Chaque soldat avait été pourvu d'un cheval, pour franchir plus rapidement l'espace qui séparait les deux armées.

Mais Gonzale n'avait pu prévoir que de tous ces hommes qu'il menait au combat, la moitié l'abandonnerait en chemin. Tous les matins, le général apercevait avec dépit les vides causés dans ses rangs par la désertion. Arrivé à Huarina, près du lac de Titicaca, il s'aperçut qu'il lui restait à peine 400 hommes. Il est vrai que les soldats qui lui étaient encore fidèles formaient l'élite de son armée et qu'il pouvait compter sur leur dévouement, car non-seulement ils lui étaient sincèrement attachés, mais encore l'insurrection avait établi entre eux et lui un lien de solidarité que rien ne pouvait plus rompre. Aussi Pizarre, malgré les pertes sensibles qu'il avait éprouvées, n'hésita-t-il pas à attaquer Centeno, qui comptait le double de partisans.

Au dire des historiens, le combat qui s'ensuivit fut le plus acharné et le plus sanglant qui se fût livré au Pérou depuis le commencement de la guerre civile. Malheureusement pour Diego Centeno, il était, ce jour-là, si malade, qu'il ne put assister à la bataille que dans une litière. Son absence fut fatale à son armée; la victoire resta à Pizarre, merveilleusement secondé, en cette circonstance comme toujours, par son conseiller Carvajal. La lutte avait été si vive, que Pizarre avait eu son cheval tué sous lui, et était tombé à terre. Plus de 350 royalistes restèrent sur le terrain; du côté de Pizarre, la perte fut de 100 hommes tués sans compter les blessés. On peut donc affirmer que le Pérou n'avait pas encore été le théâtre d'une rencontre aussi meurtrière entre Européens. Le butin fut immense, et ce qu'il y a de singulier, c'est que, tandis que les pizarristes poursuivaient une partie des royalistes dans une direction, un certain nombre de soldats de Centeno, fuyant d'un autre côté, passèrent devant les tentes de Gonzale, et les voyant désertes, les dépouillèrent de toutes les richesses qu'elles contenaient (*). Nous rappelons ce fait pour achever de donner une idée de cette guerre mêlée de barbarie et de cupidité, d'instincts sanguinaires et d'amour du pillage.

La victoire de Huarina releva le crédit et l'influence de Pizarre; en peu de jours il vit augmenter le nombre de ses partisans à tel point qu'il n'eut pas à regretter ses pertes successives.

Dans une autre partie du Pérou, les affaires avaient pris une face toute différente. A peine Pizarre avait-il quitté Lima, que les habitants de cette capitale, fatigués de sa tyrannie, ou plutôt craignant la vengeance du président, avaient arboré l'étendard impérial, et ouvert les portes de leur ville à un détachement de soldats royalistes commandé par Aldana. Profitant des chances heureuses que le sort paraissait lui réserver, Gasca avait quitté Panama et avait pris terre à Tumbez avec 500 hommes. Son apparition avait suffi pour décider tous les Espagnols répandus dans les districts maritimes à s'enrôler sous ses drapeaux. Bientôt tout le pays, depuis Quito jusqu'aux provinces méridionales, reconnut son autorité; quant au Cuzco et aux départements voisins, ils étaient encore en la possession de Pizarre. Le président, tout prêtre qu'il était, n'avait pas hésité à tirer le glaive; il alliait à la bienveillance et à la douceur de l'homme d'église l'énergie et l'audace du guerrier; habitué à la soutane, il n'en avait pas moins fièrement endossé la cuirasse, et il était fermement résolu à pousser l'aventure jusqu'au bout. Toutefois, désirant éviter l'effusion du sang, il tâchait d'attirer à lui par la persuasion les rebelles les plus récalcitrants, leur promettant, sans arrière-pensée, le pardon et l'oubli de leurs fautes, et s'avançant partout l'olivier à la main. Il avait indiqué la vallée de Xauxa pour rendez-vous général à ses troupes. Il s'y arrêta plusieurs mois, autant pour exercer ses recrues et habituer ses partisans à son autorité, que pour essayer d'amener les choses à un dénoûment pacifique. Mais Gonzale, méprisant les sages avis de Carvajal et du licencié Cépéda, persista à vouloir résoudre la

---

(*) Aug. de Zarate.

question par les armes. L'attitude de son armée, qui comptait déjà plus de 1,000 soldats, et les succès qui avaient jusqu'alors accompagné ses entreprises, lui inspiraient des espérances qui étouffaient en lui la voix de la prudence et de la raison. Le président, voyant qu'il perdait son temps en inutiles remontrances et en vaines exhortations, se remit en marche et se dirigea sur Cuzco, à la tête d'une armée de 1,600 hommes.

Pizarre se disait et se croyait réellement certain de la victoire ; qu'avait-il besoin, dès lors, d'opposer à la marche de son ennemi ces obstacles et ces difficultés qui sont la vulgaire ressource des hommes qui doutent de l'avenir ? Il laissa le président franchir librement toutes les rivières qui arrosent le territoire compris entre Guamanga et Cuzco, et s'avancer à quatre lieues de cette dernière ville. Aussi bien, il avait calculé que, venu si loin pour se faire battre, son adversaire ne pourrait plus se sauver par la fuite, et que, par conséquent, la guerre se terminerait en un seul jour.

Assisté par son inséparable conseiller Carvajal, Gonzale Pizarre choisit le terrain du combat et prit ses dispositions en homme habitué aux ruses du métier. Rien de plus singulier que le contraste offert par ces deux armées prêtes à en venir aux mains : dans celle de Pizarre on ne voyait que soldats et officiers vêtus de riches étoffes de soie couvertes de broderies d'or et d'argent, chevaux magnifiquement caparaçonnés, armes et bannières splendidement ornées ; dans l'autre camp on remarquait une tenue plus sévère et plus modeste; le président, accompagné de l'archevêque de Lima, des évêques de Quito et de Cuzco, et d'un grand nombre d'autres ecclésiastiques, parcourait les rangs de ses défenseurs, leur prodiguant ses encouragements et ses bénédictions, invoquant le nom du roi et celui de Dieu, semblable, en quelque sorte, à ces religieux d'un autre temps qui, par leurs prières et leurs discours enthousiastes, excitaient l'ardeur belliqueuse des chevaliers qui allaient combattre en terre sainte.

C'était le 9 avril 1548 ; l'action commença par un combat d'artillerie à grande distance. Au moment où elle allait devenir plus sérieuse, Garcilasso de la Véga, un des officiers de Pizarre, galopa vers le camp royaliste et se rendit au président (*); ce fut le signal d'une désertion générale dans les rangs des pizarristes. Quelques instants après, le licencié Cépéda, qui avait activement présidé aux préparatifs de la bataille, piqua des deux et courut également vers l'armée impériale. Poursuivi par un de ses compagnons, il tomba dans une mare où il aurait infailliblement péri, si plusieurs cavaliers de l'armée de Gasca n'étaient venus à son aide. L'infâme qui avait trahi le vice-roi Nugnez Vela pour se livrer à Pizarre, et qui venait d'abandonner lâchement son nouveau maître, alla baiser les mains au président et implorer sa générosité. Quoique souillé de fange et dans un état de saleté repoussant, il fut honoré d'une accolade paternelle qui lui assura les bonnes grâces de Gasca. Après lui, d'autres officiers passèrent successivement dans les rangs des royalistes, et leur fuite donna lieu à des épisodes singuliers, parce que les traîtres étaient poursuivis par des partisans fidèles de Pizarre. Bientôt les soldats eux-mêmes se débandent et vont fraterniser avec l'ennemi. Carvajal, en se retournant, s'aperçoit qu'il est resté seul ; le bataillon que commandait Pizarre en personne déserte aussi en grande partie. Rien ne peut arrêter les fuyards, ni les menaces, ni les promesses, ni les supplications ; en quelques instants, cette armée réunie à grands frais et avec tant de difficulté, cette armée à l'aide de laquelle Pizarre espérait fermement conquérir le trône du Pérou, est entièrement dispersée

(*) La trahison était alors, au Pérou, chose si commune, que l'historien Garcilasso de la Véga, fils de celui dont il est ici question, raconte très-naïvement la défection de son père, sans chercher le moins du monde à la justifier ni à l'excuser.

et dissoute. Au milieu de cet étrange désastre, plusieurs capitaines, frappés de stupéfaction et de terreur, n'osent ni fuir ni combattre. Pizarre regarde autour de lui et s'aperçoit que tout espoir est perdu. Il consulte avec anxiété les officiers qui sont restés auprès de sa personne. L'un d'eux, Jean d'Acosta, s'écrie : « En avant contre l'ennemi, et mourons en Romains ! » — « Mourons plutôt en chrétiens, » répond Pizarre consterné. Et oubliant sa gloire passée, l'honneur de son nom, le souvenir de son frère, ses devoirs envers lui-même, il rend humblement son épée au premier officier du président qui passe près de lui. Tout était fini, Gasca triomphait sans avoir répandu une goutte de sang. Le vieux Carvajal essaya de s'échapper; mais il tomba dans un ruisseau marécageux, où il fut pris par ses propres soldats qui s'empressèrent de le livrer à ses ennemis : exemple bien frappant de l'immoralité profonde qui régnait parmi les hommes de guerre du Pérou.

Ce fut là un singulier et bien honteux dénoûment; et les premiers actes de ce drame, si sérieux en apparence, avaient annoncé une fin moins pitoyable. Le cœur se soulève de dégoût en retraçant des faits où se montre un si ignoble mépris de tout sentiment d'honneur et de fidélité. Il semble, en vérité, qu'on écrive l'histoire d'une bande de *condottieri* qui défend ou trahit le chef auquel elle a loué ses services, suivant qu'elle est bien ou mal payée, suivant qu'elle a peur ou que l'espoir d'une riche récompense soutient son méprisable courage. La comparaison n'est certes pas exagérée, car la passion des richesses, la mauvaise organisation des armées et les vices des chefs, avaient ravalé les aventuriers du Pérou au niveau de ces êtres dégradés qui ont perdu toute idée de moralité et de droiture.

Pizarre fut amené en présence de Gasca, qui, suivant quelques historiens, se permit sur sa situation quelques observations ironiques, fort déplacées dans un pareil moment. Il paraît que le vaincu répondit avec un dépit qu'il ne prit pas la peine de dissimuler. Choqué d'un langage que, pourtant, il avait provoqué, le président ordonna qu'on éloignât le prisonnier, qui fut déposé dans la tente de Diego Centeno, pour y attendre son arrêt. Exclusivement préoccupé de ses devoirs de chrétien, Pizarre demanda à Centeno si on lui laisserait la nuit pour se recueillir. Son gardien lui ayant répondu affirmativement, il passa le reste du temps qu'il avait à vivre en oraisons et en conversations avec son confesseur. Cependant ses ennemis s'impatientaient et réclamaient tout haut la mort du prisonnier. Enfin, le lendemain de la bataille, vers le soir, on vint annoncer à Pizarre qu'il était condamné à être décapité. La sentence portait, en outre, que sa tête serait portée à Lima, où elle resterait publiquement exposée, avec cette inscription : « Voici la tête de Gonzale Pizarre, traître et rebelle à son roi, qui s'insurgea contre son autorité au Pérou, et osa livrer bataille, dans la vallée de Xaquixaguana, à l'armée qui marchait sous l'étendard de Sa Majesté ! » Pour compléter le châtiment, ses biens devaient être confisqués, ses maisons rasées jusqu'au sol, et il était dit qu'on sèmerait du sel sur l'emplacement qu'elles auraient occupé.

Pizarre fut extrait de la tente qui lui avait servi de prison, et monta, couvert d'un manteau, sur une mule qui l'attendait à la porte. On lui laissa les mains libres, et il en profita pour tenir et porter à ses lèvres une image de la Vierge. Chemin faisant, il murmurait des prières, comme aurait pu le faire un criminel tourmenté de remords et effrayé sur le salut de son âme. Il demanda un crucifix, et un prêtre lui en donna un, qu'il prit avec une ardente dévotion, et qu'il tint embrassé jusqu'à ce qu'il eut atteint le lieu du supplice. Il monta sur l'échafaud, et, s'adressant aux soldats qui l'entouraient, il leur rappela ce qu'il avait fait pour eux, les richesses et les distinctions qu'il leur avait accordées; en retour de ces bienfaits, il implora de leur charité quelques prières et quelques aumônes pour faire dire des messes en son nom. Il se mit ensuite à genoux devant le crucifix posé sur une table; il s'opposa à ce qu'on lui bandât les yeux, et recommanda au bourreau de bien faire son devoir. A ce moment, l'exécuteur lui releva la barbe, qu'il avait très-longue, et, d'un seul coup, il lui trancha la tête (*). Le bourreau ayant voulu ensuite le dépouiller de ses riches habits, Centeno l'en empêcha, en lui promettant une somme égale au prix de ces vêtements. Le corps fut porté à Cuzco, et enterré tout habillé, « personne ne s'étant offert à lui donner un pauvre drap (**). » Par un singulier jeu de la fortune, le second Pizarre fut enseveli dans la chapelle où reposaient les restes de Diego d'Almagro et de son fils. Ainsi furent rapprochés dans la mort des hommes que l'ambition avait armés l'un contre l'autre pendant leur vie; tous trois morts dans l'isolement et dans la pauvreté, après avoir été entourés de tout ce que le luxe et la puissance pouvaient alors avoir d'attrayant dans le nouveau monde. François Pizarre aussi avait péri misérablement; de sorte que les deux familles rivales avaient passé par les mêmes vicissitudes, toutes deux proscrites après avoir été toutes deux au faîte du pouvoir.

Carvajal, comme conseiller intime et lieutenant de Pizarre, fut traité encore plus sévèrement: il fut condamné à être écartelé. La mort de Gonzale avait été indigne d'un homme de guerre, et surtout d'un rebelle; celle de son ami fut tout le contraire. Carvajal s'était toujours distingué par son humeur railleuse et enjouée, jointe à une valeur indomptable. Ses mots heureux et ses mordantes saillies n'avaient pas moins contribué à le rendre célèbre au Pérou que son intrépidité et sa cruauté inexorable. Les chroniqueurs citent de lui des actes et des paroles qui prouvent que, malgré ses quatre-vingt-quatre ans, il avait conservé, dans toute leur vigueur, ses instincts sanguinaires, sa bravoure chevaleresque et ses rares qualités d'esprit. Il y avait dans cet homme grossier le courage impétueux de Richard Cœur de Lion, la froide barbarie de Tamerlan, et la verve caustique de Rabelais. Tel il avait été pendant sa longue carrière, tel il fut à ses derniers moments. Quand il entendit prononcer son arrêt, il se contenta de dire: « Allons, j'en serai quitte pour mourir! » N'ayant pas reconnu ou ayant feint de ne pas reconnaître Diégo Centeno, qui le gardait et qui lui offrait ses services: « Excusez-moi, lui dit-il: ne vous ayant jamais vu que par derrière, il m'était impossible de me rappeler votre visage; » allusion sanglante aux victoires qu'il avait remportées sur Centeno. Cet officier persistant à l'accabler de soins et de prévenances, il lui dit en ricanant: « Ne croyez pas que la perspective de la mort me trouble au point de me faire commettre la lâcheté d'invoquer votre obligeance. Je vous avouerai même que je n'ai jamais eu une aussi violente envie de rire qu'en entendant les offres de service et les protestations empressées que vous voulez bien me faire. » Quand il sut que, le lendemain de la bataille, le vainqueur n'avait encore fait mourir personne, il s'écria avec une brutale naïveté: « Il faut convenir que monsieur le président est un homme bien charitable; quant à moi, si la victoire se fût déclarée pour mon parti, je vous jure qu'à l'heure qu'il est, j'aurais déjà dispersé dans cette campagne les membres de neuf cents hommes. » Il refusa obstinément de se confesser, disant qu'il l'avait fait depuis peu. Quand on lui parla de restitution, il répondit: « Sur ce point, ma conscience ne me reproche rien; je confesse seulement devoir un demi-réal à une pauvre cabaretière de la porte de l'Arénal, à Séville, depuis l'époque où j'ai quitté l'Espagne. » Lorsqu'on le mit dans le tombereau qui devait le mener au supplice, comme la voiture était faite d'osier, il murmura: « Enfant au ber-

(*) Garcilasso de la Véga, *Histoire des guerres civiles des Espagnols.*

(**) Garcilasso.

ceau, au berceau encore à la fin de mes jours (*). » Enfin, arrivé au lieu de l'exécution, comme la foule qui l'entourait embarrassait le bourreau, il s'écria : « Eh! de grâce, Messieurs, laissez donc faire. »

Il fut tiré à quatre chevaux, et les lambeaux de son corps furent exposés sur le chemin de Cuzco, tandis que sa tête était portée à Lima, avec celle de Pizarre.

Ce ne furent pas là les seules exécutions qui suivirent la défaite de Gonzale. D'autres officiers, parmi lesquels on cite Jean d'Acosta, François Maldonat, Jean Velez de Guevare, Denis de Bobadilla et Gonzale de Los Nidos subirent aussi le dernier supplice. On eut l'horrible cruauté d'arracher la langue à Gonzale de Los Nidos, pour le punir d'avoir blasphémé contre Sa Majesté Impériale. Les têtes de tous ces gentilshommes, ainsi que celles de plusieurs autres dont l'histoire n'a pas conservé les noms, furent exposées dans différentes villes pour servir d'exemple et d'enseignement à quiconque serait tenté à l'avenir de tirer l'épée contre le roi ou son représentant. Enfin, car ce ne fut pas assez d'un grand nombre d'officiers éminents pendus, décapités ou écartelés, le président fit fouetter publiquement plus de cent soldats espagnols. Les malheureux étaient conduits quatre par quatre, six par six, au lieu du supplice (**). Garcilasso de la Véga qui, alors enfant, assista à ce douloureux spectacle, dit que les Indiens étaient fort scandalisés de voir leurs maîtres infliger à des compatriotes un châtiment aussi ignominieux. Cela prouve que les indigènes avaient plus de sagacité et de bon sens que les Espagnols,

(*) Le texte espagnol nomme ce tombereau *petaca*, c'est-à-dire *corbeille* ou *panier*.
(**) Au lieu de placer les condamnés sur des chevaux ou sur des mules, pour les faire passer, suivant l'usage, entre les rangs des gens armés de verges, on les mettait sur des moutons, « afin, dit Garcilasso, de les fouetter avec plus d'affront et d'ignominie. » Tous ces malheureux furent ensuite envoyés aux galères, et leurs biens furent confisqués.

car ceux-ci ne comprenaient pas que de pareils excès pouvaient compromettre gravement leur autorité, en excitant contre eux le mépris des naturels.

En récapitulant tous les actes de cruauté ordonnés par le président Gasca, on s'étonne des singuliers éloges adressés à cet homme par l'historien Robertson sur sa prétendue générosité après la bataille. Il est évident que Gasca, d'abord pacifique et bienveillant, suivit les traditions de ses prédécesseurs dès qu'il vit ses ennemis à ses pieds. Quand sonna l'heure de la vengeance, il se souvint de ses habitudes d'inquisiteur, et ne se fit pas scrupule de substituer à l'acte d'amnistie consenti par l'empereur, des sentences de mort et de proscription qui rappelèrent les plus sanglantes époques de réaction par lesquelles eût passé la colonie péruvienne.

Ici nous consignerons quelques observations de Robertson sur le caractère des guerres civiles du Pérou, observations puisées, du reste, dans les historiens espagnols, mais que l'écrivain anglais a réunies en un tableau clairement et énergiquement tracé.

« Quoique les conquérants du Pérou fussent des hommes sortis des dernières classes de la société, et que le plus grand nombre de ceux qui se joignirent par la suite aux premiers fussent des aventuriers sans fortune, cependant dans tous les corps de troupes conduits par les différents chefs qui se disputaient l'autorité, il ne se trouvait pas un seul individu qui servît pour une paye. Tout aventurier, au Pérou, se regardait lui-même comme conquérant et comme ayant droit, par ses services, à un établissement dans ce pays subjugué par sa valeur. Dans les contestations entre les chefs, chacun se déterminait selon son propre jugement ou ses affections, regardait son général comme son compagnon de fortune, et se serait cru dégradé en recevant de lui une solde. Les chefs devaient, la plupart, leur élévation à leur valeur et à leurs talents, et non à leur naissance, et chacun de leurs compagnons de guerre

GUATIMALA

Détail du Palais à Palenqué. (Bas Relief.)

espérait s'ouvrir une route à la richesse et au pouvoir par les mêmes moyens.

« Mais ces troupes, servant ainsi sans paye régulière, ne se levaient qu'avec des frais immenses. Parmi des hommes accoutumés à partager les dépouilles d'un si riche pays, la soif des richesses devenait chaque jour plus ardente, à proportion même de l'espoir du succès. Tous étant entraînés par le même but et dominés par la même passion, il n'y avait qu'un moyen de gagner des partisans et de se les attacher. Les officiers connus par leurs talents, outre la promesse de grands établissements, recevaient encore du chef auquel ils se donnaient des sommes considérables. Il en coûta cinq cent mille pesos à Gonzale Pizarre pour lever mille hommes. Gasca en dépensa neuf cent mille pour former le corps qu'il conduisait contre les rebelles. Les concessions de terres et d'Indiens qu'on accordait aux vainqueurs comme récompense après le succès, étaient encore plus exorbitantes. Cépeda, pour l'adresse et la perfidie qu'il avait montrées à persuader à l'audience royale de donner sa sanction à l'usurpation de Pizarre, obtint une concession qui lui valait cent cinquante mille pesos de revenu annuel. Hinojosa, qui se détacha un des premiers de Pizarre, et livra à son ennemi la flotte qui décida du destin du Pérou, obtint en terres un revenu de deux cent mille pesos. Tandis qu'on traitait les principaux officiers avec cette magnificence, on récompensait les simples soldats en proportion.

« Des changements de fortune si rapides produisaient les effets qu'on devait en attendre, donnaient naissance à de nouveaux besoins et à de nouveaux désirs. Des vétérans, accoutumés aux plus grandes fatigues, acquéraient tout à coup le goût de la profusion, et s'abandonnaient à tous les excès de la licence militaire. La plus basse crapule occupait les uns, les autres se livraient au luxe le plus dispendieux. Le dernier soldat, au Pérou, se serait cru dégradé en marchant à pied. Malgré le prix exorbitant des chevaux en Amérique, à cette époque, chacun voulait en avoir un avant de se mettre en campagne. Mais quoique devenus alors moins capables qu'auparavant de supporter les fatigues du service, ils affrontaient les dangers et la mort avec la même intrépidité, et, animés par l'espoir de nouvelles récompenses, ils ne manquaient jamais, en un jour de bataille, de déployer toute leur ancienne valeur.

« Avec leur courage, ils conservèrent toute leur ancienne férocité. En aucun pays la guerre civile n'a été faite avec plus de fureur qu'au Pérou. L'avarice se joignait aux passions qui rendent les querelles atroces entre concitoyens, et donnait à leur inimitié plus de violence et de durée. La mort d'un ennemi entraînait la confiscation de ses biens; on ne faisait point de quartier dans les combats après la victoire; tout homme riche était exposé aux accusations les plus terribles. Sur les plus légers soupçons, Pizarre condamna à mort plusieurs des riches habitants du Pérou. Carvajal en fit mourir un plus grand nombre, sans chercher même de prétexte pour justifier sa cruauté. Il périt presque autant d'hommes par la main du bourreau que dans les batailles (*), et presque tous furent condamnés sans aucune forme de procès.

« La violence avec laquelle les partis se traitaient n'était même pas accompagnée, comme il est assez ordinaire, de fidélité et d'attachement au chef auquel on s'était dévoué. Les sentiments d'honneur auxquels les militaires tiennent le plus fortement, et la droiture qui domine dans le caractère espagnol, autant que dans celui d'aucune autre nation, semblaient avoir été entièrement oubliés. On trahissait

---

(*) Pendant la révolte de Gonzale Pizarre, sept cents hommes furent tués en combattant, et trois cent quatre-vingts furent pendus ou décapités (Herrera, *Décad.*) Plus de trois cents furent taillés en pièces par Carvajal (Fernandès). Zarate fait monter à cinq cents le nombre de ceux qui périrent sous la main du bourreau.

30.

sans honte et sans remords. A peine y eut-il, pendant ces discussions, un seul Espagnol, au Pérou, qui n'abandonnât le parti qu'il avait embrassé d'abord, et les associés avec lesquels il avait été uni, et qui ne violât tous ses engagements. Le vice-roi Nugnez Véla fut perdu par la trahison de Cépéda et des autres juges de l'audience royale, bien qu'ils fussent obligés, par le devoir de leur place, de soutenir son autorité. Les instigateurs et les complices de la révolte de Gonzale Pizarre furent les premiers à l'abandonner et à se soumettre à ses ennemis. Sa flotte fut livrée à Gasca par l'homme qu'il avait choisi entre tous ses officiers pour lui confier cet important commandement. Dans la journée qui décida de son sort, des vétérans, à la vue de l'ennemi, jetèrent leurs armes sans combattre, et abandonnèrent un chef qui les avait si souvent conduits à la victoire. L'histoire présente rarement des exemples d'un mépris si général et si peu dissimulé des principes de la morale et des obligations qui lient l'homme à l'homme, et qui constituent l'union sociale. On ne trouve ces mœurs que dans des hommes qui habitent des pays très-éloignés du centre de l'autorité, où l'espoir du gain n'a point de bornes, où des richesses immenses peuvent faire oublier les crimes par lesquels on les a acquises; ce n'est que dans des circonstances semblables qu'il est possible de trouver autant d'avidité, de perfidie et de corruption qu'on en remarque dans les conquérants du Pérou. »

Pizarre n'existant plus, les partis, privés de leur chef le plus puissant, désarmèrent pour un moment; ils attendaient le président aux premiers actes de son pouvoir, désormais sans contrôle comme sans obstacle. Gasca comprit la nécessité de donner un aliment à l'effervescence des esprits, tout en la détournant des intérêts politiques du moment. Il y parvint en ranimant le goût des découvertes lointaines parmi les aventuriers les plus entreprenants. Il envoya Valdivia au Chili pour continuer la conquête de cette vaste contrée; il chargea Diégo Centeno d'aller reconnaître les régions qu'arrosent la rivière de la Plata et ses affluents. En choisissant pour ces expéditions des chefs renommés et connus pour leur courage à toute épreuve, il était bien certain d'entraîner sous leurs drapeaux la foule des soldats que séduisaient la perspective d'une fortune rapidement acquise et les incidents d'un voyage dans des pays inconnus. En effet, tous ceux qui avaient encore quelque chose à désirer et que tourmentait la passion des aventures, s'empressèrent de s'enrôler dans les troupes expéditionnaires. Le Pérou se trouva ainsi momentanément débarrassé de la soldatesque la plus fougueuse et la plus difficile à contenir.

D'autres soins, encore plus importants, préoccupaient Gasca. Il fallait récompenser, suivant l'usage et les précédents établis, cette multitude d'officiers et de fonctionnaires qui avaient servi la cause royale et favorisé, soit en payant de leur personne, soit en trahissant Pizarre, le succès des entreprises du président. Il fallait partager les terres des vaincus entre tous ces hommes avides, contenter toutes les exigences qui se pressaient autour du butin; et ce n'était pas chose facile. Les demandes et les sollicitations furent innombrables. Gasca feignit, par politique, d'écouter les réclamations de chacun, bien décidé à ne faire que ce qui lui paraîtrait juste et convenable. Il se retira, avec l'archevêque de Lima et un secrétaire, dans un village à douze lieues de Cuzco; là il s'occupa sans relâche de la répartition des biens, et quand le travail fut terminé, il partit pour Lima, en ordonnant aux autorités de Cuzco de n'ouvrir et de ne publier le décret de partage que plusieurs jours après son départ. Il avait prévu les colères et les réclamations qu'allait exciter ce décret; et il aimait mieux ne pas être présent à l'explosion de cet orage multiple et formidable.

La lecture de l'ordonnance de répartition produisit en effet une ru-

meur menaçante. Chacun, estimant ses services au delà de leur valeur, cria à l'injustice et fit entendre d'amères récriminations. Ceux qui avaient reçu peu, parce qu'ils ne méritaient pas davantage, s'indignèrent en voyant quelques-uns de leurs compagnons plus richement récompensés. On murmura surtout de voir Hinojosa gratifié de tous les Indiens que possédait Gonzale Pizarre dans la province des Charcas, et, en outre, d'une mine d'argent dont il pouvait tirer des sommes incalculables. D'autres capitaines également bien partagés furent en butte aux observations malveillantes et aux ressentiments de leurs camarades. Toutes les mauvaises passions qui étaient restées un moment assoupies, se réveillèrent furieuses ; on chargea le président de malédictions ; on l'accusa d'ingratitude, d'injustice, de criminelle partialité. Une nouvelle insurrection aurait infailliblement éclaté si les mécontents avaient trouvé un drapeau quelconque auquel ils pussent se rallier ; mais il leur manquait un chef, et ne sachant à qui obéir, déconcertés d'ailleurs par la fermeté du président, ils finirent par renoncer à leurs projets de révolte. Ils continuèrent cependant à réclamer ; mais Gasca, que ses habitudes d'inquisiteur avaient façonné à la dissimulation, les berça des plus séduisantes promesses, et parvint, par d'habiles cajoleries, à leur faire prendre patience ; en même temps il travaillait à raffermir l'autorité ébranlée dans tout l'empire du Pérou. Il régularisa et simplifia la perception des revenus publics ; il décréta des règlements sur le traitement des Indiens, afin de les soustraire à la tyrannie de leurs maîtres et de les instruire dans la religion chrétienne. En un mot, il rétablit l'ordre, apprit à faire respecter le pouvoir et facilita ainsi les voies du gouvernement à ses successeurs.

Cependant on apprit que le nouveau partage des terres et des Indiens donnait lieu à des conflits déplorables entre les chefs jaloux les uns des autres. Le président avait réservé toutes ses faveurs, ou du moins ses dons les plus précieux, pour ceux qui avaient contribué à lui livrer la flotte de Pizarre ; c'est ainsi que Hinojosa, chef de cette escadre, avait été si magnifiquement récompensé, tandis que d'autres, qui avaient rendu des services non moins réels à la cause impériale, avaient été oubliés ou dédaignés. Diégo Centeno, par exemple, malgré l'empressement avec lequel il avait mis son influence et sa petite armée à la disposition de Gasca, s'était vu complètement éliminé de la liste des copartageants, et se retrouvait après la guerre dans le même état de fortune qu'auparavant. Il résolut de se rendre en Espagne, pour porter ses plaintes au pied du trône et demander réparation de cette criante injustice. La nouvelle de ce projet s'étant répandue dans le pays, quelques officiers, qui avaient eu une grosse part du butin, craignant que Centeno ne cherchât à leur nuire dans l'esprit de l'empereur ou des ministres, ourdirent un complot infâme contre leur ancien camarade : ils l'attirèrent à un banquet solennel, et l'empoisonnèrent. Ce fait seul peut donner une idée de l'exaspération des esprits et du déchaînement de passions qu'avaient provoqué les irrégularités du partage des biens.

Il y avait dix-sept mois que le président était à Lima, et il songeait à retourner en Espagne pour se reposer de ses fatigues. Mais la mort de Centeno, de Gabriel de Royas, du licencié Carvajal, et de quelques autres personnages aussi riches qu'influents, ayant rendu vacants des biens considérables, force fut à Gasca de procéder à une nouvelle répartition. Malheureusement il avait promis beaucoup plus qu'il ne pouvait donner ; il prévit donc un nouvel orage semblable à celui qu'il avait déjà conjuré ; mais il résolut de s'y soustraire par la fuite. Tout étant prêt pour son départ, il s'embarqua, après avoir enjoint aux membres de l'audience de Lima de n'ouvrir le décret que huit jours après que le vaisseau aurait levé l'ancre. Il avait tellement peur de la colère des mécontents, que, pour arriver plus vite à Panama, il ne voulut relâcher dans aucun port de la côte pour y prendre des provisions fraîches.

Il faut convenir que ce départ ressemblait à une fuite, et nous ne saurions nous associer aux historiens qui font de Gasca un panégyrique sans réserve (*). En abandonnant furtivement le Pérou dans un moment aussi critique, il exposait ce pays à un bouleversement nouveau résultant du choc de tant de passions excitées par des injustices plus ou moins réelles ; il laissait la colonie en proie à une agitation qui pouvait lui devenir funeste ; il le livrait à des dangers formidables et s'y soustrayait prudemment. Une pareille conduite peut être conforme à la politique insidieuse qu'on apprenait dans les officines de l'inquisition, mais certes, elle n'est ni loyale, ni courageuse. Gasca devait rester à son poste, comme un capitaine qui ne se repose que quand tout péril a disparu. Il répondait à Charles-Quint de la tranquillité et du salut de son nouvel empire américain, et il était de son devoir de ne quitter le pays qu'après sa complète pacification. Qu'aurait-il répondu à l'empereur si, après son départ, une nouvelle insurrection eût éclaté au Pérou ? On ne comprend pas que la peur de quelques criailleries ait pu le décider à affronter une telle responsabilité.

Le président fuyait un danger ; un autre plus grave l'attendait à Panama. Pendant qu'il était en mer, Pédro et Fernand de Contreras, fils du gouverneur de Panama, s'étaient insurgés contre l'autorité royale et s'étaient embarqués sur les vaisseaux qu'ils trouvèrent dans le port de la capitale, afin de barrer le passage à Gasca et de le faire prisonnier. Cette révolte était d'autant plus redoutable, que les frères Contreras avaient réuni sous leurs drapeaux une foule de soldats et quelques officiers arrivant du Pérou et qui avaient conservé une rancune implacable contre le président. Mais la bonne étoile de Gasca le protégea dans cette circonstance comme en tant d'autres. Il échappa aux poursuites des rebelles, et avant qu'ils débarquassent à Panama, il avait quitté cette ville avec toute sa suite pour se rendre à Nombre-de-Dios. Il avait emporté du Pérou un trésor que les historiens évaluent à un million et demi de pesos, et qu'il destinait à l'empereur. Plusieurs particuliers très-riches, qui avaient pris passage sur le même bâtiment que lui, avaient réuni leurs richesses aux siennes. La quantité d'or et d'argent était telle que, ne pouvant l'emporter toute à la fois à Nombre-de-Dios, on en avait laissé la plus grande partie à Panama, pour la faire transporter en plusieurs voyages. Les insurgés enlevèrent ce qui restait du trésor et mirent la ville au pillage. Mais assaillis à l'improviste par les habitants, ils furent écrasés et la plupart passés par les armes. Gasca revint en toute hâte à Panama et recouvra son trésor. Mais, avec une mauvaise foi toute jésuitique, il déclara aux passagers dont les richesses avaient aussi été pillées et retrouvées, que tout l'or et l'argent qui leur auraient appartenu, mais dont ils ne pourraient prouver qu'ils fussent les légitimes propriétaires, resteraient dans le trésor royal. Comme ses compagnons de voyage n'avaient pas pensé à marquer leurs lingots de signes particuliers, ils durent se résigner à les perdre. Nous avons cité ce fait pour prouver que le caractère de cet homme dont tous les historiens, y compris Roberston, ont fait un éloge pompeux et sans restriction, avait un côté fort peu estimable. Cette indigne supercherie, à l'aide de laquelle il grossissait la part du roi, pour se faire mieux venir auprès de lui, est la preuve manifeste que cette âme d'inquisiteur n'était pas exempte de mauvais instincts.

Gasca fut reçu dans sa patrie avec des transports d'admiration et d'enthousiasme. Il avait eu du bonheur, on attribua tout ce qu'il avait fait à son habileté et à son génie ; la trahison lui avait livré la flotte des insurgés,

(*) Robertson est de ce nombre.

l'armée ennemie, et jusqu'à la personne de Pizarre; tout cela fut mis sur le compte de ses talents; la fortune l'avait suivi et favorisé dans toutes ses entreprises, et on applaudit aux résultats de sa mission sans faire la part de la Providence. Pour être juste, il faut reconnaître qu'il avait mérité sans réserve ces témoignages d'estime par quelques qualités honorables, telles que le désintéressement. Il paraît que cet homme, qui avait manié tant de trésors, et qui avait eu de si énormes masses d'or à sa disposition, revint en Espagne aussi pauvre qu'il l'était avant son voyage; on dit même que l'empereur fut obligé de lui payer quelques dettes contractées pendant son expédition. Si ces assertions sont exactes, une pareille vertu, au milieu de tant d'hommes cupides et corrompus, méritait, en effet, l'admiration des contemporains et la consécration de l'histoire.

Nommé évêque de Palencia en récompense de ses services, l'ex-président du Pérou passa le reste de ses jours dans la retraite et dans l'obscurité. Son retour en Espagne avait eu lieu en juillet 1550; il mourut en 1567 (*).

Après le départ de Gasca, le Pérou fut agité par des troubles qui firent craindre, un instant, le retour des scènes sanglantes dont ce pays avait été déjà le théâtre. Nous nous dispenserons d'en faire le récit, les événements auxquels ils donnèrent naissance n'offrant rien de bien intéressant.

Ce fut au milieu de ces mouvements séditieux que don Antonio de Mendoza, membre de la famille de Mendecar et comte de Tandilla, fut envoyé au Pérou en qualité de vice-roi, de gouverneur et de capitaine général. Ce personnage, qui ne vécut pas longtemps, paraît avoir été doué d'heureuses qualités. Il publia une ordonnance qui exemptait désormais les Indiens de tout service personnel obligé, et qui n'était en quelque sorte que la copie du décret royal dont l'exécution avait été jugée impossible par Gasca. Cette ordonnance, qui apportait un grand soulagement à la situation des indigènes, mais qui causait un notable préjudice aux colons, occasionna une sédition assez inquiétante. Un gentilhomme nommé Louis de Vargas, qui s'était fait le chef des mécontents, fut arrêté et eut la tête tranchée. L'ordre ne tarda pas à être rétabli, mais pour être bientôt troublé de nouveau, car l'état des choses au Pérou était tel que la tranquillité ne pouvait être que passagère.

A quelque temps de là, Pedro de Hinojosa, qui avait joué un rôle important dans toutes les guerres civiles de ce pays, fut assassiné par ses soldats pour les avoir tyrannisés et n'avoir pas voulu se faire le chef d'une insurrection qu'ils avaient projetée.

Hernandez Giron, autre officier des plus distingués, fut moins scrupuleux. Après une émeute, à la suite de laquelle il avait renversé les autorités de Cuzco, il se fit nommer procureur général et chef de toutes les forces militaires du Pérou. Cette insurrection inquiéta pendant treize mois consécutifs l'audience de Lima, dépositaire par intérim du pouvoir légal. Mais enfin, le chef des rebelles fut fait prisonnier et exécuté.

Charles-Quint était en Allemagne lorsqu'il apprit la mort du vice-roi. Il désigna pour remplir la place vacante, don Hurtado de Mendoza, marquis de Cañete. Nous passerons sous silence, faute d'espace, les premiers actes de ce gouverneur général. Nous arrivons sans transition à l'événement le plus marquant de son administration.

Le lecteur se rappelle sans doute ce prince péruvien qui, sous le nom de Manco Inca, occupa un moment l'attention des Espagnols après la mort d'Atahualpa. Manco fut tué par ordre des conquérants, après les avoir délivrés de leurs ennemis. Son fils, Saïri Tupac, se retira dans les montagnes de Villa-Pampa, où il vécut plusieurs années, entouré de quelques serviteurs fidèles. Le marquis de Cañete, pen-

(*) Garcilasso de la Véga, *Histoire des guerres civiles des Espagnols dans les Indes.*

sant qu'il était d'une bonne politique de se concilier l'affection et le dévouement des Indiens, et que le plus sûr moyen d'y parvenir c'était d'attirer dans la capitale l'héritier légitime des Incas, fit faire des propositions dans ce sens à Saïri Tupac. Il lui promit sécurité complète pour lui et les siens, une pension qui lui permettrait de vivre convenablement, et l'appui du gouvernement de Lima auprès du roi d'Espagne. Le prince hésita longtemps, se méfiant des intrigues du vice-roi. Mais enfin, cédant aux sollicitations de quelques-uns de ses parents qui étaient restés au milieu des Espagnols, il accepta les offres du marquis. Il se rendit à Lima, puis à Cuzco, où il fut accueilli avec des transports de joie par toute la population indigène. Quelque temps après, influencé par les exhortations des prêtres, qui l'engageaient à se convertir, il demanda à recevoir le baptême. Il fut, en effet, admis dans le giron de l'Église catholique, et reçut le nom espagnol de Diego.

Depuis l'expédition d'Orellana sur l'Amazone, personne n'avait tenté d'explorer les immenses régions que parcourt cette grande artère de l'Amérique méridionale. Orellana avait obtenu de l'empereur la concession des pays qu'il parviendrait à conquérir dans cette zone; mais il n'avait jamais pu retrouver l'embouchure du fleuve et était mort pendant le voyage. Cependant on n'avait cessé de parler de l'*el-Dorado* et du royaume des Amazones. Les rêves dont cette terre promise était l'objet s'étaient propagés par toute l'Europe, et sans les guerres qui désolaient le Pérou, il n'est pas douteux qu'une foule d'aventuriers, habitants de ce pays, ne se fussent risqués, sur la foi de leurs visions dorées, dans ces contrées si dangereuses à parcourir.

Le vice-roi Hurtado de Mendoza voyant la tranquillité à peu près rétablie au Pérou, du moins pour quelque temps, reprit le projet avorté, et chargea Pedro de Ursoa (1560), gentilhomme d'un mérite reconnu, de renouveler la tentative d'Orellana. Ursoa partit à la tête de 500 hommes. Le but principal de sa mission était de chercher le fameux lac d'Or de Parime et la ville d'*el-Dorado*, qu'on croyait voisins de l'Amazone. L'expédition s'embarqua sur le Guallaga et descendit dans le Maragnon. Au milieu du voyage, Ursoa fut assassiné par quelques-uns de ses compagnons, jaloux de son autorité. Fernand de Guzman, l'un de ses meurtriers, se fit proclamer chef de l'expédition et roi du pays fantastique qu'ils cherchaient. Bientôt lui-même tomba sous le poignard de Lope d'Aguirre, qui se livra à des actes inouïs de brigandage et de cruauté. Ce misérable, après avoir fait périr plus de 200 hommes de sa troupe, finit par trouver la punition de ses forfaits : il fut écartelé dans l'île de la Trinité.

Nous ne rappellerons que pour mémoire l'administration des vice-rois Diego de Cuniga, Cante de Nieva, et Garcia de Castro ; mais nous nous arrêterons quelques instants sur le gouvernement de François de Tolède, parce qu'il fût marqué par un événement bien tristement célèbre dans les fastes du Pérou.

Saïri Tupac, surnommé Diego, était mort. Son frère, Tupac Amaru, vivait toujours au milieu des montagnes. Le nouveau vice-roi l'engagea à venir habiter Cuzco, lui promettant tous les avantages et tous les priviléges dont son frère avait joui pendant sa vie. Mais le prince, se rappelant que Saïri n'avait pas vécu longtemps au milieu des Espagnols, et supposant au vice-roi quelque arrière-pensée machiavélique, refusa formellement de quitter sa retraite. Irrité de cette résistance et résolu à obtenir à tout prix la réalisation de ses odieux projets, François de Tolède déclara la guerre à Tupac Amaru. Les prétextes ne manquèrent pas pour donner une apparence de justice à ces persécutions. On prétendit que les Indiens, vassaux ou serviteurs du prince, pillaient les marchands espagnols qui passaient par le district où ils s'étaient établis; on parla de complots secrètement tramés par les indigènes pour replacer la famille des Incas sur le trône. Dans tout cela, il n'y avait pas un mot de vrai. Les Indiens étaient partout fort paisibles et subissaient le joug sans murmurer. Quelques marchands avaient bien été volés dans les montagnes qu'habitait l'Inca ; mais d'abord les victimes de ces larcins étaient des Indiens marchands de bestiaux et non des Espagnols ; en second lieu, le délit remontait à plusieurs années avant la mort de Manco Inca, père de Tupac Amaru. Enfin, suivant Garcilasso de la Véga, le vol n'avait été commis que pour procurer quelques vivres à l'Inca, qui, réduit à la plus affreuse misère, mourait de faim dans sa retraite. Il paraît d'ailleurs que ce fut Manco lui-même qui autorisa l'enlèvement des bestiaux, disant « que tout cet empire et toutes les choses qu'il produisait lui appartenaient de droit, et que, de quelque façon que ce fût, il voulait chercher les moyens de vivre et ne pas se voir réduit à mourir faute d'aliments (*). » Depuis la mort de Manco, on n'avait plus entendu parler de semblables délits, et la conduite des Indiens était irréprochable. Les motifs, mis en avant par le vice-roi et ses courtisans n'avaient donc rien de sérieux ; ils déguisaient mal les intentions et les mobiles véritables du gouvernement péruvien. Les Indiens eux-mêmes ne pouvaient pas prendre le change sur les vues secrètes de leurs oppresseurs ; ils savaient que les Espagnols soupçonnaient d'immenses trésors entre les mains de Tupac Amaru ; ils n'ignoraient pas qu'on le supposait possesseur de cette fameuse chaîne d'or qui depuis longtemps excitait si vivement la convoitise des Espagnols ; enfin, ils ne pouvaient douter du désir que nourrissaient depuis longtemps les conquérants de leur pays, d'anéantir la race de leurs souverains légitimes.

Ce fut don Garcia Loyola, officier entreprenant et dévoué, qui fut chargé de marcher contre Tupac Amaru, à la tête de deux cent cinquante hommes levés en toute hâte. La petite armée se dirigea immédiatement vers le district de Villa-Pampa, où se trouvait le prince indigène.

Tupac Amaru, à l'approche de la troupe ennemie, quitta la forteresse où il s'était réfugié, et se retira sur les bords d'une rivière qui coulait à vingt lieues de là. Poursuivi par les Espagnols, et désespérant de pouvoir soutenir la lutte, le prince mit bas les armes, et se rendit à Garcia Loyola. Fort de son innocence, il pensait que sa soumission volontaire déciderait les Espagnols à le traiter avec les mêmes égards que son frère Saïri Tupac. Avec lui furent arrêtés sa femme, une de ses filles, ses deux fils, et tous les Indiens qui l'avaient accompagné dans sa retraite. Tous furent conduits à Cuzco, où se trouvait le vice-roi.

On commença immédiatement un procès criminel contre l'Inca. On l'accusa de conspiration, de projets d'assassinats, enfin de tout ce qui pouvait le rendre odieux et coupable aux yeux des Espagnols. Ce qu'il y eut d'étrange dans cette affaire, c'est qu'on impliqua dans le procès tous les métis, fils d'Espagnols et d'Indiennes. Tous les hommes de sang mélangé, et en état de porter les armes, furent mis en accusation. On leur imputait une criminelle connivence avec le prince, et des desseins homicides contre les maîtres du pays. Le but du vice-roi en ceci, était évidemment de se débarrasser de gens qui pouvaient réclamer les biens de leurs pères, et apporter ainsi de grandes richesses dans des familles indiennes ; on craignait aussi que ces hommes, unis par des liens communs aux conquérants et aux vaincus, ne devinssent dangereux aux premiers, à cause du contact permanent qu'ils avaient avec eux. La torture, infligée à quelques-uns de ces malheureux, n'amena, comme on s'y attendait bien, aucune révélation. Les accusés, dont le courage était soutenu par leurs mères, ne laissèrent même pas échapper ces aveux mensongers que la douleur arrache aux innocents. Une In-

---

(*) Garcilasso, *Histoire des guerres civiles des Espagnols dans les Indes.*

dienné, entre autres, étant parvenue à pénétrer dans la prison où son fils était détenu, proféra des discours si menaçants, et exalta tellement la population indigène de Cuzco, que le vice-roi fut effrayé de l'agitation causée par cet incident. N'osant pas les faire périr, François de Tolède fit bannir les métis, les uns au Chili, d'autres dans l'Amérique centrale, quelques-uns en Espagne. Pas un ne revint d'exil; tous succombèrent à la nostalgie, à la misère et au désespoir. Quant au prince, il fut condamné à avoir la tête tranchée; et les Indiens de sang royal furent, au nombre de trente-six, déportés à Lima, où le brusque changement de climat, joint au chagrin d'avoir quitté leurs familles et leur ville natale, les mena promptement au tombeau.

Malgré les observations pleines de raison que Tupac Amaru adressa au vice-roi, malgré le désir qu'il exprima d'être envoyé en Espagne pour se justifier auprès du roi, ce descendant des souverains du Pérou dut se préparer à mourir de la mort des criminels. François de Tolède, craignant une émeute populaire, ordonna que la sentence fût exécutée sans délai. Ici, nous laisserons parler Garcilasso de la Véga, qui, quoique encore bien jeune, fut témoin de toutes les circonstances de cet événement. Nous conservons le style du traducteur dans toute sa naïveté : « Le prince, dit l'historien, parut un peu après en public, sur une chétive mule, ayant le cou et les mains liés. Un crieur marchait devant lui, pour publier l'arrêt et le sujet de sa mort, qu'il disait être « pour avoir été tyran et traître au roi catholique. » Le prince, qui n'entendait pas bien la langue espagnole, eut la curiosité de savoir ce que voulait dire cet homme; de sorte que, l'ayant demandé aux religieux qui l'accompagnaient, ils lui dirent qu'on le faisait mourir pour les trahisons par lui commises contre le roi son seigneur. Ces paroles le touchèrent extrêmement; et, à l'instant même, il demanda qu'on lui fît venir le crieur, auquel il tint ce discours : « Tu as grand tort de publier une chose que tu sais bien être fausse, puisque personne n'ignore que je n'ai jamais fait ni même pensé à faire aucune trahison. Que ne dis-tu donc plutôt qu'on va m'immoler parce que le vice-roi le veut ainsi, et non pas pour aucun crime que j'aie commis ni contre lui, ni contre le roi de Castille? j'en prends à témoin le Pachacamac. »

Après qu'il eut proféré ces paroles, les officiers de la justice furent tout étonnés de voir entrer dans la place une grande troupe de femmes de tous âges, les unes du sang royal, et les autres filles des caciques de cette frontière-là, qui, toutes désolées et répandant des larmes en abondance, s'adressèrent au prince, et lui dirent : « Inca, pourquoi te veut-on trancher la tête? Quel mal as-tu fait pour mériter la mort? Avertis celui qui te la donne qu'il en fasse autant de nous, qui avons l'honneur de t'appartenir par notre naissance, et qui serons beaucoup plus contentes de mourir avec toi, que de vivre ici sujettes et esclaves de ceux qui ont conspiré contre ta vie. » Après ces paroles, elles renouvelèrent leurs gémissements et leurs cris d'une façon si étrange, que les assistants appréhendèrent qu'il ne s'ensuivît quelque révolte de l'exécution d'une sentence si peu attendue et qu'on n'eût jamais imaginée. La foule était si grande, que, tant à la place qu'aux fenêtres et aux toits des maisons, il y avait plus de trois cent mille personnes. Les officiers de justice s'approchèrent de l'échafaud avec les religieux qui accompagnaient le prince, et le bourreau après eux, avec le coutelas à la main. Les Indiens, voyant leur Inca si proche de la mort, en furent si affligés, que, poussant des cris jusqu'au ciel, ils remplirent de terreur toute la place, où l'on ne pouvait s'entendre; ce qui fit que les prêtres qui parlaient à l'Inca le prièrent de faire taire ces Indiens. Il haussa le bras en même temps, et ouvrit la main, puis il la porta à son oreille, et ensuite il la baissa peu à peu jusque sur sa cuisse droite. Les Indiens connaissant par là qu'il leur commandait de se taire, cessèrent incontinent de crier, et firent un si grand silence, qu'il semblait n'y avoir personne dans toute la ville. Les Espagnols et le vice-roi qui étaient à une fenêtre pour voir cette exécution, en furent tout étonnés, et admirèrent l'obéissance que les Indiens rendaient à leur prince, même au dernier moment de sa vie. On lui coupa la tête aussitôt, ce qu'il souffrit avec une grandeur de courage surprenante; mais cette constance est ordinaire aux Incas et à tous les gentilshommes indiens, qui ne s'épouvantent jamais, quelque mal et quelque inhumanité qu'on leur fasse (*). »

Ainsi périt le dernier héritier légitime du trône des Incas, victime d'une politique aussi inepte qu'infâme. La mort d'Atahualpa avait trouvé son pendant, avec cette différence, toutefois, que lorsque Pizarre sacrifia le frère de Huascar, il était au début de son œuvre de conquête, et pouvait se retrancher derrière l'excuse de la raison d'État; tandis que rien ne justifia suffisamment le meurtre de Tupac Amaru. La lâche cruauté de François de Tolède fut blâmée par le plus grand nombre des Espagnols résidant au Pérou. Le vice-roi lui-même dut se repentir bientôt après de ce crime inutile, car il ne lui rapporta rien; et les trésors qu'avait rêvés sa cupidité s'en allèrent en fumée.

Les deux fils et la fille de Tupac Amaru furent conduits en exil à Lima. Telle fut l'action de la misère, du chagrin et du climat sur les déportés, que, sur trente-six, il en mourut trente-cinq dans l'espace de deux ans; les deux jeunes princes furent de ce nombre. Il ne resta plus, dès lors, d'héritier direct de la couronne; et la descendance masculine de Manco Capac se trouva, par cette double mort, complétement éteinte.

François de Tolède exerça encore longtemps ses fonctions de vice-roi. Après seize ans de règne (car on peut se servir de ce mot), il retourna en Espagne, chargé d'or et de richesses de toute nature. Il se flattait que le roi son maître, appréciant le service qu'il lui avait rendu en extirpant sans retour la race des Incas, le récompenserait dignement et le comblerait de ses faveurs. Mais Philippe II n'avait ni ordonné, ni conseillé le crime; et, bien qu'il en dût profiter, il jugea à propos de désavouer l'homme qui avait été au-devant de ses souhaits. Lorsque François de Tolède se présenta devant lui, il lui dit sèchement : « Je ne vous ai pas envoyé au Pérou pour tuer les rois, mais pour les servir. Vous pouvez vous retirer. » Quelque temps après, convaincu de concussion dans l'exercice de son pouvoir et de détournement de sommes considérables au détriment de la couronne, l'ex-vice-roi, à la veille d'être arrêté, mourut de honte et de chagrin. Le châtiment était un peu tardif; seize ans d'indulgence! c'était plus qu'il n'en fallait pour faire croire au meurtrier du dernier Inca que la cour de Madrid avait approuvé son sanglant coup d'État. S'il était retourné moins riche en Espagne, peut-être lui eût-on pardonné.

A partir de cette époque, le Pérou ne fut plus troublé que par des désordres sans importance, et qui ne méritent pas qu'on en fasse une mention spéciale. Un seul événement vraiment mémorable marqua les dernières années du dix-huitième siècle : ce fut une révolte des Indiens, révolte formidable, et qui faillit faire perdre à l'Espagne toute la partie montagneuse du Pérou, à la même époque où l'Angleterre perdait presque toutes ses colonies de l'Amérique continentale. Avant de raconter cet événement, si célèbre dans les annales de la nation péruvienne, il faut que nous jetions un coup d'œil sur la situation faite par les Espagnols aux habitants indigènes de ce malheureux pays.

Le travail sur le Mexique, dû à M. La Renaudière, et notre notice sur le Guatemala, ont donné au lecteur une idée du régime gouvernemental et administratif sous lequel le nou-

---

(*) Garcilasso de la Véga, *Histoire des guerres civiles des Espagnols dans les Indes.*

veau monde a gémi pendant trois siècles; tout ce que l'on sait sur le despotisme des vainqueurs à l'égard des nations indigènes, sur leur barbarie, leur cupidité et leur politique inepte autant que coupable, peut s'appliquer à l'empire péruvien. Ce serait donc faire un inutile double emploi que de retracer en détail les misères des peuples du Pérou sous la domination espagnole. Toutefois, la tyrannie des maîtres de cette contrée s'étant particulièrement distinguée par quelques moyens extraordinaires et mémorables, nous ne pouvons passer sous silence ce trait caractéristique. Ces deux moyens de despotisme étaient le *mita* et le *repartimiento*. Le *mita* était une conscription civile, c'est-à-dire l'obligation imposée à la population de chaque district de fournir tous les ans un certain nombre d'hommes pour le service des propriétaires de terres ou de mines. A la vérité, sous le gouvernement des Incas, un certain nombre d'indigènes étaient réduits à l'état de servitude le plus pénible; l'histoire nous apprend même que, comme les *tamemes* du Mexique, les *yanaconas* du Pérou étaient employés à porter de pesants fardeaux et à remplir toute sorte de fonctions repoussantes. La loi espagnole ne sortait donc pas de la tradition, et elle n'avait en elle-même rien qui pût être considéré par les naturels comme un redoublement de cruauté. Mais les règlements qui servirent de commentaires à cette loi, constituaient une véritable aggravation, et les effets du régime auquel on soumit les *mitayos* dans les exploitations de mines, furent éminemment désastreux. Tout Indien, à partir de 18 ans jusqu'à 50 ans, était forcé de travailler aux mines. A cet effet, on formait des listes sous sept rubriques différentes; les individus dont le nom y figurait, devaient servir pendant six mois, et à tour de rôle, de sorte que chaque indigène voyait son tour arriver après trois ans et demi. L'Indien appelé aux mines, quittait sa famille, abandonnait ses intérêts de toute nature, et devait se rendre au lieu d'exil qui lui était assigné; il fallait quelquefois parcourir, pour atteindre l'endroit des travaux, un espace de plusieurs centaines de milles. Quelques-uns obtenaient la permission d'emmener leurs familles avec eux, et recevaient même une légère somme pour frais de voyage. Le prix du travail était fixé à un demi-dollar par jour (*). Dans les conditions de régime les plus favorables, il survivait à peine un homme sur cinq durant la première année de ces travaux redoutables; et ceux qui résistaient étaient ordinairement retenus sous le prétexte de quelques dettes, le plus souvent imaginaires, contractées envers leurs patrons. Plus de 12,000 Indiens étaient annuellement soumis à cette horrible conscription dans le seul district de Potosi; et l'on a calculé que plus de 8 millions d'hommes avaient péri dans les mines de tout le royaume (**). Il y a sans doute quelque exagération dans ce chiffre. Quoi qu'il en soit, il est positif que les nations indigènes présentent, depuis la conquête, une diminution de nombre vraiment effrayante. Le premier recensement, fait en 1551, fixa à 8,255,000 le nombre des Indiens du Pérou et de la Nouvelle-Grenade;

(*) *Mercurio peruviano.*

(*) Mémoires de Miller, I, p. 5. Dans un mémoire présenté à Philippe III, en 1609, le capitaine Juan Gonzalès de Azevedo affirme que, dans chaque district péruvien, où les naturels étaient contraints de travailler aux mines, la population a été diminuée de moitié, et dans quelques endroits des deux tiers. Robertson cite une autre autorité espagnole pour prouver que dans toutes les localités dont les richesses minérales étaient exploitées, le nombre des Indiens décroissait rapidement; tandis que, dans la province de Campêche, où il n'existe pas de mines, la population indigène a augmenté de plus d'un tiers depuis la conquête, bien que le sol ni le climat de cette province ne soient aussi favorables que le climat et le sol du Pérou. Nous pourrions aussi renvoyer le lecteur à d'autres écrivains qui confirment, de la manière la plus positive et la plus authentique, l'assertion que nous avons émise.

Galerie extérieure du Palais à Palenqué.

GUATIMALA.

chacun de ces pays figurait à peu près pour moitié dans ce total. Suivant un autre recensement qui date de 1581, époque à laquelle le *mita* n'existait pas légalement, la population mâle entre 18 et 50 ans, s'élevait au Pérou, sans y comprendre Quito, le Tucuman et Buénos-Ayres, à 1,067,692. La population totale du Pérou devait donc excéder 4 millions d'âmes. Vers la fin du siècle dernier, on ne comptait plus, dans la vice-royauté de Lima, que 1,100,000 indigènes (*); si l'on ajoute 1,500,000 habitants pour les provinces qui formaient la vice-royauté de Buénos-Ayres, et 700,000 pour Quito, on ne trouvera en somme que 3,300,000 individus pour toutes ces contrées réunies; sur ce nombre les Indiens figuraient pour plus des deux tiers, c'est-à-dire qu'ils étaient 2 millions et demi, le reste se composant de sang-mêlés à des degrés différents. Il faut dire que plusieurs autres causes de dépopulation se sont ajoutées à celle que nous avons signalée; ainsi l'usage et l'abus des liqueurs fortes qui, suivant Ulloa, firent plus de mal aux Péruviens dans une seule année que le travail des mines pendant un quart de siècle; ainsi la petite vérole, qui fit des ravages effrayants parmi ces tribus infortunées; il faut aussi tenir compte d'une épidémie, qui, en 1750, dépeupla des villages entiers. Mais la conscription pour les mines n'en a pas moins été le fléau le plus redoutable et le plus destructeur dans la vice-royauté du Pérou; elle a été pour les malheureux habitants de cette contrée ce que les célèbres *Mamelucoes* et d'autres aventuriers ont été pour les peuplades indigènes du Brésil, ce que l'esclavage a été pour les Indiens des Antilles (**).

(*) La population totale du Pérou, en 1796, s'élevait, suivant le *Viagero universal*, à 1,445,000 âmes.

(**) « Ce n'est pas autant le travail que le changement subit de climat, qui rend la *mita* si pernicieuse pour la conservation des Indiens. Cette race d'hommes n'a point la flexibilité d'organisation qui distingue l'Eu-

Le *repartimiento* était un privilége accordé dans l'origine aux corrégidors ou gouverneurs de districts, et qui investissait ces fonctionnaires du droit de fournir aux Indiens, à des prix raisonnables, tous les objets nécessaires à leur consommation. Ce privilége, quoique réglé et limité par une loi, dégénéra, comme on pouvait le prévoir, en un moyen de tyrannie et d'exaction. Les indigènes furent exploités par les autorités locales, avec une rapacité et un cynisme sans pareils. Non-seulement on les forçait d'acheter à des prix énormes des mules moribondes, des marchandises avariées, et d'autres articles de commerce sans valeur, mais encore, chose presque incroyable, on faisait entrer dans les approvisionnements qu'ils étaient contraints d'acquérir au poids de l'or, des rasoirs, des bas de soie, des lunettes et des articles de luxe, alors que les Espagnols savaient fort bien que les Indiens n'ont pas ou presque pas de barbe, qu'ils vont toujours nu-pieds, qu'ils ont la vue excellente, et que le luxe leur est étranger. La perception du tribut royal offrait aux corrégidors un autre prétexte à des exactions odieuses; et les prêtres, à qui le salut des Indiens était confié, leur enlevaient le peu que leur laissait l'insatiable cupidité des gouverneurs.

Cette conduite des vainqueurs à l'égard des Péruviens n'était pas seulement criminelle aux yeux de la morale, elle était encore éminemment maladroite et impolitique; car la patience des peuples a des bornes, et les tyrans payent cher quelquefois leurs caprices despotiques. Ici se place le récit de l'événement dont nous avons parlé. En

ropéen. La santé de l'homme cuivré souffre infiniment lorsqu'on le transporte d'un climat chaud dans un climat froid, surtout lorsqu'on le force de descendre du haut de la Cordillère dans ces vallons étroits et humides où paraissent se déposer tous les miasmes des régions voisines. » (Humboldt, *Essai politique sur le royaume de la Nouvelle-Espagne*, t. I, p. 338 de l'édition de 1825.)

1780, les indigènes, fatigués de ces actes de vol et de fraude, résolurent de secouer le joug. S'ils avaient pu hésiter, ils auraient été poussés à l'insurrection par l'inexorable avarice des corrégidors de Chayanta et de Tinta, qui, cette même année, eurent la cruauté d'imposer aux habitants de leur district trois *repartimientos*, dont chacun produisit environ 150,000 dollars. La révolte s'organisa donc sans autre délai. Les mécontents étaient dirigés par un cacique qui se disait descendant de Saïri Tupac et de Tupac Amaru ; pour donner plus d'éclat à son entreprise et inspirer à ses subalternes un respect utile à ses desseins, ce chef avait pris le nom de son aïeul, le dernier Inca, et s'était entouré de toute la pompe et de toute la magnificence des rois ses ancêtres. Cet Ipsilanti Péruvien s'appelait réellement don José Gabriel Condorcanqui ; il était fils du cacique de Tungasuca, village de la province de Tinta, ou plutôt fils de la femme du cacique, car, suivant M. de Humboldt, il était métis, et son véritable père était un moine. Il avait reçu une éducation assez distinguée à Lima. Son attitude noble et fière, sa taille élevée et ses manières empreintes d'une majesté calculée, prévenaient singulièrement en sa faveur, et imposaient surtout à la foule ignorante de ses complices; il avait aussi les vertus qui honorent la vie privée, mais il manquait des qualités éminentes qui conviennent au libérateur d'un peuple et au régénérateur d'un empire. Au lieu de faire cause commune avec les Américains espagnols, qui, nés sur le même sol, croyaient avoir des droits égaux à ceux des Indiens, et qui, d'ailleurs, souffraient tout autant des exactions de leurs maîtres communs, il se montra aussi hostile envers eux qu'envers les hommes dont il voulait briser le pouvoir. Il se préparait ainsi une destinée qu'une politique moins étroite et plus intelligente aurait à coup sûr changée, ou, tout au moins, modifiée. Toutefois, sa cause ne tarda pas à devenir populaire, et il vit accourir autour de lui une multitude d'Indiens indisciplinés, qu'il ne pouvait ni armer, ni instruire dans la tactique militaire. Mais le courage de ces hommes qui combattaient pour la liberté, contre-balança pendant les premiers temps l'habileté de leurs adversaires. Les insurgés conquirent les provinces de Quispicanchi, Tinta, Lampa, Azangara, Cararaja et Chumbivilcas ; mais après plusieurs combats dans lesquels ils résistèrent avec fureur à un ennemi redoutable par la supériorité de ses moyens d'attaque, Tupac Amaru fut fait prisonnier. On eut la barbarie de le rendre témoin du supplice de sa femme et de ses enfants ; après quoi, il fut mis à mort, avec des raffinements de cruauté dignes des premiers conquérants du Pérou (*).

Ce traitement atroce et ignominieux, loin de jeter la terreur parmi les insurgés, et de les décider, comme on l'avait espéré, à implorer merci, ne fit qu'exciter leur colère et augmenta leur nombre par l'accession d'une foule d'indigènes, restés jusque-là simples spectateurs de la lutte. Conduits par des chefs intrépides, ils firent aux Espagnols une guerre de désespoir et de destruction. Plusieurs détachements d'Européens furent taillés en pièces. Encouragé par ces succès, Andrès, neveu de José Gabriel Condorcanqui, mit le siége devant Sorata, ville située près de La Paz, et où les Espagnols des districts voisins s'étaient réfugiés avec leurs familles et leurs richesses. Les Indiens, mal armés et encore plus mal dirigés, ne pouvaient rien contre des fortifications, construites en terre, à la vérité, mais garnies d'une artillerie formidable. Le chef des assaillants parvint néanmoins à égaliser les chances par un stratagème qui aurait fait honneur au chef d'une armée européenne : au moyen d'une longue jetée qu'il fit construire avec une surprenante rapidité, il réunit les eaux qui tombaient des cimes neigeuses des montagnes d'Ancoma, et les dirigeant contre les

(*) On lui arracha la langue, puis on le fit écarteler.

GUATIMALA.

fragiles remparts de la place, il vit bientôt crouler les murailles sous l'action dissolvante de la masse liquide. Dès ce moment, la ville fut à la discrétion des Indiens; ils y entrèrent transportés de fureur et en massacrèrent les habitants. Plus de 20,000 personnes tombèrent sous le couteau des vainqueurs et expièrent par le dernier supplice la mort si affreuse de Gabriel Condorcanqui. A l'exception des membres du clergé, pas un individu du sexe masculin ne fut épargné.

Mais la vanité des chefs, enflée par cette victoire, leur fit dépenser en vaines parades et en ridicules essais de royauté, un temps qu'ils auraient dû employer à des opérations militaires propres à consolider un aussi éclatant succès. Il arriva ce que des esprits plus exercés auraient pu prévoir: les Espagnols obtinrent par ruse et par perfidie ce que la fortune des armes leur avait refusé. Les deux principaux chefs indiens, par suite de certaines manœuvres odieuses, furent livrés par leurs propres serviteurs à la vengeance de leurs ennemis; et, dès ce moment, l'insurrection, qui avait duré deux ans, fut anéantie. Le seul bénéfice que les indigènes retirèrent de leur révolte, fut l'abolition du *repartimiento*, cause unique de cette lutte sanglante.

Vingt ans plus tard, les Indiens du plateau de Riobamba se soulevèrent à plusieurs reprises, et renouvelèrent sur les habitants de race blanche les sanglantes vengeances qui avaient signalé l'insurrection de 1789; mais ces mouvements populaires furent encore réprimés. La situation du Pérou ne devait changer qu'à la suite de la révolution politique que nous allons raconter.

RÉVOLUTION PÉRUVIENNE.

Les révolutions politiques à la suite desquelles l'Espagne a perdu ses colonies d'Amérique n'offrent pas ce caractère de grandeur et de majesté qu'on est habitué à observer en Europe dans des événements de cette nature. Une faible population se soulevant contre la métropole; des hommes, la plupart médiocres, se ruant à la curée du pouvoir et se disputant les débris de l'autorité royale; des armées presque lilliputiennes se livrant une guerre acharnée en vertu d'idées souvent mal comprises; rien de grandiose, rien d'imposant au milieu de tant de mouvements brusques et imprévus; tel est le spectacle que présentent en général les révolutions de l'Amérique moderne. Une seule physionomie héroïque domine ce pêle-mêle de personnages mirmidons et de faits presque imperceptibles: c'est celle de Bolivar. Cet homme, par le rôle brillant et actif qu'il a joué durant cette période historique, s'est acquis une juste célébrité au milieu des individus et des choses médiocres auxquels il s'est trouvé mêlé. Le reste, à part deux ou trois hommes qui furent le reflet du héros de la Colombie, ne vaut pas l'honneur d'être nommé.

Toutefois, il est juste de reconnaître que jamais peut-être dans aucune entreprise humaine, les résultats ne furent en disproportion plus marquants avec les moyens d'action; car ces luttes mesquines, et parfois ridicules, ont abouti à des conséquences d'une gravité incontestable. — Après une crise dont les acteurs venaient à peine à la ceinture des révolutionnaires d'Europe, l'Amérique s'est tout à coup trouvée indépendante, et l'Espagne s'est vue dépossédée de colonies magnifiques. A l'époque où M. de Humboldt voyageait dans le Mexique, les domaines espagnols du nouveau monde occupaient un espace de 79 degrés de latitude, égalant la longueur de l'Afrique, deux fois plus vaste que l'étendue entière des États-Unis, et beaucoup plus considérable que le territoire de l'empire britannique dans l'Inde. Quelques années s'étaient à peine écoulées que les rois de Castille et d'Aragon perdaient ce beau fleuron de leur couronne; fait immense dans l'histoire des nations aussi bien qu'en politique et au point de vue commercial. Ce que la perte des États-Unis pour l'Angleterre, et celle du Mexique, du Pérou et de Buénos-Ayres pour l'Espagne, ont apporté de changement dans les bases du commerce européen, dans la situation politique de l'ancien monde, et même dans l'avenir de nos vieilles sociétés, est, à proprement parler, incalculable. Les révolutions des deux Amériques furent donc un événement considérable, et si l'on examine par quels instruments et par quels moyens elles se sont accomplies, on restera surpris que des causes si minimes aient enfanté un résultat aussi formidable.

L'Europe a été presque aussi facilement vaincue par l'Amérique, que l'Amérique l'avait été, autrefois, par l'Europe. Une poignée d'aventuriers avait conquis toute cette immense contrée que baignent les deux océans et qui avoisine les deux pôles; une poignée d'insurgés a chassé les maîtres de cette terre promise, si aisément subjuguée; éloquentes représailles dans lesquelles se montre le doigt de la Providence, et qui ont vengé les opprimés, en même temps qu'elles punissaient les coupables folies des oppresseurs.

C'est l'importance du fait définitif de l'indépendance américaine qui nous engage à faire le récit de la révolution du Pérou. Isolés du résultat, les incidents de la lutte mériteraient à peine de fixer notre attention. Toutefois il va sans dire que nous signalerons seulement les phases principales de ce drame historique. Si le Mexique, par le prix que la métropole attachait à sa possession, exigeait que sa révolution fût racontée en détail, le Pérou, moins précieux à l'Espagne, sous certains rapports, peut être traité avec moins de façon.

Tout le monde sait que l'invasion de l'Espagne par Napoléon fut le signal de l'émancipation de l'Amérique espagnole. Il est étrange que le premier mouvement révolutionnaire du Pérou tire son origine de la fidélité enthousiaste des habitants à l'imbécile Ferdinand, et de la résolution prise par eux de résister à l'ordre expédié de Bayonne, de prêter serment d'allégeance au frère de l'empereur des Français, intronisé par la victoire à la place des descendants de Louis XIV. Le 15 juillet 1808, la population de Caracas prit l'initiative en proclamant Ferdinand VII; le capitaine général et l'audience furent contraints de céder à la volonté des habitants, et de recevoir le serment d'obéissance prêté par acclamation au monarque légitime. Un décret de Charles-Quint (1530), confirmé par Philippe II, en 1563, autorisait, dans le cas d'urgence, la convocation des cortès ou de juntes générales, dans les différents royaumes de l'Amérique espagnole. La situation des affaires, dans ce moment de crise, semblait présenter un de ces cas de pressante nécessité prévus par l'ordonnance royale. L'autorité de la couronne était suspendue par l'emprisonnement du souverain, et le seul moyen de préserver les colonies du joug de la France, était l'exercice du droit légalement et constitutionnellement conféré aux juntes; néanmoins, cette mesure, la seule propre à maintenir la tranquillité dans les domaines transatlantiques de l'Espagne, signala le commencement d'une guerre sanglante et d'une révolution décisive.

Les mêmes sentiments de fidélité qui avaient amené la démonstration de Caracas, se manifestèrent presque simultanément sur tous les points des colonies espagnoles; et ici, il est nécessaire, pour bien faire comprendre les événements qui survinrent dans le Pérou, de rappeler succinctement ceux dont les États voisins furent le théâtre.

A Mexico, le vice-roi Iturrigaray, appuyé par le *cabildo*, proposa de convoquer une junte; mais les Européens qui, dans la capitale, formaient le parti le plus influent, firent arrêter le vieux vice-roi et l'envoyèrent prisonnier en Espagne. Le projet de convocation fut ainsi anéanti; mais bientôt le sentiment qu'on avait un moment réussi à étouffer, fit explosion, et amena une insurrection populaire. A Caracas, la junte suprême s'assembla le 19 avril 1809, et un de ses premiers actes fut de bannir le capitaine général et les membres de l'audience. Les juntes furent convoquées à La Paz le 15 juillet de la même année, à Quito le 19 août, à Santa-Fé de Bogota le 25 mai 1810, à Buénos-Ayres le même jour, et à Santiago du Chili le 18 septembre.

Buénos-Ayres a été appelé le berceau de l'indépendance de l'Amérique du Sud ; cependant à l'époque de la première invasion anglaise, en 1806, l'Espagne n'avait pas de plus fidèles sujets que les habitants des rives de la Plata. Cela s'explique aisément : la métropole avait toujours témoigné plus de bienveillance à cette colonie qu'à ses autres possessions américaines; elle l'avait dotée d'une université; elle y avait permis la publication d'un journal littéraire, et elle avait voulu qu'un service régulier de paquebots rendît plus fréquentes ses relations avec cette partie du nouveau monde. A la différence du Mexique et du Pérou, aucune velléité révolutionnaire ne s'était jamais manifestée à Buenos-Ayres ; le peuple de cette contrée, exempt de misère et soumis à un régime comparativement assez doux, semblait absorbé par le soin de ses troupeaux et la culture de ses champs (*). Il était donc tout naturel que Buénos-Ayres fût resté humblement soumis à la couronne d'Espagne. Mais l'invasion de la mère patrie par les Français, nation généralement détestée par les habitants de la Plata, changea complétement la nature et la tendance du sentiment populaire. Il se forma un parti puissant qui demandait pour reine la princesse régente du Portugal ; mais sur ces entrefaites arriva le vice-roi Cisneros (1809), qui épousa la cause de Ferdinand, et débuta par l'exil de Liniers, l'intrépide défenseur de Buénos-Ayres contre les Anglais. La conduite de cette espèce de proconsul fut telle, qu'elle exaspéra la population, et que les partisans même de la princesse Charlotte, changeant de desseins, songèrent à lever le drapeau de l'indépendance. Cisneros fut déposé, et le 25 mai 1810, on nomma une junte gouvernementale (*Junta gubernativa*), composée de neuf membres, présidée par don Cornelio de Saavedra, et ayant pour secrétaires dons Passo et Mariano-Moreno. Cisneros fut ensuite exilé aux îles Canaries, et Liniers, qui était devenu le chef de la faction espagnole, fut fait prisonnier près de Cordova, et fusillé.

Les premiers mouvements révolutionnaires du Chili s'accomplirent sans difficulté ni violence. Il y avait peu de troupes espagnoles dans le pays, et les deux partis militants, les *royalistes* et les *indépendants*, étaient moins animés l'un contre l'autre que les factions des autres États espagnols. Le 18 juillet 1810, le capitaine général Carrasco fut déposé et le comte de la Conquête mis à sa place. Sous l'administration de ce dernier, le plan de la révolution fut mûri et sagement préparé. Le 18 septembre, une junte fut formée à Santiago, et son autorité fut reconnue par toutes les provinces. Cette junte proclama Ferdinand VII, et rien ne fut changé ni dans l'administration, ni dans le personnel des emplois civils et militaires. Mais au moment où l'on croyait à la stabilité de l'ordre de choses établi, une tentative de contre-révolution faite par le général espagnol Figueroa, éveilla dans le cœur des Chiliens des désirs d'indépendance. Le sang coula, et l'autorité royale en fut singulièrement ébranlée.

Pendant que ceci se passait au Chili, les habitants de Buénos-Ayres avaient dirigé leur attention sur les provinces les plus éloignées de la vice-royauté. L'opposition de Cordova ayant été neutralisée par l'exécution de Liniers, le colonel Antonio de Balcarce fut chargé d'aller prendre possession du haut Pérou, attendu que les gouverneurs de Potosi et de Charcas s'étaient déclarés contre la révolution. Le 27 octobre 1810, le général royaliste Nieto fut battu à Cotogaita ; le 7 novembre, le colonel Cordova, également royaliste, eut le même sort à Tupiaza. Ces deux succès rendirent Balcarce maître des provinces supérieures jusqu'au pont de l'Inca, sur le Desaguadero (*), où il

---

(*) Caldcleugh, t. I, p. 222.

(*) Dégorgement du lac de Titicaca.

établit son quartier général, et où il vit ses forces se grossir de plus de quatre mille partisans. Il fut bientôt rejoint par Castelli, républicain intraitable qui, disait-on, avait fait fusiller sur la place de Potosi, le gouverneur de cette province, le président de Charcas et un officier de marine, fils de l'amiral Cordova. Frappés de terreur après des actes aussi énergiques, les Espagnols abandonnèrent leurs positions à l'approche des patriotes; dès ce moment, toute opposition étant anéantie, la petite division qui avait récemment quitté les bords de la Plata, put célébrer le premier anniversaire de la révolution dans le palais des Incas, à Tiahuanaco, près de la frontière nord-ouest de la vice-royauté, à 690 lieues de Buénos-Ayres.

Mais les avantages qui semblaient assurés par cette heureuse campagne, furent compromis et neutralisés par la conduite coupable de Castelli, qui, tandis qu'il rejetait les ouvertures d'Abascal, vice-roi de Lima, se livrait à la débauche et négligeait toutes les précautions propres à mettre les patriotes à l'abri d'une attaque. Le vice-roi, lui, n'avait pas été aussi négligent. Le général Goyeneche, nommé commandant des forces royalistes, tira 4000 hommes de Cuzco et d'Aréquipa, et alla prendre position sur la rive septentrionale du Desaguadero, à deux journées de marche des indépendants. Antérieurement à ces mouvements, une suspension d'armes avait été convenue et arrêtée; il restait encore six jours avant l'expiration de l'armistice; mais Goyeneche, dédaignant de tenir un engagement pris avec des rebelles, attaqua et défit Castelli et Balcarce à Huaqui, le 20 juin 1811. Les débris des forces indépendantes cherchèrent un refuge dans la ville de Jujuy, située à 236 lieues au sud du champ de bataille. Malgré la défaite de Balcarce, Goyeneche rencontra, dans sa marche en avant, une vive opposition de la part des habitants de Cochabamba, de Santa-Cruz et de Chayanta, villes importantes, et dont la population, indignée des cruautés commises en son nom, lui avait voué une haine implacable. Le général royaliste fut récompensé de sa victoire par le titre de comte de Huaqui. Castelli fut mandé à Buénos-Ayres et jeté en prison, où il mourut de honte et de chagrin, l'année qui suivit sa défaite.

Tandis que la liberté perdait du terrain au Pérou, elle marchait à grands pas dans le nord. Bolivar avait paru, et son courage avait fait changer la face des affaires. Après des alternatives de revers et de victoires que nous ne pouvons raconter ici, et qui, d'ailleurs, ont trouvé place dans d'autres parties de l'*Univers pittoresque*, le Vénézuela et la Nouvelle-Grenade avaient proclamé leur indépendance. Quant au Chili, il fut reconquis par le parti royaliste. Le Pérou donna des preuves manifestes de l'esprit révolutionnaire qui commençait à l'agiter. Les Indiens des provinces de Cuzco, Guamanga et Aréquipa, s'insurgèrent contre les Espagnols, et comme le projet hautement avoué de leur chef, Pumacagua, était de donner l'indépendance au Pérou tout entier, un assez grand nombre de créoles, séduits par ces patriotiques desseins, se rangèrent sous sa bannière. Mais les efforts de cette multitude sans armes se brisèrent contre la fougueuse activité du général Ramirez. Pumacagua fut du nombre des victimes, et la terreur que répandirent au loin les sanglantes exécutions ordonnées par les maîtres du pays, produisit un calme apparent qui dura jusqu'à l'arrivée de San-Martin, en 1820. Parmi les patriotes qui furent impitoyablement sacrifiés en cette circonstance, un historien signale un jeune poëte d'Aréquipa, nommé Melgar, et dont la triste destinée excita des regrets universels. Miller l'appelle le Thomas Moore du Pérou, car il était dit-il, musicien habile et poëte élégant; il a composé des mélodies dont l'auteur de *Lalla Rookh* aurait pu être jaloux. Un vif chagrin avait arraché à sa muse ces plaintes harmonieuses, que tout le monde connaît et chante encore dans sa patrie.

Abascal fut remplacé dans la vice-royauté de Lima par le général Pe-

BOLIVIE.

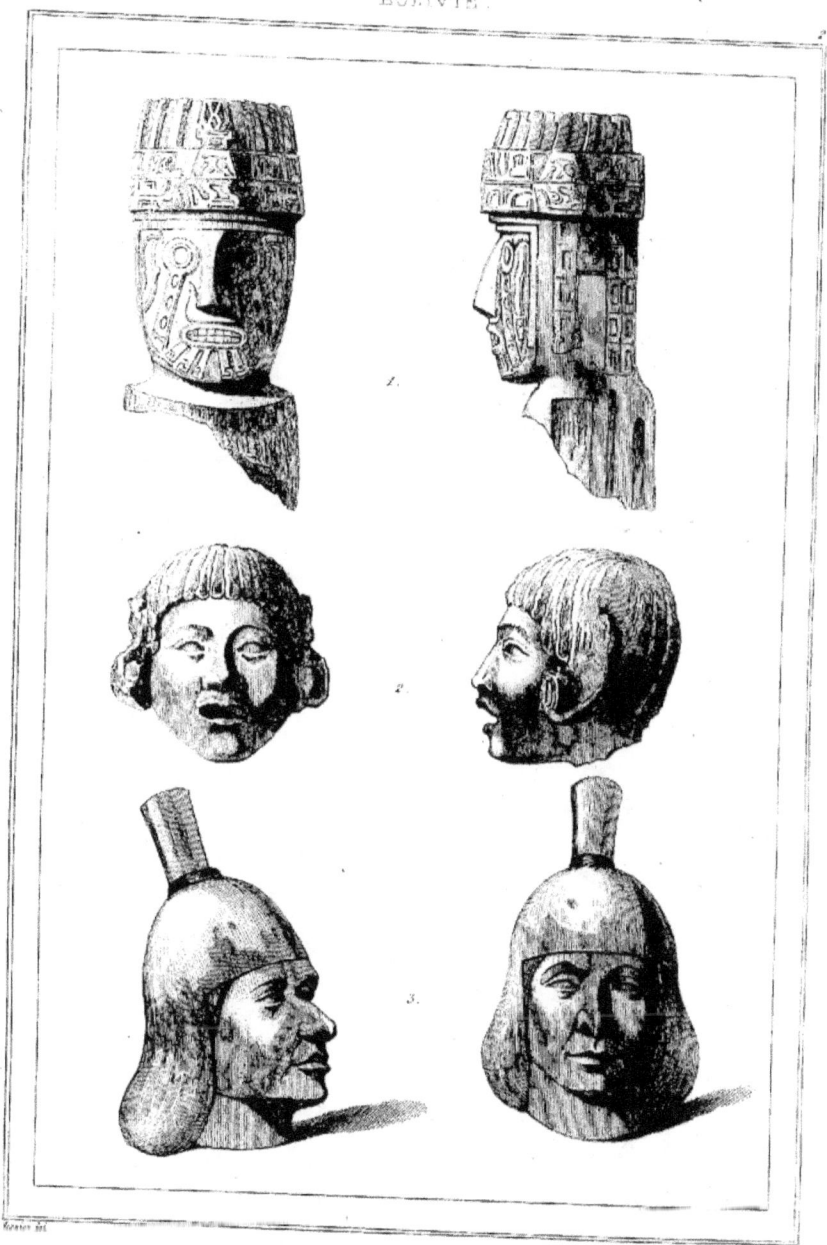

1. Tête d'une Statue colossale, ruines Aymaras à Tiaguanaco près la Paz.
2. Antiquités des Quichuas ou Incas de Bolivie. 3. Vase ancien des Quichuas de Bolivie.

zuela (juillet 1816), et ce dernier eut pour successeur, dans le commandement de l'armée du haut Pérou, le général la Cerna, qui arriva d'Espagne dans le mois de septembre suivant, en même temps que deux mille Espagnols débarquaient à Panama. La Cerna, impatient de montrer son habileté comme tacticien, entreprit de conduire une armée par terre jusqu'à Buénos-Ayres. Il se mit à la tête de quatre à cinq mille hommes, et pénétra jusqu'à Salta; mais il jugea prudent de rabattre sur Jujuy, à quatorze lieues dans le nord sur la route de Potosi, proche l'entrée des Pampas. Il ne put aller plus loin; quelques centaines de *Gauchos*, armés, les uns de fusils, d'autres de pistolets, d'épées, et quelques-uns même de couteaux et de lassos, tinrent en échec des troupes régulières infiniment supérieures en nombre. Ces *Gauchos* se cachaient dans les forêts pendant le jour, et, durant la nuit, attaquaient à l'improviste les postes avancés et même le quartier général des Espagnols. Ils étaient en relations continuelles avec les habitants, qui se joignaient à eux dans leurs expéditions nocturnes, et rentraient tranquillement dans leurs fermes aux approches du jour. Ce fut en vain que le général envoya contre ces espèces de guérillas de forts détachements; ses troupes perdirent tant de monde, sans le moindre avantage, qu'elles furent contraintes de se tenir cachées dans leurs retranchements. La manière dont les Gauchos conduisaient leurs opérations militaires mérite d'être signalée; nous la trouvons ainsi décrite dans l'ouvrage de Miller : « Ils plaçaient des hommes au sommet des arbres les plus élevés, pour épier tous les mouvements des royalistes, ou apercevoir les signaux que leur faisaient leurs amis de la ville. Les Espagnols qui rôdaient dans les environs étaient infailliblement surpris et massacrés. Sur d'autres arbres, ils suspendaient des cloches, et criaient, en les agitant, aux Espagnols : « Venez, venez entendre la messe. » Dans d'autres parties de la forêt, ils plaçaient des tambours sur lesquels ils battaient incessamment l'appel aux armes; enfin ils faisaient retentir nuit et jour les solitudes des bois du bruit provocateur de leurs cors de chasse. Si les royalistes approchaient, le Gaucho qui les apercevait aussitôt se laissait glisser du haut de son arbre, comme un écureuil, sautait sur sa selle, et, saisissant l'instant favorable, faisait feu sur l'ennemi, après quoi il fuyait au galop et s'enfonçait dans les profondeurs de la forêt. » Ce genre de guerre fatiguait et intimidait singulièrement les Espagnols. La désertion se mit dans leurs rangs, et bientôt les habitants leur refusèrent les approvisionnements indispensables. La Cerna fut lui-même réduit au désespoir. Arrêté à l'entrée des Pampas, par une poignée d'hommes indisciplinés, il eut la mortification de reconnaître que son plan de guerre régulière était inapplicable à ce pays. Il fut, en définitive, forcé d'abandonner Jujuy et de se retirer à Cotagaïta, pour éviter une destruction complète.

Nous passerons sous silence les événements peu importants qui eurent lieu dans le Pérou jusqu'à l'année 1819. A cette époque, lord Cochrane était arrivé au Chili, et avait été nommé commandant des forces navales de ce pays. Les premières opérations de l'escadre qui lui était confiée furent dirigées contre les vaisseaux espagnols mouillés dans la baie du Callao. La flottille se composait de quatre bâtiments, l'*O'Higgins*, de quarante-huit canons, et portant pavillon amiral, le *San Martin*, le *Lautaro* et le *Chacabuco*. Le 16 février, Cochrane arriva à la hauteur du Callao. Le plan de l'amiral était d'enlever brusquement les deux frégates espagnoles qui se trouvaient à l'ancre, et ensuite de se rendre maître de la ville par surprise; mais des circonstances aussi malheureuses qu'imprévues firent avorter ce hardi projet. Au moment où lord Cochrane entrait dans le port, un brouillard épais se répandit tout à coup sur la mer, et fournit aux autres vaisseaux un prétexte pour ne pas obéir à ses or-

31.

dres; il se dirigea donc seul vers le mouillage, sous le canon des batteries de terre et au milieu de l'escadre espagnole, composée des frégates *Esmeralda* et *Verganza*, et de deux bricks de guerre. L'amiral ouvrit un feu des plus vifs contre la principale batterie; mais il se trouva que, ce jour étant celui où le vice-roi du Pérou faisait son inspection annuelle dans les forts et sur les vaisseaux de guerre du Callao, les batteries et les bâtiments étaient tous prêts à riposter. Pezuela, vice-roi du Pérou, était lui-même à bord d'une des frégates, lorsque Cochrane entra dans le port. Quand l'*O'Higgins* parut, les artilleurs des forts étaient à leurs pièces, et les équipages des navires de guerre à leurs postes respectifs. En conséquence, l'amiral chilien fut reçu tout autrement qu'il ne l'avait pensé; il essuya un feu terrible tant des fortifications, qui étaient armées de trois cent soixante canons, que des vaisseaux espagnols qui comptaient plus de cent bouches à feu. Il fut exposé à ce double feu pendant deux heures, le calme l'empêchant de battre en retraite. Obligé de se défendre sans assistance contre des forces si supérieures, il dirigea une canonnade foudroyante contre les batteries, et réussit à détruire un angle d'une des fortifications; enfin, la brise s'étant élevée, il en profita pour gagner le large. Les Espagnols s'imaginèrent avoir été attaqués par la flotte chilienne tout entière; mais le brouillard s'étant tout à coup dissipé, ils furent grandement surpris de voir qu'ils n'avaient eu affaire qu'à un seul bâtiment, leur ancienne frégate la *Marie-Isabelle*. Ce fut l'opinion générale que, si cette entreprise avait eu lieu tout autre jour de l'année, et si Cochrane avait été secondé par le reste de sa division, il aurait infailliblement pris la place d'assaut. Tel fut aussi l'avis du vice-roi, car il fit en toute hâte démanteler ses vaisseaux de guerre, et attacher les uns au bout des autres leurs mâts et leurs esparres, de manière à former une double chaîne autour du mouillage, et à empêcher ainsi tout bâtiment ennemi d'approcher des batteries. Lord Cochrane bloqua le port, cherchant à attirer les vaisseaux espagnols; mais toutes ses ruses furent inutiles; les royalistes avaient prudemment résolu de se tenir sur la défensive.

Si cette expédition avait réussi, il est probable qu'elle eût suffi pour révolutionner le Pérou. Il existait déjà dans ce pays des germes de mécontentement qui devaient produire tôt ou tard une explosion formidable. L'exemple des patriotes du Chili, qui continuaient si vigoureusement la lutte, et faisaient au dehors une active propagande, stimulait les Péruviens et leur inspirait un désir encore assez vague, mais incontestable, de liberté et d'indépendance. Cochrane le savait; aussi continua-t-il à croiser sur les côtes du Pérou. Manquant de vivres, il mit à contribution les localités voisines de la mer. Quelques villes lui en ayant refusé, il s'en empara; Payta, Supé, Guambacho, Guaruney et d'autres places du littoral furent ainsi châtiées. Toutefois, il faut ajouter que l'amiral ne rançonnait, dans les places prises, que les propriétés espagnoles, et qu'il respectait les biens des gens du pays. C'est ainsi qu'il parvint à jeter la terreur parmi ses ennemis, tandis que la douceur de ses procédés envers les indigènes et les créoles lui faisait de nombreux amis parmi les opprimés. Cette adroite conduite porta les fruits que Cochrane en avait espérés; on put apprécier ses heureux résultats quand l'armée du Chili entra dans le Pérou, sous le commandement de San Martin. Le pays parcouru par l'amiral fut le théâtre des principales opérations de l'armée libératrice, et les habitants de ces provinces accueillirent leurs voisins avec un joyeux et cordial empressement.

Tandis que Cochrane parcourait les côtes, l'amiral Blanco était chargé de maintenir le Callao en état de blocus. Mais l'escadre venant à manquer de vivres, Blanco fut forcé de s'éloigner et de regagner Valparaiso. Traduit devant un conseil de guerre,

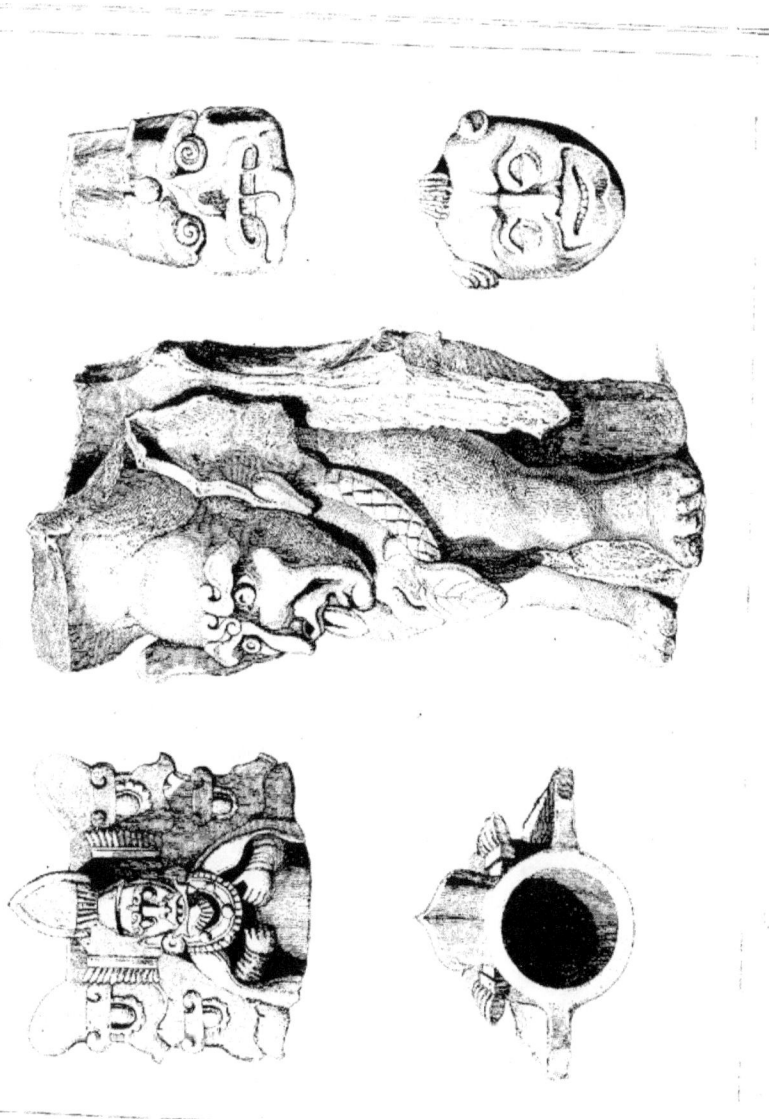

cet amiral fut honorablement acquitté.

Cependant l'amiral anglais n'avait pas renoncé à ses desseins contre le Callao. Après les préparatifs nécessaires, et notamment après avoir fait confectionner un certain nombre de fusées à la Congrève, il mit de nouveau à la voile dans le but d'aller bombarder la ville péruvienne. Cette seconde tentative ne fut pas plus heureuse que la première ; soit que les projectiles eussent été mal confectionnés, soit que les instructions de Cochrane lui défendissent toute attaque par trop aventureuse, l'escadre quitta le port, au grand désappointement des patriotes de Lima. Quelques jours après, la ville de Pisco fut le théâtre d'un débarquement opéré par le colonel Charles et le major Miller, opération difficile et qui amena la perte de plusieurs officiers de mérite.

Cependant, San Martin, qui rêvait toujours l'indépendance du Pérou, s'était occupé sans relâche de l'organisation de son armée. Le manque d'argent et d'autres difficultés avaient causé un retard de plusieurs mois. Enfin, dans la première quinzaine d'août, toute l'armée se rassembla à Valparaiso, et, le 21 du même mois, la flotte qui la portait mit à la voile pour le Pérou. Le nombre total des troupes, y compris celles embarquées plus tard à Coquimbo, ne dépassait pas 4,500 hommes, avec 12 pièces de canon, tandis que les forces royalistes à Callao et à Lima s'élevaient à 7,815 soldats, et le total des troupes espagnoles cantonnées dans le Pérou, à 23,000 combattants. Mais San Martin, qui n'ignorait pas cette effrayante disproportion, comptait sur l'appui de l'opinion publique ; d'ailleurs, en entreprenant la délivrance des Péruviens, il n'avait pas en vue la conquête de leur territoire. Ceci explique sa politique adroite et lente, ainsi que ses discussions avec Cochrane qui voulait marcher brusquement sur la capitale et bâcler l'affaire par un coup de main. L'homme d'État et le militaire se révélaient merveilleusement dans ces vifs démêlés.

Malgré le petit nombre d'hommes que le Chili envoyait au secours de la liberté péruvienne, ce n'en était pas moins un effort héroïque de la part d'un État encore si chancelant, si faible et si pauvre. Sous ce rapport, on doit admirer le sentiment qui dicta au Chili une pareille conduite.

Le 8 septembre, un débarquement fut opéré sans opposition dans le voisinage de Pisco. La ville ayant été abandonnée par les Espagnols, à l'approche des patriotes, San Martin y entra le 13 et y établit son quartier général. Le 22, le colonel Alvarado marcha en avant et prit possession de deux villages, le haut et le bas Chincha. Le marquis de San Miguel qui possédait de vastes domaines dans cette localité, se réunit aux indépendants et fut nommé aide de camp du général en chef. Le 28, à la demande expresse du vice-roi Pézuéla, une suspension d'armes de huit jours fut convenue, et les envoyés des deux partis tinrent une conférence à Miraflorès, près Lima, dans le but de combiner une pacification basée sur l'indépendance du Pérou ; mais le vice-roi n'ayant pas voulu adhérer aux conditions des patriotes, les hostilités recommencèrent. Le 5 octobre, le général Arénalès quitta Pisco, à la tête de deux bataillons d'indépendants et d'un petit corps de cavalerie ; il fit son entrée dans la petite ville d'Ica, dont les habitants l'accueillirent avec enthousiasme ; les sentiments de la population étaient tellement prononcés en faveur de l'armée libératrice, que deux compagnies de la milice, officiers et soldats, passèrent sous les drapeaux d'Arénalès. Le reste des troupes royales abandonna la ville et fut poursuivi par un détachement de cavalerie qui surprit les Espagnols et fit une centaine de prisonniers. Le 20, Arénalès s'avança vers l'intérieur du pays, laissant à Ica une compagnie chargée de veiller sur la province. Les troupes chiliennes se rembarquèrent, le 25, à Pisco, et le 29, l'escadre jeta l'ancre dans la baie de Callao. Les bâtiments de transport, sous la protection de San Martin, se rendirent à la petite baie d'Ancon, à quelques lieues au nord de Lima, où l'on mit à terre quelques troupes, à l'effet de reconnaître le pays. Une escarmouche eut lieu près de Chancay, et les patriotes furent obligés de se retirer devant les forces supérieures des royalistes.

Pendant ce temps, lord Cochrane s'occupait des moyens d'enlever *la Esméralda*, et se préparait à cette entreprise d'autant plus hardie, que la frégate espagnole était protégée par les forts du Callao, par une corvette, deux bricks de guerre, plusieurs vaisseaux de commerce bien armés, et une vingtaine de bateaux portant de l'artillerie.

Le 5 novembre, à 11 heures de la nuit, 180 matelots et 100 soldats de marine, formant deux divisions, s'embarquèrent dans les chaloupes de l'escadre, sous le commandement de l'amiral Cochrane en personne. Ils approchèrent de *l'Esméralda* sans être aperçus, et s'avancèrent jusqu'à ce qu'ils fussent hélés par une sentinelle placée sur un bateau armé, à l'arrière de la frégate. — « Silence, ou tu es mort ! » répondit Cochrane, et quelques secondes après, les chaloupes accostaient *l'Esméralda* à tribord et à bâbord. Les patriotes montèrent résolument sur le bâtiment ennemi, qui fit d'abord une vive résistance. Le combat dura une heure et demie. Enfin à une heure du matin, la frégate fut au pouvoir de l'amiral. On coupa les câbles, on mit à la voile, et *l'Esméralda*, en compagnie de deux bateaux armés, fut conduite à un autre ancrage. Il se trouvait précisément dans le port une frégate anglaise, *l'Hypérion*, et un bâtiment des États-Unis, *le Macédonien* ; les commandants de ces vaisseaux, en voyant ce qui se passait, lancèrent des fusées, ainsi qu'ils en étaient convenus avec le gouverneur de la place, afin qu'on ne tirât pas sur eux, en cas d'attaque nocturne. Cochrane, devinant le motif de ces signaux, eut l'heureuse idée d'en faire de semblables, pour empêcher les Espagnols de distinguer les neutres de leurs ennemis. Cette ingénieuse ruse de guerre réussit à l'amiral. Son bonheur toutefois ne le suivit pas jusqu'au bout. Il fut atteint d'une balle à la cuisse. Quant aux Espagnols, ils eurent, à bord de *l'Esméralda*, 150 hommes mis hors de combat. Les patriotes perdirent une cinquantaine des leurs.

La garnison du Callao fut tellement irritée du résultat de ce hardi coup de main, que, dans un moment d'exaspération, elle massacra l'équipage d'une embarcation envoyée à terre dès le point du jour, par la frégate américaine *le Macédonien* ; ces forcenés prétendaient que Cochrane n'aurait jamais pu réussir, s'il n'avait pas été assisté par les bâtiments neutres qui stationnaient dans la baie.

Le 6, à dix heures du matin, l'amiral envoya un parlementaire chargé de demander un échange de prisonniers, proposition qui fut agréée par le vice-roi.

Ainsi que les chefs de l'expédition révolutionnaire l'avaient espéré, ce succès électrisa la population péruvienne. Quelques jours après, la ville de Huanuco se déclara pour les indépendants. Encouragé par cette acquisition si importante pour la cause libérale, lord Cochrane mit à la voile, et laissant quelques bâtiments pour tenir le Callao étroitement bloqué, il fit route pour Huacho, où les troupes furent débarquées le 10 novembre. Le quartier général fut établi à Huara, situé à quelques milles dans l'intérieur et à 28 lieues nord de Lima. Là, San Martin, ne se croyant pas en mesure d'attaquer les royalistes, se tint sur la défensive, cherchant à augmenter ses forces en recrutant des volontaires. Son attente ne fut pas trompée : le 3 décembre, le bataillon espagnol de Numance, fort de 650 hommes, passa tout entier, et avec ses officiers, sous la bannière des indépendants. Le 8, trente-huit officiers et quelques sous-officiers s'échappèrent de Lima et rejoignirent les postes avancés de l'armée libératrice. Pendant ce temps, le général Arénalès avait exécuté une marche audacieuse dans l'intérieur et avait pénétré jusqu'à Tarma ; il avait livré combat à des forces supérieures commandées par l'Irlandais O'Reilly, et avait remporté, dans les environs de Pasco, une victoire si complète, que le chef ennemi était resté son prisonnier. Malheureusement, trompé par de faux avis, Arénalès, au lieu de se maintenir sur le champ de bataille, s'était décidé à traverser de nouveau les montagnes, et avait éprouvé, dans le trajet, des pertes sensibles; pour comble de disgrâce, les Indiens insurgés, dès lors abandonnés par les patriotes, et livrés à leurs propres ressources, furent battus en plusieurs endroits par le général espagnol Ricaforte, qui massacra sans pitié tous les malheureux qui tombèrent entre ses mains.

Mais les indépendants furent secourus par un auxiliaire sur lequel ils n'avaient pas compté : la discorde éclata tout à coup parmi les chefs des royalistes. Le général La Cerna, malgré sa mésaventure avec les *Gauchos*, avait été nommé lieutenant général, et avait obtenu du vice-roi la formation d'une junte directrice composée de généraux, et chargée de surveiller les opérations de la guerre. La majorité de ce conseil suprême étant favorable à La Cerna, il en résulta que celui-ci devint, en fait, le dictateur militaire du Pérou. Néanmoins, ce général, ne sachant pas se servir du pouvoir presque illimité que lui avait tacitement conféré la junte, sembla s'appliquer à entasser fautes sur fautes. Pour peu que lui ou ses collègues eussent été, sinon habiles, du moins actifs et clairvoyants, nul doute que la petite armée de San Martin n'eût été repoussée et acculée à la mer. Mais les mesures décrétées par la junte se bornèrent à confiner les troupes royalistes dans Amapugio, position détestable, et où il était fort difficile de se maintenir en cas d'agression. San Martin, croyant à l'imminence d'une attaque générale, alla s'établir le 18 janvier sur la rive droite de la Haura, et fortifia les endroits où la rivière était guéable.

On ne comprend pas pourquoi l'armée royaliste, forte de plus de 3,000 hommes, s'abstint de prendre l'initiative contre les patriotes. Il fallait que la junte directrice, et surtout La Cerna, fussent frappés d'aveuglement, ou intimidés par les dispositions d'une grande partie de la population. Du reste, on pouvait aisément s'apercevoir que les membres du conseil considéraient les révolutions de Guayaquil et de Truxillo, ainsi que la défection du régiment de Numance, comme des symptômes formidables. Soit poltronnerie, soit incapacité, les chefs royalistes se tinrent dans une inconcevable inaction. Ils finirent par se diviser, si bien que Pézuéla, à qui les mécontents attribuaient le fâcheux état des affaires, fut, un beau jour, déposé à la suite d'une émeute militaire (29 février 1821), et La Cerna fut nommé vice-roi à sa place.

Le 24 janvier, une centaine d'habitants de Lima passèrent aux patriotes ; dans le nombre se trouvaient le colonel Gamarra et deux lieutenants-colonels. Dès ce moment, San Martin jugea que les déserteurs étaient assez nombreux pour être enrégimentés à part, et pour rendre des services efficaces à la cause de la liberté. En conséquence, il forma un bataillon péruvien. Cette augmentation de forces ne le fit pas renoncer à son système de temporisation : six mois s'écoulèrent encore sans aucun engagement sérieux. « San Martin, dit le capitaine Basil Hall (*), ayant jugé, dès le principe, de quoi son armée et sa flotte étaient capables, résolut de s'appuyer beaucoup moins sur les opérations militaires que sur les résultats d'une propagande active. A l'aide de publications politiques, et grâce au zèle de ses agents, il parvint à s'assurer un grand nombre de partisans, non-seulement dans les provinces, mais encore dans la capitale ; au bout d'un certain temps, il réussit, par ses intelligences avec les habitants des districts voisins

(*) T. I, p. 295-297.

de Lima, à intercepter l'arrivée des approvisionnements destinés à cette ville. D'un autre côté, le port de Callao étant étroitement bloqué par lord Cochrane, la capitale ne pouvait plus recevoir de vivres ni par terre ni par mer; il en résulta que les habitants furent réduits aux plus cruelles extrémités, tandis que le reste du royaume jouissait de la liberté et de l'abondance. » Enfin, le 12 mai, La Cerna, pris par la famine, et d'ailleurs menacé par les progrès de l'esprit révolutionnaire, proposa un armistice. Pendant ce temps, San Martin s'était avancé jusqu'à deux lieues de la ville. Le 23, on signa une suspension d'armes pour 20 jours. Le général et le vice-roi eurent une entrevue à Punchauca, et La Cerna donna son adhésion personnelle aux conditions qui devaient former la base d'un traité de paix définitif; mais deux jours après son retour à Lima, il écrivit à San Martin, pour le prévenir que les chefs de l'armée royale, consultés sur les propositions en question, les avaient jugées inadmissibles. Au fait, il s'agissait, ni plus ni moins, d'une déclaration d'indépendance, et San Martin savait bien que le cabinet de Madrid ne ratifierait jamais un pareil traité; mais son but secret était de compromettre les chefs royalistes de façon à ne leur laisser d'autre parti à prendre que de se réunir à lui.

Incapable de rester plus longtemps en possession de la capitale, cerné par les bandes de Montonero qui rôdaient autour de la place et interceptaient les convois de vivres, le vice-roi se décida à abandonner la ville. Il en sortit le 6 juillet; mais ce ne fut que quelques jours après que les patriotes y entrèrent. L'épouvante se répandit parmi la population. Des milliers d'individus craignant la vengeance des patriotes, allèrent se réfugier au Callao. Le capitaine Hall, qui se trouvait en ce moment dans le port de cette dernière ville, et qui se rendit immédiatement à Lima, pour protéger les intérêts de ses compatriotes, fait ainsi le tableau de cette fuite précipitée :

« Ce n'était pas sans difficulté que je m'avançais au milieu de cette foule de fugitifs qui venaient dans une direction contraire à celle que je suivais. Des hommes de tout âge et de toute condition, des femmes et des enfants montés sur des mules ou sur des chevaux, une multitude d'esclaves chargés de lourds bagages et surtout d'objets précieux, tout cela marchait ou plutôt courait sur la route dans une confusion et avec un tumulte vraiment indescriptibles.

« Dans la ville, la consternation était au comble. Les hommes marchaient dans les rues comme des insensés, ne sachant que résoudre; les femmes fuyaient dans toutes les directions vers les couvents, et les rues les plus étroites étaient littéralement pleines de charrettes chargées, de mules et de gens à cheval. Cette confusion dura toute la nuit, et au point du jour, le vice-roi sortit avec ses troupes, ne laissant pas une seule sentinelle à la porte de la poudrière. Jusqu'à ce moment, une foule d'individus n'avaient pas cru qu'un tel événement fût au nombre des choses possibles. Aussi, lorsque le dénoûment arriva, leur désespoir fut inexprimable et ils prirent la fuite comme le reste de la population. Une heure ou deux après le départ du vice-roi, les rues furent remplies de monde; mais dès midi on n'apercevait plus dans la ville un seul individu; dans le courant de l'après-dîner, j'accompagnai un négociant anglais l'espace d'environ un mille, à travers les quartiers les plus populeux de Lima, et je ne rencontrai pas une âme; toutes les portes étaient fermées, ainsi que les fenêtres, et la capitale ressemblait à cette ville des morts dont parle le poëte.

« Une crainte vague de quelque terrible catastrophe était la cause principale de cette panique universelle; mais il y avait, en outre, un motif d'alarme mieux déterminé : c'était l'opinion habilement propagée par quelques agitateurs, et grossie par la peur, que les esclaves de Lima profiteraient de l'absence des troupes pour s'insurger en masse et massacrer les blancs. Cela était de tout point invraisemblable, car les esclaves n'avaient jamais eu le loisir de combiner un pareil plan; ils n'étaient habitués ni à s'associer dans un but commun, ni à tenter rien d'audacieux, car ils servaient tous en qualité de domestiques, et étaient disséminés sur la surface d'une ville immense, n'ayant aucune occasion de se réunir ni de se confier leurs projets et leurs espérances. »

Le vice-roi, en quittant Lima, avait nommé le marquis de Montmiré gouverneur de la ville, choix aussi judicieux que conforme au sentiment des habitants. Le marquis s'empresse de réunir les plus notables citoyens, parmi ceux qui n'avaient pas émigré au Callao, afin de délibérer sur les mesures à prendre dans une conjoncture si éminemment critique. L'assemblée offrit le plus étrange spectacle qu'on puisse imaginer. Des gens ahuris, effrayés, parlant à côté de la question, s'agitant dans le vide, s'étourdissant par le bruit de leurs paroles inutiles, causant sur un ton animé et en fumant leurs cigares, laissant lire sur leurs visages des signes non équivoques de terreur, et en définitive ne décidant rien; telle fut cette réunion appelée à prononcer sur les destinées de la capitale du Pérou.

Le lendemain même résultat que la veille. Enfin, un jeune républicain, indigné de cette puérile inaction et de ces ridicules délais, proposa d'écrire à San Martin pour l'engager à entrer dans la ville, et pour le conjurer de la protéger contre tout péril imminent. Cette proposition fut adoptée, et le message immédiatement adressé à San Martin. Au fait, ce n'était pas seulement des esclaves et de la populace que les habitants avaient peur; ils étaient aussi épouvantés, et avec plus de raison, de la multitude d'Indiens armés qui occupaient les hauteurs environnantes. On connaissait ces hommes indisciplinés et sauvages, et l'on ne doutait pas qu'en dépit des ordres du général, dès que les Espagnols auraient quitté la ville, ils n'y fissent une désastreuse irruption.

La réponse de San Martin fut à la fois adroite et digne : le général fixait les conditions auxquelles il consentait à entrer dans la place avec son armée, si toutefois le désir des habitants était de se déclarer indépendants. Il affirmait n'avoir pas l'intention d'entrer à Lima en conquérant, et ne vouloir même s'y rendre que sur l'invitation expresse de la population entière. En attendant, toutefois, afin de prévenir tout désordre dans la ville, et d'assurer aux habitants la sécurité nécessaire pour réfléchir mûrement sur ses propositions, il envoyait, disait-il, aux troupes qui entouraient Lima l'ordre d'obéir aveuglément au gouverneur qui, dès ce moment, pouvait disposer d'elles, suivant son bon plaisir, sans avoir à en référer au général en chef.

Les habitants de la capitale furent singulièrement surpris de cette réponse; il leur fut même difficile de croire à une conduite aussi chevaleresque de la part d'un homme qu'ils avaient toujours considéré comme leur ennemi. On se réunit, et quelques membres de l'assemblée émirent des doutes sur la sincérité du général; l'un d'eux alla même jusqu'à dire que c'était une jonglerie et que dans quelques instants San Martin entrerait à Lima à la tête de ses troupes pour piller et dévaster la ville. Le petit vieillard qui, d'une voix aigre, accusait ainsi le chef des patriotes, ajouta que pour mettre la loyauté de San Martin à l'épreuve, il serait à propos que le gouverneur envoyât un ordre quelconque aux troupes rangées autour des faubourgs; on verrait, par le résultat de cet essai, si le général avait en effet délégué ses pouvoirs au gouverneur. Ici, vraiment, nous ne pouvons nous empêcher de signaler le caractère de frivolité qui a marqué plusieurs événements de la révolution du Pérou : ce général s'obstinant à rester dans une inaction complète, bien que son armée se fût considérablement recrutée, et que le résultat d'une tentative vigoureuse fût si facile à prévoir ; ce vice-roi et ces chefs de l'armée royaliste laissant, de leur côté, les patriotes s'établir et se fortifier autour de la ville, leur permettant de propager tout à leur aise les idées d'indépendance et de s'entourer de prosélytes empressés ; cette capitale tombant tout à coup dans un état de confusion et de terreur dont il serait difficile de deviner le vrai motif; ces réunions de citoyens tremblants brusquement transformés en hommes d'État ; ce petit vieillard conjurant ses concitoyens de se méfier des fourberies de quelque nouveau Sinon et du danger de quelque nouveau cheval de Troie ; cette ruse inventée pour mettre à l'épreuve la sincérité de la réponse de San Martin, tout cela forme un spectacle dont nous autres Européens ne pouvons voir que le côté ridicule, et qui jette sur les événements que nous racontons un certain vernis d'enfantillage assez propre à provoquer le sourire des hommes politiques. Mais hâtons-nous de le répéter : si les moyens à l'aide desquels les idées de liberté et d'indépendance triomphèrent au Pérou furent souvent mesquins et futiles, le résultat définitif n'en fut pas moins sérieux et important au point de vue de la politique générale et des intérêts de l'Espagne en particulier. Reprenons notre récit.

L'avis ouvert par le vieillard soupçonneux fut chaudement applaudi et adopté séance tenante. En conséquence le gouverneur envoya à l'officier commandant le régiment de cavalerie le plus rapproché de la capitale, l'ordre de rétrograder jusqu'à la distance d'une lieue. Grande fut l'anxiété des hommes d'État royalistes pendant l'absence du messager, plus grandes encore leur surprise et leur satisfaction, quand à son retour, ils apprirent que l'officier avait immédiatement quitté son poste, et s'était retiré avec son régiment à la distance fixée par le gouverneur. Aussitôt la nouvelle s'en répandit dans la ville, et la certitude que le général avait bien réellement délégué son autorité au gouverneur dissipa toute idée d'insurrection et de pillage de la part des esclaves et de la populace. Comme on le pense bien, une heureuse réaction s'opéra en faveur de San Martin, et l'on commença à désirer vivement sa présence. Néanmoins ce fut seulement lorsque la tranquillité eut été complétement rétablie dans la ville, grâce à l'organisation d'une police vigilante, que San Martin permit à ses troupes de s'approcher des faubourgs et de communiquer avec les habitants.

Un jour ou deux suffirent pour remettre la ville dans son état ordinaire; on vit les boutiques se rouvrir ; les femmes sortir des couvents pour regagner leurs maisons; les hommes s'enhardirent jusqu'à fumer gravement leur cigare sur la plaza ; les rues se remplirent de gens retournant à leurs demeures, et de mules chargées de ballots, de caisses, de bahuts et de toutes sortes d'ustensiles de ménage ; les cloches sonnèrent à toute volée; les crieurs publics hurlèrent comme d'habitude, et la grande cité retrouva son bruit et son agitation accoutumés.

Le jour suivant, une députation composée des habitants notables de Lima fut envoyée à San Martin pour l'engager à entrer dans la capitale ; ses conditions étant définitivement acceptées, le général défera au vœu des citoyens; mais retarda néanmoins son entrée jusqu'au 12. Suivant Miers (t. 1, p. 49), le prudent général craignant quelque trahison de la part des Espagnols, attendit jusqu'au 9 pour ordonner à ses troupes d'avancer, et quant à lui, il se rendit dans un schooner au Callao. Pendant ce temps, la population de Lima, laissée huit jours sans gouvernement et par conséquent exposée à tous les périls d'une émeute populaire, fut obligée, comme l'avait espéré le général, de recourir à la protection du commandant anglais qui se trouvait en ce moment dans le port voisin.

San Martin jugea que ce qu'il y avait de plus urgent, c'était de chercher à inspirer au peuple l'amour de l'indépendance par quelque acte solennel qui liât définitivement les habitants de la capitale à la cause révolutionnaire. Le 28 juillet, l'indépendance du Pérou fut pompeusement déclarée et les citoyens prêtèrent serment. Les troupes furent rangées en bataille dans la grande place, au centre de laquelle était élevée une estrade occupée par San Martin, le gouverneur et quelques personnes notables. Le général se leva, déploya pour la première fois le drapeau de l'indépendance péruvienne (*) et prononça ces mots d'une voix éclatante : « Dès ce moment, le Pérou est libre et indépendant par la volonté du peuple, et grâce à la justice de sa cause, que Dieu lui-même défend. » Puis agitant le drapeau, il s'écria : Vive la patrie! vive la liberté! vive l'indépendance! Ces cris furent répétés par la multitude qui remplissait les rues et les places environnantes; les cloches mêlèrent leurs tintements au bruit du canon, et il se fit dans cette vaste capitale une immense rumeur d'enthousiasme qui apprit à l'heureux San Martin que ses prévisions étaient enfin réalisées. Du haut de l'estrade où le général était placé et des balcons du palais, on jeta des médailles d'argent portant des emblèmes de circonstance; les mêmes cérémonies eurent lieu dans les principaux endroits de la ville. Le lendemain (29 juillet), pour compléter ces solennités destinées à frapper l'imagination des masses, un *Te Deum* fut chanté dans la cathédrale, et la grand'messe y fut célébrée par l'archevêque en personne. Par une curieuse bizarrerie, un frère franciscain prêcha un magnifique sermon de circonstance. Aussitôt après le service divin, les chefs des différentes branches d'administration se réunirent au palais et firent serment à Dieu et à la patrie de défendre

(*) Le nouveau drapeau péruvien représente le soleil se levant sur les Andes, dont le pied est baigné par la rivière de Rimac. Cet emblème, entouré de lauriers, occupe le centre du drapeau, qui est divisé diagonalement en quatre triangles, dont deux rouges et deux blancs.

et de soutenir, de leur personne et de leurs biens, la complète indépendance du Pérou. Ce serment fut prononcé et signé par tous les habitants tant soit peu influents de la capitale; de telle sorte qu'au bout de très-peu de jours, le nombre des signatures s'éleva à quatre mille. Ce fait fut annoncé au reste du royaume par la publication d'une gazette extraordinaire; mesure éminemment politique, car non seulement elle apprenait aux provinces ce qui s'était passé dans la capitale, mais encore elle avait pour effet de compromettre gravement beaucoup d'individus qui n'auraient pas été fâchés de taire leur acquiescement à la déclaration d'indépendance.

Le 3 août, San Martin, désormais libre de toute crainte immédiate, se déclara protecteur du Pérou et prit la dictature civile et militaire, déclarant toutefois, dans le décret rendu à cette occasion, que dès que le territoire péruvien serait entièrement purgé d'ennemis, il résignerait le pouvoir, afin de laisser le champ libre au gouvernement qu'il plairait au peuple de se donner. Parmi les premiers actes législatifs, nous ne devons pas oublier de mentionner un décret en date du 12 août 1821, déclarant libres les enfants nés au Pérou de père et mère esclaves, depuis le 28 juillet précédent. Un autre, daté du 27 août, supprima le tribut, cette tache originelle des vaincus, et déclara qu'à l'avenir les indigènes ne porteraient plus le nom humiliant d'*Indiens*, mais qu'il n'y aurait plus que des *Péruviens*; enfin, le 28, un troisième décret abolit le *mita* ainsi que tous les travaux obligés auxquels les indigènes avaient été soumis jusqu'à ce jour. Le Protecteur fut moins bien inspiré lorsque, le 29 octobre de la même année, pour satisfaire à la vanité humaine qui se paye de distinctions puériles et de futiles hochets, il créa l'ordre du Soleil sur le modèle de la Légion d'honneur.

Cependant la guerre n'était point terminée. Le vice-roi avait rejoint le corps d'armée commandé par Canterac. Le 24 août, ce général quitta la ville de

Xauxa à la tête de 3,000 hommes d'infanterie et de 900 chevaux; faisant une contre-marche par la route de Saint-Mateo, il arriva le 9 septembre en vue de la position de San Martin, campé autour de la *hacienda* nommée *Mendoza*, à un mille de Lima, sur la route d'Aréquipa. Le but du chef royaliste était d'attaquer les patriotes et de porter secours à la citadelle de Callao, sur les murs de laquelle le drapeau espagnol flottait encore. La situation de l'armée patriote, au dire du colonel Miller, n'était rien moins que prospère, quoique San Martin comptât 7,000 hommes sous son commandement; néanmoins Canterac, en voyant l'ennemi retranché derrière des murs, en apparence formidables, et appuyé sur ses derrières par la population de Lima qui avait pris une attitude belliqueuse, jugea plus prudent de passer entre la capitale et le bord de la mer, et d'aller se placer sous la protection du canon de Callao. C'était le moment d'attaquer les royalistes; San Martin ne le comprit pas, ou ne voulut pas profiter de l'occasion que lui offrait sa bonne étoile. Ce n'est pas sans raison qu'on l'a hautement blâmé de ce manque de perspicacité ou de courage. Aucune des raisons qu'on a fait valoir pour excuser une faute aussi grossière ne nous paraît assez péremptoire pour justifier d'une erreur pareille ce général par trop temporiseur.

Dans la nuit du 17, Canterac battit en retraite, laissant le général La Mar dans le château de Callao avec trois jours de vivres. Las Heras, commandant en chef des patriotes, reçut l'ordre de poursuivre les royalistes, mais d'éviter une action générale. Après s'être avancé à la distance de neuf lieues au delà de la capitale, il renonça à la poursuite, abandonnant, on ne sait pourquoi, au colonel Miller, qui commandait quelques compagnies légères, le soin et l'honneur de faire quelques prisonniers et de recevoir la soumission d'un millier de royalistes (*).

Bientôt survinrent des querelles déplorables entre San Martin et lord Cochrane, querelles dans lesquelles l'amiral fit preuve d'une mauvaise foi et d'une irritabilité extrêmes. N'est-il pas étrange, par exemple, de voir Cochrane soutenir que la citadelle de Callao, une fois prise par lui, devait porter le drapeau chilien? Les panégyristes de l'irascible Anglais disent, pour expliquer ces discussions coupables, que le noble lord fut indigné en voyant San Martin se saisir du pouvoir suprême, au lieu de s'en rapporter, pour le choix d'un gouvernement, à un congrès national; ils prétendent aussi que la proposition que lui fit San Martin de le nommer amiral du Pérou fut accueillie par lui comme une injure, attendu que c'était tout simplement lui proposer de trahir le gouvernement chilien. On dit que le Protecteur refusa de payer aux équipages des vaisseaux l'arriéré de leur solde, à moins que l'escadre ne passât au service du Pérou. Ce qu'il y a de certain et de plus clair au milieu de ces justifications maladroites, c'est que l'amiral avait réclamé à San Martin un arriéré de solde, dont ce dernier rendait le gouvernement chilien seul responsable, et que quant aux autres demandes de Cochrane, le Protecteur les accueillit favorablement, se bornant à demander du temps pour payer. L'amiral fut singulièrement contrarié de cette réponse; il insista, feignant d'y être contraint à cause de la disposition de ses équipages à la révolte. Les matelots, dont la moitié étaient anglais, murmuraient, en effet, du manque d'eau-de-vie, et des préférences dont l'armée de terre était l'objet sous le rapport des approvisionnements, et ici il n'est pas inutile de remarquer que les habitudes anglaises se révèlent partout où se montre l'uniforme britannique; mais du murmure à la révolte il y avait encore loin, et Cochrane aggravait les choses pour avoir un prétexte de harceler le Protecteur. A ce

---

(*) Le général Sanchez avait été laissé en arrière dans la retraite précipitée des royalistes; il expira dans une cabane sur le bord de la route. Son corps fut retrouvé par un patriote.

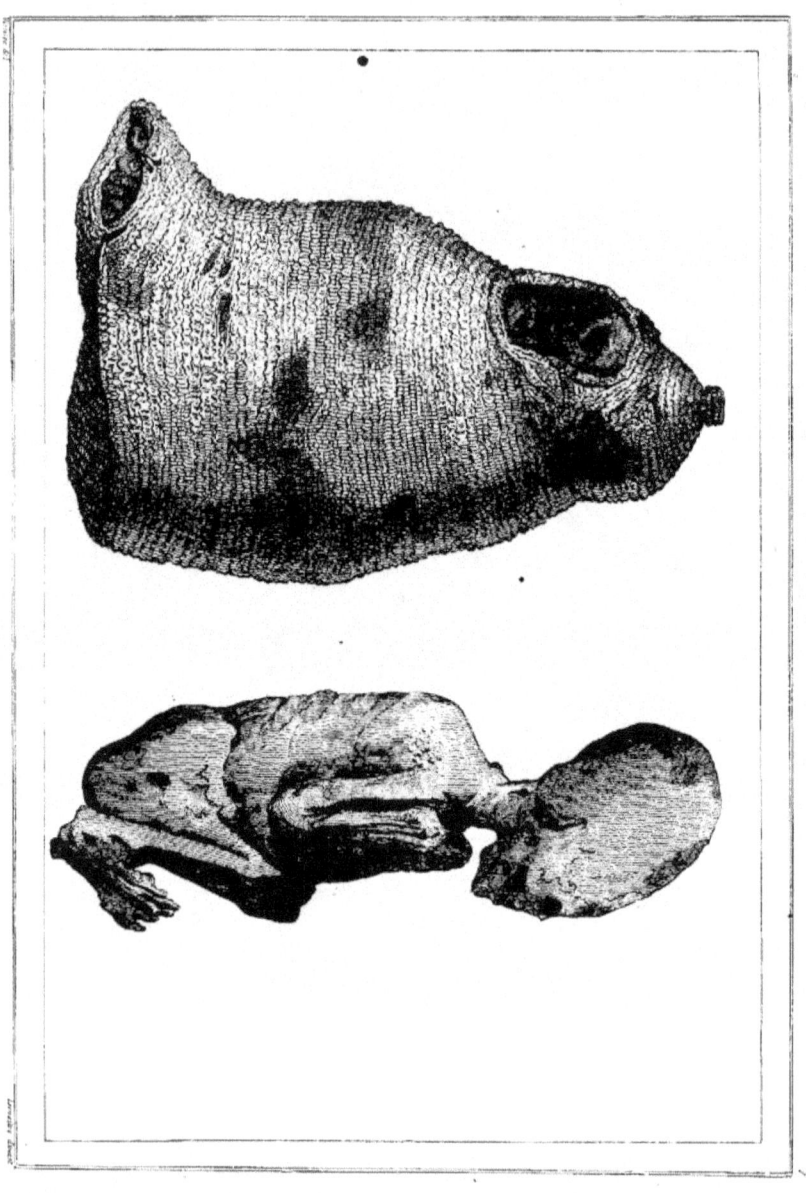

Momies des anciens Péruviens.
PÉROU.

moment, l'armée royaliste parut sous les murs de Callao. L'amiral apprenant que l'argent monnayé et en lingots a été, ainsi que quelques sommes appartenant à des particuliers, transporté à Ancon, abandonne le Callao au danger qui le menace et fait voile pour la ville qui recèle le précieux trésor. Il s'empare de ces richesses, et sans en référer à personne, il s'en sert pour payer ses équipages pour le compte et au nom du gouvernement chilien. Il est permis de trouver ces façons d'agir au moins fort légères, surtout si l'on songe que Cochrane était sous les ordres de San Martin. Quant à la somme trouvée à Ancon, l'amiral prétendit qu'elle ne s'élevait qu'à la moitié environ de celle que le Protecteur affirmait avoir été déposée dans le trésor du gouvernement. Lequel des deux disait la vérité? Ce point n'a pas été éclairci; mais il faut convenir que lord Cochrane, par sa conduite inqualifiable, donna lieu aux plus fâcheux soupçons, car il s'était mis en position de voir ses déclarations, au sujet de l'argent confisqué, révoquées en doute.

Le 21 septembre, le général La Mar rendit la citadelle de Callao au Protecteur, à des conditions éminemment favorables aux assiégés. Le 26, San Martin fit connaître à Cochrane une partie des instructions secrètes qu'il avait reçues du gouvernement, et lui transmit notamment copie d'un article qui l'autorisait, en qualité de *commandant en chef de l'expédition libératrice*, à employer tout ou partie de la flotte suivant qu'il le jugerait utile. En vertu de ces pouvoirs, il ordonna à l'amiral et aux vaisseaux placés sous son commandement de quitter les côtes du Pérou.

A l'indélicatesse et aux mauvais procédés, Cochrane ajouta la désobéissance. Furieux de l'ordre que lui avait intimé son supérieur, au lieu de se rendre à Valparaiso, comme il le devait, il se mit à la poursuite de deux frégates espagnoles qui avaient récemment touché à Panama. Cinglant vers le nord, il arriva jusqu'à la hauteur de la Californie; là, venant à apprendre que les frégates n'avaient pas paru dans cette direction, il se décida à retourner sur le littoral péruvien. Les écrivains anglais ont beaucoup admiré l'intrépidité avec laquelle cette croisière fut entreprise et soutenue; ils s'extasient sur le sang-froid et le courage dont Cochrane fit constamment preuve au milieu des tempêtes et des privations les plus cruelles, malgré le mauvais état de son vaisseau et les fâcheuses dispositions de l'équipage. Nous ne saurions, quant à nous, nous associer à ces éloges. En poursuivant les frégates espagnoles, Cochrane oubliait que, durant cette longue absence, les ports du Chili pouvaient être attaqués par quelque escadre ennemie; or, il avait emmené quatre navires, c'est-à-dire la plus grande partie des forces navales dont le gouvernement chilien pût disposer. Il exposait donc la république qu'il servait au danger d'une attaque qu'elle aurait difficilement repoussée en l'absence de ses quatre meilleurs vaisseaux. En second lieu, il se jouait de la vie des hommes qui lui étaient confiés en les livrant de gaieté de cœur à tous les hasards d'une croisière dans des mers inhospitalières, sur des vaisseaux en mauvais état et manquant de vivres. Ce n'est pas ici de l'exagération, car les écrivains anglais racontent eux-mêmes que les équipages souffraient de la faim et de la soif, et que le navire *O'Higgins* faisait assez d'eau pour nécessiter l'emploi continuel de cent hommes au service des pompes. Ainsi Cochrane exposait la vie de ses matelots et abandonnait la république du Chili aux entreprises de la marine espagnole pour la vaine satisfaction de capturer deux frégates, et de faire parler de lui. Comment un acte aussi coupable a-t-il pu trouver des approbateurs ?

Mais lord Cochrane ne s'arrêta pas en si beau chemin; une fois engagé dans la voie de la désobéissance et de la violence aggravée d'absurdité, il alla jusqu'au bout. Arrivé à Guayaquil, de retour de sa folle croisière, il apprend que les frégates espagnoles ont visité ce port quelques jours auparavant, et que le commandant, craignant d'être pris, a capitulé avec des agents péruviens et s'est rendu moyennant une somme stipulée. Que fait-il alors? Il se rend en toute hâte au Callao, où il trouve la *Prueva* (une des frégates en question), sous pavillon péruvien, et il réclame ce navire comme lui appartenant à titre de prise légitime. Cette étrange prétention fut accueillie comme elle devait l'être. Il s'ensuivit une discussion qui faillit amener de sanglantes hostilités ; à la fin, sa seigneurie jugea prudent de quitter la place, et fit route pour Valparaiso, où elle arriva le 1ᵉʳ septembre 1822.

Ce célèbre Cochrane, ce grand coureur d'aventures, montra, quelques mois plus tard, que ce beau feu pour les nouvelles républiques américaines, bien loin d'être aussi pur qu'il semblait l'être et de s'alimenter à la source d'un amour sincère pour la liberté, n'était, chez ce fanfaron de gloire, autre chose qu'un insatiable désir de renommée, une de ces passions d'entreprises qui tourmentent certains esprits turbulents et qui constituent un des caractères de l'excentricité anglaise. Ce que nous disons ici trouve sa preuve irréfutable dans ce fait, que, le 19 janvier 1823, ce même homme, qui s'était posé en défenseur de l'indépendance américaine, quitta Valparaiso pour aller prendre le commandement des forces navales de l'empereur du Brésil. Nous sommes loin de prétendre que l'assistance de lord Cochrane ait été sans utilité pour les républiques du nouveau monde ; mais d'abord nous croyons que cette utilité doit être notablement réduite ; et, en second lieu, nous attribuons à cet officier un tout autre mobile que celui qu'on lui a toujours supposé.

La capitulation de Callao, la retraite de Canterac et le départ de lord Cochrane laissèrent à San Martin toute liberté pour consolider son pouvoir et terminer la guerre. Malheureusement Lima fut la Capoue de l'armée libératrice, et les discussions qui s'élevèrent entre les chefs achevèrent de mettre obstacle à toute mesure énergique. « Les plaisirs et le luxe de la capitale, dit M. Miller, avaient tellement amolli les officiers et les soldats, que lorsqu'on résolut enfin de faire marcher quelques bataillons, mille prétextes furent aussitôt inventés pour retarder le départ de la petite armée. Quand les chefs oublient leurs devoirs et ne s'occupent plus de leurs subordonnés, il est tout naturel que les jeunes officiers se laissent aller à une indifférence coupable, et que le mécontentement gagne les soldats. Les habitants de Lima qui avaient reçu leurs libérateurs avec un si vif enthousiasme, ne supportèrent plus leur présence qu'avec colère, quand la discipline fut relâchée et la conduite de la garnison devenue intolérable ; le bruit des fêtes et la joie des festins ne purent étouffer les murmures des mécontents. Lima sentait enfin le fardeau d'une armée livrée aux dangers de l'oisiveté et abandonnée à elle-même, tandis que l'ennemi, si hautement méprisé par les patriotes, était toujours maître de l'intérieur. »

Ce n'est pas tout : le Protecteur en nommant aux emplois éminents des hommes dont le seul mérite était de s'être déclarés pour la cause de l'indépendance, avait, sans le savoir, ouvert la porte aux abus et aux discussions. Non-seulement les ambitions non satisfaites se donnèrent carrière pour arriver aux places et aux distinctions, mais encore le parti libéral conçut beaucoup d'ombrage d'une politique qui semblait marcher à l'aristocratie. Il s'ensuivit une série de contestations et d'embarras qui retardèrent singulièrement l'œuvre de l'émancipation complète. Don Domingo Tristan, riche propriétaire, était un des personnages dont San Martin avait satisfait l'ambition ; quoiqu'ayant changé deux fois d'opinion et de parti, il avait été nommé général et chargé du commandement d'Ica, avec mission spéciale de recruter les forces patriotes dans les environs de cette ville. Il emmena de Lima deux bataillons et partit

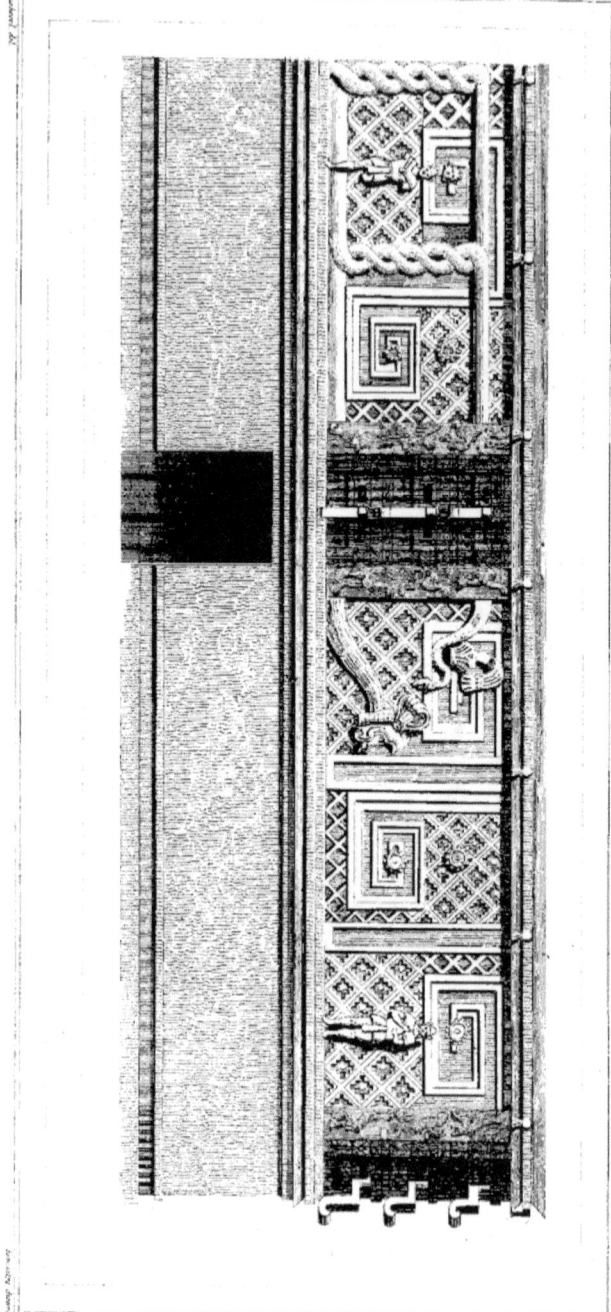

Façade du Temple aux deux Serpents.

YUCATAN.

ayant pour instruction, dans le cas où l'ennemi se montrerait, de se retirer sans risquer le combat. Ica est une détestable position militaire, et cependant Tristan n'avait pris aucune des précautions que le simple bon sens indiquait. Il fut surpris par le général Canterac (avril 1822), qui avait eu le soin de lui couper d'avance la retraite. Les patriotes se dispersèrent dès le début de l'action; mille d'entre eux furent faits prisonniers, et quatre pièces d'artillerie ainsi qu'un grand nombre de chevaux, de mules et de bœufs, tombèrent au pouvoir des royalistes. L'effet moral de cette funeste rencontre fut désastreux, en ce que le prestige qui jusque-là n'avait cessé d'environner les armes des patriotes, fut détruit, et que le peuple, désormais moins confiant en la supériorité des indépendants, fut, par cela même, moins dévoué à la cause libérale.

Le seul événement qui pût compenser les résultats de ce revers, fut la victoire de Pinchincha, remportée le 24 mai 1822 par le général colombien Sucre et le colonel Santa-Cruz, qui commandait un corps auxiliaire péruvien, envoyé de Truxillo. Cette bataille, qui assura l'indépendance de la Colombie, fit grand honneur aux soldats du Pérou.

Sur ces entrefaites, San Martin quitta la capitale et se rendit à Guayaquil. Qu'allait-il faire dans cette ville? Le peuple s'adressait cette question avec une certaine anxiété, lorsqu'il apprit que le Protecteur avait eu une entrevue avec Bolivar. Après quarante-huit heures de séjour à Guayaquil, San Martin reprit la route du Callao. On en conclut que la conférence n'avait eu aucun résultat satisfaisant. Le Protecteur déclara qu'il avait désiré obtenir la cession de Guayaquil pour en faire le grand arsenal de la marine péruvienne, mais que Bolivar avait résolu, de son côté, d'annexer cette ville à la Colombie. Il est certain que les deux hommes d'État devaient aussi différer sur d'autres points de la politique, et l'on dit que Bolivar, dans cette courte entrevue, traita San Martin avec une hauteur et une morgue injurieuses. D'autre part, cependant, le colonel Miller affirme que le résultat de la conférence fut l'envoi d'un corps auxiliaire de 2.000 Colombiens à Lima; mais cet historien ajoute que la junte qui succéda au protectorat enjoignit aux troupes colombiennes de retourner à Guayaquil.

San Martin, avant de quitter Lima, avait délégué son autorité civile et militaire à Torre Tagle, marquis de Truxillo, homme incapable et pusillanime, instrument docile entre les mains du ministre Monteagudo. Ce dernier profita de l'omnipotence passagère dont il jouissait pour se livrer à ses fantaisies despotiques. Son règne fut de courte durée; le peuple prit soin de l'abréger. Une émeute formidable eut lieu dans la capitale, et le marquis de Truxillo ne put refuser à la population irritée la destitution de Monteagudo, qui fut exilé à Guayaquil.

Le Protecteur arriva à Lima le 19 août, et le 21 du même mois il reprit l'exercice de l'autorité suprême. Sûr de l'appui de l'armée, il aurait facilement comprimé l'esprit d'insurrection encouragé par les derniers désordres populaires et partagé par les autorités civiles; mais un acte de vigueur aurait été un démenti donné à sa politique, jusque-là inoffensive, et il pensa que ses ennemis lui en feraient un crime. D'un autre côté, les représentants de la nation avaient été convoqués, en vertu d'un décret du conseil d'État; le 20 septembre, le congrès fut installé avec les formalités habituelles. Entre le peuple, dont la voix était devenue menaçante, et la représentation nationale qui allait s'occuper de l'avenir du Pérou, il ne restait plus que bien peu de place pour l'autorité de San Martin. Le Protecteur comprit l'alternative en face de laquelle les événements l'avaient conduit, et il résolut de se démettre de son pouvoir. Il se rendit dans l'enceinte où siégeaient les députés, se dépouilla des insignes de l'autorité souveraine, et résigna ses hautes fonctions entre les mains des représentants du peuple ; puis il se retira et partit immédiatement pour sa maison de campagne près du Callao. Deux heures après, une députation du congrès lui communiqua un décret contenant l'expression de la reconnaissance des Péruviens, et un autre qui le nommait généralissime des forces nationales. San Martin accepta le titre, mais refusa l'exercice de ces fonctions. Le même soir, il s'embarqua pour le Chili, où il vécut dans la vie privée jusqu'à son départ pour l'Europe.

San Martin laissa après lui, au Pérou, une véritable popularité, mêlée toutefois de quelque ressentiment pour les derniers actes de son administration. Nous ne parlerons pas de ses habitudes de temporisation à la guerre ; ce que nous en avons dit montre qu'il poussa quelquefois beaucoup trop loin l'imitation de Fabius Cunctator ; en considérant seulement sa conduite comme homme d'État, on reconnaîtra qu'il a prêté le flanc aux attaques de ses ennemis sous deux rapports : d'abord pour avoir toléré les désordres de l'armée libératrice pendant son séjour à Lima, ensuite pour avoir, dans certaines circonstances, usé d'une rigueur excessive envers des proscrits. Ce sont là deux reproches qu'il nous semble difficile de repousser. Quant à l'accusation d'avoir saisi le pouvoir pour arriver à la royauté, son abdication volontaire en fait suffisamment justice. En résumé, et pour ne pas répéter ici ce qui a été dit sur San Martin dans la notice consacrée au Chili, nous jugeons l'ancien protecteur du Pérou comme un homme éminent, sous certains rapports, mais incomplet. Grâce à l'exiguïté du théâtre sur lequel il fut appelé à paraître, San Martin fut le Washington du Pérou ; il est probable que s'il avait été entouré de caractères mieux trempés, et que s'il se fût trouvé au milieu de circonstances plus menaçantes, il aurait été au-dessous de sa position ; c'est du moins ce que les défauts de son esprit et de son caractère autorisent à supposer.

Après la retraite de San Martin, le général José de la Mar, don Felipe Antonio Alvarado, et le comte Vista Florida, furent désignés par le congrès pour former un pouvoir exécutif sous le nom de *junte gouvernante*. Xavier de Luna Pizarro, citoyen honorable et éclairé, fut nommé président du congrès.

Les premiers actes de ce gouvernement furent marqués au cachet de la faiblesse et de l'impéritie. Une expédition contre les royalistes cantonnés dans les provinces méridionales manqua, par l'incapacité du général Alvarado ; une autre tentative, dirigée par le général Arénalès, avorta honteusement. Ces revers, si déplorables pour les patriotes, excitèrent une clameur générale contre la junte gouvernante et amenèrent la chute du triumvirat. Le 26 février 1823, les officiers supérieurs de l'armée, ayant à leur tête le général Santa-Cruz, commandant en second, présentèrent une énergique remontrance au congrès, et demandèrent la nomination du colonel Riva Aguero comme président de la république. Le congrès hésita ; mais l'arrivée d'un second message de Santa-Cruz trancha la question : Riva Aguero fut nommé président. Arénalès s'étant enfui au Chili, Santa-Cruz prit le commandement en chef de l'armée péruvienne.

Pendant ce temps, environ 3,000 auxiliaires étaient arrivés de Guayaquil à Lima, sous le commandement du général colombien Sucre ; ce renfort, et les 1,000 Buénos-Ayriens qui formaient les restes de l'armée des Andes, portaient la garnison de la capitale, y compris 1,000 miliciens, à environ 5,000 hommes. Sur ces entrefaites, Canterac parut tout à coup à la tête de 9,000 hommes de troupes bien disciplinées et encouragées par de récents succès. L'alarme se répandit de nouveau dans la ville, et il fut résolu qu'on l'abandonnerait. Le 18 juin, Canterac fit son entrée dans Lima. Riva Aguero se retira avec le congrès au Callao, où les députés continuèrent à tenir leurs séances dans une petite

PÉROU

Portique monolithe d'un Temple Aïmara, à Tiguanaco.

BOLIVIE.

Ruines d'un Temple des Incas dans l'Ile de Titicaca.

Ruines d'un Temple des Incas, dans l'Ile de Koati, Lac de Titicaca.

BOLIVIE

Tombeau d'un chef Amara, de la Province de Carangas.

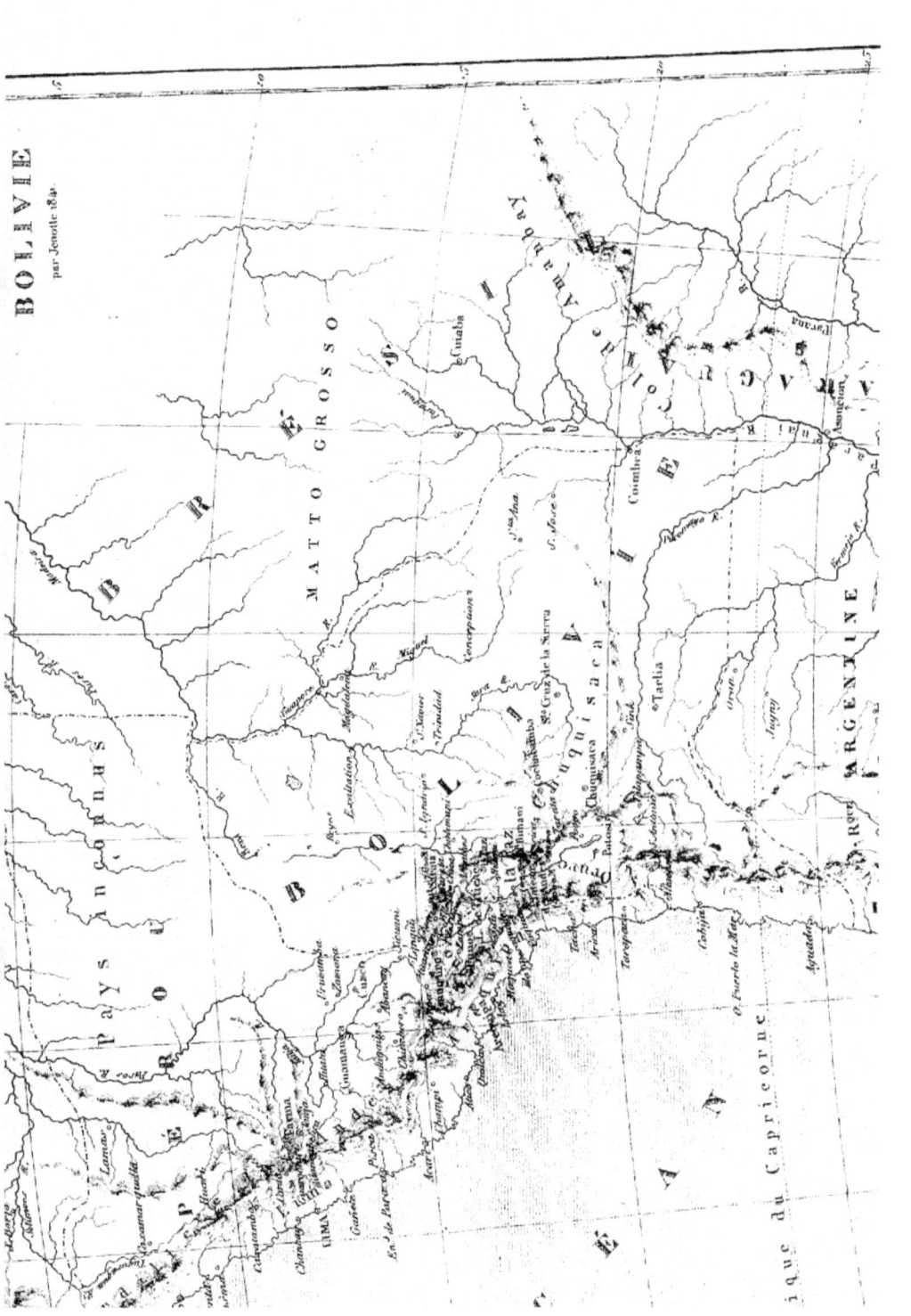

Poste aux lettres de la Province de Jaen de Bracamoros.
Casa de Correos de la provincia de Jaen de Bracamoros.

PÉROU. PERU.

PÉROU. PERÚ.

Indiens Yuracuras.
Indios Yuracaros.

église. Après des discussions prolongées, et dont nous nous garderons bien de retracer les détails, Sucre fut nommé chef suprême de l'armée, avec des pouvoirs qui constituaient presque une dictature. Les circonstances étaient menaçantes, et les Péruviens croyaient ne pouvoir être sauvés qu'en se plaçant sous la protection d'un homme énergique. Le 22, Riva Aguero fut déposé, et se retira, avec les membres du congrès, à Truxillo, laissant au général Sucre une autorité incontestée. Cependant Canterac avait placé ses troupes au delà de la ligne de châteaux qui entoure la place, et quelques escarmouches insignifiantes avaient eu lieu entre les éclaireurs des deux armées. Tout à coup, jugeant qu'il ne pouvait rien entreprendre de décisif, et réfléchissant que Sucre avait envoyé une grande partie de ses forces dans le sud pour se joindre à Santa-Cruz, le général royaliste évacua Lima (17 juillet), après toutefois avoir cruellement rançonné les habitants et détruit l'hôtel de la monnaie.

La capitale se trouvant de nouveau entre les mains des patriotes, Sucre résolut de se placer à la tête de l'expédition qui avait fait voile pour Chala; après avoir délégué ses pouvoirs au marquis Torre Tagle, il partit le 20 juillet. Santa-Cruz avait, dans l'intervalle, établi son quartier général à la Paz, et il se croyait si certain du succès, qu'il refusa l'offre de coopération que lui avait faite le général Sucre. Il fut néanmoins forcé de se retirer devant les forces réunies du vice-roi et de Valdez. Cette fuite fut si désastreuse, par suite de l'indiscipline des troupes, que sur 7,000 hommes il n'en revint que 1,000 à Lima. Les généraux royalistes purent, dès lors, concentrer leurs efforts pour repousser le général Sucre, qui fut, en effet, contraint de se rembarquer avec ses troupes pour rallier le port de Callao.

Les circonstances étaient éminemment critiques : les patriotes étaient découragés par la défaite, affaiblis par la désertion, désorganisés par suite de l'incurie de leurs chefs; les forces royalistes, accrues par les déserteurs patriotes et par les prisonniers de guerre, s'élevaient à 20,000 hommes; la cause révolutionnaire était donc gravement compromise et tout semblait même perdu.

Ce fût alors que Bolivar, furieux et indigné des succès des Espagnols, résolut de sauver, par une intervention personnelle, la révolution péruvienne. Après s'y être fait autoriser par le congrès de Colombie, il laissa le vice-président Santander à la tête du gouvernement de Bogota, et, le 1er septembre 1823, il fit son entrée publique à Lima. Il fut, on le pense bien, reçu avec enthousiasme, et on l'investit aussitôt de toute l'autorité militaire et politique, bien que le marquis Torre Tagle conservât toujours le titre de président du Pérou.

Un incident de nature assez grave fit diversion à la joie qu'éprouvaient les patriotes péruviens de voir un homme tel que Bolivar se vouer au triomphe de leur cause : l'ex-président Riva Aguero, en arrivant à Truxillo avec les membres fugitifs du congrès, avait réuni des troupes, s'était fait confirmer dans ses fonctions par les députés présents et avait réussi à s'entourer de plusieurs milliers de partisans séduits par ses promesses ou abusés par ses mensonges. En vain Bolivar l'engagea-t-il à rentrer dans le devoir; il persista à s'insurger contre le gouvernement de Lima. Mais au moment où il espérait triompher, grâce peut-être à ses secrètes relations avec les royalistes, il fut pris et livré aux patriotes par ses propres troupes. Le malheureux fut condamné à mort pour crime de trahison, mais la sentence fut commuée en un exil perpétuel. Il partit pour l'Europe, et ses partisans jurèrent obéissance à Bolivar.

Là ne s'arrêta pas la série des événements néfastes qui devaient retarder le triomphe des indépendants : une insurrection militaire eut lieu au Callao, dont la citadelle fut livrée aux royalistes. La conséquence de ce malheur fut un nouvel abandon de Lima par les troupes patriotes. Vers le même temps, trois escadrons de cavalerie, avec leur commandant Navajas, passèrent à l'ennemi. Le marquis de Torre Tagle, le comte de San Donas, ministre de la guerre, le général Porto-Carrero, et plusieurs autres officiers de tout grade, désertèrent également, et allèrent grossir les rangs des ennemis de la liberté.

Ces continuelles désertions d'un camp dans un autre, ces trahisons si coupables de la part de chefs influents, cette absence d'ardeur révolutionnaire chez les patriotes, et de fanatisme royaliste chez les défenseurs de la métropole, prouvent combien peu l'opinion était formée dans le Pérou, et combien ce pays était encore jeune pour l'indépendance. Au fait, à qui aurait-il pu devoir son éducation politique? Ce n'était certes pas de l'Espagne qu'il devait attendre un semblable service. Et il y avait si peu de temps que les mots d'émancipation et de liberté frappaient les oreilles de ses habitants!

Cependant Bolivar s'était rendu dans le voisinage de Pativilca et de Huaras, à la tête de 6,000 Colombiens et de 4,000 Péruviens. Le prestige de son nom avait fasciné l'imagination des plus indifférents, et il pouvait désormais compter sur le dévouement des hommes qu'il menait au combat.

Dans le courant du mois de juillet, l'armée libératrice fit un mouvement sur Pasco. Le général Sucre avait fait des prodiges d'activité et d'intelligence en procurant à l'armée les moyens de franchir l'espace de 200 lieues qui sépare Caxamarca de Pasco, espace occupé par le pays le plus montueux et le plus difficile qui existe dans le monde entier. Rendre praticables les sentiers qui serpentent sur les flancs des montagnes les plus abruptes, et au sommet des précipices ; élever des abris de distance en distance dans une contrée immense, stérile et déserte; former des dépôts d'orge et de maïs pour la cavalerie, jeter des ponts, niveler ou tracer des routes, telle avait été la tâche du général colombien, et il s'en acquitta avec une promptitude et une précision merveilleuses. Six mille têtes de bétail, réunies à Caxamarca, suivirent l'armée, et grâce aux précautions prises par Sucre, les patriotes purent sortir sains et saufs des horribles défilés qu'ils avaient traversés. Le 2 août, Bolivar passa en revue son armée forte de 9,000 hommes.

Réveillé de son long sommeil, Canterac avait, le 5 août, marché jusqu'à Carhuamayo et poussé sa cavalerie dans les environs de Pasco. Apprenant que l'ennemi s'avançait à grands pas sur la rive opposée du grand lac, il se replia sur son infanterie, mais il ne put réussir à éviter que sa cavalerie ne rencontrât les troupes patriotes. Cette rencontre eut lieu dans les plaines de Junin. Une bataille sanglante eut lieu sur ce terrain, bataille à laquelle les fantassins ne purent prendre part et dans laquelle une poignée de cavaliers colombiens et péruviens mit en déroute une masse formidable d'adversaires. Nous croyons que c'est, dans les temps modernes, le seul combat sérieux dans lequel il n'ait pas été brûlé une seule amorce, et dont le sabre et la lance aient eu seuls les honneurs.

Le lendemain, malgré la retraite précipitée des royalistes, Bolivar crut devoir se replier sur Los Reyes. Après une halte de trente-six heures, se remit en marche, et occupa successivement Tarma, Xauxa, Huancayo, Guanta, et, le 24, Guamanga, où elle séjourna près d'un mois. On ne peut se rendre compte de cette inaction de Bolivar, à moins de supposer qu'il jugeât son armée trop faible pour risquer une action générale. Canterac put se retirer à Cuzco, où il fut rejoint par Valdez qui avait été rappelé par le vice-roi de Potosi, après la bataille de Junin. La Serna prit alors le commandement des forces unies qui, grâce aux efforts persévérants de leurs chefs, présentèrent bientôt un effectif de douze à treize mille combattants.

Dans la première semaine d'octobre, le libérateur quitta l'armée pour se rendre sur le littoral ; il laissa en partant, au général Sucre, l'ordre d'aller prendre ses cantonnements à Andahuaylos et à Abancay, car il pensait que l'approche de la saison pluvieuse empêcherait les royalistes de reprendre l'offensive. C'était là, et dans tous les cas, un plan éminemment dangereux et imprudent, car les patriotes devaient nécessairement se trouver dans la situation la plus critique si les Espagnols s'avançaient avec des forces supérieures. Cependant, ne voulant pas contrevenir aux instructions de son supérieur, le général Sucre resta dans ses cantonnements et se borna à envoyer des détachements en reconnaissance, afin de s'assurer des projets et des forces de l'ennemi. Il devint bientôt évident que le vice-roi, réuni à Valdez, était au moment de commencer les opérations offensives, et même le général patriote Miller, qui s'était avancé jusqu'à la vallée d'Oropesa, avait annoncé positivement que les royalistes étaient en pleine marche. Le plan du vice-roi était d'atteindre l'arrière-garde des indépendants et de couper leurs communications avec Lima. A cet effet, il fit un détour par la route de Pampachira, et, le 16 novembre, il atteignit Guamanga, d'où, par une contre-marche, il s'avança sur la grande route de Cuzco. Sucre, pendant ces divers mouvements, s'était replié sur Andahuaylos, et le 20, les avant-gardes des deux armées se rencontrèrent sur les hauteurs de Bombon, près de Chincheros. Les royalistes furent culbutés dans la profonde vallée de Pomacochas; ils passèrent la rivière et bivouaquèrent sur les hauteurs opposées. Après plusieurs mouvements et quelques escarmouches dont le récit ne doit point trouver place dans ce résumé historique, le général Sucre reconnut qu'il ne devrait le salut de ses troupes qu'à un effort héroïque. L'ennemi était supérieur en nombre; d'un autre côté, les Indiens de Guanta, Huancavelica, Chincheros, Huanda, et des villages adjacents, s'étaient réunis aux royalistes; déjà plus de cent malades, et le détachement qui les escortait, avaient été massacrés par ces barbares. Le moment était donc venu où il fallait abattre l'orgueil des royalistes ou s'attendre à une catastrophe irrémédiable.

Le 6 décembre, les patriotes avaient atteint le village de Quinua, et les royalistes, en occupant Guamanguilla, leur coupèrent encore la retraite, et les mirent dans la situation la plus périlleuse. Dans l'après-midi du 8, le vice-roi sortit de Guamanguilla et s'établit, avec toute son armée, sur les hauteurs de Condorkanki, à une portée de fusil du camp des patriotes. Deux heures avant le lever du soleil, un bataillon royaliste d'infanterie légère descendit de la montagne et s'étendit à sa base; il s'ensuivit une vive escarmouche en présence des deux armées, spectatrices immobiles de cette lutte préliminaire. La nuit qui suivit cette journée d'attente fut, pour les uns et les autres, pleine d'anxiété et de douloureuse incertitude. Une bataille était inévitable pour le lendemain, et cette bataille devait décider des destinées de l'Amérique méridionale. « Les patriotes, dit M. Miller, savaient qu'ils avaient à se battre un contre deux, et qu'une victoire décisive pouvait seule leur épargner, à eux et à leur patrie, une servitude ignominieuse. Ils n'ignoraient pas à quels excès de cruauté se livrerait l'impitoyable politique des Espagnols, s'ils avaient l'avantage. Chacun sentait que la lutte qui approchait aurait des résultats immenses. »

Nous trouvons, dans l'ouvrage du même historien, un récit intéressant de la journée d'Ayacucho; comme l'auteur était au nombre des acteurs de ce drame sanglant, il serait impossible de puiser à meilleure source. Nous allons donc traduire de l'anglais la description de cette bataille, qui a porté le dernier coup à la domination espagnole dans l'ancien royaume des Incas.

« Le village indien de Quinua est situé à l'extrémité occidentale de la plaine d'Ayacucho, grand carré d'environ une lieue de circuit, et flanqué, à droite et à gauche, de ravins profonds et escarpés. Dans le fond de la plaine, c'est-à-dire du côté de l'ouest, le terrain descend graduellement pendant l'espace de deux lieues, jusqu'à la grande route qui mène de Guamanga à Guanta, et qui serpente au pied d'une chaîne de montagnes sans solution de continuité. La limite orientale de la plaine est formée par la chaîne abrupte et formidable de Condorkanki, boulevard gigantesque qui, courant du nord au sud, domine les champs d'Ayacucho. C'est un peu au-dessous du sommet de ces montagnes qu'était placée l'armée royale.

« L'armée libératrice était campée dans la plaine, en face et à environ un mille des Espagnols, ayant Quinua en arrière, et formée en colonnes serrées dans l'attente d'une prochaine attaque.

« Pendant la nuit du 8 décembre, un feu vif fut soutenu par les postes avancés des royalistes et des patriotes. Sucre voulait empêcher les Espagnols de descendre à la faveur de l'obscurité ; à cet effet, il ordonna aux musiciens de deux bataillons d'aller, sous l'escorte d'une compagnie, se placer au pied des montagnes, et de jouer de leurs instruments, afin de faire croire à l'ennemi que la région inférieure du plateau était occupée. Les musiciens exécutèrent cet ordre périlleux, et jouèrent jusqu'à ce qu'un feu roulant fut dirigé contre eux. Cette ruse eut le résultat désiré ; elle empêcha les royalistes de sortir de leurs lignes.

« A neuf heures du matin, la division Villalobos commença à descendre ; le vice-roi la dirigeait en personne et à pied ; les soldats se mirent à courir le long des flancs escarpés du Condorkanki, en obliquant un peu à gauche. La division Monet, qui formait la droite des royalistes, commença en même temps à défiler directement vers la plaine. La cavalerie, pied à terre et les chevaux tenus par la bride, fit le même mouvement, mais avec plus de difficulté, et en se plaçant dans les intervalles compris entre les divisions d'infanterie. Quand l'ennemi arriva dans la plaine, il se forma immédiatement en colonnes. Ce fut un moment plein d'émotion et pendant lequel chacun sentit battre son cœur d'anxiété et d'espérance.

« Durant cette opération, le général Sucre passa devant le front de ses troupes et leur rappela, en termes emphatiques, le souvenir de leurs exploits. Puis il se plaça au centre de l'armée libératrice et d'une voix inspirée, il s'écria : « Cette journée doit décider du sort de l'Amérique du Sud ; soldats ! une gloire nouvelle va couronner vos constants efforts. » Ces quelques mots, prononcés avec feu, produisirent un effet électrique et furent accueillis par un *vivat* unanime.

« Tandis que la moitié des divisions royalistes, Monet et Villalobos, se formaient dans la plaine, le général Sucre ordonna à la division Cordova et à deux régiments de cavalerie de charger l'ennemi. L'intrépide Cordova met pied à terre et plongeant son épée dans la poitrine de son cheval, il dit à ses soldats : « Vous le voyez, je n'ai plus aucun moyen de fuir ; il faut que nous combattions ensemble jusqu'au bout. » Puis il se plaça à environ 15 toises en avant de sa division formée en quatre colonnes parallèles, avec la cavalerie dans les intervalles. Agitant son chapeau au-dessus de sa tête, il s'écrie : « En avant ! du pas dont marchent les vainqueurs ! » Ces mots, distinctement entendus des soldats, leur communiquent une ardeur enthousiaste ; les bataillons se précipitent sur l'ennemi avec une impétuosité formidable, mais dans le meilleur ordre. Les Espagnols reçoivent le choc avec fermeté. Les baïonnettes se croisent, et pendant quelques minutes, patriotes et royalistes luttent corps à corps, sans qu'on puisse prévoir à quel drapeau restera l'avantage. A ce moment, la cavalerie colombienne, commandée par le colonel Silva, exécute une charge furieuse. Ce brave officier tombe couvert de blessures, mais l'élan de ses soldats est irrésistible. Les royalistes lâchent pied et battent en retraite, poursuivis par les indépendants qui en font un carnage horrible. Le vice-roi est blessé et fait prisonnier. Les fuyards essayent de grimper le long des flancs du Condorkanki, mais les patriotes dirigent sur eux un feu meurtrier, et une multitude de ces malheureux, atteints par les balles, tombent et roulent au bas de la montagne, où leurs corps restent suspendus aux pointes des rochers ou aux ronces du ravin.

« Le général Miller, qui avait accompagné la division Cordova, voyant le succès de son attaque, rejoignit le régiment des hussards de Junin qui, fort heureusement, avait été laissé en réserve.

« A la pointe du jour, la division royaliste de Valdez avait commencé à faire un détour de près d'une lieue. Descendant le Condorkanki sur son côté septentrional, Valdez se plaça sur la gauche des patriotes, dont il n'était plus séparé que par un ravin étroit. Au moment où s'engagea le combat que nous venons de décrire, il ouvrit un feu de file appuyé par quatre pièces de campagne. Cette attaque obligea la division péruvienne de La Mar à prendre la fuite. Le bataillon colombien de Borgas, chargé de soutenir la division péruvienne, recula aussi devant l'ennemi. Deux bataillons royalistes traversèrent, sur la gauche, le ravin dont nous avons parlé, et s'élancèrent, au pas de course, à la poursuite des patriotes. Le moment était critique, et tout était perdu pour les indépendants, si le général Miller n'avait exécuté, à la tête des hussards de Junin, une charge brillante contre les Espagnols, qui, à leur tour, s'enfuirent épouvantés. Miller franchit le ravin et les poursuivit à outrance, aidé par les grenadiers à cheval et par la division La Mar qui s'était reformée. L'artillerie de Valdez fut prise, sa cavalerie battit en retraite, et son infanterie se dispersa dans toutes les directions.

« La bataille était perdue pour les royalistes; aussi gagnèrent-ils en toute hâte les hauteurs d'où ils étaient descendus dans la matinée avec tant de confiance. L'action avait duré une heure. La perte des Espagnols fut de 1,400 tués et 700 blessés; celle des patriotes, de 370 tués et 609 blessés.

« Les royalistes, en arrivant sur le plateau supérieur de Condorkanki, rallièrent autant de soldats que possible. Les divisions patriotes La Mar et Lara se trouvèrent, à une heure après midi, sur la crête de la montagne. Avant le coucher du soleil, Canterac demanda à capituler, et une heure après, il se rendit dans la tente du général Sucre, où la convention fut conclue et signée. Le vice-roi la Serna, les généraux Canterac, Valdez, Carratala, Monet, Villalobos et dix autres, seize colonels, soixante-huit lieutenants-colonels, quatre cent quatre-vingt-quatre officiers et trois mille deux cents soldats devinrent prisonniers de guerre. Le reste s'était dispersé et avait pris la fuite. »

Un assez grand nombre d'officiers espagnols, s'appuyant sur les termes de la capitulation, demandèrent et obtinrent leurs passe-ports pour retourner en Espagne. Quelques-uns seulement restèrent pour mettre ordre à leurs affaires. Quelques soldats royalistes se firent incorporer dans les bataillons patriotes; mais la plupart regagnèrent leurs foyers.

Telle fut la bataille d'Ayacucho, la plus importante et en même temps la plus brillante qui ait été livrée dans l'Amérique du Sud. Si l'on considère que les deux armées étaient également bien disciplinées et aguerries, que toutes deux déployèrent dans cette journée mémorable une valeur digne des meilleures troupes européennes(*); si l'on réfléchit, en outre, aux résultats immenses que devait produire la victoire des patriotes, on reconnaîtra qu'un pareil événement méritait qu'on

(*) Un escadron et tous les officiers d'un régiment de cavalerie royaliste portaient des casques d'argent. Cette coiffure attira l'attention des patriotes, qui poursuivirent avec acharnement ces cavaliers d'élite et en firent un carnage affreux. Il n'y eut de sauvés que ceux qui eurent la présence d'esprit de se débarrasser de leurs riches mais dangereux ornements. (Miller.)

en parlât avec les détails qu'il comporte.

Le général Sucre, ne voulant pas perdre un instant, ordonna au général Gamarra de marcher sur Cuzco, à la tête d'un bataillon péruvien. La garnison espagnole, commandée par Alvarez, mit bas les armes le 25 décembre, conformément à la capitulation d'Ayacucho. Le général Tristan prit alors le titre de vice-roi, et chercha à consolider son pouvoir par tous les moyens qui lui restaient ; mais ne trouvant pas les appuis sur lesquels il avait compté, il se rendit, avec sa petite garnison d'Aréquipa, à un colonel patriote envoyé de Guamanga dans cette ville. Quant à Olañeta, il se maintint à la tête de ses quatre mille hommes, et refusa obstinément d'entendre à aucune proposition.

Le résultat le plus important était acquis ; mais tout n'était pas encore terminé. Après avoir donné quinze jours de repos à ses troupes, Sucre quitta Cuzco et s'avança vers Puno. Là il apprit que les garnisons royalistes de Cochabamba, Chuquisaca et Santa-Cruz de la Sierra s'étaient déclarées pour la cause de l'indépendance ; enfin, que le colonel Lanza, qui, pendant presque toute la guerre, avait occupé les vallées d'Yungas, avait fait son entrée à la Paz. Laissant le général Miller dans le département de Puno, avec les titres de commandant général et de préfet, Sucre marcha à la rencontre d'Olañeta pour lui livrer bataille ; arrivé à Chuquisaca, en avril 1825, il reçut la nouvelle de la mort de son adversaire ; ce chef royaliste avait été tué par ses propres soldats dans une émeute, à la tête de laquelle se trouvait le colonel Medina Cœli. Les derniers partisans d'Olañeta ne tardèrent pas à faire leur soumission ; et, dès lors, le Pérou se trouva débarrassé d'ennemis, à l'exception du Callao, dont la garnison, commandée par l'intrépide Rodil, gardait encore une attitude menaçante.

Bolivar, en quittant l'armée libératrice, s'était établi à Chancay, d'où il observait les événements, tout en dirigeant l'ensemble des opérations militaires. Par son ordre, une division colombienne alla renforcer la garnison de Lima, et le général Salom, chargé de la défense de cette capitale, fut, dès ce moment, en mesure d'investir la citadelle du Callao, tandis que l'escadre patriote, commandée par l'amiral Guise, bloquait la place par mer. Pendant le long siège qui suivit, les troupes indépendantes furent cruellement décimées par la fièvre. Les assiégés eurent encore plus à souffrir d'une épidémie qui, venue à la suite d'une famine horrible, fit parmi eux des ravages effrayants. Plusieurs des familles éminentes qui s'étaient retirées dans la forteresse avec Rodil, périrent tout entières (*). Malgré le spectacle navrant qu'il avait sous les yeux, le chef royaliste n'en persista pas moins à se défendre avec vigueur. Il lui fallait réprimer l'esprit d'insurrection parmi ses troupes, encourager les malheureux qui s'étaient mis sous sa protection, soutenir le feu de l'armée de terre et celui de l'escadre, combattre nuit et jour, déjouer la trahison, enfin se multiplier en quelque sorte, pour intimider par sa présence ou soutenir les dévouements fatigués. Rodil suffit à cette tâche formidable. Le siège dura près de treize mois, et ce fut seulement après avoir tué et dévoré tous les chevaux, tous les mulets et tous les chiens qui se trouvaient dans la ville, que le général demanda à capituler. La convention fut signée le 26 février 1826. « Ainsi, dit M. Miller, fut brisé le dernier anneau de la chaîne qui avait lié dix-sept millions d'Américains à la monarchie espagnole. »

On aime à voir la royauté s'éteindre, au Pérou, dans un effort sublime, et brûler sa dernière amorce sur un monceau de ruines fumantes. C'est

(*) M. Miller affirme que sur 4000 individus qui s'étaient retirés au Callao, il n'y en eut que 200 qui échappèrent aux ravages causés par la famine et la maladie. La nombreuse famille des Torre Tagle périt jusqu'au dernier de ses membres.

au brave Rodil qu'elle dut cet honneur insigne. Au milieu de tant de généraux incapables ou félons, l'héroïque commandant du Callao doit occuper dans l'histoire une place à part. Sa conduite peut être comparée à ce qu'il y a de plus glorieux dans les fastes de la guerre, et quel que soit le point de vue politique auquel on se place pour retracer les phases de la révolution péruvienne, c'est un devoir pour l'écrivain de payer un large tribut d'admiration à un dévouement digne d'une meilleure cause et d'un meilleur sort.

La guerre de l'indépendance était terminée; mais la tâche la plus difficile, l'organisation du pays émancipé allait commencer. Les provinces du haut Pérou faisaient partie, avant la révolution, de la vice-royauté de Buénos-Ayres. Mais comme les mœurs, les habitudes et même le langage de la majorité des habitants différaient essentiellement de ceux des citoyens de Rio de la Plata, la république Argentine renonça à ses droits sur cette portion du territoire péruvien, et laissa ses voisins pourvoir tranquillement à leur avenir politique. Le général Sucre devait continuer à exercer le pouvoir suprême jusqu'à l'établissement d'un gouvernement régulier. Une assemblée générale de députés eut lieu, en août 1825, à Chuquisaca, et déclara solennellement que, conformément au vœu du peuple, le haut Pérou formerait à l'avenir une nation indépendante, et s'appellerait *Bolivia*, juste hommage rendu à l'homme généreux qui avait si puissamment contribué à l'expulsion des Espagnols. L'assemblée publia ensuite une déclaration d'indépendance, malheureusement ridicule par les termes dans lesquels elle était rédigée. On vota un million de dollars au Libérateur en récompense de ses services; mais Bolivar, avec ce désintéressement chevaleresque qui le caractérisait, n'accepta ce don magnifique qu'à la condition que la somme entière serait consacrée à racheter la liberté d'environ 1,000 esclaves nègres qui existaient encore dans la Bolivie. Un million de dollars fut également voté en faveur des militaires qui avaient fait la campagne de 1824.

La première assemblée s'étant dissoute le 6 octobre, un congrès général fut convoqué pour le mois de mai suivant. Dans l'intervalle, Bolivar réunit à Lima les représentants du bas Pérou, et résigna entre leurs mains, le 10 février 1825, son titre et son autorité de dictateur; mais le congrès l'ayant supplié de conserver le pouvoir, il y consentit avec une répugnance, sincère suivant quelques historiens, simulée suivant les autres. Après avoir convoqué un nouveau congrès pour le mois de février 1826, le dictateur quitta la capitale du bas Pérou et traversa le pays jusqu'à Chuquisaca, au milieu des fêtes et des triomphes que les populations reconnaissantes avaient préparés en son honneur.

Dès le mois de janvier 1826, le Libérateur quitta la capitale de la Bolivie pour aller installer le congrès du bas Pérou. Au début de la session, des divisions fâcheuses éclatèrent dans le sein de la nouvelle assemblée; une trentaine de membres refusèrent de prêter le serment constitutionnel dans les termes prescrits par le congrès précédent. Était-ce, de la part des dissidents, hostilité née de regrets mal dissimulés pour un ordre de choses et des priviléges détruits par la victoire des patriotes, ou bien tout simplement esprit d'intrigue et d'opposition passagère contre le dictateur? les historiens ne laissent rien deviner à cet égard. Quoi qu'il en soit, la majorité du congrès donna dans cette circonstance un admirable exemple de sagesse et de raison : loin d'imposer à la minorité opposante l'autorité du nombre, ainsi qu'elle en avait le droit, elle voulut que la nation elle-même tranchât le différend, et adressa au pouvoir exécutif un mémoire dans lequel elle demandait l'appel au peuple. La réponse de Bolivar fut digne du sentiment qui avait dicté la supplique. Nous citerons cette déclaration comme un modèle de politique démocratique et de respect pour les volontés d'une nation :

« Après avoir longtemps réfléchi, disait Bolivar, sur les articles délibérés par les cinquante-deux représentants au congrès général, je ne puis que féliciter ces honorables citoyens de ce qu'ils veulent recourir, dans les difficiles circonstances où ils se trouvent, à la source de laquelle émanent leurs pouvoirs. Rien n'est plus conforme aux doctrines de la souveraineté nationale que de consulter la nation en masse sur les points qui doivent être la base constituante de la liberté des États, de l'autorité des lois, et du pouvoir chargé de les exécuter. Tous les hommes individuellement sont sujets à l'erreur et à la séduction ; il n'en est pas ainsi du peuple, qui possède au degré le plus éminent la conscience de ce qui peut faire son bien-être et assurer sa liberté. Son jugement est sûr et sa volonté forte ; il n'est pas plus possible de le corrompre que de l'intimider. J'ai déjà éprouvé combien le peuple est apte à prendre de grandes résolutions ; aussi j'ai toujours préféré son opinion à celle des sages. Qu'on recoure donc à l'opinion du peuple, ainsi que cela est proposé, on verra si les lois ont reçu l'assentiment de tous et quel est le magistrat suprême entre les mains de qui la nation désire que je remette le pouvoir. Je dois ajouter, avec la franchise la plus absolue, que le besoin de déposer au plus tôt l'autorité dont je suis revêtu, ne me permet pas d'attendre pour la convocation du congrès l'époque fixée par la loi ; que, rappelé par le cri de mes compatriotes, et désespérant presque de retourner en Colombie, j'ai le plus vif désir de voir le congrès du haut Pérou mettre un terme aux relations ambiguës, et je puis dire extraordinaires, qui existent entre ces deux pays. Toutefois, je mets de côté ces considérations pour ne m'occuper que de l'intérêt du Pérou, intérêt qui ne peut être raisonnablement sacrifié à celui d'un autre pays. La situation de l'Amérique est telle, que le sort de ses divers États est étroitement lié, et qu'on ne peut rendre service à l'un sans rendre service à l'autre. »

Cette réponse aux députés fut immédiatement suivie d'un décret qui ordonnait un nouveau recensement de la population péruvienne et la formation de nouveaux colléges électoraux.

Ce fut à peu près à cette époque que le Libérateur rédigea une constitution pour la république de Bolivie, constitution qui fut adoptée par les représentants de ce pays, dans le courant de mai 1826. Un président à vie devait être nommé. Le choix du congrès bolivien tomba sur le général Sucre, qui accepta, à condition que ses pouvoirs ne dureraient que deux ans, et qu'on lui permettrait de garder auprès de lui un corps de 2,000 Colombiens.

Soit amour-propre d'auteur, soit arrière-pensée mêlée d'ambition, Bolivar désirait faire adopter le *code bolivien* par la république du bas Pérou, de telle façon que les deux États fussent politiquement son ouvrage, comme ils l'étaient sous le rapport de l'indépendance. Il se flattait que sa constitution serait favorablement accueillie par la majorité de la nation, et il était entretenu dans cette erreur par des courtisans trop jaloux de lui plaire pour lui révéler les répugnances du peuple. Il ne savait pas que sa popularité diminuait de jour en jour et que ses désirs n'étaient plus des lois pour les Péruviens. Le code bolivien était d'ailleurs peu en harmonie, dans plusieurs de ses dispositions fondamentales, avec les principes professés, en toute occasion, par son auteur. C'est ainsi que, malgré l'opinion plusieurs fois émise par Bolivar sur la nécessité de renouveler périodiquement le pouvoir exécutif, la constitution dont il s'agit établissait un président à vie, et le président pouvait désigner son successeur. Ce n'était, évidemment, autre chose qu'une monarchie élective avec une espèce d'hérédité testamentaire. Que devenaient, dès lors, les principes démocratiques qui, suivant les patriotes péruviens, devaient présider au choix des institutions nouvelles? N'était-il pas étrange que la loi fondamentale de l'État, proposée par le Libérateur, contînt, dans sa disposition la plus importante, une violation aussi manifeste des principes du gouvernement républicain? Cette réflexion, faite dès l'abord par les démocrates les plus éclairés, avait déterminé les répulsions du peuple pour le code bolivien, et quelques esprits méfiants, cherchant à se rendre compte de l'intention qui avait dicté à Bolivar ce singulier article de sa constitution, furent tout naturellement conduits à lui supposer des projets de royauté et de dynastie; de là un commencement d'impopularité.

A cette cause de désaffection, il faut ajouter l'impatience mêlée de colère avec laquelle le peuple du bas Pérou supportait la présence des troupes colombiennes sur son territoire. Malgré la sévère discipline à laquelle ces troupes étaient soumises, leurs mœurs et leurs habitudes nationales étaient trop antipathiques aux Péruviens pour qu'ils pussent les tolérer longtemps. Il s'était formé peu à peu un parti nombreux qui réclamait énergiquement l'expulsion des soldats étrangers. Bolivar, méconnaissant ce qu'il y avait de légitime et de respectable dans cette exigence, fermait l'oreille aux murmures qui arrivaient jusqu'à lui. Cette imprudente obstination exaspéra la multitude des mécontents. On découvrit une conspiration qui, dit-on, avait pour objet l'assassinat de Bolivar et l'expulsion des Colombiens. Bien que, suivant des personnes en position d'être bien informées, le complot n'eût réuni que des gens sans importance, et que même, au dire d'un grand nombre de citoyens, il fût complétement imaginaire, l'autorité recourut aux mesures les plus rigoureuses. On forma un tribunal suprême chargé de pourvoir aux nécessités du moment; les docteurs Estenós, Pancorvo et Freyre, membres de cette junte prévôtale, prirent à tâche d'imiter et de surpasser le zèle odieux déployé par Rivadeneyra dans ses fonctions de président de l'ancienne cour martiale. Le lieutenant Aristabal fut condamné à être fusillé, et son dernier soupir s'exhala dans un vœu patriotique. Un chef de guérillas, nommé Ninavilca, et plusieurs autres qui, comme lui, avaient pris la fuite, furent condamnés par contumace à être étranglés, et cela au mépris d'un décret du 3 janvier 1822, par lequel ce mode de supplice avait été aboli. Le colonel Vidal, dont le courage, les talents militaires, la probité et le patriotisme étaient connus et appréciés de tous, fut condamné, également par contumace, à la dégradation et à l'exil; d'autres subirent des châtiments analogues. L'amiral Guise fut mis en jugement et acquitté. Tous les Buénos-Ayriens et les Chiliens résidant au Pérou furent tenus de se présenter aux autorités de la capitale et soumis à une surveillance des plus sévères. Les généraux Necochea et Correa, les colonels Estomba et Baulet, ainsi qu'un grand nombre de négociants honorables, parmi lesquels don Juan-José Sarratéa, dont le patriotisme n'avait jamais été mis en doute, durent quitter immédiatement le pays. Necochea renvoya au gouvernement son brevet de général, ainsi que plusieurs bons sur le trésor qui lui avaient été donnés en récompense de ses loyaux services. « Je ne veux, écrivait-il, emporter de ce pays que les blessures que j'ai reçues pour lui. » Le conseil, sans même accuser réception de la lettre du général, accepta sa démission et les bons du trésor.

On ne saurait trop blâmer l'excessive rigueur dont Bolivar, dans cette circonstance, fit usage envers des adversaires désarmés. Cette rigueur n'était pas seulement impolitique, elle était aussi condamnable aux yeux de l'humanité et de la justice. Alors même que le complot eût atteint les proportions effrayantes que l'autorité se plut à lui attribuer, les conspirateurs, vu l'état général des esprits au lendemain d'une révolution, eussent mérité plus d'indulgence. Il y eut d'ailleurs dans les châtiments une sévérité vraiment révoltante; l'Europe civilisée attendait mieux d'une jeune république qui aurait dû compter parmi ses premiers devoirs l'abolition de la peine de mort, surtout en matière politique. Nous n'hésitons donc pas à dire que l'assentiment donné par Bolivar à ces vengeances froidement ordonnées, est une tache sur sa vie, tache ineffaçable et qui suffit, à elle seule, pour jeter un vernis fâcheux sur le caractère de ce héros du nouveau monde.

Le Pérou se trouva de nouveau plongé dans la situation la plus déplorable, et l'on put craindre sérieusement le retour de l'anarchie. Ces appréhensions devinrent plus vives et plus générales, quand on apprit que Bolivar avait résolu pour la seconde fois de quitter le pays. Il avait annoncé son départ pour le 3 août, et cette nouvelle avait répandu l'alarme parmi les classes aisées de la capitale, car elles redoutaient les orages populaires qui éclateraient nécessairement à cette occasion. Les partisans d'un *gouvernement fort* firent tous leurs efforts pour décider le dictateur à revenir sur sa détermination, et usèrent de toute leur influence sur les masses pour obtenir leur coopération. Si l'on en croit les journaux de Lima, dont la véracité pourrait, à la rigueur, être révoquée en doute, les autorités municipales, l'armée, le clergé, tous les corps constitués, les femmes les plus respectables de la capitale, les paysans des provinces, tous, d'un commun accord, par voie de députations ou de pétitions, supplièrent le Libérateur, dans les termes les plus servilement adulateurs, de rester au milieu d'eux; suivant les mêmes journaux, quand Bolivar eut cédé à ces flatteuses importunités, la ville retentit de bruyantes acclamations, les cloches des églises, mises tout à coup en branle, firent entendre toute la nuit de joyeux carillons, et un bal magnifique termina cette série de démonstrations. Nous ne savons jusqu'à quel point on peut considérer comme sincères des manifestations provoquées et préparées par les courtisans et les familiers de Bolivar; ce qu'il y a de certain, c'est que la conduite du Libérateur dans ces conjonctures, ces adieux au Pérou deux fois annoncés et deux fois ajournés, ce départ résolu à deux reprises et à deux reprises contremandé, sont de nature à éveiller dans l'esprit de l'historien impartial le soupçon d'hypocrisie, surtout s'il fait entrer dans la balance la comédie jouée par les flatteurs du héros et l'exagération significative des sentiments populaires. S'il est vrai, comme l'affirme M. Miller, que les acteurs les plus zélés et les plus utiles de cette comédie aient été largement récompensés, il ne peut rester le moindre doute sur le véritable rôle qu'on doit attribuer à Bolivar dans cette espèce de parade, indigne d'un homme aussi haut placé par ses antécédents et par sa réputation. Ajoutons, comme argument non moins puissant, que, dès le lendemain du jour où le Libérateur consentit à se laisser faire violence, le collége électoral de la province et celui de la capitale résolurent d'adopter la constitution bolivienne et de proclamer Bolivar président à vie. Cet exemple, qui faisait espérer au dictateur le triomphe de ses plus chères préoccupations, fut bientôt suivi par les colléges des autres provinces; celui de Tarapaca fit seul exception. La menace de quitter le pays réussit merveilleusement, comme on voit, à Bolivar; elle lui valut ce que l'active propagande de ses amis n'avait pu obtenir du peuple péruvien, l'acceptation sans condition d'une charte dont les bases avaient d'abord paru peu conformes aux principes d'un gouvernement démocratique.

Ce fut dans ces entrefaites que le Libérateur reçut la nouvelle de troubles graves qui avaient éclaté dans la Colombie, troubles occasionnés par la désobéissance du général Paez à l'autorité du gouvernement central. Jugeant avec raison que sa présence était nécessaire sur le théâtre de ces désordres, il quitta le Pérou et se rendit immédiatement à Bogota, laissant le général Santa-Cruz à la tête du gouvernement.

Bolivar parut et tout rentra dans l'ordre autour de lui. Une amnistie générale compléta la pacification de la Colombie. L'habile générosité dont il fit preuve dans cette crise difficile fait ressortir ce que sa politique avait eu de blâmable dans l'affaire de la conspiration de Lima. Le pardon accordé au rebelle Paez rend encore plus odieux le supplice du lieutenant Aristabal.

Nous ne devons pas omettre ici un fait qui jette un jour éclatant sur les arrière-pensées de Bolivar et qui justifie les défiances éveillées dans l'esprit des citoyens de Lima par les tendances du code bolivien : le dictateur profita de la réaction qui s'était opérée en sa faveur dans la Colombie, pour tâcher de faire adopter dans cette république sa charte de prédilection. Il voulait que la législation politique, tombée un beau jour de sa plume, régît toute cette vaste région qui s'étend de Potosi à l'Orénoque. La Bolivie, le Pérou et la Colombie auraient formé une confédération placée sous l'autorité d'un président unique, qui, bien entendu, n'aurait été autre que Bolivar. Malheureusement pour l'ambition du Napoléon américain, le code bolivien était aussi impopulaire dans la Colombie qu'au Pérou, et les efforts des amis du dictateur ne purent modifier, à cet égard, le sentiment populaire, qui persista à repousser la charte bolivienne.

Le 9 décembre 1826, jour anniversaire de la victoire d'Ayacucho, eut lieu dans les provinces du Pérou la prestation du serment à la constitution de Bolivar; vaine formalité, et qui ne pouvait rien contre les répugnances du peuple. Le moment était même venu où le ressentiment des masses ne pouvait rester plus longtemps comprimé. A peine Bolivar eut-il quitté Lima, que le mécontentement de la population fit explosion de toutes parts. Les Péruviens avisèrent, dès ce moment, à se débarrasser et de la constitution et des troupes colombiennes. Le colonel Bustamante, jeune Colombien plein de courage et d'audace, donna le signal de l'insurrection.

Dans la nuit du 26 janvier 1827, il se rendit, à la tête de quelques hommes déterminés, au domicile des généraux Lara et Sands, et les arrêta dans leurs lits ainsi que plusieurs autres officiers des troupes étrangères connus pour leurs sentiments hostiles. Bustamante avait préparé un vaisseau dans le port du Callao et y fit embarquer sur-le-champ pour Guayaquil les officiers prisonniers. Les ministres, frappés d'épouvante, donnèrent leur démission, et un nouveau cabinet fut aussitôt formé; mais Santa-Cruz, qui se trouvait en ce moment dans la capitale, fut maintenu à la tête du gouvernement. Il est à remarquer que les journaux péruviens, en annonçant cette brusque révolution, parlaient avec respect de Bolivar, mais applaudissaient néanmoins à la résolution prise par l'administration nouvelle de mettre un terme *à toute intervention étrangère* dans les affaires du Pérou. On reconnaissait donc enfin que le peuple avait eu raison de réclamer l'éloignement des troupes colombiennes.

Le nouveau gouvernement était impatient de voir les étrangers quitter la république; mais il y avait à cela une difficulté : on devait à ces troupes un certain arriéré de solde et le trésor était vide. On parvint à réunir 200,000 dollars, dont les trois quarts furent distribués aux Colombiens; le reste servit au transport de ces auxiliaires du Callao à Guayaquil, où le colonel Bustamante les conduisit, dans le mois de mars 1827.

Alors la réaction, un moment comprimée par la présence de Bolivar et de ses soldats privilégiés, se manifesta dans toute son énergie. Les Péruviens déclarèrent d'une voix presque unanime que le code bolivien leur avait été imposé par la ruse et la force, que leur bonne foi avait été surprise, que les colléges électoraux n'avaient pas eu qualité pour voter l'adoption de cette constitution, qu'un congrès général avait seul le pouvoir de décider la forme de gouvernement à laquelle le pays devait se soumettre. En conséquence, on décréta de nouvelles élections et la formation d'un congrès qui se réunit à Lima le 24 juin. La charte antirépublicaine de Bolivar fut dédaigneusement répudiée, et le général La Mar fut élu président de la république, avec don Manuel Salazar y Baquijano pour vice-président. Suivant M. Miller, la nomination de La Mar causa une satisfaction générale et fut universellement considérée comme un événement des plus heureux. Le Pérou était donc perdu pour Bolivar. On a accusé les Péruviens d'ingratitude ; mais quand on considère l'obstination déraisonnable avec laquelle le Libérateur chercha à faire adopter sa constitution aristocratique, si l'on tient compte surtout de la résistance qu'il ne cessa d'opposer à ceux qui réclamaient l'éloignement des troupes boliviennes, on reconnaîtra que ce fut en grande partie par sa faute qu'il perdit l'affection des populations péruviennes. Si l'on fait aussi la part de la fougue populaire qu'aucun obstacle n'arrêtait plus, depuis le départ des soldats étrangers, on s'expliquera la brusquerie, et même l'espèce de brutalité avec laquelle Bolivar fut dépouillé de son autorité suprême et presque relégué au rang des ennemis du Pérou. Pour quiconque a étudié les vicissitudes des révolutions, cet événement n'a rien que de naturel.

Le nouveau président ne répondit pas à toutes les espérances que sa nomination avait fait concevoir. Trop exclusivement préoccupé de son désir de concilier tous les partis, il prêta une oreille complaisante à certains brouillons politiques qui lui conseillaient de prendre une attitude militaire formidable, afin d'intimider la Colombie et de prévenir ses usurpations. Au lieu de réduire l'effectif de l'armée active, ce qui aurait singulièrement diminué les charges publiques, il le porta à 12,000 hommes ; or, les revenus de l'État se trouvant alors insuffisants pour la solde et l'entretien d'un aussi grand nombre de troupes, il fallut avoir recours à des augmentations successives d'impôts, et même à des extorsions qui appauvrirent les contribuables et portèrent un coup funeste à la popularité du général La Mar.

Cet accroissement de forces militaires n'était que le prélude indispensable d'un événement plus important. Les rapports du Pérou et de la Colombie étaient devenus si équivoques, qu'il était facile de prévoir une rupture prochaine. La guerre fut déclarée ; elle le fut par les Péruviens et avec des circonstances qui aggravaient leurs torts. Dans une proclamation furibonde, datée de Tambo-Grande, 12 octobre 1828, La Mar s'efforça de rejeter tous les torts, et surtout celui de l'agression, sur Bolivar ; il l'appelait *l'ennemi juré de l'indépendance péruvienne ; le contempteur des droits de la nation ; le seul homme qui voulût imposer le despotisme aux Américains.* « Le général Bolivar, ajoutait le président, en s'adressant à ses soldats, a osé nous déclarer la guerre, et sa présence sur les frontières a été le signal de la lutte. Vous vaincrez les esclaves insolents qui l'accompagnent dans cette entreprise fratricide ; vous vengerez les outrages faits à votre honneur ; vous punirez les insultes prodiguées à la république. » Un pareil langage était déjà coupable vis-à-vis de l'homme qui avait donné l'indépendance au Pérou ; il l'était doublement dans la bouche du successeur de Bolivar, du premier magistrat d'une nation. Répréhensible par la forme, cette déclaration d'hostilités l'était bien autrement par ses motifs. Le gouvernement péruvien accusait la Colombie de s'être liguée avec la république de Bolivie pour envahir le Pérou, et rien ne justifiait cette grave imputation. C'était, au contraire, l'armée péruvienne qui avait occupé le territoire bolivien, alors que le général Sucre se bornait à prendre des mesures de précaution à peu près insignifiantes. Le véritable mobile de la conduite de La Mar était le désir de s'emparer de Guayaquil et d'en faire un port péruvien ; voilà la cause secrète de la guerre. Quant à la Colombie, son principal grief était le non-payement des 3,595,000 dollars que lui devait le Pérou pour la généreuse assistance qu'elle lui avait prêtée dans la lutte de l'indépendance. A ces motifs de rupture, il faut ajouter l'implacable animosité qui régnait entre les Colombiens et les Péruviens, animosité essentiellement nationale, instinctive, sans fondement raisonnable, mais plus énergique et plus vivace que celle qui avait si longtemps existé entre ces mêmes peuples et les Espagnols. Toutefois, comme ces haines populaires ne justifient pas des actes semblables à celui dont il s'agit, la responsabilité et le blâme de cette guerre impie doivent retomber sur le gouvernement péruvien. Le reproche d'ingratitude, dont nous avons chercher à le laver tout à l'heure, lui revient de droit dans cette circonstance, et ce sera une tache éternelle pour le Pérou d'avoir tiré l'épée contre des voisins, contre des frères qui l'avaient si puissamment aidé à conquérir l'indépendance et la liberté.

Aussitôt que la déclaration de guerre du Pérou fut connue, Bolivar marcha sur Popayan avec 10,000 hommes, dont 3,000 furent détachés pour aller défendre Guayaquil contre l'escadre de l'amiral Guise; précaution inutile, car, le 21 janvier 1828, cette ville se rendit à l'amiral péruvien. L'armée du Pérou envahit alors le territoire colombien. Le 25 février, eut lieu à Tarqui, près de Siron, dans la province de Quito, une bataille sanglante dans laquelle, malgré la plus vigoureuse résistance, l'armée péruvienne fut presque entièrement détruite. Le lendemain, les commissaires désignés par les deux généraux ennemis posèrent les bases des préliminaires de paix. Les principales clauses étaient : 1° que les forces militaires du Pérou, cantonnées dans le nord du pays, seraient réduites au pied de garnison; 2° que des commissaires spéciaux détermineraient les frontières des deux républiques, en prenant pour base la division politique des vice-royautés de Lima et de la Nouvelle-Grenade, telles qu'elles étaient constituées en août 1809; 3° que le gouvernement péruvien ferait honneur à sa dette envers l'armée colombienne pour les services de cette dernière dans la guerre de l'indépendance; 4° qu'aucune des deux républiques n'interviendrait dans les affaires intérieures de sa voisine, et qu'en outre, l'indépendance de la Bolivie serait respectée par elles; 5° que, le traité une fois ratifié, le gouvernement des États-Unis de l'Amérique du Nord serait prié de garantir l'exécution de ces clauses, en qualité de médiateur. La modération de ces stipulations sera remarquée par tout le monde; elle fait honneur aux vainqueurs de Tarqui, et l'on doit reconnaître que Bolivar donna, dans cette conjoncture, une leçon de générosité et de fraternité à ses adversaires.

Cependant la réaction qui s'était opérée à Lima contre l'influence colombienne, et qui avait amené la déclaration de guerre, avait eu son contre-coup dans la Bolivie. Ce n'était pas assez pour le gouvernement péruvien d'avoir expulsé les troupes étrangères du territoire de la république, il consentit encore à appuyer un parti anti-colombien qui s'était formé dans l'État voisin. Bien que le général Sucre eût été nommé président de la Bolivie par le choix libre et spontané de la nation, ratifié par le congrès; bien que la condition imposée par lui de garder auprès de sa personne 2,000 soldats colombiens, eût été acceptée sans contestation, néanmoins la fierté nationale des Boliviens ne souffrait qu'avec peine la présence des troupes auxiliaires, et ils résolurent d'accélérer le moment où ils devaient en être délivrés. Le parti révolutionnaire sollicita et obtint l'assistance du gouvernement péruvien. Un corps de troupes fut chargé, sous le commandement du général Gamarra, de coopérer avec les mécontents, mesure qui fut justement reprochée au cabinet de Lima, et dont il fut puni comme il le méritait. Sucre fit une résistance énergique, et quoique blessé au bras, dans une rencontre, il n'en continua pas moins à combattre les troupes coalisées. Malgré ses efforts héroïques, il finit par perdre du terrain; enfin abandonné par ses anciens courtisans, et écrasé par des forces supérieures, le président capitula et s'embarqua pour regagner son pays natal. Ainsi tomba le vainqueur d'Ayacucho, le véritable libérateur de la Bolivie; mais du moins sa chute fut honorable et digne de lui. En arrivant au Callao, il s'empressa d'offrir ses services au cabinet péruvien pour essayer d'aplanir les différends qui s'étaient élevés entre les gouvernements de Lima et de Colombie. Cette offre généreuse fut malheureusement repoussée. Dès son arrivée à Quito, il fut nommé par Bolivar chef supérieur des départements méridionaux de la Colombie, et ce fut en cette qualité qu'il eut l'honneur de dicter les termes du traité si modéré dont nous avons rappelé les principales stipulations.

Tandis que l'influence de Bolivar était à jamais perdue dans le Pérou et dans la Bolivie, une conspiration républicaine se tramait contre sa personne dans la Colombie. Il n'entre pas dans notre sujet de faire le récit détaillé de cet événement; nous ne le mentionnons même que pour achever de prouver le peu de magnanimité de Bolivar envers ses ennemis personnels. On se rappelle la sévérité avec laquelle furent châtiés par son ordre, ou du moins avec son assentiment, les conspirateurs de Lima; sa conduite à Bogota, après la découverte de la conjuration, complète la démonstration, car l'échafaud se dressa pour plusieurs des coupables et les autres furent condamnés à un long exil. Le général Santander fut seul gracié; et il dut sa commutation à des motifs particuliers qui auraient pu faire croire, s'il avait été exécuté, que Bolivar avait vengé d'anciennes injures. Ces sanglantes représailles contre des ennemis désarmés, alors qu'il s'agissait de punir une attaque personnelle, prouvent que le caractère de Bolivar n'était pas exempt de cette espèce de barbarie qui, prenant sa source dans l'égoïsme, est la compagne ordinaire de l'ambition. On eût aimé à le voir pardonner à des adversaires vaincus, et à l'entendre prononcer ces paroles d'indulgence qui sont si bien placées dans la bouche d'un grand homme; le sang versé par son ordre, pour se délivrer des plus fougueux démocrates, crie contre lui d'autant plus énergiquement qu'en le faisant couler, il n'obéissait à aucune exigence de politique générale ni même à aucun intérêt de dynastie future.

À partir de l'époque à laquelle notre récit est parvenu, le Pérou et la Bolivie ont été agités par des désordres qui, jusqu'à ce jour, n'ont rien produit de grand ni de stable dans ces deux républiques. Guerre contre la Colombie, guerre contre le Chili, guerre entre la Bolivie et le Pérou, factions turbulentes et sanguinaires au dedans, diminution de la richesse publique, anarchie complète dans le pouvoir et dans la nation, temps d'arrêt dans les progrès de l'esprit humain, bouleversement des institutions; tel est le spectacle qu'ont offert depuis une douzaine d'années les deux États qui font l'objet de ce résumé historique. Nous ne voulons pas nous engager dans le dédale de ces événements, trop pitoyables et en même temps trop imperceptibles pour mériter la plus légère mention. L'historien se complaît au récit des choses qui frappent l'imagination par leurs proportions grandioses, ou qui, petites en elles-mêmes, ont produit des résultats importants; mais il dédaigne les faits microscopiques et les personnages mirmidons qui agitent les États sans même réussir à les révolutionner.

Nous passerons donc sous silence, et nos lecteurs nous en sauront gré, les temps qui s'écoulèrent immédiatement après la conclusion du traité de paix entre la Colombie et le Pérou, traité qui, pour le dire en passant, ne fut pas ratifié par le congrès de Lima. Nous en ferions autant pour les dernières années de l'existence des deux républiques, si cette récente période n'avait pas vu s'accomplir dans ces contrées un notable changement politique et une nouvelle division de territoire. Sous ce rapport, on ne peut refuser une mention particulière aux événements dont une partie de l'Amérique du Sud a été le théâtre durant cette phase de son histoire.

Nous trouvons, dans le voyage de M. du Petit-Thouars autour du monde, un résumé aussi clair que complet des faits auxquels nous faisons ici allusion; et nous croyons ne pouvoir mieux faire que de citer ce fragment tout entier.

« Si le général Santa-Cruz, après la conquête du Pérou, eût remis le pouvoir au général Orbegoso, véritable président de cette république, ou que, par son influence, l'assemblée législative eût été convoquée légalement pour procéder à une nouvelle élection, il eût acquis une plus grande renommée, des droits à la reconnaissance du Pérou ; peut-être aussi eût-il obtenu la cession du port d'Arica à la Bolivie, cession de la plus haute importance pour les relations commerciales et pour la prospérité de cette contrée. Mais, dans cette circonstance comme toujours, les événements et l'intérêt privé l'ont emporté sur les plus sages résolutions. Le général Santa-Cruz, frappé sans doute de la division des esprits, de l'indifférence apparente des peuples en matière de gouvernement, ou, cédant peut-être à de funestes inspirations, a provoqué une nouvelle division du territoire de l'ancienne vice-royauté du Pérou en trois États, pour les réunir ensuite en un seul corps politique sous la dénomination de *confédération pérou-bolivienne*, dont le protectorat, qu'il ambitionnait, lui fut offert par les assemblées nationales de ces États et qu'il s'empressa d'accepter. Cependant cette nouvelle division du Pérou ne satisfaisait personne ; elle n'était que le résultat d'insinuations calculées pour servir l'ambition du général Santa-Cruz, tout en donnant à cette manifestation la forme d'un vœu national, ce qui ne flattait pas moins son amour-propre que ses intérêts. La Bolivie se regardait comme sacrifiée aux intérêts du Pérou et craignait de voir le siége du gouvernement s'établir à Lima ; elle craignait encore de perdre sa nationalité et son importance politique. L'État de Lima voyait avec peine que le Cuzco en eût été séparé ; il se sentait humilié par les derniers événements et il souffrait avec peine la prépondérance acquise, à ses dépens, par la Bolivie. L'État de Cuzco était le seul peut-être dont les intérêts ne fussent pas trop froissés ; à raison des relations de commerce qui existent entre cette partie du Pérou et la Bolivie, ces relations ne pourront que gagner par une union plus intime des deux pays. Cependant là, comme dans les autres parties de la confédération, un sentiment de mécontentement paraissait dominer toutes les classes de la société et semblait présager un avenir orageux à ce nouvel établissement politique.

« La qualité d'étranger au Pérou était d'ailleurs, pour le général Santa-Cruz, un obstacle presque insurmontable au succès de son entreprise ; la guerre déclarée par le Chili augmentait encore les embarras de sa position.

« Pour faire mieux connaître la situation des affaires, à notre arrivée au Pérou, et l'origine de la confédération, il est nécessaire de remonter dans le passé jusqu'à l'avénement du général Orbegoso à la présidence. Ce général, nommé président provisoire de la république par la convention nationale réunie à Lima au mois de décembre 1833, eut à lutter, dès l'aurore de son pouvoir, contre la sédition militaire. Soutenu, néanmoins, par l'opinion publique, il parvint à ressaisir les rênes du gouvernement et à rétablir l'autorité constitutionnelle. Sorti triomphant des difficultés sous lesquelles il croyait succomber, le général Orbegoso n'écouta que sa reconnaissance pour l'armée, et oublia tout ce que le pays venait d'éprouver de malheurs par suite de la coupable ambition des chefs de cette armée. Loin donc de l'affaiblir, ce qu'une bonne politique conseillait, il l'augmenta au contraire, et il éleva aux premiers grades des hommes dangereux par leur caractère turbulent et par leur absence de foi politique. Parmi ces derniers se trouvait en première ligne Salaberry qui, à peine promu au généralat, éleva ses regards jusqu'au fauteuil de président. La faiblesse et les imprudences du général Orbegoso mécontentèrent l'armée ; les journaux, travaillés et publiés sous une influence désorganisatrice, ébranlèrent l'opinion, et le gouvernement, sans force, devint la proie facile du premier ambitieux qui voulut s'en saisir. Salaberry se présenta ; de l'intérieur du fort de Callao, méconnaissant l'autorité constitutionnelle du pays, il se déclara chef suprême du Pérou. Toute l'armée se rangea sous ses drapeaux, et le général Orbegoso, abandonné par les Péruviens, crut devoir appeler à son aide le président de la Bolivie. La ville d'Aréquipa, la seconde du Pérou par son importance, resta seule fidèle ; ce fut dans son sein que s'organisa la défense, et ce fut contre elle aussi que se dirigèrent tous les efforts de Salaberry. Le général Orbegoso, en implorant dans sa détresse l'assistance du président de la Bolivie, ne voulait cependant point admettre une intervention illimitée de la part de cet auxiliaire ; il désirait avoir un allié et non un maître. Il voulait que les troupes boliviennes fussent aux ordres d'un général péruvien. Mais le général Santa-Cruz se refusa à des conditions dont il savait mieux que personne calculer les conséquences ; il n'échappa point à son esprit fin et prévoyant qu'une fois le danger passé et Salaberry vaincu, on pourrait lui rendre ses troupes et le renvoyer à une autre époque pour le dédommagement stipulé ; il voulut donc profiter de ses avantages, et ne pouvant réussir avec Orbegoso, il traita avec Gamarra, s'obligea à lui fournir armes et argent, et celui-ci s'engagea de son côté à proclamer la fédération au Pérou. En effet, le général Gamarra, ex-président de ce pays, sortant de son exil en Bolivie, se présenta aux forces péruviennes réunies dans le sud de la république à Puno et à Cuzco ; ces troupes, placées sous les ordres d'officiers qui, anciennement, lui étaient dévoués, se déclarèrent en sa faveur et le reconnurent comme chef. Aussitôt qu'Orbegoso, réduit dans Aréquipa à la situation la plus désespérée, fut instruit des menées et des intelligences de Santa-Cruz avec Gamarra, et de l'entrée de ce dernier sur le territoire du Pérou, il fit taire ses scrupules, et plutôt que de voir le pays entre les mains de son plus cruel antagoniste, il accepta toutes les conditions de Santa-Cruz et son intervention illimitée.

« Par le traité du 15 juin 1835, que les deux présidents conclurent alors, et en vertu duquel le général Santa-Cruz intervint directement dans les affaires du Pérou, il fut arrêté qu'aussitôt la sédition apaisée et l'ordre rétabli au Pérou, la convocation de deux assemblées constituantes aurait lieu ; que les députés des quatre départements du sud du Pérou se réuniraient à Sicuani et ceux des quatre départements du nord à Huaura, à l'effet de délibérer sur la forme d'une nouvelle organisation politique et sur les bases à donner à ce nouvel état social pour en assurer l'existence ; le général Santa-Cruz, d'ailleurs, se rendit caution de l'exécution des mesures qui seraient arrêtées par ces assemblées.

« Les Péruviens et les Boliviens se réunirent donc sous les ordres de Santa-Cruz pour réprimer la rébellion et pour que ce nouveau chef en recueillît tous les avantages. Les victoires de Janococha et de Socabaya, remportées par lui sur les généraux Gamarra et Salaberry, la délivrance de Lima, la soumission des villes du Callao et de Truxillo, amenée par le général Orbegoso, comprimèrent la révolution et permirent enfin le rétablissement de l'ordre et de la tranquillité. Ce fut dans ces circonstances que se réunirent les assemblées constituantes de Sicuani et de Huaura, pour délibérer sur le sort du pays. La première assemblée décréta, le 17 mars 1836, qu'à l'avenir les départements d'Aréquipa, de Cuzco, d'Ayacucho et de Puno, formeraient un État indépendant qui porterait le nom de *Pérou du Sud*; la seconde assemblée décida, le 11 août de la même année, que les départements des Amazones, de Libertad, de Junin et de Lima, formeraient un second État indépendant sous le nom de *Pérou du Nord*. L'une et l'autre de ces assemblées manifesta alors le projet de se confédérer entre elles et avec la république de Bolivie, en établissant, comme condition préalable, qu'elles choisiraient le général Santa - Cruz comme le chef de la confédération; qu'il serait autorisé par les statuts à administrer et à compléter la confédération, et comme la Bolivie, composée des départements de Chuquisaca, de Cochabamba, de Potosi, de la Paz-de-Ayacucho, d'Oruro, de Santa-Cruz, et de la province de Tarija, y compris le littoral de Cobija, avait déclaré à l'avance l'intention de se confédérer avec le Pérou, le 28 octobre 1836, le général Santa-Cruz, paraissant céder aux vœux des populations, exprimés par ces assemblées, proclama la confédération établie, et convoqua la réunion des plénipotentiaires des trois États en congrès, pour délibérer sur les statuts de cette alliance fédérale; le travail fait et arrêté par ce congrès a pris depuis le nom de *pacte de Tacna*. »

Cette transformation du Pérou n'a pas été la dernière. L'ancienne division politique en deux États a été rétablie. Les deux républiques nous paraissent destinées à traverser de longues années d'orages et de calamités. L'esprit de sédition, d'intrigue et d'anarchie, y est si violemment déchaîné, que la tranquillité ne s'y rétablira pas de sitôt. Cependant, s'il faut dire ici toute notre pensée, nous croyons que ces jeunes démocraties, quelque précaire que paraisse aujourd'hui leur avenir, finiront par s'organiser d'une manière durable. Le noviciat de la liberté leur aura coûté cher; mais le principe au nom duquel elles ont levé le drapeau de l'indépendance sortira sain et sauf de cette crise formidable.

Aussi, tout en déplorant les désordres scandaleux qui troublent ces malheureuses nations, tout en détournant même les yeux avec quelque dégoût du triste et pitoyable spectacle qu'elles présentent, depuis plusieurs années, aux regards des hommes politiques, nous nous sentons pour elles une sympathie mêlée de confiance et d'espoir. Si l'on songe, un seul instant, aux périodes de guerre, d'agitation et de faiblesse que certains États européens ont eue à traverser pour arriver à une organisation tant soit peu stable, on sera plus disposé à l'indulgence envers les républiques américaines qui sont presque nées d'hier, et, par conséquent, n'ont pas encore reçu le double baptême du temps et de l'expérience.

L'extrait suivant d'une lettre publiée tout récemment dans un journal français donnera une idée suffisante de la situation des deux États au moment où nous terminons cette notice :

« Les derniers navires arrivés d'Arica, apportent des nouvelles importantes du Pérou et surtout de la Bolivie. Tandis que la république péruvienne languit dans un état affligeant de désordre et d'anarchie, causé par les ambitions rivales de quelques généraux qui sacrifient la tranquillité publique à leurs vues d'élévation personnelle, la Bolivie, au contraire, voit s'affermir de jour en jour l'ordre public et le repos, depuis la victoire brillante et décisive remportée par son jeune et digne président, le général Ballivian. A la suite de cette victoire, a été conclu, il y a près d'une année, le traité de Puna qui assure de grands avantages à la nation bolivienne. A la faveur de la paix désormais consolidée, on établit des fabriques, l'industrie est protégée et prend un libre essor; la situation financière, très-améliorée, permet non-seulement de pourvoir aux dépenses ordinaires, mais aussi d'ouvrir de nouvelles voies de communication, d'assurer le bon entretien des routes et d'encourager plusieurs entreprises utiles.

« Le général Ballivian se dévoue, avec un zèle éclairé et une activité infatigable, à tout ce qui intéresse le bien-être du pays. Au départ des bâtiments qui ont apporté ces nouvelles, il était dans la capitale, Chuquisaca, où sa capacité administrative lui acquiert les mêmes titres à l'estime de ses concitoyens que lui avaient donnés ses exploits militaires, quand il était à la tête de l'armée. Parmi les mesures qu'il a proposées et qui sont adoptées, il en est une qui nous paraît très-importante et liée étroitement aux projets formés depuis longtemps pour mettre la Bolivie en communication directe avec l'Europe par l'Atlantique. Ces projets ont été, si nous sommes bien informés, le sujet d'une conversation entre le roi des Français et don Pajos, naturel indien, descendant des Incas, consul général de la Bolivie à Londres, dans une audience particulière à laquelle ce dernier a été admis. L'une des mesures qui se rapportent à ce but, est la construction très-prochaine d'une route militaire depuis les Andes orientales jusqu'à la rivière de Madéra, l'un des affluents du fleuve des Amazones qui a plus de 800 lieues de cours à travers des régions encore peu connues. L'exécution de ce beau travail promet un avenir heureux et très-brillant à la Bolivie, qui aspire à se créer de nombreux débouchés pour les productions très-abondantes et variées de son vaste et riche territoire.

« Cette prospérité croissante d'un des États de l'intérieur du grand continent de l'Amérique du Sud, qui est destiné à établir des relations suivies, réciproquement avantageuses, avec l'Europe, et surtout avec la France et avec l'Angleterre, ne peut que fixer l'attention sérieuse des gouvernements et des principales maisons de commerce de ces deux pays. »

Il y a certainement de l'exagération dans cette peinture de la situation de la Bolivie; toutefois nous savons positivement que cette république est dans des conditions de tranquillité et de bien-être relatifs qui lui donnent une grande supériorité sur sa voisine. La Bolivie est destinée à guider sa sœur jumelle dans la voie de la liberté et de la prospérité; et l'on verra peut-être la civilisation marcher du midi au nord, comme au temps où Manca Capac quitta les bords d'un lac du Sud pour aller soumettre à des institutions régulières les peuplades barbares du Pérou septentrional.

FIN.

PÉROU.

Monument Péruvien du Cannar

TABLE DES MATIÈRES.

MEXIQUE.

Situation du Mexique, 2 a.

Traits physiques les plus remarquables de ce pays; plateau d'Anahuac et de Mechoacan; description de la chaîne de montagnes la plus importante qui traverse le Mexique, 2 a et b.

Volcans de cette chaîne, 2 b.

Division de la chaîne; examen géologique de ses diverses branches; autres volcans, 3 a et b.

Distribution des végétaux; division du climat en trois zones, 4 a et b.

Productions végétales, 5 a.

Fleuves et lacs, 5 b.

Description de la vallée de Mexico ou de Tenochtitlan, 6 a.

Quelle fut sa population primitive, et en général la population primitive de l'Amérique, 7 a.

Tribus autochthones du Mexique; les Toltèques; la civilisation d'une partie du Mexique précéda l'arrivée de ce peuple; cette civilisation est indigène, 8 a et suivantes.

Les Toltèques perfectionnèrent l'industrie et augmentèrent les connaissances des peuples de l'Anahuac; forme de leur gouvernement; origine et extinction de la monarchie toltèque; loi singulière établie par les souverains de cette famille, 9 a.

Tula, capitale des Toltèques. Quel fut le point de départ des Toltèques. Causes de la destruction de ce peuple, 9 b.

Invasion des Chichimèques; ils sont suivis de sept autres tribus, 10 a et b.

Migration des Acolhues; fusion de cette tribu avec celle des Chichimèques, 11 a.

Mort et funérailles du premier souverain de la race chichimèque, *ibid*.

Texcuco devenue l'Athènes de l'Anahuac, 11 b.

Récit de la migration des Aztèques dans l'Anahuac, 11 a et suiv.

Commencements de Mexico; jardins flottants, 13 a.

Trait de fanatisme barbare, 13 b.

Le gouvernement des Aztèques devient monarchique et électif. Acamapitzin est nommé roi, 14 a.

Huitzilihuitl succède à Acamapitzin; heureux résultats de son règne, 15 a.

Chimalpopoca succède à Huitzilihuitl; l'empire des Acolhues passe entre les mains des Tépanèques. Le roi des Aztèques est jeté en prison par ordre de Maxtlaton. Il se suicide en 1423, 15 b.

Itzcoatl est nommé roi, quoique né d'une esclave; il déclare la guerre au roi des Tépanèques. Le peuple promet aux nobles, s'ils reviennent vainqueurs, de se livrer entièrement à eux; telle fut l'origine de l'esclavage au Mexique, 16 a.

Les Mexicains sont victorieux; il en résulte pour l'empire nouveau un notable accroissement de puissance et de prospérité. Mort d'Itzcoatl, 16 b.

Avénement de Moctezuma. Conquêtes de ce souverain. Inondation de Mexico (1448). La famine et la peste se joignent à ce fléau pour décimer les habitants de la capitale. Construction des fameuses digues. Le pouvoir royal se fortifie. Répression du vol et de l'ivrognerie, 16 b et 17 a.

Mort de Moctezuma. Axajacatl, son cousin, le remplace sur le trône. Ses conquêtes. Prise de Tlatelolco et mort tragique du souverain de cette ville, 17 b.

Mort de Nezahualcojotl, roi de Texcuco. Noble caractère de ce prince poëte; son humanité; ses lois favorables à la civilisation, 18 a et suiv.

Le roi des Mexicains pousse ses conquêtes jusqu'aux frontières du Mechoacan. Il meurt en 1477, 19 b.

Règne de Tizoc, qui meurt empoisonné, et est remplacé par son frère Ahuitzotl (1482), *ibid*.

Construction du Téocali de Mexico. Inauguration de ce temple. Soixante-douze mille prisonniers sont égorgés. Tremblement de terre; nouvelle inondation. Ahuitzotl pousse ses conquêtes jusqu'au Guatemala. Il meurt en 1502, 19 b et 20.

Élection de Moctézuma II. Son caractère.

Son despotisme et son hypocrisie. Il décrète cependant quelques bonnes lois, 20 b.

Guerre malheureuse par ses résultats. Famine horrible dans plusieurs provinces de l'empire. L'apparition d'une comète jette la terreur parmi les Mexicains. Mécontentement du peuple. Difficultés de la position de Moctézuma à la veille de l'arrivée des Espagnols, 21 et 22.

Croyances des Mexicains. Cosmogonie. Mythologie mexicaine. Le culte du soleil a existé autrefois au Mexique, 23 et 24.

Mythe de Quetzalcoatl, 24 b.

Dogme de l'immortalité de l'âme, 25 b.

Tradition du déluge, 26 a.

Quantité prodigieuse d'idoles mexicaines; hiérarchie ecclésiastique; 26 a b.

Culte mexicain; sacrifices d'enfants; brigandages autorisés par la religion; prisonniers de guerre écorchés; dans quel but étrange; fête de la pénitence; sacrifice d'un jeune homme; fête de Huitzilopochtli, singulière manière de la célébrer; fête de la mère des dieux; sacrifice d'une jeune fille; fête du dieu du feu; fête séculaire du cycle de cinquante-deux ans; 27 et suiv.

Détails sur les sacrifices humains, 29 b.

État civil du Mexique; on y retrouve l'esprit théocratique; éducation des Mexicains, 30 a et suiv.

Cérémonies du mariage, 32 a.

Funérailles, 32 b.

Division des classes; esclavage; noblesse; 33 b.

Organisation judiciaire; lois pénales; prisons, 35 a et suiv.

Ambassadeurs et courriers, 36 b.

Organisation de l'armée; armes des Aztèques; manière de combattre; système de fortification; étendard mexicain, ibid. et suiv.

Droit civil des Aztèques; propriété immobilière, 38 a.

Revenus de l'État; nature des tributs et des contributions, 39 a.

Agriculture, 39 b.

Jardins flottants, 41 a.

Métaux précieux; exploitation des mines; habileté des orfèvres mexicains; instruments de travail, 41 a.

Monnaie, 42 b.

Bazars de Mexico, 43 a.

Séparation des professions; division du travail, 43 b.

Architecture domestique et monumentale, ibid. et suiv.

Anciens monuments de l'Anahuac; description de ceux qui subsistent, 44 a et suiv.

Costume des Aztèques, 47 a.

Peintures hiéroglyphiques; les Mexicains se servaient aussi de *quipos*, ibid.

Sculpture, 48 b et suiv.

Mosaïques en plumes, 50 a.

Langue mexicaine, ibid.

Talents oratoires et génie poétique des Aztèques; leurs connaissances astronomiques; division de l'année; calendrier, 51 a et suiv.

Récit de la découverte et de la conquête du Mexique par les Espagnols. — Découverte préliminaire du Yucatan, 53 b.

Expédition de Grijalva, 54 b.

Fernand Cortès nommé commandant d'une nouvelle expédition. Antécédents, naissance et éducation de Cortès; son caractère; son portrait, 57 et suiv.

Énumération des forces de l'expédition, 60 a.

Cortès rencontre dans l'île de Cozumel un Espagnol prisonnier des Indiens, et en fait son interprète, 60 b. et suiv.

Il débarque à Cozumel et détruit les idoles d'un temple; les Indiens se mettent sous sa protection et lui promettent respect et obéissance, 62 a.

Victoire des Espagnols sur les Indiens de Tabasco, 62 b.

Les caciques se soumettent; présent de vingt jeunes filles aux vainqueurs; l'une d'elles, nommée Marina, devient la maitresse de Cortès et joue un rôle important dans la conquête du Mexique, 63 a et suiv.

Cortès se rend à Saint-Juan d'Ulloa. Des ambassadeurs de Moctézuma lui offrent des présents; pour frapper l'imagination des Indiens, Cortès leur donne le spectacle d'une fête militaire, 65 a.

Moctézuma envoie une nouvelle ambassade au chef des Espagnols; Cortès persiste à vouloir se rendre auprès de l'empereur, 66, b.

La sédition se met dans le camp de Cortès; une ruse du général l'apaise, 66 b.

Le cacique de Chempoalla invoque la protection des Espagnols, 67 b.

Cortès se fait nommer par son armée général en chef et commandant de la colonie mexicaine, 68.

L'armée se met en marche pour Chempoalla; entrevue de Cortès avec le cacique de cette ville, 69 a.

Acte d'autorité et stratagème diplomatique de Cortès, 70 a.

MEXIQUE.

La révolte des Totonaques devient générale; ce peuple s'engage solennellement à marcher sous la bannière de Cortès contre Moctézuma. Fondation de la Véra-Cruz, 70 b.

Soumission de plusieurs autres caciques. Nouvelle ambassade de Moctézuma. Destruction des idoles de Chempoalla. Le temple de cette ville est transformé en église, 71 a et b.

Cortès brûle ses vaisseaux et marche vers l'intérieur du pays, 72 b.

Division politique de l'Anahuac et étendue de l'empire de Moctézuma en 1519. Royaume de Mechoacan; royaume de Texcuco; État de Tlacopan; république de Tlascala; détails sur les Tlascalans, 73 a et suiv.

Cortès se dirige vers le territoire des Tlascalans, ennemis de Moctézuma. L'armée pénètre dans les montagnes de Xalapa. Le chien d'un Espagnol pris pour un monstre formidable, 75 a.

Les Tlascalans s'opposent à l'entrée de Cortès sur leur territoire. Bataille de Tcoatzinco. La guerre continue. Seconde bataille et seconde victoire des Espagnols, 76-80.

Attaque nocturne repoussée par Cortès. 81 a.

Nouvelle ambassade de Moctézuma à Cortès. Soumission des Tlascalans. Entrée des Espagnols dans leur capitale. Description de Tlascala par Fernand Cortès, 81 a et suiv.

L'armée se remet en marche pour Mexico. Elle arrive à Cholula. Détails sur cette ville, 83 a.

Les Cholulans conspirent la perte des Espagnols. Vengeance exemplaire et terrible que Cortès tire de leur perfidie, 84 a et suiv.

Exploration du volcan de Popocatepetl par quelques compagnons de Cortès, 86 b.

L'armée entre à Tezcuco et à Iztapalapan; description de cette dernière ville, 88 a.

Entrée des Espagnols à Tnochtitlan ou Mexico. Entrevue de Moctézuma et de Cortès. Le roi déclare abandonner son royaume aux étrangers, 89-91.

Description de Mexico, 92 b et suiv.

Tableau de la cour de Moctézuma, 96 a.

Emprisonnement de Moctézuma, 97 a et suiv.

Ce monarque est chargé de chaînes, sous prétexte qu'il a ordonné à un de ses généraux d'attaquer les Espagnols cantonnés à la Véra-Cruz. Le général est brûlé vif à Mexico, 101 a.

Moctézuma est délivré de ses chaînes, *ibid.* 6.

Le roi de Texcuco se révolte contre les Espagnols. Il est saisi traîtreusement par ordre de Moctézuma et livré à Cortès. Arrestation de plusieurs autres personnages éminents, 102 a.

Cortès fait explorer le pays, *ibid.* b.

Il fait construire et mettre à flot sur le lac de Mexico deux brigantins armés, 103 b.

Moctézuma se reconnaît vassal du roi d'Espagne; il abandonne le trésor paternel, *ibid.*

Une conspiration s'organise contre les Espagnols. Sur ces entrefaites, Cortès apprend qu'une armée espagnole chargée de le punir comme rebelle et traître au roi, vient de débarquer à Chempoalla, 104 a et suiv.

Les envoyés de Narvaez sont arrêtés et expédiés à Mexico. Politique de Cortès pour se les attacher. Il laisse une garnison à Mexico et marche à la rencontre de son nouvel ennemi, 106 b et suiv.

Cortès défait Narvaez et enrôle ses soldats sous sa bannière, 108 a.

Insurrection à Mexico pendant l'absence de Cortès, 108 b et suiv.

Suite de l'insurrection. Combats acharnés dans Mexico. Les Espagnols sont au moment d'être exterminés. Intervention de Moctézuma. Ses sujets refusent de l'écouter et cherchent à le tuer. Le roi est blessé, et le combat continue entre Espagnols et Mexicains. Trait d'intrépidité de Cortès. Action sanglante sur le sommet d'un temple. Nouveau trait de bravoure du général; il délivre un de ses amis, 110 a et suiv.

Mort de Moctézuma, 113 b.

Les hostilités recommencent dans la capitale. Les Espagnols veulent évacuer la ville. Ils se mettent en marche pendant la nuit. Combat sanglant sur les bords du lac. Cortès se réfugie avec les débris de ses troupes dans le temple de Tlacopan, 114 a et suiv.

Retraite des Espagnols sur Tlascala. Leurs souffrances durant le trajet. La petite troupe est attaquée par une armée nombreuse. Cortès s'élance sur le général ennemi et le tue. Les Mexicains prennent la fuite, 116 b et suiv.

Les Espagnols atteignent le territoire de

la république de Tlascala. Accueil empressé des chefs et de la population. Cortès tombe dangereusement malade, 118.

Cuitlahuatzin, frère de Moctézuma, est élu roi du Mexique. Il cherche à détacher les Tlascalans de l'alliance des Espagnols. Cette tentative n'a aucun succès. Le sénat de Tlascala prête serment d'obéissance au roi d'Espagne, et les principaux chefs de la république reçoivent le baptême, 118 b et suiv.

Préparatifs pour une attaque contre Mexico. Les soldats de Narvaez se mutinent et demandent à être renvoyés à Cuba. Guerre contre la république de Tepejapac; série de combats sanglants. Heureux résultats de cette campagne, 120 a et suiv.

Renforcée par l'arrivée de quelques renforts, l'armée espagnole marche de nouveau sur Mexico, 121 b et 122.

Invasion et ravages de la petite vérole dans le Mexique. Mort du roi. Quauhtemotzin lui succède, 122 a.

Cortès établit son quartier général à Texcuco, 122 b.

La flottille destinée à naviguer sur les lacs est transportée par morceaux de Tlascala à Texcuco, 123 b.

Série de combats sur les bords des lacs, *ibid.*, et 124 a.

Conspiration espagnole contre Cortès. Elle est déjouée, 124 a.

Un canal creusé tout exprès conduit la flottille dans les lacs; cérémonie du baptême des bâtiments, 124 b.

Siége de Mexico; prise de la ville; massacre des habitants; le roi est fait prisonnier; partage du butin, 125 b et suiv.

Cortès fait torturer un officier du roi pour apprendre de lui l'endroit où les trésors de l'État sont cachés, 131 a.

Reconstruction de la capitale du Mexique, 131 b et suiv.

Soumission volontaire du royaume de Mechoacan. Détails sur cette importante province de l'Anahuac, 133 a et b.

Nouvelles conquêtes des Espagnols; notamment dans l'Amérique centrale. Alvarado soumet le Guatemala, 134 b.

Barbaries de Sandoval dans la province de Panuco, 135 b.

Olid, chargé de la conquête des Honduras, trahit la cause de Cortès et s'empare de cette partie de l'Amérique centrale au nom du gouverneur de Cuba. Peu de temps après, il est pris et décapité, 135 b et 136.

Cortès entreprend lui-même la conquête des Honduras; il part suivi d'un cortége triomphal; obstacles de toute nature qu'il rencontre dans sa marche, 136 a et suiv.

Mort de Quauhtemotzin (Guatimozin), 137.

Disgrâce de Cortès; on lui retire son titre de gouverneur général, et on le rappelle. Il se rend à Madrid; ses titres lui sont rendus, et il rentre en faveur auprès de l'empereur, 138 a.

Mort de Sandoval, le plus illustre des lieutenants de Cortès, 138 b.

Expéditions ordonnées par Cortès au sud et au nord; découverte de la Californie, 139 a.

Cortès apprend l'arrivée d'un vice-roi à Mexico; il se rend de nouveau en Espagne, où on lui fait l'accueil le plus dédaigneux, 139 b.

Mort de Fernand Cortès, 140 a.

Propagande religieuse dans la Nouvelle-Espagne, *ibid.* et suiv.

Condition misérable des indigènes; anarchie militaire au Mexique; établissement des *encomiendas* ou fiefs, 142 et suiv.

Situation de la Nouvelle-Espagne à partir du dix-huitième siècle; *repartimientos;* abus révoltants, 143 b.

Expédition contre les Chichimèques, 144 a.

Voyage de découvertes d'Alvaro Nuñez, de Marcos de Nizza, de Coronado; l'*el Dorado* mexicain, 145 a et b.

Exploitation des mines du Mexique, 146 a.

Découverte et colonisation du Nouveau-Mexique; détails sur les habitants, 147 a.

Organisation ecclésiastique de la Nouvelle-Espagne; établissement de l'inquisition; monopoles; la peste fait de grands ravages dans le pays, 148 a.

État de Mexico dans le dix-septième siècle; mœurs dissolues; dérèglements des ecclésiastiques, 148 b.

Le clergé prend parti pour le peuple contre le vice-roi; émeute populaire; le vice-roi est obligé de se cacher, 149 a et b.

Inondations à Mexico, 150 a.

Les flibustiers attaquent et prennent la Véra-Cruz; Campêche subit le même sort, 151 a.

Les jésuites s'établissent en Californie; heureux résultats de leurs efforts, 151 b.

Organisation coloniale, civile, politique et religieuse du Mexique, 152.

L'insurrection d'Aranjuez (1808) fait naître dans l'esprit des colons du Mexique le désir de se déclarer indépendants, 157 a.

Mesures adoptées par la junte centrale et par la régence d'Espagne pour prévenir une révolution au Mexique, 158 a.

Proclamation du vice-roi Iturrigaray pour solliciter l'appui du peuple en faveur du roi d'Espagne. On propose de créer une junte centrale. L'audience s'y oppose. Le vice-roi est saisi et jeté en prison. Mesures violentes et impolitiques de l'audience. Iturrigarray envoyé en Espagne, est condamné à la captivité, 158 b et suiv.

Les conspirations s'organisent; l'esprit révolutionnaire prend pour foyer principal l'État de Guanajuato. Hidalgo paraît sur la scène. Portrait de cet ecclésiastique, 160 a et b.

Hidalgo se met en campagne à la tête d'une petite armée. Il marche contre Guanajuato et se rend maître de cette ville. Barbarie des Indiens. Confiscation du trésor, 161 a et suiv.

Mesures prises par le vice-roi Venegas pour repousser les insurgés. Les indépendants entrent à Valladolid. Le curé Morelos se joint à Hidalgo, 162 b et 163.

Victoire d'Hidalgo sur les troupes du vice-roi, 163 b.

Les insurgés battent en retraite et vont à la rencontre du général Calleja. Ils sont défaits et perdent 10,000 hommes, 164 a.

Massacres à Guanajuato, 164 b.

Hidalgo entre dans Guadalaxarra. Massacres dans cette ville, 165 a.

Nouvelle défaite des indépendants, 165 b.

Hidalgo, Allende et Abasolo sont livrés aux royalistes et mis à mort, 166 a.

Rayon prend le commandement des insurgés, il crée une junte nationale; programme de cette junte, 166 a et suiv.

Rôle politique et révolutionnaire du curé Morelos; siége de Cuautla Amilpas; retraite des insurgés; succès de Morelos; état déplorable du Mexique; Morelos veut former un congrès national et abdiquer; il met le siége devant Acapulco et s'empare de cette ville; installation du congrès; proclamation de l'indépendance du Mexique; victoires de Bravo et de Matamoros; générosité sublime de Bravo; bataille de Palmar; défaites successives de Morelos; mort de Matamoros, de Miguel Bravo et de Galéana; Morelos est fait prisonnier et est fusillé à Mexico, 167 a et suiv.

Dissolution du congrès prononcée par le général Téran; fâcheux résultats de ce coup d'État, 173 a et b.

Amnistie générale décrétée par le vice-roi Apodaca, 174 a.

Les lieutenants de Morelos sont tous obligés de mettre bas les armes. Aventures romanesques du général Victoria, 174 a et suiv.

Expédition de Mina. Ses antécédents; son débarquement sur la côte du Mexique; ses idées politiques sur l'avenir de la Nouvelle-Espagne; ses victoires successives à la tête d'une poignée d'hommes; il pille une ferme opulente; le fort qu'il avait armé sur la côte est pris par les royalistes; il est obligé d'évacuer la ville de Sombrero; détails du siége soutenu par cette petite ville; le fort de Los Remedios est assiégé par les royalistes; Mina marche sur Guanaxuato; il échoue dans sa tentative; il est fait prisonnier et mis à mort; 176 a et suiv.

Prise de Los Remedios par les royalistes; scènes de carnage dans la forteresse, 183 b.

Torrès est obligé de céder le commandement au colonel Arago; il est tué par un de ses propres officiers, *ibid.*

La révolution mexicaine est partout comprimée; mais peu à peu l'esprit révolutionnaire se réveille; défection d'Iturbide, 184 a et suiv.

Antécédents d'Iturbide jusqu'au moment de sa défection, 185 b et suiv.

Déclaration d'Iguala, 186 b.

Le vice-roi Apodaca est déposé et remplacé par Francisco Novella, 187 a.

Succès d'Iturbide. Arrivée du vice-roi constitutionnel O'Donoju; traité de Cordova; entrée d'Iturbide à Mexico; organisation d'un nouveau gouvernement, composé d'une régence, d'une junte. Iturbide nommé président de la régence, 187 a et suiv.

Division des partis en bourbonistes, républicains et iturbistes, 188 b.

Iturbide se fait proclamer empereur sous le nom d'Augustin 1er, 189 a.

Actes tyranniques du nouvel empereur; il dissout le congrès et institue une junte composée de ses créatures, 190 a.

Insurrection comprimée; Santa Anna et Victoria se déclarent contre Iturbide; défection d'Echavari; l'insurrection devient formidable; Iturbide demande à négocier; on lui répond par un refus; il rappelle l'ancien congrès et abdique le 20 mars 1823; il est exilé et s'embarque pour l'Italie, 190 b et suiv.

La légitimité du congrès est contestée;

anarchie; les provinces se prononcent pour une république fédérative; graves désordres à Mexico, 192 a et suiv.

Débarquement d'Iturbide sur la côte du Mexique. L'ex-empereur est arrêté, condamné à mort et exécuté, 194 a et suiv.

Abolition de la traite et de l'esclavage au Mexique, 196 b.

Promulgation de la constitution mexicaine; le général Victoria est nommé président; analyse de la constitution, 196 b et suiv.

Ouverture du premier congrès de la confédération; abolition des titres nobiliaires; traité de commerce avec l'Angleterre, 198 b.

Le gouvernement mexicain veut s'emparer de Cuba et de Porto-Rico; ce projet avorte, 199 a.

Comment la république mexicaine acquiert une marine, 199 b.

Le drapeau espagnol disparaît du sol mexicain par l'évacuation du fort de Saint-Juan d'Ulloa, 200 b.

Congrès de Panama, 202 a.

Première insurrection du Texas, 203 a.

Conspiration royaliste à Mexico, *ibid.*

Formation des partis Escocese et Yorkino, 204 a et suiv.

Embarras financiers de la république, 205 b.

Le général Bravo, vice-président, se met à la tête des Escoceses, et le président Victoria à la tête des Yorkinos; Bravo est banni; nomination du général Pedraza à la présidence, 206 a.

Santa Anna accepte le commandement des Yorkinos; il prend la fuite devant l'ennemi, 206 b.

Lois qui défèrent au jury les délits de la presse, et qui décrètent l'organisation d'une garde nationale, 207 a.

Les Yorkinos demandent à main armée l'expulsion de tous les Espagnols; ils proclament Guerrero président; les deux partis en viennent aux mains; victoire des Yorkinos; ils mettent Mexico au pillage; démission de Pedraza, 207 a et suiv.

Guerrero nommé président; réaction; loi qui ordonne l'expulsion de tous les Espagnols; nouveau système d'impôts, 209 a et suiv.

On apprend que le gouvernement de Madrid veut reconquérir le Mexique; expédition espagnole; Santa Anna force le général espagnol à capituler; les royalistes se rembarquent, 211 a et suiv.

Impopularité de Guerrero; le Yucatan se sépare de la confédération; insurrection à Mexico; établissement d'un gouvernement provisoire; le pouvoir est conféré à Bustamente, 213 a et suiv.

Déplorable situation de la république; Bustamente réagit contre l'esprit républicain; la tranquillité se rétablit; mesures d'ordre adoptées par le nouveau ministère, 214 a et suiv.

Guerrero organise une insurrection dans le sud; ses succès contre les troupes de Bustamente; il est livré par un traître à ses ennemis, condamné à mort et fusillé, 215 b et suiv.

Impopularité du gouvernement de Bustamente; affaire d'Ynclan; insurrection de la Vera-Cruz commandée par Santa Anna; les insurgés battus par les ministériels; déclaration de Tampico; le général Moctézuma se joint aux insurgés; Santa Anna marche sur Mexico; transaction qui ramène Pedraza au pouvoir; Santa Anna nommé président, 218 a et suiv.

Insurrection; Santa Anna marche contre les rebelles, 222 b.

Invasion du choléra au Mexique, 223 a.

Translation des cendres d'Iturbide au Panthéon de Mexico, 223 b.

Coup d'État décrété par le gouvernement; les États du nord s'insurgent; victoire de Santa Anna; modifications à la constitution dans le sens d'une centralisation plus vigoureuse, 224 a et b.

Révolution du Texas; coup d'œil géographique et géologique sur cette province, 225 a et suiv.

Progrès de la colonisation dans le Texas depuis la découverte de ce pays, 227 a et b.

Récit de la révolution du Texas, 228-240.

Bustamente est élu président; troubles dans plusieurs États; insurrection sérieuse dans le Nouveau-Mexique, 241 a.

Expédition des Français contre la Vera-Cruz; prise de Saint-Juan-d'Ulloa, 241 b et 252.

GUATEMALA.

Étymologie du nom de Guatemala. Situation, limites, 254 a et b.

Montagnes, fleuves et lacs, 255 a.

Division politique, *ibid.*

Population; tribus principales; population relative des États de l'Amérique espagnole, 255 b.

Productions des trois règnes; 257 b. et 258.

Jonction des deux océans par l'Amérique centrale; examen de la question; divers points par lesquels peut se faire la réunion; compagnies qui ont offert d'exécuter la jonction; examen de la ligne de Nicaragua; examen de la ligne de Panama, 258 b. et suiv.

Villes principales du Guatemala; ville de Guatemala; temples de Péten; ruines de Copan, 264 a et suiv.

Détails sur la colonie anglaise de Balize, 268 et suiv.

Aperçu historique sur le Guatemala : — Colonisation primitive de l'Amérique centrale; Acxopil, premier souverain d'Utatlan, 270 b et suiv.

Guerres entre les tribus qui peuplaient autrefois le Guatemala; ce royaume a-t-il appartenu aux empereurs du Mexique? 272 a et suiv.

Civilisation des Quichés; antiquités d'Utatlan, 274 a et suiv.

Législation et institutions de l'empire d'Utatlan, 275 b et suiv.

Histoire de la conquête du Guatemala par les Espagnols : — Les Quichés sont vaincus par Alvarado dans plusieurs rencontres; le roi Tecum Umam est tué de la main d'Alvarado; piège tendu aux Espagnols; le successeur du roi défunt est condamné à être pendu; victoire définitive des Espagnols qui entrent à Utatlan, 277 b et suivantes.

La ville de Guatemala ouvre ses portes aux Espagnols, 280 b.

Fondation de Sant-Yago de Guatemala, *ibid.* et 281 a.

Soumission de la tribu des Pipils; expédition contre Escuintla; conquête des provinces de Zonzonate, de San Salvador et Saint-Michel, 281 b et suiv.

Autres succès des Espagnols; siège et prise de la forteresse de Mixco, 282 b et suiv.

Insurrection formidable; elle est comprimée par Alvarado, 284 a et suiv.

Révolte d'un gouverneur espagnol, 285 b.

Siége et prise de Copan, 286 a et b.

Alvarado est investi d'un pouvoir indépendant du vice-roi du Mexique, 287 a.

Provinces adjointes aux domaines des Espagnols, grâce aux efforts des missionnaires, 287 b.

Mort d'Alvarado; établissement d'une audience royale, *ibid.* et 288.

Tableau de la triste situation des indigènes sous la domination espagnole. Vice de la société créole, 288 b et suiv.

Dates mémorables de l'histoire du Guatemala à partir du commencement du dix-septième siècle, 290 a.

Historique de la révolution du Guatemala; abolition de l'esclavage; analyse de la constitution républicaine de l'Amérique centrale; premiers résultats de la révolution, 290 b et suiv.

Historique de la guerre civile du Guatemala.

Division des citoyens en centralistes et libéraux, 295 a et b.

Le vice-président Florès est massacré par le peuple, 296 a.

L'armée de San Salvador est mise en déroute, 296 b.

Désordres sanglants dans l'État de Nicaragua, *ibid.*

L'armée de San Salvador s'empare de Guatemala; réaction libérale; le général Morazan est nommé président de la république, 297 a.

Apparition de Carrera sur la scène politique; antécédents de ce chef de parti; causes de son ressentiment contre les libéraux, 297 b et suiv.

Troubles dans la capitale; révolte des troupes, 298 b et 299.

Entrée de Carrera et des Indiens dans Guatemala, 299 b.

Carrera nommé commandant de la province de Mita; son arrogance et ses procédés insultants, 301 a et suiv.

Le siège du gouvernement de la république est transféré à Guatemala l'Antigua, 303 a.

Carrera est défait et blessé; réaction en faveur de Morazan, 303 b.

Les États de Honduras et de Costa-Rica se déclarent indépendants; Carrera entre de nouveau dans la capitale; restauration du parti centraliste; réaction; toute-puissance de Carrera; portrait de ce chef, 304 a et suiv.

Carrera marche contre Quezaltenango; il prend le général Guzman et l'accable de mauvais traitements, 306 b.

Morazan rentre dans Guatemala; combat sanglant dans cette capitale; victoire des centralistes; barbarie de Carrera après la victoire, 307 a.

Morazan quitte l'Amérique centrale; appréciation du caractère de cet homme politique, 308 a.

Description des ruines de Palenqué dans la province de Chiapas, 308 b et 320.

Province de Yucatan; description des ruines d'Uxmal, 320 a et suiv.

PÉROU ET BOLIVIE.

Coup d'œil général sur le Pérou; division géographique, 329.

Limites naturelles, 330 a.

Les Andes; comparaison entre la cordillère du Pérou et celle du Mexique; scènes de la nature dans la cordillère, 330 a et suiv.

Rivières du Pérou, 334 a et suiv.

Productions; règne végétal, 335 a.

Règne minéral; détails sur les produits des mines du Pérou, 336 a et suiv.

Division politique ancienne et moderne du Pérou, 338 a.

Étendue du Pérou; population; commerce, 338 b.

Description topographique; description de Lima; destruction de l'inquisition dans cette ville; détails curieux sur cet événement; société de Lima; les femmes; leur costume; leur passion pour les fleurs; variété des races qui peuplent Lima; leurs caractères distinctifs; climat de la capitale; phénomènes physiques, tremblements de terre; maladies, 339 a et suiv.

Le Callao; détails sur cette petite ville maritime, 352 b.

Description de Cuzco, 353 a.

Lac de Titicaca, 354 b.

Chuquisaca, 355 b.

Aréquipa, ibid.

Potosi; détails sur les mines de Potosi, 356 a.

La Paz, 357 a.

Caxamarca; détails sur les ruines intéressantes qui existent dans cette ville et dans ses environs, 357 b et suiv.

Truxillo; détails sur les *guacas* et les autres ruines qu'on trouve dans le voisinage de cette ville, 360 b et suiv.

Guamanga, Xauxa, Ayacucho, Puno, Oropesa, Cochabamba, Tarija, Santa-Cruz, 362 b.

TABLEAU DE L'ANCIEN EMPIRE DU PÉROU.

Incertitude sur les temps primitifs de l'histoire du Pérou, 363 a.

Barbarie des anciens Péruviens; apparition de Manco-Capac et de Mama-Oello; fondation de Cuzco; d'où venaient Manco-Capac et sa compagne? à quelle époque eut lieu leur arrivée au Pérou? 364 a et suiv.

Caractère des institutions fondées par Manco-Capac; résultats d'un gouvernement fondé uniquement sur les croyances religieuses, 365 b et suiv.

Idée d'un créateur unique; croyance à l'immortalité de l'âme, 368 a.

Culte du soleil; description du temple du soleil à Cuzco; fête solennelle ou *Yntip Raymi*; cérémonies usitées aux autres fêtes; vierges du soleil; leur couvent à Cuzco, 369 a et suiv.

Idolâtrie et superstitions, 375 a et suiv.

Mœurs et usages des anciens Péruviens; mariage; condition de la femme mariée; division du travail entre les deux époux, 378 a et b.

Sevrage et éducation des enfants, 379 a.

Funérailles; tombeaux, 379 b et suiv.

Quipos ou cordons à compter, 380 b et suiv.

Apachectas ou monuments de reconnaissance au Dieu créateur, 382 b.

Courriers péruviens, 383 a.

Divers modes de navigation, 383 b.

Manière de pêcher, 384 b.

Chasses solennelles, 385 a.

Danse; chaîne d'or de Huayna-Capac, 385 b.

Musique péruvienne, 386 a et b.

INSTITUTIONS DE L'ANCIEN PÉROU.

Division de l'empire, 387 a.

Division de la population en décuries; résultats de cette organisation, *ibid.*

PÉROU ET BOLIVIE.

La peine de mort beaucoup trop prodiguée; point d'appel d'un tribunal à un autre, 388 a.

Loi commune; loi fraternelle; loi somptuaire; loi de charité; loi sur le ménage, 388 et suiv.

Loi agraire; régime de la communauté appliqué à la société péruvienne; inégalités des conditions, 389 b.

Civilisation péruvienne; progrès du peuple péruvien dans les arts utiles; agriculture; canaux d'irrigation; manière de fumer la terre; manière de travailler la terre; répartition du bétail, 390 et suiv.

Architecture; construction des maisons; construction des édifices publics; habileté merveilleuse des Péruviens pour élever les plus grosses pierres et les joindre ensemble sans ciment, 392 b et suiv.

Les Péruviens n'avaient pas fait de grands progrès dans la sculpture, 394 a.

Chemins du Pérou; ponts, 394 a et suiv.

Arts de luxe; habileté des Péruviens pour travailler les métaux; exploitation des mines; fonte des métaux; plantes, fleurs et arbres en or; orfévrerie, 395 b.

Tissage; teinture, 396 b.

Costume des anciens Péruviens, 397 a.

Résumé de ces considérations sur l'ancienne civilisation du Pérou; adoucissement des mœurs; mollesse des Péruviens; contrastes qu'offre cette civilisation, 397 b.

Condition intellectuelle des anciens Péruviens; philosophes; connaissances astronomiques; superstitions au sujet des éclipses, 399 a et suiv.

Connaissances médicales, 400 b.

Progrès dans la topographie; usage de l'arithmétique, 401 a.

Poésie, 401 b.

Langue péruvienne; deux idiomes principaux, 402 a.

DYNASTIE DES INCAS.

Règne de Manco-Capac, 403 a.

Règne de Sinchi-Roca; division de l'empire en quatre parties, 403 b.

Règne de Lloque-Yupanqui; conquêtes de ce souverain, 404 a.

Règne de Mayta-Capac, quatrième Inca, 405 a.

Capac-Yupanqui, cinquième Inca, 405 b.

Règne d'Inca-Roca, 406 a.

Règne de Yahuarhuacac; il est détrôné par son fils Viracocha, 407 a.

Règne de Viracocha, 407 b et suiv.

Pachacutec, neuvième Inca; progrès de la civilisation péruvienne sous ce monarque, 408 b.

Yupanqui, dixième Inca; il bâtit la forteresse de Cuzco, 409 b.

Règne de Tupac-Yupanqui, 410 a.

Huayna-Capac, douzième Inca; il est honoré comme un dieu; il fait fabriquer la fameuse chaîne d'or; révoltes; il donne le trône de Quito à son fils naturel Atahualpa, 410 a et suiv.

Huascar-Inca, 411 a.

TABLEAU DES NATIONS INDIGÈNES.

Quichuas, 412 a et suiv.
Aymaras, 416 b et suiv.
Atacamas, 419 b.
Changos, 420 a et b.
Yuracares, 421 a et suiv.
Mocétènès, 424 b et suiv.
Tacanas, 425 b.
Maropas, 426 a.
Apolistas, 426 b.
Huacanahuas, Surignas, Machuis, Ultume-Cuanas, Chontaquiros, Chunchos, Quixos, Chayaritos, 427 a.

CONQUÊTE DU PÉROU. GUERRE CIVILE.

Association formée par François Pizarre, Diego d'Almagro et Fernand de Luque, pour découvrir le Pérou; antécédents de ces trois hommes, 427 a et suiv.

Insuccès de la première expédition, 428 a.

Nouvelle expédition; Pizarre se retire dans une petite île du littoral péruvien, et y attend les renforts promis par Almagro, 428 b.

Pizarre est abandonné de la plupart de ses compagnons; il se transporte dans une île, et y endure des souffrances inouïes; il est rejoint par Almagro et reprend l'expédition; débarquement à Tumbez, 429 a et b.

L'expédition retourne, sans résultats, à Panama; Pizarre se rend en Espagne, 430 a.

Succès de Pizarre à la cour de Madrid; il revient en Amérique avec le titre de capitaine général et d'adelontade, 430 b.

Pizarre entreprend de nouveau la conquête du Pérou, 431 a.

Situation du Pérou au moment de l'apparition des Espagnols; guerre entre les deux fils du dernier Inca; Huascar est battu et fait prisonnier par son frère Atahualpa, 431 b.

Les Espagnols abordent au Pérou et y

amassent une grande quantité d'or; ils effectuent une descente sur le territoire de Tumbez, 432 b.

L'Inca Huascar supplie Pizarre de l'assister contre son frère Atahualpa; Pizarre se rend à Caxamarca, 433 a.

Entrevue d'un lieutenant de Pizarre avec Atahualpa; les Espagnols et les Péruviens en viennent aux mains; victoire de Pizarre; Atahualpa est fait prisonnier, 433 b et suiv.

Atahualpa promet pour sa rançon une immense quantité d'or et d'objets précieux. Fernand de Soto et Pierre de Barca se rendent à Cuzco, 436 a et suiv.

Ils rencontrent l'Inca Huascar prisonnier. Ce prince est mis à mort par ordre de son frère, 437 a et b.

Arrivée d'Almagro; partage des trésors composant la rançon d'Atahualpa, 438 a.

Procès, condamnation et exécution d'Atahualpa, 438 b et suiv.

Anarchie au Pérou après la mort de Huasca et d'Atahualpa; Pizarre en profite pour marcher sur Cuzco; il prend possession de cette ville; partage du butin, 441 a et b.

Conquête de la province de Quito par Benalcazar, 441 b.

Pedro Alvarado, le conquérant du Guatemala, veut conquérir le Pérou; il transige avec Almagro et quitte le pays, 442 a.

Commencement d'hostilité entre Pizarre et Almagro; départ de ce dernier pour le Chili, dont il entreprend la conquête; cette tentative n'a pas de succès, 442 b et suiv.

Révolte des Indiens du Pérou; ils sont battus par Almagro, qui prend possession de Cuzco, 443 a et b.

Lutte entre Almagro et Pizarre; bataille; défaite d'Almagro, 444 b et suiv.

Condamnation et supplice d'Almagro, 446 b et suiv.

Expédition de Gonzale Pizarre sur le fleuve des Amazones; voyage d'Orellana; *el Dorado*; république des Amazones; souffrances des Espagnols dans leur retour au Pérou, 447 a et suiv.

Le licencié Vaca de Castro est envoyé au Pérou en qualité de commissaire de l'empereur, 449 b.

Insurrection du jeune Almagro, fils de Diego; mort tragique de François Pizarre, 450 a et suiv.

Almagro se fait reconnaître gouverneur général du Pérou; arrivée du commissaire Vaca de Castro, 451 b et suiv.

Les deux partis se livrent bataille; défaite d'Almagro, 452 a et suiv.

Exécution d'Almagro, 453 a.

Situation du Pérou à cette époque; abus révoltants; tyrannie des Espagnols; ordonnances royales destinées à améliorer le sort des indigènes. Nomination du vice-roi Nugnez de Véla. Résistance des Espagnols établis au Pérou, 453 b et suiv.

Gonzale Pizarre se met à la tête des mécontents; il prend possession de Cuzco et lève une armée; le vice-roi est fait prisonnier dans son palais et déporté dans une île de l'Océan; Gonzale Pizarre est proclamé gouverneur général, 456 a et suiv.

Nugnez de Véla rentre au Pérou et lève des troupes, 457 a et b.

Pizarre se met à la poursuite du vice-roi, mais ne peut l'atteindre; il parvient enfin à lui livrer bataille et le défait; mort de Nugnez de Véla, 457 b et suiv.

Centeno, chef royaliste, est également battu par Carvajal, lieutenant de Pizarre, 458 b.

Indécision de Pizarre au milieu de ses succès; il sollicite de l'empereur la confirmation de son titre de gouverneur général, 459 a.

Pierre de la Gasca est envoyé au Pérou pour y rétablir la tranquillité; dès son arrivée, il se fait de nombreux partisans; Pizarre veut entrer en lutte; Centeno reprend les armes contre lui, 459 b et suiv.

Pizarre marche contre Centeno et le défait, 461 a.

Le président Gasca marche contre Pizarre; les deux partis en viennent aux mains; Pizarre est abandonné de tous les siens, et obligé de se rendre à Gasca, 462 b et suiv.

Condamnation et supplice de Pizarre, 464 b.

Condamnation et exécution de Carvajal; singulier caractère de cet homme, 465 a et suiv.

Autres exécutions, 466 a.

Caractère de la guerre civile du Pérou, 466 b.

Pedro de Valdivia est chargé de continuer la conquête du Chili; expédition sur la rivière de la Plata, 468 a.

Partage des biens des vaincus; mécontentement de quelques officiers, 468 b et suiv.

Départ de Gasca; danger auquel il

échappe à Panama; son arrivée en Espagne, 469 b et suiv.

Anarchie au Pérou ; désordres sanglants, 471 a et b.

L'Inca Saïri-Tupac consent à venir habiter Cuzco, où il est baptisé, 471 b et suiv.

Expédition de Ursoa sur l'Amazone, 472 a et b.

Le vice-roi François de Tolède s'empare de l'Inca Tupac-Amara, le fait condamner à mort et exécuter; extinction de la famille royale des Incas, 472 b et suiv.

Situation du Pérou dans le dix-huitième siècle; le *mita* et le *repartimiento;* déplorable condition des Indiens; dépopulation du pays; exaspération des naturels, 475 b et suiv.

Insurrection de Tupac-Amara en 1780, 478 a et suiv.

Récit de la révolution péruvienne; état actuel du Pérou, 479-514.

PÉROU

Rocher d'Inti-Guaccu.

PÉROU.

Plan et intérieur de la maison de l'Inca, au Canar.

PÉROU.

Jardin de l'Inca, près de Caïnes.

AVIS POUR LE PLACEMENT DES GRAVURES

DU MEXIQUE, GUATEMALA, YUCATAN, PÉROU ET BOLIVIE.

MEXIQUE.

Numéros.		Pages.
1	Coffre de Perotte.	2
2	Pyramide de Cholula.	45
3	Migration des Aztèques.	49
4	Époques de la nature chez les Mexicains.	23
5	Monument de Xochicalco.	46
6	Calendrier mexicain.	49
7	Année mexicaine.	52
8	Signes hiéroglyphiques des jours de l'almanach mexicain.	49
9	Montagne des Organos.	3
10	Idoles.	48
11	Sacrifice ordinaire.	29
12	Combat de gladiateurs.	30
13	Cascade de Regla.	4
14	Pierre des sacrifices.	30
15	Bas-relief antique de la pierre des sacrifices.	ib.
16	1. Mariage. 2. Naissance.	31 et 32
17	Volcan de Jorullo.	3
18	Éducation.	31
19	Éducation.	ib.
20	Topographie symbolique de Mexico.	20
21	Montagnes de porphyre colonnaire du Jacal.	3
22	Montezuma sur son trône.	96
23	Guerriers et prisonniers.	36
24	Bains de vapeur mexicains.	82
25	Cortès, Sandoval.	57 et 68
26	Olid, Alvarado.	60 et 68
27	Manuscrit aztèque.	48
28	Buste d'une prêtresse aztique.	ib.
29	Règne de Moctezuma.	21
30	Tributs.	39
31	Tributs.	ib.
32	Costumes dessinés par des peintres du temps de Moctezuma.	50
33	Vue générale de Mexico.	6
34	Guanaxuato.	146
35	Place de Mexico.	13
36	Puente del Rey.	175
37	Jalapa.	244
38	Chapoltepec.	7
39	Ferme de Chapingo.	146
40	Cour de la ferme de Salgado.	ib.
41	Montagne de Catorce.	4

Numéros.		Pages.
42	Église collégiale.	148
43	Indiens.	146
44	Mexicains.	154

GUATEMALA.

1	Tombeaux des rois.	264
2	Salle du temple (temple à Mitla).	26
3	Deuxième salle du même temple.	28
4	Troisième salle du même temple.	30
5	Ancien oratoire à Mitla.	32
6	Ancienne forteresse près de Mitla.	38
7	Pont dans la province de Tlascala.	74
8	Téocali dans la province de Techuantepec.	266
9	Idole à Copan.	267
10	Têtes colossales.	28
11	Idoles.	24
12	Idole et autel.	26
13	Grande place de l'ancienne Guatemala.	265
14	Vases trouvés à Gueguetenango.	379
15	Palais à Palenqué.	309
16	Plan d'un palais à Palenqué.	310
17	Galerie extérieure du palais à Palenqué.	311
18	Détail du palais à Palenqué (bas-relief).	309
19	Détail du palais à Palenqué.	ib.
20	Maisons à Palenqué.	392
21	Intérieur d'une maison à Palenqué.	ib.
22	Oratoire de la maison à Palenqué.	ib.

YUCATAN ET PÉROU.

1	Façade de la grande pyramide.	326
2	Détail de la grande pyramide.	328
3	{ 1 Élévation du temple du soleil. 2 Élévation du temple aux astérismes.	369
4	Détail du temple du soleil.	370
5	Détail du temple du soleil.	372
6	Détail du temple aux astérismes.	374
7	Monument péruvien du Cannar.	393
8	Plan et intérieur de la maison de l'Inca au Cannar.	ib.
9	Rocher d'Inti-Guaicu.	331
10	Jardin de l'Inca près de Cannar.	396

YUCATAN.

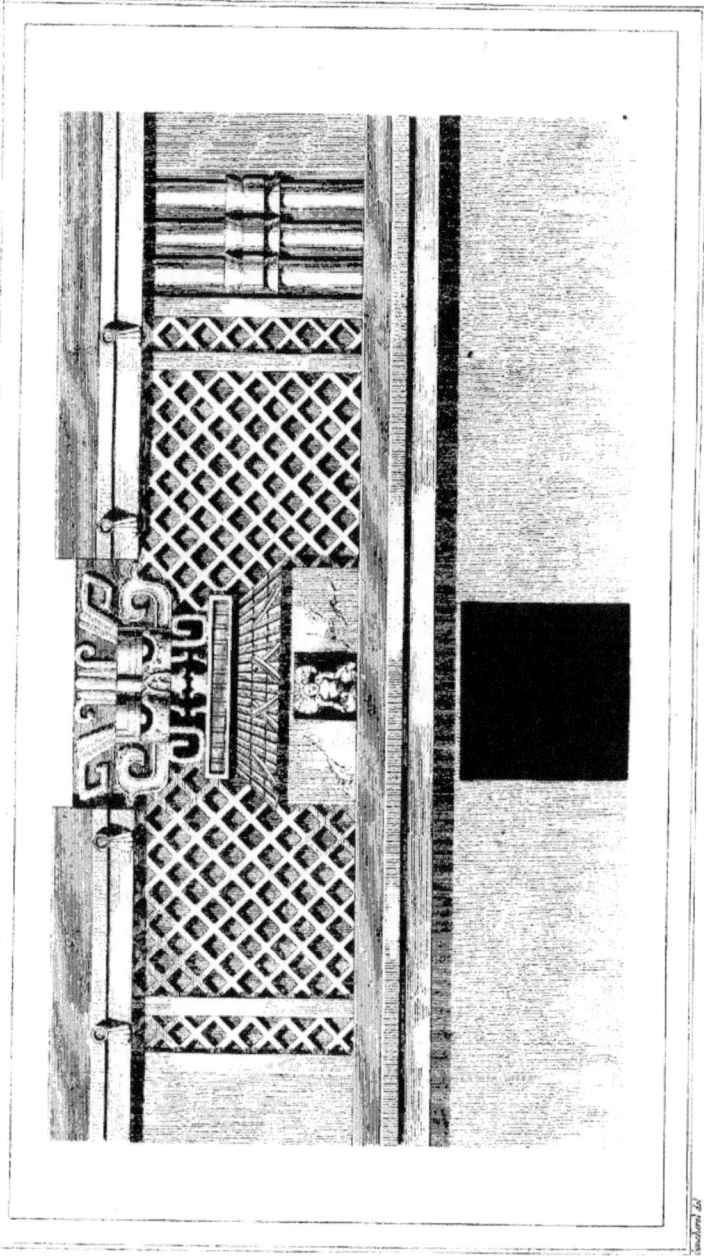

Détail du Temple aux Antérieures.

YUCATAN.

Détail du Temple du Soleil.

YUCATAN.

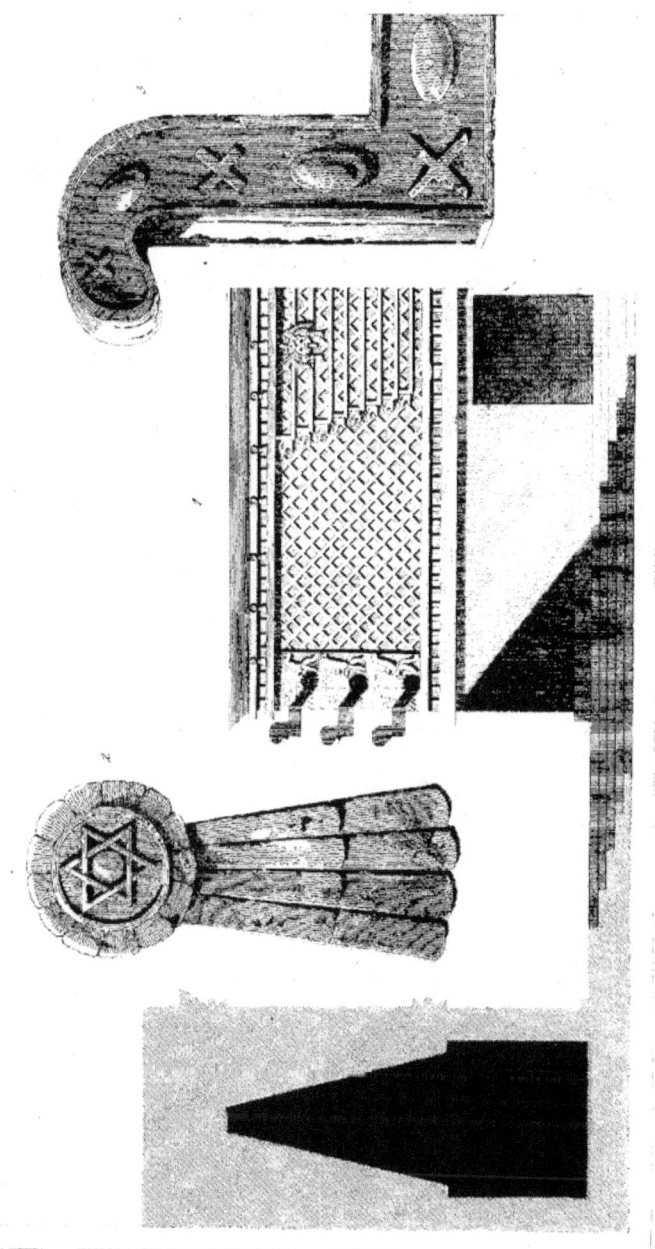

Détails du Temple du Soleil.

YUCATAN.

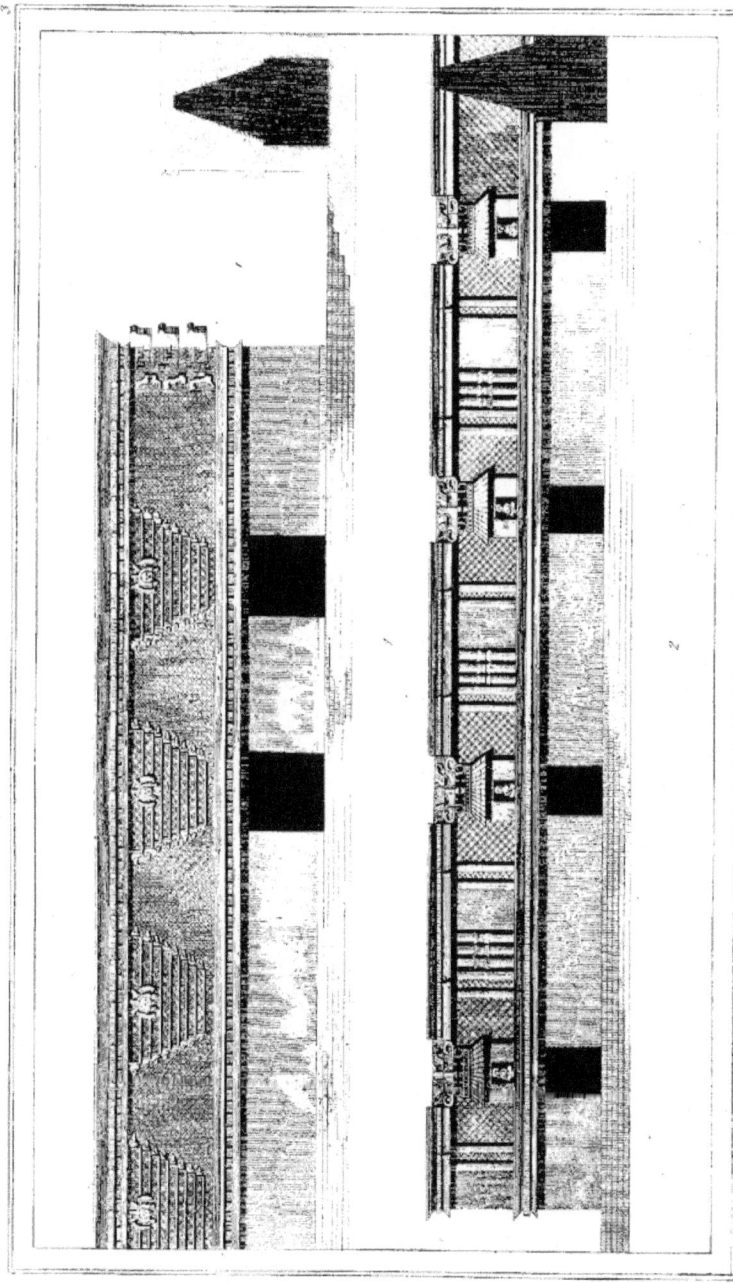

1. Elévation du Temple du Soleil. 2. Elévation du Temple aux Astronomes

GUATIMALA.

Intérieur de la maison, à Palenqué.

GUATIMALA.

Intérieur d'une maison à Palenqué.

YUCATAN.

Détail de la grande Pyramide.

YUCATAN.

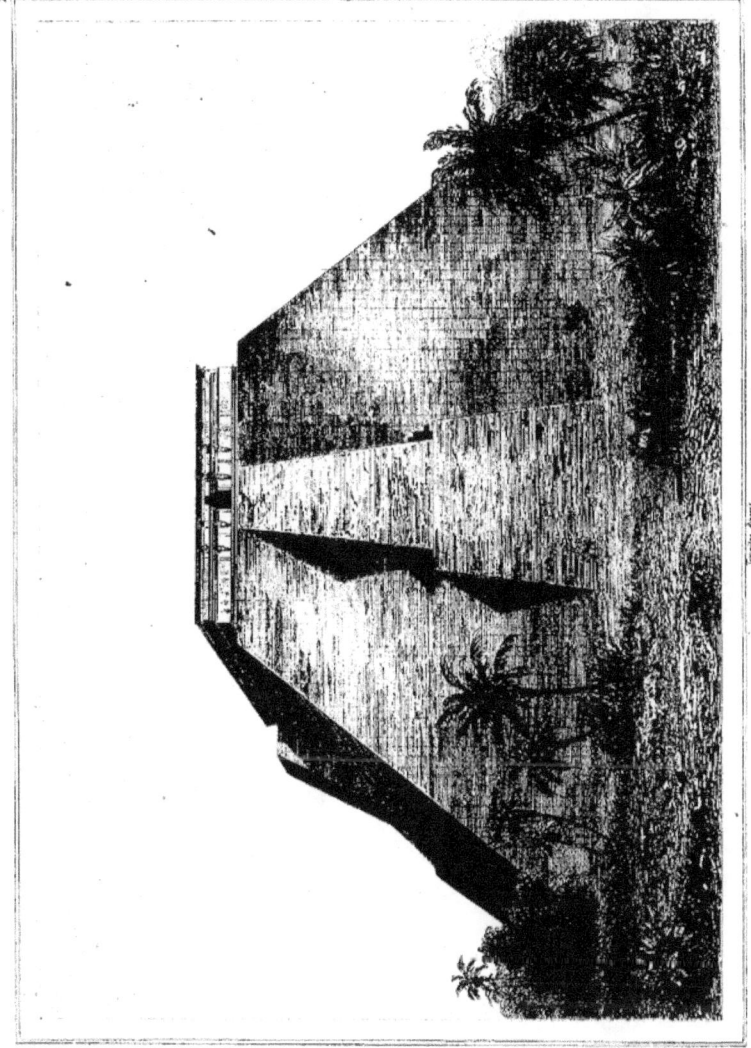

Façade de la Grande Pyramide

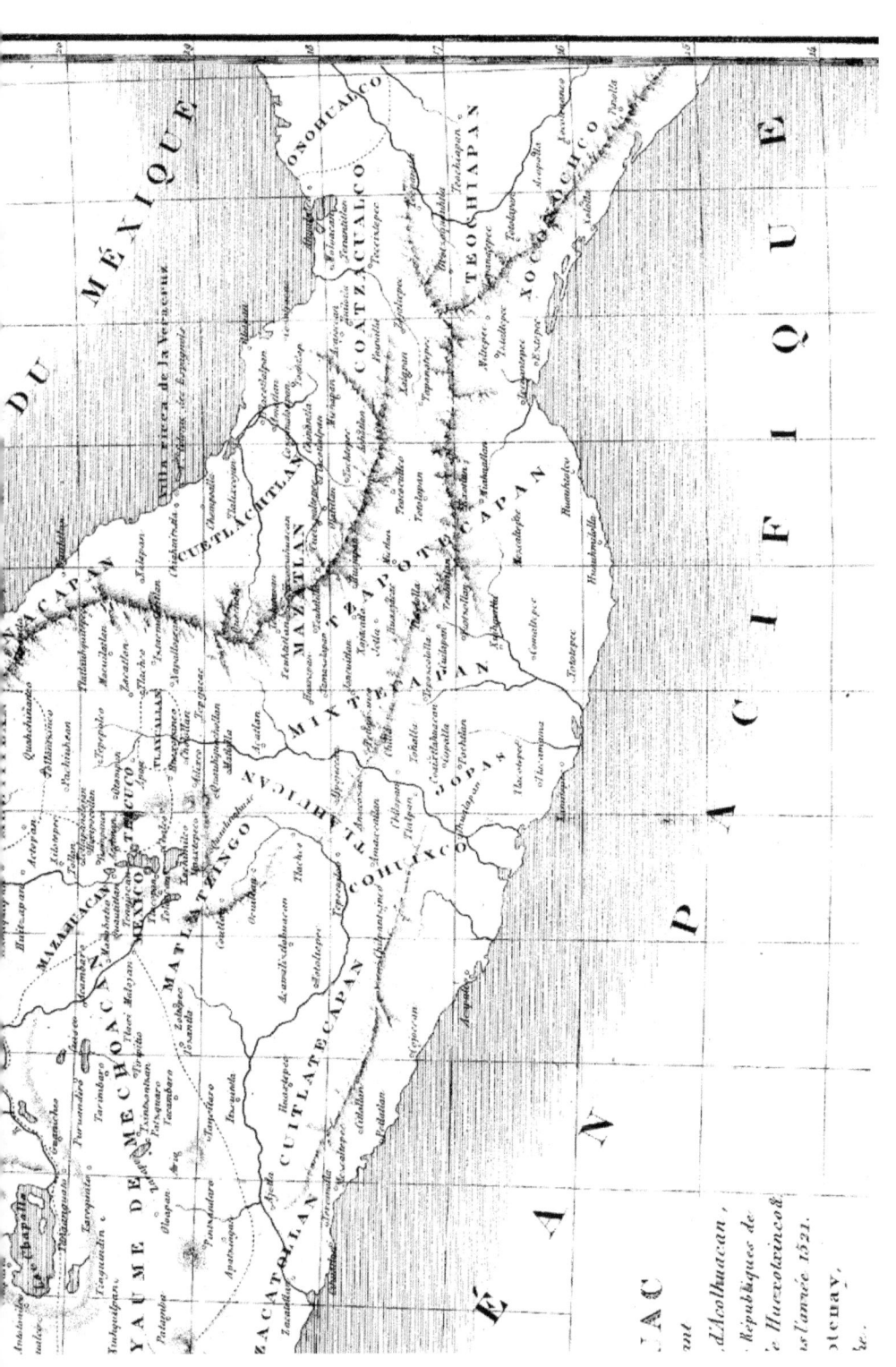

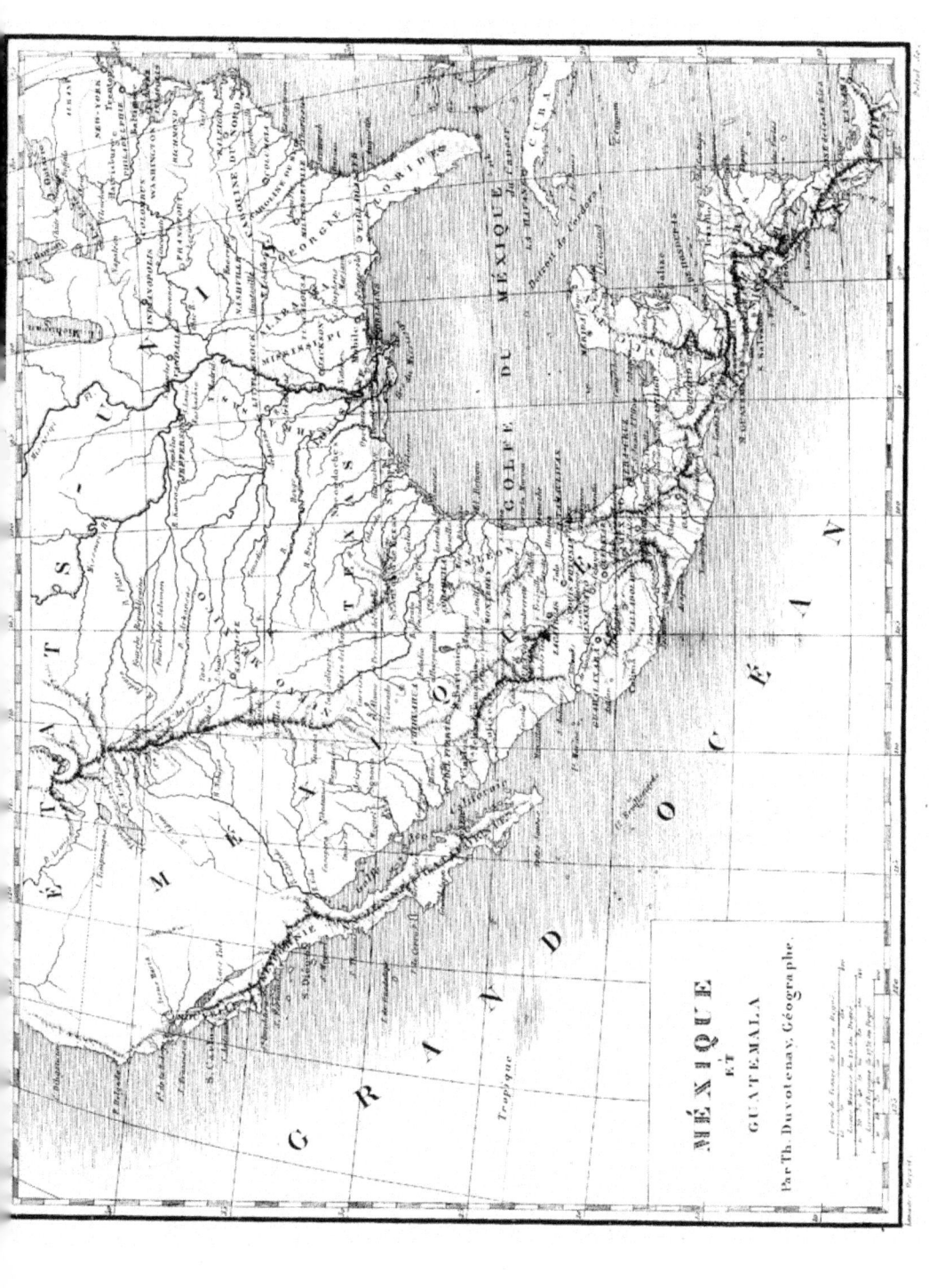

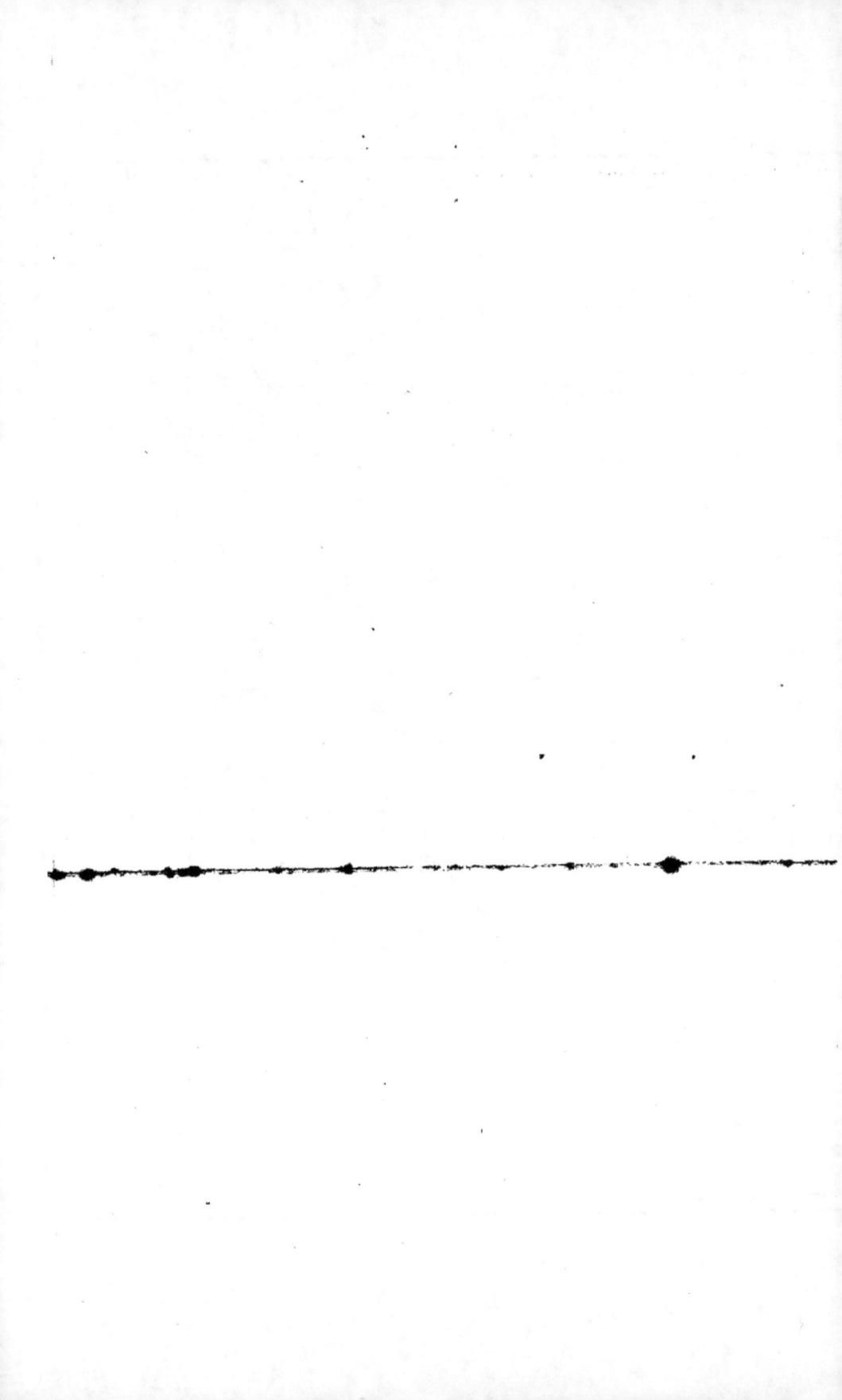

www.ingramcontent.com/pod-product-compliance
Lightning Source LLC
Chambersburg PA
CBHW050321020526
44117CB00031B/1329